Michael J. Klarman
迈克尔·J.克拉曼 著

胡晓进 译

The Framers' Coup
The Making of the United States Constitution

利益的天平
制宪者的"政变"与美国宪法的制定

上册

山西出版传媒集团 山西人民出版社

图书在版编目（CIP）数据

利益的天平 /（法）迈克尔·J. 克拉曼（Michael J. Klarman）著；胡晓进译. -- 太原：山西人民出版社，2024.6

ISBN 978-7-203-12881-6

Ⅰ. ①利… Ⅱ. ①迈… ②胡… Ⅲ. ①殖民地—法制史—北美洲 Ⅳ. ① D971.09

中国国家版本馆 CIP 数据核字（2023）第 083112 号

著作权合同登记号：图字 04-2024-006

利益的天平

著　　者：（法）迈克尔·J. 克拉曼（Michael J. Klarman）
译　　者：胡晓进
责任编辑：张志杰
复　　审：李　鑫
终　　审：梁晋华
装帧设计：陆红强

出 版 者：山西出版传媒集团·山西人民出版社
地　　址：太原市建设南路 21 号
邮　　编：030012
发行营销：0351-4922220　4955996　4956039　0351-4922127（传真）
天猫官网：https://sxrmcbs.tmall.com　电话：0351-4922159
E-mail：sxskcb@163.com（发行部）
　　　　sxskcb@126.com（总编室）
网　　址：www.sxskcb.com

经 销 者：山西出版传媒集团·山西人民出版社
承 印 厂：鸿博昊天科技有限公司

开　　本：655mm×965mm　1/16
印　　张：81
字　　数：1150 千字
版　　次：2024 年 6 月　第 1 版
印　　次：2024 年 6 月　第 1 次印刷
书　　号：ISBN 978-7-203-12881-6
定　　价：348.00 元（上、下册）

如有印装质量问题请与本社联系调换

献给我的兄弟Seth

心怀敬慕、感激与爱

导 读

凡人政治的非凡成就

——读《利益的天平》

王 希

一

位于华盛顿的美国国家档案馆（National Archives）是保存和管理美国联邦政府历史文献的机构。馆内圆形大厅里设有一个专门的展台，用来展示三份建国历史文献的原件，包括《独立宣言》《（联邦）宪法》和《权利法案》。自1952年开展以来，这个被称为“自由宪章”（Charters of Freedom）的展览吸引了无数美国人前来参观，接受美国式的“爱国主义教育”。人们在这些文献前驻足沉思，流连忘返，仿佛在与两百多年前写就这些文献的建国者进行一种跨越时空的精神对话。这个效果是展台设计者所期望的：展台在传播美国价值观的同时，也以润物细无声的方式塑造参观者对建国先贤和他们最伟大的政治成就——宪法——的崇敬之情。

在现代国家中，从上到下，从“官”到民，所有公民对国家宪法抱有一种普遍的、超越宗教感的崇敬，美国可能是独一无二的。

美国人似乎也有足够的理由为自己的宪法感到骄傲。美国宪法于1787年在费城会议上制定，1789年开始生效，1791年加入《权利法案》，随后为所有13个原始州批准，取代《邦联条例》，成为美利坚合众国的基本法。经过两个多世纪的风云变幻，美国早已从北美的蕞尔小邦变成了世界超级大国，但其政府框架和国家权力的设置基本不变，仍然依循最初的设计；宪法也一直是美国政府、政治和公民活动的行为规则。这种现象成为近代国家发展史上的一种“奇迹”，美国人拥有一种“宪法崇拜”也就不难理解。

因为是一种“奇迹”，更因为宪法在美国人日常生活中占据举足轻重的位置，关于美国宪法的研究与写作也格外引人注目。联邦制宪史更是美国史领域内的一门显学，吸引了众多学者的参与，各种学派此起彼伏，形成了源远流长的史学传统。在这个长期为人耕耘、成果丰硕、原始材料尽人皆知的领域中，要写出富有新意的著作，挑战性极大。然而，迈克尔·J.克拉曼（Michael J. Klarman）教授却做到了。他的 *The Framers' Coup: The Making of the United States Constitution*（《利益的天平》）于2016年出版，随即获得学界如潮的好评，被视为近年来美国宪法史领域一部难得的佳作。

克拉曼接受过历史学、政治学和法学的专业训练，先后在弗吉尼亚大学和哈佛大学任教，长期讲授美国宪法史，对制宪史方面淼如烟海的成果应该是了然于心的。[1]他为何仍然决定花上数年时间，重新研读原始史料，新写一部将近900页的制宪史巨著呢？

克拉曼对自己创作的“现实关怀”直言不讳。作为宪法史学者，他对美国政治生活中的宪法崇拜有深入的观察，也深知这种崇拜在

---

[1] 关于克拉曼教授的背景介绍，参见哈佛大学网站：https://hls.harvard.edu/faculty/michael-j-klarman/。

历史上和现实政治中一直被人用来作为反对宪政改革的理由。然而，在他看来，美国制宪的成功并不是因为上帝的眷顾而产生的政治“奇迹”，而是18世纪美国“常规政治”（ordinary politics）运作的结果；制宪者们（Framers）既不是智慧超人的半神（demigods），也不是道德完美的圣贤，而是一群同时带有自己的利益与理想、偏见与热情、道德瑕疵和公共追求的凡人。他承认建国先贤为美国建国立下了丰功伟业，但也指出他们制定的宪法不是完美的，正如他们自身并不完美一样。克拉曼希望以“祛魅”（demythify）的方式讲述关于美国建国的“真知识”（actual knowledge），还原制宪时代的历史背景，如实呈现制宪者的初衷与动机、采用的手段与战术，以及他们意图达到的目标，从而褪去长期以来笼罩在宪法和制宪者们身上的神圣面纱（本书第6页）。虽然没有明确说明，但读者仍然能够读出克拉曼对美国人的警示：盲目崇拜宪法，固守建国时代的缺陷，不仅是在继续否认历史的真相，而且也是在制约当代美国人的政治想象力，阻止他们在21世纪通过新的宪政改革来追求一种更公正的自由和得享一种更民主的幸福。

二

《利益的天平》新在何处？克拉曼讲，他在构思本书时希望在三个方面做出贡献。首先，他希望将先前为学界分开研究的三个重要的建国事件——费城会议、宪法的批准和《权利法案》的制定——统合起来作为一个统一的历史进程，写成一部一卷本[1]的制

[1] 英文原版为一卷本，中文版考虑到篇幅，分为上下册出版。——编者注

宪史著作，填补一个长期为人忽略的领域空白。其次，他希望最大限度地使用原始材料，让拥护和反对宪法的人用自己的语言发声，展现他们在制宪时代的立场与思想，赋予读者一个公平的机会来评判前人的功过是非。再者，他希望通过自己的研究，将一种新的制宪史认知——制宪在本质上是美国建国初期精英群体为阻止州政治中的“过度民主”（excessive democracy）而发起的“一场保守性的反革命（活动）”（a conservative counterrevolution）——介绍给读者（本书第Ⅰ—Ⅱ页、第140页）。读完《利益的天平》后，我认为，在上述三个方面，克拉曼都极为出色地实现了预期的目标。

首先，《利益的天平》为读者呈现了一部迄今最完整的关于美国联邦制宪的通史，这是该书对美国宪法史研究一个了不起的贡献。克拉曼的叙事从1781年《邦联条例》实施开始，一直拉通到1791年《权利法案》批准时结束，前后跨越10年，大大扩展了制宪的时段。制宪史研究起步很早，成果众多，但具有如此时段规模的一卷本通史却十分罕见，甚至可以说没有。显然，克拉曼的用意之一是纠正一种流行的看法——联邦制宪是1787年费城会议一蹴而就获得的成果。他将费城会议、各州对宪法的批准和《权利法案》的制定这三个事件统合为一体，不光是为了还原制宪史的全貌，更是为了展示一种新的制宪史观，尤其是突显后两者——宪法的批准与《权利法案》的加入——与费城（制宪）会议之间不可割舍的关系。换言之，没有各州的批准，费城会议起草的宪法将功亏一篑，无法生效；没有批准宪法中的辩论，《权利法案》的问题不会得到重视；而宪法生效之后如不立即加入《权利法案》，一些先前批准了宪法的州可能收回批准，宪法仍将面临失败。因此，这三个事件为一种同根共生、同枝共荣的内在逻辑所连接，同为制宪进程中不可或缺的组成部分。只有完全了解它们相互之间的关联，才能获得对美国制宪史的完整认识，也才能够领悟克拉曼关于制宪成功并非一种历史必然的结论。与此同时，克拉曼也在修正我们对美国宪法的理解：制宪时代的宪法不光包括费城会议制定的宪法文本，也包括第一届国会制定的《权利法案》。

《利益的天平》的谋篇布局也是围绕这三个事件进行的。正文的八章覆盖了四个主题：制宪的起因、费城会议、宪法的批准和《权利法案》的制定。第一、二章讨论制宪的起因，展示《邦联条例》的缺陷及其衍生的政治、经济和外交危机。在讨论邦联面临的困境时，克拉曼注重呈现各州经济秩序的混乱不堪和修订“条例”努力的失败。他用心最重的是对谢斯反叛的讨论。这场由马萨诸塞州西部自耕农在1786年发起的武装抗税活动将“过度民主”对州政治造成的威胁呈现出来，也直接催生了一年后的费城会议。第三章聚焦费城会议起草宪法的过程。这一主题是传统制宪史著作的核心内容，通常占据最长的篇幅，但克拉曼的处理则明显不同。他抛弃了编年史的写法，不完全按会议日程的进展来讲述会议故事，而代之以核心问题（如联邦政府的建构、联邦权力的扩张、立法机构代表权的分配、行政部门的建构与权力界定等）为主题的叙事方式，以点带面。在处理围绕奴隶制产生的争执与妥协这样重大的问题时，他则专辟一章（第四章）来重点讨论。宪法的批准是克拉曼关注的重头问题，为此他使用了两章共240页的篇幅[1]来写作。在第五章里，克拉曼系统梳理了“反联邦主义者”（Antifederalists，也译“反联邦派”）对宪法的批评和“联邦主义者”（Federalists，也译“联邦派”或“联邦党人”）做出的回应，为读者带来一种身临其境地见证两派针锋相对进行辩论的阅读体验。克拉曼使用了近150页的篇幅来叙

[1] 指英文版中的篇幅，下同。——编者注

述各州批准宪法的过程，使第六章成为全书篇幅最长的一章（超过费城会议一章使用的130页）。但他关注的重点是马萨诸塞、弗吉尼亚和纽约等州，不仅因为支持和反对宪法的两派在这些州的交锋最为激烈，也因为这些州在批准宪法时提出的修订建议导致了《权利法案》的制定。《权利法案》是第四个主题，克拉曼将其放在第七章中。有意思的是，他把大量篇幅用来叙述麦迪逊——传统研究中公认的"宪法之父"——在弗吉尼亚州竞选第一届国会众议员的过程，突显麦迪逊的当选与《权利法案》的最终制定之间的密切关系。的确，如果没有麦迪逊的坚持与斡旋，第一届国会很可能无法顺利地提出《权利法案》的立法，而如果没有《权利法案》的加入，宪法作为"最高法"的地位是无法保障的。在这一章中，麦迪逊从最初的《权利法案》的反对者变成了它在国会最关键的支持者，这是克拉曼在书中带给读者的许多极具讽刺意味的关键细节之一。

三

克拉曼将制宪时段拉长的同时，也将参与制宪的人群大大地扩展了，这是他的另一个重要贡献。传统研究将"制宪者"的范围局限在那些参加费城（制宪）会议的代表之内，克拉曼似乎也接受这一传统说法（如其英文书名所示）。然而，按照他的制宪史分期和叙事逻辑，制宪者还应包括各州批准宪法大会的代表以及参与制定《权利法案》的人，尤其应包括那些批评甚至反对宪法的人。克拉曼之所以下如此大的功夫去发掘反联邦主义者的材料，又如此深入和全面地呈现他们的反对意见以及这些反对意见对《权利法案》的制定产生的影响，正是为了将他们纳入广义上的制宪者队伍。这样的扩展自然将制宪过程和制宪者队伍两者都复杂化了，或许，这正是克拉曼的意图所在。如果承认《权利法案》的加入是各州反联邦主义者努力的结果，他们是不是也应该被视为制宪者的一部分呢？的确如此，正如《利益的天平》所展示的，制宪过程并不是像宪法崇拜者所想象的那样简单，制宪也不是一场仅限于费城会议代表内部的讨价还价，而是一场发生在更大范围、具有更长时段并卷入了更多参与者的全国性辩论，其过程充满了意想不到的不确定性和偶然性，而其最终的结果——包括了《权利法案》的宪法——自然也并不全是联邦主义者的功劳。

在材料使用方面，《利益的天平》占有后发优势，有效地利用和整合了前人研究成果。参考书目中列举的200多种材料包括了宪政史领域的经典研究和前沿成果。然而，细心的读者会从该书长达180页的尾注中发现，克拉曼叙事使用的绝大部分材料直接取自原始材料，包括各类制宪者的个人档案与书信集、费城会议的各种记录（包括麦迪逊的制宪会议实录和后人整理出版的会议记录）、邦联国会的文献、州批准宪法大会的文献，以及支持和反对宪法两派发表的报刊文章和小册子等。克拉曼尤其重视发掘和呈现反联邦主义者的材料，认为既存研究没有完整地反映出他们的反对意见所产生的广泛影响力（本书第518页）。令人印象尤为深刻的是，即便是处理众所周知的话题，克拉曼也不走捷径，而是实实在在地采用多种原始材料来支持自己的叙事和结论。所以，《利益的天平》不是一部综述性的专题史写作，而是一部基于深厚的原创性研究之上的专著。

但在写作风格上，克拉曼选择了一条“亲民”路线。为照顾专业之外的读者，他在正文中采用了主题集中、线索清晰、文字平实的叙事方式，将专业史学写作要求的一些烦琐细节（譬如辩论和参与辩论者的背景说明、具体的辩论日期、相关辩论的表决结果等）放在注释之中，作为对正文内容的补充和辅助说明，帮助读者厘清制宪史中的主要问题。这样的处理既提高了该书的可读性，又保证了学术上的严谨与可信度。克拉曼还在书中插入了几十幅制宪者的画像和人物小传，同时包括了拥护和反对宪法的人，并包括了传统研究中鲜有提及的女性反联邦主义者莫西·奥蒂斯·沃伦——她以匿名方式写作了反对宪法的檄文。这个设计将制宪者鲜活地呈现在读者面前，极有创意。一书两写，兼顾全面叙事与重点讨论的平衡，兼顾大众读者和专业读者的不同需求，《利益的天平》树立了一种典范。

四

克拉曼著作的第三个贡献——我认为也是最重要的贡献——是帮助读者获得了一个重新认识美国制宪过程和美国宪法本质的新视角。传统的制宪史研究强调，推动费城制宪的原因是多元的，同时涉及经济、政治、外交和社会各个方面，为应对这个综合性的危机，制宪者在费城会议起草宪法，进行了一场建构国家制度的创新活动。克拉曼不否定制宪动因的多元性，但他强调推动制宪的最主要动因是阻止各州出现的“过度民主”，并强调费城会议起草的宪法带有一种内在的“反民主”的保守性。他承认，这种观点并不是他的原创，前人已有提及，并在学界为人所知。但他并不满足于只是接受这种观点，而是希望将前人的观点“推进一步”。如何推进呢？克拉曼希望用一种新的叙事框架和更丰富多元的材料来探讨三个具体的问题：（1）费城会议的代表们为何要违背当时大多数美国人的政治期盼，制定一部“反民主”的宪法？（2）他们为什么能够在当时制定出这样一部宪法？（3）他们最终又是如何说服各州人民乃至整个国家通过“民主”的程序——各州的批准宪法大会——接受了这部“反民主”的宪法？这三个问题构成了全书叙事的导航链，环环相扣，将制宪过程的不同篇章串联和组合成一体。然而，克拉曼并不只是在为前人观点提供扩展性的诠释，而是力图挑战传统的制宪史结论，揭示不同“制宪者”（同时包括拥护和反对宪法的人）真正的分歧所在，重新审视美国宪法的本质，重新解读制宪史的遗产。

费城会议的代表为何要制定一部“反民主”的宪法？关于制宪的动机，传统研究通常会指向《邦联条例》与生俱来的弱点、邦联国会的无能、州际之间的恶性竞争，以及新生美国在独立之后面临的外交困境。事实的确如此。《邦联条例》是13个英属殖民地在与英国决裂时制定的同盟性文献，虽然提出各州（邦）要结成一个“永久的联邦”，但其建立的邦联（Confederation）在本质上最多只是一个承诺共同防卫的政治和军事同盟，而不是一个具有统一主权的民族国家。在《邦联条例》下，各州保留自己的主权，拥有管理内部事务的绝对权力，而邦联国会的功能是协调各州的利益冲突，既没有实质性的立法权，也没有实施法律需要的执法和司法机构。外交上的软弱无力、州际冲突和领土争端的加剧推动各州寻求建立一个具有更高权威、拥有更大权力的全国性（national）政府，以挽救濒临失败的邦联。

对于这种“国家主义”（nationalist）动因的解释，克拉曼并不否认，但他更强调“国家主义”动因来自对当时各州“民众政治”的恐惧。独立之后，一些州为了应对战后的经济萧条、通货膨胀、债务拖欠等问题，制定出各种经济立法，允许州政府发行纸币，延期偿还或者减免债务等。在麦迪逊、汉密尔顿和其他后来的联邦主义者看来，这些为化解经济危机而制定的经济立法直接侵犯了债权人的私人财产，破坏了合同权的信用基础。更令他们感到极为不安的则是州政府在民众压力下做出的让步和屈服。即便是一度顽强抵制民众压力的马萨诸塞州，在镇压了谢斯反叛后，也不得不减缓税收的力度，并对反叛者实行宽大处理，以回应来自民众政治的压力。这一切令各州的联邦主义者感到愤怒，认为一个底层大众过度参与的“民主”政府是一种不安全的政府，最终会剥夺富人的财产权，而如果一个政府不能保护富人的利益与财产，也就不能保护其他任何人的利益与财产，政府自身最终也只能走向失败。为了阻止州立法机构继续通过“公权”侵犯私人财产，邦联必须创造一种“自由的和富有活力的”政府，对其实施钳制（本书第156页）。唯有这样的政府才能遏制各州出现的“过度民主”，防止“民主”对“共和政府”的侵蚀与劫持，为富人和所有人提供保护。在18世纪后期的政治话语中，所谓“自由的”（liberal）指的是更少受到州和民意的约束，而“富有活力的”（energetic）则是指新的政府必须拥有比州政府更大的权力和更高的权威。

麦迪逊对邦联面临的困境做了最准确的解读：一个缺乏实权、缺乏崇高权威、缺乏强制力的邦联政府不仅无法强迫13个事实上独立的政体整齐划一地服从共同的承诺，也没有能力阻止和改正州政府针对富人财产权的剥夺；州政府的“民主”体制依循“少数服从多数”的原则，作为富人的少数人最终将被多数人所奴役，无法获得安全的保障。唯一的解决办法是“扩大政府”（enlargement of government）——扩大政府的规模和权力——形成一种同时针对州和民众的权力钳制，从而“减轻私权的不安全感”。建立一个比州更高的全国性政府，并不意味着多数派的激情和偏见会减少，而是会使多数派的结盟更加困难，从而为少数派的利益提供保障（本书第220—223页）。这样，阻止州政治中的“过度民主”与建构一个拥有实权的全国性政府这两个目标结合起来，构成了费城会议遵循的制宪原则。费城会议起草的宪法也在这两个方面获得了成功。

在政府建构方面，费城会议起草的宪法创造了一个崭新的、具有主权的政府体制，重新分配了联邦与州的权力（实际上是将州权的一部分转移到联邦政府手中），建立了联邦法的“崇高”地位，赋予了联邦政府前所未有的新权力，包括财权（征税权、管理州际贸易和商业的权力等）、军权（对外宣战、组建联邦军队、镇压内乱等）和法权（保障国内安全、制定一切“必要与适当的法律”的权力等）。但为了使这个具有强大实权的联邦政府“独立”地运作，宪法必须将“人民”与联邦政府进行最大程度的分离，将曾经侵蚀州政治的“民众主义”（populism）尽可能地排除在联邦政府的决策程序之外，保证联邦政府掌握在政治精英的手中。这个目标通过联邦政府的分权和联邦官员产生的体制设计得以完成。联邦权力分为相互独立又相互钳制的三权（立法、执法和司法），以防止任何一种“多数派”对联邦权力的垄断。在官员产生的方式和任职期限方面，也采用一种复杂而且不同步的程序设计，击垮了多数派全面获胜从而垄断权力的可能。三权之中，国会参议员由州议会选举产生，任期6年；总统任期4年，由人民通过选举人团间接选举产生；联邦司法官员不由民众选举产生，而由总统任命，由参议院确认，确认后任职终身。唯一通过各州选民直接选举产生的是国会众议院的议员，他们的任期只有两年。克拉曼指出，在这种复杂而不同步的选举制度下，将各种民意转换成联邦法的实践变得十分困难（本书第358页）。名义上，宪法建立的是“共和政体”，其权力也来自“人民”，但“民意”并不能直接进入政府。最终能够进入联邦政府的民意，在经过复杂的选举规则和分权体制的稀释与过滤之后，也无法有效地影响联邦政府的决策。

除此之外，费城会议代表还抛弃了州政治中常用的“民主”程序，包括强制性轮流任职制（议员不能无限期地连选连任）、选民对议员的指令权（选民有权明确指示议员应该如何投票，而议员必须遵从选民的旨意），以及选民对议员的罢免权等。这样的制度设计是为了给予联邦官员和联邦议员更多、更大的“独立”空间，在做决策时少受或不受民意的牵制。这种精英治国的思想在费城会议代表中十分普遍。来自马萨诸塞州的埃尔布里奇·格里虽然最终拒绝在宪法上签字，但在遏制“过度民主”的问题上，他的立场与最激进的联邦主义者并无二致，认为“我们经受的恶果，源自过度的民主”（本书第357页）。克拉曼用大量的材料证实，这种对民众政治的恐惧是推动大多数制宪者走到一起的主要动力，而创建一个有力的全国性政府是遏制民众政治泛滥的一种手段。换言之，联邦主义者在费城会议上追求的不是“民主”，而是对“民主”的遏制。

五

然而，“民主”的浪潮在制宪时代并没有消退，并始终对“贵族政治”形成一种天然的威胁。联邦主义者为什么能在费城会议上制定出这样一部明显带有“反民主”内容的宪法呢？参加费城会议的55名代表来自12个州（罗得岛州没有派出代表），其中联邦主义者占多数。他们虽然分享一些基本的期望，如建立一个具有实权的全国性政府，但在如何创建新政府的问题上并没有事先达成共识。

代表们面临的最大难题之一是如何在既存的州政府和将要创建的全国性政府之间进行合理和可行的权力划分，而这个问题又涉及一系列其他的利益冲突，包括大州与小州、自由州与蓄奴州、农业州与商业州、沿海地区与内陆地区、商业与农业等。各种问题交织在一起，要达成共识异常困难。即便是麦迪逊一开始也没有对会议抱太大希望。他认为，除非是（参加会议的）各个利益群体奉行“让步精神”（a spirit of concession），否则邦联将面临“普遍的混乱或者至少是部分的解体”（本书第188页）。然而，代表们最终没有分裂，而是通过协商与谈判，起草了一部新的联邦宪法，麦迪逊因此认为费城会议“不啻一个奇迹”（本书第361页）。

传统研究将这项“奇迹”归功于几个原因：会议的议事规则、关键人物的作用、代表们的政治素质和政治经验等。议事规则的确十分重要，费城会议采用了闭门会议的方式，以保证代表们能够畅所欲言，避免外界的干扰。会议从一开始就抛开了《邦联条例》关于修宪的要求，即需13个州一致同意，而代之以新的规则，即议事只要有7个州的代表在场就可以进行，其表决结果则具有正当性。华盛顿、麦迪逊等在会议上扮演的领袖角色也十分关键。会议代表的绝大多数为当时的政治精英，领导和参加过独立战争，拥有财富，受过良好的教育，参与过州政府和邦联政府的创建等。但这些都不能保证费城会议的成功。

克拉曼用大量的材料证明，费城会议代表具有两个特点：一是在目标上，他们分享扩大全国性政府权力的共识；二是在战术上，他们是一群现实主义者，懂得在关键问题上进行妥协。克拉曼指出，费城会议“面临的许多问题相互交织在一起”，代表们在讨论中针对某一问题达成临时决定，会形成一种“路径依赖”（或“路径限定”），并随之产生更带有偶然性的决定（本书第1081页）。换言之，制宪的过程不是一个依循事先制定的蓝图、按部就班、步步推进的议事过程，而是一个不同利益群体为保护自己的既得利益相互进行“谈判”和讨价还价的过程，其间充满了不可预测的变数，其决定受各种因素的限制也变得不可预测。

根据克拉曼的描述，会议开始时代表们的最大共识是扩大联邦政府的权力，以对抗州立法机构做出的侵犯财产权的决策。这一共识被联邦主义者称为整部“宪法的核心”，最终被写入宪法第一条第十款中。该条款对各州的经济和金融立法权做了极为具体的限制，规定“各州不得……铸造货币；不得发行纸币；不得指定除金银以外的物品作为偿还债务的法定货币；不得……通过法律损害契约义务”等（本书第257页）。在国家基本法中以如此详尽的方式来列举州不具备的经济事务权的做法极为罕见，充分说明制宪者对此问题的关切。

然而，为了在宪法中写入这一条核心内容，代表们首先必须在其他问题上达成一致意见，包括建立起一个有实权的联邦政府并赋予其遏制州政府的权力。但建立新的联邦政府则涉及政府的设计、联邦权力的来源、联邦公民的构成以及联邦法崇高性的建立等问题，而解决这些问题的关键则在于如何合理地分配各州在联邦政府中的代表权。最终，各州在新建联邦国会中的代表权和如何比较“平等地”对总统选举施加影响成为费城会议面临的最大难题，大州与小州、自由州与蓄奴州的分歧等都在这些问题上集中爆发，会议代表也因此分裂成为“州权派”和“联邦派”，几乎导致会议夭折。

类似于汉密尔顿这样秉持激进“国家主义”理念的联邦主义者，一开始雄心勃勃，期望通过费城会议建立一个拥有完整主权的联邦政府，以“消除各州之间的差异与各州的各自为政”（本书第

353页）。麦迪逊也否认州“拥有实质性的主权”，希望将各州“置于全国性政府的控制之下”（本书第353页）。查尔斯·平克尼则认为在新的全国性政府框架下各州只应保留“作为地方立法机构”的权力（本书第354页）。但小州并不示弱，而是联合起来，捍卫自己在《邦联条例》下拥有的平等代表权，要求在新的联邦国会中拥有平等的地位，否则不会加入联邦。激进的联邦主义者面对以小州为主的州权派的顽强抵抗，不得不向现实妥协，同意放弃国会两院代表名额的分配均以州人口基数为准的最初方案，并以各州在参议院的平等代表权换取小州对建立新联邦政府的支持。直到大州接受了“康涅狄格妥协”方案之后，后续的辩论才得以继续进行。而小州在获得参议院的平等代表权之后，立刻成了联邦政府扩权的积极支持者，不仅提出了联邦法“崇高性”的原则，还对联邦主义者竭力推崇的“核心”条款——宪法第一条第十款——予以全力支持。克拉曼写道，在费城（制宪）会议上，这一条款几乎是在毫无争议的情况下获得通过的，即使是那些激烈捍卫州权的人也没有表示异议（本书第258页）。显然，如果代表们没有事先在参议院平等代表权问题上达成妥协，这一条款的通过是无法想象的。

在国会代表权问题上的妥协为州权派和联邦派的合作扫清了一个重大的障碍，但两派都意识他们必须向“人民”妥协，因为他们起草的宪法最终需要得到各州“人民”的批准。这也帮助解释了为什么费城会议的代表最终没有迈出最危险的一步，即在起草的宪法中对选民的资格做出统一的全国规定，也没有对出任联邦官员的候选人做出全国统一的财产资格规定。制宪者深知，做出类似的规定不光是极不现实的——因为13个州的情况千差万别，统一的选民规定会造成极大的混乱，而且也将引来州和人民的强烈反对。即便是在最保守的州，“民主”作为参与政治的权利虽然只有白人男性公民才能享有，但这已经成为一种与美国革命与生俱来的、既不能剥夺又无法阻止的权利。制宪者因而面临了一个两难困境：他们需要建立一个拥有强大权力的联邦政府，他们期望用这个联邦政府钳制州政治中的“过度民主”，但他们希望建立的联邦政府必须经由“人民”来批准，因此也无法剥夺人民已经拥有并在州政治中行使的权利（选举权和其他权利）。他们能够做的是尽可能地“稀释”和“过滤”民主，利用政府设计，尽可能地将民众政治的危险阻挡在联邦政府的决策之外。

在第二个问题上的妥协继续承认了州权的重要，并将管理“人民”（包括界定谁有权参与州和联邦选举）的权力继续留在州的手中。通过这些妥协，州权派和联邦派也得以联合起来，构成了一个拥护宪法的群体，成为后来在各州推动宪法批准的主要力量。这也说明，联邦主义者在费城会议上成功地起草了一部宪法，但这并不是一部他们原本希望看到的宪法（本书第371页）。

六

联邦主义者如何说服各州接受了这部并不“民主”的宪法？费城会议是一个在政治精英内部建构共识的过程，其结果是起草的宪法。宪法是否能够为各州接受则是制宪成功的关键。费城会议于1787年9月结束，会议起草的宪法随即交与各州去批准。到1788年7月，在不到10个月的时间里，宪法得到了除北卡罗来纳和罗得岛州之外的11个州的批准。这样迅速的批准出乎许多人的意料。尽管存在着“地方偏见、利益对立、民众抗议，甚至大胆和绝望者的威胁”，但宪法得到迅速的批准，在宾夕法尼亚州的联邦主义者本杰明·拉什看来，“这是人类历史上的绝无仅有之事”。他宣称，宪法的批准得到了神的保佑，“神力在其中所起的作用，丝毫不亚于《圣经》旧约和新约所记载的任何奇迹”（本书第869页）。

克拉曼并不这样认为。在他的笔下，批准宪法的过程并不顺利。宪法文本公布之后，反对宪法的人——统称为“反联邦主义者”——立即对宪法展开了猛烈的抨击。他们首先质疑费城会议制宪的“正当性”（legitimacy），指责宪法制造了一个权力集中化的联邦政府，而最严厉的批评则集中在宪法没有为人民的权利提供明确的保护。面对这些批评，麦迪逊、汉密尔顿和杰伊联合写作了《联邦党人文集》，对批评者的攻击做出了及时有力的回应（本书第520—524页）。即便如此，克拉曼仍然认为，联邦主义者手中掌握的胜算并不多，并不能确保宪法的批准（本书第717页）。事实上，如果不是联邦主义者在关键时刻及时做出因应形势的战术调整，制宪很可能止步于批准宪法的进程。

早在费城会议上，代表们便对批准宪法可能遭遇的困难有预感，并在批准程序上做了充分的准备，设置了有利于批准的游戏规则。他们决定，将宪法文本通过邦联国会“转交”至各州进行批准，但要求各州以召开州批准宪法大会（ratifying convention）的方式——而不是通过州立法机构表决的方式——来批准宪法。联邦主义者的用心很明显，这样的批准程序既可以解决费城会议制宪的“正当性”问题，又可以启用“人民”的直接授权来对抗各州政府可能设置的批准障碍。启用州批准宪法大会的做法是从马萨诸塞州的实践中借用而来的，目的是保证宪法获得一种应有的“崇高性”，不受未来联邦国会或各州立法机构的任意修订。麦迪逊的思考更深，他强调宪法的性质与《邦联条例》不同。如果说《邦联条例》是州与州之间签订的政治盟约，而宪法则是人民与联邦（国家）之间签订的政治契约，两者的性质不同，宪法因此需要“人民”来批准，并具有一种不能为州任意否定的永久性（本书第716页）。与此同时，联邦主义者还规定，各州对宪法的批准只能在“批准”和“不批准”之间选择，不能对宪法文本进行修订，也不能提议召开新的制宪会议。

宪法本身也给联邦主义者提供了重要的优势。宪法文本第七条规定，宪法的生效只要求3/4的州（9个州）批准，而不需要所有13个州的批准，如此一来，先期批准宪法的州越多，剩余州所面临的批准压力就会越大，这种情形对于实现联邦主义者的目标是极为有利的。此外，联邦主义者在数州的立法机构中占有多数优势，可以通过并不公平的选区划分，让赞同批准宪法的代表在州批准宪法大会中占有多数。支持和反对宪法的人在地理上的分布明显不均衡。宪法的支持者通常居住在东海岸城镇地区，可以迅速而便捷地组织和动员起来，而反联邦主义者的势力主要聚集在边疆地区和商贸网络之外，要形成强大的反对力量更加困难。此外，当时出版的报纸倾向于支持宪法，给予联邦主义者更多的宣传平台。

的确，这些优势在批准宪法进程的初期显现出来。从1787年12月到1788年1月，特拉华、宾夕法尼亚、新泽西、佐治亚、康涅狄格5个州迅速而无条件地批准了宪法，开了一个好头。值得注意的是，除宾夕法尼亚外，这些最早批准宪法的州都是小州，它们迅速批准宪法显然与制宪会议产生的最关键妥协——各州在参议院内拥有平等的代表权——有密切关系。大州在制宪会议上的妥协最后成为批准宪法的重要推手，这可能是麦迪逊等没想到的。

但批准宪法的进程在几个重要大州——马萨诸塞、弗吉尼亚、纽约——遭遇到了严重的挑战。马萨诸塞州的反对派坚持要对宪法文本做出修订，而联邦主义者则坚持无条件批准的原则。最终在长时间的僵持之后，双方妥协，该州批准宪法大会以微弱多数，以带有修订建议而批准（ratification with recommendations）的方式批准了宪法。虽然大会提出的修订意见只是一种"建议"，但联邦主义者对这种批准方式的接受实际上打破了最初的无条件批准的规则，这些"建议"也对宪法形成了事实上的某种约束。联邦主义者最终同意接受这种批准方式，实在是因为该州在联邦中的地位过于重要。然而，这个重要的妥协却关键地推动了其他州（马里兰、南卡罗来纳、弗吉尼亚、纽约）对宪法的批准——尤其是弗吉尼亚州和纽约州。事实上，除马里兰外，在马萨诸塞州之后批准宪法的所有州都提出了数量和内容不同的修订建议。克拉曼认为，联邦主义者在这一问题上的让步十分明智，因为它确保了各州都批准了同样的宪法，杜绝了各州先修订、后批准宪法的做法，也否定了召开第二次制宪会议的选项，同时将修宪的任务交到依照批准的宪法建立起来的联邦国会手中，维护了宪法的统一性（本书第869—876页）。

然而，也正是这个妥协使得《权利法案》的添加变成了制宪进程的关键部分。弗吉尼亚州的批准宪法大会以微弱多数批准宪法时，提出了40条修正建议。大会并责成该州未来的国会议员在第一届国会启用宪法的修宪机制予以落实。该州并在批准宪法的意见书中警告道，"宪法赋予的权力来自美国人民"，如果宪法权力遭到滥用，被用来伤害和压迫人民，人民有权"收回"授予联邦政府的权力，意即可以撤销先前对宪法的批准。这一警告让原本打算"解甲归田"的麦迪逊改变主意，决意参加第一届国会议员的竞选，主持《权利法案》的制定，捍卫费城制宪会议的成果。

克拉曼书中最令人难忘的故事之一是麦迪逊对《权利法案》态度的改变。虽然远在巴黎的杰斐逊对宪法没有一部权利宣言表示不满，麦迪逊却不认为这是宪法的致命缺陷。然而，围绕批准宪法的激烈辩论使他意识到《权利法案》对于批准宪法成败的重要性。在竞选国会众议员时，他向选民承诺将在第一届国会中提出宪法修正案。其实，在第一届国会上，他需要说服的并不是反联邦主义者，而更多的是联邦主义者，他需要向后者说明《权利法案》对“阻止滥用权力，将起到有益的作用”，他当然也考虑到言论自由权可以被用来建立有利于联邦主义者的公众舆论。克拉曼特别提到，当面对联邦主义者关于选择性地列举人民权利的做法具有危险的警告时，麦迪逊主动提出加入后来的宪法第九修正案，宣布“本宪法对某些权利的列举，不得被解释为否定或轻视由人民保留的其他权利”。麦迪逊态度的骤然转变自然有其现实主义的考虑：加入《权利法案》，既“没有削弱宪法的框架”，也“没有降低其有效性”，就达到了预期的效果，即保持费城会议制定的宪法的原始设计，尤其是保障宪法第一条第十款的有效性（本书第1025—1027页）。克拉曼注意到，《权利法案》获得批准后，要求召开第二次制宪会议的呼声已经销声匿迹，许多原本反对宪法的人也进入新的政府体制，来继续推进他们的政治主张。克拉曼认为，《权利法案》是麦迪逊个人政治生涯的另一个巨大胜利（本书第1048页），但这场胜利无疑也是麦迪逊在制宪进程中又一次对现实的妥协。而他不知道的是，这场妥协——将宪法第九、第十修正案作为《权利法案》的一部分写入宪法——也为80多年后美国的宪政危机以及随之而来的内战埋下了种子。虽然内战之后，美国进行了第二次建国，但联邦主义者与反联邦主义者之间的较量并没有结束，仍然处于进行时的状态。

七

这样，《利益的天平》为我们讲述了一个极为精彩但也是我们不太熟悉的美国制宪故事。自改革开放后，国内学界和出版界引入了一批关于美国制宪历史的经典著作和文献汇编，包括汉密尔顿、麦迪逊、杰伊合著的《联邦党人文集》，麦迪逊的《辩论：美国制宪会议记录》，比尔德的《美国宪法经济观》和斯托林的《反联邦党人赞成什么》等，[1]这些著作对我们了解美国宪法及其起源有很多帮助，但它们不能代替《利益的天平》。这不仅因为克拉曼讲述的是一个更完整、更真实的制宪故事，而且因为克拉曼的制宪故事具有一种拨云见日的功效，帮助我们从重重谜团中看清历史的真相，带给我们一些认识美国建国的新启示。就我的阅读而言，有这样几点启示令人印象深刻。

第一，“路径依赖”的政治主导了制宪进程。在批准宪法的辩论中，激进反对派曾指责费城会议的代表们违背邦联国会的指示，以修订《邦联条例》为名，制定了一部新宪法，等于使用“不正当”的手段发动了一场事实上的“政变”。克拉曼使用Framers’ Coup（直译为“制宪者的政变”）作为英文版的标题，也容易让读者产生这样的错觉。其实不然。通读全书后，读者会得出一个相反的结论，即制宪并不是一场有预谋的、以非法手段进行的“政变”，而是一种深受“路径依赖”限制的政治运作。在克拉曼的笔下，从费城会议的召开到各州批准宪法大会的辩论与表决，最终到《权利法案》在第一届国会上的制定，整个过程并不在制宪者的掌控之中。用克拉曼的话说，偶然性和不确定性在美国制宪中扮演了重要的角色。任何一桩意料之外的

---

[1] ［美］汉密尔顿、杰伊、麦迪逊著，程逢如译，《联邦党人文集》，商务印书馆1980年版；［美］麦迪逊著，尹宣译，《辩论：美国制宪会议记录（上下）》，辽宁教育出版社2003年版；［美］斯托林著，汪庆华译，《反联邦党人赞成什么——宪法反对者的政治思想》，北京大学出版社2006年版；［美］比尔德著，何希齐译，《美国宪法经济观》，商务印书馆2011年版；［美］德里、斯托林编，马万利译，《反联邦论》，浙江大学出版社2021年版。这些著作有的不止一个译本，足见其受欢迎的程度。

发展都可能影响制宪进程的方向。随机性远远大于必然性。所以，制宪并非一桩一开始就注定成功的事业。事实上，制宪进程中每一个僵局的化解，包括每一次妥协的达成或每一种体制的“发明”，并不是宪法崇拜者所称的上帝之手惠顾的结果，而是制宪者们在既存体制提供的路径或空间下进行政治谈判的结果。参与谈判的人所追求的目的是一致的：捍卫现有利益，争取更大的未来利益。

汉密尔顿、麦迪逊和杰伊为推动宪法批准而写作的《联邦党人文集》，成为后人理解和解读美国宪法的经典文献，但它提供的与其说是一种制宪的指南，不如说是一种制宪经历的解读（也可以称作“后事实解读”）。《利益的天平》呈现的更像是一幅不带任何光鲜理论色彩的白描。的确如此，如果没有1786年安纳波利斯会议的失败，1787年的费城会议也许就没有机会召开；如果大小州不在参议院平等代表权问题上达成妥协，旨在遏制州权的宪法条款则无法诞生；如果联邦主义者不接受马萨诸塞州批准宪法的方式，宪法的批准也就无法继续推进；而如果麦迪逊不在《权利法案》中加入第九、第十修正案，北卡罗来纳和罗得岛两州可能会以此拒绝批准宪法，而批准了宪法的弗吉尼亚等州也可能会出现反复。每一次妥协都是针对具体问题做出的让步，而每一次妥协又都对新的谈判和妥协设置一种新的局限，没有任何一个人（包括“宪法之父”麦迪逊在内[1]）或一群人（包括费城会议上最激进的联邦主义者在内）可以垄断整个制宪的过程。“路径依赖”的政治对所有人的“权力”都

---

[1] 麦迪逊的确扮演了更重要的角色。他在安纳波利斯会议失败之后及时提议召开费城会议，帮助弗吉尼亚州选派参加费城会议的代表，说服华盛顿参加费城会议，起草了弗吉尼亚方案，在邦联国会和州批准宪法大会上捍卫宪法文本，并主持了《权利法案》的制定等。克拉曼赞扬说：“在美国历史上，几乎没有人像他（麦迪逊）这样，在建国这样重大的事件中，发挥如此重要的作用。”（本书第1079页）即便如此，克拉曼也没有沿用传统的做法称他为“宪法之父”。

设定了限制。

第二，《利益的天平》在褪去制宪者的神话色彩的同时，也帮助我们认识到"常规政治"在美国制宪过程中的价值、重要性和局限性。制宪，说白了，是一个不同利益集团进行政治谈判的过程，并且是一种多层次、多维度的谈判。虽然费城会议是精英内部的闭门会议，将民众排斥在外，但即便在精英内部，利益也不是单一的或统一的。各种利益的冲撞，一环扣一环，一个问题的无解导致一连串问题的无解，而一个僵局的化解为其他僵局的化解提供了机会，任何事先的设计都不可能将所有的利益冲突估计到位，也不可能提供解决所有利益冲突的方案。所以，谈判的过程必须是开放的，利益的交换必须是具体的。这种谈判实际上是一个漫长的理性协商的过程（deliberation）。这个过程同时包含了立场的展示、激烈的辩论、几近绝望的僵持、对妥协的寻求和最终的让步等活动，这些活动并贯穿于整个制宪过程。

然而，这种形式的常规政治也不可避免地成为一种充斥着自我矛盾的政治，在制宪时代尤其如此。价值与利益的冲突不光表现在支持与反对宪法两派的对峙中，也存在于两派的内部，宪法也因此成为一种自相矛盾的产物。宪法在建立一个权力强大的联邦政府的同时，必须保留各州在邦联时代拥有的平等代表权；宪法以"我们人民"的名义制定，却不敢允许"人民"直接选举所有联邦政府的官员（包括总统、参议员和大法官）；宪法宣称联邦政府不得不经正当程序剥夺美国任何人的自由，却赤裸裸地允许奴隶主占有奴隶的人身。凡此种种，还有许多的自相矛盾之处。当一部宪法要包容多种不同利益群体的诉求时，它必然也就包括了许多自相矛盾的原则。然而，如果没有这些自相矛盾，便无法换来各种利益群体的让步与妥协，也就无法换来制宪的成功。所以，制宪者所追求的不是抽象的原则，而是达成最低共识的底线。这样的底线是不完美的，据此制定的宪法并不具有后人赋予的神圣性，而更多的是一种凡人政治的结果。正因为是凡人政治的演绎，反联邦主义者没有在与联邦主义者的博弈中被彻底击败。虽然他们的选择有限——只能在联邦主义者制定的宪法与失败的《邦联条例》之间进行选择，但他们很快发现，比起（在体制外）批评宪法的正当性，进入新政府体制中，从内部来挑战联邦主义者是更为有效的做法。宪法赋予了其反对派同样的机会与工具，这或许是费城制宪者没有料到的（本书第1107—1108页）。

最后是宪法与民主的关系。这是克拉曼没有彻底展开讨论的一个问题，也是《利益的天平》留给读者的最有反讽意味的思考。克拉曼开篇就表明立场，指出制宪的目的是阻挡“过度民主”的潮流。在第八章的总结分析中，他列举了宪法带有的诸多“非民主”和“反民主”的内容设计，包括臭名昭著的“3/5条款”（将蓄奴州的奴隶人口以3/5的比例计入州人口总数，作为分配国会众议院席位的基础）、参议员的选举方式（由州议会而不是由各州选民直选产生）、总统选举人团的设置（给予小州选民更大的人均选举优势）、参议员席位的分配（无视大小州的人口基数差别，一律为2名参议员）等。此外，还有其他条款，如联邦法官的终身任期制，以及宪法第五条的修宪规定（要求至少3/4多数州的同意，实际上给了1/3的州联合起来拒绝批准有利于全国的宪法修正案的权力）。

然而，费城会议代表最终没有以宪法的名义对全国公民的选举资格做出统一规定，也没有强制性地要求各州统一采用“不分选区选举”（at-large election）的方式来选举国会众议员，而是将规定选民资格、组织州和联邦选举的权力留给了各州。克拉曼的解释是，因为13个州的条件与情况各不相同，制定统一的选民资格极不现实，而在各州由联邦政府来组织选举则会造成混乱。显然，这并非是有意的“疏忽”，但它却保留了美国建国初期最重要的政治成就——选举的民主化。虽然这是一种非常初步的“政治民主”——因为它将选举权限制在拥有财产的白人男性公民的范围中，但它却为19世纪上半叶“杰克逊式民主”的成长奠定了宪法基础。这或许也是各州“人民”最终批准宪法的原因之一。如果制宪者为了防止“多数暴政”将选民的范围缩小，不难想象宪法文本将要遭遇的反对。如果我们接受克拉曼关于“路径依赖”的观点，那么剥夺或否定人民参与政治的权利，剥夺或否定州规范自身的“共和政府形式”的权力，也就都成为制宪者不敢选择也无法选择的路径。制宪者可以将“人民”影响联邦政府的渠道变得很窄，但只要州的权力没有被全部抹杀，只要州政治中的“民主”内容得以保留，“政治民主”便不会被消灭。相反，随着政党政治在19世纪上半叶的兴起，普通的白人男性公民获得了选举权，形成了一种新的“民主”力量，最终将猛烈地冲击和改变一系列的原始宪政设计，包括总统选举制度（总统选举人由人民直选产生）、参议员选举制度（参议员由各州选民直选产生）以及国会众议员的选举制度（采用单一议员选区制度）等。1836年，当麦迪逊作为费城制宪会议幸存的最后一名代表去世的时候，杰克逊式民主浪潮正在进入高潮，曾令费城制宪者深感畏惧的“民众政治”噩梦成真。但这在麦迪逊看来可能也不是一件可怕的事情，因为早在1798—1799年与约翰·亚当斯的联邦党人政府发生公开冲突的时候，他已经改变立场，变成了一名名副其实的州主权和言论自由权的捍卫者。当时他使用的法律武器不是宪法正文，而是《权利法案》（准确地讲，是宪法第一和第十修正案）。从这个角度来读《利益的天平》，我们会更欣赏克拉曼将费城制宪会议、宪法批准和《权利法案》统合为一体的用心所在。

制宪者不愧是一群政治精英，他们清楚地意识到自己制定的宪法是不完美的。因此，他们制定了宪法的第五条，让后人能够更容易地——相对于邦联时代而言——修订宪法。这是极有远见的做法。他们的成就不止如此。的确，他们制定的宪法带有诸多的时代缺陷和自相矛盾之处，但这部宪法为美国创造了一个具有开放性的政治体制。他们制宪的出发点也许是为了“去民主”或“反民主”，但宪法（包括《权利法案》）却为民主政治的最终来临做了铺垫。这是他们作为一群政治凡人通过常规政治创造出来的一种非凡的政治成就。历史地看，制宪者是成功的，虽然追求这种成功并不是他们的初衷。

直到今天，美国宪法也不是完美的，而且随着新旧问题的积累，变得更加不完美。美国宪法背负的历史包袱也越来越沉重，在政党政治的压迫下越来越迅速地丧失了改革的动力。进入21世纪后，关于宪政危机的焦虑早已不再藏身于学者的写作之中，而成为每个普通美国人都能感受到的一种活生生的现实。然而，今天的美国人是否有勇气像建国一代那样进行一场新的宪政改革，是否能够突破两个多世纪的历史造成的“路径依赖”的局限为宪法带来新生，是否敢于接受杰斐逊当年提出的挑战——“选择一种自认为最能促进自身幸福的政府形式”（本书第1121页），仍然是需要回答的问题。

2024年4月30日

前言与致谢

我开始写作本书时，完全没有想到会写成现在的样子。2011年夏天，我向牛津大学出版社的编辑戴夫·麦克布赖德（Dave McBride）提交了一份出版建议，打算给出版社的“不可剥夺权利”（Inalienable Rights）丛书写一本书，讨论美国制宪问题——也就是美国制定宪法的背景，宪法的起草与批准过程（其中包括数年后增加的《权利法案》）。我已经为这套丛书写过一本书，讨论美国历史上的种族问题；我以为，再写一部关于制宪的书，会是有所裨益的补充。这套丛书中的每一部大约是5万字，而本书的文字数量大大超过了预期（其中大量篇幅是注释）。

我是一名法学教授，教学和写作的绝大部分内容都是在讨论美国历史上最高法院的宪法解释如何受到大法官身处的社会与政治环境的影响，以及这些宪法解释如何影响社会与政治环境。在过去的25年里，我也一直在教授一门名为“从建国到重建的美国宪法史”的课程。在这门课上，我一开始都会花三个星期的时间来介绍美国宪法的背景、制定与批准宪法的经过。因此，我一直都是美国制宪方面相关学术研究成果的狂热追随者。2011年，《哈佛法律评论》

（*Harvard Law Review*）编辑部的学生们请我写一篇书评，评论鲍林·梅尔（Pauline Maier）的出色著作《批准：1787—1788年的美国宪法辩论》（*Ratification: The People Debate the Constitution, 1787–1788*），我冒出了写作本书的念想。

接下来，我便误入歧途，沉浸于美国制宪的原始材料不能自拔，这些材料包括通信、报纸文章、小册子、立法机关与制宪会议的辩论记录。此前，我从未如此系统地研读这些材料。在收集材料的过程中，我得到了一位慷慨而专业的法律图书馆馆员的协助，哈佛大学法学院的一批具有天赋、精力充沛的学生也帮了我大忙。过去四年里，我大部分时间都埋首于制宪时期的原始材料中。

我认为，对于现有的关于美国宪法起源的汗牛充栋的学术研究成果，本书有三个方面的主要贡献。首先也是最重要的是，此前无人尝试着写一部全面论述美国制宪的著作，很多书——有些写得相当精彩——写出了制宪故事的不同方面：《邦联条例》的缺陷亟须修正；18世纪80年代中期各州（邦）相互冲突的财政与货币政策极大地推动了宪法的制定；费城制宪会议制定了新宪法；联邦主义者和反联邦主义者（也就是那些支持或者反对宪法的人）相互冲突的观念与利益；批准宪法的运动；以及最后制定的《权利法案》。不过，在我看来，学界仍然缺乏一部讲述整个制宪历史的单卷本著作，我觉得，本书或许可以弥补这一缺憾。

其次，我将尽最大可能地用参与者的语言来讲述这段历史。这样做将有助于我们理解：他们是一项具有争议性的事业的政治参与者，而非我们一直被教导应该尊敬的神话般的建国之父。让这项政治事业的主要参与者自己站出来说话，至少有助于读者更好地理解美国宪法的制定过程，更好地判断该如何解释美国的制宪历史。

最后，本书关于美国制宪的理解不同于以往的学者和著作。简单地讲，没有任何一种单一的动机或者变量能够解释美国制宪。不过，专家们将会看到，我尤其倾心于其他一些学者长期以来主张的观点：美国制宪是一场保守性的反革命，反对的是18世纪80年代中期大多数州（邦）立法机构所采取的不负责任的经济措施，他们将其诊断为过度民主症。

沿着这一路径，对于这种制宪解释所产生的两个问题，我希望能提供比以往的研究更加完整的解答。第一个问题是，参加费城制宪会议的代表为何倾向于，并且也能够制定一部非常不同于多数美国人预期或者希望他们制定的宪法？第二个问题是，联邦主义者如何能够说服全国人，以相当民主的批准程序（至少在当时是民主的），支持这部严格限制民众影响政府的宪法？而且，这部宪法还与当时各州（邦）宪法相冲突。这都是了不起的成就——无论你是否认为这么做合法或者应该——我希望投入更多的笔墨，来解释制宪者为何能够做到这些。

如果没有获得大量帮助，我不可能在相对较短的时间里——不到四年——写完这部书。在哈佛大学法学院任教有一个奢华的便利条件，就是可以从我们才华横溢的学生群体中获得研究协助。我的研究助理帮我查找复印相关资料，并根据材料核对我的文字，让我不用担心引文的准确性。他们完成了这些工作，使我可以花更多的时间来阅读、思考、谋篇和写作。

以下同学协助我完成了本书：萨姆·卡拉汉（Sam Callahan）、亚伊尔·迪宾（Yaira Dubin）、路易斯·费希尔（Louis Fisher）、凯特琳·哈尔彭（Caitlin Halpern）、姜辰辰（Chen-Chen Jiang，音译）、杰里米·克雷斯伯格（Jeremy Kreisberg）、丽贝卡·马特（Rebecca Matte）、丹尼尔·内西姆（Daniel Nessim）、凯文·尼兰（Kevin Neylan）、肖恩·韦莱特（Sean Ouellette）、苏珊·佩尔

蒂埃（Susan Pelletier）、西尔韦纳斯·波尔克（Sylvanus Polky）、阿尔贝特·里韦罗（Albert Rivero）、阿里·鲁本（Ari Ruben）、安德烈斯·萨利纳斯（Andres Salinas）、伊登·希夫曼（Eden Schiffmann）和玛瑞莎·舒奈斯（Marisa Schnaith）。如果不单列出来，特意感谢数量更少的学生研究助手，将是我的失误。据我了解，这几位同学都为本书耗费了数百小时的时间。他们是玛雅·布罗齐亚克（Maya Brodziak）、科尔·卡特（Cole Carter）、肖恩·德里斯科尔（Sean Driscoll）、凯蒂·弗拉纳根（Katie Flanagan）、阿弗洛蒂·焦瓦诺保罗（Afroditi Giovanopoulou）、肖恩·米尔斯基（Sean Mirski）和劳拉·迈伦（Laura Myron）。我十分感谢所有这些极富才华、辛勤工作、自觉自律、品行良好的年轻人为本书所做的巨大贡献。

我的助手（不是学生）一开始是金伯莉·奥哈甘（Kimberly O'Hagan），后来的18个月是明迪·埃金（Mindy Eakin），她们提供的帮助，让我可以在本书中展开比预期更为广泛的研究。我估计，她们两人加在一起，一共录入了2 000页文献上的注释，这些都是我在自己阅读的原始和二手文献中标记出来的。她们的录入工作迅捷高效，而且极为准确，整洁易读。明迪还为我收集了数百篇文献与相关图书，她几乎凭一己之力，安排了本书的所有插图。我十分感激金伯莉与明迪为本书所做的巨大贡献。

哈佛大学法学院图书馆馆员明迪·肯特（Mindy Kent）帮忙收集了数十篇期刊论文，以及美国制宪时期的数百篇书信。她对我带来的大量额外工作负担毫无怨言。朱丽叶·弗雷（Juliet Frey）是一位专业编辑，她用灵巧的笔调帮我润色文字；她性情幽默，令整个编辑修改过程充满乐趣。

我曾将本书的核心观点——在极为重要的意义上，美国制宪是一场反对民意的“政变”——提交给以下论坛与讲座：哈佛大学法学院组织的两次教师工作坊和几次学生活动，玛莎·米诺（Martha Minow）和迪克·法伦（Dick Fallon）在哈佛大学组织的公法论坛，约翰·曼宁（John Manning）在哈佛大学法学院组织的联邦法官工作坊，约翰斯·霍普金斯大学的宪法日演讲［感谢乔尔·格罗斯曼（Joel Grossman）的热情邀请］，弗吉尼亚大学法学院的McCorkle讲座（在2008年移居剑桥之前，我曾有幸在弗吉尼亚大学法学院任教20年，而剑桥离波士顿红袜队主场芬威球场更近）。在这些论坛和讲座上，我得到了与会者/听众大量极有帮助的评论，其中，我尤其要感谢拉里·莱斯（Larry Lessig）、吉姆·帕特森（Jim Patterson）、萨伊·普拉卡什（Sai Prakash）与玛特·斯蒂芬森（Matt Stephenson）。

在写作本书的过程中，我所获得的最值得感激的反馈是很多好心的读者对书稿提出的评论意见。我的几位朋友、同事以及学界同行阅读了全部或者大部分书稿，并给我提供了十分有益的改进建议，他们是乔纳森·吉纳普（Jonathan Gienapp）、肯·霍格（Ken Hoge）、达丽尔·莱文森（Daryl Levinson）、约翰·曼宁、玛莎·米诺、玛特·罗恩（Matt Rowen）、安德鲁·施罗德（Andrew Schroeder）和迈克·塞德曼（Mike Seidman）。我一直很钦佩以下三位历史学家的研究成果，他们的研究极大地影响了我关于美国制宪的思考，他们是马克斯·埃德林（Max Edling）、杰克·雷克夫（Jack Rakove）和戈登·伍德（Gordon Wood），他们也阅读了全部或大部分书稿，并给我提供了多页极有帮助的评论意见。

我还要特别感谢另外一些为本书提供更大实质性帮助的人。伍迪·霍尔顿（Woody Holton）的著作《不服管束的美国人与美国宪法的起源》（*Unruly Americans and the Origins of the Constitution*）

极大地影响了我观察美国制宪的视角，他不仅给我写了好几页很有启发的评论意见，而且还对整个初稿做了大量的修订工作。迈克尔·克嫩（Michael Coenen）与马尔科·巴齐尔（Marco Basile）——一个是我先前指导的弟子，一个是上过我课的学生，两人都给我提供了二十多页详细而又敏锐的评论，在我准备书稿的最后阶段，极大地提升了书稿的品质。

我还要对里奇·莱弗勒（Rich Leffler）与约翰·卡明斯基（John Kaminski）致以最大的谢意，数十年来，他们两人一直在编辑《美国宪法批准文献史料集》（*Documentary History of the Ratification of the Constitution*，这是一套绝对精彩的文献集，没有这套历史文献，就不可能出版本书）。他们可能是当今世上最熟悉本书所讲述的美国制宪故事的两个人。里奇·莱弗勒阅读了本书的第一至四章，约翰·卡明斯基通读了整部书稿（第六章关于批准宪法的部分内容，他不止读了一次）。凭借着关于那个时代的非凡知识，他们发现了书稿中的大量错误、多处逻辑矛盾，指导我阅读更多的资料（包括原始材料与二手文献），改进了我的文字水平与引证方法。我与他们两人未曾谋面，因此，我只能说，他们的付出完全是出于学界同行的慷慨援助——他们两人都在这部书稿上花费了数十个小时的时间。在我看来，他们的行为是对学术事业的最好诠释。

最后，我要感谢哈佛大学法学院院长玛莎·米塔提供的经济与道义上的支持。我还要感谢——这个感谢有些非比寻常——波士顿红袜队在2015年狼狈不堪的表现，使我可以更加认真地专注于完成本书的写作（2013年美国职业棒球大联盟竞赛，波士顿红袜队意外夺冠，我因观看比赛而延误了写作，2015年的努力算是弥补）。谢谢我的伴侣莉萨·兰斯韦克（Lisa Landsverk），感谢她愿意容忍我彻底沉浸在本书的准备与写作之中。感谢我的哥哥塞思（Seth），这本书要献给他，感谢他终生的爱与支持。

迈克尔·J.克拉曼

于佛罗里达州萨尼贝尔岛

2016年1月

目　录

上　册

导 言

1787年9月17日，当制宪会议闭幕时，本杰明·富兰克林（Benjamin Franklin）对其做出了两点评价：首先，他指出，“当你聚拢一批人，发挥他们的共同才智时，不可避免地也会招来他们的所有偏见、他们的激情、他们的错误看法、他们的乡土利益，还有他们的自私观念”。其次，富兰克林认为，如果能看到这种不可避免的趋势，你就会非常惊讶地“发现，他们制定的这种宪法体制简直是近乎完美”。[1][❶]

在接下来的225年里，美国人选择了接受富兰克林的第二点评价（令人惊讶的近乎完美的宪法体制），而忽视了他的第一点评价（制宪者们与生俱来的激情、偏见与错误）。美国人尊崇宪法和制定宪法的人，常常认为他们有如神助。1928年，伟大的公民自由律师路易斯·马歇尔（Louis Marshall）将宪法描述为“我们的至圣所，是一件重要的神器，是地球上最自由政府的指导原则，不允许任何

❶ 为了方便读者，我以当今惯用的格式改写了引文中的拼写、大写与标点符号，但是并没有改变原话的含义。我也以类似的方式扩充了他们的缩写。

不洁之手触碰”。[2]

这种崇拜宪法及制宪者的趋势很早就出现了。早在费城制宪会议结束数月之后，詹姆斯·麦迪逊（James Madison）就曾表示，“任何思虑虔诚之人，都不可能不会察觉到，宪法之中隐藏着上帝全能之手的一根手指；在我们革命的关键阶段，这只全能之手也经常发挥作用，给予我们莫大的慰藉”。在制宪会议上，各方意见极其多元，要将各种相对立的意见融进同一部宪法，极为困难。为此，麦
1 迪逊告诉托马斯·杰斐逊（Thomas Jefferson），在一般人看来，“会议最终达成一致意见的统合程度，不啻一个奇迹”。[3]

在举国辩论是否应该批准宪法期间，支持批准宪法的一方（“联邦党人”）也常常提出类似的看法。一位联邦党人表示，“联邦制宪会议上非同寻常的和谐……必须归功于上天的特殊影响”；另一位联邦党人则指出，“上天微笑地看着他们商议新宪法，鼓励这批代表发挥和解精神”。本杰明·拉什（Benjamin Rush）医生是宾夕法尼亚州联邦党人的领袖，他在本州批准宪法的大会上说，“上帝之手在起作用，如同上帝分开红海之水，让以色列的子民顺利穿过”。当批准新宪法的州达到规定的数量后，拉什宣称，“这简直有如神佑，神力在其中所起的作用，丝毫不亚于《圣经》旧约和新约所记载的任何神迹”。在拉什看来，宪法得以批准，无疑是“上天在眷顾支持联邦的一方”。[4]

支持批准宪法的一方以神助来论证他们的主张，在一定程度上可以说是一种政治策略——用来最大化他们的胜算。在制宪会议上，麦迪逊就曾解释道，“这次会议能否受到尊重，要取决于参加会议的代表如何介绍这次会议”。在弗吉尼亚州批准宪法的斗争中，他告诉州长埃德蒙德·伦道夫（Edmund Randolph），“如果制定和建议大家批准这部宪法的人只是籍籍无名之辈，而非受公众尊重和信

任之人，宪法的文字可能还会跟现在一样，但肯定无法引起目前崇拜宪法智慧的多数民众的关注”。就在费城制宪会议结束后的数天里，亚历山大·汉密尔顿（Alexander Hamilton）就曾预计过批准宪法的前景，他同样认为，联邦党人拥有一个重要优势，那就是制宪者们的影响力——尤其是乔治·华盛顿（George Washington）的巨大影响力。[5]

联邦党人最大限度地利用了这种优势——很多费城制宪会议代表的巨大公共声望。实际上，费城的这场制宪会议还没结束时，就有支持建立更强大全国性政府的人提出，“在这个地球上的任何国家，此前从未有过这样一批文明诚实之人，他们得到了美国民众的普遍信任，为了共同的政治目的聚在一起”。另外一位具有类似政治倾向的政论作者写道，像华盛顿这样的人，“绝不会堕落到建立一个会让自己和同胞丢脸的机构，来玷污自己往日业绩带来的荣耀”。华盛顿和富兰克林这样一些“贤士”，“打心底里是为了美国人好”，整个国家都可以“放心”。[6] 2

费城制宪会议公布新宪法之后，联邦党人一再以制宪代表的智慧和美德为理由，论证应该批准新宪法。比如，宾夕法尼亚州有一篇支持批准宪法的文章提醒读者，“你们都看到了，美国这次伟大的会议——会议领袖是富兰克林和华盛顿，他们也是这个国家的奠基者——仔细考虑了国人最切身的利益，费尽心力地构建了一套法律和政制体系，将永存你们通过刀剑赢得的独立福祉”。纽约的一位联邦党人写道，“培养和传播一种服从这批伟大爱国制宪代表的精神”，是“所有诚实和心怀善意之人的职责”。当有些反对批准宪法的人（“反联邦党人”）指责新宪法是一场奴役美国民众的预谋时，弗吉尼亚州的一位联邦党人提出了反驳，他提醒同胞们注意，制宪会议代表中“有一位名叫华盛顿的人，他在守护着我们的安全，他的头发因此而花白，眼睛也慢慢黯淡无光”。会议代表中还有一位名叫富兰克林的人，“他的哲学和政治才能，为自己赢得了全世界的尊重”。像这样一些人真的可能“会密谋奴役这个国家吗”？[7]❶

但是，反对批准新宪法的人也有自己的理由，他们担心民众“太过随意地盲目赞同那些具有极高声望之人、那些品质和爱国心都值得信任之人”。纽约的一位反联邦党人想知道，仅仅因为民众“在获得检视新宪法的机会之前，拒绝表示支持（这部新宪法），就将这些人视为政治上的异端”，这是否公平或者合理？宾夕法尼亚州反联邦党人的领袖人物威廉·芬得利（William Findley）抗议说，联邦党人应该“以过硬的证据回应我们提出的理由”，而不是“用这些伟人的名字来质疑我们内心的信仰”。马萨诸塞州反联邦党人领袖埃尔布里奇·格里（Elbridge Gerry）也是费城制宪会议上持不同意见的重要代表，他在回应“应该从内心相信这场制宪会议”的
3 主张时提出，“无论签署这部宪法的代表有多么受人尊敬，都必须承认，一个自由的民族才是他们权利和自由的合适保护者——再伟大的人也可能犯错——他们的错误有时极其惊人”。[8]

与建国时期一样，美国历史上的政治人物会引用立宪者的智慧和美德，以此来对抗宪制变迁，他们也指责政治对手们“不够虔

---

❶ 反联邦派知道，直接批评华盛顿肯定是行不通的，他们通常非常谨慎小心，不去跨越这个界线。但是，当他们对华盛顿有微词时，联邦派就会反击说：“难道你们的人性会堕落到这个地步，竟然对这样一个领导美国走向独立和自由的人，如此忘恩负义？”只有“毫无原则的君王才会做出如此邪恶之事”，像华盛顿这样的人，“八年苦战，为你们赢得自由和独立，现在绝对不可能计划颠覆你们的自由，引导你们走向奴役之路”。参见“A Citizen of Philadelphia” (Pelatiah Webster), *Pennsylvania Gazette*, Jan. 23, 1788, *DHRC*, 2:658(“难道你们的人性”)；“Cassius” V, *Massachusetts Gazette*, Nov. 30, 1787, *DHRC*, 4:340（“毫无原则的”和“八年苦战”）；另见 1788 年 3 月 31 日奥尔尼·温莎（Olney Winsor）致奥尔尼（霍普）· 温莎夫人［Mrs. Olney (Hope) Winsor］，*DHRC*，8:523。

诫”。他们习惯于将宪法类比为（存放十诫的）“约柜”。费城的独立厅就是“宪法诞生的圣地”，也常被描述为“美国国土上最神圣的地方”，去费城参观的游客则被视为“朝圣者”，人称“神殿前的朝拜者”。[9]

与此同时，另外一些人则指责这种崇拜宪法的倾向是一种盲目崇拜。杰斐逊就曾描述并批评过这种冲动——给过往附加“一种人类之上的智慧”，“以假模假样的崇敬来对待宪法体制，将其视为约柜，神圣而不可触碰”。[10]

麦迪逊神化立国一代的主要原因在于，他认为人民自己不可能很好地管理自己；必须通过习惯和传统来教导公民遵守立宪政府的权威，尊崇立国一代。如果不这么做，人民可能会频繁地更改他们的宪法体制，这样“也会在很大程度上剥夺时间给政府所带来的尊严；如果没有尊严，就算是最明智、最自由的政府也将无法维持所需的稳定”。政府体制方面的试验，“性质上非常不稳定，没必要多次重复”。“通过激发过于强烈的公众激情，打破安宁的公共生活”，实在是危险之举。[11]

后来的历史人物为了阻止改变宪法（或是传统宪法解释）的提议，继续神化立国一代。1865年，反对宪法第十三修正案的人强调说，宪法是神圣的，六十多年都没有修改；修改宪法来禁止奴隶制度，本身就不符合宪法。其中的一位反对者是来自肯塔基州的参议员拉扎勒斯·鲍威尔（Lazarus Powell），他描述了立国一代如何“站在洗礼池旁边，宣布新宪法的诞生”。19世纪90年代末，联邦最高法院宣布具有进步色彩的所得税法无效、支持针对劳工的禁令，因此受到指责。支持最高法院立场的人也将宪法描述为这个国家“最珍贵的宝石……是由我们的先辈在神启的时刻所创造的”。第一次世界大战后，自我标榜的爱国者促使国会设立宪法日，将宪法文本

陈列于国会图书馆。在他们看来，宪法崇拜可以用来抵抗共产主义、
4 无神论和其他外来政治思想。1937年是美国宪法150周年纪念，反对富兰克林·罗斯福（Franklin Roosevelt）总统改组法院计划的一些人和组织——比如美国自由联盟，同样敬拜“宪法神殿”。[12]

然而，宪法崇拜并不能替代关于宪法是如何产生的真知识。正如这个领域的一位顶尖历史学家所言，“偶像崇拜往往是用来方便地遮盖无知”。[13]

在这本书里，我要以一种揭穿神话的方式来讲述美国宪法起源的故事。那些起草这部宪法的人，确实功勋卓著，但他们不是半神，他们也有自己的利益、偏见和道德盲点。他们不可能预见未来，他们也犯了错误。

正如我们将要看到的那样，《邦联条例》（*Articles of Confederation*）——宪法之前的美国政府体制——备受各种缺陷困扰。最重要的是，在《邦联条例》之下，国会缺乏征税权，无权管理州际与对外商贸，甚至无权让不服从邦联政府的州遵守国家条约。我在本书的第一章检讨了《邦联条例》的诸多缺陷，还讨论了在1787年制宪会议之前，为何会出现不可阻挡的行动，想要弥补这些缺陷。在这期间曾经出现过好几个修改《邦联条例》的提议，但是一些利益相关的州阻挡了这些提议，这激起了新的怨恨，也促使其他一些州采取报复性行动。这一章还讨论了外交部长约翰·杰伊（John Jay）与西班牙谈判，要求美国在密西西比河拥有航运权所涉及的争议，以及由此加深的区域分歧，这种分歧似乎就要威胁到联盟的存续，也让很多州担心真的会发生内战。

然而，宪法也并不单单是为了应对《邦联条例》中某些广为人知的缺点，在很大程度上，宪法也是为了回应18世纪80年代中期

各州（邦）之间发生的经济纠纷。本书第二章讨论了在独立战争之后的严峻经济环境中，多数州采取立法措施，调节税收和缓解债务负担。这些举措遭到了全国大部分政治和经济精英的谴责，他们认为这样的政治举措，完全是为了迎合民意。其中，马萨诸塞州——民众要求减缓债务的要求被州议会否决后，债务人和纳税者群情激愤，封闭了当地法院，以此防止抵押品被收走，并强行要求州议会通过减免债务立法。谢斯反叛（Shays's Rebellion）震惊了很多著名的政治人物，他们视此举为大规模攻击政府的行为，可能会危及私有财产。

在某种程度上可以说，宪法的部分功能是阻止立法机构减免税
收和债务负担。宪法代表了争论一方的胜利，这场争论确实分为两
派——但是，如果认为宪法是为了矫正《邦联条例》的缺点，这种 5
看法又不太确切，因为双方一致强烈认为，要采取改进措施。谢斯
反叛也深刻地影响了费城制宪会议及其最终结果。如果在谢斯反叛
和各州制定减免税收立法的前几年制宪，其最终结果可能会与后来
的费城制宪完全不同。

18世纪80年代，美国曾出现过几次企图改革《邦联条例》的不成功尝试，最后怎么会决定进行激进改革，召开这样一场《邦联条例》没有授权的开放式制宪会议呢？以事后之明观之，通往费城制宪的很多步骤，似乎都幸运而意外。如果1787年没有召开这场制宪会议，后果会怎样？很多政治人物都认为，邦联国会已经处于崩溃的边缘，联盟也濒临解体。他们预计，邦联崩溃可能会引发内战，或许会使美国丧失共和体制。这样的表述，仅仅只是恐吓美国民众支持激进宪法变革的言辞，抑或是对于不制定或者批准这部宪法所造成后果的真实预测？

本书第三章检视了1787年5月在费城召开的这场制宪会议，包

括如何设定会议日程，如何解决其中涉及的原则问题。正如我们将要看到的那样，从一开始，这次会议就冲突不断。会议代表观念分歧严重（比如政治代表的性质如何，以及行政分支的理想结构是怎样的），而且他们之间的利益诉求也不一致（比如小州和大州在联邦立法机构应该拥有多大权力）。虽然制宪会议代表大多以政治原则相互争论，但是这种表面上的政治原则之争，往往是为了从理论上论证他们的利益诉求。

一连几个星期，会议代表们都在争论会议上最棘手的问题：采取怎样的方式分配联邦政府代表，才能让大州和小州都接受。为此，制宪会议差点散伙，但妥协还是解决了这一问题。第三章探讨了围绕这一争论所提出的各种主张。

最终，费城制宪会议设计的体制极大地扩充了联邦政府的权力，同时也让政府远离民众政治的冲击，这一点超出了当时大多数美国人的预计和期望。这也是批准宪法的斗争如此胶着的一大原因。
6 本书第三章还讨论了为何制宪会议无法代表全国的民意：是怎样的外在因素和决定，导致制宪会议代表草拟出这样一部宪法？

当来自大州和小州的制宪会议代表为如何分配国会席位吵得不可开交时，麦迪逊不止一次地注意到，各州在制宪会议上真正的利益冲突，体现了他们对奴隶劳动的不同依赖程度。本书第四章考察了费城制宪会议上的奴隶制度之争。尽管制宪会议绝无可能采取倾向于废除奴隶制的重大行动，但是来自蓄奴州和（绝大多数）自由州的会议代表还是分歧严重。经过几次涉及奴隶制的妥协，制宪者们最终就宪法达成一致意见，北方代表是否提出了他们的最优条件？他们是否受到南方代表的过度恐吓？因为南方代表一再威胁说，如果不赞同他们在奴隶制问题上的主张，他们就要离开会场。

在批准宪法的争论中，有些北方联邦派提出，宪法将奴隶制度推上了消亡之路。但是，他们的很多南方盟友则认为，宪法是一部强烈支持奴隶制度的文献。到底哪种主张更真实呢？

当然，在批准宪法的斗争中，奴隶制并不是争论的唯一问题——甚至不是最原则性的问题。本书第五章更加广泛地讨论了批准宪法过程中的争论：反联邦派在反对批准宪法时提出了哪些论据，联邦派又是如何回应的？在批准宪法的争论中，为了捍卫某些具体的宪法条款，联邦派的论据，如何紧密地追随制宪者在费城会议上提出的主张？

当然，反对批准宪法的那些论据也不一定就必然反映反对派背后的潜在利益诉求。有些反对宪法的理由更为广泛，比其他一些理由更具正当合理性。而且，那些下决心反对批准宪法的人，也有动机提出最可能说服犹疑不定的投票者，以及制宪会议代表反对宪法的任何主张。

除了考察反对宪法的各种理由外，本书第五章还讨论了实际上可能影响批准宪法的诸多因素。联邦派和反联邦派有时不过是对政府持有不同看法，与阶级相关的利益、职业、一州和一地的规模与环境——东西差异、南北矛盾和城乡对立——似乎在决定选民批准宪法的过程中起到了更为重要的作用。

制宪者们创造的新宪法大大地扩展了联邦政府的权力，限制了
民众对政府的影响。联邦派到底是如何成功地说服美国人，通过理 7
性而民主的程序批准一部似乎在很多方面都要限制他们的偏好、在国家层面明显制约民主的宪法的呢？

本书第六章检视了宪法的批准程序，从很多方面看，批准宪法的程序都不是一场公平之战。联邦派占据着某种优势，有些优势源自幸运，有些则是他们努力的结果。比如说，在一些州，选举批准宪法的大会代表时，对联邦派十分有利。几乎在所有的州，报纸和出版社

都是一边倒地站在联邦派一边。经济和教育领域的精英也几乎都支持批准新宪法。联邦派拥有的最重要优势在于宪法的第七条，该条废除了《邦联条例》所要求的修改条例需要征得各州的一致同意，而是规定，若有九个州赞同，则足以使新宪法生效（尽管这些州的决定只能约束本州）。唯有改变既有的基本规则并让反对者也认同这样的新规则，联邦派才有机会在批准宪法的斗争中取胜。但若不是对手出现若干重大战略失误，联邦派最终也许很难获胜。

第六章一个州一个州地讲述了批准宪法的斗争，指出了双方势头转换、战术选择的重要意义，以及最终结果的偶然性，大多数参与宪法批准之争的人，都对这种结果持怀疑态度。虽然新宪法得以批准是这个国家历史上最重要的事件之一，但是斗争中所使用的，却基本上是常规政治武器，这一点也许会令人感到惊讶。双方都质疑对方的动机，攻击对方的人品，以物质利益诱导投票者，玩各种小把戏，必要时也进行幕后交易。

在整个批准宪法的过程中，反联邦派提出——很多都相当具有说服力——要求有条件地批准宪法，即先批准修正案，要求召开第二次制宪会议，以便考虑各州在批准宪法大会上所提出的修正提议。联邦派坚决拒绝有条件地批准新宪法和召开第二次制宪会议，他们从法律和实际的政治两个方面论述了自己的立场。这两方面的主张都没有完全囊括联邦派如此反感有条件地批准宪法和二次制宪的原因。最终，大多数美国人倾向于接受的新宪法，也许既不是有明显缺陷的《邦联条例》，也并非具有浓厚国家主义色彩、束限民主的新宪法，而是介于两者之间。但是联邦派成功地不让他们有任
8 何中间选择。

最初的新宪法并不包括《权利法案》，对于那时和当今的大多数美国人而言，这是令人震惊的疏漏。本书第七章考察了《权利法

案》的诞生过程。与其他时候一样，在美国制宪建国的这一时期，麦迪逊发挥了极其重要的作用。他在批准宪法的争论中，反对增加任何修正案，但最终却成为《权利法案》的伟大旗手，这其中的转变是如何发生的呢？当大多数联邦派毫无兴趣接受一揽子宪法修正案、大多数反联邦派也无意接受他所提出的某些修正条款时，麦迪逊又是如何说服第一届国会接受宪法修正案的呢？

在整个批准宪法的斗争中，反联邦派都在质疑新宪法的正当性：邦联国会超越自身权限，认可费城制宪会议；制宪会议代表忽视了他们所收到的修改《邦联条例》的指令；《邦联条例》要求修改时必须得到各州立法机构一致同意，而新宪法规定，只要九个州批准，宪法大会的主张便可生效。以宪法变迁的程序观之，这些确实不符合既定规则，但是，一旦新政府开始运作，反联邦派很快就放弃了他们从制宪正当性角度提出的质疑。

本书第八章是最后的总结，这一章讨论了为何反联邦派会选择这么做。一个可能的解释是，在新宪法之下，美国很快走向繁荣——很可能是因为新宪法，美国才会如此；另外一种可能性在于，以前的反联邦派很快发现，尽管在新宪法范围之内他们的活动空间有限，但他们仍然可以提出他们在反对批准宪法过程中所主张的基本政治立场。确实，在从1800年到内战期间的大部分时间里，反联邦派的意识形态和政治立场继承人，似乎基本上控制了宪法解释，无论是在联邦政府的政治部门还是在最高法院［至少是在19世纪30年代早中期，首席大法官约翰·马歇尔（John Marshall）和他的联邦派/辉格派同僚去世之后］，都是如此。尽管反联邦派在批准新宪法的斗争中失败了，但他们似乎赢得了解释宪法之战——至少在内战之前是这样。

第八章还考察了新宪法中一些具有充分延展性的重要宪法条款，

在杰克逊时代如何不经过正式的宪法修订程序，就能适应强大的民主
化力量。但其他一些宪法条款行文过于确切，无法通过解释的方式适
应新的变革，这些条款也成为正式修宪的抵抗力量，其中宪法第五
9 条为修改宪法设置了令人望而生畏的难关。尽管这些条款不符合当代
民主规则，但仍然约束着当今的美国人，我们应该如何理解这些条款
呢？广而言之，一个现代民主社会竟然被225年前具有完全不同认知、
观念与价值的人们制定的宪法统治着，我们又该作何感想呢？

这是当代宪法理论所遇到的最重要的问题之一。尽管历史本身
并不能提供答案，但是理解宪法到底是如何形成的，却是朝着正确
10 方向迈出的重要一步。这也是本书所希望讲述的故事。

注释

1 1787年9月17日本杰明·富兰克林在费城制宪会议上的发言（麦迪逊记录），收录于 *The Records of the Federal Convention of 1787* (Max Farrand, ed., rev. ed. 1966), 2:642［以下简称“*Farrand*”］。麦迪逊在费城制宪会议上所做的记录最为详细，不过其他几位代表也做了记录。除非有特别说明，以下注释中提到的 Farrand 一般指的是麦迪逊的记录。

2 *New York Times*, Mar. 7, 1928, 27; Michael Kammen, *A Machine that Would Go of Itself: The Constitution in American Culture* (New York, 1986), 225; Robert A. Dahl, *How Democratic Is the American Constitution?* (New Haven, CT, 2nd ed. 2003), 122; Sanford Levinson, *Constitutional Faith* (Princeton, NJ, 1988), 14；另见 Jack N. Rakove, *Original Meanings: Politics and Ideas in the Making of the Constitution* (New York, 1996), 367; James H. Hutson, “Country, Court, and Constitution: Antifederalism and the Historians,” *William and Mary Quarterly* (July 1981), 38:342。

3 *The Federalist No. 37* (Madison), at 230–231 (Clinton Rossiter, ed., New York, 1961)（“任何思虑虔诚之人”）; Madison to Jefferson, Oct. 24, 1787, *The Papers of James*

Madison (Congressional Series) (Robert R. Rutland and William M. E. Rachal, eds., Chicago, 1977), 10:208［以下简称“*PJM* (C.S.)”］(“会议最终”)；另见 Richard Beeman, *Plain, Honest Men: The Making of the American Constitution* (New York, 2009), 179。

4 “The Landholder” X, *Connecticut Courant*, Mar. 3, 1788, *The Documentary History of the Ratification of the Constitution* (John P. Kaminski and Gaspare J. Saladino, eds., Madison, WI, 1986), 16:306［以下简称“*DHRC*”］(“联邦制宪会议”)；David Ramsay, Oration, Charleston *Columbian Herald*, June 5, 1788, *DHRC*, 18:160(“上天微笑地”)；1787 年 12 月 12 日拉什在宾夕法尼亚州批准宪法大会上的发言，*DHRC*, 2:593(“上帝之手”)；Benjamin Rush, Observations on the Fourth of July Procession in Philadelphia (July 15, 1788), *DHRC*, 18:266(“这简直”和“上天在眷顾”)；另见 Levinson, *Constitutional Faith*, 13; Beeman, *Plain, Honest Men*, 179。

5 1787 年 6 月 12 日麦迪逊在费城制宪会议上的发言，*Farrand*, 1:215(“这次会议”)；1788 年 1 月 10 日麦迪逊致伦道夫，*PJM* (C.S.), 10:355(“如果制定”)；Alexander Hamilton, Conjectures About the New Constitution (sept. 17–30, 1787), *DHRC*, 13:277。

6 *Pennsylvania Gazette*, Aug. 22, 1787, *DHRC*, 13:190(“在这个地球上”)；“An Admirer of Anti–Federal Men,” New York *Daily Advertiser*, July 26, 1787, *DHRC*, 19:15(“绝不会”“放心”“贤士”和“打心底里”)；对于制宪会议召开期间所出现的其他类似表述，参见“An American,” *Massachusetts Centinel*, Aug. 4, 1787, *DHRC*, 13:185; “Observator” V, *New Haven Gazette*, Sept. 20, 1787, *DHRC*, 3:349；另见 John K. Alexander, *The Selling of the Constitutional Convention: A History of News Coverage* (Madison, WI, 1990), 27–28, 58–62, 202–204, 213–214。就连更不容易被打动的杰斐逊，也称这次会议为“半神大会”；1787 年 8 月 30 日杰斐逊致约翰·亚当斯(John Adams)，*The Papers of Thomas Jefferson* (Main Series) (Julian P. Boyd et al., eds., Princeton, NJ, 1955), 12:68［以下简称“*PTJ* (M.S.)”］。

7 *Pennsylvania Packet*, Sept. 22, 1787, *DHRC*, 13:222(“你们都看到了”)(原文强调)；New York *Daily Advertiser*, Sept. 24, 1787, *DHRC*, 19:51(“培养和传播”

和“所有诚实和”); Alexander White, “To the Citizens of Virginia,” *Winchester Gazette* [Virginia], Feb. 29, 1788, *DHRC*, 8:443–444(“有一位名叫”“他的哲学”和“会密谋奴役”); 联邦党人利用这种修辞手法的其他情形，参见 *A Citizen of New–York: An Address to the People of the State of New York* (John Jay) (Apr. 15, 1788), *DHRC*, 20:931; *Essex Journal*, Nov. 21, 1787, *DHRC*, 4:292; *Massachusetts Centinel*, Nov. 10, 1787，同上，214。

8 “Centinel” I, Philadelphia *Independent Gazetteer*, Oct. 5, 1787, *DHRC*, 13:330(“太过随意”); “Sydney,” *Albany Gazette*, Jan. 24, 1788, *DHRC*, 20:646(“在获得”); 1788 年 3 月 12 日芬得利致威廉 · 欧文,*DHRC*, 16:374(“以过硬的证据”和“用这些伟人”); 1787 年 11 月 3 日埃尔布里奇 · 格里致马萨诸塞州总法院，*Massachusetts Centinel*, *DHRC*, 13:549(“应该从内心”和“无论签署”); 反联邦派的其他类似表述，参见“Centinel” VIII, Philadelphia *Independent Gazetteer*, Jan. 2, 1788, *DHRC*, 15:233; “Centinel” XV, Feb. 22, 1788， 同上，16:190; Consider Arms, Malachi Maynard, and Samuel Field: Dissent to the Massachusetts Convention, Northampton, Mass. *Hampshire Gazette*, Apr. 16, 1788, *DHRC*, 17:52–53; “An Officer of the Late Continental Army”(possibly William Findley), Philadelphia *Independent Gazetteer*, Nov. 6, 1787, *DHRC*, 2:214; “The Republican Federalist” II, *Massachusetts Centinel*, Jan. 2, 1788, *DHRC*, 5:590–591; “Rusticus,” *New York Journal*, May 23, 1788, *DHRC*, 20:1108–1109; Luther Martin, Genuine Information I, Baltimore *Maryland Gazette*, *DHRC*, 11:133。

在马萨诸塞州批准宪法大会上，反联邦派代表塞缪尔 · 纳森承认，由于批准宪法大会上“名人荟萃”，当他认为新宪法“孕育着危险”时，他也“怀疑自己的判断”(Massachusetts convention, Feb. 1, 1788, *DHRC*, 6:1397)。

9 Kammen, *Machine that Would Go of Itself*, 142, 315.

10 同上，68(“盲目崇拜”), 205(“盲目崇拜”); Jefferson to “Henry Tompkinson” (Samuel Kercheval), July 12, 1816, *The Papers of Thomas Jefferson* (Retirement Series) (J. Jefferson Looney, ed., Princeton, NJ, 2014), 10:226 [以下简称“*PTJ* (R.S.)”](“一种人类之上”和“以假模假样的”)。

11 *The Federalist No. 49* (Madison), at 314–315(引文); 另见 1790 年 2 月 4 日

麦迪逊致杰斐逊，*PJM* (C.S.), 13:19; Drew R. McCoy, *The Last of the Fathers: James Madison and the Republican Legacy* (New York, 1989), 54–58; Rakove, *Original Meanings*, 140–141。

12 Michael Vorenberg, *Final Freedom: The Civil War, the Abolition of Slavery, and the Thirteenth Amendment* (Cambridge, England, 2001), 107–108（“站在洗礼池旁边”，108）; Kammen, *Machine that Would Go of Itself*, 191（“最珍贵的宝石”），219–223, 283（“宪法神殿”）; Jeff Shesol, *Supreme Power: Franklin Roosevelt vs. the Supreme Court* (New York, 2010), 107–108。

13 Kammen, *Machine that Would Go of Itself*, 24.

第一章 《邦联条例》的缺陷

1786—1787年前后，很多有远见的公民认为，新独立的美国政府似乎就要解体，这个国家的债务和内政外交都出现了问题。各州（邦）基本停止履行对邦联国会所应承担的财政义务，《邦联条例》之下，邦联只能请求各州提供财政支出，而无权强迫各州服从。有人提议赋予邦联国会独立的岁入征收权——比如征收进口关税的权力——但是无法依据修正《邦联条例》的程序要求，得到各州的一致同意。由于各州拒绝从税收上支持邦联国会，1786年10月，邦联国会曾试图向私人借款50万美元，以此紧急扩充军队，镇压马萨诸塞州穷乡僻壤地区民众抗税和要求减免债务所引发的叛乱，但是没有成功。外国政府和外国银行家也越来越不乐意借钱给美国政府。邦联国会无权开辟额外的岁入渠道，也无法调遣部署军队，甚至在外敌入侵时担负不起保卫国家的职能。1784年西班牙不让美国使用密西西比河时，1785年阿尔及利亚的海盗在地中海攻击美国商船、绑架美国公民勒索赎金时，邦联国会都毫无反应。[1]

除了缺乏基本的税收能力外，邦联国会还无权管理对外贸易。在美国独立革命战争之后，大不列颠试图将美国商船赶出大西洋贸易航线，几个欧洲国家也将某些美国货物排挤出欧洲市场和西半球的欧洲殖民地，美国邦联国会同样没有能力采取报复性贸易措施回应。由于邦联国会无权迫使各州遵守本国条约所规定的义务，英国军队得以继续留在美国西北边疆沿线的要塞。根据独立革命战争结束时签订的 11
《巴黎条约》（Treaty of Paris），英国人已经答应撤出这些要塞。在18世纪80年代中期，美国各州纷纷开始互相实施歧视性限制贸易措施，邦联国会无权管理国内各州之间的商贸，因此也没法干涉。1786年，邦联国会外交部长约翰·杰伊试图与西班牙人商讨密西西比河的自由航运问题——这是南方人所看重的关键问题，但是要放弃北方人很希望得到的优惠贸易条件，却在邦联国会引发了严重的地区性冲突。很多美国人开始公开表示，要将美国分为不同的联盟。[2]

1787年初，来自弗吉尼亚的已经崭露头角的年轻政治家詹姆斯·麦迪逊提出，“我们的形势正变得日渐严峻”，思虑者“无不认为现存邦联政府的根基正在瓦解”。目前的政府体制“无人拥护，也不值得拥护”。麦迪逊继续写道：“公共财政毫无资金来源，邦联政府威信扫地，没有一个州理会邦联国会的要求，有几个州对邦联的要求置若罔闻，有些则干脆明确拒绝。”麦迪逊总结，“在此种情形之下，政府不可能持久”，美国人“正在对我们的政治体制丧失信心”。[3]

其他一些重要的政治家也持相似看法。弗吉尼亚州州长埃德蒙德·伦道夫告诉乔治·华盛顿，“无论是在精力还是金钱方面，政府的神经似乎都已经开始松弛”，他“很担心出现危及美国的风暴”。来自弗吉尼亚州的另外一位政治领袖威廉·格雷森（William Grayson）告诉麦迪逊，很多国会代表都觉得，“目前的邦联政府完全没有效率，如果再这么蠢笨低能下去，我们将成为世界上最不受重视的国家”。格雷森对托马斯·杰斐逊在巴黎的私人秘书威廉·肖特（William Short）汇报，“美国的各种事务正呈现出你所能想到的最糟糕状态：

民众怨声载道，公共财政一贫如洗（各州法律形同具文），各州拒不
12 服从邦联政府指令”。[4]❶

美国出人意料地战胜大不列颠、成功地赢得独立没几年，怎么会陷入这样一种危机境地呢？个中原因，有一部分是《邦联条例》有缺陷，引发了危机，而危机又给新宪法铺平了道路。

缺乏征税权

1776年，联合一致宣布从大不列颠独立出来的北美各殖民地内部，存在着深刻的差异——族裔、宗教与经济各不相同。在18世纪

---

❶ 格雷森于1736年出生于弗吉尼亚威廉王子县，1758年进入费城学院（也就是后来的宾夕法尼亚大学），随后留学英国，很可能是在爱丁堡大学，后来在伦敦的内殿律师学院接受法律培训。

18世纪60年代中期回国后，格雷森开始从事律师职业，并积极参与美国独立运动。1766年，他参加了在威斯特摩兰县召开的抵制实施《印花税法》（Stamp Act）的集会，否认英国议会有权向殖民地征税。1774年，格雷森出任威廉王子县治安委员会委员，1775年，他作为代表参加了大陆会议，推动殖民地迈向独立。

1776年，格雷森被任命为本州军队上校，很快成为大陆军军官和华盛顿将军的副官。从1776年到1779年，他在独立战争的几场主要战役中担任团长。此后，他在大陆会议的战争委员会服务了两年，该委员会负责大陆军的后勤保障。

18世纪80年代中期，格雷森作为威廉王子县的代表进入弗吉尼亚州议会担任了两年议员，并在1785年到1787年间担任大陆会议代表。

1787年9月，当费城制宪会议将起草完毕的宪法文本提交给大陆会议时，作为大陆会议代表的格雷森提出了批评意见，并支持相关修正提案。随后，他成为弗吉尼亚州著名的反联邦派人士。格雷森博学多识、雄辩滔滔，在弗吉尼亚州批准宪法大会上，他是反对派的领头人。尽管在任职邦联国会期间，他就意识到，邦联政府需要更大的权力，但格雷森依然相信，新宪法缺乏足够的措施来保障南方少数派不受北方多数派的经济和政治控制。他坚持认为，如果弗吉尼亚州要求在批准新宪法之前制定相应的修正案，其他诸州也会赞同。

1789年，反联邦派控制的弗吉尼亚州议会选择格雷森出任本州派往美国国会的第一批参议员之一。在参议员任上，他曾游说参议院接受宪法修正案，但没有成功；不过，此举的影响远胜于詹姆斯·麦迪逊在国会众议院内的类似行动。格雷森只担任了一年参议员，便因痛风去世，在遗嘱中，他释放了自己的奴隶。参见 American National Biography Online。

60年代中期之前，将各殖民地集中起来抵制英国贸易措施压迫的观念，依然令大多数殖民者感到惊骇。但是在相互联络对抗英国政策的过程中，美洲殖民地的国家意识确实开始觉醒。[5]

自1774年成立起，大陆会议就开始行使显著的政治、经济和军事权力。大陆会议组建了军队，发行了货币，并与外国商谈签订条约。直到1777年，大陆会议才批准《邦联条例》，将其交给各州（邦）批准，以组织政府的形式，将邦联国会的权力确立下来，要求十三个殖民地协同作战。由于《邦联条例》是在战争期间制定的，
因此将大多数的军事权力授予邦联国会，比如招募军队、任命军队 13
统帅、私掠外国船只、与其他国家商谈签订条约。[6]

由于战事紧急，《邦联条例》制定过程中并未像1787—1788年宪法那样引发巨大的公众争议。尽管多数人都希望迅速批准《邦联条例》，还是有三个小州——特拉华、新泽西、马里兰——好几年都没有批准。根据麦迪逊后来的记叙，新泽西反对《邦联条例》的主要理由在于该“条例”没有对“特殊情况”提供救济渠道；像新泽西这样“没有方便的对外贸易港口”，就好像是“两头开口的木桶”，夹在费城和纽约两大城市之间，“被邻居抽税，因为所有的对外贸易都被这两个港口拿走了”。[7]

对很多州（邦）而言，《邦联条例》先天不足，因为其没有写上这样一条：授权邦联国会要求像弗吉尼亚这样的州，将未出售的广袤西部土地交给邦联政府处理，而最初的《邦联条例》草案是有这一条的。那些无法拥有西部土地的州——大约占半数——认为，这些西部土地是整个国家通过战争从大不列颠手中夺过来的，应该由各州共享，用来支付所有州的战争支出（而不是仅仅让那些宣称拥有西部土地的州受益）。麦迪逊后来说，这些西部土地，面积广阔，价值连城，是“议论的焦点话题，令人心生不平，是最初实施《邦

联条例》的最大障碍”。确实，在邦联国会❶存续的十年间，关于西部土地纷争的决议，讨论起来最费时，分歧也最大。马里兰是坚持到最后才批准《邦联条例》的州，直到1781年1月才表示同意，这时距离《邦联条例》提交各州批准已经过去将近三年半了。[8]

《邦联条例》更像是独立国家之间签订的条约，而不是成立新政府的框架。1776年，很少有美国人认为十三个州已经形成一个单独的国家；多数人依然觉得，他们所在的州是一个国家。事实上，《邦联条例》也明确规定，“每个州保有各自的主权、自由和独立地位”。而且，尽管大州代表一再抵制，邦联国会还是同意了保障各州在国会平等投票权的条款这样的安排，就意味着《邦联条例》建
14 立的是一个联盟，而不是国家。[9]

在《邦联条例》之下，邦联国会缺乏主权政府的某些最基本权力：既不能征税，也不能制定法律。国会的权力主要涉及战争和对外关系，其权限更像是英国国王而非英国议会。多数美国人厌恶英国政府的暴政，因此不愿意邦联国会拥有广泛的权力。正如麦迪逊在后来给华盛顿的信中所言，“我们身处的环境十分奇特，所以才会导致主权如此残缺不全”——“我们的联盟政府如今需要依赖”这种最低限度的主权。亚历山大·汉密尔顿也深表赞同，认为抵制英国的侵犯曾是“我们公私机构最大的目标，我们渴求自由，这种渴求曾经压倒一切，异常强烈。在形成邦联的过程中，这种激情一直推动着我们前进，我们一心想从独裁专政中摆脱出来，此外别无所求”。[10]

确实，1783年美国独立革命战争结束后，很多美国人都认为不太需要一个国会，他们也不想扩大国会的权力。曾任邦联国会财政总监罗伯特·莫里斯（Robert Morris）副手的古文诺·莫里斯

---

❶《邦联条例》获得十三个州的最后一个州批准之后，大陆会议就转化为邦联国会。

（Gouverneur Morris，与罗伯特·莫里斯不是亲戚），也有同样的担
心。❶1782年，他反对与英国迅速媾和，因为强大有活力的政府才 15
能保证这个国家“大踏步地不断走向强盛”；过早地结束战争状态，将会阻碍人们体验邦联国会过于弱小的“日常感觉”。他的上司罗伯特·莫里斯也深表同意。他以一个“爱国者”的身份表示，他认为迅速媾和不符合国家利益，因为“继续战争状态是让我们这个联盟更加强大的必要纽带，直到各个阶层的美国公民都深切地感受到，有必要支持建立强大的政府，直到我们养成缴税的习惯（我们已经有这方面的措施了）”。汉密尔顿也赞同说，一旦战争结束，就算“每天都能看到目前这个联盟的不足，由于缺乏共同的威胁，我们也不会朝着修补联盟缺陷的方向迈进”。[11]

---

❶ 古文诺·莫里斯生于1752年，家境优渥，家里的庄园临近纽约市。他12岁进入国王学院（也就是后来的哥伦比亚大学）就读，23岁时进入纽约州议会。1777年，莫里斯参与起草纽约州宪法（他主张在州内废除奴隶制），他曾代表纽约州担任大陆会议代表，是坚定的国家主义者。从1781年开始的三年半时间里，他担任财政总监罗伯特·莫里斯的副手。

此后，莫里斯一直留在费城，1787年受命出任费城制宪会议代表。正如我们即将看到的那样，莫里斯是制宪会议上的三四位最重要的代表之一，他的发言次数超过其他所有代表。一起参加制宪会议的代表对莫里斯印象深刻，威廉·皮尔斯（William Pierce）描述说，莫里斯“是制宪会议上的天才人物，他发挥自己的才智，在辩论中大放异彩……无人能及，他所吸引的目光也超过任何其他代表”。但是，皮尔斯也指出，尽管“拥有这样的能力，莫里斯却浮躁多变，前后不一——绝不追求思想的连贯性”。

在制宪会议上，莫里斯主张建立拥有巨大权力的中央政府，减少民众对政府的影响。他支持建立强有力的参议院、终身制的行政机构，在国会两院实行比例代表制，限制西部新建各州的政治影响力。莫里斯后来还成为制宪会议文风委员会的成员，负责草拟宪法的最终文本。数十年后，麦迪逊写道，“宪法最终的文风和结构，主要出自莫里斯先生的笔端”。

1792年，华盛顿总统任命莫里斯出任驻法全权公使——这是一项具有争议性的任命，因为莫里斯“通晓君主制原则”（用乔治·梅森的话说），而法国正处于反对国王的革命之中。从1800年开始，莫里斯曾一度出任纽约州派往联邦国会的参议员，在参议员任上，他是热情的联邦主义者，激烈地批评杰斐逊政府对联邦司法权威的早期挑战。在1812年战争期间，莫里斯支持召开哈特福德会议（Hartford Convention），主张将纽约和新英格兰从美国分离出去。（转下页）

在18世纪80年代，美国政治领导人越来越注意到邦联国会的权力不足，《邦联条例》的严重缺陷亟待修复。其中最明显的缺失在于缺乏独立的征税权。美国人反抗英国议会对殖民地征税，自然不情愿将征税权交给邦联国会——在那个交通和通信都很落后的时代，邦联国会无异于另一个遥远的政府。那一代的美国人一般都抱有一个信条："谁掌握钱袋，谁就拥有绝对的统治权。"比如说，一个掌握强制性征税权的政府，就可能维持一支常备军，压制民众的自由权利。因此，《邦联条例》只授予邦联国会要求各州摊派欠款的权力。邦联国会既无权强制各州完成配额，也无权
16 向个人征税。[12]

实际上，邦联国会最初希望以印制货币而非要求各州摊派的方式，来资助这场独立革命战争，反倒是英国政府常常依靠借贷来筹集战争经费。但是在邦联赢得这场战争的可能性提高之前，外国政府不愿借钱给美国人。从国内有钱人手中借钱也很困难，因为国内

（接上页）莫里斯的批评者一再指责他行为浮夸、道德松懈。华盛顿跟他解释道，反对他出任驻法公使的人批评他"言行傲慢轻佻，厌恶那些不赞同他意见的人"。还有一位同时代的人认为，"他周围的人更欣赏他的能力，而不是他的品行"。

莫里斯高挑、英俊、自信，纽约州法官詹姆斯·肯特（James Kent）后来描述说，莫里斯"仪表堂堂"，拥有一颗"高贵的头颅""风度翩翩"。有位历史学家称莫里斯是"跟女性谈情说爱的高手"。1780年，莫里斯因为车祸锯掉了一条小腿，约翰·杰伊写信给罗伯特·莫里斯说，"古文诺的腿始终是我的心头负担，我多么希望他失去的是其他东西啊"。参见 John P. Kaminski and Timothy D. Moore, *An Assembly of Demigods: Word Portraits of the Delegates to the Constitutional Convention by Their Contemporaries* (Madison, WI, 2012), 133–139［引自 William Pierce's *Sketches*（"是制宪会议上的天才人物"），136；1831年4月8日麦迪逊致贾里德·斯帕克斯（Jared Sparks）（"宪法最终"），139；1792年1月30日乔治·梅森（George Mason）致詹姆斯·门罗（"通晓君主制原则"），138；1792年1月28日华盛顿致古文诺·莫里斯（"言行傲慢轻佻"），137；1779年12月18日约翰·劳伦斯（John Laurens）致汉密尔顿（"他周围的人"），135；1832年12月10日詹姆斯·肯特致伊丽莎白·汉密尔顿夫人（Mrs. Elizabeth Hamilton）（"仪表堂堂""高贵的头颅"和"风度翩翩"），139；1780年9月16日约翰·杰伊致罗伯特·莫里斯（"古文诺的腿"），135］；Beeman, *Plain, Honest Men*, 45–49（"跟女性谈情说爱"在48页）；American National Biography Online。

非常缺乏硬通货。在18世纪70年代中期，各银行也都不愿借钱给美国邦联政府。由于硬通货稀缺，美国人又极为反感征税——这正是他们点燃战火的根本原因，邦联国会最初也不愿意通过要求各州征税的方式来筹集资金。[13]

因此，邦联国会不得不开始印发纸币，但是要维持纸币的面值，必须令持有人相信，国会最终拥有征税和偿还的意愿与能力。邦联国会要求十三个州来分摊，每个州都要相应地承担一定的份额。[14]

随着战争费用不断高涨，邦联国会增发了纸币的数量，但因在经济领域无法消耗，导致纸币很快贬值。新建立的各州政府，已经施加了很高的税负来资助独立战争，既不愿意额外施加税收，也不愿意从流通领域赎回一部分纸币。战争还进一步阻碍了各州征收进出口关税，而关税是很多州的主要税收来源。[15]

到1779年，邦联国会发行的大陆券已经跌到了票面价值的5%，陷入绝望的邦联国会建议实施价格管制，号召各州制定法律，没收军方用得上的物资。1780年，邦联国会几乎束手无策，无钱可用，要求各州承担本州派往大陆军军人的补给。[16]

由于大陆券迅速贬值，邦联国会转而要求各州提供资金与补给。《邦联条例》规定，各州应按照各自的土地价值，给邦联政府缴纳摊派份额。但是，由于缺乏有效的地价评估机制——在战争期间也不可能做到这一点，邦联国会只得依靠估算。1777年底，国会收到第一笔缴款，各州随后也很快送来自己的份额。国会非常希望能稳定下滑的币值，也试图通过发行战争债券的方式，从私人手中募集资金，从而为军队提供补给。但是这种替代性纸币也很快贬值，因为邦联国会无法按照当初的承诺支付战争债券的利息。[17]

麦迪逊曾指出，邦联国会从印制纸币到要求各州摊派，“已经完全背离了初衷”。他在给杰斐逊的信中写道，“当邦联国会代表行

17 使他们无限的权力，以本选区民众的信用发行货币时，他们就已经将这个大陆的财富和资源掌握在自己手中，可以随心所欲地做自己的事。1780年3月18日，他们决议关闭报馆，就显示出这种无限的权力，他们现在已经像英国国王当年对待英国议会一样，凌驾于各州之上”。麦迪逊警告，“除非各州议会充分意识到这种形势变化，愿意采取相应行动，否则，所有事情都一定会走入歧途，或者一定会完全终止”。[18]

正如麦迪逊所担心的那样，邦联国会对各州的要求，从开始就遇到了麻烦。在1780年春天，华盛顿抱怨道，“一个州愿意遵守邦联国会的要求，另一个州完全忽视，第三个州执行一半，方式、内容、时间各不相同，以致我们一直处于爬坡的阶段”。就在同一时间，麦迪逊也注意到，“我们目前最大的威胁来自各州的掩拉掣肘，很难获得新政府运转所需要的那些资源”。麦迪逊相信，就算“最有能力的”州，也会为“不体面地无法满足”邦联国会的要求而感到羞愧。可是，就连那些真心实意想要筹集国会摊派份额的州，也无法再次调高税负，或是强力征收所有的应收税款。州政府担心，一旦逼迫太急，额外征收，会激起民众的反抗。在英国统治时期，各殖民地民众已经适应了长时期的轻徭薄税，为了资助这场战争，他们已经支付了比往日高得多的税款。[19]

在《邦联条例》之下，国会无权强制各州缴纳拖欠的份额。由于缺乏强制性机制，这种征缴体制带来了大量的集体性问题。很多州担心，如果它们努力满足国会的缴款要求，其他州可能不会这么做。那些立即服从缴款要求的州，很自然地会引起那些没有缴款州的不满。早在1783年，麦迪逊就总结说，岁入性立法必须“在各州之内同时执行，不受各州牵制”。否则，“各州之间已经显现出来的相互嫉妒，肯定会导致偷逃国内外债务的行为”。正如麦迪逊后来所言，“如果有些州按份额缴纳摊派，而其他州不缴纳，公正将荡然无存；没有了公正可言，各州和各人之间肯定会起冲突……那些贡献最大的，就会抱怨那些贡献最小的”。[20]❶ 18

而且，由于邦联国会从各州要来的钱，很多都用来支付国内债权人的利息，就连那些比较积极缴纳自己份额的州，也很容易找到理由，将这些钱分一部分给本州拥有邦联债权的公民，而不是将所有钱都交给邦联国会，因为邦联国会可能会将钱挪作他用。1782年，新泽西和宾夕法尼亚都威胁要这么做，前者的理由是，此举是为了给本州派往大陆军的士兵实现“共同公正”，他们有一段时间没收到军饷了。[21]

邦联国会的相关委员会回应道，这种行为“不但违背了联盟体制，而且会失信于公共债权人”。更为严重的是，“其他一些州”很可能会效仿这种恶劣的先例，“将其引申到其他领域”，其结果会导致“我们邦联的纽带就此瓦解”。1786年，由来自马萨诸塞州的鲁弗斯·金（Rufus King）和来自弗吉尼亚州的詹姆斯·门罗（James Monroe）组成的邦联国会代表团，请求宾夕法尼亚州议会停止截留应该给邦联政府缴纳的份额。金后来回忆说，宾夕法尼亚州的行为“增加了邦联国会的财政困难，如果其他州群起效仿，将会阻断其他州给国会缴纳的所有份额”。然而，宾夕法尼亚拒不听从劝阻，纽约州也紧随其后。[22]

财政总监罗伯特·莫里斯指示各地税收专员，将各州所欠的比例公之于地方报纸，以此向各州施压，让它们觉得有义务解释为

---

❶ 实际上，1788年3月邦联政府财政委员会的一份报告披露了1781年到1787年间，各州缴纳份额比例的巨大差异，从纽约州的67%，到宾夕法尼亚州的57%，再到北卡罗来纳州的3%和佐治亚州的0%。参见 *DHRC*, 19:14 n. 4。

何拖欠，并尽快缴纳各自的份额。可是，他对各州立法和行政机构的一再催促，就像他对华盛顿所说的那样，“仿佛是在向死人布道”。1785年，马萨诸塞州派往邦联国会的代表内森·戴恩（Nathan Dane）抱怨道，“邦联国会对州仅仅拥有建议性权力，要实现调动民众资源、偿付战争与和平的花费、发展国内国际交往这些重要目标，这样的权力肯定是不够的”。他总结说，“只要这个大陆的财政供给还要依赖各州理解与体谅，这些目标就没法实现”。1786年，华盛顿也说，“给各州摊派份额的做法实属无效之举，这十三个州拥有主权，独立且不团结，习惯于讨价还价，按照自己的意愿拒绝服从邦联政府。摊派份额实际上无异于我国的一个笑话和具文”。[23]

最终，邦联国会要求各州摊派的行动，陷入彻底失败。1781年10月到1786年8月间，国会曾6次要求各州缴纳各自的份额，但是缴纳的总体比例只有37%。而且，随着时间的推移，缴纳的份额急
19 剧降低。在战争期间，各州更加紧迫地感觉到各自的缴纳义务，因为，正如古文诺·莫里斯所看到的那样，人们相信，“有必要服从共同目的的召唤”。然而，在18世纪80年代初期按照邦联要求缴纳份额的那些州，到了18世纪80年代中期，却放弃缴纳自己的份额。1783年，南卡罗来纳州曾将自己岁入的52%交给邦联政府，以满足摊派给自己的份额要求。但是到了1784年，这个比例降到了28%，1785年到1787年间，甚至一分不缴。马萨诸塞州在1781年实施了一个硬通货税收法，自己的份额是30万美元，它给邦联国会筹集了20万美元。但是到了1786年，就没有再理睬国会的缴纳要求。[24]

到1787年春天，各州已经缴纳给邦联国会的摊派份额，只占1781年10月缴纳份额的2/3，1785年9月缴纳份额的20%，1786年8月缴纳份额的2%。摊派体制似乎已经完全不起作用了。早在1787年，麦迪逊就告诉他父亲，“每个地方都在停止给邦联国库缴款，人们

正在失去对我们政治体制的全部信心”。那年晚些时候，麦迪逊告诉正在出任驻法公使的杰斐逊，我们的财政状况非常糟糕，“我很怀疑，目前这个政府在来年是否还能存续下去”。那年年末，麦迪逊报告，“财政委员会已经陷入绝望，无法继续维持目前的政府”，来自北卡罗来纳州的邦联国会代表宣称，“我们已经处于政府全面解体和崩溃的边缘”。[25]

政府缺少岁入支持，也让这个国家颜面无存。1786年夏天，时任邦联国会外交部长的约翰·杰伊告诉邦联国会，由于国家“缺乏资金和国内国际信用”，当西班牙拒绝美国人在密西西比河上的航运权时，美国也无法以战争相威胁。1787年，弗吉尼亚州派往邦联国会的代表爱德华·卡林顿（Edward Carrington）向州长伦道夫汇报，“我们困窘的财政状况”已经迫使邦联国会放弃了招募军队协助镇压马萨诸塞州谢斯反叛的计划（本书第二章将会讨论这一事件），也让邦联国会无法给驻扎在俄亥俄河附近的军队提供军饷，国会“已经拖欠很久了”。麦迪逊还告诉杰斐逊，解散边疆地区的军队，“很可能会引来印第安人的进攻，而且会将我们的弱点暴露无遗，给我们境内的英国驻军留下不利于我们的印象”。来自新罕布什尔州的邦联国会代表尼古拉斯·吉尔曼（Nicholas Gilman）写道，“如果不建立更有效的中央政府”，美国甚至会沦为“连野蛮人都瞧不起的国家”。而且，据北卡罗来纳州代表所言，由于邦联政府无法支付外债利息，“美国将不得不借新债来偿还旧债利息，陷入恶性循环”。然而，“这 20
种拆东墙补西墙的办法，维持不了多久”，很快，“我们的朋友就会离我们而去，而我们将成为敌人的笑柄”。[26]

到了1787年，绝大多数美国政治人物都赞同弗吉尼亚州法官埃德蒙德·彭德尔顿（Edmund Pendleton）的看法。彭德尔顿告诉麦迪逊，邦联国会必须具有“独立和强制”征税的权力，以偿还公共债务，支付政府的公务开支，因为目前的摊派体制，完全依赖“各州的理解与支持，而十三个州的立法机构实际上并没有起到这样的支持作用”。来自弗吉尼亚州的理查德·亨利·李（Richard Henry Lee），曾经担任过邦联国会主席，他原本不赞同扩大邦联国会权力，如今也承认，各州“如此拖延缴纳各自的份额，以致需要像征收关税一样强制，实属无法原谅”。华盛顿也写信给麦迪逊说，“我觉得，公共美德已经面目全非，如果不使用强制性手段，我们的政府似乎很难让民众服从自己的命令，如果缺乏有效的服从，任何事情都做不成”。[27]

缺乏商贸权力

除了缺乏征税权外，邦联国会同样无权管理对外和各州之间的商贸。实际上，《邦联条例》第九条曾明确禁止邦联国会签订侵犯各州权力的条约，各州可以禁止进口或者出口任何货物。18世纪80年代，邦联国会无力管理商贸，同样带来了诸多问题。

独立革命战争结束之后，欧洲国家非常歧视美国的对外商贸。最典型的例子就是，在1783年秋天《巴黎条约》签订之前，英国人禁止美国商船在英属西印度群岛停靠，以此将美国人排挤出获利丰厚的跨大西洋贸易线路（这就意味着英国商船要到美国港口运送美国货物到英国）。英国人还禁止美国出产的某些货物进入英帝国（比如鱼和鲸鱼油）。法国和西班牙很快紧随其后，对美国商船和货物采取各种限制措施——尤其是不让它们进入西印度群岛殖民地。要知道，在独立革命战争之前，这些贸易都是“美国人财富和生活物资的重要来源”，邦联国会的相关委员会称，欧洲国家的这些措施，“致命性地影响美国利益”。除此之外，如果“欧洲人垄断了”跨大

西洋贸易，“美国海员将几乎失去最大的利益来源”。[28] 21

1785年，麦迪逊汇报，英国船主正使用他们的垄断性贸易权力，“最明目张胆和厚颜无耻地欺诈着”弗吉尼亚州烟草种植园主，使他们的损失多达种植烟草价值的一半。一位波士顿律师估计，美国南方各州出口的烟草，英国几乎可以从每100万英镑中获得30万英镑的“运输和税费”收入；而从新英格兰地区出口的木材，一半的收入也落入了英国人手中。他还抱怨道，这些运输费用“都是属于新英格兰人的，因为我们能制造商船，比英国船的质量还好”。在麦迪逊看来，“目前这种贸易垄断模式如果持续下去，还会带来另一个不利的后果”，那就是贸易不平衡，“抽干我们的硬通货，让我们不得不印制更多的纸币替代，从而导致我们深陷债务深渊，收不到税”。弗吉尼亚州派往邦联国会的代表詹姆斯·门罗也告诉杰斐逊，这种歧视性限制措施，导致我国的商贸“日益衰退”。[29]

邦联国会很担心其他国家会群起仿效英国的做法——事实上也确实如此，于是邦联国会宣布，如果能修改《邦联条例》，赋予自己相应的权力，自己有意愿和责任“以类似和充分的限制措施”，来反制英国的商业垄断。如果没有这样的权力，美国将“无法从海外贸易中获利，没有这样的反制措施，我们的对外贸易肯定会衰退，最终荡然无存”。华盛顿宣布，英国正在对美国实施“关税战争”，“它公然以为，美国各州绝不可能联合起来采取对抗措施”。如果不改弦更张，美国就会“沦为地球上其他国家的笑柄”。鲁弗斯·金也汇报，美国派往英国的使者——尤其是派驻伦敦的美国公使约翰·亚当斯（John Adams）——寄回的信件“都写得极为明确，不可能指望伦敦方面会改变立场”；英国人反问：“在没有条约的情况下，我们现在可以尽收对美贸易的所有利益，我们为何还要缔结商贸条约？”杰斐逊从巴黎写信告诉麦迪逊，授予邦联国会管理对外贸易的权力，“将会使欧洲人对我们刮目相看，更加尊重我们”，这一点极为重要，因为“就国家层面而言，缺乏尊严的国家，必会引来外国的侮辱和挑衅”。[30]

美国各州也极尽所能地回应英国的贸易垄断。比如说，1785年，纽约州实施双重关税，罗得岛州对英国商船运来的所有货物征收三倍关税。这样的关税政策，保护了萌芽中的美国制造业，同时也报复了
22 英国的贸易垄断措施。此外，1783年从马里兰州开始，好几个州相继对停泊在各自港口的英国商船征收高额的吨位税。[31]

当然，正如麦迪逊对门罗所言，各州分别以一己之力进行反抗，绝对无法有效地管理对外贸易，只能称得上是“各自为战”。在给杰斐逊的信中，麦迪逊称，在没有其他州协同配合的情况下，弗吉尼亚州禁止从英国进口货物或者对英国货物征收高额关税，简直就是“疯狂之举”。1785年，邦联国会的一个委员会曾表示，由于各州“面对这种情况时，只为一己之私利”，它们的反制措施，注定“徒劳而不可持续”。弗吉尼亚州派往邦联国会的代表爱德华·卡林顿解释道，各州“互不信任，暗中”制定这样的关税法，“最终将破坏有利于整个邦联的税收来源，它们抵制外国货物的所有行动，都将是白费心机”。[32]

后来的事实也确实如此。当具有优良港口的北方诸州（马萨诸塞、罗得岛、纽约和宾夕法尼亚）对英国商船征收高额关税时，它们的邻居（康涅狄格、新泽西和特拉华）却依然对英国敞开港口，免征关税。随后，在1785年，纽约州非常自然地采取相应措施，对在美国之外生产制造、但是通过临近各州港口运来的货物，征收高额关税；除非船主能够向税收官证明，这些货物并非由英国商船运来美国。[33]

看到此种情形，卡林顿指出，经验已经证明，“不可能以各州

各自为政来管理美国的对外贸易，有必要授权邦联政府官员全权负责，统筹具有一般性质的关税问题”。麦迪逊写信给杰斐逊说，“协调管理各州商贸关税的必要性，日益急迫……各州反制英国商贸垄断的措施，并没有成功，反倒是在某种程度上相互掣肘，让有些州认为有机可乘”。麦迪逊担心英国和世界上的其他国家会更加坚信，“在商贸问题上，可以不尊重、不在意美国”。事实也确实如此，1786年，英国人跳过邦联国会，直接给美国各州发函，准备跟它们单独缔结商贸协定。[34]

在《邦联条例》之下，邦联国会无权管理各州之间以及各州与外国的商贸问题。因此，在18世纪80年代，有几个州开始对相邻的州实施歧视性的贸易税收措施，邦联国会对此也无能为力。1785年，门罗告诉杰斐逊，为了完全实现自己的目的，各州发现，有必要将对外贸易法律适用于临近诸州，然而这种做法已经产生了“十分不利的后果”。好几个州开始对进入本州港口的他州商船征收更
多的吨位税。而且，从18世纪80年代初期开始，弗吉尼亚州率先 23
对其他州生产的货物征收与外国货物同样的关税。好几个州紧随其后。比如，有些南方州对新英格兰运来的鱼征收的关税，跟从加拿大进口的鱼一样多。麦迪逊总结说，这样的州际贸易歧视，“虽说不完全违反《邦联条例》，但无疑是违背联盟精神的；而且容易引发报复性贸易措施，不但耗费了各自的金钱和精力，也破坏了国内的和谐安定”。[35]

确实，当纽约州开始对康涅狄格州和新泽西州来的商船征收港口税和吨位税后，这些州也采取了报复性措施。新泽西州对纽约州在桑迪胡克（Sandy Hook）树立的灯塔征税；有些康涅狄格州商人同意与纽约州暂停一年商贸关系。马萨诸塞州派往邦联国会的代表纳撒尼尔·戈勒姆（Nathaniel Gorham）也发现，只有“邦联国会（尽

管非常弱小）出手限制，才能阻止新泽西州和康涅狄格州与纽约州大打出手，引发流血冲突”。同样地，弗吉尼亚州州长伦道夫也警告，“嫉妒、竞争和仇恨”正在使弗吉尼亚和马里兰之间形成敌对贸易关系，它们竞相报复对方的贸易举措。麦迪逊汇报，康涅狄格州向马萨诸塞州货物收的税高过从英国进口的货物。[36]

失败的修正举措

当时的政治人物非常清楚国会缺乏征税权和管理内外贸易权所造成的不便。1781年，来自纽约州的邦联国会代表詹姆斯·杜安（James Duane）写信给华盛顿说，“各种危险和困难，惊醒了民众，他们终于认识到需要一个共同的机构，来公正地调配联盟各个分支的资源”。杜安认为，人民终究会理解，各州立法机构“无论有多么不情愿，都必须放弃一部分权力，交给国家机构的代表行使”。两年后，纽约州派往邦联国会的代表亚历山大·汉密尔顿给州长乔治·克林顿（George Clinton）写信说，“邦联日益无法起作用，持这种看法的人与日俱增”。1783年6月，华盛顿将军在最后一次以总司令身份发表的演说中宣布，各州必须“要么一致同意建立联邦政
24 府，实现联邦政府的应有职能”，要么“放弃目前这个联盟的权力，让邦联自生自灭，让我们成为欧洲政治的玩偶，彼此仇视”。[37]

可是，要在《邦联条例》之下扩大邦联国会的权力，却很困难，原因有二。其一，根据《邦联条例》第二条，邦联国会只能行使被明确授予的权力。1781年，麦迪逊担任委员的一个国会委员会曾提出一项新条款，授权邦联国会“明确且充分的权力，以便国会有效地执行各州通过的符合《邦联条例》的所有立法或决议”。该委员会

宣布，尽管邦联国会拥有实施《邦联条例》的一般性默示权力，有权要求各州服从，但是，“从自由宪政体制的精神出发……应该保证国会获得明确且有针对性的授权”。由于国会行使默示权力的做法不被赞成，要增加国会的权力，必须修改《邦联条例》。（事实上，正如我们将要看到的那样，国会的这个委员会提出了一项正式修正案，要求授权国会使用武力迫使各州“实现它们对邦联政府的承诺”。）[38]

其二，《邦联条例》规定，国会通过的修正案，需要得到十三个州立法机构的一致同意。但是正如汉密尔顿在1783年所言，“要想在一个州成名，就要鼓励当地人提防国会的权力，尽管国会实际上没什么权力”。而且，几乎在所有问题上，各州之间都存在一部分的利益冲突，很难达成各州一致赞同的修正案。1787年，来自南卡罗来纳州的国会代表查尔斯·平克尼（Charles Pinckney）就认为，“目前邦联的窘迫状况，无疑要归咎于”要求各州一致赞同修正案的“荒唐”规定。[39]

在18世纪80年代，国会曾提出几个修正案，以求扩大邦联的权力，但是没有一个满足《邦联条例》要求的各州一致赞同的条件。1781年，独立革命战争继续蔓延，邦联国会提出一项“迫切需要的”修正案，授权国会对外国货物征收5%的进口关税。❶国会打算用收来的关税，支付邦联政府战争债务的利息和本金。为了将麦迪逊所谓的“共和主义式的提防”降到最低限度，这项修正案规定，一旦债务还清，便终止给国会的这项授权。如果要制定更广泛的授权性修正案，让国会独享充分的征税权，这样的提议，就连国会自己都通不过。[40] 25

❶ 在法国参加美国的独立战争之后，由于法国海军削弱了英国军队封锁美国港口的能力，进口关税才成为邦联政府的一种可行税收来源。

在18世纪80年代，一般人都认为，进口税是政府“最方便、最公平的增收来源”。进口方面的税收，属于消费型税收，在某种意义上是自愿的。在某种程度上，进口税是隐性的，隐含在商品的销售价格之中。进口税很容易征收——在港口一次性就收上来了，而不必挨家挨户要。而且，进口税一般针对的是奢侈品——“只有有钱人才会购买这些东西”。因此，较之于土地税或者人头税，进口税的税率是累进制的——土地税和人头税则是以固定的税率，向“勤劳的农夫和手工艺者”课税。[41]

邦联国会财政总监罗伯特·莫里斯认为，这个国家的未来依赖于这项新的进口税修正案：“如果无法公正地补偿那些曾经信任并为我们服务的人，我们就无法成为一个国家，也无法挺立于世界民族之林。由公共财政收入所支撑的公共债务，会成为最强的黏合剂，将这个联盟紧紧地黏合在一起。”而且，“为了我们未来的国家信用”，美国必须“回报那些帮助和信任我们的人”。汉密尔顿也赞同说，“如果我们要违背诚实和正直的所有原则，才能和平地延续我们的独立地位，这确实是令人震惊、让人羞愧的”。正如莫里斯和汉密尔顿所言，有效地支付公共债务所带来的另一个好处在于，能够方便发行按照面值流通的一般等价物，并有助于缴纳税额——在缺乏硬通货的情况下，这一点非常有吸引力。[42]

1782年夏天，除了一个州外，其他各州都批准了这项进口税修正案。❶人口只占全国的1/60的小小的罗得岛州，反对这条修正

❶《邦联条例》要求任何修正案都必须得到十三州一致同意，但邦联国会认为，战争期间，有些州无法召集议员开会——比如，当邦联国会提出进口税修正案时，佐治亚州、南卡罗来纳州仍处在英国军队占领之下，因此，即使没有这些州的赞同，批准进口税修正案也一样应该可以生效。但是，1782年，南卡罗来纳州还是批准了该修正案。参见 Proceedings of the Continental Congress, Feb. 7, 1781, *JCC*, 19:124–125; Einhorn, *American Taxation*, 134, 296 n. 27; editorial note, *PRM*, 1:396。

案，从而“阻碍了这个大陆的集体智慧”。据麦迪逊和汉密尔顿所言，罗得岛州反对修正案是因为，它自己通过征收康涅狄格州经普罗维登斯和纽波特进口的货物的关税，就可以为本州政府提供部分开支。[43]

但是，罗得岛州派往邦联国会的一位代表戴维·豪厄尔（David Howell），为本州政府反对进口税修正案提供了不同的解释：因为罗得岛州在战争中遭受的海运损失，超过任何其他州——1774年纽波特有150艘船出海，但是到了1782年，只剩下3艘——罗得岛州需要充分利用自己的商业优势，为自己寻求补偿。罗得岛州认为，这正如 26
弗吉尼亚州不公正地持有西部大量的土地——在罗得岛州看来，这些土地应该归邦联国会所有，由国会出售，偿还邦联债务。[44]

此外，豪厄尔还认为，罗得岛州自己缺乏制造业，极其依赖进口，这就意味着，根据新的进口税修正案，本州纳税人将向邦联政府支付不成比例的进口税。罗得岛州还反对邦联政府拥有无期限的进口税收权（直到邦联债务还清，但并没有限制邦联国会借新债），以及使用邦联官员来收税。罗得岛州认为，“这是在贬损本州的主权和独立地位”。正如罗得岛州派往邦联国会的代表对他们的州长所言，“这七年战争的目的在于维护这个国家的自由，并不是要将暴君式统治的权力转移到我们自己建立的国会手中”。[45]

无论哪种解释更真实，1782年夏天，当邦联国会敦促停滞不前的罗得岛州通过修正案时，该州立法机构一致否决了这一修正案。❶很快，弗吉尼亚州紧随其后，收回了先前的批准决定。该州的一些

---

❶ 1790年，副总统约翰·亚当斯认为，罗得岛州反对进口税修正案“似乎正好成为实现制定新宪法这一更大目标的重要契机”。参见1790年2月27日约翰·亚当斯致杰贝兹·鲍恩（Jabez Bowen），*DHRC*, 26:743。

州议员解释道，此举是“战争的阴云”所致，当时英国军队将弗吉尼亚州议会赶出了里士满。[46]

然而，邦联国会无法就此停手，因为在1782年年末，驻扎在纽约纽堡的愤愤不平的美国军官们派出代表，向邦联国会请愿，要求支付欠饷和抚恤金，并示意，在必要时会诉诸武力，来达到自己的目的。来自北卡罗来纳州的一位邦联国会代表艾伯纳·纳什（Abner Nash）汇报，“北方军队派来的代表正在国会诉说他们的困境，并扬言，如果继续消磨军人的耐心，将会带来可怕的后果”。康涅狄格州来的国会代表伊利法莱特·戴尔（Eliphalet Dyer）反对军官的抚恤金要求，他提出，他们已经“亮出刺刀，抛出了很多不礼貌的威胁，威胁说就算和平到来，也不复员，而是要以武力求得彻底的补偿”。[47]

但政府内部的一些国家主义者——其中最著名的是国会议员汉密尔顿和财政总监罗伯特·莫里斯及其副手古文诺·莫里斯——并不反
27 对军官们为满足自己的要求提出哗变的威胁。正好可以借他们向国会施加压力，促使国会支持进口税修正案和其他增加岁入的措施。来自弗吉尼亚州的国会议员亚瑟·李（Arthur Lee）反对国家主义，但他认为，“军队哗变可能带来的恶果，将发挥很大作用”，可以帮助“国会获得永久性的税收，以及国会自己任命税收专员”。[48]❶当军队的代

---

❶ 来自弗吉尼亚州的国会代表约翰·弗朗西斯·默瑟（John Francis Mercer）明确表示，需要“避免欠饷导致士兵不满所造成的恶果”，他支持制定修正案，授权国会征税，将征收来的税款全部用在军队身上。但国会里的国家主义者，比如说汉密尔顿和来自宾夕法尼亚州的詹姆斯·威尔逊（James Wilson），强烈反对这项提议。他们很清楚，这样做将会使邦联债权人不会有兴趣游说各州立法机构赞成新的《邦联条例》修正案。汉密尔顿告诉华盛顿，各州民众持有大量的邦联债券，如果将征税得来的钱全部用在军队身上，各州民众不会支持这样的修正案。“民众已经将大量的财产借给政府使用，如果让军队优先获得这笔资金，他们肯定不干。”国家主义者相信，制定征税修正案，需要得到所有邦联债权人的通力游说和支持。参见 Madison, Notes on Debates, Feb. 19, 1783, *PJM* (C.S.), 6:259–261（“避免”）; 1783 年 4 月 8 日汉密尔顿致华盛顿，*PAH*, 3:318（“民众已经”）。

图 1.1　罗伯特·莫里斯（右）与古文诺·莫里斯，分别是邦联财政总监和总监副手。

表还没有离开费城的时候，古文诺·莫里斯就给起草请愿书的军官委员会的负责人亨利·诺克斯（Henry Knox）将军写了一封信。莫里斯告诉诺克斯，军队应该与“国内外所有公共债权人在一起，坚持不懈地促使他们得到普遍而持续的资金”。他提醒诺克斯，“如果国人现在只顾及军队，而不在意债权人，那么一旦战争结束，他们也可以根据同样原则放弃军队。战争时期，军队当然有用，但是实现和平之后，他们很快就会抛弃你们，看着你们挨饿，而不愿缴一分钱的税”。来自北卡罗来纳州的国会代表休·威廉姆森（Hugh Williamson）也同样表示，他“并不希望军队解散后拿不到抚恤金；如果需要用武力来推行正义，这样的武力来得越快越好”。[49]

诺克斯不希望抹黑“美国军队的名声，这是世界上最完美的军队”。但是甚至是他也提出，“我们的容忍是有限度的”。好在华盛顿将军及时而明智地介入，化解了这场可能发生的哗变。[50]

与此同时，邦联国会也在辩论是否再提出一项征税修正案，授权国会征收其他税种，比如说土地税、人头税和酒税。罗伯特·莫里斯在头一年提交的《公共信用报告》（Report on Public Credit）中

强烈建议采取这类措施。但是在1783年初，邦联国会依然很难达成
28 一致意见——其中有几个原因。[51]

首先，用弗吉尼亚州的理查德·亨利·李的话说，至少有些国会代表仍希望国会“柔弱如沙线而不是强硬如铁棒”。将掌握钱袋的权力赋予已经掌握刀剑的机构，“会给邦联各州的自由带来严重的威胁”。其次，根据麦迪逊的说法，尽管大多数国会代表都“认为，有必要将这个国家收来的税，用在当前的战争上，用在未来的抚恤上”，但他们也还是担心，民众会反对这么“高额的”税负——每年可能高达300万美元。[52]

最后，关于应该征收哪种税，各州之间具有明显的利益冲突。比如说，就土地税而言，新英格兰地区赞同根据土地面积征收固定的土地税，而不是根据土地的估价征税，因为当地多数的可耕地都已被他们改良过了。但是南方各州不同意这么征税。征人头税的提议，则不可避免地引出了奴隶是否应该按人头征税的问题。正如来自弗吉尼亚州的国会代表约瑟夫·琼斯（Joseph Jones）对华盛顿汇
29 报的那样，“由于各州情况差异太大，征税的每一个阶段，几乎都面临着不可克服的困难”。当然，征税也有一个有利条件：没有人确切地知道税收的影响范围，也就是说，不知道哪个州的公民会承担最多的税负。而且，所有通过税收增加财政收入的提议，都引发了没有通过西部土地获利的州的不满。它们提出，应该出售国家手中的西部土地，来增加财政收入。[53]

最终，由于邦联国会内部缺乏共识，原来的提议在1783年难以继续下去，国会只能简单要求各州认可一项新的征税修正案——这次是授权国会对特定进口商品征税，所有其他进口商品的税率固定为5%，征税的目的是偿还“以美国的名义所借战争债款”的利息与本金。为了让这份新提议更容易被接受，拟议中的修正案将国会的

征税权限制为25年，税收专员由各州任命（但邦联国会有免职权）。国会同时还建议各州“以自己认为最方便的方式，开发类似性质的有效税源”，以缴纳邦联政府额外摊派给它们的每年150万美元的份额，舒缓邦联债务——当然，税收期限也是25年，税收官由各州自己任命。[54]

但是，超级国家主义者汉密尔顿认为1783年的这项修正案远远不够，“执行起来可能会失败”，就算各州批准，他还是要投反对票（但他敦促纽约州州长支持批准这项修正案）。汉密尔顿宣称，他“确信”，修正案授权的25年税收期限到期后，邦联的公共债务也无法“完全消灭”，那些拥有邦联债务份额较少的州，很可能会将本州最不情愿增加税收的人任命为税收官，从而给“那些按照最开放的市场原则运作的州”带来不公正的负担。这一次，就连罗伯特·莫里斯也陷入了绝望，他倾向于让邦联国会给各州发最后通牒，宣布国会因为有义务偿付邦联债务，所以有权在那些没有缴纳摊派份额的州内征税。[55]

这一次，又只有十二个州批准了修正案，尽管马萨诸塞州和弗吉尼亚州需要克服大量反对意见。赞成邦联国会建议各州征收额外税款的州，就更少了，国会本来还想将这个建议与新修正案捆绑在一起。上一次持反对意见的罗得岛州这次倒是同意了，但是纽约州却不干了。[56] 30

1780年，纽约市仍在英军的占领之下，战争形势一团糟，纽约州议会指示本州派往邦联国会的代表和派往康涅狄格州哈特福德参加北方各州会议的代表，敦促邦联国会应该“行使国会认为必要的一切权力，来有效地推进这场战争”（包括使用军队征收各州拖欠的摊派份额）。1781年，纽约州议会迅速批准了国会提出的第一个征税修正案。翌年，纽约州又号召开一次全国性会议，修正《邦联条例》，授权邦联国会征税。[57]

然而到了1783年，随着战争结束，纽约民众希望建立强有力的、被授予征税权的联邦政府的军事热情消失了。在18世纪80年代中期，纽约州民众开始提出反对扩大邦联国会独立税收权的思想主张。将掌握钱袋和刀剑的权力都授予这样一个负责辽阔土地的政府，肯定会“牺牲我们的自由”。邦联国会已经获得了比历史上一般邦联政府大得多的权力。这些纽约州民众认为，再将独立的税收权力交给它，势必形成一个“权力巨大的大陆性立法机构”，最终“兼并和吞噬各州的立法机构”。所谓征收的进口关税是最不沉重的一种税负，这实际上已经为反对这项立法提供了理由，因为“习焉不察的税负，将会更容易持续下去，变成永久征收”。最后，纽约州民众还反对国会派代表去弗吉尼亚州和罗得岛州议会，影响两州讨论第一个税收修正案。他们认为，国会此举就像是英国国王试图影响英国议会下院的议事进程。[58]

不过，纽约州民众反对第二个征税修正案的理由，就更自私了。纽约州在1784年制定了自己的进口税，当战争结束，跨大西洋贸易恢复之后，进口税成为纽约州的重要收入来源。在18世纪80年代中期，纽约州征收的进口税，足够支付本州1/3到一半的年度公共开支。这样的税收，可以让纽约州议会降低本州的不动产税负，使纽约州避免出现乡村不满者，当时周边一些州正面对日益不满的乡村居民，头疼不已。与此同时，高额的进口税，还让纽约州给邦联国会缴纳的摊派份额，人均数量超过所有其他州。[59]

纽约州民众不愿意接受邦联国会征收肯定会干扰或者完全替代自己州税收的税种，这一点也不令人吃惊。一位纽约州民众提出，源自纽约城港口的税款，“是上帝给我们的恩典”，不应该白白缴送给邦联
31 国会。门罗告诉麦迪逊，此外，拥有大量邦联债权的纽约州议员，希望本州能承担相关债务，他们认为，“本州的资金来源越广泛，越是将

其他州的公民和外国人彻底地排除在外，对自己就越是有利”。[60]

纽约民众对邦联国会的愤懑之情，也在某种程度上导致州议会拒绝无条件地批准第二个征税修正案。他们指责邦联国会没能按照条约要求促使英国人放弃西部边境的哨所。纽约民众觉得，英国人“抢走了毛皮生意”，使他们每年损失了至少数万美元。此外，很多纽约民众还抱怨，自1777年佛蒙特人在纽约人的土地上宣布独立以来，邦联国会一直站在佛蒙特人一边。不管真实原因是哪种，纽约州议会都拒绝批准第二个征税修正案，导致华盛顿也感叹纽约确实“有些非同寻常”，先前“最积极地支持各种联邦措施”，如今变得“几乎每个问题都跟邦联政府对着干”。[61]

纽约希望充分利用自己的反对立场——唯一拒绝批准《邦联条例》修正案的州——来迫使邦联国会让步。1786年，纽约州议会没有简单地拒绝这个修正案，而是答应有条件地赞同。纽约州希望保留免除这些税收专员职务的权力，并希望邦联国会接受本州以纸币而非硬通货缴税。麦迪逊认为纽约州的这种提议无疑是“阳奉阴违之举”。国会对此毫无办法。纽约州州长乔治·克林顿两次拒绝邦联国会要求纽约州议会召开特别会议、重新考虑修正案的提议。最终，第二个征税修正案未能获得十三个州的一致批准。[62]

纽约州拒绝批准新征税修正案的立场，激怒了新泽西州和康涅狄格州的公民。两州购买的外国商品，一半要通过纽约市港口运送。新泽西州的一位政治领导人抱怨，“纽约和宾夕法尼亚可以通过征收进口税，提升货币中的金银硬通货含量。为了购买这些进口货，我们州的民众支付了与他们的民众一样的税款；之后，我们还要缴纳我们州应该承担的那部分，这实在是太不公平了，负担也太重了”。[63]

纽约州拒绝无条件批准征税修正案后，新泽西州议会决议，在征税修正案获得批准或是各州取消各自的进口税之前，不再承担向

邦联国会缴纳的份额。新泽西州议会宣布，所有“理性而有见地的人都知道，唯有征收进口税才能获得足够的资金，支付我国外债的
32 利息，征收进口税也是增加收入的最方便最公平的办法”，可是新泽西州却只能征收直接税，这“既不公平，我们也无法像其他一些州那样从容不迫”。[64]

对于新泽西州的这一举动，很多国会议员都说自己“感到很震惊”，这是在直接挑战日益衰减的邦联国会权威。纳撒尼尔·戈勒姆承认各州有理由愤恨纽约州的行为，但是他觉得，新泽西州拒绝缴纳摊派给自己的份额，也是毫无道理的。他预计，这种行为将会“摧毁联邦政府”。新泽西州派往邦联国会的前任议员约翰·比蒂（John Beatty）称州议会此举“让人感到痛心”，而且“极应受到谴责”，他警告，此举将“瓦解刚刚建立起来的弱小联盟”。比蒂认为，新泽西州应该请求国会根据“新泽西州所处的不利贸易环境”，减免它所承担的摊派份额，而不是“想着以整个联盟为代价，改善自身的处境”。麦迪逊也称新泽西州此举“系冲动鲁莽行为”，将“给不情愿的州拒绝缴纳摊派份额提供新的借口”。[65]

邦联国会立即派遣了由三名国会议员组成的代表团，赶赴新泽西州，试图说服新泽西州议会，“如果拒绝缴纳应该缴纳的摊派份额，不仅不可避免地会给本州带来严峻后果，也会危及联盟中的其他各州”。该代表团警告新泽西州议会，他们的行动将导致“邦联瓦解”，一旦邦联不复存在，像新泽西这样的小州，损失会最大；新的邦联很可能会拒不接受每个州在邦联国会具有平等投票权这样的原则。代表团解释道，新泽西州议员的正确行动，应该是提议邦联国会召开特别大会，修改《邦联条例》。[66]

尽管新泽西州最终收回了拒不缴纳摊派份额的决议，但再也没有征收必要的税负，来支付自己应该承担的摊派份额。虽然邦联国

会一再向各州呼吁，唯有征收进口税，才能“将我们从破产中拯救出来，避免联盟解体”，但是征收进口税修正案，最终还是没有得到十三个州的一致赞同。[67]

另一个提议授予邦联国会某些商贸权力的修正案，也遭遇了同样的命运。1783年，邦联国会收到报告，英国和法国正在商议对美国采取贸易限制措施，为此，邦联国会的一个委员会认为，要采取回应措施，“最为重要的是让国会获得某种宽泛的权力”。两年后，国会秘书查尔斯·汤姆森（Charles Thomson）汇报，“自从缔结和平条约之后，我们往日的敌人采取了更多的举措，使我国的民众意识到”，有必要授予国会管理对外商贸的权力。唯有这种权力，才能使我们的国家摆脱“目前所处的困境和毫无尊严的状态”。[68] 33

因此，到了1784年，邦联国会提出了一项《邦联条例》修正案，以十五年为期限，授予邦联国会管理对外商贸的权力。尤其值得注意的是，这项修正案提议授予邦联国会禁止进口或者出口某些货物的权力——如果运载这些货物的船只的主人或者船员所在的国家，尚未跟美国缔结贸易条约。此外，国会还将有权禁止外国人将其他国家而非他本国生产的货物进口到美国，跟美国人做生意——除非得到条约授权。这些授权可以让国会迫使其他国家跟美国达成互惠贸易协定。[69]

1785年，邦联国会的一个委员会又提出了一个更广泛的商贸修正案，得到了北方商人的热烈支持。根据这条修正案，国会可以“管理各州之间以及与外国的双边贸易，并根据对外贸易需要，对进口和出口的商品征收关税”。门罗是提出这个商贸修正案的委员会的成员，他称这项修正案“绝对可以让美国控制自己的国内外贸易”。他告诉杰斐逊，这条修正案将使国会有权制定“必要的法律，来管理国内外贸易，并通过对国外的商品征税，促进本国制造业的发展”。[70]

1785年的这项修正案，后来又增加了很多附加条件，以减轻南方各州代表的担忧。门罗说，这些南方来的邦联国会代表反对1785年修正案，认为此举“有集中权力的威胁，会导致可怕的后果”。根据这项修正案，美国公民所承受的进口税税负和关税，绝对不会高过外国人。而且，各州立法机构仍然有权“按照自己的立法，禁止进口或者出口某些货物”，“邦联国会所收取的这类进口税，都由各州负责征收，并由各州掌握”。最后，需要由九个州组成的绝对多数通过，国会的商贸管理权才能被行使——这样的机制，能够保证占少数的南方诸州，在担心对自己不利的情况下，否决邦联的商贸立法。[71]

尽管增加了旨在消除南方疑虑的附加条件，国会还是推迟考虑委员会提出的这项修正案，因为，正如门罗对杰斐逊所说的那样，“这一议题极为重要，将给联盟内部关系带来深刻而重大的变化，加之改革势在必行的信念，国会似乎又退缩了，不敢采取行动”。邦联国会两次讨论委员会提出的修正案，但并未批准，因为反对的呼声非常强烈。[72]

与此同时，各州也在考虑国会1784年的提议——赋予自身有限的
34 权力，来管理对外商贸。虽然所有的州最终都赞同这一提议，但它们提出了很多不同的限制性条件，特别是关于国会十五年授权期限的生效日期，以致国会认为，各州并没有一致批准这项修正案。总体而言，要批准任何授权国会管理商业活动的修正案，所遇到的最大障碍都是南方各州的抵制，南方各州担心这种权力将使它们处于不利境地。[73]

在18世纪80年代，南方的经济发展主要靠出口农产品——大多是烟草、靛蓝和大米（直到18世纪90年代才有棉花）。南方人几乎需要进口所有的制成品和奢侈消费品。南方缺乏商船，几乎完全依靠其他人来运输其进口和出口产品。如果国会利用管理商贸的权力，为其农产品出口撬开国外市场，南方种植者将会受益，但他们担心

国会可能利用这种管理商贸的权力，来制定“航海条例”，保护北方各州的航运免受外国竞争，这将会提高南方航运的成本。在一定程度上，南方人还有些担心国会将利用管理商贸的权力制定“关税条例”，以保护北方制造商免受外国进口商品的冲击，而这些法律将会增加南方的进口成本。[74]

正因如此，弗吉尼亚州法官彭德尔顿才对麦迪逊说，虽然他赞同国会需要额外的权力，但在赋予国会管理商贸的权力问题上，他还是非常谨慎小心。彭德尔顿解释道，弗吉尼亚人拥有“价值不菲的出口产品”（烟草），但是能够提供农具和消费者必需品的制造性企业却很少，他们自然会赞成自由贸易，自由贸易将使他们能够保证以最高价格出售农作物产品，以最低的价格进口商品。相比之下，北方以制造业为主的州，倾向于征收进口关税，以使它们能够提高所售商品的价格。而且，为数更多的北方诸州一定会“相当警觉地”关注国会如何行使管理商贸的权力。[75]

彭德尔顿的弗吉尼亚同事、时任邦联国会主席理查德·亨利·李❶也有类似观点。他承认，国会可以利用管理商贸的权力，给

---

❶ 理查德·亨利·李 1732 年出生于弗吉尼亚州威斯特摩兰县一个政治和社会地位显赫的种植园主家庭。1758 年，李本人当选为弗吉尼亚众议院议员。在 18 世纪 60 年代，他就是抵制英国控制措施——比如《印花税法》——的早期倡导者，也是弗吉尼亚抵制进口英国货物的策划者。 在 18 世纪 70 年代，他帮助建立了殖民地通信委员会，并组织弗吉尼亚抵制英国议会制定的所谓的《不可容忍法令》（Intolerable Acts）——也就是英国人为了对付波士顿茶会，关闭波士顿港并解散马萨诸塞州政府系统的法令。

1774 年，弗吉尼亚州立法机关任命李为本州出席第一届大陆会议的代表。作为一位伟大的演说家，李是催生美国独立运动的有影响力的人物。除此之外，他还赞同《萨福克决议》（Suffolk Resolves），号召殖民地无视《不可容忍法令》，呼吁抵制与英国的贸易，并鼓励殖民地组织军队，进行防御。1776 年 5 月，李和约翰·亚当斯一起，让大陆会议通过决议，建议殖民地组建自己的政府。接下来的一个月，李根据弗吉尼亚大会的指示，提出要求大陆会议宣布独立的动议。在战争期间，李在大陆会议（邦联国会）服务多年，并于 1784 年当选为主席。（转下页）

英国人“合理地”施加压力，“非常谨慎而周密地在我们所受到的伤
35 害比他们要小的所有领域，限制他们的贸易”。但是，李也很担心：“给予国会立法管理联盟贸易的权力，这对五个南方州或者说农业州而言，是极端危险的，因为它们没有［即缺乏］船只和海员，这将使它们的货物运输和农产品完全受制于极其有害和具有破坏性的垄断者之手。”北方八个州将在“巨大的利益刺激之下，关闭垄断之门”，并将随心所欲地规定南方农产品的收购价格和运输费用。[1]而且，“邦联国会内正在推行的密谋”表明，“从五个［南方州］中拉拢一个加入八个能从国会管理商贸中获利的州，并没有什么困难”，这样就可以满足商贸立法在国会通过时所必需的绝对多数的要求。英国方面的贸易歧视措施给美国带来了诸多不便，“这就要求我们慎之又慎，采取的救济措施不能比面临的问题更糟糕”。李的结论是，邦联国会不需要拥有管理州际商贸的权力，因为“各州立法机构将会普遍接受目前邦联国会摆在各州面前的限制性体制，各州都很了解这种体制”，

（接上页）1787年，李以自己健康状况不佳为由，拒绝作为弗吉尼亚州代表参加制宪会议。次年，他以同样的理由，拒绝以代表身份参加弗吉尼亚州批准新宪法的大会。然而，正如我们将看到的那样，李还是成为美国最著名和最有影响力的反联邦主义者之一。费城制宪会议结束，宪法文本立即被送往邦联国会，李一开始试图在国会中修改宪法。这番努力失败之后，李又通过写信的方式，在全国组织反对力量，他以“联邦农夫”（Federal Farmer）的名字写作的小册子《致共和主义者的信》（*Letters to the Republican*），可能是最广为阅读和最受钦佩的反联邦主义文章。虽然李赞扬了宪法的许多特点，但他坚持认为，新宪法在批准之前需要修改，尤其重要的是应该增加一份权利法案。

1788年，弗吉尼亚州立法机关任命李为弗吉尼亚州派往联邦国会的首批参议员之一，而拒绝任命麦迪逊担任这一职务。作为参议员，李批评麦迪逊努力在国会众议院通过的宪法修正案不够充分，麦迪逊提出的修正案后来成为《权利法案》。1792年，李从参议院辞职返回弗吉尼亚，于1794年去世。参见American National Biography Online。关于《致共和主义者的信》作者身份的争议，参见*DHRC*, 19:204–205。

[1] 当时大多数人都认为北方有八个州，南方有五个州，边界是马里兰州的北部边界。然而，特拉华州偶尔会被放在南方阵营，这意味着南方有六个州，北方有七个州。由于八州与五州之分的使用频率更高，我将遵循这一传统划分方式。

这么做“显然也最符合所有人的利益”。[76] 36

对于邦联国会管理商贸的权力，并非所有南方人都持与彭德尔顿和李一样的看法。华盛顿就认为“这完全是不言自明之事”，国会应该拥有这样的权力，他“非常困惑地看到，竟然有这么多的反对意见”。麦迪逊也不怀疑国会需要全权来管理商贸问题。尽管在抽象意义上讲，自由贸易可能更好，但美国不能一直充当英国贸易歧视措施的“被动受害者”，而且各州无力凭借自身力量对此做出有效应对。此外，麦迪逊还认为，南方人不应如此惧怕国会拥有管理商贸的权力。任何管理商贸的立法，都需要国会绝对多数议员赞同，对南方人而言，这是一项重要的保障，因为“很难想象会出现任何允许2/3州剥削剩下1/3州利益的立法”。[77]

也许更重要的是，麦迪逊相信“各州的商业利益……同多于异”。每一个州，无论是北方州还是南方州，都应该会对重新开放西印度群岛贸易抱有浓厚的兴趣。而且，鉴于英国目前正控制着南方各州的贸易运输，麦迪逊无法理解南方人为什么反对把贸易控制权，从“连名义上的朋友都够不上的人”手中，转移给北方的同胞们。[78]

然而，麦迪逊预计，弗吉尼亚州的“各种公共机构不会欣赏”他的观点，“当州的利益与邦联的利益交织在一起，甚至是受到外国政治的影响时，那里的人们就不大习惯区分这些不同的利益”。唯有下列事实——邦联国会要求获得管理商贸的权力，“是为了应对大不列颠贸易的歧视措施，各州在依然弥漫的反英情绪中将赞成增加修正案的提议”——才给了麦迪逊希望：弗吉尼亚州可能会赞成拟议中的修正案。[79]

麦迪逊对弗吉尼亚州议会对该提案的反应持悲观态度是对的。当该州议会开始辩论拟议中的修正案时，他发现对手们“尖酸刻薄地抨击邦联国会及北方各州，史无前例”。据麦迪逊说，一位州议员甚至明确提出，弗吉尼亚州应该“鼓励英国人而非东方诸州❶的海运力量”。最终，修正案的支持者们认定，他们从弗吉尼亚州立法机关获得的结果可能比不通过任何决议更糟糕，因此他们放弃了这个提议，转而让州立法机构通过一份决议，召开一次各州派代表
37 参加的全国大会，以考虑并推荐一项管理商贸的联邦方案——这就是后来的安纳波利斯会议。我们将在第二章中详细讨论。[80]

商贸修正案的失败，严重地影响了弗吉尼亚州的国家主义者。门罗在这个问题上至少是半个国家主义者，他告诉麦迪逊，自己“一向认为，美国政府掌握管理商贸的权力，是维系联盟的必要手段。没有它，美国的统一将轻易地化为齑粉”。麦迪逊告诉门罗，修复联盟制度的缺陷至关重要，“不只是因为这样的修正案可以更好地实现成立联盟的最初目的，也是因为我从这些持续存在的缺陷中看到了其中蕴含的危险，这些缺陷使美国部分地，甚至是整个地陷入严重的灾难”。麦迪逊也告诉杰斐逊，他很担心，如果占少数的南方州“由于缺乏联盟精神”，阻碍占多数的北方州“采取常规措施，弥补灾难”，后果将极为可怕。这样下去，可能会激发出“采取某些非常规变革手段的最强烈动机”，因为利益受损的部分州，不会“长期尊重一个过于软弱，无力保护他们利益的政府”。实际上，麦迪逊想知道，英国人对美国采取贸易歧视措施，“是不是只希望垄断我们的对外贸易，而不一定是想借此瓦解我们的联盟”。[81]

---

❶ 当时的人习惯于将新英格兰诸州称为“东方”，而今天我们更倾向于称之为“北方”或“东北”。我将坚持现代用法，但在引用当时的资料时不做改变——除非不改变就会引起混淆（当然，如果我改变了原始用法，我会用括号标识出来）。

麦迪逊有充分的理由感受到，由于南方人在商贸修正案问题上不妥协，很多北方人已经日渐感到愤怒。大不列颠的歧视性贸易限制政策打击了北方人，其中船主、造船者和渔民损失最重。来自马萨诸塞州的邦联国会代表鲁弗斯·金[1]，写信告诉远在伦敦的约翰·亚当斯："我们的商业几乎毁于一旦，因为更多的南方州弥漫
着一种毫无理由的猜忌情绪。"他告诉亚当斯，南方州"错误的商 38
贸逻辑和不合理的政策"，正在激起北方"痛苦的怨恨"。在致波士顿富商乔纳森·杰克逊（Jonathan Jackson）的信中，金怀疑，"长久以来各州最珍视和最重要的利益，将继续被这些毫无根据的猜忌所牺牲"。[82]

金解释道，就连英国方面也有理由相信，"美国北方和南方各州无法达成任何一致的商贸安排反制英国，像英国强加给我们不利

---

[1] 金于1755出生在缅因的波特兰附近，是一位富有的律师兼商人的儿子，他的父亲在革命战争期间成为一名效忠派。1777年，金毕业于哈佛大学，后开始在纽伯里波特跟随西奥菲勒斯·帕森斯（Theophilus Parsons，后来担任马萨诸塞州最高法庭首席法官）学习法律。1778年，他自愿加入军队，但是只参与了有限的军事行动。

在18世纪80年代中期，金在马萨诸塞州众议院任职，随后进入邦联国会，在邦联国会，他协助起草了组建西北领地，并在领地上禁止奴隶制的法令。正如我们将要看到的那样，在国会期间，金也支持邦联外交部长约翰·杰伊的外交行动，希望以美国放弃密西西比河自由航运权的要求为条件，换取与西班牙的商业条约。一位邦联国会代表说，金因出色的演讲技巧而在国会中发挥了"无与伦比的影响力"。

金起初在1876年反对召开制宪会议，但后来他改变了主意，并成为马萨诸塞州出席制宪会议代表团的一员。在制宪会议上，金是支持设立强大联邦政府和强有力行政长官的重要人物。根据一起参加制宪会议的代表威廉·皮尔斯的描述，金"以其雄辩口才和伟大的议会才干而著称"，"在当今时代的名人中名列前茅"。金后来成为马萨诸塞州批准宪法大会代表，支持该州批准新宪法。

1789年，在迎娶了一位纽约富商的女儿三年之后，金移居纽约。纽约州的立法机构很快任命他为该州最早的联邦国会参议员之一。同年，同辈人称金为"天才"和"美国最雄辩之人"。作为联邦参议员，金大力支持财政部长亚历山大·汉密尔顿的经济政策，并被任命为第一合众国银行的理事之一。金还坚定地捍卫约翰·杰伊在1795年与英国商定的有争议条约，并在汉密尔顿的大力支持下，于次年被华盛顿总统任命为代表美国出使英国的全权公使，一直任职到1803年。（转下页）

图 1.2　鲁弗斯·金（1818），在费城会议上他是马萨诸塞州代表，并在马萨诸塞州批准宪法大会上支持批准宪法。

的商业和航海措施一样”。北方八个州可能会同意这么做，它们有“共同的目标，也面临着类似的处境，将赋予国会足够的权力，来管理美国对外和内部的商贸活动”。如果南方各州继续“拒绝授予国会类似的权力或是达成某种一致性制度”，那么北方各州将组成“一个地区邦联”，来改善“它们目前的尴尬处境”。[83]

最终，商贸修正案像所有其他修正《邦联条例》的提议一样失

（接上页）回到美国后，金在 1804 年和 1808 年两度成为联邦党副总统候选人（联邦党人这两次都遭到惨败）。1812 年，金再次进入美国参议院，领头反对麦迪逊政府的 1812 年战争，但他拒绝参加分离主义者召集的哈特福德大会。1816 年，金出任行将退出历史舞台的联邦党的总统候选人，赢得了三个州的选举人票。1820 年，他再次被任命为联邦参议员，强烈反对密苏里州作为蓄奴州加入联邦。直到 1825 年，他一直在参议院任职，随后又担任了一年的驻英大使，才返回纽约。1827 年，他在纽约去世。终其一生，金作为一名政治家和外交家为自己的州和国家服务了三十多年，在共和国的最初几十年里，他在决定国家政策的两党中的一个党里具有极高的地位。参见 American National Biography Online; Kaminski and Moore, *An Assembly of Demigods*, 50–54［引自 1785 年 12 月 1 日约翰·贝亚德（John Bayard）致塞缪尔·贝亚德（Samuel Bayard）（“无与伦比的”）］; William Pierce's *Sketches*（“以其雄辩口才”和“在当今时代”）; 1789 年 8 月 9 日托马斯·B. 韦特（Thomas B. Wait）致乔治·撒切尔（George Thatcher）（“天才”）; Brissot de Warville, *New Travels in the United States of America* (1788)（“美国最雄辩之人”）。

败了。即使是存在强烈的改革共识，至少也会有一个州的利益与修
正案相左。1786年，金注意到，“各州设想的利益是如此对立，以至
于不存在会影响南方每一个州的某些危险，对改革的合理期待无法 39
转化为真正的改革”。麦迪逊对杰斐逊悲叹，所有改革邦联制度的努
力，都“因某些国会代表或其他一些国会代表的选民的自私或固执
而受挫”。将来，问题只会继续恶化，麦迪逊告诉华盛顿，“目前在
任何举措上，要获得各州一致赞同，都会遇到困难”，这缘于“各方
意见的反复无常、相互猜忌和各不相同”；这种困难会“随着州数量
的每一次增加而增大，也许困难的比例会更高，因为阿巴拉契亚山
以西各州，要么与大西洋沿岸各州之间的利益相似性更低——低于
大西洋各州之间的利益相似性，要么它们自认为如此”。[84]

1786年，邦联国会的一个委员会提出放弃各州一致通过才能修
改《邦联条例》的要求，规定只要有十一个州一致赞同即可；在此
条件之下，国会可以提出修正案，在不超过十五年的期限内，实行
“新的财政收入制度”或“美国财政新法规”。但是国会没有批准这
样的修正案提议。1787年，费城制宪会议将通过取消各州一致同意
的规定，来解决这个问题——批准宪法和后来修改宪法，都不要求 40
所有州一致同意。[85]

《邦联条例》中的其他缺陷

邦联国会缺乏征税的权力，也没有管理商贸的能力，这是《邦联条例》中最引人注目的缺陷，但并非唯一缺陷。其他主要缺陷还包括：要求各州一致同意才能通过修正案；邦联国会行使自己拥有的最重要的权力，必须得到国会各州代表的绝对多数同意——这就

意味着需要九个州的代表批准，而不是构成简单多数的七个州——这些重要权力包括宣战、批准条约、拨款，或者借钱。[86]

在邦联国会甚至经常达不到法定开会人数的情况下——至少需要七个州各派两名代表参加，才能达到法定代表人数——任何举措都需要获得九个州的代表同意，确实非常困难。1785年夏天，弗吉尼亚州的威廉·格雷森报告："各州经常没有代表参会，以致无法采取任何有意义的行动。"几个月之后，他发现国会一直"处于政治懒散状态"，因为出席会议的各州代表团数量太少。马萨诸塞州的纳撒尼尔·戈勒姆抱怨道，"各州在代表问题上，表现出极大的疏忽和失责"，阻碍了国会处理"深切关系到联盟福祉的事务"。1786年夏，外交部长约翰·杰伊向杰斐逊抱怨，由于不足法定人数，他"在获取国会的决定和意见时，经常会遇到不合理的拖延和连续的障碍，即使在需要加急办理的关头也是如此"。[87]

对此，格雷森分析道：各州代表团将"站出来，非常刻苦地工作，等到完成了国家的工作，他们便离开，让公共事业自己运转"。此外，国会代表经常缺席国会，因为他们的薪水不够支付生活开支，更不用说补偿他们离家几个月带来的个人生活上的不便。在一个交通相对原始的时代，仅仅是到达纽约市或费城（或者是国会当时开会的任何地方），都是繁重的负担。与邦联国会的工作不同的是，在各州立法机构担任代表，实际上并不需要连续开会，而且因
41 为不必长途跋涉，付出的个人牺牲更小。[88]

因此，在1779年，弗吉尼亚州的国会代表威廉·弗莱明（William Fleming）告诉州长托马斯·杰斐逊，他不希望再次担任国会代表，开始另一个任期，因为"除了我自己损失时间，长期与家人分离之外，我的开支太大了，以致我发现自己的财产不足以供养家人"——尽管他生活习惯节俭。弗莱明提醒说，如果州立法机

构无法更好地支持本州的国会代表，“不久就会发现，那些财力较小的人，将无法长期任职，来熟悉自己需要处理的业务”。两年后，弗吉尼亚州派往国会的另一位代表西奥多里克·布兰德（Theodorick Bland）抱怨，立法机构没有支付他的薪水，他的私人信贷也耗尽了，他既不能养活自己，也不能养活自己的马，因此不得不出售自己的马。他给杰斐逊写信说：“我在这种情况（对我来讲是新情况）下感到的焦虑，简直无法忍受，尤其是这种焦虑感在某种程度上使我无法将自己的思想集中到工作职责上来，而我希望能全身心地投入到那些关系重大的工作中去。”[89]

邦联国会不仅在获得简单的法定人数问题上遇到了麻烦，在面对一个庞大而持久的少数州的投票集团时，《邦联条例》对国会行使重要权力时规定的绝对多数要求，也让国会无力采取行动。正如汉密尔顿在1783年所言，这种绝对多数的要求，很容易“让多数人的意志屈服于少数人，通过少数人的权力联合，阻止甚至挫败最必要的改革措施，在需要迅速做出决定的情况下——比如出现整个社会最关心的问题时，迫使大多数人屈从少数人的观点”。在18世纪80年代，国会就最重要的问题采取行动时需要获得九个州的代表同意，这就意味着南方五个州可以“有效地阻止北方八个州所支持的措施”。[90]

即便邦联国会能够采取行动，《邦联条例》所采用的选择代表的方法，也会使代表们采取地方主义而非国家主义的立场。国会代表是以州议会指定的方式选出的——实际上，这通常意味着由各州立法机构任命——任期一年，在此期间，州立法机构可以将他们召回。他们的薪水也仰仗州立法机构给付。正如麦迪逊对杰斐逊抱怨的那样，“组成国会的那些人与其说是公正的法官，不如说是各自乡土利益的倡导者”。[91]

邦联国会成员如此依赖各州立法机构，竟然还有这么多的美国人会对扩大国会的权力深感怀疑，这似乎有些匪夷所思。1784年，当国会的一个委员会建议授权国会监管商贸活动时，就明确怀疑“一个自由的民族会猜忌［也就是担心］那些他们每年挑选出来去协商和
42 保护他们利益的人”。华盛顿在1785年写道：“我们应该为了国家利益建立联盟，但是也要害怕给统治者们充足的权力来命令和指挥国家事务——而这样的统治者是我们自己创造出来的，任期有限而短暂，对每一项行动负责，任何时候均可将他们撤职，并需承担出任领导职务所带来的所有恶果，这从本质上来说是极不可思议的事情。”翌年，华盛顿又告诉约翰·杰伊：“在我看来，害怕授予这样一个邦联国会足以实现国家目标的权力，实在是大众荒谬和疯狂的极端体现。”华盛顿并不担心国会可能滥用自己的权力，那些国会代表“为了讨好选民、赢取连任，会谨小慎微、异常保守地使用自己的权力”。[92]

国会代表不仅一年一任，而且为了防止他们可能长期占据这一职位，《邦联条例》规定，任何人不得在六年周期内任代表达三年以上。因此，即便是如麦迪逊这般极有才华的国会代表，也只能周期性地离职。批评《邦联条例》的人谴责“这种将符合掌权与任职资格之人拒之门外的做法”。政府是“一门科学，除非我们鼓励人们不仅用三年，更要将一生都奉献于国家，否则美国不可能建立起一个完美的政府”。在这样的条件制约之下，有些极富才华的人拒绝为政府工作。[93]❶

---

❶ 麦迪逊同时也担心，在现实生活中，这种强制的轮替给“邦联政府机构带来的变化，不利于维护邦联稳定与和谐所极为依赖的一般性制度安排”。他也认为，“以往的经验一再告诉我们，公共机构的新成员往往觉得没有必要尊重前任的工作，或是为其负责，并且对于公共政策的延续性和稳定性而言，成员变化和情势变迁往往具有关键性影响”。参见 1783 年 5 月 27 日麦迪逊致伦道夫，*PJM* (C.S.), 7:89（“邦联政府”）; Madison, Notes on Debates, Jan. 6, 1783，同上，6:16（“以往的经验”）。

除此以外，《邦联条例》还存在着另一个根本性缺陷。即便邦联国会召开时能够达到法定代表人数，或者能够取得绝对多数赞成票，进而行使“条例”所赋予的权力，邦联国会也缺乏有效手段使各州服从自己的决议。正如麦迪逊后来写到的，《邦联条例》“错误地相信了……各州立法机构的公正、诚信和合理政策”。很显然，“不能指望十三个独立的州会一致而及时地服从联盟政府的行动”。[94]

比如，《邦联条例》明确授权邦联国会与外国缔结条约。标志着独立战争结束的《巴黎条约》中有一条规定：“任一方的债权人
以英镑的形式足额收回此前产生的真实债务时，不应受到任何法律 43
上的阻碍。”该条约中的其他条款还要求邦联国会“诚恳地建议”各州退还被没收的英国臣民或效忠派（独立战争期间继续效忠英国的美国公民）的财产，禁止出现进一步的没收行为，禁止起诉战争期间的效忠派。[95]

然而，纸面上的几句话还不足以妨碍州议会去追求民众所欢迎的那些政策。在国会的建议下，许多州在战争期间都颁布了没收效忠派土地的法律，这给各州——尤其是纽约州——带来了大量的财富。而当时只有微弱的政治声音，反对这种没收财产的行为。经过了一场漫长而艰苦的战争之后，大多数美国人都不愿偿还战前所欠英国人的债务。乔治·梅森（George Mason）汇报，很多弗吉尼亚人实际上将逃避偿还所欠英国商人的债务，视为这场战争的全部意义。好几个州都通过法律，临时限制收取这类债务，仅允许以分期付款的方式收回债务，或以实物而非现金的方式偿还，并阻止收取战争期间未付债务所产生的利息。在至少一个州，公众舆论非常反对偿还这种债务，以致有律师由于提起追债诉讼，而受到威胁恐吓。[96]

正如麦迪逊后来所解释的那样，各州出现这样的表现实属意料之内。国会的措施必定会在各州引起不同的反应，各州偏向本州公民的

利益，也是可以理解的。据麦迪逊称，“取悦大众者”夸大了本州所处的不公平地位，并怀疑其他州的境况并非异常糟糕。此外，如果一州怀疑其他州可能会拒绝遵守沉重的邦联义务，那么该州也不会情愿遵守。麦迪逊告诉门罗，当偿还战前英国债务的提案呈交到弗吉尼亚州议会时，“大家毫不宽容地、含沙射影地指责邦联国会、东部各州以及以约翰·亚当斯为首的条约谈判者们，并以此来贬损条约”。格雷森担心，即使弗吉尼亚根据条约承认了那些债务，其他州也不一定会承认，而这将使英国可以忽视弗吉尼亚人最在意的即将实施的条约义务。[97]

从理论上讲，《邦联条例》对各州都具有约束力。“条例”第十三条规定：“合众国国会就各项问题所做的决议，依本条例规定分送各州，得以约束各州。各州应绝对遵守《邦联条例》之规定。”杰伊认为，这些文字已经明确规定各州应遵守国会批准的条约，其
44 含义最终应由州法院而不是州议会来解释。格雷森赞同这一观点，他告诉麦迪逊，一旦《巴黎条约》获得批准，它就自动成为每个州的法律，从而约束弗吉尼亚州法院停止执行该州禁止通过诉讼收回战前债务的法律。[98]

然而，并非所有人都同意，《邦联条例》和根据“条例”制定的条约对各州具有法律约束力。格雷森本人就表示怀疑，在国际法之下，分离的州主权是否可以受到联盟政府事务的法律约束。而且，比联盟至上性这个理论问题更为重要的是实际的实施问题。就像华盛顿对杰伊所说的那样，“如果你告诉各州立法机关，它们违反了和平条约，而且侵犯了联盟的优先权，它们将会当面嘲笑你”。[99]

具体而言，这个问题可能会以下面的方式出现：英国债权人根据战前债务提出诉讼。由于《邦联条例》没有设立具有一般管辖权的联邦法院——只设有海事法院和上诉性的海上捕获法院——这种诉讼必然会提交到州法院。州法官——并没有宣誓要遵守《邦联条

例》——的薪水和任期都由州立法机关规定，很可能会同情各州的政策，而起诉方又要求他将各州政策置于联盟法律之下。于是，州法官需要判定，禁止收回战前债务的州法，是否违背了邦联的条约。而且，《邦联条例》并未授权可以将州法院的判决上诉至联邦特别法庭。最后，当州政策与邦联法律存在冲突时，即便州法官没有显示出偏袒州利益的倾向，十三个州的司法机构也可能会以相互矛盾的方式解决邦联法律中的含糊不清之处，从而给邦联法律的统一性造成严重问题。[100]

1786年，杰伊调查了关于各州违反《巴黎条约》的指控。他告诉华盛顿，虽然“有可能通过荒谬但貌似有道理的辩解和借口，来欺骗我们自己和其他人”，但“更好的办法是大方地承认并纠正错误”。杰伊向邦联国会提交的报告证实了英国人的指控——《巴黎条约》要求美国人偿付战前债务，禁止进一步没收效忠派财产，但是各州没有遵守这一规定。杰伊敦促国会通过一项决议，呼吁各州废除所有不符合该条约的法律，1787年初，国会这样做了。[101]

然而，杰伊怀疑这样的决议是否能起作用，因为“有些州在偏离条约方面已经走得太远……它们不会很容易接受劝说，收回自己的脚步，尤其是当国会的建议，就像大多数的建议一样，与它们的利益相悖时，基本上就不会有效”。格雷森同意邦联国会的决议将会“给大多数州造成极大的不安”——尤其是在弗吉尼亚，如果必须向英国债权人支付战前债务，那么“很多人将会受到影响”。[102] 45

美国人违背《巴黎条约》不仅使国家荣誉陷入尴尬境地，而且还给英国人提供了华盛顿所称的“充分理由……为英国方面明显违背条约的行为找到借口”。1783年，英国人违反条约规定——他们承诺当英国军队离开美国时，不带走他们手中控制的美国人拥有的奴隶。在接下来的几年里，英国继续违反条约义务，没有撤出它沿美国西北边境修建的要塞。[103]

在1786年，当美国派驻英国的公使约翰·亚当斯要求英军撤离要塞时，英国人没有接受，并提出，美国有几个州违背了偿还战前债务的条约条款。据亚当斯向邦联国会提交的报告，英国政府曾告诉他："如果认为缔约双方中的一方必须单独严格信守条约义务，而另一方则可以自由地偏离自己的承诺，怎么方便就怎么干，这简直……就是愚蠢和不公正到了极点。"英国人将会"真正而全面地履行条约义务"——只要美国"显示出采取同样行动的真正决心"。[104]

杰伊针对美国违反条约的调查得出的结论是：英国方面的指责是有根据的，美国人屡次违反条约，因此英国人有理由拒绝履行条约义务。杰伊告诉亚当斯，"自条约生效之日起，美国某个州或者某些州，就没有一天不在违背这个条约"。麦迪逊也认为，美国自己违约极大地削弱了美国要求英国履行条约的主张，美国违约"不仅次数极多、最为紧要，而且出现的时间也最早"。[105]

1781年，邦联国会任命了一个委员会，准备为《邦联条例》缺乏任何保障联盟最高地位的实施机制提供补救方案，麦迪逊是委员会成员之一。该委员会负责制订一项计划，将授予邦联国会"全面而明确的权力，在各州有效推行国会根据《邦联条例》通过的立法与决议"。麦迪逊告诉杰斐逊，如果没有这样的权力，"整个联盟将会受辱，而最有益的措施往往被联盟中最微不足道的州所挫败"。委员会倾向于支持国会采取强制措施：应该修改《邦联条例》，以授权国会"动用美国的海上和陆地武装，强迫这些州履行联盟承诺"。[106]

尤其值得注意的是，这份拟议的修正案本来还授权国会扣押违反联盟义务的州及其公民的船只和商品，并禁止这些州与其他州、
46 其他州公民以及外国之间的贸易。正如麦迪逊后来向杰斐逊所解释的那样，"对美国而言，这样使用强制力量，或是利用这样的条

款免于使用强制力量，只需付出极小的成本，非常安全，好似国会下令派出一艘三桅船就能让大西洋沿岸各州缴纳它们应该缴纳的国会摊派份额，实在是非常幸运”。委员会提出这项修正《邦联条例》的建议时面临的环境是，各州未能履行它们应该给国会缴纳的摊派份额，但同样的原则可适用于那些背弃条约义务的州。[107]

国会拒绝了委员会的提议。即便是在战争期间，国会最紧迫地需要从顽固不化的各州那里获得支持的时候，采取武力强制措施也被普遍认为是过于激进的补救措施。[108]

另一个保障联盟至上地位的明显机制是建立一套联邦法院体系。1786年，邦联国会的一个委员会提议建立一个联邦法院，赋予其对州法院判决的上诉管辖权，解释包括联盟条约在内的法律问题。这样的法院可以确保联盟法律得到统一解释，并且可能避免出现偏向于州法的倾向——州法官在涉及州和邦联利益冲突的案件中很可能会表现出这种倾向。不过委员会的建议并没有提及建立上诉法院之外的事，并没有像后来制宪会议代表们所意识到的那样，采取更有效的保障联邦最高权力的实施机制——建立包括初审法院在内的联邦法院系统，以保护联邦利益不被怀有偏见的事实认定者所破坏。[109]

然而，在缺乏类似机制来保障联盟最高权力的情况下，外国几乎没有动力与美国签订条约，因为对于这些条约的含义，每个州的解释可能不同，而且在任何一州都很可能得不到切实的执行。1785年，华盛顿就提出疑问：“谁会与一个缺乏有效手段实施这些条约的国家签订通商条约呢？”1788年，马萨诸塞州的邦联国会代表乔治·撒切尔（George Thatcher）观察到，《邦联条例》下的美国经验，“向所有欧洲人展示了再清晰不过的证据——美国无力实现任何国家目标，无法说服外国信任美国根据《邦联条例》所制定的条约”。[110]

即便《邦联条例》创设了具有一般管辖权的联邦法院，也没有机构去执行这些法院的判决，因为《邦联条例》没有设立任何联盟执行机构。联盟一级的执行权和立法权都属于邦联国会。缺乏执行部门来为联盟政府提供动力、供其调遣和承担责任，这是《邦联条例》
47 的另一重大缺陷。[111]

早在1780年，汉密尔顿就得出结论，“我们制度的一大缺陷就在于缺乏行政方法和活力”，“这在一定程度上是由于缺乏适当的行政机构”。邦联国会“所把控的权力太多了，甚至渗透进了细枝末节”，而“国会实际上应该成为一个审议性组织，当它试图承担执行职能时，它就迷失了自我”。第二年，汉密尔顿告诉财务总监罗伯特·莫里斯，国家事务若要得到适当管理，就需要“由一人来管理”，而不是由国会作为一个整体，或者甚至是由行政委员会来管理。他预计，由具有能力的诚实之人组成的行政部门，“将迅速恢复政府在国内外的信用”。[112]

到1786—1787年间，杰伊也经常注意到，“我们邦联政府的架构从根本上是错误的”。“主权政府的三大部门”——立法、行政和司法——必须“永远分离”。行政部门必不可少，因为一个如邦联国会这样庞大的审议机构无法充分保守秘密，也不具备足够的办事效率，这两点在外交事务领域都至关重要。华盛顿对此表示赞同，他也认为，一个设计合理的联邦政府必须拥有独立于立法机构的行政部门。[113]

地区之间的冲突

到1786年，邦联国会由于缺乏资金，无力应对其他国家的贸易保护性政策，也无力回应各州对联盟条约的普遍蔑视。不过，美国的政治领袖们也同样震惊地看到，地区矛盾变得如此严重，甚至危及邦联的生存。北方和南方各州的不同利益可以追溯到独立之前，并在18世纪70年代中期明显有可能创造出“两大共和国”的状况。独立战争期间，共同的利益暂时压制了地区之间的紧张关系。然而，战争结束之后，地区之间的冲突再次爆发——其中最引人注目的问题是，美国应该如何应对西班牙拒绝承认美国在南部边界以下密西西比河流域的航运权问题（对于南部边界，西班牙和美国之间也存在争议）。[114]

长期以来，南方人一直致力于让密西西比河对美国开放航运。1763年，标志着法国与印第安人战争结束的《巴黎和约》规定，英法两国的臣民可以在密西西比河自由航行。此后不久，法国将路易斯安那移交给西班牙，根据国际法，尽管主权变更，但是条约权仍 48
然完好无损。不过，西班牙却将美国人在西部的定居点视为他们在西半球的威胁——尤其是对新奥尔良的威胁。[115]

美国独立战争期间，当南方被英国军队蹂躏，急需外国援助的时候，西班牙向大陆会议施压，要求美国撤回它对于密西西比河航运权的主张，以此换取西班牙承认美国独立。尽管如此，在1781年，西班牙还是向战争中的美国再次开放了密西西比河。1783年，大英帝国和美国政府缔结的和平条约规定，“关于密西西比河的航运权，从此河的发源地到最后注入海洋，都应当永久免费，并对大英帝国臣民和美国公民开放”。但是英国和西班牙的和平条约，对这一问题却只字未提。[116]

独立战争结束后，大量美国人跨越阿巴拉契亚山脉。来自马萨诸塞州的鲁弗斯·金提出，西进居民“每年迁移都会增添令人难以置信的力量”。肯塔基当时虽然还只是弗吉尼亚州的一部分，但其人口从1783年的12 000人增加到了1790年的70 000人。用一位西进居民的话来说，这些迁徙者寻找机会逃离“赋税繁重，令他们负债累累的国家”，来到“这片世界上最富饶最肥沃的土地”。他们定居仅仅数年之后——“在此期间，他们身处美国人的宿敌的包围之中，第一批冒险者大多成为这些野蛮人的猎物”——“农作物的产量……就大量增加”。据这位西进者报告，在阿巴拉契亚山脉以西，每英亩土地上玉米和烟草的产量是山脉东部的三倍，而且不需要精耕细作。[117]

路易斯安那总督向他在西班牙马德里的上司汇报，美国“人口众多，且民众极不安分”，“他们敌视一切服从行为”，心中充满着“无限的野心”。1784年，越来越担忧的西班牙官员试图通过终止美国人在密西西比河的航运权，来减缓他们的西进迁徙——密西西比河是这个地区最便利的商业出口。西班牙通过控制两岸领土来宣示对密西西比河的主权，但美国人对西班牙控制河东岸领土持有不同意见。到1785年初，西班牙经常扣押美国船只，宣称这些船只在河上进行“非法”贸易。[118]

随着两国之间的冲突似乎愈演愈烈，西班牙派遣公使唐·迪亚哥·加尔多基（Don Diego de Gardoqui）到美国，希望美国邦联国会承认西班牙对密西西比河具有独家管控权。西班牙政府还指示加尔多基解决美国和西班牙之间的边界纷争。当时争论的问题是，美西两国
49 在密西西比河和阿巴拉契亚山脉之间各占多少领土。加尔多基还获得授权，可以与美国邦联政府签订一份商贸协定。例如，西班牙承诺购买美国的水产品和木材，以诱使美国人承认西班牙在这一地区的权利。但是西班牙政府指示加尔多基，在两国边界争端和密西西比河航运权问题上，不可让步。一位了解西班牙真实意图的法国外交官汇报，西班牙认为“不能鼓励美国人在密西西比河地区建立定居点，这

图 1.3 唐·迪亚哥·加尔多基，西班牙派往美国的公使。

些定居点将来可能彼此连接，更加威胁西班牙的控制地位，这一点极端重要”。尽管西进的定居者“现在还很弱小”，他们却“已经在设想如何征服密西西比河西岸地区的各种宏大计划”。[119]

邦联国会指派约翰·杰伊和加尔多基谈判。❶国会最初给了杰

---

❶ 杰伊是美国独立建国一代的巨子之一，他生于 1745 年，家世富有而显赫。1764 年，他进入国王学院，毕业后成为一名纽约律师。杰伊曾担任纽约州派往第一和第二届大陆会议的代表，他投身独立运动事业的时间却比较晚。不过，他起草了大陆会议的《致英国民众书》(*Address to the People of Great Britain*)，否认英国议会有权不经殖民者同意就向他们征税。

1777 年，杰伊帮助起草了纽约州的第一部宪法，并当选为该州最高法院的首席法官。1778 年，纽约立法机构重新任命他为邦联国会代表，而且，杰伊很快就被选为国会主席。1779 年，国会派他去西班牙谈判，争取西班牙的财政援助和承认美国独立，但西班牙人基本拒绝了他的提议。杰伊从那里去了巴黎，与本杰明·富兰克林和约翰·亚当斯一起，商谈结束独立战争的条约。美国最终能获得一份有利的条约，杰伊的贡献至关重要。1784 年杰伊返回美国时，受到了英雄般的欢迎。邦联国会立即任命杰伊担任外交部长，他在这个职位上一直干到邦联终结。

虽然杰伊既不支持召开费城制宪会议，也没有参与制宪，但是正如我们将看到的那样，在纽约批准宪法的斗争中，他是支持新宪法的重要人物。杰伊为《联邦党人文集》贡献了五篇政论文章——疾病限制了他的成就——并在纽约批准宪法大会上发挥了至关重要的调节作用。尽管反联邦派代表的人数比联邦派代表多出一倍还多，但纽约州最终还是无条件地批准了宪法。（转下页）

伊一个限制性极强的指令——要求他在收到加尔多基的任何“提
50 议”后都要与国会商量。但在杰伊抗议这些“极其令人尴尬的限制”
之后，国会妥协了，只在谈判的两个议题上进行了具体的限制：杰
伊“特别需要强调美国在其领土范围之内的权利，以及与英国签订
51 的条约中所确立的从密西西比河源头到入海口的自由航运权”。[120]

长期以来，美国人对密西西比河航运权重要性的认识，一直存在着地区性分歧。对于那些在18世纪80年代中期已经越过阿巴拉契亚山脉，进入后来成为肯塔基州和田纳西州的这片土地的成千上万的人来说，密西西比河是将他们的农产品运送到世界市场的关键通道，因而，这条河对于他们土地的价值也就不言而喻。

（接上页）此后，杰伊拒绝了华盛顿让他出任美国第一任国务卿的提议，而接受了美国第一任首席大法官的职位。尽管最高法院在最初的几年里，审理的案件寥寥无几，杰伊的判决意见一贯支持全国性政府的权威。他还向华盛顿总统提供了非官方的建议，包括拟定 1793 年《中立宣言》（Neutrality Proclamation）的草案。具有讽刺意味的是，杰伊以他首席法官的官方身份，以法院缺乏发表咨询意见的权力为由，拒绝裁定这份宣言是否合宪。

1792 年，杰伊在继续担任最高法院首席大法官的同时竞选纽约州州长，在民意调查中获得多数选票后，他的胜利却被一个具有党派色彩的选举委员会夺走了。1794 年，华盛顿总统任命杰伊（仍然担任着首席大法官）以特使身份前往英国，就几个有争议的问题进行谈判，其中包括美国人最为看重的英国海军强征美国水手问题，以及侵犯美国中立权问题。杰斐逊党人大肆批评华盛顿政府，他们认为杰伊通过谈判达成的条约过于偏向英国的利益，以致全国各地都在焚烧杰伊的肖像。但这次谈判成功地避免了一场战争。

杰伊在 1795 年当选纽约州州长后离开了最高法院。他担任了两届州长并在 1799 年签署了一项在纽约州逐步解放奴隶的法案。杰伊在 1785 年出任纽约废奴协会的首任主席，二十多年来一直在推动州立法机关解放奴隶。

1800 年，杰伊拒绝了约翰·亚当斯总统重新任命他担任首席大法官的提议。他当时提出的拒绝理由是，自己健康状况不佳，而且联邦司法机构缺乏“活力、重要性和尊严，而这些对其给予全国性政府应有的支持至关重要”。杰伊拒绝接受首席大法官一职，为约翰·马歇尔获得这一职位打开了大门，马歇尔后来成为美国历史上最重要的首席大法官，为最高法院最终获得今天的地位奠定了基础。当第二任州长任期于 1801 年结束后，杰伊退休，回到位于纽约贝德福德的一个庄园里，直到 1829 年去世。参见 1801 年 1 月 2 日杰伊致约翰·亚当斯，*CPPJJ*, 4:284–286（引语在 285 页）; American National Biography Online。

因此，早在1783年，乔治·梅森[1]曾提醒说，这批西进的人“极
不安分，唯恐［与英国的］和约不能保证从密西西比河源头到入海
口的自由航运权”。他们将内河航运权视为一种“自然权利”，不出 52
数年，他们将“拥有足够的实力来行使这样的权利”。麦迪逊同样
认为，“生活在密西西比河流域的人们，有权将这条河视为大自然
赋予他们的通往大海的大道”。阿巴拉契亚山脉以西的定居者坚持，
他们有权像东部人使用波托马克河或詹姆斯河一样，航行于密西西
比河——这种权利“来自自然、来自革命的原则，也来自跟英国签
订的条约”。确实，很多西部定居者为此准备跟西班牙人开战。一 53
位名为乔治·穆特（George Muter）的肯塔基法官和政治领导人告
诉麦迪逊，他“在西部遇到的人当中，没有一个人愿意放弃密西西

---

[1] 梅森于1725年出生于今天的弗吉尼亚州费尔法克斯县，他是一个富有的种植园主家的长子。梅森九岁时，父亲在一次船难中去世，梅森遂由自己的叔叔抚养长大。他的叔叔叫约翰·默瑟，是弗吉尼亚的著名律师。

终其一生，梅森更喜欢待在冈斯顿家中，而非投身公共服务。冈斯顿是一幢乔治王朝风格的建筑，由梅森在18世纪50年代建造，可以俯瞰波托马克河。他曾经自称“满足于私人宅邸所带来的幸福”，而不必介意“大人物的一颦一笑”。梅森家庭人口众多，加上长期患病，也促使他大部分时间都待在家里。除了1758—1761年间短期出任弗吉尼亚州议会议员外，在美国独立革命之前，梅森的公共服务生涯几乎都是地方性的。

在1769年，梅森起草了一份不进口英国商品协会的章程，旨在迫使英国商人支持北美殖民者废除汤森税则的要求——该税则由英国议会制定，对输入殖民地的纸张、油漆、铅、玻璃和茶叶征收进口税。梅森起草的章程在州议会的特别会议上获得通过。随后，在1774年，梅森又起草了费尔法克斯郡决议，谴责英国议会通过的《不可容忍法令》，号召召开大陆会议。

梅森曾两度拒绝出任大陆会议代表，但是在1776年，他接受了费尔法克斯郡选民的吁求，进入弗吉尼亚州大会，该大会最终支持殖民地独立。任期内，梅森成为《弗吉尼亚权利宣言》（Virginia Declaration of Rights）和该州第一部宪法的主要起草者。

在1787年，梅森还接受弗吉尼亚州议会的委任，代表该州出席制宪会议。这一次，他逗留费城长达四个月之久，这是他生平第一次在弗吉尼亚以外的地方停留超过数天。此前，梅森从未去过大城市，他跟自己的儿子抱怨“繁文缛节与荒唐的时尚”（有意思的是，梅森自己就是一名富裕的种植园主，住在奢华的大宅邸里，拥有数百个奴隶，他还敦促费城制宪会议授权国会制定奢侈消费法，限制奢侈品消费）。（转下页）

比河航运权——哪怕是短时间放弃，哪怕是以某种条件放弃”。[121]

大多数西部定居者来自南方的几个州。1785年，一位南方人观察到，“南方各州迁往密西西比河流域的人口，数量惊人”。因此，正如麦迪逊所指出的那样，这些西部定居者并非“外国人”，而是“与我们骨肉相连的同胞”。而且，在18世纪80年代中期，这些地区依然属于弗吉尼亚或者北卡罗来纳，这两个州在国会代表着西部地区的利益。同样重要的是，很多南方人希望，领土向西部扩展之后，西部能建立几个州，由此提升南方在联盟内的分量。但是门罗警告，如果关闭密西西比河航道，“我们将会切断那些人——我指的是阿巴拉契亚山脉以西的所有人——与联邦政府的关系，也许最终会将他们撵入敌人的怀抱”。[122]

当然，不是所有南方人都这样看待密西西比河的航运权问题。数年来，华盛顿一直相信，开掘运河，提升波托马克河与詹姆斯河的通航能力，是为西部提供便捷入海通道的更好办法。华盛顿担心，

（接上页）正如我们将看到的那样，梅森是费城制宪会议上最积极和最重要的代表之一。威廉·皮尔斯在他关于制宪会议代表的速写中，将梅森描述为“一位具有巨大影响力的绅士……辩论有力而且能说服人，坚持自己的原则，毫无疑问能进入美国最佳政治家行列”。

尽管在18世纪80年代初，梅森曾反对扩大邦联国会权力的行动，但在费城制宪会议上，他最初支持麦迪逊的计划，同意废除而不是修改《邦联条例》，赞成创设一个强有力的全国性政府。但是随着制宪会议的推进，梅森开始不满于会议形成的方案。在制宪会议结束时，他宣布，他“宁可砍掉自己的右手，也不会赞成目前这部宪法”。梅森带着一肚子不满意离开了费城，成为当时美国反对批准宪法的最著名人物之一，坚持要在批准之前增加必要的宪法修正案，支持召开第二次全国制宪会议，讨论修正案。

1790年，梅森拒绝出任美国参议院议员，两年后，他在冈斯顿家中去世。杰斐逊后来将他描述为“具有一流智慧之人，系革命一代的代表人物，思想宏阔、判断卓著，辩才无碍”。参见 American National Biography Online; Maier, *Ratification*, 39–44（“满足”“大人物”在40页；“繁文缛节”在41页）; Kaminski and Moore, *An Assembly of Demigods*, 187–189［引自 Pierce's *Sketches*，187（“一位具有”）; Jefferson, *Autobiography*, 189（“具有一流智慧”］; 1787年8月31日梅森在费城会议上的发言，*Farrand*, 2:479。

开放密西西比河的航运权，将会强化西部定居者与西班牙之间的联系，而改善弗吉尼亚境内自西向东流的河流，将会增强西部定居者与其东部美国同胞之间的纽带。而且，一旦西部领地的人口增加到一定数量，“真正需要使用密西西比河的航运权时，就没有一个国家能够阻止他们［西部定居者］使用这条河”。华盛顿认为，没有理由提前推进这个议题，这样做“会令他国不满，也可能带来难以处理的后果，如果搁置起来，反而更加符合我们的利益”。[123]

弗吉尼亚州派往国会的一位代表——亨利·李三世［Henry Lee Ⅲ，也就是轻骑兵哈利·李，内战期间南方将军罗伯特·E.李（Robert E. Lee）的父亲］比华盛顿想得更远。李“非常渴望与西班牙缔结商贸条约”，因为“没有其他欧洲国家给我们如此优厚的贸易条件”。李认为，值得“同意关闭密西西比河航道”，以获取“与西班牙进行自由开放贸易的利益”，尤其是考虑到“关闭航道的时间不会超过西部移民增长壮大的时间”。对北方诸州而言，与西班牙缔结商贸条约“极其重要”，如果不“放弃密西西比河的航运权”，就没有“希望”达成这样的条约。[124]

而且，另外一位弗吉尼亚代表理查德·亨利·李也认为，对美国人开放密西西比河的航运权所获得的利益，“非常不真实”，他担心这样做所带来的一个后果将会是“减少原有各州的人口，将其毁灭”。再说，通航的目标“在很多年都没有达到，可能还得通过战争手段实 54
现——不仅是与西班牙开战，很可能还得与波旁王朝［也就是法国］开战”。为何要冒“放弃一个强大王国的友善，换来敌意”的风险呢？而且，西班牙提出每年可以购买价值数百万美元的鳕鱼，还有面粉和其他美国产品。所有这些都利益攸关。在李看来，这些考虑比可能导致肯塔基人投身英国军队的担忧“重要得多”。[125]

北方人对于密西西比河航运权的问题的意见也并非完全一致。

一些北方人赞同大多数南方人的看法，即美国应该坚持密西西比河的自由航运权。参与西部毛皮贸易和西部地区投机活动的北方人，倾向于保持密西西比河的畅通。许多北方人还希望国会通过出售西部土地——而非对商业征税，来增加收入，支付联盟债务。因此，北方各州赞成国会给杰伊发出的谈判指示，即不要在美国对密西西比河的航运权问题上讨价还价。1785年3月，马萨诸塞州立法机关指示其派往国会的代表“立即着手处理确保美国拥有密西西比河自由航运权的重要工作”。[126]

当然，北方人普遍不如南方人那样密切关注密西西比河问题，因为在俄亥俄河以北的领土上建立的定居点当时还很少。实际上，许多北方人坚决反对美国西部的快速发展。鲁弗斯·金就认为，“每一个从大西洋沿岸州移居到那片［西部］土地的人，都是联盟的永久性损失”。按照金的说法，“大自然通过连绵巨大的山脉，把［东西方］两边分割开来，利益差别和交通不便将使它们分离，而我们支离破碎的政府的软弱政策，无法将它们联合起来”。因此，“如果美国公民在这个时候能够不受干扰地使用密西西比河，美国将无法从定居西部领地上的居民那里得到一分钱的税收”。而且，“大西洋沿岸各州的人口本来就不足，失去我们的人口，就等于失去我们最大的财富来源”。[127]

还有一些北方人担心，向西部扩张将很快建立更多的南方州，这最终可能使在国会投票时南方的票数胜过北方。因此，弗吉尼亚州的格雷森说，一些北方人“担心新的州在邦联政府中出现后可能会带来不利后果”。[128]

此外，针对南方各州拒绝给予国会管理商贸权力的做法，北方民众非常愤怒，从而使许多北方人不愿支持南方对密西西比河航运
55 权的需求。北方人更希望与西班牙签订一项商贸条约，这能使他们

享受到某些利益——而南方各州抵制扩大国会的商贸权力，阻碍了北方人通过立法获得这类利益。对于北方人而言，西班牙市场可以取代独立战争结束后对他们关上大门的英国市场。正如一位弗吉尼亚州的国会代表所言，“东部各州认为，与西班牙建立商业联系，是解救身处困境的各州公民的唯一办法，他们认为，这类困境大部分来自商业的衰落”。与西班牙签订商贸条约可能是“他们复苏贸易的唯一有效方式”。[129]

加尔多基在纽约与杰伊谈判时，坚定地拒绝了美国对密西西比河航运权的要求，但他表示愿意达成一项商贸协议，他和杰伊还讨论了协议的某些细节内容。当麦迪逊得知事态进展后，得出的结论是，加尔多基的动机是要“在利益和情感上彻底分离美国东西部定居点，并煽动东部和南方各州之间相互嫉妒的情绪”，并希望遏制美国西部定居点，从而保障西班牙在北美领地的安全。[130]

1786年5月，杰伊告诉邦联国会，他与加尔多基的谈判出现了“某种困难”，他建议任命一个委员会，授权其“指示和引导我与西班牙人商讨拟议中的条约的每一个细节和具体问题”。门罗被任命为该委员会成员，他告诉麦迪逊和弗吉尼亚州州长帕特里克·亨利（Patrick Henry），杰伊虽然没有明确承认，但他的目标是要解除国会对他与西班牙人讨论密西西比河航运权和有争议边界问题所做的限制性指示。[131]

曾经视杰伊为朋友的南方人，现在指责他操纵国会达到自己的目的。门罗告诉杰斐逊，“杰伊不诚实地主导了这场谈判”，而且他还与“最不开明的”马萨诸塞州国会代表团“密谋”，以回避国会给他发出的谈判指示。门罗写信告诉亨利，“这是我所知道的最不寻常的一项操作，一个部长进行谈判的明确目的是挫败国会给他下达的谈判指示，并且通过一连串的密谋和操纵，诱使各州代表同意他的主张”。[132]

麦迪逊同样谴责杰伊“目光短浅和政策不光彩”，并表示自己“异常惊讶地看到，竟然有人想要放弃密西西比河，以及保障西班牙在美洲的财产”。即使是在美国独立战争时期南方最绝望的时刻，麦迪逊都竭力抵制出让美国在密西西比河上的航运权，以换取西班
56 牙的结盟支持。1786年，麦迪逊认为杰伊只不过是“在彻底的和平时期自愿地讨价还价，以帝国某一部分地区的权利换取另一部分地区的利益”。在麦迪逊看来，这和弗吉尼亚建议放弃马萨诸塞州的渔业经营权，以换取英国人用更高的价格收购弗吉尼亚烟草没有什么不同。来自北卡罗来纳州的蒂莫西·布拉德沃思（Timothy Bloodworth）同样抱怨，北方人在要求南方州“放弃密西西比河，以此来购买”一项条约，保证北方诸州能够在鱼类与鲸油销售上获得商业利益，并疏远西部人，降低他们的土地价值。[133]

8月，邦联国会召令杰伊回来述职，他列举了与西班牙签订商贸协定的种种好处。从地缘政治上看，西班牙临近法国，是美国的重要盟友，疏远西班牙可能会激怒法国。同样地，英国“记得我们曾经是它的臣民，但并不爱我们”，它将会非常高兴地看到美国与西班牙闹矛盾。完善加尔多基提出的条约，也可能促使西班牙使用其在北非伊斯兰教区的影响力，帮助美国商品进入地中海区域。西班牙正在与美国联络感情，杰伊解释道，而此时其他国家“没有对我们显示出任何特别的尊重”。[134]

杰伊争论说，从商贸上讲，与西班牙签订商贸条约将会极大地有利于美国，因为在两国的贸易中，西班牙进口的货物多于出口的货物，因此必将以铸币的形式结账。西班牙乐意在所有商贸监管措施上，延展“完美的互惠”关系，这意味着美国的产品和商品（除了烟草）能够进入西班牙的任何地区——通过美国或西班牙的船

只——就好像西班牙产品一样。西班牙国王也同意用硬通货为皇家海军购买来自美国的桅杆和木材。杰伊转交给国会的一封来自加尔多基的信强调，西班牙每年要消费价值400万或500万美元的来自纽芬兰的鳕鱼。西班牙与美国之间的商贸条约可以用新英格兰地区的鳕鱼（质量更高），来替代西班牙从英国进口的鳕鱼，这意味着美国渔民能获得数千个工作机会。[135]

作为商贸条约的交换条件，西班牙坚持要求美国在未来25或30年内放弃其在南部边境之下的密西西比河的航运权。在国会证词中，杰伊说，他一贯并且仍然坚持反对放弃这样的权利，但是加尔多基宣称，西班牙国王不会在这个问题上示弱。杰伊试图说服加尔多基，西部定居者的数量正急速增长，终有一天会迫使西班牙做出让步，57
但加尔多基回复说："那一天过于遥远，目前的条约不是为了应对遥远未来的偶然状况。"[136]

杰伊还跟国会解释道，对于美国而言，暂时忍耐一代人的时间，其间不使用密西西比河，直到美国变得"比现在更像一个真正的国家"，并不意味着美国利益的巨大牺牲。由于缺乏资金，不同区域之间严重割裂，美国还不能因为这个问题跟西班牙打一仗。在摆出这一事实后，杰伊问，为什么不能暂时不使用密西西比河，以此换取商贸条约中宝贵的有利条件呢？更进一步来说，美国贸易运输现在对密西西比河的依赖度很低，航运权"现在并不重要，在未来二三十年内，可能也不会很重要"。最后，杰伊提醒说，如果美国拒绝签订拟议中的商贸条约，西班牙可能会认为自己"受到侮辱"，从而引发一场美国还没有准备好的战争。[137]

西部定居者得知杰伊所建议的内容后，感到异常愤慨。一位著名的肯塔基人告诉麦迪逊：

> 对于将密西西比河的航运权交给西班牙的建议，所有西部民众的心头都充满怒火。人人都在满腔怒火地讨论这个问题，并且斥责其为最不公正且最专制的措施，宣称如果真要这样，他们将认为自己可以从所有的联邦义务中解脱出来，完全自由地寻找盟友，而且，他们已经与驻扎在底特律的英国军人建立了联系。[138]

另一个西部人写信给一个东部朋友说，“几个月前几乎都不会想的政治问题，如今正在世界的这一角落如雷贯耳，几乎所有人都在谈论”。杰伊关于放弃美国在密西西比河上的航运权的建议，“给了西部地区一个惊雷，吓得当地居民目瞪口呆。这完全动摇了我们的根基……出卖我们，并让我们臣服于残忍的西班牙人，是无法忍受的痛苦”。如果西班牙人控制密西西比河，他们将会“以随心所欲的价格拿走我们的产品”。西部定居者已下定决心，在必要的时候，“将西班牙人赶出他们位于密西西比河河口的定居点。假如美国方面不支持和援助（如果我们需要的话），我们将放弃自己的忠诚，转而求助于其他国家［也就是英国］”。来自弗吉尼亚肯塔基地区的国会议员约翰·布朗（John Brown）告诉杰斐逊：“放弃密西西
58 比河航运权的拙劣建议，已经埋下了分裂美国国土的种子，因为这样的建议摧毁了西部领地居民对于联盟正义性的信心，使得他们绝望地认为，除了他们自己的努力之外，不可能通过任何其他方式来获得这一权利。”[139]

很多弗吉尼亚政治领导人对这些事态发展感到苦恼不安。麦迪逊告诉杰斐逊，“如果他们［西部定居者］认为自己可以脱离联盟的纽带关系［根据杰伊的提议］，并为他们被出卖的权利赢得某种保护”——可能是来自英国的保护，它正渴望“抓住机会，插足我

们的事务”——“这也是正常的”。杰斐逊也赞同说，“放弃密西西比河航运权的做法，是分离东部和西部的行为”。但他并不怀疑杰伊及其北方盟友的“诚实意图”。杰斐逊认为，他们一定没有意识到西部定居者的特点，“这些定居者认为——无论这种看法是对是错——联盟内正掌握着权力的那部分人，为了自己所在地区的利益牺牲了他们的利益”。甚至连华盛顿——虽然他不像大多数弗吉尼亚人那样反对暂时放弃密西西比河上的美国航运权——也担心这样做可能“会影响西部定居者的思想”，他们可能“会受到本地煽动者的蛊惑，认为他们的利益遭受了巨大的牺牲，从而采取夸张与绝望的行动”。[140]

很多南方领导者担心，放弃密西西比河的航运权不仅会使西部人脱离联盟，而且会增加北方在国会的政治优势。门罗告诉州长帕特里克·亨利，北方人放弃密西西比河的目的，是要削弱“河西的定居点，防止他们继续向西定居，从而让各州像现在这样继续向南发展”。即使西部定居者继续增加，“按照符合当地民众利益的原则，他们必定会脱离联盟，从而有效地避免在联盟内部出现任何新的州”。北方人希望“增加东部人口的比重，并将他们留在东部”，由此“增加纽约和马萨诸塞州的空地价值”。[141]

北卡罗来纳州的国会代表蒂莫西·布拉德沃思也同意“东部各州所制定的政策是为了防止移民”。“众所周知，[国会中的]权力平衡现在掌握在东部各州手中”，布拉德沃思写道，他们现在的行为表明，他们“决定保持这个发展方向”。[142]

事实上，法国代办向他的外交部长报告，南方“激烈反对”放弃密西西比河航运权的“真实动机”，“可以从北方各州的优势地位”，以及南方人对“国会的权力向自己这一边倾斜”的渴望中找到。南方人“不放过任何一个增加西部地区人口和重要性的机会， 59

不放过任何一个将新英格兰居民逐步吸引到这里的机会——新英格兰贫瘠的土地无法承载太多的居民”。罗得岛尤其感受到“新成立的俄亥俄领地所带来的重创，每天都有大量的家庭离开家园，去寻找更加肥沃的土地和不那么恶劣的气候环境”。这样的移民“使新英格兰地区备受打击，因为这样的迁徙一方面夺走了它勤劳的公民，另一方面又增加了南方各州的人口”。一旦这些地区“逐渐形成独立的州，它们将会在国会拥有自己的代表，从而大大增加南方各州代表的数量”。[143]

为了保护西部定居者的利益，并确保南方在联盟内的未来权力，南方州议会指示它们的国会代表，以“最坚决的词句”反对国会出让密西西比河自由航运权的行为，因为这样的行为很可能激起“我们西部领地上的同胞们的怨恨和责备，他们的基本权利和利益可能因此被牺牲和出卖”。因此，根据门罗随后的叙述，邦联国会里的南方代表“积极反对”国会重新给杰伊下达谈判指令。[144]

来自弗吉尼亚州的国会代表格雷森以及来自南卡罗来纳州的查尔斯·平克尼发表了很长的演说，指责杰伊试图为了北方人的利益而出卖西部定居者和南方人的利益，同时也对美国所能获得的真正利益提出质疑。杰伊商定的商贸条约规定，双方都不得对从对方进口的货物征收高于本国居民通常支付的进口关税。但这对美国出口商的帮助十分有限，因为西班牙通常征收的进口商品关税要高于美国。另外，条约特别排除了烟草——这是美国南方几个州的主要作物——西班牙可以从西半球自己的殖民地获取烟草。根据条约，西班牙可能从美国进口的主要产品——鱼和木材，都是美国北方产品——已经在不受关税保护的情况下获准进入西班牙，因为西班牙殖民地并不出产这两种产品。由于欧洲一直需要小麦和大米，所以这两者也不需要条约的帮助。这样看来，按照国会中南方代表的说法，拟议的条约既没能开拓与西班牙之间新的贸易领域，也没有打开西班牙在西半球殖民地的贸易大门。南方代表也不认同西班牙可能会在很大程度上帮助美国处理阿尔及利亚海盗的说法，或者说，美国不同意西班牙对密西西比河的要求后，西班牙将会开战。即使 60
西班牙想要跟美国开战，法国也不大可能支持。[145]

尽管条约显示出的利益很小，但代价却是巨大的。美国放弃在密西西比河上的航运权，将“抑制并可能摧毁移民精神”，并因此贬损未售出的西部土地的价值——而这是偿还邦联债务的重要资金来源。关闭密西西比河航道将“把西部定居者的利益与联盟内其他人的利益分割开来，使他们对联盟怀有敌意”，也将“摧毁南方各州领导人士创造未来家庭财富的希望”。当南方人看到，“为了东部同胞的微小商业好处，就牺牲和放弃他们最关切的利益”，他们对邦联的忠诚也必将受到影响。撇开其他因素不谈，这个“牺牲他人利益以促进邦联中一部分人利益”的西班牙条约，将给视自己为受害一方的南方“重大理由”，认为“不宜授予国会更大的权力，因为国会刚刚滥用了它所拥有的权力”。[146]

相比之下，大多数北方政治家对拟议中的商贸条约感到高兴，他们认为这将会使西班牙市场向北方鱼类、面粉、木材和其他产品开放。负责回应杰伊要求重新下达谈判指令的委员会的成员鲁弗斯·金对马萨诸塞州政治领导人埃尔布里奇·格里说，拟议的条约“对大西洋沿岸各州来说非常重要”。鉴于英国是新英格兰的“渔业竞争对手”，并且“法国也不希望我们在这个商业领域拓展市场”，因此与西班牙签订条约，为新英格兰鱼类争取到欧洲市场，非常值得期待。金还担心，在美国南部边界以下那些“不守规矩的人，试图在密西西比河上行船”，可能会“给我们带来麻烦，使我们与西班牙卷入纠纷”。[147]

在邦联国会，金和来自宾夕法尼亚州、曾经担任革命军少将的阿瑟·圣克莱尔（Arthur St. Clair）认为杰伊提出的商贸条约对于缓解北方的经济困境至关重要。北方“土地贫瘠”，其唯一有价值的产品“都来自海里”，而西班牙是美国海产品最有前景的市场，这使得杰伊提出的条约“对北方各州具有极大的影响”。他们还认为，扩大北方渔业规模可以促进造船业和航运业发展，从而增加海员人数，最终这将有助于加强国家安全。北方代表否认该条约很容易受到以下反对意见的指责：“条约只会让联盟内的一部分地区立即受益”。他们提出，联盟内一个地区通过海外贸易获得的收益，将“通过内部交流迅速传
61 递给其他地区”，因此最终会“对整个联盟都有助益”。[148]

而且，国会里的北方代表还表示，杰伊提议的条约中向西班牙做出的让步——“禁止使用我们目前无法享受的便利”，“并不会带来什么重大后果”。西班牙只需控制位于新奥尔良的密西西比河河口，就可以排除美国商船，“除非我们能够使用武力来维护自己的权利”。此外，拒绝加尔多基提供的条件，将刺激西部定居者的欲望，他们可能会要求“强行通航密西西比河”，从而在美国做好战争准备之前引发战争。在这种情况下，法国可能会支持西班牙，欧洲其他海军大国也不会与美国结盟，因为它们“正嫉妒地看着我们。尽管它们希望我们独立，但它们绝不希望我们强大”。此外，为了密西西比河与西班牙开战，将危及邦联，因为当北方人自己的商业利益“被忽视甚至是被牺牲掉”时，当他们认为“战争既不必要，也不用现在就打时”，他们不会“愿意承担战争带来的开支和风险”。[149]

北方代表们也认为，暂时忍耐一代人的时间，不使用密西西比河，可使美国人利用这段时间强化联盟，并安排国家的一揽子计划，以便在一代人之后，有能力维护自己的权利。事实上，在与西班牙缔结的这项条约中，美国人同意在有限的时间内不行使某一特

定权利，这就意味着西班牙“放弃了自己的专有权主张，并确认了我们的权利”。最后，美国人口“已经太薄弱了”，缺乏“足够的人手来耕种我们的土地，更是缺乏那些最被需要的制造商”。因此，向西部移民，“在我们目前的情况下是有害的”，应该遏制西部领土上的定居点。[150]

国会代表按其各自地域界线分成了几派。来自新泽西的中部代表约翰·克利夫斯·西蒙斯（John Cleves Symmes）提出了一个折中方案：美国将放弃其在密西西比河上十二年的航运权。但南方人坚决反对这一建议，据说西班牙人也不接受，因此很快被放弃。[151]

《邦联条例》明确规定，邦联政府签订的条约需要得到九个州代表团的批准。门罗后来解释道，南方代表认为，“给谈判代表下达的指令是签订条约的基础——如果条约需要获得一致同意，根据诚实信用原则，指令也应获得批准”——所以他们坚持要求对杰伊下达的任何新的谈判指令，都同样需要得到国会的绝对多数代表支持。九个州批准了给杰伊下达的最初指令，如果更改指令，同样需要九个州的同意。[152] 62

来自弗吉尼亚州的国会代表提出一个动议，即“如果建立一个先例，只需七个州同意，便可改变给外交部长下达的谈判指令，而这一指令最初需要九个州一致同意，那么，将会产生最严重的后果——摧毁联盟曾经在这一重要问题上设计的明智守护措施”。在给本州州长的信件中，北卡罗来纳州代表蒂莫西·布拉德沃思说得更直白。如果建立这个“威胁到南方诸州自由的先例”，“七个州便可为任意私利，出让联盟中其他州的任何权益”，如此一来，“邦联协定就形同沙绳”，且“邦联必将解体”。[153]

但是南方代表禁止国会以少于绝对多数的投票给杰伊重新下达谈判指令的行动，却在国会中一再失利，七个北方州的代表形成联盟，挫败了五个南方州的代表（特拉华州代表缺席）。门罗后来回忆说，国会在这个问题上的讨论，“拖沓而漫长”。1786年8月下旬，国会以同样7:5的投票，消除了给杰伊的谈判指令中禁止其放弃美国主张密西西比河航运权的内容。[154]

几天以后，北方州代表强行变更了国会程序规则——在少于十二个州的代表到场的情况下，禁止再次改变给杰伊下达的谈判指令——麦迪逊后来称这个改变“是美国诞生时期国会自我放纵的典型产物”。通过同样的区域性投票，国会继续保留了秘密谈判的禁令，禁止代表们将美国和西班牙谈判的进展情况告诉他们所在州的立法机关。国会代表在密西西比河航运权问题上的辩论已经是针尖对麦芒，达到了阻碍其他事务进展的程度。国会内的地区分立，已经演变成为一个巨大的裂痕。[155]

根据法国驻美国大使馆代办路易斯·纪尧姆·奥托（Louis Guillaume Otto）的精确分析，国会设置的这类程序将杰伊置于一个“非常尴尬的”境地。杰伊肯定不能与西班牙缔结放弃密西西比河的航运权的条约，这样会遭到“五个南方州的尖酸羞辱，它们将大声指责他机关算尽，使用各种阴谋手段，指挥北方诸州代表的行动，从而将国会协商牢牢控制于自己的股掌之间”。尽管如此，杰伊也不能“拒绝执行他自己就是其最狂热信徒的党派的命令，因为一旦拒绝，他自己就会失去支持和影响力”。无论杰伊做了什么，“恐怕国会的这次讨论，都将会导致两派之间的巨大嫌隙，并可能成为未来南方诸州分裂的根源”。[156]

门罗认为，杰伊要完成的这份条约，事关“自己的个人名誉”，
63 并让自己的北方盟友“深陷其中，而不可能抛弃他”。门罗相信，北方佬们宁可“赌上邦联之存续”，也不会让步退缩。实际上，门罗觉得，北方代表已经在国会之外开过会——他甚至声称自己曾经出

席过其中的一场会议——“讨论将哈德逊河以东的几个州分离出邦联，并建立一个独立的政府”。虽然门罗仍希望避免邦联解体，但他告诉州长帕特里克·亨利，他们必须“将其当成一个可能发生且必须提防的事件，慎重考虑”。如果联盟解体，门罗考虑宾夕法尼亚——或许还有新泽西——应加入南方邦联，以避免北方邦联“力量过于强大”，这一点非常重要。如有必要，弗吉尼亚应该使用武力阻止宾夕法尼亚和北方诸州联合在一起。门罗的弗吉尼亚同事亨利·李同样发声警告，“诸位先生们太过轻描淡写地谈论着邦联的分裂和解体”。[157]

弗吉尼亚人并不是杞人忧天：南方对商业改革和杰伊提议的西班牙条约的抵制，确实导致了很多北方人开始质疑联盟的价值。来自马萨诸塞州的国会代表西奥多·塞奇威克（Theodore Sedgwick）私下里写道：“现在变成了东部和中部州的利益相关，它们正认真考虑，能从和南方州的合作之中得到什么好处。除了让我们参加他们的商业贸易之外，对于我们所提供的安全保障，他们没能给我们任何对等的回报——现在，他们还要拒绝我们参与他们的商贸活动。”塞奇威克总结道：“就连我们长期维持的联盟形式，也无法继续下去了。我们必须认真思考一个替代品，因为，我们若不能控制事态的发展，必将为事态的发展所控制。”[158]

在保密要求的掩护之下，杰伊继续根据他所获的新指令与加尔多基谈判。麦迪逊对伦道夫抱怨，“与西班牙方面的谈判一直在进行，而且完全是在帷幕之后推进”，且杰伊一手掌握着推进的方向，以及与国会之间的信息交流。很多南方人担心出现最糟糕的情况。1786年12月，弗吉尼亚与会代表爱德华·卡林顿在承认没有任何真凭实据的情况下，向麦迪逊预测，杰伊可能会完成和西班牙之间的条约，然后南方诸州会因为软弱而无法阻止国会批准该条约。国会代表布拉德沃思向北卡罗来纳州议会报告，“有理由担心与西班牙的条约已经谈妥，即将完成”。[159]

然而，事实上，杰伊并没有对那些反对他重新获得谈判指令的南方人和西部人的强烈抗议无动于衷。10月，门罗告诉麦迪逊，他“倾向于怀疑”与“本党中参与最近交易的人”此前传递给杰伊的“记叙内容”相比，杰伊看到国会的辩论记录后，可能会“留下不同的印象”，因为这份记录显示，南方对他重新获得谈判指令深怀
64 敌意。国会中的南方代表也一再向国会和外交部长展示相关信息，信息显示出西部定居者对于放弃密西西比河权益的不满程度。杰伊后来承认，“放弃密西西比河权益的谣言在西部领地所引起的激烈反弹，让他深陷困境”。12月，他向杰斐逊表示，看到“美国大西洋沿岸和西部领地的利益如此泾渭分明，且两者之间不慎出现了不应该出现的误解”，致使“西部地区的人们有理由猜忌北方人”，他感到很遗憾。[160]

在1787年2月之前，麦迪逊曾多次告诉杰斐逊，杰伊“此前没有冒险推动谈判进程，我相信他现在也不会这么做”。3月，麦迪逊和加尔多基进行了一次私人谈话。根据麦迪逊的记述，虽然这位西班牙公使“根本不理会美国对于密西西比河航运权的看法”，还警告“西班牙会通过禁止美国进入其港口，让我们感受到自己在贸易方面的不堪一击”，但加尔多基同时坦言，他自从去年10月以来就再也没有和杰伊商议过，也不想再次协商了，而且他很快就要离开美国。经过与加尔多基的这番对谈之后，麦迪逊告诉杰斐逊，杰伊的谈判“不会有结果”。[161]

4月，国会召杰伊回来报告他的谈判情况。杰伊表示，他已经拟好的几份条约草案，都暗含着美国拥有密西西比河航运权的条款，但明确禁止美国立即行使这项权利。杰伊还描述了美国和西班

牙之间在密西西比河问题上日益严重的对抗，并提醒国会，在商贸条约和战争之间不存在值得追求的中立地带。不过，杰伊也承认，“最好不要签订一份半个国家的人都不赞同的条约，因为他们可能会违反这样的条约”。此时，国会中的南方代表提议，将与西班牙之间的谈判转移到欧洲，因为他们预计，担任驻法国公使的杰斐逊能够比杰伊更好地维护南方利益。随后不久，麦迪逊汇报，“总体而言，放弃密西西比河的计划算是走到了尽头——这一点意义重大，因为即将在费城召开的会议，将会改变邦联体制，并以增加联邦的权力为目标，而在放弃密西西比河的问题上，已经显示出了各州之间的猜忌”。[162]

杰伊最终没能与加尔多基达成条约。到1788年年初，肯塔基人约翰·布朗总结说，“将密西西比河航运权让给西班牙的要求已经不足畏惧了”。他声称，“民众对这个问题的看法已经发生了彻底的翻转”，部分原因在于，出售西部土地致使“很多具有巨大影响和 65
广泛人脉关系的东部居民，转变为西部地区的探险者”。[163]

那一年晚些时候，邦联国会通过决议，认为密西西比河航运权是“美国的一项明确且至关重要的权利”，而且，杰伊与西班牙之间的谈判内容，应该提交给根据新宪法成立的新的联邦政府来解决——由宪法创设的新政府预期于1789年年初开始运行。麦迪逊告诉伦道夫，国会的这个决议“用心良苦，希望安抚我们西部同胞的不满情绪”。他也告诉杰斐逊，国会已经“采取了西部领地在当前情况下所真正要求的政策”。北卡罗来纳州派往国会的代表之一休·威廉姆森认为，“任何一位外交部长手中都毫无权力”来缔结交换美国密西西比河航运权的条约。据威廉姆森所言，北方州代表现在“完全确信，这样的措施既非深思熟虑，也不算切实可行”，因为“西部领地上的定居者数量”已经迅猛增长。[164]

实际上，南方从未因被强加的不利条约而陷入严重的危险之中。即便国会以7:5的投票给杰伊重新下达谈判指令，《邦联条例》也清楚地要求九个州的绝对多数同意才能批准条约，但是表示愿意放弃美国对密西西比河航运权要求的州，数量不超过七个。而且，经过弗吉尼亚的一番游说之后，新泽西州立法机关迅速转变了对与西班牙谈判的立场，声称关闭密西西比河的航运，将造成国会所拥有的、可以出售以偿还国债的西部土地贬值，并命令它的国会代表坚持美国拥有密西西比河的航运权。在与西班牙的谈判过程中，宾夕法尼亚也是北方的温和派，因为该州的西部定居点临近俄亥俄河，所以它强烈希望开放密西西比河。门罗自始至终都预计，如果宾夕法尼亚州和新泽西州在密西西比河问题上抛弃北方各州，“杰伊等人的密谋就到此为止了”。[165]

尽管南方的利益可能从来没有受到真正的威胁，但是，围绕杰伊与西班牙之间的谈判所引发的争议，确实严重损害了各地区之间的统一事业，也损害了通过扩大邦联政府的权力来补救《邦联条例》缺陷的事业。1786年8月，麦迪逊告诉杰斐逊，自从他1783年离开国会并于1784年重新加入弗吉尼亚州下议院起，他一直“极力主张，我们的立法机构要相信，国会能够一视同仁地照顾共和国各部分地区的权利和利益——尤其是西部成员的利益，如果它们希望国会在密西西比河问题上展开谈判的话，就有必要赋予国会新的权力，让联盟更值得大家尊重”。麦迪逊请杰斐逊“自己想一想”，按照杰伊的建议下达指令，就密西西比河上的航运权问题与西班牙展
66 开谈判，“会给弗吉尼亚州议会带来怎样的影响——州议会对北方的政策早就满怀猜忌，议会里还将会有大约三十名代表来自本州西部［通往密西西比河的支流］地区”。而且，麦迪逊还进一步提出，虽然有些弗吉尼亚人“不关心密西西比河的航运权问题，但也积极

地撺掇他们的朋友，对抗他们讨厌的邦联政策”。西部人则会“觉得自己被东部大西洋沿岸的兄弟出卖了”。即便有九个州绝对不会批准杰伊提出的条约，“只要有六七个州试图批准……我担心，这种不成功的行动，也会对确立联邦的权力构成致命的威胁——目前邦联国会的权力已经够弱小的了”。[166]

弗吉尼亚派往邦联国会的代表亨利·李对“密西西比河航运权问题”的担忧与麦迪逊一致，他也觉得“这件事困难重重”。正如我们所看到的那样，虽然李实际上赞成大多数北方代表的权衡主张：可以放弃美国对密西西比河的航运权诉求，以换取同西班牙签订商业条约所带来的利益，但他仍认为，“在联盟政府权力积弱的情况下，除非为了重大利益，否则，冒险损害帝国的任何一部分，都非明智之举”。在国会讨论杰伊的构想时，李给华盛顿写信说，“扩大联盟权力的举动，在各州都树敌众多”，批准一项“联盟获益不大，而某些地方获益更多的条约”，会使“民众演说家”起来阻碍“支持联邦政府的伟大目标”。因此，李向邦联国会表示，不管与西班牙签订通商条约将会带来何种好处，维系联盟统一稳定高于一切。为了巩固联盟，就要求“扩大国会权力”，可国会要是批准了杰伊的条约，南方和西部必定起来抵制，扩大国会权力将毫无可能。[167]

国会讨论西班牙谈判问题两个月之后，麦迪逊向华盛顿证实，“密西西比河航运权问题给联盟精神带来的影响超出想象”。弗吉尼亚州议会的西部代表提交的决议案称，他们对杰伊放弃密西西比河航运权的“违宪而危险”的提议，“深感震惊”。倘若这一政策真的落地，“不仅会牺牲和出卖西部同胞的必要权利和核心利益，招致他们的一致反对和谴责”，还会摧毁“对明智、公正、自由的联盟政权的信任——面对此种危机，联盟很有必要适当扩大自己的

图 1.4　弗吉尼亚州派往邦联国会的代表亨利·李三世（人称轻骑兵哈利·李），在革命战争中为骑兵军官，立过军功，在弗吉尼亚州批准宪法大会上支持本州通过联邦宪法，后任弗吉尼亚州州长和联邦国会议员。

权力”。[168]

麦迪逊告诉自己的父亲，这个问题“点燃了”弗吉尼亚州立法机构，就连不是从本州西部来的代表，也表现出相当的同情。虽然
67 麦迪逊相信北方代表放弃密西西比河航运权的提议最终会被挫败，但他仍旧担心，此事业已造成影响，将会“极大地阻碍修正邦联的措施，而我认为，这种修正措施事关国家的存亡绝续”。在给华盛顿的信中，麦迪逊写道：“弗吉尼亚州不少联邦派人士，都对这些事件深感痛心。”他还担心，“除非从国会撤回议题，否则，将本州纳入适当联邦体制的任何希望，都将化为泡影”。华盛顿表示同意，并告诉战争部长亨利·诺克斯，弗吉尼亚州显示出“及时支持和鼓励建立联邦体制的倾向”，只是“不要因密西西比河航运权问题上的争议，激起无谓的争议，成为诱因，使他们却步心寒”。随后，麦迪逊设法在州议会中冲淡本州西部代表决议的影响，但他认为那些已经通过的决议，仍然“非常尖锐”。[169]

密西西比河航运权的纷争，似乎进一步确证了许多南方代表

的疑虑——无论是通过条约还是根据管理商贸的宽泛权力颁布的立法——只要北方代表在国会中占据多数，都必定会出卖南方的经济 68
利益。例如，在1786年秋天，弗吉尼亚州首席法官埃德蒙德·彭德尔顿告诉麦迪逊，虽然他同意扩大国会的权力，但他不能“抑制给予国会管理商贸的权力后给我所带来的恐惧感”——尤其看到“国会竟然要出让密西西比河航运权”。根据一位与会者后来回忆，在1787年的制宪会议上，南方人坚持要求，需要获得参议院的绝对多数同意，才能批准条约，因为“密西西比河的航运权，在国会已经发生了这样的事情之后，不能在仅仅是简单多数人的手中冒险”。更直接的例子出现在1786年夏天，一位北卡罗来纳州的国会代表报告，围绕是否给杰伊下达新的谈判指令所产生的“不愉快争议”，“出乎意料地”导致国会的一个委员会提出了好几条修改《邦联条例》的修正条款。其中包含授予国会全权管理对外和州际贸易的条款，并希望建立一个联邦法院，专门审理各州提交的涉及外交问题和国会管理商贸问题的案件。[170]

不过，麦迪逊对密西西比河航运权问题仍持乐观态度。他从中得到的教训是，需要建立一个更加强大的全国性政府，授权政府管理对外商贸，并筹集足够的岁入来支持一支可敬的军队。这样既可以改变新英格兰地区的商业困境，也可以迫使西班牙向美国开放密西西比河航道。同样，关于联盟可能分解为几个不同联合体的传言，只会让麦迪逊更加迫切地寻求他所谓的“激进”修改《邦联条例》计划。1787年初，他告诉彭德尔顿，让联盟解体实在是罪大恶极，他希望“联盟解体的危险能够唤醒所有的真正革命之友，让他们行动起来，支持帮助联盟，将联盟永远延续下去，并挽回共和国的荣誉”。[171]

到1787年，绝大多数美国政治名人都认为，《邦联条例》有缺陷，亟须修正。经验已经证明，摊派份额体制完全不敷使用，国会需要一些独立的征税机构。国会还需要有能力应对国外的贸易歧视措施，并强制各州执行国家的条约义务。而且，还必须采取某些措施，遏制具有优良港口的州——尤其是纽约州——通过征收进口税从周边州获取税收，此事已经引起了很大的不满，并激起了相邻州的报复行动。

报纸上的大量报道和文章也呼吁建立一个更有权力的联邦政
69 府。1786年9月，南卡罗来纳州的一份报纸，根据从纽约市得来的情报写道，国家“时刻处于屈辱之中，这完全是因为国会缺乏征收进口关税和规范州际贸易的权力”。文章的结论是：“缺乏联邦政府的美国能够幸福或者安全，就好比你们希望看见一个巨大的骆驼穿过针眼。”就在同一时间，波士顿的一篇文章也得出了类似的结论：国会需要额外的权力和能力，来执行自己的措施，而不必依赖各州的合作。华盛顿告诉杰伊，事情不可能“永远毫无进展”，“民众的荒谬和疯狂达到了高潮”，不让国会拥有实现国家目标所必需的权力。杰伊同意这一看法，他告诉杰斐逊，邦联政府“（如果还可以称之为政府的话）如此不足以实现其目标，以致要么进行大的变更，要么必然出现大的罪恶”。[172]

1787年的真正问题不在于是否应该修改《邦联条例》，而在于应该进行多大程度的修改。反对进行重大宪法改革的一方具有两个重要的优势。首先，美国人在大英帝国内的经历，让他们深深地不信任强大的中央政府。威廉·格雷森指出，“政府越是宽松，人们越是喜欢”。他怀疑，美国人还没有准备好“接受要求他们付钱或是让出权力的任何重大创新”。正如华盛顿的私人秘书托拜厄斯·利尔（Tobias Lear）所言，“在这样一个自由的国家里，人民必须感受到事态的严重性，才能完全相信被治理的必要性”。国会代表史蒂芬·米克斯·米切尔（Stephen Mix Mitchell）怀疑：“在这场革命中站在最前列的那些不屈不挠的著名人物，不大可能为了组建一个强力而高效的联邦政府，而认为一定要放弃那么多自然的或后天获得的自由。”米切尔相信，只有在革命一代谢幕之后，后代才能“为我们的新共和国轻松而有效地做些事情”。[173]

其次，《邦联条例》要求各州立法机构一致同意才能对其修正。经验表明，要获得这种一致性，实际上是不可能的。[174]

像汉密尔顿这样的几个大胆的国家主义者，几乎从一开始就赞成彻底改革《邦联条例》。早在1780年和1781年，汉密尔顿就在私人通信中提出，应该召集全国大会，授予国会“除了每个州的地方法之外的所有主权”，改革目前“徒有其名且毫无意义的联合”。1782年，纽约州立法机构批准了很可能是由汉密尔顿起草的决议，提议国会召开这样的全国大会。汉密尔顿向罗伯特·莫里斯坦言，他怀疑其他州不会同意这项建议，但是如果不召开这样的大会，汉密尔顿担心，这些州永远不会“采取任何合理的或有效的方式进行 70
合作。答案显而易见，敦促改革或实施改革，一个州在没有其他州同意的情况下，又能获得怎样的改革收益呢”。事实上，汉密尔顿反对1781年和1783年的渐进修正改革措施，因为他认为，这根本无法满足联邦政府的需要。[175]

在1786年，格雷森表达了类似的观点，他担心，“局部的改革终将失败”，因为“如果某个州达成了自己的特定目标，它可能会给更远的其他地区带来同等重要的痛苦”。格雷森宁可“保持原样，也不愿不一改到底”。而且他并不相信，这个国家已经到了“如此危急的时刻，以至于需要根据适当的原则确保改革成功”。但是，如果有可能等到所有事项被同时考虑，“一个目标将促进另一个目标的实现，通过总体上的协调，可能会促成建立一个好政府”。[176]

汉密尔顿目标远大。要说服多数美国人相信《邦联条例》刚颁布就需要彻底修改，确实要花费更多的时间。在国会还没法说服各州同时授权它征收简单的进口关税之时，要彻底改变联邦政府的结构，也确实令人难以接受。1785年，马萨诸塞州的国会代表以“不成熟”为理由，反对州立法机关指令他们建议邦联国会召开全国性大会。经一番探寻，他们发现国会中的主导意见，“无意期望”赞同召开这样的大会，国会正在考虑的是具体的商贸改革建议。直到1786年，麦迪逊还对门罗说，要彻底改革《邦联条例》，公众意见现在可能还不成熟。因此，在安纳波利斯会议上，只能提出逐步改变的行动方案——第二章将会详细讨论。[177]

过早地试图对联邦政府进行根本性的结构改革，可能会引发美国人民担心出现干预他们个人自由的阴谋。1785年，国会秘书查尔斯·汤姆森写道，如果国会希望快速地扩张自己的权力，“只可能激起猜忌心理，使得别有用心的人们，将人民从一个似乎能使他们形成共识的环境中分离出来”。汤姆森主张制定修正案，授权国会管理商贸，并通过征收进口税提升国会收入。对此，他解释道，通过逐次扩大国会权力，“人们的思想会倾向于授予政府其他必需的权力，同时联邦政府也能随着环境的要求，逐步平稳地提升权力，直到达到某种完善的程度”。[178]

但在1785年，马萨诸塞州的国会代表们拒绝遵从本州立法机关
71 发出的要求召开制宪会议的指示时，他们还怀有另外的疑虑。他们提出，现在各州都是共和政府，并警告，“目前正在巧妙地展开并大力推行的计划，一旦取得成功，必将不可避免地改变我们的共和政府，将其变为有害的贵族政体”。如果在那时呼吁召开制宪会议，将会“使整个联盟内倾向于贵族制的人，想尽办法选派能够推动政

府改变的代表参会”。[179]❶

到了1787年，在《邦联条例》框架内进行渐进式保守改革的十年努力最终失败，使得许多政坛领袖确信，需要进行根本性的改革——而且必须借助其他途径。国会已经寸步难行，各州也已经两次拒绝了授权国会征收进口关税的最低限度改革提议。国会显然需要权力来应对其他国家对美国采取的贸易歧视措施，但是商贸改革的提案却没有通过。围绕密西西比河航运权所产生的争议，已经在联盟内部埋下了深刻的地域分歧的种子。最终，正如我们将在下一章所看到的那样，在1786—1787年寻求降低税金和债务救济的抗议者们强行关闭了马萨诸塞州的几个民事法庭，他们的叛乱行为最终使大部分美国人确信，宪法改革势在必行。[180] 72

注释

1 Roger H. Brown, *Redeeming the Republic: Federalists, Taxation, and the Origin of the*

---

❶ 虽然他们并未具体表述这方面的担忧，但马萨诸塞州的代表们可能担心南方人过于依赖奴隶制，绝不会支持在北方各州发展起来的这种民主和相对高效的政府形式。在独立前夕，约翰·亚当斯告诉他的妻子，南方“上层人士十分富有，而普通民众则十分贫穷”；而且“这种财富不均使得他们的一切行动都倾向于贵族化”。1782年，罗得岛派往国会的代表戴维·豪厄尔认为，“当你往南方走时，你会发现政府更偏向于贵族制”，“普通民众在政府中起到的作用也越来越小”。他自诩：“只有在新英格兰，我们才拥有纯粹且不混杂的民主体制。”参见1776年4月14日约翰·亚当斯致阿比盖尔·亚当斯（Abigail Adams），*Adams Family Correspondence* (L. H. Butterfield et al., eds., Cambridge, MA, 1963), 1:381（“上层人士”和“这种财富不均”）；1782年8月3日豪厄尔致威尔克姆·阿诺德（Welcome Arnold），*LDC*, 19:6（“当你”“普通民众”和“只有在”）；另见1784年2月2日塞缪尔·奥斯古德（Samuel Osgood）致史蒂芬·希金森（Stephen Higginson），*LDC*, 21:326; Davis, *Sectionalism in American Politics*, 59–60, 69。关于将奴隶制作为边缘制度的地方，美国政府更民主、更有效的论点，参见Einhorn, *American Taxation*, 7。弗吉尼亚州和南卡罗来纳州政府被种植园主精英支配的程度，参见Main, *Political Parties*, 11, 13。

Constitution (Baltimore, 1993), 24–27；另见 1787 年 5 月 29 日埃德蒙德·伦道夫在费城制宪会议上的发言，*Farrand*, 1:18–19; Randolph（耶茨的记录），同上，23–24; Randolph（麦克亨利的记录），同上，24–28；1788 年 6 月 4 日伦道夫在弗吉尼亚州批准宪法大会上的发言，*DHRC*, 9:931–936；1786 年 5 月 27 日查尔斯·佩蒂特（Charles Pettit）致耶利米·沃兹华斯（Jeremiah Wadsworth），*Letters of Delegates to Congress, 1774–1789* (Paul H. Smith ed., Washington, DC, 1996), 23:315–317［以下简称"*LDC*"］。

2 参见前注所引材料。

3 1787 年 2 月 25 日麦迪逊致埃德蒙德·伦道夫，*PJM* (C.S.), 9:299（"我们的形势"和"无不认为"）；1787 年 2 月 24 日麦迪逊致埃德蒙德·彭德尔顿，同上，294–295（"无人拥护""公共财政"和"在此种情形"）；1787 年 2 月 25 日麦迪逊致老詹姆斯·麦迪逊，同上，297（"正在对我们"）。

4 1786 年 11 月 24 日伦道夫致华盛顿，*The Papers of George Washington* (Confederation Series) (W. W. Abbot, ed., Charlottesville, VA, 1995), 4:395［以下简称"*PGW* (C.S.)"］（"无论是在"）；1786 年 12 月 6 日伦道夫致华盛顿，同上，445（"很担心"）；1786 年 3 月 22 日格雷森致麦迪逊，*PJM* (C.S.), 8:510（"目前的邦联政府"）；1787 年 4 月 16 日格雷森致肖特，*LDC*, 24:226（"美国的各种"）。类似效果的其他表述，参见 1787 年 3 月 23 日罗杰·奥尔登（Roger Alden）致小乔纳森·特朗布尔（Jonathan Trumbull, Jr.），同上，168–169；1786 年 9 月 14 日史蒂芬·米克斯·米切尔致威廉·约翰逊（William Johnson），*LDC*, 23:526 n. 11; New York *Daily Advertiser* (Hamilton), July 21, 1787, *DHRC*, 19:11–14; *The Federalist No. 15* (Hamilton), 106。

5 Jack N. Rakove, *The Beginnings of National Politics: An Interpretive History of the Continental Congress* (New York, 1979), 17–18; Joseph L. Davis, *Sectionalism in American Politics, 1774–1787* (Madison, WI, 1977), 12–13; David C. Hendrickson, *Peace Pact: The Lost World of the American Founding* (Lawrence, KS, 2003), 26–27.

6 Gordon S. Wood, *The Creation of the American Republic, 1776–1787* (Chapel Hill, NC, 1969), 355; Rakove, *Beginnings of National Politics*, 144–145, 155. 由于军

事敌对行动的干扰，国会推迟了《邦联条例》的制定进程，见 Introduction, *DHRC*, 11:xl。起草《邦联条例》过程中所涉及的争端，详细记录参见 Hendrickson, *Peace Pact*, ch. 18。

7 Madison, Preface to Debates in the Convention of 1787, *Farrand*, 3:542（引文）［以下简称“Preface to Debates”］; Rakove, *Beginnings of National Politics*, 177–178, 186–187; Hendrickson, *Peace Pact*, 150。各州的确对《邦联条例》提出了许多修正案，但国会将其忽略了。关于这些修正案，见 *DHRC*，第 1 卷。

8 Madison, Preface to Debates, *Farrand*, 3:542（引文）; 另见 1782 年 4 月 23 日麦迪逊致埃德蒙德・彭德尔顿，*PJM* (C.S.), 4:178; Madison, Observations Relating to the Influence of Vermont and the Territorial Claims on the Politics of Congress (May 1, 1782)，同上，200–202；1784 年 4 月 30 日理查德・多布斯・斯佩特（Richard Dobbs Spaight）致亚历山大・马丁（Alexander Martin），*LDC*, 21:567；1782 年 9 月 10 日戴维・拉姆塞（David Ramsay）致纳撒内尔・格林（Nathanael Greene），*LDC*, 19:143; Introduction, *DHRC*, 11:xli–xlvi; Gaspare J. Saladino, “Delaware: Independence and the Concept of a Commercial Republic,” in Michael Allen Gillespie and Michael Lienesch, eds., *Ratifying the Constitution* (Lawrence, KS, 1989), 34–35; Peter S. Onuf, “Maryland: The Small Republic in the New Nation,” 同上，174–175; Peter S. Onuf, *The Origins of the Federal Republic: Jurisdictional Controversies in the United States, 1775–1787* (Philadelphia, 1983), 13–14; Rakove, *Beginnings of National Politics*, 187–190; Hendrickson, *Peace Pact*, 132–133, 140–141, 146; Willi Paul Adams, *The First American Constitutions: Republican Ideology and the Making of the State Constitutions in the Revolutionary Era* (Chapel Hill, NC, 1980), 284–285。

9 Act of Confederation of the United States of America (1781), Art. II, *DHRC*, 1:86（引文）［以下简称“Articles of Confederation”］; Wood, *Creation of the American Republic*, 354–359; Rakove, *Beginnings of National Politics*, 158–160, 170–172; Hendrickson, *Peace Pact*, 28, 134, 138–139, 144–145, 179；比较参考 Onuf, *Origins of the Federal Republic*, 5–7。

10 1785 年 12 月 9 日麦迪逊致华盛顿，*PJM* (C.S.), 8:438（“我们身处的”）；1788 年 6 月 24 日汉密尔顿在纽约州批准宪法大会上的发言，*DHRC*, 22:1861

（“我们公私机构”）; Rakove, *Original Meanings*, 206–207; Hendrickson, *Peace Pact*, 135; Max Edling, “A More Perfect Union: The Framing and Ratification of the Constitution,” in Edward G. Gray and Jane Kamensky, eds., *The Oxford Handbook of the American Revolution* (New York, 2013), 391。

11 1782 年 8 月 6 日古文诺・莫里斯致马修・瑞德利（Matthew Ridley），*Papers of Robert Morris* (John Catanzariti and E. James Ferguson, eds., Pittsburgh, 1984), 6:148 [以下简称 “*PRM*”]（“大踏步地” 和 “日常感觉”）; 1782 年 10 月 6 日罗伯特・莫里斯致马修・瑞德利，同上，512（“爱国者” 和 “继续战争状态”）; 1783 年 7 月 25 日汉密尔顿致杰伊，*The Papers of Alexander Hamilton* (Harold C. Syrett, ed., New York, 1961), 3:416 [以下简称 “*PAH*”]（“每天都能”）; 另见 Davis, *Sectionalism in American Politics*, 44, 54–55; Rakove, *Beginnings of National Politics*, 310; Merrill Jensen, *The New Nation: A History of the United States During the Confederation, 1781–1789* (New York, 1950), 66。

12 E. James Ferguson, *The Power of the Purse: A History of American Public Finance, 1776–1790* (Chapel Hill, NC, 1961), xv, 111（引文）; Articles of Confederation, Art. VIII; 1780 年 9 月 3 日汉密尔顿致詹姆斯・杜安，*PAH*, 2:401, 404; Rakove, *Beginnings of National Politics*, 320; Robin L. Einhorn, *American Taxation, American Slavery* (Chicago, 2006), 18–19。

13 Max E. Edling, *A Revolution in Favor of Government: Origins of the U.S. Constitution and the Making of the American State* (New York, 2003), 150; Ferguson, *Power of the Purse*, 7–8; Stephen Mihm, “Funding the Revolution: Monetary and Fiscal Policy in Eighteenth–Century America,” in Gray and Kamensky, eds., *American Revolution*, 332.

14 Ferguson, *Power of the Purse*, 26; Mihm, “Funding the Revolution,” 332.

15 Ferguson, *Power of the Purse*, 19, 26–27, 29–30; Thomas K. McCraw, *The Founders and Finance: How Hamilton, Gallatin, and Other Immigrants Forged a New Economy* (Cambridge, MA, 2012), 65; Einhorn, *American Taxation*, 126–127; Mihm, “Funding the Revolution,” 332–334.

16 Ferguson, *Power of the Purse*，32 页图表，33, 48; Rakove, *Beginnings of National*

Politics, 210。

17 Ferguson, *Power of the Purse*, 33–36, 39. 各州未能进行地价评估，参见 1785 年 7 月 19 日查尔斯·汤姆森致约翰·迪金森（John Dickinson），*LDC*, 22:520; 另见 1788 年 1 月 19 日鲁弗斯·金在马萨诸塞州批准宪法大会上的发言，*DHRC*, 6:1255; Einhorn, *American Taxation*, 128, 134–135。

18 1780 年 5 月 6 日麦迪逊致杰斐逊，*PJM* (C.S.), 2:20。

19 1780 年 5 月 31 日华盛顿致约瑟夫·琼斯，*The Writings of George Washington* (Jared Sparks, ed., New York, 1834), 7:67（"一个州"）; 1780 年 5 月 8 日麦迪逊致约翰·佩奇（John Page）（?），*PJM* (C.S.), 2:21（"我们目前"）; 1781 年 4 月 16 日麦迪逊致杰斐逊，同上，3:71（"最有能力的"和"不体面地"）; 另见 1780 年 5 月 6 日麦迪逊致杰斐逊，同上，2:19; 1782 年 9 月 27 日罗伯特·莫里斯致本杰明·富兰克林,*PRM*, 6:449; 1783 年 1 月 8 日艾伯纳·纳什致詹姆斯·艾德尔（James Iredell）,*LDC*, 19:565; 1781 年 4 月 2 日詹姆斯·M. 瓦纳姆（James M. Varnum）致威廉·格林（William Greene），*LDC*, 17:115; Rakove, *Beginnings of National Politics*, 207–208; Edling, *Revolution in Favor of Government*, 155–157。北美殖民地的税负比欧洲要轻很多，参见 Jeremy Atack and Peter Passell, *A New Economic View of American History from Colonial Times to 1940* (New York, 2nd ed., 1994)，68 页图表 3.4; Einhorn, *American Taxation*, 21; Mihm, "Funding the Revolution," 328。

20 1783 年 1 月 22 日麦迪逊致伦道夫，*PJM* (C.S.), 6:55（"在各州之内"和"各州之间"）; 1789 年 1 月 29 日麦迪逊致乔治·汤普森（George Thompson），同上，11:433–434（"如果有些州"）; 另见 1785 年 10 月 3 日麦迪逊致杰斐逊，同上，8:374; *The Federalist No. 15* (Hamilton), 112; 1787 年 1 月 17 日乔治·里德（George Read）致约翰·迪金森，*LDC*, 22:592; 1786 年 3 月 1 日纳撒尼尔·戈勒姆致卡莱布·戴维斯（Caleb Davis），*LDC*, 23:167; "A Freeholder," *Providence Gazette*, Nov. 9, 1782, 2。罗宾·埃因霍恩（Robin Einhorn）认为，《邦联条例》第八条根据土地价值来分配各州的摊派份额，过于荒谬，这导致了摊派制度的失败，但无论采用何种筹集岁入方法，同样的集体行动问题都会困扰该制度（*American Taxation*, 145）。

21 Editorial Note, Report on Payment of New Jersey Troops, Oct. 1, 1782, *PJM* (C.S.), 5:173（“共同公正”）；另见 Ferguson, *Power of the Purse*, 221–223; Davis, *Sectionalism in American Politics*, 42; Lance Banning, *The Sacred Fire of Liberty: James Madison and the Founding of the Federal Republic* (Ithaca, NY, 1995), 27; Sara M. Shumer, “New Jersey: Property and the Price of Republican Politics,” in Gillespie and Lienesch, eds., *Ratifying the Constitution*, 79; Edwin J. Perkins, *American Public Finance and Financial Services, 1700–1815* (Columbus, OH, 1994), 145–146。

22 Madison, Notes on Debates, Dec. 4, 1782, *PJM* (C.S.), 5:363（“不但违背了”“其他一些州”“将其引申到”和“我们邦联”）; Report on Payment of New Jersey Troops, Oct. 1, 1782，同上，174；1817 年 2 月 9 日鲁弗斯·金致 W. 科勒曼（W. Coleman），*The Life and Correspondence of Rufus King* (Charles R. King, ed., New York, 1900), 6:54［以下简称“*LCRK*”］（“增加了邦联国会”）；另见 *Journals of the Continental Congress* (Gaillard Hunt, ed., Washington, DC, 1914), 23:629–631 (Oct. 1, 1782)［以下简称“*JCC*”］；1787 年 1 月 24 日史蒂芬·米克斯·米切尔致耶利米·沃兹华斯，*LDC*, 24:74；1786 年 2 月 11 日门罗致麦迪逊，*PJM* (C.S.), 8:492 & n. 2；1785 年 6 月 16 日门罗致杰斐逊，*PTJ* (M.S.), 8:215；1785 年 8 月 23 日马萨诸塞州代表致詹姆斯·鲍登（James Bowdoin），*LDC*, 22:592; John Paul Kaminski, “Paper Politics: The Northern State Loan Offices During the Confederation, 1783–1790”（博士论文，University of Wisconsin, 1972），148; Introduction, *DHRC*, 3:123; Perkins, *American Public Finance*, 150–152。

23 1782 年 8 月 29 日莫里斯致华盛顿，*PRM*, 6:282（“仿佛是在”）；1785 年 10 月 8 日戴恩致金，*LCRK*, 1:68（“邦联国会”和“只要这个”）；1786 年 8 月 15 日华盛顿致约翰·杰伊，*PGW* (C.S.), 4:212–213（“给各州”）；另见 Robert Morris, Circular to the Governors of the States, May 12, 1783, *PRM*, 8:31–32; June 5, 1783，同上，171；1783 年 1 月 20 日罗伯特·莫里斯致宾夕法尼亚总统约翰·迪金森，*PRM*, 7:342–343；1782 年 10 月 22 日北卡罗来纳州代表致州长亚历山大·马丁，*LDC*, 19:293; McCraw, *The Founders and Finance*, 71; Brown, *Redeeming the Republic*, 15–16; Calvin H. Johnson, *Righteous Anger at*

the Wicked States: The Meaning of the Founders' Constitution (New York, 2005), 15; Edling, *Revolution in Favor of Government*, 94。

24 1782 年 8 月 6 日莫里斯致马修·瑞德利，*PRM*, 6:148（引文）; Brown, *Redeeming the Republic*, 12, 24–25, 70, 97, 117–118, 122；另见 James Madison, Vices of the Political System of the United States, *PJM* (C.S.), 9:351［以下简称 "Madison, Vices"］; 1782 年 10 月 6 日罗伯特·莫里斯致马修·瑞德利，*PRM*, 6:511–513; *JCC*, 30:70 (Feb. 15, 1786); 1785 年 10 月 17 日鲁弗斯·金的演讲，*LDC*, 23:588–589。

25 Brown, *Redeeming the Republic*, 25, 155；1787 年 2 月 25 日麦迪逊致老詹姆斯·麦迪逊，*PJM* (C.S.), 9:297（"每个地方"）; 1787 年 10 月 24 日麦迪逊致杰斐逊，同上，10:218（"我很怀疑"）; 1787 年 12 月 20 日麦迪逊致杰斐逊，同上，332（"财政委员会"）; 1787 年 12 月 15 日北卡罗来纳州代表致北卡罗来纳州议会，*LDC*, 24:585（"我们已经"）; 另见 1786 年 8 月 6 日西奥多·塞奇威克致卡莱布·斯特朗（Caleb Strong），*LDC*, 23:437；1787 年 3 月 23 日罗杰·奥尔登致小乔纳森·特朗布尔，*LDC*, 24:168；1787 年 2 月 21 日麦迪逊致华盛顿，*PJM* (C.S.), 9:285; Board of Treasury Report, Feb. 7, 1787, *JCC*, 32:33–34；1786 年 11 月 1 日戴维·汉弗莱斯（David Humphreys）致华盛顿，*PGW* (C.S.), 4:325。

26 1786 年 8 月 3 日约翰·杰伊致国会，*JCC*, 31:484（"缺乏资金"）; 1787 年 4 月 13 日卡林顿致伦道夫，*LDC*, 24:219（"我们困窘的" 和 "已经拖欠"）; 1787 年 12 月 20 日麦迪逊致杰斐逊，*PJM* (C.S.), 10:332（"很可能会"）; 1787 年 11 月 7 日吉尔曼致州长约翰·沙利文，*DHRC*, 3:262（"如果不建立" 和 "连野蛮人"）; 1787 年 12 月 15 日北卡罗来纳州代表致北卡罗来纳州议会，*LDC*, 24:585（"美国将" "这种" 和 "我们的朋友"）; 另见 1786 年 12 月 14 日杰伊致杰斐逊，*PTJ* (M.S.), 10:597；1787 年 12 月 27 日国会秘书查尔斯·汤姆森致康涅狄格州州长塞缪尔·亨廷顿（Samuel Huntington），*LDC*, 24:599；罗得岛州代表致州长约翰·柯林斯（John Collins），*LDC*, 23:570; Board of Treasury Report, June 22, 1786, *JCC*, 30:365; 1786 年 2 月 7 日查尔斯·平克尼提出的动议，*JCC*, 30:50–51; New York *Daily Advertiser* (Hamilton), July 21,

1787, *DHRC*, 19:12; “Primitive Whig” No. 1（Governor William Livingston）, *New Jersey Gazette*, Jan. 9, 1786, 1; Boston *Independent Chronicle*, Sept. 7, 1786, 1; Brown, *Redeeming the Republic*, 18–19, 33, 228。1787 年 6 月，美国驻荷兰全权代表约翰·亚当斯（同时也是美国驻英国公使）与荷兰银行家签署了一项贷款协议，使美国能够支付先前从荷兰贷款的利息。参见 Board of Treasury Report, July 25, 1787, *JCC*, 33:412–415; Congressional Resolution, Oct. 11, 1787，同上，649；另见 editorial note, *DHRC*, 20:1149 n. 3。

27 1787 年 4 月 7 日彭德尔顿致麦迪逊,*PJM* (C.S.), 17:516(“独立和强制”和“各州的”); 1787 年 5 月 15 日李致乔治·梅森，*Papers of George Mason* (Robert Allen Rutland, ed., Chapel Hill, NC, 1970), 2:878［以下简称“*PGM*”］(“如此拖延”); 1787 年 3 月 31 日华盛顿致麦迪逊，*PGW* (C.S.), 5:115（“我觉得”); 另见 1787 年 12 月 11 日托马斯·约翰逊（Thomas Johnson）致华盛顿，同上，484; Boston *Independent Chronicle*, Sept. 7, 1786, 1。卡尔文·约翰逊（Calvin Johnson）认为，相比之下，建国那一代人对各州未能缴付各自摊派份额的愤怒，才是促成制定宪法的最大动因（*Righteous Anger at the Wicked States*, 2–3）。

28 Report of the Committee on Dispatches from Foreign Ministers, Sept. 25, 1783, *LDC*, 20:701（引文）; Edling, *Revolution in Favor of Government*, 85–88; Frederick Marks III, *Independence on Trial: Foreign Affairs and the Making of the Constitution* (Baton Roge, LA, 1973), 52–59, 110–112; Curtis P. Nettels, *The Emergence of a National Economy, 1775–1815* (New York, 1962), 65–66; Albert Anthony Giesecke, *American Commercial Legislation Before 1789* (New York, 1910), 127; Hendrickson, *Peace Pact*, 200–201; Forrest McDonald, *Novus Ordo Seclorum: The Intellectual Origins of the Constitution* (Lawrence, KS, 1985), 105; Forrest McDonald, *We the People: The Economic Origins of the Constitution* (Chicago, 1958), 367, 382; Jensen, *New Nation*, 157–163; editorial note, *DHRC*, 4:398 n. 2; Introduction, *DHRC*, 1:24；另见 1785 年 9 月 11 日约翰·亚当斯致埃尔布里奇·格里，James T. Austin, *The Life of Elbridge Gerry* (Boston, 1828), 482–486; “A,” *Essex Journal*, Oct. 10, 1787, *DHRC*, 4:66；1788

年纳撒尼尔·皮斯利·萨金特（Nathaniel Peaslee Sargeant）致约瑟夫·巴杰（Joseph Badger）（精确日期未知）, *DHRC*, 5:564–565。梅尼尔·詹森（Merrill Jensen）否认英国的限制措施在实践中有很大的影响，他认为美国政治家夸大了这种限制的重要性，并以此为策略，要求各州支持扩大国会的贸易权力（*New Nation*, 165–166, 175, 198– 200）。反驳詹森的观点，参见 Marks，上文，56–58。

29 1785 年 7 月 7 日麦迪逊致理查德·亨利·李，*PJM* (C.S.), 8:315（“最明目张胆”）; 1788 年 1 月 21 日小托马斯·道斯（Thomas Dawes, Jr.）在马萨诸塞州批准宪法大会上的发言，*DHRC*, 6:1288（“运输和税费”和“都是属于”）; 1786 年 3 月 18 日麦迪逊致杰斐逊，*PJM* (C.S.), 8:502（“目前这种”和“抽干我们”）; 1785 年 8 月 15 日门罗致杰斐逊，*PTJ* (M.S.), 8:382（“日益衰退”）; 另见 McDonald, *Novus Ordo Seclorum*, 104。英国在重商主义制度下垄断美国贸易，是殖民者不满的原因之一，并最终引发了独立战争，参见 Woody Holton, *Forced Founders: Indians, Debtors, Slaves, and the Making of the American Revolution in Virginia* (Chapel Hill, NC, 1999), 45–60; Atack and Passell, *New Economic View*, 55–65；在邦联体制下，英国垄断南方运输贸易的程度，参见 *Newport Herald*, Oct. 25, 1787, *DHRC*, 24:39。

30 Proceedings of the Continental Congress, Apr. 30, 1784, *JCC*, 26:318（“以类似”）; Grant of Temporary Power to Regulate Commerce, Apr. 30, 1784, *DHRC*, 1:154（“无法从”）; 1785 年 8 月 22 日华盛顿致詹姆斯·麦克亨利（James McHenry），*PGW* (C.S.), 3:198–199（“他们公然”和“沦为地球上”）; 1786 年 7 月 6 日金致格里，*LDC*, 23:390（“都写得”和“在没有”）; 1786 年 2 月 8 日杰斐逊致麦迪逊，*PJM* (C.S.), 8:486（“将会使”和“就国家层面”）; 另见 1785 年 8 月 7 日麦迪逊致门罗，同上，334；1785 年 11 月 30 日华盛顿致麦迪逊，同上，429；1786 年 3 月 6 日纳撒尼尔·戈勒姆致詹姆斯·沃伦（James Warren）, *LDC*, 23:181；1783 年 7 月 16 日约翰·亚当斯致罗伯特·利文斯顿（Robert Livingston），*Papers of John Adams* (Gregg L. Lint et al., eds., Cambridge, MA, 2010), 15:123–124。

31 David Brian Robertson, *The Constitution and America's Destiny* (New York,

2005), 59; Giesecke, *American Commercial Legislation*, 128–129; Brown, *Redeeming the Republic*, 147–148; Allan Nevins, *The American States During and After the American Revolution, 1775–1789* (New York, 1924), 556, 558–559; Davis, *Sectionalism in American Politics*, 99–100; Marks, *Independence on Trial*, 80–82；1785 年 10 月 3 日麦迪逊致杰斐逊，*PJM* (C.S.), 8:375。18 世纪 80 年代中期手工业者要求限制从英国进口商品，参见 Marks，上文，77–79。

32 1785 年 8 月 7 日麦迪逊致门罗，*PJM* (C.S.), 8:333（“各自为战”）; 1787 年 12 月 9 日麦迪逊致杰斐逊，同上，10:313（“疯狂之举”）; Proceedings of the Continental Congress, Mar. 28, 1785, *JCC*, 28:203（“面对这种”和“徒劳”）; 1787 年 4 月 2 日卡林顿致埃德蒙德·伦道夫，*LDC*, 24:193(“互不信任”和“最终将”）; 另见 1785 年 11 月 30 日华盛顿致戴维·斯图尔特（David Stuart），*PGW* (C.S.), 3:423；1785 年 7 月 26 日门罗致麦迪逊，*PJM* (C.S.) 8:329–330；1785 年 10 月 3 日麦迪逊致杰斐逊，同上，375。

33 Giesecke, *American Commercial Legislation*, 126 n. 15, 134–135; Saladino, “Delaware,” 36; Brandon P. Denning, “Confederation–Era Discrimination Against Interstate Commerce and the Legitimacy of the Dormant Commerce Clause,” *Kentucky Law Journal* (2005), 94:62; Davis, *Sectionalism in American Politics*, 92, 101; Marks, *Independence on Trial*, 82; Kaminski, “Paper Politics,” 97–98；另见 1788 年 1 月 18 日小托马斯·道斯在马萨诸塞州批准宪法大会上的发言，*DHRC*, 6:1245; “One of the Middle–Interest,” *Massachusetts Centinel*, Dec. 5, 1787, *DHRC*, 4:387。

34 1787 年 4 月 2 日卡林顿致伦道夫，*LDC*, 24:193（“不可能”）; 1786 年 1 月 22 日麦迪逊致杰斐逊，*PJM* (C.S.), 8:476(“协调管理”）; March 18, 1786, 同上，502（“在商贸问题”）; Nevins, *American States During and After the Revolution*, 564；另见 Banning, *Sacred Fire*, 47–49; Madison, Preface to Debates, *Farrand*, 3:547–548。

35 1785 年 6 月 16 日门罗致杰斐逊，*PTJ* (M.S.), 8:215（“十分不利”）; Madison, Vices, *PJM* (C.S.), 9:350（“虽说不”）; 1788 年 1 月 21 日小托马斯·道斯在马萨诸塞州批准宪法大会上的发言，*DHRC*, 6:1288; Madison, Preface to

Debates, *Farrand*, 3:547；1786 年 9 月 13 日坦奇・考克斯致驻安纳波利斯的弗吉尼亚专员，*PJM* (C.S.), 9:124–126。

36 1786 年 3 月 6 日纳撒尼尔・戈勒姆致詹姆斯・沃伦，*LDC*, 23:180（“邦联国会”）; 1788 年 6 月 6 日伦道夫在弗吉尼亚州批准宪法大会上的发言，*DHRC*, 9:985–986（“嫉妒”）; 1786 年 1 月 22 日麦迪逊致杰斐逊，*PJM* (C.S.), 8:476；另见 “A Pennsylvanian to the New York Convention” (Tench Coxe), *Pennsylvania Gazette*, June 11, 1788, *DHRC*, 20:1143, 1149 n. 1; editorial note, *DHRC*, 25:359 n. 4; Robertson, *The Constitution and America's Destiny*, 59–60; Denning, “Interstate Commerce,” 47–48, 62–64, 75; John P. Kaminski, *George Clinton: Yeoman Politician of the New Republic* (Madison, WI, 1993), 91；比较参考 Giesecke, *American Commercial Legislation*, 134–135。

37 1781 年 1 月 29 日杜安致华盛顿, *LDC*, 16:633(“各种危险” 和 “无论有多么”); 1783 年 1 月 12 日汉密尔顿致克林顿，*PAH*, 3:240（“邦联日益”）; 1783 年 6 月华盛顿致政府官员，*DHRC*, 13:64（“要么一致” 和 “放弃目前”）; 另见 1783 年 7 月 10 日奥利弗・埃尔斯沃思致康涅狄格州州长乔纳森・特朗布尔，Henry Flanders, *The Lives and Times of the Chief Justices of the Supreme Court of the United States* (Philadelphia, 1881), 2:114；1781 年 4 月 2 日詹姆斯・M. 瓦纳姆致罗得岛州州长威廉・格林，*LDC*, 17:117；1783 年 7 月 25 日汉密尔顿致杰伊，*PAH*, 3:416–417；1783 年 3 月 4 日华盛顿致汉密尔顿，同上，279。

38 Proceedings of the Continental Congress, Mar. 6, 1781, *JCC*, 19:236（“明确且充分”）; May 2, 1781，同上，20:470（“从自由宪政” 和 “实现它们”）; 下文，46–47；另见 Rakove, *Beginnings of National Politics*, 289–290。邦联国会对于是否应授予佛蒙特州州地位，以及在何种条件下应授予佛蒙特州州地位的问题，也使麦迪逊大为伤神，“如果国会无法拥有这类权力，一定会为此寻找种种借口”［1782 年 1 月 22 日麦迪逊致彭德尔顿，*PJM* (C.S.), 4:39］。

39 Articles of Confederation, Art. XIII, *DHRC*, 1:93；1783 年 7 月 25 日汉密尔顿致杰伊，*PAH*, 3:416–417（“要想在”）; Charles Pinckney, *Observations on the Plan of Government Submitted to the Federal Convention* (pre–Oct. 14, 1787), *DHRC*, 27:28（“目前邦联” 和 “荒唐”）［以下简称 “Charles Pinckney,

Observations"]。

40 Proceedings of the Continental Congress, Feb. 1, 1781, *JCC*, 19:105（"迫切需要的"）; Dec. 18, 1780，同上，18:1157–1164; Feb. 3, 1781，同上，19:112–113; 1781 年 5 月 29 日麦迪逊致彭德尔顿，*PJM* (C.S.), 3:140（"共和主义式"）; 另见 Brown, *Redeeming the Republic*, 22; Einhorn, *American Taxation*, 132–133。

41 1785 年 12 月 9 日亚伯拉罕 · 克拉克（Abraham Clark）致约翰 · 西蒙斯与约西亚 · 霍恩布洛（Josiah Hornblower），Richard P. McCormick, "New Jersey Defies the Confederation: An Abraham Clark Letter," *Journal of the Rutgers University Library* (June 1950), 13:47("最方便"); Brown, *Redeeming the Republic*, 83("只有有钱人"和"勤劳的农夫")(引自 Report of Ways and Means Committee, Rhode Island Session Laws, Nov. 1782); 另见 1783 年 3 月 18 日伊利法莱特 · 戴尔致老乔纳森 · 特朗布尔（Jonathan Trumbull, Sr.），*LDC*, 20:45; Einhorn, *American Taxation*, 133, 148; Max M. Edling and Mark D. Kaplanoff, "Alexander Hamilton's Fiscal Reform: Transforming the Structure of Taxation in the Early Republic," *William and Mary Quarterly* (Oct. 2004), 61:740–741。埃因霍恩特别强调了为增加岁入而征收进口税的另一个优点：它使国会能够避免讨论一触即发的奴隶主应该承担多少税负的问题（*American Taxation*, 118–120, 128, 134）。

42 1782 年 4 月 16 日莫里斯致纳撒尼尔 · 阿普尔顿（Nathaniel Appleton），*PRM*, 5:4（"如果无法""为了我们"和"回报那些"）; 1783 年 5 月 14 日汉密尔顿致克林顿，*PAH*, 3:355（"如果我们要"）; 另见 Robert Morris, Report on Public Credit, July 29, 1782, *PRM*, 6:60–61, 63; Morris, Circular to the Governors of Massachusetts et al., July 27, 1781，同上，1:397–400; Ferguson, *Power of the Purse*, 146。

43 1788 年 2 月 4 日，托马斯 · 撒切尔（Thomas Thacher）在马萨诸塞州批准宪法大会上的发言，*DHRC*, 6:1416（"阻碍了"）; Madison, Notes on Debates, Feb. 19, 1783, *PJM* (C.S.), 6:259 (Hamilton statement); 1783 年 5 月 27 日麦迪逊致伦道夫，同上，7:89; 1783 年 5 月 14 日汉密尔顿致克林顿，*PAH*, 3:354; 另见 1783 年 1 月 8 日艾伯纳 · 纳什致詹姆斯 · 艾德尔，*LDC*, 19:565; Rakove,

Beginnings of National Politics, 313–314；Brown, *Redeeming the Republic*, 22–23；Giesecke, *American Commercial Legislation*, 142; Einhorn, *American Taxation*, 134。反对修正案的详细讨论参见 Irwin H. Polishook, *Rhode Island and the Union, 1774–1795* (Evanston, IL, 1969), 60–80； 另 见 Jensen, *New Nation*, 63–65。一些州附加了条件，很难确定这些州的批准是否有效，但罗得岛州的拒绝使这一问题变得毫无意义。参见 editorial note, *PRM*, 1:396。

44 戴维·豪厄尔反对在罗得岛州征收进口税，约 July 31–Aug. 2, 1782, *PRM*, 6:113–114; 1782 年 7 月 30 日豪厄尔致州长威廉·格林，*LDC*, 18:679–680; 另见 1782 年 10 月 22 日北卡罗来纳州代表致州长亚历山大·马丁，*LDC*, 19:290。战争期间英国军队在罗得岛造成的巨大财产损失参见 Kaminski, "Paper Politics," 1; 另见同上，169。

45 Davis, *Sectionalism in American Politics*, 37–39（"这是在" 在 39 页）; 1782 年 10 月 15 日罗得岛州代表致州长威廉·格林，*LDC*, 19:262（"这七年"）; 另 见 "A Free Holder," *Providence Gazette*, Nov. 9, 1782, 2; Polishook, *Rhode Island*, 63–66, 69, 71, 82–83; Einhorn, *American Taxation*, 119。

46 1782 年 12 月 13 日伦道夫致麦迪逊，*PJM* (C.S.), 5:401（"战争的阴云"）; 另见 Polishook, *Rhode Island*, 78–80, 87–88; Banning, *Sacred Fire*, 28。弗吉尼亚州收回先前批准决定的原因并不确定，参见 1783 年 3 月 31 日州长本杰明·哈里森（Benjamin Harrison）致华盛顿，George Bancroft, *History of the Formation of the Constitution of the United States of America* (New York, 1882), 1:301–302［以下简称 "Bancroft, *History of the Formation of the Constitution*"]; 1781 年 12 月 31 日彭德尔顿致麦迪逊，*PJM* (C.S.), 3:347, 349 n. 7; 1782 年 12 月 30 日麦迪逊致伦道夫，同上，5:472; 1783 年 2 月 7 日伦道夫致麦迪逊，同上，6:207。

47 1783 年 1 月 8 日纳什致詹姆斯·艾德尔，*LDC*, 19:565（"北方军队"）; 1783 年 3 月 18 日戴尔致老乔纳森·特朗布尔，*LDC*, 20:43（"亮出刺刀"）; 另见 1783 年 1 月 11 日罗伯特·莫里斯致本杰明·富兰克林，*PRM*, 7:294; 1782 年 12 月 30 日麦迪逊致伦道夫，*PJM* (C.S.), 5:473, 474–475 n. 8; 1783 年 2 月 25 日麦迪逊致伦道夫，同上，6:286。围绕军官们要求抚恤金所产生的冲突的背景，参见 Introduction, *DHRC*, 3:318–330。关于"纽堡密谋"的更多资料，见 Richard H. Kohn, *Eagle and Sword: The Federalists and the Creation of the Military Establishment in America, 1783–1802* (New York, 1975), ch. 2。

48 1783 年 1 月 29 日亚瑟・李致塞缪尔・亚当斯（Samuel Adams），*LDC*, 19:639（引文）；另见 1783 年 7 月 21 日亚瑟・李致圣乔治・塔克（St. George Tucker），*LDC*, 20:436; Kohn, *Eagle and Sword*, 18–25; Rakove, *Beginnings of National Politics*, 318。

49 1783 年 2 月 7 日莫里斯致诺克斯，*PRM*, 7:417（"国内外"）；Madison, Notes on Debates, Feb. 19, 1783, *PJM* (C.S.), 6:260–261（引自威廉姆森）（"并不希望"）；另见 1783 年 1 月 1 日古文诺・莫里斯致杰伊，*PRM*, 7:257；1783 年 4 月 16 日华盛顿致汉密尔顿，*PAH*, 3:330; Editorial Note, *PRM*, 7:412–420; Kohn, *Eagle and Sword*, 24; Davis, *Sectionalism in American Politics*, 44–50; Jensen, *New Nation*, 69–72; Banning, *Sacred Fire*, 31–32; Ferguson, *Power of the Purse*, 155–156, 161–163; Max M. Mintz, *Gouverneur Morris and the American Revolution* (Norman, OK, 1970), 157–161。汉密尔顿也支持"军队有节制地提出要求"（1783 年 3 月 17 日汉密尔顿致华盛顿，*PAH*, 3:291）；另见 1788 年 2 月 13 日汉密尔顿致华盛顿，同上，254–255。

50 诺克斯致麦克杜格尔（McDougall），引自 Editorial Note, *PRM*, 7：416；1783 年 3 月 12 日华盛顿致国会主席，*JCC*, 24：294；Washington, General Order No. 3，Mar. 11，1783，同上，297–298；另见 1783 年 3 月 11 日华盛顿致汉密尔顿，*PAH*, 3：286–287；Kohn, *Eagle and Sword*, 25–30。

51 Robert Morris, Report on Public Credit, July 29，1782，*PRM*, 6：65–68；另见 1782 年 10 月 22 日北卡罗来纳州代表致州长亚历山大・马丁，*LDC*, 19：290–291。自 1780 年以来，汉密尔顿一直敦促授权国会征收土地税和人头税（1780 年 9 月 3 日汉密尔顿致詹姆斯・杜安，*PAH*, 2：404）。

52 Madison, Notes on Debates, Feb. 21, 1783, *PJM* (C.S.), 6:272, 273(引自李)("柔弱如"和"会给邦联")；1783 年 2 月 4 日麦迪逊致伦道夫，同上，193（"认为"和"高额的"）。对赋予国会永久税收权的更多反对意见，参见 1783 年 1 月 29 日亚瑟・李致塞缪尔・亚当斯，*LDC*, 19:639；1784 年 2 月 2 日塞缪尔・奥斯古德致史蒂芬・希金森，*LDC*, 21:328–329；另见 Ferguson, *Power of*

the Purse, 153; Davis, *Sectionalism in American Politics*, 39, 46, 54–55。

53 1783 年 2 月 27 日琼斯致华盛顿，*LDC*, 19:745（“由于各州”）；另见 1782 年 10 月 22 日北卡罗来纳州代表致州长亚历山大 · 马丁，同上，290–291；Einhorn, *American Taxation*, 145–148; Ferguson, *Power of the Purse*, 165。

54 Proceedings of the Confederation Congress, Apr. 18, 1783, *JCC*, 24:258（引文）；Madison, Notes on Debates, Feb. 19, 1783, *PJM* (C.S.), 6:261；另见 Ferguson, *Power of the Purse*, 161, 166–167; Einhorn, *American Taxation*, 138–140; Rakove, *Beginnings of National Politics*, 322; Polishook, *Rhode Island*, 98。国会还提出了一项修正案，以改变各州之间摊派份额的计算方式。这个修正案不依据土地价值计算摊派份额，而是依据人口，将五名奴隶计算为三名自由人。这个计算方式对费城制宪会议的代表们来说可谓信手拈来，他们将其作为各州之间分配代表权和直接税的方法。更进一步的讨论，参见下文，265–277。

55 1783 年 5 月 14 日汉密尔顿致克林顿，*PAH*, 3:354–355（引文）；Ferguson, *Power of the Purse*, 161, 167。

56 Rakove, *Beginnings of National Politics*, 338; Davis, *Sectionalism in American Politics*, 53–54; Kaminski, “Paper Politics,” 220；另见 Thomas Rodney’s Diary, May 3, 1786, *LDC*, 23:263；1786 年 3 月 22 日威廉 · 格雷森致麦迪逊，*PJM* (C.S.), 8:508；1786 年 3 月 19 日门罗致麦迪逊，同上，507；1786 年 11 月 9 日内森 · 戴恩致马萨诸塞州下院，*LDC*, 24:16–17；1786 年 5 月 5 日鲁弗斯 · 金致约翰 · 亚当斯，*LCRK*, 1:172。罗得岛州 1784 年否决了第二个进口税修正案，1785 年又批准了该修正案（Polishook, *Rhode Island*, 99, 110）。

57 John P. Kaminski, “New York: The Reluctant Pillar,” in Stephen L. Schechter, ed., *The Reluctant Pillar: New York and the Adoption of the Federal Constitution* (Troy, NY, 1985), 50–51（引文）；Cecil L. Eubanks, “New York: Federalism and the Political Economy of the Union,” in Gillespie and Lienesch, eds., *Ratifying the Constitution*, 304–305。

58 “Sidney” (Abraham Yates), *Loudon’s New–York Packet*, Mar. 17, 1785, 2（“牺牲”和“习焉不察”）；“Rough Hewer” (Abraham Yates)，同上，Apr. 21, 1785, 2（“权力巨大”和“兼并和吞噬”）；另见 Kaminski, *George Clinton*, 90; Linda Grant

De Pauw, *The Eleventh Pillar: New York State and the Federal Constitution* (Ithaca, NY, 1966), 35; Kaminski, "New York," 56–57。

59 Kaminski, "New York," 51–52; Eubanks, "New York," 305; Brown, *Redeeming the Republic*, 135; Rakove, *Beginnings of National Politics*, 338; Edling and Kaplanoff, "Alexander Hamilton's Fiscal Reform," 720 页图表 1，722；另见 1787 年 12 月 29 日蒂莫西·皮克林（Timothy Pickering）致约翰·皮克林（John Pickering），*DHRC*, 19:482。在纽约州立法机关，来自城镇的议员倾向于支持进口税修正案，而最强烈的反对意见来自离市中心最远的议员。参见 Jackson Turner Main, *Political Parties Before the Constitution* (Chapel Hill, NC, 1973), 139。

60 Kaminski, *George Clinton*, 91（"是上帝"）[引自州议员约翰·威廉姆斯（John Williams）]; 1786 年 2 月 11 日门罗致麦迪逊, *PJM* (C.S.), 8:492("本州的资金"); 另见 1786 年 2 月 23 日纳撒尼尔·戈勒姆致卡莱布·戴维斯，*LDC*, 23:161; Alfred E. Young, *The Democratic Republicans of New York: The Origins, 1763–1797* (Chapel Hill, NC, 1967), 57。

61 1787 年 3 月 31 日华盛顿致麦迪逊，*PGW* (C.S.), 5:116（引文）。英国占领西部哨所及其对纽约人参与皮毛贸易的影响，参见 *Hudson Weekly Gazette*, June 17, 1788, *DHRC*, 21:1199；同上，1200（"抢走了"）; "An American," *New York Packet*, May 27, 1788, *DHRC*, 20:1113; Charleston *City Gazette*, Apr. 14, 1788, 同上，916；另见 Marks, *Independence on Trial*, 9; Alexander, *The Selling of the Constitutional Convention*, 18。纽约在与佛蒙特州打交道时努力获得国会帮助，参见 Introduction, *DHRC*, 19:xxxii; Kaminski, "New York," 53。

62 1786 年 1 月 22 日麦迪逊致门罗，*PJM* (C.S.), 8:484（引文）; Pauline Maier, *Ratification: The People Debate the Constitution, 1787–1788* (New York, 2010), 324–325; Kaminski, *George Clinton*, 92–94; Kaminski, "New York," 56–57; De Pauw, *Eleventh Pillar*, 36–43；另见 1786 年 8 月 24 日蒂莫西·布拉德沃思致北卡罗来纳州州长, *LDC*, 23:521；1786 年 9 月 12 日门罗致麦迪逊, *PJM* (C.S.), 9:122; Proceedings of the Confederation Congress, Aug. 22, 1786, *JCC*, 31:531–535, 558–561。

63 1785 年 12 月 9 日亚伯拉罕·克拉克致约翰·西蒙斯和约西亚·霍恩布洛，McCormick, "New Jersey Defies the Confederation," 47（引文）；另见 Richard P. McCormick, *Experiment in Independence: New Jersey in the Critical Period, 1781–1789* (New Brunswick, NJ, 1950), 239–240; Kaminski, *George Clinton*, 91; Kaminski, "Paper Politics," 96–97; Robertson, *The Constitution and America's Destiny*, 119 n. 49。

64 Proceedings of the New Jersey Assembly, Feb. 20, 1786, in *Votes and Proceedings of the Tenth General Assembly of the State of New–Jersey* (1786), 99:11（引文）；另见 1786 年 3 月 1 日纳撒尼尔·戈勒姆致卡莱布·戴维斯，*LDC*, 23:166; 1786 年 3 月 19 日门罗致麦迪逊，*PJM* (C.S.), 8:506–507; Rakove, *Beginnings of National Politics*, 341–342。

65 1786 年 3 月 22 日格雷森致麦迪逊，*PJM* (C.S.), 8:508（"感到"）；1786 年 3 月 6 日戈勒姆致詹姆斯·沃伦，*LDC*, 23:180（"摧毁"）；1786 年 3 月 6 日比蒂（John Beatty）致约西亚·霍恩布洛，*Proceedings of the New Jersey Historical Society* (1883), Series 2, 7:218–219（"让人感到""极应""瓦解刚刚""自己所处"和"想着"）；1786 年 4 月 9 日麦迪逊致门罗，*PJM* (C.S.), 9:25（"系冲动鲁莽行为"和"给不情愿"）；另见 1786 年 3 月 2 日亨利·李致华盛顿，*LDC*, 23:171–172; McCormick, *Experiment in Independence*, 241。

66 Proceedings of the Confederation Congress, Mar. 7, 1786, *JCC*, 30:97（"如果拒绝"）；McCormick, *Experiment in Independence*, 241–243（"邦联瓦解"在 242 页）；Rakove, *Beginnings of National Politics*, 341–342。

67 Board of Treasury Report, June 22, 1786, *JCC*, 30:366（"将我们"）。

68 Report of the Committee on Dispatches from Foreign Ministers, Sept. 25, 1783, *LDC*, 20:701–702（"最为重要"）；1785 年 7 月 19 日汤姆森致约翰·迪金森，*LDC*, 22:521（"自从缔结"和"目前所处的"）；另见 1785 年 4 月 12 日门罗致杰斐逊，*PTJ* (M.S.), 8:77; 1785 年 10 月 8 日内森·戴恩致鲁弗斯·金，*LCRK*, 1:69; 1785 年 7 月 15 日约翰·杰伊致拉法耶特侯爵（the Marquis de Lafayette），*The Correspondence and Public Papers of John Jay* (Henry P. Johnston, ed., New York, 1891), 3:161［以下简称"*CPPJJ*"］。

69 Grant of Temporary Power to Regulate Commerce, Apr. 30, 1784, *DHRC*, 1:153–154.

70 Proceedings of the Confederation Congress, Mar. 28, 1785, *JCC*, 28:201（“管理各州”）; 1785 年 6 月 16 日门罗致杰斐逊, *PTJ* (M.S.), 8:215–216（“绝对可以”和“必要的”）; 另见 1785 年 7 月 26 日门罗致麦迪逊，*PJM* (C.S.), 8:329–330；1785 年 10 月 3 日麦迪逊致杰斐逊，同上，374; Davis, *Sectionalism in American Politics*, 89–92。北方商人争取商业修正案的运动，参见 Marks, *Independence on Trial*, 72–75。

71 1785 年 7 月 26 日门罗致麦迪逊，*PJM* (C.S.), 8:330（“有集中”）; Proceedings of the Confederation Congress, Mar. 28, 1785, *JCC*, 28:201（“按照自己的”和“邦联国会”）; 另见 Davis, *Sectionalism in American Politics*, 92。

72 1785 年 6 月 16 日门罗致杰斐逊，*PTJ* (M.S.), 8:215（引文）; 另见 1785 年 7 月 26 日门罗致麦迪逊，*PJM* (C.S.), 8:329–330；1785 年 8 月 18 日马萨诸塞州代表致州长詹姆斯・鲍登，*LDC*, 22:571; Davis, *Sectionalism in American Politics*, 92–93; editorial note, *DHRC*, 1:154–155。

73 各州的批准及其条件，参见 Proceedings of the Confederation Congress, Oct. 23, 1786, *JCC*, 31:907–909; Mar. 3, 1786，同上，30:93–94。另见 Davis, *Sectionalism in American Politics*, 105–108; Banning, *Sacred Fire*, 71; Giesecke, *American Commercial Legislation*, 143; Marks, *Independence on Trial*, 90 n. 79。

74 Lance Banning, “Virginia: Sectionalism and the Common Good,” in Gillespie and Lienesch, eds., *Ratifying the Constitution*, 267; Robertson, *The Constitution and America's Destiny*, 60–61; McCraw, *The Founders and Finance*, 49; Davis, *Sectionalism in American Politics*, 85.

75 1786 年 12 月 9 日彭德尔顿致麦迪逊，*PJM* (C.S.), 9:202。

76 1785 年 8 月 11 日李致麦迪逊，*PJM* (C.S.), 8:340（引文）; 另见 1787 年 5 月 15 日理查德・亨利・李致乔治・梅森，*PGM*, 3:878。麦迪逊称，在讨论商业修正案的问题上，李是“顽固对手”[1785 年 10 月 3 日麦迪逊致杰斐逊，*PJM* (C.S.), 8:374]。马里兰州人反对赋予国会管理商业权力的类似说法，见 1785 年 8 月 1 日詹姆斯・麦克亨利致华盛顿，*PGW* (C.S.), 3:167–168。

77 1785 年 11 月 30 日华盛顿致麦迪逊，*PJM* (C.S.), 8:429（“这完全是”和“非常困惑”）; 1785 年 8 月 7 日麦迪逊致门罗，同上，334–335（“被动受害者”和“很难想象”）; 另见 1785 年 8 月 22 日华盛顿致麦克亨利，*PGW* (C.S.), 3:197–198; Davis, *Sectionalism in American Politics*, 91。麦迪逊支持国家拥有管理对外贸易的权力，这与当时美国以农业为主的广泛政治经济愿景有关，这方面的观点，参见 Drew R. McCoy, *The Elusive Republic: Political Economy in Jeffersonian America* (Chapel Hill, NC, 1980), 125–126, 131–132。

78 1785 年 8 月 7 日麦迪逊致门罗，*PJM* (C.S.), 8:335–336。

79 同上，335–336（引文）; 另见 1785 年 8 月 20 日麦迪逊致杰斐逊，同上，344。

80 1786 年 1 月 22 日麦迪逊致杰斐逊，同上，476（引文）; 另见 1785 年 12 月 9 日麦迪逊致华盛顿，同上，438。

81 1786 年 9 月 3 日门罗致麦迪逊，同上，9:114（“一向认为”）; 1785 年 8 月 7 日麦迪逊致门罗，同上，8:334（“不只是”和“长期尊重”）; 1785 年 8 月 20 日麦迪逊致杰斐逊，同上，344（“采取常规措施”“采取某些”和“是不是”）; 另见 Rakove, *Beginnings of National Politics*, 367–368。

82 1786 年 5 月 5 日金致约翰·亚当斯，*LCRK*, 1:172–174（“我们的商业”在 172 页）; 1785 年 11 月 2 日金致约翰·亚当斯，同上，112（“错误的”和“痛苦的”）; 1786 年 6 月 11 日金致乔纳森·杰克逊，*LDC*, 23:352（“长久以来”）。英国贸易限制对北方各州的巨大影响，参见 Davis, *Sectionalism in American Politics*, 85, 106–107; Marks, *Independence on Trial*, 62–65; Jensen, *New Nation*, 164, 191–192; 另见 1784 年 2 月 2 日塞缪尔·奥斯古德致史蒂芬·希金森，*LDC*, 21:327。

83 1785 年 11 月 2 日金致亚当斯，*LCRK*, 1:113。

84 1786 年 6 月 11 日金致乔纳森·杰克逊，*LDC*, 23:352（“各州设想”）; 1785 年 10 月 3 日麦迪逊致杰斐逊，*PJM* (C.S.), 8:373（“因某些”）; 1785 年 12 月 9 日麦迪逊致华盛顿，同上，438–439（“目前在”“各方意见”和“随着州数量”）。

85 Proceedings of the Confederation Congress, Aug. 7, 1786, *JCC*, 31:497（引文）;

U.S. Constitution, Arts. V, VII。

86 Articles of Confederation, Art. IX, *DHRC*, 1:92.

87 1785 年 8 月 21 日格雷森致麦迪逊，*PJM* (C.S.), 8:348（“各州经常”）; Mar. 22，1786，同上，508（“处于”）; 1786 年 3 月 6 日戈勒姆致詹姆斯·沃伦，*LDC*, 23:180（“各州在”和“深切关系”）; 1786 年 8 月 18 日杰伊致杰斐逊，*CPPJJ*, 3:210（“在获取”）; 另见 Rakove, *Beginnings of National Politics*, 355–356; Marks, *Independence on Trial*, 128–129。国会代表出席人数太少，难以达到开会议事的法定人数，对这一点的类似批评参见 1787 年 3 月 18 日麦迪逊致华盛顿，*PJM* (C.S.), 9:315；1787 年 4 月 1 日麦迪逊致老麦迪逊，同上，358；1786 年 12 月 12 日杰伊致雅各布·里德（Jacob Reed），*CPPJJ*, 3:221；1788 年 1 月 28 日约翰·布朗致詹姆斯·布雷肯里奇（James Breckinridge），*LDC*, 24:630；1787 年 1 月 24 日史蒂芬·米切尔致耶利米·沃兹华斯，同上，73；1786 年 5 月 27 日查尔斯·佩蒂特致耶利米·沃兹华斯，*LDC*, 23:316。

88 1786 年 5 月 28 日格雷森致麦迪逊，*PJM* (C.S.), 9:61（引文）; Rakove, *Beginnings of National Politics*, 199, 220–222, 236–237；另见 Kenneth Coleman, *The American Revolution in Georgia, 1763–1789* (Athens, GA, 1958), 254。

89 1779 年 5 月 10 日弗莱明致杰斐逊，*LDC*, 12:449（“除了我自己”和“不久就会”）; 1781 年 6 月 3 日布兰德致杰斐逊，*LDC*, 17:288（“我在这种”）; 另见 Rakove, *Beginnings of National Politics*, 236–237。其他国会代表的类似抱怨，参见 1786 年 6 月 12 日詹姆斯·曼宁（James Manning）致内森·米勒（Nathan Miller），*LDC*, 23:354；1781 年 9 月 18 日弗吉尼亚州代表致托马斯·纳尔逊（Thomas Nelson），*LDC*, 18:60；1784 年 11 月 26 日约翰·弗朗西斯·默瑟致麦迪逊，*PJM* (C.S.), 8:152–153；1782 年 5 月 20 日麦迪逊致老麦迪逊，同上，4:256。

90 Unsubmitted Resolution Calling for a Convention to Amend the Articles of Confederation, resolution 11 (July 1783), *PAH*, 3:424.

91 1785 年 10 月 3 日麦迪逊致杰斐逊，*PJM* (C.S.), 8:374。只有罗得岛州和康涅狄格州的立法机构规定可以普选国会代表。可参见 *DHRC*, 26:740 n. 6。

92 Proceedings of the Confederation Congress, Apr. 30, 1784, *JCC*, 26:318（“一个

自由的”); 1785 年 10 月 7 日华盛顿致詹姆斯・沃伦, *PGW* (C.S.), 3:299 (“我们应该”); 1786 年 8 月 15 日华盛顿致杰伊, 同上, 4:212 (“在我看来” 和 “为了讨好”); 另见 Rakove, *Beginnings of National Politics*, 364–365。

93 “Nestor: To the People of the United States,” Philadelphia *Independent Gazetteer*, June 3, 1786, 2 (“这种将” 和 “一门科学”); 另见 1787 年 3 月 31 日威廉・约翰逊致休・威廉姆森，*LDC*, 24:189。

94 Madison, Vices, *PJM* (C.S.), 9:351.

95 Definitive Treaty of Peace Between the United States of America and His Britannic Majesty (Jan. 14, 1784), Arts. IV (“任一方”), V (“诚恳地建议”), and VI, *JCC*, 26:26。

96 John Jay, Office for Foreign Affairs Report, Oct. 13, 1786, *JCC*, 31:784–791 [以下简称 “Jay, Foreign Affairs Report”]; 1783 年 5 月 6 日梅森致帕特里克・亨利, *PGM*, 2:771; 另见 1786 年 5 月 28 日格雷森致麦迪逊, *PJM* (C.S.), 9:62–63; Rakove, *Beginnings of National Politics*, 343–344; Eubanks, “New York,” 305; Young, *Democratic Republicans of New York*, 66–67; Marks, *Independence on Trial*, 5–15。财政困难的州将没收财产作为增加财政收入的方式，参见 Main, *Political Parties*, 45, 47; Kaminski, “New York,” 52–53; Perkins, *American Public Finance*, 138, 146; Coleman, *American Revolution in Georgia*, 201; McDonald, *We the People*, 289; Introduction, *DHRC*, 11:xxxvii。向英国债权人支付战前债务，参见 Emory G. Evans, “Private Indebtedness and the Revolution in Virginia, 1776 to 1796,” *William and Mary Quarterly* (July 1971), 28:349–374; 下文，454–455, 470–471。

97 Madison, Vices, *PJM* (C.S.), 9:352 (“取悦大众者”); 1785 年 12 月 30 日麦迪逊致门罗, 同上, 8:466 (“大家”); 1786 年 5 月 28 日格雷森致麦迪逊, 同上, 63。

98 Articles of Confederation, Art. XIII, *DHRC*, 1:93 (引文); Jay, Foreign Affairs Report, *JCC*, 31:798; 1786 年 5 月 28 日格雷森致麦迪逊, *PJM* (C.S.), 9:62; Rakove, *Beginnings of National Politics*, 295–296, 344–345; 另见 1783 年 5 月 6 日梅森致亨利, *PGM*, 2:770–771; 1788 年 1 月 16 日查尔斯・科茨沃斯・平克尼 (Charles

Cotesworth Pinckney）在南卡罗来纳州众议院的发言，*DHRC*, 27:103; John Rutledge，同上，103–104; Charles Cotesworth Pinckney, Jan. 17，同上，117; 1786 年 11 月 9 日内森·戴恩致马萨诸塞州下议院，*LDC*, 24:18。

99 1786 年 8 月 15 日华盛顿致杰伊，*PGW* (C.S.), 4:213（引文）; 1786 年 5 月 28 日格雷森致麦迪逊，*PJM* (C.S.), 9:63。

100 Articles of Confederation, Art. IX, *DHRC*, 1:89; *The Federalist No. 80* (Hamilton), 476. 关于战前债务条款进入条约的背景，参见 Jensen, *New Nation*, 16–17。

101 1786 年 6 月 27 日杰伊致华盛顿，*CPPJJ*, 3:203（"有可能"和"更好的办法"）; Jay, Foreign Affairs Report, *JCC*, 31:799–833, 851–862, 870; Proceedings of the Confederation Congress, Mar. 21, 1787, *JCC*, 32:124–125。

102 1787 年 4 月 24 日杰伊致杰斐逊，*CPPJJ*, 3:244（"有些州"）; 1787 年 4 月 16 日格雷森致威廉·肖特，*LDC*, 24:227（"给大多数州"和"很多人"）; 另见下文，454–455, 470–471。

103 1786 年 8 月 15 日华盛顿致杰伊，*PGW* (C.S.), 4:213（"充分理由"）; Definitive Treaty of Peace Between the United States of America and His Britannic Majesty (Jan. 14, 1784), Art. VII, *JCC*, 26:27; 另见 1787 年 4 月 4 日伦道夫致麦迪逊，*PJM* (C.S.), 9:364。

104 Jay, Foreign Affairs Report, *JCC*, 31:784（引自 1786 年 2 月 28 日，针对亚当斯对英国违反条约的抱怨，英国做出的反馈）。英国坚守哨所的动机主要是为了保护英国毛皮商，参见 Jensen, *New Nation*, 169–170。

105 1786 年 11 月 1 日杰伊致亚当斯，*CPPJJ*, 3:214（"自条约生效"）; 1787 年 4 月 22 日麦迪逊致彭德尔顿，*PJM* (C.S.), 9:395（"不仅次数"）; Jay, Foreign Affairs Report, *JCC*, 31:867; 另见 1786 年 5 月 28 日格雷森致麦迪逊，*PJM* (C.S.), 9:62–63。

106 Proceedings of the Continental Congress, Mar. 6, 1781, *JCC*, 19:236（"全面而明确"）; May 2, 1781，同上，20:470（"动用美国的"）; 1781 年 4 月 16 日麦迪逊致杰斐逊，*PJM* (C.S.), 3:71（"整个联盟"）; 另见 Rakove, *Beginnings of National Politics*, 289–290; Kaminski, "New York," 50–51; Banning, *Sacred*

Fire, 21。

107 1785 年 10 月 3 日麦迪逊致杰斐逊，*PJM* (C.S.), 8:374（引文）；另见 1781 年 4 月 16 日麦迪逊致杰斐逊，同上，3:72。

108 Rakove, *Beginnings of National Politics*, 290.

109 Report of the Grand Committee, Aug. 7, 1786, *JCC*, 31:497；下文，164–166。

110 1785 年 8 月 22 日华盛顿致詹姆斯·麦克亨利，*PGW* (C.S.), 3:199（"谁会与"）；1788 年 4 月 23 日撒切尔致皮尔斯·朗（Pierse Long），*LDC*, 25:65 n. 1, 66（"向所有"）；Report of Committee, Mar. 28, 1785, *JCC*, 28:202；另见 Brown, *Redeeming the Republic*, 230–231; Eliga H. Gould, *Among the Powers of the Earth: The American Revolution and the Making of a New World Empire* (Cambridge, MA, 2012), 126–129。

111 关于这种批评，参见 "Solon, junior," Providence *United States Chronicle*, Mar. 4, 1790, *DHRC*, 26:750。

112 1780 年 9 月 3 日汉密尔顿致詹姆斯·杜安，*PAH*, 2:404–405（"我们制度""这在""所把控的"和"国会"）；1781 年 4 月 30 日汉密尔顿致莫里斯，同上，604（"由一人"和"将迅速"）。

113 1786 年 8 月 18 日杰伊致杰斐逊，*CPPJJ*, 3:210（引文）；1787 年 2 月 3 日华盛顿致亨利·诺克斯，*PGW* (C.S.), 5:9；另见 1787 年 4 月 24 日杰伊致杰斐逊，*CPPJJ*, 3:243; Dec. 14, 1786，同上，223; Feb. 9, 1787，同上，231–232；1787 年 2 月 21 日杰伊致亚当斯，同上，234; Eric Nelson, *The Royalist Revolution: Monarchy and the American Founding* (Cambridge, MA, 2014), 169。在国会成立的头几年，传统上的行政职能首先是由国会代表组成的常设委员会执行，随后由董事会执行，董事会中的一些成员来自国会以外。1781 年，国会用个人领导的部门取代了这个制度——外交事务、财政和战争等部门（邮局从一开始就由个人领导）。但是这些部门的负责人是由国会任命的，任职期限依赖于国会，并在很大程度上仍处于国会的严格控制之下。（1784 年，在罗伯特·莫里斯离任后，财政总监的职位被三人财政委员会取代。）主要参见 Jennings B. Sanders, *Evolution of Executive Departments of the Continental Congress, 1774–1789* (Chapel Hill, NC, 1935);

另见 Jensen, *New Nation*, 55–57。

114 Davis, *Sectionalism in American Politics*, 10（"两大共和国"）[引自 1775 年 6 月 10 日约翰·麦克森（John Mckesson）致州长乔治·克林顿]。关于下文的密西西比河争议，除了文中引用的原始资料外，我还参考了戴维斯的二手论述：Davis, *Sectionalism in American Politics*, ch. 7; H. James Henderson, *Party Politics in the Continental Congress* (New York, 1974), 387–399; Arthur Preston Whitaker, *The Spanish–American Frontier, 1783–1795* (1927; rpr. Gloucester, MA, 1962), 63–77; Marks, *Independence on Trial*, 23–36; Calvin Jillson and Rick K. Wilson, *Congressional Dynamics: Structure, Coordination, and Choice in the First American Congress, 1774–1789* (Stanford, CA, 1994), 268–273; Eli Merritt, "Sectional Conflict and Secret Compromise: The Mississippi River Question and the United States Constitution," *American Journal of Legal History* (Apr. 1991), 35:117–171; editorial note, *DHRC*, 13:149–152; Editorial Note, *PJM*, 8:100–102。

115 Treaty of Paris (Feb. 10, 1763), Art. VII.

116 Definitive Treaty of Peace Between the United States of America and His Britannic Majesty (Jan. 14, 1784), Art. VIII, *JCC*, 26:27；1788 年 6 月 13 日詹姆斯·门罗在弗吉尼亚州批准宪法大会上的发言，*DHRC*, 10:1230–1231；1788 年 6 月 12 日麦迪逊在弗吉尼亚州批准宪法大会上的发言，同上，1207–1208; Davis, *Sectionalism in American Politics*, 21, 25–27, 77, 109; Whitaker, *Spanish–American Frontier*, 65; Banning, *Sacred Fire*, 18–19; Jillson and Wilson, *Congressional Dynamics*, 269；另见 1780 年 11 月 25 日麦迪逊致约瑟夫·琼斯，*PJM* (C.S.), 2:202–204; 1781 年 2 月 1 日关于密西西比河航运权的动议，同上，302–303。

117 1786 年 9 月 3 日金致乔纳森·杰克逊，*LDC*, 23:542（"每年迁移"）; 1786 年 12 月 4 日，俄亥俄州福尔斯的一位绅士给他新英格兰朋友的信，*JCC*, 32:197 n. 8, 198–199（"赋税繁重""这片世界上""在此期间"和"农作物的"）; J. M. Opal, "The Republic in the World, 1783–1803," in Gray and Kamensky, eds., *American Revolution*, 596；另见 Jensen, *New Nation*, 112–114。

118 Opal, "The Republic in the World," 595–596（引文）; Jay, Foreign Affairs Report, Feb. 28, 1786, *JCC*, 30:85; Nettels, *Emergence of a National Economy*, 68; Whitaker, *Spanish–American Frontier*, 63, 67, 69–70; Davis, *Sectionalism in American Politics*, 119, 215 n. 43。

119 1786 年 9 月 10 日路易斯·纪尧姆·奥托致韦尔热讷伯爵（Comte de Vergennes），Bancroft, *History of the Formation of the Constitution*, 2:392（引文）; Davis, *Sectionalism in American Politics*, 115; Nettels, *Emergence of a National Economy*, 68; Henderson, *Party Politics*, 387; Whitaker, *Spanish–American Frontier*, 71。

120 Report of the Committee, July 20, 1785, *JCC*, 29:562（"提议"）; 1785 年 8 月 15 日杰伊致国会主席，*JCC*, 29:628（"极其"）; Report of the Committee, Aug. 25, 1785，同上，658（"特别需要"）; 另见 Proceedings of the Confederation Congress, June 3, 1784, *JCC*, 27:529–530; Henderson, *Party Politics*, 387–388。

121 1783 年 1 月 8 日梅森致小乔治·梅森（George Mason Jr.）, *PGM*, 2:761（"极不安分""自然权利"和"拥有"）; 1786 年 6 月 21 日麦迪逊致门罗，*PJM* (C.S.), 9:82（"生活在"）; Memorial of the Delegates Representing in General Assembly the Counties in this Commonwealth upon the Western Waters, Nov. 17, 1786，同上，183 n. 1（"自然"）; 1787 年 2 月 20 日穆特致麦迪逊，同上，280（"在西部"）; 另见 1787 年 12 月 7 日哈里·英尼斯（Harry Innes）致约翰·布朗，*DHRC*, 8:221; Davis, *Sectionalism in American Politics*, 119。

122 Edward J. Cashin, "Georgia: Searching for Security," in Gillespie and Lienesch, eds., *Ratifying the Constitution*, 104（"南方各州"）[引自 1785 年 8 月 5 日詹姆斯·哈伯沙姆（James Habersham）致托马斯·布朗（Thomas Brown）]; 1785 年 3 月 20 日麦迪逊致拉法耶特，*PJM* (C.S.), 8:251（"外国人"和"与我们"）; 1786 年 5 月 31 日门罗致麦迪逊，同上，9:69（"我们将会"）; Banning, "Virginia," 265; Banning, *Sacred Fire*, 58, 62。阿巴拉契亚山脉以西的人进入市场，与他们的道德和政治发展之间，存在着广泛的联系，麦迪逊尤其这么看，参见 McCoy, *Elusive Republic*, 122–125。

123 1786 年 6 月 18 日华盛顿致亨利·李，*PGW* (C.S.), 4:117–118（引文）; 另

见 1785 年 10 月 7 日华盛顿致詹姆斯・沃伦，同上，3:288，290；华盛顿致本杰明・哈里森，同上，2:86–96（包括 editorial note）；Davis, *Sectionalism in American Politics*, 110–111, 118–119; Stuart Leibiger, *Founding Friendship: George Washington, James Madison, and the Creation of the American Republic* (Charlottesville, VA, 1999), 35–40; Kenneth R. Bowling, *The Creation of Washington, D.C.: The Idea and Location of the American Capital* (Fairfax, VA, 1991), 110–119。杰斐逊还强烈支持治理波托马克河，他说这会将“西部的所有商业”都纳入怀中［1784 年 3 月 15 日杰斐逊致麦迪逊，*PGW* (C.S.), 1:217］。

124 1786 年 7 月 3 日李致华盛顿，*PGW* (C.S.), 4:148。后来发现，西班牙人当时给了李一笔钱，因此，他在密西西比河航运权问题上的立场与大多数南方人不同，也就完全不令人感到惊讶了。参见 Jon Kukla, *A Wilderness So Immense: The Louisiana Purchase and the Destiny of America* (New York, 2003), 99–100。

125 1787 年 7 月 15 日李致华盛顿，*PGW* (C.S.), 5:259。

126 Instructions to the Hon. Elbridge Gerry, Esq; and Others, Delegates in Congress from This State, Acts and Laws of the Commonwealth of Massachusetts, ch. 109 (Mar. 8, 1785)（引文）; Davis, *Sectionalism in American Politics*, 116。

127 1786 年 6 月 4 日金致埃尔布里奇・格里，*LCRK*, 1:176（“每一个”和“如果”）; 1786 年 9 月 3 日金致乔纳森・杰克逊，*LDC*, 23:542（“大自然”和“大西洋沿岸”）; 另见 1786 年 9 月 10 日路易斯・纪尧姆・奥托致韦尔热讷伯爵，*History of the Formation of the Constitution*, 2:390; Whitaker, *Spanish–American Frontier*, 74–75; Davis, *Sectionalism in American Politics*, 118; Banning, “Virginia,” 265。

128 1785 年 4 月 15 日格雷森致华盛顿，*PGW* (C.S.), 2:500–501（引文）; Davis, *Sectionalism in American Politics*, 117。

129 1786 年 10 月 11 日亨利・李致华盛顿，*PGW* (C.S.), 4:290–291（引文）; Davis, *Sectionalism in American Politics*, 116, 118, 214 n. 35; Nevins, *American States During and After the Revolution*, 565–566; Jillson and Wilson, *Congressional*

Dynamics, 270; Whitaker, *Spanish–American Frontier*, 74–75。

130 1786 年 8 月 12 日麦迪逊致杰斐逊，*PJM* (C.S.), 9:96。

131 1786 年 5 月 29 日杰伊致国会主席，*JCC*, 30:323（引文）; 1786 年 5 月 31 日门罗致麦迪逊，*PJM* (C.S.), 9:68–69; 1786 年 8 月 12 日门罗致亨利，*Papers of James Monroe* (Daniel Preston, ed., Westport, CT, 2006), 2:333；另见 1788 年 6 月 13 日门罗在弗吉尼亚州批准宪法大会上的发言，*DHRC*, 10:1232; Davis, *Sectionalism in American Politics*, 116; Henderson, *Party Politics*, 388, 392; Merritt, "Sectional Conflict," 129。

132 1786 年 7 月 16 日门罗致杰斐逊，*LDC*, 23:404–405（"杰伊""最不开明的"和"密谋"); 1786 年 8 月 12 日门罗致亨利，*Papers of James Monroe*, 2:333（"这是"); 另见 Banning, *Sacred Fire*, 67–68; Henderson, *Party Politics*, 388–389。门罗对于密西西比河航运权问题的立场，从相对不关心到坚持美国航运权的演变，参见 Davis, *Sectionalism in American Politics*, 120。独立革命战争期间，杰伊在与西班牙的谈判中坚定地捍卫了美国对密西西比河的航运权要求。参见 Joseph J. Ellis, *The Quartet: Orchestrating the Second American Revolution, 1783–1789* (New York, 2015), 68, 84；另见 Hendrickson, *Peace Pact*, 199–200。

133 1786 年 6 月 21 日麦迪逊致门罗，*PJM* (C.S.), 9:82（"目光短浅""异常惊讶"和"在彻底的"); 1786 年 12 月 16 日布拉德沃思致北卡罗来纳州议会，*LDC*, 24:51（"放弃"); 另见 1786 年 11 月 20 日西奥多里克 · 布兰德致亚瑟 · 李，*Life of Arthur Lee* (Richard Henry Lee, ed.，Boston, 1829), 2:332–336; Banning, *Sacred Fire*, 68–69。在独立革命战争期间，麦迪逊拒绝放弃美国对密西西比河的权利主张，参见 1780 年 11 月 25 日麦迪逊致约瑟夫 · 琼斯，*PJM* (C.S.), 2:202–204; Dec. 5, 1780，同上，224; Banning, *Sacred Fire*, 58–59。

134 1786 年 8 月 3 日约翰 · 杰伊的演讲，*JCC*, 31:474（引文）; 另见 1786 年 5 月 25 日加尔多基致杰伊，同上，470。

135 1786 年 8 月 3 日约翰 · 杰伊的演讲，1786，同上，477；加尔多基致杰伊，日期不详，同上，468。

136 1786 年 8 月 3 日约翰 · 杰伊的演讲，同上，480（引文）；另见 Henderson, *Party Politics*, 391。

137 1786 年 8 月 3 日约翰 · 杰伊的演讲，*JCC*, 31:481, 484（引文）；1788 年 6 月 13 日门罗在弗吉尼亚州批准宪法大会上的发言，*DHRC*, 10:1232–1233。

138 1787 年 2 月 21 日约翰 · 坎贝尔（John Campbell）致麦迪逊，*PJM* (C.S.), 9:287。

139 1786 年 12 月 4 日，俄亥俄福尔斯的一位绅士给他新英格兰朋友的信，*JCC*, 32:197–199（除了“放弃密西西比河”外的所有引文）；1788 年 8 月 10 日布朗致杰斐逊，*LDC*, 25:283（“放弃密西西比河”），类似说法参见 Resolutions Reaffirming American Rights to Navigate the Mississippi, Nov. 29, 1786, *PJM* (C.S.), 9:183 n. 1; Extract of a letter from Wilmington, North Carolina (Feb. 2), Charleston *City Gazette*, Feb. 11, 1788, *DHRC*, 27:225。

140 1786 年 8 月 12 日麦迪逊致杰斐逊，*PJM* (C.S.), 9:96（“如果他们”“这也是正常的”和“抓住机会”）；1787 年 1 月 30 日杰斐逊致麦迪逊，同上，248(“放弃”“诚实意图”和“这些定居者认为”)；1786 年 10 月 31 日华盛顿致亨利 · 李，*PGW* (C.S.), 4:319（“会影响”和“会受到”）；另见 June 18, 1786，同上，118；1787 年 3 月 18 日麦迪逊致华盛顿，*PJM* (C.S.), 9:316；1787 年 3 月 19 日麦迪逊致杰斐逊，同上，319–320。

141 1786 年 8 月 12 日门罗致亨利，*Papers of James Monroe*, 2:333（引文）；另见 Davis, *Sectionalism in American Politics*, 13–14; Banning, “Virginia,” 265–266。关于北方各州希望保持其空置土地价值的观点，参见 1787 年 4 月 2 日麦迪逊致伦道夫，*PJM* (C.S.), 9:361。

142 1786 年 8 月 24 日布拉德沃思致北卡罗来纳州州长理查德 · 卡斯韦尔（Richard Caswell），*LDC*, 23:520–521（“东部各州”）；Sept. 29, 1786，同上，573（“众所周知”和“决定”）。

143 1786 年 9 月 10 日路易斯 · 纪尧姆 · 奥托致韦尔热讷伯爵，Bancroft, *History of the Formation of the Constitution*, 2:392。

144 Resolutions Reaffirming American Rights to Navigate the Mississippi, Nov. 29, 1786, *PJM* (C.S.), 9:182–183（“最坚决”和“我们西部”）；1788 年 6 月 13

日门罗在弗吉尼亚州批准宪法大会上的发言，*DHRC*, 10:1234（“积极反对”）。

145 1786 年 8 月 16 日查尔斯·平克尼的演讲，*JCC*, 31:938–942, 945–946; Charles Thomson's Notes of Debates, Aug. 16, 1786, *LDC*, 23:485（格雷森的演讲）；另见 Henderson, *Party Politics*, 392–393; Merritt, "Sectional Conflict," 130–131。

146 1786 年 8 月 16 日查尔斯·平克尼的演讲，*JCC*, 31:943（“抑制”），945–946（“牺牲”“重大理由”和“不宜”）；Charles Thomson's Notes of Debates, Aug. 16, 1786, *JCC*, 23:485（引自格雷森）（“把西部定居者”“摧毁”和“为了”）。

147 1786 年 6 月 4 日金致格里，*LCRK*, 1:177（“对大西洋”）；Aug. 13, 1786，同上，188（“渔业”“法国”“不守规矩”和“给我们”）；另见 Henderson, *Party Politics*, 392。

148 Charles Thomson's Notes of Debates, Aug. 16, 1786, *LDC*, 23:486（引自金）（“土地贫瘠”“都来自”和“对北方”）；Aug. 18, 1786，同上，497（引自圣克莱尔）（“条约只会”“通过”和“对整个联盟”）。

149 Aug. 16, 1786，同上，486（引自金）。

150 Aug. 18, 1786，同上，497（引自圣克莱尔）；另见 1786 年 10 月 11 日亨利·李致华盛顿，*PGW* (C.S.), 4:292（描述北方代表的论点）。

151 Charles Thomson's Notes of Debates, Aug. 18, 1786, *LDC*, 23:497–498（引自西蒙斯）；Henderson, *Party Politics*, 392。西蒙斯大量投资西北领地上的土地，因此这个问题牵涉其个人利益。

152 1788 年 6 月 13 日门罗在弗吉尼亚州批准宪法大会上的发言，*DHRC*, 10:1232。

153 1786 年 8 月 16 日弗吉尼亚州派往国会代表的动议，*LDC*, 23:487（“如果建立”）；1786 年 9 月 29 日布拉德沃思致北卡罗来纳州州长理查德·卡斯韦尔，同上，573（“威胁到”和“七个州”）；Sept. 4，1786，同上，549（“邦联协定”和“邦联”）。

154 1788 年 6 月 13 日门罗在弗吉尼亚州批准宪法大会上的发言，*DHRC*, 10:1233（引文）；另见 1786 年 8 月 24 日布拉德沃思致卡斯韦尔，*LDC*, 23:520–521; Aug. 16, 1786，同上，474。

155 Madison, Notes on Debates, Apr. 25, 1787, *PJM* (C.S.), 9:405（引文）; Proceedings of the Confederation Congress, Sept. 1, 1786, *JCC*, 31:621（程序规则变更）; Sept. 28, 1786，同上，697（保密令）; 1786 年 9 月 29 日布拉德沃思致卡斯韦尔，*LDC*, 23:573; 另见 Sept. 4, 1786，同上，549; 1786 年 9 月 3 日门罗致麦迪逊，*PJM* (C.S.), 9:113; Henderson, *Party Politics*, 393–396; Rakove, *Beginnings of National Politics*, 350; Davis, *Sectionalism in American Politics*, 124。

156 1786 年 9 月 10 日路易斯·纪尧姆·奥托致韦尔热讷伯爵，Bancroft, *History of the Formation of the Constitution*, 2:391。

157 1786 年 8 月 12 日门罗致亨利，*Papers of James Monroe*, 2:333, 334（除"诸位先生们"之外的所有引文）; Charles Thomson's Notes of Debates, Aug. 18, 1786, *LDC*, 23:496（引自亨利·李）（"诸位先生们"）; 1786 年 9 月 3 日门罗致麦迪逊，*PJM* (C.S.), 9:113–114; 另见 Sept. 12, 1786，同上，122–123; Henderson, *Party Politics*, 394。

158 1786 年 8 月 6 日塞奇威克致卡莱布·斯特朗，*LDC*, 23:436（引文）; 另见 Henderson, *Party Politics*, 394。

159 1787 年 3 月 11 日麦迪逊致门罗，*PJM* (C.S.), 9:308（"与西班牙"）; 1786 年 12 月 18 日卡林顿致麦迪逊，同上，218; 1786 年 12 月 16 日布拉德沃思致北卡罗来纳州议会，*LDC*, 24:51（"有理由"）; 另见 1786 年 11 月 1 日麦迪逊致华盛顿，*PJM* (C.S.), 9:155; 1786 年 10 月 12 日门罗致杰斐逊，*LDC*, 23:596。杰伊继续与加尔多基谈判的情况，参见 1787 年 4 月 11 日杰伊致国会主席，*JCC*, 32:184–189。

160 1786 年 10 月 7 日门罗致麦迪逊，*PJM* (C.S.), 9:142（"倾向于""留下""本党中"和"记叙内容"）; Proceedings of the Confederation Congress, Mar. 30, 1787, *JCC*, 32:147–148; Madison, Notes on Debates, Apr. 18, 1787, *PJM* (C.S.), 9:389（"放弃"）; 1786 年 12 月 14 日杰伊致杰斐逊，*PTJ* (M.S.), 10:596（"美国大西洋"和"西部地区"）; 另见 Louise Irby Trenholme, *The Ratification of the Federal Constitution in North Carolina* (New York, 1932), 107。

161 1787 年 2 月 15 日麦迪逊致杰斐逊，*PJM* (C.S.), 9:269（"此前没有"）;

Madison, Notes on Debates, Mar. 13, 1787，同上，310（“根本不理会”和“西班牙”）；1787 年 3 月 19 日麦迪逊致杰斐逊，同上，319（“不会有”）；另见 Madison, Notes on Debates, Mar. 29, 1787，同上，337–339。

162 Jay, Foreign Affairs Report, Apr. 12, 1787, *JCC*, 32:204（“最好不要”）；1787 年 4 月 11 日杰伊致国会主席，同上，186（几份条约草案）；Madison, Notes on Debates, Apr. 26, 1787, *PJM* (C.S.), 9:407（“总体而言”）；Apr. 18, 1787，同上，389；另见 1787 年 4 月 15 日麦迪逊致伦道夫，同上，380；1787 年 4 月 23 日麦迪逊致杰斐逊，同上，400；1787 年 4 月 30 日格雷森致门罗，*LDC*, 24:262; Proceedings of the Confederation Congress, July 4, 1787, *JCC*, 32:299–300; Whitaker, *Spanish–American Frontier*, 76–77; Banning, *Sacred Fire*, 106。

163 1788 年 1 月 28 日约翰·布朗致詹姆斯·布雷肯里奇，*LDC*, 24:630（引文）；另见同上，June 21, 1788, *DHRC*, 10:1662。范克利夫（Van Cleve）认为，放弃与西班牙的谈判是 1787 年夏天南方人提出的交换条件，以换取他们同意《西北法令》（Northwest Ordinance），该法令禁止在俄亥俄河以北领地上实行奴隶制度［George William Van Cleve, *A Slaveholders' Union: Slavery, Politics, and the Constitution in the Early American Republic* (Chicago, 2010), 158–163；另见下文，294–297］。

164 Proceedings of the Confederation Congress, Sept. 16, 1788, *JCC*, 34:534–535（“美国的”）；1788 年 9 月 24 日麦迪逊致伦道夫，*PJM* (C.S.), 11:263（“用心良苦”）；1788 年 9 月 21 日麦迪逊致杰斐逊，同上，257；1788 年 9 月 17 日威廉姆森致北卡罗来纳州州长塞缪尔·约翰斯顿（Samuel Johnston），*LDC*, 25:377（“任何”“完全确信”和“西部领地”）；另见 1788 年 9 月 26 日麦迪逊致约翰·布朗，*PJM* (C.S.), 11:266–267; Banning, *Sacred Fire*, 268。1795 年，美国和西班牙签订了一项条约，允许美国船只在密西西比河上航行。

165 1786 年 10 月 7 日门罗致麦迪逊，*PJM* (C.S.), 9:143（“杰伊等人”）；1787 年 4 月 2 日麦迪逊致伦道夫，同上，361, 362 n. 3；1787 年 4 月 1 日麦迪逊致老詹姆斯·麦迪逊，同上，359, 360–361 n. 3（新泽西州立法机关的声明）；

1786年9月12日门罗致麦迪逊，同上，122–123；1786年11月23日亚伯拉罕·克拉克致麦迪逊，同上，177 & n. 1；另见1788年6月13日伦道夫在弗吉尼亚州批准宪法大会上的发言，*DHRC*, 10:1253–1254; Henderson, *Party Politics*, 396–397; Whitaker, *Spanish–American Frontier*, 76–77。

166 1786年8月12日麦迪逊致杰斐逊，*PJM* (C.S.), 9:96–97（引文）; Davis, *Sectionalism in American Politics*, 154–155; Rakove, *Original Meanings*, 43。

167 1786年8月7日亨利·李致华盛顿，*PGW* (C.S.), 4:200–201（除"扩大国会权力"之外的所有引文）; Charles Thomson's Notes on Debates, Aug. 16, 1786, *LDC*, 23:496（引自亨利·李）（"扩大国会权力"）。

168 1786年11月1日麦迪逊致华盛顿，*PJM* (C.S.), 9:155（"密西西比河"）; Resolutions Affirming American Rights to Navigate the Mississippi River, Nov. 29, 1786，同上，183 n. 1（"违宪""深感震惊""不仅会"和"对明智"）。

169 1786年11月1日麦迪逊致老詹姆斯·麦迪逊，同上，154（"点燃了"和"极大地"）；1786年12月7日麦迪逊致华盛顿，同上，200（"弗吉尼亚州"和"除非"）；1786年12月26日华盛顿致亨利·诺克斯，*PGW* (C.S.), 4:482（"及时支持"和"不要因"）；1786年12月4日麦迪逊致杰斐逊，*PJM* (C.S.), 9:189（"非常尖锐"）；另见 Mar. 19, 1787，同上，319；1787年2月20日乔治·穆特致麦迪逊，同上，280; Henderson, *Party Politics*, 398; Davis, *Sectionalism in American Politics*, 119。

170 1786年12月9日彭德尔顿致麦迪逊，*PJM* (C.S.), 9:202–203（"抑制"和"国会竟然"）；1788年6月2日休·威廉姆森致麦迪逊，*LDC*, 25:136（"密西西比河"）；1786年9月4日布拉德沃思致卡斯韦尔，*LDC*, 23:549（"不愉快争议"和"出乎意料地"）；另见 Rakove, *Beginnings of National Politics*, 371–372; Davis, *Sectionalism in American Politics*, 13, 139–140; Banning, *Sacred Fire*, 425 n. 85; Marks, *Independence on Trial*, 91。

171 1787年2月25日麦迪逊致伦道夫，*PJM* (C.S.), 9:299（"激进"）；1787年2月24日麦迪逊致彭德尔顿，同上，295（"联盟解体"）；另见1788年6月12日麦迪逊在弗吉尼亚州批准宪法大会上的发言，*DHRC*, 10:1208–1209; Banning, "Virginia," 266。

172 *State Gazette of South Carolina*, Sept. 14, 1786, 2 (reprinting intelligence from New York, Aug. 24)（“时刻处于”和“缺乏”）; Boston *Independent Chronicle*, Sept. 7, 1786, 2；1786年8月15日华盛顿致杰伊，*PGW* (C.S.), 4:212（“永远”和“民众的”）；1786年12月14日杰伊致杰斐逊，*CPPJJ*, 3:223（“如果还可以”）；另见1787年7月4日杰伊致亚当斯，同上，248–249；1787年1月4日杰伊致威廉·卡迈克尔（William Carmichael），同上，225; Providence *United States Chronicle*, Mar. 29, 1787, *DHRC*, 13:76; Present Situation of Affairs, Philadelphia *American Museum*, Apr. 4, 1787，同上，76–77。

173 1787年4月16日格雷森致威廉·肖特，*LDC*, 24:227（“政府越是”和“接受要求”）；1787年6月4日利尔致本杰明·林肯（Benjamin Lincoln），Benjamin Lincoln Papers缩微版，P–40, Reel 8（Mass. Historical Society）（“在这样一个”）；1787年9月18日米切尔致威廉·约翰逊，*DHRC*, 3:347（“在这场”和“为我们”）；另见1785年7月19日查尔斯·汤姆森致约翰·迪金森，*LDC*, 22:520；1786年9月8日亨利·李致华盛顿，*PGW* (C.S.), 4:241；1787年5月28日格雷森致门罗，*Farrand*, 3:30。

174 上文，24–41；Rakove, *Beginnings of National Politics*, 329。

175 1780年9月3日汉密尔顿致詹姆斯·杜安，*PAH*, 2:407; 1781年4月30日汉密尔顿致罗伯特·莫里斯，同上，630（“除了”和“徒有其名”）；1782年7月22日汉密尔顿致罗伯特·莫里斯，同上，3:115（“采取”）；另见1783年1月12日汉密尔顿致乔治·克林顿，同上，240; Resolution of the New York Legislature Calling for a Convention of the States to Revise and Amend the Articles of Confederation, July 20, 1782，同上，113; Unsubmitted Resolution Calling for a Convention to Amend the Articles of Confederation, July 1783，同上，420; Ferguson, *Power of the Purse*, 148; Ron Chernow, *Alexander Hamilton* (New York, 2004), 139, 157, 171, 183; Rakove, *Beginnings of National Politics*, 325–326; McCraw, *The Founders and Finance*, 77; Davis, *Sectionalism in American Politics*, 50–51; Banning, *Sacred Fire*, 38, 415 n. 97; Kaminski, “New York,” 50。罗得岛州国会代表詹姆斯·米切尔·瓦纳姆支持召开制宪会议，参见他1781年4月2

日写给威廉·格林州长的信，*LDC*, 17:117; Davis，上文，33。华盛顿支持召开制宪会议，参见 1783 年 7 月 8 日华盛顿致威廉·戈登（William Gordon），*The Writings of George Washington* (John C. Fitzpatrick, ed., Washington, DC, 1938), 27:49–50。

176 1786 年 5 月 28 日格雷森致麦迪逊，*PJM* (C.S.), 9:64；另见 Rakove, *Beginnings of National Politics*, 373。

177 1785 年 9 月 3 日马萨诸塞州代表致詹姆斯·鲍登, *LDC*, 22:610(“不成熟”); Aug. 18, 1785，同上，571（“无意期望”）; 1786 年 3 月 19 日麦迪逊致门罗，*PJM* (C.S.), 8:505–506; Rakove, *Beginnings of National Politics*, 293–295。

178 1785 年 7 月 19 日汤姆森致约翰·迪金森，*LDC*, 22:521–522（引文）; 另见 1782 年 9 月 27 日罗伯特·莫里斯致富兰克林，*PRM*, 6:449–450。

179 1785 年 9 月 3 日马萨诸塞州代表致詹姆斯·鲍登，*LDC*, 22:612；另见 Davis, *Sectionalism in American Politics*, 103–104; Rakove, *Beginnings of National Politics*, 348。

180 Rakove, *Beginnings of National Politics*, 380; Ferguson, *Power of the Purse*, 242–243.

第二章　各州的经济动荡与费城之路

在18世纪80年代中期的严重经济萧条之中，马萨诸塞州的立法机构并没有采取措施，减免税收与债务负担——这是其他大多数州的立法机关面对民众主义政治压力时所采取的措施——而是加大了税收执法力度。1786年秋天，马萨诸塞州中部的数千名抗议者关闭了民事法庭，以防止由于拖欠税款和债务而失去农场抵押品赎回权——这一抗议事件史称“谢斯反叛”。

美国的很多政治领导人都对谢斯反叛和其他州的经济救济措施感到震惊——这些措施使这些州避免了类似的叛乱。邦联国会任命战争部长亨利·诺克斯负责调查此事，诺克斯报告，抗议者“决心取消所有公共和私人的债务”，而且“这一连串的可怕痛苦所带来的无政府状态，似乎要颠覆这片充满幸福的区域”。弗吉尼亚州的国会代表亨利·李更是紧张，他告诉乔治·华盛顿，“心怀不满的人们，别有用心地要取消债务、瓜分财产，并与大英帝国重新联合”。李从邦联国会当时开会的地方纽约汇报，“我们都极为担心会出现无政府状态，所有的灾难都在逼近，无法阻止这种可怕的事件”。[1]

这些明显夸大其词的汇报，引发了华盛顿痛苦的回应，华盛顿称自己“痛心疾首，无以言表”。他所听到的有关马萨诸塞州骚乱的报道，“既令人哀叹，又让人反感”，因为它们“表现出我们大西洋对岸的敌人所预言的让人忧虑的证据……我们无法为自己建立适合的政府”。华盛顿对此情况深感绝望，他给麦迪逊写信说：“没有任何黎明
73 比我们的开端更明媚——也没有哪一天的乌云比今天的更多！”华盛顿告诉自己先前的副官戴维·汉弗莱斯（David Humphreys），美国人让自己“在欧洲人眼中的形象变得荒谬而可鄙”。[2]

正如亨利·李所说的那样，许多美国政治精英从谢斯反叛中得到的教训是，“软弱和无力的政府不足以抵制如此专横的违法行为”。华盛顿提醒麦迪逊：“如果我们不改变自己的政治信条，我们耗费七年的鲜血和财富所换来的政府结构必然会倒塌。我们正在快速接近无政府和混乱状态！”谢斯反叛，连同大多数州在18世纪80年代中期颁布的税收和债务减免措施，在召开制宪会议和起草宪法的过程中发挥了关键性作用。[3]

纸币和债务人救济立法

在本书第一章中，我们看到，制定宪法的一部分原因是为了弥补《邦联条例》的缺陷——但更多的是为了应对大多数州在18世纪80年代中期实行的经济救济措施。正如麦迪逊后来所汇报的那样，各州对“私权保障措施和司法稳定性”的干涉，也许超越了任何其他恶行，“成为召开费城会议的最大诱因”。麦迪逊认为，共和政府的自由，不可能“长期存在于这些州的滥权活动之中”。[4]

在1776年7月大陆会议宣布美国从英国独立的两个月之前，它曾敦促各殖民地起草自己的宪法，大部分殖民地也这样做了。为了

联合普通美国人支持革命事业，这批州宪法大多具有以下民主特征（尽管没有一部宪法包含全部特征）：年度选举，减少投票和出任政府职位的财产资格限制，无记名投票，民选地方官员，公开立法机构会议，强制轮替政府职务和削弱执政官权力。[5]❶

有些政治领袖从一开始就担心这些宪法过于民主，使政府过分依赖人民，对财产权保护不足。1776年，马里兰州的查尔斯·卡罗尔（Charles Carroll）就预言，脱离英国将毁灭美国，与其说是因为脱离将给美国带来“战争灾难”，倒不如说是因为它将使美国各州产生坏政府：“它们将是纯粹的民主政体，是所有政府形式中最糟 74
糕的一种，也将像所有其他民主政体一样，以专制告终。”《独立宣言》（Declaration of Independence）的起草者之一、即将成为纽约第一任首席法官的罗伯特·利文斯顿（Robert Livingston）警告，在人们对这个问题有如此“荒谬的想法”——由人民直接选举政府官员——之时，创建新政府是危险的。弗吉尼亚州政治领袖、《独立宣言》的签署者卡特·布拉克斯顿（Carter Braxton）担心，这些州的宪法将“充斥着纯粹民主带来的所有动荡和骚乱事件”。到了18世纪80年代中期，这些政治领袖最担忧的事都变成了现实。[6]

美国在独立革命战争之后经历了严重的经济萧条，许多历史学家把这场经济萧条描述为美国在20世纪30年代大萧条之前所遭受的最严重的经济不景气。战争破坏了大量的富饶土地，特别是在南方和中大西洋地区。在英国的鼓动之下，成千上万的奴隶在战争的动荡中从南方种植园中自我解放出来，此过程消灭了南方的大量“财

---

❶ 正如法国驻美国外交代办后来所提出的那样，“在那段疾风暴雨般的时期，必须同意所有的权力都来自人民；一切都必须服从他们的最高意愿，治安官只是他们的仆人”。参见1786年10月10日路易斯·纪尧姆·奥托致韦尔热讷伯爵，Bancroft, *History of the Formation of the Constitution*, 2:399。

富”。而且，英国军队和大陆军队的供应需求消失，经济需求放缓，导致价格下滑和农场价值下降。[7]

此外，虽然许多美国人曾设想一旦政治独立、结束了英国人的贸易垄断，就会获得大量新的经济机会，但事实上，取消大英帝国的贸易特权，对美国经济的直接影响是毁灭性的。英国很快就把美国人拒之门外，不让他们继续参与英属西印度群岛获利丰厚的运输贸易，并禁止从美国进口能从英属殖民地获取的商品。英国还禁止本国船主从美国购买船只，而在独立战争之前，1/3的英国商船都是在美国购买的。在日益相互关联的经济中，这种国际贸易波动影响了大量美国人。在美国宣布独立后的15年里，美国的人均国民生产总值暴跌了将近50%。[8]

而且，硬通货甚至比往常更为稀缺，因为黄金和白银被运往海外，以弥补与欧洲特别是英国日益增长的贸易赤字。独立战争结束后，英国以极为宽松的信贷要求，向美国市场投放了海量商品。18世纪80年代初期，美国流通的硬通货总量可能只有战前的20%。1782年，汉密尔顿告诉罗伯特·莫里斯，纽约面临着“极度而普遍的资金短缺”。各州会发行纸币的谣言开始传播后，人们变得更倾向于囤积黄金和白银，或者把它们送到欧洲避险。[9]

在经济不景气的氛围之中，大多数州都大幅度增加税收，以期
75 偿还战争债务，并满足邦联国会的摊派份额要求——这些摊派要求本身主要也是为了偿还本国欠下的巨额战争债务。1785年，邦联国会要求各州摊派的份额一共是300万美元，各州不得不征收额外的税收，这似乎成为压垮骆驼的最后一根稻草。各州在18世纪80年代初期至中期所征收的税款，比美国人作为大英帝国臣民时所缴纳的税款要高出好几倍。政府证券——州政府和邦联政府债券——的持有人，为增税提供了强有力的政治支持，随后要求严格征税。[10]

由于当时的美国经济远不如英国经济多样化，所以潜在的税收来源较少。只有少数几个州拥有充足的对外贸易，可以通过它们的港口征收进口税，获得大量收入；缺少制造业，也就无法对制成品征收消费税，以获取富有成效的收入来源；而缺乏西部土地的州也无法从土地中获得收入。因此，大多数州别无选择，只能征收人头税（人口税）和土地税；这两种税都是累退税，对穷人造成的负担更重，对农民来说尤其困难，因为他们的财富很少，很难转化为金钱。[11]

而且，各州一般要求以硬通货缴纳这些新税。之所以实行这一要求，是因为邦联国会只接受各州以硬通货支付的摊派份额，而外国债权人也要求美国以黄金和白银偿还欠款。1785年，亚伯拉罕·克拉克（Abraham Clark）宣布，新泽西州试图以硬通货的形式征税，来筹集邦联国会最近所要求的摊派份额，将是“徒劳而无用之举”；只有纽约和宾夕法尼亚等“对外贸易大州”，才能“通过征收进口税筹集摊派给本州的份额”。[12]

由于硬通货稀缺以及土地和农产品价格下跌，大量农民无法支付增加的税款。当州政府严厉执法后，成千上万的农民失去了他们的农场。18世纪80年代，在宾夕法尼亚州一些最困难的县，60%到70%的缴税农民失去了他们的抵押品。然而，在货币供应短缺、经济困难普遍存在的情况下，就算是拍卖抵押品也无济于事。1787年，麦迪逊在一封信中写道，由于“硬通货极度匮乏”，拍卖抵押品的回报比独立战争前要低得多。在弗吉尼亚州的一个县，抗议者讨论成立一个“协会”，集体拒绝对拍卖的财产出价。许多农民最终被关在债务人监狱里——18世纪80年代，宾夕法尼亚州一个县一度有多达10%的人口被关进了这种监狱。其他土地所有人干脆卷起铺盖，打包向西迁移，试图逃避债务，逃避进债务人监狱，并获得财务上的新生。[13]

一些陷入财务困境的农民开始寻求政治上的救济办法，他们向
76 州立法机构申请财政救济、货币救济和债务减免，州立法机构迅速做出反应。由于美国的土地所有权分布比欧洲广泛得多，人们普遍感受到新征税负的冲击。而且，美国各州对选举权的限制比世界上任何一个国家都小。尽管各州的选民资格不尽相同，但到18世纪80年代，至少有60%的成年白人男性获得了选举权——这个比例甚至可能高达90%。此外，各州宪法规定的议员任期比英国短得多——多数是一年任期，至少在州议会下院是这样，而英国议员任期为7年。较短的任期意味着更大的政治责任，从而也增加了州立法者对民众要求实施经济救济措施的呼声做出正向反应的倾向。[14]

最广泛使用的救济形式是由州政府发行纸币，通过增加流通媒介和便于支付债务与税收来促进贸易——至少需要各州同意接受以纸币来支付税款。从战争结束到1785年之间，大多数州都抵制住了发行纸币的压力，但在接下来的两年里，7个州满足了选民的呼求。反对发行纸币的人被谴责为“铁石心肠的吝啬鬼”，他们“正坐等在拍卖中，以不到实际价值的1/4的价格购买我们的土地”。据报道，有人焚烧州议会中反对发行纸币议员的模拟人像。1786年6月，特拉华州议会下院的代表宣布，他们“深深地了解选民面临的困境，并急于让他们松一口气”。由于无法“制定任何可能达到预期目的的计划”，他们批准发行21 000美元的信用货币，并在货币投入流通之前，停止执行赎回抵押品。[15]

好几个州屈从于选民的压力，发行了自己的货币，其他一些州发现，越来越难以抵制这种救济途径。当特拉华议会同意发行纸币时，它承认本州立法机构的上议院最近刚刚拒绝了类似的措施，但它坚持再次尝试，以应对民众的普遍困境，以及“临近几个州发行

纸币”的现实情况。除了开始发行纸币的7个州之外，还有另外4个州的支持者以微弱的劣势，没有争取到这种形式的救济——主要是因为本州立法机构上院或行政委员会的反对。[16]

在那些发行纸币的州，要求提供救济措施的一派已经控制了州立法机构。例如，在1786年的罗得岛，州议员已经在竞选中承诺要“舒缓困境”。在其他一些州，州议员们也决定做出战术让步，来阻止民众主义者叛乱。对于这样的一项救济措施——弗吉尼亚州议 77
会1786年通过减免税收，而不是发行纸币的决议，麦迪逊解释道，“这种纵容民众呼声和愿望的做法，在议会大门之外受到热烈的期待，在议会内部也施加了巨大的压力，以致无法被拒绝。采取这样的措施，可以避免狂热民众的更过分要求所带来的危险”。[17]

在发行纸币的7个州中，有6个州的纸币至少有一部分是长期贷款证书——贷款时间通常是12年——面值都很小。借款人必须支付贷款利息——通常为6%——并以土地担保权益为后盾，其价值要求是贷款的两倍或三倍。在殖民地时代，这种土地—银行贷款增加了货币供应量而不会引起通货膨胀，获得了广泛的认可，甚至连作为借款人的商人，在现金紧张的经济活动中，也支持这种纸币。当特拉华州众议院于1786年投票发行信用货币时，它也提到了革命前这种纸币的“愉快效果”，当时的纸币能与黄金和白银等价交易。然而，特拉华州议会虽然承认，较早时候的“愉快环境给我们发行的纸币带来了有利的信用”，但认为现在情况已经发生了变化，非常不利于发行纸币。对许多反对发行纸币的人来说，独立战争期间大陆会议和各州发行的货币急剧贬值，已经足够说明一切。[18]

有些州发行的纸币，部分采用的是向本州债权人支付利息的信用券形式。事实上，在宾夕法尼亚州、纽约州和新泽西州，如果没有本州公共债权人的支持性游说，立法机构可能不会颁布发行纸币的法律。在宾夕法尼亚州，1785年发行的纸币，1/3流向了贷款办公室，2/3被指定用来支付本州证券的利息。在纽约州，参议院本来在1785年否决了土地—银行法案，但在第二年，立法机构又批准了两倍的纸币发行量，之所以扩大发行量，是为了将公共证券持有人也囊括进来——他们收到的纸币占全部发行量的1/4。佐治亚州为其与克里克印第安人之间不断升级的战争，发行了紧急财政债券。发行纸币的7个州中有几个州将发行的纸币定为法定货币（意味着债权人在法律上有义务接受），可以用来偿还所欠政府的税款。有些时候，需要通过诉讼，该州发行的纸币才能成为法定货币——诉讼具有暂停法律的效力（如暂停但不否认还债义务）。在新泽西州，如果拒绝接受这样的纸币来偿债，结果将是债务被暂停12年，届时关于起诉还款的时效就会过期。在罗得岛州，拒绝接受纸币，就意味着完全清除债务。[19]

1781年，没有哪个权威人物像汉密尔顿一样坚称纸币在硬通货
78 短缺的经济中的重要性，他认为，“如果没有纸币，那么很大一部分的贸易活动会通过物物交换的方式进行，而物物交换在商业和工业领域都非常不方便而且落后、受局限，甚至具有破坏性”。汉密尔顿认为，有一些人因为战争期间大陆券大幅度贬值，就反对所有纸币，是“因为他们并没有合理地区分这些纸币”。如果纸币在发行过程中获得足够的资金支持，并且“能将富人的利益和影响力结合起来，让他们愿意持有，那么纸币就可以大量发行而且长期存续”。[20]

在18世纪80年代中期，纸币的价值在州与州之间波动很大，在很大程度上取决于地方商团支持与否，以及州立法机构是否会提高税款来停止这种纸币的流通。在纽约州，纸币与硬币比值最高。1786年夏天，有报道说，“纸币可以与黄金白银等价交换”，这可能是因为，地方商团曾经明确表示，只要立法不把这种纸币作为法定

货币，他们就会支持这种措施。类似的情况也出现在北卡罗来纳州，荷兰驻美国的全权大使称，种植园主“用一种最为庄严的方法团结在一起，来维护本州纸币的信用，将其与金银等价交换，并且对于以硬通货支付的款项也不打折扣”。宾夕法尼亚州和新泽西州的纸币表现也相当不错。1786年夏天，麦迪逊向杰斐逊报告，宾夕法尼亚“领头采取这种荒唐行动”——正如我们所看到的那样，麦迪逊并不支持发行纸币——不过将纸币数额限制在“一个并不可观的数量”之下，并为其建立了很好的“资金基础”，而且拒绝将纸币作为偿还债务的法定货币。结果，纸币只贬值了10%~12%。[21]

相比之下，在佐治亚州和北卡罗来纳州发行的纸币，贬值非常严重——在1786年夏末，已经贬值了25%~30%。一年后，麦迪逊在报告中称，宾夕法尼亚州发行的纸币在流通期间原本贬值程度非常小，但是“有一部分人与乡下人在集市上做生意时”，拒绝接受这种纸币，导致纸币流通突然停滞。“幸好一些有影响力的人物及时介入”，出面声援，并表示愿意接受这种纸币，遏制了反对者的愤怒情绪，“才阻止了一场暴乱，促使这种纸币重新进入流通领域”。[22]

罗得岛发行的10万英镑的纸币，后来成为各州购买力最弱而且最具争议的货币。尽管这种纸币已经成为法定货币，很多商人和更多饱受折磨的农民还是不愿意接受它。该州立法机构针对这种不接受纸币作为等值硬通货的行为，马上制定了一系列惩罚措施：初犯
罚款100镑，再犯剥夺公民权利。罗得岛州普罗维登斯和纽波特的 79
大商人拒不屈服，他们宁可关闭商店，也不接受纸币。1786年夏天，有一位旅行者报告，那些城市“百业凋敝，一半的店铺都关张了，几乎没有任何生意可做”。[23]

一位“来自普罗维登斯的先生”在给报纸编辑的信中描述了接下来发生的事情：商人们抵制使用纸币，激怒了“纽波特的底层民

众，他们怒火万丈，要采取暴力措施”，“武力分发他们所能拿到的”所有玉米和面粉。“经过10~15分钟的棍棒和拳头骚乱”之后，暴民被压制住了。但是据说乡村的农夫决心“饿一饿”城里的商人，以迫使他们“咽下纸币”。麦迪逊告诉杰斐逊，罗得岛州处于“动荡之中”。纸币的价值迅速跌至面值的20%左右，几年后，据说连面值的10%都不到。[24]

罗得岛州立法机构也不甘在商人们面前屈服，于是制定了更具惩罚性的实施机制。拒绝接受纸币作为法定货币还款的债权人，在受到指控三天内，必须接受特别法庭程序的审判，这种特别程序无须陪审团，也不得上诉。当州法院提出，州立法机构这样的立法可能有危险时——州法院并未推翻州立法机构的立法，因为州法院在判决中说，自己对这类案件缺乏管辖权——立法机构威胁说，要弹劾州法院法官。州立法机构还使用纸币来偿还州政府所欠债务，迫使公债持有人按照面值接受已经大幅贬值的纸币。最后，罗得岛州立法机构还希望迫使外州债权人接受本州债务人以本州纸币偿还所欠债款，同时通过立法，保护本州债权人，使他们可以不接受外州债务人以他们的纸币偿还所欠债款——这样的立场，很自然地激起了周围各州的报复。[25]

面对民众要求政府提供救济措施的压力，州立法机构所采取的应对措施，并不止发行纸币一项。好几个州还调整了税负。弗吉尼亚州允许民众以实物产品——烟草——而非货币来缴税。有些州还制定了更为宽大的缴税程序。比如说，宾夕法尼亚州通过立法，要求税收官在没收未能按期缴税者的财产之前，将被没收财产者的名字告诉治安法官——治安法官都是民选产生，颇受当地民意影响——由治安法官来决定这种没收行为是否正当。[26]

在制定这类救济措施方面，其他一些州的步子更大，它们制定法律，减免私人债务——由于严重的通货紧缩，支付这类债款，需要掏更多的钱。政府强行改变税收，以及即将发行纸币的谣传，增加了调整私人债务的紧迫性，因为私人债主会以起诉的方式收债， 80
以缴纳自己所担负的税款。所有的债权人都希望在政府发行纸币之前收回债款，因为不可靠的纸币会降低债务的价值。[27]

为了防止债权人采取上述行动，一些州通过了暂停偿债的法律，使债务人能够推迟一定的时间偿还私人债务，还制定了分期偿还债务法。另一些州则授权以实物而非现金偿还私人债务。南卡罗来纳州允许债务人以不动产代替金钱偿还债务，并规定由债务人的邻居来评估不动产价值，禁止以低于评估价值3/4的价格拍卖销售这类不动产，并禁止监禁那些拍卖了财产也未能偿清欠款的债务人。[28]

从欠债农夫的角度来看，上述减免税收和债务措施并非是不诚实地逃避法律上的债务责任，而是通过缓解压迫性的税负，放松货币供应，防止大量的抵押农场被没收，来缓解经济萧条的非常合理的举措。因此，在南卡罗来纳州的一个偏远地区，189名农夫签署了一份请愿书，他们在请愿书中说，“独立战争中敌人的蹂躏”，“大大降低了”他们以硬通货支付税款的能力，他们请求立法机关发行纸币，并允许以纸币形式缴纳税款。南卡罗来纳州的一位报刊文章的作者称：“要让一种支付媒介在全州各地流通，穷乡僻壤也能与州内那些拥有硬通货的地方一样，乐意纳税和还债。”罗得岛州的一家报纸为本州采取的这类救济措施辩护道，“许多无可指责的人物，完全没有任何债务负担……都接受了这种看法：如果不增加支付媒介，人类的中低等阶级必定会毁于监狱和治安法官的公开拍卖”。新泽西州议会纸币派领导人亚伯拉罕·克拉克也辩称，共和政府有权“帮助弱者反对强权”。[29]

支持者认为，这样的救济措施尤其合适，因为各州沉重税负的受益者主要是各种投机分子，他们在经济紧张时期以低于面值的价格，购买了政府债券。一位宾夕法尼亚人感到很奇怪：“这些狡猾的投机者，对当地既没有贡献，也没有给本州公民提供福利，甚至不顾及自身的荣誉，我们为何让他们成为本州最富有的人？”那些“生意人”以“闻所未闻的速度获取财富”，他们的财富来自税收——而征税的对象则是那些出卖自己手中证券换取微薄收入的人，这实在是“既不公正又残酷”。另一位宾夕法尼亚州农夫认为，
81 本州的民众绝不会同意，“纯粹为了养肥一小部分以极低价格购买了他们手中证券的人，而支付这样一笔巨大的永久性税款”。[30]

那些从政府手中领到了军饷券，但后来又低价贱卖了的革命战争退伍军人，尤其痛恨为养肥投机者而施加的高税收。一位“老兵”在马萨诸塞州的一家报纸上抱怨，经济上的窘迫状况迫使独立战争退役老兵以面值10% ~15%的价格出售了他们手中的军饷券，但现在他们却要缴税，让政府高价偿付这批军饷券，便宜了那帮“战争期间在家中享清闲的人，他们尽享财富的美妙，沉迷其中，在灿烂的阳光下大快朵颐”。其他一些希望政府提供救济措施的人，则提出了与之不同的反对意见。他们反对征税，是因为部分税款分配给了大陆军官员，用来支付他们的退役金——他们认为退役军官们通过哗变的威胁，迫使政府挪用了这笔资金。[31]

多达90%的政府债券最终落入了投机者手中，他们有资金，可以耐心持有这样的债券，他们也有足够的政治影响力，可以迫使政府按照面值赎回他们手中的债券。到1785年，联邦债券的交易价格约为其面值的1/8，这意味着如果政府根据投机者的要求，按照面值赎回这样的债券，投机者将会获得巨大的利润。州政府发行的债券也以类似的价格交易。由于利息是按照债券票面价格支付的，投机

者的投资回报率非常之高。例如，弗吉尼亚州给军事债券支付6%的年利息，而这些债券的交易价格只有面值的1/5，投机者的年回报率达到了30%。许多要求州政府提供救济的人，并不要求政府完全否认自己的公共义务，只是要求政府在偿还债券时，能够区分对待债券的原初持有者和后来低价收购债券的投机者。[32]

政府债券不仅越来越多地被投机者而不是原来的持有者所持有，而且也越来越多地集中到少数人的手中。1786年，罗得岛州立法机构的一个委员会发现，仅仅16人就持有该州将近一半的某种最大类型的政府债券。在马萨诸塞州，35人持有的债券占该州政府债务的约40%。1789年，宾夕法尼亚州的一家报纸宣布，该州每年从纳税人手中筹集11.1万英镑用于支付政府债券持有者，其中7万英镑流入了12名投资者的腰包。一些要求政府提供救济措施的人警告，以这么多人的付出，让如此少的人暴富，只会加剧经济不平等，并最终破坏共和政府取得成功所需的政治平等。[33]

反对减免税收和债务的人，批评州立法机构屈从于民众主义的压力，而支持政府提供救济措施的一方，则批评立法机构没能充分满足选民的呼求，而且在提供救济时过于吝啬。例如，即使在那些 82
发行纸币的州，寻求救济的人想要的通常也比他们得到的要多。而且，在几个发行纸币的州中，纸币并不是法定货币，这意味着债权人没有压力必须按照面值接受这样的货币。[34]

更富裕的美国人对各州救济立法的看法，往往与大多数负债农民截然不同。从对经济精英有利的角度来看，公债持有人拥有神圣的权利，要求政府偿还从他们手中借去的款项。美国人与大英帝国开战，就因为英国政府在未经他们同意的情况下通过征税拿走了他们的财产，这是“一种最明显的专制权力的表现，蕴含着臣服和摧毁的力量”。然而，对于那些在战争期间借钱给政府并提供服务的人，现在等于是在没有得到他们同意的情况下，就把他们的财产拿走了。“对一个政府而言，用这种方式对待自己最好的朋友和支持者”，是“极其罪恶的行为”。有人提出，投机者以折扣价买进政府债券，因此政府不应以票面价值支付这样的债券，对此，反对州政府提供救济的一方辩称，投资者有权获得投资回报，并指出，实际上也很难区分公共债权人的类别。[35]

尽管独立战争结束后的税率很高，商品价格很低，货币也很稀缺，但是，用约翰·杰伊的话来说，反对政府救济的一方提出，民众“更多的是不情愿缴税，而非不能够缴税”，而且“尽管各地资源丰富，但州政府财政空虚”。南卡罗来纳的爱德华·拉特利奇（Edward Rutledge）哀叹道：“要让我们的人民相信纳税的必要性，还需要很多年。”[36]

在更富裕的美国人看来，人们不纳税主要是由于他们太懒惰、太放纵。新泽西州州长威廉·利文斯顿（William Livingston）用“原始辉格党”（Primitive Whig）这个名字写文章抱怨道，美国人曾承诺要支持国会和华盛顿将军，用他们的生命和财产反抗英国的暴政，可“现在他们却在抱怨纳税——而这正是那场进展顺利、最终取得胜利的反抗运动造成的”。他抱怨那些“懒散、闲逛、笨拙的”家伙整天坐在一起喝酒，“每周大概工作两天，拿着两倍的工资，用余下的时间与那些……没有收入的人一起闹事和堕落”，他们竟然还抱怨，“税收官要他们缴税时是最难熬的时刻”。那个抗议说不缴税的农夫，“自己家的三个女儿，本应在纺车旁边劳作，而今却
83 在法国舞蹈教师的指导下学习跳舞”；“她们本应像她们节俭的祖母一样，穿着体面朴素的家纺衣物，现在却把她们父亲的一半收成都花在穿衣打扮上”。[37]

富裕阶层对纸币法和减免债务的救济性立法的观点类似。他们

认为，这些措施只会让“某个地区懒惰的败家子和无所事事的挥霍浪费者”，严重依赖他们邻居“挥汗如雨”的工作。弗吉尼亚州的理查德·亨利·李认为，由于私人之间的债务“几乎普遍都是懒惰和铺张浪费产生的”，因此，需要“工业和经济”——而非救济性立法，来提供补救措施。马里兰州参议院将债务人的困境归咎于“过度进口外国奢侈品、毁灭性的和赌博式的合同，以及过度挥霍浪费金钱”。特拉华州议会上院否决了该州众议院通过的一项纸币法案，认为债务人的困境“很少”来自“不可避免的不幸”，更多的时候是因为“人们的支出超出他们的收入，或者是轻率地投机于邻居的财产”。一位报纸文章作者写道，当硬通货被浪费在“便宜而琐细的物品上”时，纸币也无法解决问题。[38]

对于富人而言，救济性立法既象征着也助长了人民的堕落。《宾夕法尼亚公报》（*Pennsylvania Gazette*）的一篇文章称，纸币“最大的罪恶”是它“摧毁了我们公民的道德，带来了奢靡之风，产生了无休止的纠纷和欺诈，使诉讼成倍增加，助长了商业活动中的技巧和欺诈，从而让我们接受贵族制和奴隶制”。根据弗吉尼亚州国会代表威廉·格雷森的说法，政府的救济措施“受到了各地正直和体面人士的强烈反对”，他还提到了一项具体的纸币立法，认为这是他所见过的“最不公正的邪恶之事”。一位来自新泽西的书信文章作者认为，这样的法律“完全等于是……彻底废除了公私正道”，可以更准确地称之为“鼓励邪恶行为的立法”。马萨诸塞州政治领袖西奥多·塞奇威克认为，纸币是“有才和正直之人”与“人类的渣滓和糟粕”之间的战争，前者“坚定地决心支持公共正义和个人信仰”。[39]

从富人的角度看，政府立法要求以发行的纸币作为法定货币，不仅破坏了公众的诚信，也侵犯了自然的财产权。格雷森在给麦迪逊的信中写道，为了让债务人更容易地偿还债务，发行肯定会贬值的纸币意味着“欺骗”。他还认为这种做法显然是违宪的，因为这是“对财产的攻击，而财产权是每个州的基本性权利之一”。格雷森总结道：“古人肯定是比我们更为坦率的人，他们以如此众多的言辞，公开声称要废除债务，而我们却在冠冕堂皇的似是而非的流
84 通货币的掩盖之下，努力做着同样的事情。”[40]

在这些人看来，政府具有神圣的义务来确保私人合同的神圣性。陷入困境的农夫也许是“私人同情的对象，但他们不是公共立法的主体”。“当政府采取权宜之计，以牺牲数千人的利益为代价帮助少数人时”，政府的行为就违背了宪法的规定，而这些人的财产也因此变得“不稳定和不安全”。[41]

更富裕的美国人也提出了反对救济立法的灾难性后果论据。一名报纸投稿人认为，“目前流行的、不需要坚实的准备资金来赎回发行纸币的卑劣权宜之计”，将会带来“毁灭性的后果”。反对发行纸币的一方认为，纸币将不可避免地失去价值，他们援引的是战争期间大陆会议和各州纸币灾难性贬值的例子，忽视了殖民地时期土地银行发行纸币的更有利经验。[42]

即使是在硬通货紧缺的情况下，处于社会上层的美国人也依然要求用硬通货缴纳税负。罗伯特·莫里斯认为，需要以硬通货来支付税金，以激发勤劳和节俭，从而对抗人类“懒惰和挥霍”的自然倾向。相比之下，纸币就像酒精一样，只会助长依赖性和自我放纵。华盛顿在一封通信中警告，如果弗吉尼亚州议会推迟征税，那么“那些不习惯定期缴纳税款的人，可能最终会拒绝缴纳任何税款”。麦迪逊告诉杰斐逊，推迟征税只会鼓励人们把钱花在从欧洲进口的奢侈品上，这也造成了硬通货稀缺的问题，导致商品价格下跌，从而使未来的征税更加困难。[43]

反对纸币的人认为，它将资本的投资方向从更有用的企业转向了投机。据说纸币也阻止了私人贷款，或者至少是导致了过高的利率，因为债权人想要保护自己，以避免可能被迫接受债务人以纸币作为法定货币还债。1787年，弗吉尼亚州的立法机构通过了一项由乔治·梅森主导的决议，宣称："目前流通资金短缺，在很大程度上是由于人们普遍担心和害怕州政府会发行纸币，这方面的忧虑，诱使人们收起他们的金银或汇到欧洲，宁可在欧洲接受很低的利息，也不愿冒险将手中的金银在这儿贷出或者借出。""原始辉格党"问，"任何一个州的立法机构都可以向借款者提供武器，使他可以不用诚实地偿还欠款"，为什么每个人还应该把他手中的硬通货投到"这个充满了欺骗的世界里呢"？反对发行纸币的人还认为，纸币鼓励了延迟支付税款和债务，因为人们希望货币贬值之后，更有利于自己支付税款和债务；纸币抑制了州际贸易，因为除了发行纸币的州外，其他州的商人很难确定某一州纸币的真正价值。[44] 85

麦迪逊对上述救济性立法持明确的否定态度，这一点非常重要，因为他在制定宪法的过程中发挥了关键性作用。在弗吉尼亚州立法机构中，麦迪逊合作起草了一份反对纸币的决议案，他称纸币法案为"不公正、失策、破坏公私信任的美德之举——这种美德正是共和政府的基础"。他对杰斐逊说，"这是一种假想的货币，但邪恶却起源于此"，即不为自然法则所知的"虚拟"媒介。发行纸币的试验，"在道德上注定"要失败，因为"贬值是不可避免的"。在纸币的"诸多弊病"中，还有一种是它"与各州管理商贸的活动一样"，带来了"各州之间的战争和报复"，因为各州都要保护他们的债权人不受其他州发行的纸币的侵害。[45]

麦迪逊在1786年到1787年间的书信中经常提到对发行纸币和救济债务人立法的"欲求"和"渴望"。他总是用贬义的字眼来描述这些措施——“不符合立法的适当原则”，这是一种“流行性病症”。1786年，当麦迪逊一反常态地投票赞成一项接受烟草代替硬通货缴税的立法时，他给华盛顿写信解释，称自己的投票“审慎地迎合了州立法机构内外喧嚣的呼求，可能避免更具伤害性的试验”——也就是发行具有“更大罪恶”的纸币。[46]

对大多数富裕的美国人来说，18世纪80年代中期的税收和债务减免立法意味着政府的一场“革命”。他们把这个问题诊断为过度民主的体现。事实证明，各州政府对公众的意愿过于敏感——纸币贬损了财产权。[47]

早在1782年，汉密尔顿就曾对罗伯特·莫里斯说，“影响我们各州宪法的普遍性疾病是过度的民主……各州立法机构总在考虑怎么做才会取悦人民，而不是使人民受益。在这样的政府里，除了权宜之计、变化无常和愚蠢，别无所有”。1786年，格雷森给麦迪逊写信说：“孟德斯鸠没有错，他说民众可能像暴君一样专制；为了更容易偿还债务而发行贬值的纸币，哪里有比这更为专制的行为呢？”麦迪逊同样不看好“人民反复无常的秉性”，这种秉性在许多州导致了“不明智和邪恶的行动”。[48]

理查德·亨利·李如今得出的结论是，远离“简单的民主”，是“不可或缺的必要之举”。李的堂兄查尔斯·李（Charles Lee）给华盛顿写信说，除非改组州议会，使他们“更有权，更独立于人民，否则，公共债务，甚至是私人债务，在我看来都将会被［他们］消
86 灭”。回想起18世纪80年代各州的救济措施，格雷森总结道，“无论民主政府在某些方面的表现有多么优秀，使用纸币支付和维持公众信用，都不属于民主政府具有的良好品格”。[49]

据波士顿一位作家的说法，解决办法是让统治者“更加坚定和

独立”。正如汉密尔顿所言，州政府需要能够发布“具有自我意志的命令”，以便在必要之时，采取强制性措施，征收税款、要求个人偿还债务。华盛顿告诉杰伊，“我们可能对人性的期待太高了”。经验告诉我们，“如果没有强制性力量的干预，人们甚至不会倾向于执行那些对自己极为有利的措施”。也许这是某些政治领导人第一次开始考虑是否应该授予国会更大的权限，不仅是征税和管理州际商贸，还要授权国会阻止各州制定民众主义的经济政策。[50]

罗得岛州的极端主义货币政策似乎在凝聚精英意见的过程中发挥了极其重要的作用，这批精英支持采取一项全国性方案，来解决各州的救济性立法所希望解决的问题。报纸撰稿人和重要政治家都斥责罗得岛州政府的“邪恶、流氓、压迫和残酷的恶魔式行为”。马萨诸塞州的一位居民写道：“其他州完全将［罗得岛］视为这个国家的骗子、叛国贼、强盗和针对邻居的武装掠夺者。”康涅狄格州的一位评论者谴责罗得岛州纸币法是“迄今民主暴政历史上最为显著的污点”。只有“人性的腐化堕落……才能借用严肃的立法行为，做出如此冠冕堂皇的欺诈和不诚实之事”。[51]

批评者开始频繁地将罗得岛称为“流氓岛”和“傻瓜岛”。1787年年初，《普罗维登斯公报》（*Providence Gazette*）报道，罗得岛州立法机构提出一项法案，将免除所有现行债务，并在该州内平均分配财产。这篇文章可能是一个讽刺性的恶作剧——据称，这项法案名为“更平等地分配政治福利法”——但却煞有介事地在全国范围内被广泛转载。马萨诸塞州州长提出请求，期望罗得岛州政府能发布文告，示意如果有人抓到已逃到周围的州的谢斯反叛中的逃亡者，可以获得赏金。罗得岛州曾一度讨论过此事，但罗得岛州州长拒绝了这一请求，该州的声誉自然也没能得到提升。就连罗得岛州派往国会的代表也承认，拒绝提供这样的合作，是很“不够哥们”

的举动。[52]

罗得岛州派往国会的一位代表詹姆斯·曼宁（James Manning）认为，“该州的耻辱和破坏性行为，已经无以复加了”，他提出，“这种对公众信心的明目张胆的损害，在最近的纸币发行过程中再
87 一次完美地展现了出来”，在国会看来，这是一种“彻底摧毁我们作为一个国家的行为”，显示出我们需要“迅速改革各州目前的政策”。在费城制宪会议召开的前一个月，有一位南方人给罗得岛州居民送去了一则被美国各地报纸转载的消息。这个南方人提出，“事情已经到了如此惊人的危机转折点，以至于联盟必须给你们发出提醒”。他明确表示，希望费城会议采取措施，“恢复罗得岛州的秩序和良好政府，或者将你们州驱逐出联盟，并让你们并入其他州。因为你们立法机关现在的所作所为，[不只威胁到它本身] 威胁到了整个国家”。[53]

谢斯反叛

各州立法机构的议员都有充分的理由担心，如果他们不提供民众所要求的税收和债务减免，将会引起暴力后果。在1783年的宾夕法尼亚州和1786年的新罕布什尔州，愤怒的抗议者包围了州议会大厦，强行实施救济措施。戴维·汉弗莱斯告诉华盛顿，在新罕布什尔州，在州民兵介入之后，才压制住了“这场可怕的叛乱，而没有引发流血事件”。1785年夏季，南卡罗来纳州几个偏远地区的收税人遇到了武装抵抗。前后加在一起，在18世纪80年代，有超过六个州的数十个西部县，都遇到了债务人和纳税人的反抗，并暂时关闭了法院。[54]

有几个州的立法机构拒绝发行纸币或是以其他方式大幅减免税收和债务，马萨诸塞州即其中之一，在该州，农民丧失了借款时所抵押农场的赎回权，导致大众不满，酿成大规模叛乱。1780年的马萨诸塞州宪法，是在大多数州已经制定了本州的宪法之后，主要由约翰·亚当斯执笔完成的。这部宪法是美国各州中受民众主义影响最少的一部宪法，体现了保守派所要求的抑制民众直接影响政府的愿望。这部宪法提高了投票和竞选的财产资格限制，并在分配立法机构下院席位时，更加照顾马萨诸塞州东部商业城镇的利益。它还赋予本州州长——完全不像当时其他州的首席执政者那般软弱——否决立法的权力。[55]

可能正是由于这样一部保守的宪法，马萨诸塞州是18世纪80年代各州中唯一不仅动用资金来维持公债面值，而且迅速收回公债的州，这也给本州公民带来了沉重的税负。1785年，民众选举詹姆斯·鲍登（James Bowdoin）出任州长，他所领导的行政当局提高了税收执法的严格程度，要求立即支付，包括偿付欠款，并且威胁说，如果各地治安法官没能迅速解决未完成的账目，要让治安法官个人承担缴款责任。[56] 88

为了偿付和收回本州发行的公债，并满足国会在1785年的摊派份额要求，马萨诸塞州立法机构于1786年开征新税，包括财产税和人头税。有些新税要求以本来就不足的硬通货缴付。这些税尤其给位于马萨诸塞州中部和西部的农夫增加了额外的负担，那里的人们更穷，难以获得硬通货。[57]

正如约翰·亚当斯后来对托马斯·杰斐逊解释的那样，“马萨诸塞州议会为了更好地偿还债务，开始征收超过民众承受能力的税款”。农民向州议会抗议说，“他们无法在缺乏更多流通现金的情况下缴税”。他们还抱怨，在当前这种大的经济环境之下，被没收的

图 2.1　州长詹姆斯·鲍登，他是马萨诸塞州的革命领袖，曾当选制定 1780 年州宪法的制宪会议主席，后来在马萨诸塞州批准宪法大会上支持本州批准宪法。

财产只能以远低于真正价值的价格拍卖。其中一份请愿书提到，“我们中的一些人税负缠身，由于税收官的驱赶，有些孩子极度缺乏牛奶和其他生存必需品”。另外一份请愿书警告道，如果得不到救济，89 本县一半的居民将会破产，成群的农民将会离州而去。请愿者呼吁州政府减少支付公债利息，削减公职人员的薪水，将州府迁出波士顿，并创办一个发行纸币的土地银行，让银行根据农场土地的价值贷款给农民。还有一份请愿书敦促政府暂停九个月的债务诉讼和税收征管，“考虑一下不幸的债务人所陷入的灾难性境地”。[58]

马萨诸塞州议会拒绝所有救济呼吁和请愿，无视为支付战争债务而实施的高税率，控制州政府的东部商业精英，指责农夫把他们的钱浪费在了酒馆和欧洲进口商品上。根据未来的词典编纂者诺亚·韦伯斯特（Noah Webster）的说法，这是“事实，正确的计算显示，本州的普通民众每年用在喝朗姆酒和茶上的钱，足够支付公债的利息——这类奢侈品对他们没有任何好处，亏损了他们的道德，侵害了他们的健康，缩短了他们的生命”。提供救济措施的政府，只会鼓励放纵和奢侈。领导政府军队最终镇压叛乱的本杰明·林肯（Benjamin

Lincoln）对华盛顿解释道，马萨诸塞州的农民已经“从他们惯常的勤劳和节俭，退化到追逐时尚的奢华生活方式”。然而，他们非但不认为是“懒惰和浪费”导致他们的“闲散和放纵”，反而抱怨“公共税收太重，抱怨邦联债务让人难以承受，抱怨货币不足，抱怨私人债主要求其按期偿还所欠债务时过于残酷”。[59]

马萨诸塞州中部的许多城镇通过撤回他们派往州议会代表的方式，抗议州立法机构拒绝提供救济措施。从1786年的夏末开始，税收官在马萨诸塞州中部的一些县，就遭遇到了武装反抗。有报纸报道，“在不同地方发生的令人警觉的叛乱，阻止了法院开庭”。荷兰驻美国全权公使报告，“马萨诸塞州一贯以采取睿智的措施而闻名，这次，不和的怒火已经开始……蔓延，而且，人们甚至以一种狂暴的方式集合起来，强行阻止法院开庭”。这场以谢斯反叛闻名于史的大事件已经开始了。[60]

反叛者包括马萨诸塞州五个县的上万居民。他们武力抵制的焦点最初集中于征税问题，后来扩展到私人债务的偿付。从1786年8月到1787年2月，手持武器的抗议者迫使这五个县的法院放弃自己

图 2.2　本杰明·林肯是大陆军少将，曾担任邦联政府的第一任战争部长，后来在马萨诸塞州批准宪法大会上投票批准宪法。

的职责，延期开庭。在这些人加入叛乱的过程中，亲属关系和社区纽带发挥了重要作用。许多反抗者都是当地排在前20%的缴税大户；负债状况与贫穷程度无关。很多参与过独立革命战争的老兵和政治
90 领袖也在其中。

他们的抗议不仅反映出对高昂税收和难以承受的债务高度不满，而且表达了他们对东部精英阶层施加在他们身上的贵族统治的普遍反对——比如说，东部精英阶层保留了对选举权所要求的财产资格限制，而大多数西部城镇都没有这样的规定。[61]

马萨诸塞州立法机构对叛乱采取了两种应对措施。一方面，立法机构通过向纳税人和债务人提供某些救济措施，试图平息叛乱；另一方面，它又通过了一项严厉的镇压暴动法，并赋予州长暂停人身保护令的巨大权力。[62]

抗议者组织了部队来保护自己和各自的农场。叛乱的高潮发生在1787年1月，39岁的农民，同时也是革命战争老兵的丹尼尔·谢斯（Daniel Shays）上尉率领一群抗议者，前往位于斯普林菲尔德的联盟军火库，寻找武器和弹药。当一支装备更好的部队来阻止他
91 们的行动时，四名武装叛乱分子遇难。由于受叛乱影响地区的地方民兵部队拒绝响应州长鲍登的支援要求，也因为马萨诸塞州财政紧张，借不到钱，只得由私人出资，募捐了必要的两万美元资金，用来资助镇压暴动的军事力量。值得注意的是，这些出钱支持平叛的人中，至少有一半是政府证券持有者，他们与压制叛乱和强制执行税收具有直接的利害关系。[63]

叛乱的结局在2月份见了分晓，当时，数千名私人资助的士兵包围并镇压了谢斯的人马。大约有150名叛军被俘，其余人员逃散，有些逃往佛蒙特或加拿大避难。报道说，这次叛乱现“已基本扑灭”。[64]

叛乱结束时，政府为了回应东部商人的要求，最初准备严厉惩

罚反叛分子，包括立法剥夺他们的公民权利，并禁止他们在三年内担任公职。此外，数以千计的叛乱分子承认犯有错误，数百人被指控犯有叛国罪和煽动叛乱罪，其中许多人受到了包括死刑在内的严厉刑罚。但是正如我们将看到的那样，最初对叛乱所采取的严厉手段，最终都有所缓和。[65]

谢斯反叛在制定宪法的过程中发挥了关键性作用。根据麦迪逊在一封通信中所述，马萨诸塞州的事件“真是可悲”，也“确实令人苦恼”。弗吉尼亚州一名国会代表在听到谢斯反叛的第一次报告后写道，“美国人民必须下定决心建立一个永久性的有能力的政府，否则将坠入无政府状态和自我放纵的恐怖深渊，这样的日子似乎正在快速临近”，因为“软弱和无力的政府不足以抵制如此专横的违法行为”。宾夕法尼亚州一名国会代表认为，谢斯反叛特别令人痛心，因为他“担心，除了马萨诸塞州，叛乱可能会波及更多的州”。[66]❶

由于斯普林菲尔德建有联盟军火库，邦联国会与谢斯反叛有直接的利害关系，并派遣战争部长亨利·诺克斯到马萨诸塞州进行调查。1786年10月，诺克斯发表了一份令人震惊的报告，指出“马萨诸塞州和邻州的许多人，公开要求清除所有公私债务”。这些人可能会“联合起来组成武装力量，以达成他们的目标”。诺克斯敦促 92
国会派遣军队，协助各州武装，共同保卫位于斯普林菲尔德的军火

❶ 可以肯定的是，并不是所有美国政治领导人都被谢斯反叛吓坏了。当时在伦敦的约翰·亚当斯告诉在巴黎的杰斐逊，不要“担心新英格兰地区最近出现的动荡”，他认为，导致这一事件的原因是马萨诸塞州立法机关过度热衷于征收税款。杰斐逊也对谢斯反叛做出了一个著名的论断，他告诉阿比盖尔·亚当斯，“我喜欢不时有点叛乱”，因为“在某些情况下，抵抗政府的精神是非常宝贵的，我希望它永远保持活力”。参见 1786 年 11 月 30 日亚当斯致杰斐逊，*PTJ* (M.S.), 10:557（“担心”）; 1787 年 2 月 22 日杰斐逊致阿比盖尔·亚当斯，同上，11: 174（“我喜欢”和“在某些情况下”）; 另见 1787 年 1 月 30 日杰斐逊致麦迪逊，同上，93; Dec. 20, 1787，同上，12:442。

库。他警告，“以强硬手段阻止目前的骚乱……否则可能会在目前宪法的废墟上建立起武装的暴政”。[67]

马萨诸塞州派往国会的代表鲁弗斯·金认为，“现在马萨诸塞州的叛乱……是国会成立以来遇到的最重要的问题”。国会成员迅速而意见一致地决定提供援助。1 340名士兵被召集，以补充已经在联盟政府中服役的700名士兵。正如诺克斯向华盛顿解释的那样，当时征召军队的名义是准备“对付边境上的恶魔”——印第安人已经在边境“留下了不容置疑的证据，显示出他们的敌对倾向”。然而，政府召集军队的真正目的是“强化政府原则”，因为国会已经“充分意识到使用武力手段支持马萨诸塞州的重要性”。[68]

在写给华盛顿的信中，诺克斯阐述了他对于谢斯反叛的看法：马萨诸塞州的法律已经被“漠视和践踏”。繁重的税收“只是造成骚乱的表面原因……它与真相之间的距离就像光亮与黑暗之间的距离一样”。诺克斯坚信，叛乱分子只缴了很少的税，并否认他们处于“政府的沉重压迫之下”。叛乱的真正原因是政府的软弱和反叛者对于美国财产的看法——战争期间，他们一起保护这些财产，使其不被英国人所没收，这些财产现在应该成为所有人的共同财产。根据诺克斯的说法，叛乱分子有三个目标。第一，他们将“消灭处理他们债务的法院，也就是消灭私人债务”；第二，他们将废除公共债务；第三，他们将“通过大多数州青睐的手段——发行纸币，来分配财产”。[69]

诺克斯还告诉华盛顿，在马萨诸塞州几个人口众多的县，叛乱分子占当地人口的20%。他估计，这批人数在12 000到15 000之间的“绝望而无原则的人”，基本上由“社区中年轻而活跃的成员”组成。更糟糕的是，罗得岛州、康涅狄格州和新罕布什尔州也出现了许多“怀有类似情绪的人”。[70]

弗吉尼亚州派往国会的代表亨利·李，曾在负责根据诺克斯报告起草政策的国会委员会中任职，他将这位前将军的调查结果呈送给他在弗吉尼亚的朋友华盛顿和麦迪逊，并补充了一些修饰词句。李告诉华盛顿，“不满者”在马萨诸塞州人口中“占多数”，他们的目标是废除所有债务，分割财产，并与大英帝国重新联合。他还汇报道，在新英格兰全境，“或多或少地都存在着类似的倾向”，“只 93
要有利时机一出现，就会爆发”。在给麦迪逊的报告中，李还补充了一个警告：“随着这种传染性疾病的蔓延，全国性的灾难也会波及弗吉尼亚。”[71]❶

华盛顿相信，诺克斯的信息比“报纸上呈现给我们的那些含糊不清和自相矛盾的报道更为可靠”，他对谢斯反叛的消息表示震惊。他哀叹叛乱所揭示出的人性中的“前后不一和背信弃义”：反叛者怎能“拔剑推翻不久前我们浴血奋战建立的政府体制呢”？华盛顿确信，英国不会充当“目前这场叛乱的袖手旁观者”，它会抓住这个机会，“在美国内部煽起叛乱动荡的情绪，离散我们的政府，促使我们分裂”。他还担心，叛乱可能会蔓延开来，“这样的灾难，就像雪球一样，如果没有反对的力量来分裂和粉碎它，它就会在翻滚的过程中积聚力量”。[72]

麦迪逊也相信这份关于“不祥事件”和“大规模骚动”的报

---

❶ 1787 年的春天，麦迪逊在一封信中报告，在弗吉尼亚州的海滨地区，“人们大胆地谈论着要追随马萨诸塞州叛乱分子的脚步，阻止法院继续处理债务诉讼”。华盛顿的私人秘书解释道：在弗吉尼亚发生这样的反叛，可能会更加危险，因为“3/4 的人不会有任何损失”。事实上，在 1787 年的夏天，麦迪逊曾写信告诉杰斐逊，在弗吉尼亚的几个县里，抗税者“希望放火焚烧……监狱、法院和书记官办公室”；在其中的一个县，“法院已经停止了审判工作”。参见 1787 年 4 月 15 日约翰 · 道森（John Dawson）致麦迪逊，*PJM* (C.S.), 9:381（“人们大胆地”）；1787 年 7 月 30 日托拜厄斯 · 利尔致本杰明 · 林肯，Benjamin Lincoln Papers 缩微版，P–40, Reel 8 (Mass. Historical Society)（“3/4 的人”）；1787 年 9 月 6 日麦迪逊致杰斐逊，*PJM* (C.S.), 10:164（“希望放火焚烧”）；另见 Szatmary, *Shays' Rebellion*, 125–126。

告，他与华盛顿一样深表担忧。麦迪逊认为，“对政府来说，叛乱分子已经越来越难以对付了”，而且数量确实可能会“像政府的朋友一样多”，很有可能“受到英国势力的暗中影响”。麦迪逊赞同李和诺克斯报告中的说法，他告诉自己的父亲，尽管反叛者“声称，他们的目标只是要改革宪法和公共管理中的某些弊端”，实际上，“废除公共和私人债务，重新分割财产，很可能是他们正在考虑的目标”。麦迪逊认为，“并非不可能出现平民流血事件”，而且，“到底是政府还是其对手会取得胜利，还很难预料”。[73]

谢斯反叛也让其他一些重要的政治家感到苦恼，他们很快就会成为在联邦层面进行宪法改革的主要支持者。例如，约翰·杰伊告诉杰斐逊，“弥漫在马萨诸塞州的恣意放荡情绪，似乎比我们一开
94 始的理解更可怕”。杰伊也不相信反叛者所声称的目标，他坚信，反叛者具有更为深远的隐秘动机：“对财产的狂热、对获取财产手段的漠视，以及在一切事务上平等的愿望。”如果将这些目标与“雄心勃勃的冒险家影响”结合起来，就没有办法限制他们可能会做出的“不公正和邪恶之举”。[74]

当杰斐逊第一次了解到谢斯反叛的事时，他向麦迪逊表达了自己的担心——许多人都会从这件事中得出这样的结论：“除了武力压制之外，自然的天性已经使得人类不受任何其他统治的影响。”但杰斐逊认为，这个结论“既缺乏事实基础，也没有经验支撑”。杰斐逊担心，反叛将会影响精英政治家的政治思想，在这一点上，他是对的。亨利·李认为，事实证明，“政府无能就是在鼓励……放荡堕落”；他认为，软弱的政府不足以压制“会瓦解秩序和良好政府的阴谋”。华盛顿宣称，美国需要的是一个能够保障“我们生命、自由和财产”的政府。如果叛乱分子真的有冤屈，应该纠正；如果没有，那么就应该动用政府的力量来对付他们；如果政府的力量不

够用，那么“所有人都会相信，上层建筑坏了，或者需要支持”。杰伊在给杰斐逊的一封信中，反思了谢斯反叛，他写道：“这个世界上的恶棍和愚人永远会联合在一起，为了压制从如此众多的非正义和邪恶根源中产生的罪恶，我们从一个政府的结构和管理方式上，很容易就能看出这个政府拥有多少活力和智慧。”[75]

特别是在新英格兰地区，当地精英们的观点深受谢斯反叛的影响——谢斯反叛似乎证明了现有州政府的无能。诺克斯给华盛顿写信说：“马萨诸塞州的骚乱深深地改变了人们对于政府权力的认识。每个人都说，必须强化政府权力，除非采取这样的措施，否则就没法保障自由或财产的安全。”波士顿商人史蒂芬·希金森（Stephen Higginson）告诉诺克斯，“现在这个时刻，非常有利于形成进一步和必要的政治安排，以增强政府的尊严和活力”，而且“这是一个绝不能错失的有利开端”。[76]

马萨诸塞州议员克里斯托弗·戈尔（Christopher Gore）写信给鲁弗斯·金说，“我们的政府太软弱太懒散了，不足以”保护“个人的自由和公民的财产”。西奥多·塞奇威克告诉金，“每一个具有观察能力的人都相信，不能通过建立在民主平等基础上的各项原则，来实现保障政府安全的目标”。金表示，谢斯反叛告诉他，“大部分的民众是没有美德可言的，他们不受任何形式的内在良心制约”。因此，他正在重新考虑他先前的主张——“政府自由如同空气”，这种 95
主张建立于以下错误信念：他的“同胞是具有美德的、开明的、明了是非善恶的人”。在给埃尔布里奇·格里的一封信中，金实际上似乎是在赞扬反叛，他提出，“从这些授权增加我们政府活力和勇气的意见中，已经可以看到好的结果”。[77]

谢斯反叛不仅影响了新英格兰地区政治家对州政府的看法，而且使他们中的很多人相信，有必要建立一个更强大的全国性政府。

诺克斯向华盛顿报告，“有思想有原则的人”都相信，我们国家已经到了“自取其辱的时刻”，因此，他们“决心努力建立一个有权保护其合法事业追求的政府，一个能够有效应对所有内部叛乱或外敌入侵的政府”。如果没有这样一个强大的全国性政府，这个国家就将面临“永无止境的派系之争和内战的恐怖前景”。[78]

1786年11月，随着叛乱力量增强，史蒂芬·希金森告诉诺克斯，他从未在任何情况下，见过“公众思想发生如此大的变化，最近在本州［马萨诸塞州］出现了增加国会权力的要求，这不仅是出于商业目的，也是为了普遍的目标”。他认为，马萨诸塞州立法机构令人遗憾的软弱表现，将“非常易于公众准备好接受，统治权力从单个的州政府转移到联邦政府”。他预计，要不了几个月，“我们就会准备好接受任何明智和合适之举”。第二年夏天，在回顾这场叛乱时，波士顿商人兼政府证券投机者塞缪尔·布雷克（Samuel Breck）对诺克斯说，“马萨诸塞这个共和政府所面临的危险……显示出，我们必须放弃以往任何时期都不愿放弃的更多个人特权，以确保余下的权利得到有效保护”；他支持建立一个更强大的全国性政府，这个全国性政府将“把每个州的权力减少到我们［马萨诸塞州的］县所拥有的权力的程度”。[79]

对美国的富裕精英来说，谢斯反叛已经够令人不安的了，但是接下来在马萨诸塞州发生的事情肯定令他们感到更加沮丧。正如其中一位批评者所观察到的那样，寻求州政府救济的人，现在试图“通过立法达到同样的目标——去年冬天，那些更有男子汉气概的同胞们曾希望用武器达到这样的目标”——新当选的州立法机构给了他们很多他们想要的东西。[80]

甚至在谢斯反叛出现第一次流血冲突之前，州政府就已经出现了许多人视为立法缓和的进程。1786年秋季，鲍登政府放松了原本严格的税收执行机制，允许农民以农产品支付部分税收尾款，同时将治安官向府库缴送税款的时间后延了几个月。州立法机构还通过 96
了一项暂停执行法，在8个月内暂停以硬通货支付私人债务的要求，转而允许债务人以经由本地民众估价的土地或个人财产，偿还所欠债款。[81]

全国各地的许多政治领导人都批评这种宽厚的行为。在致门罗的一封信中，格雷森贬斥立法机构是“害怕采取任何有力措施来对付叛乱分子”。诺克斯在给华盛顿的公文中谴责马萨诸塞州立法机构所采取的是“安抚拖延的权宜之计”，这只会让叛乱分子“鄙视”政府的“无能”，并且“继续执行他们的计划”。诺克斯宣称，“宽松的措施与其说纠正了，不如说是激化了混乱的状态”。他坚信，如果早些时候就采取强制措施，“叛乱将不会发展到现今的地步”。[82]

1787年4月，距离谢斯反叛在战场上被压制下去还不到两个月，马萨诸塞州便开始了议会选举和州长竞选。在一份书面报告中，满怀疑虑的麦迪逊对华盛顿说：“我们都知道，马萨诸塞州的不满者，刚刚发动了一场暴乱，现在又开始在竞选领域发起强有力的挑战。”麦迪逊告诉彭德尔顿，如果叛乱分子能够“吸引足够的民众，他们邪恶的企图将会通过州宪法的形式得到保护”。[83]

在马萨诸塞州的这场竞选中，前州长约翰·汉考克（John Hancock）试图重新夺回州长职位，麦迪逊称其具有“不向流俗低头、出污泥而不染的公认品质”。现任州长鲍登的支持者警告道：“那些以武力威胁你们的叛乱分子，已经在战场上彻底失败了，他们现在正寄希望于在目前的选举中发挥影响力。”鲍登的支持者鼓励选民们再次选举那些刚刚压制过叛乱的官员，而且他们还指控汉考克与纸币党达成了协议，并警告，如果汉考克赢得选举，“现在该州某些地区盛行的叛乱风气将会波及各个海港，全面的无政府状态将大行其道”。麦迪逊也认为，汉考克的胜利意味着纸币将成为“造成公私债权人损失的源头”。[84]

最终，在州长选举中，汉考克赢得了75%的选票，当选为州长。在这次史无前例的选举中，马萨诸塞议会下院有71%的席位易手，而许多新当选的代表正是反叛分子或他们的同情者。麦迪逊告诉门罗，马萨诸塞州的大选“已经将立法权转移到了异见人士手中，恐怕新政府将会大量地滥用这种权力，带来可怕的灾难”。汉考克州长很快赦免了大多数叛乱分子，包括丹尼尔·谢斯——他已
97 经逃到了佛蒙特，但获得赦免后又返回马萨诸塞。而且，新立法机构还大幅削减税负，并进一步放宽了缴税的要求（不过仍拒绝发行纸币）。6月份，州议会议员废除了剥夺叛乱分子公民权和禁止其出任公职的法律。[85]

这一事件的结果深深地震惊了美国的很多政治精英。华盛顿的私人秘书托拜厄斯·利尔问本杰明·林肯：“是怎样的狂热诱使你们州［马萨诸塞州］的人民以法律确立不久前刚刚用武力压制下去的原则？”利尔担心，除非“明确规定并采取一些保障财产安全的措施”，否则“这个国家将很快走向内战的边缘……给我们带来内战的一切可怕后果”。与此相类似的是，杰伊也对杰斐逊惊惧地表示，谢斯反叛的“精神”在“最近的选举中发挥了巨大的作用。时任州长鲍登，行为正直，得到了立法机关的认可，结果最后当选的却是汉考克，而且州议会两院中许多可敬的人物，都被具有其他不同原则和观点的人取代了”。[86]

到最后，马萨诸塞州和其他大多数州之间的主要区别，只是晚一步采取税负和债务减免措施。由于马萨诸塞州宪法确立的政府体制，在某种程度上比其他大多数州更能免受来自民众的直接压力，所以一开始，马萨诸塞州的民选官员还能够抵制民众的救济要求。最

终，民怨沸腾的救济要求演变成为公开的叛乱与造反。虽然叛乱分子在战场上失败了，但却通过投票箱实现了他们的大部分目标。[87]

在其他一些州，州议员屈服于民众主义的救济要求，避免了叛乱。例如，早在1783年，在康涅狄格州，要政府提供救济者组织的政治运动，就在州立法机构获得了60%以上的支持率，后来立法机构通过了减免税收的立法。四年后，康涅狄格州议会拒绝按照邦联国会最新的要求缴付摊派份额，以避免触发类似于谢斯反叛的事件。格雷森的报告称：如果康涅狄格州议会为了满足邦联国会的摊派份额要求而提高税率，“康涅狄格州将处于马萨诸塞州的境地”。他表示，“没有一个声称要偿还政府内债的康涅狄格人，有可能当选为治安官”。汉密尔顿认为，康涅狄格州政府“已经完全让民众接管了，并且实际上已经停止了许多常规职能，以防止在康涅狄格州出现其他地方已经出现的动荡情形”。[88]

格雷森相信，其他州也面临着相似的困境。他预计，如果新罕布什尔州试图向其公民征税以支付国内债务，“不出半个月，就会产生500个谢斯”。事实上，格雷森确信，“每个州都有数量可观的人群”反对“支付国内债务”，尽管这派民众“只在马萨诸塞州公开登上了 98
政治舞台”，其他地方也会感受到“征税所产生的压力”。[89]

等到谢斯反叛被镇压下去的时候，已经没有一个州政府要求本州公民一定要使用硬通货来缴税了。甚至连那些民众主义选民最少的州——纽约州和马萨诸塞州——也响应民众主义者的呼求，采取了减轻税负和债务的措施。[90]

到了1787年，许多政治领袖人物总结出一个结论：唯有一个更强有力的全国性政府，才能抑制各州的民众主义政治举动。如果连马萨诸塞州也不能抵挡实施救济性立法的呼求，那么也许改善州政府制度不足以彻底解决目前席卷全国的这场危机。[91]

麦迪逊声称，谢斯反叛“提供了新的证据，证明必须为全国性政府注入足够的活力，使其可以修复联邦体制中任何部分的病症”。亨利·李也同样预言，如果不授予“联邦官员惩恶扬善所必不可少的权力”，那么，美国人民将“很快走进”一个“陷入无政府和放荡不羁的恐怖”时代。华盛顿认为，只有一份授权国会抑制州政府的“自由的和富有活力的”的宪法，才能给生命、自由和财产提供足够的保护。[92]

时机已经成熟了，必须立即采取行动。1787年初，金告诉格里，“种种事件正在推动我们走向危机。慎重明智之人应该准备好抓住最有利的时机，建立一个更完美、更有力的政府”。理查德·亨利·李汇报，“人们的思想受到了各州立法机构和行政部门的不公正、愚行和邪恶之举的严重伤害，他们似乎已经准备好接受一切”。[93]

的确，由于缺少一个彻底的办法来解决州政府屈服于民众主义政治压力的问题，有些人越来越渴望秩序和安全，他们可能会拒绝共和政府，转而求助于君主制。这一点已经日趋明显。批评共和政府的人总是将它描绘得过于弱小，不能充分保护人民的财产安全。在18世纪80年代中期，许多美国政治领袖得出结论：这些预言正在得到证实。[94]

在回应谢斯反叛事件时，马萨诸塞州的一名州议员表示，“我不会放弃自己的观念——在我们目前的形势下，为了拯救逐渐沉入不幸深渊之中的各州，完全有必要采取君主制”。普罗维登斯的一名保守派人士，在回应罗得岛州立法机构所采取的激进货币政策时表示，“我祈求上帝尽快培育出好君王，甚至是一个奥利弗·克伦
99 威尔，来建立一个稳定的政府，为我们国家的信誉打下坚实的基础，保护人民生命和财产安全”。在康涅狄格州，一名曾经“像美

国的任何一个男人一样坚定的共和党人”，如今表示，“共和政府差不多是我会选择的最后一种政府形式了”。现在他发现，“罗得岛州最近通过的一些立法，更甚于在欧洲专制政府中所能容忍的暴政的延伸，生命和财产在马萨诸塞州所能受到的保护，比在土耳其统治下还要少”；因此，他“应该无比地倾向于有限君主制，因为他宁愿臣服于一人的反复无常之举，也不愿受无知的大众摆布”。[95]

杰伊、华盛顿和麦迪逊等国家领导人非常重视这些日益增加的对共和政府的不满。甚至在谢斯反叛之前，杰伊就已经告诉华盛顿他的担心：

> 那些更优秀的人（我指的是那些勤劳、有秩序的人，他们满足于自己的现状，不为自己的处境感到不安），也会随着感觉到个人财产受到威胁、对他们的统治者失去信心、公共信仰和正直操行的缺乏，把自由的魅力看成虚妄和想象之物。一个充满动荡和不安的国家，肯定会使这样的人反感和警觉，并使他们做好思想准备，愿意接受许诺给他们带来平稳和安全的任何改变。[96]

谢斯反叛发生之后，杰伊向杰斐逊坦言了他的不安，认为“目前这样的情况所引发的思潮，足以影响那些理性的、早有打算的人的思想”。对于这些人，“自由的魅力将会日益衰减，在寻求和平和安全的过程中，他们会非常自然地转向与压迫和惊扰他们的体制相反的行政系统”。如果这样一种“非常让人不满的情况”长期持续下去，“专制就会抬起它的头颅，或者说，更清醒的一部分人甚至会想要一个国王”。[97]

在给杰伊的一封信中，华盛顿也同意，那些不满于邦联国会弱点的人——邦联国会既不能筹集资金也无法强制执行条约——“将会做好思想准备，接受任何革命”。华盛顿反思道，人们“倾向于从一个极端走向另一个极端……短短几年竟能产生如此惊人的变化”。他说，“我甚至听说，甚至就连那些值得尊敬的人物，也在毫无恐惧地谈论君主式政府”。[98]

麦迪逊也对这样的思潮深感忧虑。1787年2月，他告诉埃德蒙德·伦道夫，“许多有分量的人，特别在东部地区［如新英格兰］，
都被怀疑倾向于君主制”。在写给彭德尔顿的信中，麦迪逊说，“最
100 近马萨诸塞州的动荡，以及罗得岛州臭名昭著的所作所为，已经给
这两个地方的共和特性造成不可描述的伤害，并且一些领袖人物，
据说也因此而产生君主制倾向”。[99]

不过，正如麦迪逊对华盛顿所说的那样，他还是相信，存在着“使共和形式的政体达成其目的”的可能性。坚持共和政体，可能会诱使那些“倾向于君主制政府”的人“放弃这个难以为继的目标”。麦迪逊认为，一个在联邦层面上设计合理的共和制政府，既可以改正《邦联条例》中的缺陷——例如国会无力增加岁入或管理商贸，又可以化解各州的民众主义政治问题。通过延长官员的任期、间接选举和大选区等机制，新宪法可能使联邦政府不像目前的州政府那样，直接面对民众主义分子所施加的压力。如果获得了否决各州立法的权力，联邦政府或许能够遏制各州滥用民众主义式的民主。[100]

不过，麦迪逊和他的政治盟友们非常清楚，他们必须赶在许多富有的美国人无可挽回地放弃共和制政府之前，迅速而果断地采取行动。正如麦迪逊后来在费城会议上跟他的同僚们所说的那样，如果他们无法改善共和制政体的政府，并且让人们通过“他们当前所处的有缺陷系统的运行方式”来判断这方面的进步，那么在这种政

体广遭诟病之后，他们将不得不放弃以如此高的代价所获得的制度，同时准备接受摆在他们面前的任何改变。令人忧心的是，“这一天可能已经不远了”。[101]

安纳波利斯会议

制宪会议以一种近乎偶然而又随意的方式出现了。1785年年末，在几则提议扩大邦联国会权力的修正案明显失败之后，许多提倡改革的人士断定，唯有利用国会之外的资源，才能激发有效的变革。门罗表示，国会扩大自身权力的提议“受到各州的各种怀疑，这类提议无论有多么合理，就算取得了成功，仍免不了广遭非议”。“为了暂时的目的，在各州的具体指令之下，组成一个单独的、不存在贪念权力嫌疑的机构”，或许更容易获得成功。华盛顿也“强烈倾向于认为，事实证明，邦联国会并非提议改变《邦联条例》的最有效途径”。[102] 101

而且，到了1786年，邦联国会代表已无法继续在提出哪些修正案一事上达成共识。甚至在密西西比河航运权事件加剧地区之间的紧张关系之前，格雷森就曾向麦迪逊报告，国会代表们“自己内部都绝对无法就合理的修正案问题达成一致意见”，因为新英格兰人“一心只想要把握商业命脉”，而且他们不会支持任何有利于其他地区的修正案。[103]

1786年夏天，国会的一个委员会针对《邦联条例》提出了几条修正案。其中包括授权国会依照绝对多数州投票表决的要求，管理对外及州际贸易，惩罚未能完成摊派资金额度及士兵数量要求的州，甚至可以自行收缴摊派给各州的资金。而且，将要求批准修改联邦税收制度修正案的州的数量，从13个减少到11个；并建立几个联邦法院，听审各州法院裁定条约含义或涉及联邦规制贸易及财政收入的上诉案件。由于这个委员会提出这几条修正案建议时，正值密西西比河航运权问题引发地区间紧张关系之际，这几项提议因此被搁置——再也没有被考虑过。[104]

不过麦迪逊已经决定寻求一条截然不同的路径。根据《邦联条例》的任职轮替要求，麦迪逊在1783年卸任国会代表后，当选为弗吉尼亚州众议院代表。1785年年末，他意识到各州致力于应对英国歧视性贸易措施的做法，已经“或多或少地影响了冒险进行改革试验的州”，而且“各州贸易管制措施需要相互协调的必要性日益凸显”。麦迪逊力求说服弗吉尼亚州立法机构通过一项决议——号召各州派往国会的代表提议授权国会规制贸易。为保证国会获得“这种直接权力而不至于引起担忧”，麦迪逊在提议中明确说明，国会行使这种权力需要得到2/3多数代表的支持，而且国会从税收中得到的钱也归属于这些钱所来自的州。麦迪逊希望，如果像弗吉尼亚这样的南方州能批准这项决议，将有助于缓和北方在商业问题上的立场。[105]

但是，弗吉尼亚众议院代表对麦迪逊提案的反应让他大失所望，他将此归因于代表们对北方利益体的深深敌意。当州众议院投票决定将拟议中的国会管理贸易的权力的时间限制在13年之内时，麦迪逊表示，“在支持这一修正提案的朋友看来，目前这样的做法，完全摧毁了提案的价值，他们宁愿毫无作为，也不会选择这样的修正案”。麦迪逊向华盛顿解释道，授予国会临时性的商贸管理权，“寄希望于将来能够更新、延续这种管理权”，只是“一
102 种幻想”，因为“各方意见的反复无常、相互猜忌和持续分歧”，将会导致该授权在到期之后“就不可能继续”。也许他和门罗一样

担心，国会不愿在临时授权下采取“决定性措施”，因为国会“担心无法得到日后的延期性授权”；其他国家也会“规避那些对我们有利的条款，并在我们下次延续这类条款时，提出自己的理由”。无论麦迪逊的确切理由是什么，他的结论是，“更好的办法在于，利用进一步的经验甚至是挫折，来寻求一种彻底的解决途径，而不要尝试一种暂时性措施——这种暂时性措施可能会阻碍未来的永久性措施”。[106]

国会中倾向于授权国会管理贸易的议员，没有接受麦迪逊这份打了折扣的提议，他们建议召开一次由各州代表参加的“政治—商业专员”会议，以“探讨和报告国会在管理贸易问题上需要扩大的权力”。麦迪逊不是很积极认同召开这样一次会议的想法，他告诉华盛顿，反对这个提议的人“会更少”，似乎“是弗吉尼亚和马里兰两州任命谈判专员提议的自然延伸——两州曾在弗农山庄商谈如何使商业管理措施保持和谐一致”。1786年1月，弗吉尼亚州议会在休会前的最后一天，批准了一项呼吁各州召开特别会议的提议，特别会议“将考虑在多大程度上必须采取统一的商务贸易管理体制，才能维护共同利益和永久和谐”，并提出修改《邦联条例》的适当修正案，交给邦联国会和各州审议。麦迪逊被任命为出席会议的专员。[107]

这并不是为召开特别会议而提出的第一个提议。正如我们所看到的那样，早在1780年，汉密尔顿就曾在私人信件中提到过这样的想法（他也并不是第一个这样做的人）。1782年，纽约州立法机构也曾要求召开这样的会议。此后的几年里，一些人也偶尔提出类似的建议。[108]

事实上，1786年年初，为了应对国会面临的财政困境，南卡罗来纳州的查尔斯·平克尼就提出过一项议案，要求国会召开一个特

别会议来修改《邦联条例》，以赋予国会更大的权力。❶格雷森告诉
103 麦迪逊，对于平克尼的这份提议，国会曾做过“慎重考虑”，因为当前的联盟“完全没有效率，如果目前这种低能的状态长期存在下去，我们将成为地球上最受鄙视的国家之一”。尽管格雷森还没有决定是否要支持召开这样一次特别会议，但他向麦迪逊坦言（引用莎士比亚的《哈姆雷特》），他“怀疑，忍受我们目前所有的痛苦，不会比飞向未知前程更好”。[109]

与此同时，由弗吉尼亚州立法机构任命的专门委员提议，将安纳波利斯作为这次商业会议的举办地，并将会期定在1786年9月上旬。伦道夫向麦迪逊解释道，之所以选择安纳波利斯，是因为它“正好地处南北最中间，完全不像费城或纽约那样，存在可能会受
104 到国会或者商业影响的嫌疑”。[110]

在安纳波利斯召开会议的想法，也吸引着麦迪逊，因为，正如

---

❶ 查尔斯·平克尼于1757年出生在南卡罗来纳的查尔斯顿，是一位杰出的律师兼种植园主的儿子。1779年，22岁的平克尼被选入州众议院，并在独立革命战争期间成为查尔斯顿民兵团的一名年轻军官，于1779年和1780年经历了在萨凡纳和查尔斯顿的战斗。当查尔斯顿向英国投降时，平克尼成了战俘。

18世纪80年代，平克尼在联邦国会当过几届国会议员，正如我们所看到的那样，他反对外交部长约翰·杰伊出让美国所声称拥有的密西西比河航运权，以换取西班牙的商贸条约。他曾在1786年作为国会代表团成员，去规劝新泽西州议会改变立场——新泽西州议会威胁说，在纽约州无条件地批准征收进口税修正案之前，该州拒绝缴纳国会摊派的份额。平克尼是国会内要求进行宪法改革的最著名人物之一。1786年夏天，他主持了一个委员会，提出了几项扩大国会权力的修正案。

在我们将要看到的制宪会议上，平克尼经常参与辩论，他提出了自己的宪法改革方案，只不过他的方案没能成为进一步讨论的焦点（几十年后，平克尼根据这份方案声称，自己才是宪法的主要起草人，这令麦迪逊很生气。麦迪逊和华盛顿都认为平克尼是一个不知羞耻的自我推销者）。在费城，平克尼主张建立一个强有力的全国性政府，可以无条件地否决各州的立法。他还支持建立宪法机制，以尽量减少民众对全国性政府的影响，比如，进行间接选举和设定非常高的担任公职的财产资格要求。在费城会议上，平克尼与南卡罗来纳州的其他代表一起，强烈支持奴隶主的利益，他坚持认为，奴隶应该与自由人一样，在国会获得平等的代表权，并要求宪法保护对外奴隶贸易。（转下页）

图 2.3　查尔斯・平克尼在费城会议上发挥了突出作用，并且坚定地支持南卡罗来纳州批准新宪法。

他告诉门罗的那样，试图“通过国会这个渠道”去进一步扩大国会权力的努力，已经“失败了”。麦迪逊支持限定这次会议的议程，理由是弗吉尼亚州立法机关“本来就……反对全权委托他们的代表”。

（接上页）在南卡罗来纳州立法机关和州批准宪法大会上，平克尼坚决支持批准新宪法。从 1789 年开始，他担任了四届南卡罗来纳州州长（任期不连续），最后一届在 1808 年卸任。在华盛顿任职总统期间，平克尼曾希望获得派驻欧洲的外交职务，但是没有成功。然而，最终，他与联邦党脱离了关系，于 1798 年被任命为杰斐逊派的民主共和党参议员，并在 1800 年大选中为杰斐逊—伯尔效力，尽管他的堂叔查尔斯・科茨沃斯・平克尼是联邦党的副总统候选人。

1801 年，杰斐逊总统任命平克尼出使西班牙，在任期内的 1803 年，他发挥关键作用，获得西班牙的默许，使美国得以签订从法国皇帝拿破仑手中购买路易斯安那领土的条约（不过，平克尼没能成功地说服西班牙将佛罗里达割让给美国）。1814 年，平克尼在宣布退出政坛四年后，当选为国会议员。他参加了北方代表希望在废除该地区奴隶制的前提下接收密苏里加入联邦的辩论。在这些辩论过程中，平克尼是参加过制宪会议的为数不多的在世成员，在阐述制宪者对于国会在奴隶制问题上所拥有的权力的“最初理解”时，他的发言很有分量。在众议院任职了一个任期后，平克尼回到查尔斯顿，于 1824 年去世。参见 American National Biography Online; Beeman, *Plain, Honest Men*, 92–98; Kaminski and Moore, *An Assembly of Demigods*, 159–162。麦迪逊和华盛顿对平克尼的自大倾向感到很生气，参见 1787 年 10 月 22 日华盛顿致麦迪逊及 1787 年 10 月 28 日麦迪逊致华盛顿，Kaminski and Moore，上文，159。平克尼争取麦迪逊支持他在第一届华盛顿政府中担任外交职位的行动，参见 1791 年 8 月 6 日平克尼致麦迪逊，同上，159–161。

因此，目前的选择“介于重复先前的尝试和无所作为之间”。此外，麦迪逊“并不完全主张采取临时性或者部分性补救办法”，他认为，在这次会议上，如果“操之过急，也许会前功尽弃”。如果“完全忽略当前爆发的事态”，这个国家很可能会陷入“绝望”。[111]

相比之下，格雷森则更担心，如果商贸改革的支持者在安纳波利斯会议上得到了他们希望得到的东西，他们也许会失去对进一步修改《邦联条例》的兴趣。他告诉麦迪逊，“弗吉尼亚州已经迈出了一大步，我非常怀疑，弗吉尼亚州是不是还会进一步往前走，提议其他州扩大给会议代表的授权，共同讨论联盟目前所遇到的
105 问题”。[112]

1786年2月，新泽西州立法机关决定，在纽约州无条件批准第二个征收进口税修正案之前，拒绝继续给邦联国会缴纳摊派的份额。此举威胁到了安纳波利斯会议的成功前景。对此，麦迪逊告诉杰斐逊，如果安纳波利斯会议“一无所成，我担心，这将证实大英帝国以及世界上所有国家的看法——在商贸问题上，我们不是一个值得尊重、值得敬畏的国家”。[113]

麦迪逊确实对将要召开的会议的前景感到悲观。国会无力调节商贸活动，已经使美国的贸易陷入灾难性境地，麦迪逊认为，召开安纳波利斯会议的提议，应当得到各州的普遍赞同。但他向杰斐逊预言道，“即便是那些具有良好意图之人，也不一定都会赞成”这一观念。确实，当他想到“各州必须首先赞同派出代表来开会的提议，然后由代表们商定一份方案，将方案送回各州，各州再全体一致地批准这个方案”，“他几乎对成功不抱任何希望”。然而必须尝试着采取进一步的行动，在他看来，“这是当地［弗吉尼亚］立法机关可能通过的最好方案”。[114]

麦迪逊也告诉杰斐逊，推迟宪法改革计划也许会造成致命后

果，原因有二。首先，“外国的阴谋”在一些州政府内日益滋生，已经是个问题；其次，州的数量“有可能出现初期性增长”——佛蒙特自从1777年就开始申请建州，而肯塔基现在正准备从弗吉尼亚分离出来——这些都会导致新的修正案更难获得各州的一致通过，尤其是西部建立的几个新州，可能会“带来与大西洋沿岸各州不同的情感和利益倾向”。麦迪逊告诉门罗，就算安纳波利斯会议的尝试会失败，在涉及贸易的问题上会“一事无成”，“为了知晓这方面的情况，也值得我们付出这样的代价和努力”。[115]

在安纳波利斯会议召开的前一个月，麦迪逊告诉杰斐逊，“国会内外的很多先生们，希望这次会议变成一次修改联盟框架的全权代表大会”。虽然麦迪逊承认，他“也希望召开这样的会议”，但是杰伊和西班牙谈判所引发的危机，使他不敢对会议有过高的预期——这只是一次“商贸体制改革”的会议。“说实话，”麦迪逊承认，“我几乎对此绝望了。”他担心，在杰伊与西班牙人谈判的过程中，北方人希望国会给杰伊再次下达谈判指令的行为，已经让南方人感觉到自己被出卖了，他们会抵制一切增加国会权力的尝试。[116]

很多北方政治家也对安纳波利斯会议不敢抱有过高的期望。马萨诸塞州的鲁弗斯·金怀疑会议能“在涉及各州繁荣和安全的必要措施方面，稍稍向前再迈进一步”。金对于这场由弗吉尼亚人提出 106
进行商业改革所引发的会议持怀疑态度，他认为，弗吉尼亚人并不真正相信，有必要采取一种“所有州通行的商贸体制”。尽管金相信，全国的商人都是“一个想法”，但他还是怀疑，大多数南方种植园主会反对授予联邦政府管理商贸的权力——“这是能够确保联盟的尊严和繁荣的唯一方案”。[117]

马萨诸塞州的另一位政治领袖西奥多·塞奇威克同样怀疑，“安纳波利斯商业会议能否形成任何有利的合理成果”。塞奇威克有“确信的证据”表明，提议召开这次会议的弗吉尼亚州议员，“意图挫败任何扩大邦联国会权力的行为”。他相信，如果国会没有获得管理商贸的授权，那么北方和中大西洋地区就会开始严肃地考虑联盟的价值。塞奇威克在给马萨诸塞州议员和后来的制宪会议代表小卡莱布·斯特朗（Caleb Strong，Jr.）的一封信里说：“如果它们［南方州］继续执行相同的政策，我觉得就没有任何改动的希望；试图将我们和它们之间的联合永远持续下去，最终也将会是徒劳无益的，我们将为了一个虚幻的目标，牺牲一切。”相反，唯有“自然而合理地”保留“邦联政府自身的各种限制”，才能依此建立“一个真正有效的政府”。[118]

大概是因为察觉到这类情绪，门罗担心新英格兰各州可能不会参加安纳波利斯会议。他试图说服新罕布什尔州行政长官相信，这次会议将是“这个国家无限福祉的源头”。门罗告诉麦迪逊，应该让新英格兰人相信，这次会议将带来大范围的商贸改革，否则，他们将联盟分裂成一个个独立的同盟的“密谋”将会加速。他总结道，安纳波利斯会议将是“我们事业中最重要的一个时刻”。[119]

到了安纳波利斯会议既定会期的一个月前，有一半的州还没任命参会专员。特拉华州的一位会议专员觉得，“不能出现会议被人轻视的风险”，“如果出现这种情况，将会是多么荒谬”。最终，只有九个州任命了出席会议的专员。据麦迪逊说，康涅狄格州原则上并不反对这次会议，但是“几次内部会议使州立法机关陷入窘境”，“殃及了”这次会议。南卡罗来纳州的立法机关——已经同意了在十五年期限内扩大国会管理商贸权力的修正案提议——明显是认为没有必要召开安纳波利斯会议，也就没有任命参会
107 专员。[120]

在解释马里兰州未能任命安纳波利斯会议专员时，丹尼尔·卡罗尔（Daniel Carroll）告诉麦迪逊，马里兰州参议院否决了任命会议专员的议案，担心这次会议，即使是由弗吉尼亚州立法机关“出于最好的意图”提出的，也会“造成一种逐渐削弱邦联国会权威的趋势——而联盟和所有州的自由和安全都有赖于国会的权威”。卡罗尔说，“所有具有一般趋势性的问题，都应该由全体代表机构或其授权的机构来处理，这样才能制定稳妥的政策，否则便不符合联盟的精神”。除此之外，由各州举办讨论贸易的会议，也许会“阻碍”进口税修正案的批准，因为“不情愿批准修正案的州，非常乐意抓住任何将会拖延批准的措施”。也有可能存在另一种情况——尽管卡罗尔没有提及——巴尔的摩的一个商业集团支持与特拉华和宾夕法尼亚州采取联合行动，来共同开发萨斯奎哈纳河，作为通往西部的商业贸易路线。这个商业集团可能会对由弗吉尼亚人提出的这次会议产生怀疑，他们会认为，弗吉尼亚人肯定会更倾向于开发波托马克河，而不是萨斯奎哈纳河。[121]

如果各州都派代表来参加安纳波利斯会议，麦迪逊可能会坚持他的策略，只提出一项限于贸易管理的具体的修正案。如果这项修正案获得各州批准，就等于是确立了一个渐进式改革的先例。1786年5月，尽管已经确定在9月份召开安纳波利斯会议，邦联国会仍然在考虑号召各州开一次特别大会，麦迪逊提醒门罗，他认为，“在我们的部分性试验完成之前，最好是在总体上暂停更加彻底地改革我们联盟体制的举措”。其后，“如果参加这次会议的代表在思想倾向上对联盟态度友好，能够很好地实施会议决议，他们回到各自所在州的立法机构后，也将会极大地促进由国会或者任何一州随后制定的改革措施”。[122]

然而，在委任代表参加安纳波利斯会议的九个州中，只有五个州的代表在约定开会日期的一周之内到达了安纳波利斯，这五个州是弗吉尼亚、特拉华、宾夕法尼亚、新泽西和纽约。具有讽刺意味的是，新英格兰地区没有一个州的代表出席会议，尽管当地的四个州中有三个州委任了代表。而召集这次会议，本来就是为了解决新英格兰地区特别关注的问题——商贸管理。[123]

到达安纳波利斯会场的代表们同意等几天，看看其他州的代表是否还会到来。但是直到9月14日，也没有其他代表露面，出席会议的人决定结束这次会议。[124]

参加安纳波利斯会议的代表没有提出任何实质性建议，据报道，他们认为，“在各州代表如此残缺不全的情况之下，不适宜推
108 进他们所承担的使命”。但是如果什么行动都不采取，就会突显局势的严峻性，尤其是在密西西比河航运权问题所引发的区域紧张关系不断升级之际。[125]

为了变被动为主动，麦迪逊、汉密尔顿和出席会议的其他委任代表们宣布，“他们真诚而一致地希望尽快采取措施，在将来召开一次全国各州代表都能参加的全体会议，以实现目前的公共事务所处的情形可能需要实现的或其他必要目标”。具体而言，他们指出，《邦联条例》的缺陷，可能比国会对商贸监管的缺失“更大、更多”，他们建议，对未来参加全国大会的代表给予更广泛的授权。他们称，目前的情况“微妙而危急”，并建议于1787年5月的第二个星期一在费城召开一次会议，“商讨他们认为必要的进一步规定，以使联邦宪法足以应付联盟所面临的紧急情况”。费城会议所商讨出的方案，将提交给邦联国会，获得批准后，需要“各州的立法机构”的批准，然后才能开始实施。[126]

安纳波利斯会议休会时，有几位参会代表还在赶往安纳波利斯的路上，已经出席会议的代表们并未等到法定人数——那个时代的

交通和通信都还很落后——就采取了行动。正是由于这些原因，过早结束会议程序的决定，后来激起了宪法批评者的怀疑——安纳波利斯一直被视为迈向更大目标的第一步。[127]❶

不管情况是否如此，弗吉尼亚州委任参加安纳波利斯大会的代表之一圣乔治·塔克（St. George Tucker）都觉得，代表们要求召开 109
第二次大会，“肯定超出了我们的权限”。然而，考虑到“不利的”现实情况，他们判断，此举“可以被视为权宜之计，用以防止我们的敌人得出与我们的感受一样的印象——我国各州议会分歧严重”。既然“他们无权完成受托之事，那么最好是做一些不相干的事情，以免让人们发现会议计划已经完全失败了”。不过，塔克也承认，“隐藏的面纱可能太薄了，甚至无法欺骗一个普通的观察者”。例如，鲁弗斯·金就没有被糊弄住，他告诉约翰·亚当斯，安纳波利斯会议“在没有实现任何目标或者预期的情况下就结束了”。[128]

---

❶ 法国驻美国外交代办路易斯·纪尧姆·奥托是美国政界活动的异常精明的观察者，他明确持有这种阴谋性论述。在他看来，“很长一段时间以来”，有钱、有才和受过良好教育的绅士们都感到，“有必要使联邦政府具有更多的精力和活力”。这些人，“其中大多数是商人”，希望“按照确切欠款数目偿还债务，为美国在欧洲建立坚实的信用基础，并给予国会足够广泛的权力，迫使人民为此目的缴纳税款”。此外，作为债权人，他们“非常希望加强政府职能，监督法律的执行”，而且“几乎所有人都害怕民众采取剥夺他们财产的行动”。

然而，这些“先生们”在说服人民放弃他们已经习以为常的“绝对自由”时，却面临着一个无法逾越的障碍：“人民不是不知道，增加政府权力的自然后果将会是常规性的征税、严格的司法管理、额外的进口关税、严厉对待债务人——简而言之，富人会占据明显的优势。”因此，这些“绅士”徒劳地“通过小册子和其他出版物，传播正义和正直的观念，剥夺被人民所滥用的自由”。如果他们“提出一个新的联邦政府组织”，所有的人都会表示反对。然而，“给美国商业带来毁灭性打击的环境，却为改革者提供了引入创新举措的借口”。

这些人“向人民表明，美国这个名字在欧洲所有国家中都已受到非难；美国国旗到处都受到侮辱和骚扰；不再能够自由出口农产品的农场主，很快就会陷入极度窘迫的境地”。他们告诉人们：“现在是报复的好时候……但是，只有在十三个州同意的情况下才能采取强有力的措施，由于国会缺乏必要的权力，所以必须组织一个大会，商定改革计划，交给国会采纳，并提出执行该计划的手段与方法。”（转下页）

通往费城会议

安纳波利斯会议代表们的报告，只正式提交给了“有幸派代表出席会议”的州，但出于“尊重”，他们向国会和其他州的执政者转交了报告副本。圣乔治·塔克敦促作为弗吉尼亚州国会代表之一
110 的门罗，尽力促使国会认可费城大会。塔克主张，通过说明“安纳波利斯会议提出来的方案只是一种权宜之计，而非必行之策”，来获得国会的认可；而国会认可之后，可能会“促使各州一致通过这项方案”。金认为，不确定是否会有足够多的州任命代表来参加这个前途未卜的会议。这些州刚刚忽视了安纳波利斯会议，为何要同意参加费城的这个会议呢？[129]

对于在费城召开会议的提议，公众的反应最初并不乐观。❶1786年秋，金和内森·戴恩——两位来自马萨诸塞州的国会代表，在马萨诸塞州众议院反对关于召开新的各州代表大会的提案。金坚称，

（接上页）“人民普遍不满意所面临的商业障碍，也几乎不怀疑他们对手的秘密动机，热烈地接受了这项措施，并任命了出席会议的代表委员，他们将在安纳波利斯集会”，然而，“这一主张的首创者，既不期冀，更不指望能看到这次委派代表出席的大会取得成功，这次会议只是为了准备应对一个比商贸管理更重要的问题。他们为此采取了极好的措施……以致只有不超过五个州的代表到达了安纳波利斯，来自北方各州的代表们则在纽约逗留了几天，以拖延抵达时间”。

出席会议的代表们随即“离去，理由是他们的人数不足以做出决定”。但他们还发布了一份报告，其中“使用了无数饶舌费解和含糊不清的词句，向他们的选民表明，不可能单独制定一项整体性的商业管理方案……而又不触及涉及美国繁荣和国家大事的其他目标”。由于“这份文件的模糊性”，“人们难以看透它，但是……强大和开明的公民不会对此熟视无睹”。参见1786年10月10日路易斯·纪尧姆·奥托致韦尔热讷伯爵，Bancroft, *History of the Formation of the Constitution*, 2:399–401。

❶ 到了11月，奥托注意到，除了弗吉尼亚州之外，其他州“几乎都没有打算引入一个新的联邦制度，而且国会似乎希望自己保留提出巩固联邦所必需的变革的权力”。参见1786年11月10日路易斯·纪尧姆·奥托致韦尔热讷伯爵，Bancroft, *History of the Formation of the Constitution*, 2:403。

国会——而非制宪会议，才是提议修改《邦联条例》的“适当机构”。《邦联条例》是人民创设的，在没有得到“国会同意和各州立法机构确认”的情况下，不得更改其中任何一部分。他还警告，如果召开会议并提出修改建议，而国会不同意，“最致命的后果可能会接踵而至”。[130]

戴恩宣称，安纳波利斯会议的报告中使用了“非常概括和很不明确的表述方式”。他认为，目前还不清楚安纳波利斯会议的代表们是否仔细考虑过：召开费城会议，只是对现行体制提出少量的更改，给予联邦政府“更大的权力和能量”，还是依据不同的原则，设计一个新的体制。戴恩怀疑，公众在思想上是否已经准备好了接受后一种选择。他警告道：“应该谨慎而认真地对待政府的首要原则。”他还提醒说，有几个州会认为，召开这样的会议，“非常不妥当”，其他一些州则会认为它“违宪”了。最后，戴恩质疑是否需要召开这样的会议，因为他觉得，国会在1783年提出的进口税修正案和在1784年提出的商贸修正案，都接近于获得各州的一致通过。[131]

在金和戴恩发表演说之后，马萨诸塞州议会拒绝支持召开费城会议，随即休会。而且，在费城会议的既定日期之前，马萨诸塞州议会也没有重新开会的计划。大约在同一时间，康涅狄格州议会同样拒绝对安纳波利斯会议的报告采取行动。[132]

麦迪逊担心，弗吉尼亚州也不会乐意接受召开全国代表大会的呼吁，因为当时正处于密西西比河航运权的争议之中。他哀叹，“在这个节骨眼上”，杰伊正在“国会提出重新下达他与西班牙谈判指令的请求”，“这可能是提议召开全国大会的最糟糕时机”，他希望， 111
弗吉尼亚州议会能在密西西比河问题引发“骚动”之前，开始讨论召开费城会议的提议。[133]

结果证明麦迪逊的担心多虑了。他向杰斐逊报告，“召开费城会议的提议在里士满很受欢迎”，而且得到了弗吉尼亚州议员的一致支持。麦迪逊相信，这一行动标志着，“这一年来的经历所带来的民众情绪变化，已经影响了这个国家”。邦联有着如此明显的缺陷，甚至连弗吉尼亚州议会里“最顽固地反对改革的人”，都同意召开费城会议。[134]

弗吉尼亚州议会在批准召开费城会议时，同时批准了一份能在费城会议上作为州代表的、成就突出的弗吉尼亚人的名单。根据麦迪逊的说法，选择代表的目的，是“给这个议题一件非常神圣的外衣和一个州所能给予的全部分量”。他对华盛顿说，州立法机构“在这个问题上的认真态度”的标志，就是“他们［代表们］有幸将您的名字放在他们的前面”，这将意味着“能够吸引从邦联的各个地方选出最具有代表性的人物”。华盛顿的参与是这次会议非常重要的合法性来源——按照《邦联条例》的相关条款，这次会议是一次非法集会。汉密尔顿后来解释道，召开这次会议的一个优势是，这个国家可以“借助那些不可能接受国会任命的人的影响力和能力”——比如说华盛顿。[135]

当然，华盛顿长期以来一直热切地希望扩大国会的权力。独立战争期间，他曾警告道，除非各州赋予国会足够的权力或者“认定国会必须拥有足够的权力……否则我们的事业就会失败”。战争结束后不久，他写道：“除非给予国会足够的权力，满足维系联邦的一般目的，否则我们很快就会化为灰尘；而且，我们会在欧洲人眼中变得不值一提，甚至是成为他们的政治玩物。”1785年，华盛顿支持赋予国会管理商贸权力的修正案，他表示，“我们要么为了联盟的共同目标而在一个领袖的带领下形成统一的国家，要么分散为十三个各自独立的主权国家，永远相互对抗”。[136]

然而，华盛顿大力支持宪法改革，并不能保证他将参加费城会议。实际上，他一开始就拒绝接受参加费城会议的邀请，他告诉麦迪逊，他已经“解甲归田，告别公职生涯”。他承认，“责任感”可能会迫使他接受弗吉尼亚州议会的请求，在“这样一个对于联盟福祉利益攸关的时刻”为国效力。但华盛顿坚称，“我无力在任何程 112
度上继续我的服务”。当时华盛顿面临的难题在于，他已再次当选为辛辛那提协会主席——这是一个成立于1783年、由参加独立战争的军官们组成的协会，因其成员世袭而饱受争议。按照安排，协会三年一度的大会将于1787年5月上旬在费城召开。华盛顿已经宣布他不会参加协会的大会，因此他“不可能在不冒犯协会中十分令人尊敬、立下汗马功劳的部分成员的情况下，在同一时间、同一地点出席任何其他会议”。[137]

其他一些因素也让华盛顿不愿出席费城会议。他卓越的名声部分来源于他在独立战争结束后声明放弃公职——而在那时，只要他愿意，他本有可能成为独裁者。1783年，在最后一次以总司令身份对全国发表演讲时，华盛顿已经表示过，他希望“在不被打扰的宁静中度过余生”。现在，他担心，“在我再也不想介入公共生活的有趣的人生阶段，做出与此前在庄严场合下发表的公开声明相冲突的事”。[138]

也许最重要的是，华盛顿的名声已经如此之高，参加费城会议也不会助长他的崇高声誉——反而可能失却很多。1786年12月，华盛顿告诉他之前的副官戴维·汉弗莱斯，如果会议失败，“代表们就会带着懊恼和失望回到家乡；这将是一个所有人都不希望面对的困境，特别对处在我这样境地的人来说，更是如此。如果没有人对我提出更进一步的要求，我肯定是不会去参会的”。[139]

麦迪逊和伦道夫明白，华盛顿参加会议，对会议的成败至关重要，因此他们力促华盛顿改变想法。麦迪逊恭维华盛顿道：“我咨询过的每个明智的人都认为，弗吉尼亚代表团的名单上不能少了您的名字。”麦迪逊希望，“这项任务的特性和它广为人知、超越其他任何公共事务的重要性，也许可以缓和您此前的决心”。伦道夫提出，他深知，如果联盟“解体”，对“您这样的人而言，将是一种最深的羞辱”；避免联盟解体的“一丝微茫希望”在于，“那些发动、坚持和完美完成革命的人，能够将美国从即将到来的毁灭中拯救出来”。伦道夫的这番话，充分激发起华盛顿想要保护自己所参与创造的国家的天然愿望。[140]

麦迪逊和伦道夫至少成功说服华盛顿没有彻底关闭自己通往费城会议的那扇门。12月，华盛顿告诉麦迪逊，“我还无法预计”，从那时到次年5月之间会不会发生什么事情，可能“消除目前我心里
113 的障碍，使自己接受这份不久前由立法机构授予的荣誉”。在华盛顿这番话的激励之下，麦迪逊催促华盛顿最终不要拒绝提名他参加费城会议的任命，“以防止已经汇聚起来的乌云变得更加黑暗、险恶，吞噬一切关于我们国家的存在或安全的考量”。[141]

华盛顿随后转而寻求自己的朋友与先前的军事副官亨利·诺克斯与戴维·汉弗莱斯的意见。除了关于费城会议的事情外，他还询问他们两位是否了解，新英格兰地区几个州没有派代表参加安纳波利斯会议的原因。很显然，华盛顿想要尽量了解这些州是否会派代表参加费城会议。[142]

支持召开费城会议的诺克斯，给华盛顿提供了一份混合性的建议。虽然他不知道新英格兰各州为何没有派代表参加安纳波利斯会议，但诺克斯相信，如果华盛顿宣布他打算参加费城会议，那就足以促使这些州派代表参加。不过，他也认为，如果华盛顿再次“发挥自己的最大才能，来增进这个国家的福祉”，这个“庄严的场合”将“会具有明确的性质，开明而具有美德的公民将群起而赞同”。但是，诺克斯也承认，有人对费城会议持有“不同看法”。有人反

对召开这次会议，称之为“非常规性大会，未经邦联授权，而只有邦联政府才有权规定修改模式”。这些人认为，“国会应该讨论现行制度的缺陷，向各州的立法机关指出这些缺陷，并建议进行某些修改”。[143]

另外，据诺克斯说，其他一些人觉得，“国会提出的修改建议，收效甚微，以致通过这种手段进行的任何改变，似乎都是无望之举”。像这样的一些看法，似乎是赞成采用召开特别会议这种模式。诺克斯认为，特别大会的合法性问题，可以找到依据。尽管特别大会“不是邦联政府所规定的常规模式”，但现行制度具有“非常重大的缺陷”，可以“合理地提出怀疑——现行体制所规定的修正模式，不足以应对我们目前的危机”，在这种情况下，召开特别会议可能是“我们所能想到的最好的变通办法”。[144]

不过，诺克斯也知道，有些人担心费城会议可能只会“设计一些临时性措施，来加固目前有缺陷的联盟，以保持我们的团结，同时它会阻止那些对我们的福祉至关重要的全国性改革措施”。如果是这样的话，那么这个费城会议可能会产生“帮助我们在目前的悲

图 2.4　战争部长亨利·诺克斯是美国革命时期大陆军的炮兵负责人，也是华盛顿将军的亲密顾问，曾为邦联国会调查谢斯反叛，联邦宪法生效后，出任美国第一任战争部长。

惨状况中继续等待的不良后果，而没有希望给我们带来一部宽泛授权的宪法”。鉴于各方意见如此不同，诺克斯总结道，很难让人民“同意建立任何有效的政府”，这使得他不太乐意建议华盛顿参加费
114 城会议。[145]

汉弗莱斯提供的建议没那么模棱两可，而是更加直接：华盛顿不应参加费城会议。汉弗莱斯表示自己有些担心，“民众对于这样一次会议的合法性和适当性具有多种不同的看法”。他还担心，新英格兰地区的几个州可能不会委派代表团参加这次会议，这将导致费城会议“只具有部分代表性”。但他最担心的是，即便所有十三个州都派出代表团参会，大会也对所有提案都达成了一致意见，“各州也不会完全遵守会议提出的建议，因为它们极度不愿意自我剥夺哪怕一丁点的独立主权和个体性主权”。华盛顿有“拒绝参加会议的特殊性与私人性理由”——包括他宣布不再参与公共事务以及不愿冒犯辛辛那提协会——“显然足以让任何具有理性之人相信您行为的正当性和一致
115 性”。汉弗莱斯总结道，华盛顿的行动方向很明确。[146]

当华盛顿考虑是否参加费城会议时，这次会议能否召开，仍是未定之事。杰伊观察到“公众情绪正在波动”，他在1787年1月评论道：“目前并不清楚是否所有的州都会参加这次行动［费城会议］。”的确，虽然弗吉尼亚州和新泽西州在1786年11月份、宾夕法尼亚州在12月份相继批准了召开费城会议的提议，但新英格兰各州和纽约州都表现出很大的抵触，这让国家主义者非常担心。如果召开全国代表大会的新一轮行动像安纳波利斯会议那样，由于缺乏足够的代表而失败，华盛顿相信，这将“被视为一个确定无疑的证据，证明各州不可能同意采取覆盖整个联盟的任何整体性举措，联邦政府也就走到了尽头”。[147]

1787年1月，金汇报道，纽约州的几位领导人反对召开费城会

议，“不仅仅是因为它未经授权，而且因为他们认为，已经证明不会产生有效的结果”。1786年，纽约州州长乔治·克林顿曾两次拒绝国会的要求，拒不召集本州议会召开特别会议，重新考虑其对1783年进口税修正案所持立场。纽约州议会在1787年初举行的常规会议上，以极高的多数票拒绝改变其先前做出的决定——有条件地批准国会提出的征收进口税修正案（国会已经否决了这一修正案）。对此，麦迪逊指出，对于纽约州派遣代表团去费城开会来说，这种举动是“不太好的预兆”。他告诉华盛顿，纽约的主导政治力量显然已经认为，在“一个有效率的联邦政府的控制之下，他们可能无法发挥作用”。[148]

到1787年2月底，金甚至还不敢“冒险猜测”他的家乡马萨诸塞州是否会派代表团去费城开会。他告诉格里，“他所面临的事情，问题丛生”，以致他“都有些疑惑”，不知道该怎么做。金并不“期望这次会议能产生很好的结果”。但是，显然他非常担心，没有新英格兰各州的监督，参加费城会议的中大西洋地区各州会完全受南方各州的支配。“为了谨慎起见，或是为了监督各州”，他仍然倾向于派遣代表团去费城开会。[149]

麦迪逊相信，马萨诸塞州“尽管仍旧不是十分倾向于参加费城会议”，但最终会决定参加。他更担心的是康涅狄格州，康涅狄格州“习惯性地不愿意减损本州的特权”，并且“非常讨厌各种大会”。至于罗得岛州，麦迪逊认为，“完全无法依赖它做成任何好事”（不过他相信，罗得岛州“在所有问题上，迟早都会屈从于马萨诸塞州和康涅狄格州的选择”）。大约在同一时间，诺克斯告诉华盛顿，他担心马萨诸塞州将成为唯一指派代表参加费城会议的新英格兰州。[150] 116

邦联国会也在缓慢推进费城会议。尽管安纳波利斯会议抛开了邦联国会，直接向各州发出了召开费城会议的呼吁，但是国会的支持仍然可以弱化费城会议的非正当性色彩。当金第一次听说要召开费城会议的消息时，他告诉约翰·亚当斯，他认为国会不会“过分干预此事，以至于将这事揽过来”，他“完全相信……国会可以承担这次特别大会准备完成的所有工作，而且这肯定更符合建立联盟的最初原则”。最初，门罗经过与国会代表们的一番谈话后相信，“东部各州不会无条件地赞成召开费城会议，但是如果会议目标确定下来，这几个州也会同意开会”。实际上，在1786年10月，当门罗提议将安纳波利斯会议形成的报告提交邦联国会的一个委员会时，新英格兰的几个州就表示反对。尽管这份报告最终还是提交给了邦联国会，但是当时正值当年国会会期结束之际，直到下一届国会能够召集到法定人数参会，才采取进一步的行动。[151]

当国会再次开会时，弗吉尼亚州派往国会的一位代表——爱德华·卡林顿提醒麦迪逊，马萨诸塞州的代表将会极力阻止国会支持召开费城会议。卡林顿解释道，该州代表的反对理由是，《邦联条例》已经提供了明确的修正方式，其中并不包括召开这样的特别会议。而且，召开这样的特别会议将会进一步“贬损国会的尊严和地位”。卡林顿承认，如果这个国家真的拥有一个“有效的”政府，这种解释不失其“明智性”。可“事实上，我们的政府无法做到这一点，无法自我纠偏，必须采取最确定的手段达成目的”。[152]

显然，谢斯反叛的场景说服了大多数具有抵触情绪的州立法机构和邦联国会，让它们支持召开费城会议。各州政府曾认为扩大全国性政府的权力，是“荒唐滑稽的闹剧”，如今也认为此举迫在眉睫。马萨诸塞州的主要政治领袖两年前还提醒说，不应该轻易改动政府章程，制宪会议可能会给这个国家带来“凶险的贵族政体”。但是谢斯反叛事件也迫使他们支持召开费城会议。格雷森写信给门罗说，“由于最近出现的这场叛乱，马萨诸塞州选派的代表比我预想的要更友好。他们将寻求联盟的援助视为头等大事”。[153]

邦联国会的下一次会议原定于1786年11月初开幕，但是直到1787年2月才召集到稳定的法定参会人数。此后，邦联国会指定了一个大委员会重新考虑安纳波利斯会议提交的报告。麦迪逊自1783年国会议员职位轮替回到本州后，第一次重返国会，他向华盛顿汇 117
报道，国会“意见分歧严重”，不能确定自身“积极介入这次费城会议到底是会阻碍还是促进会议进程”。麦迪逊记录下了两条反对国会介入此事的主要理由：其一，“带头批准这样一次超常规模式的会议”将会“弱化联盟的权威”；其二，“嫉妒［也就是疑心］之人会认为，国会插手此事，证明国会有野心要控制这次会议，将改革方案掌握在自己手中”。[154]

麦迪逊还说，支持国会批准召开此次会议的主要理由是，“有些落后的州在没有得到体制上的认可之前，非常犹豫要不要参加这次会议”——国会的支持可以提供这样的认可。与此同时，诺克斯也注意到，国会的批准将“消除这次会议的合法性疑问，满足东部各州的观念要求”。[155]

国会指定的大委员会以一票的优势判定，参加安纳波利斯会议的代表们的看法是正确的，“联盟政府效率不足，必须采取进一步的措施，以满足联盟的迫切需要”。麦迪逊称此举克服了“极大的困难”。随后，大委员会敦促国会“强烈建议各州立法机构选派代表”参加费城会议。[156]

大概在同一时间，来自马萨诸塞州的国会代表接到本州来信——“如果国会赞成召开这次会议”，他们应该表示，本州立法机构同意选派代表参会。纽约州立法机构如今也指示本州派往国会的代表，督促国会建议各州选派代表参加一个大会——但是会议时间和地点待定——“以实现修改《邦联条例》的目的……使‘条例’

得以充分维护和支撑联盟”。这份决议没有提及安纳波利斯会议提交的报告。[157]

在国会内部，纽约州代表提出动议，推迟考虑大委员会通过的支持召开费城会议的报告，以便国会审议纽约州立法机构自己提出的不可思议的提议。麦迪逊汇报道，“不过，从纽约州给本州代表所发指令的语言来看，有理由相信，纽约州的目的是希望在国会的同意之下，召开一次新的代表大会，而不是接受既定的费城会议；或者是希望离间各州选派代表，以阻止他们出席费城会议”。但是，纽约州的这一决议在本州参议院仅仅以一票优势获得通过，而纽约州众议院刚刚以极高的多数票拒绝了无条件批准1783年的进口税修
118 正案，麦迪逊因此认为，“有足够的理由”怀疑纽约的倾向仍旧不是“十分符合联邦精神”。[158]

2月21日，邦联国会以微弱的票数优势，否决了纽约的提议。随后，有报道称，马萨诸塞州代表反对召开费城会议，但是又很担心国会批准召开费城会议的决议，“将他们弃之不顾”，于是他们催促国会通过其他决议。邦联国会支持召开费城会议，认为这将是“在各州建立牢固的全国性政府的最可行方式”，但是将费城会议的议程限定于“以修订《邦联条例》为唯一目标”。按照这份决议，费城会议将向邦联国会和各州立法机构报告，“汇报改变和变更了《邦联条例》中的哪些条款，以便获得邦联国会的同意和各州的确认，使联邦宪法足以应对政府的迫切需要，长久地维系联邦”。[159]

除了康涅狄格州外，在场的其余九个州的代表都赞同这项提议。据宾夕法尼亚州代表威廉·欧文（William Irvine）记载，有些代表并不同意对费城会议提出这样的限制性指令，而是认为最好是有所妥协，以此“在公众面前保持最低的反对姿态”。[160]

麦迪逊的报告称，“从辩论，以及参会代表之间的交谈来看，

他们中的很多人将这个［赞成召开费城会议的］决议，看作对现存同盟的致命一击”。有些代表将通过这个决议视为“建立一个更好联盟的先兆”，但是其他人并不这么看。不过，每一个人都“赞同，现行的联盟政府模式低效无能，无法长期维持”。[161]

邦联国会赞成召开费城会议，平息了一些人对这次会议合法性和适当性的担心，可能也影响了其他几个州做出任命代表的决定。在邦联国会采取行动，通过决议之前，只有七个州决定派代表参加费城会议。麦迪逊告诉华盛顿，一位来自马萨诸塞州的国会议员告诉他，“倘若邦联国会宣布批准召开费城会议，马萨诸塞州一定会同意参加，并委任代表”（实际上，马萨诸塞州还没等到邦联国会同意召开费城会议，就任命了一名会议代表）。麦迪逊说，他从康涅狄格州也获得了“类似的信息”（但是他也提出，该州有些人将国会赞成召开费城会议，视为一种“干涉”）。3月，诺克斯在给华盛顿的信中写道，国会的批准“发挥了良好的作用”，“现在已经可以预计，会有很多人参加这次费城会议”。4月，卡林顿也印证说，“费城会议没有得到国会授权时，有些州很犹豫要不要支持这次大会”，但是国会的支持，“消除了所有可能会出现的困难”。[162] 119

尽管国会的批准增加了召开大会的可能性，但这还不能立即就说服华盛顿参加大会。2月初，华盛顿就已“私下里”告诉诺克斯，他并不打算参加费城会议，不过，“州里的几位关键人物”坚持不懈地游说他参加。3月，伦道夫告诉麦迪逊，他已“尝试了一切办法说服”华盛顿加入弗吉尼亚代表团，但是他“担心会徒劳无功”。[163]

也是在3月，华盛顿再次征求诺克斯和汉弗莱斯的意见。尽管他仍然觉得，拒绝辛辛那提协会的邀请，不参加他们在费城举行的会议，而出现在费城会议上，有些无礼，但华盛顿这次更关心的是，他如果不出席费城会议，可能“会被认为是抛弃共和主义政府——甚至，可能会为我找出其他动机（无论带有怎样的伤害性），说我没有在这个时机施以自己的影响支持共和主义”。❶因此，华盛顿希望他从前的助手告诉他，“民众期待”他出席会议。[164]

汉弗莱斯继续强烈劝阻华盛顿参加会议：“我之前给您写信时，这次费城会议还可能不会采取整体性或有效果的举措，这种可能性现在几乎是确定无疑了。”罗得岛州议会已经决定不派代表参加费城会议；而康涅狄格州的立法机关，“受一小撮卑鄙的、思想狭隘的——或者我认为的——邪恶的政治家的影响”，可能会追随罗得岛州的步伐。就算康涅狄格州的立法者决定任命代表，他们的任务很可能将会是，“阻碍其他州提出任何有益的改革措施”。而且，纽约任命的三位代表中，有两位“直言反对建立联邦政府”。照这样发展下去，在费城会议上达成一致意见的机会微乎其微。[165]

汉弗莱斯从很多人那里听说了他们关于这次大会的猜测，他告诉华盛顿，这些人中很少有人明确表示，“对于这次会议的成功抱有乐观的期望”，而且，没有一个人认为华盛顿应该参加这次会议。
120 汉弗莱斯让华盛顿放心，无论是支持还是反对进行重大宪法变革的人，都不会将他未能出席这次会议“看作是抛弃共和主义”。汉弗莱斯说，反对改革的人认为这次会议“不是为了支持而是为了颠覆共和主义，他们会很容易理解您不出席的原因”。支持改革的人则

---

❶ 华盛顿的这番话很含糊，那个月晚些时候他给麦迪逊写的一封信似乎可以澄清他的立场。信一开始，华盛顿就提出了一个前提性条件：“必须彻底改革现行制度”。他希望能够“召开一次全面的大会来尝试”改革。但在经过这番尝试后，华盛顿说，“如果现有的政府，也就是共和政府，没有获得更多的权力，无法做出更大的决定，那么在我看来，那时，只有到那时，才可以尝试着在不掀起社会动荡的情况下改变政府形式”。显然，华盛顿并未排除美国在某种程度上不得不抛弃共和制的可能性。如果发生这种情况，正如他写给诺克斯的信中所提到的那样，华盛顿并不想被人认为他已抛弃了共和政府，而他担心自己没有出席费城会议会被如此曲解。参见 1787 年 3 月 31 日华盛顿致麦迪逊，*PGW* (C.S.), 5:115。

认为，华盛顿“前来参加这个会议”将可能“损害国家利益”。[166]

诺克斯提供了几乎截然相反的建议。他觉得，华盛顿和他的朋友们到底是会对华盛顿参加会议感到“满意还是懊恼”，将“完全取决于大会的结果”。其部分原因在于，“无论有多么不情愿”，华盛顿都将不可避免地“被迫接受主席一职”，因而“这次会议的结果将会更加直接地影响您而不是任何其他人”。如果这次会议只是对“目前有缺陷的联盟提出修补式改革，您的声誉在一定程度上会受到损害”。但是，如果这次会议提议建立“一个充满活力的和明智的政府……这种情况将极大地有利于您的名望——在现在和未来的评判中，还将使您双倍享有‘美国之父’的光荣名衔”。[167]

诺克斯还说，将华盛顿的名字列在弗吉尼亚代表团之首，“已经产生了很大的影响，促使各州开始采取措施”，其他州任命的代表名单也给他留下了深刻印象。此外，华盛顿如果到会场，“会比任何其他情况都更有利于各州遵守会议达成的提议”。因此，诺克斯总结道，“综合考虑之后，我的观点是非常支持您出席费城会议”。华盛顿担心自己已经拒绝辛辛那提协会的邀请，对此，诺克斯提出，华盛顿可以在会议开始的一周前到达费城，以便“鼓舞您军队老友的心……强化与他们之间的感情，完全消除您参加这边会议所带来的尴尬”。[168]

一个月后的4月份，诺克斯更加强烈地敦促华盛顿参加费城会议。当时，各州似乎都倾向于派代表参加，“代表们将拥有足够的权力，就当前的政治弊端提出大胆的应对方案”。诺克斯汇报了民众普遍希望华盛顿参加这次会议的“愿望”，因为大家认为，他若能到场，将对“这次会议的提案获得成功至关重要”。他告诉华盛顿：“大量的民众都感受到了现行政府的缺陷，并热切地希望进行改革以加以补救。”唯有各方同意或者通过武力才能实现这种改革，

如果“具有重要身份的聪明才智之人能出席”，这次会议似乎可以成为“进行和平改革的唯一途径”。如果华盛顿拒绝参加，“诽谤和
121 恶意可能表明，武力将会是您所看到的最受大家认可的改革方式”。甚至连华盛顿的“纯洁品格”和“备受称赞”的过往评价，“都不能完全保护您”不受诽谤的中伤。最后，“人民对您所具有的经过考验的爱国之心和政治智慧，充满无限的信心，这将极大地促进各州采纳会议——您是这次会议的成员……和主席——可能提出的重大改革措施”。[169]

诺克斯的最后一封信被证明是不必要的。3月28日，华盛顿已经致函伦道夫州长，宣布：“鉴于我的朋友，出于某种程度上非同寻常的关怀，似乎希望我参加此次会议［费城会议］，我决定，在我健康状况允许的情况下，去参加这次会议。”（华盛顿患有“风湿性疼痛”，他的胳膊很难抬过头顶。）他向拉法耶特解释道：“公共声音很高，压力非常大，我无法抵制参加这次会议的呼吁……这次会议将决定我们是否能够拥有一个值得尊敬的政府。”[170]❶

大约在华盛顿决定出席会议的同一时间，麦迪逊向他的父亲报告，除康涅狄格州、马里兰州和罗得岛州之外，所有州都已经任命了参加费城会议的代表团。而且，康涅狄格州“毫无疑问”最终

---

❶ 事实上，华盛顿最终不仅参加了这次会议，而且出席了每一天的讨论。他的到场，无疑有助于使这次会议和会议产生的宪法在许多美国人心中获得合法地位。在大会完成其工作之前，门罗告诉杰斐逊：“无论这次会议讨论将达成什么样的结果，他［华盛顿］的签名将保证会议成果得到联盟内各州的认可。”大会结束后不久，在会议讨论过程中发挥了重要作用的古文诺·莫里斯表示，华盛顿在宪法上的签名将“发挥无限的作用”。如果华盛顿“没有出席这次大会，即便会议给世人提交的是同样的文件，它也将遭遇更冷淡的对待，支持者会更少更弱，反对者则会更多更强硬”。参见 1787 年 7 月 27 日门罗致杰斐逊，*PTJ* (M.S.), 11:631(“无论这次”)；1787年10月30日莫里斯致华盛顿，*PGW* (C.S.), 5:399–400（“发挥”和“没有出席”)；Beeman, *Plain, Honest Men*, 193; Richards, *Shays's Rebellion*, 132。

会任命参会代表，而马里兰州立法机关“已经决定采取这样的措施”。只有罗得岛州似乎决心不参加。麦迪逊对伦道夫抱怨道：“没有什么可以压倒继续主导罗得岛州的邪恶和愚蠢；他们忽视一切品行和权利的意识。纸币仍然是他们的偶像，虽然它贬值到只剩面值的1/8。”[171]

事实上，尽管国会支持召开费城会议，一些州长和罗得岛州派往国会的代表团也敦促罗得岛州派代表参加，但是，罗得岛立法机构下院仍在3月份以超过二十人的票数，决定不派遣代表团前往费城参会。马萨诸塞州的一家报纸表示，罗得岛州的缺席是“一件令人高兴而不是哀伤的事情”，因为来自该州的任何代表团，都会反 122
映其现任政府的观点，这将“让现在参加这个集会［费城会议］的杰出人物感到极大屈辱”。被马萨诸塞州立法机构任命为费城会议代表，但是因病无法出席的弗朗西斯·达纳（Francis Dana），高兴地写道，罗得岛州未能任命代表团出席会议，将“给我们理由将其从联盟中驱赶出去，并把它的领土分割给临近各州”。[172]❶

4月下旬，麦迪逊仍在怀疑康涅狄格州是否会派出会议代表团，因为该州的选举“极为不利”，而且面临着“大量坚定的”反联邦党人的阻挠。但他告诉彭德尔顿，缺少一两个州不会“实质性影响”到会议的讨论。麦迪逊还对杰斐逊说，“一个完整和可敬的会议前

---

❶ 罗得岛州的几位商贸人士后来给费城会议写了一封道歉信，提到“他们感到遗憾”，他们州没能派出代表，并试图“防止大会对这个州的商业利益产生任何负面的印象”。在大会期间，罗得岛州的国会代表之一詹姆斯·米切尔·瓦纳姆写信给华盛顿，向他保证，“目前我们立法机关的所作所为，并不代表州的真实立场”，而且，“本州所有的重要公民……完全信任这次全国会议［费城会议］的智慧和节制，并满怀最热烈的希望，支持会议商讨的结果”。参见1787年5月11日罗得岛几位绅士致大会主席的信，*Farrand*, 3:19（“他们感到”和“防止大会”）；1787年6月18日瓦纳姆致华盛顿，*PGW* (C.S.), 5:231–232（“目前”和“本州所有的”）；另见1787年4月24日罗得岛州代表致罗得岛州州长，*LDC*, 24:256; Polishook, *Rhode Island*, 189。

景正一天天变得明晰起来”，尤其是如今华盛顿似乎也可能参加会议。事实上，在5月份召开的春季常规会议上，康涅狄格州立法机构最终任命了一个代表团去费城开会。[173]

虽然麦迪逊已经越来越有信心“会议将会举行，而且会是一个非常完整的会议”，但会议可能的结果对他来说依然“难以把握”。华盛顿自己也怀疑会议能带来好的结果。几个月前，在谈到谢斯反叛时，他告诉汉弗莱斯，他得坦率地承认，“我们无法依据我们自己选择的宪法，（在和平时期）维持超过三四年的平静——我们相信，在很多方面，这部宪法还是我们深思熟虑和运用智慧的成果。我看不到我们在任何其他方面达成共识，或是长期满意于我们选择的某种方案的前景”。不过，华盛顿还是希望，“看到任何可以防止流血的举动，这些举动让我们免于成为人类历史上遭受羞辱的可鄙人物”。[174]

在大会召开前一个月，华盛顿告诉伦道夫，虽然他已决定出席，但“我非常担心不是所有州都会出席这次大会，而且其中一些州会带着限制条件来开会，这只会阻碍而非加速实现会议的伟大目
123 标”。华盛顿是在暗指一些州向其代表发出的限制性指示——不要越过修改《邦联条例》的范围，特拉华州则要求不要偏离《邦联条例》保证的每个州在国会享有平等的投票权。麦迪逊在得知这些限制性指示时，也感到非常沮丧。[175]

许多其他政治领导人也怀疑这次会议能取得成功。格雷森预测，尽管人们对会议抱有“极大的期望”，但“总体上将一事无成”。要么是与会代表不同意会议提出的解决方案，要么是他们同意，但各州会拒绝他们的提议。格雷森说，这个国家所面临的“痛苦还不足以产生决定性的变化”。[176]

格雷森在国会的同事詹姆斯·米切尔·瓦纳姆（James Mitchell Varnum）曾是国会里最早提倡召开全国代表大会的人之一，他同样预言，费城会议只会取得很小的成果。代表们可能会“讨论我们目前的全国性政府所存在的缺陷，并提出消除缺陷的方法”。但是，各州“在这个问题上的想法大相径庭，它们之间日益增长的敌意，将会导致我们进入无政府状态和混乱时期”。[177]

鲁弗斯·金写道：“在费城召开的这次会议可能会做些什么，仍然非常值得怀疑……对此，我的担心一点儿也不少于我的希望。”华盛顿的私人秘书托拜厄斯·利尔告诉本杰明·林肯将军，“事实上，应该说所有事情都取决于这次会议的所作所为，不过我担心，我所期待的好的事情都不会发生。整个联盟，政府的统治方式都极为松散”。利尔怀疑，如果没有更多像谢斯反叛这样的事情，民众不会“服从一个常规的、永久的和充满活力的政府”。[178]

麦迪逊为促成这次会议已经做了很多事情，他还说服华盛顿参加，但是当预定的开会时间临近的时候，他却有了不同的想法。4月中旬，他告诉伦道夫，华盛顿参加这次会议让他“受宠若惊”，但他有点希望华盛顿能够推迟出席，“直到能对会议的结果形成某种判断再去参加，他的任何朋友应该都不会希望他参加一项失败的事业”。[179]

事实上，麦迪逊非常担心这项事业可能会“失败”。他向彭德尔顿解释道：“必须让这次会议同意采取某种管用的体制，然后得到国会的认可，最后取得各州的同意，这就意味着存在一系列可能性，在其他选择不那么可怕的情况下，这会让我们陷入绝望的深渊。”麦迪逊对他的父亲表达了更加悲观的看法：鉴于“会议上可能会出现多种多样的意见和偏见，出现真真假假的各州利益诉求”，他觉得“不能 124
抱非常乐观的期望”。麦迪逊知道，唯一的希望是，“联盟现有的问题

和致命疾病”能让“各方产生让步精神”，并让代表们避免选择“会
125 导致普遍的混乱或者至少是部分的解体”的其他方案。[180]

注释

1 1786 年 10 月 23 日诺克斯致华盛顿，*PGW* (C.S.), 4:300（“决心取消”）; 1787 年 5 月 30 日诺克斯致莫西·奥蒂斯·沃伦（Mercy Otis Warren）, *Collections of Massachusetts Historical Society* (Boston, 1925), 73:294（“这一连串的”）; 1786 年 10 月 17 日亨利·李致华盛顿，*PGW* (C.S.), 4:295（“心怀不满”和“我们”）。

2 1786 年 10 月 31 日华盛顿致亨利·李，*PGW* (C.S.), 4:318（“痛心疾首”“既令人”和“表现出”）; 1786 年 11 月 5 日华盛顿致麦迪逊, *PJM* (C.S.), 9:161(“没有任何”）; 1786 年 10 月 22 日华盛顿致汉弗莱斯，*PGW* (C.S.), 4:297（“在欧洲人”）。

3 1786 年 9 月 8 日李致华盛顿，同上，241（“软弱和无力”）; 1786 年 11 月 5 日华盛顿致麦迪逊，*PJM* (C.S.), 9:161（“如果我们”）。

4 1787 年 6 月 6 日麦迪逊在费城制宪会议上的发言，*Farrand*, 1:134（引文）; Rakove, *Original Meanings*, 29–30; Wood, *Creation of the American Republic*, 465。

5 Adams, *First American Constitutions*, 59, 61–62, 79; Michael A. McDonnell, “The Struggle Within: Colonial Politics on the Eve of Independence,” in Gray and Kamensky, eds., *American Revolution*, 114. 大量而广泛的民众参与统治，参见 Main, *Political Parties*, 15–17; Alfred F. Young, *Liberty Tree: Ordinary People and the American Revolution* (New York, 2006), 185–186, 188。独立革命战争对于民主化的更普遍影响，参见 Gordon S. Wood, *The Radicalism of the American Revolution* (New York, 1992), ch. 13。

6 Rakove, *Beginnings of National Politics*, 121–122（引用卡罗尔和布拉克斯顿的话）; Holton, *Forced Founders*, 193–194（193 页布拉克斯顿的引文）; 另见 1776 年 3 月 23 日约翰·亚当斯致霍雷肖·盖茨（Horatio Gates）, *LDC*,

3:431; Adams, *First American Constitutions*, 158; Davis, *Sectionalism in American Politics*, 11; McDonnell, "The Struggle Within," 115; Young, *Liberty Tree*, 189, 192。

7 Woody Holton, *Unruly Americans and the Origins of the Constitution* (New York, 2007), 26–28; Edling, *Revolution in Favor of Government*, 84–86; Brown, *Redeeming the Republic*, 39; McCraw, *The Founders and Finance*, 47–48, 375 n. 4; Kaminski, "Paper Politics," 1–3; John P. Kaminski, "Rhode Island: Protecting State Interests," in Gillespie and Lienesch, eds., *Ratifying the Constitution*, 369; Terry Bouton, "The Trials of the Confederation," in Gray and Kamensky, eds., *American Revolution*, 374; Peter H. Lindert and Jeffrey G. Williamson, "American Incomes Before and After the Revolution," *Journal of Economic History* (Sept. 2013), 73:741, 752–753. 对于 18 世纪 80 年代中期美国经济状况的截然不同的看法，参见 Jensen, *New Nation*, chs. 8–10, 12。

8 Holton, *Unruly Americans*, 28; Edling, *Revolution in Favor of Government*, 84–86; Robertson, *The Constitution and America's Destiny*, 52; Terry Bouton, *Taming Democracy: "The People," the Founders, and the Troubled Ending of the American Revolution* (New York, 2007), 91; Kaminski, "Paper Politics," 14; Davis, *Sectionalism in American Politics*, 80–81.

9 1782 年 8 月 13 日汉密尔顿致莫里斯，*PAH*, 3:135（引文）; Kaminski, "Paper Politics," 10–18, 139; McCraw, *The Founders and Finance*, 48, 53–54; Bouton, *Taming Democracy*, 78; Brown, *Redeeming the Republic*, 39。

10 Holton, *Unruly Americans*, 29, 40–42, 81; Edling, *Revolution in Favor of Government*, 155–156; Brown, *Redeeming the Republic*, 33, 69; Leonard L. Richards, *Shays's Rebellion: The American Revolution's Final Battle* (Philadelphia, 2002), 81–82; Bouton, *Taming Democracy*, 86; Edling and Kaplanoff, "Alexander Hamilton's Fiscal Reform," 714, 724, 729; *Proceedings of the House of Assembly of the Delaware State 1781–1792* (Claudia L. Bushman et al., eds., Cranbury, NJ, 1988), 379–380［以下简称 "*Delaware House Proceedings*"］。

11 Edling, *Revolution in Favor of Government*, 56–58; Brown, *Redeeming the*

Republic, 36–37; Shumer, "New Jersey," 86; Richards, *Shays's Rebellion*, 82–83; Main, *Political Parties*, 57; Edling and Kaplanoff, "Alexander Hamilton's Fiscal Reform," 720–723. 在南方，人头税的递减性较低，因为南方必须支付奴隶和自由男性家仆的人头税，因此人头税也是部分的财产税。参见 Einhorn, *American Taxation*, 38。

12 1785 年 12 月 9 日克拉克致约翰·西蒙斯与约西亚·霍恩布洛，McCormick, "New Jersey Defies the Confederation," 47（引文）; Brown, *Redeeming the Republic*, 39, 69, 149; *Minutes of the Council of the Delaware State from 1776 to 1792* (June 16, 1786) (Dover, 1887), 122［以下简称"*Delaware Council Minutes*"］; *Delaware House Proceedings*, 356–357。邦联国会拒绝接受各州以纸币支付的摊派份额，参见 Proceedings of the Confederation Congress, Sept. 18, 1786, *JCC*, 31:663–664；1786 年 9 月 28 日罗得岛州代表致州长约翰·柯林斯，*LDC*, 23:570。

13 1787 年 4 月 15 日约翰·道森致麦迪逊，*PJM* (C.S.), 9:381（引文）; Holton, *Unruly Americans*, 43–45; Bouton, *Taming Democracy*, 92, 99–100; Brown, *Redeeming the Republic*, 55, 71。

14 Edling, *Revolution in Favor of Government*, 56–57; Holton, *Unruly Americans*, 55; Alexander Keyssar, *The Right to Vote: The Contested History of Democracy in the United States* (New York, 2000), 24–25. 请求救济的例子，参见 Bouton, "Trials of the Confederation," 376。

15 Kaminski, "Paper Politics," 98–99, 139, 170, 174（"铁石心肠"和"正坐等"）; 1786 年 3 月 22 日格雷森致麦迪逊，*PJM* (C.S.), 8:509; *Delaware House Proceedings*, 349 (June 15, 1786)（"深深地"和"制定任何"）; 同上，310 (Jan. 14, 1786); John A. Munroe, *Federalist Delaware, 1775–1815* (New Brunswick, NJ, 1954), 141–142; Perkins, *American Public Finance*, ch. 7; Holton, *Unruly Americans*, 77, 81；另见 1786 年 8 月 12 日麦迪逊致杰斐逊，*PJM* (C.S.), 9:94–95。

16 *Delaware House Proceedings*, 349 (June 15, 1786)（引文）; 同上，341 (June 8, 1786)。*Delaware Council Minutes*, 122 (June 16, 1786); Munroe, *Federalist Delaware*, 141–143; Robertson, *The Constitution and America's Destiny*, 53。

17 Brown, *Redeeming the Republic*, 60–71, 91（“舒缓困境” 在 91 页）; 1786 年 12 月 4 日麦迪逊致杰斐逊，*PJM* (C.S.), 9:191（“这种”）; Kaminski, “Paper Politics,” 25, 50–51, 113, 177–178; Perkins, *American Public Finance*, 160, 162; Polishook, *Rhode Island*, 124; Shumer, “New Jersey,” 79；另见 1786 年 12 月 7 日麦迪逊致华盛顿，*PJM* (C.S.), 9:200；1785 年 10 月 3 日麦迪逊致杰斐逊，同上，8:375。

18 *Delaware House Proceedings*, 349 (June 15, 1786)（“愉快效果”）; 同上，356 (June 17, 1786)（“愉快环境”）; Kaminski, “Paper Politics,” 51–52, 107, 110, 115, 147, 152, 173–174, 178–179; Perkins, *American Public Finance*, ch. 7; Brown, *Redeeming the Republic*, 79–81, 151; Ferguson, *Power of the Purse*, 5, 16–19; James R. Morrill, *The Practice and Politics of Fiat Finance: North Carolina in the Confederation, 1783–1789* (Chapel Hill, NC, 1969), 63; George William Van Cleve, “The Anti–Federalists' Toughest Challenge: Paper Money, Debt Relief, and the Ratification of the Constitution,” *Journal of the Early Republic* (Winter 2014), 34:534。关于殖民地时期的土地银行，见 Perkins，上文，ch. 2。

19 Kaminski, “Paper Politics,” 24–25, 45, 50, 147–148, 152; Perkins, *American Public Finance*, ch. 7; Van Cleve, “Anti–Federalists' Toughest Challenge,” 536 n. 11, 536–538, 541–542; Brown, *Redeeming the Republic*, 151–152; Holton, *Unruly Americans*, 131; Polishook, *Rhode Island*, 126; Coleman, *American Revolution in Georgia*, 214; Kaminski, “New York,” 54–55；另见 1786 年 3 月 22 日格雷森致麦迪逊，*PJM* (C.S.), 8:509；1786 年 8 月 12 日麦迪逊致杰斐逊，同上，9:94–95。关于法定货币的各种变化，见 Glossary of Frequently Used Terms, *DHRC*, 24:317。关于罗得岛州的法定货币，见 Introduction, *DHRC*, 25:455。

20 1781 年 4 月 30 日汉密尔顿致罗伯特·莫里斯，*PAH*, 2:619–620。

21 American Intelligence, *State Gazette of South Carolina*, Sept. 14, 1786, 2（“纸币”）; 1786 年 9 月 12 日彼得·约翰·范·贝克尔（Pieter Johan van Berckel）致总督府，Bancroft, *History of the Formation of the Constitution*, 2:393（“用一种”）; 1786 年 8 月 12 日麦迪逊致杰斐逊，*PJM* (C.S.), 9:94（“领头”“一个”和“资金”）; Kaminski, “Paper Politics,” 25, 79, 118–119, 123–124, 153–154,

158, 281–282; Perkins, *American Public Finance*, ch. 7; Morrill, *Fiat Finance*, 64–66, 83–84; Van Cleve, "Anti–Federalists' Toughest Challenge," 535–536, 538, 541; Brown, *Redeeming the Republic*, 151; Holton, *Unruly Americans*, 113；另见1786年9月4日蒂莫西·布拉德沃思致北卡罗来纳州州长理查德·卡斯韦尔，*LDC*, 23:549；1789年9月10日至19日罗得岛州议会致总统乔治·华盛顿，*PGW* (Presidential Series)［以下简称"*PGW* (P.S.)"］，4:14。

22 1787年7月18日麦迪逊致杰斐逊，*PJM* (C.S.), 10:105–106（引文）; Kaminski, "Paper Politics," 26; Morrill, *Fiat Finance*, 70–71, 75, 85; Perkins, *American Public Finance*, 158; Coleman, *American Revolution in Georgia*, 214; Van Cleve, "Anti–Federalists' Toughest Challenge," 537；另见1786年8月12日麦迪逊致杰斐逊，*PJM* (C.S.), 9:94–95；1786年9月4日布拉德沃思致卡斯韦尔，*LDC*, 23:549。

23 American Intelligence, *State Gazette of South Carolina*, Sept. 14, 1786, 2（引文）; Kaminski, "Paper Politics," 181–183; Polishook, *Rhode Island*, 126–127。甚至在殖民地时期，罗得岛州纸币的贬值幅度也远比其他殖民地发行的纸币大得多。参见 Atack and Passell, *New Economic View*, 65–66; Perkins, *American Public Finance*, 154–156, 164–165; Polishook，上文，165；另见"A Citizen of United America" (Tench Coxe), Philadelphia *Federal Gazette*, Apr. 6, 1790, *DHRC*, 26:810–811, 815 n. 4。

24 一封来自普罗维登斯一位先生的信的摘录（7月1日），*New Jersey Gazette*, Aug. 28, 1786, 2（除"动荡之中"外的所有引文）；1786年8月12日麦迪逊致杰斐逊，*PJM* (C.S.), 9:95（"动荡之中"）; Kaminski, "Paper Politics," 183；另见1789年3月27日普罗维登斯商人致乔治·华盛顿总统，*PGW* (P.S.), 1:453；1786年9月4日布拉德沃思致卡斯韦尔，*LDC*, 23:550; Brown, *Redeeming the Republic*, 151; Polishook, *Rhode Island*, 127。

25 Kaminski, "Rhode Island," 371–372, 374–375; Kaminski, "Paper Politics," 186; Polishook, *Rhode Island*, 128–129, 154–155, 178–179; editorial note, *DHRC*, 25:470 n. 1; *Worcester Magazine* (Oct. 1786), 2 (No. 30):366. 关于"特莱维特诉威顿案"（*Trevett v. Weeden*），见 James M. Varnum, *The Case*, *Trevett Against*

Weeden (Providence, RI, 1787)；另见 Irwin H. Polishook, "Trevett vs. Weeden and the Case of the Judges," *Newport History* (Apr. 1965), 38:45–69; Patrick T. Conley, "Rhode Island: Laboratory for the Internal 'Lively Experiment,'" in Patrick T. Conley and John P. Kaminski, eds., *The Bill of Rights and the States: The Colonial and Revolutionary Origins of American Liberties* (Madison, WI, 1992), 136–143。

26 Brown, *Redeeming the Republic*, 40, 53, 64–65, 128; Robertson, *The Constitution and America's Destiny*, 110；1786 年 12 月 4 日麦迪逊致杰斐逊，*PJM* (C.S.), 9:191。

27 Brown, *Redeeming the Republic*, 152, 163; Bouton, *Taming Democracy*, 118–119; *Delaware House Proceedings*, 346 (June 13, 1786).

28 Robertson, *The Constitution and America's Destiny*, 53, 110; Brown, *Redeeming the Republic*, 80–81, 90; Main, *Political Parties*, 63, 280, 335；另见 1786 年 12 月 24 日麦迪逊致华盛顿，*PJM* (C.S.), 9:224–225; Munroe, *Federalist Delaware*, 143; Morrill, *Fiat Finance*, 62; Robert A. Becker, "Salus Populi Suprema Law: Public Peace and South Carolina Debtor Relief Laws, 1783–1788," *South Carolina Historical Review* (Jan. 1979), 80:66–72; Van Cleve, "Anti-Federalists' Toughest Challenge," 536; editorial note, *DHRC*, 27:114 n. 17。关于南卡罗来纳州 1787 年分期偿债法起源的一个有趣叙述，参见 1788 年 2 月 11 日亨利·德索绪尔（Henry W. DeSaussure）致杰迪代亚·莫尔斯（Jedidiah Morse）。

29 Brown, *Redeeming the Republic*, 76–78（"独立战争""大大降低了"和"要让"），93（"许多"），148; Van Cleve, "Anti-Federalists' Toughest Challenge," 542（"帮助弱者"）；另见 Holton, *Unruly Americans*, 42, 60–61, 274–275; Bouton, *Taming Democracy*, 106; Ferguson, *Power of the Purse*, xiv–xv。

30 Bouton, *Taming Democracy*, 84, 114–115（引文）; Holton, *Unruly Americans*, 32; Kaminski, "Paper Politics," 177, 205; Polishook, *Rhode Island*, 114–115。

31 Richards, *Shays's Rebellion*, 74–81（79 页的引文）; Holton, *Unruly Americans*, 68–69。民众不满于利用税款来支付大陆军军官的退役金，在新英格兰地区尤为强烈，参见 Jensen, *New Nation*, 261; McDonald, *We the People*, 141；上文，

27–28。

32 Holton, *Unruly Americans*, 37–38, 55; Bouton, *Taming Democracy*, 84–85, 114–115; Munroe, *Federalist Delaware*, 143–144; Perkins, *American Public Finance*, 146–147; Polishook, *Rhode Island*, 116–118.

33 Holton, *Unruly Americans*, 37; Bouton, *Taming Democracy*, 85, 107; Richards, *Shays's Rebellion*, 75；另见 Brown, *Redeeming the Republic*, 38。1790 年，联邦政府承担了大部分州的战争债务，这批债权异常地集中于相对较少的人手中——通常是来自州外的投资者手中，参见 Whitney K. Bates, "Northern Speculators and Southern State Debts: 1790," *William and Mary Quarterly* (Jan. 1962), 19:32–38。

34 Holton, *Unruly Americans*, 130–131, 153.

35 Miscellany, *Massachusetts Centinel*, Nov. 11, 1789, 65–66.

36 1787 年 2 月 21 日杰伊致约翰·亚当斯，*CPPJJ*, 3:235（"更多的是"和"尽管"）; 1782 年 8 月拉特利奇致亚瑟·米德尔顿（Arthur Middleton）, "Correspondence of Hon. Arthur Middleton," *The South Carolina Historical and Genealogical Magazine* (Joseph W. Barnwell ann., 1926), 27:21（"要让"）; Brown, *Redeeming the Republic*, 142。

37 "The Primitive Whig" No. 1, *New–Jersey Gazette*, Jan. 9, 1786, 1（引文）; Brown, *Redeeming the Republic*, 48–49。

38 "The Primitive Whig" No. 1, *New–Jersey Gazette*, Jan. 9, 1786, 1（"某个地区"）; 1787 年 9 月 13 日理查德·亨利·李致理查德·李（Richard Lee）, *Letters of Richard Henry Lee*［以下简称"*LRHL*"］(James Curtis Ballagh, ed., New York, 1914), 2:436（"几乎普遍"和"工业和经济"）; Brown, *Redeeming the Republic*, 124（"过度进口"）, 160; *Delaware Council Minutes*, 975（"很少""不可避免的"和"人们的"）; *Virginia Independent Chronicle*, Sept. 7, 1786, 2（"便宜而琐细"）; 另见 Kaminski, "Paper Politics," 102–104；1785 年 1 月 4 日塞缪尔·沃恩（Samuel Vaughan）致理查德·普莱斯（Richard Price）, *The Correspondence of Richard Price* (D. O. Thomas ed., Durham, NC, 1991), 2:253–254。

39 *Pennsylvania Gazette*: Thoughts on Paper Money, *New–Haven Gazette & Conn.*

Magazine (July 27, 1786), 1 (No. 24): 188（“最大的罪恶”和“摧毁了”）; 1786 年 3 月 22 日格雷森致麦迪逊, *PJM* (C.S.), 8:509（“受到了”和“最不公正”）; “普罗布斯”（“Probus”）的信，“Primitive Whig” No. IV, *New–Jersey Gazette*, Jan. 30, 1786, 1（“完全等于是”和“鼓励”）; Brown, *Redeeming the Republic*, 120［1787 年 6 月 3 日塞奇威克致内森·戴恩（“有才”和“坚定地”）与 1787 年 6 月 5 日塞奇威克致内森·戴恩（“人类的”），两者都在 Massachusetts Historical Society］; 另见 1786 年 6 月 27 日杰伊致华盛顿，*CPPJJ*, 3:204; 1786 年 8 月 6 日戴维·拉姆塞致本杰明·拉什，“David Ramsay, 1749–1815: Selections from His Writings,” *Transactions of the American Philosophical Society* (Aug. 1965) (Robert L. Brunhouse, ed., Philadelphia, 1965), 105; Gordon Wood, “Interests and Disinterestedness in the Making of the Constitution,” in Richard Beeman, Stephen Botein, and Edward C. Carter II, eds., *Beyond Confederation: Origins of the Constitution and American National Identity* (Chapel Hill, NC, 1987), 106–107。

40 1786 年 3 月 22 日格雷森致麦迪逊，*PJM* (C.S.), 8:509（引文）; 另见“普罗布斯”致“原始辉格党”，“Primitive Whig” No. IV, *New–Jersey Gazette*, Jan. 30, 1786, 2。

41 同上（引文）; 另见 Ferguson, *Power of the Purse*, 249; Holton, *Unruly Americans*, 88; David Szatmary, *Shays' Rebellion: The Making of an Agrarian Insurrection* (Amherst, MA, 1980), 45。

42 “Primitive Whig” No. 14, *New–Jersey Gazette*, Jan. 30, 1786, 1（引文）; Munroe, *Federalist Delaware*, 142; Kaminski, “Rhode Island,” 370; Brown, *Redeeming the Republic*, 149; Ferguson, *Power of the Purse*, 19; Holton, *Unruly Americans*, 59–60。

43 Morris, Report on Public Credit, July 29, 1782, *PRM*, 6:58（“懒惰”）; 1785 年 11 月 16 日戴维·斯图尔特致华盛顿，*PGW* (C.S.), 3:364（“那些”）; 1786 年 3 月 18 日麦迪逊致杰斐逊，*PTJ* (M.S.), 9:335；另见 1788 年 4 月 11 日查尔斯·李致华盛顿，*PGW* (C.S.), 6:207; Brown, *Redeeming the Republic*, 34, 48–49, 53, 150; Holton, *Unruly Americans*, 98–99。

44 Brown, *Redeeming the Republic*, 92, 150, 276 n. 20（“目前”）; “The Primitive Whig” No. 1, *New–Jersey Gazette*, Jan. 9, 1786, 1（“任何”）; *Pennsylvania Gazette:* Thoughts on Paper Money, *New–Haven Gazette & Conn. Magazine* (July 27, 1786), 1 (No. 24): 188; Holton, *Unruly Americans*, 110；另见 1788 年 7 月 26 日塞缪尔・约翰斯顿在北卡罗来纳州批准宪法大会上的发言，Jonathan Elliot, ed., *The Debates in the Several State Conventions on the Adoption of the Federal Constitution* (5 vols., Washington, D.C., 1836–1845), 4:90［以下简称“*Elliot*”］; 1788 年 5 月 20 日查尔斯・平克尼在南卡罗来纳州批准宪法大会上的发言，*DHRC*, 27:354。

45 1786 年 11 月 1 日麦迪逊致老詹姆斯・麦迪逊,*PJM* (C.S.), 9:154(“不公正”); 1787 年 7 月 18 日麦迪逊致杰斐逊，同上，10:106（“这是一种”）; Aug. 12, 1786，同上，9:95（“虚拟”“在道德上”“贬值”“诸多弊病”“与各州”和“各州之间”）; 另见 *The Federalist No. 44* (Madison), 281–282; Madison, Vices, *PJM* (C.S.), 9:349。

46 1787 年 6 月 6 日麦迪逊致杰斐逊，*PJM* (C.S.), 10:30（“欲求”）; Jan. 22, 1786，同上，8:477（“渴望”）; Apr. 23, 1787，同上，9:401（“渴望”）; 1786 年 12 月 7 日麦迪逊致华盛顿，同上，200（“不符合”和“审慎地”）; 1786 年 8 月 12 日麦迪逊致杰斐逊，同上，95（“流行性”）; 1786 年 12 月 24 日麦迪逊致华盛顿，同上，224（“更大罪恶”）; 另见 1787 年 9 月 6 日麦迪逊致杰斐逊，同上，10:164。

47 Brown, *Redeeming the Republic*, 3, 91–92（“革命”）［引自 1786 年 4 月 24 日佩里格林・福斯特（Peregrine Foster）致德怀特・福斯特（Dwight Foster）］, 153–154; Rakove, *Original Meanings*, 41; Holton, *Unruly Americans*, 162–163; Wood, “Interests and Disinterestedness,” 72–73。

48 1782 年 8 月 13 日汉密尔顿致莫里斯，*PAH*, 3:135（“影响”）; 1786 年 3 月 22 日格雷森致麦迪逊，*PJM* (C.S.), 8:509（“孟德斯鸠”）; 1787 年 5 月 27 日麦迪逊致老詹姆斯・麦迪逊，同上，10:10（“人民”和“不明智”）; 另见 Ferguson, *Power of the Purse*, 220（引自 1787 年 7 月 5 日西奥多・塞奇威克致内森・戴恩）。

49 1787 年 7 月 14 日理查德·亨利·李致弗朗西斯·莱特富特·李（Francis Lightfoot Lee），*LRHL*, 2:424（“简单的”和“不可或缺的”）；1788 年 4 月 11 日查尔斯·李致华盛顿，*PGW* (C.S.), 6:207（“更有权”）；1787 年 4 月 16 日格雷森致威廉·肖特，*LDC*, 24:226（“无论”）；另见 Boston *Independent Chronicle*, Sept. 7, 1786, 2；1787 年 5 月 30 日亨利·诺克斯致莫西·奥蒂斯·沃伦，*Collections of Massachusetts Historical Society* (Boston, 1925), 73:295。

50 Boston *Independent Chronicle*, Sept. 7, 1786, 2（“更加”）；1782 年 8 月 13 日汉密尔顿致莫里斯，*PAH*, 3:135（“具有”）；1786 年 8 月 15 日华盛顿致杰伊，*PGW* (C.S.), 4:212（“我们”和“如果没有”）；另见 Bouton, *Taming Democracy*, 159–163, 167; Brown, *Redeeming the Republic*, 161。

51 一封来自罗得岛州华盛顿县的信的摘录（1787 年 5 月），*Virginia Independent Chronicle*, June 20, 1787, 1（“邪恶”）；“A.M.,” *Massachusetts Centinel*, May 17, 1786, 2（“其他州”）；Hartford (May 22), Providence *United States Chronicle*, June 1, 1786, 2（“迄今”和“人性的”）；另见“Jonathan,” From the *Boston Gazette*，同上，May 25, 1786, 3；1786 年 9 月 28 日罗得岛州代表致州长约翰·柯林斯，*LDC*, 23:571；1787 年 6 月 18 日詹姆斯·米切尔·瓦纳姆致华盛顿，*Farrand*, 3:47–48；1786 年 11 月 1 日杰伊致约翰·亚当斯，*CPPJJ*, 3:214–215; Kaminski, “Rhode Island,” 371, 376; Holton, *Unruly Americans*, 77–81; Polishook, *Rhode Island*, 170–172。

52 “Jonathan,” From the *Boston Gazette*, Providence *United States Chronicle*, May 25, 1786, 2–3（“流氓岛”和“傻瓜岛”）；To the Printer, *Providence Gazette*, Jan. 6, 1787, 3（“更平等地”）；1787 年 4 月 2 日詹姆斯·米切尔·瓦纳姆致小塞缪尔·沃德（Samuel Ward, Jr.），*LDC*, 24:199（“不够哥们”）；Szatmary, *Shays' Rebellion*, 115–116；另见 1787 年 4 月 2 日爱德华·卡林顿致州长埃德蒙德·伦道夫，*LDC*, 24:193; Polishook, *Rhode Island*, 165–168, 178; Kaminski, “Paper Politics,” 172; Alexander, *The Selling of the Constitutional Convention*, 72; Introduction, *DHRC*, 24：xxxiii。

53 1786 年 6 月 12 日詹姆斯·曼宁致内森·米勒，*LDC*, 23:354–355（“该州的”“这种”“彻底摧毁”和“迅速”）；一封来自南方州一位先生的信的摘录

（4 月 1 日），*Newport Herald*, Apr. 12, 1787, *DHRC*, 13:80（“事情已经”和“恢复”）; 另见 *Newport Herald*, Mar. 22, 1787, 3; “The Landholder” XII (Oliver Ellsworth), *Connecticut Courant*, Mar. 17, 1788, *DHRC*, 16:406; Alexander, *The Selling of the Constitutional Convention*, 23–24, 71–74。

54 1786 年 9 月 24 日汉弗莱斯致华盛顿，*PGW* (C.S.), 4:265（引文）; Brown, *Redeeming the Republic*, 76–78, 93; Holton, *Unruly Americans*, 145–152; Szatmary, *Shays' Rebellion*, 124–126; Bouton, *Taming Democracy*, 162–163; Perkins, *American Public Finance*, 162; Davis, *Sectionalism in American Politics*, 152, 154; Becker, “Public Peace and South Carolina Debtor Relief Laws,” 67–68; editorial note, *DHRC*, 4:324 n. 4。

55 Richards, *Shays's Rebellion*, 68–74; Szatmary, *Shays' Rebellion*, 49. 在纽约州，州长是有权否决立法的“修订委员会”成员。

56 Brown, *Redeeming the Republic*, 108–111; Ferguson, *Power of the Purse*, 245; Michael Allen Gillespie, “Massachusetts: Creating Consensus,” in Gillespie and Lienesch, eds., *Ratifying the Constitution*, 143; Richards, *Shays's Rebellion*, 74–75, 85–88; Perkins, *American Public Finance*, 166, 173–180; Kaminski, “Paper Politics,” 22; Mihm, “Funding the Revolution,” 340; Jensen, *New Nation*, 307–308.

57 Brown, *Redeeming the Republic*, 100, 108–109; Holton, *Unruly Americans*, 74–75; Richards, *Shays's Rebellion*, 82–83; Szatmary, *Shays' Rebellion*, 31–32; Perkins, *American Public Finance*, 180–182; Henderson, *Party Politics*, 400; Einhorn, *American Taxation*, 77; Edling and Kaplanoff, “Alexander Hamilton's Fiscal Reform,” 724, 729.

58 1786 年 11 月 30 日亚当斯致杰斐逊，*PTJ* (M.S.), 10:557（“马萨诸塞州议会”）; Brown, *Redeeming the Republic*, 111–113（其他引文）; Resolutions by the Hampshire, Massachusetts Delegates, in George Richards Minot, *History of the Insurrection of Massachusetts in 1786* (New York, reprint ed., 1971), 34, 36; Szatmary, *Shays' Rebellion*, 38–44; Main, *Political Parties*, 102–103, 115; Van Beck Hall, *Politics Without Parties: Massachusetts, 1780–1791* (Pittsburgh,

1972), 168, 170–171, 192, 194, 208–209。

59 Brown, *Redeeming the Republic*, 160–161（引用韦伯斯特）; 1786 年 12 月 4 日至 1787 年 3 月 4 日林肯致华盛顿, *PGW* (C.S.), 4:420（"从他们""懒惰""闲散"和"公共税收"); 另见 Szatmary, *Shays' Rebellion*, 46–48, 53, 93; Hall, *Politics Without Parties*, 192–194, 199–200, 203。税率相对的严重程度，参见 Perkins, *American Public Finance*, 180。

60 Summary of Late Intelligence, *Worcester Magazine* (Oct. 1786), 2 (No. 30): 366（"在不同地方"); 1786 年 9 月 12 日彼得·约翰·范·贝克尔致总督府, Bancroft, *History of the Formation of the Constitution*, 2:393（"马萨诸塞州"); Ferguson, *Power of the Purse*, 247; Szatmary, *Shays' Rebellion*, 58–59; Holton, *Unruly Americans*, 134; 另见 1786 年 8 月 5 日金致格里，*LCRK*, 1:188。

61 Richards, *Shays's Rebellion*, 1, 5, 9–12, 21–22, 48–50, 55–58, 63, 89–92, 95, 98, 102–108, 111–116; 另见 Szatmary, *Shays' Rebellion*, ch. 4; Hall, *Politics Without Parties*, 211–212; Brown, *Redeeming the Republic*, 113–115; 1786 年 12 月 17 日亨利·诺克斯致华盛顿，*PGW* (C.S.), 4:460–461; Jan. 14, 1787，同上，519。

62 Richards, *Shays's Rebellion*, 16–18; Szatmary, *Shays' Rebellion*, 83–84; Hall, *Politics Without Parties*, 214–218; Brown, *Redeeming the Republic*, 115, 118–119; 下文, 96–97; 另见 1786 年 12 月 4 日至 1787 年 3 月 4 日林肯致华盛顿, *PGW* (C.S.), 4:421–422。

63 Richards, *Shays's Rebellion*, 1, 5–6, 15–16, 23–25, 27–30, 78–79, 111; Szatmary, *Shays' Rebellion*, ch. 6; Hall, *Politics Without Parties*, 210, 222–223; 另见 1786 年 12 月 4 日至 1787 年 3 月 4 日林肯致华盛顿，*PGW* (C.S.), 4:422–427。

64 1787 年 2 月 12 日格雷森与麦迪逊致埃德蒙德·伦道夫，*PJM* (C.S.), 9:266（引文); 1787 年 3 月 19 日亨利·诺克斯致华盛顿，*PGW* (C.S.), 5:95; 1786 年 12 月 4 日至 1787 年 3 月 4 日林肯致华盛顿，同上，4:428–430; Richards, *Shays's Rebellion*, 31–32; Szatmary, *Shays' Rebellion*, 85–87, 104–108; Hall, *Politics Without Parties*, 224–225。

65 Richards, *Shays's Rebellion*, 32–33, 39–40; Hall, *Politics Without Parties*, 229–230; 另见 1787 年 2 月 21 日威廉·欧文致约西亚·哈马尔（Josiah Harmar），

LDC, 24:123；1786年12月4日至1787年3月4日林肯致华盛顿，*PGW* (C.S.), 4:431–432；下文，97–98。

66 1787年2月20日乔治·穆特致麦迪逊，*PJM* (C.S.), 9:281（“真是可悲”和“确实令人”）；1786年9月8日亨利·李致华盛顿，*PGW* (C.S.), 4:240–241（“美国人民”和“软弱和无力”）；1787年2月27日威廉·欧文致约西亚·哈马尔，*LDC*, 24:123（“担心”）。谢斯反叛对宪法制定的重要作用，参见 Richards, *Shays's Rebellion*, 2–3, 132; Holton, *Unruly Americans*, 81–82, 218–220; Brown, *Redeeming the Republic*, 166–167, 172–174; Szatmary, *Shays' Rebellion*, 120, 123。另见 Johnson, *Righteous Anger at the Wicked States*, 7。

67 1786年10月18日诺克斯致国会主席，*JCC*, 31:887（引文）；另见 Sept. 20, 1786，同上，676; Sept. 28, 1786，同上，698–699；1786年10月3日诺克斯致国会主席，Papers of the Old Congress, No. 150, I: 587–590；另见 Richards, *Shays's Rebellion*, 129–131; Szatmary, *Shays' Rebellion*, 82。

68 1786年10月17日金的演讲，*LDC*, 23:589–590（“现在”）；1786年10月23日诺克斯致华盛顿，*PGW* (C.S.), 4:301–302（“对付”“留下了”“强化”和“充分意识到”）；Proceedings of the Confederation Congress, Oct. 20, 1786, *JCC*, 31:891–892；另见1787年2月12日诺克斯致国会主席，*JCC*, 32:39–40；1786年11月1日戴维·汉弗莱斯致华盛顿，*PGW* (C.S.), 4:325；1786年11月22日格雷森致麦迪逊，*PJM* (C.S.), 9:174; Hall, *Politics Without Parties*, 220, 262; Kohn, *Eagle and Sword*, 74；比较参考1786年10月20日金致格里，*LDC*, 23:607。

69 1786年10月23日诺克斯致华盛顿，*PGW* (C.S.), 4:300（“漠视和践踏”和“只是造成”）；Dec. 17, 1786，同上，460（“政府的”“消灭”和“通过”）；另见1786年11月9日戴维·汉弗莱斯致华盛顿，同上，351；1786年12月4日至1787年3月4日林肯致华盛顿，同上，421；1786年11月5日华盛顿致麦迪逊，*PJM* (C.S.), 9:161。

70 1786年10月23日诺克斯致华盛顿，*PGW* (C.S.), 4:300（引文）；另见1786年11月1日戴维·汉弗莱斯致华盛顿，同上，325。

71 1786年10月17日李致华盛顿，同上，295（除了最后一个引文外的所有引文）；

1786 年 10 月 25 日李致麦迪逊，*PJM* (C.S.), 9:145（“随着这种”）; 另见 Oct. 19, 1786，同上，144；1786 年 9 月 8 日李致华盛顿，*PGW* (C.S.), 4:240; Oct. 1, 1786，同上，281–282。来自国会代表的其他警告性报告，参见 1786 年 11 月 22 日格雷森致麦迪逊，*PJM* (C.S.), 9:174；1786 年 10 月 18 日查尔斯·佩蒂特致宾夕法尼亚州州长本杰明·富兰克林，*LDC*, 23:603。

72 1786 年 12 月 26 日华盛顿致诺克斯，*PGW* (C.S.), 4:481, 483（“报纸上”“前后不一”和“拔剑”）; 1786 年 12 月 26 日华盛顿致汉弗莱斯，同上，478（“目前这场”和“在美国内部”）; Oct. 22, 1786，同上，297（“这样的”）; 另见 1786 年 10 月 31 日华盛顿致亨利·李，同上，318–319; 1786 年 11 月 5 日华盛顿致麦迪逊，*PJM* (C.S.), 9:161；1787 年 2 月 3 日华盛顿致诺克斯，*PGW* (C.S.), 5:7。

73 1787 年 1 月 9 日麦迪逊致埃德蒙德·伦道夫，*PJM* (C.S.), 9:245（“不祥事件”和“对政府来说”）; 1786 年 11 月 1 日麦迪逊致老詹姆斯·麦迪逊，同上，154（“大规模骚动”“像政府的”“声称”和“废除”）; 1787 年 1 月 7 日麦迪逊致乔治·穆特，同上，231（“受到英国势力”“并非不可能”和“到底是政府”）; 另见 Banning, *Sacred Fire*, 104–145, 122。美国人普遍关注英国的颠覆活动，许多美国人认为英国人参与了谢斯反叛，参见 Marks, *Independence on Trial*, 100–105。

74 1786 年 10 月 27 日杰伊致杰斐逊，*PTJ* (M.S.), 10:488–489（引文）; 另见 Dec. 14, 1786，同上，596。

75 1787 年 1 月 30 日杰斐逊致麦迪逊，*PJM* (C.S.), 9:247（“除了”和“既缺乏”）; 1786 年 10 月 25 日李致麦迪逊，同上，145（“政府无能”）; 1786 年 9 月 8 日李致华盛顿，*PGW* (C.S.), 4:240–241（“会瓦解”）; 1786 年 10 月 31 日华盛顿致亨利·李，同上，319（“我们生命”和“所有人”）; 1786 年 10 月 27 日杰伊致杰斐逊，*PTJ* (M.S.), 10:489（“这个世界”）; 另见 Feb. 9, 1787，同上，11:129。

76 1786 年 12 月 21 日诺克斯致华盛顿，*PGW* (C.S.), 4:470（“马萨诸塞州”）; 1786 年 11 月 12 日希金森致诺克斯，*Annual Report* of the American Historical Association for the Year 1896 (Washington, DC, 1897), 1:742（“现在”和“这

是一个"); 另见 1786 年 10 月 23 日诺克斯致华盛顿, *PGW* (C.S.), 4:300–301。

77 1787 年 6 月 28 日戈尔致金, *LCRK*, 1:227("我们的政府" 和 "个人的自由"); 1787 年 6 月 18 日塞奇威克致金，同上，224("每一个"); 1786 年 10 月 22 日金致塞奇威克，*LDC*, 23:612("大部分的""政府自由" 和 "同胞"); 1787 年 2 月 11 日金致格里，*LDC*, 24:90("从这些"); 另见 Boston *Independent Chronicle*, Sept. 7, 1786, 2；1787 年 6 月 4 日托拜厄斯·利尔致本杰明·林肯，Benjamin Lincoln Papers 缩微版，P–40, Reel 8 (Mass. Historical Society); 1786 年 12 月 26 日华盛顿致诺克斯，*PGW* (C.S.), 4:482; "Centinel" XV, Philadelphia *Independent Gazetteer*, Feb. 22, 1788, *DHRC*, 16:190; Henderson, *Party Politics*, 401。

78 1786 年 10 月 23 日诺克斯致华盛顿，*PGW* (C.S.), 4:301; Ferguson, *Power of the Purse*, 249–250; Richards, *Shays's Rebellion*, 127–128。

79 1786 年 11 月 25 日希金森致诺克斯，*Annual Report* of the American Historical Association for the Year 1896 (Washington, D.C., 1897), 1:743("公众思想""非常易于" 和 "我们就会"); 1787 年 7 月 14 日布雷克致诺克斯，Henry Knox Papers, Reel 20 (Mass. Historical Society)("马萨诸塞" 和 "把每个州"); 另见 1787 年 9 月 23 日沃兹华斯致诺克斯，*DHRC*, 5:1078; Davis, *Sectionalism in American Politics*, 152; Hall, *Politics Without Parties*, 256–257, 262。

80 Brown, *Redeeming the Republic*, 120 n. 68(引用 1787 年 6 月 3 日塞奇威克致戴恩), 153。

81 Richards, *Shays's Rebellion*, 16–17; Hall, *Politics Without Parties*, 191, 214–218; Brown, *Redeeming the Republic*, 117; Holton, *Unruly Americans*, 155; Perkins, *American Public Finance*, 181; Jensen, *New Nation*, 310.

82 1786 年 11 月 22 日格雷森致门罗，*LDC*, 24:33("害怕"); 1786 年 12 月 17 日诺克斯致华盛顿，*PGW* (C.S.), 4:460("安抚""鄙视""无能" 和 "继续"); Jan. 14, 1787，同上，519("宽松的措施" 和 "叛乱"); 另见 1786 年 11 月 16 日汉弗莱斯致华盛顿，同上，373；1786 年 11 月 25 日希金森致诺克斯，*Annual Report* of the American Historical Association for the Year 1896 (Washington, D.C., 1897), 1:743；1786 年 10 月 22 日金致塞奇威克，*LDC*,

23:612。

83 1787 年 4 月 16 日麦迪逊致华盛顿，*PJM* (C.S.), 9:386（“我们都知道”）；1787 年 4 月 22 日麦迪逊致彭德尔顿，同上，394（“吸引”）。

84 同上，395（“不向流俗低头”）；*To the Free, Virtuous, and Independent Electors of Massachusetts* (Boston, 1787)（“那些以”和“现在该州”）；1787 年 4 月 16 日麦迪逊致华盛顿，*PJM* (C.S.), 9:386（“造成”）；另见 1787 年 3 月 19 日弗吉尼亚州代表致州长埃德蒙德·伦道夫，同上，325；1787 年 4 月 23 日麦迪逊致杰斐逊，同上，399；Brown, *Redeeming the Republic*, 119。

85 1787 年 4 月 30 日麦迪逊致门罗，*PJM* (C.S.), 9:408。历史学家对于选举后的政策变化是否应该被理解为叛乱分子及其支持者的主要或次要胜利存在分歧。参见 Brown, *Redeeming the Republic*, 119–120; Holton, *Unruly Americans*, 76–77; Main, *Political Parties*, 118; Gillespie, “Massachusetts,” 143–144; Ferguson, *Power of the Purse*, 247; Szatmary, *Shays' Rebellion*, 114–115, 119; Hall, *Politics Without Parties*, 191, 228, 235–252, 277; Einhorn, *American Taxation*, 53; Perkins, *American Public Finance*, 184。

86 1787 年 6 月 4 日利尔致林肯，Benjamin Lincoln Papers 缩微版，P–40, Reel 8 (Mass. Historical Society)（“是怎样的”“明确规定”和“这个国家”）；1787 年 4 月 24 日杰伊致杰斐逊，*PTJ* (M.S.), 11:313（“精神”和“最近的”）；另见 1787 年 7 月 6 日约瑟夫·琼斯致麦迪逊，*PJM* (C.S.), 10:95；1787 年 4 月 30 日格雷森致门罗，*LDC*, 24:262; Davis, *Sectionalism in American Politics*, 159–160; Hall, *Politics Without Parties*, 235, 255, 265。

87 Edling, *Revolution in Favor of Government*, 156.

88 1787 年 4 月 16 日格雷森致威廉·肖特，*LDC*, 24:226（“康涅狄格”）；1787 年 5 月 29 日格雷森致门罗，同上，292（“没有一个”）；1787 年 6 月 26 日汉密尔顿在费城制宪会议上的发言，*Farrand*, 1:425（“已经完全”）；另见 Madison, June 30，同上，485–486；1786 年 11 月 1 日汉弗莱斯致华盛顿，*PGW* (C.S.) 4:325; Donald S. Lutz, “Connecticut: Achieving Consent and Assuring Control,” in Gillespie and Lienesch, eds., *Ratifying the Constitution*, 122; Introduction, *DHRC*, 3:322–324; Brown, *Redeeming the Republic*, 91–92,

120–121, 131; Holton, *Unruly Americans*, 154–155; Perkins, *American Public Finance*, 171。

89 1787 年 5 月 29 日格雷森致门罗，*LDC*, 24:293（“不出半个月”）; 1787 年 4 月 16 日格雷森致威廉·肖特，同上，226（“每个州”“支付”“只在”和“征税”）; 另见 Davis, *Sectionalism in American Politics*, 152。

90 1787 年 5 月 29 日伦道夫在费城制宪会议上的发言（麦克亨利记录），*Farrand*, 1:27; Brown, *Redeeming the Republic*, 122, 145。南卡罗来纳州立法机关为了防止类似于谢斯反叛的事件发生，屈服于民众主义的救济立法要求，参见 Becker, “Public Peace and South Carolina Debtor Relief Laws,” 72–74。纽约州宪法，参见 Kaminski, “New York,” 48。

91 Brown, *Redeeming the Republic*, 172–174.

92 1787 年 1 月 7 日麦迪逊致乔治·穆特，*PJM* (C.S.), 9:231（“提供了”）; 1786 年 9 月 8 日亨利·李致华盛顿，*PGW* (C.S.), 4:240–241（“联邦”“很快走进”和“陷入”）; 1786 年 11 月 5 日华盛顿致麦迪逊，同上，332（“宽泛”）; 另见 1787 年 2 月 27 日威廉·欧文致约西亚·哈马尔，*LDC*, 24:123；1787 年 2 月 20 日乔治·穆特致麦迪逊，*PJM* (C.S.), 9:281–282; “A Landholder” III (Oliver Ellsworth), *Connecticut Courant*, Nov. 19, 1787, *DHRC*, 14:139–140；1787 年 7 月 4 日杰伊致亚当斯，*CPPJJ*, 3:249; James Wilson and Thomas McKean, *Commentaries on the Constitution* (London, 1792), 68。

93 1787 年 2 月 11 日金致格里，*LDC*, 24:91（“种种事件”）; 1787 年 7 月 14 日李致弗朗西斯·莱特富特·李，*LRHL*, 2:424（“人们的思想”）。

94 上文，86–87。

95 Brown, *Redeeming the Republic*, 176–177, 222–223（“我不会”和“我祈求”）; “Letter from a Connecticut Man” (probably Noah Webster), in Extract of a Letter from a Member of the House of Delegates, Philadelphia *Independent Gazetteer*, Dec. 2, 1786（“像美国的”“共和政府”“罗得岛州”和“应该”）; 另见 1787 年 4 月 2 日詹姆斯·米切尔·瓦纳姆致小塞缪尔·沃德，*LDC*, 24:199；1786 年 8 月 6 日戴维·拉姆塞致本杰明·拉什，“David Ramsay, 1749–1815: Selections from His Writings,” *Transactions* of the American Philosophical Society, Aug. 1965

(Robert L. Brunhouse, ed., Philadelphia, 1965), 105；1788 年 1 月 25 日乔纳森·史密斯（Jonathan Smith）在马萨诸塞州批准宪法大会上的发言，*DHRC*, 6:1346; Szatmary, *Shays' Rebellion*, 81–82; McDonald, *Novus Ordo Seclorum*, 180。

96 1786 年 6 月 27 日杰伊致华盛顿，*PGW* (C.S.), 4:131–132。

97 1786 年 10 月 27 日杰伊致杰斐逊，*CPPJJ*, 3:213（引文）；另见 1786 年 11 月 1 日杰伊致亚当斯，同上，214；1787 年 1 月 7 日杰伊致华盛顿，同上，227。

98 1786 年 8 月 15 日华盛顿致杰伊，*PGW* (C.S.), 4:213（引文）；另见 1787 年 3 月 31 日华盛顿致麦迪逊，同上，5:115。

99 1787 年 2 月 25 日麦迪逊致伦道夫，*PJM* (C.S.), 9:299（"许多"）；1787 年 2 月 24 日麦迪逊致彭德尔顿，同上，295（"最近"）；另见 1787 年 3 月 19 日麦迪逊致杰斐逊，同上，318; Madison, Notes on Debates, Feb. 21, 1787，同上，291–292; Madison, Preface to Debates, *Farrand*, 3:548–549; Banning, *Sacred Fire*, 105, 122–123。

100 1787 年 2 月 21 日麦迪逊致华盛顿，*PJM* (C.S.), 9:286；下文，129–133。

101 1787 年 6 月 12 日麦迪逊在费城制宪会议上的发言，*Farrand*, 1:219。

102 1786 年 8 月 16 门罗致约翰·沙利文，*LDC*, 23:481（"受到"）；1787 年 2 月 3 日华盛顿致诺克斯，*PGW* (C.S.), 5:9（"强烈倾向于"）；另见 1785 年 4 月 12 日门罗致杰斐逊，*PTJ* (M.S.), 8:76; New York *Daily Advertiser* (Hamilton), July 21, 1787, *PAH*, 4:231; Rakove, *Beginnings of National Politics*, 361, 372; Maier, *Ratification*, 19。

103 1786 年 5 月 28 日格雷森致麦迪逊，*PJM* (C.S.), 9:63。

104 Proceedings of the Confederation Congress, Aug. 7, 1786, *JCC*, 31:494–498; Davis, *Sectionalism in American Politics*, 139–140.

105 1786 年 1 月 22 日麦迪逊致杰斐逊，*PJM* (C.S.), 8:476（引文）；Resolution Calling for the Regulation of Commerce by Congress, Nov. 14, 1785，同上，413; editorial note，同上，414–415 n. 1; Rakove, *Beginnings of National Politics*, 368–369; Banning, *Sacred Fire*, 56。参见 Editorial Note, Debates and Resolutions Related to the Regulation of Commerce by Congress，包括 a Call for a Convention at Annapolis, Nov. 1785–Jan. 1786，*PJM* (C.S.), 8:406–409。

106 1786 年 1 月 22 日麦迪逊致杰斐逊，同上，476–477（“在支持”）；1785 年 12 月 9 日麦迪逊致华盛顿，同上，438，440 n. 1（“寄希望于”“一种”“各方意见”“就不可能”和“更好的办法”）；1785 年 12 月 26 日门罗致麦迪逊，同上，462（“决定性措施”“担心无法”和“规避”）；另见 Davis, *Sectionalism in American Politics*, 128–129。

107 1785 年 12 月 9 日麦迪逊致华盛顿，*PJM* (C.S.), 8:439（“政治—商业专员”“探讨和报告”“会更少”和“是弗吉尼亚”）；Resolution Authorizing a Commission to Examine Trade Regulations, Jan. 21, 1786，同上，471（“将考虑”）；1786 年 1 月 22 日麦迪逊致门罗，同上，483；另见 Dec. 9, 1785，同上，436; Madison, Preface to Debates, *Farrand*, 3:543–544; Davis, *Sectionalism in American Politics*, 129–130。关于弗农山庄会议，见同上，113–114。

108 上文，70–71；另见 Introduction, *DHRC*, 13:9–10；1784 年 11 月 26 日李致门罗，*PJM* (C.S.), 8:151；1784 年 11 月 26 日约翰·弗朗西斯·默瑟致麦迪逊，同上，152; Madison, Preface to Debates, *Farrand*, 3:546。

109 1786 年 3 月 22 日格雷森致麦迪逊，*PJM* (C.S.), 8:509–510（引文）；另见 1786 年 3 月 1 日纳撒尼尔·戈勒姆致卡莱布·戴维斯，*LDC*, 23:167; Thomas Rodney's Diary, May 3, 1786，同上，262; Rakove, *Beginnings of National Politics*, 370; Davis, *Sectionalism in American Politics*, 137–139。

110 1786 年 3 月 1 日伦道夫致麦迪逊，*PJM* (C.S.), 8:495（引文）；另见 1786 年 3 月 18 日麦迪逊致杰斐逊，同上，501–502; Madison, Preface to Debates, *Farrand*, 3:545。

111 1786 年 3 月 19 日麦迪逊致门罗，*PJM* (C.S.), 8:505–506（引文）；另见 1786 年 5 月 13 日麦迪逊致门罗，同上，9:55。

112 1786 年 5 月 28 日格雷森致麦迪逊，同上，64。

113 上文，32–33；1786 年 3 月 18 日麦迪逊致杰斐逊，*PJM* (C.S.), 8:502（引文）；另见 1786 年 3 月 19 日门罗致麦迪逊，同上，506–507。

114 1786 年 3 月 18 日麦迪逊致杰斐逊，同上，502–503。华盛顿对安纳波利斯大会的前景更为乐观，他对拉法耶特说：“所有给我来信的州立法机构都提出了这一主张，并做出了非常明智的任命；这一措施有望带来很多好处。”

［1786年5月10日华盛顿致拉法耶特，*PGW* (C.S.), 4:42］

115 1786年3月18日麦迪逊致杰斐逊，*PJM* (C.S.), 8:503（“外国的阴谋”“有可能”和“带来”）; 1786年3月14日麦迪逊致门罗，同上，498（“一事无成”和“为了”）。佛蒙特州的独立，参见上文，32 & n. 61。

116 1786年8月12日麦迪逊致杰斐逊，*PJM* (C.S.), 9:96（引文）; 上文，66–68; 另见1786年5月10日华盛顿致拉法耶特，*PGW* (C.S.), 4:42; Davis, *Sectionalism in American Politics*, 134–138, 142; Rakove, *Beginnings of National Politics*, 374; Banning, *Sacred Fire*, 69–70。

117 1786年6月11日金致乔纳森·杰克逊，*LDC*, 23:352–353。仅仅一个月前，金对安纳波利斯大会还抱有更为乐观的态度（1786年5月5日金致约翰·亚当斯，LCRK, 1:172–173）。

118 1786年8月6日塞奇威克致斯特朗，*LDC*, 23:436–437。

119 1786年8月16日门罗致新罕布什尔州州长约翰·沙利文，同上，436（“这个国家”）; 1786年9月3日门罗致麦迪逊，*PJM* (C.S.), 9:114（“密谋”和“我们事业中”）; 另见上文，38–39, 64。

120 1786年8月4日雅各布·布鲁姆（Jacob Broom）致坦奇·考克斯，Coxe Family Papers缩微胶卷版，series 2, Reel 49（“不能出现”和“如果”）; 1786年8月12日麦迪逊致杰斐逊，*PJM* (C.S.), 9:95（“几次内部会议”和“殃及了”）。

121 1786年3月13日卡罗尔致麦迪逊，同上，8:496（引文）; Davis, *Sectionalism in American Politics*, 132–133; Introduction, *DHRC*, 11：xlviii。

122 1786年5月13日麦迪逊致门罗，*PJM* (C.S.), 9:55（引文）; Rakove, *Beginnings of National Politics*, 374; Banning, *Sacred Fire*, 73。

123 Davis, *Sectionalism in American Politics*, 140–142; Henderson, *Party Politics*, 399; Introduction, *DHRC*, 4: xxxv–vii; editorial note, *DHRC*, 27:112 n. 3； 另见1786年12月26日华盛顿致诺克斯，*PGW* (C.S.), 4:419；1787年1月14日诺克斯致华盛顿，同上，519；1786年9月3日金致乔纳森·杰克逊，*LDC*, 23:543。

124 1786年9月11日麦迪逊致门罗，*PJM* (C.S.), 9:121–122；另见1786年9月8日麦迪逊致安布罗斯·麦迪逊（Ambrose Madison），同上，120; Davis,

Sectionalism in American Politics, 143–144。

125 Address of the Annapolis Convention, Sept. 14, 1786, *PAH*, 3:687（引文）; Rakove, *Beginnings of National Politics*, 374; Banning, *Sacred Fire*, 73–74。

126 Address of the Annapolis Convention, Sept. 14, 1786, *PAH*, 3:688–689（引文）; 另见 1786 年 9 月 17 日金致鲍登，*LDC*, 23:561; Madison, Preface to Debates, *Farrand*, 3:545。

127 Davis, *Sectionalism in American Politics*, 144–146; Rakove, *Beginnings of National Politics*, 374–375; Maier, *Ratification*, 3; Banning, *Sacred Fire*, 427 n. 106.

128 1786 年 9 月 18 日塔克致门罗，*Papers of James Monroe*, 2:359（除了“在没有实现”之外的所有引文）; 1786 年 10 月 2 日金致亚当斯，*LDC*, 23:579(“在没有实现”)。

129 Address of the Annapolis Convention, Sept. 14, 1786，*PAH*, 3:689（“有幸”和“尊重”）; 1786 年 9 月 18 日塔克致门罗，*Papers of James Monroe*, 2:359（“安纳波利斯会议”和“促使”）; 1786 年 10 月 2 日金致亚当斯，*LDC*, 23:578; Rakove, *Beginnings of National Politics*, 375。

130 1786 年 10 月 11 日金在马萨诸塞州众议院的发言，*LDC*, 23:588（引文）; 另见 1786 年 10 月 2 日金致亚当斯，同上，579; Henderson, *Party Politics*, 402。

131 1786 年 11 月 9 日戴恩在马萨诸塞州众议院的发言，*LDC*, 24:20–21（引文）; 另见 Steven R. Boyd, *The Politics of Opposition: Anti–federalists and the Acceptance of the Constitution* (Millwood, NY, 1979), 4。

132 Introduction, *DHRC*, 4: xxxviii; Introduction, *DHRC*, 3:325–326; 另见 1787 年 1 月 20 日戴维·汉弗莱斯致华盛顿，*PGW* (C.S.), 4:527–528。

133 1786 年 11 月 30 日麦迪逊致彭德尔顿，*PJM* (C.S.), 9:186–187（“在这个”和“国会提出”）; 1786 年 11 月 1 日麦迪逊致华盛顿，同上，155（“骚动”）; 另见 1786 年 12 月 4 日麦迪逊致杰斐逊，同上，189。

134 1786 年 12 月 4 日麦迪逊致杰斐逊，*PJM* (C.S.), 9:189。

135 1786 年 11 月 8 日麦迪逊致华盛顿，*PJM* (C.S.), 9:166（“给这个议题”“在

这个”和“他们”); 1786 年 12 月 7 日麦迪逊致华盛顿，同上，199(“能够吸引”); New York *Daily Advertiser* (Hamilton), July 21, 1787, *PAH*, 4:231(“借助”); 另见 Maier, *Ratification*, 23–24, 68。

136 1780 年 5 月 31 日华盛顿致约瑟夫·琼斯，*The Writings of George Washington*, 7:67(“认定”); 1783 年 7 月 8 日华盛顿致威廉·戈登，Bancroft, *History of the Formation of the Constitution*, 1:320(“除非”); 1785 年 8 月 22 日华盛顿致詹姆斯·麦克亨利，*PGW* (C.S.), 3:198(“我们要么”); 另见 1783 年 3 月 31 日华盛顿致汉密尔顿，*PAH*, 3:310。

137 1786 年 11 月 18 日华盛顿致麦迪逊，*PGW* (C.S.), 4:382–383(引文); 另见 1786 年 12 月 16 日华盛顿致麦迪逊，*PJM* (C.S.), 9:215, 217 n. 1; 1786 年 12 月 21 日华盛顿致伦道夫，*PGW*, 4:472; 1786 年 12 月 26 日华盛顿致汉弗莱斯，同上，479–480; 1787 年 2 月 3 日华盛顿致诺克斯，同上，5:8; 1787 年 4 月 9 日华盛顿致伦道夫，同上，135; Holton, *Unruly Americans*, 219; Maier, *Ratification*, 1–2; Beeman, *Plain, Honest Men*, 31–32。辛辛那提人民的怨恨，参见 Jensen, *New Nation*, 262–265。

138 1783 年 6 月华盛顿致政府官员，*DHRC*, 13:62(“在不被”); 1787 年 4 月 9 日华盛顿致伦道夫，*PGW* (C.S.), 5:135(“在我再也”); Maier, *Ratification*, 6–7。

139 1786 年 12 月 26 日华盛顿致汉弗莱斯，*PGW* (C.S.), 4:480(引文); 另见 1787 年 3 月 19 日诺克斯致华盛顿，同上，5:96; 1788 年 7 月 12 日门罗致杰斐逊，*PTJ* (M.S.), 13:352; Maier, *Ratification*, 20。

140 1786 年 12 月 7 日麦迪逊致华盛顿，*PJM* (C.S.), 9:199(“我咨询过的”和“这项任务”); 1786 年 12 月 6 日伦道夫致华盛顿，*PGW* (C.S.), 4:445(“解体”“您这样的人”“一丝微茫希望”和“那些”); 另见 1787 年 1 月 4 日伦道夫致华盛顿，同上，501。

141 1786 年 12 月 16 日华盛顿致麦迪逊，*PJM* (C.S.), 9:216(“我还无法预计”和“消除”); 1786 年 12 月 24 日麦迪逊致华盛顿，同上，224(“以防止”); 另见 1787 年 2 月 3 日华盛顿致诺克斯，*PGW* (C.S.), 5:8。

142 1786 年 12 月 26 日华盛顿致诺克斯，同上，4:482; 1786 年 12 月 26 日华盛

顿致汉弗莱斯，同上，477；另见 1787 年 2 月 3 日华盛顿致诺克斯，同上，5:7。

143 1787 年 1 月 14 日诺克斯致华盛顿，同上，4:519–520。

144 同上，520–521。

145 同上。

146 1787 年 1 月 20 日汉弗莱斯致华盛顿，同上，527–529。

147 1787 年 1 月 4 日杰伊致威廉・卡迈克尔，*CPPJJ*, 3:225（“公众情绪”和“目前”）; 1786 年 12 月 26 日华盛顿致汉弗莱斯，*PGW* (C.S.), 4:480（“被视为”）; 另见 Davis, *Sectionalism in American Politics*, 158–159; Henderson, *Party Politics*, 403; Boyd, *Politics of Opposition*, 4。

148 1787 年 1 月 7 日金致格里，*LCRK*, 1:201（“不仅仅”）; 1787 年 2 月 18 日麦迪逊致伦道夫，*PJM* (C.S.), 9:272（“不太好”）; 1787 年 2 月 21 日麦迪逊致华盛顿，同上，285(“一个”); 另见 1787 年 2 月 15 日麦迪逊致杰斐逊，同上，269; Kaminski, “New York,” 58–59。

149 1787 年 2 月 18 日金致格里，*LCRK*, 1:202；另见 Jan. 7, 1787，同上，201; Henderson, *Party Politics*, 403。

150 1787 年 2 月 15 日麦迪逊致杰斐逊，*PJM* (C.S.), 9:269（引文）; 1787 年 2 月 12 日诺克斯致华盛顿，*PGW* (C.S.), 5:25–26。

151 1786 年 10 月 2 日金致约翰・亚当斯,*LDC*, 23:578–579（“过分干预”和“完全相信”）; 1786 年 10 月 2 日门罗致麦迪逊，*PJM* (C.S.), 9:139（“东部各州”）; Oct. 7, 1786，同上，143；另见 1786 年 10 月 20 日亨利・李致圣乔治・塔克，*LDC*, 23:608–609; Kaminski, “New York,” 58。华盛顿后来告诉杰伊，国会支持召开这次会议，可能会“赋予其合法性”[Mar. 10，1787，*PGW* (C.S.), 5:80]。杰伊同意金和其他人的意见，认为国会不应该认可他认为不合法的方案，关于他所追求的复杂而与众不同的宪法改革方案，参见 1787 年 1 月 7 日杰伊致华盛顿，*PGW* (C.S.), 4:503。

152 1786 年 12 月 18 日卡林顿致麦迪逊，*PJM* (C.S.), 9:218–219。

153 Ferguson, *Power of the Purse*, 248–249（“荒唐滑稽”）(引自 *Massachusetts Centinel*, Nov. 11, 1789); 1785 年 9 月 3 日马萨诸塞州代表致詹姆斯・鲍登，*LDC*, 22:612（“凶险的”）; 1786 年 11 月 22 日格雷森致门罗，*Papers*

of James Monroe, 2:265–266（“由于最近”）；另见 Rakove, *Beginnings of National Politics*, 391–392; Szatmary, *Shays' Rebellion*, 127–128; Davis, *Sectionalism in American Politics*, 159–160; Henderson, *Party Politics*, 400, 403; McDonald, *Novus Ordo Seclorum*, 178；上文，92, 96。

154 1787 年 2 月 21 日麦迪逊致华盛顿，*PJM* (C.S.), 9:285（“意见分歧”和“积极介入”）; Madison, Notes on Debates, Feb. 21, 1787，同上，290（“带头批准”“弱化”和“嫉妒”）; 另见 1787 年 2 月 24 日麦迪逊致彭德尔顿，同上，294; 1787 年 2 月 18 日麦迪逊致伦道夫，同上，272。国会难以达到法定开会人数，参见 1786 年 11 月 22 日格雷森致麦迪逊，同上，173, 174 n. 1; 1787 年 1 月 7 日金致格里，*LCRK*, 1:200; 1787 年 1 月 24 日史蒂芬・米克斯・米切尔致耶利米・沃兹华斯，*LDC*, 24:73–74; 1787 年 2 月 9 日杰伊致杰斐逊，*CPPJJ*, 3:231; Beeman, *Plain, Honest Men*, 20。

155 1787 年 2 月 21 日麦迪逊致华盛顿，*PJM* (C.S.), 9:285（“有些”）; 1787 年 2 月 22 日诺克斯致华盛顿，*PGW* (C.S.), 5:47（“消除”）; 另见 1787 年 2 月 18 日麦迪逊致伦道夫，*PJM* (C.S.), 9:271–272。

156 Madison, Notes on Debates, Feb. 21, 1787，同上，290（“极大的”）; Grand Committee report, Feb. 21, 1787, *JCC*, 32:71–72（“联盟政府”和“强烈建议”）。

157 Madison, Notes on Debates, Feb. 21, 1787, *PJM* (C.S.), 9:291（“如果国会”）; New York Assembly Resolution on the Call of a Convention of the States, Feb. 17, 1787, *PAH*, 4:93（“以实现”）; 另见 Kaminski, *George Clinton*, 116–117。

158 纽约州代表的动议，Feb. 21, 1787, *JCC*, 32:72; Madison, Notes on Debates, Feb. 21, 1787, *PJM* (C.S.), 9:291（“不过，”）; 1787 年 2 月 24 日麦迪逊致彭德尔顿，同上，294，296 n. 3（“有足够的”和“十分符合”）; Kaminski, *George Clinton*, 117; Kaminski, “New York,” 58–59; New York Introduction, *DHRC*, 19: xxxix–xl, xlv–xlvi；另见 1787 年 2 月 25 日麦迪逊致伦道夫，*PJM* (C.S.), 9:299; Henderson, *Party Politics*, 403–404。

159 1787 年 3 月 6 日欧文致詹姆斯・威尔逊，*Letters of Members of the Continental Congress* (Edmund Cody Burnett, ed., Washington, DC, 1936), 8:551（“将他们”）[以下简称“*LMCC*”]; Proceedings of the Confederation Congress, Feb. 21, 1787, *JCC*,

32:73–74（“在各州”“以修订”和“汇报”）；另见 Kaminski, “New York,” 59; Henderson, *Party Politics*, 404。

160 1787 年 3 月 6 日欧文致詹姆斯 · 威尔逊，*LMCC*, 8:551（引文）；Madison, Notes on Debates, Feb. 21, 1787, *PJM* (C.S.), 9:290–291。

161 同上，291。

162 1787 年 2 月 21 日麦迪逊致华盛顿，同上，285, 286 n. 5（“倘若”“类似的信息”和“干涉”）；1787 年 3 月 19 日诺克斯致华盛顿，*PGW* (C.S.), 5:96（“发挥了”和“现在已经”）；1787 年 4 月 24 日卡林顿致杰斐逊，*PTJ* (M.S.), 11:311（“费城会议”和“消除”）；另见 1787 年 2 月 25 日麦迪逊致伦道夫，*PJM* (C.S.), 9:299; Introduction, *DHRC*, 3:326。

163 1787 年 2 月 3 日华盛顿致诺克斯，*PGW* (C.S.), 5:8（“私下里”和“州里的”）；1787 年 3 月 1 日伦道夫致麦迪逊，*PJM* (C.S.), 9:301（“尝试了”和“担心会”）；另见 1787 年 1 月 4 日伦道夫致华盛顿，*PGW* (C.S.), 4:501; Mar. 11, 1787, 同上，5:83。

164 1787 年 3 月 8 日华盛顿致诺克斯，同上，74–75（引文）；1787 年 3 月 8 日华盛顿致汉弗莱斯，同上，72–73；另见 Maier, *Ratification*, 21–22。

165 1787 年 3 月 24 日戴维 · 汉弗莱斯致华盛顿，同上，103。纽约的两位“反联邦”代表是罗伯特 · 耶茨（Robert Yates）和小约翰 · 兰辛（John Lansing, Jr.）。纽约的另一位代表当然是亚历山大 · 汉密尔顿。纽约代表的任命，参见 Kaminski, “New York,” 59–60; Davis, *Sectionalism in American Politics*, 166。

166 1787 年 3 月 24 日戴维 · 汉弗莱斯致华盛顿，*PGW* (C.S.), 5:103–104。

167 1787 年 3 月 19 日诺克斯致华盛顿，同上，96。

168 同上，97。

169 1787 年 4 月 9 日诺克斯致华盛顿，同上，134。

170 1787 年 3 月 28 日华盛顿致伦道夫，同上，113；1787 年 6 月 6 日华盛顿致拉法耶特，同上，222（“公共声音”）；另见 1787 年 4 月 9 日华盛顿致伦道夫，同上，135–136。关于谢斯反叛对华盛顿决定参加会议至关重要的论点，参见 Holton, *Unruly Americans*, 219–220; Richards, *Shays's Rebellion*, 3, 129–

132。

171 1787 年 4 月 1 日麦迪逊致老詹姆斯·麦迪逊,*PJM* (C.S.), 9:359(“毫无疑问”和“已经决定”); 1787 年 4 月 2 日麦迪逊致伦道夫，同上,362(“没有什么”)。

172 *Massachusetts Centinel*, May 19, 1787, 71（“一件令人高兴”和“让现在”); Kaminski, “Rhode Island,” 377（“给我们”)（引自达纳致格里); 另见 1787 年 4 月 2 日卡林顿致伦道夫，*LDC*, 24:193; 一封来自南方州一位先生的信的摘录（4 月 1 日），*Newport Herald*, Apr. 12, 1787, *DHRC*, 13:80; Alexander, *The Selling of the Constitutional Convention*, 23–24。对于是否派代表参加费城会议之事，罗得岛州议会举行过 3 次投票。3 月 24 日，州议会下院以 23 票的优势（一共 70 名议员）反对派代表与会; 5 月 5 日，州会议下院以两票的优势，推翻先前的投票，但是上院反对派代表; 6 月 13 日，上院改变立场，但是 3 天后，下院又以 17 票的优势拒绝同意。参见 Kaminski, “Paper Politics,” 259 n. 3; Polishook, *Rhode Island*, 184–185; Introduction, *DHRC*, 24: xxxv–vi; 另见 1790 年 5 月 20 日亚瑟·芬纳（Arthur Fenner）州长致乔治·华盛顿总统，*DHRC*, 26:875。

173 1787 年 4 月 22 日麦迪逊致彭德尔顿，*PJM* (C.S.), 9:395（“极为不利”和“实质性影响”); 1787 年 4 月 23 日麦迪逊致杰斐逊，同上，401（“大量坚定”和“一个完整”); Act Electing and Empowering Delegates, May 17, 1787, *DHRC*, 1:215–216。

174 1787 年 2 月 24 日麦迪逊致彭德尔顿,*PJM* (C.S.), 9:294（“会议将会”和“难以把握”); 1786 年 12 月 26 日华盛顿致汉弗莱斯，1786, *PGW* (C.S.), 4:479–480（“我们无法”和“看到任何”); 另见 1787 年 3 月 10 日华盛顿致杰伊，同上，5:79。

175 1787 年 4 月 9 日华盛顿致伦道夫，同上，135–136（引文); 1787 年 3 月 11 日麦迪逊致伦道夫，*PJM* (C.S.), 9:307。关于特拉华州代表的限制性指示，见 *Farrand*, 3:574–575。关于禁止纽约州和马萨诸塞州代表越过修改《邦联条例》范围的指示，见同上，579, 584。

176 1787 年 4 月 16 日格雷森致威廉·肖特，*LDC*, 24:227（引文); 另见 Davis, *Sectionalism in American Politics*, 163–164。

177 1787 年 4 月 2 日瓦纳姆致小塞缪尔·沃德，*LDC*, 24:198。

178 1787 年 4 月 8 日金致西奥菲勒斯·帕森斯，*LDC*, 24:207（“在费城召开的”）；1787 年 6 月 4 日利尔致林肯，Benjamin Lincoln Papers 缩微版，P–40，Reel 8 (Mass. Historical Society)（“事实上”和“服从一个”）；另见 1787 年 3 月 31 日威廉·塞缪尔·约翰逊致休·威廉姆森，*LDC*, 24:189；1787 年 4 月 24 日杰伊致杰斐逊,*PTJ* (M.S.), 11:313；1787 年 5 月 30 日诺克斯致莫西·奥蒂斯·沃伦，*Collections of Massachusetts Historical Society* (Boston, 1925), 73:295；1787 年 4 月 24 日罗伯特·利文斯顿致卢泽恩侯爵（Marquis de la Luzerne），引自 *DHRC*, 20:1088–1089 n.4; Rakove, *Beginnings of National Politics*, 378–379。

179 1787 年 4 月 15 日麦迪逊致伦道夫，*PJM* (C.S.), 9:378。

180 1787 年 4 月 22 日麦迪逊致彭德尔顿，同上，395（“必须让”）；1787 年 4 月 1 日麦迪逊致老詹姆斯·麦迪逊，同上，359（“会议上”“不能抱”“联盟现有的”“各方”和“会导致”）；另见 1787 年 3 月 19 日麦迪逊致杰斐逊，同上，318。

第三章　制宪会议

在费城制宪会议召开的第一周，弗吉尼亚代表乔治·梅森写信给他的儿子说，“所有美国人的目光都聚焦在这次会议上，他们的期待已经到了非常焦虑的程度”。就在同一时间，詹姆斯·门罗写信给詹姆斯·麦迪逊说，“我们都在焦急地等待这次费城会议的结果。事实上，这次会议似乎是未来所有活动的唯一转折点。”[1]

人们普遍认为这次会议关系重大。制宪会议开始后，亨利·诺克斯告诉乔治·华盛顿：“我对自由政府本不抱希望，但对这次会议充满期待。如果我们失败了，我们将会发现自己漂浮在不确定的海洋之上。”华盛顿告诉托马斯·杰斐逊，邦联政府“已经走到头了，如果不迅速采取补救措施，无政府和混乱状态必将接踵而至”。门罗写信给杰斐逊说，“我认为，联盟政府事务正处在一种极度混乱之中。此次会议确属重要之举，将产生决定性的影响。它要么将我们从目前的尴尬状态中拯救出来，要么彻底摧毁我们”。[2]

这次会议之所以如此重要，其中一个原因正如伦道夫对聚集在费城的代表所言，美国当时正处于“内战边缘，这次会议是防止内战发生的唯一希望”。托拜厄斯·利尔说，除非“采取一些措施，来保障财产安全”，否则，极有可能爆发“一场具有灾难性后果的内战”。来自南卡罗来纳州的查尔斯·平克尼表示赞同，“如果这次会议最终无法达成某些决定”，人们就会因此失去“组织一个能给他们提供保护、能使他们幸福的良好政府”的所有希望，然后“很可能将注意力转向武力手段，以获取通过宪法渠道无法获得的结果”。[3]

就算不会引发内战，联盟也很有可能分裂成几个独立的联合体。麦迪逊担心，如果这次会议失败，从而证明联盟不可能“有效地组织起来”，那么，“这个国家就会分裂成数个敌对和竞争的联合
126 体”。1787年2月，波士顿的一家报纸由于担心马萨诸塞州的公民们还要长时间地忍受阻碍商业改革的行为——这种行为导致了美国“被欧洲所蔑视”，便敦促新英格兰各州形成独立的联合体，“让这个大陆的其他地方追求自己低劣的混乱计划”。来自罗得岛州的国会代表詹姆斯·米切尔·瓦纳姆也证实，一些新英格兰人已经成为“独立邦联的热心支持者”。[4]

邦联分裂成几个独立的联合体，还不是麦迪逊和其他领袖最担心的事情。麦迪逊告诉伦道夫，如果这次会议没能“根据共和原则”，改善这个国家的组织结构，“一些更令人反感的新想法可能会大行其道”——那就是君主制。[5]

因此，麦迪逊告诉聚集在费城的代表们，他们“将永久性地决定共和政府的命运”。汉密尔顿也解释道，如果这次会议无法带给共和政府“应有的稳定性和智慧，共和政府就会颜面扫地，从我们手里丢掉，并将永远如此”。没有参加这次制宪会议的约翰·杰伊也认为，如果“自由的事业”无法在美国的土地上生存下去，“各种问题将会随之而至，生根发芽”，这也是为什么古文诺·莫里斯告诉代表们，“本次会议的结论将会影响整个人类社会。”[6]

然而，尽管成败在此一举，制宪会议刚开没几周，却已显示出

败象。来自大小州的代表们在如何分配国家立法机关的席位问题上陷入僵局，已经出现了会议停摆的危险。6月30日，梅森汇报道，双方在“基本原则问题”上的分歧已经使人“极为怀疑”能否“建立任何可靠而有效的政治制度”。几天后，汉密尔顿离开会议，告诉华盛顿，他对会议的进程感到“严重而深切的不安”，担心“我们错过从分裂、混乱和痛苦中拯救美国的黄金机会”。一周后，华盛顿对汉密尔顿说，“眼光狭隘的”代表们“在地方观念的影响下”控制了会议进程，“而且，情况比以往任何时候都糟糕”。华盛顿最后说，“我几乎不指望看到这次会议产生任何有利成果了，因此也很后悔参与这次会议”。[7]

麦迪逊的计划

1787年，弗吉尼亚州是人口最多的州，其人口数量（包括奴隶），比人口第二多的宾夕法尼亚州要多出60%。弗吉尼亚州向费城派出了最优秀的代表团（尽管宾夕法尼亚州派出的代表也不逊色）。 127
弗吉尼亚人为制宪会议做出了最重要的贡献，在很大程度上是因为一个人——詹姆斯·麦迪逊的作为。麦迪逊并不是这次制宪会议最杰出的参与者——远非如此——但他主要负责制定所谓的“弗吉尼亚方案”，该方案成为制宪会议讨论的起点。[8]

尚在他还不能确定这次会议能否召开之前，麦迪逊就已经开始准备了。1787年2月，他告诉华盛顿，他希望召开一次大会，如果能成功召开，这次会议将试图“彻底改革现有体制”。在回信中，华盛顿表示赞同，认为“无论其他人赞同与否，这次会议都不应采取姑息的权宜之计，而应探讨现有体制的根本性缺陷，提出彻底的

图 3.1　詹姆斯·麦迪逊后来成为美国第四任总统，他是美国宪法和《权利法案》背后的最大推动力量，作用超过其他任何人。

救治办法”。[9]

到4月份的时候，麦迪逊已经决定全力以赴。他写信给伦道夫说，“事实上，我的改革想法对旧邦联制度冲击太大，会引发制度性变革，几乎不承认所谓的权宜之计”，不同意各州（像伦道夫所建议的）只采用这次会议提出的一部分建议。麦迪逊很高兴地看到，华盛顿赞同他的整体性改革思路。麦迪逊给华盛顿回信说，“头痛医头脚痛医脚式的改革，对提出改革要求的代表们而言，也不是一件光彩的事，而且会挑起疾病般的内部毒怨，同时会产生虚假性的缓和迹象。而激进的改革措施，尽管可能不成功，至少可以证明改革者的远见”。[10]

128 本书第二章已经提过，在制宪会议召开的几个月前，鲁弗斯·金就曾强调说，由“慎重明智”之人抓住这次机会，建立一个更完善的政府，极为重要。事实证明，麦迪逊就是这样的人。他理解抢占天时地利、设计制宪会议最初讨论议程的重要性。在1787年的头几个月，麦迪逊撰写文章，阐述《邦联条例》和各州政府的“缺点”，提出可能的修改方案。他的未雨绸缪之举，使得费城会议上的一位代表将他描述为会议代表中“最博学多闻之人”。[11]

正如我们所看到的那样，《邦联条例》中的某些缺陷显然是人所共知的。比如说，邦联国会完全缺乏强制性征税权。至少是从1780年开始，麦迪逊就意识到，各州不愿足额缴纳各自的摊派份额，“给公共信用造成巨大灾难”；而且，他在邦联国会的相关委员会任职期间，还曾提议以征收联盟进口税的方式，替代弊端丛生的摊派体制，甚至还提议授权邦联国会使用武力对付那些拒绝为联盟分担财政责任的州。此外，麦迪逊多年来一直希望说服南方人相信，邦联国会必须拥有管理对外和州际贸易的权力，以便有效地回应外国的贸易歧视措施，阻止各州之间出现贸易战争。除了强调必须弥补邦联国会的这些显而易见的缺陷外，麦迪逊还提到了“在涉及共同利益的问题上意见不一致”——比如在归化公民和保护知识产权方面的法律上——所带来的更广泛的问题。[12]

麦迪逊不仅希望扩大邦联国会的权力范围，而且希望阻止各州干涉国会权力。在这个问题上，麦迪逊举了一个例子：各州彼此之间单独商谈协定，还与印第安部落之间缔结协定（直接违反《邦联条例》），但他真正关心的问题是各州违背了邦联条约和国际法，他认为这是《邦联条例》之下常有之事。麦迪逊还反对各州干涉彼此的权力，特别是通过歧视性贸易管制影响其他州。尽管《邦联条例》并不明确禁止这样的行为，但是麦迪逊相信，这样的行为违背了《邦联条例》的精神，而且已经引发了报复性措施。[13] 129

要解决这些问题，必须通过有效的机制保障联邦的至高地位。在《邦联条例》之下，联盟体制“缺乏制裁和强制措施”，而“制裁正是法律观念的核心”。因此，《邦联条例》实际上“不过是众多独立和主权州之间的友好商务和同盟条约”。问题在于，“联盟的每一项法案，不可避免地都会给某些成员或者所有成员，带来不同程度的影响”，各州很自然地会偏袒自身利益。而且，“拼命取悦民众的那帮人，很自然也会夸大已经存在的不平等，甚至怀疑并不存在的不平等”。最后，“各州都不相信其他州会自愿遵守邦联政策，结果是谁也不遵守”。历史经验已经证明，《邦联条例》的起草者“对各州立法机构的正义感、良好信誉、荣誉感和正当政策，抱有错误的信心”。唯有法律制裁能确保“13个独立实体的一致和严格服从”。[14]

麦迪逊告诉华盛顿，一种可能的法律制裁措施当然是使用武力，“应该明确宣布政府拥有强制性权力”。不过他也承认，“运用武力压迫某个州的集体意志，既困难也令人难堪，并不可取，不到万不得已，不能采用”。保障联邦至高地位的更为缓和的措施，将是成立联邦司法机构。麦迪逊希望将国家的至高地位扩展至“联邦司法部门”。如果适用和解释联邦法律的法官只是州法官，而各州法官又由州立法机构任命，并宣誓忠于各州，“联邦法律的目的和国家的利益，很可能会败给讨好各州政策与各州偏见的州司法机构”。麦迪逊认为，“州法官宣誓时最起码应该在忠于本州宪法的基础上，忠于联邦宪法的内容，而且外国人和其他州居民为一方当事人的案件，还应该可以上诉至某些全国性司法机构”。[15]

麦迪逊想到的另一个主要创新举措是废除《邦联条例》确立的各州在国会中代表权平等原则。根据他所设想的新的政府框架，国会将有权直接针对个人——而不仅是各州——采取行动。为了体现这种变化，麦迪逊认为，国会的“代表权原则”应该改变。各州在邦联国会的平等代表权，对于大州虽说没有“公正”可言，但大州至少也足够“安全”，“因为它们拥有拒绝或者执行国会法案的自由，完全不受国会名义主权的控制”。换句话说，只要实施国会的决策需要依赖各州的协助，“各州在国会内平等的投票权，并不能打破各州在重要性和影响力上的不平等”。但是在新的体制之下，“联

邦权力的增强，将使其在行使权力时可以不受［各州］立法机构的 130
干涉，仍然让特拉华与马萨诸塞或者弗吉尼亚，在全国性立法机构中拥有同等的投票权”，这无论如何也说不过去。麦迪逊相信，全国性立法机构应该按照各州人口数量分配议席。[16]

麦迪逊很清楚自己这一提议的激进性质，但他相信，改变代表制原则不仅公正，而且可行，因为“多数州将会认为自己可以从中受益”。北方各州将会赞成这种改变，因为此刻“它们的人口数量就处于多数”；将来“南方各州预计人口也会急剧增加”。麦迪逊解释道，代表制的变化极为关键，因为“确立这一原则后，大州抵制联邦权力扩大的情绪将会极大地缓解”。因此，在麦迪逊心目中，根据人口数量分配立法机构席位，部分地是为了服务于更大的目标：扩大联邦政府的权力。他相信，一旦大州接受这种变化，小州将别无选择，只能“屈从主流意愿”。[17]

麦迪逊对《邦联条例》缺陷的最初解释，可能是将重点放在了邦联时期各州立法机构的不足上。除了一般地关注各州法律的“重复叠加”和“反复多变”外——已经成为“一大祸害”，麦迪逊尤其反对各州立法的“不公正”，这是“一个更为触目惊心的缺陷”。在此，麦迪逊明确指向的是18世纪80年代中期各州通过的发行纸币和减免债务立法，此前他就认为这样的举动“既不公平，也不明智，摧毁了公私信心”。[18]

麦迪逊将这种不公正的州立法部分归咎于立法者，他们受“野心”和“个人私利”驱使，而不顾“公共利益”。但是他也相信，这些立法背后的动机，“更关键也更多的是源自人民自己”。麦迪逊认为，潜在的问题在于，整个社会分裂成了“不同的利益组织和团体：债权人或者债务人——富人或者穷人，农民、商人或者工匠，他们分属于不同的宗教派别”。[19]

在麦迪逊看来，“政府的当务之急”是“在不同的利益团体和党派之间维持充分的中立，防止社会的一部分人侵犯另一部分人的权利；与此同时，政府又能充分控制自身，不至于攫取危害整个社会的利益”。尽管我们有理由相信，专制君主可能会“对自己的臣民保持充分的中立”，但这样的君主也“经常为了个人野心和私欲
131 牺牲臣民的幸福”。相比之下，共和政府中的多数派“掌握着制定法律的根本性权力”，无法限制多数派侵犯“少数派或者个人的权利与利益”。正如麦迪逊在密西西比河航运纠纷发生之时对门罗所说的，“如果多数派的利益成为政治上判断对错的标准”，那么“在任何团体中，多数派都可以奴役和掠夺少数派”。[20]

麦迪逊认为，解决多数暴政问题的最佳方案是“扩大政府的管辖范围”，即扩大联邦政府相对于各州的管辖范围。这样的权力转换，会“减轻私权的不安全感”，其中的原因，不是这样可以减少多数派干涉私权的冲动，而是“比起小国寡民，当政府的管辖范围扩大之后，更难形成或感受到共同的利益或激情”。在一个更大的地理范围内出现的共同体中，不可避免地会形成“更多种类的利益、追求和激情”。此外，在一个更辽阔的地域范围内，“也更难沟通和协调共同的情感”。[21]

而且，通过仔细的设计，也可以让联邦政府免受多数派带来的压力。比如选举公职人员的相关规定——选举的频率，民众是直接参与还是间接参与选举，选区的大小——都可以通过人为设计，“筛选出公众中最高尚、最纯洁的人”。在制宪会议前夕，麦迪逊给华盛顿写信说：“自从战争结束以来，国会代表们从未同意过使用纸币或者其他同类支付手段。”费城召开的这次会议有机会构造一个新形式的联邦政府，这种新形式的联邦政府更不容易受到普通民众所要求的救济措施的影响。[22]

麦迪逊逐步发展出的这种思想，认为联邦政府比州政府更能公正地处理党派纷争——他后来对杰斐逊说，“这种想法与当时理论家们的观点相冲突”——他还仔细考虑建立一些可能的机制，让联邦政府可以阻断不公正的州立法。1787年春，他与华盛顿、杰斐逊和伦道夫交流了自己当时的想法。[23]

麦迪逊得出的结论是：“关键是”必须让联邦立法机构拥有“在任何情况下，都可以否决各州立法的权力，正如大不列颠国王过去对殖民地立法所做的那样”。联邦否决权可以使国会“不仅能够保护国家权益免受外来侵犯，也能够防止各州之间的纠纷与内耗”。此外，它还将使国会可以控制“各州多变的内部政策，以及作为利 132
益相关者的多数派对少数派和个人权利的侵犯”——比如通过“印制纸币和采取其他不正当的措施”。简单地“从文字上”禁止各州立法机构通过这样的立法，还远远不够，因为“各州的立法主权将轻而易举地绕过国会的限制”。[24]

在费城会议上，麦迪逊认为联邦政府应拥有适当宽泛的权限，并一再为自己的这一观念辩护。当他的一些同僚提出，联邦政府的目标应该更狭窄时，麦迪逊表示反对，并重申联邦政府必须“提供有效的保障，保护私人权利和分配正义”。他坚持认为，各州对这些权利的干涉——他特别提到了发行纸币和救济债务人的措施——超越了其他任何因素，“是导致召开这次会议的主要原因”。麦迪逊怀疑，“在一些州如此滥用自由的情况下，共和政体的自由是否还可以长久存续下去”。扩大联邦政府的管辖范围并赋予其否决州立法的权力，是“维护民主政府形式与相关民主精神的唯一保障”。[25]

其他一些参会代表持相同观点，但麦迪逊似乎是他们之中唯一系统地阐释这种观点的人。会议之前，在写给伦道夫的一封信中，麦迪逊说：“我坚持认为，各州的个体独立与集中的主权国家理念绝对相互冲突。”然而，麦迪逊也意识到，只是简单地将各个州整合为一个无差别的国家，既“难以实现”也“不甚明智”。这次会议必须寻求一个中立地带，“可以立刻支撑起一个国家政权应有的至高权威，同时也能有效地保留地方权限，使得它们可以发挥从属性作用”。[26]

弗吉尼亚方案

制宪会议预定在5月14日召开，麦迪逊提前一个星期就到了费城。他还敦促一起参加此次会议的弗吉尼亚同伴——至少是伦道夫——提早到达费城——尽管这会影响原定的出行计划。提前到达费城后，弗吉尼亚州的代表就可以“准备一些会议工作会用到的材料”，从而抢占先机。大多数与会代表都姗姗来迟——华盛顿认为，这种拖延一开始就“使那些准时到达，同时不想无所事事地浪费自己时间的代表感到失望”。不过，这样的拖延给了麦迪逊额外的时间来为他计划的激进改革措施寻求支持。在会议代表达到法定人数之前，梅森在费城给
133 他的儿子写信说，弗吉尼亚代表每天都在一起商议两三个小时。伦道夫后来表示，在到达费城之前，他曾认为，“邦联并非像人们想象的那样，具有明显缺陷”，但在与其他代表进行了几次谈话之后，他转而相信，“邦联缺乏作为美国国家机构应有的任何活力”。[27]

提早到达的弗吉尼亚代表们也和从宾夕法尼亚来的代表们相互协商，后者全都来自费城，因此无须长途旅行便可在家门口参加会议（宾夕法尼亚州西部的人们为此抱怨不已）。他们之中包括一些声名卓著的政治人物——最值得一提的有本杰明·富兰克林、罗伯特·莫里斯和古文诺·莫里斯。后来证明，他们都同意麦迪逊的观点。这两个

大州的代表团以在富兰克林家中的晚餐为起点，开始讨论一项被梅森描述为“彻底颠覆现有联邦体制”的计划。大会开始时，麦迪逊称，他惊喜地发现，“整体而言，会议代表们竟然非常一致地认为我们的处境万分危急，并且大多反对修修补补式的权宜之策”。[28]

5月25日，来了七个州的代表团，大会达到开会需要的法定代表数量。在整个会议进程中，共有五十五名代表参与——当然，他们并非在同一时间与会。整体而言，这些代表均是才能非凡之人。富兰克林称，“他们是我这辈子见过的最让人敬畏的一群人”。麦迪逊也表示，这次大会在“某些方面，囊括了美国最值得尊敬的角色，而且在整体上，他们是各州能为这种场合贡献的最佳人才”。[29]

最终有十二个州派出了代表团。罗得岛州拒绝派代表参加，而麦迪逊对此并无不满：“如果罗得岛州真派代表来开会，他们很可能会带来本州的情绪，他们在会场也不会让我们高兴，也不会有助于会议的进展。”新罕布什尔的代表团直到7月下旬才抵达，而麦迪逊根本没指望他们能参加会议。“据说该州财政空虚，而动用私人资金来开会，既不方便也不可行。”[30]

代表们并不知道这项工作将花费他们多少时间。在会议开始时，梅森告诉他的儿子，大会也许要持续到7月以后。伦道夫计划将他的家人接到费城，因为他预计“自己将会在此滞留很长一段时间”。会议正式开始几周之后，北卡罗来纳州的代表报告，他们中的一些人已经派人去接妻子了，似乎是要开展“夏季竞选活动”。实际上，会议持续了将近四个月才结束，从5月25日到9月17日，除了礼拜天外，代表们每周都要花六天时间来开会。[31] 134

制宪会议一开始，代表们就选举华盛顿担任大会主席，并选举威廉·杰克逊（William Jackson，他当时并不是代表成员）担任会

议秘书，为会议做正式的记录。❶然后，他们又委任了一个委员会来设定会议规则。取得大家一致同意的首要会议规则规定：开会议
135 事的法定人数应至少包括七个州的代表团。表决由各代表团进行，表决时各州平等，每州一票，并根据出席大会的代表团的多数票做出会议决定。除此之外，大会还否决了由委员会提出的另一条规则：每个代表都有权要求对任何一项动议进行记名式表决。代表们显然都很认同乔治·梅森的说法，“这样记录与会代表们的观点，不利于他们表达自己的观点”，而且一旦会议的正式记录公布于众，记名式投票的记录将会“授人以柄，成为反对者用来攻击会议的口实”。代表还一致同意，如果提前一天预先告知，会议上已经议定的事情仍然可以重新审议。[32]

---

❶ 与随后几个州批准宪法的会议相比，我们对于费城制宪会议上代表们的发言和行动已经了解得足够多了——尤其是考虑到当时并没有速记员在场。除了杰克逊的正式会议记录外，麦迪逊也留有一份详细的记录，而且，他本人每天都在会场，从未缺席会议。至少还有其他十位代表的笔记也留存至今，但他们当中的许多人，只记录下了零星的会议发言，而且其中一些人并没有出席制宪会议的主要部分。例如，罗伯特·耶茨在7月10日离开费城之后，就再也没有返回会场。他的会议笔记，几乎与麦迪逊的记录一样详细，但却不是特别可靠，因为在他去世后，人们出版这部笔记时，出于政治目的而对其进行了编辑加工。

当我们已经了解到足够多的会议内容后，强调我们所掌握的这些知识的分量，就显得尤为重要了。据估计，即便是麦迪逊那样的相当详细的笔记，也无法捕捉到会议上发言内容的10%。他并没有逐字逐句地记录下发言的内容——即使他想这么做，他也不可能做得到——而是总结代表们的发言，在总结的过程中，他也经常强加进自己的想法。相比于其他留下会议记录的代表，麦迪逊还倾向于从代表们的发言中分析他们的情感。除此之外，对于他并不怎么感兴趣的话题，麦迪逊的笔记不出所料地并没有那么详细（例如有关联邦法院管辖权性质的话题）。在篇幅冗长的发言的结尾处，他的笔记记录也有所标记，而且麦迪逊还时不时地淡化了那些似乎惹恼了他的代表的贡献（尤其是来自南卡罗来纳州的查尔斯·平克尼）。从8月开始，麦迪逊的笔记就变得简略了。

此外，麦迪逊也不可能在发言的同时做记录，因此，他对于自己演讲内容的记录可能无法准确地反映当时他实际上说的话。将他的记录与其他代表的笔记进行比较，我们也能判断出麦迪逊倾向于在笔记中修正自己的发言，好让自己显得并不那么教条化。而且，对于其他批评他观点的代表的发言，他也不是最忠实的记录者，这一点毫不奇怪。（转下页）

最后，代表们不但同意对公众关上会场——宾夕法尼亚州议会大厦（现在是为人们所熟知的独立大厅）——的大门，还做出了保守秘密的承诺："未经许可，大会中的任何发言不得付印，不得出版，不得传播。"其后，代表们在很大程度上都一丝不苟地遵守着这份承诺。[33]

杰斐逊在获悉保密规则时十分不高兴，他告诉亚当斯，他感到很"遗憾，代表们竟然是以让与会代表们三缄其口这样令人憎恶的先例开始了他们的商议"。尽管杰斐逊承认"代表们动机纯洁"，但他还是认为，这充分暴露了代表们对于"公共讨论之价值的无知"。[34]

与杰斐逊相反的是，梅森在给他儿子的信里，为保密规则辩护：

（接上页）更有甚者，无论是在会议期间还是在会议之后，麦迪逊一直都在反复修订他的笔记。在会议期间，他会每周一到两次地把自己对会议的速写记录誊抄为更正式的记录。在誊抄刚记录下的会议记录时，总是更为详细一些，而且，他誊写的发言内容还不可避免地会被他后来所知道的种种事情所扭曲。举个例子，如果麦迪逊后来看到一项提议并没有起什么作用，他就不太可能做详细的记录。

8 月 21 日之后，麦迪逊就不再把自己的速写笔记完全誊抄下来，因为疾病和制宪会议最后几周的小组工作，已经耗尽了他的精力。1789—1790 年间，麦迪逊誊写了制宪会议最后几周的记录。但到那时，他已经很难辨识自己当时的笔迹，根本想不起会议的细节。

后来，大概是为刚从法国回来加入华盛顿政府的托马斯·杰斐逊着想，麦迪逊在 1789 年和 1790 年又修订了自己的笔记。之后，在 18 世纪 90 年代和自己刚刚卸任总统的 1817 年，他再次出于政治目的修改自己的记录。18 世纪 90 年代，他和杰斐逊创立了一个亲民主的、强调州权的政党，而杰克逊民主又在 19 世纪的最初 20 年横扫全国，因此麦迪逊在 1787 年所显示出的国家主义倾向与他对民众参与国家管理的怀疑态度，已经给他在政治上带来了极大的不便。麦迪逊在后来的一些场合修订自己的会议发言时，删掉了一些给他带来不便的段落。他可能还添加了一些不赞成奴隶制的评论，以表示自己在 8 月末的制宪会议上就有过这样的发言。现在已经不可能知道，麦迪逊在自己的笔记中记录的发言内容后来究竟改动了多少。

总之，尽管我们有一份详细记载了费城制宪会议的记录，我们也要意识到，我们所知道的内容仍有局限。参见 Mary Sarah Bilder, *Madison's Hand: Revising the Constitutional Convention* (Cambridge, MA, 2015)，各处，特别是 1–5, 19, 60–62, 66–84, 89, 91, 96, 101, 104, 114–118, 122–124, 127, 134, 137, 141–142, 146–150, 154–155, 179–192, 198–200, 214–218, 223, 226–228；另见 James H. Hutson, "The Creation of the Constitution: The Integrity of the Documentary Record," *Texas Law Review* (1986), 65:9–12, 24–35；下文，242–243 n. *。

“它是在制宪工作完成前，防止出现错误理解和歪曲事实的恰当预防措施。在未完成期间，一旦将宪法文本提交公众讨论，其中包含的部分粗略难解的内容，可能会使宪法呈现出与它本身完全不同的面目特征。”麦迪逊也为这条“慎重的”规则辩护，他的理由是，这样做不但可以“有效地保护讨论所必需的自由”，还能够“把制宪会议和社会都从数千种错误，甚至可能是恶意的报道中解救出来”。[35]

多年后，麦迪逊再次强烈维护保密规则，认为它对于制宪会议的成功至关重要。代表们“在会议中表达了各种各样的观点，而这些观点起初都是极其粗糙的，所以理应需要更长的时间来讨论”。而一种“愿意相互通融的精神”，是达成“任何统一意见”的必要
136 条件。如果代表们一开始就“公开自己的表态，那么之后，他们就会理所应当地认为应维护前后观点的一致性，从而要求自己必须保持立场”，即便他们早就改变了自己最初的想法，也无法改口。[36]

会议基本规则确立之后，最初提出动议、发起这次制宪会议的弗吉尼亚州行政首脑埃德蒙德·伦道夫❶，介绍了主要由麦迪逊起草

---

❶ 埃德蒙德·伦道夫1753年出生于弗吉尼亚州威廉斯堡的一个著名律师兼政治家家庭。读完威廉–玛丽学院后，他开始在父亲的办公室里研习法律。

1775年，身为效忠派的伦道夫父母离开美洲前往英格兰，而他则留在北美并投身革命事业。一定程度上，由于种植园主、弗吉尼亚商人本杰明·哈里森（他的儿子和孙子后来都成为美国总统）的推荐，乔治·华盛顿雇佣伦道夫担任自己的副官。本杰明认为伦道夫是“美利坚最聪明的年轻人之一”，但是担心他会因为父母的政治选择而受到处罚。然而，由于他那位担任大陆会议第一届主席的叔父佩顿·伦道夫（Peyton Randolph）突然离世，伦道夫被迫离开军队，运送叔父的遗体回家并处理后事。

1776年，伦道夫成为起草弗吉尼亚宪法的州制宪会议中最年轻的代表，并出任该州第一任司法总长，还两次被任命为大陆会议代表，而正是在大陆会议上，他与同行的弗吉尼亚代表詹姆斯·麦迪逊结下了长达一生的深厚友谊。1786年，弗吉尼亚立法机关选举伦道夫担任弗吉尼亚州州长，他同时还是弗吉尼亚州派往安纳波利斯会议的委员之一。当时的人评价伦道夫的性格品质时称，他是“美利坚最具才华和影响力的卓越青年之一”，以及“集学者和政治家能力于一身的年轻绅士”。（转下页）

图 3.2 弗吉尼亚州州长埃德蒙德·伦道夫，他后来在弗吉尼亚州批准宪法的过程中，为联邦党人提供了关键性支持，并在华盛顿任总统时，成为美国的第一任司法总长。

的政府框架方案。这份方案很快被称为“弗吉尼亚方案”，由此产生 137
的决议，也成为这次会议的第一项实质性成果，并一直是会议期间的讨论焦点。[37]

伦道夫向制宪会议代表解释道，弗吉尼亚方案针对的是《邦联条例》的缺陷。他特意避免诋毁《邦联条例》缔造者——“那些睿智伟人”的能力，“面对相互猜忌的拥有主权的各州”，当时的人可能也想不出更好的办法。伦道夫解释道，起草《邦联条例》的人无

（接上页）尽管在费城制宪会议一开始，伦道夫就提出了弗吉尼亚方案，但是正如我们所看到的那样，到会议结束时，他是拒绝在宪法上签字的三位代表之一。1787 年末，当弗吉尼亚为是否批准宪法而争辩时，伦道夫发表了一封信，解释自己在费城会议上的行为。除了说明他对于宪法的主要反对意见外，伦道夫在信中还解释道，尽管他希望能够在弗吉尼亚批准宪法之前制定修正案，但是如果坚持先制定修正案会危害到联邦，他愿意支持无条件地批准宪法。然后，在 1788 年 6 月弗吉尼亚州批准宪法的大会上，伦道夫又站出来表示自己支持批准宪法，因为在批准宪法的进程中，有八个州已经走在了弗吉尼亚前面，如果弗吉尼亚州现在还坚持先制定修正案再批准宪法，就太晚了。反联邦派由此认为伦道夫变化不定、反复无常，并对此十分恼怒。帕特里克·亨利还在弗吉尼亚批准宪法的会议上激烈地抨击伦道夫。几年后，杰斐逊也表达了类似的观点，称伦道夫是“我见过的最差劲的变色龙，一点也没有自己的本色，只能反射离他最近的颜色”。（转下页）

法预知未来，不能预计到邦联摊派制度的无能和无效、邦联国会无法偿付外债、各州之间商业贸易混乱、谢斯反叛、各州违反邦联的
138 条约义务，以及“纸币的巨大破坏性”。[38]

然而，伦道夫坚持认为《邦联条例》具有严重缺陷，并逐条罗列。邦联国会缺乏独立招募军队的权力，各州民兵不足以防卫国家安全，征兵需要钱，而国会又没有钱，这都使得美国无法抵御外来入侵。邦联国会无权阻止各州违背邦联政府签订的条约或是国家法，这就意味着，“有些州可能会因为自己的行为而引发不受控制的战争”。邦联国会既“无权遏制各州之间的争吵”，也无法压制内部的叛乱。邦联国会不能“采取反制措施……回应其他国家的商业制裁”，也无力征收“有效的进口税”。《邦联条例》的地位甚至低于各州宪法，因为《邦联条例》是由各州立法机构——而非人民批准的。最后，伦道夫警告道，“政府的普遍无能，会导致无政府式的混乱”。[39]

伦道夫相信，要解决上面所列举的这些弊端，必须依靠“共和原则”，然后，他引出了弗吉尼亚方案。这份方案的第一条言不由衷地表示，只需“校正和扩大”《邦联条例》的范围，便可达到其

（接上页）1789 年，华盛顿任命伦道夫出任美国第一任司法总长，并且他成为总统的亲密顾问，起草了华盛顿的许多演讲稿。1793 年，杰斐逊辞去国务卿职务后，伦道夫接替了他的职位。在担任国务卿期间，他不仅反对 1794 年任命约翰·杰伊出任驻英特使，还反对批准杰伊谈判签订的那份富有争议的条约。1795 年，华盛顿从截获的法国驻美公使发回的报告内容判断，伦道夫泄露了一些敏感信息，迫使他离职（当代的学术研究成果显示，伦道夫没做错任何事）。伦道夫后来发表了两篇关于自己行为的“辩护词”，认为这是英国人为了让他离职而实施的阴谋，但是伦道夫没有采取其他行动来挽回自己的名誉。参见 American National Biography Online; Kaminski and Moore, *An Assembly of Demigods*, 190–194［引文来自 1775 年 7 月 23 日本杰明·哈里森致乔治·华盛顿（“美利坚最聪明的”），190；Louis-Guillaume Otto's *Biographies* (fall 1788)（“美利坚最具才华”），192；William Pierce's *Sketches*（“集学者和政治家”），190；1793 年 8 月 11 日杰斐逊致麦迪逊（“我见过的”），192］。

目标——"共同的防务、自由的保障和普遍的福利"。但是弗吉尼亚方案的余下部分，实际上是完全否决了《邦联条例》。[40]

弗吉尼亚方案提出，国家的立法机构将由两院组成——这完全不同于邦联国会。立法机构的代表将"根据各州的贡献，或者各州自由人口的数量，按比例选举产生，至于采取哪种选举标准，视情况择优而定"。如此一来，尽管选举立法机构代表的方案还不明朗，但是弗吉尼亚方案明显否定了《邦联条例》的各州在国会的平等投票权条款。[41]

立法机构第一院的代表将由各州人民选举产生，任期长度尚不确定，但是在任期结束后，需要强制轮替。在任期内，各州也可以召回自己派出的代表。第二院由各州的下院选举产生，其候选人由州立法机构提名。弗吉尼亚方案并没有规定第二院代表的具体任期，只是表示，他们的"任期应该足够长，以便保持自身的独立性"。[42]

国家立法机构应该拥有邦联国会所拥有的一切立法权力，而且，还应该有权"在单个州无法采取行动的情况下，或是在单个州立法会打乱美国的内部和谐之时，制定全国性立法"。国家立法机构还应该有权"否决各州通过的违反国家法律和联盟条款的法律"（比麦迪逊在自己的信中支持的否决权范围更窄）。最后，国会还应该有权"召 139
集联盟的武装力量，迫使联盟成员履行自己的条款义务"。[43]

弗吉尼亚方案还提出，全国的行政机构应该由国家立法机构选举产生，且只能担任一届，任期未定。行政机构拥有"执行全国法律的权力"，同时"享有邦联赋予国会的行政权"（比如说交战和签订条约的权力）。行政机构与"一定数量"的联邦法官组成"审查委员会"，有权否决国家立法机构的任何立法，包括它对各州立法的否决。国家立法机构两院的一定数量代表联合起来，也可以推翻"审查委员会"的否决。[44]

弗吉尼亚方案还要求建立一个全国性司法机构，“由国家立法机构挑选法官，设立一个或多个最高法院、若干下级法院；法官任职期间须行为端正”，薪水固定，任职期间不增不减。联邦法院的管辖范围包括海上的海盗和犯罪行为、捕获敌方船只案件、与外国人和多个州的公民“利益相关”的案件，还有涉及全国性税收的案件、涉及“国家安全和谐”的问题，以及弹劾国家官员的案件。[45]

此外，弗吉尼亚方案还提出了吸收“合法地出现在美国领土范围内”的新州的条件（《邦联条例》并无此类规定）。美国应该保证各州实行共和政体，在必要之时，可以不经国会的同意，以修正案的形式增加这一条。州立法、行政和司法官员都应宣誓支持“联盟条例”（也就是新宪法）。最后，这次会议提出的《邦联条例》修正案，得到国会同意之后，将提交给各州立法机构召集的特别大会审议，大会代表由民众选举产生。[46]

尽管弗吉尼亚方案完全脱离了《邦联条例》，但这份方案却误导性地表示，它只是要“校正和扩大”《邦联条例》的范围，以便更好地实现其目标。事实上，弗吉尼亚方案等于彻底颠覆了现状。国会将有权在需要全国统一行动或是各州的监管成效遭遇集体行动阻碍的情况下立法。这样的授权足够宽泛，足以囊括征税和管理州际商贸的权力。在《邦联条例》之下，绝不存在否决各州立法的权力——甚至都没有公开提过这样的改革方案。《邦联条例》的核心原则——各州拥有平等投票权——也被弗吉尼亚方案所提出的国会选举办法
140 彻底颠覆了。而且，根据《邦联条例》规定，国会代表由各州议会选举产生，国会代表是联盟的主要官员。而弗吉尼亚方案只考虑让各州尽量少参与选举国家政府机构：由民众选举立法机构的下议院代表，再由下议院选举上议院代表（由各州议会提名候选人），然后

由立法机构选举产生行政机构。弗吉尼亚方案还创建了联邦行政机构和一整套联邦法院体系——这两者都是《邦联条例》所没有的。[47]

伦道夫提出弗吉尼亚方案的第二天，宾夕法尼亚州代表古文诺·莫里斯就让他用另外三条取代弗吉尼亚方案中言不由衷的第一条：该条声称弗吉尼亚方案只是想纠正和扩充《邦联条例》。莫里斯提出的三条直接承认，“仅仅建立一个联盟性政府”是不够的，要以具有“至高”地位的“全国性”政府来取代它。莫里斯解释道，联盟性政府“仅仅是靠各个团体的诚意联系在一起”，全国性政府则是“一个完整的、强制性的整体”。[48]

一些代表立即提出了合法性方面的异议。邦联国会批准召开的这次会议，“唯一而明确的目的就是修改《邦联条例》”，有两个州对其代表团做出了类似的限制。来自南卡罗来纳州的查尔斯·科茨沃斯·平克尼（Charles Cotesworth Pinckney）警告，如果代表们现在宣布，联盟无法实现《邦联条例》列举的重要目标，然后公开地“宣称，这次会议并非是在邦联国会的授权之下采取的行动”，这就意味着，“他们的工作到头了”。来自马萨诸塞州的埃尔布里奇·格里❶表示同意：他所在州的代表团得到明确指令，必须根据邦联国 141

❶ 格里1744年出生于马萨诸塞州的马布尔黑德，其父亲是来自英国的移民，也是成功的船长和商人，通过向西印度群岛和南欧运送干鳕鱼而发财致富。格里1765年毕业于哈佛大学，后回到家乡，参与他父亲的事业。

在18世纪70年代上半期，格里卷入了当地的政治活动，参加马布尔黑德委员会，执行抵制从英国进口货物的政策，并在《强制法案》(《不可容忍法令》）关闭波士顿港口时募集和分发捐助物资。他还代表所在的城镇参加殖民地立法机构和另立的马萨诸塞地区议会，并协助民兵组织收集物资，这些民兵是为了准备与英国的武装冲突而组建的。

1776年，格里被任命为大陆会议的马萨诸塞州代表，在大陆会议上，他是美国独立的早期积极倡导者。他在大陆会议的同僚约翰·亚当斯称他是“一个有巨大价值的人”，并宣称：“如果这里的每个人都像格里，美国的自由将不受地狱之门的威胁。”在1776年至1785年邦联国会的大部分时间里，格里都是一个有影响力的成员，他非常关注军队的供给和财政金融问题，包括从欧洲募集军事补给品，他很好地利用了自己在欧洲的商业联系。格里在国会中强烈反对和平时期保持军队。（转下页）

会的指示行动。他认为，“无论是这次会议能够创设一个完全不同形式的政府，还是邦联国会自身有权通过这个会议制定的决议，都是值得怀疑的”。[49]

在接下来的几周里，其他代表也提出了类似的担忧，他们担心自己的行动超过他们获得的授权。例如，纽约州代表小约翰·兰辛
142 （John Lansing, Jr.）反对弗吉尼亚方案，因为他“坚决认为，这次会议的权限仅限于就联盟的性质提出修正案，并以此作为联盟政府存续的基础”。来自新泽西州的威廉·佩特森（William Paterson）同样认为，“美国人民目光锐利，不会上当受骗”，如果他们的行动超过了他们得到的授权，民众就会指责代表们“越权”。佩特森提出，代表们所得到的授权，“给他们的行动奠定了基调”，他们“作为13个独立主权州的代表”被派到这里，“为的是建立联盟”，而不是“交出他们的主权，形成一个国家”。[50]

（接上页）1785年，格里退休，回归私人生活，结了婚，从马布尔黑德搬到了马萨诸塞州的剑桥，在那里他买了一栋漂亮的乔治时代风格的宅邸，这栋房子原来属于殖民地时期最后一任皇家副总督，在美国革命战争期间被马萨诸塞州没收了（也就是今天的爱姆伍德，哈佛大学校长的官邸）。然而，谢斯反叛向格里展示了民主的无政府主义倾向，促使他重新进入政坛，并接受了担任马萨诸塞州代表，到费城开会的任命。

在费城，正如我们将要看到的那样，格里积极参与会议辩论，可是他的同事威廉·皮尔斯把他描述为一个“犹豫而费力的演说家”。格里在会上提出了一些针对民主的最尖锐的批评，反对总统甚至是众议院普选。然而，与许多代表同行不同的是，格里既对民主深怀恐惧，也不信任精英阶层。比如，他就很担心辛辛那提协会可能会渴望在美国建立贵族或君主政体。正因如此，格里强烈支持每年选举国会议员，明确列举国会的权力，并严格限制在和平时期保留常备军。他还担任委员会主席，提出了大州和小州之间在立法机关分配代表席位上的关键性妥协，如果没有这次妥协，制宪会议很有可能会失败。在会议结束的时候，格里是三名拒绝在宪法上签字的代表之一，另外两位是梅森和伦道夫。

在制宪会议结束之后不久，格里写了一封信，列举了他反对批准宪法的理由，他的反对意见广为流传，很快成为反联邦主义者对宪法的权威批评。在批准宪法的争论过程中，他经常成为联邦党人攻击的目标，比如，有人指责他试图在会议上通过一项宪法条款，要求按照面值赎回大陆券，而据说格里已经购买了大量的大陆券。（转下页）

图 3.3　来自马萨诸塞州的埃尔布里奇·格里在费城制宪会议上发挥了杰出作用，但他拒绝在宪法上签字，后来成为反联邦党人的主要领导人。

伦道夫回应道，这样的指责毫无道理："共和国的存续处于危险之中，如果我们不提出必要的改革措施，就是叛国。"根据麦迪逊的笔记，伦道夫"用浓烈的笔调，描绘了现存联盟的无能和拖延重大改革的危害性"。他宣称，现在已经到了"特殊时刻，必须摒

（接上页）1788 年，格里在马萨诸塞州的州长竞选中失利后，当选为美国第一届国会众议院议员，在众议院，他比麦迪逊更强烈地要求制定宪法修正案，而麦迪逊则牢牢地掌握着修正案的进程，并且倾向于支持格里。从 1789 年到 1793 年任职众议院期间，格里一直是财政部长亚历山大·汉密尔顿财政政策的有力支持者。

1797 年，一直仰慕格里的老朋友——约翰·亚当斯总统，任命格里为外交使团成员前往法国，这一事件后来史称"XYZ 事件"，几乎引发了一场战争。1800 年，格里对联邦党人准备与法国作战所进行的军事准备深表忧虑，最终摆脱了他对党派标签的厌恶，加入杰斐逊派的民主共和党，并竞选马萨诸塞州州长。但他在这次和随后一次的竞选中都失败了，最终在 1810 年当选州长。在 1812 年春竞选连任失败后，格里坚定地支持那年夏天与英国爆发的战争，在那年秋天的选举中，他获得了党内副总统的提名，与在任总统詹姆斯·麦迪逊一起竞选，并当选副总统，直到 1814 年在任上去世。参见 American National Biography Online; Maier, *Ratification*, 50–51; Beeman, *Plain*, *Honest Men*, 111–114; Kaminski and Moore, *An Assembly of Demigods*, 37–48［引用 1776 年 7 月 15 日亚当斯致詹姆斯·沃伦（"一个有巨大价值的人"和"如果这里"）; William Pierce, *Sketches*（"犹豫而费力"）］。总体参见 George AthanBillias, *Elbridge Gerry: Founding Father and Republican Statesman* (New York, 1976)。

143 弃传统的谨小慎微”。[51]

汉密尔顿支持伦道夫的立场：“在这个紧急时刻，我们应该为我们国家的幸福，采取一切必要措施。各州派我们到这里来，为的是解决联盟的迫切需要。仅仅因为我们没有得到明确的授权，就提出无法满足紧急需要的方案，这无异于为了手段而牺牲目的。”汉密尔顿认为，不管怎么说，代表们获得的追求“优良政府”的指示，授权他们可以脱离《邦联条例》的束缚。来自宾夕法尼亚州的詹姆斯·威尔逊（James Wilson）为大会实行弗吉尼亚方案的建议，提供了一个稍微不同的辩护理由：尽管邦联国会的限制性指令，“规定了会议的权限，但他认为自己虽然无权决定任何事情，但却拥有充分的自由提出任何方案”。[52]

其他许多代表也有类似表示。他们中的大多数显然没有被会议合法性方面的反对意见所吓倒。当会议就是否建立一个全国性——而非联盟性政府举行第一次投票时，在场的七个州代表团中有六个投票赞同废除《邦联条例》。那些赞成在《邦联条例》框架内行动的代表明显是少数，❶以致兰辛告诉他的兄弟，他们“没有任何获胜的希望”，而且，他正在考虑，“现在离开会场是否合适”（他很快就这么做了）。[53]

扩大联邦政府的权力

制宪会议结束后，麦迪逊向杰斐逊报告称，代表们基本同意

---

❶ 本章的结论探讨了在费城制宪会议上，为什么反对具有国家化倾向的弗吉尼亚方案的人明显比较少。

图 3.4　来自特拉华州的约翰·迪金森是美国革命一代中的宣传领袖、政治思想家和政治领袖。

“任何建立于主权州联盟基础之上的政府体制，都不能保证实现联邦的目标”。他们接受弗吉尼亚方案——以及弗吉尼亚方案提出次日通过的明确决议——作为审议的起点时，表现出了惊人的国家主义视角。[54]

当然，费城会议上也有些代表攻击弗吉尼亚方案，捍卫州主权观念，并坚持认为应该修改而不是废除《邦联条例》。来自康涅狄格州的奥利弗·埃尔斯沃斯（Oliver Ellsworth）提出了自己的疑问：难道仅仅“因为我们发现了现有邦联的缺陷，我们就必须推倒整个建筑、基础和其他一切材料，以便建立一种完全不同的、彻底改头换面的制度框架”？埃尔斯沃斯坚持认为，美国国内的幸福“非常依赖各州政府，这正如新生的婴儿需要依靠母亲的营养一样”。佩  144
特森也警告，民众还没有准备好“接受一个完全不同于目前联盟的全国性政府”，“邦联的主权由组成邦联的成员拥有”。来自特拉华州的约翰·迪金森（John Dickinson）曾在起草《邦联条例》的过程中发挥重要作用，他坚持说，他“无意像某些先生们想做的那样，废除各州政府”。他认为，“这个国家的幸福需要将强大的力量保留在各州手中”。[55]

有些代表特别反对弗吉尼亚方案授予国会“在单个州无法采取行动的情况下，或是在单个州立法会打乱美国的内部和谐之时，制定全国性立法”的巨大权力。为了抗议这种语言的模糊性，两位南卡罗来纳州代表要求“详细列举”国会的权力。伦道夫否认自己曾打算赋予国会“无限的权力”，他解释道，与会代表应首先就一般原则达成一致，稍后再讨论细节问题。

145 但是，伦道夫没能说服来自康涅狄格州的罗杰·谢尔曼（Roger Sherman）❶，谢尔曼是国家主义者在制宪会议上的主要对手，他坚信，“联盟的目标”非常有限——主要局限于对外关系和解决内部纠纷——而且应该明确界定。[56]

对此，詹姆斯·威尔逊❷抗议说，“不可能列举联邦立法机关应该拥有的所有权力”。麦迪逊表示，尽管他来参加这次会议时，“曾强烈倾向于支持列举和界定”国会的权力，但自从制宪会议开幕以
146 后，他“越来越强烈地怀疑这样列举是否可行”。实际上，在后来的

---

❶ 1787 年时，谢尔曼 66 岁，是制宪会议上第二年迈的成员（仅次于富兰克林）。他原先是一名鞋匠，后来出任过州和联邦政府部门的多种公职，并曾参与起草《独立宣言》和《邦联条例》。在《邦联条例》时期，谢尔曼支持授权邦联国会管理贸易、征收税款。但在费城会议上，他也与其他代表一样，承诺保护各州的特权。正如我们将要看到的那样，谢尔曼在最终保证会议走向成功的妥协中发挥了很大的作用。具有讽刺意味的是，他是因为康涅狄格州立法机构任命的另一位会议代表拒绝出席而获得替补参会机会。参见 Kaminski and Moore, *An Assembly of Demigods*, 251; Introduction, DHRC, 3:327。

❷ 威尔逊于 1742 年出生于苏格兰，在圣安德鲁斯接受的教会教育，在那里，他学习了苏格兰启蒙思想家的理论，其中包括大卫·休谟（David Hume）和亚当·斯密（Adam Smith）。18 世纪 60 年代中期，威尔逊移民美国，跟随约翰·迪金森学习法律，随后在费城学院（后来的宾夕法尼亚大学）担任教师。1774 年，他发行了一本颇具影响力的小册子，否认美国应该在政治上服从英国议会管理（但是可以宣誓效忠于国王），从而在政治领域崭露头角。威尔逊是出席 1775 年第二届大陆会议的宾夕法尼亚州代表，虽然他最初反对独立运动，但最终还是在《独立宣言》上签字。在 18 世纪 80 年代，他支持宾夕法尼亚州激进的民主宪法，他在邦联国会担任过几届代表，支持建立北美银行，赞成扩大邦联国会的权力。（转下页）

会议中，他坚持认为，在国会和各州的权力之间划出一条界线，几乎“不可能做到”。❶汉密尔顿也同样否认“可以在国家和各州立法机构之间划条界线”。因为各州可以轻易地利用任何列举的权力限制来“逐步破坏”全国性政府，因此，我们有必要赋予国会以“无限的权力”。在制宪会议早期，各州代表团一致同意（只有一个州代表团的意见不一致）弗吉尼亚方案对国会权力的界定，不过，许多代表明确希望成立一个细则委员会，将弗吉尼亚方案的广泛授权具体化为确定的权力条款。[57]

在会议后期，伦道夫自己对弗吉尼亚方案在如何分配上议院席位的问题上的失败也很不满，他坚持认为，必须将弗吉尼亚方案对于

（接上页）在费城制宪会议上，威尔逊是三四个最重要的代表之一。根据威廉·皮尔斯的描述，“威尔逊的法律和政治知识位列前茅”。政府是他的“研究专长，他知晓世界上所有政治体制的细节”。皮尔斯说：没有代表“比威尔逊思路更清晰、学识更丰富、考虑更全面，但威尔逊不是伟大的演说家。他不是凭口才，而是运用自己的推理能力来吸引大家的关注”。正如我们所看到的那样，威尔逊是费城会议上最强烈地支持国家权力的代表之一；他还为设计一个强大的行政分支做出了卓越贡献，并热情地支持联邦拥有否决各州立法的权力。与他的同事相比，威尔逊更支持民众直接参与选举参议员和总统。

制宪会议结束后，正如我们将要看到的那样，威尔逊在支持宾夕法尼亚州批准新宪法方面发挥了卓越的作用。宪法批准后，他成为美国最高法院最初的 6 名大法官之一，同时也是美国第一批法学教授之一，任教于费城学院。然而，威尔逊在土地问题上，有着约翰·亚当斯称之为“狂热投机”的长期癖好，这最终导致了他的失败。1797 年，尽管他还是最高法院大法官，却因债务问题在费城的监狱里度过了一段时间。他在最高法院的一个同事写道，威尔逊的儿子偿还了债务后，他才得以释放。威尔逊随后逃往北卡罗来纳，“躲开自己的债权人”。1798 年，威尔逊死于中风。时人评论，“对于这样一位杰出人物而言，这是多么悲惨的结局，一片乌云笼罩了如此光彩夺目的生命的最后几天”。参见 Kaminski and Moore, *An Assembly of Demigods*, 150–153［引自 Pierce's *Sketches*, 150；1796 年 3 月 5 日约翰·亚当斯致阿比盖尔·亚当斯（“狂热投机”），52；1797 年 8 月 11 日詹姆斯·艾德尔致汉娜·艾德尔（Hannah Iredell）（“躲开自己的债权人”），153；及 1798 年 9 月 8 日雅各布·拉什致本杰明·拉什（“对于这样一位”），153］。

❶ 暮年时的麦迪逊坚持说，他从未想着要“宽泛地描述”弗吉尼亚方案中的相关规定，“以便立法机构能掌握范围无限的自由裁量权”。他还说他一贯希望制宪会议最终能限制和界定国会的权力。麦迪逊是记错了。参见麦迪逊致约翰·泰勒（John Tyler）（无日期、未寄出），*Farrand*, 3:526–527。

国会权力的宽泛用语，转化为具体的列举性权力。当细则委员会❶在8月6日提交宪法草案初稿时——伦道夫起草了委员会报告的初稿——就是这么写的，就连最极端的国家主义者也没有提出反对意见。[58]

有了这些明确列举的权力，会议代表们相信，他们补救了《邦联条例》中那些最明显的疏漏。到1787年，绝大多数美国政治领导人都认为邦联国会的摊派制度是一场灾难，国会必须获得独立的税收权力。正如汉密尔顿在制宪会议上所解释的那样，摊派制度的问题在于，各州可以“因为支持或者反对［邦联国会的目标］而接受或者不接受
147 摊派”，“任何一州不缴纳摊派份额，都会引起其他州的跟从”。而且，对个人征税要比强制各州摊派份额容易得多。可以将那些没有缴纳税款的人关进监狱，而对于反抗不从的州，最终的手段只能是战争。[59]

事实上，几乎就在汉密尔顿谴责邦联政府摊派体制的大约三周前，梅森就曾解释道——根据麦迪逊的记录，是“非常中肯地”解释道，这正是强迫各州政府服从时所面临的内在困难。这使得麦迪逊很快就同意放弃弗吉尼亚方案中授权联邦政府“征召联邦武装力量”压制不服从命令各州的条款。❷麦迪逊承认，“他对使用武力问

❶ 在制宪会议的前两个月，代表们组成了“全体委员会”，辩论和修改根据弗吉尼亚方案提出的各条决议。7月23日，他们任命了一个“细则委员会”，将形成的决议草拟成宪法文本。“细则委员会”由以下五名代表组成：伦道夫、威尔逊、埃尔斯沃斯、来自南卡罗来纳州的约翰·拉特利奇与来自马萨诸塞州的纳撒尼尔·戈勒姆。制宪会议于7月26日至8月6日休会，以便“细则委员会”能够完成工作。事实证明，这项工作不完全是整理代表们所赞同的各项决议。在8月份余下的时间里，会议代表们一直在讨论“细则委员会”的这份报告。正如我们将在第四章中所看到的那样，“细则委员会”在涉及奴隶问题上的提议，尤其具有争议性。参见 Beeman, *Plain, Honest Men*, 246–247, 263–276。

❷ 1860年，詹姆斯·布坎南（James Buchanan）总统引述费城制宪会议拒绝接受弗吉尼亚方案中关于使用武力压制不服从命令各州的规定，论证自己认为国会无权以武力迫使分离的各州留在联邦之内。参见 James Buchanan, Fourth Annual Message (Dec. 3, 1860), in *Works of James Buchanan* (John Bassett Moore, ed., Philadelphia, 1910), 11:18–19; 另见 Jesse T. Carpenter, *The South as a Conscious Minority, 1789–1861: A Study in Political Thought* (New York, 1930), 214–216。

题思考越多，就越怀疑将武力用在集体而非个人身上的可行性、正义性和有效性”。“对一个州”使用武力，“看上去更像是一种宣战而非惩罚，而且很有可能会被受到攻击的一方认为是在解除先前将各州连接在一起的所有契约”。[60]

汉密尔顿也认为，强制性政府制度完全是“乌托邦式的”，如何能够强制一个像弗吉尼亚这样大而强的州呢？如果要强制这样的大州，势必需要援引外国力量的协助，但是请求外国援助将会“肢解联盟并摧毁你们的自由”。代表们一致同意授权国会征税，而不是简单地要求各州摊派资金——这就不需要强制各州服从了。代表们的征税共识非常强烈，以至于很少讨论这个问题。[61]

代表们不仅倾向于授予国会征税权，反对摊派份额制度，而且还拒绝了规定征税期限和数额的提法（不过，正如我们将在本书第四章中所要看到的那样，他们在奴隶制问题上限制了国会的征税权）。一些代表确实提出了限制征税权的条款。梅森就建议限制征税的期限，因为“永久性征税……必将破坏任何一个国家的自由”。谢尔曼提议，将国会的征税权“限制在征收贸易税方面”，而不允许“拥有征收直接税的权力”。马里兰州代表路德·马丁（Luther Martin）建议，只允许国会在“绝对需要”的情况下征收直接税，比如土地税和人头税，以补充间接税收之不足。而且，只有当一个州未能足额缴纳摊派份额时，国会才能使用这种征税权力。这种限制征税权的提议没有得到与会代表的任何有力支持。相反，代表们授予国会巨大的税收权力——比邦联时期任何的公开提议都要广泛得多，而且税收范围广泛，以至于在批准宪法的斗争过程中引起激 148
烈的反对意见。[62]

有效的全国性政府需要能够从公民身上获取的不仅仅是税收，还有军事力量所需的人力。《邦联条例》限制国会以与摊派份额募集资金一样的方式，要求各州提供军队（只不过，各州提供军队的数量是以各州的白人数量为基础，而各州缴纳摊派的份额是以各州的土地价值为基础）。参加费城会议的代表一致认为，国会必须拥有维持陆军和海军力量的无限权力。查尔斯·科茨沃斯·平克尼在独立战争期间曾是一名大陆军军官，参加过重大战役，他表示“自己对民兵信心不足”，他指出，“美国已经做了一场……没有真正常备军的试验”，其结果是“快速地走向无政府状态”（暗指谢斯反叛）。1/4个世纪之后回看制宪会议，古文诺·莫里斯回忆说，“那些经历过革命风暴洗礼的人，对这种事件的后果再清楚不过了，他们知道，依靠民兵无异于依靠一根折断的芦苇”。[63]

埃尔布里奇·格里曾在独立革命战争结束后强烈反对维持一支常备军，他反对说，“军队在和平时期乃是危险之物”。格里预言，如果在和平时期允许维持“数量不受限制的军队”，将会激起“巨大的反对意见”。他提议，将和平时期的常备军队限制在2 000~3 000名士兵的规模。谢尔曼表示赞同，他也认为应该限制和平时期军队的规模和存续期限。[64]

但是制宪会议拒绝采纳这样的反对意见，后来并没有从数量或者其他方面限制国会在和平时期维持常备军队的权力。汉密尔顿解释道，根据《邦联条例》，在正式宣战之前，邦联国会“不征召军队、武装船只。因此，在敌人出现于家门口之前，不能采取任何准备措施。这是多么不明智和不充分的权力”！来自新泽西州的乔纳森·戴顿（Jonathan Dayton）也同意，要在和平时期做好战争准备。来自新罕布什尔州的约翰·兰登（John Langdon）提出，人民选举的代表理应获得组建军队的不受限制的权力。当然，制宪会议也向格里这样的反对者做出了小小让步，会议一致认为，国会给军方的拨款以两年为限。但代表们甚至拒绝象征性地对常备军表示不信任。

梅森曾提出一项条款，授权国会控制各州民兵，认为这样能更好地保障“民众的自由，对抗在和平时期维持常备军所带来的危险”。但是代表们拒绝了他的这项提议。[65]

除了授予国会不受限制地维持陆海军的权力外，制宪会议还授予国会在面临叛乱或者外敌入侵之时，将各州民兵武装收归联邦控
制的权力。梅森不赞成维持常备军队，他认为，授予国会管理民兵 149
的宽泛权力，可以避免在和平时期维持常备军的要求。查尔斯·科茨沃斯·平克尼辩驳道，如果国会没有足够的权力统一装备和训练军队，临时征召各州民兵为联邦服务也没多大价值。[66]

然而，那些念念不忘州权的代表反对上述观点，他们认为，如果国会拥有了全面掌控各州民兵的绝对权力，各州的权力“就会慢慢消失殆尽”。谢尔曼提出，“各州需要军队来镇压叛乱和击退侵略，并用军队来确保各自法律的实施”。埃尔斯沃斯建议，把国会统一装备和训练民兵的权力，限制在征召民兵为联邦服务或者州政府疏于训练管理之时。迪金森警告，“州不会也不应该放弃自己对于民兵的控制权力”，与此同时，他还建议国会每次只能训练、掌控1/4的州民兵。[67]

麦迪逊强烈反对上述限制措施：管理军队的权力必须归属于负责公共防御的机构——国会，这种权力绝对不能分属于两个不同的权力机构。麦迪逊反问，既然各州相信联邦政府有权管理“公共财政”，为什么不能把“掌管公共武装的权力也放心地交给国会呢”？[68]

制宪会议最后把军事问题提交给一个委员会，委员会拿出了一个折中方案：国会可以组织、装备、训练民兵，但是各州拥有任命长官、根据国会纪律要求提供培训的权力。格里反对这个提案，他认为，这会“让各州只能培训而无法控制军人”；他警告，马萨诸塞的公民会认为，将控制州民兵的权力移交给国会，是一种专制制

度。马丁同意他的意见。[69]

麦迪逊回应道，各州已经忽视了有效地训练各自民兵组织的职责——伦道夫将其归因于各州“过于讨好民众的喜好，以致不能推行严格的军事纪律”。麦迪逊预计，当分散的各州结成一个联邦又不大需要各自的军队提供防务时，军队就会变得更加松散。伦道夫认为，只要州控制了军事长官的任免权，就可以由国会来控制军队。制宪会议以压倒性的多数同意了委员会的上述方案。虽然代表们反对麦迪逊提出的建议——只让各州拥有任命低级军事长官的权力，但他们没有限制国会征召各州民兵为联邦政府服役的持续期限，而且还让国会可以不经州立法机构的同意，就将一个州的军队部署到
150 该州之外。[70]

大部分会议代表也认为，《邦联条例》没有授予邦联国会管理贸易的权力，是一个严重的瑕疵。由于不担心被美国报复，其他国家可以肆无忌惮地排斥美国货物和商船。反抗他国排斥的任务由此落在各州身上，而州政府又无力采取有效的合作应对措施。更严重的是，各州开始相互排斥，从而损害了美国作为一个共同经济贸易联盟的主要利益。当一个拥有良好港口的州对外国进口货物征收关税时，缺乏这类港口的邻州会因为承担了一部分转嫁的进口税却没有任何收益，而伺机报复。实际上，麦迪逊晚年就曾回忆说，制宪会议授权国会管理州际贸易，是“由于拥有进口海港的州滥用权力，对没有进口海港的州间接征税，同时也是希望限制和预防各州之间的不平等，而不是为了明确地赋予国会一项直接的权力”。[71]

因此，没有代表反对禁止各州不经国会同意就征收进口税。麦迪逊原本是想使用这个绝对化的禁令，来防止那些希望各自征税的州在国会中形成多数，继续自行其是。但是所有代表都支持严格禁止。[72]

然而，与《邦联条例》当年面临的情形一样，制宪会议赋予国

会管理州际和对外贸易权力的提议，也遭到了南方的抵制。查尔斯·科茨沃斯·平克尼在会议上解释道，南方各州大量出口农产品、进口工业产品，南方“真正关心的是取消贸易管制”。南方人害怕国会动用管理贸易的权力，颁布有利于北方的保护性关税政策，制定有利于北方商船的航运法律。梅森注意到，南方在国会两院中都很可能处于少数派，于是他问道，“面对东部各州，难道南方人会自缚手脚吗”？马里兰派来的代表同样反对授权国会掌握“利益攸关的贸易权”。[73]

来自宾夕法尼亚州的乔治·克莱默（George Clymer）回应道：“如果不能有效地抵制外国的贸易歧视措施，北方和中部州都会有灭顶之灾。”古文诺·莫里斯支持制定航运法律，因为商船是“最不稳定的一种财产形式，亟须公共保护”。如果政府支持美国商船，商船数量会“很快递增，能以比现在更低的价格运输南方的产品”。除此之外，莫里斯还表示，“对于国家安全而言，海军也极为重要，南方各州尤其需要海军保护”。要建立强大的海军，唯一的方法就是“颁布一部航运法律，鼓励美国建造船只、招募海员”。在南方政 151
治领袖中，麦迪逊是认为必须授权国会管理商贸的代表性人物，麦迪逊也同意，南方在“货运费用方面可能暂时处于不利地位”，但是从长期来看，“南方和北方的船运的增加”将打破这一不利状况，并“消除各州之间现存的伤害性报复措施”。[74]

来自南卡罗来纳州的查尔斯·平克尼（查尔斯·科茨沃斯·平克尼的堂侄）提出，为了保护南方不受国会滥用商业权力之害，国会在制定商业立法时，必须获得两院2/3以上议员之同意。来自康涅狄格州的罗杰·谢尔曼反对，他说，一项立法如果需要2/3以上的绝对多数议员同意，“总是会遇到各种麻烦，正如在邦联国会需要九个州投票同意才能采取行动一样麻烦”。但是来自北卡罗来纳州的休·威廉姆森并不认为大家希望通过的一切有利措施都败在了邦联国会的超多数规则之下，他坚持说，“南方民众很担心这个问题，必须采取一些防御性措施，心里才会安稳”。[75]

最终，由于北方代表在奴隶问题上让步了——下一章将会讨论这个问题，南方代表放弃了他们对于国会通过商贸立法时必须得到超多数议员同意的要求。这场交易使得制宪会议以极微弱的优势，授权国会以简单多数投票来制定管理对外贸易与州际贸易的法律。麦迪逊相信，宪法赋予国会管理商贸的权力将会自动地防止各州制定涉及对外贸易和州际贸易的法律——即使是在国会没有制定相关立法的情况下，各州也不得擅自行动。他表示，“自己越来越确信，管理商贸的权力天然就不可分割，应该由一个权力部门统一行使”。但是谢尔曼认为他走得太远了，“由联邦和各州共同管理商贸问题，也不会出现什么可怕的危险”，因为国会管理贸易的权力是“最高的”，因此国会可以通过法律来防止各州干涉。制宪会议并没有明确表示，国会管理商业贸易的权力是不是“排他性的”，从而可以自动地防止各州插手商业贸易领域。在内战前，最高法院还将会激烈地争论这个问题。[76]

在征税、组建陆军和海军、接管各州民兵、管理对外以及州际商贸的问题上，制宪会议代表都同意赋予国会广泛的权力；而且，新成立的国会不应该像《邦联条例》之下的邦联国会一样，只能享有被明确授予的权力。细则委员会列举了国会具体的权力之后，还授权国会制定“必要与适当”的立法，来执行上述授权。尽管在批准宪法的斗争中，“必要与适当”的条款引起了激烈的争论，但在
152 制宪会议上，却没经过讨论就通过了这一条。[77]

总之，在实质性扩充国会权力的问题上，费城制宪会议显示出令人惊叹的高度一致性。当弗吉尼亚方案提出终结邦联国会中各州

的平等代表权时，从小州来的代表几乎让会议陷入停顿（我们一会儿就会看到）。但是，当小州获得了国会上院的平等代表权后，他们随即成为热情的国家主义者。小州代表普遍关心的是维持本州在国会内的影响，而不是限制国会的权力范围。[78]

来自小州新泽西的戴维·布雷尔利（David Brearley）是该州的首席法官，他表示自己看到弗吉尼亚方案建议摧毁各州在国会的平等投票权时，感到"既震惊又警觉"；但他坚持认为，他来"参加这次会议，是希望尽可能发挥作用，保持联盟政府的活力与稳定"。来自更小的特拉华州的迪金森明白无误地告诉麦迪逊，一旦小州获得了它们在国会代表问题上想要的地位，它们就会成为"良好的全国性政府的朋友"。与迪金森一样来自特拉华州的乔治·里德（George Read）表示，如能确保各州在国会上院（8月初，细则委员会正式将其命名为"参议院"）获得平等地位，他希望"全国性政府的目标比诸位先生所期待的要更多一些，而且越来越广泛"。1828年，已经卸任总统的麦迪逊告诉未来的总统马丁·范布伦（Martin Van Buren），"在1787年的制宪会议上，最具威胁性的争议并非如你所想的那样，是赋予联邦政府多大的权力，而是该如何分配各州在联邦政府中的代表席位和投票权……围绕赋予国会各种权力问题的斗争与妥协，在某种意义上尽管非常重要，但却不是关键性的难题"。[79]

在制宪会议上，新泽西州代表团的行为证明，一旦能够保障小州在国会里的相对影响力，小州代表会像来自大州的国家主义者麦迪逊、威尔逊和莫里斯等代表一样，支持建立强大的联邦政府。新泽西代表在6月中旬提出了替代弗吉尼亚方案的新泽西方案，这一方案的支持者——多数是来自康涅狄格、纽约、新泽西和特拉华的代表，将其视为"纯粹的联邦"计划，其目的在于"修正"和"校订"《邦联条例》，而不是废除《邦联条例》（但是新泽西方案也赋

予国会全面的州际与对外商贸管理权，以及强大的税收权）。新泽西方案的最主要特征在于一院制国会和各州的平等代表权，保留了
153 邦联时期国会根据各州而非个人意志立法的观念。[80]

然而，实际上，新泽西州是邦联时期最具有国家主义倾向的州之一（当然，那时新泽西州在邦联国会拥有平等的投票权）。新泽西州强烈支持征收进口税的修正案——至少部分是因为要保护自己不被纽约州征收进口税，这方面的税收是新泽西州居民的沉重负担。新泽西州也是第一个支持赋予国会管理对外商贸权力的州。新泽西州派往安纳波利斯会议的代表团获得的指令是，推进比商贸改革更广阔的议程，包括“促进各州共同利益和永久和谐所必需的其他重要问题”。当时，新泽西州代表团是唯一获得这种指令的代表团。新泽西州也是第一个派代表参加费城制宪会议的州。[81]

新泽西方案实际上可以说是小州代表团协商的结果，他们希望至少能在国会的参议院保持各州的平等地位。在辩论新泽西方案时，查尔斯·平克尼曾预计，“给新泽西平等投票权，它就会打消顾虑，支持建立联邦政府”。平克尼的预计是对的：一旦小州在参议院获得平等地位，新泽西州代表就会像来费城开会的其他代表一样成为坚定的国家主义者。19世纪伟大的历史学家乔治·班克罗夫特（George Bancroft）写道，“自从小州对不能在参议院获得平等投票权的疑虑烟消云散的那一天起，我就从麦迪逊的发言和记录中发现，小州的代表比其他州的代表更热切地支持让联邦政府拥有更大的权力……来自新泽西州的佩特森在其余生之中，都是联邦主义分子的中坚力量”。[82]

只要能够体现南方数量庞大的奴隶人口在政府中的影响，只要宪法能够在某种程度上保护奴隶制度，南方来的代表也非常热烈地支持建立强大的联邦政府。在费城会议上，完全感觉不到内战前数十年间弥漫在南方各州的激进州权倾向。正如我们将要看到的那样，

制宪会议代表几乎一致认为，未来的人口演进方向，将会有利于南方和西南部，因此，南方代表乐意扩大联邦政府的权力，因为南方诸州将很快掌控联邦政府。[83]

确定联邦政府的最高地位

尽管费城制宪会议显示出强烈的国家主义色彩，但是代表们还
是反对弗吉尼亚方案的某些条款，认为这些条款过于侵蚀各州的权
力。最明显的例子就是，麦迪逊最终无法说服同僚支持弗吉尼亚方 154
案中最具创新性的条款——授予联邦否决各州立法的权力。

正如我们所知，弗吉尼亚方案规定，联邦立法机构将有权“否决各州制定的与全国立法机构意见不一致的立法”。在麦迪逊看来，要保护联邦在条约问题上的优势地位不受各州干涉，要保障各州之间的公平正义，这样的否决权非常关键。[84]

麦迪逊告诉与会代表，各州都倾向于“不顾联盟的整体利益，追求各自的个体利益”。比如说，在《邦联条例》之下，各州侵犯邦联条约，不顾将美国卷入国外战争的风险，不经国会同意，就与其他国家签订条约，直接违背《邦联条例》。“局部侵犯整体权威的这种类似倾向”将会“继续扰乱整个体制，除非能采取有效的控制手段。除了让联邦有权否决各州法律外，别无他法”。而且，只有联邦的否决权能够拯救18世纪80年代各州立法机构中盛行的“诸多可怕弊端”：法律的反复多变与偏私不公——其中包括人所共知的减免债务和发行纸币立法。[85]

诚然，就算联邦没有否决各州法律的权力，国会仍可以通过立法压制各州与联邦目标不一致的法律。联邦法院也可以推翻各州直

接违背联邦宪法和联邦法律的州法（后文会讨论制宪者在多大程度上考虑过司法审查问题）。当然，在联邦政府采取行动推翻各州立法之前，各州法律仍可以“实现各自的目标”。而且，麦迪逊怀疑，不能指望各州法官来推翻各州的法律，因为他们太过于依赖本州的立法机构，无法成为“国家权威和利益的真正捍卫者”。在任何情况下，聪明的州议员都会想好如何回避明显的宪法限制，避免让法院进行司法审查。麦迪逊将联邦的否决权类比为英国枢密院否决殖民地立法的权力，认为这种否决权将是“维持联邦和谐的最温和与最确定的手段”；它可以将各州“打乱和侵犯联邦权力的措施扼杀在萌芽之中”。如果没有联邦否决权，“唯一的救济手段，只能是诉诸强力”——而这是不切实际的。[86]

在制宪会议上，大多数像麦迪逊这样的国家主义者联合起来，支持联邦的否决权。实际上，威尔逊认为联邦政府需要“自我防卫的权力”，他称联邦否决权是“完成我们所建造的政府大楼所需要的拱顶石”。汉密尔顿提出了一个稍稍不同的方案，来抵制各州“违
155 背联邦宪法和联邦法律的行为”：联邦政府应该有权任命各州州长，州长则被赋予对州立法的否决权。在制宪会议之前，杰伊也提出过类似的主张，即联邦政府应该有权罢免各州政府官员。在制宪会议第一周的讨论中，代表们一致赞同弗吉尼亚方案中提出的联邦否决权原则。[87]

代表们就这一问题投票大约一周后，查尔斯·平克尼提出要扩大联邦否决权，使国会有权阻止“自己认为不适当”的所有州法律——而不只是那些违背宪法的州法。平克尼认为，“要使联邦有效运作，这种普遍性的权力必不可少”。如果联邦否决权仅限于特定方面的州法，州立法机构就会千方百计地回避对自己不利的联邦限制和制约性措施。没有无限的否决权，“就不可能捍卫国家权威——

无论纸面上规定的国家权力有多么广泛”。平克尼总结道，“这种普遍的否决权事实上是有效的全国性政府的基石”。[88]

在制宪会议之前的通信中，麦迪逊曾支持无限的联邦否决权，他支持平克尼的动议，认为“对于一个完备的政府而言，绝对必须拥有否决各州立法的无限权力”。威尔逊也表示赞同，他认为，要界定联邦否决权在何种情形之下属于适当之举，根本“不切实际”。威尔逊还认为，制宪会议必然提出某种裁量标准，“最安全的办法就是将这种裁量权放在联邦政府一边”。然而，会议中七个代表团投票反对，三个代表团支持（一个代表团意见分裂），拒绝了平克尼扩大联邦否决权的提议。[89]

事实上，尽管代表们一开始都在原则上赞同联邦否决权，但是最终麦迪逊还是无法说服他的同事接受任何形式的联邦否决权。代表们从理论上、实践上和战略上提出了一系列的反对意见。[90]

首先是理论上的反对意见。谢尔曼认为，“应该界定行使否决权的具体情形”。威廉姆森反对授予“联邦权力，来限制各州管理内部治安”。格里反对将联邦否决权“延伸到民兵管理问题上，这是各州存续的根基”，并且他反对授予联邦政府可以用来“奴役各州”的权力。当麦迪逊首次跟杰斐逊提到联邦否决权这一观念时，当时正在巴黎的杰斐逊曾提出类似的反对意见。“我一看就不喜欢这种观念，”杰斐逊说，“它根本不符合破洞和补丁应该是相称的这一本质要求；补这么一个小洞，竟然要覆盖整件衣服。”杰斐逊抗议道：“每一百部州法律，都不会有一部涉及联邦问题。”[91] 156

反对联邦否决权的代表也怀疑是否有必要采取这种“激烈”的措施。古文诺·莫里斯一反支持国家主义动议的常态，提出“应由司法部门来否决各州的法律”。就算“司法机构不一定能获得这种否决权”，只要国会拥有“充足的立法权威”，国会也可以否决与自己立法不一致的州法，从而无须预先设定明确的否决权。[92]

小州来的代表也强烈反对授予国会否决权。制宪会议一开始讨论这个问题的时候，正值小州可能无法在联邦国会两院获得平等的投票权。因此，冈宁·贝德福德（Gunning Bedford）担心，如果按照人口数量来分配议席，特拉华州在国会里可能只能享有1/90的席位，本州的法律将不断被联邦否决，如果本州的法律涉及与大州的“商业或制造业”竞争，就更是如此了。贝德福德抗议道，相比之下，若是按照人口分配席位，弗吉尼亚州和宾夕法尼亚州将共享有国会1/3的议席，联邦国会就不大会——如果有这种可能性的话——否决这两个州的法律。[93]

当大会对平克尼不限制联邦否决权范围的建议进行表决时，支持平克尼的投票全部来自三个最大的州❶，这似乎证实了许多代表的看法：联邦否决权问题牵连大州和小州之间的利益冲突。当制宪会议通过妥协，保证小州能在参议院获得平等投票权后，国家主义者继续寻求更小范围的联邦否决权；按说，小州所担心的受控制的状况已经不存在了，联邦否决权应该不会再遇到什么障碍了吧，可是制宪会议仍然以7∶3的投票，否决了联邦否决权。[94]

皮尔斯·巴特勒（Pierce Butler）提出了不同的理论来反对联邦否决权：联邦否决权会“切断远方诸州获得平等公正地位的所有希望”，他所说的远方诸州可能指的是佐治亚州和他自己所代表的南卡罗来纳州。巴特勒很可能已经在心中打了一个大大的问号：拥有奴隶的南方人怎能授权联邦政府否决各州立法呢？[95]

---

❶ 弗吉尼亚、宾夕法尼亚和马萨诸塞三个州是普遍公认的大州，但是1790年的人口普查显示，北卡罗来纳州的人口数量（包括奴隶）实际上比马萨诸塞还多。尽管如此，我还是坚持制宪会议时的说法，认为上述三州是“最大的州”。

一些代表还从实践上对拟议中的联邦否决权提出了反对意见。梅森觉得，无论各州的法律涉及的是多么地方性的问题，难道都必须被国会审查？“未经国会批准，不得建造任何道路和桥梁吗？”
157
如果是这样，那么国会将不得不永远处于会议状态，以“受理和审查各州的法律”。贝德福德问：“在最紧急的情况下，各州的法律也要送到七八百英里外的联邦国会审查，审查通过之后才能实施吗？”兰辛怀疑，来自佐治亚州的国会代表是否永远有足够的知识，来明智地判断新罕布什尔州立法的适宜性。[96]

麦迪逊提出了解决这些现实问题的可行办法：“联邦政府可以向各州分散一部分权力，至少是临时同意各州的立法”，以满足各州在立法上的“迫切需要”。为了避免国会必须一直开会才能行使否决权，可以将立法否决权交给参议院独立行使，这样一来，“人数最多、开支最大的分支［众议院］，就不必一直开会了”。[97]

最后，一些代表从战略上提出了反对联邦否决权的意见：授予国会这样的权力，将会危及他们草拟的宪法的批准。来自南卡罗来纳州的约翰·拉特利奇（John Rutledge）说：“如果不出意外的话，仅国会否决权这一点，就会置宪法于死地，有哪一个州愿意被这样的条款绑住手脚？”格里也赞同说，此前从没有人公开提出过“这样的想法”，它“永远不会被接受”。[98]

由于麦迪逊认为联邦否决权“对联邦政府的有效性和安全性至关重要”，也是国会阻挡各州自行其是的必要手段，因此，在遭遇数次失败之后，他依然拒绝放弃。麦迪逊的不屈不挠，令其他代表越来越恼火，他们认为麦迪逊是在浪费他们的时间。就连国家主义者调整自己的提议，提出要求国会两院2/3多数议员赞同才能行使联邦否决权，也没能说服足够的代表来支持这项提议。对于自己在这个问题上的失败，麦迪逊深感失望。[99]

虽然制宪会议没有接受联邦否决权，但是代表们都明白建立某种机制确保联邦至上地位的重要性。很久之后，麦迪逊对未来的总统约翰·泰勒（John Tyler）解释道，“在制宪会议自始至终的所有工作中，大家都觉得，必须采取某些制度性的有效条款，来保障宪法和联邦法律不受各州法律侵犯”。最起码，不能允许各州随意违反联邦条约的内容，就像它们在《邦联条例》之下所做的那样。麦迪逊在制宪会议上说，各州违背联邦法律的倾向“已经以各种各样的情形显示出来了”，“如果不加以阻止，一定会将我们卷入对外战争的灾难深渊”。[100]

制宪会议投票拒绝授予联邦否决权之后不久，路德·马丁就提
158 出了后来宪法中的最高条款。新泽西方案并不包含联邦有权否决各州立法的条款，而是明确提出，联邦法律与条约“在各州面前具有最高法律效力”。除了从理论上声明联邦的至高地位外，新泽西方案还提出了执行该条款的实际操作方法：“各州司法机构在判决案件时，应该遵循［上述联邦最高条款］的要求，任何与此相冲突的州法律都是无效的。”[101]

制宪会议用与马丁的最高条款的措辞十分相似的条款，替代了被拒绝的联邦否决权提议，并得到了会议代表的一致通过。会议的细则委员会后来补充说，各州宪法——不仅仅是各州法规——都是联邦法律的下位法。最后，到会议结束时，这条条款被修正为：联邦宪法，不仅仅是联邦法规和条约，均是“最高法律”的一部分。[102]

新宪法规定，州法官应当受联邦法律约束，各州法律不得抵触联邦法律，最高条款似乎明白地暗含着某种形式的司法审查（司法机构宣布立法无效），至少在州法官解释联邦法律的情况下是这样。既然州法官应该受联邦法律“约束”，不认可任何抵触联邦法律的州法，那么，他们除了废除与联邦法律（包括联邦宪法）相冲突的

州法外，还能怎么办呢？[103]

在1787年，法官可以宣布法律无效还是一个相当激进的概念。在大不列颠，议会地位至高无上，法庭无权宣布议会制定的法律无效，这种情况至少持续到20世纪。革命时代的美国政治领袖们也普遍支持立法权至上，并以疑虑的眼光看待法院，因为在革命之前，法官主要被视为王权的代理人。但是在18世纪80年代中期，各州立法机构屈从于民众汹涌的减税和削减债务压力，动摇了富裕阶层对于议会的信心。[104]

当各州议会无法保护个人的生命与财产权，反而通过了一些“直接违背自身职责的法律”——比如说减免债务和印刷纸币——之时，报纸上就有文章开始反思立法机构是否真的无所不能，关于司法审查的一些最初设想也随之而起。1786年年初，威廉·格雷森就谨慎地向麦迪逊表示，如果真的可以宣布与宪法相冲突的法律无效，那么“用来偿还债务的纸币必然无效”，因为它“侵害了财产权”，而财产权在每一个州都是基本权利。1786年，罗得岛州曾通过一部惩罚性的偿债法，剥夺了被告的陪审审判和上诉权，当该州的法院威胁废除该法时，许多政治和经济精英开始将司法审查视为 159
一个极具吸引力的概念。[105]

到1787年，罗得岛法院的声明连同其他一些州的案件——在这些案件中，法院要么根据州宪法宣布法律无效，要么声称准备这么做——播下了司法审查观念的种子。几乎所有的制宪会议代表都知道这些州法院的判决，就在代表们齐聚费城时，其中一件还被登在了报纸上。事实上，制宪会议两次明确援引了这样的判决。当然，代表们也知道，主张司法机构拥有认定立法无效的权力多么具有争议。罗得岛州的立法机构威胁弹劾那些胆敢认为自己可以宣布民众意愿无效的法官——立法机构正是民众意愿的体现。因此，尽管会议代表们知道司法审查正在各州萌芽，但还不足以令他们理所当然地将这样的条文写进新宪法之中。[106]

尽管在费城制宪会议上，代表们曾数次明确讨论司法审查话题，但司法审查始终没有像其他话题——比如联邦否决州立法或者行政部门否决国会立法——一样受到持续性的关注。代表们提到司法审查，通常是处于两种情况之下。第一种情况，就是我们已经提过的，有些代表反对联邦否决权，因为他们认为法官可以宣布违反联邦宪法的州法律无效（因此没有必要授予国会否决权）。[107]

第二种讨论司法审查的情况是，弗吉尼亚方案提出设立一个“审查委员会”，并赋予其审查甚至是否决国会每一项行为（包括国会否决州立法的行为）的权力。该委员会将由联邦行政长官和“适量”的联邦法官组成。格里解释道，有些代表们不赞成让法官加入“审查委员会”，因为他们认为，法官“拥有解释法律的权力，足以抵挡立法机构对司法机构的侵犯，这种权力就包括判定法律合宪性的权力”。马丁赞同说，将法官纳入审查委员会，将是“一个危险的创制”，这会让法官拥有“双重否决权”，因为，“按照他们的工作属性，判定法律的合宪性也将是法官的职责”。[108]

在制宪会议进程中，包括麦迪逊、威尔逊与古文诺·莫里斯这些杰出人士在内的八名代表都曾表示，法官将在宪法之下拥有宣布立法无效的权力。例如，莫里斯曾表示，他无法接受一定要让司法机关“承认，直接违反宪法的法律也是法律”。而麦迪逊也坚
160 持说，如果宪法禁止制定溯及既往的法律，“法官就有义务宣布这类法律是无效的”。相比之下，只有两名代表明确表示反对司法审查。非常短暂地参与会议的马里兰州代表约翰·弗朗西斯·默瑟（John Francis Mercer）“不同意作为宪法解释者的法官有权宣布法律无效”。相反，他认为，“制定法律时应该尽量完备、谨慎，一旦通

过，便不应由人来控制”。迪金森表示，他“强烈支持”默瑟的观点，并且同意“不应当存在所谓的司法审查权”。[109]

由于司法审查问题从来就不是制宪会议讨论的焦点，而且大多数代表可能也没有认真考虑过这个问题，因此，会议并没有明确针对联邦立法机构设定司法审查权或授予联邦法院司法审查权。宪法中对司法审查唯一明确授权的最高条款仅仅规定，州法官可以宣布违反联邦宪法或联邦法律的州法无效。

最高条款仅仅是一个实现联邦至上地位的程序机制。法官衡量州立法是否违背联邦至上原则的实质性标准，来自宪法的其他条款，以及联邦条约和法规。尽管大部分会议代表反对麦迪逊提议的联邦否决权，但他们却压倒性地同意联邦否决权的基本目的：防止州立法机构通过发行纸币法和减免债务法。比方说，格里虽然反对不受限制的联邦否决权，他也表示，他“决不反对禁止发行纸币以及类似措施”。[110]

为了实现这一目标，宪法细则委员会起草了一个条款：“各州不得……铸造货币；不得发行纸币；不得指定除金银以外的物品作为偿还债务的法定货币；不得……通过法律损害契约义务。”该条款最终成为宪法第一条第十款。该条款禁止了18世纪80年代大部分州的偿还债务措施——发行纸币（包括以各州土地银行贷款的形式），指定法定货币，以及追溯性债务人救济措施，如暂停付款法与分期付款法。在宪法最高条款之下，各州法官——也可能暗含着联邦法官——可以宣告这样的州立法无效。[111]

大多数会议代表认为宪法第一条第十款是他们杰作❶的关键组

❶ 制宪者们急切地希望禁止各州发行纸币，这颇有讽刺意味，因为在最终引发美国革命战争的那几十年里，美国人一再抗议大不列颠禁止殖民地发行纸币。参见 Holton, *Forced Founders*, 62–64; Atack and Passell, *New Economic View*, 67; Bouton, “Trials of the Confederation,” 374。

成部分。细则委员会最初的报告称，只有经过国会同意，各州才可
161 以发行纸币或者其他类型的法定货币。纳撒尼尔·戈勒姆为细则委员会的提议辩护，认为“绝对禁止各州发行纸币将会导致人们绝望地反对”宪法。但是谢尔曼坚持说，“这是一个碾碎纸币的最有利时机”。如果国会有权允许各州发行纸币，那么“与纸币利害相关的所有人将竭尽所能地进入国会，以便允许本州发行纸币”。随后，制宪会议代表们以压倒性的优势，投票绝对禁止发行纸币。[112]

在制宪会议上，宪法第一条第十款几乎是毫无争议地获得通过。其中大多数规定没有经过激烈的讨论就获得认可。即使是像谢尔曼这样狂热地捍卫州权的人，也没有质疑禁止各州发行纸币的条款。格里、梅森和伦道夫三位全程出席会议却拒绝签署宪法的代表，都同意宪法禁止各州发行纸币和制定追溯性债务人救济法。[113]

代表们非常反感发行纸币，从他们围绕细则委员会汇报的一个条款所展开的辩论中，就可以很明显地看出这一点。该条款授权国会——而不是各州——发行信用票据（除了可以借款之外）。莫里斯提议删除这一条款，他警告，“如果不禁止发行纸币，那么，资本利益团体将会阻碍新政府的计划”。❶梅森虽然反对莫里斯的提议，但他也利用这个机会重申自己对纸币“深恶痛绝”。可是，因为“无法预见所有的突发情况，他不想束缚立法机构的手脚……如果早有这样的禁令存在，也就不需要经历刚刚过去的那场战争了”。默瑟提出了另一种反对莫里斯的意见：“激起所有纸币支持者的反对是不理智的，我们应当确保有产者是站在新政府计划一边的，而且，

---

❶ 1783 年，汉密尔顿曾提议禁止邦联国会拥有发行信用票据的权力——这种权力“从本质上讲具有被滥用的倾向，而且容易成为强迫和欺诈的温床，对于政府的诚实性和民众的道德性，具有同样邪恶的诱惑力”。参见 Unsubmitted Resolution Calling for a Convention to Amend the Articles of Confederation (July 1783), *PAH*, 3:422。

以失去对立阶层公民的支持为代价，来换取另一批人的潜在支持，也是不明智的。”[114]

但是支持莫里斯提议的代表继续盯着纸币问题不放。奥利弗·埃尔斯沃斯宣称，这是“禁止和杜绝纸币的好时机。之前的各种经历所造成的伤害，在公众心中记忆犹新，而且激起了所有受人尊重的美国人的厌恶。禁止新政府拥有发行纸币的权力，将比其他任何东西都更能使我们赢得更多具有影响力的朋友”。威尔逊也赞同说：禁止国会 162
发行纸币，“将对美国的信用产生最有裨益的影响……人们对于印刷纸币带来的灾难记忆犹新，在这种情况下，［印纸币］这样的权宜之计是行不通的，一旦使用纸币，就会阻碍其他资源”的使用。巴特勒则表示，他“急切地希望解除政府的这种权力”。乔治·里德认为，“如果不删除授权国会发行纸币这样的条款，将会带来《圣经·启示录》中野兽印记一样的恐惧”。约翰·兰登说，他“宁愿放弃整个新政府方案”，也不愿意保留这样的条款。随后，代表们以压倒性多数的投票，否决了这一条款。[115]❶

尽管大多数州在18世纪80年代中期都曾发行过纸币，颁布过债务人救济法，但是支持采取这类措施的人，基本上都没有参加费城制宪会议。尽管默瑟一度认为自己是“纸币的朋友”，但几乎所有的参会代表都是纸币的敌人。事实上，许多代表在各自州的立法机构中都发挥了显著作用，抵制他们所谓的“不公正制度”。例如，特拉华州在1786年非常勉强地抵制住了发行纸币的冲动，而该州派

---

❶ 直到内战时，国会才开始发行纸币。内战结束后，最高法院一开始否决了《纸币法》（Legal Tender Act）——该法认可纸币作为法定货币，可以用来偿还债务。但在尤利塞斯·格兰特（Ulysses S. Grant）总统很快任命两名新的大法官后，最高法院又以微弱优势改变了先前的判决。参见 Kenneth W. Dam, “The Legal Tender Cases,” *Supreme Court Review*, 1981:367–412。

往费城开会的五个代表，没有一个支持发行纸币，而且，在抵制纸币的过程中，里德还发挥了突出作用。在弗吉尼亚州的议会中，麦迪逊和梅森共同发起了一项决议，谴责纸币的不公正性。[116]

有些债务人和抗税者试图关闭法庭，而不是说服立法机构给予减免和救济，为了应对这种问题，代表们授权国会镇压暴动，在叛乱情况下暂停人身保护令，并保证每个州都实行共和政府体制。1786年，邦联国会投票决定组建军队来镇压谢斯反叛，但这支军队却从来没有投入使用。由于《邦联条例》只是授权国会对抗印第安人，而非镇压国内叛乱，所以国会借口说需要用军队来对抗充满敌意的印第安人，保卫西部边境。在制宪会议上，伦道夫抱怨道，“国会本来就是维护各州和平的机构”，但在谢斯反叛期间，“国会却无权运用联盟的军队来镇压叛乱”。[117]

的确，有些代表认为各州应该负责镇压自己州内的叛乱，而另外一些代表则指出，联邦政府很难判断，一州内敌对的两派中，哪
163 一派应该被视为其合法政府。然而，大多数代表都认为，国会应当有权力镇压马萨诸塞州债务人和抗税者最近所掀起的这类叛乱，这一点“非常关键”。奴隶起义的可能性本来可以成为授予国会镇压叛乱权力的另一个理由，可是没有任何一名代表提到这一点。[118]

对于是否应该授权国会在没有得到某一个州同意的情况下镇压该州的叛乱，代表们意见不一。细则委员会的报告授权国会只有在受到州立法机构请求的情况之下，才能干预某一个州内的叛乱。但是有几位具有国家主义倾向的代表支持查尔斯·平克尼提出的动议，要求不施加这样的限制。莫里斯反对说，“我们首先塑造了一个强人来保护我们，同时又希望把他的手绑缚在他的身后”，这真是“太奇怪了”。莫里斯认为，应该授予国会“维护公众安宁的权力”。兰登认为，联邦军事干预将“在阻止暴动方面起到有益的作用”。[119]

然而，那些更倾向于保护州权的代表强烈反对平克尼的动议。格里宣称，他“反对在没有得到受干预州同意的情况下，联邦派军队干预州内反叛”。马丁也同意，说这样做将是“危险和不必要的”。格里甚至大胆提出，在谢斯反叛过程中，如果国会“插手干预，将会造成更多的流血牺牲”。[120]

因为投票的结果是平局，代表们没能推翻必须得到州的同意，国会才能干预州内叛乱的要求。有人担心，当州内出现暴力事件，需要国会干预时，可能来不及召集州议会，对此，制宪会议提出，可以由州行政当局向国会提出申请。[121]

正如我们所看到的那样，制宪会议拒绝了保障联邦至高地位的一个可能机制——联邦否决权，并一致接受了另一个方案：最高条款。为了确保能实际实施——而不仅仅是在理论上宣布——联邦至上，代表们还创设了联邦最高法院，并授权国会设立下级联邦法院。而《邦联条例》没有设立具有一般管辖权的联邦法院。

虽然最高条款要求，在面临法律冲突时，各州法官要优先适用联邦法律——宪法、联邦条约和法规，而不是各州法律（包括州宪法），但是最高条款却无法保证州法官们真的会这样做。正如伦道夫在会议上所言，“不能将执行联邦法律的权力交给州法院，这样分配管辖权，往往会使联邦和地方政策产生冲突”。在制宪会议召开之前，麦迪逊也曾特意解释，州法官的任期和薪水取决于州立法 164
机构，当他们面对联邦法律与州法之间的冲突时，常常会感到有压力，要站在州利益一边。而且，就算州法官恪尽职守，遵循宪法规定的最高条款，他们也可能会无意识地倾向于他们州的法律，因为相比于联邦政府而言，他们对自己的州有着天然的同情。最后，即使这些州法官在面对州法律与联邦法律发生冲突之时，没有显示出任何偏袒行为，法律语言上不可避免的模糊性也可能导致各州法官在解释联邦法律时出现偏差。[122]

杰斐逊在写给麦迪逊的一封信中，批评了麦迪逊所提出的联邦否决权。信中，他还用具体的词句解释了在联邦与州的冲突中真正危险的是什么，他建议采取一种机制——不是联邦否决权——来保护联邦的利益。杰斐逊假设了一种情形：一个英国债权人为战前的一笔债务，诉讼到弗吉尼亚州法院，债务人援引州法律中禁止州法院审理此类诉讼的条文，作为抗辩理由。债权人则援引联邦条约，来“压倒州法律”条文。杰斐逊担心，州法官们可能会“软弱地根据他们本州立法机构的意愿做出裁决”。如果发生这种情况，“上诉到联邦法院才能理清各方的权利关系”。[123]

几乎所有参加费城会议的代表都赞同杰斐逊的推理：必须有一个具有司法管辖权的联邦法院，来审查州法院解释联邦法律的裁决是否合理。即使是新泽西方案中也包含类似的条款。拥有这种管辖权的联邦最高法院，既可以确保联邦法律得到统一解释，也可以阻止各州公然反抗联邦权威。[124]

然而，有些代表强烈反对弗吉尼亚方案中关于建立联邦初审法院的提议（此外还要设立一个或多个“最高法院”），他们认为此举会篡夺州法院的大部分审判权。新泽西方案没有提出要设立联邦初审法院，可是当小州在参议院获得平等的投票权后，来自这些小州的代表却更加支持设立联邦初审法院。在制宪会议初期，谢尔曼就反对建立联邦初审法院，因为“现有的州法院可以实现同样的目的，再建立一套新的法院系统，花费太昂贵”。后来，他改变了自己的立场。[125]

来自南卡罗来纳州的几位代表，是建立联邦初审法院的最坚定反对者。拉特利奇认为，“应该将所有案件的初审权都留给州法院”，因为上诉到最高法院的权利“足以保证全国性权利与判决的一致性”。设立联邦初审法院不仅会“毫无必要地侵犯各州的司法管辖权”，也会给批准新宪法带来“不必要的障碍”。巴特勒也认为，“民众不可能容忍这样的改革，各州亦将会厌恶诸如此类的侵犯行为”。165
他认为，制宪会议应该“遵循梭伦的前例，他带给雅典人的，不是他凭空设计出的最优政府，而是雅典人可以接受的最优政府”。马丁支持南卡罗来纳州诸位代表的观点：联邦初审法院干预州法院的司法管辖权，将会“导致嫉妒与对立”。当梅森后来决定不在宪法上签名时，他提出的一个反对理由就是，新设立的联邦司法机构，将会“吸收并摧毁各州的司法系统”。[126]

但是，麦迪逊和他的国家主义盟友相信，有必要建立联邦初审法院，因为“在很多案件中，上诉不是一种救济手段”。麦迪逊提出疑问：“在州法院的审判过程中，如果法官不独立，指示有偏差，或者缺乏法官引导的陪审团带来的地方偏见，导致了州法院做出不合适的裁决，该怎么办？”如果州法官或者陪审团对联邦利益充满敌意，或者充满毫无意识的偏见，他们便可能通过有偏见的证据裁定与事实认定，曲解联邦法律。即便是向美国最高法院上诉，也很难逆转这样的决定。[127]

麦迪逊表示，“建立一个和立法权相称的并且有效的司法体系”，至关重要。一个缺乏合适司法体系（和行政体系）的政府，“将只是一具没有四肢、不能移动的躯干”。戈勒姆也赞同说，联邦初审法院是“发挥国家立法机关权力的必要条件”，他还注意到，各州并没有反对《邦联条例》授予联邦初审法院审判海盗案件的司法管辖权。针对新建法院在财政花销方面造成的负担，鲁弗斯·金认为，“建立联邦初审法院的花费，远少于在缺乏初审法院情况下所引发的上诉的花费”。[128]

制宪会议刚召开一个星期，国家主义者就差点在新宪法是否要建立联邦初审法院的问题上功败垂成。但是他们并没有认输气馁，相反，他们立刻重整旗鼓，提出就算宪法并没有规定建立这类法院（但宪法规定了建立最高法院），国会至少应该有权建立这类法院。这项提议非常容易地获得通过了，即新宪法授权但并未强制要求国会建立“级别低于最高法院的法院”。与此相似，1789年的第一届国会通过以下方法使得国家主义者与州权保护人士之间在此问题上互相让步：第一届国会建立了联邦初审法院，但并未授予其宪法规定的所有司法管辖权。[129]

宪法授权联邦司法机构掌握的司法管辖权范围，反映出代表们对于州法院无法公正审判哪些案件的理解。6月中旬，代表们一致
166 同意扩大联邦司法权的范围，他们通过一项决议：“联邦司法机构的管辖权应该涵盖以下各类案件：涉及国家岁入、弹劾联邦官员，以及关涉国家和平与安宁问题的案件。”代表们特意提出，要确保外国人可以诉诸能够公平裁决他们在联邦条约之下所享有权利的法院，而且应该由联邦法院而不是州法院，来裁决涉及联邦政府财政收入的案件。制宪会议将草拟具体管辖权条款的任务交给了细则委员会，关于联邦司法管辖权的内容最终出现在宪法第三条之中，代表们只花费了极少的时间和精力来讨论细则委员会起草的司法管辖权条款。[130]

联邦法院的司法权也明确扩展到海事案件与海上捕获案件，甚至连（没有建立具有普遍管辖权的联邦法院的）《邦联条例》也分别将上述两类案件的管辖权分配给了联邦初审法院与联邦上诉法院。这些案件尤其可能涉及外国当事人，这意味着会直接影响国家利益。广而言之，外国人和外国作为当事人的案件会牵涉到外交事务，这已经进入联邦政府的管理范围，也适合联邦法院审理。[131]

代表们也把因联邦法律而“引起”的案件交给联邦法院审理，以便确保联邦法律得到统一解释，并且保护联邦法律免受各州曲解。在这样的司法条文之下，各州将不再能够通过各自的法院释法，有效地废止联邦条约——它们就曾这么对待《巴黎条约》。联邦法院管辖因联邦法律而“引起”的案件，也使联邦法院有能力控制涉及联邦财政收入的法律的解释——这是任何政府实现自我保护的关键途径。[132]

代表们还把联邦法院的司法权扩张到许多传统性的州法律问题上，例如来自不同州公民之间的侵权纠纷与合同纠纷，这一举动在批准宪法的斗争中引起了很大的争议。人们一般认为，在这些案件中，联邦法院比起那些设立在当事人一方所在地的州法院来说，似乎更加中立。[133]

制宪会议还决定了联邦法官的任命方式与任期。在北美殖民地时期，法官们的任职取决于国王的喜好，正如美国人在《独立宣言》中所控诉的那样，国王“仅凭他的个人意愿任命法官，决定他们的任期与薪水”。[134]

在费城，代表们很轻易地达成共识：如果“行为端正”，联邦法官应该享有终身职务，而不是固定时间的任期。然而，在制宪会
议后期，迪金森建议，“在国会两院议员的要求之下，行政长官可 167
以将联邦法官免职”。谢尔曼表示赞同，认为这种办法与英国类似。但是大部分代表同意莫里斯的观点，即“让法官服从如此专断的权力，是根本错误的”。来自南卡罗来纳州的拉特利奇曾经做过法官，他认为，联邦法官需要仲裁联邦政府和州政府之间的争议，这是这一提案“不可逾越的障碍”。威尔逊也同意，“如果法官需要根据政府其他两个部门内盛行的党派好恶行事，那么，法官将会陷入一种很糟糕的处境之中”。伦道夫反对这个“过度削弱司法独立性”的

提案。代表们以压倒性多数拒绝了迪金森的提案。[135]

为了更好地保护联邦法官的独立性，制宪会议代表一致同意，国会不得减少联邦法官任期内的薪水。出于同样原因，麦迪逊也认为，国会不能在法官任期内增加他们的薪水。然而，大部分代表认为，联邦法官的潜在任期有可能会很长（行为端正便终身任职），任职期间应该加薪，于是，他们拒绝了麦迪逊的提议。在这方面，代表们对待联邦行政长官的态度尤其不同：行政长官的任期要短得多，而且为了保障行政长官能独立于国会，宪法禁止国会增减行政长官的薪水。[136]

联邦法官在行为端正的情况下，可以终身任职，只有其因为叛国、受贿或者其他“重罪与行为不端”而受到参议院2/3以上议员弹劾时，才可解除其职务。联邦法官任期内薪水不得减少——比起同时代的州法官，联邦法官更加不受民众和立法机构的影响。在一些州，法官只能获得固定期限的任命；还有几个州，每年都重新任命法官。因而，例如，在罗得岛州，敢于质疑州立法机构1786年纸币方案严厉实施机制合宪性的法官，下一年都没有获得州立法机构继续任命的机会。而且，有些州的立法机构可以通过“决议”罢免法官，而这完全由立法机构决定，甚至不需要说明法官到底做错了什么。最后，几乎没有州宪法保护州法官在任期内薪水不得减少。[137]

尽管费城会议上的代表们赞同联邦法官应该保持独立，但在由谁——国会、参议院还是行政机关——来任命法官的问题上，他们却意见不一致。这是制宪会议在联邦官员任命权问题上更大分歧的
168 一部分，本章后面将有讨论。[138]

在涉及联邦司法机构的最后一个问题上，制宪会议规定联邦刑事案件实行陪审团审判，但没有提及民事案件是否也需要陪审团审判。有几位代表对这个疏漏提出了不同意见。例如，格里认为，陪审团是遏制法官腐败的必要措施，他警告道，这部宪法授权“组建

一个星室法院来审判民事案件”。但是其他代表提出，很难在宪法里面列举条件来区分传统上应该由陪审团审判的民事案件与不需要陪审团审判的案件，如衡平法案件（衡平法院处理的诉讼中，原告寻求金钱补偿之外的法律救济，比如一项强制令）。而且，这些反对将民事诉讼陪审团纳入宪法保护的代表们还提出，可以授权国会通过立法规定，在哪些案件中需要陪审团来审判。[139]

联邦立法机构

麦迪逊提出的联邦否决权未能获得通过，这是他在制宪会议上所遭受的最痛苦的失败，但不是他唯一的失败。在两项涉及联邦立法机构上院的事项上——怎样分配各州的席位和如何选择代表，麦迪逊同样遭受了重大失败。

弗吉尼亚方案提出的两院制全国性立法机构——只有会议中年龄最大的本杰明·富兰克林反对。富兰克林偏爱宾夕法尼亚州1776年宪法建立的一院制立法机关——这是他协助起草的一部宪法。宾夕法尼亚州热心的民主党人无意在州立法机构中设立一个上院来“制衡”人民的意志。只有一个州——佐治亚州，仿效宾夕法尼亚州宪法，建立了一院制立法机构，参加费城会议的代表很少心仪这样的方案。因而，会议很快也很容易地（甚至可能是一致地）同意建立两院制的国会。[140]

制宪会议进行到大约第三周的时候，小州的一些代表提出了新泽西方案，该方案本来准备保留一院制国会。威廉·佩特森为联邦层面的一院制辩护道，一院制“立法机构的目标简单清晰”。威尔逊反驳这种看法，他提出，“立法机构专制的危险”，只有“从内部将立法机构分成独立与不同的分支”，才能得到限制。正如我们所看到的那样，新泽西方案之所以主张建立一院制国会，主要是因为来自小州的代表们希望，至少能在全国性立法机构的一个分支维持各州的平等代表权，而并非由于他们真正信奉一院制国会。在费城
169 制宪会议上，以两院制取代邦联时期的一院制，是最容易做出的几项决定之一。[141]

有些代表更不同意弗吉尼亚方案中关于人们直接选举全国性立法机构下院代表的提议。对麦迪逊来说，“任何一项自由政府方案的核心都在于”政府的一个分支需要普选，因为必须让人民和规则制定者之间存在一些“共同的情感”。不过，他同时也承认，他“所主张的政策是通过不断的过滤，来筛选民众选举的代表”。麦迪逊声称，如果在全国性立法机构的上院和下院、行政机构和司法机构中，都推行这样的选举原则，也有些过犹不及。除此之外，只有直接普选众议院代表，才能使国会在拥有为民众代言的权威方面，和州立法机关一样。正如杰斐逊后来对麦迪逊所言，由于国会已经获得了征税的权力，如无意外，国会下院必须普选，以保证“不违反基本原则——除非代表由人民自己直接选，否则不得征税”。[142]

这一直接普选下院代表的提议，在制宪会议上引起了一些代表针对民主制的最激烈的谴责。格里提到了谢斯反叛，并据此反对直接选举代表：人民受到“假装爱国者们的欺骗”，“每天都被那些别有用心的人传播的错误报道所误导，形成了极其有害的行为与意见”。谢尔曼更赞成由州立法机关来选举国会下院代表，因为他认为人民没有资格选举国会代表。而且，谢尔曼还说，由州立法机关选举国会下院代表，“可以维持国家和各州政府之间的和谐”。查尔斯·科茨沃斯·平克尼也赞成由州立法机关选举国会代表，他的理由是，自己所在州的大多数公民赞成“以纸币作为法定货币，已经声名狼藉了”，

而州立法机关在“某种意义上”拒绝遵循这种要求。[143]

不过，大多数代表更赞同麦迪逊的看法，认为人民在选举联邦立法机关代表时应该发挥某种直接作用。当时的州宪法经常明确地引用一个广为人知的执政格言：所有的权力都来自人民，来自人民的授权。梅森坚持认为，政府有义务去“照料每个阶层的权利”。他承认，“我们已经太民主了”，但现在他“担心我们会一不小心走到另一个极端”。然而，无论民主原则在实践中会带来怎样的不便，“它都是政府的一部分，也是人民权利的唯一保障”。威尔逊称，众议院普选是整个政府制度的“基石”。[144] 170

尽管有几个代表主要是从政府原则上考虑，为普选国会众议院代表辩护，但现实意义上的计算可能至少也是同等重要的因素。首先，正如威尔逊解释的那样，新宪法规定由人民自己选择他们国会的众议员，对于动员公众支持新宪法而言至关重要；如果没有民众的支持，就不可能创建许多代表所期待的更为强大的联邦政府。威尔逊支持“将联邦政府的金字塔提高到一个可观的高度，为此必须给它提供一个尽量宽广的基础。如果缺乏民众的信任，没有哪一个政府可以长期持续下去”。[145]

其次，如果国会众议员不由人民选举，那么他们就可能会由州立法机关选举产生。但是麦迪逊认为，制宪会议应该避免“在构建联邦政府过程中给予各州政府太大的发言权”。鲁弗斯·金也担心，各州立法机关“将会一再挑选那些迎合各州［立法机构］自己意见的人，而不是为公共利益考虑的人”。威尔逊也同意，各州议员在选择国会众议员时，会被“反联邦政府的州政府情绪”所影响。威尔逊指责州政府负责人——而不是人民，在《邦联条例》时期反对邦联政府的政策。梅森则进一步指出，既然州立法机构可以不顾民众的反对发行纸币，“如果由它们来选择国会代表”，这些州立法机构就很可能

"将支持这类行动的人送进联邦国会"。制宪会议最终以极悬殊的投票比例支持由民众选举众议院成员，击败了查尔斯·科茨沃斯·平克尼一再希望实现的由州议会选举联邦众议院成员。[146]

尽管代表们支持直接民选联邦国会众议员，但他们还是在寻找方法限制民众对国会众议员的影响。当时有一种理论认为，每个议员所代表的选区越小，就越能更好地代表民众意愿，且能确保对议员们的假公济私现象进行更严密的监督。根据这一理论，18世纪70年代的各州宪法极大地增加了本州议员的数量。麦迪逊反对这一理论，他在制宪会议上提出，"如果扩大选举的范围，民众就能放心地选出自己的代表"。麦迪逊相信，如果民众在选举代表的时候做出了糟糕的选择，"一般而言，都是在小范围选区内出现的"。较大范围的选区更容易选出大财产所有者——因为他们通过自己的财力影响，控制了更大的区域——民众可以相信这些有产者，他们不会支持威胁到财产权的立法行动。[147]

其他几位代表也表达了相似的观点。威尔逊说，"在较大的选区里没有错误选择的危险。糟糕的选择都发生在小的选区里，在那里，坏人有机会利用诡计成为官员"。约翰·弗朗西斯·默瑟也援
171 引弗吉尼亚州参议院的例子，支持这一观点。默瑟在弗吉尼亚州度过生命中的绝大部分时间，直到近期才移居马里兰州。他解释道，州议会选区的地理范围越大，越有利于城镇居民，他们不大会支持减轻债务负担的政策，他们会"将选票集中到某个看中的人身上，而且，往往通过这种手段来压倒乡村选民，后者在诸多不同的候选人身上耗散了他们的选票"。[148]

制宪会议最终决定建立一个由65人组成的国会众议院（预计13个州都支持新宪法并且愿意加入联邦），这样的规模甚至比绝大多数州议会众议院的规模都要小，而联邦国会所代表的选民数量却要

大得多。平均下来，每个国会议员代表的选民人数比州议员代表的选民数量多出了十倍有余。[149]

尽管麦迪逊更倾向于用大选区来稀释民众主义的影响，但是就连他也认为国会众议院中的议员人数应该再增加一倍。他警告道，一个过于小的众议院“无法获得人民足够的信任，并且很难从人民中获取经常需要的地方信息”。有些代表提出，国会规模增大，会增加额外的花费，以此论证需要保持较小规模的众议院。而麦迪逊认为，这样的理由不值一驳。格里支持麦迪逊的主张，他补充说，众议院规模越大，就越难发生腐败。但是，麦迪逊要求第一届众议院规模翻倍的动议，却被与会代表压倒性地否决了。[150]

在制宪会议即将结束之时，来自北卡罗来纳州的休·威廉姆森两次建议代表们重新考虑扩大众议院的规模，麦迪逊支持威廉姆森最初的建议。中途离开会场，但后来又回来参加会议最后决议的汉密尔顿，也强烈赞同威廉姆森的建议。作为“强有力的政府的朋友”，汉密尔顿认为“议会规模至关重要，因为政府的民选分支应该建立在广泛的基础之上”。至少，汉密尔顿担心只有65名议员的国会众议院“足以使人民对他们的自由感到担忧”。但是制宪会议以非常接近的投票比例，拒绝了威廉姆森的两次建议。在会议结束时，梅森解释了他不愿意签署宪法的理由，其中就包括众议院的“代表性有名无实”。这也将成为反联邦党人批评新宪法的主要理由之一。[151]

但是，在会议的最后一天，代表们同意了戈勒姆提出的、华盛顿强烈支持的建议——这也是华盛顿对会议的唯一一个实质性贡献——在不远的将来授权众议院扩大自身规模。8月，代表们已经同意，根据全国性的人口普查结果，众议员的人口比例不应超过每四万人中产生一名众议员。9月17日，戈勒姆建议把众议员选区的最小人 172
口规模降低到三万人。华盛顿支持这一提议，他解释道，“参加会议的很多代表都认为，较小的众议员比例，无法充分保障人民的权利和利益”。华盛顿还提出，这样的改变将有助于新宪法获得各州的批准。随后，代表们一致同意戈勒姆的建议，即授权——但不要求——未来国会扩大众议院的规模。尽管有这样的改变，制宪会议所建立的联邦国会众议院，仍是大多数美国人眼中的小规模众议院。[152]

除了建立拥有大选区的小规模众议院之外，新宪法还授权国会更改各州设定的国会议员选举的“时间，地点和方式”。在制宪会议上，麦迪逊支持授予国会这种权力的理由是，各州“有时出于偏见或各自便利方面的考虑，不能或拒绝顾及共同利益”。重要的是，这项修正性权力被理解为授权国会要求州“不分选区”选举国会众议员，而不是按照区域分别选举。换句话说，国会可以要求各州选出的每一位众议院议员，都由这个州的所有选民选出，能代表这个州的所有选民。[153]

不分选区选举也是限制地方民众主义者影响联邦众议员的另一种手段——一种更精妙的手段。在全州范围内选举国会议员，将会稀释普通公民的力量，将使他们花费更长的时间、跨越更大的地

图 3.5　纳撒尼尔·戈勒姆，查尔斯顿商人，在邦联国会中担任马萨诸塞州代表，在费城制宪会议上担任全体委员会主席，支持本州批准新宪法。

理区域来协调他们的政治力量。正如来自宾夕法尼亚州的代表乔治·克莱默后来所言，不分选区的全州范围内的选举，将会选出“优良而受人尊敬的代表”，即选出的众议员往往不会支持减免税收和救济债务人方面的立法。麦迪逊后来对杰斐逊说，不分选区的选举将会“限制品行臭名昭著之人，而更看重具有美德之人”。确实，联邦党人后来甚至声称，在单一议席选区选举众议院议员，“违背了宪法的真正精神，因为宪法旨在尽可能挑选全国性代表”。[154]

国会众议员摆脱民众主义的影响，获得独立性，不仅取决于他们的选举方式，还取决于他们的任职期限——对于这一点，弗吉尼亚方案没有提出任何建议。所有的会议代表都同意，众议院议员的任期应该比其他联邦官员更短。在18世纪80年代，康涅狄格和罗得岛两个州议会下院的代表，只有六个月的任期。另外的十个州中，州议会下院议员的任期为一年，而南卡罗来纳州则是每两年选举一次下院议员。如此短的任期，部分地反映了革命时代美国人对于英国议会下院议员任期七年的反对。[155] 173

在费城制宪会议上，许多代表——既有国家主义者也有反国家主义者——都支持众议院实行一年一度的选举。谢尔曼声称，“频繁的选举是保持统治者品行良好的必要条件”。代表们“应该回到家乡和人民打成一片。如果一直留在政府的官位上，他们将会沾染恶习，脱离自己选区的选民”。威尔逊也觉得，“人民重视选举频率”，需要年度性选举，而且，年度性选举也是“有效表达民众整体意愿”的最好方式。伦道夫赞同“人民重视选举频率”的观点，他声称，如果年度性选举不会“给我国极端偏远地区的代表造成不便”，他也支持年度性选举。[156]

长期以来，新英格兰人一直怀疑南方的上层阶级将会利用召开一次全国性会议的机会，将一个更具有“贵族气质”的政府强加给他 174

们。因此，来自马萨诸塞州的格里坚持“新英格兰的人民将永远不会放弃举行年度性选举的立场”，也就毫不奇怪了。他们很清楚，在18世纪早期，英国议会议员把他们的任期从三年延长到了七年；他们将任何背离年度性选举的行为，都视作“类似篡权行为的先兆”。格里声称，年度性选举是“人们对抗暴政的唯一防御手段”，他会像反对“世袭制的行政领导”那样，反对延长众议院议员的任期。[157]

但是，一些代表倾向于延长国会代表的任期。圣托马斯·詹尼弗的丹尼尔（Daniel of St. Thomas Jenifer），一位来自马里兰州的代表，提议实行三年制任期，因为过于频繁的选举“会使人们对选举失去兴趣，并使最优秀的人不愿意参加如此不稳定的活动”。麦迪逊坚信，不稳定是“我们共和国的严重疾病”之一，他热烈地支持这项提议。年度性任期将“精力几乎全都耗在准备、奔赴和离开国家事务席位上”，“对于这样一个泱泱大国，很有必要”延长议员的任期，“以使他们认识、理解其他州的不同利益”。汉密尔顿提出，众议院议员应该实行三年任期制，因为这次会议所提出的制衡原则，对于“政府其他分支而言，非常虚弱，需要借用任何一条可以利用的辅助性原则”。[158]

格里提出，人们会拒绝任何背离年度性选举的决定，对此，麦迪逊表达了不同意见，他认为，“如果人民的意愿就是我们的指引，就很难说我们应当采取什么方针”。没有一个会议代表“能说出此刻他们州选民们的观点是什么；如果选民们掌握了代表们目前实际拥有的信息和感悟，他们会怎么想更没法说；六个月或十二个月后他们的思考方式，更是难以预料”。因此，代表们只需要考虑“对于建立一个适当的政府本身，什么是对的和必要的”。一项好的方案“本身就会很受欢迎”，而“这次会议的巨大声望”会大大提高会议决议被批准的前景。[159]

但是，麦迪逊未能说服格里，格里继续坚持“必须考虑人民将会赞同什么样的主张”。他反对说，按照麦迪逊的推理，如果“我们假定，有限制的君主政体是最佳的政府形式，我们就应该建立这样的政府，但是人民的真实意愿无疑是反对建立这样的政府”。[160]

制宪会议召开大约两周后，代表们以7:4的表决，投票支持三年选举一次众议院议员。大约十天后，由于妥协的结果，他们又把众议员的任期减到两年。[161]

在一系列其他问题上，制宪会议同样采取了增加国会代表独立
性、使其免受州和民众影响的态度。在《邦联条例》之下，州立法机 175
构有权以无论何种理由在一年任期内“召回”它们的国会代表。弗吉尼亚方案和新泽西方案都（暗含着）保持召回国会代表的一贯做法。但是，制宪会议代表们显然是赞同汉密尔顿的观点，即国会代表服从州的召回，“是以州的偏见而不是联邦的利益”作为指导原则，因此，与会代表一致否决州立法机构拥有这样的权力。[162]

弗吉尼亚方案还规定，国会议员任职到期（弗吉尼亚方案没有规定任期）后，没有资格连选连任。1776年的宾夕法尼亚州宪法认为，这种职务上的强制轮替，是防止“霸占政府职务的讨厌贵族体制”的必要条件。1785年，马萨诸塞州立法机构宣布，“世界不能不钦佩以国会成员的轮替为腐败设置重要障碍的谨慎和智慧”。实际上，马萨诸塞州立法机构从一开始就指令本州参加费城制宪会议的代表，不要赞同任何违背《邦联条例》规定的职务强制轮替制度的决议（后来，马萨诸塞州收回了这项指令，无条件支持会议的决议）。尽管有这样的先例，费城会议的代表们还是一致否决了对国会代表职务的强制轮替要求。[163]

当时的很多共和党人同样相信，人民主权论中包含一项人民“指导”他们选出的代表的权利，而且，当时的几部州宪法明确地

规定了这项权利。比如说，1784年的新罕布什尔州宪法宣布，人民有权“召集”并“指导他们选出的代表”。事实上，不止一个州的立法机构曾经“命令”它派往费城制宪会议的代表。但是，代表们在制定新的宪法时忽略了这项权利。新宪法完全忽略了命令、召回和强制性职务轮替——这些都是限制代表独立性的机制，普通的观察者可能没有注意到这种背离现状的举动。[164]

国会代表的相对独立性还部分地取决于谁来支付他们的薪水。在《邦联条例》之下，邦联国会代表的薪水由各州立法机构支付——但并不总是能及时到账。参加费城会议的代表中，那些最支持本州在联邦政府内发挥影响的代表，认为国会代表的薪水应该由各州财政支付。埃尔斯沃斯反对国会支付代表们的薪水，他提出，
176 考虑到各州的生活标准不一，给代表们的合理补偿可能各不相同。威廉姆森也持同样的立场，他提出，东部各州不应该补贴那些来自未来西部各州的代表，西部各州对联邦财政的贡献可能会少很多，它们的代表“会妨碍东部人的举措和利益”。[165]

包括麦迪逊、威尔逊和金在内的国家主义代表，强调应当由联邦政府支付国会议员的薪水。根据麦迪逊的笔记，汉密尔顿“极力”反对由各州来支付联邦议员们的薪水，“支付薪水的人将是领取薪水者的主人”。伦道夫也同意说，如果由州来支付议员们的薪水，那么“由此形成的依赖将摧毁整个国家体制”。梅森提醒说，如果由州立法机构选举参议员——当时制宪会议正是这么决定的，也由州立法机构决定国会议员的薪酬，那么，“国会两院都将成为美国各州的政治工具”。戈勒姆担心，吝啬的州议会可能会降低国会议员的薪水，“并用这种方式，使那些真正有能力承担议员职责的人离开职位”。莫里斯则提出，由各州支付国会议员的薪水，对于那些遥远州的代表十分不公，他们的开支大很多。[166]

为了回应这批国家主义者的攻击，埃尔斯沃斯警告，各州立法机构将不可避免地在新宪法的批准过程中发挥重要作用，它们将会怀疑，制宪会议代表赋予“联邦政府这样大的权力，是因为不信任各州”。不过，在6月份，大会以微弱的票数优势否决了他提出的由州立法机构支付国会议员薪水的提议。后来，令许多代表感到惊讶的是，细则委员会依然提出了一项条款，让各州立法机构负责发放国会两院成员的薪水。当时，小州已经获得了在参议院里的平等地位，埃尔斯沃斯于是转向国家主义一边，他反对细则委员会的提议，理由是它使众议院过于依赖州议会，于是，代表们拒绝了这项提议。[167]

代表们同意国会议员的薪水应该由国家财政支付之后，是由国会还是宪法本身来设定薪水数额的问题随之而起。威尔逊反对在宪法中固定国会议员的薪水，因为情况必然会发生改变。戈勒姆担心，如果要宪法规定国会议员的薪酬，制宪会议“无法冒险按照需要高额地设定议员们的薪酬，而不激起各州对于整个新宪法方案的敌意”。来自特拉华州的戈勒姆和雅各布·布鲁姆（Jacob Broom）认为，如果各州可以信任州议员，让他们设定自己的薪水，那么国会议员也可以自己设定自己的薪水。[168] 177

戈勒姆担心，新宪法为国会议员提供慷慨的薪酬，将会为批准宪法招来反对意见；而金则担心，新宪法将国会议员的薪水留给国会自己自由裁量，而不明确指定“任何实际上必要或适当的数额”，“将激起更大的反对意见”。埃尔斯沃斯也同意说，在这方面授予国会自由裁量权，“将产生极其强烈，尽管并非无法克服的反对意见”。麦迪逊认为，宪法应该固定国会议员的薪酬，因为议员们太过自私，无法自己确定自己的薪酬，“为了自己的利益，他们把手伸进公众的钱包里是不合适的”。谢尔曼也同意说，国会议员不应该设定自己的薪水，但他提出的却是相反的理由——议员们可能会将他们的薪水设定得太低，而不是太高，这样一来，除了富人之外，其他人都无法担任议员。他建议，宪法规定由美国财政给议员们支付一份适当的薪水，然后由各州以自己认为合适的方式自由补充。最终，制宪会议投票赞成由国会设定议员薪金，而不是由宪法确立。[169]

除了刚才讨论的限制各州和民众主义者影响国会代表的诸多机制之外，代表们还考虑在宪法中加入国会选举的财产资格要求，以及担任联邦职务的财产资格要求。对于国会选举，这样的选举资格，将阻止那些最可能具有再分配财产动机的人；至于担任联邦职务的财产资格要求，则将确保联邦政府由汉密尔顿所谓的“最富有的和出身良好的人”来管理，他们倾向于抵制民众主义者影响他们制定政策的过程。当时的大多数精英政治家都认为，政府应该由像他们这样的人来管理：他们足够富裕，拥有服务公众的闲暇时间；他们在财政上足够独立，能够抵制贿赂和利益团体的影响。[170]

独立革命战争时期的平均主义意识形态，以及鼓舞士兵为此而战斗的政治口号，促使18世纪70年代中期各州宪法起草人放松了对选举权的资格限制。不过，州宪法仍然保留了某些选举权方面的财产资格要求，并且参加费城会议的大多数代表赞成在联邦选举中附加这种财产资格要求。[171]

莫里斯警告，“不能将公共利益托付给像小孩子一样无知和具有依赖性的人”，他认为，只有满足一定不动产资格要求的人，才能参加国会选举。莫里斯还说，如果没有这样的选举权资格要求，随着这个国家变得“充斥着需要从他们的雇主那里得到面包的技工
178 和劳动者”，我们将无法再指望选民成为“自由的忠实守护者”。迪金森也同意说，仅限不动产持有者拥有投票权，属于“必要的防御措施，以防止大量无财产和无原则的民众带来的危险性影响，我们

国家和其他所有国家一样，届时将会充斥着这样的民众”。麦迪逊也认为，不动产持有者“未来将是共和主义自由的最安全保障”，到时候，“绝大多数民众不仅没有土地，而且没有其他任何类型的财产”，从而成为“富人和野心家们的工具”。[172]

富兰克林是脱离常规，真正从原则上反对选举财产资格要求的代表。他认为，本次会议“不应该贬低我们平民百姓的美德和公共精神，在战争中，平民百姓曾发挥重要作用”。富兰克林表示，“我不喜欢任何倾向于贬低平民精神的东西”，他提醒自己的同事：“我所认识的一些最大的流氓，都是最富有的流氓。”[173]

许多其他代表也反对宪法设定国会选举的具体财产资格要求，不是因为他们从原则上反对选举权财产资格要求，而是正如埃尔斯沃斯所解释的那样，“各州才是本州人民境遇和倾向的最佳评判者”。威尔逊认为，“很难为所有州制定统一的财产资格规则”。戈勒姆指出，费城、纽约和波士顿等城市已经允许无法满足不动产要求的商人和技工参加投票，并且没有带来任何不便。梅森指出，八九个州已经将选举权扩大到了不动产持有者之外的人；如果宪法施加选举权财产资格限制，那些目前在州选举中能参与投票但将被排除在国会选举之外的人，将会反对批准新宪法。埃尔斯沃斯也同意说，“如果剥夺了他们的选举权，人民不会轻易地赞成新的联邦宪法”。[174]

由于一些现实原因——很难在全国范围内统一选举权财产资格要求、剥夺已经在各州参与选举的人的投票权也很不明智——而不是因为任何原则性的反对意见，与会代表的绝大多数都反对在宪法中规定参与国会选举的财产资格要求；相反，他们提出，参与国会选举的资格，将与各州立法机关中人数较多的那一院的选举资格相同。代表们预计，各州将继续实施选举权财产资格要求，届时这种要求将自动适用于联邦选举。[175]

相比之下，会议代表更支持对出任联邦公职之人的财产资格要求。确实，包括莫里斯和迪金森在内的一些代表曾认为，给选民增加财产资格要求之后，就没有必要给出任联邦公职的人提出这方面
179 的要求。但是其他一些人则同意格里的观点：“如果财产是政府的目标之一，那么制定财产方面的宪法条文就没有什么不妥。”梅森提议，在新宪法中规定联邦议员必须拥有一定的土地资产，而那些尚欠有公共债务的人，没有资格成为议员。这个提议很快就被修改为同样适用于联邦行政部门和司法部门成员。梅森解释道，这些债务人过去常常设法进入各州议会，“以推进能掩盖他们不良行为的立法，而且这种弊病已经潜入邦联国会”。[176]

尽管大多数代表赞成出任联邦官员需要一定的财产资格，但在决定具体针对哪些职位提出财产资格要求时，他们却遇到了困难。迪金森倾向于将这个问题留给联邦国会来决定，因为制宪会议不可能制订一份全面而合适的财产资格要求，“而一份片面的规定意味着需要立法机构来弥补缺漏，这将会束缚国会的手脚”。他还反对在这份秉承共和原则的新宪法中，插入一条“崇拜有钱人”的条款。金警告：“将土地资产作为出任联邦官员的任职要求是十分危险的，因为这样会把金融界人士排除在外，而当公共安全陷入某种紧急情况时，有他们解囊相助，或许至关重要。”[177]

麦迪逊同意金的观点，并提请会议从梅森提出的联邦官员任职财产资格动议中去掉“拥有土地”的字眼。他解释道，许多土地持有者所欠下的债务，远超过他们持有土地的价值，而“各州法律中的不公正条文”大多是“这一阶层而非其他阶层”要求的结果。事实上，“这些人通过信贷方式获得土地，然后进入州议会，争取不公平的保护，以对抗债主，这是司空见惯之事”。据此，麦迪逊总结道，将少量土地作为任职要求“并不安全”，而要求大量土地作

为任职门槛，又会“排除那些没那么多土地的称职议员”。换言之，麦迪逊认为，尽管商人、金融家、工厂主可能无法满足拥有大量土地资产的任职资格要求，但也应当有资格出任联邦职务。[178]

代表们显然更赞同麦迪逊的观点，他们以10∶1的投票结果，从联邦官员任职财产资格的动议中去掉了“拥有土地”的字眼。然后，他们以8∶3的投票结果，通过了宪法中涉及联邦官员任职财产资格（非土地资产）的规定。这项规定不仅仅针对联邦众议员和参议员，还适用于联邦司法部门和行政部门的官员。[179]

然而，宪法细则委员会并没有像代表们所希望的那样，在宪法文本中提出联邦官员任职的财产资格要求，而是将此事交由联邦国会来决定。细则委员会主席拉特利奇解释道，细则委员会“没有提出官员任职的财产资格要求，是因为细则委员会内部意见不一致。 180
一方面担心将财产资格定得太高，民众不高兴；另一方面担心，定得太低，不起作用，因此举棋不定”。同为细则委员会成员的埃尔斯沃斯提出了两个论据，论证与其由宪法规定联邦官员任职的财产资格标准，不如留给联邦国会自行决定。第一，“联邦的不同地区面临着不同的处境”，很难制定统一的标准，“条件定高了，南方各州适用，东部各州行不通。如果照顾东部各州，又达不到南方的目的”。第二，国家“现在和将来的情况可能不一样”，这很可能导致“适合于现在的标准，将来未必适用”。[180]

麦迪逊反对将设定联邦官员任职财产资格标准的任务交给联邦国会，认为这是将“不适当的危险权力授予立法部门”。他认为，选举资格和任职资格是“共和制政府的基本条款，应该由宪法规定”，以防立法机关颠覆这类条款。查尔斯·平克尼同样反对，他认为，如果将设定财产资格标准的任务交给国会，那么第一届国会议员将无法受到这些标准的限制。尽管平克尼公开抵制“贵族制对新宪法的过度影响”，但他依然认为，联邦官员要想“思想独立、受人尊重，就必须拥有充足的财产”。他提议由宪法设定联邦官员任职的财产资格标准，并建议，总统候选人的财产应不低于10万美元，联邦法官和国会议员人选的财产要求减半——这是一个99%的人都无法达到的门槛。[181]

莫里斯提议扩大国会的权力，使国会可以设定联邦官员任职的任何资格标准——而不仅仅是财产资格标准，对此，威廉姆森表达了自己的担忧：国会议员多数是律师，他们也许会将联邦官员的任职资格限于律师同行。拉特利奇提出了一个替代性方案：由宪法规定联邦议员的任职资格与他所在州的州议员任职资格相同。而威尔逊提议将联邦官员任职资格条款全部删掉，因为国会恐怕永远也制定不出适用于整个国家的统一任职标准；而且，如果明确指出国会有权制定联邦官员任职的财产资格标准，可能暗示国会无权设定其他类型的任职门槛。大多数代表同意这一观点。因此，尽管多数代表十分支持出任联邦官员需要一定的财产资格，但是他们所起草的宪法，既没有提出这样的标准，也没有明确授权国会来设定这样的
181 资格标准。[182]

联邦立法机构中代表席位的分配问题

事实证明，对于制宪会议而言，如何构建联邦立法机构中的上院，远比设计下院棘手。的确，在各州中分配参议院代表的席位，是费城会议中最具争议性的问题，最初还陷入了差点导致会议流产的僵局。麦迪逊后来向杰斐逊解释道，这个问题带来的“窘况和警示，比会议上其他问题加起来还要多”。[183]

正如我们所看到的那样，弗吉尼亚方案提出，国会两院代表的席位应“根据各州的财政贡献份额或自由居民的人数，在各州之间按比例分配，各州可根据自己的情况在两种办法中选取自己认为最佳的办法”。换言之，《邦联条例》的基础性原则——邦联国会中各州具有平等代表权的原则，被根据人口或税收贡献或两者组合分配席位的原则取代了。[184]

在麦迪逊看来，以人口为基础来分配国会席位非常重要，其中一部分原因在于他相信，大家一旦接受这种方案，“大州内部拒绝放弃自身权力的诸多意见便会消散”。换言之，麦迪逊期望的是，如果能保证大州在联邦政府中获得更大的影响力，它们就会更加拥护国家主义主张。他相信，弗吉尼亚之所以拒绝给《邦联条例》提出修正案、扩大邦联国会的权力，主要原因在于，如果每个州都拥有平等的投票权，弗吉尼亚州的人口优势在联邦立法机构中就体现不出来。此外，各州在联邦立法机构中拥有平等的代表权，意味着依此建立的是一个邦联而不是国家，而麦迪逊希望国家取代邦联。综合以上两个原因，对麦迪逊而言，以人口为基础的国会席位分配方式，是实现其国家主义目标的主要手段。而且，这样的分配方式符合简单的公正原理，对麦迪逊和大多数的大州代表都有吸引力。[185]

在制宪会议开始后不久，麦迪逊曾预计，参加会议的大多数州的代表会支持以人口为基础分配国会议席。当时的几个大州，尤其是弗吉尼亚、宾夕法尼亚和马萨诸塞，将因为它们现有的人口优势支持这种分配方法，而人口较少的位于南方的佐治亚和南卡罗来纳也会支持，因为它们预测，在不远的将来，本州人口将急剧增长。（人口已经相当稠密的北卡罗来纳州，将会出于上述两种原因表示支持。）这 182
种预计南方各州人口会很快增长的观念，在当时非常流行。南方各州占有的总领土面积是北方各州的四倍。此外，除了广阔的西北领地只有少数白人定居者外，开发较早的北方各州，大部分地区都已经有人定居了。而当时南方仍然拥有大面积的未定居土地。[186]

在初步讨论弗吉尼亚方案提出的联邦立法机关议席分配问题时，几位北方代表反对根据各州的“税收贡献”分配议会席位的意见。金指出，各州对联邦政府的财政贡献将会处于持续变化之中，很难据此分配议会席位。然而，他真正关心的可能是那些平均财富少于南方人的北方人，如果根据人口数量而非税收贡献来分配议会席位，或许对他们更加有利。汉密尔顿提出了一个替代性方案，他建议采用弗吉尼亚方案的另一部分——基于各州“自由民”的数量分配国会议员名额。但是其他北方代表，例如莫里斯，反对纯粹地基于人口数量分配国会议员名额，他的理由在于财产是“社会的主要目标”，因此“它理应成为一种衡量影响力的尺度，用来衡量那些会被政府波及的人”。[187]

大多数南方代表强烈支持基于财富或者“税收贡献”分配联邦国会议员名额，他们赞同“财产毫无疑问是社会的主要目标”，并且很清楚，基于人口分配议员名额可能会低估甚至完全不计算他们所拥有的奴隶数量。但是如果制宪会议同意将他们拥有的奴隶计算在人口数量之内，他们也不会继续反对基于人口数量分配国会议员名额——本书第四章将会详细讨论这一问题。[188]

麦迪逊想要确保制宪会议能够尽早投票拒绝各州在联邦立法机关拥有同等代表权的原则，于是他提议先搁置议员名额分配是基于人口、税收还是两者组合的问题。同时，他希望代表们先简单地对“《邦联条例》所确立的平等投票权原则”达成否定意见。但是麦迪逊的这一目标，却因来自小州特拉华的乔治·里德的反对而受阻。[189]

在制宪会议召开之前的几个月里，里德曾给他的特拉华州同事约翰·迪金森写过两封信，提醒他小州的代表们必须“严加注意大

州代表的动议与提案，因为他们可能会通过吸收、分化或者逼迫的
方法联合起来吞并较小的州”。里德相信，一旦小州无法在国会中获
得平等的投票权，特拉华州“在联盟中的地位就立刻等于零”。他还
从报纸报道与私人谈话中了解到，国会中“各州声音”的大小，将 183
会成为此次会议的一个主题。里德担心，各州希望控制联邦政府的
动机如此之强烈，“小州代表们的辩论或演说会收效甚微”。里德告
诉迪金森，他毫不相信大州的“坦率、慷慨或公共正义观念”，因
此他建议，“要想尽一切办法，采取防御措施，保护本州不受大州
的侵蚀”。[190]

现在，为了回应麦迪逊反对各州在联邦立法机关拥有同等代表权的提议，里德提出推迟讨论这一问题，因为特拉华州代表从本州得到的指令是，不同意任何改变《邦联条例》的决议，否则将“退出”此次会议。实际上，正是里德非常聪明地让特拉华州议会在给本州代表的指令中加入了这一条——“作为确保本州立场的一个谨慎措施”——以防止他们在制宪会议上因“内部异议而产生争论”。[191]

随着对国会议员名额分配辩论的进一步深入，麦迪逊和他的国家主义盟友们始终坚持，除了基于人口分配议员名额以外的一切方案，都“确定无疑是不公正的”。麦迪逊提出，少数人不应该能够“否决多数人的意愿”或者“采取要挟手段，以此作为少数人同意其他某些必要措施的前提条件”。此外，给予一个并非基于人口数量选举议员的立法机构直接向个人征税的权力，将会“使整个国家陷入大不列颠的邪恶代表制度所带来的耻辱与罪恶”——所谓的衰败选区，在那里，很少一些选民就可以选举议会议员。当然，不到6万居民的小州特拉华，不应该和拥有大约75万居民的大州弗吉尼亚拥有平等的代表权。[192]

就像事先跟他的朋友们所说的那样，麦迪逊在制宪会议上解释

道，虽然《邦联条例》之下各州在国会的平等代表权，从原则上讲也很不公平，但是至少是可以忍受的，因为“邦联国会法令的效力，在很大程度上取决于各州之间的合作”，这使得大州“在国会内外拥有与它们的大小和重要性成比例的权重”。然而，根据宪法草案，“就算没有州立法机构的介入”，国会的举措也将直接生效；因此，来自小州的投票不应该“和来自大州的投票具有相同的效力与重要性”。[193]

来自其他大州的代表也强调所有州在国会拥有相同代表权不公平。汉密尔顿宣称，这项举措将会“极大地动摇公平观念，忽略每
184 个人的感受”，他还强调，“要弗吉尼亚等大州同意这样的方案，是不符合人类天性的；就算它们同意，要它们长期遵守，也是不符合人性的”。威尔逊认为，“因为所有权力来源于人民，所以，相同数量的人民应该拥有相同数量的代表，不同数量的人民则应有不同数量的代表”。威尔逊解释道，大州曾经赞成《邦联条例》——尽管它背离了公平的基本原则，仅仅是因为那时处于“危急时刻”（独立战争），它们愿意“为了小州牺牲自己的利益”。但是现在，“已经到了响应它们的呼声而践行正义的时刻”。莫里斯也反对把大州在战争的危机压力之下做出的妥协，当作小州的“神圣的契约”。[194]

此外，麦迪逊还指出，让各州在国会拥有平等代表权的不公性只会随着时间的推移而积聚。随着西部各州在平等的基础上加入联邦，“一个更令人反感的少数派将会控制联邦政府”。为什么代表们要接受一个“必然会将死亡带给我们希望永生的宪法”的原则呢？威尔逊还警告，“代表制度中的一个缺点，就像首次配制药品中的一个失误，随之而来的一定会是疾病、动乱，最终导致自我毁灭”。[195]

一些代表曾提出，国会众议院中各州的平等代表权给大州带来的不公，将会是极微小的，因为众议院只能阻止立法通过，而不能自行制定法律。对于这种观点，大州代表也做出了回应。威尔逊表示，

坏政府有两种：一种是做得太少，一种是做得太多。而美国已经受够了“虚弱与效率低下的政府”所带来的痛苦。各州在参议院的平等代表权将会“使美国像以往一样作茧自缚”。对于这一论断，麦迪逊又增加了两个论据。小州能在平等分配代表名额的参议院中运用它们不合比例的权力，“以此要挟众议院，使其违背大多数人的愿望与利益”。此外，此次会议将可能分配给参议院“一些强大的权力，而众议院无法分享这些权力”。因此，从事实上讲，即使没有众议院的同意，小州也能够“采取不利于多数人利益的举措”。[196]

为了支持他们提出的以公平为核心的论点，大州代表争辩说，支持各州在联邦立法机构拥有同等代表权的那些人，犯了一个形而上学的错误。威尔逊反问道：“我们怎能忘记我们是在为谁组建一个政府？是为了人民，还是为了虚构出来的所谓州？……我们一直谈论着州，却忘记州是由谁组成的。”汉密尔顿同样认为，选举代表是组成各州的“人民的权力”，而非“由人组合而成的人造产物”的权力。[197] 185

麦迪逊承认，“在政治社会中，州这一层级承载了太多的压力”。各州组成了国家，而国家可以对全体公民征税并从中征召军队，与可以在平等的基础上缔结条约的主权国家相比，州更类似于州内的县；一般而言，州内各县在州立法机构中并无平等的代表权。麦迪逊承认，如果联邦政府可以“直接对州实施法令”，各州或许应该在国会拥有同等代表权。但他同时表示，他实在想不出“任何一个国家政府不直接向人民实施法令的例子”。[198]

即便说各州拥有某些值得保护的主权利益，来自大州的代表也还是质疑，是否无论大州和小州，都真的担心和害怕宪法所设计出的联邦政府。威尔逊指出，州立法机关将选举联邦参议员——正如我们所看到的，这是本次会议已经做出的决议——但是联邦政府并不能选举州政府的分支机构，从而利用“互惠的机会”来保护自已。麦迪逊想知道，联邦政府要依赖各州来管理如此广阔的大陆，又有什么动机来篡夺州政府的权力呢？[199]

威尔逊指出，就算联邦政府敢于染指州权，州立法机构也会发出普遍的警示予以回应。恰恰是联邦政府“会处于受到州政府侵犯的永久危险中”，而不是相反。麦迪逊坚信，所有邦联的历史都揭示了一个“总会陷入无政府状态而非暴政”的趋势。[200]

大州代表也谈到了他们的反对者提出的担忧——基于人口分配国会代表名额，将导致小州更易于受到大州联合起来的压迫。麦迪逊承认，假如真的存在这种联合起来的“危险”，他将愿意给小州提供“防御性武器”，但是他坚信这种危险并不存在。麦迪逊解释道，最大的三个州——弗吉尼亚、宾夕法尼亚和马萨诸塞——在“行为方式”或宗教上几乎没有共同点，而且，它们的经济“很不相同，与任何其他三个州一样”。马萨诸塞州的主要产品是鱼类，宾夕法尼亚的主要产品是小麦和面粉，而弗吉尼亚则是烟草。所以，“它们联合起来的可能性在哪里呢”？麦迪逊问道。大州可观的人口规模，并非小州担心的理由，反倒是更有可能在大州之间造成“比联合起来更加频繁……的相互竞争”。[201]

汉密尔顿也同意这种看法，由于地理上的距离已经分离了大
186 州，“它们各自不同的特点，也区分了它们的利益”，“在那些最具影响的大州之间，没有任何联合起来的理由”。他坚持说，“唯一明显的利益的差别在于，有些州拥有贸易港口，有些州没有，而这反倒分离了大州之间的联合”。汉密尔顿宣称，虽然小州一直在谈免于受大州控制的重要性，国会代表名额分配之争实际上只是“权力之争”。至少有一次，一位代表，即来自小州特拉华的冈宁·贝德福德，似乎已经承认了这一点：小州们的出发点并非“完全是无私利的”。大不列颠的衰败选区“紧紧攥着它们的宪法权利……我们

的行动难道能够比其他地方的人类更具有纯洁性吗”？[202]

来自北卡罗来纳州的休·威廉姆森更进一步谴责了他所看到的小州的夺权——北卡罗来纳州已经是一个人口大州，并且还将拥有更多人口。他解释道，小州的目标是确保它们能控制联邦政府，以使大州承担支持联邦政府所需要的、超过适当比例的税收负担。联邦立法机构平等分配议员名额，给大州造成的沉重税收负担，将在人口更少且相当贫穷的西部州加入联邦之后，更加恶化，它们“会结合起来，给商业与消费增加负担，从而给老的州造成极大的负担”。富兰克林确信，如果小州在国会拥有平等的投票权，大州将会担心，“它们的钱财将处于危险之中”。[203]

最后，大州的代表警告，如果小州同侪们坚持要求在联邦立法机关拥有平等的代表权，制宪会议可能会走向失败，这也意味着邦联的终结。麦迪逊想知道，小州们难道不会考虑“邦联解体之后可能遭受的惨痛后果吗”？他提出，“如果大州真有它们所指控的贪婪与野心”，那么一旦失去一个强有力的联邦政府的保护，小州将会经受最大的痛苦。更糟糕的是，麦迪逊假设，如果各州无法在公平条件之下联合起来，将会加剧外部的危险，从而可能将各州变成“精力过剩、好斗而高调的独立政府”，不仅使小州更容易受到大州攻击，而且可能会给“所有人在州内部享有的自由带来致命威胁”。确实，“使旧世界成为接连不断上演战争的剧场，并把自由从中驱逐出去的原因，将在我们这里产生同样的影响”。[204]

莫里斯描绘了一个更为可怖的图景，来显示小州如果不接受公平的议员分配原则将带来的严重后果：“这个国家必须联合起来。
如果言语劝说没能做到，剑会做到”。在这种情况下，“强势一方将 187
会出卖弱势一方，绞刑架与绞索会完成刀剑未竟的工作”。[205]

小州代表们对于大州提出的这些基于人口分配国会代表的理

由，也做出了不同的回应。正如我们所看到的那样，新泽西州代表威廉·佩特森质疑制宪会议的合法性，因为这次会议甚至考虑背离《邦联条例》所保障的各州在邦联国会中的代表权条款。他们指责制宪会议修改《邦联条例》，认为会议“无权超越既有的联盟架构”。佩特森坚持认为，即使制宪会议有这样的权力，“人民也还没有准备好接受这样的改变”，代表们“必须紧随人民意愿，而不是让人民紧跟我们的行动”。此外，来自康涅狄格州的罗杰·谢尔曼想知道，既然大州在邦联时期接受了各州在邦联国会的平等代表权，为什么现在又要反对这个原则呢？同样来自康涅狄格州的奥利弗·埃尔斯沃斯也问道：“这意味着他们可以不顾曾经坚守的信念吗？”[206]

小州代表还提出，就算要公平分配联邦国会席位，也不一定非得基于人口分配议员名额。贝德福德告诉他们，当大州代表自信满满，认为“正义在自己一方”时，他们已经被“利益蒙蔽了双眼”。他还嘲笑大州代表“通过美化自己的原则与意图来愚弄我们”。来自马里兰的路德·马丁宣称，“每个州的平等投票权是联邦概念的核心，这也是建立在公平与自由基础之上的原则”。各州与大不列颠分离之后，相互之间就处于“自然状态”；在这种情况之下，“州就像个人一样，是……平等独立且自由的”。各州当时“在平等的基础上加入邦联”，“它们现在也在同样平等的基础上召开会议，来修复邦联”。佩特森虽然承认政府的正当权力来自人民，但他否认邦联消除了各州之间的差别：“当独立的社会为了共同的防御联合起来时，它们是以集体身份采取行动的；为了实现这些目的，每个州都必须被视为缔约方之一。”佩特森认为，“一个富裕的公民不应该比一个贫穷的公民获得更多选票，同理，一个税收贡献很大的大州也不应当比税收贡献较少的小州获得更多的选票”。[207]

来自康涅狄格州的威廉·塞缪尔·约翰逊（William Samuel

图 3.6　威廉·佩特森，曾任新泽西州司法总长，后来成为该州最早的联邦参议员之一，协助起草《1789 年司法法》（1789 Judiciary Act），后被华盛顿总统任命为最高法院大法官。

Johnson）❶提出，因为各州包含着“许多的政治社团”，而联邦政府既是各州的“政治组合，也是各州人民的政治组合”，因此各州应该“拥有某种自卫的权力”。谢尔曼同样提出，各州在联邦立法机 188

构中的至少一个院拥有平等代表权，“对于小州和州政府而言，并不是一种……非常安全的保障，除非它们在联邦政府里拥有自己的代表和否决权，否则它们的地位很难维持下去”。[208]

马丁认为，那些大州代表在州主权问题上的态度前后不一。当争议内容是小州是否应该至少在联邦立法机构中的一个院获得平等代表权时，像宾夕法尼亚的詹姆斯·威尔逊这样的大州代表，就将州视为“幻象、纯粹的人造之物”。然而，当争议的内容涉及是否可以违背大州的意愿，将其分割时，突然之间，“州这样的政治团体 189
就有了一种神圣性质”（事实上，当一个州的部分或全部组成一个

❶ 约翰逊生于 1727 年，虽然他曾在 1765 年的反印花税法案大会中任职，但那时他还是美国独立的反对者，有一次，他还因为涉嫌通敌而被逮捕。在费城制宪会议上，他担任宪法文风委员会主席，负责最终确定宪法行文。在 1787 年至 1800 年间，他是国王学院（后来的哥伦比亚大学）的校长。参见 Kaminski and Moore, *An Assembly of Demigods*, 244。

新州加入联邦时，宪法确实需要征得那个州立法机构的事先同意）。佩特森承认，消除各州差异之后，才可以证明在联邦国会中以人口为基础来分配代表的制度具有合理性，但他指出，大州似乎并不急于与小州分享它们巨量的“土地储备”。[209]

更重要的是，小州代表们坚持认为，如果国会两院都按人口比例分配议席，他们州在国会里将被三个最大的州完全控制。按照佩特森的说法，这样一种代表制度，将会危及“较小州的存续”。贝德福德指出，以人口为基础选代表，将使特拉华州在国会众议院的代表人数仅为众议院总代表人数的1/90，而宾夕法尼亚和弗吉尼亚两州则共将获得1/3的席位。他指责这些大州正在寻求“建立一种制度，在这种制度之下，它们将拥有巨大而可怕的影响力”，只要“小州阻挡了它们的野心或利益，它们就能粉碎这些小州”。佩特森反对说，如果根据人口来分配议席，新泽西州“将被吞没”，因此绝不会赞同这样的“同盟”方案。马丁则表示，以人口为依据分配国会席位的制度是“奴役十个州的制度”，在这个制度中，三个最大的州将控制国会近一半的选票，并且可以随心所欲，除非其他十个州能“奇迹般联合起来”。[210]

此外，小州的代表们还驳斥了小州没有任何理由害怕大州在国会中结成联盟的观点。正如埃尔斯沃斯所言，最起码，“三个或四个州会比九个或十个州更容易联合起来”。此外，他还指出，大州可能会联合起来，将任命联邦重要官员的权力垄断在自己手中，支持只允许在合众国境内开放三或四个自由贸易港口的商业条约，然后将这些港口放在本州境内。[211]

事实上，制宪会议上所出现的投票模式，本身就否认了上述观念，即大州在反对小州时，大州之间并不存在共同利益。例如，当弗吉尼亚方案提议授权国会否决各州立法时，三个大州投赞成票，而七个较小的州则投反对票。[212]

此外，在18世纪80年代早期到中期，关于将各州宣布拥有的西部土地划归联盟的问题——这是一个界定各州规模的问题，美国小州和大州曾多次在国会产生冲突。在争论中，小州的国会代表争辩说，大州应该把它们占领的西部土地转移给国会，由国会将土地卖给私人，以此获得收益，来偿还战争债务；相反，来自弗吉尼亚和马萨诸塞等大州的国会代表则坚持认为，国会曾承诺，“反对在未事先获得一州同意的情况下，分割任何一个州”。弗吉尼亚州的国会代表报告，小 190
州“希望竭尽所能地削弱较大的州”，它们反对国会向大州提供这样的保证。1784年，来自人口稠密的北卡罗来纳州的一名国会代表抱怨道，“小州不可能放弃自己的目标；与大州相比，小州的规模显得如此微不足道，这让它们产生某种程度的嫉妒之心”。两年前，麦迪逊曾写道，小州反对弗吉尼亚对西部土地的所有权，这既是因为它们“希望从卖出的西部土地中分得一杯羹的贪欲”，也是由于“被弗吉尼亚州的优质资源和重要地位所自然激发出来的嫉妒和羡慕之心”。[213]

西部土地问题在制宪会议期间也没有隐退，因为佐治亚州和北卡罗来纳州还没有把它们的西部土地交给国会，这让已经采取了类似措施的那些州深感不满。就在会议召开的前几个月，来自特拉华州的乔治·里德还曾抱怨邦联国会的西部土地政策；他认为，邦联国会的西部土地政策，“为了偿还独立战争期间的国债，牺牲了小州和没有西部土地的几个州按比例应该享有的公正要求”。里德在制宪会议上重申了自己的反对意见。当大州的代表们否认大州之间存在任何共同的利益时，马丁提出，大州有共同利益，那就是要确保宪法能保障，在没有得到它们同意的情况下，联邦政府不得拿走它们的西部土地。来自大州宾夕法尼亚的威尔逊，反对一项本来允许——用他的话来讲——“不经过某个州同意就可以将其分离”的宪法条款。在这个问题上，各州代表团之间的意见分歧，与他们在联邦立法机构是否以人口为基础分配席位问题上的分歧，如出一辙。因此，这表明大州和小州在这个问题上确实存在利益冲突。[214]

最后，小州代表还认为，如果大州之间确实没有共同利益，也无意反对小州的利益，那么，各州在联邦国会拥有平等投票权也不会“有任何危险可言”。但是，如果大州与小州的利益完全不同，那么，投票权上的不平等，“将会危及小州的安全”。[215]

制宪会议召开两周后，代表们以7:3的投票结果（有一个州内部意见不统一），同意“根据某种公平的代表比例原则”而不是按照《邦联条例》中各州拥有平等代表权的规则，分配国会下院代表席位。新罕布什尔州的代表团7月下旬才抵达费城，在此之前，仅有十一个州的代表团出席会议。同一天，代表们以6:5的投票结果，同意在国会上院采用与下院相同的席位分配原则，此前，会议刚刚以同样的票数挫败了在上院给每州一票的提议。正如麦迪逊在制宪会议召开前所
191 预计的那样，三个最大的州（弗吉尼亚、宾夕法尼亚和马萨诸塞）和三个即将变大的南方州（佐治亚、南卡罗来纳和北卡罗来纳），投票赞成根据人口数量分配代表席位。贝德福德解释道，虽然佐治亚“目前是一个小州”——人口第三少，但“它很快就会成为一个大州”。[216]

绝大多数参会代表都认为，人口优势很快就会向南方和西部转移。❶莫里斯认为，“北卡罗来纳、南卡罗来纳和佐治亚在很短的时

❶ 制宪会议在辩论其他两个议题时，也印证了这种广为流传的人口变动趋势设想。第一个议题是，南方各州代表预计未来人口发展趋势对自己有利，因此要求国会定期进行人口普查，并按照人口普查结果，重新分配国会席位。他们强烈反对将这样的人口普查工作和议席调整工作，交给由北方人控制的第一届国会来做。第二个议题是，新被承认的西部各州——从1787年来看，这些州的人口大部分会是南方人——是否可以按照与最初十三个州平等的条件加入联邦。当时，大多数北方代表，比如古文诺·莫里斯支持限制新州在国会里的代表权，相反，多数南方代表赞同梅森的看法，即新州应该“无差别地加入联邦”。参见下文，272，388–389；Mason, July 11, *Farrand*, 1:579（“无差别地”）。

间内，将拥有美国的大多数人口”。梅森也认为，在“短短几年内”，南方和西部人口就会占主导地位。当然，这种关于未来人口发展趋势的设想，最终被证明是完全错误的，因为在1787年以后的数十年间，北方的人口迅速增长，这主要是由于欧洲移民一般不愿意去南方，因为在那里，他们将不得不生活在一个奴隶制的社会中，并与奴隶劳动力竞争。[217]

尽管在最初的投票表决中失利，但小州代表仍坚持要求至少要在国会的一个院中确保各州平等的代表权，他们威胁说要放弃这次会议——如果有必要，即便放弃联盟，也不放弃自己的立场。在首轮投票的同一天，谢尔曼宣布，“小州绝不会同意建立在任何其他原则基础之上的方案（除了在国会上院实行各州平等的代表权）”。他的康涅狄格州同僚埃尔斯沃斯同样警告，“如果在这个问题上不能达成妥协，那么，我们这次会议将会……徒劳无功”，小州“将不顾一切后果，来争取如此宝贵的权利”。来自特拉华州的约翰·迪金森告诉麦迪逊，“如果在联邦立法机构两院都无法获得平等的代表权，小州将很快屈服于外国势力”。佩特森宣称，新泽西“宁可臣服于君主，屈服于独裁者，也不屈服于这种命运”。[218] 192

大州代表同样立场坚定。鲁弗斯·金称，马萨诸塞州“民众永远不会赞成平等投票权”。金坚持认为，如果小州“坚定而不可改变地”要求在参议院实行平等投票权，“那么，它们在其他方面也不可能让步”。威尔逊说，他希望小州“不要从这样一个与它们强烈而持久地联系在一起的国家中分离出去”。但是，“如果美国人民中的少数人拒绝在公正与合理的原则基础上，与大多数人联合起来，就必然会出现分离，情况也绝不可能好转”。威尔逊警告，“如果小州不同意这个联盟计划”——在国会两院中按照“公平的”比例分配代表席位，那么，“他认为，宾夕法尼亚和其他一些州也不会同意其他任何联盟计划”。[219]

国会议席的分配问题在制宪会议中激烈争论了一个多月，并开始影响其他问题的讨论。格里后来回忆说，会议上的争议“极其严重，甚至可能威胁到会议的延续”。类似地，麦迪逊在晚年也回忆说，在代表权问题上，大小州都表现出“极大的热忱与执拗”，造成了“既令人沮丧，又让人担忧”的状况。[220]

6月下旬，小州代表建议制宪会议请求新罕布什尔州行政长官，立即派已经由该州立法机构任命的代表团前往费城。麦迪逊在他的制宪会议笔记中写道：“不难理解，此举的目的是让新罕布什尔州加入反对根据人口比例选代表的阵营，它们从新罕布什尔州的相对规模推测出，它必然会反对以人口为基础选举代表。”大州代表质疑这封公文的恰当性：新罕布什尔的政治领袖已经知晓制宪会议正在召开，如果他们愿意，自然可以派遣代表团参会。那为什么不写一封类似的公文给罗得岛州呢？威尔逊反对说，这样的通信不符合制宪会议的保密规定。随即，这项提案遭到会议否决。[221]

整个制宪会议进程中的低潮可能是冈宁·贝德福德的一场演讲，威廉·皮尔斯（William Pierce）在他对其他会议代表的性格素描中，将贝德福德描述为“性格热情且冲动，判断具有预见性”。贝德福德认为，大州代表是根据他们的“利益”和“野心”来投票的，贝德福德指责他们“明显是企图牺牲小州利益来壮大自己”。他直直地盯着大州代表说：“先生们，我不相信你们。”贝德福德威胁道，如果大州拒绝妥协，而邦联也因此解散的话，那么“小州将会找到更受人尊重且更守信的外国盟友，它们将与小州携手，并公正地对
193 待小州”。[222]

金立即谴责贝德福德“前所未有的激烈言辞”，说他不该威胁着要“寻求外国势力的保护”。金“对于贝德福德心怀这种想法感

到遗憾”。伦道夫也批评贝德福德“激烈且冲动的言辞”。几天后，贝德福德为自己的“激烈”言辞而道歉——这在律师中是“十分自然，有时甚至必要的”行动。他收回了自己的发言，坚持说他被误解了，他“并非说小州将会寻求外国势力的援助和干涉”。但贝德福德继续不祥地警告，“没有人能预见小州受到压迫后可能引发的极端情况”，他还谴责了大州代表提出的“用刀剑武力统一”所带来的威胁。[223]

富兰克林呼吁大家保持冷静。此前，他就提醒同僚们：他们被派到这里，是“来磋商，而不是互相争斗的”。他告诫大家，“宣布某种固定的观点和永不改变的决心，既不能启发我们，也无法使我们信服”。富兰克林还提出，“一方的固执和急躁，自然会引来另一方的类似反应，由此造成和扩大令我们极其担忧的不和与分歧”。[224]

此时，面对制宪会议濒临解散的危险，富兰克林采取了一种不同的策略，他很想知道，代表们在此之前为什么没有想到“谦卑地寻求上帝之光来启迪我们”。据此，他提出了一项动议，要求代表们从今以后每天都要进行祷告，“祈求上天的帮助”。对此，根据麦迪逊记录的评论，汉密尔顿和其他几位代表警告，这样的措施在制宪会议开始时可能合适，但现在开始实行，可能会“使公众认为，会议陷入了困境和分歧之中”。在这个问题上，代表们出乎意料地持有共识，绝大多数代表认为没必要进行祈祷，但出于对富兰克林的尊重，他们没有以正式的方式否决这项动议。[225]

尽管会议气氛紧张，但偶尔也会显示出一些可能妥协的迹象。在会议召开仅一周时，迪金森曾预言，国会席位的分配问题“很可能会以相互协商的方式解决”，这将使每一方都可以在议会的某一院中采取自己所赞成的席位分配方式。6月11日，谢尔曼提出了

图 3.7　本杰明·富兰克林，作家、发明家、政治家和外交家。在美国人心目中，他的地位仅次于华盛顿。

后来称为“康涅狄格妥协”（Connecticut Compromise）[1]的方案——
194 因其主要发起者而得名。这份方案提出，众议院将按各州人口比例分配代表；而在参议院，每个州都将拥有平等的发言权。这样一种方法将会把邦联和国家的原则结合起来，也就是像康涅狄格州代表约翰逊所描述的那样，将各州作为“政治社会”和“人民选区”的概念结合起来。谢尔曼坚持认为，所有联邦性措施都应得到大多数州和大多数人民的同意。尽管康涅狄格州代表们反复推动这个妥协方案，但在他们首次提出该方案以后，还是经历了一个月的艰难讨论，会议才接受了这项方案。[226]

7月初，两名一直投票支持根据人口数量分配国会两院席位的佐治亚州代表离开了费城（他们去参加在纽约召开的邦联国会），导致大州在这个问题上失去了它们的微弱优势。制宪会议如今的情

[1] 尽管我坚持传统的命名方式，将这个关于代表权的决议称为“康涅狄格妥协”，但我想强调这份妥协意味着小州的巨大胜利，因为多数大州代表最初提出的底线是根据人口数量分配国会两院的代表席位。

况是五个州对阵五个州，而佐治亚留下的两名代表对于各州在参议院是否应享有平等代表权的问题，存在意见分歧。[227]

富兰克林敦促双方"放弃各自的一些要求，以便达成某种都能接受的决议"，他还敦促大州代表释放他们愿意妥协的信号。对此， 195
查尔斯·科茨沃斯·平克尼建议，组建一个大委员会，每个州派一名代表参加，以商议出一个解决方案。谢尔曼支持这项提议，"现在似乎到了一个我们无法向任何方向迈步的关键时刻"。他确信，没有人"认为，我们应该无功而散"，组织委员会是"最有希望找到某种突破的方法"。来自北卡罗来纳州的休·威廉姆森同样希望寻求妥协，他警告，"如果我们双方都不让步，我们的事业就会止步不前"。这样的委员会可能会达成"更冷静的"妥协。马丁也并不反对组建这样的委员会，但他明确表示没有任何妥协可言："你必须让每个州都在参议院拥有平等的投票权，否则我们的事业就会走到尽头。"伦道夫赞成任命这样的委员会，但他"并不指望这样的委员会可能带来任何好处"，兰辛也持同样的看法。[228]

威尔逊和麦迪逊强烈反对组织任命这样的委员会——他们担心委 196

图 3.8 来自康涅狄格州的罗杰·谢尔曼，是最年长的代表之一。他是州和联邦两个层面的重要人物，并且是费城会议关键性妥协的缔造者。

员会达成的妥协会违背公正原则，不再以人口数量为基础来分配国会议席。尽管如此，会议还是以9∶2的投票通过了任命委员会的决议，就连麦迪逊的弗吉尼亚同事们也在这个问题上背叛了他。选举委员会成员的方法以及委员会的最终构成，实际上能保证小州代表可以得到他们想要的结果。根据制宪会议规则，委员会成员由所有在场州代表投票选举产生。在这种情况下，从大州选举出来的代表——比如格里和梅森——就是那些已经表现出最具妥协倾向的人，而那些从小州选举出来的代表——比如耶茨、佩特森和马丁——就是那些最强烈要求各州在参议院拥有平等投票权的人。[229]

委员会选举格里作为主席。他在向制宪会议提交报告时解释道，尽管委员会成员怀有“不同的观点”，但他们很快在康涅狄格州代表提出的妥协上达成一致，“只是为了实现双方的和解”。根据委员会的建议，每一个州，每四万居民可以选出一名众议院代表，没有这么多居民数量的州，可以有一名代表。每一个州在参议院都有平等的投票权。为了安抚大州——它们放弃了在参议院中以人口为基础分配议席的要求——制宪会议曾不止一次地暂时通过了这样的提议：委员会提出，征税和拨款的议案必须由众议院发起，参议院不得修改。[230]

此前，制宪会议曾考虑过这样的“发起条款”，但是被代表们拒绝了。这项提案的主要支持者格里主张，众议院“更直接地代表着人民，人民应当掌握钱袋子，这是一项基本原则”。在大不列颠，也只有下院能够提出关于钱的法案，格里强调，制宪会议“即使不喜欢英国政府强加给殖民地的一些压迫性措施”，也不应该“因此怀有偏见，使得我们的［宪法］处处和它的对立”。[231]

但是，在早期的辩论中，其他代表们反对以这种方式限制参议院的权力。巴特勒反对将美国参议院与英国上院进行任何形式的类比，并且警告，“任何类似的歧视措施，都会贬损参议院的权力，那些最优秀的人也会拒绝到参议院任职，而宁愿选择其他部门”。麦迪逊赞同说，“参议院与国会的第一分支众议院一样，也是人民的代表”。他也认为，上述限制参议院的措施，不大容易起作用，因为参 197
议员们“会劝说众议院的某些成员提出他们希望通过的法案”。麦迪逊认为，参议员“普遍上是更加有能力的人”，因此，“让他们无法发起这些最重要的立法活动，无疑是错误之举”。查尔斯·科茨沃斯·平克尼提出，南卡罗来纳州宪法中有类似的发起条款，他报告，这样的条款成为“议会两个分支之间激烈冲突的源头”。制宪会议随后以7:3的投票，拒绝了格里的提案。[232]

然而，为了吸引大州代表接受康涅狄格妥协，格里主持的委员会再次提出了发起条款。格里后来解释其中的缘由时说，委员会认为，一个贡献的联邦税收可能只占1/65的小州，却与一个可能贡献了10/65的税收的大州拥有平等的权力，这“极为不合理，也极不公正”，“无异于从大州的口袋里拿钱给小州，而且，新的联邦立法机构还有权征收国内税”。格里还进一步表示，花钱的权力应该与收税的能力相匹配，如果“大州无法适当地控制自己的钱袋，它们就没有丝毫的财产安全感”。[233]

然而，其他的大州代表却不认为这个发起条款是一种特权，用麦迪逊的话来说，“这只不过是一种名义上的权力”。麦迪逊认为，规范贸易、缔结条约的权力比征税的权力更为重要，而在这些问题上，众议院也没什么额外的权力。威尔逊也认为，这个让步“轻如鸿毛”。如果国会的两个院都有权否决立法，那么，由谁首先提出议案，又有何区别呢？查尔斯·科茨沃斯·平克尼表示，竟然有人会将这个发起条款视为真正的让步，真是让人感到震惊。[234]

但是，格里坚持认为，发起条款“具有极大的意义”，他称之为“和解的基石”。因为宪法宣布“人民在金钱问题上并不信任参议院”，可以降低参议院的“分量和影响力”，他认为这样做是值得的。梅森也是设计妥协方案的委员会成员，他为发起条款辩护说，只有众议院才是“人民的直接代表”。制宪会议以微弱的优势，投票通过了发起条款，不过代表们随后将众议院独立发起立法的种类仅限于税收立法——删除了拨款立法——并且允许参议院修正众议院首先发起的这类立法草案。[235]

198 对于整个康涅狄格妥协案，麦迪逊表达了坚定的反对立场。他认为，“会议以将给选民带来长期分歧为条件谋取一致将会徒劳无功”，会议不应该“为了安抚小州和少数美国人，而偏离争议”。麦迪逊称小州代表们是在虚张声势，“他并不担心小州人民会顽固地拒绝接受一个建立在公正原则基础之上、能给他们提供实质性保护的政府”。他还特别提到，他不相信“特拉华州会拒绝与其他州做生意，而寻找另外的生财之道”；特拉华州也不会（像贝德福德所说的那样），“采取请求外国支持的草率政策”。同样地，麦迪逊还表示，他不相信“新泽西州人民——尽管从这个州来的佩特森先生言辞坚定——宁可原地踏步、对抗潮流，也不接受建立于公正原则之上的新体制。他们不会怀疑这套原则的公正性，他们也绝对需要利用这套原则来摆脱源自邻州的商业压榨”。[236]

其他一些支持根据人口数量分配议席的代表，赞同麦迪逊的观点。南卡罗来纳州的巴特勒也认为，康涅狄格妥协“明显是不公正的”；威尔逊坚信，“坚定立场有时候是比妥协更重要的职责”。莫里斯不认为小州在这个问题上失败后，就会导致联盟解体，“共同的种族和习惯纽带，会将它们和其他州紧密地维系在一起，不易分离”。[237]

但是，小州代表们强烈地为这个妥协的“必要性和合理性”进行辩护，佩特森坚持认为，只有根据这样的条件，小州才会继续留在联盟里。事实上——这一点非常重要——有些支持基于人口数量分配议席的代表曾总结道，在参议院，在代表权问题上给小州让步是不可避免的。比如说，格里尽管一直“从实际上反对”这个他协助制订的妥协案，但他声称，“如果我们不在内部达成妥协，外国的刀剑可能会完成我们的工作”。梅森同意必须实现和解，他提出，“他宁可埋骨费城，也不愿自己的国民看到会议解散，代表们无功而返”。尽管梅森继续支持国会两院都按人口分配议席的原则，但他“也认为，为了实现和解，在某些问题上必须让步”。[238]

来自弗吉尼亚州、宾夕法尼亚州和南卡罗来纳州的代表继续反对在参议院中实行各州平等的代表权。但是北卡罗来纳州已经抛弃了大州联盟，佐治亚州和马萨诸塞州的代表在这个问题上产生了内 199
部分歧，让小州以6∶3的投票比例获胜。[239]

来自大州或者有望很快成为大州的代表们，又提出了一些适中的调解方案，来保住他们州在参议院的优势，但不直接根据人口数量来分配参议院席位。查尔斯·平克尼早就建议，将各州分为三个不同规模的“类型”，不同的“类型”被分配不同数量的参议院席位；现在，他又提出一套按比例增减参议员的方案，最小的州获得一个参议院席位，最大的州，比如弗吉尼亚，获得五个席位。威尔逊支持这个提案，麦迪逊也认为这是一个合理的妥协方案。然而格里认为，小州代表已经尝到了胜利的甜头，不会再进一步妥协了，他声称，平克尼的提案“没有成功的希望”，后来果然被代表们拒绝了。[240]

富兰克林提出了一个不同的妥协方案：在关乎州主权、关乎州政府与本州公民关系、关乎任命联邦政府官员的问题上，各州都在参议院拥有平等的投票权。但是在设定联邦官员薪水、税收与拨款问题上，应该根据各州对联邦财政的相对贡献，按比例分配它们在国会的投票权。伦道夫提出了另一个妥协方案：联邦立法机构两院都应该按照各州人口数量分配议席，但是为了让小州能有效制衡国会，选择行政长官时，各州可以拥有平等的投票权。[241]

金继续坚持说，马萨诸塞州“民众永远不会赞成［在参议院实行］平等投票权”，但是他的马萨诸塞州同事卡莱布·斯特朗认为，既然制宪会议已经任命了一个委员会来制订妥协方案，现在除了接受委员会提出的妥协方案外，别无选择。斯特朗认为，每一个人都同意，“邦联国会几乎走到了尽头。如果这次会议不能达成妥协，联盟自身也很快就会解体”。在发起条款问题上，小州已经做出了“巨大的让步”，它们“很自然地期待我们在其他方面让步”。斯特朗声称，他觉得有必要支持康涅狄格妥协案。[242]

这样一来，小州代表们最终胜出。7月16日，制宪会议以5:4的投票（有一个州内部意见不统一）❶，通过了康涅狄格妥协案，打破了
200 这个可能导致会议流产的僵局。后来，在制宪会议结束的前一天，代表们最终回应了麦迪逊所谓的“小州的反复抱怨”，他们决定不经过辩论和反对，制定一个不可修改的、也不用各个州同意的条款，保证各州在参议院的平等代表权。[243]

小州代表赢得了这场关键性胜利，部分原因是他们在参议院代表权这个问题上，比大州代表更加团结，也更坚定；这使得他们提出的退场威胁，足以令对手不得不认真考虑。正如麦迪逊所言，康涅狄格妥协案通过之后，小州的“坚持性”就十分明显，大州代表们的观点“根据议题的重要性不同，急剧分化”，这使得小州代表们正确地预计到，他们有机会获胜。康涅狄格妥协案通过之后，伦道夫曾提议暂时休会，以便大州代表们能评估一下现状，“小州也可以进一步考

---

❶ 这个投票结果低估了联盟内部支持小州立场的州数量，因为当时有三个州没有参与投票——新罕布什尔、纽约和罗得岛，如果它们在场，可能也会投票支持这种妥协。参见 Banning, *Sacred Fire*, 156; Rossiter, *1787: The Grand Convention*, 189。

虑妥协的渠道”。对此，拉特利奇表示，他觉得没有理由休会，因为小州的立场如此坚定，“他看不到任何妥协的可能”。[244]

小州的代表们在这个问题上赢得胜利，还有其他原因，一个从一开始就让他们占据上风的原因。提出康涅狄格妥协案的委员会本身就是由每个州派一名代表组成的。正如威尔逊所指出的那样，这个平等分配权力的委员会，肯定会拒绝大州们所主张的以人口为基础分配席位的原则。而组织任命这个委员会的制宪会议，也是按照各州代表权平等的原则召集的，这就不可避免地造成偏向某一方的结果（尽管，事实上，组织任命这个委员会的投票比例是9∶2，比例悬殊）。威尔逊认为，制宪会议中支持在参议院实行平等代表权的代表们，只能代表大约1/4的美国人口。[245]

在制宪会议达到法定人数前一周的非正式聚会中，几位宾夕法尼亚州来的代表们就提出，“大州的代表们应该紧紧团结在一起，反对小州们［在会议中］要求平等的投票权，他们认为此举既不合理，也会让小州可以否决每一个良好的政府体系——从事物的本性而言，这样的政府必然建立在违反平等的基础上”。但是根据麦迪逊的记录，弗吉尼亚代表认为，“此举可能会使大州和小州产生致命分歧，经过一番深思熟虑之后，小州可能会为了寻求一个有效的政府而放弃它们的平等地位，但不会在讨论时放弃自己的权利，并 201
将自己交由大州任意摆布。弗吉尼亚代表不赞成宾夕法尼亚州代表的提议”。因此，制宪会议规则认定每个州代表团都有平等的投票权。麦迪逊自信地以为，如果多数州代表团能够联合起来，支持以人口为基础分配国会议席——正如我们所见，他以为，当前的人口大州会与未来的人口大州联合起来——“人口较少的小州最终会屈服于他们”。但后来的事实证明他错了。[246]

这个故事还可以更深远地回溯一步，正如威廉姆森在制宪会议后期所言，小州能够在参议院获得平等投票权的原因在于，它们已经在邦联时期的国会享有平等的代表权。在政治领域，要改变权力分配的现状极为困难，因为现状的既得利益者会利用由此获得的资源来抵制变革，并往往相信现状是正义的，因此觉得有理由为维持现状而战。[247]

进一步而言，小州在《邦联条例》下享有平等投票权的原因，是它们以此为条件，加入各殖民地第一次武装联合起来从大英帝国独立出来的活动。在1774年第一次大陆会议召开的第一天，从罗得岛这个最小州来的代表，就要求平等的州代表权。代表最大州弗吉尼亚的帕特里克·亨利回应道，大会代表应该基于人数、财富，或者两者结合起来分配。1775年，特拉华州代表去参加第二次大陆会议时，该州的立法机关指示他们，“体面但坚定地”支持州权，“在大会中发出平等的声音”。大州威胁说，除非它们在大会中的权重和它们的人口相当，否则就拒绝联合。而小州则以决策过程中的平等权力，作为参加大会的条件。小州赢得了最初斗争的胜利，1776—1777年起草《邦联条例》时，它们再次获胜。格里在费城会议上重述了这段历史，被麦迪逊记录下来：“让每个州平等地投票的非正义之举，由来已久，他投票支持各州平等，但这不符合他自己的判断，这使公共安全处于紧张状态，但少数州仍然固执己见。”[248]

尽管在创设邦联国会时，大州在这个问题上让步了，但在《邦联条例》之下，它们继续抗议平等的州代表权。1782年，麦迪逊报告，大州反对将佛蒙特作为一个独立的州吸收进邦联，部分原因在于，“如此不重要的一个州”，不应该有“平等投票权，来决定和平或
202 者关系邦联存亡的其他重大问题”。尽管十多年来，大州一直在抱怨国会的议席分配问题，但在费城会议上，它们又一次失利。[249]

无论是麦迪逊和威尔逊这样的大州国家主义者还是南方代表，

他们都将康涅狄格妥协视为一大损失。正如我们所看到的那样，制宪会议上的南方各州代表团支持基于各州人口数量分配国会席位，因为他们觉得这样对他们有利——它们要么已经是大州，比如弗吉尼亚，要么相信它们注定很快就会变成人口大州，佐治亚州就是如此。当康涅狄格妥协即将通过时，麦迪逊重申，如果以人口数量作为国会席位分配的依据，北方只会享有暂时的优势，因为南方的人口比例每天都在增加。他知道，对于在参议院中实行各州代表权一律平等，有一种最强烈的反对意见，其认为，“它将使北方各州永远压制南方”。[250]

麦迪逊发现，南北之间和小大州之间的分歧交织在一起，尤其令人感到棘手，因为“大家都很清楚，真正的利益分歧不在大州与小州之间，而在南北州之间”。在讨论众议院席位分配过程中如何计算奴隶数量这一问题时——本书第四章有介绍——莫里斯证实了麦迪逊的观点。莫里斯警告，如果南方继续坚持要求在分配众议院议席时，把他们的奴隶算进来，他将不得不放弃支持以人口数量为基础分配参议院议席——对于一个来自宾夕法尼亚这样的大州的代表而言，他理所当然应该支持根据人口数量分配两院席位。可是莫里斯说，“为了给北方各州提供一定的保障”，他可能会投票“支持国会第二院各州平等的邪恶原则”。[251]

大多数南方州都不赞同康涅狄格妥协案，因为这项妥协案让南方各州在不远的将来继续在参议院中处于少数派地位，南方人立刻想到了邦联国会是如何不顾他们的联合反对，以7∶5的区域性投票，再次指示外交总长约翰·杰伊与西班牙就美国在密西西比河上的航运权展开谈判。当南方代表意识到他们很可能会输掉这场参议院议席分配之争时，他们开始坚持要求国会众议院应当依据定期人口普查结果分配席位，新近加入邦联的（西部）各州，也应无差别地在众议院享有相应的投票权——这两者都是为了保护南方在未来人口数量变化之后的利益。[252]

在批准康涅狄格妥协之前，弗吉尼亚州代表梅森和伦道夫一直
203 采取的是国家主义立场。然而，在此之后，他们明确表示担心，弗吉尼亚州以及所有南方各州，将会在参议院中被数量更多的北方小州永远控制。因此，康涅狄格妥协案通过的那天，伦道夫惊呼道，“这事儿真是极其尴尬”，因为之前会议投票赋予联邦政府广泛的权力，是“建立在联邦立法机构的两个分支都按照比例分配代表权的预期上”。如前所述，正是因为这一点，伦道夫才呼吁休会，以考虑“在当前的严重危机中所应采取的适当措施”。[253]

弗吉尼亚并不是唯一因批准康涅狄格妥协案而感到懊恼的南方州。在妥协案通过后的第二天，莫里斯提醒说，如果制宪会议在投票表决参议院席位分配方式之后，再考虑联邦政府的权力范围，那么代表们就不会“抽象地授予联邦政府必要的权力”，而是会考虑他们各自的州在国家机构中将会拥有多大的影响力。莫里斯的确是对的：康涅狄格妥协案刚通过，南卡罗来纳州代表就要求列举联邦政府的权力，以替代弗吉尼亚方案提出的模糊原则——授权国会在“单个州无法采取行动”或者“美国的内部和谐”受到威胁的关头，采取立法措施——这是此前已经暂时通过的原则。[254]

在这一点上，麦迪逊与他的南方伙伴同样担心。在康涅狄格妥协案批准之前，他已经提醒过，“在弄明白各州在联邦政府的代表方式之前，不可能判断哪些权力可以被安全、适当地授予联邦政府”。麦迪逊警告，没有“公正的代表制度”，“任何有效权力都将被撤销或剥夺”。在康涅狄格妥协案通过后，他公开支持向行政部门转移一些暂时分配给参议院的权力。[255]

例如，弗吉尼亚方案曾提出，联邦立法机关有权任命联邦法官。在制宪会议初期，一些代表反对由如此庞大的机关来负责这项

任命工作，麦迪逊建议由参议院来任命联邦法官，参议院“人数多到足以信任，也不至于过多，而受其他分支的动机控制”——这其中的动机包括“阴谋和偏私”。[256]

然而，在康涅狄格妥协案通过之后，麦迪逊对这件事又有了不同的看法。他提出，之前考虑这个问题时，“第二分支的组织方式与现在不同……现在各州拥有平等的投票权”。他警告，将任命联邦法 204
官的权力交给参议院，将“把这些职位完全置于北方各州手中，给南方留下长期嫉妒和不满的理由”。麦迪逊认为，行政分支“一般来说，会比立法机构更有能力也更可能挑选出合适的联邦法官人选”，因此，他现在又提出，授权行政分支任命法官，随后由参议院2/3的议员通过。后来，当细则委员会授予参议院签订条约的独享权力时，麦迪逊也表示反对，他的理由是，“参议院仅代表各州”。他支持由参议院和总统分享缔约权。[257]

当然，在康涅狄格妥协案中获得巨大胜利的小州代表们，也向着完全不同的方向改变了他们的态度：他们现在倾向于扩大参议院的权力。因此，最初提出康涅狄格妥协案的谢尔曼，开始支持由参议院任命法官，甚至提议行政长官的赦免权力也应得到参议院的批准。[258]

参议院的其他特点

在制宪会议上，代表们创设参议院时也遇到了其他方面的问题，但争议不像议席分配这样激烈。在这些问题中，最主要的是任命参议员的方法。

尽管大多数代表似乎认为，选择参议员的方法与在参议院分配代表席位的方案之间有很强的实际联系，但事实上，两者之间没有任何逻辑联系。例如，授权州议会选择参议员，就与参议院席位应该按人口比例分配，还是由各州平等享有这个问题无关。然而，就连麦迪逊也担心，授权州议会任命参议员会削弱“相应的代表性，他们［大州代表］视代表性为公正政府的基本原则”。在应该如何选择参议员的问题上，麦迪逊强烈反对由州议会来选择，他认为面对小州代表（他们关心这个问题的程度，只涉及如何分配参议院议席这一基本问题）和某些大州代表结成的同盟，这些大州代表“急于保护州政府的重要地位”。[259]

弗吉尼亚方案提出，国会众议院将从各州议会提名的候选人中挑选国会参议院成员。然而，这一提议从一开始就遭到了强烈反对，
205 因为一些代表认为应该由州议会来选择参议员（而不仅仅是提名参议员候选人）。在制宪会议进行实质性审议第三天所举行的投票中，代表们以7∶3的比例，否决了弗吉尼亚方案中的这一条款，这让麦迪逊注意到，“弗吉尼亚方案的这部分存在分歧”。这是弗吉尼亚方案中唯一从一开始就被断然拒绝的重要条款。[260]

像威尔逊这样的狂热国家主义代表希望由人民选出参议院与众议院议员，不仅仅因为他们相信这种选举模式将进一步推动以人口为基础分配两院议席，还因为他们担心，如果不由人民选择，最可能就是由州议会选择联邦参议员。威尔逊提出，制宪会议希望“建立一个联邦政府”，但是如果政府的一个分支由人民选择，另一个分支由各州立法机构选择，那么“纠纷自然就会由此而起”。允许各州立法机构选择参议员，还会“引入并固化地方利益和地方偏见”，而威尔逊则不希望各州影响“联邦政府的行政范围和目标”。麦迪逊至少对弗吉尼亚方案中由众议院选举参议员的提议负有部分责任，他同意，由州议会选择参议员会使他们“完全依赖”于各州。[261]

然而，在制宪会议召开两周后，当代表们第一次就这个问题展

开广泛辩论时，他们中的大多数都支持由州议会选出联邦参议员的提议。谢尔曼认为，这种选择方法将使各州“积极支持联邦政府”，并保持“州政府和联邦政府之间应有的和谐”。谢尔曼提出，“就像人民应该选举国会的一个分支一样，每个州的议会也应该选举国会的第二个分支，以维护本州主权”。梅森同样主张，各州立法机构“应该拥有一些保护自己免受全国性政府侵犯的手段”。迪金森补充说，州立法机构比人民更有可能为联邦参议院选出“最杰出的人物”。埃尔斯沃斯表示同意，认为州立法机构“更有能力”选出一个具有“智慧和稳定性”的参议院。[262]

格里用其他理由为州议会选择联邦参议员辩护，他认为，国会
两院的普选将“丝毫无法保障”商业利益团体，因为人民“主要是
由土地利益团体构成的”。格里主张，如果缺乏“一些有利于商业
利益团体的制约措施”，“压迫将随之产生”。麦迪逊反驳说，“大家
积怨最深的问题是州立法机构发行纸币的立法”。如何才能授权州 206
立法机构选择的联邦参议员，去制衡“国会制定类似立法的倾向”，
而不是“促进这种倾向呢”？格里回答说，“州议会反对纸币之时，
正是民众需要纸币的时候”，他还重申，“由州立法机构来掌握商业
和金钱利益，比由全体人民来控制，要安全得多”。[263]

最后，代表们以压倒性多数投票支持由州议会选择联邦参议员。他们中的一些人真诚地相信这种选择模式是最合理的。尤其是对于那些致力于维护邦联核心内涵的小州代表来说，在选举联邦政府时，为州保留某些“自主性机制”是“不可或缺的”，迪金森就是这么看的。他指责威尔逊企图“消灭”各州——而威尔逊坚决否认这样的指责——迪金森反对说，废除各州“将使我们的国家机构一落千丈，是不可行的，也是具有毁灭性的”。[264]

然而，对于其他代表来说，政治上的权宜之计而非真正的政策

偏好，可能才是促使他们支持这种选择参议员的方法的动机。州立法机构将不可避免地会在费城会议起草的这部宪法能否得到批准方面发挥重要作用，而且它们不太可能批准一项不让它们对联邦政府发挥直接影响的制度。这种权宜之计的考虑或许可以解释制宪会议在如何选择参议员问题上的不平衡投票结果：一开始是10:0，后来是9:2，只有最大的州——弗吉尼亚州和宾夕法尼亚州——投了反对票。在讨论许多其他问题时，代表们也非常关心各州是否会批准制宪会议的提议。[265]

制宪会议还必须确定参议院的规模。迪金森想要一个强有力的国会第二院，他认为第二院可以由多达200名成员组成，因为“扩大他们的数量”将“增加他们的重要性和影响力”。麦迪逊认为，迪金森的推理恰恰是反着的：成员更少才能发挥影响力和重要性。此外，梅森还担心，一个庞大的参议院将会耗资巨大。[266]

参议院规模的问题与它的席位分配方式密切相关。北卡罗来纳的威廉·戴维（William Davie）担心，如果每个州都至少选出一名参议员，并根据人口比例分配席位，那么参议院就必须由至少90名议员组成（因为特拉华州估计拥有全国1/90的人口）。威尔逊认为，参议院的规模不应该那么大，但他认为戴维的担忧可以通过妥协来
207 解决——每州每十万居民获得一个参议员席位，而没有达到这一人口规模的小州，将会获得一名参议员席位。[267]

在康涅狄格妥协案使各州在参议院中取得平等代表权之后，制宪会议以压倒性多数投票否决了一项每州选举三名参议员的提案，最终决定每州选举两名参议员。马里兰州的路德·马丁认为，每个州的参议员们只能共同投一票，这样才符合他们代表本州利益的观念。但是，绝大多数代表决定，每个州的联邦参议员们都将独立投票。[268]

一些致力于维护州权的代表认为，州立法机构应该支付参议员薪

水，而细则委员会也同意这一点。马丁认为，因为参议员代表的是各州，应该由州议会来给他们支付薪水。巴特勒说，参议院是“我们政府的贵族阶层”——本章稍后将会讨论这种观念——它的成员“必须由各州控制，否则他们就太独立了”。他还担心，参议员们会“远离他们的州，以致忘记了自己的选民，除非他们需要选民的支持”。[269]

然而，其他代表担心州议会支付参议员薪水会使其过多地依赖州议会。麦迪逊提醒参议员们不要成为“各州利益和观念的代言人和拥护者，而要成为公正的裁判和正义与公共利益的守护者”。麦迪逊提出，如果联邦众议员的任期只有两年，而参议员的薪水又由几乎每年选举产生的州议会支付，他将“无法看到联邦政府有任何稳定的机会，而对于州政府来说，缺乏稳定性是最大的问题”。他还提出，在《邦联条例》之下，各州未能充分偿付它们派往邦联国会的代表，以致“经常延误公事”。大多数在费城的代表对此深有同感，最终，制宪会议以压倒性的投票，否决了州立法机构支付联邦参议员薪水的提议。[270]

制宪会议中最有趣、最引人注目的辩论是关于参议员的任期问题。在当时各州立法机构中，上议院议员比下议院议员任期更长（通常是错开的）、选区更大，选举资格和任职条件也更高。这样的设计使上议院在面对减免债务和降低税收方面的立法压力时，比更受民众影响的下议院更有抵抗力。18世纪80年代中期，有一半的州抵制住了纸币立法，这些州的下议院都批准了这样的立法，但是都被上议院否决了。即便是在那些发行了纸币的州，上议院也经常拖延发行时间、减少纸币发行量，或者是双管齐下。[271] 208

在介绍弗吉尼亚方案时，伦道夫解释道，“我们面临的主要危险来自各州宪法中的民主部分”，没有一部州宪法“能够对民主提供丰富有效的制衡手段”。参加费城会议的绝大部分代表都赞同伦道夫的这种看法。后来，伦道夫在会议上又提出，“州立法机构的民主泛滥猖獗，正好说明有必要设立一个稳定的参议院”。莫里斯赞成他的观点，认为设立国会第二院的主要目的，“就是制约第一院的鲁莽仓促、反复多变以及肆无忌惮”。具体来说，参议院就是要限制“国会第一院任意立法——同意发行纸币或是采取类似的应急之策”。[272]

麦迪逊也认为，必须以这种方式创设参议院，让政府拥有“目前四处亟须的，以及共和政体的敌人声称不符合共和本性的稳定性”。麦迪逊还进一步具体解释道：当美国人口增加之后，那些“艰苦劳作、暗自叹息命运的安排应更加公平的人”，将会成为国民的主体。如果这次会议无法在政府内建立一个“充分尊重智慧和美德的机构”，去平衡“正义主导”的天平，权力就会“滑向这样的人手中”。总而言之，参议院需要在“制约民主方面发挥作用，但是它也不能因此而过于强势”。[273]

麦迪逊提出：就参议员的任职期限而言，只有“足够长的任期”才能使参议院发挥预想的功能。他心里想到的是马里兰州参议员，该州参议员不是通过直选产生，享有当时美国各州上院最长的任期——五年。1786年夏天，麦迪逊就曾对杰斐逊说，发行纸币的喧嚣，在马里兰“随处可闻”，唯有州参议院“能够阻止”。[274]

弗吉尼亚方案并没有明确提到参议院议员的任期，只是提出参议员的任期要“足以保持他们的独立性”。当代表们第一次讨论这个问题的时候，来自北卡罗来纳州的理查德·多布斯·斯佩特（Richard Dobbs Spaight）建议联邦参议员任期七年。有几位代表认为这个任期太长了。佐治亚州的威廉·皮尔斯提醒大家，七年任期可能会带来问题，因为英国议会任期七年，结果给英国带来了“重大的伤害”，他提出，三年任期比较合适。查尔斯·科茨沃斯·平克尼建议四年，他担心，长于四年的任期，“可能会使参议员在政府的岗位上扎根”，在这些岗位上，“他们会获取私利，也许还会转移财产，忘记他们所代表的州”。谢尔曼也赞成比七年时间更短的任期，他认为，“经常性的选举无疑是保持统治者良好操行的必要之举”。格里则说，参议员的任期超过四年或者五年，将会危及新宪法得到批准。[275] 209

但是大部分代表支持给予参议员更长的任期。伦道夫赞成斯佩特的“七年任期提议”，他的理由是，马里兰州参议员虽然拥有五年任期，“但几乎还是不能阻挡民意的洪流”。制宪会议召开两周之后，代表们以压倒性多数投票支持参议员任期七年。[276]

令人震惊的是，从现代眼光来看，很多代表愿意赋予参议员更长的任期，是希望参议院起到特权堡垒的作用。麦迪逊宣称，参议员“应该来自并且代表这个国家的富人”。迪金森希望进入参议院的人“都是身份地位和财富显赫之人，参议院应该尽可能地向英国议会上院靠拢”。巴特勒赞成这个观点，认为参议院是“我们政府的贵族阶层”，查尔斯·科茨沃斯·平克尼也持相同的观点，他说，参议院“要代表这个国家的富人”，参议员就不应该领取薪水，这样一来，只有富人才能出任参议员。[277]

汉密尔顿一如既往，在这个问题上采取了所有人中最极端的立场。英国上院就是“典型的贵族机构”，能够制衡多数人压迫少数人。正因为缺乏这样的制衡，“我们才出现发行纸币和延期偿债这样的法律”。汉密尔顿说，“唯有设立永久性机构，才能制约民主的草率后果”。参议员的任期不管有多长，只要有限制，就无法“足够稳定地来实现上述目标”。他还怀疑，就算参议员任期七年，“恐怕也无法吸引满足参议员任职所需的最优秀公民，牺牲他们的私人事务，来接受这份公职”。最后，汉密尔顿坚持认为，给品行良好的参议员提供终身任期，也符合共和主义精神，共和主义只要求，“所有的政府官员和职位都由人民任命，或由人民发起选举程序”。[278]

莫里斯同意汉密尔顿的观点，他悲叹道：“美国人所设计的所有防御措施，都不能阻止国会的参议院向民主温顺地低头臣服。”参议院应该展示出“贵族精神”，与此同时，参议员也应该拥有“巨额的个人财富”。一个不独立的国会第二分支还不如没有。“要使参议院能够独立，议员应该终身任职”。为了能够发挥效用，法律必须是永久固定的。“为了避免朝令夕改，就要避免人事变迁”。只有这种稳定，才能鼓励人们借钱，签订合同。终身任职的参议员也将会是一个“高贵的诱饵”——鼓励各州那些本来倾向于反对批准宪法的“演说家们”，支持这部新宪法，以期赢取参议员席位。[279]

晚年麦迪逊在描述莫里斯这段支持参议员终身任职的演讲时，
210 称其“异常肆无忌惮”，符合“他一贯的讲话方式，提出了其他人不会支持的原则”。可是，查尔斯·平克尼、乔治·里德和罗伯特·莫里斯都同意参议员终身任职（约翰·杰伊也同意，只不过，他不是制宪会议代表）。麦迪逊也知道，要实现参议院的目标，其成员必须“永久且稳定”。不过，九年任期就够了。威尔逊也支持参议员任期九年，但理由稍微不同——参议员必须“赢得外国人的尊重”，因为参议院要参与缔结条约。尽管代表们提出了这些看法，制宪会议最后采纳了参议员任期六年的提议（比七年任期更容易错开）。但是，绝大部分代表都不同意强制参议员到期卸任，这实际上为他们延长任期开了方便之门。[280]

错开参议员的任期，是控制民众主义者政治冲动的另外一种机制。1786年，麦迪逊就担心，马里兰州参议员也可能会屈服于民众发行纸币的要求，因为民众在这方面的呼声非常普遍，而且很不幸的是，马里兰州宪法规定，“每次都要换掉全体州参议员”。在制宪会议上，伦道夫提出，错开参议员的任期将会“有助于整个参议院的品质与稳定”。代表们同意他的看法，规定每两年改选1/3的参议员。[281]

制宪会议还决定授予参议院与众不同的权力。细则委员会最初单独授予参议院缔结条约、任命大使和最高法院大法官的权力；最终被批准的宪法还赋予了参议院审判联邦官员弹劾案的权力。不过，会议最终决定，由参议院和总统分享任命官员和缔结条约的权力。我们稍后将会仔细讨论制宪会议在任命权问题上的争议。关于缔结条约问题，一些代表，尤其是来自宾夕法尼亚等大州的代表，希望众议院也能参与其中，因为条约也具有法律效力。不过，大部分代表显然认为，众议院太大了，无法保守缔约过程中的秘密。因此，绝大多数代表同意，只让总统和参议员参与制定条约。[282]

虽然像威尔逊这样彻底的多数主义者都反对缔结条约需要参议院绝对多数议员的批准，但是围绕杰伊与西班牙关于密西西比河航运权谈判的争议，还是让大部分南方代表坚持认为，只有绝对多数参议员同意，才能批准缔结的条约——《邦联条例》就是这么要求邦联国会的。比如，南卡罗来纳州的休·威廉姆森就辩护说，康涅 211
狄格妥协案通过，使参议院中的多数有可能并不代表民众中的多数。一些来自新英格兰地区的代表也支持缔结条约需要绝对多数参议员同意，因为他们担心制定的条约会放弃纽芬兰渔场的权益，而这里是他们地区的经济命脉。制宪会议以压倒性多数的票数通过决议，要求必须有超过2/3的在场参议员同意才能批准一项条约。拉特利奇和格里希望在批准条约的过程中实施更严格的要求——要求全体参议员而不仅仅是在场参议员的2/3以上同意，但是会议否决了他们的提议。[283]

但是麦迪逊希望在缔结和平条约时取消绝对多数参议员批准的要求，他认为这样一来，缔结和平条约会更容易一些。相应地，缔结和平条约也不需要总统批准，因为麦迪逊担心，总统“会从战争状态中获取巨大的权力和重要地位，因此可能愿意国家参战；如果再授权他缔结和平条约，他很可能从中作梗”。巴特勒同意这种观点，他认为，这是“制约野心和腐败总统的必要举措”。威尔逊同时表达了自己的担忧：如果2/3的参议员同意才能够缔结和平条约，那么，“少数人就可以使战争永远延续下去”。不过，格里回应道，麦迪逊担忧的方向不对，和平条约关乎国家“最切身的利益”——尤其是“这片大陆的边疆地区”，比如说渔场和领地——因此需要一个更大规模的绝对多数人的同意。[284]

制宪会议否决了麦迪逊认为缔结和平条约不需要总统同意的提议之后，代表们最初同意了麦迪逊的另一份提议：只需简单多数的参议员同意，便可以批准缔结的和平条约。但是他们很快又考虑再次投票表决这项提议。格里表示，他担心只需简单多数的参议员同意便可通过这类条约，将使参议院更容易受到外国的影响。而且，他反对将“美国的核心权益置于简单多数参议员之手”，他们加在一起可能只代表1/5的美国人口。威廉姆森也有这样的担忧：只需八名参议员便可构成参议院法定人数的简单多数，他们将“有权决定国家的战争与和平”。[285]

但是，莫里斯同意麦迪逊的观点，他提出，缔结和平条约如果要求绝对多数参议员同意，将会使国会从一开始便不愿意宣战——即便是遇到“渔场捕鱼权和密西西比河航运权这样的重大问题”，也是如此。此外，如果多数参议员同意缔结和平条约，而又无法实现，他们可能会“以更令人不安的方式——比如说投票阻挠战争补给”，来寻求实现他们的目标。然而，制宪会议的代表们最后还是否决了麦迪逊提出的，无须参议院2/3绝对多数参议员的同意便可
212 批准和平条约的提议。[286]

行政分支

制宪会议围绕如何设计行政分支，也产生了很大的争议，许多问题有待解决。行政首脑（直到8月初细则委员会提出报告后，才正式将行政首脑命名为“总统”）应该是单一制还是多元制？如果是单一制的，那么，应该成立专门的委员会来约束行政首脑吗？行政首脑任期多长，是否可以连选连任？如何选举和罢免行政首脑？行政首脑应该拥有哪些职权？

由于这些问题相互交织在一起，就连捋清讨论的路径似乎都很困难。当然，一个人对于行政首脑应掌握多少权力的看法，既影响行政首脑的选举模式、行政首脑是单一制还是多元制，同时也受到后者的影响。显然不可能同时讨论所有这些问题，但应该从哪个问题入手呢？由于面临这样的困境——正如麦迪逊后来向杰斐逊报告的那样，代表们在设计行政部门时，讨论起来“既冗长拖沓又一再反复”。[287]

《邦联条例》没有规定这样的行政分支，只有一个“各州委员会”，由每个州派一名邦联国会代表组成，在邦联国会休会期间承担政府职能。但是这个委员会极少开会，也没有办理过任何重要的事情。所有参加费城会议的代表都认为，联邦政府需要一个真正的行政部门。[288]

革命时代的美国人普遍对行政权力持怀疑态度，对他们来说，行政权力意味着皇家总督可以否决殖民地议会制定的法律或者说彻底解散它们。《独立宣言》中列举的前三条不满，就是直指国王滥用权力否决殖民地立法。18世纪80年代初，罗伯特·莫里斯担任财政总监时制定的具有争议的金融政策——更不用说外交总长约翰·杰伊放弃密西西比河航运权换取与西班牙的通商条约，没有改善很多美国人对行政权力的看法。[289]

由于担心出现国王及其派来的总督那样滥用行政权力的行为，革命时代的美国各州宪法通常都削减了行政分支的权力，将其置于各州立法机构之下。绝大多数州都是由州立法机构选择州长，州长任期一年，连任一定届数后，必须离任轮替。绝大部分州长无权否决州立
213 法，他们要么没有任命法官和州政府其他官员的权力，要么必须与州立法机构共享这种权力。❶最后，几乎所有的州宪法——就连行政机构权力最大的纽约州和马萨诸塞州宪法，都要求州长与行政委员会共同行使行政权，行政委员会成员由州立法机构任命或是由人民选举产生。因此，各州代表在费城设计联邦行政分支时的直接背景——当时的各州宪法——就是行政分支的权力被大大地阉割了。[290]

参加费城会议的大部分代表决定改变这种状况。18世纪80年代中期，州立法机构愿意制定减免税负和减轻债务负担方面的立法，说明需要能够阻挡民众主义分子政治压力的行政分支。正如麦迪逊在会议中解释的那样，“经验已经告诉我们，我们的政府具有将所有权力都交给立法分支的趋势”。各州行政机关“只不过是聊胜于无，而州立法机构的权力则无所不能”。如果制宪会议不能设计出某种符合共和主义精神的“有效措施”，来制约“立法机构的不稳定性和侵蚀性，那么，某种革命将会随之而起”。莫里斯同意这样的观点，他认为，“防止君主制政府的办法就是建立一种共和政府，既使人民幸福快乐，又阻止他们的变革欲望”。莫里斯提出，行政分支的最大目的，必须是“控制立法机构”。[291]

正如我们所看到的那样，麦迪逊是制宪会议上很多问题的推动

❶ 批评行政权力的人认为，行政首脑的任命权尤其危险，因为在他们看来，这使得国王可以利用任命政府肥差的诱惑，来拉拢腐蚀议会的议员。

力量。但是在联邦行政分支问题上，他的思想贡献相对较小。在会议召开的一个月前，他向华盛顿倾诉，他“几乎没有勇气去想，到底要把行政分支建设成什么样子，也没有想过行政分支应该拥有多大的权力”。由于会议代表在构建一个更强有力的联邦行政分支时，能从各州宪法和《邦联条例》中借鉴的内容极少，所以他们更多的是依靠想象。[292]

弗吉尼亚方案提出，联邦行政首脑应该由联邦立法机构选举，但没有明确规定任期，只是说不能连选连任。行政机关将拥有“执行联邦法律的一般权力”，以及“邦联赋予国会的行政权力”。联邦行政首脑还可以与“一定数量”的联邦法官联手，共享否决国会立法的权力，但是国会可以推翻他们的否决。弗吉尼亚方案并没有提到行政首脑到底是单一制的还是多元制的。[293] 214

弗吉尼亚方案中关于行政分支的内容相对薄弱，使得代表们需要在审议时充实大量内容。他们中的绝大多数人相信，《邦联条例》没能创造出一个独立的行政分支，是个重大缺陷，任何有能力的政府，都需要一个强有力的行政分支。当查尔斯·平克尼支持创设“充满活力的行政分支”时，他讲出了很多人的心声。莫里斯解释道，尤其是在这样一个地域广袤的国家，创设“一个拥有充足能力来管理每一寸土地的行政分支”，是非常重要的。威尔逊表示赞同：幅员辽阔的国家似乎“需要君主制那样的效力”，不过，他清醒地知道，这个国家的“传统是反国王的，而且是纯粹共和式的”。谢尔曼是这一观点的主要反对者，他坚持认为，行政分支“只是一个执行立法机构的意志的机构”。[294]

制宪会议召开一周后，代表们首次广泛讨论这个问题。他们面临着弗吉尼亚方案所忽略的一个重要问题：行政首脑应该是单一制的还是多元制的？威尔逊对总统制设计的影响超过费城会议上的其他任何人，他坚定地主张设立单一制的行政首脑，因为单一制将会带来“最大的动力、应对能力和责任感”。威尔逊提醒说，“如果行政权力分属多人，就会破坏行政分支担负的责任感”。他还指出，没有一个州的宪法实行的是多州长制。拉特利奇也赞同单一制的行政首脑将会“最具有责任感，最能管理公共事务”。查尔斯·平克尼甚至认为，支持单一制行政首脑的理由是如此“显而易见和令人信服”，以至于他以为“没有人会提出反对意见”。[295]

但是平克尼想错了，伦道夫就表示反对。根据麦迪逊的记录，伦道夫的反对意见“非常诚恳”。他认为单一行政首脑就是“君主制的胚胎”，并且抗议把“英国政府当作我们的范本”。他警告，美国人民将永远不会对单一的行政首脑保持必要的信心。威廉姆森也有类似的担心：单一制的行政首脑会变成“选举出来的国王”，他将会首先确保他自己终身任职，然后“为自己的孩子继位铺平道路”。威廉姆森说，几乎“可以肯定的是……我们迟早会拥有一个国王，但我希望，不要忘记还可以采取预防措施，尽可能地把国王出现的时间往后推”。[296]

其他一些代表也提出了类似的担心。迪金森反对说，他的一些同事似乎在构想某种“与共和国不一致的”行政首脑。美国不可能和大不列颠拥有同样类型的行政首脑，因为大不列颠行政首脑的力量来自“国王的授予，而不仅仅来自自身权力”。尽管迪金森也承
215 认，他相信有限君主制是“世界上最好的政体之一”，但他认为，这完全不符合美国的情况：“就算可取，时代精神——我们的状况——也禁止这样的试验。”梅森既反对单一制行政首脑，也反对赋予行政首脑实质性任命权的提议——本章稍后会讨论这一点——他提醒说，制宪会议在创造一个选举性君主制的路上走得太远了，而“民众中的有识之士”将永远不会接受。但是，如果将行政首脑

图 3.9　来自宾夕法尼亚州的詹姆斯·威尔逊，是制宪会议上贡献最大的人物之一，也是批准宪法争论过程中联邦派的领袖之一，后来成为美国联邦最高法院最初的大法官之一。

设计成多元制——就像新泽西方案很快提出来的，那么梅森相信，就可以更安心地授予行政首脑更大的权力。[297]

有些支持多元制行政首脑的代表建议，由从美国不同地区挑选
出来的三个人组成行政首脑——就像邦联时期的财政委员会那样，
自从罗伯特·莫里斯辞去财政总监一职后，财政委员会就取代了财
政总监的职能。伦道夫在为这样的计划辩护时提出，单一制行政首
脑很可能会从靠近国家中心地带的地方挑选首脑，这将把偏远的州
置于不利地位。梅森提出，三人行政首脑制将会“对这个伟大联
盟的真实利益有更完善和更广博的知识”，并因此将会“平复人民 216 
的不安，使他们相信，他们各自关心的问题都会获得适当的关注”。
威廉姆森宣称，由于“南北方各州之间存在本质性的利益差异，尤
其是在海外贸易方面存在利益差异”，设立一个单一的、只能从一
个地区或者另一个地区产生的行政首脑，将是危险之举。[298]

威尔逊在回应这些提议时提出，由三个平等的成员构成的联邦行政首脑只会导致“失控的、持续的和激烈的仇恨”。他们将会“彼此竞争，直到有一个人成为其他两人的主宰”。威尔逊还说，“行政

首脑的单一性将会成为防止暴政的最佳方式，而不会成为君主制的萌芽”。他提醒说，有些同事过于担心英国模式，而美国与英国没有可比性，“美国具有强烈的共和传统”。巴特勒也赞同多元制行政首脑中的成员将会陷入一场“争取各自地方利益的旷日持久的斗争”，结果会是“耽搁、分裂和争吵”。尤其是在军事问题上，他说，多元制行政首脑将会“贻害无穷”。[299]

制宪会议在实质性讨论行政分支问题的第一周，经过两次推迟投票之后，以7∶3的投票同意创设单一制行政首脑。但是，即使是单一的行政首脑，也可能要在采取实际行动以前获得行政委员会的认可。谢尔曼承认威尔逊的观点——没有一个州的宪法规定有多位行政首脑，但他指出，每个州的宪法都建立了一个行政委员会来制约州长的行动。谢尔曼提出，“即使在大不列颠，国王也有一个枢密院”，他坚持认为，只有这样的约束机制才能使“人民接受总统职位”。[300]

梅森相信，设立行政委员会可以确保行政首脑获得“稳妥和适当的信息与建议”，他警告，拒绝这样的委员会将意味着开始“一项连最专制的政府都未曾冒险尝试过的试验”。富兰克林认为，“委员会将不仅能够制约坏总统，而且还能成为好总统的得力助手”。格里同样支持设立委员会，“以此增加行政部门的分量并鼓励其信心”。埃尔斯沃斯提议，行政委员会由首席大法官、参议院议长和主要行政部门的负责人组成。梅森支持由六名成员组成行政委员会，全国每个区域各挑选两名成员。委员会成员由联邦众议院各州代表团投票任命，委员会成员任期与参议院相同。[301]

在这场辩论的另一方，查尔斯·平克尼提出，行政首脑应该能
217 够在他愿意的时候寻求建议，但他不应该受到一个委员会的制约。一个强势的委员会可能会“阻挠他”，而遇到弱势的委员会，他又

可以“借委员会之名掩盖自己”。威尔逊同样反对创设行政委员会，他认为委员会更多的时候将是在“掩盖而非防止滥权”。[302]

最后，制宪会议以8:3的投票决定不设立行政委员会。取而代之的是，代表们批准设立一个行政内阁，总统可以选择寻求内阁的建议，不过他没有义务这么做。据梅森所言，制宪会议放弃设立限制总统的行政委员会——“这是任何可靠和常规的政府都没见过的事”——是这位弗吉尼亚人后来拒绝批准宪法的一个主要原因。[303]

另一个重要的问题是，应该授予这个单一行政首脑什么样的权力。会议代表一致赞同，行政首脑应该拥有执行国家法律的权力。在有可能被授予行政首脑的其他权力中，否决权最受代表们关注。只有两个州的宪法——马萨诸塞州和新罕布什尔州宪法授权行政首脑可以单独行使否决权，纽约州州长则是该州法律“审查委员会”的一员——该委员会成员还包括纽约州司法总长和州最高法院法官——委员会拥有否决州立法机构立法的权力。[304]

尽管行政否决权的先例极少，但却只有几个代表不同意这个已经被包含在弗吉尼亚方案中的观念。在这些反对者中，谢尔曼宣称他自己“反对使一个人拥有阻止全体人民意愿的能力”。而来自特拉华州的冈宁·贝德福德认为，“在宪法中明确规定立法机构的权力边界就足够了”，不必授予行政首脑否决权。新泽西方案同样没有考虑行政否决权。[305]

但是，大多数代表都强烈支持这样一项否决权，他们希望以此来制衡国会，如果国会试图篡夺其他部门的权力或者是显示出过于顺从民众的政治压力的迹象。代表们认为各州立法机构在18世纪80年代就是如此。威尔逊担心，国会具有“吞噬其他所有权力”的倾向，并且强调有必要给予行政首脑“足够的自卫权力”。莫里斯赞同说，“立法机构篡权给自由带来的威胁，远胜其他任何权力来源”。

尽管有宪法上的防护措施，梅森还是担心国会“会像各州的立法机构那样，频繁地通过不公正的和有害的法律”。来自马里兰州的约翰·弗朗西斯·默瑟也赞同说，行政否决权是制衡“立法机构篡权和压迫”的主要措施。[306]

具体而言，就算国会通过发行纸币和减免债务方面的立法，行
218 政首脑也可以动用否决权将其推翻。麦迪逊在会上说，行政否决权将会是“一道额外的制衡措施，可以防止出现不明智和不公平的举措，这样的举措构成了我们灾难的很大一部分”。莫里斯相当详细地阐述了这个问题。根据麦迪逊的记录，莫里斯“详细说明了公共信用的重要性，以及缺乏坚固屏障阻挡立法机构的不稳定性，就很难维持公共信用……他复述了发行纸币以及立法机构坚持印刷纸币的历史，这类措施带来的所有恶果都已摆在我们眼前”。只有强大的行政否决权才能制衡“这种毁灭性的短视行为”。[307]

尽管代表们一边倒地赞同行政否决权，但行政否决权带来的两个问题却使代表们产生了很大的分歧。首先，行政首脑是应该单独行使否决权，还是与法律审查委员会共同行使（法律审查委员会是不同于行政委员会的另一个机构）？其次，行政否决权的效力应该有多高？[308]

弗吉尼亚方案在这方面效仿纽约州宪法，已经提出由“适当数量”的联邦法官与行政首脑共同组成法律审查委员会，该委员会将有权否决国会的立法（反对行政首脑单独行使行政否决权）。就像麦迪逊在制宪会议上解释的那样，将法官纳入法律审查委员会，将给予他们“额外的机会来防卫他们自己受到立法机构的侵蚀”。而且，把行政和司法结合起来，也将会给“法律审查委员会行使审查权带来额外的信心和坚定立场”。[309]

麦迪逊提出，在一个共和政体的政府中，行政首脑运用否决权

时尤其需要支持。在共和国里，没有一个公民享有“其他人眼里的高贵地位”。而且，行政首脑不同于国王，“不会永久地处理公共利益问题，这可以使他远离外来的腐败”。因此，让法官和行政首脑共同组成法律审查委员会，“既能利用双方的优势，也能降低风险”。麦迪逊同样相信，法官们在“维持法律的一致性、简洁性、明确性和技术上的适当性”方面，将会提供有价值的帮助。埃尔斯沃斯赞同说，法官的帮助将会“给予行政首脑更多的智慧和坚定性”，并且表示法官将会在涉及国际法的立法中，提供“足够的信息”。[310]

莫里斯强烈支持把法官纳入法律审查委员会之中。立法机构显然需要约束，他怀疑，一个任期有限并且会受到弹劾的行政首脑——制宪会议的多数代表还希望由国会来选举行政首脑——“很难成为一个非常有效的制衡分支”。和英国国王相比，“我们行政首脑的利益如此微小和短暂，而且守护它的方法如此虚弱，有足够的理由担心他缺乏 219
抵制侵蚀的坚定意志”。事实上，莫里斯担心，即使增加“起辅助作用的司法信心和分量，也无法弥补行政首脑的不足”。[311]

正如我们所看到的那样，一些代表反对将法官纳入法律审查委员会，因为他们已经通过司法审查的权力行使过否决立法机构的职能，所以不应该享有马里兰州的路德·马丁所说的“双重否决权”。威尔逊虽然承认“这一点很重要”，但他指出，“法律可能是不公正的、不明智的、危险的、有害的，但还没有达到因违宪而被法官否决的程度”。梅森赞同法院只会推翻那些明显违反宪法的立法，但是法律审查委员会能够以更广泛的理由，否决那些他们认为“不公正的、压迫性的或者很有害的”法律。[312]

其他代表提出了另外一些理由，反对将法官纳入法律审查委员会。鲁弗斯·金宣称，与他更倾向于单一制行政首脑的理由相同——责任——他更倾向于单一的行政否决权。其他人反对让法官参与公共政策，认为这样做违背了法官解释法律的职能。例如，马萨诸塞的纳撒尼尔·戈勒姆指出，我们无法推定，法官“拥有任何纯粹公共政策方面的专门知识”。格里同样反对“让法官成为政客”。查尔斯·平克尼担心，此举会把法官牵涉到党派利益中去。谢尔曼同样“不同意法官涉足政治和党派问题”。马萨诸塞的卡莱布·斯特朗警告，参与制定法律的法官，在解释法律时可能抱有偏见。[313]

这些反对将法官纳入法律审查委员会的代表，还更加普遍地指出，将法官与行政首脑置于同一个委员会，违背了正常理解的分权观念。对此，麦迪逊反驳说，纸面上的立法、行政和司法分权规定毫无意义。为了“保证落实纸面上的宪法条款”，必须“平衡权力和利益”。[314]

麦迪逊和威尔逊不懈地推进设立包含法官在内的法律审查委员会，而不是只由单一的行政首脑行使的否决权——他们在制宪会议上一再要求其他代表回过头来讨论这个问题，让其他代表明显不满。但是，经过几轮投票，一直没有超过三个州的代表支持他们的立场。[315]

尽管他们拒绝授予联邦法官分享否决国会立法的权力，但是代表们却很容易地通过了一项纯粹的行政否决权。然而，仍有问题留待解决：行政否决权应该是绝对的还是应该受到某种限制？好几位代表，包括威尔逊、汉密尔顿和莫里斯，都认为总统的否决权应该是绝
220 对的——也就是说，国会无法推翻行政首脑的否决。尤其是威尔逊，他极力劝说与会代表打消“对于行政首脑的偏见”——他认为，代表们的偏见源自从美国人与国王乔治三世交往经验中得出的错误教训。威尔逊认为，动用绝对否决权的机会很少，但是这样的权力将会对国会产生有益的影响。他还提醒说，“在行政部门和立法部门之间的仇恨可能高涨的危急时刻”，总统将需要具有自卫的能力。[316]

然而，在大多数代表看来，绝对否决权将赋予行政首脑太大的权力。格里认为，由于“立法机构的两个分支都将由本国最优秀的人组成”，没有必要让行政首脑如此牢固地控制立法机构。富兰克林提醒大家，绝对的否决权将会使行政首脑有能力向国会勒索钱财，就像宾夕法尼亚的皇家总督对殖民地立法机构所做的那样。巴特勒宣称，行政权力“一直处于增长之中”，因此“一位克伦威尔”可能“会在这个国家出现”，与其他任何地方一样容易。他说，如果他“知道会议要授予行政首脑彻底否决国会立法的权力”，在会议早些时候就不会支持建立单一制行政首脑。梅森也赞同说，被授予绝对否决权的单一制行政首脑，几乎相当于选举君主制。[317]

就连麦迪逊也认为，绝对否决权“显然不符合这个国家的传统”，他转而建议，授权“立法机构每个分支中适当比例的议员”来推翻行政否决——弗吉尼亚方案就是这么建议的。经过一周的讨论，会议代表一致拒绝设立绝对的行政否决权，并且赞成国会能以两院2/3的多数票推翻行政首脑的否决。支持设立强力行政首脑的代表——比如汉密尔顿和莫里斯，担心“立法太多而不是太少”，随后劝说会议把国会两院推翻行政首脑否决的投票比例要求改成3/4。但是有些代表担心“危险的权力会被置于一些听命于总统的参议员手中”，最终劝说会议把推翻总统否决的国会两院投票要求改回2/3。[318]

制宪会议围绕授予行政首脑合适的权力的其他主要争议，涉及行政首脑在任命联邦政府官员——法官、大使和其他人——方面扮演什么样的角色，如果他能参与任命的话。麦迪逊后来将人事任命权称作共和制政府的所有职能中“最难防止被滥用的”一项权力。在那个时代的大多数州宪法中，行政首脑都没有人事任命权——这是对皇家总督和英国国王“腐败和滥权”的一种过度反应，他们曾

221 经使用任命行政部门官职的诱惑，来迫使议会屈服。[319]

正如麦迪逊在会议结束之后向杰斐逊报告的那样，代表们对行政首脑的任命权观点不一。有些人赞成总统任命联邦政府的所有官员；有些人支持他只有权任命某些官员；有些人则倾向于拒绝总统的任命权；还有一些人支持总统和参议院共享任命权。而且，有些代表在会议期间还改变了对这一问题的看法——主要是由于康涅狄格妥协案改变了到底是小州还是大州会主导参议院的预期。[320]

会议中主张建立强有力的行政机构的代表，要求赋予行政首脑广泛甚至是排他性的任命权。威尔逊宣称，经验显示，“由多家机构共同行使此类任命权，有诸多不当之处”，总是导致“阴谋、偏见和隐瞒”。他认为，建立单一行政首脑的一个主要原因就在于，政府官员将由一个负责任的人来任命。伦道夫也认为，立法机构做出的任命“通常源自阴谋策划、个人考虑，或者是其他一些因素，而不是根据合适的资格要求授予头衔”。他还鼓吹，“保障合适的任命是行政首脑的职责”。莫里斯认为，总统能更好地了解被任命者的品性，因为他的工作性质需要“他与美国的每一部分打交道”。此外，一个可以获得军队控制权的总统，肯定也可以拥有任命权。莫里斯还认为，如果参议院负责审批弹劾案，包括法官弹劾案——制宪会议当时已经有了这样的临时决定——那么，参议院就不应该拥有任命法官的权力（包括填补在参议院审批弹劾案时被定罪而被罢免的法官留下的空缺）。[321]

然而，其他代表强烈反对给予“任何个人如此巨大的权力”。拉特利奇担心制宪会议“过于偏向君主制”，因为它考虑建立一个拥有广泛权力的单一行政机构，有权否决立法，并任命联邦政府官员。梅森担心，将任命权力授予长期任职的行政首脑，他很可能会在联邦政府所在地“不明智地形成地方和个人附属关系”，这将使那些在其他地方具有同等才能的人，无法获得同等的晋升机会。他还指出，如果联邦法官负责审判行政首脑弹劾案——至少有些代表认为存在这种可能性——那么总统当然不应该控制联邦法官的任命权。[322]

大多数反对授予总统任命权的代表，都赞成将任命权授予参议院。在会议早期，麦迪逊认为，参议员“足够稳定和独立，可以遵循 222
他们的审慎判断”来进行人事任命。查尔斯·平克尼指出，总统不可能像参议院一样，了解足够多的合格人选的个人情况。谢尔曼补充说，参议院集体的智慧要胜过总统。谢尔曼赞成由参议院掌握任命权，还有一个理由是联邦政府的职位“应该是［地理上］分散的，因此，最好由国会第二院而不是行政首脑，负责任命政府官员”。[323]

弗吉尼亚方案没有提到任命权，但确实规定，联邦立法机关将任命联邦法官。在会议的头一周，代表们就同意了麦迪逊的一项建议，授权总统“在宪法没有其他规定的情况下，任命政府官员”。几天后，在讨论如何选择联邦法官时，会议以9:2的投票，拒绝弗吉尼亚方案提出的由联邦立法机构负责任命联邦法官，但代表们没有提出另外的方案，将这一问题留待麦迪逊所说的“进一步的深思熟虑”来解决。一周后，他们同意授予参议院任命联邦法官的权力。[324]

然而，正如我们所看到的那样，在康涅狄格妥协案之后，小州（大部分是北方州）在参议院获得了平等的投票权，麦迪逊因此失去了将任命权力完全交给参议院的热情。现在，他认为，由参议院任命法官是不公平的，因为少数民众——可能代表了大多数州——就能够控制任命权。麦迪逊还警告，将任命权单独授予参议院将会十分不公平地有利于北方各州。[325]

麦迪逊转而支持另一项任命机制——首先由马萨诸塞州的戈勒姆提出，并部分效仿了该州宪法——使行政首脑与参议院联合起来，这将确保人民和各州都发挥作用。而且，这样一种机制“将会结合两者的优点——行政首脑的责任感和国会第二分支的安全性，抵制任何不谨慎或腐败的提名”。麦迪逊最初临时提议，只要1/3的参议员同意，便可通过总统提名人选。梅森反对说，这种安排实质上相当于总统一人负责任命。其他人建议将麦迪逊的提议倒过来，让参议院拥有提名权，由总统掌握否决权。威尔逊继续反对参议院以任何方式参与任命过程：“没有优良的行政机构，再好的法律也不起作用，而没有负责任的官员来执行，就不会有优良的行政机构。像参议院这样的机构，
223 会破坏人事任命中的责任感。”[326]

赢得康涅狄格妥协案之后，像马里兰州的路德·马丁这样的小州代表“极力主张由立法机构第二分支负责任命联邦政府官员”，这也不奇怪。在康涅狄格妥协案通过几天后，制宪会议以6∶3的投票重申了支持参议院任命法官的最初决定——最大的三个州不赞成。因此，细则委员会在8月初的报告中授予参议院任命最高法院法官和大使的权力。总统只负责委任军官和宪法中没有另行规定的联邦公职人员。[327]

然而，到了会议后期，另一个更倾向于大州利益的委员会提议，总统“在参议院的建议和同意下”，有权任命大使、其他公使、最高法院大法官，以及宪法中没有另行规定的所有其他联邦官员。制宪会议只是稍做更改，便最终批准了这样的安排。[328]

为了防止滥用任命权，代表们考虑了限制国会议员出任其他联邦政府职务的问题。代表们很容易就同意禁止国会议员兼任其他联邦职务。但是对于离职的国会议员是否也不能出任联邦职务——或者说国会议员在离职多久后才能出任联邦职务——会议代表却有不同看法。[329]

制宪会议最初赞成国会议员在其当选的任期届满后一年内没有资格出任其他联邦职务。巴特勒举了一个英国的例子，有些人竞

选英国下院席位，唯一的目的在于为自己谋取待遇丰厚的行政职务，巴特勒辩护说，这类不得兼任条款是“预防阴谋诡计”的必要措施。梅森同意说，制宪会议必须小心防范委任权的“腐败”，他称不得兼任条款“是我们得以维系自由的基石”。他警告，如果没有这样的限制，国会将会“成倍地增加自己可以任命的行政职务”，美国将在“欧洲的每一个小国家派驻大使——就连圣马力诺这样的小共和国也不例外”。[330]

但是其他代表提醒说，对国会议员出任联邦政府职位的资格施加这样的限制，将会“挫伤积极性”——用金的话来说。汉密尔顿认为，为了吸引民众投身公共服务，必须唤醒他们的“激情”，而不仅仅是“纯粹爱国主义”的动机。莫里斯进一步指出，如果拒绝富人们以符合“追求荣誉和利益”的方式投身政府，将会带来诸多危险。以法律禁止他们参与，只会诱使他们“以某种非法的方式行 224
事”。听了这番言论之后，制宪会议最终放弃了国会议员必须离职一年后才能出任联邦职务的期限限制。[331]

麦迪逊希望进一步缩小不得兼任条款的适用范围——国会议员不得出任本人任期内创设的联邦职位，以及在其任期内增加薪酬的既有行政职位。他提醒说，如果没有出任行政职务的诱惑，立法部门的吸引力实在是“太微弱”了。过度地限制国会议员出任行政职务，将阻碍最优秀的人到联邦立法机构任职。麦迪逊说，在弗吉尼亚州，不得兼任的限制“过于严厉，以致出现了不合格的行政官员”。他提出，联邦一级的问题可能会更加严重，服务立法机构需要付出更大的牺牲。威尔逊也同意说，制宪会议“不应该向立法机构中的伟大人物关闭晋升的大门”。[332]

梅森强烈反对麦迪逊淡化不得兼任条款的行动：“如果我们不提出反腐措施，我们的政府很快就会完蛋。”格里也警告，缩小兼任的限制范围之后，制宪会议可能会破坏政府各分支机构之间的界线，因为会议“承认立法者可以分享行政职务或是在谋取行政职务时过多地受到行政分支的影响”。但是，制宪会议最终通过了麦迪逊提出的缩小不得兼任条款适用范围的建议——禁止国会议员出任自己当选任期内创设或者增加薪水的行政职位。[333]

正如我们刚才所看到的那样，制宪会议详细讨论了总统否决国会立法和任命联邦官员的权力，会议也非常容易地接受了由总统来负责“执行联邦法律”。细则委员会还建议授予行政首脑额外的权力——代表们没有讨论过的权力：提供关于国家现状的信息，给国会提供立法建议，接见大使，担任武装部队司令，在特殊情况下召开国会特别会议，提供赦免（但是弹劾案除外）。会议接近尾声时，另一个委员会又给行政首脑增加了一项权力：在参议院的建议和同意之下制定条约。[334]

大多数代表不希望总统行使的一项传统行政权力是决定战争与和平的权力。弗吉尼亚方案规定，联邦行政首脑除其他权力外，还将“享有邦联国会的执行权”，以及《邦联条例》明确赋予邦联国
225 会的“决定和平与战争的唯一权利与权力”。当代表们初次辩论行政首脑的权力时，查尔斯·平克尼虽然坚持创设“充满活力的行政首脑”，但他同时反对授予行政首脑决定和平和战争的权力，因为这种权力将使行政首脑变成“君主”。在后来的辩论中，格里也同意说，在一个共和国中，他“从来不希望听到授权行政首脑单独宣战的动议”。就连在会议上最强烈地支持行政首脑权力的威尔逊也赞成说，决定战争与和平的权力传统上被视为国王的特权，但应授予国会，而不是总统。[335]

不过，当会议辩论国会“发动战争”的权力时，有几位代表提出反对意见，认为立法机构的讨论程序太慢，无法有效地发动战

争。麦迪逊建议他们用“宣战”权来替换“发动战争”权，这就隐含着给予行政首脑“反击突然袭击的权力”（以及行政首脑作为军队统帅，决定如何推进国会宣布的战争的权力）。会议以7:2的投票，批准了麦迪逊的建议。[336]

如何选出会议设计的这一具有强大权力的单一行政首脑，也引起了代表们的极大争议。威尔逊称，“这实在是我们必须决定的最困难的一件事”，他还提到，会议代表在这个问题上“存在巨大分歧”。之所以会如此复杂难解，部分原因在于，讨论行政首脑的选举方法，完全不能脱离行政首脑的任职期限，以及是否可以连选连任。[337]

在这方面，弗吉尼亚方案仿效了当时大多数州宪法的规定，提议由联邦立法机构选择联邦行政首脑，而且行政首脑不得连选连任。禁止连任，将能够避免行政首脑依赖负责选举的任何机构，规定任职期限也会有同样的效果。例如，梅森倾向于行政首脑至少任职七年，禁止连任，这样就可以避免“行政首脑为了连任，与立法机构密谋的情况”。此外，梅森还认为，包括行政首脑在内的国家高级官员应该“在固定期限之后回到他们最初被从中选择的民众中，以便他们能够感觉到并且尊重那些对他们个人而言非常重要的权利和利益”，这才是“公众自由的真正守护者”。伦道夫和拉特利奇同样强调，禁止连选连任将会促使行政首脑独立于国会（他们希望由国会来任命行政首脑）。威尔逊发觉，代表们几乎都认为，如
果由国会来选举行政首脑，行政首脑肯定不能连选连任。在会议讨 226
论的第一周，代表们就已同意，应该由国会选举任期七年的行政首脑，不得连选连任。[338]

但是，有些代表继续反对这种选择行政首脑的方案。莫里斯提醒说，让行政首脑无法连选连任，将会“破坏其采取良好行动的潜

在动机，使其丧失重新获得任命的回报期望”。对行政首脑施加这种限制，可能会带来危险，因为此举“切断了他追求荣誉的和平之路……可能会迫使他铤而走险，诉诸武力手段”。此外，莫里斯还提出，禁止连选连任，将诱使行政首脑“最大限度地利用自己的短期任职机会，累积财富，为朋友谋取便利”。“禁止连选连任还会让我们失去富有经验的行政首脑，可能还会让行政首脑无法顽强地维护行政权威不受国会侵蚀。”最后，埃尔斯沃斯提出，“如果他们预计到固定任期必然会贬损自己的声望”，我国“最杰出的人物”可能不会希望成为行政首脑。[339]

麦迪逊最初支持国会选举行政首脑，后来意识到这种方法面临着“不可逾越的障碍”。如果由三个分支来独立行使政府的巨大权力，是“维持自由的必要条件”，就没有理由让国会来选择行政首脑。而且，行政首脑与司法机构一样，将负责实施和解释法律，而每个人都认为司法机构应该独立于立法机构。就算行政首脑无法连任可以减轻人们对于行政首脑过度依赖立法机构的担心，由立法机构选择行政首脑的方式，依然会“严重动摇和分裂立法机构，以致严重影响公共利益”。麦迪逊还提醒说，“外国的公使”也会试图影响国会选择行政首脑。[340]

巴特勒基本上赞同麦迪逊的看法，他提出，在选择行政首脑时必须避免两大恶魔：“国内的阴谋活动与来自国外的干涉”；他认为，如果由国会来选择行政首脑，就很难避开其中任何一个恶魔。莫里斯还担心，由立法机构选择行政首脑将会带来“密谋和党争的危险”；他坚持认为，“一定要保证行政首脑能独立于立法机构”。与之相反，谢尔曼支持由国会选举行政首脑，恰恰是因为他希望行政首脑能“完全依赖”国会。在他看来，独立于立法机构的行政首脑“基本上就是暴君”。[341]

要解决行政首脑依赖立法机构的问题，有一个办法是将选择行政首脑的权力留给人民——人民可以直接选举，也可以通过选举人间接选举。威尔逊援引马萨诸塞州和纽约州宪法，证明这种方法可行。他强烈主张由人民参与选举行政首脑，“与联邦立法机构选举 227
行政首脑相比，这样选出的首席行政长官，更能赢得人民的信任”。莫里斯也赞同说，人民绝对不会错过“任何具有杰出才能或者服务能力的人”，他们将会选出“这个大陆上声望最高之人”。麦迪逊也认为，综合考虑各种因素，由人民选举将是选择行政首脑的“最佳”办法。[342]

在一部分代表看来，让行政首脑依赖于人民的选举，似乎可以助长行政首脑适当的依赖性。其他一些代表提出了三条反对民选行政首脑的意见：其一，大多数代表并不相信人民可以肩负起如此重大的责任。格里将民选行政首脑称为“极端的恶行”，因为人民“过于无知”。他提醒说，民选行政首脑实际上相当于将选择权扔到一群有组织的阴谋团体手中。查尔斯·平克尼也说，民选行政首脑将会演化成“少数活跃而有野心的人”选举行政首脑。梅森表示，“由民众来决定首席长官的适当人选，太不寻常了，无异于让盲人来判断颜色”。国土面积如此之宽广，“民众根本无法获得必要的能力，来判断候选人各自的主张”。[343]

其二，正如谢尔曼所解释的那样，人民“根本无法获得”他州候选人的足够多的信息，他们“一般会投票给本州候选人”，这就意味着，“来自最大州的候选人最有可能被任命”。就连麦迪逊也赞同，民众倾向于“选择本州公民”，小州肯定会吃亏，这个反对民选行政首脑的理由很有说服力。来自北卡罗来纳州的休·威廉姆森认为这是反对由民众直接选举行政首脑的主要原因。[344]

其三，麦迪逊指出，民众直接选举行政首脑将给南方人带来

"严重的"障碍，因为按照这种选举方式，他们的奴隶无法统计在内，因此会大大降低南方在选举行政首脑过程中的影响力。不过，麦迪逊表示，这类"地方性因素必须让位于普遍利益"，作为一名南方人，他"愿意做出牺牲"。但是其他南方代表却不大乐意这么做。出于上述三种原因，提议由人民直接选举行政首脑的议案以9:1的压倒性票数遭到否决——威尔逊从一开始就认为这种设想"荒诞不经"。[345]

有几位代表提出了另一种解决行政首脑依赖其他分支的办法——如果行政首脑行为端正，可以终身任职，这样一来，就可以让他不再依赖任命他的机构。汉密尔顿坚持认为，"在共和原则之
228 下，根本无法产生"优秀的行政首脑；他觉得，英国国王才是美国行政首脑的唯一合理典范，保障行政首脑终身任职或者至少是在品行端正时终身任职，才能提供联邦政府所需要的"稳定性和持久性"。莫里斯对此项提议"深表高兴"，他提出，"这才是建立良好政府的方法"。莫里斯坦言，只要行政首脑能在品行端正之时终身任职，选举方法就不重要了。[346]

但是，梅森反对说，行政首脑只要品行端正便可终身任职，这不过是"终身行政首脑的另一种说法而已"，往前"轻轻再迈一步"，便会走向世袭君主制。谢尔曼也同意梅森的看法，认为这种提议"绝不稳妥和可行"。就连麦迪逊也认为，这样的提议太过分了。[347]

然而，令人惊讶的是，在制宪会议上，竟然一度有四个州的代表投票支持行政首脑在品行端正时可以终身任职。不过，根据麦迪逊的记录——他后来修改过自己在这个问题上的记录，使得他的记录不大可信——这个投票比例可能夸大了真正支持上述提议的代表的数量。麦迪逊写道，这些代表支持行政首脑品行端正便可终身任职的主要目的在于，"警告那些一再强调行政首脑会依赖立法机构的代表"，

让他们支持由国会之外的机构来选举产生行政首脑。据麦迪逊所言，只有三四名代表——而不是三四个州的代表团——真正支持行政首脑在品行端正时可以终身任职。[348]

不管麦迪逊所言是否属实，很多代表确实是准备支持给予行政首脑超长任期（有些支持行政首脑长任期的代表，是希望以此缓解行政首脑依赖选举机构的问题，以让国会选举行政首脑显得更为合适；但是其他一些支持行政首脑长任期的代表，是希望以此为手段，迫使支持国会选举行政首脑的代表放弃他们的立场）。马丁提议行政首脑任期十一年，威廉姆森提议十年或者十二年，而格里则提议十五年或二十年。但是，其他一些代表支持更短的任期——三年或者四年，但可以连选连任。正如前文所言，在制宪会议的头一周，代表们支持行政首脑任期七年，禁止连任。但是到了7月中旬，他们又支持行政首脑任期六年，可以连选连任。这样比较长的任期，可以使行政首脑“立场坚定”，并会吸引“最优秀的人”来承担这一职务。[349]

制宪会议在如何选举行政首脑的问题上争论不休。为了打破僵局，有些代表提出了其他选举方案。格里认为国会选举行政首脑“过于激进，而且错得不可救药”，他多次提议，应该由各州立法机构或者州长来任命行政首脑。但是国家主义者坚决反对这种提议。伦道夫反对说，“按照格里说的方法选出的全国行政首脑，不大可能以高度的警惕性和坚定性捍卫联邦权利不受各州侵蚀”。麦迪逊 229
提出，各州立法机构“已经暴露出采取各种有害措施的强烈倾向”，他担心，由各州议员任命产生的联邦行政首脑或者行政机构，如果“也沾染了这种习性”，将无法制约联邦国会。[350]

支持由国会选举行政首脑的代表们提出了新的办法，来缓和对手们针对行政首脑依赖国会的问题所提出的强大反对意见。埃尔斯沃斯建议，国会选举行政首脑之时，如果其中一位候选人目前在职，就由各州立法机构挑选的选举人来选出行政首脑。这样一来，就可以让“值得连任的行政首脑”不依靠国会而获得连任。查尔斯·平克尼建议，由国会选择行政首脑，但是行政首脑的任期，在每十二年内，不得超过六年。梅森支持这一提议，认为这样既提升了行政首脑的独立性，又保留了行政首脑未来连任的可能性。但是莫里斯反对说，行政首脑的强制轮替制度，不可避免地会带来“密谋和依赖”方面的问题。[351]

格里说，“我们在这个问题上似乎完全不知所措”，代表们莫衷一是，陷入僵局，威尔逊提议，抽签选择少量联邦议员组成选举人团，来选择行政首脑。威尔逊承认，这不是“一个深思熟虑的提议，很可能会遭到强烈的反对”。但是莫里斯表示，“由运气来决定行政首脑人选，好过密谋产生行政首脑”。经过反复讨论和激烈交锋，代表们又回到他们的原初立场，即由国会选举未来的总统，总统任期七年，不得连任。[352]

在确定了由国会来选举行政首脑之后，来自小州和大州的代表们又在国会两院是单独还是联合投票选举产生行政首脑的问题上，产生了分歧。小州代表们反对联合投票，因为大州在众议院拥有数量更多的席位，联合投票将会消解小州在参议院内的平等投票权。来自新泽西州的戴维·布雷尔利提出，在选举总统时，“不应该再提出，小州不应该将它们的手伸进大州口袋这样的论调”，他主张国会两院分别投票选举总统。大州代表对此表示反对，他们认为国会两院分别投票，会给两院带来冲突和僵持；他们还提出，大州的人口优势应该在选举总统的过程中体现出来。然后，制宪会议以7:4的比例，支持国会两院联合投票选举总统。[353]

在会议末期，一个专门处理各种悬而未决问题的委员会，支持威尔逊最初的提议，也是会议已经多次拒绝的提议：由选举人团来选举总统，根据各州立法机构规定的方法选举产生选举人团。由于选举人团不是常设机构，也就没有需要保护的特殊利益。由这种方式选举产生的总统，也不会依赖选举机构。[354] 230

而且，选举人团将会由具有极高见识和独立性的杰出人士组成。这一点也促使会议代表考虑赋予选举人团选举总统的重要使命（不过，持不同意见的代表认为，那些“第一流”或者“最受尊重的公民”不会有兴趣出任总统选举人这样的临时职务）。宪法未决事宜委员会（Committee on Unfinished Parts）的报告还提出，选举人应该在各州投票，用莫里斯的话来说，这样可以预防“阴谋活动带来的可怕罪恶”。要求全国不同州的选举人在同一时间开会，让“他们根本没有机会腐败”。而且，用选举人团来替代直接民选，还可以避免无法计入奴隶人口所带来的问题——南方人本来就不同意这么做。选举人团制度确实具有独创性，但是卡莱布·斯特朗认为，这会“让政府过于复杂”。[355]

如何分配总统选举人名额，自然也成为大州和小州代表团争议的问题。当会议最初讨论这个问题时，代表们正在考虑由选举人团来选举总统，小州代表支持相对平等的分配方式——小州推选一名总统选举人，大州推选不超过三个总统选举人。但是大州代表认为他们州应该在选举总统过程中发挥更大作用。康涅狄格州代表埃尔斯沃斯反对在选举人团中给予大州额外的权力，他说，大州公民可能只会用选举人团来投票支持本州推选的候选人。[356]

宪法未决事宜委员会的报告提出了一份分配选举人团名额的折中方案：每个州的总统选举人数量等于该州国会众议院议员人数，加上两名参议员。比起严格按照人口数量分配而言，这种方案对小州更有利，而且与选举国会议员一样，大州也能凭借本州更大数量的人口获得更多的选举人团名额。比如说，在国会众议员中，弗吉尼亚与特拉华的人数比例将是10∶1，但是在第一届选举人团中，两州人数的比例将是12∶3。由于选举人团的名额主要依赖各州在国会
231 中的议员数量，因此南方各州的奴隶人口也能在选举人团中体现出来（在选举国会众议员时，五个奴隶可以折算成三名自由人，第四章将有所讨论）。[357]

此外，宪法未决事宜委员会还提议，只有获得选举人团中多数选举人支持的候选人，才能当选总统。如果没有候选人获得多数支持，参议院可以从获得选举人票数最多的前五名候选人中，选出一名总统。会议代表多认为，总统候选人将很少能赢得选举人团的多数选票——至少在华盛顿不参选之后，肯定会出现这种情况。美国幅员辽阔，加上交通和通信相对原始，使得总统候选人很难广为人知，很难进行跨州竞选——在缺乏政党组织的时代尤其如此，那时候，会议代表还没有想到美国会出现政党。因此，查尔斯·平克尼抗议说，总统选举人将"不可能充分了解谁是最合适的人选，他们会受到各自所在州名人举止的影响"。梅森预计，"二十次总统选举中，会有十九次最终由参议院来挑选"。[358]

莫里斯解释道，当选举人团的投票无法产生一名多数人支持的总统时，宪法未决事宜委员会选择由参议院选举总统，其目的在于保证总统选举能由少数人掌握。但是由参议院选举总统，明显也是为了拉拢小州，小州在参议院的影响显然比在众议院大。大体而言，小州能在参议院发挥同等的影响力，它们可以从选举人团"提出"的人选中选举出总统，而大州则可以在选举人团中发挥更大的影响力。[359]

因此，有些大州代表反对宪法未决事宜委员会的这一提议，他们建议，取消总统当选必须获得选举人团多数选票的要求。小州代表很自然地提出反对意见，认为取消多数选票要求，无疑是

让几个大州产生的选举人可以按照自己的意愿选举总统。大州的提议很快被否决。会议随后还否决了麦迪逊提出的另一项建议——选举人团选举总统时，获得“1/3”而非“多数”票的候选人便可当选总统。[360]

正如上文所言，根据宪法未决事宜委员会的提议，参议院可以从获得选举人票数最多的五名候选人中选举一名总统。大州代表梅森曾建议将候选人数量限制为三名，谢尔曼等小州代表则希望将候选人数量扩充至七人甚至是十三人。最终双方相互妥协，确定为五名。对此，麦迪逊提出了自己的疑虑：如果从多达五名候选人中选
举总统，“选举人的注意力将会更多地转向如何选举候选人，而非 232
投票产生一名确定的总统”。[361]

有些代表反对由参议院负责从选举人团产生的候选人中选举总统，他们的理由是，根据宪法未决事宜委员会的提议，参议院和总统还联合起来负责行使任命权和缔结条约的权力。比如说，威尔逊就抗议，如果最终由参议院来负责选举总统，选出的总统“将不会是人民心目中的人选，而会是参议院的奴才”。梅森也警告，“如果政府的两个分支建立了这种联盟，它们将能够颠覆这部宪法”。威廉姆森反对说，将选举总统的权力交给参议院，“就奠定了某种腐败和贵族制的基础”——伦道夫对此深表赞同。[362]

而且，由于宪法未决事宜委员会在报告中还赋予参议院审判弹劾总统案件的权力——下文马上就要讨论这个问题——有些代表明确表示，担心参议院在选举总统过程中拥有过大的权力。威尔逊提醒说，如果参议院既有权选举总统，又有权通过弹劾审判将其去职，还与总统共享任命官员和缔结条约的权力，那么这些本应该由不同分支分别行使的权力，现在都将“汇聚交融到参议院身上”。而且，经过康涅狄格妥协案之后，大州代表当然普遍反对任何扩大

参议院权力的提议。[363]

因此，威尔逊和其他大州代表提出，当没有任何一位候选人获得多数选举人票时，应由“立法机构”而非参议院一院从获得票数最多的几位候选人中选举总统。谢尔曼建议说，面对这种情形时，应该由众议院——而非参议院自己或者两院一起——来选举总统。谢尔曼还建议，众议院在选举总统时，以州代表团而非代表个人为单位进行投票，这样既可以维持小州的影响力，又可以消除“参议院的贵族性影响”。制宪会议随即以压倒性票数赞成由众议院取代参议院，投票选举总统。麦迪逊后来解释道，除了这些因素外，众议院“人数更多”，也更安全，“比起人数更少的参议院，想要腐蚀收买众议院，会困难得多”。[364]

最后，在选举总统的问题上，宪法未决事宜委员会还规定，每个选举人可以投两票，其中一票必须投给来自选举人所在州之外的总统候选人（在1804年宪法第十二修正案通过之前，选举人的两票并不区分是投给“总统”还是“副总统”；他们只是简单地投两票，一
233 旦选出总统后，获得最多选举人票的候选人，就成为副总统）。会议代表们认为，要求选举人给非本州候选人投一票，将提升小州候选人进入前五名的概率，因为来自大州的选举人一般不大会将他们的第二票投给来自其他大州的候选人——他们担心将第二票投给其他大州的候选人，无意之中会将来自其他大州的候选人推出来。[365]

威廉姆森注意到，宪法未决事宜委员会创设副总统职位，“只是因为任何有价值的选举都要求一次选出两人”，他反对说，“根本不需要设立副总统这样的职位”。况且，谢尔曼解释道，为了保证副总统不至于“无职无权”，宪法未决事宜委员会提议，让副总统出任参议院的当然议长。鉴于“总统和副总统之间的紧密关系”，格里提醒说，由副总统来掌管参议院，无异于由总统来掌管参议院，

这将“破坏立法机构的独立性”。梅森同意说，制宪会议不应该使立法机构和行政部门过多地交织在一起。[366]

对此，莫里斯提出了不同意见，他说，“没有任何继承人……爱戴自己的父亲”，在大多数问题上，总统和副总统也不大可能合得来。而且，莫里斯还提出，无论是否拥有副总统头衔，当总统去职之后，参议院议长都有可能成为临时的总统继承人。会议随后投票支持由副总统出任参议院当然议长。[367]

制宪会议遴选总统的方式，总算可以使总统独立于国会，现在，会议可以讨论总统能否连选连任的问题了。宪法未决事宜委员会取消了禁止总统连任的提议，但同时将总统任期缩短至四年，不过仍旧比各州宪法规定的州长任期要长一些，各州州长所掌握的权力，也远不如未来的美国总统。尽管有些代表继续支持六年或者七年的总统长任期，同时禁止连选，但是会议还是肯定了宪法未决事宜委员会的提议。[368]

除了让总统可以连选连任外，制宪会议也没有制定总统职务强制轮替的条款。多数州宪法都规定州长必须到期轮替，1776年的马里兰州宪法就有类似条款：“掌握权力或者肩负责任的第一行政首脑，如果任期过长，将会威胁到自由。”在制宪会议初期，富兰克林就强烈要求行政长官定期轮替，他并不认为“回归人民大众会拉低执政官的身份”。他还坚持说，“在自由政府之下，统治者就是仆 234
人，人民才是他们的主人和主权者”。然而，制宪会议并没有禁止总统在有生之年连选连任。[369]

总统的独立性，不仅取决于选举任命总统的机制，也取决于如何才能将总统免职：哪一个机构有权罢免不合格的总统，罢免的标准又是什么？大多数代表都同意梅森的看法：“罢免不合格执政官的措施……必不可少。”弗吉尼亚方案并没有明确提及如何罢免总统，只是非常简要地提到，联邦司法机构负责审判“弹劾任何联邦官员的案件”，但是没有规定弹劾的实质性标准。在制宪会议的第一周，迪金森提议，在多数州立法机构的要求之下，国会可以将总统去职——而不必提出任何渎职方面的指控。同样，新泽西方案也提出，应多数州行政长官的要求，国会可以将联邦行政首脑免职。[370]

谢尔曼将行政首脑视为立法机构的附属品，因此当他提出国会可以“随意”罢免总统时，并不令人感到惊讶。与之相反，梅森“断然反对”让行政首脑“仅仅充当立法机构的创生物”。像麦迪逊和威尔逊这样的国家主义者反对授权各州参与罢免总统，总统领导下的政府不受欢迎，可能并非因为总统有渎职行为。他们还反对小州与大州在罢免总统的过程中发挥同样的影响力。[371]

制宪会议以压倒性票数推翻了迪金森提出的由国会“负责”罢免总统的建议，赞成在总统有玩忽职守或者渎职行为之时，通过“弹劾与审判定罪”[1]，将其去职。会议代表们后来又回头讨论这个问题时，有些主张强势行政首脑的代表从根本上反对弹劾总统。莫里斯担心，弹劾总统可能会“导致行政首脑依赖那些有权弹劾他的机构”，他倾向于缩短总统任期，而不是让总统接受可能的弹劾。莫里斯提出，让总统的内阁成员接受弹劾，就足以保证行政部门不会乱来。查尔斯·平克尼同样担心，立法机构可能会将弹劾之剑悬在总统头上，“有效地摧毁总统的独立性”，继而从实际上否定总统否
235 决立法的权力。鲁弗斯·金认为，弹劾对联邦法官很有必要，他们行为端正时可以终身任职；对于总统而言，没必要“通过弹劾进行

[1] 弹劾大体上等同于大陪审团指控。弹劾定罪能将公职人员去职（在某些制度之下，还将进行额外的惩罚）。

审判”，因为总统任期有限，因此他的“行为可以接受选举人的审判，选举人可以根据他在任期内的表现，选择继续信任他或者不再信任他”。[372]

然而，大多数代表——就连那些支持建立强势行政首脑的代表，如威尔逊——相信，总统应该可以被弹劾。来自北卡罗来纳州的威廉·戴维提出，弹劾是“保证行政首脑行为端正的主要手段”。梅森和伦道夫认为，任何人——就算是总统——也不得超越法律之上，这一点极为关键。富兰克林警告大家，如果总统不可弹劾，那就只能“求助于……暗杀了”。麦迪逊觉得，必须规定一种条款，用来罢免“无能、渎职和背叛”的总统。仅仅限制总统的任期是不够的，因为总统可能会在任期内丧失能力、滥用职权，甚至里通外国。麦迪逊警告，如果单一制行政首脑不称职或者腐败，又没有将其去职的宪法条款，将成为“共和国的致命威胁”。[373]

经过一番辩论，会议以8∶2的比例，规定总统可以被弹劾。但是，代表们紧接着遇到了更大的难题：应该由哪个机构来负责审判弹劾总统案，以及如何规定弹劾的具体标准？授权国会两院弹劾和罢免总统，将会减损总统制约国会权力的能力。伦道夫意识到，必须“尽可能排除立法机构在弹劾过程中的影响”，他提议，授权由州法官组织的审判机构负责审判弹劾总统案。宪法细则委员会提出，由众议院负责弹劾总统，由联邦最高法院负责审判弹劾案，判定是否应该将受到弹劾的总统免职。[374]

9月初，宪法未决事宜委员会提出由选举人团负责选举总统之后，又规定由参议院而非最高法院来负责审判弹劾总统案。这样一来，国会虽然无权直接控制总统选举，但是众议院有权弹劾总统，参议院可以罢免总统，这似乎没有太大问题。[375]

但是，经过康涅狄格妥协案之后，麦迪逊似乎对参议院越来越

不抱希望，他提出，授权参议院罢免总统，将导致总统“不适当地依赖参议院”。麦迪逊倾向于将审判弹劾总统案的权力授予联邦最
236 高法院。查尔斯·平克尼与麦迪逊一样担心总统的独立性问题，他警告，如果总统否决国会“特别在意的法律”，国会两院可能会联合起来密谋对抗总统。[376]

对于麦迪逊的提议，莫里斯表示反对，他说最高法院不是审判弹劾总统案的合适机构，因为，大法官数量太少，很容易受到外界的“压力或者腐蚀”。他不相信参议员在宣誓之后，会判定一个总统犯下了他没有实施过的罪行。作为小州代表，谢尔曼也有足够的理由来支持参议院负责审判弹劾总统案。他提出，由总统任命的大法官来审判弹劾总统案，有些不合适。制宪会议随后以压倒性多数，否决了麦迪逊提出的将审判弹劾总统案的权力从参议院移交给最高法院的动议。只有两个大州——弗吉尼亚和宾夕法尼亚的代表投票支持这一动议。[377]

围绕弹劾总统的实质标准问题所产生的争议，与由哪个机构来负责弹劾总统引发的争议一样激烈。尽管会议早些时候已经赞同采取“玩忽职守或者渎职行为”的标准，有些代表依然担心，如此低的弹劾门槛，将会导致总统过于依赖行使弹劾和去职权的机构。因此，宪法细则委员会将上述标准替换为要求更高的“叛国、受贿或者腐败”。由于总统职务既不可继承，也非终身制，就连支持强势行政首脑的莫里斯也承认，总统可能会有接受贿赂、出卖民众利益的嫌疑。[378]

宪法未决事宜委员会将弹劾总统的标准进一步限制为叛国和受贿，梅森反对说，总统可能会实施很多“影响巨大而危险的行为”，包括颠覆宪法，如果按照这种弹劾标准，即使总统做出这样的行为，也还是没有办法将其去职。因此，他提议，在可弹劾总统的行

为标准中增加“施政不当”这一条。对此，麦迪逊发表了不同意见，“如此模糊的用词，将会让参议院可以随意控制总统”，不过，梅森同意在叛国和受贿两个可弹劾总统的标准之外，增加“其他重罪和严重不端行为”。会议批准了这种改变，但是梅森替换后的用词也很模糊，在后来1868年审判安德鲁·约翰逊（Andrew Johnson）总统、1999年审判比尔·克林顿（Bill Clinton）总统的弹劾案时，引发了深刻的政治分歧。[379]

概言之，费城制宪会议创设了一个极不寻常的强势行政首脑，特别是考虑到，就在十年前，美国人还大肆抱怨英国国王滥用权力，革命期间，他们制定各州宪法时，也还大大限制州行政长官的权力。与各州州长不同的是，新宪法设立的总统具有否决权，以及占有优势地位的任命权。总统将成为三军统帅，有权商谈条约、赦 237
免罪犯。总统还可以向国会发表国情咨文，并根据自己的判断，建议国会采取必要和适宜的措施，由此参与制定国家政策。[380]

而且，拥有这些权力的总统还是单一制行政首脑，与各州州长不同，没有行政委员会来制约总统。总统的任期比那时任何州的行政长官都要长，而且，还不像州行政长官那样，需要定期轮替。如果会议代表们不是面临着批准宪法过程中的“民意”制约，很多人甚至会支持总统行为端正时可以终身任职，并授予总统绝对否决权（不受国会推翻总统否决的制约）。正如皮尔斯·巴特勒在会后所解释的那样，“很多代表都将目光投向作为总统的华盛顿将军，在他们脑海中，权力如此巨大的总统职位，授予的是具有华盛顿的美德的人”。如果不是因为这一点，代表们也许不会创设如此有权而且独立的行政首脑。[381]

1787年9月17日，制宪会议完成了自己的任务，当时，富兰克林请求在场的41位代表[1]，如果对新宪法仍持有异议，“略微怀疑一下自己的一贯正确”，为了“显示我们的团结一致”，同意“在这份文件上签下自己的名字”。两天前，伦道夫曾明确表示，他将不会签字，富兰克林非常重视此事，他敦促伦道夫站到多数人一边，“避免出现因为他拒绝签名而可能产生的巨大恶果”。汉密尔顿也认为代表们团结一致非常重要：“一些有影响的人物反对甚至是拒绝签署宪法所造成的一些后果，可能会引发无限的恶果，可能会激发潜藏在支持会议热情背后的反对意见，而这种热情可能很快就会消退”。[382]

其他会议代表也纷纷呼吁保持一致。莫里斯强调说，尽管他对
新宪法持有不同意见，但是他认为这部宪法“是我们能实现的一部
最佳宪法”，他将“接受宪法中的所有缺点”。来自马里兰州的詹姆
斯·麦克亨利（James McHenry）曾是大陆军军医，后来担任过华
238 盛顿将军的助手，他同样表示，他反对这个体制中的“很多部分”，
但他说自己将会在新宪法上签字，因为“我不信任自己的判断，尤
其是当我的判断与大多数先生不一致时——这些先生们的能力和爱
国心，都是一流的”，还有一个原因是可以通过修正程序更改宪法。
为了消除疑虑者的担心，会议同意代表个人可以选择只签署一份文
件，宣布本州代表团一致赞成新宪法。这样一来，对宪法文本持有
不同意见的代表就可以从良心上稍稍平复，而同时维持全体一致的
外表——只是有些虚伪。[383]

尽管大家百般恳求，还是有三位代表——格里、梅森和伦道

---

[1] 当时在场的41位代表中，有3人拒绝在宪法上签名。迪金森因病缺席，请里德帮他签名，所以宪法上有39个人的签名。参见*DHRC*, 24:82 n. 1。

夫，坚决拒绝签名。伦道夫知道他决定不在宪法上签字会带来严重后果，但他还是坚持“听从内心的声音”。他还强调说，他拒绝签字并不意味着他将积极反对批准新宪法——对于这个问题，他将“让自己遵循自己的职责，根据未来的判断行事”。这三位代表都坚持认为，以州为单位签署宣布本州一致赞同新宪法的文件，与个人在新宪法上签字并无二致，因此，这三位持不同意见的代表，拒绝接受会议提供的这一种签字方式。[384]

梅森和伦道夫都是弗吉尼亚人，他们觉得自己所在的州在康涅狄格妥协案中，以及南方腹地诸州和新英格兰诸州关于海外奴隶进口和国会商贸管理权问题达成的交易（本书第四章将有讨论）中，受到了不公正待遇。来自马萨诸塞州的格里担心会议朝着贵族制的方向走得太远。批评者指责格里是“牢骚大王”，他反对宪法中任何一条不是他自己所提出的条款。所有这三位持不同意见者，都将在批准宪法的斗争中发挥突出作用（本书第六章将有讨论），我们稍后将更加详细地讨论他们反对新宪法的理由。[385]

尽管有三位代表没有签字，制宪会议还是几乎取得了支持新宪法的一致意见，这样的结果在两个方面尤其具有突出意义：其一，极大地扩充了联邦政府的权力；其二，以各种形式避免联邦政府遭受当时的民众主义政治压力的冲击——在18世纪80年代中期，各州政府对此感受尤深。

如果考虑到代表们最初的底线，制宪会议将权力集中于联邦政府手中的程度确实令人惊讶。根据《邦联条例》，邦联国会无权征税、管理对外和州际商贸，即便是在《邦联条例》明确授予的权力范围之内，也无法保证邦联的至上地位。

尽管几位最活跃的国家主义代表没有在所有议题上获胜——远远没有，但是比起《邦联条例》，新宪法的国家主义色彩依然非常

239 鲜明。新宪法实际上赋予了国会不受限制地征税、建立陆海军和管理商贸的权力。在没有任何代表反对的情况下，会议还通过必要与适当的条款，明确授予国会默示的权力。新宪法还规定了联邦法律的至高地位，并设立最高法院与联邦法院系统，不仅从理论上确认了联邦的至高地位，还提供了维护联邦至高地位的实施机制。宪法第一条第十款禁止各州制定发行纸币和减免债务的立法——这些都是18世纪80年代中期各州的流行做法。

即便是在国家主义者明显失利的问题上——选举参议员的方法——他们也能够设计制度性措施，显著减轻失利的程度。比如，州立法机构可以选择联邦参议员，但是它们无权在联邦参议员任期内将其召回，也无法给他们发指令或者支付薪水。在另外一些议题上，制宪会议维护各州的某种影响力，但是同时又授权联邦政府可以拒绝各州的选择。各州可以设定联邦议员的选举时间、地点和方式，但是国会可以否决它们的决定。各州可以训练民兵、选择民兵军官，但是各州民兵又必须接受国会提出的纪律要求，国会还有不受限制的权力，来征召各州民兵为联邦服务。总而言之，新宪法中

240 的国家主义特色如此明显，以至于在大多数公民仍将他们所在的州

图3.10 “签署宪法”，作者为霍华德·钱德勒·克里斯蒂（Howard Chandler Christy）。

视为国家的时代，要批准这部宪法，势必会遇到困难。[386]

如果代表们没有被迫向政治现实妥协，他们在费城制定的这部文件，很可能会更加具有国家主义色彩。在制宪会议上，代表们一再提到，这部他们正在讨论的宪法，必须符合国人会批准的内容。正如格里解释的那样，“必须考虑到人民会批准什么样的宪法”，麦迪逊也认为，他们一定不能追求“无法企及的目标”。[387]

汉密尔顿在6月18日的著名演说中告诉会议代表，在同样的地理范围之内，不可能有两个主权共存。历史已经表明，“所有的联邦政府都是虚弱和离心的”。汉密尔顿还解释道，面对州政府这样的“重量级对手的反对”，他怀疑他们正在创设的联邦政府“能否长期存续”。汉密尔顿总结说，这次会议“必须建立一个普遍的联邦政府，拥有完整主权，消除各州之间的差异与各州的各自为政”。但是，他并不想提议废除州政府而“惊煞公众意见”，他转而建议，新宪法授权联邦政府任命各州州长，州长有权否决州内的所有立法，以避免州法与联邦法律相冲突。[388]

只要此举在政治上可行，其他代表也会显示出废除州政府的倾向。里德认为，要获得“良好的全国性政府”，必须“放弃”各州，将它们“联合成为一个更大的团体”。巴特勒同意里德的意见，即在选举国会代表时，只要南方的奴隶可以被充分计入人口数量，就“可以废除各州立法机构，组成一个国家，而不是邦联共和国”。金“怀疑废除各州的可行性”，不过他也认为，“各州的大部分权力都应该废除”。迪金森则惊呼，“有些先生”似乎要废除州政府。[389]

尽管麦迪逊表示自己不希望废除州政府，但他也否认州政府“拥有实质性的主权”，他坚持表示，各州“应该被置于全国性政府的控制之下——至少应该像此前它们位于国王和英国议会的统治之下一样”。正如我们看到的那样，麦迪逊宪法蓝图中的基本特征是，授予联邦国会否决各州立法的权力。查尔斯·平克尼希望扩大弗吉尼亚方案中的有限联邦否决权，使其涵盖所有的州法；他同意说，各州政府早就放弃了各自的主权，他认为，各州只应保留“仅仅作为地方立法机构”的权力。古文诺·莫里斯希望设立内务部长，管理警察事务、
241 农业与制造业，负责修建道路、改善航运、维护国内交通状况。麦迪逊提议，授权国会发布法人章程，以及建立一所全国性大学。平克尼还希望授权国会奖励改善农业、商贸和制造业的行为。较之于《邦联条例》的规定，所有这些提议，都将极大地扩充国会的权力。[390]

就连三位反对批准宪法的代表，也一度是非常坚定的国家主义者——至少在会议期间讨论某些问题时是这样。伦道夫自然不用说，正是他提出了极端国家主义的弗吉尼亚方案。根据麦迪逊的会后记录，梅森曾在原则上支持联邦否决权，甚至由联邦政府来任命州长的观念。尽管格里并不支持联邦否决权，他也急切地赞同宪法第一条第十款禁止各州减免债务、发放纸币的规定。虽然制宪会议代表立场各异，但整体而言，较之于1787年大多数普通美国人的观念，他们的立场具有明显的国家主义倾向（这也是批准宪法的争议如此激烈的一
242 个原因，本书第六章将会继续讨论）。[391]❶

---

❶ 麦迪逊在晚年曾全力否认这种看法，他说费城会议上只有两三个代表支持“在合并各州基础之上建立不受限制的政府”——就连这两三个人的主张也是“理论大于实际”。1808年和1821年，纽约州代表罗伯特·耶茨的会议记录出版，他的记录显示，无论是会议还是麦迪逊本人，都具有强烈的国家主义色彩。麦迪逊贬低了耶茨记录的准确性。

据麦迪逊所言，耶茨的记录只是“粗糙而残缺的笔记”，“将不符合他们偏见的发言，歪曲为大家不接受的认识”。他们的偏见就是“至为强烈地不赞成考虑变革联盟体制”，因为这样会阻止纽约州通过征收进口税，从邻州榨取税收。而且，麦迪逊还提出，耶茨只有1/3的时间在会议现场（他在7月10日就离开了费城），这段时间的讨论“比较宽泛，只是涉及整体框架”，“还没有到删除枝叶、定型宪法的时候”。据麦迪逊说，很多时候，耶茨的记录“在涉及他的发言时，完全是错误的，或者是断章取义，不顾说话时的前言后语和相关限定条件，基本上不是他要表达的意思”。（转下页）

制宪会议的主导倾向不仅仅有国家主义，还有显著的反民主色彩——即便以当时的标准观之，也是如此。支持建立直接问责制共和政府的人，一直警告不要限制人民对政府的影响。正如我们所看到的那样，1785年马萨诸塞州派往邦联国会的代表反对召开制宪会议，因为他们担心，制宪会议“可能会巧妙而强烈地提出各种方案”，“将我们的共和政府变为邪恶的贵族体制”。1786年，波士顿商人史蒂芬·希金森就警告，麦迪逊和汉密尔顿这样的“受人尊敬的大贵族”希望安纳波利斯会议重构邦联体制，而不仅仅是授予邦联政府管理商贸的权力。费城制宪会议召开后，理查德·亨利·李表示，“绝对有必要远离纯粹的民主制”，“民众的思想已经受到不公正、愚蠢与邪恶的州立法机构和州行政长官的毒害，他们似乎什么都可以接受”。李希望，“这种极端倾向能够得到控制，完整而彻底地将民主的影响限制在合理的范围之内”。会议讨论过程中，格里反对说，那些支持“强势政府方案”的人在“探索的道路上走得太远了”，他提醒说，“其他更民主的群体将会以同等的决心反对这种方案”。[392]

（接上页）由于政治原因，耶茨的笔记在出版时，确实经过了修改，但是不可否认的是，麦迪逊自己的记录，也根据会议之后的政治事件和政治需要修改过。18世纪90年代，在设立国家银行、由联邦政府承担各州战争债务的问题上，麦迪逊与汉密尔顿分道扬镳——汉密尔顿提议，由联邦政府通过赠款的形式支持发展制造业。麦迪逊和杰斐逊后来领导的州权政党，反对华盛顿和亚当斯政府的国家主义政策。在这种情形之下，麦迪逊此前显示出的国家主义倾向就极为不合时宜。于是，在19世纪20年代和30年代早期，激进的州权分子，利用耶茨记录下的麦迪逊在费城会议上显示出的国家主义立场，质疑麦迪逊公开反对他们政治纲领的可信性——其中最典型的例子包括，认为南卡罗来纳州有权废止联邦关税，并脱离联邦。

为了证明自己一贯否认各州有权废止联邦法令、脱离联邦，麦迪逊觉得很有必要弱化他此前的国家主义立场。因此，他在晚年重述了自己当年在费城会议上的立场，否认自己的国家主义倾向。比如，麦迪逊在19世纪30年代初极力弱化他在制宪会议上支持联邦否决各州立法的主张，这一点完全不可信。（转下页）

当然，用詹姆斯·威尔逊的话来说，参加费城会议的代表都知道，他们正在创设的新政府的正当性不可能“在缺乏人民信任的情况下长期维持下去”。他们也理解这种政治现实，也就是说，如果人民过于激烈地反对新宪法，民选的批准宪法大会将不会批准这部
243 宪法。[393]

不过，共和形式的政府可以涵盖许多不同主张，制宪会议代表大多数赞同说，普通人在新政府的管理过程中只应该发挥很小的作用。正如汉密尔顿在会议上敦促的那样，“我们应该按照共和原则的要求，尽可能地建立稳定和恒久的政府”。制宪者们殚精竭虑的主要目的，就是创设一个全国性政府，来制约各州的民众主义冲动。从这个意义上讲，他们的国家主义情怀和他们的反民主抱负，是一脉相承的。当时，即便是最保守的州宪法，也无法有效阻挡民

（接上页）但是，历史学家兰斯·班宁（Lance Banning）坚持认为，麦迪逊的国家主义立场，基本上是一以贯之的。他否认麦迪逊曾经主张联邦政府拥有大范围的权力。相反，根据班宁的看法，麦迪逊一直认为，只能让联邦政府在相对有限的领域里拥有超越各州的权力。班宁还坚信，麦迪逊并没有表现出旁人所理解的那么宽泛的国家主义观念——无论是在费城会议辩论时还是在批准宪法的斗争中，都是如此。参见 1826 年 3 月 25 日麦迪逊致安德鲁·史蒂文森（Andrew Stevenson），*Farrand*, 3:473–474（“在合并” 和 “理论”）；1829 年 2 月 2 日麦迪逊致卡贝尔（J. C. Cabell），同上，477–478（“粗糙”“比较宽泛”“还没有到” 和 “在涉及”）；1821 年 8 月 26 日麦迪逊致约瑟夫·盖尔斯（Joseph Gales），同上，446–447（“将不符合” 和 “至为强烈地”）；另见 1821 年 12 月 27 日麦迪逊致 J. G. 杰克逊（J. G. Jackson），同上，448–449；1826 年 12 月 26 日麦迪逊致托马斯·库珀（Thomas Cooper），同上，474–475；麦迪逊致约翰·泰勒（未寄出），同上，530–531；另见 Bilder, *Madison's Hand*, 214–217, 226–227; Hutson, “The Creation of the Constitution,” 9–12。麦迪逊曾修改他在会议上支持联邦否决权的记录，参见 1831 年 12 月麦迪逊致 N.P. 特里斯特（N. P. Trist），*Farrand*, 3:516；1833 年 10 月 21 日麦迪逊致 W.C. 里维斯（W. C. Rives），同上，522–523。18 世纪 90 年代汉密尔顿和麦迪逊之间的分歧，参见 Stanley Elkins and Eric McKitrick, *The Age of Federalism: The Early American Republic, 1788–1800* (New York, 1993), chs. 2, 3, and 7。麦迪逊在 19 世纪 30 年代否认各州有权废止联邦法令的记录，参见 Drew R. McCoy, The *Last of the Fathers: James Madison and the Republican Legacy* (New York, 1989), 130–151。班宁的观点参见 *Sacred Fire*, 7–8, 17, 24–26, 34–35, 112, 115–116, 139–140, 158–162, 170–171, 190–191, 201。

主。伦道夫告诉制宪代表，这个国家面临的“主要威胁来自我们各州宪法的民主部分”。就连格里也赞同说，“我们经受的恶果，源自过度的民主”。对此，代表们希望创设一个联邦政府，尽可能地过滤公众意见，但又不至于丧失“共和政体”的标签。[394]

在费城会议的闭门讨论中，代表们一个胜似一个地表示了他们对民主的不屑。格里称民主是“所有政治恶行中……最坏的一种”。谢尔曼则宣称，人民“应该尽可能少地影响政府，他们缺乏必要的信息，一贯容易被误导”。汉密尔顿表示，“据说人民的声音就是上帝的声音；无论有多少人相信和引用这句格言，它实际上都是不真实的。人民喜怒无常、反复多变，他们很少能做出正确的判断或者决定”。在讨论新宪法的具体条文时，对于公众意见是否应该指引会议代表的问题，麦迪逊指责公众思想变化无常，不可捉摸；伦道夫则表示，“会议为了公众的偏见而牺牲正确的主张与公正的条文，既不负责任，也不光彩”。实际上所有的代表——无论是国家主义者还是州主权的捍卫者，无论是大州代表还是小州代表，南方代表还是北方代表——都赞成一个主张：普通公民不应该在政府事务中发挥太大作用。[395]

在设计新宪法时，代表们做出的无数次选择，都显示出他们反对民众影响政府。他们支持麦迪逊所提出的“通过多次筛选，过滤民众选择的政策”。他们规定间接选举总统和参议员。就算是众议院，之所以民选议员，部分也是因为民众要参与批准新宪法，不得不给这种政治现实让步；而且代表们设计的众议院，其很多特征都是为了脱离民众意愿。小规模、大选区的众议院，可以减少代表与民众之间的联系。而且，会议还授权国会改变各州组织联邦议员选举的时间、地点和方式，国会可以据此要求各州“不分选区”选举国会议员，由此进一步增加国会议员选区的规模。新宪法也没有规 244

定选民可以给本选区选举的国会议员发指令，将其召回，或者是议员到期轮替，由此会议使国会代表更独立于民意。[396]

为了进一步削弱民众对联邦政府的影响，会议代表们为国会参议员和总统设计了比当时各州宪法的相关规定都更长的任期——当时的各州宪法往往要求各州州长和上院议员每年改选一次。美国联邦参议员任期六年，按照伦道夫的解释，这可以使他们“遏制当时美国正在经受的不幸事件”，这些不幸源于“民主所带来的动荡与罪恶”。如果国会屈从于民众的影响，宪法设计的总统可以动用否决权，来制衡国会，总统任期四年，可以在有生之年连选连任。[397]

联邦宪法设计的代表制度，明显不同于当时各州宪法的现存框架。各州宪法之下的立法机关一般是每年选举一次，选区很小，任期结束强制轮替，而且民众经常可以给代表下达指令。除了联邦代表制度旨在遏制直接民主的具体方式外，联邦层面的不同政府分支拥有不同的权力、不同的选民团体，甚至是不同时区，都使得要将民众的冲动转化为联邦法律非常困难。[398]

我们可以再次想象一下，如果不需要民众批准，会议还会在新宪法中规定多少制约民众影响的条文？很多代表肯定会倾向于延长联邦官员的任期。汉密尔顿怀疑，就算是七年任期（对此，会议代表们曾一度表示赞同），也不一定能让参议员“维持充分坚定的立场……对抗民主精神的可怕暴乱和反复波动”。有好几次，会议都赞成给予总统七年任期。有好几个会议代表倾向于参议员和总统在行为端正时，可以终身任职。[399]

会议代表们反感民主，有非常坚实的理由：18世纪80年代中期的民众主义政治——充分体现在18世纪70年代中期制定的几部相对民主的州宪法中——迫使多数州立法机构发行纸币，制定减免税收和债务的立法，这令多数精英政治家们异常痛恨。正如格里在会议上所言，“拉平差距的情绪所带来的危险，已经给我带来了深刻的教训”。绝大多数的代表都赞同巴特勒所说的一番话：“政府的最大目的”是保护财产，但是各州在这个问题上的作为，实在是太差劲了。[400] 245

会议代表们在讨论很多问题时，总是一再提起18世纪80年代中期各州发行纸币和制定减免债务法律的事情。反对由各州立法机构选举国会参议员的代表们提出，州立法机构已经采取了遭人唾骂的经济救济措施，很难相信它们还能承担这种重任。会议代表们心目中的参议院，应该是阻挡任何源自众议院的民众主义经济措施的机构。代表们认为，总统否决权、司法审查权，以及拟议中的联邦否决各州立法权，都是进一步限制这类立法的重要措施。当代表们拒绝了联邦否决权之后，他们在宪法第一条第十款中，明确禁止各州制定这类立法。与宪法第一条中的其他条款不同的是，宪法第一条第十款绝对禁止各州发行纸币，规定只能以金银作为法定货币，偿还债务——没给国会留下批准的余地。会议代表们还利用一切机会，重申梅森所说的他们“对纸币的深恶痛绝”，以确保宪法能够绝对禁止纸币。[401]

正如我们将要在本书第六章中看到的那样，新宪法的国家主义和遏制民主的特征，使其在美国民众中极富争议，因此也在批准宪法的过程中导致一番势均力敌的恶斗。为何制宪会议的代表们比当时整体上的美国民众更具有国家主义和反民主特征呢？用当时批评新宪法的领袖人物——“联邦农夫”（Federal Farmer）的话来讲，为何“我国支持民主和贵族体制的民众”在费城如此不成比例地缺乏代表呢？[402]

首先，各州选择参加费城会议代表的程序，可能就保证了国家主义者和反民众主义者能获得更多的代表。除了南卡罗来纳州外——

该州由州长负责挑选代表——其他所有的州都是由州立法机构选择本州出席这次会议的代表。正如拉特利奇在费城所言，“如果这次会议的代表是由人民按照选区选举产生的”，将会出现“完全不同的另外一番景象”。[403]

各州立法机构的议员倾向于选择本州著名人物，代表他们出席全国性会议，而被选出的这些人，又基本上持国家主义和反民众主义立场。参加费城会议讨论的55名代表中，有42人曾经在大陆会议任职——他们具有国家主义经验；30人曾参加独立战争中的军事行动，其中不下5人曾经担任华盛顿将军的副官。这样的军事经历，对他们的国家主义倾向影响深远，首先是因为这些经历会使他们考虑效忠于
246 国家而不是某个州，同时也是因为很多革命战争老兵深深地怨恨一些州阻挠战争行动，没有给军队提供足够的军需和薪饷。[404]

就连那些没有参加过大陆军，也没有出席过大陆会议的制宪会议代表，也大多是政治精英，不赞成多数州在18世纪80年代中期制定的那些民众主义式的经济救济措施。参加费城会议的代表还都是受过良好教育的相对富裕人群。绝大多数人念过大学——不下9人毕业于新泽西学院（后来的普林斯顿大学）——而那时很少有美国人上过大学；超过一半的代表受过律师训练；14人是商人，10人曾投资银行与金融。几乎所有人都拥有数量可观的地产，有些还极为富有。[405]

面对18世纪80年代的社会经济状况，他们中的绝大部分人深深地反感各州制定的减免税负和债务立法，并支持扩大联邦政府的权力，在将来限制这种行为。制宪会议召开后不到一个星期，梅森告诉自己的儿子：“从与几个不同州来的先生的日常交流，我能非常清楚地感觉到，他们恼火且厌恶我们各州政府的民主原则所带来的未曾预料的恶果，我们应该很可能会走向另一个极端，我们正努力远离危险的海礁，但我们可能会陷入可怕的旋涡，我依然觉得自

己面前危险重重。”[406]

有一个州——宾夕法尼亚州——的代表团的政治结构，更多地源自州立法机构的有意设计，而不是从本州著名人士中选择代表所无意导致的结果。根据后来批判宪法人士的记录，该州立法机构，在费城地区代表的影响之下，决定不给出席制宪会议的本州代表支付薪水，这就使得只有来自费城或者周边地区的人才能负担得起会议开销。而批评宪法的领袖人物称，这些代表“都是受人尊重的贵族”——强烈地倾向于支持国家主义和反民众主义的宪法。[407]

制宪会议结束之后，麦迪逊告诉杰斐逊，以会议上展现出的多元意见观之，“不得不承认，会议最终达成一致意见的统合程度，不啻一个奇迹”。华盛顿也向拉法耶特（Lafayette）表达了同样的观点：“制宪代表们来自不同的州，反对意见各有所据，但他们却没有分裂，而是团结起来缔造了一个联邦政府，这真是一个奇迹。”[408]

首先，考虑到费城会议代表的共同特征——他们的财富、教育背景、职业、在军政部门服务的经历——似乎也不应该惊讶于他们拥有某些共同的政治观念，当时选举他们出来开会的大多数美国人都没有这样的政治观念。从制宪会议一开始，梅森就感觉到，对于 247
弗吉尼亚代表提出的方案，会议上“一致意见更多，反对意见较少”，超过了他们的预期。麦迪逊写道：“总体而言，代表们似乎都认为目前我们的状况特别棘手，他们都反对采取临时性的解决措施。”[409]

其次，这群具有类似观念的代表，还影响了那些不那么倾向于国家主义和不那么反民众主义的代表的看法。伦道夫后来解释道，当他出发前往费城时，他并不相信《邦联条例》“像大家认为的那样缺陷突出”，但是与其他代表交流一番后，他相信《邦联条例》“缺乏美国宪法所需要的所有能力”。[410]

最后，制宪会议的国家主义和反民众主义倾向不仅体现在选举制宪代表的过程之中，也体现在那些选择不参加制宪会议的人身上。出于一系列不同的缘由，很多人抵制制宪会议的主流趋势，选择不参加这次会议。有些人可能是希望避免将他们不赞成的事业正当化，实际上，他们认为这项事业是违法的。康涅狄格州一些代表乡镇的议员，后来反对批准宪法，当初，他们拒绝本州派代表前往费城，因为他们担心参与制宪会议将意味着他们必须支持会议的决定。[411]

正如我们所看到的那样，罗得岛州议会压根儿就没有任命代表去费城开会，因为在该州占主导地位的纸币党怀疑——后来证明他们的怀疑是对的——制宪会议会提议限制各州立法机构发行纸币和制定减免债务的立法。麦迪逊曾对他的父亲绘声绘色地描述，罗得岛州的议员“意识到了他们正在采取的措施的邪恶性，害怕任何可能控制他们行动的改革”。马萨诸塞州的一份报纸也写道，如果罗得岛州向制宪会议派出代表，他们将会与该州目前的行政当局成为“一丘之貉，一个鼻孔出气”。换句话说，这些代表很可能抵制制宪会议显示出的压制各州救济措施、让联邦政府免受民众主义政治影响的强烈倾向。[412]

由于担心制宪会议将自己反对的立场合法化，就拒绝参加制宪会议，这是高风险之举，因为拒绝参加也会导致自己无法影响制宪结果。罗得岛州派往邦联国会的代表认为，如果严格遵照《邦联条例》的要求，各州就不应该派代表去参加费城制宪会议。尽管如此，他们还是——当然是徒劳无果地——提醒说，考虑到制宪会议的“重大”目标，为了保障“共同安全”，本州应该选派代表赴会。来自马萨诸塞州的邦联国会代表内森·戴恩最初反对召开制宪会议，后来，他跟纽约州的反联邦党领袖梅兰克顿·史密斯（Melancton Smith）解释道，
248 “一个社会若是必须采取某种必要措施，明智的办法还是参与其中，

从一开始便尽可能地让这些措施符合自己的要求”。[413]

有些人抵制制宪会议的主流倾向，选择不参加这次会议，还有另一个原因：会议目的缺乏透明度。绝大多数美国人也许希望费城制宪会议能提出一些不那么有争议的改革措施——授权国会在各州摊派之外独立征税、管理对外与州际商贸、保障联邦条约的最高地位。冈宁·贝德福德曾在制宪会议上提出，各州派代表到这儿来，是授权联邦政府征收进口税、管理商贸的。“当我们开会时，为何一定要采用完全不同的全新方案呢？为何要建立人民想都没想过的新政府体制呢？”反联邦党人“联邦农夫”后来也指出，组织制宪会议唯一而明确的目的就是修改《邦联条例》，“十万美国人中很可能……都没有一个人想着要摧毁旧的政府框架”。宾夕法尼亚州反对批准宪法的领袖人物威廉·芬得利解释道，“如果联邦制宪会议只赋予国会我们所期待的权力，或者国会明确表示过希望享有的权力”，他说不定会支持新宪法。[414]

麦迪逊以及与他持有类似想法的同事已经公开表示过，他们希望并有意通过费城制宪会议彻底改造《邦联条例》，极大地扩充联邦政府的权力，使其能更有效地抵制民众主义的冲击，明确制约民众主义色彩浓厚的几个州政府所体现出的财富再分配趋向。佩特森反对召开制宪会议，“他所在地区的美国民众，没有一个人想过”要建立一种不同于联盟体制的全国性政府。马萨诸塞州反对宪法的一位领导人后来提出，“在一开始任命代表参加完全商业性的费城会议时，抑或是在随后授权他们考虑修改邦联同盟时，没有哪一个州的立法机构曾想到，代表们会不顾选民的看法，如此大胆而无耻地走到这一步，最终摧毁各州政府，建立新的联邦体制”。在制宪会议上，格里反对麦迪逊提出的联邦否决权，理由就在于，这样的设计“是人民闻所未闻的，我们中间任何一个在政治与其他领域足具设计天分的人，都未曾在宣传册或者报纸上发表过这样的观点”。[415]

如果麦迪逊及其主要支持者的国家主义倾向和他们提出的反民众主义方案事先为人所知，他们所在州的立法机构可能就不会任命
249 他们出席制宪会议，有些州可能也会直接拒绝任命代表，或者可能会严格限制他们的行动范围，邦联国会也很可能不会批准召开会议。就在制宪会议召开之前，华盛顿还提醒过麦迪逊，“如果来参加会议的代表都受到了各州的约束，在我看来，所提出的有益目标即使不会全盘失败，也会陷入困境与拖延”。兰辛宣称，“如果这次会议是要商讨如何整合各州，以及建立一个全国性政府，纽约州绝不会赞同派代表来开会”。他的这番言论，在当时无疑是对的。格里也提出，如果他可以预计到在费城会出现什么情况，那么什么也不能“引诱我去费城开会”。如果有几个州——察觉到并且不赞成麦迪逊的国家主义与反民众主义计划——与罗得岛州一起拒绝参加制宪会议，麦迪逊等人所提出的建议，将会无足轻重。[416]

果不其然，有几个不赞同麦迪逊看法的人——还不仅仅是兰辛和格里——被他们所在的州选派往费城开会，但是他们拒绝接受任命。他们中的一些人或许赞同威廉·格雷森的看法：尽管民众对这次会议充满“极大的期待，但最终还是会一无所获”。其他人可能非常有意参加一个轻微扩张邦联政府权力的计划，但是不会想着要接受如此雄心勃勃的改革方案——这是他们所不能同意的。如果这份改革设想——已经在弗吉尼亚方案中体现出来了——事先广为传播，或许有些人会更倾向于不参加这次会议，以抵制会议可能带来的后果。人们当然不能事先知道，但是他们中有好几个人确实在批准宪法的过程中，动员民众反对会议制定的这部国家主义和反民众主义的宪法。[417]

帕特里克·亨利是拒绝出席费城制宪会议、后来带头动员民众

反对批准新宪法的最著名人物。在弗吉尼亚州议会选派代表参加制宪会议的投票中，亨利所得票数排名第二，仅次于华盛顿。亨利拒绝接受委任的动机目前已无法确切考证。广为人知的故事是他“预知前景不妙”，所以没有参加，但这种说法很不足信。亨利很可能是因为其他原因拒绝出席。[418]

伦道夫告诉梅森，他曾经“尝试过各种办法，说服亨利去参加会议。但是他都断然严词拒绝了，似乎有隐衷”。麦迪逊相信，围绕杰伊与西班牙关于美国在密西西比河上的航运权的谈判所引发的争议，导致亨利拒绝再为“联邦事业鼓吹”。他告诉杰斐逊，“有意放弃密西西比河航运权”，让亨利心灰意冷，他因此拒绝受任出席费城会议，以便让“自己不再卷入密西西比河航运权所带来的斗争”。 250
麦迪逊也很担心，“有充分的理由相信”，亨利“会反对会议设定的目标”，支持“分割或者完全解散邦联”。尽管麦迪逊担心亨利拒绝参加会议的“不祥”决定，但是，如果亨利真去了费城，他无疑会成为麦迪逊及其国家主义方案的重大阻碍。[419]

理查德·亨利·李后来也是带头反对批准新宪法的重要人物，他同样拒绝受命参加制宪会议，其中的缘由很难证实。他跟州长伦道夫解释道，他的健康状况不允许他按时前往费城参加会议，但他同时表示，“参加会议的诸位先生心智优秀，头脑清晰”，对此他“充满信心”。后来，李还解释道，参加会议与他邦联国会代表的身份相冲突。作为邦联国会代表，他可能会负责审议制宪会议提出的任何建议，然后再将其交给各州批准。[420]

后来成为马里兰州议会纸币党领袖的塞缪尔·蔡斯（Samuel Chase），也拒绝出任制宪会议代表。他可能是要留在马里兰州州府安纳波利斯领导发行纸币的运动，这一点对于恢复他个人的财政状况至关重要——他因投机购买被没收的效忠派财产，而欠下大笔债务。佐治亚州和新泽西州有两位支持减免债务和发行纸币的著名人物——乔治·沃尔顿（George Walton）和亚伯拉罕·克拉克也都拒绝出任会议代表，但是他们各自的原因都与他们的实质性立场无关。威利·琼斯（Willie Jones）后来成为北卡罗来纳州的反联邦党领导人，他同样拒绝出席费城会议，他表示会议期间他无法离开本州，不能参加。[421]❶

无论他们拒绝出任会议代表的理由何在，他们没有去费城开会，
无疑是增强了会议的国家主义和反民众主义倾向。正如戴恩在批准宪
法的斗争中对史密斯所说的那样，“有几个人被推选为制宪会议代表，
但是没有参加，极为遗憾地错失了大好机会”。如果他们参加了会议，
他们很可能“会将自己现在所主张的原则和制约手段写进宪法”。宾
251 夕法尼亚州批评新宪法的领袖人物也赞同说，有八九个“品行良好
的共和党人”曾经被推选为会议代表，但是没能去开会，“这真是美
国的最大不幸”。如果他们去了费城，“会议的结果可能不会像今天这
样，新宪法的每个部分都如此强烈地倾向于贵族体制”。[422]

当然，也不是说费城会议的前景没有任何征兆。1787年1月，金敦促格里说，如果马萨诸塞州派代表前往费城开会，“看在上帝的分上，一定要仔细挑选代表，这次时机非常关键。我们每一个人都应该慎重对待这种性质的活动”。3月，马萨诸塞州参议院给该州参会代表发出指令，不要赞同任何改变《邦联条例》的相关条款——每年选举国会代表、各州可以召回国会代表、官员定期轮

❶ 伊拉斯塔斯·沃尔科特（Erastus Wolcott）也没有接受康涅狄格州议会的委任去费城参加制宪会议，理由是当时费城天花流行，他从未生过天花，不想“在没有燃眉之急的情况下，去冒生命危险”。罗杰·谢尔曼替代了沃尔科特的代表席位。与谢尔曼同往费城的康涅狄格州代表奥利弗·埃尔斯沃斯，的确在参加制宪会议期间感染了天花，不过并没有因此送命。参见1787年5月15日伊拉斯塔斯·沃尔科特致康涅狄格州州长和州议会，*Farrand*, Supp.: 3–4 & n. 1。

替——的决议，不过马萨诸塞州后来收回了这个指令。4月，格雷森汇报，那些获任出席制宪会议的代表在纽约市“自由讨论”他们的改革计划，他们将“采取大动作”，包括“要把国会放在英国国王的位置”，授权国会否认各州立法。正如我们所看到的那样，邦联国会和两个州立法机构确实发出指令，将费城会议的“唯一而明确的目的”限定为修改《邦联条例》。有些人明确地知道，其他代表希望彻底改变《邦联条例》。但是限制指令的效果，远不如从一开始就推选具有不同思想倾向的会议代表。[423]

因此，费城会议的目标缺乏透明性，可能影响了来参加会议的代表人选。会议期间缺乏透明性也许影响了会议的结果。由于代表们是在幕后闭门讨论，而且遵守了保密誓约，他们才得以坦诚地表达自己的观念。如果他们公开发言，将会立即引起民众的抵制，很可能会给他们的公共职业生涯造成恶劣影响。[424]

批评新宪法的人后来抱怨制宪会议“密谋成事”，如果是公开讨论，抵制活动肯定会随之而起。“贵族制的精神，”他们指责说，“让制宪会议代表们相互保密，闭门讨论，封存讨论记录，任何人不得摘录。”杰斐逊批评说，秘密举行制宪会议显示出“代表们无视公共讨论的价值”。但是代表们对自己的所作所为心知肚明：如果公开会议记录，会将他们的国家主义和反民众主义方案扼杀在摇篮之中。麦迪逊后来说，“如果公开进行辩论，制宪会议根本就无法制定出一部宪法”，他的这种看法无疑是正确的。制宪会议闭门讨论，严格保密，与当时各州宪法的要求形成鲜明对比，当时各州立法机构代表公开集 252
会讨论，宾夕法尼亚州议会的投票和记录每周公布一次。[425]

一群具有类似想法的国家主义精英齐聚费城，在这种会议氛围下，他们才可以不受公众意见影响，独立地设计新体制。问题很快就转化为，他们应该在多大程度上改变美国当时的政治体制。正如我们所看到的那样，华盛顿在制宪会议前夕告诉麦迪逊，“无论他们是否同意”，会议代表都不应该“采取临时性的修补措施”，而应该“彻底探寻美国政府体制的缺点，提供根本性的改革措施”。伦道夫也告诉麦迪逊，会议应该寻求“自己认为的最优方案，而不仅仅是各州提供的方案”。[426]

麦迪逊赞同这样的看法，他已经设计出一套令人惊讶的国家主义和反民众主义方案，弗吉尼亚州代表正是围绕这个方案展开活动的。伦道夫在制宪会议上提出了这个方案，他拒绝接受兰辛提出的警告——“伟大的变革只能一步步实现”。相反，他催促自己的同事们抓住机会，尽可能地实现目标：“他不会听任自己因人成事，不会放弃采取任何必要措施的机会。当前是最好的时机，也可能是最后的机会。”金同意说，这将是为国家提供自由和幸福的“最后机会”。汉密尔顿警告，这是建立强大和稳定政府的“关键时刻”：“我们现在运用自己平静而自由的思考来决定问题，这真是一个奇迹。将希望寄托于未来的奇迹，无异于疯狂之举，有一千种理由可以阻止我们这么做。”[427]

用宾夕法尼亚州反联邦党人的话来说，在制宪会议过程中，当有些人“无望地退出会议之后”，作为他们对手的具有国家主义和反民众主义倾向的代表们的任务就轻松很多了。比如纽约州的罗伯特·耶茨和小约翰·兰辛很早就离开了费城，而且拒绝接受旁人的请求再次返回会场。从他们俩出任会议代表的时期起，麦迪逊就怀疑他们“过于倾向于为各州考虑，无法成为会议上的重要人物”。他们俩后来向纽约州州长乔治·克林顿解释道，他们之所以离开，是因为他们面临着“无法调和的选择——要么超过自己获得的权限，赞同我们认为会破坏美国公民政治幸福的措施；要么亮明自己的观点，反对那群备受尊敬的人，对于他们，全国公民都表达出了毫不含糊的信心”。[428]

他俩离开费城之后，纽约州就只留下汉密尔顿一位代表，削弱了该州在制宪会议上的影响，因为按照会议规则——这也是《邦联条例》的明确要求，一州至少需要有两名代表出席会议，才能将其 253
意见计入投票结果。来自马里兰州的批评制宪会议国家主义倾向的两名代表——路德·马丁和约翰·弗朗西斯·默瑟，也早早就离开了费城（前文已经提到，默瑟只参加了十天的制宪会议）。当时，正值詹姆斯·麦克亨利极力动员马里兰州代表团努力说服会议修订——而不是放弃《邦联条例》。该州两位代表过早离开，无疑增强了支持国家主义和反民众主义的代表的力量。[429]

麦迪逊对制宪会议的结果并不满意，他输掉了几个关键性议题——如何分配参议院席位、选择参议员的方法，以及授权联邦否决各州立法。在这几项失利中，麦迪逊尤其看重最后一项，因为他担心，如果缺乏这样的否决权，联邦政府将无力制约各州立法机构对民众主义的债务和税负减免要求的屈服。正如麦迪逊在制宪会议 254
结束后向杰斐逊汇报的那样，正是这类立法的恶果所“带来的不安，引发了这次会议，导致民众普遍期望变革”，它的强度甚至超越了“邦联不足以实现其直接目标所导致的改革要求”。因此，如果制宪改革无法充分保护各州的私人财产，肯定会“彻底失败”。[430]

麦迪逊并不相信，在司法上实施宪法第一条第十款——禁止各州制定发行纸币和减免债务的立法，便足以弥补他在联邦否决权问题上的失利。“阻止通过某项立法，比立法通过之后再宣布废除它，要便利得多”，而且受这类法律侵害的个人，可能“无法将一项起诉州政府的诉讼，一直打到联邦最高法院”。最重要的是，各州立法机构太有能动性，不可能被一纸禁令捆住手脚：“州立法机构拥有无限的变通手段，可以实施非正义立法，这样的趋势已经出现，只有通过某些涵盖所有情形的宪法条款，才能控制”。[431]

尽管麦迪逊在《联邦党人文集》中称赞新宪法是“部分国家、部分联邦”的混合体，他实际上本希望制定一个更具国家主义色彩的政府框架——而不是费城制宪会议的结果。制宪会议结束时，麦迪逊写信给杰斐逊说，宪法授予国会的权力，“既无法有效地回应国家需要，也不能预防地方上出现的悲剧——几乎每个地方都对州政府的行为深恶痛绝”。[432]

汉密尔顿支持参议员和总统在品行端正时可以终身任职，希望各州能彻底服从联邦政府，他同样不满意这部新宪法。在制宪会议的最后一天，他表示，“无人能比他更不认同这部宪法”（但是他还是在宪法文本上签字了，他相信，这个选择“介于无政府—动荡与期待宪法带来好结果之间”）。根据杰斐逊后来所言（他的话必须大大地打个折扣，因为这是在谈论他的政治死敌），汉密尔顿称宪法“犹豫不决，缺乏决心，不可能持久，只是通往更好政府的一个步骤”。汉密尔顿的朋友和盟友古文诺·莫里斯后来也证实说，汉密尔顿“不喜欢”这部宪法，“认为所有的共和政府都具有致命缺陷”，这个说法更可信。[433]

麦迪逊和汉密尔顿不满意的是，宪法没能体现出更强烈的国家主义和反民众主义色彩，但是宪法在这方面的表现却超乎大家的想象，因为它远远地抛开了《邦联条例》和各州宪法。在制宪会议后期，心中不满的埃尔布里奇·格里警告道，“美国人刚刚拿起武器反抗英国暴政，为自己挣得自由，他们不会轻易放弃这份自由”，
255 他们会“以异常警惕的眼光”打量这部宪法。格里认为，“美国人民不太会”同意这样一个具有强烈“贵族制”倾向的体制。制宪者们能说服全国人民批准这部宪法吗？毕竟这是一部极其偏离当时现

状、偏离召开费城会议时民众普遍期待的一部宪法。不过，在讨论这个问题之前，我们有必要讨论一下制宪会议面临的另一个重大议题：如何处理奴隶制度。[434] 256

注释

1 1787 年 6 月 1 日梅森致小乔治・梅森，*PGM*, 3:892（“所有美国人”）；1787 年 5 月 23 日门罗致麦迪逊，*PJM* (C.S.), 9:416（“我们都在”）；另见 1787 年 6 月 6 日麦迪逊致威廉・肖特，同上，10:31；1787 年 6 月 6 日麦迪逊致杰斐逊，同上，29；1787 年 4 月 15 日道森致麦迪逊，同上，9:381；1787 年 7 月 4 日杰伊致约翰・亚当斯，*CPPJJ*, 3:248；1787 年 5 月 20 日梅森致小乔治・梅森，*PGM*, 3:880。

2 1787 年 5 月 29 日诺克斯致华盛顿，*PGW* (C.S.), 5:201（“我对自由政府”）；1787 年 5 月 30 日华盛顿致杰斐逊，同上，208（“已经走到头”）；1787 年 7 月 27 日门罗致杰斐逊，*PTJ* (M.S.), 11:630–631（“我认为”）；另见 1787 年 6 月 6 日麦迪逊致威廉・肖特，*PJM* (C.S.), 10:31；1787 年 7 月 2 日查尔斯・平克尼在费城制宪会议上的发言，*Farrand*, 1:511。

3 Randolph（詹姆斯・麦克亨利的记录），May 29, *Farrand*, 1:26（“内战边缘”）；1787 年 6 月 4 日利尔致本杰明・林肯，Benjamin Lincoln Papers 缩微版，P–40, Reel 8（Mass. Historical Society）（“采取”和“一场具有”）；Charles Pinckney, *Observations*, *Farrand*, 3:123（“如果”“组织”和“很可能”）；另见 1786 年 11 月 1 日戴维・汉弗莱斯致华盛顿，*PGW* (C.S.), 4:325。

4 1787 年 4 月 8 日麦迪逊致伦道夫，*PJM* (C.S.), 9:371（“有效地”和“这个国家”）；Boston *Independent Chronicle*, Feb. 15, 1787, *DHRC*, 13:57（“被欧洲”和“让这个”）；1787 年 4 月 2 日瓦纳姆致小塞缪尔・沃德，*LDC*, 24:199（“独立邦联”）；另见 *Massachusetts Centinel*, Apr. 18, 1787, 35；1787 年 4 月 15 日道森致麦迪逊，*PJM* (C.S.), 9:381；1787 年 4 月 1 日麦迪逊致老詹姆斯・麦迪逊，同上，359；“Reason,” New York *Daily Advertiser*, Mar. 24, 1787, *DHRC*,

13:57–58; "Lycurgus," Apr. 2, 1787，同上，58–59；7 月 14 日卡莱布·斯特朗在费城制宪会议上的发言，*Farrand*, 2:7；1787 年 7 月 4 日杰伊致亚当斯，*CPPJJ*, 3:248；1787 年 7 月 5 日内森·戴恩致鲁弗斯·金，*Farrand*, 3:54–55; Hendrickson, *Peace Pact*, 3–4; Kaminski, "New York," 66; Alexander, *The Selling of the Constitutional Convention*, 25–26。

5 1787 年 4 月 8 日麦迪逊致伦道夫，*PJM* (C.S.), 9:371（全部引文）；另见 6 月 12 日麦迪逊在费城制宪会议上的发言，*Farrand*, 1:219。

6 6 月 26 日麦迪逊在费城制宪会议上的发言，同上，423（"将永久性地"）；6 月 26 日汉密尔顿在费城制宪会议上的发言，同上，424（"应有的"）；1786 年 10 月 27 日杰伊致杰斐逊，*CPPJJ*, 3:213（"自由的"）；7 月 5 日莫里斯在费城制宪会议上的发言，*Farrand*, 1:529（"本次"）；另见 1787 年 6 月 1 日梅森致小乔治·梅森，*PGM*, 3:892; McDonald, *Novus Ordo Seclorum*, 6–7; Brown, *Redeeming the Republic*, 223–224。

7 1787年6月30日梅森致贝弗利·伦道夫（Beverley Randolph），*PGM*, 3:918（"基本原则问题""极为怀疑"和"建立"）；1787 年 7 月 3 日汉密尔顿致华盛顿，*PAH*, 4:224（"严重而深切"和"我们错过"）；1787 年 7 月 10 日华盛顿致汉密尔顿，*PGW* (C.S.), 5:257（"眼光狭隘的""在地方观念""而且"和"我几乎"）；另见 1831 年 3 月 30 日贾里德·斯帕克斯致麦迪逊，*Farrand*, 3:498；1831 年 4 月 8 日麦迪逊致贾里德·斯帕克斯，*The Writings of James Madison* (Gaillard Hunt, ed., New York, 1910), 9:449；另见 Beeman, *Plain, Honest Men*, 163, 203。

8 同上，40, 87, 156; Banning, *Sacred Fire*, 138–139；比较参看 Nelson, *Royalist Revolution*, 202。

9 1787 年 2 月 21 日麦迪逊致华盛顿，*PJM* (C.S.), 9:286（"彻底改革"）；1787 年 3 月 31 日华盛顿致麦迪逊，*PGW* (C.S.), 5:116（"无论"）。诺克斯在给华盛顿的一封信中提出了类似的观点。如果费城会议提出的建议只是"支持目前存在根本缺陷的事物，使我们多忍受几年痛苦和辛劳，那么还不如从一开始就不提出召开这次大会的构想"。相反，诺克斯希望，大会将"拥有对一个国家的政府提出明智修改的伟大胸怀，而不考虑各州民众对这个问题的偏狭与局限性看法"。［Mar. 19, 1787, *PGW* (C.S.), 5:96］

10 1787 年 4 月 8 日麦迪逊致伦道夫，*PJM* (C.S.), 9:369（“事实上”）; 1787 年 4 月 16 日麦迪逊致华盛顿，同上，382–383（“头痛医头”）。

11 上文，99 & n. 93; William Pierce, Character Sketches of Delegates to the Federal Convention, *Farrand*, 3:94（全部引文）[以下简称“Pierce, Character Sketches”]; Madison, Vices, *PJM* (C.S.), 9:348–357; Editorial Note，同上，345–348; Rakove, *Beginnings of National Politics*, 379–380; Robertson, *The Constitution and America's Destiny*, 76; Hendrickson, *Peace Pact*, ch. 24。

12 1780 年 5 月 8 日麦迪逊致约翰·佩奇（？）, *PJM* (C.S.), 2:21（“给公共信用”）; Madison, Vices，同上，9:348, 350（“在涉及”）; 上文，13–48; 另见 1787 年 4 月 8 日麦迪逊致伦道夫，*PJM* (C.S.), 9:370。

13 Madison, Vices，同上，350; 另见同上，348–349。关于各州与印第安部落之间单独缔结协定的情况，参见 Marks, *Independence on Trial*, 4。

14 Madison, Vices, *PJM* (C.S.), 9:351–352.

15 1787 年 4 月 16 日麦迪逊致华盛顿，同上，384–385（“应该明确”“运用武力”“联邦”和“州法官”）; 1787 年 4 月 8 日麦迪逊致伦道夫，同上，370（“联邦法律”）。

16 同上，369（“代表权原则”“公正”“安全”和“因为它们”）; 1787 年 3 月 19 日麦迪逊致杰斐逊，同上，318（“各州在”和“联邦权力”）; 另见 1787 年 4 月 16 日麦迪逊致华盛顿，同上，383。

17 1787 年 3 月 19 日麦迪逊致杰斐逊，同上，318–319（“多数州”）; 1787 年 4 月 8 日麦迪逊致伦道夫，同上，371（“它们的”“南方各州”“确立”和“屈从”）; 另见 1787 年 4 月 16 日麦迪逊致华盛顿，同上，383。

18 Madison, Vices，同上，353–357（除“既不公平”以外的引文）; 1786 年 11 月 1 日麦迪逊致老詹姆斯·麦迪逊，同上，154（“既不公平”）; 另见 1787 年 12 月 9 日麦迪逊致杰斐逊，同上，10:313。

19 Madison, Vices，同上，9:354–355。

20 同上，355, 357（除了最后两个引文之外的引文）; 1786 年 10 月 5 日麦迪逊致门罗，同上，141（“少数派或者个人”和“在任何团体中”）; 另见 1787 年 4 月 16 日麦迪逊致华盛顿，同上，383–384; 1787 年 10 月 24 日麦迪逊致杰斐逊，同上，10:212–214; *The Federalist No. 10*（Madison），特别是 72–73, 75; *The Federalist No. 51* (Madison), 323–325; Rakove, *Original Meanings*, 313–316; Holton, *Unruly Americans*, 4–5。

21 Madison, Vices, *PJM* (C.S.), 9:356–357.

22 同上，357（“筛选出”）; 1787 年 4 月 16 日麦迪逊致华盛顿，同上，384（“自从战争结束”）。

23 1787 年 10 月 24 日麦迪逊致杰斐逊，同上，10:212（“这种想法”）。

24 1787 年 4 月 8 日麦迪逊致伦道夫，同上，9:370（“关键是”和“在任何”）; 1787 年 3 月 19 日麦迪逊致杰斐逊，同上，318（“不仅能够”“印制纸币”“从文字上”和“各州的”）; 1787 年 4 月 16 日麦迪逊致华盛顿，同上，384（“各州多变的”）; 另见 6 月 8 日麦迪逊在费城制宪会议上的发言，*Farrand*, 1:164–165, 168; July 17，同上，2:27–28。关于联邦否决权，麦迪逊模仿了英国的《1766 年公告法》(The British Declaratory Act of 1766)，该法规定，议会有“充分的权力”制定法律，“在任何情况下都可以约束美洲的殖民地和人民……”。参见 editorial note, *DHRC*, 24:266 n. 2。

25 Madison, June 6, *Farrand*, 1:134–135（全部引文）; 另见 June 26，同上，421–423。

26 1787 年 4 月 8 日麦迪逊致伦道夫，*PJM* (C.S.), 9:369（全部引文）; 另见 Holton, *Unruly Americans*, 200–204, 206–207。

27 1787 年 4 月 15 日麦迪逊致伦道夫，*PJM* (C.S.), 9:379（“准备一些”）; 1787 年 5 月 20 日华盛顿致亚瑟·李，*PGW* (C.S.), 5:191（“使那些”）; 1787 年 5 月 20 日梅森致小乔治·梅森，*PGM*, 3:880; 伦道夫致弗吉尼亚州众议院议长（日期: 10 月 10 日; 出版日期: 1787 年 12 月 27 日），*DHRC*, 8:262（“邦联并非”和“邦联缺乏”）; 另见 1804 年 10 月 12 日麦迪逊致诺亚·韦伯斯特，*PJM* (Secretary of State Series), 8:161 [以下简称“*PJM* (S.S.S.)”]; 1787 年 5 月 21 日乔治·里德致约翰·迪金森，*Farrand*, 3:25; Beeman, *Plain, Honest Men*, 57。

28 1787 年 5 月 20 日梅森致小乔治·梅森，*PGM*, 3:880（“彻底颠覆”）; 1787 年 5 月 27 日麦迪逊致彭德尔顿，*PJM* (C.S.), 10:12（“整体而言”）; 另见

1787 年 5 月 21 日梅森致亚瑟·李，*PGM*, 3:882; Beeman, *Plain, Honest Men*, 52–54。

29 1787 年 6 月 2 日本杰明·拉什致理查德·普莱斯，*Farrand*, 3:33（“他们是”）（引自富兰克林的言论）; 1787 年 6 月 6 日麦迪逊致威廉·肖特，*PJM* (C.S.), 10:31（“某些方面,”）; 另见 1787 年 5 月 27 日麦迪逊致老詹姆斯·麦迪逊，同上，10; 1787 年 5 月 27 日麦迪逊致彭德尔顿，同上，12; 1787 年 6 月 6 日麦迪逊致杰斐逊，同上，28; Beeman, *Plain, Honest Men*, 57。

30 1787 年 6 月 10 日麦迪逊致门罗，*PJM* (C.S.), 10:43（“如果”）; 1787 年 6 月 6 日麦迪逊致杰斐逊，同上，29（“据说该州”）; 另见 1787 年 5 月 23 日雅各布·布鲁姆致汤姆斯·柯林斯（Thomas Collins），*Farrand*, Supp.: 16; 1787 年 5 月 27 日梅森致小乔治·梅森，同上，3:28。

31 同上; 1787 年 6 月 6 日伦道夫致贝弗利·伦道夫，同上，36（“自己将会”）; 1787 年 6 月 14 日北卡罗来纳州代表致北卡罗来纳州州长理查德·卡斯韦尔，同上，46（“夏季竞选活动”）; 另见 1787 年 5 月 29 日格雷森致门罗，*Papers of James Monroe*, 2:385; 1787 年 7 月 4 日杰伊致亚当斯，*CPPJJ*, 3:248; 比较参看 1787 年 6 月 2 日本杰明·拉什致理查德·普莱斯，*Farrand*, 3:33（引自富兰克林的言论）。

32 May 25, *Farrand*, 1:2–6; May 28，同上，7–14（“这样记录”）; May 29，同上，16–17; 另见 Beeman, *Plain, Honest Men*, 82。下文第 201—202 页讨论了代表们决定给予每个州代表团平等投票权的重要性。

33 Official Journal, May 29, *Farrand*, 1:15（引文）; Beeman, *Plain, Honest Men*, 83; 另见 Bilder, *Madison's Hand*, 55–56。

34 1787 年 8 月 30 日杰斐逊致亚当斯，*PTJ* (M.S.), 12:69。

35 1787 年 5 月 27 日梅森致小乔治·梅森，*PGM*, 3:884（“它是在”）; 1787 年 6 月 10 日麦迪逊致门罗，*PJM* (C.S.), 10:43（“慎重的”“有效地”和“把制宪会议”）; Beeman, *Plain, Honest Men*, 83; 另见 1787 年 6 月 1 日梅森致小乔治·梅森，*PGM*, 3:893; 1787 年 6 月 6 日麦迪逊致杰斐逊，*PJM* (C.S.), 10:29; 1787 年 7 月 27 日亚历山大·马丁致卡斯韦尔，*Farrand*, 3:64。

36 Journal of Jared Sparks, Apr. 19, 1830, *Farrand*, 3:479（全部引文）; Beeman,

Plain, Honest Men, 91–92; Clinton Rossiter, *1787: The Grand Convention* (New York, 1966), 167–168。

37 Randolph, May 29, *Farrand*, 1:18–23；另见 1804 年 10 月 12 日麦迪逊致诺亚·韦伯斯特，*PJM* (S.S.S.), 8:161; Beeman, *Plain*, *Honest Men*, 86–91。麦迪逊在起草弗吉尼亚方案方面的影响，参见 Editorial Note, *PJM* (C.S.), 10:12–13。

38 Randolph, May 29, *Farrand*, 1:18–19（“面对相互猜忌”和“纸币的”）; Randolph（麦克亨利的记录），同上，26（“那些睿智伟人”）。

39 同上，18–19。

40 Randolph, May 29，同上，19（“共和原则”）; Virginia Plan, resolution 1，同上，20（“共同的防务”）（对《邦联条例》第三条的诠释）。

41 Virginia Plan, resolutions 2–3，同上，20。“根据各州的贡献”指摊派份额，这意味着弗吉尼亚方案的草案并不完全否定《邦联条例》。

42 Resolutions 4–5，同上，20。

43 Resolution 6，同上，21。

44 Resolutions 7–8，同上。

45 Resolution 9，同上，21–22。下级法庭的数目不确定，参见 editorial note, *PJM*, 10:18 n. 4。

46 Resolutions 10–11, 13–15, *Farrand*, 1:22.《邦联条例》第十一条规定，如果加拿大批准《邦联条例》，允许加拿大加入邦联，且如果得到九个州同意，其他“殖民地”也可以加入。《邦联条例》没有提到从属于美国领土的新州和从现有的州中分离出来的新州如何加入联盟的问题。参见 1788 年 6 月 25 日约翰·布朗致阿奇博尔德·斯图尔特（Archibald Stuart），10:1678。

47 Virginia Plan, resolution 1, *Farrand*, 1:20（引文）；另见 Beeman, *Plain*, *Honest Men*, 91。关于联邦否决权的新颖之处，参见 John Lansing, Jr., June16, *Farrand*, 1:250。如前所述，《邦联条例》没有规定独立的行政机关。负责外交、财政、战争和邮局的官员由邦联国会任命，完全在邦联国会的控制之下。参见上文，47–48。

48 Randolph, May 30, *Farrand*, 1:33（“仅仅建立”“至高”和“全国性”）; Morris,

同上，34（“仅仅是靠”和“一个完整的”）; 另见 Official Journal，同上，30; Yates’s Notes，同上，38–39; 麦克亨利的记录，同上，41。

49 Pinckney（麦克亨利的记录），同上，41（“宣称，”）; Pinckney（耶茨的记录），同上，39（“他们的工作”）; Gerry（麦克亨利的记录），同上，42–43（“无论是这次”）; 另见 Beeman, *Plain, Honest Men*, 99–102; Merrill Jensen, *The Making of the American Constitution* (Princeton, NJ, 1964), 41–42。

50 Lansing, June 16, *Farrand*, 1:249（“坚决认为”）; Paterson, June 9，同上，178（“美国人民”和“越权”）; Paterson（耶茨的记录），同上，182（“给他们”“作为”和“交出”）; 另见 Gunning Bedford（耶茨的记录），June 30，同上，501–502; Paterson, June 16，同上，250; Lansing, June 20，同上，336。

51 Randolph, June 16, *Farrand*, 1:255（全部引文）; 另见 Randolph（佩特森的记录），同上，273。

52 Hamilton, June 18，同上，283（“在这个”）; Hamilton（耶茨的记录），同上，294（“优良政府”）; Wilson, June 16，同上，253（“规定了”）。

53 May 30，同上，35（投票）; 1787 年 8 月 26 日亚伯拉罕 · G. 兰辛（Abraham G. Lansing）致亚伯拉罕 · 耶茨（Abraham Yates）, *Farrand*, Supp.: 243（“没有任何”和“现在”）（转述约翰 · 兰辛对他说的话）。关于会议合法性问题的其他陈述，参见 George Read, June 6，同上，1:136–137; Charles Pinckney, *Observations*, *Farrand*, 3:108; Charles Pinckney, June 16，同上，1:255; King, June 19，同上，324; Mason, June 20，同上，338。

54 1787 年 10 月 24 日麦迪逊致杰斐逊，*PJM* (C.S.), 10:207（引文）; Lance G. Banning, “The Constitutional Convention,” in Leonard W. Levy and Dennis J. Mahoney, eds., *The Framing and Ratification of the Constitution* (New York, 1987), 113–114; Brown, *Redeeming the Republic*, 184; 另见 1788 年 1 月 16 日查尔斯 · 平克尼在南卡罗来纳州批准宪法大会上的发言，*DHRC*, 27:93。

55 Ellsworth（耶茨的记录），June 30, *Farrand*, 1:496（“因为我们”）; 同上，502（“非常依赖”）; Paterson, June 9，同上，178（“接受一个”和“邦联的”）; Dickinson, June 2，同上，86（“无意像”和“这个国家”）。其他类似说法参见 Lansing, June 16，同上，249; Lansing（耶茨的记录），June 20，同上，345;

Mason, June 7，同上，155; Ellsworth（耶茨的记录），June 25，同上，414, 417; Luther Martin, June 27，同上，437; Roger Sherman, May 30，同上，34–35; Pierce Butler, May 31，同上，53; 麦迪逊的记录 , June 14，同上，242 n. *。

56 Charles Pinckey and John Rutledge, May 31，同上，53（“详细列举”）; Randolph，同上（“无限的权力”）; Sherman, June 6，同上，133（“联盟的目标”）; 另见 May 31（皮尔斯的记录），同上，59–60; Beeman, *Plain, Honest Men*, 121。关于谢尔曼，参见 Robertson, *The Constitution and America's Destiny*, 123–127。

57 Wilson（皮尔斯的记录），May 31, *Farrand*, 1:60（“不可能列举”）; Madison，同上，53（“曾强烈”和“越来越”）; 同上，54［9∶0 的投票（一个代表团出现分歧）］; Madison（耶茨的记录），June 21，同上，364（“不可能做到”）; Hamilton, June 19，同上，323（“可以在”“逐步破坏”和“无限的权力”）; 另见 Hamilton（耶茨的记录），June 18，同上，298。班宁强烈反对麦迪逊曾打算将国会权力的广泛表述写入宪法的观点（*Sacred Fire*, 160, 454–455 nn. 64 and 68）。

58 Randolph, July 17，同上，2:26; Committee of Detail report, Art. VII, Aug. 6，同上，157, 158–159; Beeman, *Plain, Honest Men*, 266–267, 274, 288; Banning, *Sacred Fire*, 161。

59 Hamilton, June 18, *Farrand*, 1:286（全部引文）; 上文，13–21。

60 Mason, May 30，同上，34; Madison，同上（“非常中肯地”）; Virginia Plan, resolution 6, May 29，同上，21（“征召”）; Madison, May 31，同上，54（“他对使用”和“对一个州”）; 另见 Madison, June 19，同上，320; Mason（金的记录），June 20，同上，349; Madison, July 14，同上，2:9; 1787 年 10 月 24 日麦迪逊致杰斐逊，*PJM* (C.S.), 10:207; Banning, *Sacred Fire*, 119, 140–141。

61 Hamilton（金的记录），June 18，*Farrand*, 1:302（引文）; 另见 1788 年 6 月 20 日汉密尔顿在纽约州批准宪法大会上的发言，*DHRC*, 22:1724; Edling, *Revolution in Favor of Government*, 73–74。

62 Mason, Aug. 18, *Farrand*, 2:326–327（“永久性征税”）; Sherman, July 17，同上，26（“限制在”和“拥有征收”）; 同上（以 8∶2 的票数拒绝谢尔曼的提

案); Martin, Aug. 31，同上，359（“绝对需要”); 同上（一个州的代表团出现分歧，以 8∶1 的票数拒绝马丁的提案); 另见 New Jersey Plan, resolutions 2–3, June 15，同上，1:243; Robertson, *The Constitution and America's Destiny*, 188–193; Edling, *Revolution in Favor of Government*, 74; Ferguson, *Power of the Purse*, 290–291; McDonald, *Novus Ordo Seclorum*, 263。

63 Articles of Confederation, Art. IX, *DHRC*, 1:91; Pinckney, Aug. 18, *Farrand*, 2:332（“自己对”“美国已经”和“快速地”); 1815 年 1 月 12 日莫里斯致莫斯·肯特（Moss Kent)，同上，3:420（“那些经历过”)。1780 年，霍雷肖·盖茨将军在南卡罗来纳州的卡姆登遭遇失败之后，汉密尔顿曾写道：“我想，他对民兵的热情会减退一些，他将不再认为民兵是美国自由的最佳堡垒。”（1780 年 9 月 6 日汉密尔顿致詹姆斯·杜安，*PAH*, 2:420）

64 Gerry, Aug. 18, *Farrand*, 2:329（全部引文); Martin，同上，330; 同上（马丁和格里的议案被一致拒绝); Sherman, Sept. 4，同上，509; Gerry，同上。格里在国会上反对和平时期维持常备军，参见 Kohn, *Eagle and Sword*, 52–53, 59–60, 77–78; Billias, *Elbridge Gerry*, 106–113。

65 Hamilton（耶茨的记录)，June 18, *Farrand*, 1:298（“不征召军队”); Dayton, Aug. 18，同上，2:330; Langdon，同上; Committee of Unfinished Parts report, presented by David Brearley, Sept. 5，同上，508（给军方的拨款以两年为限); Sept. 14，同上，616–617（“民众的自由”)（以 9∶2 的票数拒绝梅森的提案); Edling, *Revolution in Favor of Government*, 226。1783 年，汉密尔顿曾表示对《邦联条例》第六条的担心，认为第六条“妨碍了美国在宣战或敌对行动实际开始之前，建立哪怕一个团或建造一艘船”。他认为这个原则“很危险”，“使美国人处于总是没有准备好捍卫他们共同权利的状态，迫使他们在迫在眉睫的时候才去组建军队，建立和装备海军”。Unsubmitted Resolution Calling for a Convention to Amend the Articles of Confederation (July 1783), *PAH*, 3:422。《邦联条例》是否允许国会在和平时期征兵，尚不明确，汉密尔顿在费城制宪会议上的上述发言，直言《邦联条例》明确禁止国会这样做，并非坦率之词（Kohn, *Eagle and Sword*, 49, 87）。

66 Mason, Aug. 18, *Farrand*, 2:326; Pinckney，同上，330。

67 Ellsworth，同上，331（“就会慢慢消失”）; Sherman，同上，332（“各州需要”）; Dickinson，同上，331（“州不会”）。

68 Madison，同上，332。

69 Report of the Committee of Eleven, presented by William Livingston, Aug. 21，同上，356; Gerry, Aug. 23，同上，384（引文）; Martin，同上，387。

70 Madison，同上，386–387; Randolph，同上，387（“过于讨好”）; 同上，387–388（以 9∶2 的票数赞成十一州的提案）; 同上，388（以 8∶3 的票数拒绝麦迪逊的提案）; 另见 Charles Pinckney, *Observations*，同上，3:118–119; Robertson, *The Constitution and America's Destiny*, 186; Kohn, *Eagle and Sword*, 78–80。

71 上文，21–24; 1829 年 2 月 13 日麦迪逊致卡贝尔，*Farrand*, 3:478（引文）。

72 Madison, Aug. 28，同上，2:441; 同上（以 7∶4 的票数拒绝麦迪逊的提案）。

73 Pinckney, Aug. 29，同上，449（“真正关心的”）; Mason，同上，451（“面对东部各州”）; 麦克亨利的记录，Aug. 7，同上，211（“利益攸关”）（引自麦克亨利与同样来自马里兰州的代表丹尼尔·卡罗尔的谈话）。18 世纪 80 年代北方制造业的发展程度，参见 Jensen, *New Nation*, 219–227。

74 Clymer, Aug. 29, *Farrand*, 2:450(“如果不能”); Morris，同上（“最不稳定”“很快递增”“对于国家安全”和“颁布一部”）; Madison，同上，451–452（“货运费用”“南方和北方”和“消除”）。麦迪逊在 18 世纪 80 年代中期表达的类似观点，参见上文，37。

75 Pinckney, Aug. 29, *Farrand*, 2:449; Sherman，同上，450（“总是会遇到”）; Williamson，同上，450–451（“南方民众”）。

76 下文，277–291; Madison, Sept. 15, *Farrand*, 2:625（“自己越来越”）; Sherman，同上（“由联邦”）。战前最高法院所谓的“休眠商业条款”问题，参见 Felix Frankfurter, *The Commerce Clause: Under Marshall, Taney, and Waite* (Chapel Hill, NC, 1937), 28–29, 50–56。

77 Committee of Detail report, Art. VII, Aug. 6, *Farrand*, 2:182; Aug. 20，同上，344–345（条款获得一致通过）; 下文，322; Rakove, *Original Meanings*, 84, 180; Beeman, *Plain, Honest Men*, 274, 288–289; Jensen, *Making of the American*

Constitution, 84。大会即将结束时，最终拒绝签署宪法的三位代表都反对"必要与适当"条款。参见 Randolph, Sept. 10, *Farrand*, 2:563; Gerry, Sept. 15，同上，633; Mason，同上，640。

78 June 15, *Farrand*, 1:242 n.*; Beeman, *Plain, Honest Men*, 172, 227–228; Brown, *Redeeming the Republic*, 194; 另见 William R. Casto, *The Supreme Court in the Early Republic: The Chief Justiceships of John Jay and Oliver Ellsworth* (Columbia, SC, 1995), 12–14。

79 Brearley, June 9, *Farrand*, 1:177（"既震惊又警觉"和"参加这次会议"）; Dickinson, June 15，同上，242 n.*（"良好的全国性政府"）; Read, July 10，同上，570（"全国性政府"）; 1828 年 5 月 13 日麦迪逊致范布伦，同上，3:477（"在 1787 年"）; 另见 Gunning Bedford, July 17，同上，2:26; Read, June 29，同上，1:463; June 6，同上，136; Wilson, June 30，同上，484。

80 New Jersey Plan, June 15，同上，242–245（"修正"和"校订"）; Paterson, June 14，同上，240（"纯粹的联邦"）; June 15，同上，242 n.*; Lansing（耶茨的记录），同上，246。

81 Alexander Hamilton, Address of the Annapolis Convention, Sept. 14, 1786, *PAH*, 3:687（引文）; Introduction, *DHRC*, 3:122–124; Robertson, *The Constitution and America's Destiny*, 119–120; McCormick, "New Jersey Defies the Confederation," 45。

82 Pinckney, June 16, *Farrand*, 1:255（"给新泽西"）; George Bancroft, *History of the United States of America: From the Discovery of the Continent* (New York, 1888), 6:269（"自从小州"）; 另见 1831 年 2 月 12 日麦迪逊致小西奥多·塞奇威克（Theodore Sedgwick, Jr.）, *Farrand*, 3:496; 1836 年 3 月麦迪逊致不明人物，同上，538; Brown, *Redeeming the Republic*, 193; Rakove, *Original Meanings*, 63; Beeman, *Plain, Honest Men*, 227–228; Rossiter, *1787: The Grand Convention*, 176。

83 Donald L. Robinson, *Slavery in the Structure of American Politics, 1765–1820* (New York, 1971), 209–210, 213；下文，191–192。关于这种南方国家主义一个特别显著的例子，参见 Charles Pinckney, June 8, *Farrand*, 1:164。

84 Virginia Plan, resolution 6, May 29，同上，21。

85 Madison, July 17，同上，2:27（“不顾联盟”和“继续扰乱”）; June 19，同上，1:316–317，319（“局部侵犯”和“诸多可怕弊端”）; 另见 June 8，同上，164。

86 Madison, July 17，同上，2:27–28（除了最后一个引文之外的所有引文）; June 8，同上，1:164（“唯一的”）; Aug. 28，同上，2:440; Rakove, *Original Meanings*, 171–177; 另见 Madison, Sept. 12, *Farrand*, 2:589; Wilson, Aug. 23，同上，390–391。

87 同上，391（“自我防卫”和“完成我们”）; Charles Pinckney，同上，390; Hamilton, June 18，同上，1:293（“违背联邦宪法”）; 1787 年 1 月 7 日杰伊致华盛顿，*PGW* (C.S.), 4:503; May 31, *Farrand*, 1:54（一致投票赞成联邦否决权原则）。令人费解的是，大会一致赞同联邦否决权原则，但随后又对否决权的具体行使情况提出如此强烈而多次的反对意见。

88 Pinckney, June 8，同上，164（全部引文）; Charles Pinckney, *Observations*，同上，3:112–113。

89 Madison, June 8，同上，1:164（“对于一个”）; Wilson，同上，166（“不切实际”和“最安全的”）; 同上，168（投票）; 上文，132–133; 另见 Dickinson, June 8, *Farrand*, 1:167; Banning, *Sacred Fire*, 451 n. 30。

90 大会多次讨论了否决权问题。在我看来，对这个问题组织讨论，最好的方法是从概念而不是从时间入手。

91 Sherman, June 8, *Farrand*, 1:166（“应该界定”）; Williamson，同上，165（“联邦权力”）; Gerry，同上（“延伸到”和“奴役各州”）; 1787 年 6 月 20 日杰斐逊致麦迪逊，*PJM* (C.S.), 10:64（“我一看就”“它根本”和“每一百部州”）。

92 Morris, July 17, *Farrand*, 2:27，28（全部引文）; 另见 Sherman，同上，28。这番话是莫里斯在康涅狄格妥协案通过后的第二天说的，当时他处于一种心酸、受挫的情绪之中。参见下文，204。

93 Bedford（金的记录），June 8, *Farrand*, 1:172。格里对贝德福德的观点做了更加概括性的解释：拟议中的联邦否决权可能“使全国性政府为了一部分人的利益而打压另一部分人的利益”。例如，国会可能会阻止一些州向其制造商提供各种优待条件。Gerry（金的记录），同上，171–172。

94 June 8，同上，168（一个州代表团出现分歧，其余州以 7∶3 的票数拒绝平克尼的动议）; July 17，同上，2:28（以 7∶3 的票数拒绝联邦的有限否决权）。另见 Aug. 23，同上，391（以 6∶5 的投票拒绝将无限否决权提交十一人委员会）。在 7 月 17 日的投票中，北卡罗来纳州实际上是人口第三大的州，与弗吉尼亚州和马萨诸塞州一起支持联邦否决权，而宾夕法尼亚州则投了反对票。

95 Butler（金的记录），同上，1:168; 另见 Rakove, *Original Meanings*, 174, 337。

96 Mason, Aug. 23, *Farrand*, 2:390（“未经国会批准”）; Bedford, June 8，同上，1:167（“受理和审查”）; Lansing, June 20，同上，337; 另见 Martin, July 17，同上，2:27。

97 Madison, June 8，同上，1:168（全部引文）; 另见 July 17，同上，2:28。

98 Rutledge, Aug. 23，同上，391（“如果不出”）; Gerry, June 8，同上，1:165（“这样的想法”）; 另见 Lansing, June 16，同上，250; Morris, July 17，同上，2:28; Brown, *Redeeming the Republic*, 198–199。

99 Madison, July 17, *Farrand*, 2:27（引文）; Charles Pinckney, Aug. 23，同上，390（要求行使否决权时必须达到绝对多数）; Williamson，同上，391（浪费时间）; 1787 年 10 月 24 日麦迪逊致杰斐逊，*PJM* (C.S.), 10:209。

100 麦迪逊致约翰·泰勒（1833）（未发送），*Farrand*, 3:527（“在制宪会议”）; Madison, June 19，同上，1:316（“已经以”和“如果不加以”）。

101 New Jersey Plan, resolution 6, June 15，同上，245。

102 Martin, July 17，同上，2:28–29；同上，29（一致同意）; Committee of Detail report, Art. VIII, Aug. 6，同上，183; Aug. 23，同上，389（一致同意拉特利奇对最高条款的修正意见）; 另见 Rakove, *Original Meanings*, 173–174; Charles F. Hobson, “The Negative on State Laws: James Madison, the Constitution, and the Crisis of Republican Government,” *William and Mary Quarterly* (Apr. 1979), 36:228–229。

103 Holton, *Unruly Americans*, 186; Rakove, *Original Meanings*, 175; Larry D. Kramer, *The People Themselves: Popular Constitutionalism and Judicial Review* (New York, 2004)，75; Robertson, *The Constitution and America's Destiny*, 229.

104 Wood, *Creation of the American Republic*, 453–454, 456.

105 “普罗布斯”致“原始辉格党”, “Primitive Whig” IV, *New- Jersey Gazette*, Jan. 30, 1786, 2(“直接违背”); 1786年3月22日格雷森致麦迪逊,*PJM* (C.S.), 8:509（“用来偿还”和“侵害了”); 另见 Polishook, “Trevett vs. Weeden,” 47, 67; Kaminski, “Paper Politics,” 188–189; Conley, “Rhode Island: Laboratory for the Internal ‘Lively Experiment,’” 136–143。罗得岛州“特莱维特诉威顿案”的法官之一戴维·豪厄尔，1790年向华盛顿政府谋求职位时，把他当时在此案中的所作所为当作获取联邦职位的历史功绩（1790年6月3日豪厄尔致杰斐逊，*DHRC*, 26:1026）。

106 Gerry, June 4, *Farrand*, 1:97; Madison, July 17，同上，2:28。特莱维特案所引发的弹劾威胁以及广泛宣传，使得该案名扬全国，参见 Polishook, “Trevett vs. Weeden,” 47, 64–65, 67–68 & n. 43。18世纪80年代中期，新罕布什尔州首批司法审查所引发的类似争议，参见 Frank C. Mevers, “New Hampshire Accepts the Bill of Rights,” in Conley and Kaminski, eds., *The Bill of Rights and the States*, 172–173。关于各州处理此类案件的一般讨论，参见 Wood, *Creation of the American Republic*, 454–463; Julius Goebel, Jr., *History of the Supreme Court of the United States: Antecedents and Beginnings to 1801*（New York, 1971), 125–142; Charles Groves Haines, *The American Doctrine of Judicial Supremacy* (New York, 2nd ed., 1932), 88–121。关于司法审查在1787年仍然是一个新颖而有争议的概念的观点，参见 Sylvia Snowiss, *Judicial Review and the Law of the Constitution* (New Haven, CT, 1990), 13–44; Leonard W. Levy, “Judicial Review, History, and Democracy: An Introduction,” in *Judicial Review and the Supreme Court* (Leonard W. Levy, ed., New York, 1967), 10; Kramer, *The People Themselves*, 78。

107 上文，157; 另见 Kramer, *The People Themselves*, 76–77。

108 Virginia Plan, resolution 8, May 29, *Farrand*, 1:21（“审查委员会”); Gerry, June 4，同上，97（“拥有解释”); Martin, July 31，同上，2:76（“一个危险的”“双重否决权”和“按照他们”)。

109 Morris, Aug. 15，同上，299（“承认”); Mercer，同上，298（“不同意”和“制定法律时”); 同上，299（迪金森)（“强烈支持”和“不应当”);

Madison, Aug. 28，同上，440（“法官就”）；另见 Wilson, July 21，同上，73; Madison，同上，84; Mason，同上，78; Madison, July 23，同上，93; Morris，同上，92；另见 P. Allan Dionisopoulos and Paul Peterson, “Rediscovering the American Origins of Judicial Review: A Rebuttal to the Views Stated by Currie and Other Scholars,” *John Marshall Law Review* (1984), 18:56; Ralph L. Ketcham, “James Madison and Judicial Review,” *Syracuse Law Review* (1957), 8:159; Kramer, *The People Themselves*, 73 & n. 1。

110 Gerry, June 8, *Farrand*, 1:165（引文）；另见 Steven R. Boyd, “The Contract Clause and the Evolution of American Federalism, 1789–1815,” *William and Mary Quarterly* (July 1987), 44:532。

111 U.S. Constitution, Art. I，§ 10（引文）；另见 Bouton, *Taming Democracy*, 178。关于第一条第十款对于合同的追溯性侵害的限制，参见 Wilson, Aug. 28, *Farrand*, 2:440。

112 Committee of Detail report, Art. XIII, Aug. 6，同上，187; Gorham, Aug. 28，同上，439（“绝对禁止”）；Sherman，同上（“这是一个”）；同上［以 8∶1 的票数赞成绝对禁止（一个州的代表团出现分歧）］。

113 Gerry, June 8, *Farrand*, 1:165; Mason, Aug. 16，同上，2:309; Randolph，同上，310；另见 Robertson, *The Constitution and America's Destiny*, 112, 194; Jensen, *Making of the American Constitution*, 96–97; Wood, “Interests and Disinterestedness,” 107。对宪法第一条第十款中的具体规定缺乏讨论，参见 *Farrand*, 2:442–443。

114 Committee of Detail report, Art. VII, Aug. 6，同上，182; Morris, Aug. 16，同上，309（“如果不禁止”）；Mason，同上（“深恶痛绝”和“无法预见”）；Mercer，同上（“激起”）。

115 Aug. 16, *Farrand*, 2:309–310 中的所有论述；同上，310（以 9∶2 的票数否决了国会有权发行纸币的条款）。

116 Mercer, Aug. 16，同上，309（“纸币的朋友”）；1787 年 3 月 31 日威廉·塞缪尔·约翰逊致休·威廉姆森，*LDC*, 24:189（“不公正制度”）；1786 年 11 月 1 日麦迪逊致老詹姆斯·麦迪逊，*PJM* (C.S.), 9:154；另见 Saladino, “Delaware,”

36, 46; Kaminski, *Paper Politics*, 23, 106; Brown, *Redeeming the Republic*, 129; Hall, *Politics Without Parties*, 264, 266–267; 比较参考 Robertson, *The Constitution and America's Destiny*, 110 n. 32。麦克唐纳（McDonald）强调，像各州议员一样，大约有 1/4 的费城制宪会议代表支持发行纸币或者减免债务（*We the People*, 37, 349；另见同上，107–108）。但这一数字是有误导性的，因为他将四位极其富有的南卡罗来纳州代表计算在内了，他们是在非同寻常的情况下支持这些措施的：该州的贵族在独立战争期间经济损失惨重，之后又在 18 世纪 80 年代中期连续几年遭遇作物歉收。他们在努力重建种植园和补充奴隶劳动力供给的过程中，发现自己负债累累（同上，35, 210–211）。这些南卡罗来纳州人与大多数州寻求减税和债务减免的小农场主几乎没有什么相似之处。麦克唐纳还将那些在州立法机关投票赞成救济措施以阻止更为激进之举的代表计算在内了，这似乎也是误解。参见 Jackson Turner Main, "Charles Beard and the Constitution: A Critical Review of Forrest McDonald's *We the People*," *William and Mary Quarterly* (Jan. 1960), 17:92 n. 6, 100。

117 U.S. Constitution, Art. I, § 8, cl. 15; Art. I, § 9, cl. 2; Art. IV, § 4; Randolph（耶茨的记录），June 16, *Farrand*, 1:263（全部引文）; Holton, *Unruly Americans*, 157–158, 218, 243; Szatmary, *Shays' Rebellion*, 130–131；上文，93。镇压叛乱与保证每个州都是共和政府的条款之间的联系，参见 Wilson and Randolph, July 18, *Farrand*, 2:47; Wilson，同上，48–49。

118 Daniel Carroll, July 18，同上，47（"非常关键"）; statements by Mason, Randolph, William Houston, Martin, Gorham, and Wilson，同上，47–49；另见 1787 年 6 月 11 日格里致门罗，同上，3:45。

119 Committee of Detail report, Art. VII, Aug. 6，同上，2:182; Morris, Aug. 17，同上，317（"我们首先""太奇怪了"和"维护"）; Langdon，同上（"在阻止"）；另见 Dickinson and Dayton, Aug. 30，同上，466–467。

120 Gerry, Aug. 17，同上，316–317（"反对"和"插手干预"）; Martin，同上（"危险"）。

121 同上，318（以 4∶4 的票数没有接受查尔斯·平克尼提出的不必得到州同意的动议）; Ellsworth, Aug. 17，同上，317（提议将行政首脑包括在内）; Aug. 30，同上，467［以 8∶2 的票数（一个州的代表团出现分歧），允许行政当局替代立法机关提出申请]; 另见 Aug. 30，同上，467（以 8∶3 的票数否决另一项不需要得到各州同意的动议）; Sept. 15，同上，628–629（限制该条款——在州立法机关无法集会提出申请的情况下，可以由州行政当局提出申请——的适应情形）。

122 Randolph, July 18，同上，46；1787 年 4 月 16 日麦迪逊致华盛顿，*PJM* (C.S.), 9:384；1787 年 4 月 8 日麦迪逊致伦道夫，同上，370。

123 1787 年 6 月 20 日杰斐逊致麦迪逊，同上，10:64（全部引文）; 另见 Casto, *The Supreme Court in the Early Republic*, 31, 45–46。

124 New Jersey Plan, resolutions 2 and 5, June 15, *Farrand*, 1:243–244; June 4，同上，95，104–105（在没有异议的情况下，投票通过弗吉尼亚方案中关于建立联邦司法系统的决议）; 另见 Casto, *The Supreme Court in the Early Republic*, 10。

125 Virginia Plan, resolution 9, May 29, *Farrand*, 1:21（"最高法院"）; New Jersey Plan, resolutions 2 and 5, June 15，同上，243–244; Sherman, June 5，同上，125（"现有的"）; July 18，同上，2:46。

126 Rutledge, June 5，同上，1:124（"应该将""足以保证""毫无必要地"和"不必要的"）; Butler，同上，125（"民众不可能"和"遵循"）; Martin, July 18，同上，2:45–46（"导致嫉妒"）; Mason, Sept. 15，同上，638（"吸收并"）; 另见 Butler, July 18，同上，45; Carpenter, *The South as a Conscious Minority*, 62–63; Casto, *The Supreme Court in the Early Republic*, 10–11。

127 Madison, June 5, *Farrand*, 1:124.

128 同上（"建立一个"和"将只是"）; Gorham, July 18，同上，2:46（"发挥"）; King，同上，1:125（"建立"）; 另见 Madison, July 17，同上，2:27–28; Robertson, *The Constitution and America's Destiny*, 228。

129 U.S. Constitution, Art. III, § 1; Art. I, § 8, cl. 9（"级别低于"）; June 5, *Farrand*, 1:125（两个州的代表团出现分歧，以 5∶4 的投票，驳回了在宪法中规定设立联邦下级法院的动议；一个州的代表团出现分歧，以 8∶2 的投票，赞成威尔逊和麦迪逊提出的宪法赋予国会设立此类法院的自由裁量权的提案）; July 18，同上，2:46（一致同意授权国会建立联邦下级法院）。关于《1789

年司法法》在联邦法院管辖权问题上的妥协，参见 Casto, *The Supreme Court in the Early Republic*, ch. 2。

130 Official Journal, June 13, *Farrand*, 1:223–224（引文）; Randolph（耶茨的记录），同上，238; 同上（一致同意此决议）; July 18，同上，2:46（一致同意与此前有些不太相同的司法管辖原则表述）; Committee of Detail report, Art. XI, Aug. 6，同上，186; 另见 Aug. 27，同上，428–432（对第十一条的讨论）; Aug. 28，同上，437–438。

131 Articles of Confederation, Art. IX, *DHRC*, 1:89; U.S. Constitution, Art. 3, § 2; Wilson, June 5, *Farrand*, 1:124; 另见 Casto, *The Supreme Court in the Early Republic*, 7–8。

132 U.S. Constitution, Art. III, § 2; 另见 Casto, *The Supreme Court in the Early Republic*, 6, 8–9。

133 U.S. Constitution, Art. III, § 2.

134 The Declaration of Independence, para. 2 (1776); Adams, *First American Constitutions*, 268–269.

135 U.S. Constitution, Art. III, § 1（"行为端正"）; Dickinson, Sherman, Rutledge, Wilson, and Randolph, Aug. 27, *Farrand*, 2:428–429（其他引文）; 同上，429（以 7:1 的投票拒绝迪金森的提案）; July 18，同上，44（一致同意在行为端正的情况下法官享有无限任期）。

136 Madison, July 18，同上，44, 45; Morris，同上，44, 45; Franklin，同上，44–45; 同上，45（以 6:2 的投票拒绝麦迪逊关于禁止联邦法官在任期内加薪的提案）; 同上（一致同意国会不得减少联邦法官任期内的薪水）; July 20，同上，69（一致同意行政首脑获得"固定报酬"）; U.S. Constitution, Art. II, § 1; 另见 Casto, *The Supreme Court in the Early Republic*, 18。

137 U.S. Constitution, Art. II, § 4（"重罪"）; Art. 1, § 3（去职必须获得 2/3 议员支持）; Wood, *Creation of the American Republic*, 161 & n. 65; Adams, *First American Constitutions*, 269; Jed Handelsman Shugerman, *The People's Courts: Pursuing Judicial Independence in America* (Cambridge, MA, 2012), 20; Don E. Fehrenbacher, *Constitutions and Constitutionalism in the Slaveholding South*

(Athens, GA, 1989), 17; Shumer, "New Jersey," 78; Kaminski, "Rhode Island," 189–190; Polishook, "Trevett vs. Weeden," 66; Main, *Political Parties*, 68–69; Madison, July 17, *Farrand*, 2:27–28; *An Additional Number of Letters from the Federal Farmer to the Republican*, Letter VI, Dec. 25, 1787, *DHRC*, 20:987; Pennsylvania Constitution of 1776, Art. II, § 23; New Jersey Constitution of 1776, Art. XII; Maryland Constitution of 1776, Art. XXX; South Carolina Constitution of 1776, Art. XX。

138 June 5, *Farrand*, 1:119–121；下文，221–224。

139 U.S. Constitution, Art. III, § 2, cl. 3（联邦刑事案件中的陪审团审判要求）; Gerry, Sept. 15, *Farrand*, 2:633（引文）; Williamson, Gorham, Gerry, and Mason, Sept. 12，同上，587; 9 月 15 日查尔斯·平克尼和格里提出的动议，同上，628; Gorham, King, and Charles Cotesworth Pinckney，同上。

140 Official Journal, May 31，同上，1:45–46 & n. 3; 麦迪逊的记录，同上，48; 耶茨的记录，同上，55; Beeman, *Plain, Honest Men*, 110–111; Wood, *Creation of the American Republic*, 163, 230–231。佛蒙特在 1777 年的宪法中也规定了一院制的立法机构，但当时国会尚未承认该州的独立地位。

141 Paterson（耶茨的记录）, June 16, *Farrand*, 1:260（"立法机构的目标"）; Wilson，同上，254（"立法机构专制" 和 "从内部"）。

142 Madison, May 31，同上，49–50（除了最后一个引文之外的引文）; June 6，同上，134; 1787 年 12 月 20 日杰斐逊致麦迪逊，*PJM* (C.S.), 10:336（"不违反"）。

143 Gerry, May 31, *Farrand*, 1:48（"假装爱国者" 和 "每天都"）; Sherman，同上; June 6，同上，133（"可以维持"）; Pinckney，同上，137（"以纸币" 和 "某种意义上"）; 另见 Gerry, May 31，同上，50; Rutledge, June 21，同上，359; Mercer, Aug. 7，同上，2:205; Beeman, *Plain, Honest Men*, 111, 113–114。

144 Mason, May 31, *Farrand*, 1:49（"照料" "我们已经" 和 "担心"）; June 21，同上，359（"它都是"）; Wilson，同上（"基石"）; Michael Lienesch, "North Carolina: Preserving Rights," in Gillespie and Lienesch, eds., *Ratifying the Constitution*, 351；另见 Dickinson, June 6, *Farrand*, 1:136; Robertson, *The*

Constitution and America's Destiny*, 205–206; Beeman, *Plain, Honest Men*, 117–118; Rakove, *Original Meanings*, 221–222。

145 Wilson, May 31, *Farrand*, 1:49.

146 Madison, June 6，同上，134（“在构建”）; Mason，同上，134（“将支持”）; 同上，137–138（以 8∶3 的投票拒绝平克尼由州立法机构选举众议院成员的提案）; King, June 21，同上，359（“将会一再挑选”）; Wilson，同上（“反联邦政府”）; May 31，同上，49; Official Journal，同上，46（两个州的代表团出现分歧，其余州以 6∶2 的投票赞成弗吉尼亚方案关于由民众选举下议院议员的规定）; Official Journal, June 21，同上，353［以 6∶4 的投票拒绝平克尼关于由州立法机关选举下议院议员的提议（一个州的代表团出现分歧）; 以 9∶1 的投票赞成众议院议员普选（一个州的代表团出现分歧）］; 另见 Charles Pinckney（皮尔斯的记录），May 31，同上，59。

147 Madison（金的记录），June 6，同上，143–144（全部引文）; Madison（金的记录），May 31，同上，56; Wood, *Creation of the American Republic*, 167, 510–514; Holton, *Unruly Americans*, 201–203, 206, 210; Rakove, *Original Meanings*, 222。

148 Wilson, June 6, *Farrand*, 1:133（“在较大的”）; Mercer, Aug. 7，同上，2:205（“将选票集中到”）; 另见 Mason, June 6，同上，1:134。在宾夕法尼亚州批准宪法大会上，威尔逊认为，只有“一流的品格，才能使一个人真正影响较大的选区”，他指责马萨诸塞州立法机构设立较小选区，会倾向于“不去否定［谢斯］叛乱分子的行为”（Dec. 4, 1787, *DHRC*, 2:489）。同样地，在南卡罗来纳州批准宪法大会上，查尔斯·平克尼指出，在大选区，“社会中较为温和而谨慎的一部分人有更大的机会纠正其他人的放肆和不公正”。因此，他认为，在最小的罗得岛州，纸币事件并非偶然，因为纸币派“掌握了政府权力，用法律压迫人民，这样的法律使我们这样的文明国家蒙羞”（May 14, 1788, *DHRC*, 27:331）。

149 Grand committee report, presented by King, July 10, *Farrand*, 1:563（提议众议院由 65 名议员组成）; July 16，同上，2:15–16（投票赞成细则委员会的报告）; Holton, *Unruly Americans*, 200。令人难以置信的是，康涅狄格州的谢尔曼甚

至主张众议院的规模应当更小（July 10, *Farrand*, 1:569）。

150 Madison, July 10，同上，568–569（“无法获得”）; Gerry，同上，569; 同上，570（以 9∶2 的投票拒绝麦迪逊将众议院的规模翻倍的提案）; 另见 Holton, *Unruly Americans*, 204。

151 Williamson, Madison, and Hamilton, Sept. 8, *Farrand*, 2:553–554; 同上，554（以 6∶5 的投票拒绝威廉姆森提出的扩大并且不固定众议院人数的提案）; Williamson, Sept. 14，同上，612; 同上（以 6∶5 的投票拒绝威廉姆森将众议院规模扩大 50% 的提案）; George Mason, Objections to the Constitution of Government, Sept. 15，同上，638（“代表性有名无实”）[以下简称“Mason, Objections”]; 下文，355–358。

152 Washington and Gorham, Sept. 17, *Farrand*, 2:643–644; 另见 Holton, *Unruly Americans*, 204–205。

153 U.S. Constitution, Art. 1, § 4（“时间”）; Madison, Aug. 9, *Farrand*, 2:240（“有时出于”）; 下文，341–342, 623–624。

154 Saul Cornell, *The Other Founders: Anti–Federalism and the Dissenting Tradition in America, 1788–1828* (Chapel Hill, NC, 1999), 149, 151（“优良”）; 1788 年 10 月 8 日麦迪逊致杰斐逊，*PJM* (C.S.), 11:276（“限制品行”）; 1788 年 11 月 30 日纳撒尼尔·阿普尔顿致诺亚·韦伯斯特，*Documentary History of the First Federal Elections, 1788–1790* (Merrill Jensen and Robert A. Becker, eds., Madison, WI, 1976), 1:506（“违背了”）[以下简称“*DHFFE*”]; Holton, *Unruly Americans*, 254–256。

155 Virginia Plan, resolution 4, May 29, *Farrand*, 1:20; Wood, *Creation of the American Republic*, 165–167; Adams, *First American Constitutions*, 242; Holton, *Unruly Americans*, 196.

156 Sherman, June 26, *Farrand*, 1:423（“频繁的选举”）; June 21，同上，362（“应该回到”）; Wilson，同上，361（“人民最熟悉”和“有效表达”）; Randolph，同上，360（“人民重视”和“给我国”）; 另见 6 月 12 日谢尔曼和埃尔斯沃斯的动议，同上，214; Ellsworth, June 21，同上，361。

157 Gerry, June 12，同上，214–215（全部引文）; 另见 Gorham（耶茨的记录），

June 22，同上，381；上文，71–72 & n. *。

158 Jenifer, June 12, *Farrand*, 1:214（“会使人们”）; Madison，同上（“我们”“精力几乎全都”和“对于这样一个”）; Hamilton, June 21，同上，362（“政府其他分支”）; 另见 Dickinson，同上，360–361; Madison，同上，361。

159 Madison, June 12，同上，215。

160 Gerry，同上。

161 同上（最初的投票）; Official Record, June 21，同上，353（一个州的代表团产生分歧，其余州以 7∶3 的投票，废除三年任期条款，然后一致同意两年任期）; 另见 1788 年 1 月 15 日卡莱布・斯特朗在马萨诸塞州批准宪法大会上的发言，*DHRC*, 6:1189。

162 Articles of Confederation, Art. V, *DHRC*, 1:87; Virginia Plan, resolution 4, May 29, *Farrand*, 1:20; Hamilton（耶茨的记录）, June 18，同上，298（“是以州的”）; June 12，同上，217（一致同意废除弗吉尼亚方案中的召回条款）。

163 Virginia Plan, resolution 4, May 29，同上，20; Pennsylvania Constitution of 1776, § 19（“霸占”）; Resolutions of the Massachusetts Legislature, Mar. 8, 1785, in *Acts and Resolves of Massachusetts, 1784–1785*, 379（“世界”）; June 12, *Farrand*, 1:217（一致同意废除弗吉尼亚方案中国会代表职务的强制轮替要求）; Gerry, Aug. 14，同上，285；另见 Maier, *Ratification*, 31; Holton, *Unruly Americans*, 188; Elaine K. Swift, *The Making of an American Senate: Reconstitutive Change in Congress, 1787–1841* (Ann Arbor, MI, 1996), 45; Adams, *First American Constitutions*, 249; “The Republican Federalist” I, *Massachusetts Centinel*, Dec. 29, 1787, *DHRC*, 5:552。

164 New Hampshire Constitution of 1784, Part 1, Art. XXXII（全部引文）; Holton, *Unruly Americans*, 175, 199; Wood, *Creation of the American Republic*, 190; Adams, *First American Constitutions*, 244–246; Jean Yarbrough, “New Hampshire: Puritanism and the Moral Foundations of America,” in Gillespie and Lienesch, eds., *Ratifying the Constitution*, 238–239; Ray Raphael, “The Democratic Moment: The Revolution and Popular Politics,” in Gray and Kamensky, eds., *American Revolution*, 122, 131–132; Swift, *The Making of An*

American Senate, 44；下文，583。

165 Articles of Confederation, Art. V, *DHRC*, 1:87; Ellsworth, June 22, *Farrand*, 1:371; Williamson，同上，372（引文）；另见 Sherman，同上，373; Butler, Aug. 14，同上，2:290。

166 Hamilton, June 22，同上，1:373（"极力"和"支付薪水的"）；Randolph，同上，372（"由此形成"）；Gorham，同上（"并用这种"）；King，同上；Madison，同上，373; Wilson，同上；Mason, Aug. 14，同上，2:291（"国会两院"）；Morris，同上，290；另见 Langdon，同上，290–291; Madison, June 12，同上，1:215–216。

167 Ellsworth, June 22，同上，374（"联邦政府"）；同上［以 5∶4 的投票拒绝了埃尔斯沃斯的提案（两个州的代表团出现分歧）］；Committee of Detail report, Art. VI, § 10, Aug. 6，同上，2:180; Ellsworth, Aug. 14，同上，290; Daniel Carroll，同上，292；同上（以 9∶2 的投票拒绝细则委员会的提案）。

168 Wilson, June 22，同上，1:373; Gorham，同上，372（引文）；Broom, Aug. 14，同上，2:291。

169 King, June 22，同上，1:372（"任何实际上"和"将激起"）；Madison，同上，374（"为了自己的"）；Ellsworth, Aug. 14，同上，2:292（"将产生"）；Sherman，同上，291–292；同上，293（以未记载的差额投票通过国会议员薪酬由法律规定的决议）。

170 Hamilton（耶茨的记录），June 18，同上，1:299（引文）；Holton, *Unruly Americans*, 202; Wood, *Creation of the American Republic*, 168–169, 508–513; Rakove, *Original Meanings*, 214–215。

171 放宽选举权资格要求成为独立战争的政治动力之一，参见 McDonnell, "The Struggle Within," 110–111, 114。各州的选举财产资格要求，参见 Adams, *First American Constitutions*, 194–196, 315–327。

172 Morris, Aug. 7, *Farrand*, 2:202–203（"不能将""充斥着"和"自由的"）；Dickinson，同上，202（"必要的"）；Madison，同上，203–204（"未来将是""绝大多数"和"富人和"）；另见 Beeman, *Plain, Honest Men*, 279–280; Rakove, *Original Meanings*, 225。

173 Franklin, Aug. 7, *Farrand*, 2:204(“不应该”); Aug. 10，同上，249(“我不喜欢”和“我所认识”); 另见 Franklin（麦克亨利的记录），Aug. 7，同上，210。

174 Ellsworth，同上，201（“各州才是”）; Wilson，同上（“很难”）; Mason，同上，201–202; Gorham, Aug. 8，同上，215–216; 另见 Rutledge, Aug. 7，同上，205。

175 同上，206［以 7∶1 的投票拒绝莫里斯关于增加国会选举财产资格要求的动议（一个州的代表团出现分歧）］; U.S. Constitution, Art. I, § 2; Holton, *Unruly Americans*, 196; Robertson, *The Constitution and America's Destiny*, 150。

176 Gerry, July 26, *Farrand*, 2:123（“如果财产”）; Mason，同上，121（“以推进”）; Morris，同上，121; Dickinson，同上，123; 同上（一致同意查尔斯·平克尼和查尔斯·科茨沃斯·平克尼提出的将任职财产要求扩展至联邦行政和司法部门成员的修正案）。梅森和麦迪逊还警告，那些与政府仍有“未结算账目”的人——其中许多人将成为公共债权人而不是债务人——是为了麦迪逊所谓的“险恶用心”来谋求公职的。参见 Mason，同上；Madison，同上，122; 另见同上，125–126。各州宪法对公职人员的财产要求，参见 Adams, *First American Constitutions*, 315–327。

177 Dickinson, July 26, *Farrand*, 2:123（“而一份”和“崇拜有钱人”）; King，同上，123（“将土地资产”）; 另见 Gorham，同上，122。

178 Madison，同上，123。

179 Official Record，同上，117（投票）; 另见 Beeman, *Plain, Honest Men*, 256。

180 Committee of Detail report, Art. VI, § 2, Aug. 6，*Farrand*, 2:179; Rutledge, Aug. 10，同上，249（“没有提出”）; Ellsworth，同上（其他引文）; 另见 Robertson, *The Constitution and America's Destiny*, 151; Rakove, *Original Meanings*, 225–226。

181 Madison, Aug. 10, *Farrand*, 2:249–250（“不适当的”和“共和制政府”）; Pinckney，同上，248（“贵族制”和“思想独立”）。

182 Morris, Williamson, Rutledge, and Wilson，同上，250–251；同上，251（以 7∶3 的投票否决细则委员会关于明确授权国会为国会两院议员设置财产资格要求的提案)。

183 1787年10月24日麦迪逊致杰斐逊，*PJM* (C.S.), 10:215; Beeman, *Plain, Honest Men*, 150–151, 181–189。

184 Virginia Plan, resolution 2, May 29, *Farrand*, 1:20.

185 1787年3月19日麦迪逊致杰斐逊，*PJM* (C.S.), 9:319(引文); Madison(金的记录), July 7, *Farrand*, 1:554。

186 1787年3月19日麦迪逊致杰斐逊，*PJM* (C.S.), 9:318–319；另见1787年4月16日麦迪逊致华盛顿，同上，382; Robertson, *The Constitution and America's Destiny*, 93–94; Rakove, *Original Meanings*, 54; Maier, *Ratification*, 24。人口统计上的预测参见Staughton Lynd, "The Compromise of 1787," *Political Science Quarterly* (1966), 81:240–243; Banning, "Virginia," 269; Carpenter, *The South as a Conscious Minority*, 173–177; Hendrickson, *Peace Pact*, 227。

187 King, May 30, *Farrand*, 1:35–36; Hamilton，同上，36("自由民"); Morris, July 5，同上，533("社会的"和"它理应"); 另见Beeman, *Plain, Honest Men*, 107–108。

188 Rutledge, July 5, *Farrand*, 1:534("财产毫无疑问")；下文，265–277；另见Rutledge and Butler, June 11, *Farrand*, 1:196; Rutledge, July 11，同上，582; Abraham Baldwin, June 29，同上，469–470。

189 Madison, May 30，同上，36("《邦联条例》"); Read，同上，37; Robertson, *The Constitution and America's Destiny*, 133。

190 1787年5月21日里德致迪金森，*Farrand*, 3:25–26("严加注意"); 1787年1月17日里德致迪金森，William Thompson Read, *Life and Correspondence of George Read* (Philadelphia, 1870), 438–439(其他引文)[以下简称"Read, *George Read*"]。

191 Delaware delegates' instructions, May 25, *Farrand*, 1:4; Read, May 30，同上，37("退出"); 1787年1月17日里德致迪金森, Read, *George Read*, 438("作为确保"和"内部异议"); Saladino, "Delaware," 38–39；另见1787年5月23日雅各布·布鲁姆致汤姆斯·柯林斯，*Farrand*, Supp.: 17; Robertson, *The Constitution*

and America's Destiny, 122; Beeman, *Plain, Honest Men*, 71–72。

192 Madison, June 29, *Farrand*, 1:464（“确定无疑”和“使整个国家”）; July 14，同上，2:9（“否决多数人”和“采取要挟手段”）。

193 Madison, May 30，同上，1:37；上文，130–131。

194 Hamilton, June 18, *Farrand*, 1:286（“极大地动摇”和“要弗吉尼亚”）; Wilson, June 9，同上，179（“因为所有”）; Wilson（耶茨的记录），June 20，同上，348（“危急时刻”“为了小州”和“已经到了”）; Morris（金的记录），July 7，同上，555（“神圣的契约”）; 另见 Gerry, June 29，同上，467; Wilson, June 16，同上，253; June 20，同上，343; June 28，同上，449–450; King, July 14，同上，2:6; Wilson，同上，4。

195 Madison, June 19，同上，1:322（“一个”）; June 29，同上，464（“必然会”）; Wilson, July 14，同上，2:10（“代表制度中”）; 另见 Madison，同上，9; Hamilton, June 18，同上，1:286–287。

196 Wilson, June 30，同上，483–484（“虚弱”和“使美国”）; Madison，同上，486（“以此要挟”“一些强大的”和“采取”）。

197 Wilson，同上，483（“我们怎能”）; Hamilton, June 29，同上，466（“人民的权力”和“由人组合”）。威尔逊甚至否认这些州曾经是主权实体。根据威尔逊的说法，当殖民地宣布从英国独立时，“不是单独地，而是联合在一起宣布独立的”（June 19，同上，324）。

198 Madison, June 29，同上，463（“在政治社会中”）; July 14，同上，2:8–9（“直接”和“任何一个”）; 另见 June 28，同上，1:446–447; Williamson, June 9，同上，180; Rosemarie Zagarri, *The Politics of Size: Representation in the United States, 1776–1850* (Ithaca, NY, 1987), 75–76。

199 Wilson, June 21, *Farrand*, 1:355–356（“互惠的机会”）; Madison，同上，357。

200 Wilson，同上，356（“会处于”）; Madison，同上（“总会陷入”）。

201 Madison（耶茨的记录），June 29，同上，476（“危险”和“防御性”）; June 28，同上，447–448（“行为方式”“很不相同”和“它们联合起来”）; Madison（耶茨的记录），同上，455（“比联合”）; 另见 June 30，同上，486; Zagarri,

Politics of Size, 74–75; Rakove, *Original Meanings*, 55; Dahl, *How Democratic Is the American Constitution?* 52; Beeman, *Plain, Honest Men*, 222。

202 Hamilton, June 29, *Farrand*, 1:466（“在那些”“唯一明显”和“权力之争”）; June 19，同上，325（“它们各自”）; Bedford, June 20，同上，491（“完全是”和“紧紧攥着”）; 另见 Brearley, June 9，同上，177; Wilson（耶茨的记录）, June 30，同上，494–495。

203 Williamson, June 28，同上，445(“会结合”）; Franklin, June 30，同上，488(“它们的钱财”）; 另见 Williamson（耶茨的记录）, June 28，同上，456–457。

204 Madison, June 29，同上，464（除了“使旧世界”之外的引文）; June 8，同上，168（“使旧世界”）; 另见 June 19，同上，320; June 28，同上，448–449; Gorham, June 29，同上，462–463; Hamilton，同上，466–467; Hamilton（耶茨的记录），同上，473–474。

205 Morris, July 5，同上，530。

206 Paterson, June 8，同上，178（“无权超越”“人民”和“必须紧随”）; Sherman, June 20，同上，342; Ellsworth, June 29，同上，469（“这意味着”）; 另见 Paterson（耶茨的记录）, June 9，同上，182; Paterson（金的记录），同上，184; Paterson（耶茨的记录）, June 16，同上，258–259; Martin, June 27，同上，437–438; Brearley, June 9，同上，176–177; Lansing（耶茨的记录）, June 16，同上，257; 上文，143。

207 Bedford, June 30，同上，491（“正义在”和“利益蒙蔽了”）; Bedford（耶茨的记录），同上，500（“通过美化”）; Martin, June 27，同上，437–438（“每个州的”和“州就像”）; June 19，同上，324（“自然状态”“在平等的”和“它们现在”）; Paterson（耶茨的记录）, June 16，同上，259（“当独立的”）; June 9，同上，178（“一个富裕的”）; 另见 Brearley（耶茨的记录）, June 9，同上，181。见 Zagarri, *Politics of Size*, 2, 62–73（特别是 66–67），142–143。

208 Johnson, June 29, *Farrand*, 1:461（“许多的”“政治组合”和“拥有某种”）; Sherman, July 14，同上，2:5（“对于小州”）; 另见 Sherman, June 11，同上，1:196; Sherman（耶茨的记录），同上，204; Johnson, June 21，同上，354–355。

209 Martin, Aug. 30，同上，2:463–464（“幻象”和“州这样的”）; Paterson（耶茨的记录），June 16，同上，1:259（“土地储备”）; U.S. Constitution, Art. IV, § 3, cl. 1; 另见 Read, June 11, *Farrand*, 1:202。

210 Paterson, June 9，同上，177–179（“较小州的”“将被吞没”和“同盟”）; Bedford, June 8，同上，167（“建立一种”和“小州阻挡”）; Martin, June 27，同上，438（“奴役”和“奇迹般”）; 另见 Ellsworth, June 30，同上，484–485; Ellsworth（耶茨的记录），同上，495–496; Sherman, June 11，同上，196; Brearley, June 9，同上，177; Bedford（耶茨的记录），June 30，同上，500; Zagarri, *Politics of Size*, 172–173。

211 Ellsworth（金的记录），June 29, *Farrand*, 1:478（“三个或四个”）; June 30，同上，484–485；另见 June 29，同上，469; Charles Pinckney, July 2，同上，510; Martin, June 27，同上，438; Bedford, June 8，同上，167。

212 上文，157。

213 1785 年 11 月 7 日弗吉尼亚州代表致州长帕特里克·亨利，*LDC*, 23:7（“反对在”和“希望竭尽所能”）; 1784 年 4 月 30 日理查德·多布斯·斯佩特致北卡罗来纳州州长亚历山大·马丁，*LDC*, 21:567（“小州不可能”）; Madison, Observations Relating to the Influence of Vermont and the Territorial Claims on the Politics of Congress, May 1, 1782, *PJM* (C.S.), 4:201（“希望从”和“被弗吉尼亚州”）; 另见 1782 年 4 月 23 日麦迪逊致彭德尔顿，同上，178; Aug. 14, 1781，同上，3:224; 1782 年 10 月 19 日梅森致伦道夫，*PGM*, 2:746–755; Zagarri, *Politics of Size*, 63–64; Brown, *Redeeming the Republic*, 192; Onuf, “Maryland,” 181; Davis, *Sectionalism in American Politics*, 39–40; Banning, *Sacred Fire*, 22–24。

214 1787 年 1 月 17 日里德致迪金森，*Farrand*, 3:575 n. 6（“为了偿还”）; Read（耶茨的记录），June 25，同上，1:412; Martin, Aug. 30，同上，2:463–464; Wilson，同上，462（“不经过”）; 同上，462（以 8∶3 的投票否决了一项议案，这次投票在很大程度上并没有完全遵循小州和大州之间的立场分歧。该议案提出，国会在得到各州同意之后才可以分割其土地）; 另见 1787 年 12 月 15 日北卡罗来纳州代表在北卡罗来纳州大会上的发言，*LDC*, 24:586。

215 Martin, June 28, *Farrand*, 1:445（全部引文）; 另见 Lansing, June 20，同上，337。

216 Official Journal, June 11，同上，192–193; Bedford, June 30，同上，491（“目前是”和“它很快”）; 另见 Official Journal, June 29，同上，460［以 6∶4 的投票确认对众议院“公平比例”的承诺（一个代表团出现分歧）］。

217 Morris, July 13，同上，604–605（“北卡罗来纳”）; Mason, July 11，同上，586（“短短几年内”）; 另见 Butler, July 13，同上，605; Madison, July 14，同上，2:10。随着时间的推移，南方的人口劣势日益显现，见 *The South as a Conscious Minority*, 21–23; David M. Potter, *The Impending Crisis, 1848–1861* (New York, 1976), 475–476。

218 Sherman, June 11, *Farrand*, 1:201（“小州绝不会”）; Ellsworth, June 29，同上，469（“如果在”和“将不顾一切后果”）; Dickinson, June 15，同上，242 n. *（“如果在”）; Paterson, June 9，同上，179（“宁可臣服于”）; 另见 Martin, June 28，同上，445; Martin（耶茨的记录），June 30，同上，499; Paterson（金的记录），July 7，同上，554; Martin, July 14，同上，2:4; Jonathan Dayton，同上，5。

219 King，同上，7（“民众永远不会”）; June 30，同上，1:489（“坚定”和“那么”）; Wilson，同上，482（“不要从”和“如果美国人民”）; June 9，同上，180（“如果小州”和“他认为”）; 另见 Morris, May 30，同上，37; Gerry, June 29，同上，467。

220 1788 年 1 月 21 日格里致马萨诸塞州批准宪法大会副主席，*Farrand*, 3:264（“极其严重”）; 1831 年 4 月 8 日麦迪逊致贾里德·斯帕克斯，*Writings of James Madison*, 9:449（“极大的”和“既令人”）; 另见 1788 年 4 月 8 日麦迪逊致乔治·尼古拉斯（George Nicholas），*PJM* (C.S.), 11:12; Luther Martin, Genuine Information III, Baltimore *Maryland Gazette*, Jan. 4, 1788, *DHRC*, 11:149; Madison, June 15, *Farrand*, 1:242 n. *; Butler, June 25，同上，407–408。

221 Madison, June 30，同上，481（“不难理解”）; Wilson，同上；同上，482［以 5∶2 的投票否决新泽西州代表团提出的要求新罕布什尔州立即派遣代表团参会的提案（一个州的代表团出现分歧）］。

222 Pierce, Character Sketches，同上，3:92（“性格热情”）; Bedford, June 30，同

上，1:491–492（“利益”“野心”“明显是”和“小州”）; Bedford（耶茨的记录），同上，500（“先生们”）（原文是斜体，表示强调）; 另见 Beeman, *Plain, Honest Men*, 184。

223 King, June 30, *Farrand*, 1:493（“前所未有的”“寻求”和“对于”）; Randolph, July 2，同上，515（“激烈且冲动”）; Bedford, July 5，同上，531（“激烈”“十分自然”“并非”“没有人”和“用刀剑”）。

224 富兰克林的演讲（由威尔逊朗读），6 月 11 日，同上，197。

225 Franklin, June 28，同上，450–452（“谦卑地”和“祈求”）; Hamilton and several other delegates，同上，452（“使公众认为”）; 同上，452 & n. 16（对动议的决议）; 另见 The Autobiography of William Few，同上，3:423。

226 Dickinson, June 2，同上，1:83（“很可能”）; Sherman, June 11，同上，196; Johnson, June 29，同上，461（“政治社会”和“人民选区”）; Sherman, July 7，同上，550; 另见 Johnson（金的记录），June 29，同上，476–477; Ellsworth（耶茨的记录），June 29，同上，474–475; Sherman, June 20，同上，343; Beeman, *Plain, Honest Men*, 150–151, 163–164, 223–224。

227 Official Journal, July 2, *Farrand*, 1:509; 同上，510; 另见 Beeman, *Plain, Honest Men*, 185–186; Coleman, *American Revolution in Georgia*, 268。

228 Franklin, June 30, *Farrand*, 1:488(“放弃各自”); 7 月 2 日平克尼提出的动议，同上，511; Sherman（耶茨的记录），同上，517（“现在似乎”）; Martin（耶茨的记录），同上（“你必须”）; Randolph（耶茨的记录），同上，519（“并不指望”）; Lansing，同上; Sherman，同上，511（“认为”和“最有希望”）; Williamson，同上，515（“如果我们”和“更冷静的”）; 另见 Gerry，同上; 1831 年 4 月 8 日麦迪逊致贾里德·斯帕克斯，*Farrand*, 3:500; Beeman, *Plain, Honest Men*, 187–189。关于大州的联盟正开始瓦解的征兆，参见 Gorham, June 25, *Farrand*, 1:404–405; 另见 Banning, *Sacred Fire*, 452 n. 38。

229 Wilson and Madison（耶茨的记录），July 2, *Farrand*, 1:519; July 5，同上，516（以 9∶2 的投票同意将分摊问题提交委员会，然后以 10∶1 的投票同意设立大委员会）; Official Journal, May 28，同上，9（委员会任命规则）; 另见 Beeman, *Plain, Honest Men*, 188–189; Robertson, *The Constitution*

and America's Destiny, 141; Banning, *Sacred Fire*, 153–154; Bilder, *Madison's Hand*, 105; Rossiter, *1787: The Grand Convention*, 187。

230 Gerry, July 5, *Farrand*, 1:527；耶茨的记录，July 3，同上，522–523。

231 Gerry, June 13，同上，233（“更直接”）；Gerry（耶茨的记录），同上，238（“即使不喜欢”和“因此怀有偏见”）。

232 Butler，同上，233（“任何类似的”）；Madison，同上（“参议院与”“会劝说”“普遍上”和“让他们”）；Pinckney，同上，234（“议会两个分支”）；Official Journal，同上，229（投票）。

233 1788 年 1 月 21 日格里致马萨诸塞州批准宪法大会副主席，同上，3:265–266。

234 Madison（耶茨的记录），July 5，同上，1:535（“这只不过是”）；Wilson, July 6，同上，544（“轻如鸿毛”）；Pinckney，同上，546；另见 Madison, July 5，同上，527；Butler，同上，529；Charles Pinckney, July 6，同上，545；Wilson, July 14，同上，2:4。

235 Gerry，同上，5（“具有极大的”和“和解的基石”）；Gerry, July 6，同上，1:545（“人民在”和“分量”）；Mason，同上，544（“人民的”）；同上，547［以 5∶3 的投票通过了发起条款（三个州的代表团出现分歧）］。

代表们多次重新审议发起条款。虽然由格里主持的委员会最初认为，这一条款可以促使大州代表接受参议院中的各州平等代表权，但有些代表继续批评这一条款，并敦促将其取消。查尔斯·平克尼认为：“如果能够赋予参议院上述诸多重要权力，那么也应该授权其发起涉及金钱问题的提案。”麦迪逊也希望取消这一条款，他认为：“这对大州没有好处，只会牵制政府，并且成为两院之间有害冲突的根源。”参见 Pinckney, Aug. 8，同上，2:224；Madison，同上；另见 Wilson, Ellsworth, and Madison, Aug. 9，同上，233；Morris，同上，234；Wilson，同上；Charles Pinckney, Aug. 11，同上，263。

由于许多来自大州的杰出代表似乎决心拒绝小州所做的让步，一些小州代表也不想再强迫他们让步（尤其是那些从一开始就不想让步的小州代表，因为他们希望保留参议院的权力，以使小州可以行使平等的投票权）。因此，在 8 月 8 日，大会发生了逆转，以 7∶4 的投票删除了发起条款。然而，其他大州代表立即反对撤销康涅狄格妥协中的这一部分内容。威廉姆森宣称，他“惊讶地看到小州放弃了它们［在参议院］获得平等待遇的条件”。伦道夫坚持说，“大州至少会要求得到这种补偿”，因为它们放弃了以人口为基础分配参议院代表的要求。他警告，取消这一条款，将“危及整个制宪方案的成功”。伦道夫还认为，发起条款将使康涅狄格妥协更容易为人民所接受，因为“他们会认为参议院是更具贵族性的机构，并期望根据英国的例子，采取更常规的手段，限制其影响力”。参见 Aug. 8，同上，224–225（投票）；Williamson, Aug. 9，同上，233（“惊讶地”）；Randolph，同上，230（“危及”）；Randolph, Aug. 11，同上，263（“大州至少”和“他们会认为”）；另见 Aug. 9，同上，232；Caleb Strong，同上；George Read，同上，232–233；Mason，同上，233；同上，234。一名马里兰州代表强烈反对限制参议院提出涉及金钱的法案，参见 Aug. 7（麦克亨利的记录），同上，210–211。

几天后，伦道夫和梅森试图通过让步来化解针对发起条款的反对意见，从而恢复发起条款。他们这次提议，将发起条款的范围限制在以增加税收（或拨款）为目的的措施上，这将排除国会利用该条款制定立法，实现以增加税收为名的其他目的。他们还提议，授权参议院在有限的范围内修改这类立法（而委员会提议不允许参议院进行任何修改）。根据他们的提议，参议院不允许增加或减少征税数额，或改变征税的方式和拨款的目的，但参议院将（含蓄地）被允许删除众议院附加在增加收入或拨款法案上的额外条款。参见 8 月 13 日伦道夫提出的动议，同上，273；Mason，同上。

但是，威尔逊和麦迪逊对新版本的发起条款的看法，并不比对旧版本更为积极。麦迪逊反对说，有些调控贸易的立法措施，很难判断其主要目的是否是增加税收，他批评伦道夫和梅森提案所设想的参议院修改权范围太狭窄，因为这样会限制参议院制约众议院的“奢靡浪费之举”。他还担心参议院会在修正众议院这类立法的幌子下，“讨论其他问题”，这将导致国家机关之间的无谓纠纷。参见 Madison，同上，276–277；Wilson，同上，274–275；另见 Rutledge，同上，279–280。

然而，制宪会议上最坚定地支持发起条款的格里警告道，“如果不限制参议院提出涉及金钱的法案，宪法将不可避免地会得不到批准，因为人民会坚持认为，只有他们的直接代表才能干涉他们的钱包”。迪金森也认为，“经验证明，必须将涉及金钱的法案交给人民的直接代表”。他指出，八个州的宪法中都有这样的规定（不过大多数州允许州上议院修正），并警告道，“拒绝给予众议院这种特权，不符合人民的一贯认识”。迪金森认为，发起条款能够有力回击那些批评宪法具有“贵族制”色彩、陈旧过时的意见。伦道夫同样警告道，一个已经带有“贵族面貌”的上议院会引起足够的警觉，即便它没有“从［人民的］直接代表那里夺走一项长期由他们保留的权利”。伦道夫提出，代表们不应该再增加宪法在获得批准时会面临的“众多而可怕的”困难了。尽管如此，代表们还是以 7∶4 的票数，否决了伦道夫和梅森提出的修正案，他们刚刚以同样的票数撤销了发起条款。参见 Gerry，同上，275；Dickinson，同上，278；Randolph，同上，278–279；同上，280。

不过梅森、伦道夫和格里没有放弃。最终，他们促使大会通过了一项折中措施，规定只有众议院才可以提出增加税收的法案，但允许参议院修改这些法案。然而，他们对发起条款的不满，可能部分解释了他们在大会结束时为何拒绝签署宪法。参见 8 月 15 日卡莱布·斯特朗提出、梅森附议的动议，同上，297；Gorham，同上；Williamson，同上；Committee on Unfinished Parts Report, presented by Brearley, Sept. 5， 同 上，508–509；Official Journal, Sept. 8，同上，545。格里对妥协条款的不满，参见 1788 年 1 月 21 日格里致马萨诸塞州批准宪法大会副主席，同上，3:265–266。关于梅森和伦道夫决定不签署宪法时，他们对发起条款的不满在其中所起的作用，参见 Banning, *Sacred Fire*, 154, 174–175, 452 n. 48。

236 Madison, July 5, *Farrand*, 1:527–528.

237 Butler，同上，529（“明显是”）；Morris，同上，530（“共同的”）；Wilson, July 7，同上，550（“坚定”）；另见 Morris（佩特森的记录），July 5，同上，537。

238 Ellsworth，同上，532（“必要性和合理性”）；Gerry，同上（“从实际上”和“如果我们”）；Mason，同上，532–533（“他宁可”）；July 6，同上，544（“也认为”）；Paterson, July 7，同上，551；另见 Paterson（金的记录），同上，554; Gerry，同上，550。

239 July 7，同上，550–551［以 6∶3 的投票通过委员会报告中关于参议院代表权平等的规定（两个州的代表团出现分歧）］。北卡罗来纳代表团放弃了大州联盟，参见 Trenholme, *Ratification of the Federal Constitution in North Carolina*, 84–85。

240 Pinckney, June 7, *Farrand*, 1:155; Pinckney, Madison, Wilson, and Gerry, July 14，同上，2:5；同上，11（以 6∶4 的投票拒绝了平克尼的提议）；另见 6 月 8 日查尔斯·平克尼和拉特利奇提出的动议，同上，1:169；7 月 2 日查尔斯·平克尼提出的动议，同上，511；Gorham, June 25，同上，404–405；另见 Banning, *Sacred Fire*, 452 n. 38。

241 Franklin, June 30, *Farrand*, 1:489; Franklin（耶茨的记录），同上，499；富兰克林的方案，同上，507–508; Randolph, July 2，同上，514; Randolph（耶茨的记录），同上，519；另见 Edmund Randolph's Suggestion for Conciliating the Small States, July 10，同上，3:55。

242 King, July 14，同上，2:7（"民众永远"）；Strong，同上，7–8（"邦联国会""巨大的让步"和"很自然地"）。

243 July 16, *Farrand*, 2:15; Madison, Sept. 15，同上，631（引文）；另见 Beeman, *Plain, Honest Men*, 219, 355。

244 Madison, July 16, *Farrand*, 2:19–20（"坚持性"和"根据"）；Randolph，同上，17–18（"小州也可以"）；Rutledge，同上，19（"他看不到"）。

245 Wilson, July 2，同上，1:515; Wilson（耶茨的记录），June 30，同上，494；另见同上，482; July 14，同上，2:4。

246 May 28，同上，1:10–11 n. *（"大州的"和"此举可能"）；1787 年 3 月 19 日麦迪逊致杰斐逊，*PJM* (C.S.), 9:319（"人口较少"）；另见 Beeman, *Plain, Honest Men*, 55, 82; Rakove, *Original Meanings*, 60。

247 Williamson, Aug. 29, *Farrand*, 2:454.

248 Saladino, "Delaware," 34（"体面但坚定地"和"在大会中"）；Gerry, June 29, *Farrand*, 1:467（"让每个州"）；另见 Notes of Debates of the Continental Congress, July 30, 1776, *JCC*, 6:1079–1080 (statements of Benjamin Franklin and John Witherspoon); Wood, *Creation of the American Republic*, 357; Zagarri,

Politics of Size, 62–63; Rakove, *Beginnings of National Politics*, 140–141, 158–159; Hendrickson, *Peace Pact*, 138–139, 144–145, 223; Adams, *First American Constitutions*, 283。

249 Madison, Observations Relating to the Influence of Vermont and the Territorial Claims on the Politics of Congress, May 1, 1782, *PJM* (C.S.), 4:201.

250 Madison, July 14, *Farrand*, 2:9–10（全部引文）；另见 Rakove, *Original Meanings*, 77；上文，191–192。

251 Madison, July 14, *Farrand*, 2:10（“大家都很清楚”）; Morris, July 13，同上，1:604（“为了给”和“支持”）; 下文，265–277。

252 上文，62–63；下文，272, 388–389; Banning, *Sacred Fire*, 155；另见 Hendrickson, *Peace Pact*, 231。

253 Randolph, July 16, *Farrand*, 2:17–18（全部引文）。代表们意识到伦道夫关于休会的提议的意思模棱两可：他是指休会到第二天还是无限期休会（在休会期间，代表们返回各州咨询他们选民的意见）？佩特森宣布，他赞成无限期休会，以揭开围绕着大会的保密面纱。但是，查尔斯·科茨沃斯·平克尼和雅各布·布鲁姆坚持认为，这样的休会对整个宪法改革事业具有致命影响。然后，伦道夫澄清说，他的意思是休会到第二天，经过辩论，代表们同意了。同上，18–19。

254 Morris, July 17，同上，2:25（“抽象地”）; Virginia Plan, resolution 6, May 29，同上，1:21（“单个州”和“美国的”）; Butler and Rutledge, July 16，同上，2:17；另见 Beeman, *Plain, Honest Men*, 227–228。

255 Madison, July 7, Farrand, 1:551（全部引文）; 另见 Robertson, *The Constitution and America's Destiny*, 158; Banning, *Sacred Fire*, 168–169。

256 Virginia Plan, resolution 9, May 29, *Farrand*, 1:21; Madison, June 5，同上，120（全部引文）; 下文，223–224。

257 Madison, July 21, *Farrand*, 2:80–81（“第二分支”“把这些”和“一般来说”）; Aug. 23，同上，392（“参议院”）; Committee of Detail report, Art. IX, Aug. 6，同上，183。

258 Sherman, July 18，同上，41；8月25日谢尔曼提出的动议，同上，419。谢

尔曼关于赦免权的动议被压倒性地否决了。同上。

259 Madison, June 25，同上，408 n. *（全部引文）；另见 Wilson（耶茨的记录），同上，413。

260 Madison, May 31，同上，52（引文）；statements by Richard Dobbs Spaight, Butler, and Sherman，同上，51–52；同上，52（投票）；另见 Beeman, *Plain, Honest Men*, 119–120; Robertson, *The Constitution and America's Destiny*, 137。

261 Wilson, June 7, *Farrand*, 1:151（"建立一个"和"纠纷"）；June 25，同上，406（"引入"和"联邦政府"）；Madison, June 30，同上，490（"完全依赖"）。

262 6 月 7 日迪金森提出的动议，同上，150（"最杰出的"）；Sherman，同上（"积极支持"和"州政府"）；Mason，同上，155（"应该拥有"）；Sherman（耶茨的记录），June 11，同上，204（"就像人民"）；Ellsworth（耶茨的记录），June 25，同上，414（"更有能力"和"智慧和稳定性"）；另见 Dickinson, June 6，同上，137; Charles Pinckney, June 7，同上，155。

263 Gerry，同上，152（"丝毫""主要是""一些有利于"和"压迫"）；Madison，同上，154（"大家""国会制定"和"促进"）；Gerry，同上，154–155（"州议会"和"由州立法机构"）；另见 Holton, *Unruly Americans*, 203。

264 Dickinson, June 7, *Farrand*, 1:152–153（全部引文）；Wilson，同上，153；另见 Mason, June 25，同上，407。

265 June 7，同上，156（10∶0 的投票）；June 25，同上，408（9∶2 的投票）；另见 Jack N. Rakove, "The Madisonian Moment," *University of Chicago Law Review* (1988), 55:484–485; Robertson, *The Constitution and America's Destiny*, 108–109, 139。

266 Dickinson（金的记录），June 7, *Farrand*, 1:158（全部引文）；Madison，同上；Mason, July 23，同上，2:94。

267 Davie, June 30，同上，1:487–488; Wilson，同上，488。

268 Martin, July 23，同上，2:94；同上，94–95（以 8∶1 的投票拒绝每个州派出三名参议员的提案；之后一致同意每个州派出两名参议员的提案）；Martin，同上；同上，95（以 9∶1 的投票同意独立投票）。

269 埃尔斯沃斯提议由各州立法机构支付参议员薪水，June 26，同上，1:427; Committee of Detail report, Art. VI, § 10, Aug. 6，同上，2:180; Martin, Aug. 14，同上，292; Butler（耶茨的记录），June 26，同上，1:434（“我们政府”和“必须由”）; Aug. 14，同上，2:290（“远离”）。

270 Madison, June 26，同上，1:428（“各州利益”）; Aug. 14，同上，2:291（“无法看到”）; June 19，同上，1:319（“经常延误公事”）; Aug. 14，同上，2:292（以 9∶2 的投票否决细则委员会关于州立法机构支付联邦国会两院议员薪水的提议）。与麦迪逊类似的观点，参见 Dickinson，同上；Daniel Carroll，同上。

271 Holton, *Unruly Americans*, 128–131, 174–175, 190; Kaminski, “Paper Politics,” 114, 139, 146, 149, 178; Shumer, “New Jersey,” 79–80; Van Cleve, “Anti-Federalists' Toughest Challenge,” 541–543; Main, *Political Parties*, 133, 220–223. 上议院的独特之处，参见 Wood, *Creation of the American Republic*, 213–214。

272 Randolph（麦克亨利的记录）, May 29, *Farrand*, 1:26–27（“我们面临的”和“能够对”）; June 12，同上，218（“州立法机构”）; Morris, July 2，同上，512（“就是制约”）; July 19，同上，2:52（“国会第一院”）; 另见 Ellsworth（耶茨的记录），June 25，同上，1:414; Randolph, May 31，同上，51; Hamilton（耶茨的记录），June 18，同上，299。

273 Madison, June 12，同上，218（“目前”）; June 26，同上，422–423（“艰苦劳作”“滑向”“充分尊重”和“正义主导”）; Madison（耶茨的记录），June 12，同上，222（“制约民主”）; 另见 June 7，同上，151; Rakove, “Madisonian Moment,” 482。有学者试图将麦迪逊的这些表述放在他更广泛的政治经济学背景之下来理解，参见 McCoy, *Elusive Republic*, 128–130。

274 Madison, June 26, *Farrand*, 1:423（“足够长的任期”）; 1786 年 8 月 12 日麦迪逊致杰斐逊，*PJM* (C.S.), 9:95（“随处可闻”和“能够阻止”）; Holton, *Unruly Americans*, 190; Brown, *Redeeming the Republic*, 127–128；另见 Madison, Aug. 14, *Farrand*, 2:291；1787 年 6 月 4 日托拜厄斯 · 利尔致本杰明 · 林肯，Benjamin Lincoln Papers 缩微版，P–40, Reel 8（Mass. Historical Society）。马里兰州纸币之争的背景参见 James Haw et al., *Stormy Patriot: The Life of*

Samuel Chase (Baltimore, 1980), 136–143。早在 1785 年，当麦迪逊对肯塔基州的宪法方案提供建议时，他就把马里兰州参议院视为一个典范［1785 年 8 月 23 日麦迪逊致卡莱布·华莱士（Caleb Wallace），*PJM* (C.S.), 8:351］。

275 Virginia Plan, resolution 5, May 29, *Farrand*, 1:20（“足以保持”）; Spaight, June 12，同上，218; Pierce，同上（“重大的伤害”）; Pinckney, June 25，同上，409（“可能会使”和“他们会获取”）; Sherman, June 26，同上，423（“经常性的”）; Gerry，同上，425；另见 Gorham，同上，408; Charles Cotesworth Pinckney, June 26，同上，421。

276 Randolph, June 12，同上，218（全部引文）; 同上，219［以 8∶1 的投票赞成参议员任期七年（两个州的代表团出现分歧）］。

277 Madison（金的记录），June 7，同上，158（“应该来自”）; Dickinson，同上，150（“都是”）; Butler（耶茨的记录），June 26，同上，434（“我们政府的”）; Pinckney，同上，426–427（“要代表”）; Robertson, *The Constitution and America's Destiny*, 134；另见 Dickinson, June 6, *Farrand*, 1:136; Wood, *Creation of the American Republic*, 553–554。

278 Hamilton, June 18，同上，288–290（除了“唯有设立”之外的引文）; Hamilton（耶茨的记录），同上，299（“唯有设立”）。

279 Morris, July 2，同上，512–514（全部引文）; 另见 1831 年 4 月 8 日麦迪逊致贾里德·斯帕克斯，*Writings of James Madison*, 9:447–451。

280 Memorandum by N. P. Trist, Sept. 27, 1834, *Farrand*, 3:534(引自麦迪逊)(“异常肆无忌惮”和“他一贯的”); Pinckney, June 7，同上，1:155; Read and Robert Morris, June 25，同上，409；同上［以 7∶3 的投票否决七年任期的提案（一个州的代表团出现分歧）; 以 5∶5 的投票否决六年任期和五年任期的提案（一个州的代表团出现分歧）］; Madison（耶茨的记录），June 26，同上，431（“永久且稳定”）; Madison，同上，423; Wilson，同上，426（“赢得”）; 同上（以 8∶3 的投票否决九年任期、每三年改选 1/3 参议员的提案；之后以 7∶4 的投票赞成六年任期、每两年改选 1/3 参议员的提案）; Official Journal, June 12，同上，210–211（以 10∶1 的投票否决强制参议员到期卸任的提案）; 另见 Read, June 26，同上，421; Williamson and Sherman, June

25，同上，409；1787 年 1 月 7 日杰伊致华盛顿，*PGW* (C.S.), 4:503。

281 1786 年 8 月 12 日麦迪逊致杰斐逊，*PJM* (C.S.), 9:95（“每次都要”）；Randolph, June 25, *Farrand*, 1:408（“有助于”）；另见 Gorham, June 26，同上，421; Holton, *Unruly Americans*, 168–169。伦道夫的观点并不完全正确。参议员任期错开，使参议院总能适度独立于公众舆论。相比之下，参议员任期不错开，使参议院在参议员任期开始时非常独立于公众意见，但在任期结束时却极度依赖公众意见。非常感谢迈克尔·科恩（Michael Coenen）提供观点。

282 Committee of Detail report, Art. IX, Aug. 6, *Farrand*, 2:183;9 月 7 日威尔逊提出的动议，同上，538；同上（以 10∶1 的投票反对威尔逊让众议院加入条约制定过程的提议。宾夕法尼亚州持异议）。

283 Wilson, Sept. 8，同上，547–548; Williamson，同上，548；同上，549［以 9∶1 的投票否决威尔逊提出的取消参议院批准条约需要绝对多数同意的提案（一个州的代表团出现分歧）］；同上（以 8∶3 的投票否决拉特利奇和格里提出的批准条约要求 2/3 的参议员同意的提案）；另见 Wilson, Sept. 7，同上，540；1788 年 6 月 24 日梅森在弗吉尼亚州批准宪法大会上的发言，*DHRC*, 10:1488。关于新英格兰人在缔约结束独立战争时对这些渔业权利的关切，参见 Jensen, *New Nation*, 15–16; Hendrickson, *Peace Pact*, 181–183。

284 Madison, Sept. 7, *Farrand*, 2:540（“会从”）；Butler，同上，541（“制约”）；Gerry，同上（“最切身”和“这片大陆”）；Wilson, Sept. 8，同上，548（“少数人”）。在结束独立战争的谈判中，一些新英格兰人愿意与英国进行贸易，拿佐治亚州和南卡罗来纳州交换新斯科舍，参见 Hendrickson, *Peace Pact*, 189。

285 Sept. 7, *Farrand*, 2:541（以 8∶3 的投票反对麦迪逊提出的缔结和平条约不需要总统同意的提议，随后又以 8∶3 的投票赞成批准和平条约只需参议院的简单多数同意）；Gerry, Sept. 8，同上，548（“美国的”）；Williamson，同上（“有权决定”）。

286 Morris，同上（全部引文）；同上，548–549（以 8∶3 的投票反对批准和平条约无须参议院 2/3 绝对多数同意）；另见 Banning, *Sacred Fire*, 178。

287 1787 年 10 月 24 日麦迪逊致杰斐逊，*PJM* (C.S.), 10:208（引文）；另见 Carroll, Aug. 15, *Farrand*, 2:300; Gorham，同上；Madison, June 1，同上，1:66–67; Dickinson（皮尔斯的记录），同上，74。

288 Articles of Confederation, Art. IX, *DHRC*, 1:91; Beeman, *Plain, Honest Men*, 125; Rakove, *The Beginnings of National Politics*, 180, 356–357; Bowling, *The Creation of Washington, D.C.*, 61–62.

289 Rakove, *Original Meanings*, 249–250, 254–255; Beeman, *Plain, Honest Men*, 125, 137; The Declaration of Independence (1776), paras. 3–5. 包括威尔逊、汉密尔顿和詹姆斯·艾德尔这样的著名联邦主义者在内的建国一代的一个重要特征是，他们从未抱有强烈怀疑行政权力的态度。而且事实上，作为生活在殖民地的居民，他们一直支持国王在面对议会时扩充自己的权力。参见 Nelson, *Royalist Revolution*, 5–9, 35–37, 102–103, 149, 154–156。对莫里斯管理政策的批评，参见 1782 年 8 月 6 日亚瑟·李致塞缪尔·亚当斯，*LDC*, 19:25–26；下文，425 n. *。

290 Wood, *Creation of the American Republic*, 135–150, 155–159, 407, 434–436; Rakove, *Original Meanings*, 250–253; Nelson, *Royalist Revolution*, 146, 148, 308–309 n. 1; Robertson, *The Constitution and America's Destiny*, 35; Shumer, "New Jersey," 76–77; New York Constitution of 1777, Art. XXIII; Massachusetts Constitution of 1780, Pt. 2, Ch. 2, §IV, V, VIII, and IX. 纽约州宪法规定，州长在人事任命方面必须与行政委员会联合行动。

291 Madison, July 17, *Farrand*, 2:35（"经验已经""只不过""有效措施"和"立法机构"）; Morris，同上，35–36（"防止"）; July 19，同上，52（"控制"）；另见 1788 年 5 月 14 日查尔斯·平克尼在南卡罗来纳州批准宪法大会上的发言，*DHRC*, 27:329–330; Robertson, *The Constitution and America's Destiny*, 215–216; Nelson, *Royalist Revolution*, 5–6，179–181，203，215。

292 1787 年 4 月 16 日麦迪逊致华盛顿，*PJM* (C.S.), 9:385（引文）; Beeman, *Plain, Honest Men*, 55–56, 126–127, 257；另见 1787 年 4 月 8 日麦迪逊致伦道夫，*PJM* (C.S.), 9:370; Nelson, *Royalist Revolution*, 199。1785 年，当麦迪逊被问及他对肯塔基州宪法的看法时，他对行政部门的最优设计方案也表

现出同样的不确定性［1785 年 8 月 23 日麦迪逊致卡莱布 · 华莱士，*PJM* (C.S.), 8:352］。

293 Virginia Plan, resolutions 7–8, May 29, *Farrand*, 1:21.

294 Pinckney, June 1，同上，64（“充满活力”）；Morris, July 19，同上，2:52（“一个拥有”）；Wilson（金的记录），June 1，同上，71（“需要”和“传统”）；Sherman，同上，65（“只是一个”）；另见 Beeman, *Plain, Honest Men*, 55–56, 125–126。

295 Wilson, June 1, *Farrand*, 1:65（“最大的动力”）；Official Journal，同上，63（威尔逊提出、查尔斯 · 平克尼附议的单一制行政首脑动议）；Wilson（金的记录），June 16，同上，266–267（“如果”）；Rutledge, June 1，同上，65（“最具有”）；Pinckney, June 2，同上，88（“显而易见”和“没有人”）；Wilson, June 4，同上，96；另见 Butler, June 1，同上，88–89；Beeman, *Plain, Honest Men*, 56, 127, 129; Judith A. Best, “The Presidency and the Executive Power,” in Levy and Mahoney, eds., *The Framing and Ratification of the Constitution*, 213–214; Nelson, *Royalist Revolution*, 185–186。威尔逊从革命开始就一直支持广泛的行政权力，参见 Nelson, *Royalist Revolution*, 35–37, 149, 164–165, 178–179。

296 Randolph, June 2, *Farrand*, 1:88（“非常诚恳”）；June 1，同上，66（“君主制”和“英国政府”）；Williamson, July 24，同上，2:101（“选举”“为自己的”和“可以肯定的是”）；另见 1787 年 10 月 24 日麦迪逊致杰斐逊，*PJM* (C.S.), 10:208。

297 Dickinson, June 2, *Farrand*, 1:86–87（“与共和国”“国王的授予”“世界上最好”和“就算可取”）；Mason, June 4，同上，101–102（“民众中”）；New Jersey Plan, resolution 4, June 15，同上，244；另见 Sherman, June 1，同上，65; Rakove, *Original Meanings*, 253, 257, 268–269; Beeman, *Plain, Honest Men*, 128, 134; Nelson, *Royalist Revolution*, 188, 195。

298 Randolph, June 2, *Farrand*, 1:88; Mason, June 4，同上，113（“对这个”和“平复”）；Williamson, July 24，同上，2:100–101（“南北方各州”）；另见 Randolph（金的记录），June 1，同上，1:71; Williamson，同上。

299 Wilson, June 4，同上，96（“失控的”）; June 16，同上，254（“彼此竞争”）; June 1，同上，66（“行政首脑”和“美国”）; Butler, June 2，同上，88–89（“争取”和“贻害无穷”）; Butler（耶茨的记录），同上，90（“耽搁”）; 另见 Gerry, June 4，同上，97; Nelson, *Royalist Revolution*, 189–190。

300 June 1, *Farrand*, 1:66（一致同意推迟投票）; June 2，同上，89（推迟投票以休会一天）; Official Journal, June 4，同上，93（以 7∶3 的投票赞成单一行政首脑）; Sherman，同上，97（全部引文）; 另见 July 17，同上，2:29（无异议确认单一行政首脑）; Aug. 24，同上，401; Nelson, *Royalist Revolution*, 322 n. 14; Adams, *First American Constitutions*, 272。

301 Mason, Objections, Sept. 15，*Farrand*, 2:638–639（“稳妥和适当”）; Sept. 7，同上，541–542（“一项”）; Franklin，同上，542（“委员会”）; Gerry, June 1，同上，1:66（“以此增加”）; Ellsworth, Aug. 18，同上，2:328–329; 另见 Dickinson, Sept. 7，同上，542。

302 Pinckney, Aug. 18，同上，329（“阻挠他”和“借委员会之名”）; Wilson, June 4，同上，1:97（“掩盖”）; 另见 Gouverneur Morris, Sept. 7，同上，2:542。

303 Sept. 7，同上，541（以 8∶3 的投票反对梅森关于指示宪法未决事宜委员会制定行政委员会条款的动议；除新罕布什尔州外，所有州都赞成授权总统征求各行政部门负责人的书面意见）; Mason, Objections, Sept. 15，同上，638（全部引文）; 另见 Rakove, *Original Meanings*, 268–270。

304 July 17, *Farrand*, 2:32（一致同意行政长官拥有执行国家法律的权力）; Banning, *Sacred Fire*, 100; Adams, *First American Constitutions*, 267, 271。

305 Virginia Plan, resolution 8, May 29, *Farrand*, 1:21; Sherman, June 4，同上，99（“反对”）; Bedford，同上，100–101（“在宪法”）; New Jersey Plan, resolution 4, June 15，同上，244。

306 Wilson, Aug. 15，同上，2:300–301（“吞噬其他”和“足够的”）; Morris, July 21，同上，76（“立法机构”）; Mason，同上，78（“会像各州”）; Mercer, Aug. 15，同上，298（“立法机构篡权和压迫”）; 另见 Morris，同上，300; Madison, Sept. 12，同上，586–587; Rakove, “Madisonian Moment,” 492。

307 Madison, July 21, *Farrand*, 2:74（“一道额外”）; Morris, Aug. 15，同上，299（“详细说明”和“这种”）; 另见 Holton, *Unruly Americans*, 197。

308 Official Journal, June 4, *Farrand*, 1:94（以 8∶2 的投票通过行政否决权，但国会两院可以以 2/3 的票数将之推翻）。

309 Virginia Plan, resolution 8, May 29，同上，21（“适当数量”）; Madison, July 21，同上，2:74（“额外的机会”和“法律审查委员会”）; New York constitution of 1777, Art. III; 另见 Madison（金的记录）, June 4, *Farrand*, 1:108; Madison（金的记录），June 6，同上，144; Wilson（耶茨的记录），June 4，同上，105; James T. Barry III, “The Council of Revision and the Limits of Judicial Power,” *University of Chicago Law Review* (1989), 56:244–245; Nelson, *Royalist Revolution*, 166; Rakove, “Madisonian Moment,” 493。麦迪逊长期以来一直非常欣赏纽约州的法律审查委员会［1785 年 8 月 23 日麦迪逊致卡莱布·华莱士，*PJM* (C.S.), 8:351］。

310 Madison, June 6, *Farrand*, 1:138–139（“其他人”“不会永久地”和“既能利用”）; July 21，同上，2:74（“维持法律”）; Ellsworth，同上，73–74（“给予”和“足够的”）; 另见 Barry, “Council of Revision,” 249–250; Rakove, *Original Meanings*, 261–262。

311 Morris, July 21, *Farrand*, 2:75–76 .

312 上文，160; Martin, July 21, *Farrand*, 2:76（“双重否决”）; Wilson，同上，73（“这一点”和“法律可能”）; Mason，同上，78（“不公正的”）。

313 King, June 6，同上，1:139; Gorham, July 21，同上，2:73（“拥有任何”）; Gerry，同上，75（“让法官”）; Strong，同上，75; Pinckney, Aug. 15，同上，298; Sherman，同上，300（“不同意”）; 另见 Gerry, June 4，同上，1:97; King，同上，98; Gerry, June 6，同上，139; Robertson, *The Constitution and America's Destiny*, 217–219; Barry, “Council of Revision,” 253–257。麦迪逊承认这种反对意见——法官在解释他们参与制定的法律时可能抱有偏见——有一定的道理，但他反驳道，将只有“一小部分提交给法官的法律是征求过他的意见的，［而且］这一部分法律中，有一小部分将是模棱两可的，这为他的预判留下了空间”。

314 Gerry, July 21，同上，2:75; Martin，同上，76; Madison，同上，77（全部引文）。

315 Official Record, June 4，同上，1:104（以 8∶2 的投票赞成没有法官参与的行政否决权）；6 月 6 日，威尔逊和麦迪逊曾提议重新考虑将法官纳入法律审查委员会，同上，138；同上，140（以 8∶3 的投票拒绝将法官纳入法律审查委员会）；7 月 21 日，威尔逊提议将法官纳入法律审查委员会，同上，2:73; Madison，同上，74（支持这一动议）；Gerry，同上（表示不满）；同上，80［以 4∶3 的投票否决威尔逊的动议（两个州的代表团出现分歧）］；8 月 15 日麦迪逊提出动议，威尔逊附议，要求行政首脑和最高法院分别行使否决权，同上，298; Gerry，同上（表示反对，认为此问题已经解决）；同上（以 8∶3 的投票拒绝此动议）；Robertson, *The Constitution and America's Destiny*, 217–219; Rakove, *Original Meanings*, 261–263。

316 6 月 4 日，威尔逊和汉密尔顿提出关于行政首脑行使绝对否决权的动议，*Farrand*, 1:98，100（"在行政部门"）；8 月 7 日，里德提出关于绝对否决权的动议，莫里斯附议，同上，2:200; Wilson, Aug. 15，同上，300–301（"对于"）；Morris，同上，300; Rakove, *Original Meanings*, 258, 262; Nelson, *Royalist Revolution*, 189–191。

317 Gerry, June 4, *Farrand*, 1:98（"立法机构"）；Franklin，同上，99; Butler，同上，100（"一直处于""一位"和"会在"）；Mason，同上，101。

318 Virginia Plan, resolution 8, May 29，同上，21; Madison, June 4，同上，99–100（"显然不符合"和"立法机构"）；同上，103（一致反对绝对行政否决权）；同上，104（以 8∶2 的投票拒绝设立绝对行政否决权，并规定国会能以两院的 2/3 多数推翻行政首脑的否决）；Official Journal, July 21，同上，2:71（一致通过可以被 2/3 多数推翻的行政否决权）；Aug. 15，同上，301［以 6∶4 的投票将推翻行政否决权的投票比例从 2/3 改为 3/4（一个州的代表团出现分歧）］；Official Record, Sept. 12，同上，582［以 6∶4 的投票将推翻行政否决权的投票比例由 3/4 改为 2/3（一个州的代表团出现分歧）］；Morris，同上，585（"立法"）；Charles Pinckney，同上，586（"危险的"）；Hamilton，同上，585；另见 Williamson，同上；Sherman，同上。

319 Madison, Observations on Jefferson's Draft of a Constitution for Virginia, Oct.

15, 1788, *PJM* (C.S.) 11:290（“最难防止”）; Mason, June 22, *Farrand*, 2:376。

320 1787年10月24日麦迪逊致杰斐逊，*PJM* (C.S.), 10:209。

321 Wilson, June 5, *Farrand*, 1:119（“由多家机构”和“阴谋”）; Randolph, July 21，同上，2:81（“通常源自”和“保障合适的”）; Morris，同上，82（“他与美国”）; 另见 Aug. 23，同上，389; Wilson, July 18，同上，41; Morris，同上; Gorham，同上，42; Morris, Sept. 6，同上，524。

322 Rutledge, June 5，同上，1:119（“任何个人”和“过于偏向”）; Mason, July 18，同上，2:42（“不明智地”）; 另见 Mason, July 21，同上，83。由法官审判弹劾案，参见 Randolph, July 20，同上，67; Madison, Sept. 8，同上，551。

323 Madison, June 5，同上，1:120（“足够稳定”）; Pinckney, July 21，同上，2:81; Sherman, July 18，同上，41，43（“应该是”）; 另见 Madison, June 13，同上，1:232–233; Randolph, July 18，同上，2:43; Ellsworth, July 21，同上，81。

324 Virginia Plan, resolution 9, May 29，同上，1:21; Madison, June 1，同上，66–67（“在宪法”）; 同上，67（一个州的代表团出现分歧，其余代表团一致赞成麦迪逊的提议）; Official Journal，同上，63; Madison, June 5，同上，120（“进一步”）; 同上（投票拒绝由联邦立法机构负责任命法官，但没有规定任命权归属）; June 13，同上，233（一致同意由参议院任命联邦法官）; 另见 Official Journal, July 17，同上，2:23（一致投票确认行政首脑负责任命宪法没有另行规定的职位）。

325 上文，204–205; Madison, July 21, *Farrand*, 2:80–81; 另见 Banning, “Virginia,” 274。梅森不同意麦迪逊的观点，他否认“南北州之间的利益差异会成为争论的理由”，并继续支持由参议院任命联邦法官（July 21, *Farrand*, 2:83）。

326 Gorham, July 18，同上，41; Madison，同上，42–43（“将会结合”）; July 21，同上，82; Mason，同上，83; Ellsworth，同上，81（主张撤销这一程序）; Wilson, Sept. 7，同上，538–539（“没有”）; 另见 Morris, July 21，同上，82; Sept. 7，同上，539; Massachusetts Constitution of 1780, Pt. 2, Ch. 2, Art. IX。

327 Martin, July 18, *Farrand*, 2:41（全部引文）; Sherman，同上，43; Bedford，同上; Official Record, July 21，同上，72（以6∶3的投票反对总统提名联邦

法官且参议院掌握否决权的提议；之后以 6∶3 的投票赞成由参议院任命联邦法官）; Committee of Detail report, Art. IX, § 1 and Art. X, § 2，同上，183, 185；另见 July 18，同上，38–39（以 6∶2 的投票否决将任命联邦法官的权力从参议院移交给总统的提案；然后以 4∶4 的均分票否决戈勒姆关于总统在参议院的建议和同意下任命法官的提案）。

328 Committee on Unfinished Parts report, presented by Brearley, Sept. 4， 同上，498–499（“在参议院”）; Sept. 7，同上，539–540（在任命大使、其他公使、最高法院大法官方面一致同意本提案；在“宪法中所有其他联邦官员”任命问题上，以 9∶2 的投票赞成本提案）; U.S. Constitution, Art. II, § 2, cl. 2。

329 Sept. 3, *Farrand*, 2:492（一致同意禁止国家立法机关成员担任任何其他联邦职务）。纳尔逊认为，大会关于国会议员不能被任命为其他联邦官员的辩论与英国辉格党和保皇党之间的分歧相似。辉格党人认为，国王通过承诺给予议会议员行政职务，而施加影响，破坏了英国宪法；而保皇党人则认为，由于君主的否决权因闲置而逐渐弱化，国王任命议员担任行政职务的权力是反对议会暴政的唯一壁垒（*Royalist Revolution*, 196–198）。

330 June 12, *Farrand*, 1:217（以 8∶2 的投票赞成国会议员在任期届满后一年内不能被任命为联邦政府官员）；弗吉尼亚方案的决议被全体委员会修订和同意，June 13，同上，228–229; Butler, June 22，同上，376（“预防”）; Mason（耶茨的记录），同上，380–381（其他引文）；另见 Rutledge, June 23，同上，386; Gerry, Aug. 14，同上，2:285–286; Randolph，同上，290。

331 King, June 22，同上，1:376（“挫伤积极性”）; Hamilton，同上（“激情”和“纯粹爱国主义”）; Morris（耶茨的记录），July 2，同上，518（“追求”和“以某种非法的”）; June 23，同上，390［以 8∶2 的投票赞成在当选期间不能出任联邦职务，随后以 6∶4 的投票反对在任期届满一年后才能出任联邦职务（一个州的代表团出现分歧）］；另见 Gorham, June 22，同上，375–376; Charles Pinckney, Aug. 14，同上，2:283–284; Wilson，同上，289; Committee of Detail report, Aug. 6, Art. VI, § 9，同上，180（一年的期限适用于参议院议员，但不适用于众议院议员）; Committee on Unfinished Parts report, presented by Brearley, Sept. 1，同上，484（取消一年内不能出任联邦

职务的限制）。

332 6月23日麦迪逊提出的动议，同上，1:386; Madison，同上，388–389（“太微弱”和“过于严厉”）; Wilson（耶茨的记录），同上，393（“不应该”）; 另见同上，390［以8∶2的投票反对麦迪逊的提议（一个州的代表团出现分歧）］。

333 Mason（耶茨的记录），同上，392（“如果我们”）; Gerry，同上，393（“承认立法者”）; Sept. 3，同上，2:492［以5∶5的均等票数否决金提出的，将不得兼任条款限制在新设立的行政职位的动议；之后，以5∶4的投票（一个州的代表团出现分歧），将不得兼任条款限制在新设立的职位和在当选国会议员期间增加薪水的现有行政职位］。在弗吉尼亚州批准宪法大会上，麦迪逊为他在费城提出的不得兼任条款做了辩护，他知道，没有州宪法禁止在任议员出任现有行政职务。他解释道，费城制宪会议在两个极端之间选择了一条中间路线。它抑制了国会创造不必要的行政职位或提高现有职位薪水的动机，同时保留了那些“以最忠诚的方式为国家服务”的人，使他们能够“与其他公民一样”，担任行政职务（June 14, 1788, *DHRC*, 10:1262–1263）。

334 July 17, *Farrand*, 2:32（一致同意总统有权执行国家法律）; Committee of Detail report, resolution 10, Aug. 6，同上，185; Committee on Unfinished Parts report, presented by Brearley, Sept. 4，同上，498–499（增加了总统在参议院的建议和同意下制定条约的权力）; Sept. 7，同上，538（一致同意总统有权订立条约）; 另见 Brown, *Redeeming the Republic*, 191。

335 Virginia Plan, resolution 7, May 29, *Farrand*, 1:21（“享有”）; Articles of Confederation, Art. IX, *DHRC*, 1:89（“决定”）; Pinckney, June 1, *Farrand*, 1:64–65（“充满活力”和“君主”）; Wilson，同上，65–66; Gerry, Aug. 17，同上，2:318（“从来不希望”）; 另见 Madison（金的记录），June 1，同上，1:70。

336 Madison, Aug. 17，同上，2:318（“反击”）; 同上，319（投票）; 另见 Gerry，同上，318; Charles Pinckney，同上; Mason，同上，319。

337 Wilson, Sept. 4，同上，501（全部引文）; 另见1787年12月11日威尔逊在宾夕法尼亚州批准宪法大会上的发言，*DHRC*, 2:566–567; 1787年10月

24 日麦迪逊致杰斐逊，*PJM* (C.S.), 10:208; Rakove, *Original Meanings*, 256; Beeman, *Plain, Honest Men*, 249, 297; Best, “The Presidency,” 215。

338 Virginia Plan, resolution 7, May 29, *Farrand*, 1:21; Mason, June 1，同上，68（“行政首脑”）; July 26，同上，2:119–120（“在固定期限”和“公众自由”）; Randolph, July 19，同上，54–55; Wilson，同上，56; Rutledge，同上，57; June 2，同上，1:81（以 8∶2 的投票赞成由国会选举任期七年的行政首脑）; 同上，88［以 7∶2 的投票赞成禁止行政首脑连选连任（一个州的代表团出现分歧）］; 另见 Williamson, July 17，同上，2:32; Gerry, July 24，同上，100。

339 Morris, July 17，同上，33（“破坏”）; July 19，同上，53（“切断了”和“最大限度”）; Morris（麦克亨利的记录）, Aug. 24，同上，407; Ellsworth, July 24，同上，101（“如果”和“最杰出”）; 另见 Morris，同上，104–105; King, July 19，同上，55。

340 Madison, July 25，同上，109（“不可逾越”“严重动摇”和“外国的”）; July 17，同上，34–35（“维持自由”）; July 19，同上，56; 另见 1787 年 10 月 24 日麦迪逊致杰斐逊，*PJM* (C.S.), 10:208–209。

341 Butler, July 25, *Farrand*, 2:112（“国内的”）; Morris, Sept. 4，同上，500（“密谋”和“一定要”）; Sherman, June 1，同上，1:68（“完全依赖”和“基本上”）。其他反对由国会选举行政首脑的意见，参见 Gerry, June 2，同上，80; June 9，同上，175; July 19，同上，2:57; Morris, July 17，同上，29, 31; July 24，同上，103。

342 Wilson, June 2，同上，1:80（“与联邦立法机构”）; Morris, July 17，同上，2:29（“任何具有”和“这个大陆上”）; Madison, July 19，同上，56（“最佳”）; Massachusetts Constitution of 1780, Part 2, Ch. 2, Art. III; New York Constitution of 1777, Art. XVII; 另见 Wilson, June 1, *Farrand*, 1:68, 69; 6 月 2 日威尔逊提出的动议，同上，80; Morris, July 19，同上，2:53; King，同上，55–56; Wilson，同上，56; Madison, July 25，同上，110–111; Morris，同上，113; Dickinson，同上，114; Nelson, *Royalist Revolution*, 172, 187–188。

343 Gerry, July 25, *Farrand*, 2:114（“极端的恶行”和“过于无知”）; Pinckney,

July 17，同上，30（“少数”）；Mason，同上，31（“由民众”和“民众根本”）；另见 Mason, July 26，同上，119; Gerry, June 2，同上，1:80; July 19，同上，2:57; Beeman, *Plain, Honest Men*, 129–131, 231–232, 252; Rakove, *Original Meanings*, 259。

344 Sherman, July 17, *Farrand*, 2:29（“根本无法”“一般会”和“来自最大州”）；Madison, July 25，同上，111（“选择”）；Williamson，同上，113；另见 Dickinson，同上，114; Charles Pinkney, July 17，同上，30; Williamson，同上，32。

345 Madison, July 19，同上，57（“严重的”）；July 25，同上，111（“地方性因素”和“愿意”）；Wilson, June 1，同上，1:68（“荒诞不经”）；July 17，同上，2:32（投票）；另见 Williamson，同上；Aug. 24，同上，402（以 9∶2 的投票再次否决一项直接普选行政首脑的提议）。

346 Hamilton, June 18，同上，1:289（“在共和原则”和“稳定性”）；Morris, July 17，同上，2:33（“深表高兴”和“这才是”）；另见 James McClurg，同上；Jacob Broom，同上。

347 Mason，同上，35（“终身行政首脑”和“轻轻”）；Madison，同上；Sherman，同上，33（“绝不”）。

348 同上，36（投票），同上，36 n. *（全部引文）；另见 1803 年 9 月 16 日汉密尔顿致蒂莫西·皮克林，*PAH*, 26:147–148。麦迪逊有可能低估了支持行政首脑在品行端正时可以终身任职的代表数量，参见 Nelson, *Royalist Revolution*, 194, 326–327 n. 57。麦迪逊的笔记在这一点上不可靠，参见 Bilder, *Madison's Hand*, 114–115, 216–217。

349 Gerry, July 24, *Farrand*, 2:102; Martin，同上；Williamson，同上，101; Wilson，同上，102; Ellsworth, July 19，同上，59（“立场坚定”）；Williamson，同上（“最优秀的人”）；上文，227; *Farrand*, 2:58–59（以 8∶2 的投票反对禁止连选连任，然后以 9∶1 的投票赞成六年任期）；Wilson, June 1，同上，1:68; Sherman，同上；Bedford，同上，68–69；另见 Broom, July 17，同上，2:33; Morris, July 19，同上，54; July 24，同上，105; Beeman, *Plain, Honest Men*, 249; Robertson, *The Constitution and America's Destiny*, 215。

350 Gerry, July 25, *Farrand*, 2:109（"过于激进"）; Madison，同上，110（"已经暴露"和"也沾染了"）; Randolph, June 9，同上，1:176（"按照"）; 另见 Gerry, June 2，同上，80; June 9，同上，176［以 9∶0 的投票否决格里提出的由州长选出联邦行政首脑的动议（一个州的代表团出现分歧）］; Gerry, July 19，同上，2:57; Gerry, July 24，同上，101; Mason, July 26，同上，118–120; Wilson, June 2，同上，1:69; Beeman, *Plain*, *Honest Men*, 135, 247–248, 254。

351 Ellsworth, July 25, *Farrand*, 2:108–109（"值得连任的"）; Charles Pinckney，同上，111–112; Mason，同上，112; Morris，同上，113（"密谋"）。

352 Gerry, July 24，同上，103（"我们在"）; Wilson，同上（"一个"）; 威尔逊为此提出的动议，同上，105; Morris，同上（"由运气"）; Official Record, June 2，同上，1:77–78［以 8∶2 的投票赞成由国会选举行政首脑，任期七年；以 7∶2 的投票（一个州的代表团出现分歧），赞成禁止行政首脑连选连任］; July 17，同上，2:32（一致赞成由国会选举行政首脑）; Official Record, July 24，同上，97（以 7∶4 的投票赞成由国会选举行政首脑）; Official Record, July 26，同上，116（以 7∶3 的投票赞成任期七年，不能连选连任）; Committee of Detail report, Art. X, § 1, Aug. 6，同上，185（国会选举总统，任期七年，不能连选连任）; 另见 Best, "The Presidency," 215–216。

353 Brearley, Aug. 24, *Farrand*, 2:402（"不应该"）; statements by Sherman, Gorham, Dayton, Wilson, Langdon, and Madison，同上，401–403; 同上，403（投票）; 另见 Gorham and Wilson, Aug. 7，同上，196–197。

354 Committee on Unfinished Parts report, presented by Brearley, Sept. 4，同上，497–498; 6 月 2 日威尔逊提出的动议，同上，1:80; Official Journal，同上，77［以 7∶2 的投票否决威尔逊的提议（一个州的代表团出现分歧）］; King, July 19，同上，2:56; Paterson，同上；同上，58［以 6∶3 的投票赞成通过选举人团选举总统；然后以 8∶2 的投票赞成州立法机关选举产生选举人团（一个州的代表团出现分歧）］; July 23，同上，95（第二天以 7∶3 的投票赞同重新审议由选举人团选举总统的制度）; July 24，同上，101（以 7∶4 的投票赞成恢复由国会选举总统）; 另见 1802 年 1 月 16 日迪金森致乔治·洛根

（George Logan），同上，3:301; Beeman, *Plain, Honest Men*, 135–136, 299–302; Rakove, *Original Meanings*, 264–265。

355 Strong, July 24, *Farrand*, 2:100（“第一流”和“让政府”）; Williamson, July 19，同上，58（“最受尊重”）; Morris, Sept. 4，同上，500（“阴谋活动”和“他们”）; Wilson，同上，501–502; Madison, July 25，同上，110–111; July 19，同上，57; 另见 William Houston, July 24，同上，99。

356 Ellsworth, July 25，同上，111; Paterson, July 19，同上，56; 埃尔斯沃斯提出、布鲁姆附议的动议，同上，57; July 20，同上，64（以 6∶4 的投票赞成每个州的选举人为一至三人）; 另见 Official Record, June 8，同上，1:163（查尔斯·平克尼提议相对平均地分配各州的选举人数量）。

357 Committee on Unfinished Parts report, presented by Brearley, Sept. 4，同上，497。

358 同上，498; Pinckney, Sept. 5，同上，511（“不可能”）; Mason, Sept. 4，同上，500（“二十次”）。

359 Morris，同上，502; Sherman, Sept. 5，同上，512–513; 另见 King，同上，514; Beeman, *Plain, Honest Men*, 300–301; 对照参看 Morris, Sept. 5, *Farrand*, 2:512。

360 梅森提议，取消总统当选必须获得选举人团多数选票的要求，威廉姆森附议，同上，512; 同上，513（以 9∶2 的投票反对梅森的提议）; 麦迪逊提出以“1/3”取代“多数”，威廉姆森附议，同上，514; Gerry，同上; 同上（以 9∶2 的投票反对麦迪逊的提议）; 另见 Hamilton, Sept. 6，同上，525。

361 Madison, Sept. 4，同上，500（“选举人”）; Wilson，同上，502; 9 月 5 日，梅森提议将候选人数量从“五名”改为“三名”，格里附议，同上，514; Sherman，同上; 同上（以 8∶2 的投票反对梅森的提议）; 斯佩特提议候选人数量从“五名”扩充至“十三名”，拉特利奇附议，同上，515; 同上（只有北卡罗来纳州和南卡罗来纳州投票赞成斯佩特的提议）。

362 Committee on Unfinished Parts report, presented by Brearley, Sept. 4，同上，498–499; Wilson, Sept. 6，同上，523（“将不会”）; Mason, Sept. 5，同上，512（“如果政府”）; Williamson，同上（“就奠定了”）; Randolph，同上，513; 另见 Charles Pinckney，同上，511; Rutledge，同上。

363 Committee on Unfinished Parts report, presented by Brearley, Sept. 4，同上，499; Wilson（麦克亨利的记录），Sept. 6，同上，530（“汇聚交融”）; 另见 Wilson, Sept. 8，同上，522–523; Charles Pinckney, Sept. 4，同上，501；1823 年 8 月 23 日麦迪逊致乔治·海伊（George Hay），同上，3:458; Rakove, *Original Meanings*, 265; Banning, “Constitutional Convention,” 130。

364 Wilson, Sept. 4, *Farrand*, 2:502; Randolph，同上；9 月 5 日，威尔逊提议用“立法机构”取代“参议院”，同上，513; Dickinson，同上；同上［以 7∶3 的投票否决威尔逊的提案（一个州的代表团出现分歧）］；9 月 6 日，谢尔曼提议用“众议院”取代“参议院”，同上，527; Mason，同上（“参议院的”）; 同上（以 10∶1 的投票赞成谢尔曼的提案）; 1823 年 8 月 23 日麦迪逊致乔治·海伊，同上，3:458（“人数更多”和“比起”）; 另见 Robertson, *The Constitution and America's Destiny*, 156–157; Beeman, *Plain, Honest Men*, 304–305; Rakove, *Original Meanings*, 265。

365 Committee on Unfinished Parts report, presented by Brearley, Sept. 4, *Farrand*, 2:497；另见 Williamson, July 25，同上，113; Morris，同上；1803 年 12 月 10 日古文诺·莫里斯致刘易斯·莫里斯（Lewis Morris），同上，3:405。

366 Williamson, Sept. 7，同上，2:537（“只是因为”和“根本不需要”）; Sherman，同上（“无职无权”）; Gerry，同上，536–537（“总统和副总统”）; Mason，同上；Gerry（金的记录），Sept. 15，同上，635（“破坏”）。

367 Morris, Sept. 7，同上，537（引文）; 同上，538［以 8∶2 的投票赞成由副总统出任参议院当然议长（一个州的代表团出现分歧）］。

368 Committee on Unfinished Parts report, presented by Brearley, Sept. 4，同上，497; Sherman, Sept. 4，同上，499; Morris，同上，500; Wilson，同上，501–502; Sept. 6，同上，525（以 8∶3 的投票反对将总统任期由四年改为七年的动议，随后以 9∶2 的投票反对将总统任期由四年改为六年）; 同上，n. *。州长任期参见 Adams, *First American Constitutions*, 243。

369 Maryland Constitution of 1776, Art. XXXI（“掌握权力”）; Franklin, July 26, *Farrand*, 2:120（“回归”和“在自由政府”）; Wood, *Creation of the American Republic*, 140; Adams, *First American Constitutions*, 251；另见 Charles Pinckney,

July 25, *Farrand*, 2:111–112。

370 Mason, June 2，同上，1:86（“罢免”）; Virginia Plan, resolutions 7 and 9, May 29, *Farrand*, 1:21, 22; 6 月 2 日，迪金森提出、贝德福德附议的动议，同上，85–86; New Jersey Plan, resolution 4, June 15，同上，244; 另见 Beeman, *Plain, Honest Men*, 141–142。

371 Sherman, June 2, *Farrand*, 1:85（“随意”）; Mason，同上，86（“断然反对”和“仅仅”）; Madison and Wilson，同上。

372 Official Journal, June 2，同上，78–79［以 9∶1 的投票否决迪金森的提议，之后通过威廉姆森提出、戴维附议的关于弹劾“玩忽职守或者渎职行为”的动议（投票差额不清楚）］; Morris, July 20，同上，2:64–65（“导致”）; Pinckney，同上，66（“有效地”）; King，同上，67（“通过弹劾”和“行为”）; Morris, July 19，同上，53，59; 另见 Randolph（金的记录），June 1，同上，1:71。

373 Wilson, July 20，同上，2:64; Davie，同上（“保证”）; Mason，同上，65; Randolph，同上，67; Franklin，同上，65; Madison，同上，65–66（“无能”和“共和国的”）; 另见 Morris，同上，68–69; July 24，同上，103–104。

374 July 20，同上，69（投票）; Randolph，同上，67（“尽可能”）; Committee of Detail report, Art. X, § 2, Aug. 6，同上，186; 另见 Robertson, *The Constitution and America's Destiny*, 157。

375 Committee on Unfinished Parts report, presented by Brearley, Sept. 4，同上，497, 499。

376 Madison, Sept. 8，同上，551(“不适当地”）; Pinckney，同上（“特别在意的”）。

377 Morris, Sept. 8，同上（引文）; Sherman，同上; 同上（投票）。

378 Official Journal, June 2，同上，1:78; Official Record, July 20，同上，2:61; Committee of Detail report, Art. X, § 2, Aug. 6，同上，186（“叛国”）; Morris, July 20，同上，68–69。

379 Committee on Unfinished Parts report, presented by Brearley, Sept. 4，同上，499; Mason, Sept. 8，同上，550（“影响巨大”和“其他重罪”）; Madison，同上（“如此模糊”）; 同上（以 8∶1 的投票赞成梅森的提议）; Richard A. Posner, *An Affair*

of State: The Investigation, Impeachment, and Trial of President Clinton (Cambridge, MA, 2000), 98–100, 170–174; Michael Les Benedict, *The Impeachment and Trial of Andrew Johnson* (New York, 1973), 26–36。

380 Best, "The Presidency," 209；另见 Nelson, *Royalist Revolution*, 7, 186–187, 203, 324 n. 33。

381 Mason, June 4, *Farrand*, 1:101（"民意"）; 1788 年 5 月 5 日皮尔斯·巴特勒致韦顿·巴特勒（Weedon Butler），*DHRC*, 27:270（"很多"）; 另见 James Thomas Flexner, *George Washington and the New Nation (1783–1793)* (Boston, 1970), 3:134; Beeman, *Plain, Honest Men*, 128；对照参看 Rakove, *Original Meanings*, 244。

382 Franklin, Sept. 17, *Farrand*, 2:643（"略微怀疑""显示"和"在这份文件上"）; 同上，646（"避免出现"）; Hamilton，同上，645（"一些"）; Randolph, Sept. 15，同上，631；另见 Sept. 10，同上，563–564。

383 Morris, Sept. 17, *Farrand*, 2:645（"是我们"和"接受"）; Williamson，同上（letter option）; Charles Cotesworth Pinckney，同上，647（关于虚伪的观点）; McHenry（麦克亨利的记录），同上，649（"很多部分"和"我不信任"）。关于麦克亨利的背景，见 Introduction, *DHRC*, 11: li。

384 Randolph, *Farrand*, 2:645（"听从内心"）; 同上，646（"让自己"）。

385 1787 年 10 月 11 日威廉·刘易斯（William Lewis）致托马斯·李·希彭（Thomas Lee Shippen），*PTJ* (M.S.), 12:229（"牢骚大王"）; 另见下文，433, 455–456, 461–462; Luther Martin to the Printer, *Maryland Journal*, Jan. 18, 1788, *DHRC*, 10:192–194（解释格里反对的理由）; Gerry, Sept. 15, *Farrand*, 2:632–633; Aug. 14，同上，285–286; Randolph, Sept. 15，同上，631; Sept. 10，同上，563–564; Mason, Objections，同上，637–640；1788 年 6 月 24 日梅森在弗吉尼亚州批准宪法大会上的发言，*DHRC*, 10:1488; Banning, *Sacred Fire*, 174; Helen Hill Miller, *George Mason: Gentleman Revolutionary* (Chapel Hill, NC, 1975), 254；1782 年 10 月 19 日梅森致伦道夫，*PGM*, 2:752；1787 年 9 月 20 日格里致约翰·亚当斯，*DHRC*, 13:218。

386 Catherine Drinker Bowen, *Miracle at Philadelphia: The Story of the Constitutional*

Convention (Boston, repub. 1986), 43；另见 1787 年 9 月 6 日麦迪逊致杰斐逊，*PJM* (C.S.), 10:163; Swift, *Making of an American Senate*, 32。

387 Gerry, June 12, *Farrand*, 1:215（“必须考虑”）；1787 年 4 月 8 日麦迪逊致伦道夫，*PJM* (C.S.), 9:369（“无法企及”）；Dahl, *How Democratic Is the American Constitution?*, 12；另见 1787 年 9 月 28 日威廉 · 皮尔斯写给圣乔治 · 塔克信件的摘录，*Gazette of the State of Georgia*, Mar. 20, 1788, *DHRC*, 16:442。制宪会议期间，对宪法面临批准时所受到的实际限制的考虑，参见 Madison, June 4, *Farrand*, 1:100; Mason，同上，101；另见 Robert E. Brown, *Charles Beard and the Constitution: A Critical Analysis of "An Economic Interpretation of the Constitution"* (Princeton, NJ, 1956), 40–42 & n. 26, 113; Young, *Liberty Tree*, 198–199, 202。代表们在援引这条理由时并不特别一致，这意味着他们在反对他们不赞成的提案时，也会策略性地使用这一理由。参见 Robertson, *The Constitution and America's Destiny*, 108–109 n. 30。

388 Hamilton（耶茨的记录），June 18, *Farrand*, 1:296–297（除了最后一个引文之外的引文）；同上，287, 293（“惊煞”）；另见 Chernow, *Hamilton*, 231–235。汉密尔顿的极端国家主义思想根植于他的移民背景，参见 McCraw, *The Founders and Finance*, 43–44。

389 Read, June 29, *Farrand*, 1:463(“良好的”和“放弃”)；June 11，同上，202(“联合成”)；June 6，同上，136–137; Butler（耶茨的记录），同上，144（“可以废除”）；King, June 19，同上，324(“怀疑”和“各州的”)；Dickinson, June 2，同上，85（“有些先生”）；比较参看 William Samuel Johnson, June 21，同上，355。

390 Madison（耶茨的记录），June 29，同上，471（“拥有”和“应该被置于”）；Charles Pinckney, *Observations*，同上，3:112（“仅仅”）；Morris, Aug. 20，同上，2:342–343; Madison, Aug. 18，同上，325; Pinckney，同上；Madison, Sept. 14，同上，615；另见 1787 年 10 月 24 日麦迪逊致杰斐逊，*PJM* (C.S.), 10:209；1787 年 1 月 14 日诺克斯致华盛顿，*PGW* (C.S.), 4:521–522；1787 年 9 月 28 日威廉 · 皮尔斯写给圣乔治 · 塔克信的摘录，*Gazette of the State*

of Georgia, Mar. 20, 1788, *DHRC*, 16:442; Wood, *Creation of the American Republic*, 473。班宁并不否认大会上有极端的国家主义者，但他坚持认为，麦迪逊不是其中之一（*Sacred Fire*, 160–165 & 455 n. 73）。

391 上文，137–140, 161；1787 年 10 月 24 日麦迪逊致杰斐逊，*PJM* (C.S.), 10:215–216; Maier, *Ratification*, 47–48; Banning, *Sacred Fire*, 173; Miller, *George Mason*, 240。亨德里克森（Hendrickson）很好地说明了这一点：1783 年的国家主义者会对新泽西方案的国家主义感到非常满意，绝不会期望获得更多（*Peace Pact*, 222–223）。

392 1785 年 9 月 3 日马萨诸塞州代表致州长詹姆斯·鲍登，*LDC*, 22:612（“可能会”和“将我们的”）; Davis, *Sectionalism in American Politics*, 141–142(“受人尊敬的”)（引用 1786 年 7 月希金森致约翰·亚当斯）; 1787 年 7 月 14 日理查德·亨利·李致弗朗西斯·莱特富特·李,*LRHL*, 2:424（“绝对有”“民众的”和“这种”）; Gerry, Aug. 23 ,*Farrand*, 2:388（“强势”“探索的”和“其他”）; 上文，71–72。

393 Wilson, May 31, *Farrand*, 1:49（引文）; 另见 Madison, June 5，同上，122–123; Holton, *Unruly Americans*, 193, 211。

394 Hamilton, June 18, *Farrand*, 1:289（“我们应该”）; Randolph（麦克亨利的记录），May 29，同上，26–27（“主要威胁”）; Gerry, May 31，同上，48（“我们”）; 另见 Bouton, *Taming Democracy*, 176–177; Holton, *Unruly Americans*, 233; Robertson, *The Constitution and America's Destiny*, 103。

395 Gerry, Sept. 17, *Farrand*, 2:647（“所有”）; Sherman, May 31，同上，1:48（“应该”）; Hamilton（耶茨的记录），June 18，同上，299（“据说”）; Madison, June 12，同上，215; Randolph, June 22，同上，373（“会议”）; 另见 Mercer, Aug. 7，同上，2:205; Beeman, *Plain, Honest Men*, 294–295; Edmund Morgan, *Inventing the People: The Rise of Popular Sovereignty in England and America* (New York, 1988), 271; Bouton, “Trials of the Confederation,” 370, 372, 384–385。

396 Madison, May 31, *Farrand*, 1:50（全部引文）; 上文，171–178。

397 Randolph, May 31, *Farrand*, 1:51（全部引文）; 上文，208–211, 218–

219, 228–229。州宪法规定的官员任期，参见 Adams, *First American Constitutions*, 242–243。

398 Robertson, *The Constitution and America's Destiny*, 232.

399 Hamilton, June 18, *Farrand*, 1:289（引文）；上文，209–211, 228–229；另见 Holton, *Unruly Americans*, 196–197。

400 Gerry, May 31, *Farrand*, 1:48（"拉平差距"）; Butler, July 6，同上，541–542（"政府的"）; 上文，74–88。

401 Mason, Aug. 16, *Farrand*, 2:309（"对纸币"）; June 6，同上，1:133–134; Holton, *Unruly Americans*, 276–277；上文，155, 159–163, 206–211, 218–219。

402 "Federal Farmer," *Letters to the Republican* (Nov. 8, 1787), Letter I, *DHRC*, 14:23. 一般认为，这封信的作者是理查德·亨利·李，但是这种说法一直存在争议。有关学术争论参见同上，16; 另见 Cornell, *Other Founders*, 88 & n. 11; Rakove, *Original Meanings*, 228–229。

403 Rutledge, June 21, *Farrand*, 1:359.

404 Beeman, *Plain, Honest Men*, 190–192; Robertson, *The Constitution and America's Destiny*, 102 & n. 5; Miller, *George Mason*, 242–243；另见 McDonald, *Novus Ordo Seclorum*, 167, 187; Ellis, *The Quartet*, 140–141。在大陆军中的任职经历对代表们国家化倾向的影响，参见 Kohn, *Eagle and Sword*, 10–13。纽约州是一个显著例外，纽约州最杰出的政治家，如罗伯特·R. 利文斯顿、詹姆斯·杜安、约翰·杰伊和州长乔治·克林顿，都不是费城制宪会议的代表。参见 Kaminski, "New York," 60。

405 Beeman, *Plain, Honest Men*, 65–66；另见 McDonald, *Novus Ordo Seclorum*, 220; McDonald, *We the People*, 86。

406 1787 年 6 月 1 日梅森致小乔治·梅森，*Farrand*, 3:32。

407 The Address and Reasons of Dissent of the Minority of the Convention of the State of Pennsylvania to Their Constituents, *DHRC*, 2:619［以下简称 "Pennsylvania Minority Dissent"］; "Federal Farmer," *Letters to the Republican* (Nov. 8, 1787), Letter I, *DHRC*, 14:23（"都是"）；另见 The Address of the Seceding Assemblymen, *DHRC*, 2:112; Wood, "Interests and Disinterestedness,"

72。

408 1787 年 10 月 24 日麦迪逊致杰斐逊，*PJM* (C.S.), 10:208（“不得不承认”）；1788 年 2 月 7 日华盛顿致拉法耶特，*PGW* (C.S.), 6:95（“制宪代表”）；另见 Charles Pinckney letter, *State Gazette of South Carolina*, May 2, 1788, *Farrand*, 3:301; *The Federalist No. 37* (Madison), 230；1788 年 1 月 4 日威廉·塞缪尔·约翰逊在康涅狄格州批准宪法大会上的发言，*DHRC*, 3:546。

409 1787 年 5 月 20 日梅森致小乔治·梅森，*Farrand*, 3:23（“一致意见”）；1787 年 5 月 27 日麦迪逊致彭德尔顿，*PJM* (C.S.), 10:12（“总体而言”）；另见 Brown, *Redeeming the Republic*, 184。

410 伦道夫致众议院议长（日期：10 月 10 日；发表时间：1787 年 12 月 27 日），*DHRC*, 8:262（全部引文）；另见 *A Plebeian: An Address to the People of the State of New–York* (Apr. 17, 1788), *DHRC*, 20:951［以下简称“*A Plebeian*”］。

411 1787 年 5 月 12 日何西阿·汉弗莱（Hosea Humphry）和丹尼尔·珀金斯（Daniel Perkins）在康涅狄格州大会上的发言，*DHRC*, 13:108; Lutz, “Connecticut,” 125; Alexander, *The Selling of the Constitutional Convention*, 32–33。

412 1787 年 4 月 1 日麦迪逊致老詹姆斯·麦迪逊，*PJM* (C.S.), 9:359（“意识到了”）；*Massachusetts Centinel*, May 19, 1787, vol. 4, p. 71（“一丘之貉”）。Kaminski, “Rhode Island,” 376; Proceedings of Government, *Newport Herald*, Mar. 22, 1787, 3；上文，122–123。

413 1787 年 4 月 24 日罗得岛州代表致罗得岛州州长，*LDC*, 24:256（“重大”和“共同安全”）；1788 年 7 月 3 日戴恩致史密斯，*DHRC*, 18:218（“一个社会”）；另见 A Narrative of the Proceedings of the General Assembly of the State of Rhode–Island and Providence Plantations, specially convened at Newport (Sept. 10), *Newport Herald*, Sept. 20, 1787, *DHRC*, 24:17。

414 Bedford（耶茨的记录），June 30, *Farrand*, 1:501（“当我们”）；“Federal Farmer,” *Letters to the Republican* (Nov. 8, 1787), Letter I, *DHRC*, 14:23(“十万美国人”)；1788 年 3 月 12 日芬得利致威廉·欧文，*DHRC*, 16:373；上文，69–70；另见 1787 年 3 月 13 日查尔斯·卡罗尔致丹尼尔·卡罗尔，Kate

Mason Rowland, *The Life of Charles Carroll of Carrollton, 1737–1832* (New York, 1898), 2:105; Pennsylvania Minority Dissent, *DHRC*, 2:619；1787 年 12 月 1 日威廉·芬得利在宾夕法尼亚州批准宪法大会上的发言，*DHRC*, 2:445; Thomas Rodney's Diary, May 3, 1786, *LDC*, 23:262–263; Bouton, *Taming Democracy*, 176; Brown, *Redeeming the Republic*, 179。

415 Paterson, June 9, *Farrand*, 1:178（“他所在地区”）；“A Columbian Patriot” (Mercy Otis Warren), *Observations on the Constitution* (Feb. 1788), *DHRC*, 16:282（“在一开始”）[以下简称 “A Columbian Patriot, *Observations*”]; Gerry, June 8, *Farrand*, 1:165–166（“是人民闻所未闻的”）；另见 Lansing, June 16，同上，250；1787 年 11 月 10 日威廉·格雷森致威廉·肖特，*DHRC*, 19:247; *A Plebeian*, *DHRC*, 20:951。

416 1787 年 3 月 31 日华盛顿致麦迪逊，*PJM* (C.S.), 9:344（“如果来”）；Lansing, June 16, *Farrand*, 1:249（“如果这次”）；1787 年 8 月 26 日埃尔布里奇·格里致安·格里（Ann Gerry），同上，Supp.: 241（“引诱我”）；另见 Holton, *Unruly Americans*, 181; Bouton, *Taming Democracy*, 176; Rakove, *Beginnings of National Politics*, 377, 390; Davis, *Sectionalism in American Politics*, 163; Brown, *Redeeming the Republic*, 30。

417 1787 年 4 月 16 日格雷森致威廉·肖特，*LDC*, 24:227（全部引文）；另见 John Roche, “The Founding Fathers: A Reform Caucus in Action,” *American Political Science Review* (1961), 55:802; Boyd, *Politics of Opposition*, 6; Davis, *Sectionalism in American Politics*, 168。

418 Beeman, *Plain, Honest Men*, 92.

419 1787 年 3 月 1 日伦道夫致麦迪逊，*PJM* (C.S.), 9:301（“尝试过”）；1786 年 12 月 7 日麦迪逊致华盛顿，同上，200（“联邦事业”）；1787 年 3 月 19 日麦迪逊致杰斐逊，同上，319（“有意放弃” 和 “自己不再”）；June 6, 1787，同上，10:30（“有充分的”“会反对” 和 “分割”）；1787 年 3 月 25 日麦迪逊致伦道夫，同上，9:331，332 n. 1（“不祥”）；另见 1787 年 3 月 18 日麦迪逊致华盛顿，同上，316; Banning, “Virginia,” 263。亨利惊讶于杰伊可能会放弃美国在密西西比河上的航运权，参见 1786 年 10 月 20 日亨利致安妮·克里斯蒂安夫人（Mrs. Annie Christian）[他的姐妹]，William Wirt Henry, *Patrick Henry: Life, Correspondence, and Speeches* (New York, 1891), 3:380; 1786 年 10 月 4 日亨利致约瑟夫·马丁（Joseph Martin），同上，374。

420 1787 年 3 月 26 日李致州长埃德蒙德·伦道夫，*LRHL*, 2:415（引文）; 1787 年 10 月 27 日李致塞缪尔·亚当斯，*DHRC*, 1:348; 1787 年 9 月 3 日李致约翰·亚当斯，*DHRC*, 8:9。

421 Boyd, *Politics of Opposition*, 6, 30; Robertson, *The Constitution and America's Destiny*, 101 n. 1; Brown, *Redeeming the Republic*, 213–214. 关于蔡斯，参见 Haw et al., *Stormy Patriot*, 145; Introduction, *DHRC*, 11：xxxix, l。纸币争论中另一方的几位马里兰人，如前州长托马斯·约翰逊，也拒绝出任费城会议代表，显然是因为担心蔡斯可能会在他们缺席的情况下在安纳波利斯做出什么对他们不利之事。参见 1788 年 7 月 11 日 J. B. 卡廷（J. B. Cutting）致杰斐逊，*PTJ* (M.S.), 13:332–333; Davis, *Sectionalism in American Politics*, 218 n. 20; McDonald, *We the People*, 31。克拉克没有出席的原因，参见 1787 年 6 月 7 日乔纳森·戴顿致戴维·布雷尔利，*Farrand*, Supp.：59。威利·琼斯拒绝出席，参见 1787 年 2 月 4 日琼斯致州长理查德·卡斯韦尔，*State Records of North Carolina*, 20:611; Trenholme, *Ratification of the Federal Constitution in North Carolina*, 66。对琼斯没有参加费城会议的批评，参见 "A Citizen and Soldier: To the People of the District of Edenton," in *A Plea for Federal Union* (North Carolina, 1788), 47。总之，被任命参加费城会议的有 74 名代表，但只有 55 名代表至少出席了其中的部分会议。参见 McDonald, *We the People*, ch. 2。

422 1788 年 7 月 3 日戴恩致史密斯, *LDC*, 25:208（"有几个人"和"会将自己"）; "Federal Farmer," *Letters to the Republican* (Nov. 8, 1787), Letter I, *DHRC*, 14:23（"品行良好的""这真是"和"会议"）。

423 1787 年 1 月 7 日金致格里，*LDC*, 24:64（"看在"）; House Substitute of 7 March for the Resolution of 22 February (Authorizing the Appointment of Delegates and Providing Instructions for Them), Mar. 7, 1787, *DHRC*, 1:207;

1787 年 4 月 16 日格雷森致威廉・肖特，*LDC*, 24:227（“自由讨论”“采取大动作”和“要把国会”）; Boyd, *Politics of Opposition*, 5–6；上文，119, 141–142；另见 Davis, *Sectionalism in American Politics*, 153–154; Kaminski, “New York,” 59–60。

424 McCraw, *The Founders and Finance*, 78; Boyd, *Politics of Opposition*, 8. 可以肯定的是，大会存在泄密情况，而且一些报纸文章作者确实怀疑大会将对国家产生重大不利影响。参见 Boyd, *Politics of Opposition*, 11–13。

425 Pennsylvania Minority Dissent, *DHRC*, 2:620（“密谋成事”）; Albany Anti-Federal Committee Circular, Apr. 10, 1788, *DHRC*, 21:1382（“贵族制”和“让制宪”）; 1787 年 8 月 30 日杰斐逊致亚当斯，*PTJ* (M.S.), 12:67（“代表们”）; Jared Sparks, Journal, Apr. 19, 1830, *Farrand*, 3:479（“如果公开”）（引用麦迪逊的话）; Pennsylvania Constitution of 1776, § 13, 14；另见 Beeman, *Plain, Honest Men*, 20–21, 91; Rakove, *Beginnings of National Politics*, 399。

426 1787 年 3 月 31 日华盛顿致麦迪逊，*PJM* (C.S.), 9:344（“无论他们”“采取”和“彻底探寻”）; 1787 年 3 月 27 日伦道夫致麦迪逊，同上，335（“自己认为”）; 上文，128–129；另见 1787 年 5 月 30 日诺克斯致莫西・奥蒂斯・沃伦，*Collections of Massachusetts Historical Society* (Boston, 1925), 73:295; Davis, *Sectionalism in American Politics*, 161–162, 164。

427 Lansing（耶茨的记录），June 16, *Farrand*, 1:258（“伟大的变革”）; Randolph，同上，255（“他不会”）; King, June 30，同上，490（“最后机会”）; Hamilton, June 29，同上，467（“关键时刻”和“我们现在”）; 另见 1787 年 2 月 21 日麦迪逊致华盛顿，*PJM* (C.S.), 9:286；1787 年 7 月 3 日汉密尔顿致华盛顿，*PAH*, 4:223–224; Brown, *Redeeming the Republic*, 186。

428 Pennsylvania Minority Dissent, *DHRC*, 2:620（“无望地”）; 1787 年 3 月 11 日麦迪逊致伦道夫，*PJM* (C.S.), 9:307（“过于倾向于”）; 1787 年 12 月 21 日罗伯特・耶茨和小约翰・兰辛致州长乔治・克林顿，*DHRC*, 19:457（“无法调和”）; 1787 年 7 月 27 日威廉・佩特森致小约翰・兰辛，*Farrand*, Supp.: 195；1787 年 8 月 20 日汉密尔顿致金，*PAH*, 4:235；另见 1787 年 8 月 26 日亚伯拉罕・兰辛致小亚伯拉罕・耶茨（Abraham Yates, Jr.），*Farrand*, Supp.:

242–243; Boyd, *Politics of Opposition*, 10; Kaminski, "New York," 63; editorial note, *DHRC*, 19:454–455。

429 麦克亨利的记录，Aug. 6, *Farrand*, 2:190–191; Beeman, *Plain, Honest Men*, 203, 353; Boyd, *Politics of Opposition*, 10–11; Maier, *Ratification*, 92; Kaminski, "New York," 64; Introduction, *DHRC*, 11: xli; Articles of Confederation, Art. V, *DHRC*, 1:87。关于马丁的背景，以及他早早离开会场的原因，见 editorial note, *DHRC*, 11:126–127。

430 1787 年 10 月 24 日麦迪逊致杰斐逊，*PJM* (C.S.), 10:212（全部引文）；另见 Editorial Note，同上，205–206; Maier, *Ratification*, 36; Rakove, *Original Meanings*, 197, 331; Edling, *Revolution in Favor of Government*, 227; Bilder, *Madison's Hand*, 10；对照参看 Banning, *Sacred Fire*, 190–191。

431 1787 年 10 月 24 日麦迪逊致杰斐逊，*PJM* (C.S.), 10:211–212。

432 *The Federalist No. 39* (Madison), 246（"部分国家"）；1787 年 9 月 6 日麦迪逊致杰斐逊，*PJM* (C.S.), 10:163–164（"既无法有效地"）。

433 Hamilton, Sept. 17, *Farrand*, 2:645–646（"无人能比他" 和 "介于"）；Thomas Jefferson, Notes of a Conversation with George Washington, Oct. 1, 1792, *PTJ* (M.S.), 24:435（"犹豫不决"）；1811 年 2 月 5 日莫里斯致罗伯特·沃尔什（Robert Walsh），*Farrand*, 3:418（"不喜欢" 和 "认为"）。

434 Gerry, Aug. 14，同上，2:285–286（全部引文）；Rakove, *Original Meanings*, 139–140；另见 1787 年 11 月 16 日格里致约翰·温德尔（John Wendell），*DHRC*, 4:251; Lansing, June 16, *Farrand*, 1:249–250。

第四章　奴隶制与制宪会议

正如我们在第三章中所看到的那样，大州和小州围绕如何分配联邦国会议席而发生的激烈冲突，几乎使费城会议解散。詹姆斯·麦迪逊试图回避这一冲突，他提醒各位代表："美国巨大的利益分野……不在大州和小州之间；而在南方和北方之间。"地区利益的巨大差异"部分缘自气候，但主要是它们［那些州］是否拥有奴隶而导致的"。[1]

麦迪逊指出，过去十年，国会的投票——例如，当外交部长约翰·杰伊和西班牙就密西西比河上美国人的航运权进行谈判时，国会曾就是否要给杰伊新的指示而进行投票——显示出各州主要依照"地理位置而不是州的面积"来选择立场。1782年，在佛蒙特作为一个独立州加入联邦所引起的国会辩论中，麦迪逊注意到，北方州支持佛蒙特加入，"主要缘于此举将增加它们在国会中的分量"，而南方州之所以反对，是因为"它们习惯性地嫉妒［北方的］优势利益地位"。在费城会议上，汉密尔顿基本上赞同麦迪逊的观点，他认为"在依赖对外贸易的州和不依赖对外贸易的州之间存在着巨大的利益差别"——这一差别尽管不是完全，但却在大体上与南北州的差别相重叠。鲁弗斯·金和查尔斯·平克尼在这点上也认同麦迪逊的看法。[2]

关于地区利益冲突问题，麦迪逊认为，“无论是何种阶层的公民或是何种类别的州，其每一种特殊利益都应该尽可能地得到保护。凡是有危险的地方，宪法都应该提供一种防卫权”。而“如果必
257 须提供这种防卫权的话，应该将其均衡地给予”北方州和南方州。因此，麦迪逊告诉大会代表，他曾考虑建议国家立法机关议席不要一个分支按照人口、另一分支按州享有的平等投票权来分配，而要一个分支根据州的自由人口分配，另一个分支根据总人口分配——包括奴隶在内，将其按自由人计算。麦迪逊的想法类似于半个世纪后南方著名政治家约翰·C.卡尔霍恩（John C. Calhoun）的提议，后者建议，南方和北方“在制定和执行法律，抑或否决执行这些法律等问题时，应该发出一致的声音”。[3]

事实上，在费城的南方代表们觉得，南方的利益极为独特，也面临着相当大的风险，他们多次威胁说，若是不给奴隶制提供充足的保障，他们将退出大会——他们所在的州也将拒绝批准宪法。自争取从英国独立、建立联盟以来，南方人就一直发出类似的威胁。1776年，大陆会议讨论如何在各州之间分配纳税义务和军事服役配额时，一名南卡罗来纳州代表就警告道，如果会议“讨论他们［南方人］的奴隶是否是他们的财产……那就意味着邦联的终结”。在1787年的费城会议上，南方人的威胁再次成功地为奴隶制提供了保护措施。[4]

背景

在殖民地建立初期，有关奴隶制的区域差异并没有那么明显。17世纪初，北美殖民地建立之后的几十年间，北方殖民地和南方殖

民地拥有的奴隶几乎一样多，且总数量都不多。但随着时间的推移，这种情况发生了巨大的变化。南方生长季较长，使其能够种植诸如烟草、水稻、靛蓝等出口作物。种植这些作物几乎需要常年劳作，这使得奴隶制在南方变得更加有利可图。加之17世纪末，殖民地黑人的死亡率大幅度下降，从英国来的白人契约奴仆数量减少——使得投资奴隶获利更加丰厚。1680年，奴隶仅占弗吉尼亚人口的7%，到1700年增至28%，到1750年更是上升到46%。在南卡罗来纳，奴隶人口占总人口的比例从1680年的17%，上升到1700年的44%，到1720年更是超过60%。[5]

相比之下，北方奴隶所从事的工作与当地白人的工作并无明显区别。北方奴隶与白人们一起在农场辛苦劳作，很多奴隶获得了成 258
为独立农场主所必备的技能。在北方城市里，奴隶们在酒馆、船上以工匠和室内奴仆的身份工作。北方的奴隶没有大规模地在与世隔绝的种植园里劳动，他们逐步被他们主人的语言、风俗和宗教所同化。在18世纪，北方奴隶的人口比例从来没有接近过南方奴隶人口的比例。1750年，奴隶只占纽约人口的14%，罗得岛人口的10%，新泽西人口的7%。[6]

独立战争对美国的奴隶制也产生了深远的影响。《独立宣言》的理念——“所有人在造物主面前一律平等”——导致了至少一部分美国人反思人类奴役的不公。写下这段文字的托马斯·杰斐逊，拥有100多名奴隶。他也认为，黑人在理性和想象力方面可能不如白人，他相信，“白人根深蒂固的偏见”和许多黑人奴隶对他们的白人主人所产生的仇恨，使得这两个种族不可能生活在一起，除非“一方或另一方灭绝”。不过，杰斐逊也承认：“当我想到上帝是正义的之时，我为我的国家感到担忧。”此外，他毫不怀疑奴隶制预示着什么样的未来：“在命运之书中没有什么比这点更确定的了……

那就是这些人终将获得自由。”[7]

许多美国人——黑人和白人，在革命事业的自然权利思想意识和奴隶制的不公正之间建立起具体的联系。1765年，“自由之子社”（Sons of Liberty）在查尔斯顿的街道上游行，高喊着“自由，自由”的口号，奴隶们加入他们的行列，也高呼口号，导致这座城市被军管了一周。1773年，四名黑人在马萨诸塞州印刷了一份传单，声称要为该州所有的奴隶代言：“我们对那些立场高贵之人，抱有更高的期待——他们反对他们的同胞［英国人］奴役他们的阴谋。”第二年，阿比盖尔·亚当斯（Abigail Adams）写信给她的丈夫——革命领导人约翰·亚当斯说：“我一直以来都觉得这样极为不公正——我们为自由权利而奋斗，而我们每天又在剥削掠夺和我们一样拥有自由权利的那些人。”[8]

到独立战争爆发之时，宾夕法尼亚的贵格会教徒已经解放了他们的奴隶，并在费城建立了第一个全国性的废奴主义者协会。在独立战争期间，当英国军队占领了南方沿海城市，成千上万的奴隶抓住机会逃离他们的主人，一位历史学家称之为“北美历史上最伟大的奴隶暴动”。英国承诺释放那些反抗北美殖民者的奴隶——比如1775年弗吉尼亚皇家总督邓莫尔勋爵（Lord Dunmore）的著名公
259 告——迫使美国人采取类似的措施。❶经历最初的犹豫后，大陆会

❶ 英国解放奴隶的公告主要是为了帮助实现战争目标，而不是为了废除奴隶制，这将与他们在加勒比蔗糖群岛上坚定地支持奴隶制的承诺不一致。北美效忠派的奴隶也没有被释放，英军总司令警告，身穿美国制服的黑人被抓获后，将重新被卖为奴。一些英国官员声称被俘虏的奴隶为财产，并将他们出售到西印度群岛。参见 Nash, “African Americans' Revolution,” 261–263; Christopher Leslie Brown, “The Problems of Slavery,” in Gray and Kamensky, eds., *American Revolution*, 430–431; Gould, *Among the Powers of the Earth*, 148–149; Egerton, *Death or Liberty*, 73。对于英国解放奴隶政策的更正面的评价，参见 Pybus，上文，264。

议和大多数北方州都允许黑人参加大陆军和州民兵。一些奴隶主给了那些应征入伍的奴隶自由，为此，这些奴隶主往往能得到政府的补偿。在独立战争期间，大约有多达9 000名黑人——他们中的大多数是刚刚获得自由的奴隶——参与到对英国的作战中。[9]

宾夕法尼亚州议会认为，奴隶制“对任何人来说都是可耻的，对那些一直为自身自由的伟大事业而奋战的人而言，尤为如此”，于是，宾夕法尼亚议会于1780年通过了美国第一个逐步释放奴隶的立法。自该法生效后，由奴隶母亲生下来的孩子，长至28岁时即予以释放。允许主人继续享有对他们已拥有的奴隶及奴隶孩子——在孩子成年前——的所有权，此举被视为对强制解放奴隶导致财产权被侵犯所做的补偿；而奴隶通过劳动，也为自己的解放支付了赎金。即使是许多不蓄奴的白人也很担心，政府会使用权力干涉传统的财产权。尽管当时奴隶人数还不到宾夕法尼亚总人口的3%，但近40%的州议员投票反对逐步解放奴隶的法案，大多数奴隶主更是强烈反对这一法案。[10]

新英格兰地区的几个州很快追随宾夕法尼亚州的做法。早在1783年，马萨诸塞州的立法机关就考虑通过一项废奴法案，而该州最高法院在解释州宪法的《权利宣言》条款时宣布，所有人生而“自由平等”就是禁止奴隶制——这样的解释可能连宪法的起草者都没有想到。首席大法官威廉·库欣（William Cushing）解释道，尽管马萨诸塞根据习俗建立了奴隶制，但它不可能继续存在，因为“大众从感情上更倾向于人类的自然权利，以及上帝植入我们内心深处的对自由的天生渴望——不分肤色和形体，自我们开始为自己的权利奋争以来，这种情感就已经广为流行”。[11]

1784年，康涅狄格和罗得岛两地的议会采纳了逐步解放奴隶的计划。但是在纽约和新泽西，奴隶数量很多——根据1790年的人口统计，纽约有2.1万名奴隶，与佐治亚相比，并没有少多少——且奴 260

隶主在政治上更有权势，立法机关拒绝同意逐步解放奴隶的方案，直到1799年和1804年，纽约和新泽西才相继通过逐步释放奴隶的法案。[12] ❶

革命时期的自然权利思想意识、黑人士兵对战争的贡献，以及由战争引发或加速的经济力量——包括来自欧洲的白人非契约劳工数量的增加——共同促使奴隶制在北方各州走向灭亡。早在1785年，杰斐逊就报告，在马里兰北部的各州，“只有很少的奴隶”，人们可以“轻易地解除对他们的控制”，而解放奴隶的活动已经“进入既定轨道，再过几年，将不会有奴隶”。尽管杰斐逊有些夸大其词，北方的奴隶制一直延续到19世纪，但到1830年，只有不到1%的北方黑人是奴隶。[13]

不过，北方各州也并非种族平等的天堂。北方人很关心如何保护自己的财产权，这使得逐步解放奴隶的法律颁布后，他们并没有立即释放任何一个活着的奴隶。而且，很多州的这类法律中还包含着延迟实施的规定，以便给奴隶主一个机会，使他们在法律生效之前将他们的奴隶送到外州去。即使是在法律生效之后，大多数这类法律的执行也都很软弱，这意味着，奴隶主通常可以在解放奴隶的法定日期到来之前，把他们的奴隶出售给南方人。大多数的北方白人不愿意增加本州自由黑人的数量，他们并不关心黑人的福利，不愿意支持强有力的实施措施。此外，在制定逐步解放奴隶法案几十年以后，大多数北方州仍愿意与奴隶主合作，将逃亡奴隶遣送到他们所逃离的辖区。在北方，种族主义无处不在，鲜明地体现在歧视

---

❶ 1785年，纽约州立法机关通过了一项逐步解放奴隶的法案，但是被审查委员会否决了，表面上的理由是，它剥夺了拥有少量黑人血统之人的公民权。州立法机关的一个院投票推翻了否决，而另一院则未能投票推翻之。参见 Van Cleve, *Slaveholders' Union*, 68–69。

黑人的各种措施之中，包括剥夺公民权、不让黑人担任民兵和陪审团成员，以及在许多行业中设置针对黑人的不成文障碍。[14]

独立战争也使得上南部地区出现了一波解放奴隶的潮流。1782年，弗吉尼亚州立法机关授权奴隶主，无须得到立法机关的特别许可，便可释放奴隶，而在此之前，需要得到允许，才可释放奴隶。马里兰州和特拉华州很快通过了类似法律，甚至还讨论了逐步解放奴隶的提议。1783年，弗吉尼亚州立法机关宣布，那些“为争取美国的自由和独立做出贡献的人，应该享受自由的福祉，作为他们辛勤劳动和付出的回报”，为此，议会解放了曾在本州军队中代替他们主人服役的 261
奴隶。在很大程度上，由于这些法律的实施，弗吉尼亚州的自由黑人人口在短短八年时间内，从2 800人增加到1.2万人。[15]

一些弗吉尼亚政治家当时乐观地估计，有可能逐步废除奴隶制。1785年，杰斐逊告诉一个英国的朋友，在马里兰和弗吉尼亚，“大部分人”在理论上同意释放奴隶，“一些令人尊敬的少数派，已经准备好将之付诸实践，这些少数派无论在社会地位上还是在个人财力上，都远远胜过大多数人，后者虽然没有勇气放弃他们的家庭财产，但是良心也非常不安”。杰斐逊坚信，正义的事业“正每天从成年人和日益成熟的年轻人中获取新成员，他们就像吮吸母亲的乳汁一般，拥抱自由的原则”，他们将决定“这个问题的命运”。1785年，卫理公会信徒请求弗吉尼亚州立法机关颁布一项逐步解放奴隶的法律。第二年，乔治·华盛顿写道，他不打算再买更多的奴隶——除非发生特殊情况——他希望“看到立法机关通过某些法案，以缓慢、可靠而难以察觉的方式废除这片土地上的奴隶制度”。[16]

然而，尽管宗教信仰和革命思想意识之中蕴含着反奴隶制诉求，但美国对奴隶财产进行了巨大投资的经济现实，加上种族主义分子担心会出现大量的自由黑人，导致即便是像弗吉尼亚这样的上南部州，废除奴隶制的斗争也异常艰难。在佐治亚和南卡罗来纳这样的南方腹地州，几乎没有多少白人支持废除奴隶制。[17]

在《邦联条例》之下，奴隶制是各州保留完全主权的问题之一，这已是一种共识。实际上，美国在独立战争中的胜利甚至使南方奴隶主对奴隶制度有了更大的控制权。在英帝国时期，奴隶主数量相对较少，地方法律受制于英帝国政府的监管否决权，而且他们在帝国政府中没有直接代表。但是，殖民地独立之后，奴隶主成了政治和经济精英，他们几乎统治了半个国家，在这个国家之内，像奴隶制这样的“内部”问题，被交给地方政府来处理了。美国奴隶人口的持续增长——在18世纪70年代和80年代，奴隶人口增加了50%以上——更是增加了奴隶主的影响力。[18]

1787年，美国奴隶制度处于转型阶段，奴隶制成为一种特殊的地区性现象。包括本杰明·富兰克林和亚历山大·汉密尔顿在内的几位参加费城会议的北方代表，在他们各自所在州的反奴隶制运动中发
262 挥了重要作用。但是，北方各州的立法机关并没有授权他们派出的参会代表采取行动反对奴隶制。不愿意拨款来防止本州出现规避逐步解放奴隶法行为的北方白人，也不打算挑起政治风波，去质疑南方的奴隶制。北方代表们更关心的是，奴隶制将如何影响涉及税收和国会代表的会议决定，而不是运用宪法去打击南方的奴隶制。[19]

许多来自上南部各州的代表——特别是弗吉尼亚人，如华盛顿、麦迪逊、梅森和伦道夫——视奴隶制为一种暂时的罪恶，希望能够很快将其废除（通过奴隶主和州立法机关而不是国会的行动）。比如，参加费城会议的最大的奴隶主之一梅森，在一次面对代表的发言中谴责奴隶制，其理由是，奴隶制不利于发展手工艺与制造业，让贫穷的白人“鄙视劳动”，使那些“能让国家富足和强大”的白人移民望而

却步，并使每个奴隶主变成了“一个小暴君”，对他的“行为造成最恶劣的影响”，并将“上天的审判带到了这个国家”。[20]

但是在费城，南方腹地各州的代表并不这样看待奴隶制。他们的经济极度依赖奴隶劳动，这些州贪婪地想要获得更多的奴隶，来替代那些在独立战争中获得自由的成千上万的奴隶。独立革命时期南卡罗来纳最早的州长之一罗林斯·朗兹（Rawlins Lowndes），在会议后很快就注意到，“若没有黑人，本州将会变成联邦里最受人轻视的一个州”。从1783年到1785年，奴隶贸易商从非洲和加勒比群岛运送了大约1.1万名奴隶到佐治亚和南卡罗来纳。[21]

南卡罗来纳州任命了四位极其富有的奴隶主代表去参加费城会议。这些人表示，他们既不希望也不愿意看到奴隶制很快消亡。而且，他们非但不批评奴隶制，还声称——用查尔斯·平克尼的话来说，“全世界的例子都证明了奴隶制的正当性”，其中包括古代希腊和罗马。他们中的一些人可能甚至会同意朗兹“对于宗教、人性和正义原则的看法——将人类的一个群体从一个坏的地方送往一个好的地方，无疑完全符合这些原则的任何一个部分”。朗兹甚至为海外奴隶贸易辩护——而很多捍卫奴隶制的人都认为奴隶贸易是野蛮行为。[22]

参加费城会议的代表中有25人拥有奴隶，其中包括一些将奴隶当作家仆的北方代表。对于16名南方代表而言，奴隶对他们的生计至关重要，构成了他们财富的重要组成部分。华盛顿拥有200多名奴隶，并随身带着3个来参加会议，而且他不是唯一带奴隶来开 263
会的代表。麦迪逊拥有9个奴隶（1801年他父亲去世时，他又继承了100多个奴隶），正如他在后来的信中所表明的那样，他非常清楚地知道，赋予他“公共身份”的那些人，“极为在意那种类型的财产”。1791年，麦迪逊拒绝了一项请他支持弗吉尼亚逐步解放奴隶的请求，他认为，“他们［支持麦迪逊的选民］信任我，如果我利用这种信任，像他们所认为的那样，公开损害他们如此看重的利益，他们会指责我至少是不够坦诚，甚至是不够忠诚”。[23]

尽管召集这次会议与奴隶制无关，但奴隶制在会议过程中发挥了重要作用。准确地理解奴隶问题的重要性，非常关键。费城会议绝对不可能起草一部反奴隶制的宪法（不过南卡罗来纳州的代表皮尔斯·巴特勒倒是曾经一度坚持，宪法必须保证不强行解放南方各州的奴隶）。在制宪会议召开之时，奴隶人口占最南部五个州人口的40%，大约占它们有形“财富”的1/3。因此，不可能指望南方代表会赞成一部反对奴隶制的宪法，或者说，奴隶主在政治上占据主导地位的南方诸州，将不会批准这样的宪法。[24]

即使是那些反对奴隶制的北方代表，也不愿意去推动制定一部反奴隶制的宪法。除了一两个州外，北方各州——甚至是那些在1787年正处于废除奴隶制过程中的诸州，都拥有数量相当多的奴隶，而大多数反对奴隶制的人，也都相信财产权的神圣性。而且，大多数北方白人与南方白人一样，对于出现大量的自由黑人心存恐惧，而对南方来说，这将会是一个比北方解放奴隶更令人头疼的问题。最为重要的是，即使是那些反对奴隶制的北方代表，也渴望与南方人建立一个永久的联盟，而南方将绝不会同意接受一部威胁到奴隶制的宪法。[25]

不过，尽管北方和南方的代表都不倾向于制定一部反奴隶制的宪法，但他们中的许多人，对于起草一部过于明确地支持奴隶制的宪法，也感到良心上的不安。许多代表觉得，将国家根本文件与奴隶制联系起来，令人心生厌恶——麦迪逊在制宪会议上将奴隶制视为“人压迫人的最暴虐的统治”，古文诺·莫里斯谴责奴隶制是“邪恶的体制——是上天对盛行奴隶制的各州的诅咒”。[26]

就像麦迪逊后来解释的那样，“对于把‘奴隶’一词加入目前的机制［也就是宪法］”，有些代表“颇有顾虑”。他们坚持使用委 264
婉词语代替，比如用“其他人”来表述。因此，宪法要求遣送的不是“逃亡的奴隶”，而是“需要服役或提供劳动力的人”。特拉华州的约翰·迪金森指出，大会将“奴隶制”一词从宪法文本中抹去，这一行为可“被视为努力掩盖令我们感到羞耻的原则”。在马里兰州，路德·马丁后来反对批准宪法时，也表达了同样的观点——主要是基于其他理由——制宪会议代表“急切地希望避免可能会令美国人感到憎恶的表达方式，尽管他们愿意将这一表述所指代的那些东西加入他们的体制”。[27]

在某种意义上讲，代表们正在起草两份不同的宪法。作为现实的政治家，代表们明白奴隶制不会很快就消亡，他们起草了一部保护奴隶主利益的宪法。同时，作为理想主义者，他们并没有忘记自己的历史声誉，他们起草了一部要求在未来不经修改便可废除奴隶制的宪法，这也是许多人所希望和所期待的。正如亚伯拉罕·林肯（Abraham Lincoln）后来所宣称的那样，制宪之父们希望宪法能永远存续，但并不希望宪法暗示“黑人奴隶制曾存在于我们的生活中”。[28]

在分配国家政治权力时如何计算奴隶

在费城会议上，奴隶制是一个很有争议的问题，不是因为有任何代表曾认真地考虑在宪法中废除它，而是因为——正如麦迪逊多次强调的那样，北方各州和南方各州在很多议题上存在相互冲突的利益——他们在奴隶体制上投入了不同程度的资本。在18世纪80年代，南方经济主要依赖于农产品的出口——主要是烟草、大米和靛蓝（棉花成为重要的出口作物是在18世纪90年代轧棉机发明之后）。南方地区几乎没有制造业，也没有成规模的商船；它大部分制造业商品依赖于进口，并雇佣其他人运输进出口货物。相应地，南方人的经济利益使他们倾向于自由贸易。北方的经济则更加多样化，也拥有更多的商船、商人和制造商，他们喜欢各种重商主义的贸易限制措施。此外，正如我们所看到的，在1786—1787年外交部长约翰·杰伊与西班牙谈判的过程中，北美各地之间相互冲突的地区利
265 益几乎将联邦撕成碎片。[29]

由于北方和南方各州有着不同的经济利益，它们非常关心各自的地区在新的全国性政府中拥有多大的权力。宪法对待奴隶制的方式，将会影响权力的分配。大多数南方代表更愿意争取用宪法来保护南方的政治权力，而不是获得反对解放奴隶的明确条文保障。[30]

费城会议上的大多数代表都认为，联盟是由5个南方州和8个北方州组成的，马里兰州的北部边界是其分界线。1787年，南方5个州的人口几乎与北方8个州的人口相同——如果将奴隶计算在内的话。因此，如果在分配众议院议席时将奴隶按自由人计算的话，那么南北方在全国性政府的分支中将拥有同等的权力。然而，如果少计算奴隶人口，南方在众议院中将寡不敌众——至少在短期内如此——因为大约有40%的南方人口是奴隶。而且，如果参议院议席不是根据人口，而是在各州间平等分配的话，南方各州也将很轻易地一再被多数票击败。[31]

对于在分配全国性立法机关议席时，应该将多少奴隶人口计算在内，南北方各州的代表们意见不一，就如同在人口是否应该成为分配议席的唯一依据这个问题上，大小州之间发生激烈冲突一样。弗吉尼亚方案规定，全国性立法机关的议席“应该依据各州摊派份额的多寡分配［这可能会体现奴隶劳动所创造的财富］，

或者依据自由居民的人口数量分配，在不同情况下择优采取其中一种原则”，该方案回避了在分配议席时，是否以及如何计算奴隶人口的问题。[32]

就在大会进行实质性讨论的第二天，麦迪逊又提出，自己反对仅仅以“自由民数量”为基础——而完全不计算奴隶人口——来分配众议院议席的方案。麦迪逊旨在争取广泛的支持，希望大家一起反对《邦联条例》下盛行的各州在国会具有平等代表权的原则，他不能让南方各州代表与小州代表一起反对他的方案。相反，麦迪逊成功地促使制宪会议以“公平的代表比例”原则取代各州拥有平等代表权的原则，由代表们稍后制定具体方案。[33]

1787年，大多数精英政治家都认为，政治代表应该反映财富和人口的多寡。有几个州的宪法规定，要在一定程度上依据财富数量来分配立法机构的议席。在费城会议上，南卡罗来纳的代表—— 266
属于美国最富有的人——最为强烈地坚持，国会代表应该反映财富及其他因素。约翰·拉特利奇认为，“财富毫无疑问是社会的主要目标”，他坚持财富应该在立法机关中获得相应的代表性。查尔斯·科茨沃斯·平克尼同意说，南方“优越的财富”应该“在政府中得到应有的重视”。❶巴特勒提出，“金钱就是力量”，主张“每个州在全国性立法机构中的分量，应该与它所拥有财富的数量成正比”。来自弗吉尼亚的梅森同意说，“奴隶是有价值的”——奴隶提升了土地的价值，扩大了出口贸易，在紧急情况下还可以作为士兵服役——因此“不应该将他们排除在选举代表的估算人口之外”。[34]

---

❶ 据估计，在独立战争时期，南方人（指自由人口）的平均收入是北方人的两倍。参见 Lindert and Williamson, “American Incomes,” 741。

许多北方代表也赞同这样一种观点，即财富应该在分配全国性立法机构议席的过程中发挥作用。来自马萨诸塞的代表鲁弗斯·金同意说，“财产是社会的首要目标”，因此财产应该成为分配议席的要素；他解释道，他“一直觉得，南方各州是北美最富有的州，如果不尊重它们的财产优势，它们可能不会与北方结盟。如果北方期望从联盟中获得商业上的优惠和其他好处，而不允许南方获得一些利益回报，那么北方就别指望得到这些优惠和好处”。由于南北方各州利益不同，金准备“为了确保南方加入联盟，在代表的比例上做出某种让步”。宾夕法尼亚州的古文诺·莫里斯也认为，财产作为“政府的主要目标”，理应在全国性立法机关中有其代表性。他非常担心，如果人口成为分配议席的唯一依据，那么即将加入联盟的西部州将很快就会主导国会，而这些州拥有他所害怕的经济激进主义思想。[35]

不过，主张划分国会议席时应该将奴隶统计在内的人，并不一定认为，议席分配应该直接建立在财富（或者说可能体现财富的各州“摊派份额”）基础之上。查尔斯·平克尼争辩说，在《邦联条例》下基于土地价值分配国会议席的方式，已经被证明“行不通”，而基于各州给国会缴纳的摊派份额分配国会议席，又会因为“经常变化”而难以统计。他的结论是，基于居民人数分配国会议席，是“唯一公正和可行的规则”。但他认为，在分配国会议席时，没有任何理由反对将黑人奴隶“与白人平等计算”。奴隶是“南方各州的
267 劳动者和农民；他们与北方各州的劳动者一样，能够产生经济上的收益。他们平等地增加了财富，而且鉴于金钱是战争的支柱，他们进而也增强了国家的力量”。[36]

无论众议院席位的分配是基于财富还是人口，南卡罗来纳人都坚持认为，奴隶应该和自由人一样计算在内。一些北方代表则持有

完全相反的立场：认为奴隶根本不应该计算在内。来自马萨诸塞的埃尔布里奇·格里就认为，“黑人在南方是财产”，如果为了分配议席而将之计算在内，那么“北方的牛和马”也应该计算在内。[❶]莫里斯也反对在所有的财产类型中，为了议席分配，唯独将奴隶计算在内。他预言，他所在的宾夕法尼亚州的公民将会反对“将自己等同于奴隶的观念”。“他们［奴隶］是人吗？”莫里斯问道，如果是，“那就把他们当作公民，让他们投票。他们是财产吗？为什么不将其他财产包括在内？这个城市（费城）的房子，比那些遍布南卡罗来纳州水稻沼泽地的可怜的奴隶更值钱”。[37]

而且，北方人声称，如果南方各州在分配本州立法机关议席时，并没有把奴隶计算在内，那么在分配国会议席时，也不应该将奴隶计算在内。新泽西州的威廉·佩特森问道：“在弗吉尼亚，一个人所拥有的选票是否与他的奴隶数量成比例？如果黑人在他们所属的州没有代表，为什么他们要在联邦政府中获得代表呢？”[38]

北方人还抗议说，在分配国会议席的过程中将奴隶计算在内，只会鼓励南方人继续进口奴隶。而大多数与会代表都认为，对外奴隶贸易是野蛮之举，并希望结束它。因此，莫里斯反对出于分配议席的目的，而将奴隶计算在内，认为此举将使得“佐治亚和南卡罗来纳的居民前往非洲海岸，无视人类最神圣的法律，将他们的同类从最亲密的环境中带走，并将其置于最残酷的束缚之中，也使得这些州将在一个为保护人类权利而建立的政府中，比宾夕法尼亚或新泽西的公民拥有更多的选票，而后者认为这是一个不值得称道的、

❶ 邦联时期，在分配邦联政府的财政义务而不是议席时，南方人坚持认为奴隶是财产，等同北方的“土地、绵羊、牛和马”。参见 John Adams, Notes of Debates in the Continental Congress, in 1775 and 1776, *Works of John Adams*, 2:498（引自 Thomas Lynch of South Carolina, July 30, 1776）。

图 4.1　古文诺·莫里斯，曾在邦联时期担任财政总监副手，是费城会议上发言次数最多的人。作为宪法文风委员会的一员，莫里斯在宪法文本的最终定稿上贡献最多。

令人恐惧的、邪恶的行动”。佩特森也同意说，大会不应该“间接
268 鼓励奴隶贸易”。[39]

大会以8:2和7:3的绝对优势拒绝了南卡罗来纳要求在分配众议院议席时将奴隶平等计算在内的议案。不过，虽然上南部的代表不支持南卡罗来纳的立场，但他们也不愿意接受完全不将奴隶计算在内的方案。北卡罗来纳州的休·威廉姆森宣布，他不能“同意这两种极端的情况”。梅森认为，尽管“奴隶有价值”，因此“不应该被排除在分配议席的人口估算之外”，但他也“不认为，他们与自由人平等，能像自由人一样投票”。麦迪逊考虑提出一个折中方案：全国立法机关的一院将按照自由人口的比例分配席位，而另一院基于人口总数分配席位。威尔逊提出了一个不同的折中方案：基于自由人口加上其余人口的3/5来分配各州的代表权。[40]

代表们对于3/5这个数字较为熟悉，因为1783年提出的一项修
269 正《邦联条例》的议案就用了这个数字，而参加这次大会的代表中，有10个人曾经参加那次邦联国会的讨论。根据《邦联条例》，国会给各州摊派的财政份额需要根据土地价值来分配——这在很大

程度上是因为1776年的一项提案提出基于人口（不包括没有纳税的印第安人）分配摊派份额时，引起了关于如何计算奴隶人口的不可逾越的分歧。然而，由于各州拒绝进行土地勘察，缺乏可靠的土地普查依据，这一分配方案无法实施。[41]

在新英格兰地区，土地相对更有价值，因其有可能已经得到改良。在新英格兰代表的请求下，邦联国会提出了“一个更方便和明确的原则，以便各州按比例给邦联财政部提供资金”。根据麦迪逊提议的这个修正案，按照“所有年龄、性别和身份的全体白人、其他自由公民和居民”来分配各州的财政负担份额，“并将需要服役一定年限的人，以及上述各种类别都未能囊括的所有其他人口的3/5计算在内”。[42]

在邦联国会财政摊派份额的分配方案中，将奴隶人口按照3/5计算的理由是，奴隶劳动不如自由人劳动有效率——因为奴隶“无法从他们的劳动中获得收益”，他们“尽可能地少干”。在邦联国会关于这项修正案的辩论中——这项修正案涉及的是税收而不是议席——新英格兰人主张将奴隶视同或几乎视同自由人计算，而南方人则坚持认为他们只能将奴隶按一小部分计算，也许只能按1/4或者1/3计算。❶13个州中的11个——除了新罕布什尔州和罗得岛州——都批准了这一修正案，但是《邦联条例》规定修正案需要各州一致同意才能成为法律（这并没有阻止邦联国会以这项人口修正案为基础，调整1783年后邦联政府的财政摊派份额）。[43]

---

❶ 因此，在费城会议上，马萨诸塞代表纳撒尼尔·戈勒姆指责南方人前后不一，分配国会议席时要求将奴隶完全计算在内，而1783年讨论承担国会财政摊派份额时，他们甚至连将奴隶人口按3/5计算都反对。北卡罗来纳州的威廉姆森回应道，北方的代表们同样前后不一，他们认为分配议席根本不应该将奴隶计算在内，而在四年前讨论承担财政摊派份额时，他们却认为奴隶应该被平等地计算在各州人口之内。参见Gorham, July 11, *Farrand*, 1:580；Williamson，同上，581。

在制宪会议召开两周后——大州代表更关心的是拒绝国会中的平等代表权原则，而不是精确地计算出一个“公平的”分配方案——代表们以9州同意、2州反对的票数，通过了3/5妥协。反对
270 票来自小州新泽西和特拉华，它们的代表不承认以人口数量为基础分配议席的合法性。然而，到了7月初，当大会就如何分配参议院和众议院的议席几近达成最终决议之时，3/5妥协几乎瓦解。[44]

正如我们在第三章所看到的那样，7月5日，每州派出一名代表所组成的大委员会，由格里主持，提出了一项闻名于史的康涅狄格妥协方案：每州将拥有同样数目的参议员，众议院议席将根据每4万名居民不超过1名代表的比例进行分配，奴隶人口按照3/5计算。大会很快任命了另一个委员会来分配各州在众议院的议席——在没有可靠的各州人口统计数据的情况下，这是一项极具挑战性的工作。❶北方和南方的代表都宣称，这个委员会在分配议席时应该同时考虑财富和人口。[45]

当该委员会提出众议院议席的初步分配方案时，它还同时提出，由宪法赋予国会自由裁量权，使其可以增加代表人数，并根据各州财富和人口的波动，来改变最初的分配。那些不满意该委员会分配结果的代表，要求了解分配方案的依据。作为该委员会的一员，莫里斯解释道，这种分配结果“几乎就是猜测”，基本上是基于人口估算的，当然“没有完全忽视”财富。[46]

由于该委员会的分配结果引起巨大争议，大会立即任命了一个

---

❶ 事实上，在《邦联条例》之下，一些州，比如北卡罗来纳，怀有不准确地向国会报告本州人口的强烈动机，因为它担心准确报告的话，会增加本州在邦联政府的财政摊派份额。参见 1787 年 9 月 18 日北卡罗来纳州代表致州长理查德·卡斯韦尔，*DHRC*, 13:216；1788 年 7 月 24 日理查德·多布斯·斯佩特在北卡罗来纳州批准宪法大会上的发言，*Elliot*, 4:31–32。

以金为主席的大委员会来修正。金的委员会将国会众议院的65个席位中的36个给了北方8个州，29个给了南方5个州。几位南方代表表示不满。例如，他们认为新罕布什尔州代表过多，而北卡罗来纳州代表不足。威廉姆森宣称，“按照目前的安排，南方的利益处于极度危险的状态”。查尔斯·科茨沃斯·平克尼抗议说，南方“正在成为极为明显的一个少数派”。[47]

不过，当时大家几乎都预计，南方人口增长将比北方快得多，
众议院的最初分配结果对北方有利，却也并不足以使南方大部分代 271
表生气到要断然拒绝。大会以9∶2的投票通过了金的委员会对国会第一院席位的分配方案——只有佐治亚州和南卡罗来纳州不同意。不过，一些南方代表担心，北方一开始在国会里占据多数后，会尽力巩固自己的权力，即使南方以后拥有人口优势，在众议院中可能也寡不敌众。此外，他们逐渐意识到，小州将会力求在参议院中取得平等的投票权——这种分配政治权力的方式，也使得南方认为自己总体上处于不利地位。[48]

为了防止北方多数派在众议院中确立牢固权力，进而威胁到南方，一些南方代表开始要求宪法规定定期进行人口普查，并且要求国会根据人口普查结果，重新分配议席。梅森宣称，“根据美国现有的人口，北方地区将占据优势，这一点无可否认。但他希望，当这个理由不复存在时，北方将不再占据优势”。梅森认为，让国会拥有重新分配议席的自由裁量权是个糟糕的主意，因为“那些手握大权的人，不会在能拥有权力时将之放弃”。如此一来，即便南方在人口上明显占多数，也可能“是在一代又一代人的抱怨中度过而毫无办法”。麦迪逊也嘲讽了这样的观点，即当“所有拥有权力的人都应该受到一定程度上的不信任”时，却要求南方各州对北方多数派保持“绝对的信心”。[49]

毋庸置疑，北方各州的代表们更愿意授予国会重新分配议席的自由裁量权。谢尔曼“反对过多地束缚立法机关”。莫里斯反对限制国会的自由裁量权，其理由是，只有那些无法预见也不能提前规定的“非常紧急”的原因，才会诱使国会反对后续对议席的重新分配。不过，南方人在这个议题上赢得了胜利：未来将基于人口普查的数据重新分配议席，宪法要求国会在其首次会议后的三年内进行人口普查，其后每十年进行一次人口普查。[50]

但是，代表们仍然对人口普查到底应该测量哪些数据持不同意见。尽管最初负责分配第一届国会议席的委员会所提出的3/5原则，在会议早期得到了暂时性认可，但该委员会提议，此后的国会议席分配，应建立在各州“财富和居民数量”基础之上。伦道夫要求国
272 会定期进行人口普查的议案，使用了同样的提法。[51]

但其他南方代表反对这种含糊的提议。如果南方人不能相信北方主导的国会会自愿重新分配议席，他们为什么要受一个不明确的重新分配方案的约束呢？梅森担心，“对立法机关提出的要求如果过于不明确和不可行的话”，将给他们提供一个“无所作为的借口”。重新分配议席的标准必须是“精确的”。作为对伦道夫提议的修正意见，威廉姆森认为，衡量“人口和财富”的标准，简单来说，就是各州自由民加上他们奴隶人口的3/5。[52]

伦道夫如今也承认其中有误：负责分配国会席位的委员会所进行的第一次议席分配，完全是“基于猜测”。他不愿意将随后基于一个含糊的标准进行重新分配议席的工作，交给北方主导的国会。尤其是考虑到，一些北方代表最近反对将任何比例的奴隶计算在议席分配方案之内，伦道夫坚持认为，这件事情不能留给国会自由裁量；议席分配标准必须明确规定，奴隶人口按照3/5计算。[53]

南方人不满于金的委员会所分配的国会第一院席位，他们也不愿将重新分配席位的工作留给国会自由裁量，因为北方人可能会控制国会。在这种情况下，双方代表的情绪再次爆发，一些北方代表重新评估了在国会议席分配问题上，他们接受将所有奴隶计算在内的意愿。鲁弗斯·金之前曾同意说，在众议院议席分配上应反映出南方所拥有的较多财富，但他现在也警告，尽管北方人“非常渴望团结南方的兄弟”，但他认为，“完全依赖于这种意向而使北方屈从于严重的不公，也是不明智的”。莫里斯也表达了同样的抗议，认为南方各州正在要求的“远远超过它们的［公平的］代表份额”。结果，许多北方代表撤回了他们对3/5妥协案的支持，7月11日，会议以6∶4的投票结果拒绝了这一妥协。除了康涅狄格之外，所有北方州都投了反对票，南卡罗来纳州也投了反对票，该州代表仍然坚持，在分配议席时，奴隶应和自由人一样，被完全计算在内。[54]

在回应这一投票结果时，北卡罗来纳州的威廉·戴维宣称，“现在是时候大声说出来了”，如果“不将他们［奴隶］至少按照3/5计算在内，他所在的州绝不会加入联盟”；他警告，如果“某些先生们”继续希望“剥夺南方各州黑人的代表权份额”，那么“［大会的］工作就该结束了”。[55]

莫里斯对戴维的威胁非常不满，他回应道，他“真心相信宾夕
法尼亚人民永远不会认同黑人［也就是奴隶］代表”。尽管他认为南 273
北双方之间存在根本的利益冲突的观念毫无根据，但他现在觉得，“南方的先生们除非看到他们在议会中获得多数席位，否则是不会满意的”。莫里斯问道，一旦北卡罗来纳、南卡罗来纳、佐治亚的人口占据全国人口的多数——这一天将“很快来到”，“北部和中部州将能得到什么样的安全保障”？“权力转移”到南方和西部各州，

将会“压迫商业利益”，迎合“土地所有者的利益”，并有可能“为了密西西比河发动与西班牙的战争”。莫里斯宣称，如果地区之间的利益像南方人所认为的那样完全不同、相互冲突，那么，“我们就不应该试图把互不相容的东西混在一起，让我们立刻友好地离开彼此吧”。[56]

北方代表们的这种声明反过来又促使南卡罗来纳人重申他们的要求，即在分配国会议席时，应将奴隶与自由人一样计算在内。在直接回应莫里斯时，巴特勒说，“南方各州想要的安全保障是他们的黑人不能被夺去，会场内外的一些先生们对此很清楚”。查尔斯·平克尼争辩说，南方的奴隶和北方的农夫一样能创造财富，而且因为战争需要钱，这些奴隶和自由人一样有助于增强国家力量。不过，只有来自南卡罗来纳和佐治亚州的代表投票要求，在分配众议院席位时应将奴隶平等地计算在内。[57]

尽管双方参与这场辩论的一些代表都采取了极端立场，发出了威胁，但其他人仍在呼吁达成妥协。就在这个问题快要不可收拾的前几天，金提出了一条如何重新制订妥协方案的线索，以便双方都能更容易接受。正如我们刚刚看到的，在18世纪80年代中期，有11个州同意了一项《邦联条例》修正案。修正案规定，除了所有自由居民外，将奴隶按照3/5的人口计算，以分配缴纳给国会的财政摊派份额，而大多数美国人都认为，税收和代表席位应该联系起来。在激烈辩论众议院席位分配规则的过程中，莫里斯又提出了一项条款，授权国会在将来根据财富和人口的变化，改变议席的分配，并根据议席的多少来分配税收。[58]

南北双方的一些代表大加赞赏莫里斯提议的“公正性”，不过他们中的一些人也指出，无法征收诸如进口税和消费税这样的间接税。莫里斯很快同意修改他的提议，将所征税种限制在诸如土地税和人头税这样的直接税。❶正如麦迪逊在他的笔记中所写到的那样，莫里斯的目标可能是，“希望在南方各州主张的黑人拥有代表权的问题上，减少一方的渴望和另一方的反对”。❷当代表们一致同意莫里斯将税收和代表席位联系在一起的修正提案后，康涅狄格州的奥利弗·埃尔斯沃斯建议将其修改为：“直接税的分配原则”根据各州白人居民人数加所有其他人口的3/5确定——“直到国会设计与采用其他原则，更准确地确定各州的财富数量”。[59] 274

为什么这项提议对北方的代表很有吸引力？威尔逊解释道，如果以一种“间接”的方式将奴隶纳入议席的分配规则，可能会减少他们选民的“不快”。因为奴隶是南方财富的重要组成部分，因此

---

❶ 代表们只是通过举例来界定“直接税”。对个人或土地征收的税，显然属于直接税。但是，他们没有提出具体标准，来帮助判定其他税收是否属于直接税。当金后来在大会上要求界定何为直接税时，没有人回应。

1796年，当最高法院首次面对这个问题时，大法官们同样感到困惑。他们表示，只有对土地或人口征的税，才是确定无疑的直接税。摆在他们面前的具体问题是：马车税是否属于直接税？对此，大法官们提供了一个奇怪的定义，将重点放在分配某一特定税收的可行性上：“所有直接税都必须是能被分配的，很显然，宪法设想的直接税主要是能被分配的税收。”参加费城会议的代表们也没有过多地考虑直接税的分配在实际操作中将如何运作。他们中的一些人显然认为，国会只用规定它希望通过直接税来筹集的资金数额，然后各州根据分配方案，承担相应的份额，各州可以自行决定征收税款的对象。第二种可能性——显然是由参加弗吉尼亚州批准宪法大会的约翰·马歇尔设想出来的，是先由国会规定征收的具体金钱数额，然后根据3/5原则在各州之间分配，不过国会可以在不同州征收不同的直接税，也许会将各州的具体征税方案交由它在国会的代表来决定。还有一些人设想了另外一种可能性，即国会确定自己的税收对象，比如说土地或者奴隶，由国会自行征收，但是根据税收分配方案来确定每个州公民的集体税负。参见 King, Aug. 20, *Farrand*, 2:350; Hylton v. United States, 3 U.S. (3 Dall.) 171, 181 (1796); 1788年6月10日马歇尔在弗吉尼亚州批准宪法大会上的发言, *DHRC*, 9:1127; Einhorn，上文，158–160，168，182–183。

❷ 事实上，几周后，莫里斯表达了他的希望，他希望细则委员会能够删去按议席分配直接税这一条款，其理由是，“他只是将其看作帮助我们越过某个海湾的桥梁；越过海湾后，桥梁就可以拆掉了”。尽管如此，细则委员会仍然坚持保留了这一条款。参见 Morris, July 24, *Farrand*, 2:106; Committee of Detail report, Art. VII, § 3, Aug. 6，同上，182–183。

他们将被纳入直接税的分配方案。反过来，议席分配也应反映税收的负担。后来有人提出了一项提案，要求将直接税条款从宪法文本中关于分配众议院议席的那部分中删掉，莫里斯表示反对，其理由是，在此处加入这一条款，意味着“在分配席位时，不会出现将黑
275 人计算在内的字样。此处提到他们，只是为了征收直接税，顺带地，他们也就成为议席分配的一部分”。[60]

南方的代表总体上也很乐意接受莫里斯和埃尔斯沃斯的提议，也许他们中的大多数人认为，为了增加众议院的议席，值得承担更大的直接税负担。❶更重要的是，正如莫里斯自己后来在会议上承认的那样，南方代表可能认为，联邦政府征收直接税不太现实：“联邦政府将其手直接伸到散居在如此广阔国土之上的人民的口袋里，实在是不可想象。”按照这种观点，只有进口和出口关税，以及对制成品征税，才有可能成为联邦政府的税收来源。因此，接受直接税不会给南方造成多大损失，这也许可以解释为什么所有的南方代表都同意接受直接税。[61]

最终，各州代表一致同意，在分配联邦直接税和众议院议席时，以3/5的黑人人口加上自由民人口为依据。谢尔曼认为，这个妥协——体现在后来为人所知的宪法的3/5条款（Three-Fifths Clause）之中——“经过一番艰苦卓绝的讨论”后才得以实现，在后来的会议辩论中，当涉及奴隶制的其他议题引起激烈辩论时，谢尔曼强烈反对重新考虑这个妥协。[62]

随着时间的推移，制宪会议通过的3/5妥协，遭到越来越多北方

---

❶ 一些南方人还认为，根据各州人口分配直接税，是对奴隶制的一种间接保护，因为此举限制了国会通过对奴隶征收过高的税迫使各州释放奴隶的能力。参见1790年2月12日代表亚伯拉罕·鲍德温的演讲，*Annals of Congress*, 1:1243；下文，301。

人的反对。1800年总统大选后，一些联邦党人将杰斐逊险胜约翰·亚当斯的原因归结为3/5规则，并蔑称杰斐逊为“黑人的总统”。[63]❶

北方人对3/5条款的不满与日俱增，1803年，杰斐逊总统完成了对路易斯安那地区的购买，这极大扩展了美国的地理范围，新增加的土地也为奴隶制提供了扩张的时机。那年，鲁弗斯·金在一封信中将3/5条款称为宪法“最大的污点”，他力劝北方人，不要将这一条款用于新加入联邦的诸州——也就是在杰斐逊向拿破仑皇帝购买的土地上所要建立的州。金还坚持认为，北方人“受到误导，对这一不合理的条款做出了让步”，以为国会“必然会征收直接税”，
而且相信“税收和议席密不可分的原则”。1804年，马萨诸塞州议 276
会提议废除3/5条款，但只有康涅狄格州和特拉华州支持这样的宪法修正案。[64]

到1820年，3/5条款实际上使南方增加了18个国会代表，而且它已经成为北方持续性的批评目标。那一年，由于密苏里以蓄奴州的身份加入联邦，国会里充斥着激烈的区域性辩论。在参议院，金承认，“让蓄奴州拥有不成比例的权力和影响力，是制定宪法所付出的必要牺牲”，必须“坚守信念和承诺不去触动它”。但是，他坚持认为，“将这种不成比例的权力延伸到新州将是不公平的，也是令人厌恶的”——尤其是没有一位建国之父曾“预计到，美国的全部岁入都将来自无法分配的间接税”。[65]

在众议院的一次演讲中，查尔斯·平克尼回应道，他“非常震惊”地发现，北方人认为，在分配众议院议席时，奴隶人口按3/5计算是对南方的“巨大让步”。平克尼坚持认为，这种观点“大错

❶ 从另一方面看，如果在设定选举人团时，将奴隶与自由人一样计算，那么杰斐逊在1796年就能打败亚当斯，赢得总统选举。

特错且不可原谅”，3/5条款使“我们南方人口中很大而重要的一部分，被不公正地剥夺了代表权”。[66]

奴隶制与经济议题

费城会议还面临着其他几个直接涉及奴隶制的问题。国会是否有权管制——限制甚至是禁止——对外奴隶贸易？如果授予国会监管对外贸易的权力，那么，为了保护南方人，是否需要国会内绝对多数同意时，国会才能行使这种权力？因为南方的奴隶主要生产用于出口的农作物，因此容易在国会的贸易监管政策中处于不利地位——比如说，国会的贸易监管政策会倾向于优待国内航运业（这是由北方人主导的贸易）。国会是否有权征收出口税？国会征收出口税将给南方种植园主带来最沉重的负担，并有可能被当作一种间接手段，来监管甚至是废除奴隶制。这些涉及贸易和商业的多种议题，最终促成费城会议在奴隶制问题上达成了另一套更为复杂的妥协。[67]

大会代表们对如何处理对外奴隶贸易感到苦恼。在独立战争爆
277 发之前，许多殖民地曾努力通过征税来压制这种贸易，但这些努力被伦敦方面否决了。杰斐逊在执笔起草《独立宣言》时，曾抱怨国王“滥用他的否决权，压制我们试图限制或控制这种可恶贸易的每一次立法尝试”。对外奴隶贸易“引发了背离人性本身的残酷战争，侵犯那些人最神圣的生命权和自由权，那些人来自遥远的国度，他们从来没有冒犯过他［国王］，却被抓捕、被带到另一个半球当奴隶，抑或是在被运往另一个半球的过程中悲惨地死去”。来自南卡罗来纳和佐治亚的代表向大陆会议施压，迫使大陆会议删去了严厉谴责对外奴隶贸易的词句。1774年，大陆会议通过一项全面停止进

口政策，暂时中止对外奴隶贸易。但是，独立战争一结束，邦联国会就轻易地驳回了贵格会要求结束对外奴隶贸易的请愿书，而南方腹地各州则又重新开始从非洲进口奴隶。[68]

参加费城会议的北方代表，更愿意在对外奴隶贸易而不是国内奴隶制问题上采取更强硬的立场，其原因有以下几种。首先，他们认为奴隶贸易更加令人憎恶，莫里斯在费城会议上谴责它违反了“人类最神圣的法律”。其次，他们认为取缔对外奴隶贸易，不会面临废除奴隶制时遇到的难题：干涉财产权，以及在美国造就大量的自由黑人。事实上，允许对外奴隶贸易将持续增加奴隶起义的风险，而这将导致联邦政府——不只是南方的奴隶进口商——承担镇压起义的费用。最后，北方代表们担心，3/5条款将南方各州在国会的代表权与它们的奴隶人口联系在一起，将会鼓励对外奴隶贸易持续下去。[69]

与他们在涉及奴隶制其他问题——例如在分配国家立法机关议席时是否应该将奴隶计算在内——上的一致立场不同，南方人在对外奴隶贸易问题上存在着内部分歧。1787年，只有卡罗来纳人和佐治亚人仍允许奴隶贸易（而在那年的3月，作为一项债务减免措施的一部分，南卡罗来纳州禁止在未来三年内进口奴隶）。❶弗吉尼亚州和马里兰州已经禁止了对外奴隶贸易，那里的奴隶主之前通过向南方腹地出售奴隶——那儿的奴隶价格更高，获得了极大的收益。如果宪法要保护对外奴隶贸易，那么上南部的奴隶主向南方腹地的奴隶购买者收取的价钱将不可避免地下降。因此，弗吉尼亚和马里兰两州的代表强烈支持宪法禁止对外奴隶贸易——当然，他们提出

❶ 1786年，北卡罗来纳州立法机关征收了一项抑制对外奴隶贸易的税收，但是直到1798年才正式禁止奴隶贸易。参见 editorial note, *DHRC*, 26:934 n. 33；另见 Mason, Aug. 22, *Farrand*, 2:370; Brady，上文，602 n. 2。

278 的理由集中在奴隶贸易的不人道和奴隶起义的危险性上，而不是这些州奴隶主的经济利益上。[70]

与之相对的是，南卡罗来纳州和佐治亚州的主流意见极力反对联邦政府对对外奴隶贸易采取任何限制。在独立战争之前的几年，作为殖民地的这两个地区，也没有像其他地区一样试图限制奴隶的进口。战争期间，成千上万的奴隶从这两个州逃出来，增加了从非洲进口奴隶的需求，从非洲获得奴隶的成本要远远低于从马里兰州和弗吉尼亚州购买奴隶的花费。南方腹地的气候，以及易患疟疾的低地沼泽环境，阻碍了自由劳动体制，白人们认为奴隶制是那里经济繁荣的根本条件。正如查尔斯·科茨沃斯·平克尼后来所解释的那样，没有奴隶劳动，南卡罗来纳"很快就会成为一片沙漠荒地"。《邦联条例》没有限制这些州继续进口奴隶。18世纪80年代中期，南卡罗来纳和佐治亚州的立法机关批准了一项《邦联条例》的修正案，该修正案授权国会以某种方式监管对外贸易，不过，他们明确地将监管奴隶贸易排除在外。[71]

因此，在费城会议上，查尔斯·科茨沃斯·平克尼宣称："南卡罗来纳和佐治亚不能放弃奴隶。"虽然平克尼承认，对奴隶进口征税合情合理，就像其他任何进口关税一样，但完全禁止对外奴隶贸易，则意味着"将南卡罗来纳排除在联邦之外"。他还提出，"进口奴隶符合整个联邦的利益。更多的奴隶，将会生产更多的农产品，提供更多的运输贸易机会"。[72]

南方的代表们也试图禁止国会征收出口税。因为南方的大部分财富都来自出口，所以它特别容易受到这类税收的影响——尤其是如果北方人在众议院和参议院都享有多数席位的话。[73]

南卡罗来纳州的皮尔斯·巴特勒宣称，他"极力反对［国会］有权征收出口税，这对农业州来说既不公平也令人担忧"。梅森坚

称，这些州需要为其农产品提供一些“安全保障”。他注意到，在
第一届国会中，北方各州将在参议院拥有8∶5的多数优势，将在众
议院拥有36∶29的优势。他警告道：“一旦牵涉到利益问题，多数派
会压迫少数派。”虽然全国各州的进口水平都差不多，但出口却是
千差万别，这让南方各州“有很好的理由提出疑虑”。威廉姆森宣
称，他所在的北卡罗来纳州，“绝不会同意”给予国会这样的权力。
如果大会坚持这样做，那么，“它将破坏本州采纳该方案的最后希
望”。南方的代表们甚至拒绝有条件地实施出口税的妥协性提议，比 279
如要求获得国会绝对多数同意才能征收出口税，或者只允许国会为
了增加岁入而征收出口税。[74]

与此相反，大多数北方代表反对宪法禁止国会征收出口税，因为他们认为这样的税收不仅有利于提高联邦岁入，而且可以报复欧洲的贸易限制措施。因此，威尔逊反对剥夺全国性政府“一半的监管贸易的权力”——特别是他认为，这一半的权力“在获得有利的商业条约方面……可能更能发挥作用”。莫里斯认为，禁止征收出口税“令人极为反感”。出口税比进口税“更容易也更合适”。他还

图 4.2　南卡罗来纳的查尔斯·科茨沃斯·平克尼，在独立战争期间，他晋升将军衔，后来两度成为联邦党总统候选人。

指出，所有国家都对其垄断生产的商品征收出口税，而且这些税在战争时期，对实施禁运具有“至关重要的意义”。莫里斯否认南方的农产品是出口税征收的唯一对象；北方的木材和牲畜也可能受到
280 这些关税的影响。最后，莫里斯警告，在联邦不征收出口税的情况下，南方将绝对无法为联邦岁入贡献应尽的份额。国会在短期内不太可能会征收直接税，因为这将会“迫使他们［美国人］走向叛乱之路”，而南方不太可能征收太多的进口税或消费税，因为南方的大部分人口都是奴隶。[75]

在南方代表中，麦迪逊实际上是孤身一人主张授权国会征收出口税。他坚持认为，“应该用全国性和长期性的观点”来看待这次大会，他还指出，即便目前不需要出口税，将来也还是会需要的。除了威尔逊和莫里斯前面已经表达过的观点外，麦迪逊还担心，如果拒绝授予国会征收出口税的权力，调节出口之权力将留在各州手中，而各州在行使这种权力时，会加深与邻州之间的敌意（在《邦联条例》之下，各州已经开征进口税，当时，拥有良好天然港口的州，有效地将其政府的大部分费用支出转嫁到临近州身上）。最后，麦迪逊认为，因为南方各州“处于极度危险之中，非常需要海军的保护”，它们几乎无法“抱怨加在它们身上的［税收］负担更加沉重”。[76]

大会需要面对的与奴隶制直接相关的最后一个经济议题是，国会监管对外贸易权力的潜在范围。正如我们在第一章中所看到的那样，南方人担心国会利用这一权力，通过法律保护北方船主，阻挡外国竞争者争抢南方的海运贸易，并为了北方制造商的利益，制定保护性关税。南方几乎没有自己的制造业，只出口农产品，南方人普遍赞成自由贸易和低运费。南方人越来越担心费城会议会授予国会监管对外贸易的权力，因为会议局势日益明朗，南方人无论在众议院还是参议院都将处于少数派地位——至少在新政府成立之初是

这样。[77]

因此，当金的委员会提出的国会第一院的席位分配方案使南方州处于“极为明显的”少数派地位后，查尔斯·科茨沃斯·平克尼反对说，如果“将管制贸易的权力授予联邦政府，他们［南方人］将沦落为北方州手下的监工”。梅森同样警告，由于北方和南方利益迥然不同，必须在“监管航运、商业和关税方面采取一些预防措施”。查尔斯·平克尼总结说，除非提供一些制衡措施来牵制“赤裸裸的多数派”，否则，地区之间的利益多样性“将成为对南方进行压迫性管制的源头”。[78]

保护南方利益的一种方法是，要求国会在制定商业管制措施时，获得绝对多数票赞成。不过，对于一些北方代表，比如来自马萨诸塞 281
州的纳撒尼尔·戈勒姆来说，“加入联邦的主要动机就是商业”。如果国会“受到如此束缚，以致不能为北方州解围”，北方州为什么要留在联盟内呢？而且，南方“有最大的理由害怕”分裂，因为它最容易受到外国的攻击。在戈勒姆看来，北方和中大西洋地区“不担心外来的危险，也不需要南方各州的帮助”。宾夕法尼亚州的乔治·克莱默认为，“如果北部和中部各州不能保护自己不受对外贸易规则的限制，它们将会被摧毁”。尽管麦迪逊的笔记没有记录戈勒姆或克莱默任何阐述北方经济状况的论述，但所有的代表都知道，北方的造船业和参与运输贸易的水手们，在独立战争结束后受到了英国贸易限制的严重打击。在这种情况下，以绝对多数赞同的要求来束缚国会管制对外贸易的能力，将会危及北方支持宪法。[79]

在要求国会的商贸立法必须获得绝对多数同意的问题上，麦迪逊属于南方代表里的局外人，这与他在国会是否征收出口税问题上的立场如出一辙。麦迪逊提出，允许国会通过简单多数票来制定商业立法的好处之一是，其他国家不太可能施加“拉拢腐化性影响”，阻止美国报复其歧视性贸易限制措施。由于这类立法需要国会两院和总统的一致同意，所以“不太可能”出现滥用商业权力的行为。此外，麦迪逊还指出，国会也不一定会形成赞成立法保护北方船主免受外国竞争的多数派，因为，两个北方州——康涅狄格州和新泽西州——是非常重视农业利益的州，这将促使它们反对提高运费的立法，而且未来西部州也将主要是农业州。即使国会通过了这样的法案，麦迪逊认为，最坏的情况也是它将导致南方生产者支付的商品运费暂时增加，最终将导致南方提高自己的航运能力。最后，麦迪逊指出，“国会立法将海运的特殊权益扩至国内船主，将增强我们的海运力量，进而带来总体安全”，而“脆弱的”南方州——特
282 别是弗吉尼亚❶——“将因此获得巨大收益”。[80]

在大会最初两个月的讨论过程中，代表们很少花时间来讨论这些涉及奴隶制的经济问题：对外奴隶贸易、国会征收出口税和国会享有对外贸易管制权。但是，到了7月23日，当格里提议任命一个委员会，将大会批准的决议转化为宪法草案，以便由代表们进一步审议时，查尔斯·科茨沃斯·平克尼“提醒大会，如果委员会没有加进去一些保护南方的安全条款——禁止解放奴隶和征收出口税，他将根据本州所交付的使命，投票反对委员会的报告”。[81]

8月6日，由戈勒姆、埃尔斯沃斯、威尔逊、伦道夫和拉特利奇组成的细则委员会发表了一份报告，代表们普遍认为这份报告对南方非常有利（尽管细则委员会的5名成员中有3个是北方人）。除了分配众议院席位和征收直接税所使用的3/5条款之外，国会还不得

---

❶ 独立战争开始时，麦迪逊写信给一位朋友说，奴隶制是“这个殖民地［弗吉尼亚］唯一脆弱的地方，如果要征服我们，我们就会像阿喀琉斯一样，被一个知道这个秘密的人所控制”。参见 1775 年 6 月 19 日麦迪逊致威廉·布拉德福德（William Bradford），*PJM* (C.S.), 1:153。

就对外奴隶贸易征税或禁止对外奴隶贸易，而且国会还不得征收出口税，以及颁布“航运”法（也就是限制使用外国船只运载美国货物）时，国会两院必须2/3多数议员同意。[82]

该委员会的报告引起几位北方代表的强烈抗议。金此时开始反对几个星期之前就已经达成的3/5条款。他认为，在分配议席过程中将奴隶计算在内，“是最令他的心灵饱受折磨的事，他相信，对绝大部分的美国人民来说，也是如此”。金解释道，此前，他接受了对南方的让步，他曾希望，这样的让步“能产生一种尚未表现出来的意愿：增强联邦政府的力量，并表明对其充满信心”。细则委员会的报告“终结了所有的希望”。金说，根据委员会的提案，北方有义务保护南方，而南方通过进口更多奴隶，“更容易……增加奴隶起义的危险”，而不用承担“任何补偿责任”——因为宪法禁止国会征收出口税和停止对外奴隶贸易。金警告，“这一切有太多不平等和不合理之处，北方各州的人民永远都无法接受”。如果不限制对外奴隶贸易的时间期限，那么他将反对在分配众议院议席时将奴隶计算在内。[83]

莫里斯同样谴责了该委员会的报告过于偏向南方，在分配议席时将奴隶计算在内，而不禁止对外奴隶贸易，这样只会鼓励南方奴隶主延续这一令大多数北方人感到恐惧的行径。北方人“牺牲掉所 283
有的正义原则和人性冲动，会得到什么补偿呢”？有悖常理的是，在奴隶起义时，北方人还必须“组织军队捍卫南方各州”，在“遭遇外国攻击时”，他们还必须“提供军舰和海员”，而脆弱的南方各州因进口了更多的奴隶，进一步削弱自己，进而变得更加容易受到影响。最后，莫里斯还反对禁止国会征收出口税——国会如果征收出口税，将有可能从南方获取大量收入；国会如果无法征收出口税，便有“无限的权力”去征收进口税和消费税，“这两样税收将给［北方］而不是南方居民带来更重的负担”。[84]

来自马里兰州和弗吉尼亚州的代表加入北方人的行列，谴责细则委员会提议禁止国会干涉对外奴隶贸易。后来成为马里兰废奴协会创始成员的路德·马丁认为，奴隶贸易“有悖于美国革命的原则，不符合美国人的品性”。他警告，3/5条款将鼓励南方腹地各州继续进口奴隶，他认为，“奴隶进口削弱了联邦的一部分，而联邦的另一部分”却要通过分摊镇压奴隶叛乱的成本“去保护它”，这是不公平的。[85]

梅森同样谴责对外奴隶贸易为“地狱般的交易”，他声称这种交易“起源于英国商人的贪婪”，并指责英国政府不允许殖民地结束奴隶贸易。奴隶输入影响的是整个联邦，而不仅仅是南方各州。梅森争辩道，“在独立战争期间，我们已经经历了拥有奴隶的罪恶”，当时如果处理得更灵活的话，奴隶可能会成为敌人手中“危险的工具”。他为一些北方人“希望从这罪恶的交易中分一杯羹”而感到悲哀，他宣称，“从任何方面来看，联邦政府都应该有权阻止奴隶制扩张，这一点非常重要”。[86]

这番谴责奴隶贸易的发言激起了南卡罗来纳人的强烈回应。约翰·拉特利奇宣布，他很乐意免除其他州在南方奴隶起义时保护南方的义务。他坚持认为，“宗教和人性与这个问题无关，唯有利益才是国家的主导原则”。他认为，“目前真正的问题是，南方各州是否应该成为联邦的一部分”。他警告道：“如果会议认为北卡罗来纳、南卡罗来纳和佐治亚州会同意这个方案，除非它们进口奴隶的权力不受影响，否则这种期望将是徒劳的。这些州的人们永远不会愚蠢到放弃如此重要的利益。”他还认为，“如果北方各州顾及它们的利
284 益，它们将不会反对增加奴隶，因为增加奴隶将增加货物量，而北方将会成为运货商”。[87]

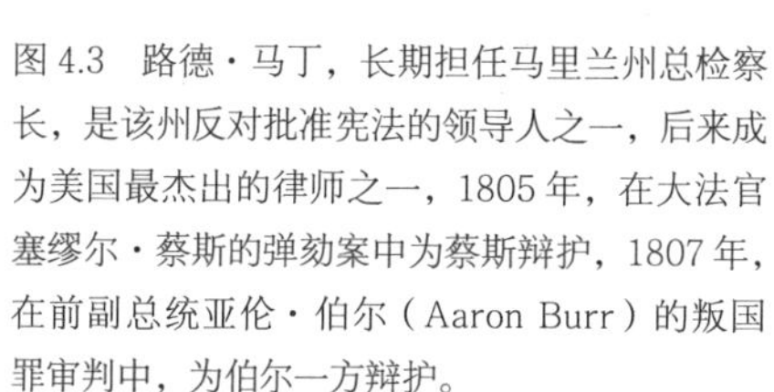

图 4.3 路德·马丁，长期担任马里兰州总检察长，是该州反对批准宪法的领导人之一，后来成为美国最杰出的律师之一，1805 年，在大法官塞缪尔·蔡斯的弹劾案中为蔡斯辩护，1807 年，在前副总统亚伦·伯尔（Aaron Burr）的叛国罪审判中，为伯尔一方辩护。

南卡罗来纳州的两位平克尼先生支持拉特利奇的发言。查尔斯·科茨沃斯·平克尼争辩说，梅森对奴隶贸易的谴责纯属虚伪之举：弗吉尼亚将“从停止进口奴隶中获益”，因为“这样它的奴隶就会升值，它拥有多于它需要的奴隶”。平克尼认为，“要求南卡罗来纳和佐治亚在如此不平等的条款下加入联邦”，是不公平的。平克尼承认，国会应该有权对奴隶征收进口税，但他坚持说，授权国会彻底禁止对外奴隶贸易，意味着“将南卡罗来纳排除在联邦之外”。平克尼的侄儿查尔斯警告，即使本州的代表在会议上默许了这样的禁令，南卡罗来纳州的立法机关“也绝不会接受禁止奴隶贸易的方案”。他还认为，“如果将这个议题留给各州自行处理，南卡罗来纳 285

也许会在自己的意愿下做希望它做的事情［也就是禁止对外奴隶贸易］，就像弗吉尼亚州和马里兰州已经做过的那样”。[88]

北卡罗来纳州的休·威廉姆森和佐治亚州的亚伯拉罕·鲍德温（Abraham Baldwin）支持南卡罗来纳的代表。威廉姆森警告，如果禁止国会干涉对外奴隶贸易的条款被否决，“南方各州将不可能成为联邦的成员”。他争辩说，“如果不是绝对必须，任何强迫都是错误的，任何州都不会接受这样的强迫”。鲍德温坚持说，大会应该只处理“国家层面的问题”，州是否继续进口奴隶属于“地方议题”。他还警告，佐治亚很自然地担心出现“屈服于国家权力”，因为它远离国家的中心，“无法获得同等的优势”。这种怀疑倾向，使佐治亚不乐意认可“试图减少它最看重的特权之一［也就是进口奴隶］的举动”。相反，如果将这一议题留给佐治亚州自行处理，它“有可能会终止这种罪恶”。[89]

几位北方代表似乎倾向于认为，南方腹地各州的反对声是虚张声势。金宣称，如果宪法不保护海外奴隶贸易，“可能有两个州不同意宪法”，如果宪法提供了这种保护，那么他能“以同样的信念确认……其他州将发出巨大和同样的反对声音”。威尔逊认为，如果南卡罗来纳州和佐治亚州真的像它们的代表所暗示的那样，自己会倾向于禁止奴隶进口，那么“它们就绝不会因为［国会］可能会禁止奴隶进口，而拒绝联合”。迪金森也不相信，如果授权国会禁止对外奴隶贸易，“南方各州就会拒绝加入联邦”，“尤其是，联邦政府不会立即就行使这种权力”。[90]

不过，实际上，与其他州代表关心在宪法中禁止奴隶贸易或授权国会这么做相比，南方腹地各州的代表可能更关心保留他们州继续进行对外奴隶贸易的选择权。正如大会结束后麦迪逊告诉杰斐逊的那样，南卡罗来纳和佐治亚“在有关奴隶的问题上态度强硬”。因此，必须认真对待南方腹地几个州的代表所提出的威胁——如果宪法不对奴隶贸易给予一定的保护，他们就退出大会。[91]

也许是为了促成另一场妥协，在对外奴隶贸易问题上，康涅狄格州代表强烈支持任何一位赞同南方立场的北方代表。埃尔斯沃斯争辩说，“奴隶制是否符合道德及是否明智，属于各州内部事务。如果对国家的某一部分有利，也将有利于整个国家，并且各州才是其特殊利益的最佳裁判者”。他还指出，终止对外奴隶贸易对南方腹地是不公平的。在马里兰州和弗吉尼亚州，奴隶的预期寿命更长，养育奴隶要比进口奴隶更便宜，而“在疾病流行的水稻沼泽区，外来奴隶的供应必不可少”。埃尔斯沃斯预言，反正，这个问题将很快消失，因为“随着人口的增加，贫穷的劳动人口将会像奴隶一样充足，这将使得奴隶变得毫无用处”，因此到那时，“奴隶制将不再是我们国家的污点”。[92]

谢尔曼也同意说，“如果他们一定要坚持的话，让南方各州进口奴隶，要好过让它们脱离联盟”。虽然他不赞成对外奴隶贸易，“但各州已经拥有进口奴隶的权力，而且公共利益并不要求剥夺这种权力，当务之急是尽可能地减少反对新政府方案的意见，他认为最好是将这个问题原封不动地保留下来”。谢尔曼也同意埃尔斯沃斯的观点，认为“美国似乎已经开始准备废除奴隶制了，几个明智的州有可能逐渐实现这一目标”。[93]

不久前还强烈反对奴隶制的莫里斯，现在也提议，将所有涉及奴隶制经济议题的条款都提交给一个委员会，让“南方和北方在委员会里去讨论这些问题”。伦道夫同意说，他们必须努力找到“某种中间立场”，以阻止南方腹地的两个州“脱离联邦”，但也不能让那些“贵格会教徒、卫理公会信徒和其他州的许多没有奴隶的人”反感。与会代表同意任命一个大委员会，由该委员会负责讨论的条款有：禁止国会征收奴隶进口税或禁止对外奴隶贸易，要求得到国会两院绝对多数同意才能颁布航运法，以及要求根据人口（符合3/5条款）分配“人头税”。[94]

尽管有些代表还希望向这个大委员会提交禁止国会征收出口税的条款，但该条款在一天前已获得大会批准，因此就没有交给该委员会继续讨论。麦迪逊认为，征收出口税是管理国民经济的一个重要手段，同时也是国家收入的一个方便来源，因此他试图用征收出口税需要国会两院2/3多数通过这样的条款，来取代禁止征收出口税的条款。类似地，为了让国会保留某种征收出口税的权力，宾夕法尼亚州的克莱默曾试图将禁止国会征收出口税条款限制为，不允许国会为了提高岁入而征收出口税（此举将允许国会出于调节贸易的目的而征收出口税）。然而，这两项努力都失败了，会议赞成完
287 全禁止国会征收出口税。[95]

委员会商议了其他涉及奴隶制的条款之后，建议国会在1800年之前不得立法禁止对外奴隶贸易，并取消制定航运法所需的国会两院绝对多数票的要求（分配人头税的要求保留不动）。委员会的成员之一、很快将成为宪法狂热批评者的马丁报告，在南北方的较量过程中，尽管北方各州声称反对奴隶制，但它们“非常纵容南方各州”暂时继续从事对外奴隶贸易——只要废除航运法所要求的绝对多数票要求即可。[96]

虽然委员会建议国会在1800年前不得禁止对外奴隶贸易，但允许国会对进口奴隶征收非限制性进口税——“其数额不超过进口税的平均值”（很快这一说法被一个具体的数字取代，即每名奴隶征收10美元的进口税）。麦迪逊后来解释道，允许征收这样的税，将给国会代表一个“机会，以显示他们对奴隶贸易政策和奴隶贸易人道性的看法”，并迫使南方人承担他们应缴纳的进口税。[97]

当代表们讨论这一条款时，谢尔曼反对授权征收这样的税，因为此举等于承认了人是财产这一原则。曾在该委员会任职的几位代表很快回应道，这一条款是达成妥协的必要条件，无法更改。戈勒姆告诉谢尔曼，他不应该将征收奴隶进口税视为承认奴隶是财产，而应将之看成是对奴隶贸易的抑制措施。另外，梅森争辩说，考虑到其他类型的进口物品都要缴税，如果禁止奴隶进口税，则相当于

给奴隶进口提供补贴。随后，代表们同意了授权国会对进口奴隶征税的条款。[98]❶

查尔斯·科茨沃斯·平克尼提议，禁止国会干预对外奴隶贸易的时间应从1800年改到1808年。这将使南方腹地各州至少有20年时间自由地从非洲进口奴隶。麦迪逊反对这种年限上的变化，他认为“长达20年的自由进口奴隶时间，足以产生所有能想到的伤害。如此长的一个期限，对国家品性的侮辱，甚于在宪法里什么都不 288
提”。但麦迪逊的提议被7:4的投票否决了。❷他后来解释道，马萨诸塞州、新罕布什尔州和康涅狄格州——已经废除或开始废除奴隶制的州——都投票赞成年限的变化，目的是与南方腹地代表达成妥协，让国会不受限制地管制商贸活动，“与其他州一样，它们对此也深感厌恶”。[99]

麦迪逊称，南方腹地各州在对外奴隶贸易问题上“非常迫切”，这一点在费城会议的后期再次表现出来。在讨论增加宪法修正案的程序条款时，拉特利奇提出，不能修改宪法中有关对外奴隶贸易的条款，并解释道，“他绝不会同意授权那些不关涉奴隶财产利益或对奴隶制有偏见的州，去修改宪法中有关奴隶的条款”。根据拉特利奇的提议，代表们在未经记录的表决中通过了这一提案，也就是

---

❶ 虽有宪法授权，但国会从未征收10美元的奴隶进口税。在第一届国会开会期间，当弗吉尼亚州的一名代表提议征收此税时，来自南卡罗来纳州和佐治亚州的代表对弗吉尼亚人的虚伪怒火中烧，指责弗吉尼亚人已经拥有了他们所需要的所有奴隶。这一建议于是胎死腹中，再也没被提出过。参见 Einhorn, *American Taxation*, 152–153; Kaminski, ed., *A Necessary Evil?*, 201–210; Robinson, *Slavery in the Structure of American Politics*, 299–301。

❷ 莫里斯也对这一年限的变化感到愤愤不平，于是他明确提议，限制进口奴隶到北卡罗来纳、南卡罗来纳和佐治亚三州，部分原因是为了让每个人都明白，这一宪法条款是有条件地满足了这些州的要求。梅森反对这一建议，理由是这样做可能会冒犯那三个州的代表，莫里斯于是撤回了他的提议。参见 Aug. 25, *Farrand*, 2:415–416。

说，在1808年之前，不得制定授权国会立即禁止对外奴隶贸易的宪法修正案。[100]

大委员会提议的另一个重要问题——取消制定航运法时需要国会参众两院2/3多数票赞同的要求——也很难通过。委员会提出建议后，查尔斯·平克尼又提出了替代委员会部分建议的动议：要求国会管制商业的所有措施，无论是管理对外贸易还是州际贸易，都必须得到国会2/3绝对多数同意。他警告，如果没有这样的保障，北方独特的商业利益势必造成对南方的压迫。威廉姆森支持平克尼，他并不认为，由于《邦联条例》要求国会的某些重要行动必须得到绝对多数票的支持，邦联国会才无法采取任何“有效的举措”。威廉姆森也不接受以下说法——由于南方各州需要北方提供军事保护，所以南方应该在这一议题上服从北方。他相信南方“容易使人致病的”气候能够阻止入侵者。[101]

但是，有几名北方代表反对平克尼，强烈支持委员会的建议，
289 要求取消对制定航运法所提出的绝对多数要求。莫里斯认为，航运需要公众的支持，而航运法案将有助于创建海军，这对于保护更脆弱的南方各州至关重要。而且，国会支持使用美国船只来运输货物，将会促使建造更多的船只，而随之而来的贸易货运竞争，将会降低南方生产商支付的运费。威尔逊更是认为，多数票就足以控制立法机关，《邦联条例》要求的绝对多数带来了“极大的不便”。[102]

作为南方代表的南卡罗来纳州代表团，也支持该委员会的提议，即取消制定航运法需要国会绝对多数赞同的要求。南卡罗来纳州的支持，使这一提议获得了通过。查尔斯·科茨沃斯·平克尼在解释他为什么投票取消绝对多数要求时说，“南方各州的真正利益诉求是取消任何商业管制措施”，“考虑到革命战争给东部各州带来的商业损失，以及它们对南卡罗来纳州立场的慷慨支持，考虑到虚

弱的南方各州已经和强大的东部各州在利益上紧密联系在一起了，他认为，在国会的商业管制措施上，不强加任何束缚，是适当之举”。平克尼的这番解释，隐含地提到了新英格兰人在对外奴隶贸易议题上，对南卡罗来纳的支持。他承认，“在他来开会之前，他对东部各州抱有偏见，但他已认识到，他们和其他任何人一样慷慨和正直”。他的选民“虽然对东部各州抱有偏见，但也会因为同样的原因承认他们的慷慨之举”。巴特勒确认，南北双方已达成协议：尽管他认为南北双方之间的利益分歧，“如同俄罗斯和土耳其之间的不同”，但他希望，“此举能够安抚东部各州的感情”。麦迪逊在记录这些发言时附加了一条评论，他简单地写道：“联盟内各地区之间，已经就航运法和奴隶制这两个问题达成了谅解。”[103]

弗吉尼亚人梅森和伦道夫对这一协议感到不满，无论是协议的哪一方面，他们所在的州都不能直接从中受益。梅森反对由国会里的多数代表来掌控制定航运法，他宣称，这一规定将使南方人的“手和脚受到东部各州的束缚”。他警告，航运法将使北方城市里的“少数富商”垄断南方主要出口农作物的对外贸易，抽走其中一半的价值。伦道夫则警告，“宪法目前所呈现的一些特征，是如此令人厌恶，以至于他怀疑自己能否表示同意”。放弃制定航运法所需的绝对多数要求，“将会使这一体制完全走形”。在会议的最后一天，这两人都没有在宪法文本上签字，部分原因就在于这场涉及对外奴隶贸易问题和国会制定航运法问题的交易。[104] 290

从长远来看，宪法条文授权国会最终废除对外奴隶贸易，此举可能意义重大，尽管其发展方向超出了大多数费城会议代表的预料。一些开国者原以为，在未来的某一天终止对外奴隶贸易，最终会导致美国奴隶制的终结，因为他们觉得，奴隶的自然繁殖率，没有高到可以自我维持的程度。历史证明，这种假设完全错误。1790

年，美国人口中有70万奴隶。从1788年到1808年，佐治亚州、南卡罗来纳州和北卡罗来纳州这几个允许对外奴隶贸易的州，在制宪会议后20年的时间里，增加了大约15万名奴隶。但是到了1860年，这个国家有400万奴隶。[105]

在宪法允许的第一时间——1808年——以及在杰斐逊总统的敦促下，国会禁止了对外奴隶贸易。当然，这并没有消灭美国的奴隶制度，但它确实影响了美国奴隶的地理分布。1808年后，从非洲运送奴隶到美国，成为非法行为。因此，在没有廉价的外国奴隶供应的情况下，来自亚拉巴马、路易斯安那、密西西比等新建的土地肥沃州的奴隶主们，选择去诸如马里兰和弗吉尼亚这样的东部州，购买成千上万的奴隶。随着大量的奴隶离开上南部，这些州对奴隶制的支持程度开始下降，并与北方建立起更为牢固的经济关系。结果是，当他们的南部兄弟在1860—1861年间脱离联邦时，肯塔基、马里兰、特拉华和密苏里四个蓄奴州的居民，选择继续留在联邦。如果他们没有这么做，内战很可能会出现不同的结果。[106]

涉及奴隶制的其他议题

宪法中直接与奴隶制相关的最后一个条款，在大会期间引发的争议较少。在对外奴隶贸易和国会颁布航运法的权力达成妥协的前一天，两个南卡罗来纳人——巴特勒和查尔斯·平克尼——在讨论各州有义务将逃亡者送回其所逃出州时，提出“要求将逃亡奴隶和仆人像罪犯一样移交”。也就是说，他们希望宪法确保奴隶主有权追回逃亡到其他州的奴隶。尽管18世纪80年代的北方各州并没有普遍抵制抓捕逃奴并将其还给他们的外州主人，但《邦联条例》里

也没有类似条款。[107] 291

南方代表要求制定关于逃亡奴隶的条款，可能是受到了反奴隶制运动的刺激，这一运动在独立战争期间及其后加速发展，使得南方奴隶主对他们的奴隶财产感到不那么安全。此外，1772年“萨默塞特诉斯图尔特案”（*Somerset v. Stewart*）的判决，可能也是一个促进因素。萨默塞特案涉及的是一名奴隶，他被主人从弗吉尼亚州带到了英格兰，逃跑后又被抓获，然后主人准备将其运往牙买加出售，此时出现了为了他的自由而提起的法律诉讼。法院裁定，萨默塞特的身份应由英国法律来确定，但英国普通法里并没有关于奴隶制的条款。身为王座法院著名首席法官的曼斯菲尔德勋爵（Lord Mansfield）裁定，只有法律明文规定，奴隶制才能合法地存在。在萨默塞特案之前，英帝国的奴隶主认为他们有权在逃奴出现的任何地方抓捕他们。萨默塞特案后，在法律没有规定必须归还逃奴的自由管辖区，奴隶主没有明确的权利要求归还逃奴。[108]

1787年的《西北法令》（Northwest Ordinance）中有这一项条款的先例，即授权奴隶主抓捕逃往其他司法管辖区的奴隶，本章后面将要讲到这一点。邦联国会制定《西北法令》时，费城会议正在进行之中。法令规定，在俄亥俄河以北的广阔联邦领土内，禁止奴役制度（惩罚罪犯除外），该法令同时规定，从联邦其他地区逃到该地区的奴隶应该“合法地属于并归还”给他们的主人。1856年，麦迪逊的前任秘书、伊利诺伊州第二任州长爱德华·科尔斯（Edward Coles）回忆说，麦迪逊曾告诉他，1787年夏天，费城会议的成员和纽约邦联国会代表之间，有很多“会晤和交流”，有一些人同时是这两个会议的代表，完全了解两个会议的平行议程。麦迪逊还告诉科尔斯，国会里的南方人已经同意在西北地区禁止奴隶制，以换取北方人同意《西北法令》和宪法保证归还抓获的逃奴。[109]

南卡罗来纳人的提议——在宪法中规定抓捕和归还逃奴的条款——几乎没有引起北方代表的反对，只有两个代表发出反对声音。威尔逊抗议说，这样的条款会“迫使州的行政人员使用公共开支来做这件事”。为什么北方各州必须支付南方逃奴的捕获和归还费用呢？谢尔曼宣称，“在公开场合抓住并交出一个奴隶或仆人的行为，与抓住一匹马一样不得体”。这时，巴特勒撤回了他的动议，
292 以便可以草拟一项条款，具体规定如何处理归还逃奴的问题，而不用涉及遣返逃犯的一般性宪法条款。[110]

当大会于第二天提出逃奴条款时，没有一个代表投票反对。由于没有辩论记录在案，我们只能推测北方代表没有对该条款提出异议的理由。首先，即使是那些普遍反对奴隶制的北方人，也尊重涉及奴隶的财产权，而且大多数北方州在1787年仍拥有相当数量的奴隶。其次，在18世纪80年代，几个北方州颁布的逐步解放奴隶的法律，也规定要将逃亡奴隶还给他们的外州主人。因此，逃奴条款只不过是将大多数甚至是所有北方州的现行做法，在国家层面成文化了。还有一种可能是，北方代表将逃奴条款视为对外奴隶贸易和国会制定航运法的权力二者妥协条件的附加部分。[111]

与3/5条款和国会在20年内不得干涉对外奴隶贸易的条款不同，逃奴条款似乎没有成为任何南方代表支持宪法的必要前提条件。不过，19世纪初却出现了一个奇怪的观念：如果宪法里没有逃奴条款，南方将不会批准宪法。最值得一提的是，最高法院大法官约瑟夫·斯托里（Joseph Story）在1833年出版的《宪法评论》（*Commentaries on the Constitution*）中写道：《邦联条例》缺少逃奴条款，“蓄奴诸州将其视为一种严重的不便，因为当时的许多州不允许给奴隶主提供任何援助，甚至有时还公开抵制他们”。10年后的1842年，斯托里在“普里格诉宾夕法尼亚州案”（*Prigg v.*

Pennsylvania）的判决中，捍卫了1793年《逃奴法》（Fugitive Slave Act）的合宪性，并否决了宾夕法尼亚州的一项反劫持法，该法给被指证的逃奴提供的程序性保护，远远超过联邦法的规定。在该案的判决意见中，斯托里重申了他在《宪法评论》中的奇怪观念："毫无疑问，它［也就是逃奴条款］是宪法中最基本的条款，不接受它，联邦就不可能成立。"[112]

这种奇特的观念可能更好地反映了斯托里写下这些文字时的公众意见，而不是真实的历史。到19世纪30年代和40年代，废除联邦《逃奴法》的呼声很可能会激怒南方各州，使它们脱离联邦。但是，在1787年的费城会议上，南方代表们似乎并不是非常担心逃亡奴隶无法被还给奴隶主的问题。斯托里发表他的《宪法评论》时，正值南卡罗来纳人威胁说，安德鲁·杰克逊（Andrew Jackson）总统若是胆敢使用武力回应他们的威胁，他们便要废除联邦关税法并脱离联邦。在这种背景下，斯托里竭力说服南方人相信，北方代表 293
参加费城会议，已经"在意见和情感上，对南方做出了许多牺牲"。他的既定目标是，"永远压制这种带有欺骗性的有害观念：南方一直都没有从联邦中获得它的全部利益"。[113]

具有讽刺意味的是，这个在费城会议上及之后20年内没有引起争议的逃奴条款，却在19世纪中叶引发了巨大争议。19世纪40年代和50年代，执行宪法的逃奴条款经常在北方社区引起暴乱，因为废奴主义者试图阻止逃亡的奴隶被抓回南方，联邦政府也偶尔派出军队执行联邦《逃奴法》。当南方各州于1860—1861年脱离联邦时，在他们声讨列表中靠前的几条，便是控诉北方各州违背了将逃亡奴隶还给原主人的宪法义务。[114]

除了3/5条款、对外奴隶贸易条款，以及逃亡奴隶条款外，宪法中还包含了一些间接保障奴隶制的条款。前面已经提到，宪法禁止国会征收出口税，是对南方种植园主的一种让步，因为他们的奴隶生产了主要用于出口的农产品。[115]

另一种间接保护奴隶制的宪法规定是授权全国性政府在州立法机关或州行政部门——当州立法机关无法召集会议之时——的请求下，镇压“内部的暴乱”。参加费城会议的代表们在讨论这一条款时，明确指向的是债务人和纳税人的反叛，比如谢斯反叛。但是，奴隶起义的可能性并没有脱离他们的视线。事实上，正如我们所看到的，北方代表经常批评对外奴隶贸易增加了奴隶起义的风险，北方各州必须为镇压叛乱提供人力和资金。[116]

另一种隐含地保护奴隶制的宪法手段，是以列举权力的方式限制全国性政府的权力。参加费城会议的每一位代表都很可能认为，监管奴隶制这样的内部制度，将会超出国会获得的授权。实际上，宪法明确规定或者暗示性地保护奴隶制，让南方代表们感到非常安全，以至于他们拒绝支持一项由小州发起的提案：将“未经各州同意，不得影响其内部政策”这一条，固定为不可修正条款。[117]

19世纪50年代，美国最具争议性的政治问题以及内战的直接原因，是国会是否拥有宪法权力来管理联邦领土上的奴隶制。宪法第
294 四条第三款授权国会为联邦领土制定“必要的规章制度”，但并没有具体提及奴隶制。然而，联邦领土上的奴隶制问题，早在邦联时期就已出现了。事实上，正如刚才所提到的，邦联国会采取行动，在联邦领土上反对奴隶制时——以《西北法令》的形式——正值制宪会议召开之际。这样的行动可以被视为建国者对奴隶制最初理解的组成部分。[118]

1784年，邦联国会代表托马斯·杰斐逊提出一项提案：在联邦政府控制的所有领土内——无论南方还是北方——自1800年起禁

止奴隶制。绝大多数的南方代表反对这一提案——而北方代表一致同意——提案以微弱的劣势失败，仅差一票没达到颁布该法案所需的票数。不过，即使杰斐逊的提案获得国会通过，它也可能无法得到有效实施。到18世纪80年代中期，奴隶主已越过阿巴拉契亚山，将成千上万的奴隶带到后来在18世纪90年代建立的肯塔基州和田纳西州。假如国会颁布杰斐逊提议的法令的话，北卡罗来纳州和佐治亚州可能会拒绝将它们的西部土地割让给国会，而弗吉尼亚州可能会试图收回之前转让的土地，也即后来成为西北地区的俄亥俄河以北的土地。实际上，在杰斐逊提出提案后没几个月，北卡罗来纳州就明确提出，只有在不解放其西部地区奴隶的条件下，才能将西部土地转让给国会。1789年，当北卡罗来纳州最终将西部土地转让给国会时，它重申了这一条件，国会也默许了。[119]

1787年7月，费城会议初步同意在众议院议席分配中采用3/5条款，几乎就在同一时间，位于纽约的邦联国会在处理西北地区的奴隶制问题——这一地区在19世纪逐步成为俄亥俄州、伊利诺伊州、密歇根州和威斯康星州（杰斐逊1784年的提案涉及的是所有联邦领土上的奴隶制）。那年夏天，邦联国会很少能达到法定人数，部分原因是有很多代表去参加费城会议了。5月下旬，弗吉尼亚州的国会代表威廉·格雷森告诉詹姆斯·门罗，“从国会议员中抽调人员去参加费城会议，使［国会］变得非常薄弱，几乎无事可干”。格雷森预计，在费城会议完成它的工作之前，邦联国会将继续维持这种状态，他预计这种状态将持续几个月的时间。其他几位观察人士也做出了类似预测，即在那年夏天，国会将持续处于不活跃状态。[120] 295

但是，到了7月初，佐治亚州和北卡罗来纳州的代表离开费城会议前往纽约市，可能是为了使国会达到法定人数，从而使《西北法令》得以通过。北卡罗来纳州的代表威廉·布朗特（William

Blount）告诉他的州长，他和本州派往国会的另一名代表本杰明·霍金斯（Benjamin Hawkins）——那时他碰巧在费城——收到邦联国会秘书的一封信，通知他们出席国会会议，以使国会达到法定代表人数，“这是实现联盟的伟大目标的绝对必须之举”。事实上，正是这些从费城会议赶到纽约来的代表，使国会得以召开，并通过了组建西北地区以及在那里禁止奴隶制的法令。[121]

值得注意的是，《西北法令》通过之时，国会里只有一个不同声音（来自纽约州的代表亚伯拉罕·耶茨）。那些在场的南方代表一致支持它。该法令中有一个隐含的交换条件，即在俄亥俄河以北地区禁止奴隶制，暗示着在俄亥俄河以南地区允许奴隶制存在，国会后来也明确这么做了。一些南方的种植园主似乎也倾向于在西北地区禁止奴隶制，以防止其与南方形成经济竞争。正如《西北法令》通过几周后，格雷森告诉门罗的那样，“南方代表同意法令中涉及奴隶制的条款，是为了防止在俄亥俄河西北种植烟草和靛蓝，当然，还有其他一些政治原因”。此外，正如刚才所指出的，《西北法令》授予奴隶主重新获得他们逃跑的奴隶的权力——也许暗含着一种理解，即宪法也会提供这样的权力。甚至有可能，《西北法令》禁止奴隶制的条款，是一项一揽子协议的一部分，在该协议中，南方人接受了宪法的3/5条款。[122]

虽然《西北法令》很容易就通过了禁止奴隶制的条款，但当时的大多数人都认为，国会没有明确的权力制定这一法令，因为《邦联条例》中没有规定国会为领地建立政府的条款，也没有规定新州以何种条件加入联盟（除了加拿大或其他“殖民地”）。相比之下，宪法直接解决了国会权力的缺漏问题，授予国会明确的权力，来为这些地区“制定所有必要的规章制度”。一旦宪法获得批准，第一届国会将很快重新颁布《西北法令》。届时，将没有人再质疑国会这么做的权力。[123]

然而，在过去的几十年里，南方人开始区别看待国会禁止奴隶的两种权力——在1787年美国已经拥有的领地内禁止奴隶的权力和在后来相继获得的领地内禁止奴隶的权力。❶1819—1821年间，国 296
会辩论密苏里以蓄奴州身份加入联邦时，大多数南方政治家认为，国会无权在宪法批准之后联邦获得的领土上禁止奴隶制，比如1803年杰斐逊政府从拿破仑皇帝手中购买的土地（路易斯安那）。最高法院在1857年臭名昭著的“德雷德·斯科特案”（*Dred Scott*）中，最终确证了南方人的立场。[124]

在西北地区禁止奴隶制，对美国奴隶制的历史至关重要。南方白人是大规模移民到俄亥俄河以北地区的第一批人，如果法律允许他们带奴隶的话，他们很有可能带着奴隶一起移居。在1820年，密苏里有超过15%的人口处于被奴役状态，如果密苏里州的奴隶制在经济上可行的话，那么至少是在印第安纳州和伊利诺伊州南部的几个县，也会出现同等比例的奴隶人口。在《西北法令》通过后的数十年间，土地投机者试图说服国会——后来是试图说服伊利诺伊州立法机关——允许在那里实行奴隶制。1824年，伊利诺伊州举行是否允许实行奴隶制的全民公决，以54%∶46%的投票结果失败。《西北法令》——而不是限制奴隶制扩张的任何“自然”地理或气候因

❶ 这种技术性区分的法律依据在于，宪法没有考虑到，全国性政府会在1787年已拥有的领地或各州已占有的土地之外，获得新的土地。因此，如果国会对随后获得的领土拥有处分权的话，这种权力也不是源自宪法列举的管理既有联邦领地的权力，而是来自宪法规定的另一种权力——将新州纳入联邦的权力。南方人采用的是后一种授权，这也逐步成为19世纪早期他们在解释宪法时所特有的严格解释路径。他们主张，宪法中关于联邦接纳“新州”的条款，只授权国会做那些对于接纳新州来说绝对必要之事，包括组建一个领地政府，但不包括监管诸如奴隶制这样的内部制度。参见 Fehrenbacher, *Dred Scott*, 368–379; Robert R. Russel, “Constitutional Doctrines with Regard to Slavery in Territories,” *Journal of Southern History* (Nov. 1966), 32:470–472。

素——使奴隶制远离了印第安纳州和伊利诺伊州。如果这些州变成了蓄奴州，国家政治权力的天平将向南方倾斜，美国奴隶制的历史将可能被改写。[125]

奴隶制和宪法的批准

在批准宪法的过程中，经常会讨论到奴隶制问题（本书第六章会详细探讨批准宪法过程中的辩论）。由于批准宪法的辩论在每个州独立进行，所以全国不同地区的宪法的支持者和反对者，其观点非常不同，甚至是相互冲突的。[126]

南方的一些知名人士反对批准宪法，他们表示自己很担心宪法将会威胁到奴隶制的存在。帕特里克·亨利声称，自己非常厌恶
297 奴隶制，但是相信要“慎言废除奴隶制”。他感到很奇怪，为什么“[宪法]忽视了要保护我们现在所拥有的奴隶财产”，他隐晦地暗示，“这一忽略是有意为之”。亨利警告弗吉尼亚州批准宪法大会，由于“国会里的多数派属于北方，奴隶制属于南方”，国会可能在宪法的必要与适当条款之下，对奴隶征税，迫使其消亡，或者作为一项战时征用措施，废除奴隶制。梅森同样警告道，宪法中没有任何条款可以“阻止北方和东部各州干涉我们那种类型的全部财产”，或者限制国会对奴隶征收高昂税收，以致“有可能会彻底消灭那种类型的财产”。[127]

在南方腹地，有些人之所以反对批准宪法，是因为不赞成宪法条款授权国会最终可以禁止对外奴隶贸易（不过在弗吉尼亚州批准宪法的大会上，梅森却批评宪法没能立即废除这种“残忍的”贸易）。南卡罗来纳州反对批准宪法的主要领袖是前州长罗林斯·朗

兹，他批评宪法不应该授权国会可以终止对外奴隶贸易，理由是南卡罗来纳的经济不能缺少了奴隶劳动力。他警告，即使在禁止国会废除对外奴隶贸易的这20年里，南卡罗来纳也为“这种宽容付出了代价”（允许对每名进口的奴隶征收不超过10美元的税）。朗兹总结说：“黑人是我们的财富，是我们唯一的自然资源；然而，我们北方善良的朋友们下定决心很快就要把我们的手绑起来，耗尽我们所拥有的资源和财富。”[128]

一些参加北方各州批准宪法大会的代表也同意说，宪法威胁到了奴隶制的存续，但也正因为这个原因，他们赞成这部宪法。这些北方的联邦党人认为，尽管宪法在短期内保护了奴隶制，但它最终有助于废除奴隶制——这一立场后来被亚伯拉罕·林肯所接受，他坚持认为，制宪者已经“预料到并有意使它［奴隶制］处于终将灭亡的进程之中”。因此，托马斯·道斯（Thomas Dawes）告诉马萨诸塞州批准宪法大会：“我们可以说，尽管奴隶制没有被这次大会所摧毁，但它已经受到了致命的伤害，并将在慢慢损耗中死去。”另一位来自马萨诸塞的联邦党人，以匿名的方式写道，他赞成费城会议“在政策许可或实际允许的情况下，尽可能地自行其是。自由和人道的朋友们满怀期待地盼望着奴隶制在美国不复存在的时刻快点到来”。[129]

这些北方人尤其称赞宪法授权国会20年后废除对外奴隶贸易这一条款。在马萨诸塞州批准宪法大会上，联邦党人宣称：“宪法的优点之一就是，这一条款迈出了废除奴隶制的步伐。”詹姆斯·威尔逊在宾夕法尼亚州批准宪法大会上说，这一条款奠定了“将奴隶 298
制驱逐出这个国家的基础”，而在《邦联条例》下，各州“只要愿意”都可以进口奴隶。威尔逊指出，即便是在1808年之前，国会也有权对进口的奴隶征税，这将“起到一定程度的限制作用”。最后，威尔逊（准确地）指出，国会禁止对外奴隶贸易的20年禁令，并不适用于联邦领地或新成立的州，他（不准确地）预计，“这些地方永远不会引入奴隶”。[130]

但是，另外一些北方人则认为，宪法过度地保护了奴隶制的地位，他们基于这一理由反对批准宪法。例如，公理会神学家和废奴主义者塞缪尔·霍普金斯（Samuel Hopkins）绝望地问道：“以上天的眼光观之，怎能出现这样的条款呢……这些为自由而战的州，将自己视为向往自由的最高尚和最尊贵的例证，怎能赞同这样的政治宪法，它放纵并授权他们去奴役自己的同胞？”马萨诸塞州批准宪法大会上的反联邦党人代表，反对宪法“将人商品化”，宪法中“甚至都没有一条让黑人最终获得自由的提议”。后来成为废奴主义者的一批重要人物，也支持这样评价宪法，认为宪法是一部支持奴隶制的基本文件，谴责它是“与死亡签订的契约”“与地狱达成的协议”。[131]

一些反奴隶制的北方人尤其抗议宪法中的逃亡奴隶条款，以及宪法可能迫使他们违背自己的良心去镇压南方的奴隶起义。罗得岛州的贵格会教徒摩西·布朗（Moses Brown）反对说，宪法“是要有目的地破坏”废除了奴隶制之后的马萨诸塞给逃亡奴隶提供的“现有避难所”。宾夕法尼亚州反联邦党人、宾夕法尼亚大学数学教师本杰明·沃克曼（Benjamin Workman），在其匿名文章中抗议说：费城的贵格会教徒，尽管其在良心上既反对拿起武器，也反对奴隶制，但还是被迫在宪法之下为州民兵服役，并在国会命令之下，参与镇压南方奴隶“由于热爱神圣的自由而发动”的起义。[132]

大多数批评宪法过分保护奴隶制的北方人，主要集中批评3/5条款和20年内国会不得禁止对外奴隶贸易的条款。纽约的梅兰克顿·史密斯反对3/5条款，理由是，代表制的适当原则是，“每一个自由的人都应该能够进行自我管理”，而“奴隶没有自己的意志”。为什么要给予“那些拥有奴隶的邪恶之人”“某些特权”呢？另一位北方人写道，在分配国会席位时，奴隶应与“田野里的野兽或森林里的树木”一样计算。而且，反对奴隶制的北方人还认为，3/5条 299
款只会给南方人提供继续进行对外奴隶贸易的动力。其他人还提出，3/5条款增加了南方在国会的代表席位，它表面上的交换条件——征收直接税时，奴隶人口也按照3/5予以计算——将被证明毫无价值，因为联邦政府绝对不会征收直接税（这一预言被内战前事态的进展证明大体上是准确的）。[133]

对外奴隶贸易条款引发了北方人最恶毒的攻击，这些人批评宪法建立在奴隶制基础之上。康涅狄格的反联邦党人本杰明·盖尔（Benjamin Gale）医生反对这一条款使用“诡秘的、狡猾的、欺诈的、委婉的”说法，来表述奴隶制，以掩盖其“对符合人类本性的权利”的侵犯。新罕布什尔州的反联邦党人领导者约书亚·阿瑟顿（Joshua Atherton）警告，宪法将使北方人“至少在一个特定时期内，参与这种令人憎恶的奴隶交易，并为此负罪，而没有采取任何积极的规定，来终结这种交易”。他反对他所在的州“以批准宪法的方式，来帮助这种残忍的、不人道的商品交易，一天也不行”。根据阿瑟顿的说法，对外奴隶贸易是“违反上帝律法和人类神圣法律的最为野蛮的行为”。三名来自马萨诸塞州的反联邦党人称，此举完全是“野蛮行径”，让一个旨在保护自然权利的政府，变成了“掠夺、抢劫和谋杀的工具”。那些反对在阿尔及利亚非洲海岸绑架并奴役美国水手的人，为什么可以接受奴隶贩子们捕捉、奴役非洲人呢？[134]

独立战争期间，英国军队曾抓捕美洲殖民地的奴隶并鼓励他们逃跑，致使南卡罗来纳和佐治亚两地的居民失去了他们的大量财产。对此，马萨诸塞州反联邦党人认为，由于奴隶制违反自然法，奴隶主实际上“并没有失去财产，因为他们从不曾占有［他们的奴隶］”，实际上，北方人在战争期间才真正失去了他们自己的财产。而且，战时损失并没有给予美国人“侵犯另一个国家的权力，以偷窃和抢劫来补偿自己”。马萨诸塞另一名反联邦党人则认为，英帝国统治下的美洲人没有权力控制对外奴隶贸易；而在宪法的授权下，继续进行对外奴隶贸易，使他们真正成为“彼此罪恶的参与者”，他认为这两者完全不同。一些反奴隶制的北方人还提出，费城会议给南卡罗来纳和佐治亚两地的奴隶制提供了更大的保护，远超过促使它们批准宪法的必要条件；经济抵制方面的威胁，本来足以促使
300 这些州继续留在联邦之中。[135]

许多支持宪法的南方人也认同这一观点——宪法强烈支持奴隶制——而这正是他们大肆赞美宪法的理由。他们的一大论点是，宪法保障了南方人的权利，正如查尔斯·科茨沃斯·平克尼在南卡罗来纳所阐释的那样，“无论奴隶逃亡到美国的任何地方，我们都有权抓捕他们，这是我们以前所没有的权利”。麦迪逊在弗吉尼亚州批准宪法的大会上也提出了同样的观点——相比于此前的《邦联条例》，宪法在这方面明显地提升了一步。[136]

南方联邦党人也强调，宪法没有授予国会干涉各州奴隶制的权力。正如查尔斯·科茨沃斯·平克尼在南卡罗来纳所阐释的那样，南方“得到一种安全保障，即联邦政府永远不能解放他们［奴隶］，因为没有这样的授权；而且，总的来说，除了宪法明确授予的权力外，联邦政府没有任何其他权力，这是一条公认原则”。❶詹姆斯·艾

---

❶ 与平克尼的主张相反，正如我们在第五章将要看到的那样，当然不是“所有人都公认”国会只拥有宪法明确授予的权力。不过，平克尼的表述尽管不准确，但意思是对的，在1787年，几乎没有人认为国会拥有解放奴隶的普遍权力。参见下文，322。

德尔（James Iredell）是北卡罗来纳州的著名联邦党人，他强调说，国会对奴隶制的权力仅限于20年后禁止对外奴隶贸易，国会没有权力废除各州的奴隶制。南方的政治家们后来将国会在奴隶制问题上缺乏明确的授权——对比国会在对外奴隶贸易问题上获得的始于1808年的明确授权——视为原始契约的神圣组成部分。[137]

南方联邦党人还吹嘘宪法为奴隶制提供了其他保护措施。在紧急情况下，宪法授权各州请求联邦政府协助镇压奴隶起义。而且，宪法还保证南方各州在众议院和选举人团的代表席位反映它们的奴隶人口。正如查尔斯·科茨沃斯·平克尼所解释的那样，这意味着北方各州“允许我们为一种他们所没有的财产类型选派代表”。但在麦迪逊看来，根据人口数量来分配直接税——比如对奴隶征税，以及在计算人口时奴隶按照3/5计算，是“一条不可超越的比例性标杆”。最后，南方联邦党人认为，宪法第五条规定，通过宪法修正案需要得到国会绝对多数议员的同意，也是在保护南方人，因为没有他们的同意，国会便不得强加给他们任何反对奴隶制的修正案。[138]

可以肯定的是，宪法赋予国会最终结束对外奴隶贸易的权力，
这一点是在《邦联条例》下无法做到的。查尔斯·科茨沃斯·平克
尼在南卡罗来纳州议会里解释道，这种让步不可避免，由于“东部 301
和中部各州的宗教和政治偏见……以及弗吉尼亚有利害关系的不一致的意见，他们强烈反对我们进口更多的奴隶”。而且，平克尼继续说，在费城会议上，反对海外奴隶贸易的人认为，奴隶是“一种危险的财产，入侵的敌人很容易就可以动员奴隶起来反对我们”，并且3/5条款还会鼓励南方继续进口奴隶。正如南卡罗来纳州的联邦党人戴维·拉姆塞（David Ramsay）所观察到的那样，如果“一定要北方人来保护我们免受内部暴力的伤害”，他们可能会合情合理地认为，“我们不应该通过无限制地进口奴隶，来增加我们遭受

这种罪恶伤害的概率”。[139]

平克尼还指出，宪法并没有要求国会拥有授权时立即废除对外奴隶贸易。到1808年，南方各州可能拥有足够的政治权力，来阻止国会结束对外奴隶贸易的行动。而且，正如南卡罗来纳的罗伯特·巴恩韦尔（Robert Barnwell）所指出的那样，北方的船主将变成“美国的海运商”，他们可能会发现，“尽可能大范围地鼓励出口，才是他们的利益所在”。由于担心禁止进口奴隶可能会减少南方的出口，这些北方的海运商们可能“不愿堵住他们利益的源头”。巴恩韦尔预测，除非南卡罗来纳选择通过州法禁止从非洲进口更多的奴隶，否则，“奴隶的贸易将会一直持续下去”。[140]

查尔斯·科茨沃斯·平克尼从南方奴隶主的角度，总结了他对宪法的辩护意见：“简言之，考虑到所有的情况，我们已经为这一种类的财产［奴隶］安全提供了最好的保障，我们有权力这么做。如果可能的话，我们会做得更好；不过，总的来说，我认为这条款并不太糟糕。”[141]

当时参与这一事件的人们是否认为宪法充分保障了奴隶主的利益，对此，最有力的证据并不是他们在批准宪法大会上的言论。我们在下一章中将会看到，一旦一个人决定支持或反对宪法，他通常会提出他认为能够为自己的立场辩护的任何观点，无论这些观点是否真的影响了他的立场。比如，尽管帕特里克·亨利警告弗吉尼亚人，在宪法之下，奴隶制是不安全的，但他反对批准宪法，几乎可以肯定是因为他对北方人的憎恨，因为北方人准备牺牲美国在密西西比河上的航运权，而这对南方很重要。[142]

当时的人如何看待与奴隶制密切相关的宪法条款，对此，最好的证据在于他们的未言之处。在强烈支持奴隶制无限期存续下去的南

卡罗来纳和佐治亚，很少有批评宪法保护奴隶制度不力的声音。佐治 302
亚州的批准宪法大会一致通过了宪法，如果他们真的怀疑宪法保护奴隶制的措施不充足，很难想象会出现全体一致支持宪法的投票结果。在南卡罗来纳，没有人质疑平克尼的观点，即参加费城会议的南方代表已经为奴隶主挣得了一笔好买卖。在南卡罗来纳，有很多人反对批准宪法，但很少有人认为宪法没能充分保护奴隶制。由于该州在经济上完全依赖奴隶制，因此，认为宪法保护奴隶制不力的理由哪怕有一丁点儿的说服力，批评宪法的人肯定都会大肆强调这一点。事实上，在南卡罗来纳州，那些在奴隶制上投资最多的低地种植园主，是全国最狂热地赞成批准宪法的一群人。[143]

期望宪法能够更少地保护奴隶制，是不现实的。因为所有参加制宪会议的代表都希望保存联盟，因此，南方人享有相当大的讨价还价的权力。在弗吉尼亚州批准宪法的大会上，当梅森宣称，就算会导致佐治亚州和南卡罗来纳州拒绝宪法，那些参加费城会议的本州代表也应该禁止对外奴隶贸易时，麦迪逊回应道，这种行为导致的后果，“对他们和对我们来说都是可怕的”。对外奴隶贸易是“巨大的罪恶”，“但瓦解联盟，则是更大的罪恶”。在宾夕法尼亚州批准宪法的大会上，州最高法院首席法官托马斯·麦基恩（Thomas McKean）批评那些抗议宪法中对外奴隶贸易条款的人，“不了解［像费城会议］这样的外交组织所做的事，或者说他们不知道，不可能完全根据任何个人的意志和喜好达成一个协议”。[144]

在纽约州批准宪法的大会上，梅兰克顿·史密斯批评3/5条款“建立在不公正的原则上”“完全违背他的情感”，但他承认，“这是和解的结果”，“如果我们打算与南方各州联合在一起的话”，这可能是无法避免的。汉密尔顿也同意说：3/5条款是“大会妥协精神的结果，没有这种宽容，可能就无法建成联盟”。而且，没有南方腹地各州的参与，建立起来的联盟也不可能改善生活在那些州的奴隶的福利。[145]

的确，在涉及奴隶制的问题上，北方代表也曾偶尔威胁说要退出制宪会议，只不过，这些威胁不大可信。最终，宪法倾向于奴隶
303 制的原因在于，南方代表整体上更倾向于保护奴隶制，而北方代表只是意图暗中破坏奴隶制。事实上，绝大多数北方代表更关心的是，南方奴隶制将会如何影响北方的政治权力和经济利益，而不是要废除这一制度。更重要的是，即使是那些公认反奴隶制的北方人，也相信财产权的神圣性。正如托马斯·道斯在马萨诸塞州批准宪法的大会上所言，“国会不会立即通过法案来废除奴隶制，从而摧毁我们南方同胞眼中的财产”。[146]

反对奴隶制的北方人也担心，废除奴隶制后会出现大量的自由黑人。就像奥利弗·埃尔斯沃斯在宪法批准辩论中以“一位地主”（A Landholder）的笔名所写的那样：“所有善良的人们，都期望在不影响公众安全的情况下，尽快地完全废除奴隶制。”马萨诸塞州的一位联邦党人认为，“即使在这种值得称赞的”解放奴隶的“追求”中，“我们也应该用政治智慧来缓和人类的情感。大量奴隶成为公民可能会给公众带来负担和危险”。几年后，副总统约翰·亚当斯矢口否认“公正地对待黑人就是要求他们的主人应该……将其抛弃，听任他们在一个他们甚至没有能力获得生存物资的世界里自生自灭”，不得不“依靠暴力、盗窃或欺诈谋生”。亚当斯认为，最终，“这个国家人口的增长会使白人的数量成倍增加，白人在数量上占据主导优势，进而在主人和仆人都同意的情况下，逐步解放黑人”。[147]

最后，州主权原则也使许多反对奴隶制的北方人得以接受这部宪法。在马萨诸塞州批准宪法大会上，威廉·希思（William Heath）声称，“在某种程度上，州是有主权的，并且是独立的”，因而可以

自由地管理自己的“内部事务”，北方人和奴隶主一道加入联盟，并不会使北方人成为“其他人罪恶的参与者”。新罕布什尔州的反联邦党人约书亚·阿瑟顿讽刺地说，支持批准宪法的北方人信奉联邦体制，他们以此撇清了自己与奴隶制的关系。即便是那些不赞同用宪法来保护对外奴隶贸易的北方人，也不认为“他们有必要……到卡罗来纳去废除奴役非洲人的可憎习俗”。最终，很少有北方人对宪法倾向于奴隶制的诸多特征表示出足够的不满，并在此基础上反对批准宪法。[148] 304

注释

1 Madison, June 30, *Farrand*, 1:486.

2 Madison（耶茨的记录），June 29，同上，476（“地理位置”）; James Madison, Observations Relating to the Influence of Vermont and the Territorial Claims on the Politics of Congress, May 1, 1782, *PJM* (C.S.), 4:200–201（“主要缘于”）; Hamilton, June 29, *Farrand*, 1:466（“它们习惯性地”）; King, July 10，同上，566; Pinckney, July 2，同上，510; 另见 Madison, July 13，同上，601–602; July 14，同上，2:9–10。Robertson, *The Constitution and America's Destiny*, 40 n. 24; Beeman, *Plain, Honest Men*, 183, 207; Hendrickson, *Peace Pact*, 225–226。

3 Madison, June 30, *Farrand*, 1:486（全部引文）; July 9，同上，562; John C. Calhoun, *Disquisition on Government* (Richard K. Crallé, ed., Charleston, SC, 1851), 25, 35–38（“在制定”）; 另见 Carpenter, *The South as a Conscious Minority*, 77, 102。

4 John Adams, Notes of Debates in the Continental Congress, in 1775 and 1776, *The Works of John Adams* (Charles Francis Adams, ed., Boston, 1850), 2:498（引自 Thomas Lynch, July 30, 1776）; Van Cleve, *Slaveholders' Union*, 48–49; 另见 Adams, *First American Constitutions*, 38。

5 Michael J. Klarman, *Unfinished Business: Racial Equality in American History* (New York, 2007), 11; Robinson, *Slavery in the Structure of American Politics*, 40–42; Edmund S. Morgan, *American Slavery, American Freedom* (New York, 1975), 180–181, 299; Robertson, *The Constitution and America's Destiny*, 38.

6 Ira Berlin, *Many Thousands Gone: The First Two Centuries of Slavery in North America* (Cambridge, MA, 1998), 369; Gary B. Nash and Jean R. Soderlund, *Freedom by Degrees: Emancipation in Pennsylvania and Its Aftermath* (New York, 1991), 8, 21.

7 Thomas Jefferson, *Notes on the State of Virginia* (William Peden, ed., Chapel Hill, NC, 1954), 138, 163（"白人根深蒂固""一方或"和"当我想到"); Thomas Jefferson, *The Autobiography of Thomas Jefferson* (Paul Leicester Ford, ed., Philadelphia, 2005), 77（"在命运之书中"); Nash and Soderlund, *Freedom by Degrees*, 77–80。

8 Gary B. Nash, "The African–Americans' Revolution," in Gray and Kamensky, eds., *American Revolution*, 253–254（全部引文）; 另见 Eric Slauter, "Rights," 同上，452–454, 458–459; Douglas R. Egerton, *Death or Liberty: African Americans and Revolutionary America* (New York, 2009), 43–47, 50, 58–64；对比参看 Van Cleve, *Slaveholders' Union*, 40–41。

9 Nash, "African–Americans' Revolution," 254–260（"北美历史上"); Egerton, *Death or Liberty*, ch. 3; Nash and Soderlund, *Freedom by Degrees*, 80–81; Robinson, *Slavery in the Structure of American Politics*, 114–118; Benjamin Quarles, *The Negro in the American Revolution* (Chapel Hill, NC, 1961), viii–x, 9–12, 15, 19–23, 52–56, 60, 113。关于独立战争期间奴隶逃亡的最新研究，参见 Cassandra Pybus, "Jefferson's Faulty Math: The Question of Slave Defections in the American Revolution," *William and Mary Quarterly* (Apr. 2005), 62:243–264。

10 Ira Berlin, *Generations of Captivity: A History of African–American Slaves* (Cambridge, MA, 2003), 104（引文）。Nash and Soderlund, *Freedom by Degrees*, 103; Robinson, *Slavery in the Structure of American Politics*, 31–32; Van Cleve, *Slaveholders' Union*, 61–64, 72–75; Egerton, *Death or Liberty*, 97–101。

11 Commonwealth v. Jennison (Mass. 1783)，报道于 W. Cushing, Notes of Cases Decided in the Superior and Supreme Judicial Court of Massachusetts, 1772–1789 (1789), 34, 34 页背页（哈佛大学法学院图书馆未出版手稿）; Egerton, *Death or Liberty*, 93–95, 103–108; Leon F. Litwack, *North of Slavery: The Negro in the Free States, 1790–1860* (Chicago, 1961), 10–11; Robinson, *Slavery in the Structure of American Politics*, 26–27; Van Cleve, *Slaveholders' Union*, 66–67。1777 年，马萨诸塞州下议院提出了一项废除奴隶制的提案，由于担心在战争期间冒犯南方各州而放弃。参见 Adams, *First American Constitutions*, 181; Hendrickson, *Peace Pact*, 180–181。

12 Litwack, *North of Slavery*, 3 n. 1; Van Cleve, *Slaveholders' Union*, 68–70; Egerton, *Death and Liberty*, 109–121.

13 1785 年 8 月 7 日杰斐逊致理查德·普莱斯，*PTJ* (M.S.), 8:356–357（引文）。Litwack, *North of Slavery*, 4–7, 10; Van Cleve, *Slaveholders' Union*, 62–65, 69–71; William W. Freehling, "The Founding Fathers and Slavery," *American Historical Review* (Feb. 1972), 77:86, 89; Egerton, *Death or Liberty*, 95–96。

14 Van Cleve, *Slaveholders' Union*, 60–64, 68–69, 74–75, 79–93, 99–100; Paul Finkelman, *An Imperfect Union: Slavery, Federalism, and Comity* (Chapel Hill, NC, 1981), 64 & n. 55, 70, 73, 75; Litwack, *North of Slavery*, 15–17; Egerton, *Death or Liberty*, 120–121.

15 11 *Hening's Statutes at Large* 308 (Richmond, VA, 1823)（引文）。Don E. Fehrenbacher, *The Dred Scott Case: Its Significance in American Law and Politics* (New York, 1978), 18, 49, 610 n. 5; Egerton, *Death or Liberty*, ch. 5; Brown, "Problems of Slavery," 436。

16 1785 年 8 月 7 日杰斐逊致理查德·普莱斯，*PTJ* (M.S.), 8:356–357（"大部分人""一些令人尊敬""正每天" 和 "这个问题"）; 1786 年 1 月 22 日麦迪逊致杰斐逊，*PJM* (C.S.), 8:477; 1785 年 11 月 11 日麦迪逊致华盛顿，同上，403, 405 n. 4; 1786 年 9 月 9 日华盛顿致约翰·弗朗西斯·默瑟，*PGW* (C.S.), 4:243（"看到立法机关"）; 另见 1788 年 6 月 25 日扎卡利亚·约翰斯顿（Zachariah Johnston）在弗吉尼亚州批准宪法大会上的发言，*DHRC*, 10:1533。

David Waldstreicher, *Slavery's Constitution: From Revolution to Ratification* (New York, 2009), 59; Egerton, *Death and Liberty*, 48–49, 130–133; Brown, "Problems of Slavery," 438–439; John P. Kaminski, ed., *A Necessary Evil? Slavery and the Debate over the Constitution* (Madison, WI, 1995), 33–34。

17 Van Cleve, *Slaveholders' Union*, 43, 93–94; Waldstreicher, *Slavery's Constitution*, 61; Egerton, *Death or Liberty*, 159–160; Berlin, *Generations of Captivity*, 124；另见 1785 年 8 月 7 日杰斐逊致普莱斯，*PTJ* (M.S.), 8:356。

18 Van Cleve, *Slaveholders' Union*, 40–41, 45–47, 103; Brown, "Problems of Slavery," 442.

19 Fehrenbacher, *Dred Scott*, 19; Van Cleve, *Slaveholders' Union*, 90, 109. 汉密尔顿在纽约州的反奴隶制活动，参见 Chernow, *Hamilton*, 214–216; McCraw, *The Founders and Finance*, 80。

20 Mason, Aug. 22, *Farrand*, 2:370（全部引文）; Van Cleve, *Slaveholders' Union*, 93–94; Jefferson, *Notes on the State of Virginia*, 162。梅森早期对奴隶制的批评，参见 Extracts from the Virginia Charters (July 1773), *PGM*, 1:173 n. 7; Robert Allen Rutland, *George Mason: Reluctant Statesman* (Baton Rouge, LA, 1961), 53。1792年梅森去世时拥有大约300名奴隶（editorial note, *DHRC*, 3:492 n. 3）。

21 1788 年 1 月 16 日朗兹在南卡罗来纳州众议院的发言,*DHRC*, 27:108（引文）; Egerton, *Death or Liberty*, 151–152, 154–156; Berlin, *Generations of Captivity*, 127; Brown, "Problems of Slavery," 432; Hendrickson, *Peace Pact*, 234–235。战争期间从南卡罗来纳州和乔治亚州逃出的奴隶数量的最新估计，参见 Brown，上文，442–443 n. 2; Pybus, "Jefferson's Faulty Math," 261。

22 Pinckney, Aug. 22, *Farrand*, 2:371（"全世界的"）; 1788 年 1 月 16 日朗兹在南卡罗来纳州众议院的发言，*DHRC*, 27:108（"对于宗教"）; 另见 Robinson, *Slavery in the Structure of American Politics*, 298; Robert M. Weir, "South Carolina: Slavery and the Structure of the Union," in Gillespie and Lienesch, eds., *Ratifying the Constitution*, 209–210; Beeman, *Plain, Honest Men*, 59, 311, 315, 324；1789 年 5 月 13 日代表詹姆斯·杰克逊（James Jackson）的演讲，Kaminski, *A Necessary Evil?*, 206。

23 1791年10月30日麦迪逊致罗伯特·普莱森特（Robert Pleasants），*PJM* (C.S.), 14:91（全部引文）; Beeman, *Plain, Honest Men*, 67–68, 308–310; Van Cleve, *Slaveholders' Union*, 94。

24 Butler, July 13, *Farrand*, 1:605; Weir, "South Carolina," 203, 208–209; Paul Finkelman, "Slavery and the Constitutional Convention: Making a Covenant with Death," in Beeman, Botein, and Carter, eds., *Beyond Confederation*, 224; Robertson, *The Constitution and America's Destiny*, 38; Van Cleve, *Slaveholders'Union*, 22–23, 104; Beeman, *Plain, Honest Men*, 310–311, 315.

25 Freehling, "Founding Fathers and Slavery," 83; Van Cleve, *Slaveholders' Union*, 60; Fehrenbacher, *Dred Scott*, 18–19; Brown, "The Problems of Slavery," 428.

26 Madison, June 6, *Farrand*, 1:135（"人压迫人的"）; Morris, Aug. 8，同上，2:221（"邪恶的体制"）。

27 1819年11月27日麦迪逊致罗伯特·沃尔什，*Farrand*, 3:436（"对于把"）; U.S. Constitution, Art. IV, § 2, cl. 3（"需要服役"）; John Dickinson, Notes for a Speech (July 8, 1787), *Farrand*, Supp.: 158（"被视为"）; Luther Martin, Genuine Information VII, Baltimore *Maryland Gazette*, Jan. 18, 1788, *DHRC*, 15:412（"急切地希望"）; 另见 Madison, Aug. 25, *Farrand*, 2:417; Letter from Massachusetts, Oct. 17, 24, 1787, *DHRC*, 3:378–379；1788年7月29日詹姆斯·艾德尔在北卡罗来纳州批准宪法大会上的发言，*Elliot*, 4:176。

28 Seventh Lincoln–Douglas Debate, Alton, Illinois (Oct. 15, 1858), in *Lincoln: Speeches and Writings 1832–1858* (Don E. Fehrenbacher, ed., New York, 1989), 801–802; Fehrenbacher, *Dred Scott*, 27; Freehling, "Founding Fathers and Slavery," 83–84；对比参见 Finkelman, "Slavery and the Constitutional Convention," 222; Robinson, *Slavery in the Structure of American Politics*, 3–4。

29 Weir, "South Carolina," 208–209; Banning, "Virginia," 267; Robertson, *The Constitution and America's Destiny*, 37–38; Charles Pinckney, Aug. 29, *Farrand*, 2:449.

30 Van Cleve, *Slaveholders' Union*, 125；另见 Beeman, *Plain, Honest Men*, 214; Mark A. Graber, *Dred Scott and the Problem of Constitutional Evil* (New York,

2006), 96, 101。

31 Fehrenbacher, *Dred Scott*, 19, 599 n. 20; Van Cleve, *Slaveholders' Union*, 119–120.

32 Virginia Plan, resolution 2, May 29, *Farrand*, 1:20.

33 Madison, May 30，同上，35–36（引文）; 另见 Beeman, *Plain, Honest Men*, 107–108。

34 Rutledge, July 5, *Farrand*, 1:534（“财富毫无疑问”）; Pinckney, July 10，同上，567（“优越的财富”和“在政府中”）; Butler（耶茨的记录）, June 11，同上，204（“金钱就是力量”和“每个州”）; Mason, July 11，同上，581（“奴隶是有价值的”和“不应该”）; 另见 Rutledge, June 11，同上，196; Butler, July 6，同上，542; July 9，同上，562; Abraham Baldwin, June 29，同上，470; Weir, “South Carolina,” 203, 210–211; Einhorn, *American Taxation*, 163–164。依据财富数量来分配议席的州宪法，参见 South Carolina Constitution of 1778, Art. XV; Massachusetts Constitution of 1780, Ch. 1, § 2; New York Constitution of 1777, §§ V, VII, XVI。在关于对外奴隶贸易的争论中，梅森有些说法自相矛盾，他坚持认为奴隶会威胁到美国社会。参见下文，284。

35 King, July 6, *Farrand*, 1:541（“财产是”）; July 9，同上，562（“一直觉得”）; July 10，同上，566（“为了确保”）; Morris, July 5，同上，533–534（“政府的”）; July 11，同上，581–582, 583; 另见 Gerry, July 6，同上，541; William Samuel Johnson, July 12，同上，593; King，同上，595–596; Van Cleve, *Slaveholders' Union*, 116–117, 127–128。

36 Pinckney, July 6, *Farrand*, 1:542(“行不通”“经常变化”“唯一”和“与白人”); July 12，同上，596（“南方各州”）; 另见 Johnson，同上，593; Butler, July 11，同上，580。

37 Gerry, June 11，同上，201(“黑人在南方”和“北方的”); Morris, July 11，同上，583（“将自己”）; Aug. 8，同上，2:222（“他们［奴隶］”和“那就把他们”）; 7月11日巴特勒提出的、查尔斯·科茨沃斯·平克尼附议的在分配国会议席时平等计算奴隶人口的动议，同上，1:580; Charles Pinckney, July 12，同上，596; 另见 Wilson, July 11，同上，587。

38 Paterson, July 9, *Farrand*, 1:561.

39 Morris, Aug. 8，同上，2:222（“佐治亚”）; Paterson, July 9，同上，1:561（“间接鼓励”）; 另见 Morris, July 11，同上，588。范克利夫认为这种主张其实是借口（*Slaveholders' Union*, 122）。

40 July 12, *Farrand*, 1:596 (8 : 2 的投票); July 11，同上，581 (7 : 3 的投票); Williamson，同上（“同意”）; Mason，同上（“奴隶有价值”“不应该”和“不认为”）; Madison, June 30，同上，486–487; July 9，同上，562; Wilson, June 11，同上，205。

41 1776 年的争论，参见 Einhorn, *American Taxation*, 120–124；另见 Hendrickson, *Peace Pact*, 139–140, 147, 226; editorial note, *DHRC*, 26:948 n. 9。

42 Proceedings of the Confederation Congress, Apr. 18, 1783, *JCC*, 24:259–260（强调）。一些新英格兰人从一开始就反对在《邦联条例》中根据各州的土地价值分配各州摊派份额的方案，因为该方案没有考虑到“南方各州财富的 1/3 由黑人组成”［1777 年 11 月 21 日纳撒尼尔·福索姆（Nathaniel Folsom）致米舍克·韦尔（Meshech Weare）, *LDC*, 8:299；另见 Einhorn, *American Taxation*, 128–129］。

43 同上，138–145, 164, 172 (143 页的引文); Wilson, June 11, *Farrand*, 1:205; King, July 9，同上，562; editorial note, *DHRC*, 26:931 n. 1; editorial note, *DHRC*, 1:148–149；另见 1783 年 4 月 8 日麦迪逊致伦道夫，*PJM* (C.S.), 8:440；1783 年 3 月 24 日北卡罗来纳州代表致州长亚历山大·马丁，*LDC*, 20:90–91；1788 年 1 月 17 日查尔斯·科茨沃斯·平克尼在南卡罗来纳州众议院的发言，*DHRC*, 27:116–124；1820 年 2 月 14 日查尔斯·平克尼在众议院的发言，*Annals of Congress* (Joseph Gales, ed., Washington, DC, 1855), 36:1313；鲁弗斯·金在美国参议院的演讲（1819 年 3 月），*Farrand*, 3:428–430; Kaminski, ed., *A Necessary Evil?*, 21–22; Van Cleve, *Slaveholders' Union*, 105–106; Robertson, *The Constitution and America's Destiny*, 56, 137 n. 14; Beeman, *Plain, Honest Men*, 154; Bilder, *Madison's Hand*, 30。

44 June 11, *Farrand*, 1:201（投票）; 另见 Beeman, *Plain, Honest Men*, 155, 207–210; Banning, *Sacred Fire*, 148。

45 上文，195–197; Gerry, July 5, *Farrand*, 1:526; Morris, July 6，同上，540; King，同上，541; Butler，同上，541–542; 同上，542［以 7∶3 的投票（一个州的代表团出现分歧）任命委员会来分配各州在众议院的议席］。

46 Morris, July 9, *Farrand*, 1:560（全部引文）; committee report，同上，559; Sherman，同上; Gorham，同上，559–560; Martin，同上，560。

47 同上，562（以 9∶2 的投票任命大委员会）; 7 月 10 日金所做的委员会报告，同上，566; Williamson，同上，567（"按照目前的"）; Pinckney，同上（"正在成为"）; 拉特利奇提出动议，查尔斯·科茨沃斯·平克尼附议，要求将新罕布什尔州的代表人数从 3 人减少到 2 人，同上，566; 同上，568（所有这些提案都未能减少新罕布什尔州的代表人数，或者增加北卡罗来纳州、南卡罗来纳州和佐治亚州的代表人数）。

48 July 10，同上，570（投票）; 另见 Beeman, *Plain, Honest Men*, 207–208; Banning, *Sacred Fire*, 173–174。

49 Mason, July 11, *Farrand*, 1:578（"根据美国""那些手握大权的人"和"是在"）; Madison，同上，584（"所有"和"绝对的"）; 另见 Randolph，同上，579; Mason，同上，586; Charles Cotesworth Pinckney, July 12，同上，592; Randolph, July 9，同上，561。

50 Sherman, July 11，同上，578（"反对过多地"）; Morris, July 10，同上，571（"非常紧急"）; July 12，同上，596［以 7∶3 的投票否决要求每二十年进行一次人口普查的动议，之后以 8∶2 的投票同意每十年举行一次人口普查。另外，以 5∶4 的投票（一个州的代表团出现分歧）要求在国会首次会议后的六年内——而不是两年内，进行第一次人口普查］; Aug. 20，同上，2:350（以 9∶2 的投票要求在国会首次会议后的三年内——而不是六年内，举行第一次人口普查）; 另见 Morris, July 11，同上，1:581; Wilson，同上，583; Brown, *Redeeming the Republic*, 196。

51 7 月 9 日莫里斯所做的委员会报告，*Farrand*, 1:559（"财富"）; 7 月 10 日伦道夫提出的动议，同上，570–571。

52 Mason, July 11，同上，582（"对立法机关"和"无所作为"）; 同上，578（"精确的"）; 威廉姆森的动议，同上，579。

53 Randolph，同上（“基于猜测”）; July 12，同上，594; Charles Cotesworth Pinckney，同上，593–594; Paterson, July 9，同上，561; Gorham, July 11，同上，583。

54 King, July 10，同上，566（“非常渴望”和“完全依赖于”）; Morris，同上，567; July 11，同上，588（以 6∶4 的投票反对 3/5 妥协案）; Beeman, *Plain, Honest Men*, 208–211。

55 Davie, July 12, *Farrand*, 1:593.

56 Morris，同上（“真心相信”）; July 13，同上，604–605（其他引文）。

57 Butler，同上，605（“南方各州”）; Pinckney, July 12，同上，596; Butler，同上，592; 同上，596（投票）。

58 King, July 9，同上，562; Morris, July 12，同上，591–592; 上文，269–270。

59 Madison, July 24，同上，2:106 n. *（“希望在”）; Butler and Mason, July 12，同上，1:592（“公正性”）; Statements by Morris, Charles Cotesworth Pinckney, Wilson, and Morris again，同上; 同上，592–593（一致同意直接税应与代表席位“成比例”）; 埃尔斯沃斯提出修正案，巴特勒附议，同上，594（“直接税的”和“直到”）; 另见 Madison, July 13，同上，602; Wilson, July 11，同上，587; Einhorn, *American Taxation*, 162–165; Beeman, *Plain, Honest Men*, 211–212。

60 Wilson, July 12, *Farrand*, 1:595（“间接”和“不快”）; Morris, Sept. 13，同上，2:607（“在分配席位时”）; U.S. Constitution, Art. I, § 2, cl. 3。

61 Morris, Aug. 8, *Farrand*, 2:223（引文）; 另见 Beeman, *Plain, Honest Men*, 211; Robinson, *Slavery in the Structure of American Politics*, 238; Einhorn, *American Taxation*, 165–166, 168; Van Cleve, *Slaveholders' Union*, 116。

62 July 13, *Farrand*, 1:606［一致通过（一个州的代表团出现分歧）］; Sherman, Aug. 8，同上，2:220–221（引文）。

63 Van Cleve, *Slaveholders' Union*, 139–140（“黑人的总统”）（引用马萨诸塞州联邦参议员蒂莫西·皮克林的话）; Fehrenbacher, *Dred Scott*, 20, 91; William W. Freehling, *The Road to Disunion*, vol. 1, *Secessionists at Bay, 1776–1854* (New York, 1990), 147。在北方各州批准宪法的过程中，3/5 条款遭到了一些反对，

但并不是很强烈。参考下文，299–300。

64 1803 年 11 月 4 日金致蒂莫西·皮克林，*Farrand*, 3:400（全部引文）。Robinson, *Slavery in the Structure of American Politics*, 270–271, 278–279; Van Cleve, *Slaveholders' Union*, 216–217; David E. Kyvig, *Explicit and Authentic Acts: Amending the U.S. Constitution, 1776–1995* (Lawrence, KS, 1996), 119–120。

65 鲁弗斯·金在美国参议院的演讲（1819 年 3 月），*Farrand*, 3:420–430；另见 William M. Wiecek, "The Witch at the Christening: Slavery and the Constitution's Origins," in Levy and Mahoney, eds., *The Framing and Ratification of the Constitution*, 180; Van Cleve, *Slaveholders' Union*, 249–250；1 Freehling, *Road to Disunion*, 148; Graber, *Dred Scott*, 120。

66 1820 年 2 月 14 日平克尼在众议院的演讲，*Annals of Congress*, 36:1311。

67 1787 年 10 月 24 日麦迪逊致杰斐逊，*PJM* (C.S.), 10:214。

68 Notes of Proceedings in the Continental Congress (June 7 to Aug. 1, 1776), *PTJ* (M.S.), 1:317–318（全部引文）; Proceedings of the Continential Congress, Oct. 20, 1774, *JCC*, 1:77; Apr. 6, 1776，同上，4:258; Oct. 8, 1783，同上，25:660 n. 1; Jan. 8, 1784，同上，26:13–14; Weir, "South Carolina," 206–207; Egerton, *Death or Liberty*, 57; Kaminski, ed., *A Necessary Evil?*, 2, 7, 26–27; James A. McMillin, *The Final Victims: Foreign Slave Trade to North America, 1783–1810* (Columbia, SC, 2004), 5–6; Van Cleve, *Slaveholders' Union*, 104; editorial note, *DHRC*, 26:933 n. 27；上文，263。大不列颠否决殖民地压制对外奴隶贸易措施的背景，参见 Holton, *Forced Founders*, 66–73。1774 年停止进口奴隶对弗吉尼亚州对外奴隶贸易的影响，参见同上，105。

69 Morris, Aug. 8, *Farrand*, 2:221–222（引文）; 另见 Dickinson, Aug. 22，同上，372; Weir, "South Carolina," 228。

70 8 月 22 日麦克亨利的记录，*Farrand*, 2:378；下文，284; Weir, "South Carolina," 208; Robinson, *Slavery in the Structure of American Politics*, 233; Van Cleve, *Slaveholders' Union*, 146–147; Brown, "Problems of Slavery," 432, 437–438; editorial note, *DHRC*, 27:114 n. 17。关于 1787 年南卡罗来纳州禁止奴隶

贸易的法律，参见 Patrick S. Brady, “The Slave Trade and Sectionalism in South Carolina, 1787–1808,” *Journal of Southern History* (Nov. 1972), 38:601–606。

71 1788 年 1 月 17 日平克尼在南卡罗来纳州众议院的发言，*DHRC*, 27:123（引文）; Notes of Proceedings in the Continental Congress (June 7 to Aug. 1, 1776), *PTJ* (M.S.), 1:314; Weir, “South Carolina,” 202, 208; Brown, “Problems of Slavery,” 429; Van Cleve, *Slaveholders' Union*, 110; Kaminski, ed., *A Necessary Evil?*, 2; McMillin, *Final Victims*, 7–8；另见 1788 年 7 月 26 日詹姆斯・艾德尔在北卡罗来纳州批准宪法大会上的发言，*Elliot*, 4:101；8 月 22 日麦克亨利的记录，*Farrand*, 2:378；1785 年 10 月 3 日麦迪逊致杰斐逊，*PJM* (C.S.), 8:375。

72 Pinckney, Aug. 22, *Farrand*, 2:371–372.

73 Einhorn, *American Taxation*, 112. 南卡罗来纳人甚至反对州一级的出口税，有一种解释参见 1787 年 11 月 8 日爱德华・拉特利奇致塞缪尔・迈尔斯（Samuel Myers），*DHRC*, 27:36–37。

74 Butler, Aug. 21, *Farrand*, 2:360（“极力反对”）; Mason, Aug. 16，同上，305–306（“安全保障”）; Aug. 21，同上，362–363（“一旦”和“有很好的”）; Williamson，同上，360（“绝不会同意”和“它将破坏”）; 另见 Charles Cotesworth Pinckney, July 12，同上，1:592; Rutledge, Aug. 16，同上，2:306; Williamson，同上，307; Ellsworth, Aug. 21，同上，359–360; Aug. 21，同上，363（以 6∶5 的投票反对出口税的 2/3 绝对多数要求）; Beeman, *Plain, Honest Men*, 318。

75 Wilson, Aug. 21, *Farrand*, 2:362（“一半的”和“在获得”）; Morris, Aug. 16，同上，306（“令人极为反感”和“更容易”）; 同上，307（“迫使”）; Aug. 21，同上，360（“至关重要的意义”）; Hamilton, June 18，同上，1:286; John Langdon, Aug. 21，同上，2:359; Dickinson，同上，361; Thomas FitzSimons，同上，362; Rakove, *Original Meanings*, 86–87。

76 Madison, Aug. 21, *Farrand*, 2:361（“应该用”）; Aug. 16，同上，306–307（“处于”和“抱怨”）; 另见 Banning, *Sacred Fire*, 178–179。

77 上文，35–38。

78 Charles Cotesworth Pinckney, July 10, *Farrand*, 1:567（“极为明显的”和“将管制贸易”）; Mason, July 12，同上，2:83（“监管航运”）; Charles Pinckney,

Aug. 29，同上，449（“赤裸裸的”和“将成为”）；另见 Banning, “Virginia,” 267。

79 Gorham, Aug. 22, *Farrand*, 2:374（“加入联邦”和“不担心”）；Aug. 29，同上，453（“受到如此”和“有最大的”）；Clymer，同上，450（“如果北部”）；另见 Sherman，同上；下文，336–337。

80 Madison, Aug. 29, *Farrand*, 2:451–452（全部引文）；另见 Banning, “Virginia,” 275–276; Hendrickson, *Peace Pact*, 235–236。

81 Gerry, July 23, *Farrand*, 2:95; Pinckney，同上（引文）。委员会于 7 月 24 日被任命（同上，106）。

82 Committee of Detail report，Art. IV, § 3 and Art. VII, §§ 3–6, Aug. 6, *Farrand*, 2:179, 182–183；另见 Van Cleve, *Slaveholders' Union*, 130–132; Waldstreicher, *Slavery's Constitution*, 90–92; Robinson, *Slavery in the Structure of American Politics*, 218–220; Robertson, *The Constitution and America's Destiny*, 179; Hendrickson, *Peace Pact*, 232; Banning, “Virginia,” 270; Finkelman, “Slavery and the Constitutional Convention,” 211。

83 King, Aug. 8, *Farrand*, 2:220.

84 Morris，同上，221–222。

85 Martin, Aug. 21，同上，364。

86 Mason，同上，370；另见 Beeman, *Plain, Honest Men*, 320。

87 Rutledge, Aug. 21, *Farrand*, 2:364（“如果会议”之外的所有引文）；同上，373（“如果会议”）。

88 Charles Cotesworth Pinckney，同上，371–372（“从停止进口”“这样它的”“要求”和“将南卡罗来纳”）；Charles Pinckney, Aug. 21，同上，364–365（“也绝不会接受”和“如果将”）；另见 Aug. 22，同上，371。在宪法批准的过程中，奥利弗·埃尔斯沃斯以“一位地主”的笔名再次谴责了梅森的伪善：梅森拥有 300 多名奴隶，但却批评宪法没有立即禁止对外奴隶贸易（“A Landholder” VI, *Connecticut Courant*, Dec. 10, 1787, *DHRC*, 3:489–490）。

89 Williamson, Aug. 22，*Farrand*, 2:373（“南方各州”和“如果不是”）；Baldwin，同上，372（其他引文）。

90 King，同上，373（“可能有”和“以同样的”）；Wilson，同上，372（“它们就”）；Dickinson，同上，372–373（“南方各州”和“尤其是”）。

91 1787 年 10 月 24 日麦迪逊致杰斐逊，*PJM* (C.S.), 10:214（引文）；另见 1788 年 6 月 17 日麦迪逊在弗吉尼亚州批准宪法大会上的发言，*DHRC*, 10:1338–1339。芬克尔曼（Finkelman）认为南方代表的威胁是虚张声势，并且他们的虚张声势应有一定的效果（“Slavery and the Constitutional Convention,” 221）。其他学者认为南方代表以退出会议相威胁是认真的（Weir, “South Carolina,” 212–213; Beeman, *Plain, Honest Men*, 332; Hendrickson, *Peace Pact*, 238）。

92 Ellsworth, Aug. 21, *Farrand*, 2:364（“奴隶制”）；Aug. 22，同上，371（“在疾病流行”“随着人口的”和“奴隶制”）。

93 Sherman，同上，374（“如果他们”）；同上，369–370（“但各州”和“美国似乎”）。

94 Morris，同上，374（“南方和北方”）；Randolph，同上（“某种中间立场”和“脱离联邦”）；同上［以 7∶3 的投票（一个州的代表团出现分歧），授权委员会讨论涉及对外奴隶贸易和人头税分配的条款］；同上，375（以 9∶2 的投票通过要求国会绝对多数同意才能颁布航运法的条款）；同上（任命委员会）。

95 Butler，同上，374（拒绝向委员会提交禁止征收出口税的条款）；Read，同上（坚持将禁止征收出口税的条款提交给委员会）；Sherman，同上（坚持该条款已得到批准，因此不能送交委员会）；Aug. 21，同上，363（以 7∶2 的投票否决克莱默的提案）；同上（以 6∶5 的投票否决麦迪逊的提案）；同上，363–364（以 7∶4 的投票通过完全禁止国会征收出口税的条款）；另见 Robinson, *Slavery in the Structure of American Politics*, 221–222; Beeman, *Plain, Honest Men*, 318–319。

96 8 月 24 日州长威廉·利文斯顿提交十一人委员会报告，*Farrand*, 2:400; Luther Martin, Genuine Information VII, Baltimore *Maryland Gazette*, Jan. 18, 1788, *DHRC*, 15:413（引文）。

97 8 月 24 日州长威廉·利文斯顿提交十一人委员会报告，*Farrand*, 2:400（“其数额”）；Aug. 25，同上，417（一致通过用 10 美元的具体数字代替）；1789 年 5 月 13 日麦迪逊在众议院的演讲，*Annals of Congress*, 1:353（“机会”）。

98 Statements by Sherman, King, Langdon, Charles Cotesworth Pinckney, Mason, and Gorham, Aug. 25, *Farrand*, 2:416；同上，417（通过未记录的投票批准该条款）。

99 平克尼的动议，同上，415; Madison，同上（“长达 20 年”）；同上（投票）；1819 年 11 月 27 日麦迪逊致罗伯特 · 沃尔什，*PJM* (Retirement Series)［以下简称“*PJM* (R.S.)”］，1:553（“与其他州一样”）；Van Cleve, *Slaveholders' Union*, 147, 150; Waldstreicher, *Slavery's Constitution*, 97–98。

100 1819 年 11 月 27 日麦迪逊致罗伯特 · 沃尔什，*PJM* (R.S.), 1:553（“非常迫切”）；Rutledge, Sept. 10, *Farrand*, 2:559（“他绝不会”）。

101 Pinckney, Aug. 29，同上，449; Williamson，同上，450–451（全部引文）。

102 Morris，同上，450; Wilson，同上，451（引文）；另见 Clymer，同上，450; Sherman，同上；Gorham，同上，453。

103 Pinckney，同上，449–450（“南方各州”“考虑到”“在他来开会”和“虽然对”）；Butler，同上，451（“如同”和“此举能够”）；同上，449 n. *（“联盟内各地区”）；同上（以 7 : 4 的投票否决查尔斯 · 平克尼恢复绝对多数同意才可通过航运法的动议，随后一致同意委员会报告的这方面内容）；另见 1819 年 11 月 27 日麦迪逊致罗伯特 · 沃尔什，*PJM* (R.S.), 1:553; Mason's Account of Certain Proceedings in Convention, Sept. 30, 1792, *Farrand*, 3:367。

104 Mason, Aug. 29，同上，2:451（“手和脚”）；Randolph，同上，452（“宪法目前”和“将会使”）；Mason, Sept. 15，同上，631（“少数富商”）；另见“A Landholder” VI (Ellsworth), *Connecticut Courant*, Dec. 10, 1787, *DHRC*, 3:488; Beeman, *Plain, Honest Men*, 329; Waldstreicher, *Slavery's Constitution*, 100; Banning, “Virginia,” 270–271。

105 Freehling, “Founding Fathers and Slavery,” 88–90; McMillin, *Final Victims*, 48; Robinson, *Slavery in the Structure of American Politics*, 318–319; Van Cleve, *Slaveholders' Union*, 150 页图表 4.1。范克利夫怀疑，费城有多少代表会真诚地相信，禁止对外奴隶贸易会终结美国的奴隶制（同上，147–149）。1803 年至 1807 年南卡罗来纳州重新开放对外奴隶贸易，参见 Brady, “The Slave Trade,” 602, 612–616。

106 Freehling, “Founding Fathers and Slavery,” 88–90, 92; 1 Freehling, *Road to Disunion*, 136–137.

107 8 月 28 日巴特勒和平克尼的动议，*Farrand*, 2:443；另见 Beeman, *Plain, Honest Men*, 329–330。范克利夫认为，《邦联条例》中的规定如此之宽泛，足以将其解释成，各州有义务捕获和归还从其他州逃来的奴隶（*Slaveholders' Union*, 53–56）。

108 Steven Lubet, *Fugitive Justice: Runaways, Rescuers, and Slavery on Trial* (Cambridge, MA, 2010), 17–19; Van Cleve, *Slaveholders' Union*, 31–37, 171；另见 Egerton, *Death or Liberty*, 51–52。

109 Northwest Ordinance of 1787, Art. VI, July 13, 1787, *JCC*, 32:343（“合法地”）; Van Cleve, *Slaveholders' Union*, 168–170; Edward Coles, “History of the Ordinance of 1787,” *Farrand*, Supp.: 321（“会晤”）。

110 Wilson, Aug. 28, *Farrand*, 2:443（“迫使”）; Sherman，同上（“在公开场合”）; Butler，同上。

111 Aug. 29，同上，453–454（一致同意逃奴条款）; Van Cleve, *Slaveholders' Union*, 61–62, 91–93, 143, 168; Weir, “South Carolina,” 212–213。逃奴条款的最终文本，参见 Sept. 15, *Farrand*, 2:628。

112 Joseph Story, *Commentaries on the Constitution of the United States* (Boston, 1833), 2:677（“蓄奴诸州”）; Prigg v. Pennsylvania, 41 U.S. 539, 611 (1842)（“毫无疑问”）。对斯托里的观点，即若是没有逃奴条款，南方可能不会批准宪法的支持，参见 Van Cleve, *Slaveholders' Union*, 172。

113 Story, *Commentaries*, 2:677（“在意见”和“永远压制”）; 另见 Paul Finkelman, “Story Telling on the Supreme Court: *Prigg v. Pennsylvania* and Justice Joseph Story's Judicial Nationalism,” *Supreme Court Review* (1994), 265–266; Fehrenbacher, *Dred Scott*, 42。

114 Lubet, *Fugitive Justice*, 6–7, 47–49, 86–89, 134–156, 160–175, 208–216; H. Robert Baker, *The Rescue of Joshua Glover: A Fugitive Slave, the Constitution, and the Coming of the Civil War* (Athens, OH, 2006), 10, 20–23, 53–55; Potter, *Impending Crisis*, 133–135. 脱离联邦时，南方对北方未能执行《逃奴法》的

不满，参见 William W. Freehling and Craig M. Simpson, *Secession Debated: Georgia's Showdown in 1860* (New York, 1992), 7–8, 41–43。

115 Finkelman, "Slavery and the Constitutional Convention," 191；上文，279–280。

116 U.S. Constitution, Art. IV, § 4； 上 文，163–164, 278, 284； 另 见 Aug. 30, *Farrand*, 2:467（以 6∶5 的投票否决以"叛乱"取代第四条第四款中"内部的暴乱"的动议，南方各州代表都同意这么改）。Finkelman, "Slavery and the Constitutional Convention," 222; Holton, *Unruly Americans*, 222；对比参考 Robinson, *Slavery in the Structure of American Politics*, 218 n. *。

117 Sherman, Sept. 15, *Farrand*, 2:630（引文）; 同上（以 8∶3 的投票否决谢尔曼的提案）; 另见 Sherman, July 17，同上，25–26; Finkelman, "Slavery and the Constitutional Convention," 192; Robinson, *Slavery in the Structure of American Politics*, 232; Graber, *Dred Scott*, 104。

118 U.S. Constitution, Art.IV, § 3, cl. 2（引文）。联邦领土上的奴隶制问题成为内战的直接原因，参见 James McPherson, *Battle Cry of Freedom: The Civil War Era* (New York, 1988), 8, 41, 51–77, 145–169, 195, 214–215; Fehrenbacher, *Dred Scott*, chs. 6, 19–21; Potter, *Impending Crisis*，各处；1 Freehling, *Road to Disunion*, parts 6–7。

119 Fehrenbacher, *Dred Scott*, 76–79; Van Cleve, *Slaveholders' Union*, 104–105, 153; Robinson, *Slavery in the Structure of American Politics*, 379–380, 385–386; Lynd, "Compromise of 1787," 231–232.

120 1787 年 5 月 29 日格雷森致门罗，*Farrand*, 3:30（引文）; 1787 年 4 月 24 日罗得岛州代表致州长约翰・柯林斯，*LDC*, 24:256; 1787 年 5 月 27 日麦迪逊致彭德尔顿，*PJM* (C.S.), 10:11; 另见 1787 年 9 月 3 日理查德・亨利・李致约翰・亚当斯，*LDC*, 24:423。

121 1787 年 7 月 10 日威廉・布朗特致州长理查德・卡斯韦尔，*Farrand*, 3:57（引文）; 另见 Beeman, *Plain, Honest Men*, 216; Lynd, "Compromise of 1787," 227–228, 245; Van Cleve, *Slaveholders' Union*, 154。

122 Proceedings of the Confederation Congress, July 13, 1787, *JCC*, 32:343；1787 年 8 月 8 日格雷森致门罗，*LDC*, 24:393（引文）; 1787 年 7 月 16 日内森・戴

恩致鲁弗斯·金，同上，358; Edward Coles, "History of the Ordinance of 1787," *Farrand*, Supp.: 321; Lynd, "Compromise of 1787," 226, 232; Robinson, *Slavery in the Structure of American Politics*, 381–382, 385; Waldstreicher, *Slavery's Constitution*, 87–88; Fehrenbacher, *Dred Scott*, 79–81; Beeman, *Plain, Honest Men*, 217。但是，范克利夫认为，南方支持《西北法令》中反奴隶制条款的交换条件是，北方放弃外交部长约翰·杰伊以美国在密西西比河上的航运权换取与西班牙签订商业条约的行动（*Slaveholders' Union*, 158–166）。

123 Articles of Confederation, Art. 10, *DHRC*, 1:93（"殖民地"）; U.S. Constitution, Art. IV, § 3, cl. 2（"制定所有"）; *The Federalist No. 38* (Madison), 239; Van Cleve, *Slaveholders' Union*, 156–157; Fehrenbacher, *Dred Scott*, 83–84。

124 Fehrenbacher, *Dred Scott*, 102–113; Robinson, *Slavery in the Structure of American Politics*, 402–423; Dred Scott v. Sandford, 60 U.S. 393 (1857); 另见1820年2月23日麦迪逊致门罗，*PJM* (R.S.), 2:16–17。

125 Freehling, "Founding Fathers and Slavery," 87; Freehling, *Road to Disunion*, 1:138–141.

126 Waldstreicher, *Slavery's Constitution*, 108; Einhorn, *American Taxation*, 175–178; Graber, *Dred Scott*, 109.

127 1788年6月24日亨利在弗吉尼亚州批准宪法大会上的发言，*DHRC*, 10:1477–1478（"慎言废除"和"国会里的"）; June 17，同上，1341（"[宪法]"和"这一忽略"）; Mason, June 11，同上，9:1161（"阻止北方"）; June 17，同上，10:1343（"有可能"）; 另见1787年12月17日拉克兰·麦金托什（Lachlan McIntosh）致约翰·韦雷特（John Wereat），*DHRC*, 3:260–261; Maier, *Ratification*, 283–284, 294–295; Waldstreicher, *Slavery's Constitution*, 143–145; Banning, "Virginia," 280。

128 1788年6月17日梅森在弗吉尼亚州批准宪法大会上的发言，*DHRC*, 10:1338（"残忍的"）; 1788年1月16日朗兹在南卡罗来纳州众议院的发言，*DHRC*, 27:108（"这种宽容"和"黑人"）; 另见1788年6月11日梅森在弗吉尼亚州批准宪法大会上的发言，*DHRC*, 9:1161。

129 1858 年 10 月 15 日亚伯拉罕·林肯回复道格拉斯（Douglas），*Abraham Lincoln: Speeches and Writings, 1832–1858*, 802（“预料到”）; 1788 年 1 月 17 日道斯在马萨诸塞州批准宪法大会上的发言，*DHRC*, 6:1245（“我们可以说”）; “Mark Antony,” Boston *Independent Chronicle*, Jan. 10, 1788, *DHRC*, 5:677（“在政策许可”）; 另见 1787 年 11 月 28 日托马斯·麦基恩在宾夕法尼亚州批准宪法大会上的发言，*DHRC*, 2:417; James Wilson, Dec. 3，同上，463; Robinson, *Structure of Slavery in American Politics*, 243; Fehrenbacher, *Dred Scott*, 26–27; Freehling, “Founding Fathers and Slavery,” 82–84, 87–91; Waldstreicher, *Slavery's Constitution*, 132。

130 Massachusetts convention, Jan. 25, 1788, *DHRC*, 6:1354（“宪法的”）（指“先生们”这样说）; 1787 年 12 月 3 日威尔逊在宾夕法尼亚州批准宪法大会上的发言，*DHRC*, 2:463（“将奴隶制”“只要愿意”“起到”和“这些地方”）; 另见 Dec. 4, 1787，同上，499; 1788 年 2 月 4 日艾萨克·巴克斯（Isaac Backus）在马萨诸塞州批准宪法大会上的发言，*DHRC*, 6:1422–1423; “Philanthrop,” Northampton, Mass. *Hampshire Gazette*, Apr. 23, 1788, *DHRC*, 4:1745; 1788 年 2 月 28 日本杰明·拉什致杰里米·贝尔纳普（Jeremy Belknap），*DHRC*, 16:250–251; “An American Citizen IV: On the Federal Government” (Tench Coxe), Oct. 21, 1788, *DHRC*, 13:432; *The Federalist No. 42* (Madison), 266–267; Kaminski, ed., *A Necessary Evil?*, 68–69, 112, 115–117; 对比参见 Van Cleve, *Slaveholders' Union*, 137–138。

131 1788 年 1 月 29 日霍普金斯致列维·哈特（Levi Hart），*DHRC*, 14:528（“以上天的”）（原文强调）; 1788 年 1 月 25 日詹姆斯·尼尔（James Neal）在马萨诸塞州批准宪法大会上的发言，*DHRC*, 6:1354（“将人商品化”）; 不具名者的发言，同上（“甚至都没有”）; Paul Finkelman, *Slavery and the Founders: Race and Liberty in the Age of Jefferson* (New York, 2nd ed.,2001), 3(“与死亡”和“与地狱”); 另见 1788 年 1 月 31 日尼尔在马萨诸塞州批准宪法大会上的发言，*DHRC*, 6:1377; Waldstreicher, *Slavery's Constitution*, 115–116; Maier, *Ratification*, 188, 191, 195; Yarbrough, “New Hampshire,” 248。

132 1787 年 10 月 17 日布朗致詹姆斯·彭伯顿（James Pemberton），Kaminski,

ed., *A Necessary Evil?*, 70(“是要有目的地”); “Philadelphiensis”II (Workman), Philadelphia *Freeman's Journal*, Nov. 28, 1787, *DHRC*, 14:253（“由于热爱”); 另见 1787 年 12 月 1 日埃德蒙德致摩西・布朗，*DHRC*, 19:340；1787 年 11 月 13 日摩西・布朗致老詹姆斯・桑顿（James Thornton, Sr.），*DHRC*, 24:54。

133 1788 年 6 月 20 日史密斯在纽约州批准宪法大会上的发言，*DHRC*, 22:1715（“每一个”“奴隶没有”“那些拥有”和“某些特权”); “The Republican Federalist” V, *Massachusetts Centinel*, Jan. 19, 1788, *DHRC*, 5:750（“田野里的”); 另见 “Brutus” III（probably Melancton Smith），*New York Journal*, Nov. 15, 1787, *DHRC*, 19:254; Albany Anti-Federal Committee Circular, Apr. 10, 1788, *DHRC*, 21:1380；1787 年 11 月 15 日小威廉・西蒙斯（William Symmes, Jr.）致小彼得・奥斯古德（Peter Osgood, Jr.），*DHRC*, 4:236–237；1788 年 1 月 23 日西拉斯・李（Silas Lee）致乔治・撒切尔，*DHRC*, 5:781; Van Cleve, *Slaveholders' Union*, 135–136, 173。

134 1787 年 11 月 12 日盖尔在康涅狄格州基灵沃思城镇会议上的发言，*DHRC*, 3:425（“诡秘的”和“对符合”); 阿瑟顿在新罕布什尔州批准宪法大会上的发言，日期未知，*Elliot*, 2:203–204（“至少”“以批准宪法”和“违反”); Consider Arms, Malachi Maynard, and Samuel Field, Dissent to the Massachusetts Convention, Northampton, Mass., *Hampshire Gazette*, Apr. 9, 16, 1788，*DHRC*, 7:1738（“野蛮行径”和“掠夺”)[以下简称“Arms, Maynard, and Field, Dissent”]; A Letter from a Gentleman in a Neighboring State to a Gentleman in this City, *Connecticut Journal*, Oct. 17, 24, 1787, in Herbert Storing, ed., *The Complete Anti-Federalist* (Chicago, 1981), 4:12; “Adelos,” Northampton, Mass., *Hampshire Gazette*, Feb. 6, 1788, *DHRC*, 5:872–873；另见 1788 年 2 月 4 日托马斯・卢斯克（Thomas Lusk）在马萨诸塞州批准宪法大会上的发言，*DHRC*, 6:1421；1787 年 10 月 22 日塞缪尔・霍普金斯致摩西・布朗，*DHRC*, 24:37–38; Proceedings of Rhode Island ratifying convention, *Newport Herald*, Mar. 11, 1790, *DHRC*, 26:935; Proposed amendment of Rhode Island ratifying convention, Mar. 6, 1790，同上，981; Waldstreicher, *Slavery's*

Constitution, 122; Van Cleve, *Slaveholders' Union*, 175–176。

135 Arms, Maynard, and Field, Dissent, *DHRC*, 7:1739（"并没有" 和 "侵犯另一个"）; "Phileleutheros," Northampton, Mass., *Hampshire Gazette*, May 21, 1788, *DHRC*, 4:1748（"彼此罪恶"）。认为南方腹地代表退出联邦的威胁可信的观点，见 Hendrickson, *Peace Pact*, 238。

136 1788 年 1 月 17 日平克尼在南卡罗来纳州众议院的发言，*DHRC*, 27:124（引文）; 1788 年 6 月 17 日麦迪逊在弗吉尼亚州批准宪法大会上的发言，*DHRC*, 10:1339; 另见 Randolph, June 24，同上，1483–1484; 1787 年 9 月 18 日北卡罗来纳州代表致州长理查德 · 卡斯韦尔，*DHRC*, 13:216; Finkelman, *Prigg v. Pennsylvania*, 262–263。

137 1788 年 1 月 17 日平克尼在南卡罗来纳州众议院的发言,*DHRC*, 27:124(引文); 1788 年 7 月 26 日艾德尔在北卡罗来纳州批准宪法大会上的发言,*Elliot*, 4:102; 1820 年 2 月 25 日查尔斯 · 平克尼在众议院的发言，*Congressional Globe* (House), 1316; 另见 1788 年 6 月 17 日麦迪逊在弗吉尼亚州批准宪法大会上的发言，*DHRC*, 10:1339; June 24，同上，1503; Weir, "South Carolina," 227–228; 对比参看 Robinson, *Slavery in the Structure of American Politics*, 245–246。

138 1788 年 1 月 17 日平克尼在南卡罗来纳州众议院的发言,*DHRC*, 27:121（"允许我们"）; 1788 年 6 月 12 日麦迪逊在弗吉尼亚州批准宪法大会上的发言，*DHRC*, 10:1204（"一条"）; 另见 June 17，同上，1343; George Nicholas，同上，1342; 1788 年 1 月 16 日爱德华 · 拉特利奇在南卡罗来纳州众议院的发言，*DHRC*, 27:112; 1788 年 7 月 24 日威廉 · 戴维在北卡罗来纳州批准宪法大会上的发言，*Elliot*, 4:30–31。

139 1788 年 1 月 17 日平克尼在南卡罗来纳州众议院的发言,*DHRC*, 27:123（"东部和中部" 和 "一种危险的"）; "Civis: To the Citizens of South Carolina" (David Ramsay), Charleston, *Columbian Herald*, Feb. 4, 1788, *DHRC*, 16:25（"一定要" 和 "我们不应该"）[以下简称 "'Civis'"]。

140 1788 年 1 月 17 日平克尼在南卡罗来纳州众议院的发言，*DHRC*, 27:123–124; Barnwell，同上，133（全部引文）; 另见 "Civis," *DHRC*, 16:25; Van Cleve, *Slaveholders' Union*, 151–152, 178。

141 1788 年 1 月 17 日平克尼在南卡罗来纳州众议院的发言，*DHRC*, 27:124。

142 Banning, “Virginia,” 280; Robinson, *Structure of Slavery in American Politics*, 238–239; Maier, *Ratification*, 296；下文，309, 456–457, 469。

143 1788 年 6 月 24 日伦道夫在弗吉尼亚州批准宪法大会上的发言，*DHRC*, 10:1483; Weir, “South Carolina,” 217, 221; Robinson, *Slavery in the Structure of American Politics*, 241, 243–244; Waldstreicher, *Slavery's Constitution*, 114–115; Brown, “Problems of Slavery,” 432；另见 1788 年 1 月 19 日戴维·拉姆塞致约翰·埃利奥特（John Eliot），*DHRC*, 27:206。

144 1788 年 6 月 17 日麦迪逊在弗吉尼亚州批准宪法大会上的发言，*DHRC*, 10:1339（“对他们”“巨大的”和“但瓦解联盟”）; 1787 年 12 月 10 日麦基恩在宾夕法尼亚州批准宪法大会上的发言，*DHRC*, 2:539–540（“不了解”）; 另见 1788 年 7 月 26 日艾德尔在北卡罗来纳州批准宪法大会上的发言，*Elliot*, 4:100; Banning, *Sacred Fire*, 459–460 n. 48; Van Cleve, *Slaveholders' Union*, 177, 182–183; Weir, “South Carolina,” 226; Brown, *Redeeming the Republic*, 197。

145 1788 年 6 月 20 日史密斯在纽约州批准宪法大会上的发言，*DHRC*, 22:1715–1716（“建立在”“完全违背”“这是”和“如果”）; Hamilton，同上，1728（“大会妥协精神”）; 另见 Yarbrough, “New Hampshire,” 249; Hendrickson, *Peace Pact*, 234。

146 1788 年 1 月 18 日道斯在马萨诸塞州批准宪法大会上的发言，*DHRC*, 6:1245（引文）; 另见 Robinson, *Slavery in the Structure of American Politics*, 232–233; Brown, “Problems of Slavery,” 429。北方代表退出大会的威胁，参见上文，273, 286。

147 “A Landholder” VI (Ellsworth), *Connecticut Courant*, Dec. 10, 1787, *DHRC*, 3:490（“所有善良的人们”）; “Mark Antony,” Boston *Independent Chronicle*, Jan. 10, 1788, *DHRC*, 5:676（“即使在”和“我们也应该”）; 1795 年 10 月 22 日亚当斯致杰里米·贝尔纳普，*Collections of Massachusetts Historical Society* (Boston, 1877), 5th Series, 3:416（“公正地”“依靠暴力”和“这个国家”）。北方人担心会出现大量的自由黑人，所以反对普遍解放奴隶，参见

Van Cleve, *Slaveholders' Union*, 60, 71–72。

148 1788 年 1 月 30 日希思在马萨诸塞州批准宪法大会上的发言，*DHRC*, 6:1371（"在某种程度上""内部事务"和"其他人"）；阿瑟顿在新罕布什尔州批准宪法大会上的发言，日期未知，*Elliot*, 2:203–204（"他们有必要"）；另见"Philanthrop," Northampton, Mass., *Hampshire Gazette*, Apr. 23, 1788, *DHRC*, 7:1745; "Mark Antony," Boston *Independent Chronicle*, Jan. 10, 1788, *DHRC*, 5:675; Van Cleve, *Slaveholders' Constitution*, 172–173, 176–177。

第五章　宪法的批评者：反联邦主义者

在费城会议结束后的两个星期里，亚历山大·汉密尔顿思忖着这部宪法是否可能获得批准，并从两个方面列举了相关因素。有一点将使人们强烈支持批准宪法："制定它的人拥有非常巨大的影响力，尤其是举世皆知的华盛顿将军。"❶此外，汉密尔顿相信，"各州充斥着对商业利益的良好意愿，它们将尽其所能地建立一个能够规制、保护和扩展联盟商业的政府"。[1]

据汉密尔顿估计，其他可能支持宪法的人包括，"各个州内拥有财产的绝大多数人，他们希望联盟政府能够保护他们免受内部暴力冲击，以及民主情绪对个人财产的劫掠"。那些"渴望国家声名远

---

❶ 华盛顿先前的副官戴维·汉弗莱斯同意这种判断，他告诉华盛顿："希望您当选美国总统的普遍民意，以及对于您暂时接受新制度的期望，将是采用新制度的最大动力。"当时大多数美国人爱戴华盛顿的程度，真是怎么夸张也不为过。见 1787 年 9 月 28 日汉弗莱斯致华盛顿，*DHRC*, 5:355（引文）；另见 1788 年 4 月 1 日，圣·让·德·克雷夫科尔（St.Jean de Crevecoeur）致威廉·肖特，*DHRC*, 9:635–636；1787 年 11 月 15 日查尔斯·M. 特鲁斯通（Charles M. Thruston）致温彻斯特市长；1788 年 2 月 9 日亚伯拉罕·班克（Abraham Bancker）致埃弗特·班克（Evert Bancker）；1788 年 1 月 8 日托马斯·韦特致乔治·撒切尔，*DHRC*, 5:645。

扬”的人，也将可能支持批准宪法，还有美利坚合众国的债权人，他们希望建立一个能够拥有偿还债务能力的全国性政府。最后，“人民大体上都相信，目前的邦联不足以保证联盟的存续，也无法提供联盟的安全和繁荣所必需之条件”，这都是批准宪法的有利条件。[2]

汉密尔顿也列举了可能阻止宪法批准的因素。在费城会议结束
305 时拒绝签署宪法的三个人——梅森、伦道夫和格里——可能将会“誓言挫败这项计划”。汉密尔顿还担心，“州政府中许多身居要职的平庸之辈，害怕建立一个全国性政府将会削弱他们的影响力、权力和薪酬，进而让他们一无所获”。[3]

其他可能阻止批准宪法的因素还有，“人们拒绝交税和效忠于一个强大的政府”，以及“所有债台高筑的人的反对意见——他们不希望看到政府确立的目标之一就是限制债务人采取手段欺诈债权人”。汉密尔顿也担忧“人民偏狭的民主热情，他们仅从某些机构的表面判断，共同体的权力有可能会集中在少数人手中，少数人有可能会擢升至显赫地位”。最后，汉密尔顿指出，“一些外国势力出于各自不同的动机，也不愿看到一个有能力的全国性政府凌驾于各

图 5.1　亚历山大・汉密尔顿，美国有史以来的政治领袖中真正的天才人物之一，他写作了《联邦党人文集》中的多数篇章，领导了纽约州的批准宪法运动，之后成为美国第一任和最为重要的财政部长。

州之上”。[4] 306

鉴于这些相互对立的因素，汉密尔顿认为，“这项计划是被采纳抑或是被拒绝，很难判断，基本上只能靠推测”。尽管“采纳的可能性偏大”，但是阻碍批准的因素“十分有力，出现相反［结果］也不会令人感到意外”。[5]

准备工作

长期以来，历史学家都在试图找出是哪些因素导致一些美国人赞同批准宪法，而另一些人却反对批准宪法。宪法的支持者们匆忙为自己贴上了“联邦主义者”的标签，贬低和质疑对手的动机和忠诚，将其称作“反联邦主义者”。❶

联邦主义者指责宪法的批评者是彻头彻尾的保皇派，他们的真实目标是要与大英帝国重归于好。他们称呼反联邦主义者为“谢斯派”（Shaysites）和“四面楚歌的债务人，既不愿意诚实还债，也不乐意勤奋劳动”。在大多数情况下，联邦主义者倾向于说反联邦主义者是一些心怀不满的州公职人员，“他们生活优渥，不希望出现

---

❶ 如果考虑到对手曾指出，联邦主义者希望“完全破坏邦联”，可以说，“联邦主义者”是对宪法支持者的讽刺性称呼。在纽约州批准宪法大会上，知名的反联邦主义者梅兰克顿·史密斯表示，他希望另一方的先生们愿意“与不喜欢宪法的人交换名称”。在用他们偏爱的词语描述自己之后，联邦主义者迅速给他们的对手贴上“反联邦主义者”的标签，他们将其视为一个嘲弄性词语。参见“Sidney”, *Albany Gazette*, Jan. 24, 1788, *DHRC*, 20:645（“完全破坏”）；1788 年 6 月 20 日史密斯在纽约州批准宪法大会上的发言，*DHRC*, 22:1713（“与不喜欢”）；另见 *New York Journal*, May 26, 1788, *DHRC*, 20:1111; Jurgen Heideking, *The Constitution Before the Judgment Seat: The Prehistory and Ratification of the American Constitution*, 1787–1791 (John P. Kaminski and Richard Lefer, eds., Charlotesville, VA, 2012), 112–113。

任何变动，以防被它［宪法］的实施所伤害”。古文诺·莫里斯在解释宾夕法尼亚州有些人反对批准宪法的原因时抱怨道，“邪恶之徒长期以来习惯于寄生在共和国肌体之上，无法接受被剥夺权力和无法从州政府获利的观念，一直以来，这就是他们养活自己、家人和依靠他们的人的手段”。毫不奇怪，联邦主义者如此污蔑他们不赞成批准宪法的动机，令反联邦主义者感到异常愤怒。[6]

由于多种原因，很难辨明那些反对宪法者的真正动机。第一，反联邦主义者中受教育程度更高、生活更殷实的那批人——比如弗吉尼亚州的理查德·亨利·李和乔治·梅森，以及马萨诸塞州的埃尔布里奇·格里——他们的所思所想，在报纸短文、批准大会演讲和私人通信中留下的记录，比小农场主和边远居民留下的记录，要详细得多。
307 对于有些议题，比如希望政府回应民众主义者的政治要求，实行宽松的财政和货币政策，这两部分反联邦主义者的意见十分不一致。因此，这些流传下来的记录或许无法全面捕捉反联邦主义者对宪法的关切范围和某些具体反对意见的流行程度。[7]

第二，甚至那些留下详细思考记录的反联邦主义者，也提出了反对批准宪法的多种理由。比如，有些反联邦主义者主要反对宪法中省略了《权利法案》；另有一些人批评国会的征税权力过大，还拥有在和平年代建立常备军，以及征召州民兵为联邦服务的不受限制的权力。还有人反对宪法第一条第十款对州经济政策所施加的限制。联邦主义者抱怨反联邦主义者言人人殊，他们说中了一点：不同的反联邦主义者提出了非常不同的反对意见。[8]

第三，从反对（或支持）批准宪法的理由，来推测反对（或支持）宪法的真实意图，也非常值得怀疑。因此，当麦迪逊送给杰斐逊一个小册子，列举许多反联邦主义者关于修订宪法的提议时，他提醒道：“虽然他们提出了种类繁多的各种意见，但他们肯定是省略了许多反对宪法的真实理由。”联邦主义者经常指责他们的对手在州批准宪法大会之外大放厥词，不愿意在大会上讨论解决。[9]

人们普遍认为，有些反对批准宪法的动机，不如其他动机令人尊重，因此不大可能得到坦率的伸张。譬如，缅因地区的许多代表在马萨诸塞州批准宪法大会上反对批准宪法，可能是因为他们相信，缅因地区在这部宪法之下更不可能获得独立的州地位，但是他们又不愿在公开辩论中发表这种看法。于是，他们转而批评宪法省略了《权利法案》和国会获得过于巨大的征税权力。无独有偶，马萨诸塞州中西部地区的农民，他们反对宪法，也许部分是因为宪法第一条第十款限制各州制定发行纸币和救济债务人的法律，但他们也不愿直言不讳地提出反对意见（可能因为几乎没有人愿意和罗得岛州臭名昭著的货币方案扯上关系）。[10]

南卡罗来纳州的联邦主义者戴维·拉姆塞以“公民”（Civis）这个名字写文章，号召仔细考察反对宪法之人的“品格和处境”。拉姆塞坚持认为，仇视宪法的第一条第十款，是“这些人反对的真实理由”——“尽管他们可以巧妙地用一套热烈地支持州特权和公众自由的漂亮言辞来掩盖”。麦迪逊也向汉密尔顿抱怨，欠着英国债权人债务的弗吉尼亚人，“私下里”非常关心宪法第三条设定的联邦法院的司法管辖权范围，但是他们“不会承认，而是选择基于 308
其他动机，投票反对这部宪法”。[11]

除了希望掩饰可疑的动机之外，反联邦主义者（和他们的对手）在表达其观点时，甚至还意图尽最大可能吸引批准宪法大会上摇摆不定的代表——不论他们的观点是否是他们反对（或者，对于他们的对手来说，支持）批准宪法的真实动机。因此，譬如，在新英格兰地区，奴隶制普遍不受欢迎，反联邦主义者于是强调宪法支持奴隶制的条款。相比之下，在南方腹地，奴隶制根深蒂固，反联邦主义者则试图质疑宪法能否充分保护奴隶制。然而，正如我们在第四章所见，不论在北方，抑或是在南方，对奴隶制的态度，并没有决定许多人在宪法批准问题上的立场。类似地，在弗吉尼亚州批准宪法大会上，正如我们所看到的那样，联邦主义者和反联邦主义者都花费了相当大的精力去关注美国人在密西西比河上的航运权在这部宪法之下是变得更加稳固，抑或更加脆弱。这并不是因为密西西比河问题是大多数代表考虑是否批准宪法时的决定性因素，而是因为它是肯塔基地区代表最为关心的问题（当时肯塔基地区还属于弗吉尼亚），而大家都认为他们是这次批准宪法大会上保持权力平衡的力量。[12]

最后，在如何对待宪法已知的缺陷方面，反联邦主义者的立场如光谱一般——而非铁板一块。一些反联邦主义者，诸如弗吉尼亚州的帕特里克·亨利和马里兰州的路德·马丁，他们可能赞成全盘否定这部宪法，转而支持《邦联条例》规划的蓝图——或许只要稍稍扩大邦联国会的权力。因此，例如，南卡罗来纳州的罗林斯·朗兹称赞《邦联条例》保障州主权，提议“增强老邦联的权力，而非轻率地采用另一种方案”，他想知道，“一个人拥有一间结构漂亮的房屋，发现有个小问题后，不是去修补，而是推倒重来，另造一间新的，这样的人是否应该被视为聪明人”。同样，佐治亚州的一位反联邦主义者无法理解，为何费城会议“认为，毁坏像《邦联条例》之类有用的政府结构是适宜之举”。[13]

其他反联邦主义者——或许是大多数反联邦主义者——与南卡罗来纳的“加图”（Cato）一样，愿意承认《邦联条例》的缺陷，也承认宪法能“带来很多福祉”，但是他们希望，在批准宪法之前做些许改动，诸如限制国会直接征税和规制国会选举的权力。埃尔布里奇·格里承认，“一个行之有效的政府是不可或缺的必需品”，这部宪法拥有许多优点，但是他坚持在批准宪法之前做“适当的修订”，这样的要求合情合理。同样，署名“联邦农夫”的一位反联邦主义者也 309
认为，这部宪法有“许多要命的缺陷”，也包括“不少长处”，他表示，如果做“几处改动”，便可以成为一种“过得去的良好”制度。[14]

不过，一些反联邦主义者反对宪法，主要是因为它缺少一部《权利法案》。帕特里克·多拉德（Patrick Dollard）是南卡罗来纳州批准宪法大会上的一名代表，他宣称，自己所代表的选民，几乎一致因为这种原因反对批准宪法。他解释道，民众不反对授予国会“充分和足够的权力”，但是他们“绝不同意”授予国会，或者“任何一批人，《大宪章》（Magna Charta）中就已包含的他们与生俱来的权利——而这部宪法正是这么做的”。费城的一名反联邦主义者认为，宪法没有保障宗教自由，“让人费解”，而马萨诸塞州的一名反联邦主义者宣称，必须制定一部《权利法案》，来“确保少数人免遭多数人的篡权和暴政”。即便是在要求制定《权利法案》的反联邦主义者当中，对于《权利法案》应该成为批准宪法的先决条件，抑或是联邦主义者承诺在批准宪法之后支持制定《权利法案》便足够了，也是意见不一。[15]

绝大多数——如果不是全部的话——联邦主义者都承认，这部宪法不够完美，许多人最终支持修订宪法，但不应将其作为批准宪法的先决条件。华盛顿告诉他的侄子布什罗德·华盛顿（Bushord Washington，后来成为美国联邦最高法院大法官），“宪法最热情的朋友和最好的支持者，都不会认为宪法完美无瑕”。华盛顿在另一封信中坦言，他自己并“不是一个盲目崇拜宪法的人”，不过他“完全赞同，这部宪法是目前所能获得的最好结果”。由于联邦主义者也承认宪法的缺陷，因此，建国一代对宪法的观点，如同一个连续的光谱，而非恰好分成两大对立的阵营。[16]

我们脑海里有这样的印象后，接下来，首先来讨论反联邦主义者提出的反对这部宪法的理由，以及联邦主义者的反应。然后，我们将考察真正影响民众在批准宪法问题上所持立场的因素。

宪法的合法性

在很大程度上，是反联邦主义者设定了批准宪法过程中实质性辩论的议题（正如我们所看到的那样，联邦主义者已经完成了一项出色的工作，即决定了批准宪法的程序性规则）。反联邦主义者提
310 出各式各样反对宪法的理由，联邦主义者要一一回应。[17]

除了质疑宪法的许多实质性条款外，反联邦主义者还对提出宪法的程序提出了反对意见。《邦联条例》具体规定了应该如何制定修正案，但是并没有规定可以召开诸如费城会议这样的制宪会议。即便是违反《邦联条例》召开大会的非常之举，获得了邦联国会和各州立法机关所指派代表的默许，也仍然存在着这些代表忽视他们身负的有限指示的问题。邦联国会批准召开这次大会，只是出于“修订《邦联条例》的唯一和明确目的”，而且有两个州的立法机关也以类似的表述，对它们派出的代表团提出限制。然而，费城会议从一开始就弃《邦联条例》于不顾。[18]

此外，费城会议已经在宪法草案第七条中规定，一旦获得九个州批准，宪法便能生效（尽管这些州只能约束它们自己）。这就明显背离了《邦联条例》对修正案必须得到十三个州一致同意的要求。除此之外，《邦联条例》还规定，修正案应得到各州立法机关的批准，而费城会议制定的这部宪法，却要求州召开特殊的批准宪法大会。[19]

出于以上这些原因，反联邦主义者经常指责费城会议本身及其

成果——宪法——是非法的。费城会议将宪法文本递交至邦联国会后，邦联国会原本应该将其转交各州议会，再由后者召集批准宪法大会。弗吉尼亚州派往邦联国会的代表理查德·亨利·李就提出了这样的异议。他抗议说，《邦联条例》没有授权国会“推荐一项推翻政府的方案”，宪法“提议破坏十三个州结成的邦联，并且意图建立一个由九州缔结的联盟”。尽管如此，李也觉得，因为十二个州已经向费城会议派遣代表，“德高望重的人物”在那儿已经就宪法达成共识，如果“不把它送到州”，由各州决定是否批准，也确实“是不太合适”。[20]

在各州批准宪法的大会上，反联邦主义者经常抗议说，费城会议已经超越了它单纯修订《邦联条例》的工作职责。在宾夕法尼亚州，罗伯特·怀特希尔（Robert Whitehill）主张说，费城会议的代表只是被授权提出增强国会权力的建议，“但是从未有人考虑过，要授权会议代表解散现有的邦联，废除州的主权，建立一个无所不能的政府”。在弗吉尼亚州，帕特里克·亨利宣称，费城会议“非常明显”地越过了它的职权。这部宪法已经恶劣地“彻底毁灭了各州之间最庄
严的约定”，并且把“九个州建成一个联盟，最终将其他四个州排除 311
在外”。亨利要求参加费城会议的弗吉尼亚代表提交一份报告，阐明“批准如此危险的一份提案，将会带来极为巨大的危害”。[21]

对于这些指责，联邦主义者提出了几条反驳意见。第一，他们指出，《邦联条例》自身的合法性就存在疑问，因为正如詹姆斯·威尔逊在宾夕法尼亚州批准宪法大会上所言，《邦联条例》的制定过程，“没有得到人民的授权，而只有人民才拥有最高权力”（《邦联条例》是由州议会——而非专门的批准大会——批准的）。第二，有些联邦主义者主张说，《邦联条例》是一份州与州之间的条约，已经不再具有约束力，因为这份条约已经被打破了。正如麦迪逊所解

释的那样，按照国际法，“无论任何一方，只要违反条约的任何一项条款，便可解除另一方的全部条约责任”。麦迪逊主张说，违反《邦联条例》的行为已经“屡见不鲜、臭名昭著了”——最坏的例子莫过于新泽西州在1786年明确拒绝遵守国会的财政负担摊派份额。因为这些违约行为已经废止了《邦联条例》的约束力，因此各州可以自由地用一部新的宪法取而代之。[22]

第三，正如威尔逊所解释的那样，参加费城会议的代表只是制定了一份议案，根本“没有实施任何权力”，因此也算不上是非法。费城会议上所提出的这部宪法，“不过是一部出自私人笔下的议案性质的产物”。相比之下，制定1776年宾夕法尼亚宪法的那次会议，只是简单地宣称它所制定的文本就是法律，根本没有提交给人民批准同意。[23]

与之相关的第四条反驳意见是，有些联邦主义者主张，在批准宪法过程中出现的任何不规范行为，都可以通过拥有主权的人民的同意得到弥补。当费城会议的代表讨论这部宪法应该如何运行时，有些代表反对使用专门的批准宪法大会，因为这种形式的会议在现有的州宪法中无据可依。麦迪逊回应道：“人民实际上就是所有权力的源泉，只要依赖他们，所有的困难都会迎刃而解。他们可以随心所欲地修订宪法。”[24]

在各州批准宪法的大会上，联邦主义者对反联邦主义者指责他们程序违规的说法，给出同样的回应。弗吉尼亚州批准宪法大会主席埃德蒙德·彭德尔顿支持批准宪法，拒绝讨论帕特里克·亨利提出的动议——查看邦联国会给费城会议发布的限制性指示，彭德尔顿的理由是，人民有权弥补起草宪法过程中出现的任何缺陷。同样，詹姆斯·威尔逊在宾夕法尼亚州批准宪法大会上讲，“最高的、绝对和不
312 受约束的权力保留在人民手中”，因此，“人民可以随时、以任何他们

喜欢的方式修改宪法。这是任何一个实体机构都无法剥夺的权利”。[25]

最后，有些联邦主义者用必要性来为程序上的不合理之处辩护。早在费城会议之前，华盛顿已经声明：“我不打算讨论这次会议的合法性。”全国性政府缺乏基本的权力，而且“我认为，在目前形势下，以最短的路径获得这种权力，就是最好的选择。否则，就像一栋房子着了火，如果还争取使用最常见的灭火方式，整栋建筑将化为灰烬”。在费城会议上，埃德蒙德·伦道夫也曾说过类似的话：“在某些重要时刻，当权力有限之人有理由越权时，不去冒险越权的人会受人鄙视。”伦道夫在弗吉尼亚州批准宪法大会上，多次为费城会议程序违规辩护开脱：《邦联条例》已被证明是一个“政治笑话”，费城会议的代表“经过对这个问题的详细考量……发现这个制度已无法修补”，代表们“如果不提出某些能够解救他们疲敝不堪的国家的方案就打道回府”，那才叫“背叛”。[26]

最终，对程序违规的指控，将不得不留给人民来宣判。人民会如何看待在费城为他们制定的宪法？

有没有必要进行根本性改革？

反联邦主义者普遍认为，这场批准宪法的争论事关重大：“我们正接受公开的召唤，来决定我们和我们的孩子成为自由民还是奴隶。”这个国家在采取“可能毁灭数万个尚未出生的生灵的可怕步骤”之前，理应慎重考虑。原封不动地采纳这部宪法，将会“失去更多的东西，超过我们在辉煌和成功的七年战争中奋斗获得的东西”。承认必须赋予国会足够多的权力的同时，反联邦主义者警告道，“在宪法中让出微小的一步就是一件大事，因为在所有的国家，人民的自由都是一点一点被夺走的”。[27]

纽约州州长乔治·克林顿提出，尽管他一贯支持建立一个“积极有力的政府”，但他也担心，“人民很容易从一个极端走向另一个极端”。“邦联的脆弱性”不应该“驱使人民采纳一部危及我们自由
313 的宪法”。理查德·亨利·李同样反对说，人类的心智易于“从一个极端冲到另一端”。当《邦联条例》刚提出来时，“人们普遍担心的是国会权力过大，而非权力不足”。然而，如今“呼声变成了权力，要求给予国会权力”。李警告，每一个自由国家，“都是因为同样莽撞的不耐烦，而失去了原有的自由”。[28]

反联邦主义者坚持要他们的对手承担起证明责任，用帕特里克·亨利的话来说就是，证明“我们所面临的危险”足以迫使我们废除《邦联条例》——“这是各州之间最庄严的契约”——代之以“一个拥有巨大实权的中央政府，而非一个邦联”。反联邦主义者提出，整个国家正处于和平时期，联邦主义者宣称即将与大英帝国或者法国发生战争，简直荒谬绝伦，因为这两个国家相互猜疑，不可能轻易地与美利坚合众国爆发战争。而且，由于将整个国家团结在一起的利益和情谊纽带如此之强，联盟因为《邦联条例》的缺陷而解体的风险微乎其微。在弗吉尼亚州批准宪法的大会上，联邦主义者提出，如果不批准这部宪法，很可能会发生内战，威廉·格雷森斥之为“完全是想象”“荒唐至极”。[29]

反联邦主义者还否认整个国家的财政状况陷入了绝境：外国债权人甚至愿意借给美国更多的钱——尽管他们还不能及时拿到已借债款的利息，况且出售西部土地，也能迅速减少国内债务。署名“一位哥伦比亚爱国者”（A Columbian Patriot）的反联邦主义者认为，毫无疑问，如果能维持一个“自由的政府”，“时间和勤劳将让公私债务人以最为公正合理的方式偿还他们的欠款”。在纽约州批准宪法大会上，

梅兰克顿·史密斯甚至否认州议会表现得像联邦主义者所宣称的那么糟糕——尽管他承认罗得岛作为一个“政治堕落”的极端例子，理应遭到谴责。史密斯坚持认为，州议会制定的任何不良法律，更多地要归咎于时势的艰难，而非“缺乏诚意或者智慧”。[30]

一小部分反联邦主义者甚至赞美起《邦联条例》。在南卡罗来纳州，朗兹为“旧宪法［《邦联条例》］作炽热的颂文”，歌颂它的起草人“具有卓越的爱国心、美德和智慧”。在弗吉尼亚州，帕特里克·亨利坚持说，《邦联条例》值得最高的称颂，因为它带领整个国家渡过了“一场漫长而又危险的战争”，并确保美利坚合众国得到了“比任何欧洲君主所能拥有的更加辽阔的疆土”。反联邦主义者诘问，即使《邦联条例》有不足之处，为什么不能授予国会一些额外的权力进行修订呢？格雷森很好奇，为何联邦主义者在18世纪80年代中期只要求实现有限的改革目标——授予全国性政府征收5%进口关税和调控 314
商贸的权力，现在却到了要彻底革新政府的地步？[31]

此外，一些反联邦主义者坚持说，目前本国所经历的任何困难都不能归咎于《邦联条例》的缺陷，有人以此为借口，“要求《邦联条例》让位于他们提议的新制度”。纽约州的反联邦主义者主张说，“一场漫长而花费巨大的战争”，已经让人民担负了沉重的公共和私人债务，不过本国经济正在迅速改善，就连饱受非议的财政摊派份额体制，也很快将会满足本国的财政需求。在弗吉尼亚州批准宪法大会上，梅森责怪国会制造了经济浩劫，因为它给各州摊派的金银货币比整个美国现有的硬通货总量还要多。[32]

其他反联邦主义者指责说，国家虽然面临困境，但不能怪罪于《邦联条例》，而是缘于美国人有缺陷的性格。按照纽约州反联邦主义者约翰·威廉姆斯（John Williams）的话来说，自从战争以来，“奢侈和放荡之风弥漫全国”，人们进口欧洲的商品之多超出了他们的偿付能力。他不以为然地指出："每天有成千上万的人，身穿欧洲的制衣，如果他们勤俭节约一点，可能穿着的就是自己国家制作的衣服！"他也指责"沉迷于酒类"所导致的"放荡"，威廉姆斯表示，"在收获季，平均每天不给他们一品脱朗姆酒"，根本雇不到人。理查德·亨利·李同意说，"目前的不满"更多地归咎于美国人"邪恶的风俗"，而不是因为他们的政府形式存在任何缺陷。[33]

联邦主义者对这些形形色色的意见做何反应呢？首先，他们同意对手的观点，即是否批准宪法的决定将会产生重大的影响——这是论辩双方罕见的共识。譬如，汉密尔顿在《联邦党人文集》第一篇中宣称，"这个问题本身就能说明它的重要性；因为批准宪法涉及联邦的生存、联邦各组成部分的安全与福利，以及一个在许多方面可以说是世界上最引人注意的帝国的命运"。[1]不出所料，反联邦主义者坚持只有自己才致力于捍卫未出生一代人的自由，这种说法激怒了联邦主义者。威尔逊想知道，反联邦主义者是否确实相信，支持批准宪法的人是在为他们"自己的子孙后代""争取专制和奴隶制原则"。在弗吉尼亚州批准宪法大会上，亨利·李坚持说，联邦主义者是"真正的共和主义者，忠诚于自由的程度绝对不少于那些反对［宪法］者"。[34]

对于他们的对手否认整个国家正面临一场需要废除《邦联条例》的真正危机，联邦主义者提出了强烈的反驳意见。他们主张说，美利坚共和国的信用在《邦联条例》之下已经无法得以维持，因为
315 失败的摊派份额体制，已经迫使国会借钱去偿还外国债务的利息。如果违约拒不偿还债务，将会使债权国依照国际法宣战，迫使美国

[1] 这段译文借鉴了《联邦党人文集》中译本（程逢如等译，商务印书馆1980年版）。——译者注

还债。国会已经无法供养一支海军，从阿尔及利亚海盗那里营救美国海员；如果敌人来袭，甚至很可能也无法召集供养一支陆军。英国人拒绝放弃他们在我们西部的要塞，因为美国无法履行条约义务，压制抗命不遵的各州。外国的贸易歧视措施，国会也无力反击，这已经对美国的船主和农场主造成了毁灭性打击。债务人和纳税者引起的暴动席卷全国。十二个州赞同的一份征收进口税的关键性修正案，被实力弱小和不负责任的罗得岛州所阻止。联邦主义者警告，如果再不批准这部宪法，整个国家可能分裂成几个独立的邦盟，彼此陷入无休止的战争之中。[35]

联邦主义者坚持说，《邦联条例》存在的问题，不是国会缺乏一种或者两种重要权力，而是邦联的整个观念都有缺陷。爱德华·拉特利奇在南卡罗来纳州众议院争论是否召开一场批准宪法大会时说，如果不对《邦联条例》做实质性的改动，“美国独立的太阳很快将日落西山——而且永远不会东山再起”。邦联“根本的缺陷”在于，汉密尔顿向纽约州批准宪法大会解释道，邦联的法律只适用于州这个实体，而不能应用于个人。在这样一种设计下，州总是依照它们自身的“特殊便利或者优势”来评估邦联政府的举措，一旦它们选择漠视邦联的这些措施，唯一的补救方案就是强制执行，而这将可能引发内战。然而，一旦决定赋予国会对个人立法的权力，就有必要建立一种“截然不同”的政府形式，因为这种权力不能安全地托付给一个像邦联国会这样的单一机构。[36]

尽管联邦主义者同意他们对手的看法——是否批准宪法的决定极为重要，但是，至少在某种意义上说，他们试图降低相关风险：大部分人都承认，即使这部宪法是不完美的，也可以通过相对容易的方式进行修订。因此，许多联邦主义者称颂费城会议的这一智慧——宪法第五条对修正案做出了规定，这是这部宪法的诸多“优点”之一。依照一位马萨诸塞州最终支持批准宪法的会议代表的话来说，在其他国家，政府内部的“伟大或者重要的变革”通常是“用鲜血来书写的”。相比之下，根据这部宪法，“在其运行过程中，如果政府看似过于严厉，它有办法［宪法第五条］对付，通过这种手段可以缓解和纠正政府的严苛”。实际上，一些联邦主义者主张
316 说，批准这部宪法然后再进行修订，要比拒绝批准它、再从头尝试修订《邦联条例》容易得多，因为后者要求所有州一致同意。[37]

统制

反联邦主义者反对宪法的实质性意见，可以分为两大宽泛的种类。首先，这部宪法没有包含《权利法案》。这份文献没有明确禁止国会剥夺信仰自由或者出版自由、在联邦民事案件中摒弃陪审团审判，或者禁止国会对违反联邦刑法之人施加严酷和非同寻常的惩罚。虽然宪法中含有几种明确的权利保护，许多反联邦主义者似乎认为还不够。比如，为什么不能将叛乱或者侵略案件中暂停人身保护令的权力限制在特定的时间段？为什么宪法第三条规定的在刑事案件中享受陪审团审判的权利，不要求从犯罪发生地附近地区遴选陪审团呢？[38]

反联邦主义者反对宪法的其他主要理由集中在联邦政府的结构和权力方面。❶反联邦主义者认为，宪法授予联邦政府过多的权力，

---

❶ 诚然，反联邦主义者不接受把结构性条款和个人权利保护截然区分开来，而这在现代分析家看来是司空见惯的事情。比如，许多反联邦主义者，正如我们所看到的那样，相信国会控制联邦政府选举的时间、地点和方式——这是一个结构性条款——威胁着人民选举国会代表的权利。同样，反联邦主义者反对说，建立小规模的众议院——另一个结构性条款——会危害人民的代表权。

施加太少的制衡措施，无法有效地防止专制。[39]

关于联邦政府的权力，反联邦主义者一般都会指责说，授予国会的权力“在其性质上如此不受限制……如此广泛和没有边界”，“仅此一项便足以消灭州政府，使其淹没在巨大帝国的旋涡之中”。宾夕法尼亚州的反联邦主义者威廉·芬得利警告道，宪法将国会的权力延伸到“内部目标……不给州政府留下补救或者保护的手段”。梅兰克顿·史密斯预言，州政府将“很快萎缩到无足轻重，进而被自己的人民所鄙视”，留给它们的所有事务，将只是每年开一次会，“制定法律规制你们家篱笆的高度和维修你们的道路”。[40] 317

反联邦主义者相信，州对于维护民众免受联邦政府的可能压迫至关重要，然而这部宪法却没有给州留下自卫的权力。反联邦主义者预言，联邦政府将在与州政府争取人民支持的竞争中获胜，因为联邦政府的官员可能是拿着更高工资的更有权势的人。此外，国会可以使用它大规模扩张的征税权力，剥夺州的财政收入，并且召集各州的民兵为联邦政府服务，以此削弱州捍卫自身的能力。[41]

因此，比如，帕特里克·亨利就反对给予国会“掌握国家财富的无限权威”，以及“对国家力量的无限控制权”。反联邦主义者主张说，为了给州留下足够的生存资源，这部宪法最起码应该对联邦政府的征税权施加某些限制。格雷森警告，一旦州政府放弃了直接征税的权力，它们很快就会“受到鄙视”。在更普遍的情况下，反联邦主义者否认并存的权力可以在同一个管辖区内长久存在下去，他们预料，各州很快将被这部宪法所摧毁。[42]

“现有体制带来的最基本危害”，理查德·亨利·李告诉帕特里克·亨利，源于“它倾向于建立一个统一的政府，而非各州的联盟”。统一是令人反感的，因为正如梅森在弗吉尼亚州批准宪法大会上所解释的那样，没有一个全国性政府“适合如此广袤的国土，它涵盖如此多的气候类型，居民在礼仪、习惯和风俗方面的差别如此之大”。没有一部法律在推行于如此混杂的国家的过程中，还能保持统一；国家立法者无法充分熟悉本国的遥远地区，从而为它们制定有效的法律。依照纽约州两位知名的反联邦主义者的说法，也没有人可以认定，如此远离选民的代表，在可能享受一种“永久性职务”之时，还会“一如既往地受选民驱使，关注他们［选民］的福祉和幸福”。[43]

南卡罗来纳州的一位反联邦主义者表示，自由就是自我统治的权力，然而在这部宪法之下，人民却将他们的统治权“交到一伙生活在一千英里之外的人手上”。反联邦主义者援引法国政治哲学家孟德斯鸠（Montesquieu）的说法，认为历史上所有在大面积地域之上建立的政府，最终都摧毁了人民的自由。据“布鲁图斯”（Brutus，也是最为著名的反联邦党政论文作者之一，可能是梅兰克顿·史密斯）所言，全国性政府离人民过于遥远，很难保障他们的“信任、尊重和
318 情感”。没有了这种信任，人民就会质疑立法者的动机，进而怀疑他们的每一项措施。只有强制——常备军队——才能迫使人民遵守这样一个政府的法律。但是，“布鲁图斯”表示，历史已经证明，常备军队会“毁坏自由，也违背了一个自由共和国的精神”。[44]

为了避免统一的危害，反联邦主义者主张，必须在国家和各州政府的权力范围之间划一条明确的界线。梅兰克顿·史密斯告诉纽约州批准宪法大会，这样一种分界，对于“维持联邦和各州政府之间的和谐，以及防止持续性冲突，必不可少。这种冲突或是会造成双方的永久性分歧，或是会强迫一方——很可能是不公正地——服从于另一方”。纽约州的另一位反联邦主义者约翰·威廉姆斯同样表示，希望“给那些精于解释之人少留甚至是不留余地，因为那些人可能会有意背叛人民的权利，不惜摧毁自由，以提升自我地位”。[45]

然而，正如埃尔布里奇·格里所反对的那样，宪法中列举的一些国会权力“模糊不清”，而另一些权力“既无限制又很危险”。格雷森同意这种评价，宣称他不相信，“这世上还有像目前摆在桌上的这份文件一样如此模糊和如此不明确的社会契约”。反联邦主义者坚持说，明确规定授予国会的权力尤其重要，因为对这些权力界限的最终仲裁者是联邦法官，他们在解释宪法的模糊之处时，将会倾向于支持扩大国会的权力界限——这既因为他们是联邦政府的官员，也因为更加宽泛的联邦立法权力，将会转化成更加宽泛的联邦司法权力（也许还有更高的工资和更多的费用），因为联邦法院将在“产生于”联邦法律的案件中行使司法权。[46]

反联邦主义者注意到，历史经验已经证明，那些先生们能够“用他们喜欢的字词来解释宪法”，因此，他们要求制定一条宪法修正案，来限制国会明确被授予的权力。梅森主张说，《邦联条例》中包含这样一则条款，在这部宪法之下甚至更为必要，因为宪法授予国会的权力比“条例”授予国会的权力要大得多。北卡罗来纳州的一位反联邦主义者也指出，“忽略这样的条款，使得［国会］权力变得更大”。[47]

反联邦主义者援引孟德斯鸠的观点，即共和政府无法在一个辽阔的地域上蓬勃发展，联邦主义者对此给出了各种不同的反对意见。在弗吉尼亚州批准宪法大会上，弗朗西斯·科宾（Francis Corbin）指出，孟德斯鸠的观念不仅不支持一个国家的共和试验，甚至不支持任何比特拉华或者罗得岛大的州建立共和政体。埃德蒙德·伦道夫提出，孟德斯鸠的观察缺乏关联性，因为自孟德斯鸠写 319
下这些话以来的几十年里，“政治的科学”已经“大大向前迈进”，而且代表制理论——美国和英国自由的来源——“是一件直至今天仍没被完全理解的事情”。查尔斯·平克尼声称，没人曾尝试在一个像美国这样大的地区之上建立共和国，而人民也可能对这种制度是否可行持有疑虑，他们没有经验可循，无法得出确切的结论。[48]

其他联邦主义者也承认，一个统一的政府可能无法在像美国这样辽阔的地理区划内取得成功，但他们否认统一或毁坏各州政府是他们的目的。他们坚持说，这部宪法支持建立一个“联盟的共和国”——一个“混合性质”的政府——在世界历史上没有前例可循。它在某些方面是联邦性的，在另一些方面又是统一性的。联邦主义者强调，宪法的几个特征表明了它的联邦性质：在未获得各州同意之前，各州可以不受宪法约束；由州议会来挑选联邦参议员，他们代表各州；国会只拥有列举的权力，州议会仍是拥有固有权力的政府（只受到少数宪法上的限制）。[49]

有些联邦主义者，比如麦迪逊和查尔斯·平克尼，走得更远，完全否定孟德斯鸠的理论，主张共和政府在一片广阔的地域上将能更好地运作。共和政府内在的主要危险是，会形成多数派，压迫少数人。平克尼解释道，在一个小型社会，人民“很容易被召集和煽动起来”。相反，在更大的地域范围内，利益会变得更多元化，将使得在单个议题上更加难以形成多数派。即使存在这样的派别，他们也将发现，在广阔的地域范围内更难组织起他们的支持者。而且，更大地域范围内选出的代表也将会更优秀，这既是因为这样的代表出自更多人民的选择，也是因为服务于更多选民的代表，将会更多地免受直接的民众主义的压力。依照平克尼的话来说，罗得岛州糟糕的政治处境，证实了这些主张的真实性。在联盟中这个最小的州里，放荡无度已经攫取政府的执政权，而且“用有辱一个文明国家的最臭名昭著的法律来压迫人民”。[50]

联邦主义者也否认联邦政府将有动机或者能力摧毁各州政府——各州政府对联邦的运转至关重要。因为，在这部宪法之下，州议会负

责选择美国联邦参议员和确定总统选举人的遴选方式，如果没有了州议会的配合，联邦政府将会荡然无存。联邦主义者坚信，国会也
无法通过禁止各州征税，来破坏州政府，因为它征税的权力——除了 320
涉及进口税外——是与各州共享的，而非排他性的。依照汉密尔顿的估计，州保留了这个国家大约2/3的税收收入。联邦主义者还主张说，两大独立的立法权可以在同一个管辖区内共存——只要它们具有不同的目标。麦迪逊问道，如果州和县政府可以为了不同的目的而同时收税，为什么州和联邦不能同时收税呢？[51]

联邦主义者认为，国会非但不是以牺牲州为代价扩大自己的权力，国会的权力甚至还可能受到州政府的侵蚀，或者容易受到地方性主导因素的影响。依照汉密尔顿的话来说，历史证明，“共和国的成员过去一直，并且将来也会，比共和国首领更加强大”。联邦主义者认为，不用担心国会篡夺权力的一个理由在于，州政府可以在挑选联邦官员中发挥作用，而联邦并不负责选择各州官员；另外一个理由是，人民将会更加忠诚于州政府，因为州政府有责任为他们更加直接的利益负责。相反，全国性政府的权力主要与外部目标相关，不会直接牵涉大多数人的关切，而且全国性政府主要是在战争时期行使自己的权力，而联邦主义者预计，不会经常发生战争。[52]

此外，联邦主义者认为，由于州议员数量多于国会代表，前者也将相应地发挥更大的个人影响力。州政府也将雇佣更多的人，他们最终将会与州利益休戚与共。州议会可通过承诺给联邦议员提供有利可图的州政府职位，潜在地影响国会代表，因为宪法只限制了联邦议员出任联邦职位的任职资格。出于所有这些原因，联邦主义者坚持认为，州政府将能够阻挠国会的任何篡夺权力的企图。伦道夫在弗吉尼亚州批准宪法大会上保证，联邦政府将“受到密切的监督，即便是最小的滥权行为，也会引起人民的警觉，招来无所畏惧

而积极的反抗”。[53]

反联邦主义者指责宪法列举的国会权力过于模糊，对此，联邦主义者有时也承认，全国性政府和州政府的权力界线不可能“划分得如数学般精准”，这是语言的性质决定的。尽管如此，联邦主义者还是坚持说，宪法已经“尽可能地详细列举和界定”了国会的权力。最
321 起码，宪法完全没有授权国会“干涉地方，尤其是各州的事务”。[54]

税权

对于国会的宽泛权力，反联邦主义者的批评首先针对的就是所谓的必要与适当条款，即授权国会“制定所有必要与适当的法律，以执行落实”宪法列举的国会权力。“布鲁图斯”警告，这种权力让“立法机关可以根据自己最佳的判断，随心所欲地做任何事情”，而且可能“用这种方式完全废除州议会”。比如，国会可能证明废除州税收，对于联邦政府为自己筹集税收，是“必要与适当的”。梅森警告，这项条款可以允许国会“授予贸易和商业垄断权、设定新的罪名，[以及]处以不同寻常和严厉的惩罚”。国会甚至可能证明，压制对它的批评意见，是行使宪法列举权力的“必要与适当”手段——特别是在言论自由缺乏明确的宪法保障之时。[55]

联邦主义者回应道，必要与适当条款，用伦道夫的话来说，“丝毫没有增加国会的权力，加入这个条款，只是为了更加谨慎起见，为了阻止侵蚀国会权力的可能性”。麦迪逊宣称，这项条款“最多不过是为了说明：当授予国会任何一种权力时，必然涉及制定相关实施性法律的权威”。因为“人类能力有限”，无法将每一项基本的联邦权力明晰化，麦迪逊解释道，费城会议已经列举了国会的重要权力，但是

执行这些权力的“详细方案”，需要留待国会自行解决。[56]❶

反联邦主义者也反对宪法第一条授权国会征税时所使用的语言：“为了偿还债务，为美利坚合众国提供共同防御和公共福祉”。反联邦主义者警告，“提供……公共福祉”的权力，可能被解释成完全独立的征税权力。因此，理查德·亨利·李反对说，这项权力似乎包含着“人类立法的每一项可能目标”。署名“深思者”（Deliberator）的反联邦主义者提醒说，国会可以使用公共福祉条款 322
去建立一个全国性宗教。“布鲁图斯”也反对说，即使国会提供公共福祉的权力被解释成与征税权力密不可分，国会将仍旧是“提供公共福祉所必不可少的条件的唯一裁判者”，因此征税的权力将是“无限的”。[57]

对此，伦道夫坚持说，将国会提供公共福祉的权力解读为独立自主的征税权力，“不符合我们所共同使用的语言”。麦迪逊也指出，“公共福祉”一语源自《邦联条例》——它与为各州提供“共同防御”、确保各州“自由”并列，被视为建立联盟的目标。麦迪逊坚持说，没有人想过，邦联国会援引这样的语句是为行使超越《邦联条例》列举的权力辩护。[58]

对于国会所拥有的其他权力，反联邦主义者主要反对的是，宪法授予国会大规模扩张的征税权力。约翰·杰伊曾经有言，“太多

---

❶ 首席大法官约翰·马歇尔在 1819 年判决的“麦卡洛克诉马里兰州案”（*McCulloch v. Maryland*）中对必要与适当条款的宽泛解释——让国会可以制定“方便或者有用”的法律，以实施宪法列举的国会权力——证实了反联邦主义者的先见之明。前任总统麦迪逊在回应麦卡洛克案时承认，“在宪法诞生之初，我们就预计到，在解释这部宪法必须使用的术语和短语时，有时可能会出现争论和分歧”。不过，麦迪逊坚持认为——而且是正确地认为——如果当时坦率承认马歇尔这种宽泛解释宪法的“灵活”原则，可能“宪法就不会获得批准”。参见 McCulloch v. Maryland, 17 U.S. 316, 413 (1819)（“方便或者有用”）；1819 年 9 月 2 日麦迪逊致罗恩法官（Judge Roane），PJM (R.S.), 1:500–503（引语在 502 页）。

人［美国人］不愿接受任何可以轻易和不受抵制地打开他们钱包的政府模式”，反联邦主义者引用杰伊的这句话，反对让联邦政府的手“自由地伸进我们的钱包”。格里预言，如果这部宪法获得批准，“税收将渗透到人民的每个毛孔”，“这个大陆上的财富将会被搜刮一空……汇聚到联邦政府手中”。梅兰克顿·史密斯称，所有政府的税收和支出都会达到其财政收入能力的极致，这是一个“铁定的事实”。[59]

马萨诸塞州的一位反联邦主义者评论道，如果任何人“［在1775年］提出诸如今天这样的一部宪法，肯定会被立即丢弃在一旁”；他异常惊讶地看到，一个因为英国拥有“向我们征税的权力”而走向战争的民族，如今正准备授予联邦政府“篡取……我们所有财产”的权力。另一个反联邦主义者也很惊讶，同样一个国家在几年前还拒绝国会有权征收5%的进口关税，如今却准备授予国会这般大规模扩张的征税权。[60]

反联邦主义者警告，联邦政府几乎不受限制的征税权力，不仅会压迫性地侵吞人民的财产，还将使各州失去它们自身的税源。宾夕法尼亚州的反联邦主义者坚持认为，因为宪法没有给州预留专门的征税模式，所以国会得以“垄断每一项财政来源，进而可以间接摧毁州政府，因为没有了资金来源，州政府将无法存续”。由于两个相互竞争的主权无法“平等地控制公民的钱包”，一场“掠夺竞赛”势必无可避免。要么是联盟“被一场暴力斗争所摧毁”，要么
323 是州主权“被沉默的侵占行动所吞没，直至堕落成为一个普通的贵族阶层”。[61]

尽管一小部分反联邦主义者深情地谈论着，要用《邦联条例》之下的财政摊派份额制度来筹集联邦岁入——史密斯否认摊派制度“像大家普遍认定的那样差劲和无效”——但大多数反联邦主义者

承认，国会应该获得某种强制性的征税权。不过，反联邦主义者坚持说，需要限制国会能够征收的税收种类。帕特里克·亨利指出，“压迫”不是产生于税收“的总量而是模式”。因此，许多反联邦主义者建议，将国会征税的权力限定在进口关税上，由于是对消费品征税，因此进口关税比其他税收更容易管理，在原则上也更不会激起反对意见。[62]

其他反联邦主义者认为，国会不仅可以征收进口关税，还能对国内生产物品征税——与进口关税一样，也是消费税——但是不能向诸如土地或者人口征收直接税。当时人们普遍认为，直接税更具有强制性，因为直接税很难逃避，如果不支付的话，财产就会被没收。没有人会因为不缴纳进口税而丢掉自己的农场。直接税还需要有更多的税务官员来征收，也会在税收来源上，造成联邦与各州之间更多的冲突——因为各州严重依赖这种税收来源。最后，反联邦主义者指出，直接税是严重的累退税，它给穷人和富人带来了同等的财政负担。纽约州反联邦主义者约翰·威廉姆斯相信，“新的政府将会由富人来管理，这几乎是确定之事”，他警告，国会可能会强加一种“压迫性的”人头税，这会将“政府的全部负担都压在穷苦人头上”。[63]

弗吉尼亚州的一名反联邦主义者后来写信给麦迪逊说，“我对联邦宪法的反对意见，归结于一点，那就是，反对国会拥有征收直接税的权力”。❶詹姆斯·门罗在弗吉尼亚州批准宪法大会上说，他

---

❶ 持有各州债券的人，手握极大的既得利益，强烈反对联邦政府有权征收直接税，因为直接税是各州岁入的主要来源，各州要利用这种收入来支付本州债券的利息和本金。但是，因为新成立的联邦政府有可能承担各州的战争债务，所以对于联邦政府的征税权力问题，州债券持有人拥有相互矛盾的动机。参见 1788 年 8 月 20 日托马斯·菲茨西蒙斯（Tomas FitzSimons）致塞缪尔·梅雷迪斯（Samuel Meredith），*DHFFE*, 1:253; *Pennsylvania Gazette*, Sept. 3, 1788，同上，265；下文，382–383。

能够接受宪法授予国会的所有列举性权力，但是直接税条款除外。门罗认为，这种权力既是一种“对自由的颠覆”，而且也没有必要，因为联邦政府在独立战争结束后减少了开支，并且它有能力从征收进口税和出售西部土地中获取大量的岁入。格雷森警告道，对州而言，放弃征收直接税的权力，就等于“放弃了一切，因为它是主权
324 的最高体现”。[64]

还有其他一些反联邦主义者，承认国会可以征收直接税，但必须在其他财政来源不够充裕的情况下，才可以开征。即使有了这样的前提条件，他们还希望进一步限制这种权力——各州有机会率先征税，征收与联邦相同的额度。只有在州的征税行动失败后，国会才有权通过联邦官员征收直接税。梅森觉得，这样的宪法修正案“必不可少”，也是“宪法获得批准的必要条件”。[65]

反联邦主义者坚持说，只有州政府才与人民具有亲密无间的联系，有能力评估他们能够承受多大的税负。帕特里克·亨利宣称，“彻底熟悉人民的状况，对于公正地划分税负而言，是必不可少的前提条件”。依照梅森的说法，州政府将使用“最方便和对人民压迫最少”的税收方式，因为州政府最为熟悉人民的“状况和境遇”。[66]

相比之下，国会“不熟悉我们的个人境遇”，一位佐治亚州的反联邦主义者警告道。从广阔的地区挑选的国会代表，在没有强制性轮替的规定下长期任职，将会“对人民的感情和愤怒充耳不闻”，因此不愿意将他们从“压迫和暴政”中解脱出来。署名“联邦农夫”的反联邦主义者觉得，“税收如此重要”，成为近期独立革命的原因，他“几乎不能相信，我们会严肃认真地提议，将设定和征收内部税收的权力，交给一个为了这些目的而组织得如此不完善的政府”。[67]

除了批评宪法没有限制允许国会采取的税收模式之外，反联邦主义者还警告，批准宪法将极大增加人民税负的总量。帕特里克·亨

利评价“这种庞大的统一政府……的巨大而又奢侈的开支”时说，我们将会支付“两套税收官”和海关官员的薪水，还有“总统的巨额花销”。宾夕法尼亚州的反联邦主义者预言，一个“不能享有人民信任”的政府，只有通过武力才能得以维系，这将会是“一个非常昂贵而又劳民伤财的政府”，拥有庞大的税收官和财政官员，这些人将“蚕食土地，吞噬勤劳民众辛辛苦苦挣来的收入，就像古代的蝗虫一样”。马萨诸塞州反联邦主义者阿莫斯·辛格尔特里（Amos Singletary）警告，政治势力强大的商人将会阻止政府征收进口税，迫使国会对“土地”征税，进而“拿走我们所拥有的一切”。[68]

与之相反，除了宪法施加的少数限制（如禁止征收出口税和按照人口数量均摊直接税）之外，联邦主义者坚决反对对国会的征税权力施加任何限制。按照弗吉尼亚州联邦主义者弗朗西斯·科宾的 325
话来说，征税的权力是“这部宪法的肺”：它出了问题，整个制度将会“染上肺痨，很快就会衰败”。联邦主义者嘲笑《邦联条例》之下的财政摊派制度。纽约州首席法官罗伯特·R.利文斯顿贬斥摊派制是“对公众善意的夸张呼吁，已经制造了如此多的噪声，给国库带来的现金却寥寥无几”。[69]

联邦主义者指出，集体行动的问题已经让摊派制度陷入了困境。用汉密尔顿的话来说，人类自利的本性注定了摊派制度的失败：“州将依照它们自身的境遇和利益来决定是否缴纳摊派份额。它们全都倾向于把政府的重担甩给其他的州。”麦迪逊后来解释道，《邦联条例》之下的经历，已经证明了在多个政治实体之上推行摊派制度，具有内在的缺陷：

> 如果有些州缴纳了它们的摊派份额，而其他州不缴纳，就违反了公平正义；这是州与州之间，也是人与人之间引

> 起争端的缘由……那些缴纳最多摊派份额的州，将会抱怨那些缴纳最少的州。出自一方的抱怨将会使双方之间产生间隙；间隙将会产生争吵；争吵将会产生战争；战争将会滋生一长串的邪恶，包括致命的分裂和普遍的局势混乱。

此外，如果说摊派制度在极端匮乏的独立革命时期，已经证明失败了的话，它也不可能在和平时期取得成功。联邦主义者坚称，不能像反联邦主义者所宣称的那样，将各州的不服从简单地归咎于战时的破坏。新罕布什尔州在战时很少遭殃，但是它几乎没有向美国国库缴纳任何东西。[70]

单纯授予国会征收间接税——关税和消费税——的权力也不够用。麦迪逊宣称，国会征收直接税的能力，对于“拯救联盟至关重要”。尽管间接税或许在和平时期够用，罗伯特·利文斯顿告诉纽约州批准宪法大会，“一部宪法理应考虑方方面面的情况——尤其是最关键的因素和最危险的要素”。汉密尔顿解释道，政府在战争与和平时期的花费比例至少是14∶1，“始料未及的侵略［以及］漫长和破坏性的战争，可能要求我们举全国之力”——因为战争中断了贸易，使得关税收入骤减。即使美国愿意在大英帝国和法国的战事中保持中立，麦迪逊评价说，“一个中立的国家应该受到尊重，
326 否则的话它将会遭到侮辱和进攻”。为了获得尊重，要让人知道，“我们的政府能够调动本联盟的全部资源”，其中包括征收直接税的能力，以快速应对敌人的进攻或者侵略。❶[71]

---

❶ 确实，正如联邦主义者曾经承诺的那样，联邦政府只在战时——18 世纪 90 年代末与法国不宣而战的海上战争、1812 年战争，以及内战——征收直接税，直到内战结束。在美国建立头一个世纪的大部分时间里，联邦政府的税收财政大多来源于进口税。参见 Einhorn, *American Taxation*, 157–158。

联邦主义者也反驳了反联邦主义者提出的另一项修正案——要求国会在征收直接税之前，先要求各州摊派资金。联邦主义者认为，战时要求各州摊派，势必太慢而难有成效；州议会可能不在开会，或者它们可能难以按时缴纳。此外，如果摊派是为将来的战争做准备的话，那么，“那些最不容易受到攻击的州也应该同等摊派吗”？联邦主义者警告，国会试图强制要求各州摊派，一旦有些州未缴纳的话，将会激起人民对联邦政府的仇恨心理。拒绝缴纳摊派份额的州议会，铁定也会抵制国会向它们州的公民征收直接税的行动。联邦主义者坚持，如果国会只能要求各州缴纳摊派份额，而不能直接向个人征税的话，可能需要动用武力迫使各州服从。此外，如果国会只能在各州没有缴纳摊派份额时，才有权征收直接税，国会将不得不支付更高的利息去借钱。[72]

联邦主义者坚持，如果外国敌人拥有无限大的税收权力，那么美国政府也必须拥有同样大的权力，因为“如今的战争已经成为钱袋子之争而非刀剑之战”。康涅狄格州联邦主义者奥利弗·埃尔斯沃斯解释道，联邦政府必须能够“掌控国家的所有资源”。限制国会的征税权力，将使“敌视我们的国家可以看清我们的宪法，知晓我们的政府掌控着哪些资源，进而预估如何超越我们”。埃尔斯沃斯得出结论，“一个只掌控一半资源的政府，就像一个独臂之人，难以自保”。[73]

麦迪逊补充说，战争要求“借款，因为国家一年的税收不足以筹集足够的战争费用”。借款，又转而需要一个有效的税收制度，因为“谁能借钱给一个依靠十二个或者更多个小政府准时缴纳摊派份额，甚至是每年贷款利息的政府呢”。联邦主义者承认，任何权力都可能被用于暴政目的，但是他们坚持认为，如果没有一种无限制的征税权力，国会就无法充分保护国家免受外来入侵，这也会威胁到自

327 由。总之，联邦主义者似乎比反联邦主义者更相信会爆发战争。一位马萨诸塞州的联邦主义者评价说，美国“从缅因到佐治亚都被敌人所围困”。[74]

联邦主义者也认为，限制国会的税收权，在目前情况下可以理解，一旦环境发生变化，将会带来不便。汉密尔顿承认，州必须拥有自己的财政来源，但他反对在宪法中明确规定出来，因为像宪法这样的文献，“必须垂之永久”，因此不能不“预估到事物的可能变化”。当纽约州的反联邦主义者提议禁止国会征税，以保护本州处于起步阶段的制造商时，州首席法官利文斯顿回复说，未来的人口激增，可能使美国成为一个制造业国家，到那时，从进口税中获得的收益将会减少，其他税收种类将会变得至关重要。麦迪逊在弗吉
328 尼亚州批准宪法大会上也持这种观点。[75]

尽管联邦主义者坚持，必须授予国会一种大规模扩张的征税权，但他们保证，出于自我利益的考虑，将迫使国会主要依赖进口税，如果有必要的话，还会对国内制造的诸如酒类等物品征税。在弗吉尼亚州批准宪法大会上，麦迪逊表示，“用一种压迫人民的方

图 5.2　奥利弗·埃尔斯沃斯是参加费城会议的康涅狄格州代表之一。他在批准宪法的辩论中是联邦主义者思想的重要塑造者，此外，他是康涅狄格州派往国会的最初两名参议员之一，也是《1789 年司法法》的主要起草者，后担任美国最高法院第三任首席大法官。

式筹集资金，对于那些掌权者来说，没有一丁点好处”。奥利弗·埃尔斯沃斯告诉康涅狄格州批准宪法大会，进口税可以“容易而不知不觉”地提高岁入，而且所有国家都发现，进口税是“最有收获，也最容易征收的税种”。正如消费税一样，进口税在某种意义上说，是自愿缴纳的。而且，只有当人们“寻欢作乐和大手大脚”时——也就是当他们“掏钱买过分之物时”，才需要缴税。因为这种税夹在商品的价格之中，所以摊上这种税的个人通常意识不到。最后，因为进口税是在进口港征收，将“不会让全国遍布税收官”。[76]

埃尔斯沃斯解释道，与进口税相比，直接税要求人民省钱，“但是你不能让人民因此变得节俭”。马萨诸塞州的一位联邦主义者坚持说，人头税——对个人征税——“违背人性的感情”，因此将“绝不会被国会所采纳”。在马萨诸塞州批准宪法大会上，纳撒尼尔·戈勒姆预言，依照这部宪法，富人将为欧洲奢侈品支付高额的进口税，但是“社会中的中等收入者和贫穷者，依靠他们的勤俭过活，将不受影响”。汉密尔顿告诉纽约州批准宪法大会，如果国家处在“非常危险和危难”之际，国会被迫征收直接税，它将“毫无疑问地采用最合乎每个州法律和习俗的措施”，包括使用各州的税收官。[77]

汉密尔顿问道，为何任何人都认定国会会比纽约州立法机构更有可能征收“专横的”人头税呢？州宪法并没有禁止后者这么做。北卡罗来纳州的一位联邦主义者指出，穷人应该支持全国性政府在战时有权征收直接税，因为如果采取其他方式，可能会要求他们提供必要的军需物品和马匹，而这对穷人来说是“不公平和压迫性”的。此外，绝大多数美国人都是农民，只有当他们自己不关心政治时，才会选出征收土地税的联邦代表。乔治·尼古拉斯（George Nicholas）告诉弗吉尼亚州批准宪法大会，阻止国会征收压迫性税收的另一种防御措施在于，国会征收的税款会像影响其他人一样，影响国会代表及其朋友。[78]

反联邦主义者警告，批准宪法将导致税负增加，对此，联邦主
329 义者回应道，遵照这部宪法，大多数美国人将缴纳很少的税，这既是因为联邦政府将从进口税和出售西部土地中获取大部分收入，也是因为州将在不用缴纳联邦摊派份额之后，显著降低内部税收。奥利弗·埃尔斯沃斯宣称，在拥有最大港口的三个州——马萨诸塞州、纽约州和宾夕法尼亚州——所征收的进口税，就足够还清外国债务的所有利息，并负担联邦政府几乎所有其他年度开支。詹姆斯·威尔逊在宾夕法尼亚州批准宪法大会上说，尽管更大的联邦政府需要更多的开支，但是美国人缴纳的税额总数可能会减少，因为进口税主要落在外国商人肩上，而且联邦政府可能会比州政府更加有效地征税。北卡罗来纳州的联邦主义者预料，税额将会降低，因为一旦授予联邦政府大规模扩张的征税权力，联邦政府将会拥有更好的信用评级，进而能以较低的利率借到钱。[79]

兵权

除了反对国会大规模扩张的征税权力之外，许多反联邦主义者还抗议宪法缺乏对军事力量的限制——宪法规定，国会有权维持陆军和海军，并征召各州民兵为联邦服役。反联邦主义者承认，国会必须拥有在战时招募一支军队的权力，但是他们提议，在和平时期，必须将这种权力限制在非常必要的时刻。英国激进的辉格党反对派认为，在和平时期维持一支常备军，将诱使君主将其用于国内目的，比如镇压政治异议者。辉格党反对派极大地影响了美国革命者的政治思想。在1770年五人被打死的波士顿惨案中，美国殖民者

首次见识了和平时期军队的危害。[80]

因此，在和平时期没有征得地方议会的同意就部署一支常备军，成为《独立宣言》所控诉的暴政之一，也就毫不奇怪了。有几个州宪法已经明确提出了常备军的危害性。譬如，1776年的弗吉尼亚州宪法宣称，“在和平时期理应避免维持常备军队，因为它威胁到自由：而且……无论在何种情况之下，军队都应该严格服从文官，并由文官政府统领”。正是由于这种传统上的担忧，国会在1783年与大英帝国签署和平协议之后，解除了革命军；而且，随后在邦联国会上，关于在和平时期成立一支常备军的提议也失败了。
1784年，当邦联国会决定招募一支700人的军队去保卫军事据点， 330
并保障边境居民安全时，马萨诸塞代表团提出了不同意见，理由是，如果国会有权在和平时期招募一支军队，那么，“它迟早会以颠覆我们的自由而告终”。[81]

因此，绝大多数反联邦主义者谴责和平时期的常备军队是“邪恶的温床和自由的祸害”。马萨诸塞州的一位反联邦主义者表示，“世界上有78个曾经自由的国家”，因为使用常备军，“[已经]陷入奴役状态”。其他反联邦主义者也警告，“常备军掌握在一个脱离人民的政府手中，可能会成为推翻公众自由的致命工具”。这样一个政府将只会使用“武力”来推行它的政策，包括征收“最为沉重的税收”。相比之下，邦联国会即使有权在和平时期维持一支军队——这个问题仍有争议——也只能通过要求各州议会派遣军队才能实现，而如果各州人民抗议反对，州议会可能就会拒绝遵守。[82]

有些反联邦主义者提议限制和平时期任何军队的规模，有些则建议国会在和平时期招募常备军需要得到国会绝对多数议员的批准。还有人提议，国会不得迫使人民同意在其家中驻扎常备军。[83]

反联邦主义者问道，“我们不害怕对手”，而且在没有一支职业化军队之时，民兵已然于1775年的列克星敦和康科德证明美国人有能力保卫自己，那么，美国人要常备军又有何用呢？许多反联邦主义者认为，州民兵是对联邦政府篡夺权力的一种至关重要的制衡。任何希望侵犯人民权利和自由的政府，都会“企图摧毁民兵，进而在它的废墟之上招募一支军队”。一位反联邦主义者警告，一个“政府，拥有招募和维持军队，管控和指挥军队的所有权力……势必将至高无上，而且自然会吞噬每一种下属的管理权（不论是经过二十年还是一年，这对事件的结果意义不大）”。[84]

为了阻止联邦政府垄断本国的军事力量，许多反联邦主义者提议，限制国会征召各州民兵为联邦服役的权力。他们提出一份修正案，要求在州边界之外部署州军队超过六周，需要征得该州议会的同意。宾夕法尼亚州的反联邦主义者反对国会有权将州民兵派到新格兰地区或者弗吉尼亚，“去平息一场由［甚至是］最难堪的压迫所导致的暴动”。在宾夕法尼亚州批准宪法大会上，威廉·芬得利警告，“国会既然可以动用某个州的民兵来平息反叛、破坏自由，在某种情况下，也可能调动一个州的民兵来报复另一个州”。[85]

其他一些反联邦主义者警告，国会为了有“组建一支常备军的借口”，可能会削弱各州民兵——拒绝行使自己的权力，去组织、武装和训练州民兵。弗吉尼亚州的反联邦主义者提议，制定一份宪法修正案，若是国会忽视或者忘记行使自己的权力，授权州自己承担起这些职能。梅森多次表示，他担心国会在使用训练民兵武装的权力时，可能会给各州民兵“施加严厉和不光彩的惩罚”，“诱使他们希望废除民兵，从而为建设一支常备军提供借口”。他提出了一种部分性的解决方案——制定一份修正案，禁止国会对民兵武装实施戒严，除非是在战争、反抗侵略或者镇压反叛时。[86]

有些反联邦主义者还反对扩大国会征召州民兵武装的权力——不

仅可以用来镇压造反和击退侵略，还可以执行联邦法律——他们担心这种权力将会以武代文。弗吉尼亚州的反联邦主义者进一步警告，国会对各州民兵武装所拥有的权力，可以被解读为具有排他性，这将意味着，州将不能使用它自己的民兵武装来镇压内部的叛乱。西部地区的反联邦主义者担心，国会召集州民兵武装的权力，将使得他们抵挡不住“惨无人道的野蛮人❶的蹂躏”。此外，许多反联邦主义者赞成禁止国会解除人民的武装，他们警告，一旦联邦政府垄断军事力量，它将拥有至高无上的统治地位，州就会遭到毁坏。[87]

有些反联邦主义者还反对国会拥有建立海军的权力——用格雷森的话说，尤其是在“美国的财富不足以承受它庞大的开支”之时。而且，格雷森还主张说，一支美国海军将会威胁欧洲的海上力量，它们的财富主要源自商业贸易和航行运输，因此“轻率地挑起”它们的愤恨，将是不明智之举。这部宪法最起码应该限制海军的规模，使其足以保护美国商业利益即可。[88]

在回应反联邦主义者对于宪法授予国会的军事权力的批评之时，许多联邦主义者坦言，他们与对手们一样不信任常备军，但是他们支持国会有权创建常备军，以此作为阻止外国职业军队进攻美国的必要手段。威尔逊告诉宾夕法尼亚州批准宪法大会，因为世界上的其他国家都有权招募常备军，美国也必须如此，“我们不是处在太平盛世，战事随时可能发生”。而且，长期来看，常备军将会 332 更省钱，威尔逊主张说，因为维持常备军将使其他国家打消进攻美国的念头。麦迪逊同样表示说，“软弱将会招致侮辱”，只有一个能够招募陆军和海军的受人尊敬的政府，才“足以对抗攻击”。[89]

联邦主义者强调，美国与欧洲国家不同，美国只需要有一支很

❶ 指印第安人。——译者注

小的常备军，因为大西洋提供了一个抵挡大多数外来入侵的屏障。但是，他们坚持说，美国军队的规模只能取决于欧洲国家的力量和政策，而不能事先决定，因此使得宪法上的任何限制都显得不明智。[90]

尽管联邦主义者整体上倾向于淡化常备军的国内用途，但有些人还是提醒说，当“内部叛乱的火焰准备在每个角落迸发”时，必须用军队来平复边疆的印第安人部落，或者是回应诸如谢斯反叛一类的事件。署名“一位地主”的联邦主义者表示，尽管国会可能会滥用在和平时期招募常备军的权力，但是，与其他任何权力一样，它是“限制煽动性公民使用暴力的必需手段”。如果不加遏制的话，丹尼尔·谢斯可能已经成了“美国的统治者和暴君”。[91]

联邦主义者也不太强调常备军给美国所带来的危险。英国的《权利法案》禁止在和平时期保留常备军，除非议会不同意这么做。因为宪法只授予国会招募军队的权力，而人民代表理应保护人民免受军事压迫。而且，由于宪法禁止国会拨付两年以上的军事经费，人民将很早就有机会撤销滥用招募军队权力的那些代表。无论从哪个方面看，国会怎么会愿意招募一支不必要的军队呢？尤其是，军队的控制权还属于总统呢！最后，正如马萨诸塞联邦主义者西奥多·塞奇威克所指出的那样，一支常备军怎么可能“征服一个自由民的国度呢？他们知道如何保护自由，而且手中握有武器”。[92]

联邦主义者也不认同以下观念：让国会拥有调动州民兵武装的权力，可以作为授权国会招募军队的可行替代方案。一位弗吉尼亚州的联邦主义者表示，组成民兵武装的公民，“不习惯于战争的艰辛，不熟悉战争的纪律”。汉密尔顿坚持认为，将民兵武装视为充分的军事力量的观念，几乎使我们“丧失我们的独立地位”。亨利·李（轻骑兵哈利·李）援引他在独立战争时期的亲身经历，告诉弗吉尼亚州批准宪法大会，他已经看到了“无可争议的例子，不能一直

依赖民兵武装”。[93] 333

尽管联邦主义者不相信仅仅凭借民兵武装，便足以防御国家，但他们还是提出，避免常备军的最好方式——常备军费用高昂，而且必然对自由构成某种威胁——还是授权国会不受限制地控制各州民兵。威尔逊惊讶地表示，反联邦主义者竟然反对这种授权——这样的授权，在某种程度上将“取代招募或者维持常备军的必要性”。而且，如果国会有权支配州民兵武装，很显然必须授权国会维持他们的统一性。威尔逊表示，任何有过军事经历的人都知道，“武器、装备和纪律都不统一的人，在兵营中与暴徒毫无二致”。汉密尔顿坚持说，只要按照宪法的规定，由各州任命民兵指挥官，就不用担心授权国会训练为联邦服役的民兵武装会带来任何危险。[94]

纽约州反联邦主义者提议制定一份修正案，要求国会在派遣州民兵武装去该州以外地区超过六周时，需要征得该州议会的同意，对此，汉密尔顿表示，在独立战争时期，弗吉尼亚等州故意不允许本州的民兵武装去帮助其他州，直到战线逼近本州。针对弗吉尼亚州出现的类似提议，麦迪逊反问道，为何由人民选择其中一个分支成员、由各州议会选择另一个分支成员的联邦政府，可能会“将民兵武装毫无必要地派往遥远的他乡”，从而“激起人民普遍的愤怒呢”？反联邦主义者批评说，不应该授权国会单纯为了执行联邦法律动用民兵武装，对此，麦迪逊指出，民众的抵制，虽可能称不上是一场“造反”，但也可以阻碍法律的实施。国会显然应该像各州议会那样，强制执行法律——必要时，可以动用武力。反联邦主义者更赞成使用常备军来强制执行法律吗？[95]

联邦主义者还驳斥了国会控制民兵武装的权力具有排他性的观念。这种观念认为，国会将不给各州民兵提供武器或训练，从而使各州处于毫无防备的状态。联邦主义者认为，州政府不能从宪法中获取权力，但只有那些明确赋予国会的权力，各州才不能共享。[96]

关于国会有权“建立和维持一支海军”，南卡罗来纳州联邦主义者爱德华·拉特利奇坚持说，“我们在海上强大起来之前”，美国不会“成为一个伟大的国家”。他指出，大英帝国已经阻止美国与西印度群岛的某些地区做生意，而欧洲国家却仍然可以与之自由通商，拉特利奇悲叹道：“我们必须依赖别人的好心，才能维持我们
334 的国家，除非我们拥有一支海军。”汉密尔顿表示，“只有获得充分力量的保护”，美国人的中立权利“才会受到尊重”；因此，没有一支强大的海军，美国人的商业将“是所有相互交战各国随意干涉的猎物”。而且，正如约翰·杰伊所言，如果没有一支海军保护的话，美国人在地中海地区的商业活动，要任由阿尔及利亚海盗摆布，那些海盗曾在1785年俘获美国海员，而且还扣留他们以换取赎金，令整个国家舆论哗然并尴尬不已。[97]

商权与缔约权

有些南方的反联邦主义者——而非北方的反联邦主义者——也反对宪法授权国会监管与外国的贸易以及各州之间的贸易活动。南方人担心，国会将使用商业权力，使北方船主垄断美国的航运贸易——损害农产品出口者，比如南方种植园主的利益。当时人普遍认为，北方人将控制国会参众两院，至少在短期内如此，于是，南方人更加担心。[98]

因此，在弗吉尼亚州，梅森反对仅凭国会相对多数同意，便可制定商贸性法律，其理由就在于，北方州将要求“极高的海运费用”，从而“毁灭南方五个州”。理查德·亨利·李同样警告，北方

各州将利用国会的商贸立法权力，给“南方五个州带来最为沉重的垄断性压迫”。因此，南方反联邦主义者再次提出了他们曾在费城会议提出，并获得部分赞成的提议——只是在会议结束之前被放弃了——要求国会在制定商贸性立法时需要获得国会绝对多数议员支持。[99]

出于类似理由，南方反联邦主义者也很担心国会的缔约权力。宪法规定，由于条约拥有等同于法律的效力，必须由总统在征得参议院2/3议员的“建议和准许”的情况下才可以缔结。在弗吉尼亚州批准宪法大会上，反联邦主义者约翰·道森（John Dawson）反对说，缔约权力可能会“对南方各州造成非常大的伤害”。南方人已经“看到了一种交出”密西西比河“航运权”的歹毒企图，“美国南方这部分的重要性有赖于此”。道森警告道，根据这部宪法，总统加上2/3的参议院议员，便可以签订一部“割让任何领土，或是放弃任何河流航运权”的条约。[100] 335

在回应这方面的担忧时，一些反联邦主义者——绝大多数是，但不全是南方的反联邦主义者——提议，参议院批准条约所需的2/3票数的要求，理应适用于全体参议员，而非像宪法所规定的那样，适用于出席某个条约投票活动的参议员。否则，只代表5个州的10名参议员，便可以批准一部条约——因为在一个由26人组成的参议院，14人便可达到法定人数（假定最初的13个州每州派遣两名参议员），而在场的14个人中，只需10人便可满足2/3的多数要求。这样一种方案，使得南方各州比在《邦联条例》下更容易受到损害，因为《邦联条例》要求9个州同意，才能批准条约。南方的一些反联邦主义者还提议，对于某些类型的条约，比如限制或者暂停美国河流航运权的条约，将批准条约的多数比例要求设定为3/4，并且将这些条约限定在“最为紧急和极端必需”的情况之下。他们还提议，在国会没有通过实施条约的法律之前，条约不得生效。这样一种提议，将保证根据人口分配席位，而且随着时间的推移应该会有利于南方的众议院，能够参与到条约的实施过程之中。[101]

然而，联邦主义者强烈捍卫国会监管对外和州际商贸的权力，以及宪法规定的缔结条约条款的权力。汉密尔顿认为，对于国会监管商贸的权力，“出现意见分歧的可能性非常小”。新泽西州联邦主义者兰伯特·卡德瓦拉德（Lambert Cadwalader）表示，由于邦联国会缺乏掌管对外贸易的权力，其他国家“每每为了它们自身的利益而牺牲我们的权益，信心满满地预计我们无法阻止它们”。最为典型的是，欧洲各国将美国人排除在海运贸易之外——尤其是与它们在西印度群岛殖民地的海运贸易——而美国政府无力对此类行为做出回应。因此，约翰·杰伊告诉纽约人，美国人的造船厂“几乎已经停止用斧子和锤子的噪声打扰周围邻居的安宁”。马萨诸塞州的联邦主义者托马斯·拉塞尔（Thomas Russell）主张，重新获得商业贸易份额，将“为我们的海员提供大量的就业机会，［而且］不仅能让修造帆船的技工以及相关从业者获得工作，还能让农夫砍伐树木做木材，并将它们运送到造船厂”。[102]

而且，正如一位康涅狄格州的联邦主义者所言，在《邦联条例》之下，美国的商品正在被大多数外国港口“完全挡在门外”，或者“被征收［极高的］税收和关税”。托马斯·道斯在马萨诸塞州批准宪法大会上宣称，美国人正在承受“不光彩的重担”，而不授
336 予他们自己的代表必要的权力去帮助他们。尽管美国各州可能“彼此相互独立”，但它们却是“欧洲的奴隶”。因此，南卡罗来纳州的戴维·拉姆塞抱怨道：“我们的船只已经腐烂，我们的商业要么被废弃，要么在对我们充满偏见的环境中运行。”詹姆斯·威尔逊建议宾夕法尼亚州批准宪法大会代表，“沿着费城的码头走一走，将

会感受到它被凄凉的沉寂所笼罩”。这都是否认国会有权执掌对外贸易所造成的结果。[103]

汉密尔顿保证，给予国会执掌对外商贸的权力，将会“迫使外国彼此之间不断抬价，以便获得我们的市场”。他主张，因为美国总体上还是一个农业国家，它的市场对于工业制造国家而言，正变得越来越重要。为了自由进入美国市场，这些国家应该向美国的农产品打开它们的市场，这将会提升美国农场土地的价值。[104]

此外，国会规制对外商贸的权力可以用来——尤其是，但不绝对是，在将来——向外国进口商品征收关税，这可以为国内处于萌芽时期的制造商提供关键性支持。马萨诸塞州联邦主义者道斯主张，近来外国工匠移民美国，再加上诸如水力等自然资源，可以使制造业成为美国经济中越发重要的组成部分。国会必须有权设置关税壁垒来鼓励发展制造业。因此，宾夕法尼亚州的一位联邦主义者写道：“向所有可以由本国制造的外国商品征收重税，而且给予我们出口的商品关税补贴。我们国家的制造业将会蓬勃发展——我们的工匠将会抬起头来，进而进入富裕有钱人的行列。”[105]

国会规制州际贸易的权力是必要的，麦迪逊解释道，因为这样可以缓解“某些通过其他州进口和出口的州的压力，前者向后者征收了不适当的关税”。除非国会阻止这种胡闹的税收，否则它们“将滋生无休止的仇恨，而且会不停地以不恰当的方式严重干扰大众的安宁”。麦迪逊指出，就连欧洲松散的邦联国家，比如瑞士和德国，也禁止成员州之间实行差别对待的商贸行为。[106]

南方人担心，他们在国会里的人数比不过北方，因此更容易受到国会商业规制的影响，因为这些规制措施将更有利于占多数的北方。对此，联邦主义者也给出了回应。首先，他们提出，国会制定航运法使南方承受更高货运费用的可能性非常小，因为“竞争的精

神将带来”北部和中部各州的“资源”，它们将争相获取南方的海运业务。依照南卡罗来纳州联邦主义者罗伯特·巴恩韦尔的说法，
337 南方农业出口商只会在数年间承受“微乎其微”的伤害。此外，麦迪逊表示，因为有几个北方州本身并不是主要从事海运业务，航运法可能无法在国会内获得北方多数州的支持。[107]

联邦主义者还提出，由于南方人从联盟中接受了某种补偿性的好处，他们应该乐意给予北方人“在航运上的一些特权”。南方人得到的这类好处包括北方人在费城会议上对奴隶制所做出的让步。正如戴维·拉姆塞对马萨诸塞州的本杰明·林肯所说的那样，在费城会议上，“你们的代表从未做过一件比在黑人［也就是奴隶］问题上站在南卡罗来纳人一边更具有政治色彩的事情了”，因为这件事已经使南卡罗来纳产生了对北方人“思想开明”的诸多好感。[108]

南方的联邦主义者引述了南方人从联盟中获得的其他好处，他们认为，这将为宪法给予北方人某些商业优势提供正当理由。南方更
338 容易遭受外国入侵和国内（奴隶）造反的威胁，它不成比例地受益于一个更加强大的联盟所提供的物质保障。因此，在弗吉尼亚州批准宪

图 5.3　戴维·拉姆塞，一位医生，同时也是写作美国独立革命史的最早一批历史学家之一，他还是南卡罗来纳州的联邦派领袖。

法大会上，麦迪逊反对国会制定商贸立法需要绝对多数议员赞同的要求，基于的理由是，北方各州更有能力保护自己，如果它们“为了商业利益而任由少数派摆布”，就无法指望它们保卫南方。[109]

南方联邦主义者表示，北方军队已经在独立战争中拯救了南方，而且虚弱的南方各州在未来将从“由联邦财政部资助的共同海军”中获得不成比例的好处，而制定航运法有助于发展海军，因为航运法鼓励船运和壮大海员。拉姆塞推断，“独立战争对我们大为有利，而对它们［也就是北方州］破坏严重”，“难道我们还不愿意让它们运送我们的产品？我们尤其要考虑到，鼓励它们发展航运业，能够增强我们的防御实力”。无独有偶，同样来自南卡罗来纳州的查尔斯·科茨沃斯·平克尼也说，北方人已经“帮助我们确立了我们的自由”，然而，“我们获得独立之后”，他们“成为这个联盟中最大的受害者”。他们的造船业已经遭到“毁灭”，他们的渔业正在变得“微不足道”，而且他们的海员正在挨饿。“每一条公平、友谊和人性的纽带”，都要求南方人有责任“减轻他们的不幸”，而且允许北方人“分享我们的繁荣”。[110]

南方人担心，自己在国会内处于少数派地位，会易于遭受不利的商业规制措施的伤害，对此，联邦主义者也在回应中纾解了南方人的忧虑：北方人在国会内所能立即拥有的任何政治优势——联邦主义者还提出，这种优势不会大于北方州在邦联国会中已经拥有的优势——将不会持续太长时间。因为美国人口正快速地向南方和西部迁徙，北方人将会在按照人口分配的众议院丧失他们的多数地位。随着这种人口变化和新州的创设，北方人在参议院的最初优势地位也将不复存在。[111]

因此，南方联邦主义者强调，宪法要求进行周期性的人口调查，并要求国会基于人口普查结果重新分配议席，这将很快反映出他们所预期的“巨大的”人口变迁。拉姆塞认为，新英格兰地区的面积很小，而且它的土地很贫瘠，但是南方各州拥有“大片尚未开发的土地”，“每天都在接收新的定居者”。这样发展下去，南方各州“在联邦政府中的影响力将会不断上升”，不出50年，南方将“拥有压倒东部［州］的优势”。[112]

在回应南方反联邦主义者对国会缔约权的担心时，联邦主义者提出，在这部宪法之下，与在《邦联条例》之下相比，南方能得到
339 更好的保护。这部宪法要求总统同意签署的条约才能变成法律——这是《邦联条例》中并不存在的一项制衡，《邦联条例》没有设立可以抗衡国会的行政机构——而且南方各州可能在挑选总统的过程中施加巨大的影响力，因为它们的人口预计会持续增长。联邦主义者为宪法排除众议院参与缔结条约所做辩护的理由是，它无法采取“足够保密、迅速和果断”的行动，只有小机构才能做到这一点。[113]

反联邦主义者担心，批准条约只要求出席会议的2/3参议员同意，这实际上等同于只要5个州的参议员赞成即可，对此，联邦主义者指出，在批准条约这么重要的问题上，不大可能出现如此多的参议员缺席。而且，他们还提出，一旦佛蒙特和缅因这两个北方州加入联盟，这部宪法要求条约需要得到2/3以上的出席参议员批准，这实际上可能比《邦联条例》所要求的9个州批准更好地保护了南方利益。[114]

反联邦主义者还表示他们担心总统和参议员可能联手达成肢解这个帝国的条约。对此，麦迪逊指出，这部宪法在这个方面并不比《邦联条例》更具威胁性，而《邦联条例》对缔约权力也没有施加任何涉及条约内容方面的限制。与此同时，麦迪逊还否认这种宪法权力可以被正当地用于与其目的不相符合的条约内容上，这意味着条约不能让渡“任何重大的基本权利”，诸如密西西比河的自由航

运权。北卡罗来纳州联邦主义者詹姆斯·艾德尔补充说，如果这部宪法对缔约权力施加实质性限制，而其他国家并不照做的话，那么美国将在条约谈判中处于不利地位。最后，联邦主义者表示——用北卡罗来纳州休·威廉姆森的话说，密西西比河“不是被权利而是由权力之手关闭的，因此在现有的邦联政府之下，我们绝不可能打开它”。艾德尔相信，只有“一个有效的政府”——在此政府之下，“我们肯定能有一些战船”——才能够迫使西班牙允许美国人通过密西西比河出口商品。[115]

国会的其他权力

反联邦主义者也反对授予国会其他一些权力——在绝大多数当代观察者看来平淡无奇的权力。其中，频繁遭到反联邦主义者批评的便是国会在宪法第一条第四款下所拥有的权力：“制定或者更改”州立法机关关于“选举参议员和众议员的时间、地点和方式”的权力。❶ 340
在费城会议上，麦迪逊已经为授予国会更改这种规定的权力进行了辩护，理由是州立法机关可能会操纵联邦议员选举的方式，去推进“自己所偏爱的措施”，或者用“不可能预料”的方式滥用权力。[116]

在批准宪法的争论过程中，反联邦主义者警告，国会将使用这项“应受谴责的”权力使它自己获得“至高无上”的地位。在写给

❶ 联邦主义者解释道，国会的修订权不能延伸到“选择参议员的地点”，因为宪法将选举联邦参议员的权力交给了州立法机关，国会不应该有权迫使州立法者在一个与他们经常开会的地点截然不同的地方选择参议员。参见 1788 年 6 月 14 日麦迪逊在弗吉尼亚州批准宪法大会上的发言，*DHRC*, 10:1259–1260; “An American Citizen” IV (Tench Coxe), *On the Federal Government* (Oct.21, 1787), *DHRC*, 13:436。

一位大学朋友的信中，当时年轻的反联邦主义者（和未来的总统）约翰·昆西·亚当斯（John Quincy Adams）反对授权国会议员“决定他们自己的选任方式”。亚当斯认为，这项权力尤其“阴险，因为它看似微不足道，但是如果认可这种解释，它将成为一群位高权重者手中非常危险的工具”。北卡罗来纳州反联邦主义者蒂莫西·布拉德沃思担心，国会可能“将选举的时间拉长，将选举地点放在交通不便的地方，而且将选举方式设定得非常严苛，彻底摧毁代表制”。[117]

具体而言，反联邦主义者担心，国会代表们可能会将选举的“时间”设定为无限期推迟，或者至少是推迟选举，“在一定程度上让自己绝对和永久在任”。既然英国议会的议员在1716年时能够将他们的在任时间从三年延长至七年，那么，美国国会代表仿效他们的做法，也不是什么不可思议的事情。[118]

国会可能将一个州选举国会议员的“地点”选定在本州内极其偏远的地方，绝大多数民众都将很难到达此地。或者，国会也可能命令选举在大城市举行，联邦派候选人将在那里占有选举优势。一位宾夕法尼亚州反联邦主义者警告，国会可能命令本州的国会议员选举于“寒冬腊月在费城召开”，以此阻止本州90%的人行使选举权。[119]

按照反联邦主义者的说法，国会控制联邦选举的“方式”可以被用于保留国会填补空缺的权力，或者指示各州，候选人要当选需要赢得相对多数或者绝对多数选票。国会也可能要求，国会议员选举“不分选区”——也就是说，在一个覆盖广阔地域的多成员聚集区进行选举——这将可能会有利于联邦派候选人，因为他们普遍拥
341 有更多的财富和更高的知名度。实际上，纽约州反联邦主义者梅兰克顿·史密斯提出过一份宪法修正案，要求国会选举必须在单一地

区进行，而不能不分选区进行。反联邦主义者也提醒说，国会将使用它掌管联邦选举方式的权力，去设定投票的财产资格。帕特里克·亨利宣称，国会可能让“一名绅士的选票抵得上100名穷人的选票”。[120]

联邦主义者可能会否认说，不会出现上述滥权行为，但是反联邦主义者要求知道，为什么人们就应该认为“我们将会有幸得到廉洁清明的统治者”。反联邦主义者坚持说，没有任何理由为“不适宜的管理措施敞开大门”。[121]

在回应这些指责时，联邦主义者主张，每一届政府都应该有保存自我的权力，而且他们指出，州立法者可以不受任何反对地行使权力，设定他们自己选举的时间、地点和方式。联邦主义者坚持说，国会必须在联邦选举监督方面拥有修正的权力，因为州可能，比如说，面临外敌入侵时无法召开联邦选举，或者为了阻碍国会的行动而拒绝这么做。❶确实，联邦主义者宣称，罗得岛曾在1787年夏天故意撤回本州派往邦联国会的代表，从而使国会无法达到法定人数，这导致一项关于出售西部土地、获利颇丰的交易受阻。然而，

---

❶ 反联邦主义者答复说，如果宪法必须用这种修正权力来处理紧急或者州蓄意阻挠的情况，那么就应该明确限定只能在这种情况下使用这种权力。在几个州批准宪法的大会上，他们提议，将这种权力限定在面对如下情形时才能使用：州立法机关“忽视、拒绝”，“或者因为遇到侵略或者造反而不能设定”联邦选举的时间、地点和方式。当第一届国会上出现这种修正案提议时，麦迪逊表示反对，认为它将会“摧毁宪法的原则和有效性”。参见 1788 年 6 月 27 日弗吉尼亚州批准宪法大会上提出的第 16 号修正案，*DHRC*, 10:1555（“忽视”和“或者因为”）；1788 年 2 月 6 日马萨诸塞州批准宪法大会上提出的第 3 号修正案，*DHRC*, 6:1477；1788 年 6 月 25 日塞缪尔·琼斯（Samuel Jones）在纽约州批准宪法大会上提出的修正案，*DHRC*, 22:1904–1905；1789 年 8 月 21 日安达努斯·伯克（Aedanus Burke）在众议院提出的修正案，*Annals of Congress*, 1:797; Madison，同上，800（“摧毁”）；另见 1788 年 1 月 16 日法纽埃尔·毕肖普（Phanuel Bishop）在马萨诸塞州批准宪法大会上的发言，*DHRC*, 6:1214；1788 年 7 月 25 日威廉·古迪（William Goudy）在北卡罗来纳州批准宪法大会上的发言，*Elliot*, 4:56。

依照宪法第一条第四款，“那个微不足道的小州，将不可能撤回它的代表”。[122]

联邦主义者还为国会的这份修正性权力辩护说，它是一种制衡一心破坏公正代表权——如通过不公平地分配——的州立法机构的权力。而且，联邦主义者还提出，国会应该有权在联邦选举中维持某种统一性。例如，为了阻止腐败或者不公正的影响，国会应该可以坚持要求全美国在同一天举行国会选举。同样，联邦主义者主张说，国会应该有权要求所有国会选举通过投票或者口头表决的方式进行，而不能两种方式任意混用。[123]

反联邦主义者认为，可以将国会监管选举时间的权力，合理地解释为让众议员的任期时间超过两年或者让参议员的任期超过六
342 年，对于这种看法，联邦主义者斥之为荒谬。他们还说，监管国会选举方式的权力，也不能似是而非地解释为可以限制选民资格，因为宪法明确规定，个人投票选举国会代表所应具备的选民资格，与州法规定的“州立法机关人数最多的一院的选民资格”一致。[124]

此外，联邦主义者还提出，州立法机关已经可以选举联邦参议员了，如果再授予州立法机关太多控制联邦众议员选举的权力，将会削弱众议院制衡参议院的能力。他们还坚持说，由州立法机关挑选的参议员，绝不会同意国会滥用监管联邦选举时间、地点和方式的权力。[125]

最后，联邦主义者指责他们的对手是在偏执地想象这类难以置信的滥用国会权力的行为。麦迪逊提出，如果国会要求人民集中到某一个城市参加国会议员选举，它“将因为这种无耻的监管措施而受到诅咒”。一位马萨诸塞州的联邦主义者质问，为何要一口咬定，国会在行使监督国会选举的修正性权力时，将会“尽可能作恶”呢？另一个联邦主义者则问道，难道更有可能出现的情况不是人民

选举进国会的都是“好人”而非“毁灭我们的人”吗？[126]

有些反联邦主义者还批评宪法中有条款授权国会在“不超过10平方英里”的一片地区，“实行专属立法权”——这片区域将从临近州中划分出来，成为新的联邦政府的所在地。参加费城会议的代表已经认识到，国会显然需要一个不在任何州管辖范围内的家园，以免受到不良影响，这已经是《邦联条例》之下一个被频繁抱怨的话题。而且，正如鲁弗斯·金在批准宪法大会上所指出的那样，国会需要一个永久性的会址，“国会地点的变动性已经败坏了联邦政府，需要我们尽可能地拿出一剂猛药进行医治”。[127]

然而，在批准宪法的争论过程中，反联邦主义者却想象出一个专横的政府形象，这个政府利用它的联邦飞地去损害人民的自由。化名“一位哥伦比亚爱国者”的莫西·奥蒂斯·沃伦（Mercy Otis Warren）是为数不多的几位公开——尽管是以匿名的方式——参与独立和批准宪法辩论的女性之一，她反对成立联邦城市的主张：“联邦城市‘高耸的塔楼’❶可能掩盖各州的罪犯，使其免受正义之手的制裁，而它所具有的排他性管辖权，又可以保护扎营在内的军队的叛乱活动。”在弗吉尼亚州批准宪法大会上，梅森称这项条款是这部宪法中最危险的条款之一。他警告，这样一个联邦飞地将成为“最肮脏的犯罪的庇护所”，因为在这个地区，州法“将一文不值”。在这一地区，对于“试图压迫人民，或者事实上犯下最肮脏 343
罪行”的联邦官员，要想将其绳之以法，绝对是不可能的，在这里，国会将会向法官和陪审团施加压力。[128]

其他反联邦主义者也对这项条款表示出不同的担忧。格雷森认

❶ 原文为 cloud capped towers，语出莎士比亚戏剧《暴风雨》（*The Tempest*）。——译者注

为，由于这片区域不是一个州，宪法中的逃奴条款或者追捕逃犯的条款都无法适用，因此逃到这里的奴隶和重犯将无法由政府交出。他还担心，国会将授予该地区居民“排他性的商业特权”。帕特里克·亨利谴责这项条款是“一种荒唐的篡权行为”，他同样警告，国会可能会让该地区的居民免于承担“施加给社会其他地区的所有负担”，而且“以侵害其他地区人民的方式，给予他们专属补助”。[129]

对于宪法条款授权国会在本国首都内行使专属立法权的问题，联邦主义者给出了几种辩护理由。国会需要一个永久性的驻地，在这里它可以建立档案馆和储存州文件。没有州希望由另一个州给国会提供会址，然后因此可能对它的运行施加不当的影响。而且，依照联邦主义者提供的颇具争议性的理由，邦联国会在1783年曾被迫逃离费城，因为当时宾夕法尼亚州政府拒绝召集州民兵保卫国会免受独立革命军队中宾夕法尼亚哗变士兵的冲击——用詹姆斯·艾德尔的话说，这是令美利坚合众国主权“名誉扫地”的“不光彩场景”。[130]

而且，麦迪逊还提出，如果州确实担心出现权力滥用，在割让土地供国会将来建都之用时，它们可以自由地附加自己的规定。在弗吉尼亚州批准宪法大会上，亨利·李问道，为什么“由人民自由选举出来的联邦政府成员”，将会允许他们居住的地区，成为“充斥流氓”之地呢？他也想知道，一个“不超过10平方英里”的地区，如何能构成一种足以控制一个庞大国家的威胁呢？[131]

反联邦主义者也反对宪法条款允许国会两院只是“不时”出版其会议记录（各院自己保存），而且允许出版过程中可以出现例外情形——“依照它们的判断要求保密的部分除外”。帕特里克·亨利在弗吉尼亚州批准宪法大会上提出，国会将会利用这些例外的模糊之处，拒绝公开其任何会议记录，阻止人民知晓国会的所作所为。其他反联邦主义者还提出疑问，认为宪法条文中的“不时”可能意

味着永远不会。为什么不像《邦联条例》所规定的那样，要求国会
每个月都出版其会议记录，而且将保密性例外限制在讨论条约、结 343
盟和军事行动的会议内容上？[132]

对于宪法要求“不时出版关于所有公共资金收入与支出的定期公告和账目记录”，反联邦主义者也提出了类似的反对意见。亨利批评这是一种“非常不明确”的表述，而且警告，“国家财富将会在秘密面纱的掩盖之下被处置，因为不时出版这方面的公告和记录将等同于什么也没做”。梅森告诉弗吉尼亚州批准宪法大会，人民有权知晓他们的钱财是如何花费的，但是宪法中的“这种表述太松散，可能永远对人民有所隐瞒，而且可能提供滥用这种公共资金的机会，并且可能庇护那些滥用的人”。[133]

在回应上述批评意见时，麦迪逊辩称，宪法条款要求国会出版会议记录时设置了宽泛的保密性规定，基于的理由是，宪法不可能列举应该保密的每一种情况。他还提出，所有的州立法机关和英国下议院都享有这种权力。依照联邦主义者的说法，宪法要求不时出版收入和支出记录，而非在固定的间隔时间内出版，将既有利于更全面地理解收支记录，也能更容易地察觉犯错之处。联邦主义者还提出，人民可以径直撤销那些玩忽职守的代表的职位——如果他们拒绝让公众了解他们的立法活动。[134]

更广泛地说，一些反联邦主义者的极端阴谋论观点——汉密尔顿以嘲弄的口气称他们具有“病态的想象力”，其能够将关于国会在滥用权力方面“最为遥远和最为可疑的猜想”变成“不可避免的现实”——引发了联邦主义者的几种不同反应。艾德尔虽然承认，“在一个自由的政府中，需要保持戒备之心”，但他在北卡罗来纳州批准宪法大会中提出，这种戒备之心可能会“被过度拔高”。它不可能“防止人民轻率地选择他们的官员所带来的所有可能危险。如果

他们有权利去选择，他们可能做出一种很坏的选择”。类似地，约翰·马歇尔（后来成为美国历史上最重要的首席大法官）也在弗吉尼亚州批准宪法大会上提出，人民不可能亲自处理涉及他们的所有事务，“如果你不信任自己的代表，觉得他们有可能滥用这份信任，你将不可能组建政府，因为政府做好事的权力与做某些坏事的权力无法分离”。[135]

联邦主义者坚持说，在一种人民选举产生——直接或者间接地——政府官员，政府官员也相应地要受到他们所制定的法则的管
345 束的体制中，他们对手的极端猜疑尤其荒唐。华盛顿与许多联邦主义者一样，也非常沮丧地看到：每个人似乎都承认联邦政府需要额外的权力，然而“一旦被委托……那些接受委托权力的人，似乎其本性就会立即变质，成为所谓的暴君，因此人民不允许他们行动，否则他们就会滥用委托权”。而事实上，“那些受委托承担政府管理工作的人，也来自人民——而且很快会回到人民中间——他们自己必然会感受到政府压迫性措施的不良影响”。[136]

弗朗西斯·科宾被反联邦主义者关于国会滥用权力的猜想所激怒，他在弗吉尼亚州批准宪法大会上质问，“以上帝的名义”想想，这些“每隔两年就会回到他们的同胞中去”的代表，怎么可能“制定损害他们自身的法律呢”？北卡罗来纳州州长、联邦主义者塞缪尔·约翰斯顿（Samuel Johnston）表示，反联邦主义者坚持认为将会阴谋破坏人民自由的那些国会代表，正是“从我们中间选择出来”的，而且将“与我们处于同样的境地。他们与我们骨肉相连，呼吸与共。他们不可能在不伤害自身的情况下伤害我们”。一些联邦主义者还认为，这部宪法防止权力滥用的保障要比《邦联条例》更多，在《邦联条例》之下，联盟政府的权力由一个单一的机构来掌管，人民无法直接控制。[137]

其他联邦主义者，比如汉密尔顿，强调说，州立法机关将拥有“人民的信任”，将会“防备联邦政府的侵害”，将成为对抗“背叛选民利益的国会议员的最强有力的堡垒”。马萨诸塞州联邦主义者西奥菲勒斯·帕森斯（Theophilus Parsons）同样表示，“只有疯子才会企图篡夺”组织良好的州立法机关的权力，后者拥有“成功抵制这种篡夺的手段和意愿”。确实，埃德蒙德·伦道夫也问道，为什么由州立法机关负责选任的联邦参议员，会被反联邦主义者认为是“亡命之徒和可怕的冒险者的代表呢”？[138]

除了可以将权力交付联邦政府外，联邦主义者还坚持认为——用奥利弗·埃尔斯沃斯的话来说——他们的对手“担心联邦政府会滥用权力，完全是一种想象的谵妄，绝不会有利于自由”。华盛顿指出，“对政府权力的过度戒备，会带来重大的恶果，同缺乏戒备一样危险”。麦迪逊也同意说，政府的权力是必不可少的，而且政府可以安全地掌管这种权力，因此“拒绝政府掌权是不明智和不安全”之举。但是麦迪逊相信，过度放松“政府的束缚”是美国不变的趋势，这将会产生无政府主义，并最终形成独裁。[139] 346

因此，纽约地方法院首席法官理查德·莫里斯（Richard Morris）在本州批准宪法大会上说，反联邦主义者错误地得出结论，即“所有的危险源自统治者身上的一种虚构的暴君式习性”，然而，理性“理应教会我们，政府的活力是保护自由必不可少之物，就像统治者们对自由进行最热烈的追求一样”。在宾夕法尼亚州批准宪法大会上，威尔逊宣称，“淫乱”和“暴政”都是“自由的强大敌人”，因此政府必须拥有“适当的权力”去预防它们的危害。宾夕法尼亚州的著名联邦主义者本杰明·拉什写道，在“强调要戒备统治者”时，反联邦主义者“太过于忽视人民的弱点和恶习了”，然而只有一个“充满活力和有效率的政府，才能阻止人民堕落成野蛮人，或者像捕食的野兽那样相互啃噬”。莫里斯认为，撇开其他因素不谈，反联邦主义者“在他们狂热地追求自由时，似乎没有注意到外面的强国所带来的危险”。[140]

反联邦主义者深刻地怀疑政府的权力，他们推定这种权力具有腐蚀性。“布鲁图斯”提出，“历来准确无误的经验”证明，“每个被赋予权力的组织，铁定会提升自身的权力，而且会要求超越任何妨碍它们的东西”。亨利在弗吉尼亚州批准宪法大会上发言，“在世界上所有地区”，“渴望拥有统治权的领袖……无一例外地会滥用他们的权力”。三名马萨诸塞州的反联邦主义者问道：“难道过往的经历没有告诉我们，人们通常会全面行使他们所掌握的所有权力，甚至篡夺新的权力，以便实现他们阴险和贪婪的诡计？”[141]

反联邦主义者拒绝推定联邦政府官员将会是好人；所有的人都容易犯错，因此理应受到怀疑。尽管梅兰克顿·史密斯承认，并非所有人都不诚实，但他也认为，在制定一部宪法时“做这样的推定”，要比反其道而行之更加安全。“布鲁图斯”表示，这种推定特别有据可依，因为“如果这样组建政府，没有理由指望人民的利益和他们的统治者的利益能够保持一致”。实际上，如果将“人民的习惯和情绪当作防止统治者侵害的唯一屏障”，“布鲁图斯”问道，那么为什么还要在这部宪法中限制政府的权力呢？而且，因为政府权力是能动性的，反联邦主义者主张，宪法最初分配权力时哪怕有一丁点误判，也将随着时间的推移而出现更加复杂的问题。正如亨利所解释的那样，“让权力保持缺陷，要比收回过度行使的权力容易得多”，他因此警告，“如今错误的一步，将使我们坠入痛苦的深
347 渊，我们的共和国也将不复存在”。[142]

反联邦主义者相信，他们需要格外警惕这部宪法中看起来平淡无奇的条款，因为正如梅森所警告的那样，国会可以“用阴险、卑劣的手段最终摧毁州政府，这样的手段比那些公开的方式更加行之

有效”。反联邦主义者极端怀疑政府权力，他们与十年之前美国革命者的政治观点一样——那一代人持有英国政府想要蓄意压迫他们的阴谋论。[143]

联邦司法机构

反联邦主义者对统一的担心，也促使他们中的一些人反对宪法第三条——亨利称之为这部宪法中最危险的条款，麦迪逊后来说，这也是“最受批评”的宪法条款。第三条创设了联邦法院——一个联邦最高法院和根据国会立法设立的“低级”联邦法院，宪法赋予了联邦法院反联邦主义者所指责的“无限”司法权。在弗吉尼亚州批准宪法大会上，梅森警告，允许国会随心所欲地创建足够多的低级联邦法院，而这些法院拥有一种几乎不受限制的司法权限，将会“损害和最终摧毁州司法制度”，还会导致在“缓慢和无形之中——而非马上”建立起“一个庞大的、全国性的、集中化的政府”。[144]

反联邦主义者警告，联邦法官将拥有扩大国会权力的手段和动机。“布鲁图斯”担心，因为联邦法院对于由这部宪法所引起的“普通法与衡平法”案件拥有司法管辖权，而且，由于衡平性司法权不允许设定“明确的规则和固定的原则”，联邦法院将会拥有巨大的自由裁量权，去判断“宪法的理由和精神”，因而可以“将政府塑造成他们喜欢的任何样子”。而且，由于宪法中还有必要与适当条款，因此，这部宪法“本身强烈赞成”“宽泛地解释”国会的权力。[145]

更加重要的是，由于“每个公职人员都贪恋权力”，“布鲁图斯”预计，联邦法官将会倾向于用“扩大他们自身权力范围”的方式去解读这部宪法。因为联邦的司法权力直接与联邦的立法权力相连——通过宪法第三条，司法机构的权力可以延伸至所有根据联邦法律“产生”的案件，联邦法官将会“强烈地倾向于支持联邦政府，而且给出支持扩充这种司法权限的宪法解释”。每一次扩大国会的权力，都
348 将会增强“法官的尊严和重要性”。而且，联邦法院办理的事务越多，国会提高联邦法官薪酬的可能性就越大（这是宪法所允许的）。[146]❶

联邦司法权力的范围尤其令人担忧，正如“布鲁图斯”所言，“那些具有司法权的人，将会在一个自由的国度内处于一种前所未有的地位。他们将会完全独立于人民和立法机关，具有独立的职位和薪资”。[147]❷

反联邦主义者提出宪法修正案，提议将联邦司法权交给最高法院，下级法院仅负责管理海事案件。一位佐治亚州的反联邦主义者告诫道，这部宪法“给各州引进了奇怪而又全新的各式法院，我们各州自己的法院由此将很快被废弃”。[148]

反联邦主义者也赞成彻底削减宪法第三条赋予联邦法院的司法管辖权。他们认为，联邦的司法权力应该限定在联邦裁判机构必不可少的情况之下。比如，由联邦条约所引发的案件、涉及外国大使的诉讼案件、美国作为一方当事人的争端、两个或者两个以上州之间的争执，以及在公海发生的事故。可是，依照宪法第三条，联邦司法机构

---

❶ 这部宪法允许国会提高而非降低联邦法官的薪酬（然而国会不能改变总统的薪水）。一些反联邦主义者反对说，国会提高联邦法官工资的权力使国会对联邦法官拥有太大的影响力。而且，这部宪法中的不得兼任条款——禁止国会议员同时担任联邦行政职务——并不涵盖联邦法官，获得有利可图的行政职务的前景，也会影响联邦法官的判决。参见 1788 年 6 月 21 日格雷森在弗吉尼亚州批准宪法大会上的发言，*DHRC*, 10:1445；另见 1787 年 12 月 10 日麦基恩在宾夕法尼亚州批准宪法大会上的发言，*DHRC*, 2:534（总结反联邦主义者的反对意见）。

❷ 不同于联邦法官——他们行为端正就可以终身任职，而且在行为不端时只有通过弹劾的方式才可以将其去职，许多州法官的任期非常短暂，而且很容易被州立法机关去职。

的司法管辖权如此广泛，宾夕法尼亚州的反联邦主义者警告，“通过法律上的巧妙解释，它可能延伸至每一桩案件，从而吞噬各州司法机关”。梅森认为，弗吉尼亚州的法院无法判决外国公民和弗吉尼亚人之间的争执，这是一件“丢脸的事”。❶梅森提醒说，联邦法院对因联邦法律“所引起”的案件具有司法权，将使联邦法官可以免除联邦征税官的所有法律责任，即使他们“可能做出了最恶劣的欺压行为， 349
或者对一个男子的妻女施加了最张狂和荒唐的粗暴举动”。[149]

反联邦主义者还指责说，宪法第三条授予联邦法院管辖不同州公民作为当事人的案件——即便这些案件牵涉的是一般的州法事务，诸如合同争端——将让债权人迫使债务人长途跋涉（因为联邦初审法院数量很少，相距很远），以巨大的花费去为自己辩护，“容易造成对中下层人民的压迫”。为了阻止这种潜在的滥用行为，反联邦主义者提议，将联邦法院的司法管辖权限定到超过一定标的额的案件。他们甚至建议制定一份宪法修正案，规定不能通过虚构或者串通的方式来获取联邦司法管辖权——比如说将合同诉讼请求径直交给本州之外的当事人。反联邦主义者同样警告，给予联邦最高法院广泛的上诉管辖权，使得“富人能够不公正地对待穷人，因为

---

❶ 宪法第三条授予联邦法院的司法管辖权包括某一个州的公民与外国公民或者臣民之间所发生的争端，这一条款打开了英国债权人起诉追回战前债务的大门，而这是在南方各州引发巨大争论的问题——尤其是在弗吉尼亚州和马里兰州。许多南方人认为，这些战前的债务是不公正的，因为英国的重商主义政策剥夺了他们所出口农产品的相当大的一部分价值。1796 年联邦最高法院的一项判决证实了反联邦主义者对宪法第三条中司法管辖权的担忧，当时，联邦最高法院依照 1783 年的《巴黎条约》，裁决弗吉尼亚州取消偿还这类债务的法律是无效的。联邦法院于是成为支持英国债权人索赔要求的受理机构。参见 Main, *Political Parties*, 76；下文，454–455, 470–471; Ware v. Hylton, 3 U.S. (3 Dall.) 199 (1796); Casto, *The Supreme Court in the Early Republic*, 98–101; Holton, *Forced Founders*, 50–51, 210–211; Evans, “Private Indebtedness and the Revolution in Virginia,” 370–372。

后者无法到距离如此遥远的地方去参加诉讼，而且也无法承受必然由此产生的高额费用”。[150]

反联邦主义者也反对将联邦司法权力延伸至“衡平”和“普通法律”诉讼案件（正如本书第三章所言，在衡平法院受理的诉讼案件中，原告寻求的是金钱赔偿以外的救济，比如强制令）。宾夕法尼亚州反联邦主义者提醒道，“有钱和富有的诉讼者将会急切地把握住”衡平法院具有的所有特征——“无限的迷宫似的规则、复杂和拖延”。这些反联邦主义者提出，在英国衡平法院，富人通常能胜过穷人，因为衡平法院程序“花费巨大且极不方便”。[151]

反联邦主义者进一步批评说，这部宪法没有保护民事案件的审理过程中陪审团参与审判的权利。一位北卡罗来纳州的反联邦主义者坚信，陪审团是“我们权利和自由的堡垒”，而且只有“12名诚实、无私的人”才可以接受委托，审理影响人民财产的案件。此外，这部宪法给予美国联邦最高法院的上诉管辖权，既包括审理相关法律，也包括审理相关事实。按照宾夕法尼亚州反联邦主义者的理解，这就意味着，最高法院能够篡夺地方陪审团的功能，导致“不偏不倚的陪审团的宝贵审判权利丧失，而每一位自由之友都非常珍视这种权利”。一些反联邦主义者建议，联邦最高法院重审案件事实的权力，应该限定在来自衡平法院和海事法院的上诉案件——这些法院通常没有陪审团，并且应该阻止最高法院受理由陪审团查明事实的普通法法院所上诉的案件。
350 反联邦主义者还反对由联邦最高法院通过接受上诉审查初审法院查明的某些事实，这将要求原告承担运送他们的证据和证人到最高法院的高额费用。因此，纽约的反联邦主义者宣称，这种司法审查的权力，将以一种“富人掌握强大工具，压制和毁灭穷人”的方式运行。[152]

甚至连宪法第三条明确规定的陪审团审理刑事案件的权利，也可以“被回避，［并且］被认为毫无价值”，因为这部宪法既没有要求在案发地点附近审判联邦刑事案件——只要在同一个州就行——也不要求陪审团成员必须是本地选任。因此，在一个面积庞大的州，一个人可能会在离案发地500英里之外的地方受审，因此也就剥夺了知晓他和证人品行的当地陪审团审理的优势。反联邦主义者不能相信，美国人——他们曾经嚷嚷着抗议大英帝国经常将被指控触犯某些法律的殖民地民众送到英国接受审判，或者交给没有陪审团参与的附属海事法院审判——会容忍这种剥夺当地选任的陪审团审理当地刑事案件权利的行为。[153]

这部宪法也没有规定联邦刑事起诉程序应该受到普通法的保护，诸如大陪审团指控，或者要求被告拥有获得辩护律师代理、质证原告、交叉询问证人、不自证其罪、免受残忍和不公正惩罚的权利。按照马萨诸塞州的一位反联邦主义者的话来说，在这部宪法之下，国会可以“建立起的司法部门，其邪恶程度……不亚于宗教裁判所这样的残酷机构”，而且它有权做出将人送上“绞刑架”的惩罚。[154]

最后，在宪法第三条的问题上，反联邦主义者还反对说，各州将丧失它们传统的主权豁免权，这就意味着它们可以被起诉，而且需要被迫为独立战争期间和之后所发行的贬值证券和其他票据买单。帕特里克·亨利警告，在这部宪法之下，各州“必须兑现自己发行的纸币，一先令一先令地兑换”，因为依照宪法第三条，可以在不事先征得各州同意的情况下，将它们起诉到联邦法院，而且宪法第一条第十款禁止各州损害契约义务。❶在弗吉尼亚州批准宪法大会上，梅森反对州承受 351

---

❶ 反联邦主义者所提出的这两种阐释性主张都是值得商榷的。各州是否可以在不经它们同意的情况下，被起诉到联邦法院的问题，在1793年的“齐泽霍姆案”（*Chisholm v. Georgia*）中已经得到解决，对于这桩案件，本章稍后将有简短讨论。1810年，联邦最高法院在“弗莱彻案”（*Fletcher v. Peck*, 10 U.S. 87, 1810）中裁决，宪法中的契约条款确实禁止各州制定损害契约的溯及既往的立法，但并不针对那些私人当事人，而只适用于各州——这是对宪法第一条第十款所做的一种有争议性的解读。

“一个犯错的人被交由司法审判”时所面对的“那种羞辱”。[155]

联邦主义者积极回应这些针对宪法第三条和联邦司法权力的形形色色的批评。反联邦主义者指责联邦法院将意图广泛解读国会所拥有的权力，以此扩张它们自身对“联邦立法所引发问题”的司法管辖权，对此，联邦主义者坚持认为，他们的理解恰恰相反：联邦法院将会推翻国会超越所获授权的立法行为。詹姆斯·威尔逊提出，由于联邦法官终身任职且任职期间薪酬不降低，他们将会“大胆”地阻止国会篡夺权力。联邦主义者为联邦法官在任期间如果品行良好可以终身任职辩护，其理由是，只有司法机关独立，才能可靠地保护个人自由和私人财产。宪法允许联邦法官——总统不行——在任职内涨薪，尽管它打开了国会影响司法机构的大门，但联邦主义者为其辩护道，货币的价值在一个品行良好的法官终身任职期间发生变化的概率，要比在四年总统任期内大得多。[156]

在弗吉尼亚州批准宪法大会上，埃德蒙德·彭德尔顿解释了这部宪法为什么会给予国会创建下级联邦法院的自行决定权。在这部宪法中明确规定这类法院的具体数目，并非明智之举，因为很难准确预料这方面的发展情况，比如西部人口的快速增长。彭德尔顿坚持说，国会必须有能力“依据自己的经验”来采取行动。[157]

不过，彭德尔顿和其他联邦主义者也保证，第一届国会“很有可能”会将联邦下级法院所拥有的大部分司法权授予州法院，因为这“最能使人们普遍感到满意，也符合节约成本的目的”。麦迪逊也同意，说《邦联条例》也没有授权邦联国会建立自己的法院，去审理发生在公海上的走私和严重犯罪行为，而是让州海事法院行使这种司法权。[158]

联邦主义者也为宪法第三条的司法管辖权条款给出了辩护意见。威尔逊承认，让联邦法院管辖外国公民或者臣民提起的诉讼案件所引发的批评，可能比第三条在其他司法管辖权问题上遭受的批评加起来还要多。然而，他捍卫这项条款，理由是，如果他们的公共和私人债务在美国需要偿还的话，外国人必须接受“公正和不偏不倚的审判”。威尔逊和其他联邦主义者表示，否认外国债权人接受公正审判的权利，将给他们提供发动一场战争的正当理由。因此，威廉·戴维在北卡罗来纳州批准宪法大会上发言：“如果将这类争议留给各州自行决定，那么，在任何时候，它们都有可能将整个大陆卷入一场战争，而这通常会是全国最大的灾难。”[159] 352

联邦主义者为联邦司法机关管辖“联邦法律案件”的司法权辩护，理由是，“如果太阳底下有任何政治公理可言，那么，它必须是司法权力理应与立法机关共进退”。这种司法权限对于联邦政府维持自身的能力至关重要，尤其是实施联邦财政法律和联邦条约的能力。戴维认为，如果将解释条约的权力留给13个独立的司法机关，“必定会出现不公正和相互矛盾的判决”，这将可能让整个国家卷入战争。联邦和州法律相冲突时，州法官——由州立法机关发薪水而且由其决定任职期限——不可能公正无私。[160]

由联邦司法机关管辖海事和海洋案件——还有涉及外国大使的案件——也是确保本国外交政策统一的关键举措。彭德尔顿承认，在大多数情况下，由联邦司法机关受理不同州公民之间的诉讼案件，对于联邦利益不是至关重要之事，但他坚持认为，这种司法权将保护一个外州的债权人，在要求一个罗得岛人偿还债务时，不被罗得岛州的一个法院强迫接受贬值的货币，这一点非常重要。而且，按照纽约州联邦主义者的说法，在这类涉及不同州公民的案件中，被告确实可能面临赶往一个遥远的联邦法院参加诉讼所带来的不方便，但这些被告“很可能是有钱人、商人和大地主，而不是穷人”。[161]

反联邦主义者提出，联邦最高法院具有宽泛的上诉司法管辖权，可能迫使原告不得不长途跋涉，去参与标的额很小的案件，对此，联邦主义者保证说，国会将限定由联邦法院判决的诉讼的最低标的额。彭德尔顿表示，国会代表不希望让他们的选民受制于“这种危险的压迫性措施”。联邦主义者主张，我们应该相信国会能够在这种议题上采取理性的行动，因为除了那些最靠近联邦政府所在地的州之外，每个州都拥有共同利益来限制国会滥用这种权力。联邦主义者甚至建议，国会可以要求联邦最高法院在全国不同地区轮流开庭，正如邦联国会已经建立的捕获品上诉法院那样。这种办法将保护诉讼双方免受为了上诉他们的案件而不得不赶往国家首都所带来的不便。[162]

联邦主义者为宪法在民事案件中忽略陪审团审判权利进行辩护，理由是，各州在民事伤害案件上的实践差别很大，致使制定统一的联
353 邦宪法规则显得不切实际。❶至少，不是所有州在衡平案件或者牵涉
海上俘获的海事案件中，都能提供陪审团审判。因此，要求在所有的联邦民事案件中都提供陪审团审判，将给许多州带来不便。[163]❷

---

❶ 反联邦主义者回应道，如果制宪者真的认为各州在民事案件中对于陪审团审判的实践不一致，他们可以直接在宪法中规定，联邦民事案件审理过程中的陪审团要求，参照具体联邦法院所在州的法律执行。反联邦主义者还表示，尽管在刑事案件的某些方面，各州对于陪审团参与审判的要求也各不相同，但制宪者还是需要在宪法中明确保护这种权利。参见 1788 年 7 月 29 日斯宾塞（Spencer）在北卡罗来纳州批准宪法大会上的发言，*Elliot*, 4:154–155; Bloodworth，同上，167；1787 年 12 月 7 日威廉·芬得利在宾夕法尼亚州批准宪法大会上的发言，*DHRC*, 2:522; “One of the Common People,” *Boston Gazette*, Dec. 3, 1787, *DHRC*, 4:369；另见“A Democratic Federalist,” *Pennsylvania Herald*, Oct. 17, 1787, *DHRC*, 2:194。

❷ 查尔斯·科茨沃斯·平克尼向南卡罗来纳州立法机关解释道，在《邦联条例》之下，邦联国会已经在涉及捕获的海事案件中有过提供陪审团审判的经历——其做法不同于大多数国家。按照平克尼的说法，这种经历已经证明是一种灾难，因为陪审团不分青红皂白地否定来自其他州的朋友、敌人和公民的财产。结果，邦联国会明智地终止了这种行为——如果《邦联条例》要求在所有民事案件中采用陪审团审判，邦联国会就不会走到这一步。参见 1788 年 1 月 18 日平克尼在南卡罗来纳州众议院的发言，*DHRC*, 27:150–151；另见 editorial note, *DHRC*, 5:611–612 nn.3–4。

此外，联邦主义者指出，尽管宪法没有保证在联邦民事案件中提供陪审团审判的权利，但是国会仍保留有通过立法为这类审判提供陪审团的自由裁量权。❶查尔斯·平克尼认为，“联邦政府既无利益，也无意图滥用一个自由国家所引以为傲的最为宝贵的一种权利”，尤其是因为，如果国会不给民事审判提供陪审团，国会代表自身的财富也会面临危险。艾德尔坚信，在这种权利极受欢迎的案件中取消这种权利，“将招致人民对［国会］的愤恨和厌恶”，而且国会将会“不断地受到抵制”。[164]

联邦主义者也表示，在刑事案件中的陪审团审判可能对于阻止政府的权力扩张是必不可少的，因为政府是大多数刑事指控的发起者，而绝大多数民事案件涉及的是私人之间的争端。相应地，没有理由限制政府对哪些民事案件理应得到陪审团审判的自行决定权。最后，一些联邦主义者还指出，陪审团审判可能不适用于某些牵涉不同州公民的联邦案件，因为陪审员可能会偏袒某一方当事人。因此，威尔逊质问宾夕法尼亚州反联邦主义者威廉·芬得利，他是否真的希望“他财富的很大一部分”的命运，交由来自罗得岛州的陪审团决定。[165]

宪法没有要求在审理联邦刑事案件时，陪审团应从犯罪行为发生地附近选择，对此，麦迪逊解释道，面对民众反叛时，可能会异地审判。此外，北卡罗来纳州联邦主义者塞缪尔·约翰斯顿还指出，各州召集刑事案件陪审团的做法差异巨大，无法为全国制定一个单一的宪法准则。[166] 354

反联邦主义者反对联邦最高法院对于事实问题行使上诉审判

❶ 事实上，第一届联邦国会规定，在联邦地方法院审理的所有案件中，陪审团将会负责事实审判——其中就包括民事案件——属于海事法院和海上捕获法院管辖的案件除外。参见 Judiciary Act of 1789, ch. 20, § 9, 1 Stat. 76–77。

权，对此，彭德尔顿坦言，他希望从宪法第三条中删除这种授权的措辞，这将“让这项条款的最大反对声音销声匿迹”。然而，他也为这种司法权辩护，理由是，对于来自衡平法院或者海事法院的上诉案件——在那些法院，通常是由法官而非陪审团来查明事实，由上诉法院来重审事实，是司空见惯之事。麦迪逊说，国会可能将颁布规章，来确保陪审团审判的特权不会因为联邦最高法院推翻陪审团对上诉案件的事实发现而失效。此外，威尔逊还提出，如果不授权联邦最高法院推翻陪审团做出的那些可能违反国际法的事实判定，结果可能会使美国卷入战争。[167]

对于他们对手的反对——宪法可能会迫使各州按照面额价值赎回纸币，许多联邦主义者否认可以在不经过各州同意的情况下，在联邦法院起诉各州。[168]❶

众议院代表

除了反对联邦政府广泛的权力和解释这些权力的各种联邦司法权力外，反联邦主义者还提出了许多反对联邦政府结构性特征的意见。在这些言论中，主要的批评针对的是众议院的规模。众议院起初包括65名议员（推定所有13个州都批准这部宪法，因此都将参加新的联盟），规模将只有英国下议院的1/8那么大，而且比大多数州立法机关的下院

---

❶ 联邦最高法院在1793年的“齐泽霍姆案”中判决，宪法第三条允许不经各州同意便可以在联邦法院起诉各州，批评者抱怨这是一种诱导各州上当的手法。“齐泽霍姆案”判决很快被宪法第十一修正案所推翻。参见 Casto, *The Supreme Court in the Early Republic*, 188–202; Charles Warren, *The Supreme Court in United States History*, vol. 1, *1789–1835* (Boston, 1926), 93–102。

还要小很多，而国会分明是在代表一个非常大的国家——无论用地理还是人口来衡量——比最大的州还要大。譬如，在1787年，马萨诸塞州立法机关下议院包含266名代表，每一位议员大概代表本州的1425名居民（根据1790年人口普查的本州人数）。与之相比，在1789年，65名众议员，每一位将会代表大约5万名民众。❶国会选区相对庞大的规模特别引人注目，因为州立法机关在18世纪80年代正努力缩减每个 355
立法者代表选民的规模，使得州议会议席几乎增加一倍。[169]

而且，宪法虽然给众议院规模设定了最高限度，但它只确立了一个很低的下限。每个州被确保至少被分配一名国会代表名额，但是除此之外，宪法规定，州内每3万名居民最多可以产生一名国会代表。实际上，费城会议最初设定的众议院选区的最低规模是4万人，但是最后一刻减少到3万人，可能是为了增加宪法获得批准的可能性。因为宪法只保障每州至少选派一名国会代表，国会可以自由地将代表人数降到远远低于65名——实际上，可以一直降到13人（直到有更多的州加入联盟）。[170]

反联邦主义者相信，国会代表将不会同意支持扩大众议院的规模（达到每3万名居民中选举一名代表的限度），从而稀释他们个人的影响力。而且，反联邦主义者预料，如果众议院扩大规模，小州在众议院的相对影响力将稍微降低，它们将施加自己在参议院的影响力——在参议院，各州具有平等代表权——阻止众议院扩张。❷

---

❶ 到 2016 年，众议院议员平均代表的人数超过了 70 万人。

❷ 因为人口数量非常少，特拉华州和罗得岛州在宪法的保障下至少产生一名国会代表，但可能无法获得第二个代表名额，除非众议院的规模大大超过了 100 名成员。但是，它们在一个 100 名议员组成的众议院中所发挥的影响力，要比在一个 65 名议员组成的众议院中所发挥的影响力相对小一些。因此，它们派往国会的代表将具有某种动机，去抵制扩大众议院规模的提案——这可能正是为什么，如我们将要看到的那样，特拉华州在 1789 年拒绝了一份由国会提议的授权扩大众议院规模的宪法修正案。

纽约州的反联邦主义者提议一份宪法修正案，要求将国会众议院代表的规模固定在每2万人选举一名代表，直到众议院代表达到300名，然后再改变这个比例。弗吉尼亚州的反联邦主义者支持每3万人选举一名代表，直到众议院的规模达到200人。[171]

对于反联邦主义者来说，一个由65名议员组成的众议院“纯粹只具有代表制的影子”“不过是支离破碎的代表”“完全是滑稽的模仿”。“布鲁图斯”指责道：“地球上的自由民族选举代表为自己立法时，从来没有过将他们的信心寄托在如此少量的人身上。”[172]

反联邦主义者相信，有效的代表制要求立法者非常熟稔他们选
356 民的当地环境。史密斯在纽约州批准宪法大会上发言，在一个共和政府当中，代表们应该“贴近他们所代表的选民。他们应该是人民的真实写照，知晓他们的环境和需要，同情他们所有的苦痛，而且愿意谋求他们真正的利益”。在弗吉尼亚州批准宪法大会上，梅森解释道，代表们“理应与人民打成一片，想他们所想，与他们感同身受”。[173]

梅森抗议说，一个只有65名代表的国会，不“可能了解这个庞大大陆上所有居民的处境和情况”。同样，马里兰州的塞缪尔·蔡斯也反对说，如此少的国会代表无法“代表如此众多的人的观点、愿望和利益”，也无法“熟悉美国人的情绪和利益——其中包含着诸多不同阶级或者等级——商人、农民、种植园主、工匠和乡绅”。实际上，梅森坚持认为，“在全国性政府中实行充分和适当的代表制”，完全是不可能的，因为“这样的代表体制既昂贵又笨拙”。他还主张，对于这样“一个建构得如此不完善的政府”，就应该“少授予权力”。[174]

梅森声称，在涉及征税的问题上，不充分的代表性尤其令人不安。不同的征税方式，尽管“具有极为重要的后果”，但在宪法之

下，却被“与我们既没有共同利益，也没有同胞情谊”的联邦代表所决定。史密斯同样提醒说，当联邦政府的官员不能成为“人民的真正和公平的代表”时，让他们“可以自由地将手伸进我们的口袋”，实属危险之举。[175]

用史密斯的话来说，过大的选区不仅使代表难以熟悉地方环境，还将使那些“过着平凡和俭朴生活的人”更难当选。梅森警告道，一个只有65名议员的众议院将包括的是“伟大、富有、出身好的人”。这样一个众议院“必然形成一个贵族团体，而且将不会尊重人民的利益”。史密斯表示，当公职的数量很少时，“公职将被抬举得很高，而且与众不同”。“普通民众”会认为，只有因“出身、教育、天赋和财富”而知名的人，才配掌握公职，他们尊重这类品性。而且，只有具有“显而易见的民望，军事、民事或者法律才能”，才能拥有足够的影响力，在包含3万或4万居民的地域中竞选获胜。[176]

亨利提出，英国郡县坐拥庞大财产的男子，要花费3万或者4万英镑来竞选议会议员，他预料穷人将没有机会在大范围的国会选区竞选中胜出。如果就像约翰·泰勒在宾夕法尼亚州批准宪法大会 357
上所警告的那样，国会将议员的工资定得如此之低，只有富人才有能力担任公职，那么，贵族制的危险就更大了。与之相反，扩大众议院的规模，将“为接纳我们国家大量的自耕农打开一道门”，还能阻止政府落入“少数人和大人物之手”。[177]

史密斯承认，称职能干的代表必须能够获得“广泛的政治和商业信息，比如受过良好教育的人就能获得这类信息，他们有闲暇去获得更高的提升”。然而，他坚信，完善的代表制也要求“某种程度地熟悉人民普遍关心的问题和生活需求，在这方面，中产阶级生活水平的人，普遍比上层阶级更能胜任”。譬如，关于税收问题，一个称职的国会代表不仅“要熟悉财政制度的艰涩部分”，还要“知晓人民的一般处境和能力”，知晓“税收将会给不同的阶层带来怎样的负担”。史密斯主张，中产阶级的成员大概不会给穷人施加过多的负担，因为这样做也会影响他们自己；他们也不会制定危及财产安全的法律，因为他们也拥有财产。实际上，史密斯甚至主张，中产阶级可能成为更好的代表，因为他们“比那些大人物更有节制，有更高的道德和更少的野心”。[178]❶

最后，关于众议院的规模问题，反联邦主义者主张，较小数量的代表比较大数量的代表更容易被贿赂或者被外国阴谋所腐化。帕特里克·亨利警告，众议员被总统“腐化”可能会成为一个特别需要注意的问题，因为宪法禁止国会议员出任那些在他们任职期间创立，或者提升了薪水的职位，不过，他们仍有资格出任其他联邦职位，这给总统留下了足够多的诱惑渠道，去影响不坚定的议员。[179]

反联邦主义者相信，一个只能容纳较少数量代表的众议院，令
358 人感到更加不安的原因在于，宪法偏离美国人每年改选立法机关下院议员的常规做法。“一位哥伦比亚爱国者”批评了从年度选举改为两年选举一次的做法，理由是，“经常回到他们选民中间”，能够更强有力地“防止腐败。人人都容易腐败，不论是受到其他更加优秀之人的引诱，还是源自他们自身心灵的倾向”。马萨诸塞州的另一位反联邦主义者也提到年度选举，认为年度性选举已经是马萨诸塞州的一贯做法，被视为“人民自由的保障”；而且他警告道，放

❶ 对于最后一点，纽约州首席法官罗伯特·利文斯顿觉得难以接受。他强烈反对史密斯痛斥富人为“邪恶和不节制之徒”的说法，他坚持说，富人与“他们社区中任何阶层的人一样诚实和品德高尚”。他也想知道，反联邦主义者是否真的希望将“有学识、睿智和具有美德之人”排除在政府之外，他还挖苦地问道，组织国会的最好方式，是不是“走上大街，找一些流氓和强盗……然后再带一些穷人、盲人和跛足者”。参见 1788 年 6 月 23 日罗伯特·R. 利文斯顿在纽约州批准宪法大会上的发言，*DHRC*, 22:1811–1812。

弃这样的年度选举，将成为“暴政进入的通道”。有些反联邦主义者支持甚至更短的6个月国会任期，这也是康涅狄格州和罗得岛州立法机关下议院的任期。[180]

联邦主义者反驳了他们对手对众议院设计的各种批评。约翰·杰伊辩护说，众议院比大多数州立法机关的规模都要小，原因在于，国会需要处理的大多是“涉及各州之间利益关系以及与外国之间利益关系”的问题。为了成功地实现这些目标，不用要求代表非常熟悉地方社区的利益和需求。用署名“一位地主”的联邦主义者的话来讲，“每个州派出5个或者10个真诚和明智之人”，将会“比100个人更能够胜任国会工作”。与之相反，州立法机关处理的是地方性问题，包括来自个人和城镇的请愿。杰伊解释道，要公正地解决这类事务，才要求掌握更多“详细的地方信息”。[181]

甚至在国会必然会侵入地方事务的领域，诸如税收政策上，联邦主义者也主张说，明智的立法者只需要拥有农业、制造业和商业方面的常识，不用十分熟悉当地的细节。有些联邦主义者在为众议院的小规模辩护时，提出的理由是小规模更省钱。❶最后，联邦主义者还质疑，为何他们的对手更偏爱邦联国会，而不喜欢宪法所设计的众议院——大多数州派往邦联国会的代表人数更少？[182]

尽管联邦主义者为众议院相对较小的规模辩护，但他们坚决否认国会将试图把代表人数减少到65人以下，或者不合理地抵制增加代表人数的提议。在纽约州批准宪法大会上，汉密尔顿承认，宪法没有明确禁止国会缩减众议院的规模，但他坚持认为，“这项条款

---

❶ 在回应小规模众议院更节省纳税人钱财的观点时，梅兰克顿·史密斯提出，其中涉及的金钱数目很少，他坚信，“那些反对为了保障自己的自由而付出成本的人，不配享有这样的自由”。参见1788年6月21日史密斯在纽约州批准宪法大会上的发言，*DHRC*, 22:1749。

的真正含义，将使国会无权”这么做。其他联邦主义者走得更远，
359 他们再次保证，国会将设定每3万人有1名代表的比例，这既是上限又是下限，意味着众议院的规模在1790年第一次人口普查之后，将可能增加到至少100名议员（实际上，增加到了105名）。[183]

当时的美国人对于立法机关的理想规模缺乏任何共识。纽约州下议院有65名议员，南卡罗来纳州有100名议员，马萨诸塞州则超过250名。汉密尔顿主张说，国会应该有权自行设定选民与代表的适当比例。联邦主义者的对手指责说，自私自利的国会代表不会同意扩大众议院规模，从而消解他们个人的影响，对此，联邦主义者主张，如果民众提出这样的要求，国会将无力抵制。而且，他们还提出，国会代表反而有动机扩大众议院规模：这么做将为他们提供更多的竞选机会。联邦主义者坚持认为，只有少数几个小州的代表，才会因有既得利益而抵制众议院的扩张。[184]

联邦主义者也为众议院两年一次的选举辩护。对比众议院的两年任期与英国下议院的7年任期，麦迪逊坚持认为，两年一次的选举将足以确保代表和选民之间的“共同感情”和“同胞情谊”。威尔逊主张说，“在一个像美国这么大的国家”，来自佐治亚的代表将不得不跋涉将近1 000英里，才能抵达联邦政府所在地，每年一次的选举根本不切实际。此外，许多联邦主义者还表示，一年的职务任期将无法让代表获得——用马萨诸塞州的西奥多·塞奇威克的话来讲，涉及整个国家“广泛而重大事务的一般性知识”。[185]

而且，依照马萨诸塞州联邦主义者费希尔·埃姆斯（Fisher Ames）的话来讲，两年一次的选举，将成为“一种确保自由的基本保障”，因为这样的选举可以让“人民清醒的、经过三思的想法”，而非“大众暂时的冲动”，成为法律。埃姆斯补充道，将国会众议院代表任期限定为一年，将使众议院无法“在重要性上匹配”参议

院，后者的任期为6年。联邦主义者进一步表示，在《邦联条例》之下，除了两个州以外的其他所有州民众，都无法直接选举邦联国会代表，相比之下，宪法代表着民众治理方面的一种进步——不论国会代表的任期有多长。最后，联邦主义者再次保证，将国会议员的任期从一年延长至两年，绝不意味着将来一定会继续延长任期，像他们的对手所指责的那样，延长到5年或者7年，甚至在品行端正时终身任职。[186] 360

联邦主义者也否认大范围的国会选区将必然导致“贵族”当选。汉密尔顿坚信，选民可以自由地选举任何他们喜爱的人担任职务；宪法中没有任何条款会使“富人比穷人更加适合”担任公职。首席法官罗伯特·利文斯顿也同意说：在一个共和政府之中，“我们都是贵族，职务、薪水、荣誉对所有人开放”。实际上，利文斯顿走得更远，他主张，在竞争政治职务时，富人将处于相对不利的地位，因为“富人会成为嫉妒的对象”，这将“成为他们升迁的障碍”。在弗吉尼亚州批准宪法大会上，伦道夫问道，民众既然不愿选举那些与他们没有“同胞情谊”的人出任州议会代表，又怎么会倾向于选举他们出任联邦议员呢？[187]

参议院

反联邦主义者也提出多项反对参议院的意见，包括其任命方式、规模、代表形式和权力。大州的反联邦主义者批评各州在参议院拥有平等的代表权。一位马萨诸塞州的反联邦主义者认为，在讨论国家问题时，“小小特拉华”竟然与人口极多的马萨诸塞州具有平等投票权，这实在是“太荒唐了”。联邦主义者辩护说，参议院不以人口基数作为选任基础，是保证费城会议获得成功至关重要的妥协，对此，一位南方反联邦主义者声称，这完全是“北方面积小、可怜的诸州一再坚持所导致的结果”。许多大州的反联邦主义者所提出的反对参议院的其他意见，可能也部分缘于他们认为参议院的任命方式不公平。[188]

少数反联邦主义者反对说，参议院的规模太小。一位北卡罗来纳州的反联邦主义者对“给这么少的人以如此宽泛的权力”感到担心。用塞缪尔·蔡斯的话来说，参议院的小规模，将为“贿赂和腐败”打开大门。[189]

更为常见的反对意见是，反联邦主义者反对参议员的6年任期制，他们指责这将“毁坏他们的责任感，而且诱使他们像人民的主人而非仆人那样行事”。马萨诸塞州的反联邦主义者警告，参议员将会“忘记他们依赖于人民，而且不愿离开他们的职位”。6年“太长，无法信任任何掌权的人”。期间，参议员将创设足够多的职务，获取足够多的影响力，来确保他们能够连任。用“一位哥伦比亚爱国者”的话来说，6年期限很容易演变成“一种终身制任命，因为
361 这样一个机构在人民心中的影响力，将与他们［参议员］被授予的巨大权力”不相上下。[190]

许多反联邦主义者也批评这部宪法没有要求参议员实行定期轮替制——《邦联条例》就规定国会代表要定期轮替。梅森宣称，“对于维护一个共和政府而言，没有什么比定期轮替更加必不可少。没有什么能如此强烈地迫使一个人重视他的选民利益，让他回到广大人民群众中间，回到他当选的地方，分担体验他们的生活负担”。纽约州反联邦主义者吉尔伯特·利文斯顿（Gilbert Livingston）担心，因为参议员将被封闭在一个联邦城镇之中，“只与同一阶层的人”打交道，成为不知晓“普通人境遇的人”，他们将“很容易忘

记他们的出身，丧失他们的同情心，而且沾染自私的习惯”。按照小约翰·兰辛的话说，强制性的任期轮替，将“恢复他们对于［同胞］的同情心，权力和高位很容易让统治者忘记这些”。[191]

此外，梅兰克顿·史密斯主张，强制性轮替为希望当选参议员的人创造了更多机会，将“把选民中有天赋和能力之人送上参议员的位置”。因此，史密斯支持他的盟友吉尔伯特·利文斯顿提议的宪法修正案：限制参议员在任意一个12年间，连续服务超过6年。史密斯说，如果没有这样一条修正案，“毫无疑问，参议员将永久地担任他们的职务”，这将“不符合既定的共和主义原则”。[192]

一些反联邦主义者也抱怨，在这部宪法中没有任何授权州立法机关召回参议员的规定，就像《邦联条例》对国会代表做出的规定一样。在纽约州批准宪法大会上，史密斯和兰辛争辩说，如果参议院的目标是保护各州独立的话，那么州立法机关就应该有权召回不能充分履行职责的参议员。史密斯说，即使众议院成员不应被召回，因为“多数人的冲动不符合规则性政府的要求”，州立法机关也不是“一群具有暴民品质的人”。而且，在《邦联条例》之下，并没有任何州实际上行使了罢免国会代表的权力，这就表明，州立法机关可以被委以这样一种权力。[193]

一位马萨诸塞州的反联邦主义者恰当地抓住了许多人对于代表性问题的担忧，其中涉及宪法中关于代表性的一般规定，以及对参议院的具体规定。《邦联条例》规定了对国会代表的三种不同制约方式：一年制的职务任期、强制性轮替，以及州立法机关的罢免权。但宪法撤销了所有这三种制约措施，而且还授予了联邦议员新 362
的权力，可以使他们成为人民的“主人而非仆人”。[194]

反联邦主义者也反对宪法授予参议院的许多权力。尽管宪法不允许参议院提出财税方面的法案，但是它确实允许参议院修订这类法案。反联邦主义者要求知道，既然英国的上议院不能更改下议院创制的财税法案，美国参议院为何不能接受同样的限制。[195]

反联邦主义者还反对参议院和总统共同行使缔约权力。为什么不是众议院这个更加直接代表人民的机构参与缔约过程？一些反联邦主义者还反对缔约权力缺乏“任何宪法上的约束”。宪法规定，条约是“美国最高法律”的组成部分，“联邦农夫”抗议道，宪法甚至不要求条约像联邦法规一样，“依照宪法的规定而缔结”。[196]

此外，许多反联邦主义者反对宪法赋予参议院审判联邦官员弹劾案的权力。在弗吉尼亚州批准宪法大会上，帕特里克·亨利一再抱怨，新的联邦政府缺乏“真正的责任”。在大英帝国，建议君主采取非法措施的政府大臣会受到议会弹劾。但是，如果美国参议员做出“任何有损于他们国家荣誉或者利益”的事情——比如收受贿赂，批准有悖于本国利益的条约——“他们将自我审判”，亨利认为这实在是荒谬可笑。[197]

反联邦主义者还反对说，批准条约必须获得参议员的意见与同意，因此，如果总统在缔约过程中出卖了国家利益，而被众议院弹劾，不可能指望参议员给总统定罪。威廉·格雷森问，当参议员成为总统“犯罪的帮凶”时，他们基于众议院的弹劾给总统定罪的可能性有多大呢？而且，亨利十分认同英国的做法，在英格兰，基于弹劾被定罪的后果可能是严重的刑事惩罚——“上绞刑架”。而在这部宪法之下，因弹劾被定罪的后果仅仅是撤销职务和取消将来担任联邦职务的资格（尽管并不禁止随后的刑事审判程序）。[198]

考虑到参议院共享立法、任命、缔约和弹劾的权力，一位北卡罗来纳州的反联邦主义者担心，这个联邦政府的分支机构拥有的“权力如此之大，而且拥有如此专横和无法控制的影响力，不符合一个自由国家的任何一种保障自由的理念，而且它完全可以吞噬其

他所有权力，使自己成为一个暴君式的贵族机构”。[199] 364

联邦主义者对反联邦主义者批评参议院的意见给出了多种回应。大州的联邦主义者承认，在上议院实施各州平等的代表制度确实不公平，但是他们强调，众议院是基于人口数量选举的代表，这是对《邦联条例》的一种改进。在他所在州的批准宪法大会上，埃德蒙德·彭德尔顿赞许地表示，在这部宪法之下，弗吉尼亚州不用再支付1/6的联盟费用，尽管在各州公共委员会中的影响并不比特拉华州更大。[200]

联邦主义者为参议员的6年任期提供了多种正当理由。汉密尔顿主张，每一个共和国都要求建立“某种永久性机构，去纠正偏见，遏制无节制的激情，并且监管大众议事组织的摇摆波动”。尽管人民总体上是向善的，但他们并不“拥有体制性政府所必需的洞察力和稳定性”，而且“经常被野心勃勃之人的无知、冲动和阴谋所误导”。麦迪逊也同样认为，参议院能够“作为一道防线，帮助人民抵御他们自己暂时的错误和妄想”，“暂停人民对自己的打击，直到理性、正义和真相收复它们对大众心智的控制权”。[201]

此外，联邦主义者还指出，较长的职务任期将让参议员“适当地熟悉立法的目标和原则”。参议员将与总统一起，处理本国的外交事务，这就需要依靠汉密尔顿所坚信“不能很快掌握”的知识。较长任期将使参议员能够追求更长远的计划，还能在外国与美国谈判时，给对方提供他们所要求的、麦迪逊所谓的“国家意识”。[202]

联邦主义者还表示，6年的任期只比纽约州的州参议员的任期多两年，而且只比马里兰州的州参议员的任期多一年。此外，联邦主义者否认6年的任期有可能演变为品行端正之下的终身制。他们认为，联邦参议员离开州政府6年，将削弱他们对州立法机关的影响力，因此降低了他们再次获得任命的机会。[203]

联邦主义者也为宪法没有规定参议员任期强制性轮替进行辩护。康涅狄格州的罗杰·谢尔曼主张，禁止参议员连任将“剥夺人民”选择他们自身代表的“自由”❶，而且“去除了参议员忠于职
364 务的一个重大动机”。此外，谢尔曼还指出，“没有什么比频繁更换管理人员更能导致政府不稳定”。在纽约州批准宪法大会上，罗伯特·利文斯顿谴责强制性轮替是“放逐官员的一种荒谬变种——一种限制有才之人和禁止那些最忠实地履行信念之人占据公共职位的方式”。汉密尔顿警告，一个知道其职务将要被换掉的人，将“把他的注意力主要转向自己的薪水”，甚至可能忍不住“要去用违宪的篡夺方式来固化自己的权力”。[204]

联邦主义者也为这部宪法未能授权州立法机关召回参议员进行辩护。利文斯顿坚持说，参议员理应不仅代表州政府的利益，还应代表联盟的利益，然而如果“各州有权召回参议员，便做不到这一点，因为有时为了这个联盟的共同利益和安全，做出小小的牺牲是必不可少的，但是如果一个参议员认可了这样的牺牲，他将立即被召回”。理查德·莫里斯，一位纽约州的联邦主义者也同意，认为让各州可以罢免参议员，“将会使参议员像奴隶一样屈从于各州的约定观念和斗争中占上风的派系”，而非“屈从于国家运行中的稳定性和活力”。汉密尔顿提醒纽约州批准宪法大会注意罗得岛州在货币和财政问题上的激进主义经验，他警告，罢免权将使得州立法机关——建立之目的就是感受人民的“偏见和激情”，成为“向全国性政府传送邪恶情绪”的工具。联邦主义者也用同样的理由，为

---

❶ 反联邦主义者回答说，在出任联邦职务问题上设置年龄和公民权限制，同样侵犯了人民选择代表的权利，然而似乎没有人反对这方面的限制。参见 1788 年 6 月 25 日史密斯在纽约州批准宪法大会上的发言，*DHRC*, 22:1879。

宪法拒绝由州立法机关设定参议员的薪水辩护。[205]

联邦主义者否认他们的对手指控的这部宪法授予参议院危险的权力。北卡罗来纳州的詹姆斯·艾德尔坚持说，众议院发起财税法案的专有权力将使得它能够“做一切事情”，因为“[一个]政府没有钱便无法支撑下去”。查尔斯·平克尼称呼众议院是“这一体制的动力源泉”，因为它拥有控制钱包的权力，端赖此招募陆军和海军，发放政府人员的工资。联邦主义者主张说，众议院若是威胁着要撤销对政府的资助，便可迫使参议院同意它的提议。麦迪逊针对反联邦主义者的批评，辩护说，参议院修订财税法案的权力——即使它不能发起这类提案——成为避免两个分支机构出现“令人不快的争端”的重要手段。他还（不正确地）提出，大部分州的宪法都禁止立法机关的上院发起财税法案，但都不禁止它们提出修改意见。[206]

联邦主义者也为宪法授予参议院共享缔约权，而将众议院完全排除在缔约过程之外辩护。威尔逊解释道，至少有些条约的谈判不得不秘密进行，这就意味着，只有一个像参议院这样小的机构可以 365
被委此重任。而且，条约谈判涉及的国家距离美国几千英里——当美国是当事国之一时，情况通常是这样——这注定是耗时之事，然而众议院不可能在这么长的时间里一直开会。威尔逊还进一步指出，虽然众议院不能直接参与缔约，但可以通过拒绝颁布执行条约的法律，有效地阻止它所反对的条约。而且在任何情况下，参议院滥用缔约权都将受到总统的制约。[207]

联邦主义者否认授予参议院审判弹劾案的权力会削弱联邦政府的责任性。在批准宪法的争论期间，还不清楚国会议员是否可以被视为“美国官员”——只有官员才是可以弹劾的对象。然而，联邦主义者坚持说，即便参议员不能被弹劾，他们也可以因为任何滥用职权的行为，而遭到刑事起诉。[208]

此外，联邦主义者还提出，如果参议员最终被视为可以被弹劾的联邦官员，那么反联邦主义者就错误地认为，参议员绝不可能在弹劾审判中给他们的同事定罪。艾德尔表示，弹劾的理由仅限于腐败或者某些其他“邪恶动机”——不仅仅是不良判断——他还坚持说，如果此类严重的恶行得到证实的话，参议员将毫不犹豫地撤销同事的职务。而且，查尔斯·科茨沃斯·平克尼还指出，职务轮替制将保证许多参议员站出来参与审判弹劾他们同事的案件，比方说，参议院批准了一项背叛国家的条约，那些在批准过程中没有投赞成票的参议员，便可以充当公正无私的法官。[209]

尽管大州的联邦主义者通常承认，费城会议——在小州代表的要求之下——授予参议院的权力已经超过了他们的期待，不过他们仍坚持说，参议院的权力不具有危险性。首先，正如艾德尔所表示的那样，参议员代表的是“人民每年挑选的代表”，这一点，应该可以缓和任何对于参议员“不直接”代表人民的担忧。此外，他还指出，就他们的立法能力而言，“没有众议院的同意，参议员什么事情也做不了，而且我们只需看看英格兰，就能清楚地明白人民代表在一个自由政府中所能带来的惊人结果”。英国上议院——因为它世袭的尊贵、巨大的财富和完全独立于人民——比美国参议院更可能具有危险性。然而，事实上，用艾德尔的话来说，贵族们的权力已经被证明“远远不及下议院”。最后，威尔逊指责说，有些反联邦主义者反对参议院拥有这些权力，似
366 乎“有些说不过去”，因为他们曾赞成授予一院制的邦联国会广泛的权力，而邦联国会既不是民选的，又不受总统或者司法机关的制约。[210]

总统

许多反联邦主义者反对宪法所创建的行政部门。按照一位宾夕法尼亚州的反联邦主义者的说法，这是一个拥有任由他处置的军事力量的治安官，“事实上是一位选举出来的国王”。帕特里克·亨利同样反对宪法“青睐君主政体”。梅森警告，美国人不应推定所有的总统都将像华盛顿那样“公正无私、和蔼可亲”，他提议制定一条修正案，要求总统在亲自指挥战场上的军队之前，需征得参众两院的同意。梅森也反对允许总统特赦具有叛国危害的案件，因为他将赦免的罪行可能“就是他本人主使的”。[211]

反联邦主义者指责说，为了选举总统而设置的选举人团制度是一个“骗局”，欺骗美国人相信他们正在选举总统。“一位哥伦比亚爱国者”提出，选举人团的人数相对较少，这样一种制度“几乎等同于在选择第一治安官时排除了人民的声音。它只是授予一个贵族政治集团选择权，他们很容易在每一个州勾结起来，让合众国的首脑成为倾向于暴政的最便利工具”。反联邦主义者进一步警告，当华盛顿不再是候选人之后，十之八九要由众议院来选举总统。因为在没有候选人获得选举人团多数票的情况下，众议院将在得票最多的前5名候选人中选择一位担任总统，获得选举人团票数相对较少的候选人，也可能会当选为总统。此外，用格雷森的话来说，总统选举过程中很少不出现“外国势力干涉”的情况，比如，欧洲国家就曾干预波兰和瑞典的行政官任命，以此保护它们的商业和维持欧洲的权力平衡。[212]

在像弗吉尼亚这样的大州里，反联邦主义者反对小州在选择总统中的过大影响力——当选举总统的权力落入众议院手中时，将以州为单位进行选举。格雷森警告，“7个东部州将能够把持”总统选举，这意味着总统可能签署偏向海运州利益的条约，而不顾农产品

367 出口州的利益。[213]

反联邦主义者一再反对宪法忽略了总统职位的强制性轮替要求。在南卡罗来纳州，“加图”警告，总统可以连选连任将使总统职位变成品行良好的总统的终身职务。再加上巨大的权力，将使总统具有国王的许多特质。梅森宣称，总统可以连选连任，破坏了“共和制中关于政府责任的基本原则”。尽管选民有权不再选举他，但是“所有其他国家，甚至我们自身的经验”都表明，这位总统将“终身在位”，因为“伟大的”人物总会再次当选。[214]

杰斐逊在巴黎第一次看到这部宪法的副本时，同样认为宪法缺乏对总统职位强制性轮替的要求，是一个重大缺陷。杰斐逊告诉麦迪逊，“经验和理性都证明，如果宪法允许的话，第一任首长总会再次当选”，因此成为“一个终身制官员”。在写给约翰·亚当斯的信中，杰斐逊反对说，“一旦掌权和拥有联盟的军事权力，在没有一个委员会的援助或者制衡之时，他［总统］将不那么容易被废黜”。杰斐逊预料，这个“永久性的总统连任资格”，将“成为我们国家悲惨苦难的根源”。他向弗吉尼亚州的爱德华·卡林顿解释，为什么宪法中忽略要求总统职务强制性轮替的条款，“在美国几乎没有激起反对声”：“我们都将那个人［华盛顿］视为我们的总统，对他寄予了无限信任，这种信任麻痹了我们的质疑精神。而在他之后，品行恶劣之徒可能接踵而至，进而让我们清醒地意识到他的品质给我们带来的危险。”[215]❶

---

❶ 同样，古文诺·莫里斯也告诉华盛顿，“如果你不接受总统职位的想法占了上风，此举将会在许多方面带来致命性影响”。人民愿意将华盛顿放在一个崇高的位置，因为他具有“伟大而确定无疑的至高地位”，但是他们“不愿意将其他人置于同样的位置，因为他们觉得拔高他人等于（相形之下）贬低自己”。参见 1787 年 10 月 30 日莫里斯致华盛顿，*PGW* (C.S.), 5:399–400。

在回应这方面的担忧时，弗吉尼亚州的反联邦主义者提议制定一项宪法修正案，要求强制性轮替总统职务。他们的纽约同胞建议，将总统任期限制为七年，对此，费城会议曾多次达成初步共识。[216]

联邦主义者则提出，单一的行政首脑需要担负更大的责任，他们以此来回应对手们认为总统将成为一个选举的国王的指责。用威尔逊的话来说，总统不可能“将他自己的罪行推卸到其他人身上”。艾德尔主张说，特别是在需要采取军事行动的情况之下，“保密、灵活和决断”都要求将行政权力授予一人。[217] 368

不过，联邦主义者强调，不同于英国国王的是，总统没有宣战、招募陆军和海军，或者召集民兵的权力，而且在没有征得参议院同意的情况下，他也不能任命官员或者签署条约。此外，联邦主义者还指出，总统的否决权力是有限的，但是国王的这种权力却是绝对的。总统的任期只有4年，而国王终身在位。联邦主义者还提出，英国的下议院获得大众支持的程度要低于美国众议院，如果英国下议院证明可以抵挡国王的侵蚀，总统肯定也无法对美国人民的自由构成威胁。而且，即便其他所有的制约措施都失效了，总统——不像英国国王——通常能够被弹劾，进而被撤销职务。[218]

联邦主义者也为选举总统的选举人团制度辩护。因为选民要在同一天在他们自己的州内投票，几乎不可能出现腐败。虽然小州可能在众议院选举总统时占据优势——如果没有候选人赢得选举人团的多数选票，就会出现这种普遍认为会经常发生的情况——但在选举人团“提名”候选人，供众议院挑选时，大州能发挥更大的影响力。有人反对由各州立法机关保留选择总统选举人的权力，对此，一些联邦主义者回复，否认人民拥有这种权力，显然是不适宜的——即便宪法没有禁止这么做。最后，联邦主义者抗议说，他们的对手在批评选举人团制度的问题上过于轻率——这是费城会议在选举总统的方式上经过长达几周的唇枪舌剑才达成的共识——但是又没能很快提出一种更好的替代方案。[219]

制衡

反联邦主义者反对这部宪法的分权和制衡体制。詹姆斯·麦迪逊（James Madison）神父——时任威廉–玛丽学院院长，告诉堂弟詹姆斯·麦迪逊，"宪法提议给予新国会的权力"并非那么令人反感，令人反感的是"国会权力的分配方式不能维护美国的自由，反而会破坏美国的自由"。尤其是，制宪者们已经偏离了分权观念的本义。比如说，宪法通过赋予总统立法否决权，使其可以共享立法权力，让参议院通过审判弹劾案共享司法权力，以及通过批准条约
369 共享行政权力。[220]

因此，宾夕法尼亚州的反联邦主义者反对"对政府权力进行这样不适当和具有危险性的混合"。❶他们主张，依照孟德斯鸠的学说，将"如此多样、广泛和重要的权力……"集中在"一个机构［参议院］，不合乎所有的自由要求"。弗吉尼亚州的反联邦主义者支持制定一条宪法修正案，规定立法、行政和司法权力"理应相互独立和相互区别"。[221]

反联邦主义者尤其反对"危险地连接"总统和参议院的宪法条款——这些条款授权这两个机构共享缔结条约和任命联邦官员的权

❶ 他们这么说，有点不太真诚，因为他们曾经强烈支持创建一个一院制的州立法机关和一个弱小的州长职位的宾夕法尼亚州宪法。参见 1787 年 12 月 4 日威尔逊在宾夕法尼亚州批准宪法大会上的发言，*DHRC*, 2:474。

力。尽管麦迪逊的同名堂兄整体上称赞了费城会议的贡献，不过他认为，“立法和行政部门应该完全分开并且相互独立，这是每一个自由政府的应有之义”。将这些部门的权力融合在一起，“可能会损害共和政府本身”，因为这样一个“政府，必然会很快退化为暴政”。梅森同样反对参议院和总统之间“令人怀疑的依赖和联系”。这两个政府分支将“持续地相互支持和协助彼此”，而且将会“形成一个不能被代表们［众议院］所阻止的联合”。[222]

一些反联邦主义者，比如埃尔布里奇·格里，担忧这样一种权力的混合，将导致总统“过度地影响立法机关”。而其他人则担心总统太过依赖参议院。因此，一位北卡罗来纳州的反联邦主义者预计，总统无法“长久地抵挡参议院专横的权力和影响力”，而维持自身的“稳定性”。[223]

反联邦主义者指责说，宪法让副总统担任参议院议长，“危险地混淆了行政和立法权力”。梅森称副总统“是一个不仅不必要，而且还很危险的职务”。弗吉尼亚州反联邦主义者亚瑟·李——他是理查德·亨利·李的兄弟，也是独立战争时期的美国外交官，他反对说，副总统的“唯一事务似乎就是参与密谋”。反联邦主义者更倾向于由参议院从它自己的议员中选择主持参议院的官员。[224]

反联邦主义者不赞成总统和参议院分享某一项权力，比如任命官员的权力，他们更倾向于宪法将任命权单独授予总统，但是总统要接受行政委员会的制约。梅森尤其反对这部宪法忽略了行政委员会——他在费城会议上已经反复提出过同样的反对意见——“在任何安全和正规的政府中，这都是一件闻所未闻的事”。梅森表 370
示，“对于一个好的行政机关而言，权力和责任是两件必不可少之物，当立法机关参议院［而非一个委员会］组成行政机关的一部分时，便无法安全地授予其权力，责任也无从谈起”。在这部宪法之下，梅森反对“罪犯进行自我审判”，因为总统弹劾案将由他在参议院内的“顾问”来审判。相比之下，设立一个行政委员会，通过参议院的弹劾审判，可以将其撤职，将能够提供“真正的责任感”。在梅森看来，理想情况下，行政委员会应该由六名成员组成，由各州选民和众议院从本国的三个地区各选举两名成员。北卡罗来纳州的反联邦主义者提出了另一份建议：由每个州派一名成员组成这个行政委员会（这是模仿参议院的选任方式）。[225]

反联邦主义者特别担心参议院和总统可能串通一气，因为这两个是政府中更具有贵族色彩的分支。反联邦主义者担心，总统和参议员的间接选举方式，他们较长时间的任期，以及他们所代表的大范围选区，将会导致这些职位的竞争大大地有利于“贵族”，而许多反联邦主义者相信，“中等阶层”才能完美地胜任领导政府的职责。[226]

因此，尽管宪法明令禁止国会或者州政府授予“贵族头衔”，反联邦主义者对宪法的主要批评意见，仍是认为它将有助于培育贵族体制。甚至连弗吉尼亚州的反联邦党精英也提出了这种质疑。理查德·亨利·李担心，这部宪法的“首要原则”就是“高度危险的寡头政治”。格雷森宣称，起草这部宪法的目的，就是要“构建一个贵族机构”。梅森在费城会议上也同样警告，“危险的权力和政府结构”将可能导致“专横的贵族政体”。[227]

处于“中等阶层”的反联邦主义者及其居住在偏远地区的盟友，更加倾向于提出这种反对宪法的意见，这一点毫不奇怪。署名“哨兵”［Centinel，可能是宾夕法尼亚州的塞缪尔·布赖恩（Samuel Bryan）］的反联邦主义者，对宪法持有一种阴谋论观点，他警告，批准宪法将会导致“一个永久性的贵族政体”——被“富人和野心家所统治，在每一个地区，他们都认为他们有权统治他们的同胞”。宾夕法尼亚州的反联邦主义者预言，“傲慢而高高在上的”联邦政府官员将会“完全漠视和藐视”人民。一位佐治亚州的反联邦主义者尽管承认《邦联条例》的缺陷，但他担心，这部宪法将为“贵族政府铺平道路，让七十名左右的大佬将三百万人民当作奴隶使唤”。另一位反 371
联邦主义者尖锐地指出，如果宪法被批准，“我们在未来将完全臣服，满足于用舌头来舔我们那些出身名门的主人的脚”。[228]❶

一些反联邦主义者指责说，宪法的贵族倾向源自费城会议代表的精英主义特质。按照宾夕法尼亚州一位反联邦主义者的话来说，尽管威尔逊被公认是一个“理性、博学和见多识广之人……但他政治行为的总体基调，总是带有强烈的高高在上的贵族精神”。威尔逊瞧不起“他所称呼的低等人”，而且“在他高贵的想象中，公众集会提供的只是粗鄙和下贱的观念，对此，他毫不掩饰”。在这个批评者看来，威尔逊相信“具有崇高头脑的人……生来就是不同于其他人的物种”，而且对他们而言，只有“高高在上的上帝才有意执掌世俗政府”。其他人“生来就是仆人，为高他们一级的人的雄心提供食物，充当他们攀登权力阶梯的脚凳”。[229]

对于他们对手在分权问题上提出的反对意见，联邦主义者做出了回应。在回应反联邦主义者指责宪法不恰当地混合了立法、行政和司法权力时，威廉·戴维在北卡罗来纳州批准宪法大会上保证说，孟德斯鸠的意思只不过是说，这些权力的整体，不应该集中在一个单一的机构手中。威尔逊也在宾夕法尼亚州批准宪法大会上发言，指出

❶ 在解释他正随其学习法律的那个人——西奥菲勒斯·帕森斯为何赞成批准宪法时，20 岁的约翰·昆西·亚当斯表达了类似观点（亚当斯显然不赞成批准宪法）：“我一点儿也不诧异他［帕森斯］会赞成它［宪法］，因为宪法计划增加这些人已经拥有的影响力、权力和财富。如果这部宪法被采纳，它将会是一个支持贵族党派的重大转折点。没有贵族头衔，却将有等级差异，而且这些等级差异将很快会世袭，我们将因此拥有没有头衔的贵族。”参见 John Quincy Adams Diary, Oct. 12, 1787, *DHRC*, 4:67；另见 1787 年 12 月 8 日约翰·昆西·亚当斯致威廉·克兰奇（William Cranch），同上，402。

宪法偏离严格权力分立的地方“很少，而且也没什么危险”。实际上，这样一些偏离对于保护每个政府分支抵御其他分支的劫掠至关重要。威尔逊提出，就连那些州宪法明确规定进行完全的权力分立的州，在实践中也已偏离了理想——比如说，授权立法机关选择州长和行政委员会。此外，联邦主义者还指出，孟德斯鸠最为崇拜的英国政体，甚至比这部宪法更加偏离权力分立的本义：上议院同时发挥立法和司法职能，而且国王至少在理论上拥有否决立法的权力，还有权授予贵族头衔，任命上议院议员，实际上也可以任命下议院议员（通过创建选
372 民极少的“衰败选区”）。[230]

联邦主义者也为宪法中参议院和总统共享缔结条约的权力辩护。他们提出，在大多数国家，只有执政官单独行使这种权力。然而，选举产生的总统比非选举产生的君主，更容易遭受外国的贿赂，君王们除了在自己国家外，在其他地方大概得不到更加显赫的生活地位，他们的利益与他们自己的国家密不可分。因此，不能放心地授予总统缔结条约的完整权力。此外，大州的联邦主义者承认，授予小小的罗得岛州在参议院批准条约问题时与弗吉尼亚或者马萨诸塞等大州同样的影响力，确实违反了正义的所有原则，但他们解释道，费城会议如果不对小州代表做出参议院名额和权力分配上的让步，会议就会失败。[231]

联邦主义者也回应了他们的对手指责宪法取消了政府职责的说法，因为宪法将总统弹劾案的审判权交给了与他共享各种权力的参议员。麦迪逊坚持说，美国宪法通过让总统受制于弹劾审判，创建了比英国更负责任的政府。在英国，只有国王的大臣——而不是国王本人——可以被弹劾。艾德尔主张说，完全可以依赖参议院将一个背信弃义的总统撤职。因为弹劾和定罪“只是为了惩罚心灵的错误，而非大脑的失误”，总统不能仅仅因为谈了一份不明智的条约

就被撤销职务。但是，艾德尔坚持说，如果是贿赂或者某些“其他腐化的动机”诱使总统同意这样一份条约，而且总统通过“诡计和误导”成功地向参议员掩饰了这类动机，那么一旦其“恶行”败露，参议员将很乐意撤销总统的职务，因为他们会憎恨总统让他们成为“他实现背信弃义目的的工具”。[232]

联邦主义者还为制宪者不建立一个行政委员会的决定进行了辩护。如果总统在没有征得这样一个委员会同意的情况下，便不得履行职务，那么，行政部门所要求的“保密、活力、灵活和责任”将会受到影响。艾德尔说，设立行政委员会后，“通常很难知晓是总统还是行政委员应该为某件事情负责。其中可能会有一千个貌似可信的理由，可以不被察觉”。而且，埃德蒙德·伦道夫还指出，如果总统是“一个有手腕的人”，他将直接控制行政委员会，从而废了它的制约功能。[233]

此外，用艾德尔的话来说，创设一个好的行政委员会将是一件很困难的事。如果从少数几个州或者地区选择行政委员，可能导致偏袒某些州的情况，从而引起其他州的嫉妒。但是，正如“一位地主”所注意到的，为了避免这个问题，让每个州都提供一名委员，
又会带来高昂的费用，尤其是因为这个委员会肯定会“由伟大的人 373
物所组成，没有高薪，他们是不会加入的”。[234]

艾德尔解释道，反联邦主义者对设立一个行政委员会的渴望，源自英国的惯例，而且人民通常不愿偏离传统。然而，在英国宪法之下，国王不可能做错事，他不会因为自己的行为被弹劾，也不会因此遭到刑事起诉。因此，国王需要“应该”为他们提供的建议“承担个人责任”的顾问，便是“极为重要之举”了。然而，总统事实上可以因为自己的罪行而受到法律惩罚，可以因叛国、受贿或者其他严重的罪行和不端行为，而遭到弹劾撤职，因此，在美国不

“存在英国那种设置行政委员会的理由”。[235]

不过，艾德尔承认，总统需要承担“如此广泛和重要的工作”，他必须具有“某些协助手段，使其能够完成繁重的工作”。总统有权要求主要行政官员给他提供建议，后者“在某种程度上，可以替代行政委员会”。根据宪法的要求，这种建议必须写成书面文字，这将使总统的内阁成员在提供建议时更加审慎，更加负责。[236]

联邦主义者坚决否认对宪法将推动美国创建一个贵族政体的指责。麦迪逊指出，宪法禁止授予贵族头衔并确保每个州实行共和政府形式，他问道，还需要什么样的“进一步证据”，来证明“这种制度的共和特征”呢？麦迪逊坚信，只要联邦政府的所有权力都“直接或者间接地”源自“全体人民”，便不可能出现贵族制。南卡罗来纳州联邦主义者戴维·拉姆塞同样表示，这部宪法禁止“区分出身、阶层和头衔”，而且“没有授予富人或者少数人特权，他们的宪法地位与穷人和多数人没什么两样”。[237]

威尔逊声称，他甚至不理解“天然的贵族制”这个词是什么意思。美国政府的每一个职务都“同样向穷人和富人开放”。如果天然的贵族制意味着政府由“那些最具有美德和天赋”的人所管理，那么谁还可能提出反对意见呢？查尔斯·科茨沃斯·平克尼承认财富大量集中在少数人手中会很危险，但他否认在美国存在这种担心的理由。大多数州已经废除了长子继承权；财产将在孩子们之间平均分配；有待开垦的边疆土地将会防止“财富的危险性差距”；而且除了南方之外，财产“几乎是平等地分布”。[238]

一些联邦主义者甚至批评其对手对于宪法具有贵族倾向的指
374 责，“动机不纯，他们意图引发和激化社会偏见”。联邦主义者指责反联邦主义者错误地划分了人民的阶层，并自称是中下层的代言人。一位宾夕法尼亚州的联邦主义者使用化名“平民”（Plebeian），反对一位纽约州的反联邦主义者：宪法将建立一个“自由和平等的政府，它拒绝对血缘或者头衔进行任何一种荒唐的区分”。[239]

第一条第十款

一些反联邦主义者批评宪法第一条第十款禁止各州发行纸币、设定除金银之外的其他法定货币，或者损害契约义务。在提到宪法将会禁止各州发行纸币时，南卡罗来纳州反联邦主义者罗林斯·朗兹质问道：“可是我们发行少量纸币缓解我们所面临的紧急状态压力，又有什么过错呢？”朗兹回忆说，南卡罗来纳州每年都发行纸币，而且每五年回笼一次，带来了“极大便利和好处”。纸币“让我们成功渡过了战争难关，摆脱了普遍认为不可克服的困难，直至完全确立了我们的独立地位”。[240]

宾夕法尼亚州反联邦主义者“深思者”警告，在宪法第一条第十款之下，“没有州可以救济无力还债的欠债人，无论其境遇有多么痛苦”。在纽约州批准宪法大会上，梅兰克顿·史密斯反对说，不能仅仅因为大多数州在“极其困难的时候”“制定了一些不好的法律”，就剥夺各州干预经济问题的权力。署名“坎迪杜斯”（Candidus）的马萨诸塞州反联邦主义者提议修订宪法，允许各州在国会同意的前提下采取被宪法第一条第十款所禁止的措施。路德·马丁同意这项提案，他表示，马里兰州和其他州“此前已经从发行纸币中获得巨大好处”，而且“无法预料到，使纸币成为绝对必需品的事情不会发生”。[241]

在回应反联邦主义者的以上言论时，大多数联邦主义者毫不犹豫地拒斥各州发行纸币和救济债务人的立法，并且他们公开称赞宪法第一条第十款。查尔斯·科茨沃斯·平克尼宣称，纸币“已经腐化了人民的道德；它已经让他们偏离了诚实勤奋的道路，走向了毁灭性的投机之路；它也破坏了公共和私人债务，并给无数孤儿寡母带来了灭顶之灾”。他的侄儿查尔斯·平克尼解释道，纸币“通常
375 会把金银带出国门，进而使国家一贫如洗”，妨碍外国商人参与美国的贸易活动，削弱州与州之间的贸易，并使得“州［立法］机关里的债务人”欺骗他们的债权人。纽约州的联邦主义者宣称，现在“正是时候”废除为“欺骗、罪恶和失序”打开大门的“邪恶和具有欺骗性的纸币制度”。[242]

联邦主义者称赞宪法第一条第十款是“宪法的灵魂”和宪法“最好的”条款。它将使州与州“相互尊重”，“教导它们培育公共荣誉和个人诚信的原则，这是塑造国民性格和通向幸福的必经之路”。宪法第一条第十款“建立在最坚定的正义原则之上”，将“恢复信用，而信用是真正财富的矿藏”。弗吉尼亚州联邦主义者布什罗德·华盛顿预言，宪法第一条第十款将“重塑人们的信心，进而使他们因为恐惧和信心不足而私藏的相当多的金钱再次进入流通领域”。[243]

不过，联邦主义者大多否认宪法将迫使各州按票面价值结清他们发行的纸币。他们坚持说，宪法第一条第十款不追溯既往，而在解释宪法时，认为其要求各州按照票面价值赎回它们发行的纸币，实际上就属于宪法所禁止的追溯既往的法律。[244]

真正的分歧

以上这些就是反联邦主义者反对宪法的主要观点，以及联邦主义者的回应。然而，参与批准辩论的人通常会提出的观点，是他们

认为最有可能影响那些在批准问题上摇摆不定的选民和参会代表的观点。因此，支持或者反对批准宪法的观点，并不必然与1787—1788年，一些人支持宪法或者另一些人反对宪法的真正原因相一致。那么，能够真正解释人民在批准宪法大会上的立场的判定性因素是什么呢？[245]

在过去的一个世纪里，历史学家提出了多种因素或者考量，去解释联邦主义者和反联邦主义者在批准宪法问题上的意见分歧。早在20世纪初，查尔斯·比尔德（Charles Beard）就对围绕宪法的冲突提出了著名的经济解释。在他看来，支持批准者大多是债权人，他们决心压制各州救济债务人的立法和通货膨胀式的货币方案，以及政府债券的投机商；他们希望创建一个拥有充分征税权力的全国性政府，能够按债券面值支付债券，从而大赚一笔。[246] 376

比尔德有时候似乎还指责制宪者们假公济私："绝大多数［参加费城会议的］成员……与他们在会议上的劳动结果有立即、直接和个人性的利害关系，而且或多或少地都从采纳这部宪法中获取了经济利益。"然而，在其他一些时候，他又提出，制宪者们推进的只是他们所属阶级的经济利益："我这样说，当然不是为了证明，这部宪法是为了满足会议成员的个人利益。远非如此……我这里唯一考虑的是：他们是不是代表着不同的团体，并以自身对于同类财产权的体验，以具体、明确的方式，对这些团体的经济利益感同身受。"比尔德观点的核心——完全建立在政府债券持有人支持这部宪法的倾向之上——在20世纪50年代被明确推翻了。[247]

随后的一些历史学家对联邦主义者和反联邦主义者之间的分歧，给出了修订性的经济解释。杰克逊·特纳·梅因（Jackson Turner Main）提出，围绕批准宪法所产生的争论，将那些参与市场经济的人与没有参与市场经济的人区分开来。商人、城市店主和那些为城市提供农产品或者为了出口而生产更多农产品的农场主，倾向于成为联邦主义者；而那些与商业市场更加隔绝的农场主，则倾向于成为反联邦主义者。[248]

其他历史学家，最著名的莫过于戈登·伍德（Gordon Wood），偏向于从社会方面解释联邦主义者与反联邦主义者的分歧。依照这种观点，支持批准宪法者主要是富有的、教育程度高的人，而且绝大部分出身很好，在之前的十年间，因被店主、旅馆老板和熟练的工匠之类的“中等”阶层取代了政治权力，他们感到十分不快。[249]

譬如，在1777年，一名佐治亚州的精英对一位获命参加大陆会议的代表的品质提出不同看法，他抱怨道，更为优秀的人已经“失去了他们本该拥有的影响力”，政府已然“落入那些能力或生活状况都不符其实者的手中”。如果不通过改革政府框架“及时阻止，这样一些人必然会毁灭国家”。在1787年，西奥多·塞奇威克反对那些占据马萨诸塞州立法机构的“愚蠢、邪恶和庸俗”之徒。在费城会议上，埃尔布里奇·格里同样评论，在马萨诸塞州，“最坏的人已经进入立法机关”，其中一些人“最近被指控犯下了不名誉的罪行”。格里指责说，“贫穷、无知和卑贱之人，不遗余力地——不
377 论手段多么肮脏——去对垒那些在实践伎俩上更高一筹的人”。麦迪逊也同意说，“品性不端之人”正“大获成功”，被选入弗吉尼亚州立法机关。[250]

上流社会的联邦主义者抱着这种观点，决意利用宪法改革来恢复他们认为符合自然要求的事物秩序。通过采用大选区、间接选举，以及更长的职位任期，宪法将保证“更好的一类”人当选国家官员。反之，根据这种理由，中下层人士倾向于反对宪法，因为他们认为宪法是通过建立一个更具“贵族”色彩的政府来在政治上压制他们的阴谋的一部分。[251]

在20世纪60年代初期，斯坦利·埃尔金斯（Stanley Elkins）和埃里克·麦基特里克（Eric McKitrick）对批准宪法中所产生的分歧，提出了一种代际性解释，他们认为，平均来看，联邦主义者要比反联邦主义者年轻10到12岁。费城会议代表的中位年龄是43岁，而且几位最知名的代表才三十五六岁甚或更年轻。这更年轻的一代人——诸如汉密尔顿、麦迪逊、古文诺·莫里斯和查尔斯·平克尼等人——的成长经历，是在革命军队和邦联国会中任职。这样一种全国性的经历，让这批相对年轻的人赞成更加集中的政府权力。在战时处理桀骜不驯的州政府的艰难经历，已经使诸如华盛顿和亨利·诺克斯（还有一位年轻的约翰·马歇尔）深刻地怀疑，州在新政府框架中是否可以发挥任何建设性的作用。[252]

与之相反，依照这种解释，反联邦主义者一方更年长的政治家——诸如帕特里克·亨利、乔治·梅森和塞缪尔·亚当斯等人——的成长经历，始于1765年殖民地抵制《印花税法》(Stamp Act)，以及随后与大英帝国之间多次发生的政治冲突。这些年长者中，很多人很少或者没有参加过邦联国会——至少在邦联国会成立的最初几年之后。他们就职于殖民地时期的各州政府，曾经有效地动员各殖民地抵抗英国的统治，这让他们更加倾向于地方政府权威，而且非常担心远距离的政府权力会演化成暴君式的统治。[253]

因此，譬如，当55岁的理查德·亨利·李提出对宪法的批评意见时，他本能地就把这份意见寄给了65岁的塞缪尔·亚当斯，认定这位革命时期的爱国同伴和“亲爱的朋友”——他们曾“在自由的葡萄园”里一起劳作——将会赞成他对一个强有力的中央政府的担忧。确实，许多更年长的反联邦主义者在批准宪法的争论中明确警告，本国有可能制定与10年前促使它竭力造反抵制大英帝国的政策同样的政策。1788年，反联邦主义者阿莫斯·辛格

378 尔特里正值66岁，他在马萨诸塞州批准宪法大会上发言，“如果任何人在［1775年］提出诸如今天这样一部宪法，肯定会立即被丢弃在一旁”。无独有偶，一位纽约州的反联邦主义者也认为，这部宪法“大大偏离了1776年的原则和政治信仰，当时自由的精神势头高涨”。[254]❶

还有其他学者提出，政治哲学上的不同见解——而非迥然不同的经济或者社会利益——最能解释联邦主义者和反联邦主义者的分歧。从这个角度来讲，反对批准宪法者只不过是赞同孟德斯鸠的格言：共和政府只有在方便培养公民美德——也就是说，愿意让自我利益服从于共同体内更大的善——的小范围、同质性高的共同体内，才能蓬勃发展，进而使代表和他们的选民维持紧密的联系。塞缪尔·亚当斯就曾问理查德·亨利·李：“这个国家的立法机构是否有能力为一个民族自由的内部治理制定法律？这个民族生活在如此辽阔的地方，他们的‘习惯和特殊兴趣’如此不同，而且可能会一直如此不同。”[255]

不过，按照这种解释，联邦主义者倾向于拥护麦迪逊的大共和国理论，不赞成孟德斯鸠的理解。正如我们所看到的那样，麦迪逊主张，广泛的国土地理范围，将扩大人民利益的异质性，它是抵御形成多数派，防止多数派压制少数派的最好屏障。而且，更大的自然距离，将确保代表和他们选民之间的联系更加松散，有助于代表们“提炼和扩大”他们选民的利益，由此进一步减少多数人压迫的

---

❶ 正如一位胸怀抱负的诗人的漂亮诗句所言：

英王军队无法在此逞强，
英国政治依然很有市场；
短短五年的自由已生厌，
我们放弃共和等待君王。

参见 On the New Constitution, *State Gazette of South Carolina*, Jan. 28, 1788, *DHRC*, 27:210。

风险。对联邦主义者和反联邦主义者分歧的这种政治理论方面的解读，并没有解释为什么麦迪逊会持有他的观点，而梅森和李持有非常不同的观点，但这并不能驳倒以下看法：观念差异——而不仅仅是利益上的差异——可以部分地解释联邦主义者和反联邦主义者之间的分歧。[256]

类似地，马克斯·埃德灵（Max Edling）主张说，联邦主义者和反联邦主义者的分歧主要在于，对授予联邦政府征税和宣战权力是否明智的问题上有不同看法，这两种权力将是将管理松散的美国变成一个现代欧洲模式的强有力的民族国家的必要手段。[257] 379

尽管没有一种单一因素可以完全解释为何一些人成为联邦主义者，而另外一些人则成为反联邦主义者，但却有可能提出一些有解释力的因素——最为重要的是，城市与乡村之别；债权人与债务人的对立；东部与西部的差异；北方与南方的分歧；以及宗教隶属关系的不同。

几个最大城市的居民——如果按照现代标准，这几个城市的人口可能不算非常密集（费城是当时最大的城市，有将近三万人）——无论属于哪个阶层，几乎一边倒地支持宪法。在巴尔的摩，一支纪念马里兰州批准宪法的庞大队伍，吸引了所有经济阶层的三千多名居民参加。在波士顿，当作为马萨诸塞州批准宪法大会代表之一的塞缪尔·亚当斯倾向于反对批准宪法的消息传到店主和工匠耳中时，有380多人组织集会，一致宣布他们强烈支持宪法。实际上，在马萨诸塞州批准宪法后的第二天，曾经担任大陆军军官的亨利·杰克逊（Henry Jackson），向他的亲密好友亨利·诺克斯报告，成千上万的“各个阶层”的人已经聚集在波士顿的政府大街，“表达他们的喜悦之情”。[258]

在费城及周边地区，参加本州批准宪法大会的联邦派候选人所得选票，与反联邦派候选人所得选票的比例，大概是5:1。在纽约市，两者之间的差距更是接近20:1。甚至在南方城市，诸如里士满、诺福克和查尔斯顿，支持宪法的舆论也很强烈。费城会议结束一个月后，伦道夫告诉麦迪逊，“这个城镇［里士满］的人民仍然狂热地支持宪法”。[259]

在城市里，支持批准宪法的民意如此热烈，以至于异议的声音有时被强行压制住了。一位费城的联邦主义者报告，这种“热情”支持宪法的氛围，会使反对者“面临受虐待和侮辱的风险”。确实，宾夕法尼亚州议会里投票反对召集批准宪法大会的议员，在家中和会议期间下榻的旅馆里，遭到手持石块的暴徒的攻击。有记载称，暴徒羞辱了这批议员，还恐吓了他们的妻子。类似地，在波士顿，据一份报纸报道，宪法“如此受欢迎”，以至于“说反对它的话都很危险”。[260]

是什么因素导致这部宪法在城市如此受欢迎呢？大多数城市商人可能赞成宪法，因为它通过让国会有权压制各州的贸易保护主义立法，促进了全国性的自由贸易，又限制了州内部宽松的货币政策——它让债务人可以用贬值的货币还债，已经损害了商人的利益。事实上，在1787年5月，罗得岛州普罗维登斯的商人和店主已经敦促费城会议推进各州之间的自由贸易，而且不要忘了“考虑在
380 美国境内发行统一的货币”。[261]

城市里的船运利益团体——包括制造、保养、供应和管理商船的工人——似乎也压倒性地支持宪法，可能是因为宪法授权给国会可以通过规制对外商贸的权力，威胁报复其他国家的商业限制措施，这将有助于确保美国人在航运业获得合理的市场份额。因此，《马里兰州杂志》（*Maryland Journal*）评论，“商人和那些关切造船的人”支持这部宪法，因为他们正在“思忖，如何在宪法之下，复

活、扩大和保护商贸与航运”。同样，小制造商“预计在新政府之下，由于政府向进口到美国的类似产品征收统一关税，他们制造的不同产品的销量会随之增长”，因此他们似乎也普遍支持批准宪法。甚至在城市的外围，那些参与大规模农作物出口的人，诸如南方最大的种植园主——以及与他们形成商业网络的商人和律师——也倾向于支持宪法。[262]

由于宪法第一条第十款禁止各州发行纸币，并保障既有债务不受各州立法机关追溯性立法的损害，大多数债权人具有支持批准宪法的强烈动机，很有可能他们中大多数人也是这么做的。在费城会议上，古文诺·莫里斯已经提醒说，如果宪法不禁止发行纸币的话，“货币利益团体”就会反对批准宪法。奥利弗·埃尔斯沃斯预料，宪法若不授权国会发行纸币，将会赢得许多“有权势的朋友”。[263]

在批准宪法的争论当中，南卡罗来纳州反联邦主义者朗兹确认了这种预言的准确性：“许多绅士为这部新宪法所倾倒，因为那些欠债的人将不得不还债；其他人则自我安慰说，州政府不会再通过没收财产还债的法律。”1788年7月4日，在费城举行的庆祝宪法获得必要数量的州批准的游行中，不同团队对宪法的诸多特色大加赞赏。本杰明·拉什在列举这些特征时，评论道，“富人们又一次意识到，他们债券和租金的安全性可以抵制纸币和法定货币之类立法的侵袭”。1787年秋季，弗吉尼亚州彼得斯堡的两位商业贸易伙伴表示，“如果这部新宪法不能被采纳或者出现类似情形，我们会认为这是我们州内债务人的利益所在和影响所致，一切都将岌岌可危”。当然，我们无须把支持这部宪法的债权人的行为看作完全依据自我利益行事；大多数人确实相信，宪法第一条第十款反映了毫无争议的公正原则。[264]

那些手持政府证券的债权人——他们集中在东北部城市地区，
381 主要由商人、律师和其他专业人士所组成——有着支持批准宪法的更加强烈的动机。❶正如他们中的一位所言：“作为一名公共债券持有人，像许多好公民一样，我会权衡自己的私利与公共福祉，我当然期望以最快的速度采纳已经提出的这份方案。”费城商人和政治经济学家佩拉泰亚·韦伯斯特（Pelatiah Webster）解释道：“所有的公券持有人，无论持何种债券，只有从联邦财政中才能期望获得实质和永久的正义。”这部宪法所授予的强大征税权力，将使国会能够征收到足够的税金去偿还债务。此外，费城会议已经同意一个条款：规定“在采纳这部宪法之前签订的所有债务和约定，在采纳宪法后的美国一样有效，与在邦联时期一样”。[265]

实际上，制宪会议最初拟定的是一条更加强硬的条款，规定国会“将全额承担和清偿美国所有债务”。但是，有几位代表对这一条提出了反对意见。皮尔斯·巴特勒不认为国会有义务偿付“那些嗜血的投机者手中的债券，这些人增添了那些曾经为国浴血奋战者的痛苦”。梅森也同意说，“原始的债券持有人，完全不同于后来欺诈性地从那些无知者和困厄者手中购买债券的人”，他担心，强制性地要求国会承担这些债务，将会“引发债券投机，增加有害的证券交易”。梅森承认，很难区分那些在公开市场公平地购买联邦债券的人和那些利用“无知者和困厄者”进行投机的人，但是他也不希望阻止国会试图划清这两类人之间的界线。格里辩

❶ 比尔德称，持有政府债券的人——特别是持有联邦政府债券的人——具有支持批准宪法的强烈动机，这一点并没有错误。他的失误在于，高估了那些制定和批准宪法的人在他们采取这样的行动时所持有政府债券的数量——他们在 1790 年财政部长汉密尔顿开始准备资金承担各州债务后，又购买了政府债券。参见 Ferguson, *Power of the Purse*, 340–341。

称，“证券交易者”通过为政府证券创造一个市场，支撑住了政府证券的价值，随后，制宪会议以压倒性的投票，用最终采纳的条款取代了最初的提议，既不增加也不减少债权人依照《邦联条例》所应得的权益。[266]

约翰·拉特利奇希望能更进一步，他提议制宪会议任命一个大委员会，“考量美国承担各州［战争］债务的必要性和适当性”。拉特利奇主张，为联邦承担州与战争有关的债务，在宪法中补充一项条文，将是“公平”之举，因为那些债务“因共同防御而产生”。 382
在宪法中增加这样一个条款是“必要的”，因为这部宪法将要求各州放弃“唯一确定的岁入来源”——进口税——将其交给联邦政府。这个条款将也是“有远见的，因为它将减去人民担负的州债务，使他们易于接受新的宪法方案”。鲁弗斯·金强烈支持拉特利奇的动议，指出，如果没有这样一个宪法条款，州债权人可能形成“一个反对批准宪法的积极而可怕的团体”，他们会担心，这部宪法将会剥夺各州用于偿还它们自身债务的最好的岁入来源。金评论道，在《邦联条例》之下，州债权人十分强烈地反对授权国会征收进口税，正是出于这个原因。[267]

制宪会议同意任命拉特利奇提议的委员会，而且这个委员会提出，国会有权承担州和联邦政府的战争债务。但是，格里反对说，各州已经做出不同程度的努力，偿付了它们自身的一部分战争债务，“如果那些已经偿付了大部分战争债务的州，被迫与只偿付了极少债务的州，共同承担新的联邦债务”，它们将会感到不安。代表同意推迟考虑此事，仅仅一天后，当他们回头讨论此事时，这项条文中关于州战争债务的语句已经被神秘地去掉了（没有任何记录在案的讨论经过）。汉密尔顿后来回忆，他和麦迪逊在“一次午后散步”时讨论过这个问题，当时正值制宪会议暂时休会。据汉密尔顿回忆，尽管“他们完全同意”制定宪法条款要求联邦政府承担州的战争债务，“既合适又正当”，但他和麦迪逊“都认为，制定一项政府管理措施，要比制定一个宪法条款更加明智可取——从制定宪法条款所面临的多重阻碍，到宪法获得批准的相关细节看，都是如此”。[268]

但是，很少有精明的观察者会怀疑，如果宪法获得批准，然后联邦主义者当选掌权，他们还会不会敦促联邦政府承担各州的战争债务。当然，政府债券持有人支持批准宪法，不一定单纯是出于自我私利行事。毫无疑问，当时的美国人十分积极地致力于推进政府必须偿还所欠债务——这既是一件正义之事，也是保持良好信用评级的手段。[269]

由于大多数人相信，如果宪法得到批准，联邦政府将会偿还战争债务，联邦证券的价格随着宪法果实的慢慢成熟而一步步上涨。正如北卡罗来纳州的一位反联邦主义者所言，投机商人看好这部宪法，认为“他们将获得用金和银偿付的债款”。当费城会议召开时，
383 联邦证券的价格每一美元上涨了几美分，当各州开始批准这部宪法时，上涨了更多。一位积极投资政府债券的纽约州商人指出，当马萨诸塞州在1788年2月初成为第六个批准宪法的州时，政府债券的价格上涨了，两星期之后，新罕布什尔州批准宪法大会出乎意料地休会时，政府债券价格又下跌了。一旦有必要数量的州批准宪法，联邦债券的价格上涨更多。后来，在华盛顿政府任期的头几个月里，随着财政部长汉密尔顿偿付债务的计划日趋清晰，政府债券的价格突飞猛涨。[270]

最终，债券持有人预估对了——实际上，其中一些人，在后来的交易中，已经获得了内幕消息。汉密尔顿成功地按照联邦政府债券的票面价值偿付，克服了（麦迪逊在国会领导的）对手的反对意见，后者支持区别对待债券投机者——投机者以低得多的价格从士

兵和政府供应商手中购买债券。即使在面对更大的反对力量时，汉密尔顿也依然成功地为绝大多数州支付了战争债务。[271] ❶

等到汉密尔顿的资金运作完成时，政府的战争债务已经集中到越来越少的人手中。譬如，16个人拥有马里兰人所持的50%的联邦债务。散落在全国各地的280个人，持有将近2/3的所有政府债券——包括州政府债券和联邦政府债券。尽管许多债券持有人是在宪法批准之后购买的债券，但那些此前很早就持有政府债券的人，
拥有支持批准宪法的强烈动机。[272] 384

在社会经济光谱的另一端，来自人烟稀少地区的小农场主，没有很好地融入商业化网络，大部分都反对批准宪法。正如金在马萨诸塞州召开批准宪法大会期间给麦迪逊的信中所写的那样，对于这些人来讲，他们反对这部宪法的理由，更多的源自一种“富人和野心家”正在谋划剥削“穷人和目不识丁者”的普遍感受，而非针对任何具体条款。实际上，宾夕法尼亚州反联邦主义者“哨兵”就指控说，在这部宪法的伪饰之下，“富人们正采取最胆大妄为的行动，试图在自由人之间，建立一个前所未有的专制贵族政体”。[273]

---

❶ 具有讽刺意味的是，1790年，麦迪逊在国会带头（起初很成功地）反对联邦承担各州的战争债务。汉密尔顿认为这是一种背叛，因为1783年当他们在邦联国会共事时，以及——依照汉密尔顿的回忆——在费城制宪会议期间他们的私人谈话中，麦迪逊都支持联邦政府承担各州的战争债务。麦迪逊解释他转换立场的理由是，他支持联邦政府承担各州在革命战争结束之时的战争债务，而不是1790年时的债务，因为到1790年时，各州已经不同程度地偿还了这些债务。然而，汉密尔顿相信，麦迪逊观点的快速转变，只能说明，麦迪逊受到了杰斐逊的险恶影响，而且正“被受民众支持的期望所诱惑”。

国会在是否承担各州战争债务上所形成的僵局，最终由杰斐逊撮合的麦迪逊和汉密尔顿之间的一场著名交易所打破。汉密尔顿获得了他所想要的由联邦承担各州债务，交换条件是，让费城成为国家的临时首都（诱使意见不一致的宾夕法尼亚州代表团中的几名国会议员支持国会承担各州债务），以及在波托马克河边建立永久性首都（保证弗吉尼亚州和马里兰州的几名议员投票支持国会承担各州债务）。参见1792年5月26日汉密尔顿致卡林顿，*PAH*, 11: 440（引文）; Bowling, *The Creation of Washington, D.C.*, chs.5–7; Banning, *Sacred Fire*, 294–296, 312–321; Chernow, *Hamilton*, 226–231。

然而，对于许多反对批准宪法的贫穷和中层农场主而言，关键因素可能是宪法第一条第十款，它将禁止大多数州在18世纪80年代中期制定的那类救济方案——许多农场主可能相信（或者知道）这类方案可以保护他们避免破产。因此，宾夕法尼亚州反联邦主义者“深思者”警告道，在这部宪法之下，州无法救济处于困厄之中的欠债者，因为宪法“明令禁止各州通过任何损害契约义务的法律”。反联邦主义者称赞州政府能够获得人民的信任，而警告，联邦政府只能通过恐吓手段激发民众的效忠，当他们说这番话时，许多人可能在心里想到的是18世纪80年代各州的财政和货币政策争议。[274]

在费城会议上，来自马萨诸塞州的纳撒尼尔·戈勒姆就预计，“绝对禁止纸币将激起纸币派孤注一掷的反对”。在猜测宪法能否获得批准时，汉密尔顿赞成戈勒姆，预料反对意见将来自“所有身负大量债务之人，这些人不希望看到建立一个政府——这个政府的一大目标就是限制他们采取欺诈手段对待债权人”。[275]

在马萨诸塞州批准宪法大会期间，戈勒姆写信给麦迪逊，证实了他此前所料不差：“所有支持发行纸币并以此作为法定货币的人”，都在反对这部宪法。麦迪逊向杰斐逊报告，宪法中禁止州发行纸币和损害契约义务的条款（再加上缔约条款），“[给宪法]带来的敌人，比这个体制中所有层面的失误加起来树立的敌人还要多”。华盛顿的私人秘书托拜厄斯·利尔在新罕布什尔写信评论道，“这里的反对力量（与别处一样）主要是由深陷债务的人组成的，因此将敌视任何可能废除他们法定货币的政府，任何可能切断他们的一丝希望，不让他们引入纸质通货、实现他们所偏爱方案的政府”。[276]

当然，我们不能完全相信联邦主义者估计的反对批准宪法力量
385 中不诚实债务人的数量，这些人正试图“欺诈他们的债权人”。联邦

主义者拥有明确的动因——政治和心理层面的都有——去贬低对手的动机。但是，一些反联邦主义者也赞同说，“反对”批准宪法“的重心”主要落在第一条第十款。更值得一提的是，几项学术研究已经表明，州立法者和城镇居民在18世纪80年代中期发行纸币-税收-债务减免问题上的投票模式，与1787—1788年间批准宪法的投票模式之间，存在着强烈的相关性：绝大多数支持减免措施的人后来都成了反联邦党。[277]

罗得岛州的选民们在1788年3月的公决中拒绝批准宪法，主要的理由之一几乎完全与宪法第一条第十款有关，这一条款禁止各州继续用大量贬值的纸币偿还本州所欠债务，因为宪法中的其他条款——其中最为典型的是选任参议员和国会规制商贸的权力——将明显有利于罗得岛州。此外，正如我们在第六章将要看到的那样，宪法第一条第十款在北卡罗来纳州批准宪法的第一场大会上引发了相当多的批评，大会以超过2∶1的巨大差距拒绝无条件批准宪法。华盛顿在一封信中评论，无论北卡罗来纳州和罗得岛州“为了拒绝这部宪法，提出了什么样的表面理由……其真正原因都是宪法禁止发行纸币”。来自马萨诸塞州中部几个县的代表——这一地区支持谢斯反叛的力量最强大，在本州批准宪法大会上以86%∶14%的投票比例，反对批准宪法。确实，金在这次大会上向麦迪逊报告，“同样的醉心痴迷——在这个州的几个县里曾经弥漫过几个月，而且让它们有胆量拿起武器反对政府——在我们这次的集会上，似乎对许多方面仍拥有一种不受控制的权威”。[278]

这些不那么富裕的欠债农场主并不喜欢宪法第一条第十款，但是反联邦主义者中的精英也没有很好地代表他们的观点与利益——这些精英倾向于认同其对手反对减免税负和债务的观点。譬如，威廉·格雷森，这位来自弗吉尼亚州的反联邦主义者精英领袖，在费城会议之前已经告诉麦迪逊，州立法机构提出的一份发行纸币的具体提议，是“我今生所见的最不公正的事情之一”。格雷森认为，“没有什么比为了实现轻松还债的目的，而发行贬值纸币更专制的行为了”。同样，理查德·亨利·李，另一位反对批准宪法的弗吉尼亚州绅士阶层成员，在宪法仍处于起草中时，就私下表示说，个人债务“几乎普遍产生于懒惰和挥霍”，而且只有“勤奋和节俭才
386 能补救”。因此，欠债者“没有权利去抱怨”他们所处的困境。[279]

因为上层的反联邦主义者——在反对批准宪法的过程中，写下了大多数报纸文章，发表了大多数言论——与其对手一样，倾向于反对发行纸币和减免债务的法律，他们很少批评禁止这些措施的宪法第一条第十款。因此，譬如，在弗吉尼亚州批准宪法大会上，几乎就没有出现针对这一条款的任何批评意见——即使减免税负和债务的提议曾在18世纪80年代中期的州内得到相当多的政治支持。由于反联邦主义者中的精英和他们更加普通的盟友，在减免立法上拥有如此截然不同的观点，因此，不可能确切地知晓，在全国反对批准宪法的力量中，出于反对宪法第一条第十款而发出的反对声音到底有多大。[280]

但是，尽管宪法中包含着第一条第十款，至少有一些在18世纪80年代中期曾支持发行纸币和减免债务的欠债农场主还是支持批准宪法。譬如，新罕布什尔州的许多乡镇，曾在18世纪80年代中期选出投票支持发行纸币的议员，但却在1788年选出了支持这部宪法的批准宪法大会代表，而宪法在未来会禁止本州制定发行纸币的法律。对这种看似矛盾的行为，有一种可能的解释是，到了批准宪法的阶段，州议会的减免救济措施可能已经丧失某些吸引力，这既因为经济正开始得到改善，也因为罗得岛州极端的货币政策已经引发针对纸币的强烈反弹。[281]

或许更加重要的是，许多往日曾为各州减免性立法辩护的人，可能已经在这部宪法中发现了非常具有吸引力的特征，足够压倒任何不喜欢宪法第一条第十款的意见。正如我们所看到的那样，联邦主义者积极发起运动，让普通农场主相信，在这部宪法之下，他们的税负会随之下降，而且他们对减免性立法的需求也会降低。联邦主义者主张，联邦政府将从进口税中获取多数收入，他们还说，进口税的负担将由富人承担。联邦主义者也承诺，已经在18世纪80年代证明对农场主造成很大负担的各州累退税，将在这部宪法之下减少，因为各州将不再向联邦缴纳摊派份额。而且，如果联邦政府承担各州的战争债务——这一点似乎有可能发生，甚至非常可能发生，那么各州的税收负担甚至会进一步减少。联邦主义者或许还已经说服一些农场主相信，这部宪法将提高他们土地的价值，因为宪法授权国会利用管理对外商贸的权力，运用报复性的贸易限制威胁，来撬开宽阔的国外市场。[282]

因此，譬如，新泽西州的一位著名政治人物过去曾投票支持减免性立法，他解释道，自己决定不去反对这部宪法，因为它将通过征收进口税获得“巨大数额的收入”，而这将“缓解农场主和土地
拥有者的痛苦，减轻他们的负担”。另外，这部宪法给某些州带来 387
的其他好处——使小州在参议院获得平等的投票权，避免纽约州对新泽西州和康涅狄格州征收进口税，保障佐治亚州不再遭受印第安部落的武力威胁——可能说服了许多以往支持减免性立法的人支持它，尽管有第一条第十款的存在。[283]

宪法批准争论中另一个影响因素是地域性的：包括东部和西部的差异，以及在更小程度上，北方与南方的分歧。就东西差异而言，生活在沿海的美国人对于宪法，往往比居住在西部县的人热情得多。譬如，在南卡罗来纳州，一个由2 800人组成的队伍走上查尔

斯顿街头，游行庆祝本州批准宪法。相比之下，知名的反联邦主义领袖安达努斯·伯克（Aedanus Burke）报告，在该州的偏远内陆地区，“到处都在嫌恶、惋惜和恶意责备这种制度，以及那些投票赞成它的人”；人们将“一口棺材漆黑，由出殡的队伍抬着，将其当成公众自由崩溃和受囚的象征，庄严地埋葬”。一位宾夕法尼亚州的反联邦主义者宣称，萨斯奎汉纳河流以西，“每十个［人］中至少有九个甘愿冒着生命和财产的危险，反对新宪法，如同他们先前对待英国人统治那样”。[284]

西部人不仅倾向于更加赞成这部宪法所禁止的债务减免措施，还条件反射性地反对东部人所赞成的任何措施——东部人夸耀他们的文雅举止和优质教育，并以州议席分配不公的方式，在票数上胜过西部人。如果西部人知晓费城会议在国会代表权方面歧视西部新建州的程度，他们对这部宪法的疑心只会更重。[285]

古文诺·莫里斯反对宪法要求根据每十年一次的人口普查结果重新分配国会代表席位，他强调说，“此举具有……让西部州主导国会的危险”。莫里斯担心，“贫穷但人数众多的西部地区居民将会摧毁大西洋各州”，因此他主张说，东部人理应有权力“将国会的多数选票掌握在自己手中”。穷乡僻壤之人“通常会反对最好的举措”，而且无法“具备同等智慧来维护我们的共同利益”。此外，莫里斯还担忧西部人将会“冒失地让自己卷入战争，而战争的负担和运行将主要落在东部沿海各州肩上”。[286]

在费城会议辩论此事时，格里也指出“西部州所带来的危险”——他预计包括滥用权力，以及“压制商业和榨干我们的财富”。但是，来自弗吉尼亚州的会议代表梅森和麦迪逊抵制了这种观念，反
388 对以“降格的歧视手段”和“不利的区分方式”对待新加入联盟的西部州。制宪会议以5∶4的微弱差距——新泽西加入南方四州，形成多

数派——拒绝格里的提议，即来自新加入州的众议院代表人数，不应超过最初支持宪法的各州代表的总数。[287]

弗吉尼亚州和北卡罗来纳州内的西部人——他们所居住的地区，在18世纪90年代将成为独立的肯塔基州和田纳西州——拥有他们自认为是反对批准宪法的另一强大理由：他们担心新的联邦政府会利用其缔约权力，出卖他们声称拥有的密西西比河航运权，因为邦联国会外交部长约翰·杰伊在1786年已经试图这么做了。封锁河道将会阻碍这片区域的发展，降低它的土地价值。密西西比河航运权议题在弗吉尼亚州批准宪法大会上反复出现，最终，肯塔基地区代表以10∶3的投票反对批准宪法。[288]

当然，在南方各州，并不是所有的西部居民都反对批准宪法。譬如，来自肯塔基地区的弗吉尼亚州国会代表约翰·布朗——他被描述成“狂热地关注西部定居者利益”的人，在写给该地区参加弗吉尼亚州批准宪法大会代表的信中，他孜孜不倦地为这部宪法辩护。[289]

在那些支持批准宪法的西部人当中，许多人坚信需要建立一个强有力的联邦政府，以便筹集一支有效的军队，去控制印第安人部落。约翰·布朗就表示，尽管出现了放弃密西西比河航运权这种“缺乏考虑的企图”——它已经“破坏了西部乡村人民对联盟正义的信心，为美洲帝国的肢解奠定了基础”，但他还是希望，国会在此情形之下仍旧能够“安抚他们的头脑，确保他们与邦联结为一体”。因为有“充分的理由担心出现一场大范围的印第安战争”，布朗期望肯塔基人能够“明白，在这个时候打破与联盟的联系，既危险又不适当”。宾夕法尼亚州匹兹堡的一些支持批准宪法的居民，也注意到邦联国会的弱点使它无法采取“适当的措施来对抗西班牙和英国王室”，让西部定居者“丧失了密西西比河贸易的利益——这是我们的自然权利”，又“容易引起野蛮人的侵犯”，因为英国人并未按照1783年《巴黎条约》的要求，放弃西部要塞。[290]

北方—南方轴线是解释关于宪法的分歧的另一个地域因素，南方各州批准宪法大会上投票反对这部宪法的比例，要远远高于北方
389 诸州。在南卡罗来纳州，反联邦主义者朗兹警告，在这部新宪法之下，南方州将没有“一丁点儿的机会获得足够的优势”，而且“北方州的影响力将会凌驾于我们之上，最终将我们排挤出共和国”。朗兹预言，如果这部宪法获得通过，“南方各州的太阳［将会］陨落，绝不会再次升起”。同样，弗吉尼亚州前任州长本杰明·哈里森（Benjamin Harrison）告诉华盛顿，“如果这部宪法生效，波托马克河以南各州将成为北方各州的附属品”。但是，北方各州的反联邦主义者并没有用这种天启式的方式批评这部宪法。[291]

当一些南方的反联邦主义者警告，奴隶制在这部宪法之下将岌岌可危时，他们反对批准宪法的主要理由，是担心北方人将会控制联邦政府并使用政府权力——尤其是监管商贸和签订条约的权力——损害南方人的经济利益。正如我们所看到的那样，杰伊与西班牙商讨美国在密西西比河上的航运权所引起的争论，已经让南方人严重不信任一个由北方人控制的国会。格雷森告诉弗吉尼亚州批准大会，密西西比河问题将会决定“这片大陆的一部分是否将统治另一部分”。他宣称，从领地范围和土地肥沃程度来看，“上帝和自然有意将人口重心放在大陆这边［南边］”。然而，北方人决意阻挠西部迁移，以防止出现新的南方州，从而维持他们对联邦政府的控制。另一名弗吉尼亚州反联邦主义者约翰·道森，提到了最近出现的放弃美国在密西西比河上航运权的“恶毒企图”——“美国南方的重要性有赖于这种航运权”，他在此州批准宪法大会上发言，如果不事先制定修正案以确保将来不再出现任何类似企图，那么，他

将反对批准宪法。[292]

因为在国会讨论是否给杰伊再次下达谈判指令时，南方各州的票数被北方各州超过，南方的反联邦主义者尤其担心这部宪法的两个特征：参议院内各州具有同等的代表权和无须绝对多数赞成，便可制定商业性立法。埃德蒙德·伦道夫向弗吉尼亚人解释了他拒绝在费城会议上签署这部宪法的原因，他认为这些是这部文献中“最令人生厌”的两个特征。他的弗吉尼亚州同胞格雷森警告，北方海运州的利益“显著地不同于［南方］种植州的利益”，而且他预料，“这个政府中的七个州将联合起来，镇压联盟内的其他州”。在南卡罗来纳州，朗兹警告，一个被北方人控制的国会，将会“通过强迫我们支付极高的运费，侵蚀我们产品的价值，甚至使之一文不值”。 390
北卡罗来纳州的一名反联邦主义者只是担心，北方人“通常会在票数上胜过我们”。[293]

梅森提出，即使随着人口向南和向西流动以及新的州加入联邦，南方人可能最终获得对国会的控制权，难道“我们就应该愉快地烧死自己，以便获得一种高兴和幸福的复活”？这实在是奇谈怪论。南方的反联邦主义者因此提议制定一条宪法修正案，要求国会在制定商业性立法时必须获得2/3以上多数议员支持，以及在批准放弃航运权要求的条约时，必须获得国会3/4以上多数议员支持。[294]

其他一些因素可能也部分解释了南方比北方反对批准宪法的声音更大的原因。正如我们所看到的那样，大多数人推定，如果这部宪法获得批准的话，新的联邦政府将会承担债务，而且或许会按照债券面值支付。然而，南方人的欠债比例较低。譬如，战争期间联盟政府向平民发行的最终结清债券中，只有7%由南方人持有，在所有联盟债务中，南方人也只持有16%。此外，那些欠英国债权人钱的南方种植园主担忧，根据这部宪法建立起来的联邦法院系统，将不会像那些在政治上可以问责的州法院那样，同情他们的利益。[295]

最后一个因素是宗教，不过宪法在这方面的分歧所占比例不大。宗教异议者——尤其是弗吉尼亚州、北卡罗来纳州和马萨诸塞州等地的浸信会牧师——不成比例地反对批准宪法。在马萨诸塞州，参加批准宪法大会的浸信会代表，大约有2/3（至少20人）投反对票。1788年初，在弗吉尼亚州关于批准宪法的争论日益升温之际，麦迪逊的父亲告诉他，在他的家乡奥兰治，大多数浸信会教徒都反对批准宪法。许多在刚过去的18世纪70年代曾遭受宗教迫害的弗吉尼亚州浸信会教徒认为，这部宪法忽略了对宗教自由的任何明确保障，这是《弗吉尼亚宗教自由法》（Virginia Statute for Religious Freedom）的严重倒退，他们曾为之奋斗抗争多年，最终在1786年成功制定了这部法律。无独有偶，在北卡罗来纳州，浸信会牧师亨利·阿伯特（Henry Abbot）也在本州批准宪法大会上坚持，不应“剥夺美国人依其良心信奉上帝的权利”。[296]

或许具有讽刺意味的是，一些宗教虔诚人士基于相反的缘由反对批准宪法，即宪法禁止对出任联邦职务设定任何宗教条件，从而为宗教自由提供了过多的保护。这些人相信，共和政府要求公民具
391 有高尚的品德，而美德最好是通过新教教义来实现。因此，譬如，新罕布什尔州的宪法明确宣称，共和政府的宗教基础——“道德和虔诚，完全根植于福音派原则基础之上，将给予政府最好和最大的保障，将在每个人的心间种下最强烈的正当服从义务”——要求州政府的主要官员必须是新教徒。一位参加马萨诸塞州批准宪法大会的代表，投票反对批准宪法，他主张说，“一个人如果不是好基督徒，就不可能成为好人”，因此统治者理应宣誓他们信仰基督或者至少是相信上帝。[297]

这种类型的反联邦主义者相信，这部宪法在宗教宽容的方向上

走得太远了。一位马萨诸塞州的反联邦主义者“对罗马天主教徒、教皇信奉者和异教徒可能担任一官半职的可能性，感到不寒而栗”。在北卡罗来纳州批准宪法大会上，一位反联邦主义者表示，他希望“这部宪法能将天主教牧师排除在公共职位之外”，而其他人则反对说，如果不设定一条担任官职的宗教信仰标准，将等于“发出邀请，让犹太人和各种异教徒来到我们中间”，因此可能会“危及”整个国家的“品性”。[298]❶

在批准宪法的争论当中，联邦主义者经常抱怨对手们“在会场之外”提出反对宪法的观点，而他们在批准宪法大会上并不公开持有这些观点。然而，联邦主义者自己也经常用非常不同于制宪者在费城会议上使用的话语，来为宪法的具体条款辩护。[299]

偶尔，当出现这种情况时，某位联邦主义者会尽量利用不利形势，为某一条他本人曾在费城会议上反对的宪法条款辩护。麦迪逊 392

❶ 联邦主义者对这些反对意见做出了两种截然不同的回应。其一，他们中的一些人强烈支持广泛的宗教宽容。依照这种观点来看，美国以非凡的宗教多元性为特征，任何人都不应该因为持有不同于主流的宗教观念，而被排除在联邦公职之外。因此，北卡罗来纳州的詹姆斯·艾德尔称，“一个人在宗教情感上可能与我们的信仰不同，但他绝不因此是社会中的坏人”。用马萨诸塞州支持批准宪法的浸礼会牧师艾萨克·巴克斯的话来说，担任公职的宗教资格限制，是“这个世界上最厉害的专制工具”。

其二，一些联邦主义者同意其对手的说法——无神论者、异教徒，也许还有其他人，不适宜担任公职，不过虽然如此，要求进行宗教宣誓，却是一种排斥他们的无效手段。比如，无神论者绝不害怕上帝的报复，因此将会毫不犹豫地进行虚假宣誓。出于这样的原因，为了信任起见，选民将不得不只挑选道德品行端正之人来代表他们。此外，这些联邦主义者再次保证，即便在不限定担任公职的宗教资格的情况下，新教徒选民也不大可能会选择犹太人、穆斯林和异教徒去担任政治职务。参见 1788 年 7 月 30 日艾德尔在北卡罗来纳州批准宪法大会上的发言，*Elliot*, 4:192–193（“一个人”）；1788 年 2 月 4 日巴克斯在马萨诸塞州批准宪法大会上的发言，*DHRC*, 6:1421–1422（“这个世界上”）；另见 Theophilus Parsons, Jan. 23, 1788，同上，1325; Daniel Shute, Jan. 31，同上，1375; Phillips Payson，同上，1377; “Caroliniensis,” Charleston *City Gazette*, Jan. 3, 1788, *DHRC*, 27:61。

和汉密尔顿在写作《联邦党人文集》的论战文章时，经常遭遇这种问题。

比如，在批准宪法的争论当中，麦迪逊提出，这部宪法独特地混合了联邦主义和国家主义的特征，但是在费城会议上，他却主张更加一贯的国家主义取向，而且当他的同事在投票中一再否决他的主张时，他感到非常沮丧。再例如，在费城，麦迪逊曾强烈反对由州立法机关来挑选参议员，但是在弗吉尼亚州批准宪法大会上，他称赞联邦政府依赖各州来挑选政府官员，可以作为一道反抗压迫的屏障。在纽约州批准宪法大会上，反联邦主义者小约翰·兰辛批评汉密尔顿在费城主张各州政府臣服于联邦，而在纽约州的波基普西市（Poughkeepsie）召开的批准宪法大会上却为州政府辩护，认为州政府对维护人民的自由至关重要。❶关于总统职位的各式各样的特征——四年任期、适当的否决权，以及有限而共享的任命权——汉密尔顿在批准宪法的辩论当中，将这些特征视为宪法的美好品质，但在费城会议上，却将之贬斥为缺陷。[300]

然而，在许多其他场合，联邦主义者却不够坦诚，拒绝在批准宪法的争论中运用他们在费城已经使用过的话语，来为具体的宪法条款辩护，他们担心会因此疏远选民和参加批准宪法大会的代表。让我们看看体现这种现象的最明显的例子。

出席费城会议的代表们竭尽全力地要创建一个全国性政府，通过诸如长期任职、间接选举，以及庞大的选区等机制，来隔绝民众

---

❶ 当汉密尔顿否认对于自己前后不一的指责时，他几乎就是在撒谎。在费城会议上，他曾支持授权全国性政府任命州政府官员。在私下里“关于宪法的设想”中，他甚至走得更远，表示希望宪法获得批准之后，联邦政府最终“完全战胜州政府，而且让它们整个儿成为下级机关，并将大的州分成更小的区”。参见 Hamilton, Conjectures, *PAH*, 4:276（引文）。

主义者的政治压力。即使是民众能够最直接地影响的众议院代表，
制宪者也试图通过忽略指示、召回、强制性轮替等宪法条款，弱
化民众的影响；并通过国会管制联邦选举时间、地点和方式的权
力，确保国会能够控制不分选区的选举。可是，在批准宪法的争论
过程中，在回应反联邦主义者提出的关于联邦政府可能成为压迫性
政府的每一项指责时，联邦主义者却强调说，联邦政府完全依赖人 393
民。在回应反联邦主义者对参议院和总统职位的批评时，联邦主义
者又强调，众议院将作为一道抵御政府可能滥用权力的屏障而发挥
作用。[301]❶

在费城会议上，大多数代表不仅试图降低民众主义者对联邦政府的影响，而且还强调建立机制、确保“更杰出者”出任公职的重要性。然而，在批准宪法的争论中，联邦主义者却批评他们的对手提出这部宪法中存在可能会阻止人民选举普通公民担任联邦职务的条款。譬如，在南卡罗来纳州，查尔斯·科茨沃斯·平克尼就反对这项指责，即在这部宪法之下，“每项事情在未来都将由大人物来处置”。而且他坚称，没有事情能够“阻止穷人与富人一样出任总统和参议员”。然而，在费城，他曾经反对给美国参议员发薪水，

---

❶ 在批准宪法的争论中，联邦主义者很少公开诋毁公众对政府活动的参与，而那些出席费城制宪会议的代表经常发出这种言论。在纽约州批准宪法大会上，首席法官罗伯特·利文斯顿宣称，人民“在许多情况下不会知道他们自身的福祉所在”，“他们很少能够具备判断大国政治或者公共措施明智与否的能力”。同样是在纽约，署名“凯撒”（Caesar）的联邦主义者（可能是汉密尔顿）否认普通人能够“对这部新宪法的合适性做出任何程度的准确判断”。然而，大多数联邦主义者选择——毫无疑问是明智地选择——不去公开地贬低人民的能力，出席批准宪法大会的代表正是由人民选举产生的。参见 1788 年 6 月 25 日罗伯特·R. 利文斯顿在纽约州批准宪法大会上的发言，*DHRC*, 22:1899（“在许多情况” 和 “他们很少”）；“Caesar” II, New York *Daily Advertiser*, Oct. 17, 1787, *DHRC*, 19:94（“对这部”）；另见 *Connecticut Courant*, Jan. 7, 1788, *DHRC*, 3:533–534; Heideking, *The Constitution Before the Judgment Seat*, 185; Eubanks, “New York,” 311–312; 上文，244。

如此一来，“便只能由富人来承担这项差事”。[302]

在费城会议上，几名代表曾经主张参议院理应“代表本国的富人”，具有“贵族精神”，而且要模仿英国的上议院。为了让参议员能够发挥“制衡民主的作用”，有必要设置较长的职务任期。然而，在批准宪法的争论中，联邦主义者却坚持说，这部宪法的“共和主义特色”禁止授予任何人贵族头衔，而且保证每个州都拥有一个共和形式的政府（这意味着任何人若是试图将政府变成贵族制，将犯下叛国罪）。联邦主义者还否认参议院将会助长贵族制，他们为参议员六年制任期提出的主要辩护理由是，这样的任期有助于参议员学习对外政策方面的专门知识，积累必要的、充分的经验，以便在总统签署条约时，给出明智的建议。[303]

对于许多更小的议题，联邦主义者在批准宪法大会上对特定宪法条款的辩护，也非常不同于先前他们在费城会议上的发言。在批准宪法的争论中，联邦主义者偶尔用节省开支来为众议院的小规模辩护，然而在费城会议上，他们曾主张，众议院规模小，将有助于
394 人民中的“杰出者”当选。在批准宪法的争论中，一些联邦主义者称赞说，这部宪法中要求涉及金钱的法案应由众议院发起的条款，是一种至关重要的保障，然而在费城会议上，许多代表曾轻蔑地认为这个条款毫无意义。在费城，制宪者们曾经辩论说，延长参议员的任期是减少民众主义者影响所必不可少的条件，然而在批准宪法的争论中，他们则提出，这项条款将会消除“贵族制影响的所有危险”，进而“阻止阴谋乱国”。[304]

在批准宪法的争论中，联邦主义者为宪法辩护时所使用的话语，非常不同于代表们曾在费城会议上所使用的话语，而反联邦主义者则经常可能更多地受利益驱动，并为此进行自负的理论性辩护（联邦主义者当然也如此）。弗吉尼亚州的反联邦主义者经常反对宪

法第三条的统一主义倾向，但是他们最担心的似乎是联邦法院将迫使南方种植园主向英国债权人偿还他们的战前债务——这正是《巴黎条约》所要求的。反联邦主义者经常援引孟德斯鸠的论断——共和政府无法在一个像美国这样庞大的、成分混杂的国家发展壮大，但是他们似乎最担心这部宪法所创建的联邦政府不可能为陷入财务困境的农场主减免税收——就像州政府曾经在18世纪80年代所做的那样。乔治·梅森对这部宪法将参议院和总统的权力搅在一起感到不满，这可能是因为他相信，作为大州的弗吉尼亚州被康涅狄格妥协方案不公正地剥夺了在参议院它所应有的影响力。[305]

所有这些都不能否认，观念上的分歧在某种程度上造成人们对宪法的态度不一。譬如，有些反联邦主义者比他们的联邦主义对手更加担忧，一个强有力的、单一式的行政机关将变得专制。同样，尽管梅森和理查德·亨利·李都很富有，又都是精英，与他们在弗吉尼亚州的政治对手华盛顿和麦迪逊没什么两样，但他们似乎更担心这部宪法会孕育出一个危险的贵族体制。

在某种程度上，我们可以总结出哪种类型的人会支持宪法，哪种会反对批准宪法。不同阶层的城市居民以压倒性多数拥护这部宪法，而远离城镇的偏远地区的居民却大多反对它。那些深陷土地债务危机的小农场主，绝大多数可能比律师和商人更反对批准宪法，而且他们的反对意见通常是用具有阶级意识的话语表达出来的。西部人比东部人更有可能反对批准宪法，北方人比南方人更有可能支持宪法。正如我们将在第六章所看到的那样，相对于大州而言，小州出现的反联邦主义者很少。[306] 395

然而在具体的个人层面，却很难辨别是哪些因素影响了他们对待宪法的态度。弗吉尼亚州的富人和精英彼此之间共同点颇多，但在是否应该批准宪法的问题上，却分歧严重。正如我们所见，帕特里克·亨利拼命反对批准宪法。他在弗吉尼亚州批准宪法大会上提出了几十条反对宪法的理由。不过，我们不可能知道他反对宪法的真正原因，它们可能与他拒绝参与草拟宪法的费城会议的原因一样琐碎。假如亨利接受委任，出席了费城会议——我们也不知道他拒绝接受委任的真实原因——也许他会倾向于支持批准这部在起草中自己发挥过作用的文件（当然，这部宪法也可能因为他的参与，而
396 呈现出不同的面貌）。

注释

1 Alexander Hamilton, Conjectures About the New Constitution, Sept. 17–30, 1787, *PAH*, 4:275［以下简称“Hamilton, Conjectures”］。

2 Hamilton, Conjectures, *PAH*, 4:275.

3 同上。

4 同上，275–276。

5 同上。

6 *Pennsylvania Gazette*, Oct. 10, 1787, *DHRC*, 13: app. 1, 584（“谢斯派”）；“A Landholder” II (Ellsworth), *Connecticut Courant*, Nov. 12, 1787, *DHRC*, 3:402（“四面楚歌”）；“A Landholder” I, Nov. 5, 1787，同上，399（“他们生活优渥”）；1787 年 10 月 30 日古文诺·莫里斯致华盛顿，*PGW* (C.S.), 5:399（“邪恶之徒”）；另见“A Landholder” IX, *Connecticut Courant*, Dec. 31, 1787, *DHRC*, 3:516; “A Friend to Order and Peace,” *Pennsylvania Mercury*, June 21, 1788, *DHRC*, 21:1206–1207; New York *Daily Advertiser*, Dec. 4, 1787, *DHRC*, 19:353；1789 年 2 月 17 日詹姆斯·邓肯森（James Duncanson）致詹姆斯·莫里（James Maury），*DHFFE*, 2:405–406; 1788 年 7 月 26 日约翰·沃恩（John Vaughan）致约翰·迪金森，*DHRC*, 21:1345; Maier, *Ratification*, 80, 93, 132, 208, 351; Robert Allen Rutland, *Ordeal of the Constitution: The Antifederalists and the Ratification Struggle of 1787–*

1788 (Norman, OK, 1966), 26–27；参见下文，403, 613。关于反联邦主义者憎恨他们的对手贬低他们的动机的例子，可参见 1788 年 6 月 20 日小约翰·兰辛在纽约州批准宪法大会上的发言，*DHRC*, 22:1708; *American Herald*, Jan. 7, 1788, *DHRC*, 5:547。

7 Cornell, *Other Founders*, 48, 51, 84, 120; Brown, *Redeeming the Republic*, 206; Jackson Turner Main, *The Antifederalists: Critics of the Constitution, 1781–1788* (Chapel Hill, NC, 1961), 166–167, 281; Edling, *Revolution in Favor of Government*, 34–35; Wood, *Creation of the American Republic*, 485–486.

8 *A Citizen of New–York: An Address to the People of the State of New York* (John Jay) (Apr.15, 1788), *DHRC*, 20:933［以下简称 *A Citizen of New–York*］; 1787 年 10 月 23 日卡林顿致杰斐逊，*DHRC*, 8:94; Maier, *Ratification*, 56, 65, 119, 121, 160, 179–182, 224, 266, 282, 362–363, 370–371; Cornell, *Other Founders*, 26–27; Robert Allen Rutland, *The Birth of the Bill of Rights, 1776–1791* (Chapel Hill, NC, 1955), 119。

9 1787 年 10 月 17 日麦迪逊致杰斐逊，*PJM* (C.S.), 11:297（引文）；另见 *A Citizen of New–York*, *DHRC*, 20:933；参见下文，454, 469。

10 Maier, *Ratification*, 160–161；1788 年 1 月 27 日戈勒姆致麦迪逊，*DHRC*, 7:1552；参见下文，432。

11 "Civis," *DHRC*, 16:26（"品格""这些人"和"尽管他们可以"）; 1788 年 6 月 22 日麦迪逊致汉密尔顿，*PAH*, 5:61（"私下里"和"不会承认"）; 另见 1788 年 6 月 13 日麦迪逊致金，*DHRC*, 10:1619; "Plain Truth," Providence *United States Chronicle*, Nov. 29, 1787, *DHRC*, 24:65。

12 参见上文，297–304；下文，469, 474。

13 1788 年 1 月 17 日朗兹在南卡罗来纳州众议院的发言，*DHRC*, 27:127（"增强"和"一个人拥有"）; "A Georgian," *Gazette of the State of Georgia*, Nov. 15, 1787, *DHRC*, 3:237（"认为"）; Cornell, *Other Founders*, 6–8, 22, 26–27; Maier, *Ratification*, 83, 91, 93, 157, 232; Heideking, *The Constitution Before the Judgment Seat*, 106–108, 174–175；另见 1787 年 12 月 3 日塞缪尔·亚当斯致理查德·亨利·李, *DHRC*, 14:333；1788 年 1 月 23 日威廉·汤普森（William

Thompson）在马萨诸塞州批准宪法大会上的发言，*DHRC*, 6:1316；乔治·克林顿反对批准宪法的评论，1788 年 7 月 11 日，*DHRC*, 22:2142–2147；1788 年 4 月 22 日麦迪逊致杰斐逊，*PJM* (C.S.), 11:28。

14 "Cato," *State Gazette of South Carolina*, Nov. 26, 1787, *DHRC*, 27:45（"带来很多福祉"）; 1787 年 11 月 3 日埃尔布里奇·格里致马萨诸塞州议会，*Massachusetts Centinel*, *DHRC*, 13:549（"一个行之有效的"和"适当的修订"）; "Federal Farmer," *Letters to the Republican* (Nov. 8, 1787), Letter V, *DHRC*, 14:49–50（"许多要命的""不少长处""几处改动"和"过得去的良好"）; 另见 1787 年 9 月 20 日格里致约翰·亚当斯，*DHRC*, 4:16；1787 年 10 月 7 日梅森致华盛顿，*DHRC*, 8:43；1788 年 6 月 24 日约翰·道森在弗吉尼亚州批准宪法大会上的发言，*DHRC*, 10:1489；1788 年 6 月 23 日理查德·哈里森（Richard Harison）在纽约州批准宪法大会上的发言，*DHRC*, 22:1802；"Many Customers," Philadelphia *Independent Gazetteer*, Dec. 1, 1787, *DHRC*, 2:307–309; Maier, *Ratification*, 48, 66–67, 262–263, 301; Edling, *Revolution in Favor of Government*, 220; Eubanks, "New York," 328–329。

15 1788 年 5 月 22 日多拉德在南卡罗来纳州批准宪法大会上的发言，*DHRC*, 27:379（"充分""绝不同意"和"任何一批人"）; "Philadelphiensis" II, Philadelphia *Freeman's Journal*, Nov. 28, 1787, *DHRC*, 14:253（"让人费解"）; "Agrippa" XVI, *Massachusetts Gazette*, Feb. 5, 1788, *DHRC*, 5:864（"确保"）; 另见"Agrippa" XV, Jan. 29, 1788，同上，822–826；1788 年 6 月 11 日梅森在弗吉尼亚州批准宪法大会上的发言，*DHRC*, 9:1162；1787 年 10 月 1 日李致梅森，*DHRC*, 8:28; "M.C.," *Pennsylvania Herald*, Oct. 27, 1787, *DHRC*, 2:203–204；1787 年 11 月 6 日乔治·特纳（George Turner）致温斯洛普·萨金特（Winthrop Sargent），同上，209; Kaminski, "The Constitution Without a Bill of Rights," 23–25。

16 1787 年 11 月 10 日华盛顿致布什罗德·华盛顿，*PGW* (C.S.), 5:422（"宪法最热情的"）; 1787 年 12 月 14 日华盛顿致查尔斯·卡特（Charles Carter），同上，492（"不是一个"和"完全赞同"）; 另见 1787 年 11 月 4 日布什罗德·华盛顿致罗伯特·卡特（Robert Carter），*DHRC*, 8:143–144；1787 年 10 月 29

日伦道夫致麦迪逊，同上，134；1787 年 12 月 8 日罗伯特 · R. 利文斯顿致约翰 · 斯蒂文斯（John Stevens），*DHRC*, 19:381；1787 年 11 月 10 日戴维 · 拉姆塞致本杰明 · 拉什，*DHRC*, 27:39；1788 年 5 月 7 日理查德 · 亨利 · 李致乔治 · 梅森，*DHRC*, 9:785; Maier, *Ratification*, 93–94。

17 Edling, *Revolution in Favor of Government*, 31–33.

18 参见上文，119, 141–143。

19 U. S. Constitution, Art. VII；Articles of Confederation, Art. 13, *DHRC*, 1:93.

20 Melancton Smith's Notes on the Proceedings of Congress, Sept. 27, 1787, *DHRC*, 1:330（引文）；另见 1787 年 11 月 3 日埃尔布里奇 · 格里致马萨诸塞州议会，*Massachusetts Centinel*, *DHRC*, 13:548–549；1787 年 9 月 30 日麦迪逊致华盛顿，*PJM* (C.S.), 10:179。

21 1787 年 11 月 28 日怀特希尔在宾夕法尼亚州批准宪法大会上的发言，*DHRC*, 2:394（"但是从未"）；1788 年 6 月 4 日亨利在弗吉尼亚州批准宪法大会上的发言，*DHRC*, 9:929–931（"非常明显""彻底毁灭""九个州"和"批准如此危险的"）；另见 June 7, 1788，同上，1041; Grayson, June 24，同上，10:1496–1497；1788 年 1 月 17 日朗兹在南卡罗来纳州众议院的发言，*DHRC*, 27:127–128；1788 年 7 月 30 日威廉 · 勒诺（William Lenoir）在北卡罗来纳州批准宪法大会上的发言，*Elliot*, 4:201；1788 年 7 月 11 日乔治 · 克林顿在纽约州批准宪法大会上的发言，*DHRC*, 22:2137; Albany Anti-Federal Committee Circular, Apr. 10, 1788, *DHRC*, 21:1380；"Vox Populi," *Massachusetts Gazette*, Nov. 6, 1787, *DHRC*, 4:201; "Portius," *American Herald*, Nov. 12, 1787，同上，217–218。

22 1787 年 12 月 11 日威尔逊在宾夕法尼亚州批准宪法大会上的发言，*DHRC*, 2:556（"没有得到"）；1787 年 6 月 5 日麦迪逊在费城会议上的发言，*Farrand*, 1:122–123（"无论任何一方"）；June 19，同上，315（"屡见不鲜"）；另见 1788 年 7 月 11 日罗伯特 · R. 利文斯顿在纽约州批准宪法大会上的发言，*DHRC*, 22:2138；1788 年 7 月 24 日戴维在北卡罗来纳州批准宪法大会上的发言，*Elliot*, 4:21; Iredell, July 31，同上，230；1788 年 1 月 18 日查尔斯 · 科茨沃斯 · 平克尼在南卡罗来纳州众议院的发言，*DHRC*, 27:151; Albany Federal

Committee, *An Impartial Address*（约 Apr. 20, 1788), *DHRC*, 21:1388; "Examiner," *Massachusetts Gazette*, Nov. 9, 1787, *DHRC*, 4:211; *The Federalist No. 22* (Hamilton), 152; Akhil Reed Amar, "The Consent of the Governed: Constitutional Amendment Outside Article V," *Columbia Law Review* (1994), 94:464–469。

23 1787 年 12 月 4 日威尔逊在宾夕法尼亚州批准宪法大会上的发言，*DHRC*, 2:483（全部引文）；另见 1788 年 6 月 5 日埃德蒙德·彭德尔顿在弗吉尼亚州批准宪法大会上的发言，*DHRC*, 9:945–946；1788 年 7 月 24 日阿奇博尔德·麦克莱恩（Archibald MacLaine）在北卡罗来纳州批准宪法大会上的发言，*Elliot*, 4:24; Richard Dobbs Spaight, July 30，同上，206；1788 年 1 月 17 日查尔斯·科茨沃斯·平克尼在南卡罗来纳州众议会的发言，*DHRC*, 27:120–121; Albany Federal Committee, *An Impartial Address*（约 Apr. 20, 1788), *DHRC*, 21:1389。

24 Madison, Aug. 31, *Farrand*, 2:476（引文）；另见 Rakove, *Original Meanings*, 105。

25 1788 年 6 月 4 日彭德尔顿在弗吉尼亚州批准宪法大会上的发言，*DHRC*, 9:917；1787 年 11 月 24 日威尔逊在宾夕法尼亚州批准宪法大会上的发言，*DHRC*, 2:361–362（"最高的"和"人民"）；另见 Dec.4, 1787，同上，474；1788 年 7 月 31 日艾德尔在北卡罗来纳州批准宪法大会上的发言，*Elliot*, 4:230; Amar, "Consent of the Governed," 470–475。

26 1787 年 2 月 3 日华盛顿致诺克斯，*PGW* (C.S.), 5:8("我不打算"和"我认为")；Randolph（耶茨的记录），June 16, *Farrand*, 1:262（"在某些"）；1788 年 6 月 4 日伦道夫在弗吉尼亚州批准宪法大会上的发言，*DHRC*, 9:934–935（"政治笑话""经过""如果不提出"和"背叛"）；另见 1787 年 9 月 30 日麦迪逊致华盛顿，*PJM* (C.S.), 10:179；上文，253。

27 "Philadelphiensis" II, Philadelphia *Freeman's Journal*, Nov. 28, 1787, *DHRC*, 14:251–252（"我们正接受"和"可能毁灭"）；"An Officer of the Late Continental Army," Philadelphia *Independent Gazetteer*, Nov. 6, 1787, *DHRC*, 2:216（"在宪法中"）；1788 年 1 月 17 日查尔斯·特纳（Charles Turner）在马萨诸塞州批准宪法大会上的发言，*DHRC*, 6:1226（"失去更多"）；另见 1788 年 6 月 11 日至 14 日约书亚·阿瑟顿致约翰·兰姆（John Lamb），

DHRC, 18:46; Samuel Chase, Objections to the Constitution, Apr. 24–25, 1788, *DHRC*, 12:632［以下简称“Chase, Objections”］; 乔治·克林顿反对批准宪法的言论，1788 年 7 月 11 日，*DHRC*, 22:2147；1788 年 6 月 4 日帕特里克·亨利在弗吉尼亚州批准宪法大会上的发言，*DHRC*, 9:930；1788 年 1 月 18 日朗兹在南卡罗来纳州众议院的发言，*DHRC*, 27:154。

28 1788 年 6 月 28 日克林顿在纽约州批准宪法大会上的发言，*DHRC*, 22:1979–1980（“积极有力”“人民”“邦联的”和“驱使人民”）; 1787 年 5 月 15 日李致梅森，*LRHL*, 2:421（“从一个”“人们”“呼声”和“都是因为”）。

29 1788 年 6 月 4 日亨利在弗吉尼亚州批准宪法大会上的发言，*DHRC*, 9:929–930（“我们所面临的”“这是各州”和“一个拥有”）; Grayson, June 11，同上，1167（“完全是想象”和“荒唐至极”）; 1788 年 1 月 18 日朗兹在南卡罗来纳州众议院的发言，*DHRC*, 27:152；1788 年 6 月 20 日兰辛在纽约州批准宪法大会上的发言，*DHRC*, 22:1707；1788 年 6 月 10 日门罗在弗吉尼亚州批准宪法大会上的发言，*DHRC*, 9:1105–1106; John Tyler, June 25，同上，10:1526–1527; *A Plebeian*, *DHRC*, 20:946–948; Richard E. Labunski, *James Madison and the Struggle for the Bill of Rights* (New York, 2006), 102–103; Banning, *Sacred Fire*, 244–245; Hendrickson, *Peace Pact*, 11–12, 252–253。

30 “A Columbian Patriot,” *Observations*, *DHRC*, 16:285（“自由的政府”和“时间和勤劳”）; 1788 年 6 月 27 日史密斯在纽约州批准宪法大会上的发言，*DHRC*, 22:1924（“政治堕落”和“缺乏诚意”）; 另见 1788 年 6 月 11 日格雷森在弗吉尼亚州批准宪法大会上的发言，*DHRC*, 9:1165–1166; *A Plebeian*, *DHRC*, 20:947; “Agrippa” III, *Massachusetts Gazette*, Nov. 30, 1787, *DHRC*, 4:342–343; “Agrippa” VII, Dec. 18, 1787，同上，5:484; “A Correspondent,” *American Herald*, Dec. 10, 1787, *DHRC*, 4:406。

31 1788 年 1 月 17 日朗兹在南卡罗来纳州众议院的发言，*DHRC*, 27:125, 128（“旧宪法”在 128 页；“具有卓越的”在 125 页）; 1788 年 6 月 5 日亨利在弗吉尼亚州批准宪法大会上的发言，*DHRC*, 9:952–953（“一场漫长”和“比任何”）; Grayson, June 11，同上，1167；另见 1788 年 6 月 20 日兰辛在纽约州批准宪法大会上的发言，*DHRC*, 22:1705。

32 John Williams, June 21，同上，1746（“要求《邦联条例》”）; Smith, June 27，同上，1925; Lansing, June 28，同上，1999–2000; *A Plebeian*, *DHRC*, 20:946（“一场漫长”）; 1788 年 6 月 4 日梅森在弗吉尼亚州批准宪法大会上的发言，*DHRC*, 9:938; 另见 “Federal Farmer”, *Letters to the Republican* (Nov. 8, 1787), Letter I, *DHRC*, 14:20。

33 1788 年 6 月 21 日威廉姆斯在纽约州批准宪法大会上的发言，*DHRC*, 22:1745–1746（“奢侈”“每天有”“沉迷于”“放荡”和“在收获季”）; 1787 年 5 月 15 日李致梅森，*LRHL*, 2:419（“目前的不满”和“邪恶的风俗”）; 另见 1788 年 6 月 20 日兰辛在纽约州批准宪法大会上的发言，*DHRC*, 22:1706; *A Plebeian*, *DHRC*, 20:946; “Candidus” I, Boston *Independent Chronicle*, Dec. 6, 1787, *DHRC*, 4:398; Heideking, *The Constitution Before the Judgment Seat*, 110–111。

34 *The Federalist No. 1* (Hamilton), 33（“这个问题”）; 1787 年 12 月 11 日威尔逊在宾夕法尼亚州批准宪法大会上的发言，*DHRC*, 2:553(“自己的”和“争取”）; 1788 年 6 月 9 日亨利·李在弗吉尼亚州批准宪法大会上的发言，*DHRC*, 9:1073（“真正的共和主义者”）; 另见 1788 年 7 月 30 日斯佩特在北卡罗来纳州批准宪法大会上的发言，*Elliot*, 4:207。

35 1788 年 6 月 5 日彭德尔顿在弗吉尼亚州批准宪法大会上的发言，*DHRC*, 9:946–947; Randolph, June 4，同上，933–936; June 6，同上，971–989; Francis Corbin, June 7，同上，1008–1009; 1787 年 12 月 11 日威尔逊在宾夕法尼亚州批准宪法大会上的发言，*DHRC*, 2:581–584; 1788 年 1 月 17 日查尔斯·科茨沃斯·平克尼在南卡罗来纳州众议院的发言，*DHRC*, 27:120; *The Federalist No. 15* (Hamilton), 106–107; 另见 Heideking, *The Constitution Before the Judgment Seat*, 135–140; Hendrickson, *Peace Pact*, 7–10; 下文，597–598。

36 1788 年 1 月 16 日拉特利奇在南卡罗来纳州众议院的发言，*DHRC*, 27:110（“美国独立的”）; 1788 年 6 月 20 日汉密尔顿在纽约州批准宪法大会上的发言，*DHRC*, 22:1722–1725（“根本的缺陷”“特殊便利”和“截然不同”）; 另见 Robert R. Livingston, June 19，同上，1685–1686; *The Federalist No. 15* (Hamilton), 108–113。

37 1788 年 1 月 9 日理查德·劳（Richard Law）在康涅狄格州批准宪法大会上的发言，*DHRC*, 3:558（“优点”）；1788 年 1 月 31 日查尔斯·贾维斯（Charles Jarvis）在马萨诸塞州批准宪法大会上的发言，*DHRC*, 6:1374（“伟大”“用鲜血”和“在其运行过程中”）；另见 1788 年 6 月 5 日彭德尔顿在弗吉尼亚州批准宪法大会上的发言，*DHRC*, 9:945; Randolph, June 15，同上，10:1353–1354；1788 年 7 月 29 日艾德尔在北卡罗来纳州批准宪法大会上的发言，*Elliot*, 4:176–177。

38 Pennsylvania Minority Dissent, *DHRC*, 2:630–631; George Mason's Objection to the Constitution of Government Formed by the Convention (Oct. 1787), *DHRC*, 8:43［以下简称“Mason's Objections”］；1787 年 10 月 16 日理查德·亨利·李致埃德蒙德·伦道夫，同上，61；1788 年 2 月 1 日塞缪尔·纳森（Samuel Nasson）在马萨诸塞州批准宪法大会上的发言，*DHRC*, 6:1400；1787 年 11 月 13 日詹姆斯·怀特（James White）致北卡罗来纳州州长理查德·卡斯韦尔，*LDC*, 24:555；下文，ch.7。

39 1787 年 11 月 3 日埃尔布里奇·格里致马萨诸塞州议会，*Massachusetts Centinel*, *DHRC*, 13:548; Mason's Objections, *DHRC*, 8:43–45; Cornell, *Other Founders*, 30–31。

40 Pennsylvania Minority Dissent, *DHRC*, 2:629（“在其性质上”和“仅此一项”）；1788 年 3 月 12 日威廉·芬得利致威廉·欧文，*DHRC*, 16:373（“内部目标”）；1788 年 6 月 25 日史密斯在纽约州批准宪法大会上的发言，*DHRC*, 22:1880（“很快萎缩”和“制定法律”）；另见“Brutus” I, *New York Journal*, Oct. 18, 1787, *DHRC*, 19:107; “A Columbian Patriot,” *Observations*, *DHRC*, 16:285；1788 年 7 月 25 日塞缪尔·斯宾塞在北卡罗来纳州批准宪法大会上的发言，*Elliot*, 4:51; Lenoir, July 30，同上，202；1788 年 1 月 17 日朗兹在南卡罗来纳州众议院的发言，*DHRC*, 27:125；1788 年 6 月 9 日亨利在弗吉尼亚州批准宪法大会上的发言，*DHRC*, 9:1068；1787 年 11 月 30 日罗伯特·怀特希尔在宾夕法尼亚州批准宪法大会上的发言，*DHRC*, 2:425。

41 1788 年 6 月 12 日格雷森在弗吉尼亚州批准宪法大会上的发言，*DHRC*, 10:1188；1788 年 6 月 25 日史密斯在纽约州批准宪法大会上的发言，*DHRC*,

22:1881; Gilbert Livingston, July 2，同上，2058–2060。

42 1788 年 6 月 16 日亨利在弗吉尼亚州批准宪法大会上的发言，*DHRC*, 10:1310（“掌握国家财富” 和 “对国家力量”）; Grayson, June 12，同上，1188（“受到鄙视”）; 另见 Mason, June 4，同上，9:936; Henry, June 5，同上，957; Monroe, June 10，同上，1110–1111；1788 年 6 月 27 日威廉姆斯在纽约州批准宪法大会上的发言，*DHRC*, 22:1935–1936; Lansing, June 28，同上，2001；1788 年 7 月 11 日乔治·克林顿反对批准宪法的言论，DHRC, 22:2145。

43 1789 年 9 月 14 日李致亨利，*LRHL*, 2:502（“现有体制” 和 “它倾向于”）; 6 月 4 日梅森在弗吉尼亚州批准宪法大会上的发言，*DHRC*, 9:937（“适合如此”）; 1787 年 12 月 21 日罗伯特·耶茨和小约翰·兰辛致州长乔治·克林顿，*DHRC*, 19:458（“永久性职务” 和 “一如既往”）; 另见 1788 年 6 月 11 日格雷森在弗吉尼亚州批准宪法大会上的发言，*DHRC*, 9:1167; Monroe, June 10，同上，1110；1788 年 4 月 28 日理查德·亨利·李致塞缪尔·亚当斯，同上，765; Chase, Objection, *DHRC*, 12:632; Hendrickson, *Peace Pact*, 252; Cecelia Kenyon, “Men of Little Faith: The Anti–Federalists on the Nature of Representative Government,” *William and Mary Quarterly* (Jan. 1955), 12:6–8。

44 1788 年 1 月 18 日詹姆斯·林肯（James Lincoln）在南卡罗来纳州众议院的发言，*DHRC*, 27:155（“交到一伙”）; “Brutus” I，*New York Journal*, Oct. 18, 1787，*DHRC*, 19:112（“信任、尊重” 与 “毁坏自由”）; 另见 1788 年 6 月 4 日梅森在弗吉尼亚州批准宪法大会上的发言，*DHRC*, 9:937；1788 年 7 月 25 日斯宾塞在北卡罗来纳州批准宪法大会上的发言，*Elliot*, 4:51–52；1788 年 6 月 20 日兰辛在纽约州批准宪法大会上的发言，*DHRC*, 22:1707; Smith, June 27，同上，1924; Pennsylvania Minority Dissent, *DHRC*, 2:625–626；1787 年 12 月 12 日小威廉·希彭（William Shippen, Jr.）致托马斯·李·希彭，同上，602；1788 年 3 月 12 日威廉·芬得利致威廉·欧文，*DHRC*, 16:373; Bernard Bailyn, *The Ideological Origins of the American Revolution* (Cambridge, MA, enlarged ed., 1992), 347–349。

45 1788 年 6 月 27 日史密斯在纽约州批准宪法大会上的发言，*DHRC*, 22:1922（“维持”）; Williams，同上，1936（“给那些”）。

46 1787 年 11 月 3 日埃尔布里奇·格里致马萨诸塞州议会，*Massachusetts Centinel*, DHRC, 13:548（“模糊不清”和“既无限制”）；1788 年 6 月 23 日格雷森在弗吉尼亚州批准宪法大会上的发言，*DHRC*, 10:1469（“这世上”）；另见 Pennsylvania Minority Dissent, *DHRC*, 2:629; “Brutus” I, *New York Journal*, Oct. 18, 1787, *DHRC*, 19:107；1788 年 6 月 25 日泰勒在弗吉尼亚州批准宪法大会上的发言，*DHRC*, 10:1525; Cornell, *Other Founders*, 11, 59, 134。

47 1788 年 7 月 29 日蒂莫西·布拉德沃思在北卡罗来纳州批准宪法大会上的发言，*Elliot*, 4:167–168（“用他们”）；1788 年 6 月 16 日梅森在弗吉尼亚州批准宪法大会上的发言，*DHRC*, 10:1326；1788 年 7 月 30 日勒诺在北卡罗来纳州批准宪法大会上的发言，*Elliot*, 4:206（“忽略”）；另见 Spencer, July 28，同上，137；1788 年 7 月 3 日兰辛在纽约州批准宪法大会上的发言，DHRC, 22:2089。

48 1788 年 6 月 7 日科宾在弗吉尼亚州批准宪法大会上的发言，*DHRC*, 9:1011; Randolph, June 10，同上，1096（“政治的科学”“大大”和“是一件”）；1788 年 5 月 14 日平克尼在南卡罗来纳州批准宪法大会上的发言，*DHRC*, 27:330；另见 1788 年 6 月 27 日汉密尔顿在纽约州批准宪法大会上的发言，*DHRC*, 22:1957；1787 年 11 月 24 日威尔逊在宾夕法尼亚州批准宪法大会上的发言，*DHRC*, 2:342。

49 同上，352（“联盟的共和国”）；1788 年 6 月 6 日麦迪逊在弗吉尼亚州批准宪法大会上的发言，*DHRC*, 9:995（“混合性质”）；Pendleton, June 5，同上，947；1788 年 7 月 24 日戴维在北卡罗来纳州批准宪法大会上的发言，*Elliot*, 4:22; Iredell, July 25，同上，53; Davie，同上，58；1788 年 1 月 16 日查尔斯·平克尼在南卡罗来纳州众议院的发言，*DHRC*, 27:99; “A Pennsylvanian to the New York Convention” (Tench Coxe), *Pennsylvania Gazette*, June 11, 1788, *DHRC*, 20:1141–1143; Alexander White, “To the Citizens of Virginia,” *Winchester Gazette*［Virginia］, Feb. 29, 1788, DHRC, 8:438；另见 Hendrickson, *Peace Pact*, 12–13。

50 1788 年 5 月 14 日平克尼在南卡罗来纳州批准宪法大会上的发言，*DHRC*, 27:331（全部引文）；*The Federalist No. 10* (Madison), 77–84；同上，No. 51,

323–325。

51 1788 年 6 月 28 日汉密尔顿在纽约州批准宪法大会上的发言，*DHRC*, 22:1982–1983；1788 年 6 月 6 日麦迪逊在弗吉尼亚州批准宪法大会上的发言，*DHRC*, 9:996; June 12，同上，10:1203–1204; Pendleton, June 5，同上，9:948；1788 年 7 月 25 日艾德尔在北卡罗来纳州批准宪法大会上的发言，*Elliot*, 4:53；1787 年 11 月 28 日威尔逊在宾夕法尼亚州批准宪法大会上的发言，*DHRC*, 2:400–402；1788 年 1 月 22 日英克里斯·萨姆纳（Increase Sumner）在马萨诸塞州批准宪法大会上的发言，*DHRC*, 6:1298–1299; Theophilus Parsons, Jan. 23，同上，1327；1788 年 1 月 7 日埃尔斯沃斯在康涅狄格州批准宪法大会上的发言，*DHRC*, 3:548, 552; Richard Law, Jan. 9，同上，559；1788 年 6 月 27 日罗伯特·R. 利文斯顿在纽约州批准宪法大会上的发言，*DHRC*, 22:1942–1943; Hamilton，同上，1957–1958。

52 June 27，同上，1958–1959（引文）; 1788 年 1 月 16 日查尔斯·平克尼在南卡罗来纳州众议院的发言，*DHRC*, 27:96, 98; "America: To the Dissenting Members of the Late Convention of Pennsylvania" (Noah Webster), New York Daily Advertiser, Dec. 31, 1787, *DHRC*, 19:491。

53 1788 年 6 月 10 日伦道夫在弗吉尼亚州批准宪法大会上的发言，*DHRC*, 9:1102（引文）; 1788 年 6 月 24 日汉密尔顿在纽约州批准宪法大会上的发言，*DHRC*, 22:1864；1788 年 6 月 11 日麦迪逊在弗吉尼亚州批准宪法大会上的发言，*DHRC*, 9:1151–1152; June 6, 1788，同上，997–998；1787 年 12 月 4 日威尔逊在宾夕法尼亚州批准宪法大会上的发言，*DHRC*, 2:478; Alexander White, "To the Citizens of Virginia," *Winchester Gazette* [Virginia], Feb. 29, 1788, *DHRC*, 8:439; "Poplicola," *Massachusetts Centinel*, Oct. 31, 1787, *DHRC*, 4:181。

54 1787 年 12 月 4 日威尔逊在宾夕法尼亚州批准宪法大会上的发言，*DHRC*, 2:496（"划分得" 和 "尽可能地"）; 1788 年 6 月 5 日彭德尔顿在弗吉尼亚州批准宪法大会上的发言，*DHRC*, 9:947（"干涉"）; 另见 1787 年 11 月 30 日贾斯珀·耶茨（Jasper Yeates）在宾夕法尼亚州批准宪法大会上的发言，*DHRC*, 2:435; Alexander White, "To the Citizens of Virginia," *Winchester Gazette* [Virginia], Feb. 29, 1788, *DHRC*, 8:442。

55 U. S. Constitution, Art. I, § 8, cl. 18; "Brutus" XI, *New York Journal*, Jan. 31, 1788, *DHRC*, 20:684（"制定所有"）; "Brutus" I, *New York Journal*, Oct. 18, 1787, *DHRC*, 19:109（"立法机关" 和 "用这种方式"）; Mason's Objections, *DHRC*, 8:45（"授予贸易"）; 另见 1788 年 6 月 17 日约翰·泰勒在弗吉尼亚州批准宪法大会上的发言，*DHRC*, 10:1340; Mason, June 16，同上，1325–1326; 1788 年 7 月 29 日斯宾塞在北卡罗来纳州批准宪法大会上的发言，*Elliot*, 4:152; "An Old Whig" II, Philadelphia *Independent Gazetteer*, Oct. 17, 1787, *DHRC*, 13:401–402。

56 1788 年 6 月 10 日伦道夫在弗吉尼亚州批准宪法大会上的发言，*DHRC*, 9:1102（"丝毫没有"）; Madison, June 16，同上，10:1323（"最多不过" "人类能力" 和 "详细方案"），另见 1787 年 12 月 4 日威尔逊在宾夕法尼亚州批准宪法大会上的发言，*DHRC*, 2:482; Banning, *Sacred Fire*, 331。

57 U. S. Constitution, Art. I, § 1, cl. 1；1787 年 10 月 16 日李致伦道夫，*DHRC*, 8:62（"人类立法的"）; "Deliberator," Philadelphia *Freeman's Journal*, Feb. 20, 1788, in Storing, ed., *The Complete Anti–Federalist*, 3:179［以下简称 "'Deliberator'"］; "Brutus" I, *New York Journal*, Oct. 18, 1787, *DHRC*, 19:107（"提供公共福祉" 和 "无限的"）; 另见 1788 年 6 月 7 日亨利在弗吉尼亚州批准宪法大会上的发言，*DHRC*, 9:1046；1788 年 6 月 26 日威廉姆斯在纽约州批准宪法大会上的发言，*DHRC*, 22:1917–1918; "A Countryman" V (De Wit Clinton), *New York Journal*, Jan.17, 1788, *DHRC*, 20:623–624；1788 年 1 月 23 日西拉斯·李致乔治·撒切尔，*DHRC*, 5:782。

58 1788 年 6 月 17 日伦道夫在弗吉尼亚州批准宪法大会上的发言，*DHRC*, 10:1350（引文）; *The Federalist No. 41* (Madison), 263–264；另见 Nicholas, June 16, *DHRC*, 10:1326–1327; Randolph, June 10，同上，1484。麦迪逊对普遍福利条款如何进入宪法所做的有趣而令人信服的解释，参见 1830 年 11 月 17 日麦迪逊致安德鲁·史蒂文森，*Farrand*, 3:483–488。

59 1787 年 2 月 21 日杰伊致约翰·亚当斯，*CPPJJ*, 3:235（"太多人［美国人］"）; 1788 年 6 月 21 日史密斯在纽约州批准宪法大会上的发言，*DHRC*, 22:1755（"自由地"）; 1787 年 10 月 18 日格里致詹姆斯·沃伦，*DHRC*, 4:94（"税收"

和“这个大陆上”); 1788 年 6 月 27 日史密斯在纽约州批准宪法大会上的发言，*DHRC*, 22:1922; 另见 1787 年 11 月 15 日小威廉·西蒙斯致小彼得·奥斯古德，*DHRC*, 4:239。

60 1788 年 1 月 25 日阿莫斯·辛格尔特里在马萨诸塞州批准宪法大会上的发言，*DHRC*, 6:1345（“[在 1775 年]”“向我们”和“篡取”); Symmes, Jan. 22，同上，1307–1308; 另见 1788 年 7 月 26 日威廉·古迪在北卡罗来纳州批准宪法大会上的发言，*Elliot*, 4:93。

61 Pennsylvania Minority Dissent, *DHRC*, 2:627（“垄断”); “An Officer of the Late Continental Army,” Philadelphia *Independent Gazetteer*, Nov. 6, 1787，同上，211（“平等地”“掠夺竞赛”“被一场”和“被沉默的”); 另见 1787 年 11 月 28 日罗伯特·怀特希尔在宾夕法尼亚州批准宪法大会上的发言，同上，396; 1788 年 6 月 27 日梅兰克顿·史密斯在纽约州批准宪法大会上的发言，*DHRC*, 22:1922; Williams，同上，1936–1937; 1788 年 6 月 4 日梅森在弗吉尼亚州批准宪法大会上的发言，*DHRC*, 9:936–937; “Brutus” I, *New York Journal*, Oct. 18, 1787, *DHRC*, 19:108; Chase, Objections, *DHRC*, 12:636; 1788 年 1 月 5 日塞缪尔·奥斯古德致塞缪尔·亚当斯，*DHRC*, 5:618–619; Edling, *Revolution in Favor of Government*, 180, 184, 221。

62 1788 年 6 月 27 日史密斯在纽约州批准宪法大会上的发言，*DHRC*, 22:1925（“像大家”); 1788 年 6 月 12 日亨利在弗吉尼亚州批准宪法大会上的发言，*DHRC*, 10:1215（“压迫”和“的总量”); 另见 1788 年 6 月 23 日理查德·哈里森在纽约州批准宪法大会上的发言，*DHRC*, 22:1802（注意反联邦主义者承认其请求是不充分的); “Federal Farmer,” *Letters to the Republican* (Nov. 8, 1787), Letter III, *DHRC*, 19:224–225; Edling, *Revolution in Favor of Government*, 164, 194, 202–205; Einhorn, *American Taxation*, 149。

63 1788 年 6 月 27 日威廉姆斯在纽约州批准宪法大会上的发言，*DHRC*, 22:1937（“新的政府”“压迫性的”和“政府的”); 另见 1788 年 6 月 4 日梅森在弗吉尼亚州批准宪法大会上的发言，*DHRC*, 9:936; June 11，同上，1156; 1788 年 1 月 18 日威廉·威杰里（William Widgery）在马萨诸塞州批准宪法大会上的发言，*DHRC*, 6:1251; Jan. 25，同上，1353; Ebenezer Peirce, Jan. 23，同上，

1313–1314; Pennsylvania Minority Dissent, *DHRC*, 2:635–636; "A Georgian," *Gazette of the State of Georgia*, Nov. 15, 1787, *DHRC*, 3:237。

64 1789 年 11 月 28 日哈定·伯恩利（Hardin Burnley）致麦迪逊，*PJM* (C.S.), 12:456（"我对联邦宪法"）; 1788 年 6 月 10 日门罗在弗吉尼亚州批准宪法大会上的发言，*DHRC*, 9:1109（"对自由的颠覆"）; Grayson, June 11, 1788，同上，1170（"放弃了一切"）; 另见 Madison, June 6，同上，996–997。

65 1788 年 6 月 4 日梅森在弗吉尼亚州批准宪法大会上的发言，*DHRC*, 9:928, 940（全部引文）; 另见 June 11，同上，1156; Henry, June 12，同上，10:1215–1216; June 5，同上，9:961–962; 1788 年 6 月 26 日威廉姆斯在纽约州批准宪法大会上提出的修正案，*DHRC*, 22:1919; New York *Daily Advertiser*, July 25, 1788，同上，2262; "Deliberator," in Storing, ed., *The Complete Anti-Federalist*, 3:179; 1789 年 8 月 22 日托马斯·都铎·塔克（Thomas Tudor Tucker）提出的宪法修正案，*Annals of Congress*, 1:803; Maier, *Ratification*, 362。

66 1788 年 6 月 12 日亨利在弗吉尼亚州批准宪法大会上的发言，*DHRC*, 10:1215（"彻底熟悉"）; Mason, June 11，同上，9:1156（"最方便"和"状况和境遇"）; 另见 1788 年 7 月 25 日斯宾塞在北卡罗来纳州批准宪法大会上的发言，*Elliot*, 4:76–77。

67 "A Georgian," *Gazette of the State of Georgia*, Nov. 15, 1787, *DHRC*, 3:239（"不熟悉"）; Pennsylvania Minority Dissent, *DHRC*, 2:636（"对人民的"和"压迫"）; "Federal Farmer," *Letters to the Republican* (Nov. 8, 1787), Letter III, *DHRC*, 19:226（"税收如此重要"和"几乎不能相信"）; 另见 1788 年 6 月 5 日亨利在弗吉尼亚州批准宪法大会上的发言，*DHRC*, 9:962–963; 1788 年 6 月 27 日梅兰克顿·史密斯在纽约州批准宪法大会上的发言，*DHRC*, 22:1924; 1788 年 1 月 15 日纳撒尼尔·巴雷尔（Nathaniel Barrell）致乔治·撒切尔，*DHRC*, 5:719; Hall, *Politics Without Parties*, 281–282。

68 1788年6月7日亨利在弗吉尼亚州批准宪法大会上的发言，*DHRC*, 9:1045（"这种庞大的""两套税收官"和"总统的"）; June 12，同上，1218; Pennsylvania Minority Dissent, *DHRC*, 2:639（"不能享有""一个非常"和"蚕食土地"）;

1788 年 1 月 25 日辛格尔特里在马萨诸塞州批准宪法大会上的发言，*DHRC*, 6:1345（“土地”）; 另见 1787 年 11 月 12 日本杰明・盖尔在康涅狄格州基灵沃思市召开的城镇会议上的发言，*DHRC*, 3:422–423；1788 年 7 月 26 日约瑟夫・麦克道尔（Joseph M'Dowall）在北卡罗来纳州批准宪法大会上的发言，*Elliot*, 4:87；1788 年 6 月 26 日威廉姆斯在纽约州批准宪法大会上的发言，*DHRC*, 22:1918; Smith, June 27，同上，1924; Gilbert Livingston, July 2，同上，2059；1788 年 1 月 18 日朗兹在南卡罗来纳州众议院的发言，*DHRC*, 27:153；1788 年 1 月 23 日皮尔斯在马萨诸塞州批准宪法大会上的发言，*DHRC*, 6:1313–1314。

69 1788 年 6 月 7 日科宾在弗吉尼亚州批准宪法大会上的发言，*DHRC*, 9:1012（“这部宪法”和“染上肺痨”）; 1788 年 6 月 27 日罗伯特・R. 利文斯顿在纽约州批准宪法大会上的发言，*DHRC*, 22:1940（“对公众善意”）; 另见 1788 年 6 月 7 日伦道夫在弗吉尼亚州批准宪法大会上的发言，*DHRC*, 9:1016–1018。

70 1788 年 6 月 28 日汉密尔顿在纽约州批准宪法大会上的发言，*DHRC*, 22:1986（“州将依照”）; 1789 年 1 月 29 日麦迪逊致乔治・汤普森，*PJM* (C.S.) 11:433–434（“如果有些州”）; 1788 年 6 月 27 日罗伯特・R. 利文斯顿在纽约州批准宪法大会上的发言，*DHRC*, 22:1941；另见 Hamilton, June 20，同上，1724；1788 年 1 月 21 日鲁弗斯・金在马萨诸塞州批准宪法大会上的发言，*DHRC*, 6:1286–1287；1788 年 6 月 7 日伦道夫在弗吉尼亚州批准宪法大会上的发言，*DHRC*, 9:1017–1018；1788 年 1 月 4 日威廉・塞缪尔・约翰逊在康涅狄格州批准宪法大会上的发言，*DHRC*, 3:545–546。

71 1788 年 6 月 11 日麦迪逊在弗吉尼亚州批准宪法大会上的发言，*DHRC*, 9:1143–1144（“拯救联盟”“一个中立的”和“我们的政府”）; 1788 年 6 月 27 日罗伯特・R. 利文斯顿在纽约州批准宪法大会上的发言，*DHRC*, 22:1941–1942（“一部宪法”）; Hamilton，同上，1956（“始料未及的侵略”）; 另见 1788 年 1 月 18 日托马斯・道斯在马萨诸塞州批准宪法大会上的发言，*DHRC*, 6:1245–1246; Francis Dana，同上，1250；1787 年 12 月 11 日詹姆斯・威尔逊在宾夕法尼亚州批准宪法大会上的发言，*DHRC*, 2:558；1788 年 4 月 24 日卡林顿致杰斐逊，*DHRC*, 9:755; Edling, *Revolution in Favor of Government*,

163–164, 172–173, 195。

72 1788 年 6 月 11 日麦迪逊在弗吉尼亚州批准宪法大会上的发言，*DHRC*, 9:1145（引文）; 1788 年 1 月 21 日道斯在马萨诸塞州批准宪法大会上的发言，*DHRC*, 6:1289; Christopher Gore, Jan. 22，同上，1300–1301；1788 年 6 月 5 日彭德尔顿在弗吉尼亚州批准宪法大会上的发言，*DHRC*, 9:948–949; Randolph, June 7，同上，1018–1019；1788 年 7 月 25 日艾德尔在北卡罗来纳州批准宪法大会上的发言，*Elliot*, 4:91–92；1788 年 6 月 27 日罗伯特 · R. 利文斯顿在纽约州批准宪法大会上的发言，*DHRC*, 22:1942; Hamilton，同上，1955–1956; June 20，同上，1723–1724; *The Federalist No. 30* (Hamilton), 190–192; Edling, *Revolution in Favor of Government*, 166–167; Maier, *Ratification*, 272–273。

73 1788 年 1 月 7 日埃尔斯沃斯在康涅狄格州批准宪法大会上的发言，*DHRC*, 3:548（全部引文）; 另见 "A Landholder" V (Ellsworth), *Connecticut Courant*, Dec. 3, 1787，同上，481–482；1788 年 6 月 7 日科宾在弗吉尼亚州批准宪法大会上的发言，*DHRC*, 9:1011; Randolph，同上，1016; Edling, *Revolution in Favor of Government*, 171, 226–227。

74 1789 年 1 月 29 日麦迪逊致乔治 · 汤普森，*PJM* (C.S.), 11:435（"借款"和"谁能"）; 1788 年 1 月 22 日克里斯托弗 · 戈尔在马萨诸塞州批准宪法大会上的发言，*DHRC*，6:1300–1301（"从缅因"）; 另见 1788 年 6 月 6 日麦迪逊在弗吉尼亚州批准宪法大会上的发言，*DHRC*, 9:996–997; *The Federalist No. 30* (Hamilton), 192; Edling, *Revolution in Favor of Government*, 171–174。

75 1788 年 6 月 28 日汉密尔顿在纽约州批准宪法大会上的发言，*DHRC*, 22:1984, 1988（引文在 1984 页）; Livingston, June 27，同上，1939；1788 年 6 月 12 日麦迪逊在弗吉尼亚州批准宪法大会上的发言，*DHRC*, 10:1206–1207。

76 June 6，同上，9:996（"用一种"）; 1788 年 1 月 7 日埃尔斯沃斯在康涅狄格州批准宪法大会上的发言，*DHRC*, 3:549–550（其他引文）; 另见 "Connecticutensis: To the People of Connecticut," *American Mercury*, Dec. 31, 1787，同上，512–513；1787 年 12 月 4 日威尔逊在宾夕法尼亚州批准宪法大

会上的发言，*DHRC*, 2:481; Jasper Yeates, No. 30, 1787，同上，436；1788年1月21日金在马萨诸塞州批准宪法大会上的发言，*DHRC*, 6:1287; Theodore Sedgwick，同上，1290; *The Federalist No. 21* (Hamilton), 142–143。

77 1788年1月7日埃尔斯沃斯在康涅狄格州批准宪法大会上的发言，*DHRC*, 3:549（"但是你不能"）; 1788年1月18日达纳在马萨诸塞州批准宪法大会上的发言，*DHRC*, 6:1250–1251（"违背人性" 和 "绝不会被"）; Gorham, Jan. 25，同上，1353（"社会中"）; 1788年6月21日汉密尔顿在纽约州批准宪法大会上的发言，*DHRC*, 22:1790（"非常危险" 和 "毫无疑问地"）; 另见1788年6月7日伦道夫在弗吉尼亚州批准宪法大会上的发言，*DHRC*, 9:1027; John Marshall, June 10，同上，1121–1122; Edling, *Revolution in Favor of Government*, 202–203。

78 1788年6月28日汉密尔顿在纽约州批准宪法大会上的发言，*DHRC*, 22:1984（"专横的"）; 1788年7月26日约翰·斯蒂尔（John Steele）在北卡罗来纳州批准宪法大会上的发言，*Elliot*, 4:87（"不公平和压迫性"）; 1788年6月6日威尔逊·尼古拉斯（Wilson Nicholas）在弗吉尼亚州批准宪法大会上的发言，*DHRC*, 9:999–1000；1788年1月21日道斯在马萨诸塞州批准宪法大会上的发言，*DHRC*, 6:1289；1787年11月30日耶茨在宾夕法尼亚州批准宪法大会上的发言，*DHRC*, 2:436；另见 Albany Federal Committee, *An Impartial Address*（约 Apr. 20, 1788), *DHRC*, 21:1391。

79 1788年1月7日埃尔斯沃斯在康涅狄格州批准宪法大会上的发言，*DHRC*, 3:550；1787年12月11日威尔逊在宾夕法尼亚州批准宪法大会上的发言，*DHRC*, 2:576；1788年7月25日塞缪尔·约翰斯顿在北卡罗来纳州批准宪法大会上的发言，*Elliot*, 4:90–91; Iredell，同上，92; Archibald MacLaine, July 29，同上，188–189; Iredell, July 30，同上，220；另见1788年6月7日科宾在弗吉尼亚州批准宪法大会上的发言，*DHRC*，9:1012; Wilson Nicholas, June 6，同上，999–1000; George Nicholas, June 10，同上，1136; Edling, *Revolution in Favor of Government*, 197–200。

80 "Deliberator," in Storing, ed., *The Complete Anti-Federalist*, 3:179；1788年2月1日塞缪尔·纳森在马萨诸塞州批准宪法大会上的发言，*DHRC*, 6:1399–

1400；另见 1787 年 11 月 15 日小威廉·西蒙斯致小彼得·奥斯古德，*DHRC*, 4:240；1789 年 8 月 17 日安达努斯·伯克提出的修正案，*Annals of Congress*, 1:780; Kohn, *Eagle and Sword*, 2–6。

81 Virginia Constitution of 1776, Art. 13（"在和平时期"）; 1785 年 8 月 23 日马萨诸塞州代表致州长詹姆斯·鲍登，*LDC*, 22:592（"它迟早会"）; Proceedings of the Confederation Congress, Oct.18, 1783, *JCC*, 25:703; June 3, 1784，同上，27:530–531；另见 1785 年 4 月 12 日门罗致杰斐逊，*PTJ* (M.S.), 8:77; "Brutus" IX, *New York Journal*, Jan. 17, 1788, *DHRC*, 15:396, 397 n. 7; 1789 年 7 月 9 日塞缪尔·纳森致乔治·撒切尔，1789, Helen E. Veit et al., eds., *Creating the Bill of Rights: The Documentary Record from the First Federal Congress* (Baltimore, 1991), 261; Edling, *Revolution in Favor of Government*, 44, 82, 90, 101–105; Kohn, *Eagle and Sword*, 40–46, 52–62。

82 "A Columbian Patriot," *Observations*, *DHRC*, 16:280（"邪恶的"）; 1788 年 2 月 1 日纳森在马萨诸塞州批准宪法大会上的发言，*DHRC*, 6:1399（"世界上有"）; Pennsylvania Minority Dissent, *DHRC*, 2:637（"常备军" 和 "最为沉重"）; 1788 年 1 月 17 日朗兹在南卡罗来纳州众议院的发言，*DHRC*, 27:128（"武力"）; 另见 "Brutus" VIII, *New York Journal*, Jan. 10, 1788, *DHRC*, 15:335; "Brutus" IX, Jan. 17, 1788，同上，394, 395–396; "A Son of Liberty," *New York Journal*, Nov. 8, 1787, *DHRC*, 13:481–482；1788 年 6 月 14 日梅森在弗吉尼亚州批准宪法大会上的发言，*DHRC*, 10:1271; Albany Anti–Federal Committee Circular, Apr. 10, 1788, *DHRC*, 21:1381; Kohn, *Eagle and Sword*, 81–82。

83 1788 年 6 月 27 日在弗吉尼亚州批准宪法大会上提出的第 9 号修正案，*DHRC*, 10:1554；1788 年 7 月 3 日兰辛在纽约州批准宪法大会上提出的修正案，*DHRC*, 22:2088；1788 年 6 月 16 日亨利在弗吉尼亚州批准宪法大会上的发言，*DHRC*, 10:1299–1300；另见 "Brutus" IX, *New York Journal*, Jan. 17, 1788, *DHRC*, 15:397–398; Chase, Objections, *DHRC*, 12:636；1789 年 8 月 17 日安达努斯·伯克提出的修正案，*Annals of Congress*, 1:780; Edling, *Revolution in Favor of Government*, 91。

84 1788 年 2 月 1 日纳森在马萨诸塞州批准宪法大会上的发言，*DHRC*, 6:1400

（“我们不害怕”）；1789 年 8 月 17 日格里在美国众议院的发言，*Annals of Congress*, 1:749–750（“企图摧毁”）；怀特希尔在宾夕法尼亚州批准宪法大会上的发言，*DHRC*, 2:396（“政府”）；另见 “Cincinnatus IV: To James Wilson,” *New York Journal*, Nov. 22, 1787, *DHRC*, 14:186; “A Democratic Federalist,” *Pennsylvania Herald*, Oct. 17, 1787, *DHRC*, 2:197; *Massachusetts Gazette*, Oct. 9, 1787, *DHRC*, 4:61; Edling, *Revolution in Favor of Government*, 106–107, 125–126; Kohn, *Eagle and Sword*, 6–9, 82–83。

85 Pennsylvania Minority Dissent, *DHRC*, 2:638（“去平息”）；1787 年 12 月 7 日芬得利在宾夕法尼亚州批准宪法大会上的发言，同上，509（“国会”）；1788 年 7 月 10 日兰辛在纽约州批准宪法大会上提出的修正案，*DHRC*, 22:2122；另见 Albany Anti–Federal Committee Circular, Apr. 10, 1788, *DHRC*, 21:1381；“A Son of Liberty,” *New York Journal*, Nov. 8, 1787, *DHRC*, 13:482; Luther Martin, Genuine Information VII, Baltimore *Maryland Gazette*, Jan. 18, 1788, *DHRC*, 11:188。

86 1788 年 6 月 27 日在弗吉尼亚州批准宪法大会上提出的第 11 号修正案，*DHRC*, 10:1554; Mason, June 16, 1788，同上，1304（“施加” 和 “诱使他们”）；June 14，同上，1271–1272, 1289; June 16，同上，1312, 1314；另见 Henry, June 5，同上，9:957–958; June 14，同上，10:1276; Luther Martin, Genuine Information VII, Baltimore *Maryland Gazette*, Jan. 18, 1788, *DHRC*, 11:189–190; Kohn, *Eagle and Sword*, 83。

87 U. S. Constitution, Art. I, § 8, cl. 15; Samuel McDowell et al., circular letter to the Fayette County Court in Danville, Kentucky, Feb. 29, 1788, *DHRC*, 8:435（“惨无人道的”）；1788 年 6 月 14 日查尔斯·克莱（Charles Clay）在弗吉尼亚州批准宪法大会上的发言，*DHRC*, 10:1294; Henry, June 16，同上，1304–1305, 1310; Grayson，同上，1305–1306; Luther Martin, Genuine Information VII, Baltimore *Maryland Gazette*, Jan. 18, 1788, *DHRC*, 11:189; Edling, *Revolution in Favor of Government*, 92; Kohn, *Eagle and Sword*, 83。

88 1788 年 6 月 16 日格雷森在弗吉尼亚州批准宪法大会上的发言，10:1314–1316；另见 June 12，同上，1188–1189；1788 年 7 月 1 日梅兰克顿·史密斯在纽约州批准宪法大会上的发言，*DHRC*, 22:2047。

89 1787 年 12 月 11 日威尔逊在宾夕法尼亚州批准宪法大会上的发言，*DHRC*, 2:576（“我们不是”）; 1788 年 6 月 12 日麦迪逊在弗吉尼亚州批准宪法大会上的发言,*DHRC*, 10:1206（“软弱将会” 和 “足以对抗”）; 另见 June 6, 同上，9:993; Marshall, June 10，同上，1120; Randolph, June 14，同上，10:1289; 1788 年 1 月 22 日老威廉·菲利普斯（William Phillips, Sr.）在马萨诸塞州批准宪法大会上的发言，*DHRC*, 6:1301–1302；1788 年 7 月 25 日艾德尔在北卡罗来纳州批准宪法大会上的发言，*Elliot*, 4:95–96；1788 年 1 月 16 日查尔斯·平克尼在南卡罗来纳州众议院的发言，*DHRC*, 27:97–98; *The Federalist No. 41* (Madison), 256–257; Edling, *Revolution in Favor of Government*, 69–70, 97, 99; Kohn, *Eagle and Sword*, 84。

90 1788 年 7 月 25 日艾德尔在北卡罗来纳州批准宪法大会上的发言，*Elliot*, 4:96–97; *The Federalist No.8* (Hamilton), 70–71; *No. 41* (Madison)，同上，258; Edling, *Revolution in Favor of Government*, 122–123。

91 1787 年 12 月 11 日威尔逊在宾夕法尼亚州批准宪法大会上的发言，*DHRC*, 2:577（“内部叛乱的火焰”）; “A Landholder” V, *Connecticut Courant*, Dec. 3, 1787, *DHRC*, 3:482（“限制煽动性” 和 “美国的”）; 另见 1788 年 7 月 26 日艾德尔在北卡罗来纳州批准宪法大会上的发言，*Elliot*，4:96; Albany Federal Committee, *An Impartial Address*（约 Apr. 20, 1788), *DHRC*, 21:1392。

92 U. S. Constitution, Art. I, § 8, cl. 12；1788 年 1 月 24 日塞奇威克在马萨诸塞州批准宪法大会上的发言，*DHRC*, 6:1337（引文）; 另见 1787 年 12 月 11 日威尔逊在宾夕法尼亚州批准宪法大会上的发言，*DHRC*, 2:576–577; “An American Citizen” IV (Tench Coxe), *On the Federal Government* (Oct. 21, 1787), *DHRC*, 13:435; “Plain Truth: Reply to an Officer of the Late Continental Army,” Philadelphia *Independent Gazetteer*, Nov. 10, 1787, *DHRC*, 2:220。

93 1788 年 6 月 14 日尼古拉斯在弗吉尼亚州批准宪法大会上的发言，*DHRC*, 10:1278（“不习惯于”）; *The Federalist No. 25* (Hamilton), 166（“丧失我们”）; 1788 年 6 月 9 日亨利·李在弗吉尼亚州批准宪法大会上的发言，*DHRC*, 9:1073（“无可争议的”）; 另见 Madison, June 6，同上，993; Edling,

Revolution in Favor of Government, 80–81, 97–98, 125–127; Kohn, *Eagle and Sword*, 9–10, 85。

94 1787 年 12 月 11 日威尔逊在宾夕法尼亚州批准宪法大会上的发言，*DHRC*, 2:577–578（全部引文）; 来自波基普西市的一封信的摘要（7 月 22 日），New York *Daily Advertiser*, July 26, 1788, *DHRC*, 23:2262（引自 7 月 21 日汉密尔顿在纽约州批准宪法大会上的发言）; 另见 1788 年 6 月 14 日麦迪逊在弗吉尼亚州批准宪法大会上的发言，*DHRC*, 10:1272–1274; Randolph，同上，1289; "A Pennsylvanian: To the New York Convention" (Tench Coxe), *Pennsylvania Gazette*, June 11, 1788, *DHRC*, 20:1142; Alexander White, "To the Citizens of Virginia," *Winchester Gazette*［Virginia］, Feb. 29, 1788, *DHRC*, 8:441; *The Federalist No. 29* (Hamilton), 182–183。

95 来自波基普西市的一封信的摘要（7 月 22 日），New York *Daily Advertiser*, July 25, 1788, *DHRC*, 23:2262–2263, 2264 n. 4（总结 7 月 21 日汉密尔顿和杰伊在纽约州批准宪法大会上的发言）; 1788 年 6 月 14 日麦迪逊在弗吉尼亚州批准宪法大会上的发言，*DHRC*, 10:1272–1274（引文在 1272 页）; Nicholas，同上，1279–1280; Madison，同上，1294–1295; June 16，同上，1301–1302; Marshall，同上，1308; Albany Federal Committee, *An Impartial Address* (约 Apr. 20, 1788), *DHRC*, 21:1392; *The Federalist No. 29* (Hamilton), 183。

96 1788 年 6 月 16 日马歇尔在弗吉尼亚州批准宪法大会上的发言，*DHRC*, 10:1306–1307; George Nicholas，同上，1314; Randolph, June 10，同上，9:1102。

97 U. S. Constitution, Art. I, § 8, cl. 13（"建立"）; 1788 年 1 月 17 日拉特利奇在南卡罗来纳州众议院的发言，*DHRC*, 27:135（"我们在""成为一个"和"我们必须"）; *The Federalist No. 11* (Hamilton), 86–87（"只有获得""才会受到尊重"和"是所有"）; *A Citizen of New-York* (Jay), *DHRC*, 20:931；另见 1788 年 6 月 25 日詹姆斯·英尼斯（James Innes）在弗吉尼亚州批准宪法大会上的发言，*DHRC*, 10:1522。阿尔及利亚海盗对美国水手的勒索，参见 Marks, *Independence on Trial*, 36–45。

98 北方反联邦主义者支持国会行使商业权的例子，可参见"Agrippa" III, *Massachusetts Gazette*, Nov. 30, 1787, *DHRC*, 4:343；1788 年 6 月 21 日梅兰克

顿·史密斯在纽约州批准宪法大会上的发言，*DHRC*, 22:1756；另见 Main, *Antifederalists*, 149。

99 Mason's Objections, *DHRC*, 8:45（"极高的" 和 "毁灭"）；1787 年 10 月 16 日李致伦道夫，同上，63（"南方五个州"）；1788 年 6 月 27 日弗吉尼亚州批准宪法大会上提出的第 8 号修正案，*DHRC*, 10:1554; *Address of the Anti–federalist Minority of the Maryland Convention* (May 1, 1788), *DHRC*, 12:666；另见 1787 年 11 月 10 日格雷森致肖特，*DHRC*, 8:151；1788 年 6 月 24 日梅森在弗吉尼亚州批准宪法大会上的发言，*DHRC*, 10:1488; Henry，同上，1479；上文，281–282, 289–290。

100 U. S. Constitution, Art. II, § 2, cl. 2（"建议"）；1788 年 6 月 24 日道森在弗吉尼亚州批准宪法大会上的发言，*DHRC*, 10:1493（其他引文）；另见 Monroe, June 10，同上，9:1115；1788 年 7 月 28 日威廉·波特（William Porter）在北卡罗来纳州批准宪法大会上的发言，*Elliot*, 4:115；1787 年 11 月 10 日格雷森致肖特，*DHRC*, 14:82。

101 1788 年 6 月 27 日弗吉尼亚州批准宪法大会上提出的第 7 号修正案，*DHRC*, 10:1554（引文）；Grayson, June 12，同上，1192; Henry, June 13，同上，1246; Mason, June 18，同上，1380; June 19，同上，1390; Henry，同上，1393–1395；1788 年 1 月 16 日朗兹在南卡罗来纳州众议院的发言，*DHRC*, 27:102；1787 年 11 月 15 日小威廉·西蒙斯致小彼得·奥斯古德，*DHRC*, 4:241; *Cumberland Gazette*, Nov. 22, 1787，同上，296 & n. 1。

102 *The Federalist No. 11* (Hamilton), 84（"出现意见"）；1787 年 10 月 8 日卡德瓦拉德致乔治·米切尔（George Mitchell），*DHRC*, 13:353（"每每为了"）；*A Citizen of New–York* (Jay), *DHRC*, 20:930（"几乎"）；1788 年 2 月 1 日拉塞尔在马萨诸塞州批准宪法大会上的发言，*DHRC*, 6:1404（"为我们的海员"）；另见 Dawes, Jan. 21，同上，1288；1787 年 11 月 30 日耶茨在宾夕法尼亚州批准宪法大会上的发言，*DHRC*, 2:436；1788 年 2 月 27 日约翰·霍华德（John Howard）致乔治·撒切尔，*DHRC*, 20:819; "An American," *New York Packet*, May 27, 1788，同上，1113。由国会行使商业管理权对于北方人极为重要，具体的强烈主张参见 1788 年 1 月 22 日老威廉·菲利普斯在马萨诸塞州批

准宪法大会上的发言，*DHRC*，6:1301。

103 "Social Compact," *New Haven Gazette*, Oct. 4, 1787, *DHRC*, 13:310–311（"完全挡在门外"）; 1788年1月21日道斯在马萨诸塞州批准宪法大会上的发言，*DHRC*, 6:1288（"不光彩的""彼此"和"欧洲的"）; David Ramsay, Oration, Charleston *Columbian Herald*, June 5, 1788, *DHRC*, 18:163（"我们的船只"）[以下简称"Ramsay, Oration"]; 1787年12月11日威尔逊在宾夕法尼亚州批准宪法大会上的发言，*DHRC*, 2:580（"沿着费城"）; 另见1788年1月25日戈勒姆在马萨诸塞州批准宪法大会上的发言，*DHRC*, 6:1353–1354; *A Citizen of New York*, *DHRC*, 20:930–931。

104 *The Federalist No. 11* (Hamilton), 85（引文）; 另见 *A Citizen of New–York*, *DHRC*, 20:931; "A Farmer: To the Farmers of Connecticut," *New Haven Gazette*, Oct.18, 1787, *DHRC*, 3:393–394。

105 1788年1月21日道斯在马萨诸塞州批准宪法大会上的发言，*DHRC*, 6:1289; One of the People, *Pennsylvania Gazette*, Oct. 17, 1787, *DHRC*, 2:188（引文）; 另见1788年2月27日约翰·霍华德致乔治·撒切尔，*DHRC*, 20:819。

106 *The Federalist No. 42* (Madison), 267–268（"某些通过"和"将滋生"）; 另见1788年1月21日道斯在马萨诸塞州批准宪法大会上的发言，*DHRC*, 6:1288（成员州之间的商贸行为）; "Phocion," Providence *United States Chronicle*, July 17, 1788, *DHRC*, 25:354。

107 1788年2月1日拉塞尔在马萨诸塞州批准宪法大会上的发言，*DHRC*, 6:1404（"竞争的精神"）; 1788年1月17日巴恩韦尔在南卡罗来纳州众议院的发言，*DHRC*, 27:132（"微乎其微"）; 1788年6月12日麦迪逊在弗吉尼亚州批准宪法大会上的发言，*DHRC*, 10:1209; 另见1787年10月19日托拜厄斯·利尔致约翰·兰登，*DHRC*, 8:81; 1787年11月20日詹姆斯·休斯（James Hughes）致霍雷肖·盖茨，同上，169; 1788年7月29日艾德尔在北卡罗来纳州批准宪法大会上的发言，*Elliot*, 4:186。

108 1788年1月17日查尔斯·科茨沃斯·平克尼在南卡罗来纳州众议院的发言，*DHRC*, 27:122（"在航运上"）; 1788年1月29日戴维·拉姆塞致本杰明·林肯，*DHRC*, 15:487（"你们的代表"和"思想开明"）。

109 1788 年 6 月 24 日麦迪逊在弗吉尼亚州批准宪法大会上的发言，*DHRC*, 10:1503（引文）；另见 1788 年 1 月 17 日罗伯特·巴恩韦尔在南卡罗来纳州众议院的发言，*DHRC*, 27:132。南方在战时更加脆弱，参见 Robinson, *Slavery in the Structure of American Politics*, 103–104。

110 "Civis" (Ramsay), *DHRC*, 16:23, 25（"由联邦财政部""独立战争"和"难道我们"）；1788 年 1 月 17 日查尔斯·科茨沃斯·平克尼在南卡罗来纳州众议院的发言，*DHRC*, 27:122–123（其他引文）；另见 Edward Rutledge，同上，135；1788 年 5 月 14 日查尔斯·平克尼在南卡罗来纳州批准宪法大会上的发言，同上，335；1788 年 5 月 5 日皮尔斯·巴特勒致韦顿·巴特勒，*DHRC*, 17:383–384；1788 年 1 月 17 日巴恩韦尔在南卡罗来纳州众议院的发言，*DHRC*, 27:129。

111 关于南方在邦联国会时期同样脆弱的观点，参见 1788 年 1 月 17 日巴恩韦尔在南卡罗来纳州众议院的发言，*DHRC*, 27:129。

112 1788 年 1 月 16 日拉特利奇在南卡罗来纳州众议院的发言，同上，111–112（"巨大的"）；"Civis" (Ramsay), *DHRC*, 16:23（"大片""每天都""在联邦政府中"和"拥有压倒"）；另见 1788 年 7 月 29 日艾德尔在北卡罗来纳州批准宪法大会上的发言，*Elliot*, 4:186。

113 1788 年 6 月 19 日科宾在弗吉尼亚州批准宪法大会上的发言，*DHRC*, 10:1391（引文）；George Nicholas, June 10，同上，9:1130; Pendleton, June 12，同上，10:1200; Nicholas, June 13，同上，1251。

114 1788 年 7 月 28 日约翰斯顿在北卡罗来纳州批准宪法大会上的发言，*Elliot*, 4:115–116；1788 年 6 月 18 日乔治·尼古拉斯在弗吉尼亚州批准宪法大会上的发言，*DHRC*, 10:1380–1381；1788 年 1 月 16 日查尔斯·科茨沃斯·平克尼在南卡罗来纳州众议院的发言，*DHRC*, 27:103；1788 年 6 月 2 日休·威廉姆森致麦迪逊，*LDC*, 25:135–136; *The Federalist No. 75* (Hamilton), 453–454。

115 1788 年 6 月 19 日麦迪逊在弗吉尼亚州批准宪法大会上的发言，*DHRC*, 10:1395（"任何重大的"）；1788 年 7 月 28 日艾德尔在北卡罗来纳州批准宪法大会上的发言，*Elliot*, 4:128–129；1788 年 6 月 2 日休·威廉姆森致麦迪逊，*LDC*, 25:136（“不是被权利”“一个有效的”和“我们肯定”）；另见1788年6月12日彭德尔顿在弗吉尼亚州批准宪法大会上的发言，*DHRC*, 10:1200。

116 1787年8月9日麦迪逊在费城制宪会议上的发言，*Farrand*, 2:240–241。

117 1788年7月25日塞缪尔·斯宾塞在北卡罗来纳州批准宪法大会上的发言，*Elliot*, 4:51（“应受谴责的”）；1788年2月1日纳森在马萨诸塞州批准宪法大会上的发言，*DHRC*, 6:1399（“至高无上”）；1787年10月14日约翰·昆西·亚当斯致威廉·克兰奇，*DHRC*, 4:73（“决定他们自己”和“阴险”）；1788年7月25日布拉德沃思在北卡罗来纳州批准宪法大会上的发言，*Elliot*, 4:55（“将选举的时间”）；另见1788年1月17日查尔斯·特纳在马萨诸塞州批准宪法大会上的发言，*DHRC*, 6:1224–1225; William Widgery, Jan. 16，同上，1218–1219；1788年6月5日亨利在弗吉尼亚州批准宪法大会上的发言，*DHRC*, 9:964; Main, *Antifederalists*, 149–151。

118 Arms, Maynard, and Field, Dissent, *DHRC*, 7:1734（引文）；1788年7月25日戴维·考德威尔（David Caldwell）在北卡罗来纳州批准宪法大会上的发言，*Elliot*, 4:62；另见 Pennsylvania Minority Dissent, *DHRC*, 2:628–629；1787年11月30日罗伯特·怀特希尔在宾夕法尼亚州批准宪法大会上的发言，同上，395–396。英国议会的举措参见 editorial note, *DHRC*, 22:2141–2142 n. 4。

119 “Deliberator,” in Storing, ed., *The Complete Anti–Federalist*, 3:179（引文）；1788年1月17日特纳在马萨诸塞州批准宪法大会上的发言，*DHRC*, 6:1224–1225；另见 Ebenezer Peirce, Jan. 16，同上，1213–1214；1788年6月5日亨利在弗吉尼亚州批准宪法大会上的发言，*DHRC*, 9:964; “Vox Populi,” *Massachusetts Gazette*, Oct. 30, 1787, *DHRC*, 4:169–170。

120 1788年6月25—26日史密斯在纽约州批准宪法大会上提出的修正案，*DHRC*, 22:1907, 1910；1788年6月9日亨利在弗吉尼亚州批准宪法大会上的发言，*DHRC*, 9:1071（引文）；“Federal Farmer,” *Letters to the Republican* (Nov. 8, 1787), Letter III, *DHRC*, 19:220；另见1788年7月25日布拉德沃思在北卡罗来纳州批准宪法大会上的发言，*Elliot*, 4:55–56；1788年1月16日皮尔斯在马萨诸塞州批准宪法大会上的发言，*DHRC*, 6:1213; John Taylor,

Jan. 21，同上，1278; Rakove, *Original Meanings*, 231; Eubanks, "New York," 322。

121 Arms, Maynard, and Field, Dissent, *DHRC*, 7:1734（我们将）；"Federal Farmer," *Letters to the Republican* (Nov. 8, 1787), Letter III, *DHRC*, 19:220（"不适宜的"）。

122 1788 年 7 月 25 日威廉·戴维在北卡罗来纳州批准宪法大会上的发言，*Elliot*, 4:60（"那个微不足道的"）; Iredell，同上，53–54；1788 年 6 月 25 日杰伊在纽约州批准宪法大会上的发言，*DHRC*, 22:1905; Richard Morris，同上，1907；1788 年 1 月 17 日英克里斯·萨姆纳在马萨诸塞州批准宪法大会上的发言，*DHRC*, 6:1226；1788 年 6 月 4 日尼古拉斯在弗吉尼亚州批准宪法大会上的发言，*DHRC*, 9:920；1787 年 12 月 11 日威尔逊在宾夕法尼亚州批准宪法大会上的发言，*DHRC*, 2:565; "A Pennsylvanian to the New York Convention," *Pennsylvania Gazette*, June 11, 1788, *DHRC*, 20:1144–1146; "America: To the Dissenting Members of the Late Convention of Pennsylvania," New York *Daily Advertiser*, Dec. 31, 1787, *DHRC*, 19:486; *The Federalist No. 59* (Hamilton), 361–363。罗得岛的具体意见，参见 1788 年 1 月 16 日鲁弗斯·金和纳撒尼尔·戈勒姆在马萨诸塞州批准宪法大会上的发言，*DHRC*, 6:1214–1215；另见 editorial note，同上，1212–1213 n. 5；同上，7:1674 n. 2; *Newport Herald*, Mar. 6, 1788, *DHRC*, 24:122–123; Providence *United States Chronicle*, Feb. 28, 1788，同上，126。由于英国在独立战争期间占领了罗得岛州的主要城镇，因此罗得岛需要改变选举地点。参见 editorial note, *DHRC*, 26:932 n. 12。

123 1788 年 7 月 25 日戴维在北卡罗来纳州批准宪法大会上的发言，*Elliot*, 4:60–61；1787 年 11 月 28 日托马斯·麦基恩在宾夕法尼亚州批准宪法大会上的发言，*DHRC*, 2:413; Wilson，同上，402；1788 年 1 月 21 日金在马萨诸塞州批准宪法大会上的发言，1788, *DHRC*, 6:1279；1788 年 6 月 4 日尼古拉斯在弗吉尼亚州批准宪法大会上的发言，*DHRC*, 9:920–921; Madison, June 14，同上，10:1260; *The Federalist No.61* (Hamilton), 375。

124 U. S. Constitution, Art. I, § 2, cl. 1（引文）；1788 年 7 月 25 日艾德尔在北卡罗来纳州批准宪法大会上的发言，*Elliot*, 4:53; Davie，同上，60–61; John

Steele，同上，71；1788 年 1 月 21 日金在马萨诸塞州批准宪法大会上的发言，*DHRC*, 6:1279。

125 1 月 16 日乔治·卡伯特（George Cabot）在马萨诸塞州批准宪法大会上的发言，同上，1216–1217; Theophilus Parsons，同上，1217–1218; 1787 年 11 月 28 日威尔逊在宾夕法尼亚州批准宪法大会上的发言，*DHRC*, 2:403。

126 1788 年 6 月 14 日麦迪逊在弗吉尼亚州批准宪法大会上的发言，*DHRC*, 10:1295（"将因为"）; 1788 年 1 月 17 日萨姆纳在马萨诸塞州批准宪法大会上的发言，*DHRC*, 6:1226（"尽可能作恶"）; Samuel West，同上，1227（"好人"和"毁灭我们的人"）; 另见 Isaac Snow，同上，1228; John Coffin Jones, Jan. 16，同上，1219; *The Federalist No. 60* (Hamilton), 367。联邦主义者指责他们的对手编造了民选代表滥用职权的难以置信的情形，更多类似指责，参见下文，345–346。

127 U. S. Constitution, Art. I, § 8, cl. 17（"不超过"和"实行专属"）; 1787 年 8 月 10 日金在费城制宪会议上的发言，*Farrand*, 2:261（"国会地点"）; 另见 Mason motion, July 26，同上，127; Gerry，同上；关于人们担心邦联国会受到其所在州的过度影响，参见 1783 年 8 月 21 日史蒂芬·希金森致塞缪尔·亚当斯，*LDC*, 20:573。

128 "A Columbian Patriot," *Observations*, *DHRC*, 16:285（"联邦城市"）; 1788 年 6 月 16 日梅森在弗吉尼亚州批准宪法大会上的发言，*DHRC*, 10:1317（"最肮脏的""将一文不值"和"试图压迫"）; 另见 1788 年 7 月 30 日威廉·勒诺在北卡罗来纳州批准宪法大会上的发言，*Elliot*, 4:203; Rutland, *Ordeal of the Constitution*, 30–31, 97; Bowling, *The Creation ofWashington, D.C.*, 81–83。

129 1788 年 6 月 16 日格雷森在弗吉尼亚州批准宪法大会上的发言，*DHRC*, 10:1319–1320; 同上，1316–1317（"排他性的"）; Henry，同上，1321–1322（"一种荒唐的""施加给"和"以侵害"）; 另见 1788 年 7 月 22 日纽约州批准宪法大会上提出的修正案，*DHRC*, 23:2269–2270; 1788 年 1 月 24 日约翰·泰勒在马萨诸塞州批准宪法大会上的发言，*DHRC*, 6:1339; Maier, *Ratification*, 283; Bowen, *Miracle at Philadelphia*, 209–210。

130 1788 年 7 月 30 日艾德尔在北卡罗来纳州批准宪法大会上的发言，*Elliot*,

4:219–220（引文）; 1788 年 6 月 16 日麦迪逊在弗吉尼亚州批准宪法大会上的发言，*DHRC*, 10:1318; Randolph, June 9，同上，9:1084; 1788 年 1 月 24 日卡莱布·斯特朗在马萨诸塞州批准宪法大会上的发言，*DHRC*, 6:1338–1339; Caleb Davis，同上，1339; King，同上，1340; Bowling, *The Creation of Washington, D.C.*, 83–85。1783 年那场据说把国会赶出费城的"兵变"（但那主要存在于国家主义派国会代表们的脑海中，他们试图利用这一事件为自己谋取政治优势），参见 Bowling，上文，30–34, 77; 另见"A True American," *Maryland Journal*, June 29, 1783, 1; 1783 年 7 月 10 日奥利弗·埃尔斯沃斯致康涅狄格州州长老乔纳森·特朗布尔，*LDC*, 20:413–414; Davis, *Sectionalism in American Politics*, 60; Jensen, *New Nation*, 83; Kohn, *Eagle and Sword*, 50。

131 1788 年 6 月 16 日麦迪逊在弗吉尼亚州批准宪法大会上的发言，*DHRC*, 10:1319; Henry Lee，同上，1321（"由人民自由选举"和"充斥流氓"）; U. S. Constitution, Art. 1, § 8, cl. 17（"不超过"）; 另见 Albany Federal Committee, *An Impartial Address*（约 Apr. 20, 1788), *DHRC*, 21:1397。

132 U. S. Constitution, Art. I, § 5, cl. 3（引文）; Articles of Confederation, Art. IX, *DHRC*, 1:92；1788 年 6 月 14 日亨利在弗吉尼亚州批准宪法大会上的发言，*DHRC*, 10:1286; Mason，同上，1291；1788 年 1 月 21 日威杰里在马萨诸塞州批准宪法大会上的发言，*DHRC*, 6:1283；1788 年 7 月 26 日约翰·戈勒姆在北卡罗来纳州批准宪法大会上的发言，*Elliot*, 4:72；1787 年 11 月 15 日小威廉·西蒙斯致小彼得·奥斯古德，*DHRC*, 4:238–239。

133 U. S. Constitution, Art. I, § 9, cl. 7（"不时出版"）; 1788 年 6 月 5 日亨利在弗吉尼亚州批准宪法大会上的发言，*DHRC*, 9:965（"非常不明确"）; Mason, June 17，同上，10:1344（"这种表述"）; Henry，同上，1346（"国家财富"）; 另见 1790 年 3 月 6 日罗得岛州批准宪法大会提出的第 10 号和第 11 号修正案，*DHRC*, 26:980。

134 1788 年 6 月 14 日麦迪逊在弗吉尼亚州批准宪法大会上的发言，*DHRC*, 10:1295–1296; June 17，同上，1344–1345; Henry Lee, June 9，同上，9:1079; 1788 年 7 月 26 日戴维在北卡罗来纳州批准宪法大会上的发言，*Elliot*, 4:72。

135 1788 年 6 月 21 日汉密尔顿在纽约州批准宪法大会上的发言，*DHRC*, 22:1787（“病态的想象力”“最为遥远”和“不可避免的现实”）; 1788 年 7 月 30 日艾德尔在北卡罗来纳州批准宪法大会上的发言，*Elliot*, 4:195（“在一个”“被过度拔高”和“防止”）; 1788 年 6 月 10 日马歇尔在弗吉尼亚州批准宪法大会上的发言，*DHRC*, 9:1118（“如果你不信任”）; 另见 Henry Lee, June 6, 1788，同上，10:1320–1321; Madison, June 14，同上，1295; Lee，同上，1292；“Examiner,” *Massachusetts Gazette*, Nov. 2, 1787, *DHRC*, 4:192; Bailyn, *Ideological Origins*, 352–354, 369–370。

136 1787 年 11 月 9 日华盛顿致布什罗德・华盛顿，*PGW* (C.S.), 5:423。

137 1788 年 6 月 16 日科宾在弗吉尼亚州批准宪法大会上的发言，*DHRC*, 10:1305（“以上帝的名义”“每隔两年”和“制定”）; 1788 年 7 月 25 日约翰斯顿在北卡罗来纳州批准宪法大会上的发言，*Elliot*, 4:57（“从我们中间”和“与我们”）; 1788 年 1 月 23 日西奥菲勒斯・帕森斯在马萨诸塞州批准宪法大会上的发言，*DHRC*, 6:1324; Tristram Dalton, Jan. 25，同上，1352; 另见 Christopher Gore, Jan. 30，同上，1368; James Bowdoin, Jan. 23，同上，1321–1322；1788 年 6 月 16 日乔治・尼古拉斯在弗吉尼亚州批准宪法大会上的发言，*DHRC*, 10:1327; 1788 年 7 月 28 日艾德尔在北卡罗来纳州批准宪法大会上的发言，*Elliot*, 4:130; Alexander White, “To the Citizens of Virginia,” *Winchester Gazette* [Virginia], Feb. 29, 1788, *DHRC*, 8:444; *The Federalist No.57* (Madison), 352。

138 1788 年 6 月 21 日汉密尔顿在纽约州批准宪法大会上的发言，*DHRC*, 22:1790（“人民的信任”“防备”和“背叛”）; 1788 年 1 月 23 日帕森斯在马萨诸塞州批准宪法大会上的发言，*DHRC*, 6:1328（“只有疯子”和“成功抵制”）; 1788 年 6 月 17 日伦道夫在弗吉尼亚州批准宪法大会上的发言，*DHRC*, 10:1354（“亡命之徒”）。

139 “The Landholder” X (Ellsworth), *Connecticut Courant*, Mar. 3, 1788, *DHRC*, 16:306（“担心联邦政府”）; 1787 年 11 月 9 日华盛顿致布什罗德・华盛顿，*PGW* (C.S.), 5:423（“对政府权力”）; 1788 年 6 月 14 日麦迪逊在弗吉尼亚州批准宪法大会上的发言，*DHRC*, 10:1283（“拒绝”和“政府的束缚”）; 另

见 Randolph, June 6，同上，9:975；1788 年 6 月 25 日汉密尔顿在纽约州批准宪法大会上的发言，*DHRC*, 22:1890–1891。

140 1788 年 6 月 24 日莫里斯在纽约州批准宪法大会上的发言，*DHRC*, 22:1854–1855（“所有的危险”“理应”和“在他们狂热地”）；1787 年 11 月 28 日威尔逊在宾夕法尼亚州批准宪法大会上的发言，*DHRC*, 2:400（“淫乱”“暴政”“自由”和“适当的权力”）；1788 年 2 月 28 日拉什致杰里米·贝尔纳普，*DHRC*, 16:251（“强调”“太过于”和“充满活力”）；另见 1788 年 1 月 23 日鲍德温在马萨诸塞州批准宪法大会上的发言，*DHRC*, 6:1320; Thomas Thacher, Feb. 4, 1788，同上，1420；1788 年 6 月 12 日彭德尔顿在弗吉尼亚州批准宪法大会上的发言，*DHRC*, 10:1193; Madison, June 6，同上，9:990。

141 “Brutus” I, *New York Journal*, Oct. 18, 1787, *DHRC*, 19:109（“历来”和“每个”）；1788 年 6 月 16 日亨利在弗吉尼亚州批准宪法大会上的发言，*DHRC*, 10:1321（“在世界上”和“渴望拥有”）；Arms, Maynard, and Field, Dissent, *DHRC*, 7:1735（“难道过往的”）；另见 1788 年 1 月 16 日皮尔斯在马萨诸塞州批准宪法大会上的发言，*DHRC*, 6:1214; Symmes, Jan. 22，同上，1310；1788 年 6 月 28 日小约翰·兰辛在纽约州批准宪法大会上的发言，*DHRC*, 22:2000–2001；1788 年 6 月 5 日亨利在弗吉尼亚州批准宪法大会上的发言，*DHRC*, 9:952; “An Old Whig” II, Philadelphia *Independent Gazetteer*, Oct. 17, 1787, *DHRC*, 13:401; Luther Martin, Address No. IV, *Maryland Journal*, Apr. 4, 1788, *DHRC*, 12:481–482; Bailyn, *Ideological Origins*, 345–346。

142 1788 年 6 月 25 日史密斯在纽约州批准宪法大会上的发言，*DHRC*, 22:1882（“做这样的推定”）；“Brutus” IX, *New York Journal*, Jan. 17, 1788, *DHRC*, 15:395（“如果这样”和“人民的习惯”）；1788 年 6 月 14 日亨利在弗吉尼亚州批准宪法大会上的发言，*DHRC*, 10:1275（“让权力”）；June 4，同上，9:930（“如今”）；“Brutus” I, *New York Journal*, Oct. 18, 1787, *DHRC*, 19:109；另见 1788 年 7 月 29 日考德威尔在北卡罗来纳州批准宪法大会上的发言，*Elliot*, 4:187；1788 年 1 月 17 日威廉·汤普森在马萨诸塞州批准宪法大会上的发言，*DHRC*, 6:1227–1228；1788 年 5 月 10 日内森·戴恩致塞缪尔·亚

当斯，*DHRC*, 20:1093。

143 1788 年 6 月 16 日梅森在弗吉尼亚州批准宪法大会上的发言，*DHRC*, 10:1303（引文）; 另见 1787 年 11 月 28 日约翰・斯米利（John Smilie）在宾夕法尼亚州批准宪法大会上的发言，*DHRC*, 2:407; Bailyn, *Ideological Origins*, 331–351; Rakove, *Original Meanings*, 16–17, 150–152; Edling, *Revolution in Favor of Government*, 40–41, 66–67; Wood, *Creation of the American Republic*, 520–521。

144 1788 年 6 月 20 日亨利在弗吉尼亚州批准宪法大会上的发言，*DHRC*, 10:1419；1789 年 7 月 31 日麦迪逊致塞缪尔・约翰斯顿，*PJM* (C.S.), 12:317（"最受批评"）; "A Columbian Patriot," *Observations*, *DHRC*, 16:279（"无限"）; 1788 年 6 月 19 日梅森在弗吉尼亚州批准宪法大会上的发言，*DHRC*, 10:1407（"损害"）; 同上，1402（"缓慢和无形之中" 和 "一个庞大的"）; 另见 Mason's Objections, *DHRC*, 8:44；1788 年 7 月 11 日乔治・克林顿反对批准宪法的言论，*DHRC*, 22:2145–2146。

145 U. S. Constitution, Art. III, § 2, cl. 1（"普通法与衡平法"）; "Brutus" XI, *New York Journal*, Jan. 31, 1788, *DHRC*, 15:514, 515, 517（其他引文）; 另见 1788 年 7 月 11 日乔治・克林顿反对批准宪法的言论，*DHRC*, 22:2145–2146。

146 "Brutus" XI, *New York Journal*, Jan. 31, 1788, *DHRC*, 15:513, 515, 516; 另见 1788 年 7 月 11 日乔治・克林顿反对批准宪法的言论，*DHRC*, 22:2145–2146。根据最高法院后来在"奥斯本诉合众国银行案" (*Osborne v. Bank of the United States*), 22 U.S. (9 Wheat.) 738 (1824) 中的解释，无论是在原告主张还是在被告的辩护里，如果联邦法律成为案件的"构成要素"，该案件就"属于"联邦法院管辖。这样，联邦法律的范围越广——包括国会制定的法律，联邦法院的潜在管辖范围就越广。通过这种方式，宪法的管辖权条款将国会与联邦法院的权力联结到一起。

147 "Brutus" XI, *New York Journal*, Jan. 31, 1788, *DHRC*, 15:512（引文）; 另见 1787 年 11 月 12 日本杰明・盖尔在康涅狄格州基灵沃思市召开的城镇会议上的发言，*DHRC*, 3:428; The Society of Western Gentlemen Revise the Constitution, *Virginia Independent Chronicle*, Apr. 30, May 7, 1788, *DHRC*, 9:771；1788 年 1 月 23 日梅兰克顿・史密斯致小亚伯拉罕・耶茨，*DHRC*,

20:638。

148 "A Georgian," *Gazette of the State of Georgia*, Nov. 15, 1787, *DHRC*, 3:241（引文）; 1788 年 6 月 27 日弗吉尼亚州批准宪法大会上提出的第 14 号修正案，*DHRC*, 10:1555；1788 年 7 月 5 日塞缪尔·琼斯在纽约州批准宪法大会上提出的修正案，*DHRC*, 22:2100；另见 1788 年 6 月 19 日梅森在弗吉尼亚州批准宪法大会上的发言，*DHRC*, 10:1401；1787 年 11 月 10 日格雷森致肖特，*DHRC*, 14:82; Albany Anti–Federalist Committee Circular, Apr. 10, 1788, *DHRC*, 21:1383。

149 Pennsylvania Minority Dissent, *DHRC*, 2:629（"通过法律上"）; 1788 年 6 月 19 日梅森在弗吉尼亚州批准宪法大会上的发言，*DHRC*, 10:1402–1404（"丢脸的事" 在 1402 页，"可能" 在 1404 页）; 另见 Henry, June 23，同上，1464；1787 年 11 月 15 日小威廉·西蒙斯致小彼得·奥斯古德，*DHRC*, 4:242；1788 年 4 月 28 日理查德·亨利·李致塞缪尔·亚当斯，*DHRC*, 9:766。

150 1788 年 6 月 23 日梅森在弗吉尼亚州批准宪法大会上的发言，*DHRC*, 10:1470（"容易造成"）; 1788 年 4 月 26 日威廉·帕卡（William Paca）在马里兰州批准宪法大会上提出的修正案，*DHRC*, 12:651；1788 年 7 月 30 日约瑟夫·麦克道尔在北卡罗来纳州批准宪法大会上的发言，*Elliot*, 4:211（"富人能够"）; 另见 1788 年 6 月 19 日梅森在弗吉尼亚州批准宪法大会上的发言，*DHRC*, 10:1404; Henry, June 12，同上，1312–1313；7 月 30 日威廉·兰卡斯特（William Lancaster）在北卡罗来纳州批准宪法大会上的发言，同上，214; "A Georgian," *Gazette of the State of Georgia*, Nov. 15, 1787, *DHRC*, 3:241–242; "Federal Farmer," *Letters to the Republican* (Nov. 8, 1787), Letter III, *DHRC*, 19:229; "Candidus" I, Boston *Independent Chronicle*, Dec. 6, 1787, *DHRC*, 4:397；1788 年 1 月 5 日塞缪尔·奥斯古德致塞缪尔·亚当斯，*DHRC*, 5:619; Ralph A. Rossum, "The Courts and the Judicial Power," in Levy and Mahoney, eds., *The Framing and Ratification of the Constitution*, 239。

151 Pennsylvania Minority Dissent, *DHRC*, 2:630, 633（所有引文）; 另见 1788 年 1 月 23 日梅兰克顿·史密斯致小亚伯拉罕·耶茨，*DHRC*, 20:639; "Federal

Farmer," *Letters to the Republican* (Nov. 8, 1787), Letter III, *DHRC*, 19:229; Rossum, "The Courts and the Judicial Power," 238。

152 1788 年 7 月 29 日塞缪尔·斯宾塞在北卡罗来纳州批准宪法大会上的发言，*Elliot*, 4:154（"我们权利"和"12 名诚实"）; Pennsylvania Minority Dissent, *DHRC*, 2:630, 632–634（"不偏不倚的"在 633 页）; Albany Anti-Federalist Committee Circular, Apr. 10, 1788, *DHRC*, 21:1381, 1382（"富人掌握"）; 1787 年 10 月 26 日约翰·皮尔斯（John Pierce）致亨利·诺克斯，*DHRC*, 8:123–124; 1788 年 6 月 27 日弗吉尼亚州批准宪法大会上提出的第 11 号和第 14 号修正案，*DHRC*, 10:1552, 1555; 另见"Federal Farmer," *Letters to the Republican* (Nov. 8, 1787), Letter III, *DHRC*, 19:229; 1788 年 6 月 20 日亨利在弗吉尼亚州批准宪法大会上的发言，*DHRC*, 10:1420; Grayson，同上，1416; 1788 年 7 月 28 日布拉德沃思在北卡罗来纳州批准宪法大会上的发言，*Elliot*, 4:143; Cornell, *Other Founders*, 59–60; Rakove, *Original Meanings*, 321; Bailyn, *Ideological Origins*, 341。邦联体制下海事案件中陪审团制度的运用情况，参见 editorial note, *DHRC*, 27:159 n. 9。在民事案件中，宪法没有规定陪审团审判的权利，可能是保护外国债权人的一种重要手段，以免他们收回债务的权利在实践中被取消。参见：Holton, *Unruly Americans*, 187; Cornell, *Other Founders*, 66–67。

153 Pennsylvania Minority Dissent, *DHRC*, 2:634（引文）; 1788 年 1 月 30 日亚伯拉罕·霍姆斯（Abraham Holmes）在马萨诸塞州批准宪法大会上的发言，*DHRC*, 6:1366–1367; Federal Farmer, *Letters to the Republican* (Nov. 8, 1787), Letter III, *DHRC*, 19:229; 1788 年 7 月 29 日斯宾塞在北卡罗来纳州批准宪法大会上的发言，*Elliot*, 4:154; 另见 1788 年 6 月 20 日亨利在弗吉尼亚州批准宪法大会上的发言，*DHRC*, 10:1424。

154 1788 年 1 月 30 日霍姆斯在马萨诸塞州批准宪法大会上的发言，*DHRC*, 6:1638（引文）; 另见"Brutus" XIV, *New York Journal*, Feb. 28, 1788, *DHRC*, 20:821–823; 1788 年 6 月 16 日亨利在弗吉尼亚州批准宪法大会上的发言，*DHRC*, 10:1330。

155 June 17，同上，1356（"必须兑现"）; Mason, June 19，同上，1406（"一

个犯错的人”和“那种羞辱”); 另见 Grayson, June 21，同上，1448; 1788 年 7 月 29 日詹姆斯·加洛韦（James Galloway）在北卡罗来纳州批准宪法大会上的发言，*Elliot*, 4:190; Bloodworth，同上，184; 1788 年 7 月 5 日塞缪尔·琼斯在纽约州批准宪法大会上提出的修正案，*DHRC*, 22:2100; 1790 年 3 月 6 日罗得岛州批准宪法大会上提出第 3 号修正案，*DHRC*, 26:979; "Federal Farmer," *Letters to the Republican* (Nov. 8, 1787), Letter III, *DHRC*, 19:230–231; "Lycurgus," *Boston Gazette*, Nov. 19, 1787, *DHRC*, 4:277; *American Herald*, Nov. 19, 1787，同上。

156 1787 年 12 月 1 日威尔逊在宾夕法尼亚州批准宪法大会上的发言，*DHRC*, 2:451（“大胆”); Dec. 4，同上，495; Dec. 7，同上，517; Mckean, Dec. 10，同上，540–541; 1788 年 6 月 20 日麦迪逊在弗吉尼亚州批准宪法大会上的发言，*DHRC*, 10:417–418; 1788 年 1 月 7 日埃尔斯沃斯在康涅狄格州批准宪法大会上的发言，*DHRC*, 3:553; *The Federalist No. 78* (Hamilton), 464–472; 同上，*No. 79*, 473。

157 1788 年 6 月 19 日彭德尔顿在弗吉尼亚州批准宪法大会上的发言，*DHRC*, 10:1398（引文); 另见 June 20，同上，1426; Marshall，同上，1430。

158 Pendleton, June 18，同上，1398（“很有可能”和“最能使”); Madison, June 20，同上，1417; editorial note，同上，1439–1440 n. 3; Marshall，同上，1431; 1788 年 7 月 28 日阿奇博尔德·麦克莱恩在北卡罗来纳州批准宪法大会上的发言，*Elliot*, 4:140; "A Citizen of New Haven" (Roger Sherman), *Connecticut Courant*, Jan. 7, 1788, *DHRC*, 3:527。

159 1787 年 12 月 7 日威尔逊在宾夕法尼亚州批准宪法大会上的发言，*DHRC*, 2:518–519（“公正”); 1788 年 7 月 29 日戴维在北卡罗来纳州批准宪法大会上的发言，*Elliot*, 4:158–159（“如果将这类争议”); 另见 1788 年 6 月 20 日麦迪逊在弗吉尼亚州批准宪法大会上的发言，*DHRC*, 10:1414–1415; *The Federalist No. 80* (Hamilton), 476–477。

160 1788 年 7 月 29 日戴维在北卡罗来纳州批准宪法大会上的发言，*Elliot*, 4:158(全部引文); Richard Dobbs Spaight, July 28，同上，139; Iredell，同上，145–146; MacLaine, July 29，同上，172; 1788 年 6 月 20 日麦迪逊在弗吉尼亚州批准宪

法大会上的发言，*DHRC*, 10:1413；1787 年 12 月 7 日威尔逊在宾夕法尼亚州批准宪法大会上的发言，*DHRC*, 2:517。

161 1788 年 6 月 20 日彭德尔顿在弗吉尼亚州批准宪法大会上的发言，*DHRC*, 10:1427–1428; Albany Federal Committee, *An Impartial Address*（约 Apr. 20, 1788), *DHRC*, 21:1395（引文）; 1788 年 6 月 20 日麦迪逊在弗吉尼亚州批准宪法大会上的发言，*DHRC*, 10:1413–1414; Randolph, June 21，同上，1451；1787 年 12 月 7 日威尔逊在宾夕法尼亚州批准宪法大会上的发言，*DHRC*, 2:519；1788 年 7 月 29 日戴维在北卡罗来纳州批准宪法大会上的发言，*Elliot*, 4:159; "An American Citizen" IV , *On the Federal Government* (Oct. 21, 1787), *DHRC*, 13:434; *The Federalist No. 80* (Hamilton), 477–478。

162 1788 年 6 月 19 日彭德尔顿在弗吉尼亚州批准宪法大会上的发言，*DHRC*, 10:1400–1401（引文）; Madison, June 20，同上，1416–1417; editorial note，同上，1439 n. 2; Marshall，同上，1431–1433；1788 年 7 月 28 日艾德尔在北卡罗来纳州批准宪法大会上的发言，*Elliot*, 4:145–147; "A Citizen of New Haven," *Connecticut Courant*, Jan. 7, 1788, *DHRC*, 3:527。

163 1787 年 12 月 11 日威尔逊在宾夕法尼亚州批准宪法大会上的发言，*DHRC*, 2:575; Dec. 7，同上，516–517；1788 年 7 月 29 日艾德尔在北卡罗来纳州批准宪法大会上的发言，*Elliot*, 4:170; Spaight, July 28，同上，144；1788 年 1 月 30 日戈尔在马萨诸塞州批准宪法大会上的发言，*DHRC*, 6:1369; Thomas Dawes，同上，1369–1370；1788 年 6 月 6 日伦道夫在弗吉尼亚州批准宪法大会上的发言，*DHRC*, 9:974; "An American Citizen" IV, *On the Federal Government* (Oct. 21, 1787), *DHRC*, 13:434。

164 1788 年 1 月 16 日查尔斯・平克尼在南卡罗来纳州众议院的发言，*DHRC*, 27:97（"联邦政府"）; 1788 年 7 月 28 日艾德尔在北卡罗来纳州批准宪法大会上的发言，*Elliot*, 4:148（"将招致" 和 "不断地"）; July 29，同上，171; Albany Federal Committee, *An Impartial Address*（约 Apr. 20, 1788), *DHRC*, 21:1394；1787 年 12 月 7 日威尔逊在宾夕法尼亚州批准宪法大会上的发言，*DHRC*, 2:516；1788 年 6 月 6 日伦道夫在弗吉尼亚州批准宪法大会上的发言，*DHRC*, 9:974; "America: To the Dissenting Members of the Late Convention of

Pennsylvania," New York *Daily Advertiser*, Dec. 31, 1787, *DHRC*, 19:488。

165 1787 年 12 月 11 日威尔逊在宾夕法尼亚州批准宪法大会上的发言，*DHRC*, 2:574（引文）; Dec. 7，同上，516；1788 年 7 月 29 日艾德尔在北卡罗来纳州批准宪法大会上的发言，*Elliot*, 4:171。

166 1788 年 6 月 20 日麦迪逊在弗吉尼亚州批准宪法大会上的发言，*DHRC*, 10:1418；1788 年 7 月 28 日约翰斯顿在北卡罗来纳州批准宪法大会上的发言，*Elliot*, 4:150。

167 1788 年 6 月 19 日彭德尔顿在弗吉尼亚州批准宪法大会上的发言，*DHRC*, 10:1399（引文）；1788 年 6 月 20 日麦迪逊在弗吉尼亚州批准宪法大会上的发言，*DHRC*, 10:1415；1787 年 12 月 11 日威尔逊在宾夕法尼亚州批准宪法大会上的发言，*DHRC*, 2:573；另见 Dec. 7, 1787，同上，520; *The Federalist No.81* (Hamilton), 490。亨利坚持认为，国会没有宪法上的权力制定麦迪逊所预言的法规（June 20, 1788, *DHRC*, 10:1420）。

168 1788 年 6 月 20 日麦迪逊在弗吉尼亚州批准宪法大会上的发言，*DHRC*, 10:1414; Marshall，同上，1433; *The Federalist No. 81* (Hamilton), 487–488。

169 1788 年 6 月 11 日梅森在弗吉尼亚州批准宪法大会上的发言，*DHRC*, 9:1154–1155; Henry, June 5，同上，968; Grayson, June 11，同上，1171；1788 年 6 月 20 日史密斯在纽约州批准宪法大会上的发言，*DHRC*, 22:1717; Lansing, June 21，同上，1783; "Federal Farmer," *Letters to the Republican* (Nov.8, 1787), Letter III, *DHRC*, 19:219–220; Pennsylvania Minority Dissent, *DHRC*, 2:632; Robertson, *The Constitution and America's Destiny*, 35–36。

170 U. S. Constitution, Art. I, § 2, cl. 3; Philadelphia Convention, Sept. 17, 1787, *Farrand,* 2:644（制宪会议无异议地同意戈勒姆提出的将 4 万人改为 3 万人的建议，该建议得到了华盛顿支持）; Report of the Committee of Eleven, presented by Gerry, July 5，同上，1:526（每 4 万名居民选举 1 名代表）；1788 年 6 月 4 日梅森在弗吉尼亚州批准宪法大会上的发言，*DHRC*, 9:939; Henry, June 5，同上，953；另见 Rakove, *Original Meanings*, 228。

171 1788 年 6 月 4 日梅森在弗吉尼亚州批准宪法大会上的发言，*DHRC*, 9:939；6 月 27 日提出的第 2 号修正案，同上，10:1553；1788 年 6 月 20 日史密斯在纽约州批准宪法大会上提出的修正案，*DHRC*, 22:1718; Smith, June 21，同上，1749; Lansing, June 23，同上，1806; Pennsylvania Minority Dissent, *DHRC*, 2:632；另见 Labunski, *James Madison*, 83。

172 Mason's Objections, *DHRC*, 8:43（“纯粹只具有”）；1788 年 6 月 21 日史密斯在纽约州批准宪法大会上的发言，*DHRC*, 22:1740–1750, 1753, 1754（“影子”在 1753 页）；1787 年 10 月 16 日理查德·亨利·李致伦道夫，*DHRC*, 8:62（“不过是”）；“Brutus” III, *New York Journal*, Nov. 15, 1787, *DHRC*, 19:257（“完全是”和“地球上的”）；另见 1788 年 1 月 17 日约翰·泰勒在马萨诸塞州批准宪法大会上的发言，*DHRC*, 6:1237; Elbridge Gerry's Objections to the Constitution, *Massachusetts Centinel*, Nov. 3, 1787, *DHRC*, 13:548［以下简称“Gerry's Objections”］。

173 1788 年 6 月 21 日史密斯在纽约州批准宪法大会上的发言，*DHRC*, 22:1749–1755（“贴近他们”）；June 20，同上，1715–1716; 1788 年 6 月 4 日梅森在弗吉尼亚州批准宪法大会上的发言，*DHRC*, 9:937–940（“理应与”在 938 页）；另见 Henry, June 12，同上，10:1217; “Federal Farmer,” *Letters to the Republican* (Nov. 8, 1787), Letter II, *DHRC*, 19:214–215; Chase, Objections, *DHRC*, 12:633; Kenyon, “Men of Little Faith,” 10–13。

174 1788 年 6 月 4 日梅森在弗吉尼亚州批准宪法大会上的发言，*DHRC*, 9:937–939（“可能了解”“在全国性”“这样的”“一个建构得”和“少授予权力”）；Chase, Objections, *DHRC*, 12:633（“代表如此众多的人”和“熟悉美国”）；另见 1788 年 6 月 21 日克林顿在纽约州批准宪法大会上的发言，*DHRC*, 22:1784–1785。

175 1788 年 6 月 4 日梅森在弗吉尼亚州批准宪法大会上的发言，*DHRC*, 9:937（“具有”和“与我们”）；1788 年 6 月 21 日史密斯在纽约州批准宪法大会上的发言，*DHRC*, 22:1755（“可以自由”和“人民的”）；另见“Federal Farmer,” *Letters to the Republican* (Nov. 8, 1787), Letter III, *DHRC*, 19:219。

176 1788 年 6 月 21 日史密斯在纽约州批准宪法大会上的发言，*DHRC*, 22:1751–1752（“过着平凡”“公职”“普通民众”“出身”和“显而易见的”）；1788 年 6 月 11 日梅森在弗吉尼亚州批准宪法大会上的发言，*DHRC*,

9:1155–1158（“伟大”和“必然形成”）；另见 Pennsylvania Minority Dissent, *DHRC*, 2:631–632; Chase, Objections, *DHRC*, 12:633；1788 年 6 月 12 日亨利在弗吉尼亚州批准宪法大会上的发言，*DHRC*, 10:1217; “Brutus” III, *New York Journal*, Nov. 15, 1787, *DHRC*, 19:255–256; “Federal Farmer,” *Letters to the Republican* (Nov. 8, 1787), Letter III， 同上，219–220; Rakove, *Original Meanings*, 228–229; Cornell, *Other Founders*, 45, 98。

177 1788 年 6 月 12 日亨利在弗吉尼亚州批准宪法大会上的发言，*DHRC*, 10:1217; Tyler, June 14，同上，1263；1788 年 6 月 21 日史密斯在纽约州批准宪法大会上的发言，*DHRC*, 22:1749–1751（全部引文）。

178 同上，1750, 1752（全部引文）；另见 1787 年 11 月 12 日本杰明·盖尔在康涅狄格州基灵沃思市召开的城镇会议上的发言，*DHRC*, 3:423; Cornell, *Other Founders*, 40, 97; Rakove, *Original Meanings*, 233; Maier, *Ratification*, 354–355。

179 1788 年 6 月 14 日亨利在弗吉尼亚州批准宪法大会上的发言，*DHRC*, 10:1285–1286；1788 年 6 月 21 日约翰·威廉姆斯在纽约州批准宪法大会上的发言，*DHRC*, 22:1746–1747; Smith, June 20， 同上，1717; Pennsylvania Minority Dissent, *DHRC*, 2:631; “Brutus” III, *New York Journal*, Nov. 15, 1787, *DHRC*, 19:256。

180 “A Columbian Patriot,” *Observations*, *DHRC*, 16:278（“经常回到”和“防止腐败”）；1788 年 1 月 14 日泰勒在马萨诸塞州批准宪法大会上的发言，*DHRC*, 6:1185（“人民自由的”和“暴政”）；另见 Abraham White，同上，1186；1788 年 6 月 21 日威廉姆斯在纽约州批准宪法大会上的发言，*DHRC*, 22:1747；1788 年 7 月 30 日威廉·勒诺在北卡罗来纳州批准宪法大会上的发言，*Elliot*, 4:202；1787 年 11 月 28 日罗伯特·怀特希尔在宾夕法尼亚州批准宪法大会上的发言，*DHRC*, 2:395–396；1787 年 10 月 14 日约翰·昆西·亚当斯致威廉·克兰奇，*DHRC*, 4:72; “Cornelius,” *Hampshire Chronicle* [Massachusetts], Dec. 11, 18, 1787，同上，411–412。

181 1788 年 6 月 23 日杰伊在纽约州批准宪法大会上的发言，*DHRC*, 22:1823（“涉及”和“详细的”）; Hamilton, June 21，同上，1789；“A Landholder”

IV, *Connecticut Courant*, Nov. 26, 1787, *DHRC*, 3:478–479（“每个州”和“比 100 个人”）; 另见 1788 年 6 月 7 日科宾在弗吉尼亚州批准宪法大会上的发言，*DHRC*, 9:1013；1787 年 11 月 30 日威尔逊在宾夕法尼亚州批准宪法大会上的发言，*DHRC*, 2:442; *The Federalist No. 56* (Madison), 346–348; Rakove, *Original Meanings*, 240–241; Edling, *Revolution in Favor of Government*, 201。

182 1788 年 6 月 11 日麦迪逊在弗吉尼亚州批准宪法大会上的发言，*DHRC*, 9:1147; Corbin, June 7，同上，1013；1788 年 1 月 17 日弗朗西斯·达纳在马萨诸塞州批准宪法大会上的发言，*DHRC*, 6:1238；1788 年 6 月 23 日理查德·哈里森在纽约州批准宪法大会上的发言，*DHRC*, 22:1802–1803; Hamilton, June 21，同上，1770–1771；1787 年 12 月 4 日威尔逊在宾夕法尼亚州批准宪法大会上的发言，*DHRC*, 2:489; Nov. 30，同上，442; Albany Federal Committee, *An Impartial Address*（约 Apr. 20, 1788), *DHRC*, 21:1390; *The Federalist No. 36* (Hamilton), 218。所有州都有权向邦联国会派出七名代表——这些代表将代表本州集体投票——但实际上没有一个州派出这么多代表，而且很多州甚至都没有派出统计一个州的选票所需的两名代表。见上文，41。

183 Hamilton, June 20, *DHRC*, 1728–1729（引文）；1788 年 6 月 4 日尼古拉斯在弗吉尼亚州批准宪法大会上的发言，*DHRC*, 9:921; *The Federalist No. 55* (Madison), 343。

184 1788 年 6 月 20 日汉密尔顿在纽约州批准宪法大会上的发言，*DHRC*, 22:1729–1730; June 21，同上，1768; Jay, June 23，同上，1823；1788 年 6 月 6 日尼古拉斯在弗吉尼亚州批准宪法大会上的发言，*DHRC*, 9:1000–1001; June 4，同上，921–922; *The Federalist No. 55* (Madison), 341–342；同上，*No. 58*, 356–361。

185 1788 年 6 月 14 日麦迪逊在弗吉尼亚州批准宪法大会上的发言，*DHRC*, 10:1283–1284（“共同感情”和“同胞情谊”）；1787 年 12 月 4 日威尔逊在宾夕法尼亚州批准宪法大会上的发言，*DHRC*, 2:479（“在一个”）；1788 年 1 月 14 日塞奇威克在马萨诸塞州批准宪法大会上的发言，*DHRC*, 6:1185（“广泛”); 另见 Fisher Ames, Jan. 15，同上，1191–1192; Dawes, Jan. 14，同上，1186; John Brooks, Jan. 15， 同上，1195–1196; Rufus King， 同上，1202–1203；1787 年 12 月 11 日托马斯 · 麦基恩在宾夕法尼亚州批准宪法大会上的发言，*DHRC*, 2:535–536；1788 年 6 月 4 日尼古拉斯在弗吉尼亚州批准宪法大会上的发言，*DHRC*, 9:924；1788 年 7 月 24 日麦克莱恩在北卡罗来纳州批准宪法大会上的发言，*Elliot*, 4:29; *The Federalist No. 53* (Madison), 332–335。

186 1788 年 1 月 15 日埃姆斯在马萨诸塞州批准宪法大会上的发言，*DHRC*, 6:1192–1193（全部引文); Christopher Gore, Jan. 15，同上，1201–1202; 另见 “A Democratic Federalist,” Philadelphia *Independent Gazetteer*, Nov. 26, 1787, *DHRC*, 2:297。在康涅狄格州和罗得岛州，州立法机构规定由民众普选产生国会代表，但在其他州，民众并不直接参与选举过程（editorial note, *DHRC*, 22:1698 n. 9）。

187 1788 年 6 月 21 日汉密尔顿在纽约州批准宪法大会上的发言，同上，1771–1772（“富人比穷人”); Robert R. Livingston, June 23， 同上，1811–1812（“我们都”“富人会” 和 “成为他们”); 1788 年 6 月 7 日伦道夫在弗吉尼亚州批准宪法大会上的发言，*DHRC*, 9:1024–1025（“同胞情谊”); Alexander White, “To the Citizens of Virginia,” *Winchester Gazette* [Virginia], Feb. 29, 1788，*DHRC*, 8:439; *The Federalist No. 57* (Madison), 350–351；同上，*No. 60* (Hamilton), 371。

188 1787 年 11 月 15 日小威廉 · 西蒙斯致小彼得 · 奥斯古德，*DHRC*, 4:240（“小小特拉华” 和 “太荒唐了”); 1788 年 7 月 28 日约瑟夫 · 麦克道尔在北卡罗来纳州批准宪法大会上的发言，*Elliot*, 4:124（“北方面积小”); 另见 1787 年 10 月 29 日约瑟夫 · 琼斯致麦迪逊，*PJM* (C.S.), 10:228; 参见下文，433, 469–470。

189 1788 年 7 月 28 日约瑟夫 · 麦克道尔在北卡罗来纳州批准宪法大会上的发言，*Elliot*, 4:124（“给这么少的人”); Chase, Objections, *DHRC*, 12:634（“贿赂和腐败”); 另见 “An Officer of the Late Continental Army,” Philadelphia *Independent Gazetteer*, Nov. 6, 1787, *DHRC*, 2:212；1788 年 6 月 24 日吉尔伯

特·利文斯顿在纽约州批准宪法大会上的发言，*DHRC*, 22:1836–1837。

190 Albany Anti–Federal Committee Circular, Apr. 10, 1788, *DHRC*, 21:1380（“毁坏”）; 1788 年 1 月 19 日威廉·琼斯在马萨诸塞州批准宪法大会上的发言，*DHRC*, 6:1255（“忘记他们”）; Samuel Nasson, Feb. 1, 1788，同上，1398（“太长”）; “A Columbian Patriot,” *Observations*, *DHRC*, 16:281（“一种终身制”）; 另见 1788 年 6 月 14 日梅森在弗吉尼亚州批准宪法大会上的发言，*DHRC*, 10:1292；1788 年 1 月 19 日泰勒在马萨诸塞州批准宪法大会上的发言，*DHRC*, 6:1257–1258；1788 年 6 月 24 日吉尔伯特·利文斯顿在纽约州批准宪法大会上的发言，*DHRC*, 22:1837；1788 年 7 月 25 日史蒂芬·卡巴鲁斯（Stephen Cabarrus）在北卡罗来纳州批准宪法大会上的发言，*Elliot*, 4:37; Luther Martin, Genuine Information IV, Baltimore *Maryland Gazette*, Jan. 8, 1788, *DHRC*, 11:159–160；1788 年 1 月 15 日纳撒尼尔·巴雷尔致乔治·撒切尔，*DHRC*, 5:719。

191 1788 年 6 月 17 日梅森在弗吉尼亚州批准宪法大会上的发言，*DHRC*, 10:1366（“对于维护”）; 1788 年 6 月 24 日吉尔伯特·利文斯顿在纽约州批准宪法大会上的发言，*DHRC*, 22:1837（“只与同一”“普通人”和“很容易忘记”）; Lansing，同上，1849（“恢复”）; 另见 1788 年 2 月 1 日纳森在马萨诸塞州批准宪法大会上的发言，*DHRC*, 6:1398; Eubanks, “New York”, 234。

192 1788 年 6 月 25 日史密斯在纽约州批准宪法大会上的发言，*DHRC*, 22:1878（全部引文）; 6 月 24 日吉尔伯特·利文斯顿提出的修正案，同上，1838。

193 6 月 25 日史密斯在纽约州批准宪法大会上的发言，同上，1880（全部引文）; Gilbert Livingston, June 24，同上，1837–1838; Lansing，同上，1841；同上，1850; 另见 1788 年 6 月 13 日亨利在弗吉尼亚州批准宪法大会上的发言，*DHRC*, 10:1247–1248; Mason, June 14，同上，1292；“A Plain Dealer,” *Virginia Independent Chronicle*, Feb. 13, 1788, *DHRC*, 8:365；1790 年 5 月 29 日罗得岛州批准宪法大会上提出的第 18 号修正案，*DHRC*, 26:1002; Kenyon, “Men of Little Faith,” 29。

194 1788 年 1 月 21 日马丁·金斯利（Martin Kingsley）在马萨诸塞州批准宪法

大会上的发言，*DHRC*, 6:1291（引文）；另见 Taylor, Jan. 19，同上，1257–1258；1788 年 6 月 14 日梅森在弗吉尼亚州批准宪法大会上的发言，*DHRC*, 10:1292。

195 Grayson，同上，1267; editorial note，同上，1297 n. 7；1787 年 10 月 29 日亚瑟·李致爱德华·拉特利奇，*DHRC*, 8:131; "Cincinnatus IV: To James Wilson," *New York Journal*, Nov. 22, 1787, *DHRC*, 14:188；1788 年 2 月 7 日西拉斯·李致乔治·撒切尔，*DHRC*, 5:874。

196 "Federal Farmer", *Letters to the Republican* (Nov. 8, 1787), Letter IV, *DHRC*, 19:232（全部引文）；1788 年 7 月 28 日威廉·波特在北卡罗来纳州批准宪法大会上的发言，*Elliot*, 4:115; "Many Customers," Philadelphia *Independent Gazetteer*, Dec. 1, 1787, *DHRC*, 2:309；另见 1788 年 7 月 7 日兰辛在纽约州批准宪法大会上提出的修正案，*DHRC*, 22:2108。

197 1788 年 6 月 5 日亨利在弗吉尼亚州批准宪法大会上的发言，*DHRC*, 9:965（"真正的责任"）；June 19，同上，10:1394（"任何" 和 "他们将"）；另见 Mason, June 14，同上，1290；1788 年 1 月 16 日亨利·彭德尔顿（Henry Pendleton）在南卡罗来纳州众议院的发言，*DHRC*, 27:100；1788 年 7 月 24 日约瑟夫·泰勒在北卡罗来纳州批准宪法大会上的发言，*Elliot*, 4:32; M'Dowall, July 28，同上，119; The Society of Western Gentlemen Revise the Constitution, *Virginia Independent Chronicle*, Apr. 30, May 7, 1788, *DHRC*, 9:770。

198 U. S. Constitution, Art. I, § 3, cl. 7；1788 年 6 月 18 日格雷森在弗吉尼亚州批准宪法大会上的发言，*DHRC*, 10:1374（"犯罪的帮凶"）；Henry, June 19，同上，1394（"上绞刑架"）；June 14，同上，1285；1788 年 7 月 28 日塞缪尔·斯宾塞在北卡罗来纳州批准宪法大会上的发言，*Elliot*, 4:117；同上，124–125; "Cincinnatus IV: To James Wilson," *New York Journal*, Nov. 22, 1787, *DHRC*, 14:189; Luther Martin, Genuine Information IX, Baltimore *Maryland Gazette*, Jan. 29, 1788, *DHRC*, 11:215–216；1787 年 10 月 29 日亚瑟·李致爱德华·拉特利奇，*DHRC*, 8:131。

199 1788 年 7 月 28 日斯宾塞在北卡罗来纳州批准宪法大会上的发言，*Elliot*,

4:118（引文）；另见 1787 年 10 月 29 日亚瑟·李致爱德华·拉特利奇，*DHRC*, 8:131; "Cincinnatus IV: To James Wilson," *New York Journal*, Nov. 22, 1787, *DHRC*, 14:187–188。

200 1787 年 12 月 11 日威尔逊在宾夕法尼亚州批准宪法大会上的发言，*DHRC*, 2:565；1788 年 6 月 5 日彭德尔顿在弗吉尼亚州批准宪法大会上的发言，*DHRC*, 9:948–949；另见 *The Federalist No. 62*（probably Madison），377。

201 1788 年 6 月 24 日汉密尔顿在纽约州批准宪法大会上的发言，*DHRC*, 22:1861–1862（"某种永久性""拥有"和"经常被"）；*The Federalist No. 63*（probably Madison），384（"作为"和"暂停"）；另见同上，*No. 62*（probably Madison），378–379；1788 年 7 月 25 日艾德尔在北卡罗来纳州批准宪法大会上的发言，*Elliot*, 4:40–41; July 28，同上，133；"Marcus" (James Iredell), Answers to Mr. Mason's Objections to the New Constitution, *Norfolk and Portsmouth Journal*, Feb. 20, 1788, *DHRC*, 16:166。

202 *The Federalist No. 62*（probably Madison），379（"适当地熟悉"）；1788 年 6 月 24 日汉密尔顿在纽约州批准宪法大会上的发言，*DHRC*, 22:1866（"不能很快"）；*The Federalist No. 63*（probably Madison），382（"国家意识"）；另见同上，*No. 64* (Jay), 392；1788 年 6 月 24 日罗伯特·R. 利文斯顿在纽约州批准宪法大会上的发言，*DHRC*, 22:1844；1788 年 1 月 19 日金在马萨诸塞州批准宪法大会上的发言，*DHRC*, 6:1257；1787 年 12 月 10 日麦基恩在宾夕法尼亚州批准宪法大会上的发言，*DHRC*, 2:535–536。

203 1788 年 2 月 1 日詹姆斯·鲍登在马萨诸塞州批准宪法大会上的发言，*DHRC*, 6:1391；1788 年 7 月 28 日威廉·戴维在北卡罗来纳州批准宪法大会上的发言，*Elliot*, 4:122–123; Alexander White, "To the Citizens of Virginia," *Winchester Gazette*[Virginia], Feb. 29, 1788, *DHRC*, 8:440。

204 "A Citizen of New Haven" (Sherman), Mar. 24, 1789, in Veit et al., eds., *Bill of Rights*, 221（"剥夺人民""去除"和"没有什么"）；1788 年 6 月 24 日罗伯特·R. 利文斯顿在纽约州批准宪法大会上的发言，*DHRC*, 22:1845（"放逐"）；Hamilton, June 25，同上，1894（"把他的"和"要去用"）；另见 1788 年 1 月 23 日西奥菲勒斯·帕森斯在马萨诸塞州批准宪法大会上的发言，

DHRC, 6:1325–1326。

205 Robert R. Livingston, June 24，同上，1844（“各州有权”）; Richard Morris，同上，1854（“将会使”和“屈从于国家运行”）; Hamilton, June 25，同上，1891（“偏见”和“向全国性”）; 1788 年 6 月 14 日麦迪逊在弗吉尼亚州批准宪法大会上的发言，*DHRC*, 10:1262；另见 1788 年 1 月 23 日西奥菲勒斯·帕森斯在马萨诸塞州批准宪法大会上的发言，*DHRC*, 6:1327。

206 1788 年 7 月 28 日艾德尔在北卡罗来纳州批准宪法大会上的发言，*Elliot*, 4:129（“做一切事情”和“[一个]政府”）; 1788 年 5 月 14 日平克尼在南卡罗来纳州批准宪法大会上的发言，*DHRC*, 27:333–334（“这一体制”）; 1788 年 6 月 14 日麦迪逊在弗吉尼亚州批准宪法大会上的发言，*DHRC*, 10:1267–1268（“令人不快”）; editorial note，同上，1298 n. 8；另见 1788 年 1 月 23 日西奥菲勒斯·帕森斯在马萨诸塞州批准宪法大会上的发言，*DHRC*, 6:1327; “Cassius” VI, *Massachusetts Gazette*, Dec. 18, 1787, *DHRC*, 5:480。

207 1787 年 12 月 11 日威尔逊在宾夕法尼亚州批准宪法大会上的发言，*DHRC*, 2:562–563；另见 1788 年 1 月 16 日查尔斯·科茨沃斯·平克尼在南卡罗来纳州众议院的发言，*DHRC*, 27:101；1788 年 6 月 19 日科宾在弗吉尼亚州批准宪法大会上的发言，*DHRC*, 10:1391–1392; *The Federalist No. 64* (Jay), 392–393；同上，*No. 75* (Hamilton), 453–454。

208 国会议员是否会被弹劾的不确定性，参见 1788 年 7 月 28 日艾德尔在北卡罗来纳州批准宪法大会上的发言，*Elliot*, 4:127；另见 Michael J. Gerhardt, *The Federal Impeachment Process: A Constitutional and Historical Analysis* (Chicago，2000), 75–81。刑事起诉的问题，参见 1787 年 12 月 4 日威尔逊在宾夕法尼亚州批准宪法大会上的发言，*DHRC*, 2:491。授权参议院审判弹劾案的另一项辩护理由，参见 *The Federalist No. 65* (Hamilton), 396–401。

209 1788 年 7 月 28 日艾德尔在北卡罗来纳州批准宪法大会上的发言，*Elliot*, 4:128（“邪恶动机”）; 1788 年 1 月 16 日查尔斯·科茨沃斯·平克尼在南卡罗来纳州众议院的发言，*DHRC*, 27:101–102。

210 “Marcus” (Iredell), Answers to Mr. Mason’s Objections to the New Constitution，

Norfolk and Portsmouth Journal, Feb. 20, 1788, *DHRC*, 16:165（“人民每年”“不直接”和“没有”）; 1788 年 7 月 28 日艾德尔在北卡罗来纳州批准宪法大会上的发言，*Elliot*, 4:129（“远远不及”）; 1787 年 12 月 4 日威尔逊在宾夕法尼亚州批准宪法大会上的发言，*DHRC*, 2:491（“有些说不过去”）; 另见 1788 年 7 月 28 日戴维在北卡罗来纳州批准宪法大会上的发言，*Elliot*, 4:120；1787 年 10 月 6 日詹姆斯·威尔逊在州议会庭院（费城）的发言，*DHRC*, 2:169–170; “A Democratic Federalist,” Philadelphia *Independent Gazetteer*, Nov. 26, 1787，同上，296–297; “A Pennsylvanian: To the New York Convention,” *Pennsylvania Gazette*, June 11, 1788, *DHRC*, 20:1141; *The Federalist No. 63*（probably Madison），389。

211 “An Officer of the Late Continental Army,” Philadelphia *Independent Gazetteer*, Nov. 6, 1787, *DHRC*, 2:212（“事实上”）; 1788 年 6 月 5 日亨利在弗吉尼亚州批准宪法大会上的发言，*DHRC*, 9:963（“青睐”）; Mason, June 18，同上，1378–1379（“公正无私”和“就是他”）; 另见 Luther Martin, Genuine Information II, Baltimore *Maryland Gazette*, Jan. 1, 1788, *DHRC*, 11:136–137; Luther Martin, Genuine Information IX, Jan. 29, 1788，同上，214–215；1788 年 7 月 30 日勒诺在北卡罗来纳州批准宪法大会上的发言，*Elliot*, 4:204; Albany Anti–Federal Committee Circular, Apr. 10, 1788, *DHRC*, 21:1381；1787 年 11 月 15 日小威廉·西蒙斯致小彼得·奥斯古德，*DHRC*, 4:241；1788 年 1 月 31 日威廉·肖特致威廉·格雷森，*DHRC*, 8:343; Nelson, *Royalist Revolution*, 214–215, 221–222。纽约州批准宪法大会提出的宪法修正案，要求总统需征得国会同意，才可赦免叛国罪或亲自在战场上指挥军队（New York’s Recommendatory Amendments, July 26, 1788, *DHRC*, 23:2332）。关于艾德尔对总统赦免叛国罪的辩护，可参见 7 月 28 日他在北卡罗来纳州批准宪法大会上的发言，*Elliot*, 4:112–113；另见 *The Federalist No.74* (Hamilton), 448–449。

212 1788 年 6 月 18 日梅森在弗吉尼亚州批准宪法大会上的发言，*DHRC*, 10:1375（“骗局”）; “A Columbian Patriot,” *Observations*, *DHRC*, 16:281（“几乎等同于”）; 1788 年 6 月 18 日格雷森在弗吉尼亚州批准宪法大会上的发

言，*DHRC*, 10:1373（“外国势力干涉”）; editorial note，同上，1376 nn. 2–3；1788 年 1 月 17 日朗兹在南卡罗来纳州众议院的发言，*DHRC*, 27:126；另见 1787 年 10 月 28 日乔治·李·特伯维尔（George Lee Turberville）致亚瑟·李，*DHRC*, 13:506。

213 1788 年 6 月 18 日格雷森在弗吉尼亚州批准宪法大会上的发言，*DHRC*, 10:1374（引文）; James Monroe，同上，1372；另见 1787 年 11 月 15 日小威廉·西蒙斯致小彼得·奥斯古德，*DHRC*, 4:237。

214 "Cato," *State Gazette of South Carolina*, Nov. 26, 1787, *DHRC*, 27:46, 47–48；1788 年 6 月 17 日梅森在弗吉尼亚州批准宪法大会上的发言，*DHRC*, 10:1365（全部引文）；另见 Grayson, June 18，同上，1374; Monroe, June 10，同上，9:1114；1787 年 10 月 1 日詹姆斯·麦迪逊神父致麦迪逊，*PJM* (C.S.), 10:184; Albany Anti-Federal Committee Circular, Apr. 10, 1788, *DHRC*, 21:1381; Luther Martin, Genuine Information IX, Baltimore *Maryland Gazette*, Jan. 29, 1788, *DHRC*, 11:213。

215 1787 年 12 月 20 日杰斐逊致麦迪逊，*PJM* (C.S.), 10:337（“经验和理性”和“一个终身制”）; 1787 年 11 月 13 日杰斐逊致亚当斯，*PTJ* (M.S.), 12:351（“一旦掌权”）; 1788 年 2 月 7 日杰斐逊致亚历山大·唐纳德（Alexander Donald），同上，571（“永久性的”和“成为”）; 1788 年 5 月 27 日杰斐逊致卡林顿，同上，13:208–209（“在美国”和“我们都”）。

216 1788 年 6 月 27 日弗吉尼亚州批准宪法大会上提出的第 5 号修正案，*DHRC*, 10:1551；1788 年 7 月 4 日史密斯在纽约州批准宪法大会上提出的修正案，*DHRC*, 22:2095；另见 7 月 22 日吉尔伯特·利文斯顿提议的修正案，同上，23:2265；史密斯提议的修正案得到了杰伊的支持，同上；John Williams，同上。

217 1787 年 12 月 4 日威尔逊在宾夕法尼亚州批准宪法大会上的发言，*DHRC*, 2:495（“将他自己”）; 1788 年 7 月 28 日艾德尔在北卡罗来纳州批准宪法大会上的发言，*Elliot*, 4:107–108（“保密”）; 另见 Richard Dobbs Spaight，同上，114–115；1788 年 5 月 14 日查尔斯·平克尼在南卡罗来纳州批准宪法大会上的发言，*DHRC*, 27:333; *The Federalist No. 70* (Hamilton), 424。

218 同上，*No. 69*, 415–423；同上，*No. 71*, 434；1788 年 6 月 5 日亨利·李在弗吉尼亚州批准宪法大会上的发言，*DHRC*, 9:950–951; Albany Federal Committee, *An Impartial Address* (约 Apr.20, 1788), *DHRC*, 21:1394; "An American Citizen" I (Tench Coxe), On the Federal Government, Philadelphia *Independent Gazetteer*, Sept. 26, 1787, *DHRC*, 2:140–141; "Caroliniensis" , Charleston *City Gazette*, Apr. 1, 2, 1788, *DHRC*, 27:236–239; Nelson, *Royalist Revolution*, 217–225。

219 1788 年 6 月 18 日麦迪逊在弗吉尼亚州批准宪法大会上的发言，*DHRC*, 10:1376–1377；1788 年 7 月 26 日艾德尔在北卡罗来纳州批准宪法大会上的发言，*Elliot*, 4:105; Davie，同上；1787 年 12 月 11 日威尔逊在宾夕法尼亚州批准宪法大会上的发言，*DHRC*, 2:567; *The Federalist No. 68* (Hamilton), 412–413。

220 1787 年 10 月 1 日神父詹姆斯·麦迪逊致麦迪逊，*PJM* (C.S.), 10:184（"宪法提议"和"国会权力"）; Pennsylvania Minority Dissent, *DHRC*, 2:634–635；1788 年 7 月 28 日斯宾塞在北卡罗来纳州批准宪法大会上的发言，*Elliot*, 4:116, 118; "Federal Farmer," *Letters to the Republican* (Nov. 8, 1787), Letter III, *DHRC*, 19:222；另见 1788 年 6 月 27 日弗吉尼亚州批准宪法大会上提出的第 19 号修正案，*DHRC*, 10:1556; Cornell, *Other Founders*, 31, 270。

221 Pennsylvania Minority Dissent, *DHRC*, 2:634–635（"对政府权力""一个机构"和"如此多样"）; 1788 年 6 月 27 日弗吉尼亚州批准宪法大会上提议的权利法案，第 5 决议案，*DHRC*, 10:1551（"理应相互独立"）; 1787 年 10 月 16 日理查德·亨利·李致伦道夫，*DHRC*, 9:64；另见 1787 年 10 月 28 日乔治·李·特伯维尔致亚瑟·李，*DHRC*, 13:506；1787 年 10 月 29 日约瑟夫·琼斯致麦迪逊，*PJM* (C.S.), 10:228; "Cincinnatus IV: To James Wilson," *New York Journal*, Nov. 22, 1787, *DHRC*, 14:189–190。

222 Pennsylvania Minority Dissent，同上，635（"危险"）; 1787 年 10 月 1 日神父詹姆斯·麦迪逊致麦迪逊，*PJM* (C.S.), 10:184（"立法""可能会"和"政府"）; Mason's Objections, *DHRC*, 8:44（"令人怀疑的"）; 1788 年 6 月 18 日梅森在弗吉尼亚州批准宪法大会上的发言,*DHRC*, 10:1376(“持续地”和“形成”）; 另见 1788 年 7 月 24 日勒诺在北卡罗来纳州批准宪法大会上的发言，

Elliot, 4:27；1787 年 10 月 31 日詹姆斯·麦克拉格（James McClurg）致麦迪逊，*PJM* (C.S.), 10:233。

223 Gerry's Objections, *DHRC*, 13:548（"过度地影响"）；1788 年 7 月 28 日斯宾塞在北卡罗来纳州批准宪法大会上的发言，*Elliot*, 4:118（"长久地"和"稳定性"）；另见 1788 年 6 月 10 日门罗在弗吉尼亚州批准宪法大会上的发言，*DHRC*, 9:1115；1787 年 11 月 15 日小威廉·西蒙斯致小彼得·奥斯古德，*DHRC*, 4:241; Nelson, *Royalist Revolution*, 204–205; Kenyon, "Men of Little Faith," 26–27。

224 Mason's Objections, *DHRC*, 8:44（"危险"）；1788 年 6 月 17 日梅森在弗吉尼亚州批准宪法大会上的发言，*DHRC*, 10:1367（"是一个"）；1787 年 10 月 3 日亚瑟·李致约翰·亚当斯，*DHRC*, 8:34（"唯一事务"）；另见 1788 年 6 月 18 日门罗在弗吉尼亚州批准宪法大会上的发言，*DHRC*, 10:1373；1788 年 7 月 24 日戴维·考德威尔在北卡罗来纳州批准宪法大会上的发言，*Elliot*, 4:26。

225 Mason's Objections, *DHRC*, 8:44（"在任何"）；1788 年 6 月 9 日梅森致约翰·兰姆，*DHRC*, 9:818（"对于一个"）；1788 年 6 月 18 日梅森在弗吉尼亚州批准宪法大会上的发言，*DHRC*, 10:1376（"罪犯""顾问"和"真正的"）；1788 年 7 月 28 日斯宾塞在北卡罗来纳州批准宪法大会上的发言，*Elliot*, 4:116–117；另见 1788 年 6 月 18 日门罗在弗吉尼亚州批准宪法大会上的发言，*DHRC*, 10:1372；1787 年 12 月 6 日约翰·斯米利在宾夕法尼亚州批准宪法大会上的发言，*DHRC*, 2:508; Pennsylvania Minority Dissent，同上，635；1789 年 8 月 15 日神父詹姆斯·麦迪逊致麦迪逊，Veit et al., eds., *Bill of Rights*, 277；1787 年 10 月 29 日约瑟夫·琼斯致麦迪逊，*PJM* (C.S.), 10:228；1787 年 10 月 3 日亚瑟·李致约翰·亚当斯，*DHRC*, 8:34。

226 反联邦主义者担心出现贵族统治，参见 Main, *Antifederalists*, 130–138; Wood, *Creation of the American Republic*, 487–492。

227 U. S. Constitution, Art. I, § 9, cl. 8（"贵族头衔"）；同上，§ 10, cl. 1（"贵族头衔"）；1787 年 10 月 16 日李致伦道夫，*DHRC*, 8:62（"首要原则"和"高度危险的"）；1788 年 6 月 16 日格雷森在弗吉尼亚州批准宪法大会上的发

言，*DHRC*, 10:1308–1309（“构建一个”）; 1787 年 9 月 15 日梅森在费城制宪会议上的发言，*Farrand*, 2:632（“危险的” 和 “专横的”）; 另见 Mason's Objections, *DHRC*, 8:43–44；1787 年 10 月 1 日理查德·亨利·李致梅森，同上，28；1787 年 10 月 3 日亚瑟·李致约翰·亚当斯，同上，34; Beeman, *Plain, Honest Men*, 355–356, 372。

228 "Centinel" I, Philadelphia *Independent Gazetteer*, Oct. 5, 1787, *DHRC*, 13:330, 335（“一个永久性的” 和 “富人”）; editorial note，同上，326–327; Pennsylvania Minority Dissent, *DHRC*, 2:637（“傲慢” 和 “完全漠视”）; "A Georgian," *Gazette of the State of Georgia*, Nov. 15, 1787, *DHRC*, 3:236（“贵族政府”）; "John Humble, Address of the Lowbor," Philadelphia *Independent Gazetteer*, Oct. 29, 1787, *DHRC*, 2:206（“我们在”）; 另见 1788 年 1 月 25 日阿莫斯·辛格尔特里在马萨诸塞州批准宪法大会上的发言，*DHRC*, 6:1345–1346；1788 年 5 月 22 日帕特里克·多拉德在南卡罗来纳州批准宪法大会上的发言，*DHRC*, 27:379；1788 年 1 月 18 日詹姆斯·林肯在南卡罗来纳州众议院的发言，同上，155–156；"Cato" IV, *New York Journal*, Nov. 8, 1787, *DHRC*, 19:198; *A Plebeian*, *DHRC*, 20:958; "A Republican," *New York Journal*, Sept. 6, 1787，同上，19; Cornell, *Other Founders*, 40, 100–101; Eubanks, "New York," 311; Beeman, *Plain, Honest Men*, 377–378。

229 "An Officer of the Late Continental Army," Philadelphia *Independent Gazetteer*, Nov. 6, 1787, *DHRC*, 2:213（全部引文）; 另见 "Federal Farmer," *Letters to the Republican* (Nov. 8, 1787), Letter I, *DHRC*, 19:211–212; Cornell, *Other Founders*, 52; Eubanks, "New York," 312。

230 1788 年 7 月 28 日戴维在北卡罗来纳州批准宪法大会上的发言，*Elliot*, 4:121–122；1787 年 12 月 4 日威尔逊在宾夕法尼亚州批准宪法大会上的发言，*DHRC*, 2:494（引文）; Dec. 11，同上，561; Alexander White, "To the Citizens of Virginia," *Winchester Gazette*［Virginia］, Feb. 29, 1788, *DHRC*, 8:441; *The Federalist No. 66* (Hamilton), 401–402；另见 Adams, *First American Constitutions*, 273。

231 1788 年 1 月 16 日查尔斯·科茨沃斯·平克尼在南卡罗来纳州众议院的发

言，*DHRC*, 27:100–101；1787 年 12 月 11 日威尔逊在宾夕法尼亚州批准宪法大会上的发言，*DHRC*, 2:563；1788 年 7 月 28 日戴维在北卡罗来纳州批准宪法大会上的发言，*Elliot*, 4:121–122; *The Federalist No. 75* (Hamilton), 450–452。

232 1788 年 6 月 19 日麦迪逊在弗吉尼亚州批准宪法大会上的发言，*DHRC*, 10:1396–1397；1788 年 7 月 28 日艾德尔在北卡罗来纳州批准宪法大会上的发言，*Elliot*, 4:125–126（全部引文）。

233 "A Landholder" VI, *Connecticut Courant*, Dec. 10, 1787, *DHRC*, 3:489（"保密"）；1788 年 7 月 28 日艾德尔在北卡罗来纳州批准宪法大会上的发言，*Elliot*, 4:110（"通常很难"）；1788 年 6 月 10 日伦道夫在弗吉尼亚州批准宪法大会上的发言，*DHRC*, 9:1092（"一个"）；*The Federalist No. 70* (Hamilton), 424–428。

234 1788 年 7 月 28 日艾德尔在北卡罗来纳州批准宪法大会上的发言，*Elliot*, 4:110；同上，134；"A Landholder" VI, *Connecticut Courant*, Dec. 10, 1787, *DHRC*, 3:489（引文）。

235 1788 年 7 月 28 日艾德尔在北卡罗来纳州批准宪法大会上的发言，*Elliot*, 4:108–109；另见 *The Federalist No. 70* (Hamilton), 429。

236 1788 年 7 月 28 日艾德尔在北卡罗来纳州批准宪法大会上的发言，*Elliot*, 4:108–109。

237 *The Federalist No. 39* (Madison), 241–242（"进一步证据""这种制度""直接"和"全体人民"）；Ramsay, Oration, *DHRC*, 18:160（"区分"和"没有"）；1788 年 7 月 30 日艾德尔在北卡罗来纳州批准宪法大会上的发言，*Elliot*, 4:195；另见 Spaight，同上，207；1788 年 1 月 17 日查尔斯·科茨沃斯·平克尼在南卡罗来纳州众议院的发言，*DHRC*, 27:120。

238 1787 年 12 月 11 日威尔逊在宾夕法尼亚州批准宪法大会上的发言，*DHRC*, 2:579（"同样向"）；Dec. 4，同上，488（"那些"）；1788 年 5 月 14 日查尔斯·平克尼在南卡罗来纳州批准宪法大会上的发言，*DHRC*, 27:326（"财富的"和"几乎是平等"）；另见 Albany Federal Committee, *An Impartial Address*（约 Apr. 20, 1788), *DHRC*, 21:1397; "An American Citizen" IV, *On the Federal Government*

(Oct. 21, 1787), *DHRC*, 13:432; Wood, *Creation of the American Republic*, 492–493。

239 1788 年 7 月 28 日艾德尔在北卡罗来纳州批准宪法大会上的发言，*Elliot*, 4:132（“动机不纯”）; “A Pennsylvanian: To the New York Convention,” *Pennsylvania Gazette*, June 11, 1788, *DHRC*, 20:1146（“自由和平等”）; 另见 1788 年 1 月 17 日查尔斯·科茨沃斯·平克尼在南卡罗来纳州众议院的发言，*DHRC*, 27:119–120; 1788 年 6 月 12 日彭德尔顿在弗吉尼亚州批准宪法大会上的发言，*DHRC*, 9:1194; “A Dialogue Between Mr. Z and Mr. &,” *Massachusetts Gazette*, Oct. 31, 1787, *DHRC*, 4:177。

240 1788 年 1 月 17 日朗兹在南卡罗来纳州众议院的发言，*DHRC*, 27:127。

241 “Deliberator,” in Storing, ed., *The Complete Anti–Federalist*, 3:180（“没有州可以”）; 1788 年 6 月 27 日史密斯在纽约州批准宪法大会上的发言，*DHRC*, 22:1924（“极其困难”和“制定了”）; “Candidus” II (Benjamin Austin), Boston *Independent Chronicle*, Dec. 20, 1787, *DHRC*, 5:494; Luther Martin, Genuine Information VIII, Baltimore *Maryland Gazette*, Jan. 22, 1788, *DHRC*, 15:435–436（“此前”和“无法预料到”）; 另见 1787 年 11 月 15 日小威廉·西蒙斯致小彼得·奥斯古德，*DHRC*, 4:240–241; Albany Anti–Federal Committee Circular, Apr. 10, 1788, *DHRC*, 21:1381; Maier, *Ratification*, 160, 224–225; Boyd, “Contract Clause,” 536; 参见下文，385, 512–513。

242 1788 年 1 月 18 日查尔斯·科茨沃斯·平克尼在南卡罗来纳州众议院的发言，*DHRC*, 27:150（“已经腐化”）; 1788 年 5 月 17 日查尔斯·平克尼在南卡罗来纳州批准宪法大会上的发言，同上，353（“通常”和“州［立法］机关”）; Albany Federal Committee, *An Impartial Address*（约 Apr. 20, 1788), *DHRC*, 21:1392（“正是时候”“欺骗”和“邪恶”）; 另见 1787 年 11 月 30 日贾斯珀·耶茨在宾夕法尼亚州批准宪法大会上的发言，*DHRC*, 2:436; 1788 年 6 月 9 日亨利·李在弗吉尼亚州批准宪法大会上的发言，*DHRC*, 9:1074; 1787 年 12 月 4 日威尔逊在宾夕法尼亚州批准宪法大会上的发言，*DHRC*, 2:500; “Cassius” VI, *Massachusetts Gazette*, Dec. 18, 1787, *DHRC*, 5:482。

243 1788 年 5 月 17 日查尔斯·平克尼在南卡罗来纳州批准宪法大会上的发言，

DHRC, 27:353（“宪法的灵魂”和“教导它们”）；1788 年 7 月 29 日戴维在北卡罗来纳州批准宪法大会上的发言，*Elliot*, 4:191（“宪法最好的”和“建立在”）；1787 年 11 月 30 日耶茨在宾夕法尼亚州批准宪法大会上的发言，*DHRC*, 2:436（“相互尊重”）；Ramsay, Oration, *DHRC*, 18:162（“恢复信用”）；1787 年 11 月 4 日布什罗德·华盛顿致罗伯特·卡特，*DHRC*, 8:144（“重塑”）；另见 1787 年 11 月 28 日托马斯·麦基恩在宾夕法尼亚州批准宪法大会上的发言，*DHRC*, 2:418；1788 年 2 月 28 日本杰明·拉什致杰里米·贝尔纳普，*DHRC*, 16:251；Holton, *Unruly Americans*, 228–229。

244 参见下文，475, 512–513。

245 参见上文，308–309。

246 Charles Beard, *An Economic Interpretation of the Constitution of the United States* (New York, 2nd ed., 1935), 253–291. 史学界相关争论的更为简短的总结，参见 Brown, *Redeeming the Republic*, 201–203。虽然过时，但更为彻底的史学史讨论，参见 James H. Hutson, “Country, Court, and Constitution: Anti–federalism and the Historians,” *William and Mary Quarterly* (July 1981), 38:337–368。

247 Beard, *Economic Interpretation*, 73, 149（全部引文）；Brown, *Charles Beard and the Constitution*；McDonald, *We the People*。布朗的书逐条详细批驳了比尔德的研究，不过我认为，比起对用相互冲突的经济利益来解释宪法斗争而言，布朗的书对比尔德的具体研究内容和方法的破坏性更大。关于比尔德阐述自己论点时的前后不一致之处，可参见 Brown，上文，73。麦克唐纳丰富的数据研究也推翻了比尔德的具体论点，即费城制宪会议和各州批准宪法大会上那些持有政府债券的人推动产生了宪法。不过他的许多看法深化，而不是否定了从经济角度对宪法的解释（*We the People*，各处，特别是 90–91, 95, 100–101, 106, 109–110, 161–162, 181, 234–235, 242, 253, 283, 310, 321, 340–341, 354–358）。将比尔德从麦克唐纳的批评中部分拯救出来的努力，参见 Jackson Turner Main, “Charles Beard and the Constitution: A Critical Review of Forrest McDonald’s *We the People*,” *William and Mary Quarterly* (Jan. 1960), 17:86–102。

248 Main, *Antifederalists*, 280–281；另见 Main, *Political Parties*, 111。

249 Wood, *Creation of the American Republic*, 483–488, 497–499；另见 Gordon S. Wood, *The Radicalism of the American Revolution* (New York, 1992), 254–255。18 世纪 80 年代农场主、工匠和店主大量入选州议会的情况，可参见：Main, *Political Parties*, xx, 16–17, 25 页图表 2.2, 93 页图表 4.2。

250 1777 年 7 月 2 日约瑟夫·克莱（Joseph Clay）致布赖特先生（Mr. Bright）和佩钦先生（Mr. Pechin），*Letters of Joseph Clay, Merchant of Savannah, 1776–1793* (Savannah, GA, 1913), 35（“失去”“落入”和“及时”）; 1787 年 6 月 18 日塞奇威克致鲁弗斯·金，*LCRK*, 1:224（“愚蠢”）; 1787 年 6 月 6 日格里在费城制宪会议上的发言，*Farrand*, 1:132（“最坏的”“最近”和“贫穷”）; Madison, June 23，同上，388（“品性不端”和“大获成功”）; 另见 Main, *Political Parties*, 402; Kaminski, *George Clinton*, 25; Young, *Liberty Tree*, 188, 191。

251 关于这种阴谋论，可参见：Heideking, *The Constitution Before the Judgment Seat*, 182–183；另见上文，371–372。

252 Stanley Elkins and Eric McKitrick, “The Founding Fathers: Young Men of the Revolution,” *Political Science Quarterly* (June 1961), 76:200–206；另见 Beeman, *Plain, Honest Men*, 64–65; Ron Chernow, *Washington: A Life* (New York, 2010), 327–328, 369; R. Kent Newmyer, *John Marshall and the Heroic Age of the Supreme Court* (Baton Rouge, LA, 2001), 24–26; Kohn, *Eagle and Sword*, 10–13; Main, *Political Parties*, 32。关于华盛顿对此的强有力声明，可参见 1783 年 7 月 8 日华盛顿致威廉·戈登，Bancroft, *History of the Formation of the Constitution*, 1:320–323；1783 年 3 月 31 日华盛顿致汉密尔顿，*PAH*, 3:310。

253 Elkins and McKitrick, “Young Men of the Revolution,” 203–204; Beeman, *Plain, Honest Men*, 65; Maier, *Ratification*, 163, 185; Edling, *Revolution in Favor of Government*, 179; Miller, *George Mason*, 275–277.

254 1787 年 10 月 5 日李致亚当斯，*DHRC*, 8:36（“亲爱的朋友”和“在自由的”）; 1788 年 1 月 25 日辛格尔特里在马萨诸塞州批准宪法大会上的发言，*DHRC*, 6:1345（“如果任何人”）; 托马斯·特雷德韦尔（Thomas Tredwell）

在纽约州批准宪法大会上的发言（没有发表）,*Elliot*, 2:401（“大大偏离了”）；另见 1788 年 1 月 18 日林肯在南卡罗来纳州众议院的发言，*DHRC*, 27:155–156；1788 年 3 月 29 日詹姆斯·弗里曼（James Freeman）致西奥菲勒斯·林赛（Theophilus Lindsey）, *DHRC*, 16:504；1788 年 6 月 12 日威廉·史密斯致小亚伯拉罕·耶茨，*DHRC*, 20:1150–1151；“Helvidius Priscus” I（possibly Samuel Adams）, Boston *Independent Chronicle*, Dec. 27, 1787, *DHRC*, 5:537–538；1788 年 1 月 15 日纳撒尼尔·巴雷尔致乔治·撒切尔，同上，718；1788 年 7 月 7 日科尼利厄斯·C. 斯库恩梅克（Cornelius C. Schoonmaker）致威廉·史密斯（William Smith）, *DHRC*, 22:2115–2116; Bailyn, *Ideological Origins*, 331–351。

255 1787 年 12 月 3 日亚当斯致李，*DHRC*, 14:333（引文）; Kenyon, “Men of Little Faith,” 3–43；另见 1788 年 6 月 9 日亨利在弗吉尼亚州批准宪法大会上的发言，*DHRC*, 9:1059；1789 年 8 月 22 日塞缪尔·亚当斯致格里，Veit et al., eds., *Bill of Rights*, 285；上文，318–319。

256 参见上文，131–132, 319–320。

257 Edling, *Revolution in Favor of Government*, 8–10, 55–57, 73–88, 163–174, 219–227；另见 Marks, *Independence on Trial*，各处，尤其是 chs. 4–5。

258 *Maryland Journal*, May 6, 1788, *DHRC*, 12:703–704; editorial note, The Meeting of the Tradesmen of Boston on the Constitution (Jan. 7, 1788), *DHRC*, 5:629–631；1788 年 2 月 6 日杰克逊致诺克斯，*DHRC*, 7:1580（全部引文）；另可参见 1787 年 10 月 24 日麦迪逊致杰斐逊，*PJM* (C.S.), 10:216；1788 年 1 月 6 日纳撒尼尔·戈勒姆致亨利·诺克斯，*DHRC*, 5:628–629；1787 年 10 月 28 日丹尼尔·卡罗尔致麦迪逊，*DHRC*, 11:25; Brown, *Redeeming the Republic*, 214; Young, *Liberty Tree*, 61–63, 206–208。关于巴尔的摩的具体情况，参见 Procession Committee Broadside, pre–May 1, 1788, *DHRC*, 12:697–699; *Maryland Journal*, May 6, 1788，同上，703–704。

259 1787 年 10 月 29 日伦道夫致麦迪逊，*DHRC*, 8:134（引文）；另可参见 1788 年 1 月 13 日塞缪尔·布莱克利·韦伯（Samuel Blachley Webb）致约瑟夫·巴雷尔（Joseph Barrell）, *DHRC*, 20:608; Young, *Democratic Republicans of New*

York, 90, 100–101; Kaminski, "New York," 80；参见下文，406–407, 501。

260 1787 年 10 月 18 日查尔斯 · 斯威夫（Charles Swift）致罗伯特 · E. 格里菲斯（Robert E. Griffiths），*DHRC*, 2:199（"热情" 和 "面临"）；1787 年 11 月 7—18 日小威廉 · 希彭致托马斯 · 李 · 希彭，同上，235; *Pennsylvania Gazette*, Oct. 10, 1787, *DHRC*, 13:584（"如此" 和 "说反对它的话"）；Maier, *Ratification*, 100。

261 1787 年 5 月 14 日罗得岛委员会致詹姆斯 · 米切尔 · 瓦纳姆，*Farrand*, Supp.: 2（引文）；另见 1787 年 12 月 10 日威廉 · 康斯特布尔（William Constable）致威廉 · 查尔默斯（William Chalmers），*DHRC*, 19:381–382；1788 年 4 月 24 日布朗和本森（Brown & Benson）致休斯和安东尼（Hewes & Anthony），*DHRC*, 24:256–257；1788 年 12 月 17 日布朗和本森致钱皮恩和迪金森（Champion & Dickson），1788, *DHRC*, 25:452；1787 年 9 月 22 日约翰 · 宾塔（John Pintard）致以利沙 · 布迪诺特（Elisha Boudinot），*DHRC*, 19:47; Brown, *Redeeming the Republic*, 214–215; Robertson, *The Constitution and America's Destiny*, 66–67。

262 *Maryland Journal*, May 6, 1788, in Bernard Bailyn, ed., *The Debate on the Constitution* (New York, 1993), 2:430（全部引文）；另见 "A," *Essex Journal*, Oct. 10, 1787, *DHRC*, 4:66; Newport Mechanics' Meeting（约 Mar. 20–22, 1788), *Newport Herald*, Mar. 27, 1788, *DHRC*, 24:119; Hamilton, Conjectures, *PAH*, 4:275; Brown, *Redeeming the Republic*, 208–209, 215; Maier, *Ratification*, 164, 217, 405; Heideking, *The Constitution Before the Judgment Seat*, 248–249; Norman K. Risjord, *Chesapeake Politics*, *1781–1800* (New York, 1978), 23, 42; Lienesch, "North Carolina," 348; Young, *Democratic Republicans of New York*, 100–101。在庆祝宪法获得批准的游行中，工匠和商人提出了贸易保护主义立法的广泛要求，参见 Heideking，上文，362–363；另见 *Pennsylvania Packet*, Dec. 15, 1787, *DHRC*, 2:607。

263 1787 年 8 月 16 日莫里斯在费城制宪会议上的发言，1787，*Farrand*, 2:309（"货币利益团体"）；Ellsworth，同上（"有权势的"）；Holton, *Unruly Americans*, 228–229；另见 1788 年 7 月 3 日托马斯 · 戈德比（Thomas

Goadsby）致柯克曼－霍姆斯公司（Kirkman, Holmes and Co.,），*DHRC*, 21:1259。

264 1788年1月16日朗兹在南卡罗来纳州众议院的发言，*DHRC*, 27:109（“许多”）; Benjamin Rush, Observations on the Fourth of July Procession in Philadelphia, *Pennsylvania Mercury*, July 15, 1788, *DHRC*, 18:263(“富人们”); 1787年11月2日洛根和斯托里（Logan & Story）致史蒂芬·柯林斯（Stephen Collins），*DHRC*, 8:141（“如果这部”）; 另可参见1788年3月16日明顿·柯林斯（Miton Collins）致史蒂芬·柯林斯，同上，504; 引自editorial note，同上，n. 3; 1788年8月7日西奥多·福斯特（Theodore Foster）致德怀特·福斯特，*DHRC*, 25:380–381; 1788年2月11日亚当斯·吉尔克里斯特（Adam Gilchrist）致科林·麦格雷戈（Collin McGregor），*DHRC*, 27:224–225; Ramsay, Oration, *DHRC*, 18:161–162; “Federal Farmer,” *Letters to the Republican* (Nov. 8, 1787), Letter I, *DHRC*, 19:211; Brown, *Redeeming the Republic*, 226–227。

265 1787年11月6日乔治·特纳致温斯洛普·萨金特，*DHRC*, 2:209（“作为一名”）; “A Citizen of Philadelphia” (Pelatiah Webster), *Pennsylvania Gazette*, Jan. 23, 1788，同上，660（“所有的”）; U. S. Constitution, Art. VI, cl. 1（“在采纳”）; Philadelphia Convention, Aug. 25, 1787, *Farrand*, 2:414（以10 : 1的赞成票通过伦道夫提出的这项条款）; 另见Hamilton, Conjectures, *PAH*, 4:275; Holton, *Unruly Americans*, 239; Main, *Antifederalists*, 163。

266 Official Journal, Aug. 23, *Farrand*, 2:382（“将全额承担”）（重点强调）; Butler，同上，392（“那些嗜血的”）; Mason, Aug. 25，同上，413（“原始的”和“引发”）; Gerry，同上（“证券交易者”）; 另见8月22日麦迪逊、伦道夫、格里的阐述和莫里斯的动议，同上，377; 1830年11月17日麦迪逊致安德鲁·史蒂文森，同上，3:485; 1788年6月17日麦迪逊在弗吉尼亚州批准宪法大会上的发言，*DHRC*, 10:1354。

267 Rutledge, Aug. 18, *Farrand*, 2:327（除了“一个反对”之外的所有引文）; King，同上，327–328（“一个反对”）; 另见July 14，同上，6; Robertson, *The Constitution and America's Destiny*, 108, 196–197; Hall, *Politics Without*

Parties, 266; McDonald, *We the People*, 106, 141。

268 Aug. 18, *Farrand*, 2:328［以 6∶4 的投票通过任命一个大委员会审议联邦政府承担各州战争债务的问题（一个州的代表团出现分歧）］; Committee of Eleven report, presented by William Livingston, Aug.21， 同上，355–356; Gerry，同上，356（“如果那些”）; Aug. 22，同上，377（十一人委员会提出的条款中没有出现各州的战争债务问题）; 1792 年 5 月 26 日汉密尔顿致卡林顿，*PAH*, 11:428（“他们完全同意” 和 “都认为”）; 另见 1790 年 2 月 25 日格里在众议院的发言，*Annals of Congress*, 1:1409–1410; Ferguson, *Power of the Purse*, 219; editorial note, *PJM* (C.S.), 10:234 n. 2。可以肯定的是，汉密尔顿回忆自己在大会期间与麦迪逊的谈话时，夹杂着他后来与麦迪逊之间的龃龉，因为麦迪逊在国会反对汉密尔顿提出的由联邦政府承担各州战争债务的计划。

269 关于联邦政府承担各州战争债务的可能性，参见 1787 年 9 月 20 日马修・麦康奈尔（Matthew M'Connell）致威廉・欧文，*DHRC*, 2:132；1787 年 12 月 2 日阿奇博尔德・斯图尔特致麦迪逊，*PJM* (C.S.), 10:291；另见 Van Cleve, "Anti- Federalists' Toughest Challenge," 554–556; Richards, *Shays's Rebellion*, 124–125；比较参考一封来自里士满的信的摘要（6 月 26 日），*Pennsylvania Packet*, July 3, 1788, *DHRC*, 10:1699–1700; Edling, *Revolution in Favor of Government*, 160–161。

270 1788 年 7 月 29 日詹姆斯・加洛韦在北卡罗来纳州批准宪法大会上的发言，*Elliot*, 4:190(引文）; 1788 年 3 月 4 日科林・麦格雷戈致尼尔・杰米森（Neil Jamieson），*DHRC*, 20:843; Ferguson, *Power of the Purse*, 256–257； 另见 1788 年 4 月 11 日查尔斯・李致华盛顿，*DHRC*, 9:734–735；1788 年 4 月 23 日乔治・撒切尔致皮尔斯・朗，*DHRC*, 17:199–200；1787 年 10 月 10 日科林・麦格雷戈致尼尔・杰米森，*DHRC*, 19:77; Feb. 18, 1788，同上，20:786; June 4, 1788，同上，1128；1788 年 6 月 18 日彼得・科林（Peter Collin）致尼古拉斯・洛（Nicholas Low），引自 editorial note，同上，1129 n. 2。

271 Ferguson, *Power of the Purse*, chs. 13–14; McCraw, *The Founders and Finance*, ch. 9; Chernow, *Hamilton*, chs. 15–16. 有关内幕交易的指控和事实，参见

Bates, "Northern Speculators and Southern State Debts," 40–42。

272 数据来自 Ferguson, *Power of the Purse*, 275, 284–285，不过，他在结论中强调，大多数投机发生在宪法通过之后（同上，285–286；另见 Bates, "Northern Speculators and Southern State Debts," 32–38）。比尔德分析的主要问题之一在于，他从 18 世纪 90 年代初的资金运作数据中推断出了 1787—1788 年的证券持有量（Brown, *Charles Beard and the Constitution*, 48–49, 57–58, 74）。

273 1788 年 1 月 27 日金致麦迪逊，*PJM* (C.S.), 10:437（"富人和野心家"和"穷人"）；"Centinel" I, Philadelphia *Independent Gazetteer*, Oct. 5, 1787, *DHRC*, 13:330–332（"富人们"）；另见 Main, *Antifederalists*, 280–281; Brown, *Redeeming the Republic*, 208–209; Hall, *Politics Without Parties*, xv–xvi, 294–295; Maier, *Ratification*, 76, 217; Lutz, "Connecticut," 122–123, 125, 129。

274 "Deliberator," in Storing, ed., *The Complete Anti–Federalist*, 3:180（引文）；Brown, *Redeeming the Republic*, 202, 204–205, 210; Maier, *Ratification*, 160, 224；比较参考 Van Cleve, "Anti–Federalists' Toughest Challenge," 547。

275 Gorham, Aug. 28, *Farrand*, 2:439("绝对"); Hamilton, Conjectures, *PAH*, 4:275（"所有"）。

276 1788 年 1 月 27 日戈勒姆致麦迪逊，*PJM* (C.S.), 10:435（"所有"）；1788 年 10 月 17 日麦迪逊致杰斐逊，同上，11:297（"[给宪法]所带来"）；1788 年 6 月 22 日利尔致华盛顿，*PGW* (C.S.), 6:349–350（"这里的"）；另见 1787 年 12 月 11 日诺克斯致华盛顿，同上，5:485；1788 年 4 月 21 日拉姆塞致拉什，*DHRC*, 27:261; "Civis" (Ramsay), *DHRC*, 16:26；1788 年 1 月 29 日拉姆塞致本杰明·林肯，*DHRC*, 15:487。

277 "Civis," *DHRC*, 16:26（"欺诈"）；1787 年 11 月 15 日小威廉·西蒙斯致小彼得·奥斯古德，*DHRC*, 4:240（"反对"和"的重心"）；Main, *Political Parties*, 104–109, 113, 140, 202, 292, 315, 357–358, 406; Owen S. Ireland, *Religion, Ethnicity, and Politics: Ratifying the Constitution in Pennsylvania* (University Park, PA, 1995), xv, xviii–xix, 211–216, 256, 265; Hall, *Politics Without Parties*, 227–229, 256–258, 286–293; Brown, *Redeeming the Republic*, 201–202; Nathaniel Joseph Eiseman, "Ratification of the Federal Constitution by

the State of New Hampshire"（硕士论文，Columbia University, 1937），105; Orin Grant Libby, "The Geographical Distribution of the Vote of the Thirteen States on the Federal Constitution, 1787–1788," *Bulletin of the University of Wisconsin* (June 1894), 1:50–69。

278 1788 年 8 月 17 日托马斯·拉斯顿（Thomas Ruston）致华盛顿，*DHRC*, 18:335（"为了拒绝"）; 1788 年 1 月 27 日金致麦迪逊，*PJM* (C.S.), 10:436–437（"同样的"）; Van Cleve, "Anti–Federalists' Toughest Challenge," 547, 559; Kaminski, "Rhode Island," 378–379; Gillespie, "Massachusetts," 158; Libby, "Geographical Distribution of the Vote," 12; 另见 1789 年 2 月 17 日詹姆斯·邓肯森致詹姆斯·莫里，*DHFFE*, 2:405; 1788 年 2 月 11 日戴维·苏沃尔（David Sewall）致乔治·撒切尔，*DHRC*, 7:1691; *Massachusetts Centinel*, Aug. 20, 1788, *DHRC*, 25:393; July 23，同上，361–362; 1789 年 1 月 12 日威廉·埃勒里（William Ellery）致埃比尼泽·哈扎德（Ebenezer Hazard），同上，460; 参见下文，512–513。范克利夫虽然承认发行纸币和减免债务是许多州批准宪法辩论背后的潜流，但他否认这些问题在"大多数州的公开辩论中发挥了重要作用……或对批准结果产生了重大影响"（"Anti–Federalists' Toughest Challenge," 547–548; 另见 Kenyon, "Men of Little Faith," 30–32）。我同意范克利夫的观点，即罗得岛州的货币和财政激进主义在费城会议召开之际已经引起了强烈的反弹。尽管如此，我认为他低估了反联邦主义者对宪法第一条第十款的公开抵制，以及私下反对这一条款在多大程度上构成了反对批准宪法的力量。

279 1786 年 3 月 22 日格雷森致麦迪逊，*PJM* (C.S.), 8:509–510（"我今生"和"没有什么比"）; 1787 年 9 月 13 日理查德·亨利·李致理查德·李，*LRHL*, 2:436（"几乎普遍""勤奋和节俭"和"没有权利"）; 另见 1787 年 5 月 15 日理查德·亨利·李致梅森，*PGM*, 3:878; 1788 年 5 月 26 日梅森致杰斐逊，*PTJ* (M.S.), 13:206; "Federal Farmer," *Letters to the Republican* (Nov. 8, 1787), Letter III, *DHRC*, 19:229; Brown, *Redeeming the Republic*, 206; Hall, *Politics Without Parties*, 264, 266–267; Van Cleve, "Anti–Federalists' Toughest Challenge," 558。

280 1788 年 6 月 21 日格雷森在弗吉尼亚州批准宪法大会上的发言，*DHRC*, 10:1447; Main, *Antifederalists*, 166–167, 281; Holton, *Unruly Americans*, 232–233; Kaminski, "Paper Politics," 23；比较参考 1788 年 6 月 9 日亨利在弗吉尼亚州批准宪法大会上的发言，*DHRC*, 9:1055。

281 Van Cleve, "Anti–Federalists' Toughest Challenge," 552–553, 555; John H. Flannagan, Jr., "Trying Times: Economic Depression in New Hampshire, 1781–1789"（博士论文，Georgetown University, 1972), 349–350; McDonald, *We the People*, 212, 373。

282 参见上文，329–330, 336–337；下文，613–615。Holton, *Unruly Americans*, 240–242; Bouton, *Taming Democracy*, 182; Edling, *Revolution in Favor of Government*, 192–195; Maier, *Ratification*, 132; Brown, *Redeeming the Republic*, 230。

283 1787 年 10 月 8 日兰伯特·卡德瓦拉德致乔治·米切尔，*DHRC*, 13:353（全部引文）; Brown, *Redeeming the Republic*, 212–214; Holton, *Unruly Americans*, 242。

284 1788 年 6 月 23 日安达努斯·伯克致约翰·兰姆，*DHRC*, 18:56（"到处都在"和"一口棺材"）; 1788 年 2 月 1 日理查德·巴德（Richard Bard）致约翰·尼科尔森（John Nicholson），*DHRC*, 2:712（"每十个"）; 另见 1787 年 10 月 7 日麦迪逊致伦道夫，*PJM* (C.S.), 10:186; Bouton, *Taming Democracy*, 182–183; Maier, *Ratification*, 160, 207–208; Gillespie, "Massachusetts," 158; Lienesch, "North Carolina," 348; Trenholme, *Ratification of the Federal Constitution in North Carolina*, 108, 115, 161–162; Weir, "South Carolina," 201; Libby, "Geographical Distribution of the Vote," 43–44, 46–49; editorial note, *DHRC*, 18:158–159。

285 关于北卡罗来纳州西部人反对东方的偏见的研究，参见 Maier, *Ratification*, 405–406。

286 1787 年 7 月 10 日莫里斯在费城会议上的发言，*Farrand*, 1:571（"此举具有"和"将国会的"）; Morris（金的记录），July 5，同上，536（"贫穷"）; July 11，同上，583（"通常会"和"具备同等"）; July 5，同上，533（"冒失地"）。

莫里斯长期以来一直担心西部扩张会影响东部利益。在商讨结束独立战争的条约谈判的过程中，他反对美国将西部边界一直延伸至密西西比河，反对美国主张拥有在这条河上的航运权（editorial note, *PRM*, 7:258–259 n. 3）。

287 Gerry, July 14, *Farrand*, 2:2–3（“西部州”和“压制”）; Mason, July 11，同上，1:579（“降格的”）; Madison，同上，584（“不利的”）; July 14，同上，2:3［以 5∶4 的投票反对格里的动议（一个州代表团出现分歧）］; 另见 Rutledge and Mason, July 5，同上，1:534。不过，代表们后来拒绝了一项要求国会承认新的（西部）州与原来的州享有同等待遇的提议，他们更倾向于将这个问题留给国会自行决定［Aug. 29，同上，2:454（以 9∶2 的投票反对要求国会在平等的基础上接纳新州）］。另见 Robinson, *Slavery in the Structure of American Politics*, 204–205; Robertson, *The Constitution and America's Destiny*, 144; Hendrickson, *Peace Pact*, 228。

288 上文，48–69；下文，469, 474；1788 年 7 月 28 日威廉·波特在北卡罗来纳州批准宪法大会上的发言，*Elliot*, 4:115; Timothy Bloodworth, July 29，同上，167–168；1788 年 6 月 18 日威廉·格雷森致内森·戴恩，*DHRC*, 10:1636；1788 年 6 月 2 日休·威廉姆森致麦迪逊，*LDC*, 25:135；1789 年 4 月 21 日坦奇·考克斯致麦迪逊，*PJM* (C.S.), 12:93; Maier, *Ratification*, 237–238, 276–278, 296, 301; Labunski, *James Madison*, 94, 111–112, 295–296 n. 98; Patricia Watlington, *The Partisan Spirit: Kentucky Politics, 1779–1792* (New York, 1972), 150, 156; Charles Gano Talbert, "Kentuckians in the Virginia Convention of 1788," *Register of the Kentucky Historical Society* (July 1960), 58:188。

289 1788 年 6 月 25 日卡林顿致麦迪逊，*LDC*, 25:189。布朗对批准的热情支持，参见 1788 年 6 月 7 日布朗致麦迪逊，*PJM* (C.S.), 11:89–90 & n. 2。有关布朗的传记资料，参见 *DHRC*, 21:1226 n. 1。

290 1788 年 8 月 10 日布朗致杰斐逊，*LDC*, 25:283（“缺乏考虑”“破坏了”“安抚”“充分的理由”和“明白”）; Pittsburgh Meeting (Nov. 9), *Pittsburgh Gazette*, Nov. 17, 1787, *DHRC*, 2:286（“适当的措施”“丧失了”和“容易引起”）; 另见 1788 年 5 月 17 日麦迪逊致尼古拉斯，*PJM* (C.S.), 11:49–50;

1788 年 6 月 2 日休·威廉姆森致麦迪逊，同上，72；1787 年 11 月 7 日尼古拉斯·吉尔曼致新罕布什尔州州长约翰·沙利文，*DHRC*, 3:262; Holton, *Unruly Americans*, 244–248; McDonald, *We the People*, 264。

291 1788 年 1 月 16 日朗兹在南卡罗来纳州众议院的发言，*DHRC*, 27:107–108（“一丁点儿”“北方州的”和“南方各州的”）；1787 年 10 月 4 日哈里森致华盛顿，*DHRC*, 8:36（“如果这部宪法”）；另见 1787 年 11 月 10 日格雷森致威廉·肖特，*DHRC*, 14:81；1788 年 7 月 30 日威廉·勒诺在北卡罗来纳州批准宪法大会上的发言，*Elliot*, 4:205。Michael Allen Gillespie and Michael Lienesch, “Introduction,” in Gillespie and Lienesch, eds., *Ratifying the Constitution*, 20–21; Rutland, *Ordeal of the Constitution*, 172–173。

292 参见上文，48–69, 335；1788 年 6 月 14 日格雷森在弗吉尼亚州批准宪法大会上的发言，*DHRC*, 10:1258（“这片大陆”和“上帝”）; Dawson, June 24，同上，1493（“恶毒企图”）；另见 Maier, *Ratification*, 296; Gillespie and Lienesch, “Introduction,” 21; Lienesch, “North Carolina,” 355; Trenholme, *Ratification of the Federal Constitution in North Carolina*, 161–162。

293 伦道夫致众议院议长（日期：10 月 10 日；1787 年 12 月 27 日公开发表），*DHRC*, 8:273（“最令人生厌”）；1788 年 6 月 11 日格雷森在弗吉尼亚州批准宪法大会上的发言，*DHRC*, 9:1171（“显著地”和“这个政府”）；1788 年 1 月 17 日朗兹在南卡罗来纳州众议院的发言，*DHRC*, 27:126（“通过”）；1788 年 7 月 29 日布拉德沃思在北卡罗来纳州批准宪法大会上的发言，*Elliot*, 4:185（“通常”）；另见 Mason’s Objections, *DHRC*, 8:45；1788 年 6 月 10 日门罗在弗吉尼亚州批准宪法大会上的发言，*DHRC*, 10:1115; Grayson, June 23，同上，1471；1787 年 10 月 16 日理查德·亨利·李致伦道夫，*DHRC*, 8:63；1787 年 11 月 10 日格雷森致肖特，*DHRC*, 14:82; Banning, “Virginia,” 272, 297。

294 1788 年 6 月 11 日梅森在弗吉尼亚州批准宪法大会上的发言，*DHRC*, 9:1159（引文）；6 月 27 日弗吉尼亚州批准宪法大会上提出的第 7 号和第 8 号修正案，同上，10:1554；1788 年 8 月 1 日北卡罗来纳州批准宪法大会上提出的第 7 号和第 8 号修正案，*Elliot*, 4:245。朗兹否认说，移民会因为当地“太热”而不大量涌向南卡罗来纳。他预测，一旦外国奴隶贸易结束，南卡罗来纳州在国会的代表人数将会减少（1788 年 1 月 18 日在南卡罗来纳州众议院的发言，*DHRC*, 27:152）。

295 关于联邦债务的所有权问题，参见 Ferguson, *Power of the Purse*, 183; Davis, *Sectionalism in American Politics*, 74；另见 1783 年 5 月 14 日汉密尔顿致乔治·克林顿，*PAH*, 3:354; Banning, *Sacred Fire*, 311–312。关于英国债务和联邦法院问题，见上文，349，下文，454–455, 470–471, 475。

296 1788 年 1 月 30 日老詹姆斯·麦迪逊致麦迪逊，*PJM* (C.S.), 10:446；1788 年 7 月 30 日阿伯特在北卡罗来纳州批准宪法大会上的发言，*Elliot*, 4:191（引文）; Isaac Backus Diary, *DHRC*, 7:1594；另见 1788 年 2 月 28 日约瑟夫·斯宾塞致麦迪逊，*DHRC*, 8:424; editorial note，同上，426 nn. 2–3; Maier, *Ratification*, 207, 225; Introduction, *DHRC*, 6:1112–1113; Lienesch, "North Carolina," 348; Trenholme, *Ratification of the Federal Constitution in North Carolina*, 155–156; Heideking, *The Constitution Before the Judgment Seat*, 193。弗吉尼亚浸信会教徒所受到的迫害，参见 Steven Waldman, *Providence, Politics, and the Birth of Religious Freedom in America* (New York, 2008), 135–138。不过，海德金（Heideking）强调，新教牧师普遍强烈支持批准宪法（*The Constitution Before the Judgment Seat*, 191–194）。

297 New Hampshire Constitution of 1784, Art. VI（"道德"）；1788 年 1 月 31 日威廉·琼斯在马萨诸塞州批准宪法大会上的发言，*DHRC*, 6:1376–1377（"一个人"）; Yarbrough, "New Hampshire," 237；另见 Robertson, *The Constitution and America's Destiny*, 152 n. 54。

298 1788 年 2 月 4 日托马斯·卢斯克在马萨诸塞州批准宪法大会上的发言，*DHRC*, 6:1421（"对罗马天主教徒"）；1788 年 7 月 30 日威尔逊在北卡罗来纳州批准宪法大会上的发言，*Elliot*, 4:212（"这部宪法"）; David Caldwell，同上，199（"发出邀请"和"危及"）；另见 Abbot，同上，192；1788 年 10 月 17 日麦迪逊致杰斐逊，*PJM* (C.S.), 11:297；1788 年 1 月 19 日阿莫斯·辛格尔特里在马萨诸塞州批准宪法大会上的发言，*DHRC*, 6:1255；1788 年 1 月 31 日记者的声明，同上，1375；1788 年 6 月 25 日詹姆斯·英尼斯在弗吉尼亚州批准宪法大会上的发言，*DHRC*, 10:1523; Maier, *Ratification*, 152,

176–177, 420–421。

299 联邦主义者反对的例子，见上文，308–309。

300 *The Federalist No. 39* (Madison), 240–246；1788 年 6 月 6 日麦迪逊在弗吉尼亚州批准宪法大会上的发言，*DHRC*, 9:998；参见上文，146–147, 155–156, 206, 254–255。兰辛在纽约州批准宪法大会上的发言，*DHRC*, 22:2002; Nelson, *Royalist Revolution*, 217–218；另见 1788 年 1 月 19 日费希尔 · 埃姆斯在马萨诸塞州批准宪法大会上的发言，*DHRC*, 6:1260; Hendrickson, *Peace Pact*, 221。班宁否认麦迪逊不诚实，相反，他声称，收入《联邦党人文集》的麦迪逊的文章表明，他的观点之所以发生变化，是受了费城制宪会议辩论的影响（*Sacred Fire*, 139–140, 170–172）。关于兰辛和汉密尔顿在纽约州批准宪法大会上的争吵，见下文，402–403。

301 参见上文，171–181, 244–245, 345–346, 365, 374。

302 1788 年 1 月 17 日查尔斯 · 科茨沃斯 · 平克尼在南卡罗来纳州众议院的发言，*DHRC*, 27:119–120（"每项事情" 和 "阻止"）; 1787 年 6 月 26 日平克尼在费城制宪会议上的发言，*Farrand*, 1:426–427（"便只能"）; 另见 1788 年 6 月 7 日伦道夫在弗吉尼亚州批准宪法大会上的发言，*DHRC*, 9:1024–1025；1788 年 1 月 17 日鲁弗斯 · 金和西奥多 · 塞奇威克在马萨诸塞州批准宪法大会上的发言，*DHRC*, 6:1236; 参见上文，171–172, 206, 209–211, 361, 374。

303 参见上文，208–211, 361, 364, 374; "An American Citizen" IV, *On the Federal Government* (Oct. 21, 1787), *DHRC*, 13:431–432; Holton, *Unruly Americans*, 251; Swift, *The Making of an American Senate*, 13；另见 1788 年 7 月 28 日艾德尔在北卡罗来纳州批准宪法大会上的发言，*Elliot*, 4:129。

304 关于国会众议院规模小的问题，比较上文，171–173 和上文，359。关于发起条款，比较上文，198 和上文，365。关于延长参议员任期的问题，比较上文，211 与 1788 年 5 月 14 日查尔斯 · 平克尼在南卡罗来纳州批准宪法大会上的发言，*DHRC*, 27:333（"贵族制"）; 1788 年 6 月 6 日麦迪逊在弗吉尼亚州批准宪法大会上的发言，*DHRC*, 9:998（"阻止"）; 1788 年 7 月 25 日艾德尔在北卡罗来纳州批准宪法大会上的发言，*Elliot*, 4:42；1788 年 12 月 11 日威尔逊在宾夕法尼亚州批准宪法大会上的发言，*DHRC*, 2:579–580;

Aratus: To the People of Maryland (post–Nov. 2, 1787), *DHRC*, 11:33。

305 参见上文，317–319, 348–350, 370–371；参见下文，454–455, 470–471。

306 参见下文，422–426。

Michael J. Klarman
迈克尔·J.克拉曼 著

胡晓进 译

The Framers' Coup

The Making of the United States Constitution

利益的天平

制宪者的"政变"与美国宪法的制定

下 册

山西出版传媒集团 山西人民出版社

目　录

下　册

第六章 批准宪法之争

主张建立一个相对不受民众主义政治影响的强有力的国家政府的人，克服了重重阻碍，召开了制宪会议，并使其圆满结束。然而，他们能否说服美国人民批准一份如此深刻地改变了联邦性质，以及联邦政府权力和结构的文件呢？[1]

费城制宪会议结束不久，麦迪逊告诉杰斐逊："尚不清楚大多数民众最终能否接受宪法草案。"汉密尔顿担心，人民的"民主防范心理"（democratical jealousy）会令他们怀疑，这部宪法似乎要把权力集中到少数人手中。邦联国会议员史蒂芬·米克斯·米切尔也有类似的疑虑：那些秉持"百折不挠的精神"、为革命成功奋斗的人们，能否"放弃相当大一部分的先天自由和后天自由，以此作为组建一个强大且有效率的联邦政府所绝对必需的条件"？[2]

对联邦主义者而言，这确实是成败攸关。即便他们出于显而易见的动机，夸大了美国当时所面临的困难程度，从往来的私人信件可以确认，联邦主义者看起来真的认为，宪法能否被批准生效，是决定合众国未来国运兴衰的关键。华盛顿告诉拉法耶特侯爵，批准宪法的斗争"将决定当代美国的政治命运，并对未来漫长岁月中的社会福祉产生重大影响”。罗杰·谢尔曼预言，如果宪法未获批准，将带来“可怕的状况”，“作为一个国家，我们将信誉扫地。国家没有足够的资源抵御外敌入侵，也没有武力来防止内战”。麦迪逊宣称，如果这个国家拒绝了宪法，它将陷入“无政府和四分五裂的状态”。[3]

汉密尔顿私下推演了批准宪法失败可能导致的更严重的种种后果：“对这个问题的讨论，将很有可能引发社会内部的斗争、仇恨
397 和激愤，加之我们真的需要从根本上改变现行制度，这种情况将引发内战。”在各州批准宪法的斗争中，无论哪一方最终得势，都有可能出现“与目前原则背道而驰的政府”。甚至有可能在先前共和国的“不同区域建立起若干君主国”。汉密尔顿担心，即便没有爆发内战，“不同的州之间也会结成多个联盟”；甚至“出于对目前混乱的普遍厌恶，与不列颠重修旧好也不是不可能的事”。[4]

许多美国人注意到，批准宪法之争不仅会极大地影响他们的祖国，还会对整个世界产生巨大影响。汉密尔顿在《联邦党人文集》第一篇中写道：“人类社会是否真能通过反思和选择，建立起良好的政府？还是命中注定，要依靠机遇和暴力，建立政治制度？这个反复出现的重大问题，看来是要留给这个国家的人民，需要他们采取行动，来树立榜样。”康涅狄格州州长塞缪尔·亨廷顿（Samuel Huntington）是一个联邦主义者，他提出“从来没有一个民族能在心平气和的氛围里，由他们的代表聚集一堂，凝神细思，冷静决断，为他们设计一套政府制度，这一崇高的尝试为我们的国家带来了荣誉”。[5]

尽管联邦主义者认为批准宪法是大势所趋，但批准宪法绝非板上钉钉之事。我们将会看到，罗得岛州一开始就拒绝了这份宪法文本，北卡罗来纳州在增补宪法修正案的要求得到满足之前，拒绝批准宪法。要不是联邦主义者在新罕布什尔州准备就新宪法投票之前，巧妙地推迟了该州批准宪法大会第一次会议的日期，新罕布什尔州也很

有可能拒绝接受或者拒绝批准宪法文本。南卡罗来纳州在选举批准宪法大会代表时，出现了选区划分不公，才使该州勉强批准了宪法。

在其他三个关键的大州，批准宪法程序启动时，宪法的命运依然捉摸不定，各州批准宪法大会的投票结果显示，倾向于批准宪法的人以极微弱的优势胜出：马萨诸塞州是187∶168；弗吉尼亚州是89∶79；纽约州是30∶27。由此可见，上述三州有很大概率否决宪法。如若五个大州里面有三个大州拒绝加入联邦——即便是其中一两个州这么做——几乎可以肯定联邦无法获得成功。[6]

辩论的性质

批准宪法之争是一场巨大的全国性辩论，在人类历史上前所未
见。在费城制宪会议结束后的六个星期内，这个国家几乎所有的报 398
纸都刊载了宪法草案文本。一家报纸写道，美国人——一个虔诚的宗教民族——为了搜索有关宪法的信息，阅读报纸的热情超过了阅读《圣经》。当时美国人的识字率是全世界最高的（新英格兰地区白人男性的识字率大约在90%，中大西洋地区白人男性的识字率在60%~70%），识文断字的人们满怀激情地投身于宪法的批准辩论。当时各州的公民都很关心新宪法能否得到批准，积极参与选举各州批准宪法大会的代表，投票率相当高。[7]

1787年12月，麦迪逊告诉杰斐逊："前不久召开的制宪会议所提出的宪法文本，几乎吸引了美国的所有政治注意力。"一位马萨诸塞州居民写道："我们中的所有人，几乎都在思考宪法，谈论宪法。"据弗吉尼亚州的一位种植园主所言，宪法"成为所有阶层的谈论话题，上至州长，下至看门人"。一位热心肠的马萨诸塞州联

邦主义者宣称："我满脑子都是批准宪法的事儿，晚上睡觉前想的最后一件事情是它，早上睁眼醒来后想的第一件事情还是它。"如此多的人想要亲临马萨诸塞州批准宪法大会现场，聆听辩论，以至于一座难求，观众要提前一小时排队才能进入会场，即使会场能容纳近千名观众。[8]

在客栈，在寄宿公寓，在公共马车驿站，在政治俱乐部，随处可见人们围绕宪法展开辩论。兄弟之间、父子之间、挚友之间对宪法的优劣短长，意见不一。男士向他们的妻子或未婚妻们通报批准宪法争论的新进展。莫西·奥蒂斯·沃伦匿名在发行量最大的反联邦主义者小册子上撰写文章，批评宪法。大学生们利用暑假参加各州批准宪法的辩论。牧师们布道时谈论宪法，支持者有之，反对者亦有之。马萨诸塞州州长汉考克宣布，设立公众感恩日，鼓励民众祷告，祈求上帝赐予州批准宪法大会代表智慧。[9]

然而，虽然有些针对是否批准宪法的辩论颇为高调——比如，人们会想到《联邦党人文集》和"联邦农夫"的《致共和主义者的信》（*Letters to the Republican*）——很多争论内容都充斥着谩骂和人身攻

图 6.1　莫西·奥蒂斯·沃伦，美国革命时期政治宣传家，美国最早的历史学家之一，执笔了流传最广、影响最大的反对批准宪法的小册子。

击色彩。纽约州的一位反联邦主义者写道，“就言辞优雅或话语讥讽而言，一只猴子都要比‘审查者’（Examiner，一位联邦主义者的笔名）强得多”，而且，“这个城市的每一位拾荒者和清扫烟筒的工人”，都比他更有才智。一位宾夕法尼亚州的反联邦主义者报告，在威斯特摩兰县，“只有退伍军官、辛辛那提人、律师、拒不履行公共义务者和犹太人”支持批准宪法。[10] 399

面对反联邦主义者的嘲讽，联邦主义者反唇相讥。马萨诸塞州的一位宪法支持者认为，“可以将反联邦主义这一词语恰当地界定为无政府、混乱、叛乱、亵渎和劫掠”，再看看“联邦主义者这一词语，与之相伴的是国家荣誉、尊严、自由、幸福和所有的共和权利”。一位纽约州的联邦主义者，将一位反对批准宪法的文章作者比作“《格列佛游记》（*Gulliver's Travels*）中的一种动物，这种动物喜欢躲在树丛中用其粪便惊扰粗心大意的路人”。[11]

口水仗升级为人身攻击的情形并不稀奇。联邦主义者将政敌比作革命战争年代的效忠派和托利党人。当时的效忠派和托利党人反对《独立宣言》的原因，是他们认为《独立宣言》幼稚，这次反联邦主义者也抨击宪法不成熟。新罕布什尔州的联邦主义者指责该州反联邦主义者领袖约书亚·阿瑟顿在革命战争年代曾是一名效忠派，其试图
“阻碍人们接受新政府的唯一动机在于，新政府将使英国不再有能力 400
欺压我们”。马萨诸塞州的联邦主义者将该州的反联邦主义者领袖埃尔布里奇·格里比作本尼迪克特·阿诺德（Benediction Arnold）。马萨诸塞州的联邦主义者质问一位声望卓著的反联邦主义者：“1775年到1783年期间，梅森先生在哪里？他都干了些什么？而在宪法文本上签字的华盛顿——梅森先生的这位同仁，可是举世皆知。”[12]

反联邦主义者也质疑政敌的人品。在马萨诸塞州，他们宣称联邦主义者纳撒尼尔·戈勒姆——此人既是费城制宪会议代表，又是

该州批准宪法大会代表——在“独立战争爆发前是一个胆怯的辉格党人，直到危险过去之前，他对革命的态度都很冷淡。从伦敦学习政治回来后，现在他要（在美国）向我们展示他学习之旅的第一批成果”。在弗吉尼亚，反联邦主义者嘲讽联邦主义者亚历山大·怀特（Alexander White）是一个“臭名昭著的胆小鬼”，在革命战争年代，他拒绝为祖国而战，现在却胆敢在报纸上撰文攻击“受人尊敬的”宾夕法尼亚州反联邦主义者——只不过“远远地躲在200英里的安全距离之外”。[13]

批准宪法的争论中出现的口水仗，令党派色彩淡薄的观察家们对两派彼此攻讦缺乏教养提出抗议。佐治亚州的“一位公民”（A Citizen）写道，他期望“冷静和不带感情色彩地探究……如此显著而重要的主题”，可是呈现在公众面前的却是“人身攻击和粗言秽语，仿佛不造谣中伤、抹黑诽谤对手，就找不出别的法子来证明自己提出的组建政府计划的高明之处”。宾夕法尼亚州报纸关于批准宪法之争的报道，字里行间充斥着“敌意、恶意和仇恨的情绪”，这令本杰明·富兰克林忧心忡忡，为此，他亲自撰写《论新闻的滥用》（*On the Abuse of the Press*）一文投书《宾夕法尼亚公报》（*Pennsylvania Gazette*）。他写道，阅读本州报纸，使人产生的印象是，宾夕法尼亚人就是“这个星球上最没有原则的、邪恶的、争吵不休的恶棍流氓”（富兰克林亲手创办的《宾夕法尼亚公报》拒绝刊登此文）。[14]

针对政敌的辱骂攻击并不限于报纸文章。在宾夕法尼亚州批准宪法大会上，联邦主义代表史蒂芬·钱伯斯（Stephen Chambers）攻击反联邦主义者领袖威廉·芬得利说，他在宾夕法尼亚议会选举出席本州批准宪法大会代表时，仅获得两张赞成票。在钱伯斯看来，这足以证明“芬得利本人无足轻重”。芬得利反唇相讥，认为钱伯斯“说话没有条理，蛮横霸道”，“所讲的那番话，完全不值一提”。

钱伯斯回击道：“我眼里没有芬得利这个人，也无视他的言论。”[15]

在宾夕法尼亚州批准宪法大会上，芬得利还搬出威廉·布莱克
斯通（William Blackstone）撰写的《英国法释义》（*Commentaries
on the Laws of England*）作为论据，反驳联邦主义者詹姆斯·威尔 401
逊的某个历史论断。芬得利突然毫无道理地说，如果自己的儿子
“学了六个月的法律，还不能通晓布莱克斯通的著作，我就会用鞭
子抽他”。第二天，威尔逊轻蔑地回应芬得利：“那些知识储备仅限
于几个条目的人，可以很容易地记住和引用这些条目。”他还引用
约翰·梅纳德（John Maynard）爵士的轶事回击芬得利：一个桀骜
不驯的学生指责梅纳德忽略了细小的知识点，梅纳德回答说：“年
轻人，我忘记的知识比你学过的还多。”这句话镇住了这个脾气暴
躁的学生。[16]

在各州批准宪法大会上，代表们之间的交锋如此激烈，以至
于似乎有可能发生决斗。在弗吉尼亚州批准宪法大会上，帕特里
克·亨利指责埃德蒙德·伦道夫“口出狂言，见风使舵”。他如此
批评伦道夫，是因为在是否无条件批准宪法的问题上，伦道夫改变
了初衷。伦道夫反驳亨利的指责，一些观察家就此预言，这事没
完，一场挑战将随之而来。与此类似，在纽约州批准宪法大会上， 402
对于新宪法下州政府所能发挥的作用问题，小约翰·兰辛质疑亚
历山大·汉密尔顿的陈述与此前他在费城制宪会议上的陈述前后不
一，“争论”也随之而起，一位在场的联邦主义者担心“局面不好
收拾”。在马萨诸塞州批准宪法大会现场，反联邦派领袖埃尔布里
奇·格里与联邦派代表弗朗西斯·达纳几乎拳脚相向。达纳认为，
作为大会特邀嘉宾，格里在没有代表正式询问其意见的情况下，不
应该抢夺发言权（格里没有选择以参选的方式成为马萨诸塞州批准
宪法大会的正式代表，而是作为大会特邀嘉宾出席某些讨论，以备

代表向他咨询费城制宪会议的情况）。[17]

在批准宪法争论期间，从私人之间的往来信函判断，双方都声称，并由衷地相信，自己站在理性这边，而对方诉诸的是激情和偏见。在乔治·华盛顿看来，反联邦主义者“渴望燃起激情，意图通过嚣嚷的雄辩引起恐惧，扰乱人心，而非以有理有据的辩论或公正无私的陈述使人服膺其见解”。反联邦主义者“费城人”（Philadelphiensis）则反唇相讥，认为联邦主义者“推理和辩论时言词卑劣下流，还伴随着人身攻击”。[18]

双方都攻讦对方的行为动机。联邦主义者抨击对手是“害怕丧失权力”的官老爷、“纸币的朋友”、同情谢斯反叛分子和分裂国家分子。马萨诸塞州的联邦主义者指责埃尔布里奇·格里之所以反对宪法，是因为他担心如果宪法生效，将会导致本州土地价格行情显著恶化——据说格里持有大量土地。新英格兰的一位联邦主义者将弗吉尼亚的理查德·亨利·李反对宪法的理由归结为，他“嫉妒德高望重、深受爱戴的杰出人物华盛顿”。[19]

反过来，反联邦主义者则指责说，那些希望“人民蒙蔽双眼，

图 6.2 宾夕法尼亚州的威廉·芬得利，是当时全国最著名的“普通”反联邦主义者之一，后来长期出任联邦众议员。

整个儿吞下镀金药丸，不提任何条件的人……基本上是辛辛纳图斯（Cincinnatus）式的尊贵等级、公共债券的持有者、富商巨贾、期望出任公职的人，以及掮客和律师”。罗得岛州的反联邦主义者声称，康涅狄格州的联邦主义政论家“一位地主”，也就是奥利弗·埃尔斯沃斯，是一个“公然的违约者”，他持有“巨额钱财，且来源不明——新宪法将保护他的钱袋子”（想必是因为宪法中不可追溯既往的条款会阻止对他追究）。[20]

无论是联邦主义者，还是反联邦主义者都指责对方使用了“诡计”和“马基雅维利式的狡诈行为”，即使自己一方同样沉浸于类似的卑劣行径。❶反联邦主义者常常指责邮政局里联邦主义者的同 403
情者们给反联邦主义者的信件动手脚，并延迟投送反联邦主义者的出版物。例如，宾夕法尼亚州的反联邦主义者“哨兵”宣称，邮政局的官员们通过压制报纸的发行流通，“出卖职权，意图推行奴役同胞的邪恶企图，就此切断美国各地爱国者们赖以沟通交流的所有联系渠道”。在马萨诸塞州，反联邦主义者指控说，“一袋子钱已经运往波士顿，这些钱是封口费，打算封堵反对新宪法的代表之口”。联邦主义者以牙还牙，声称：坚定地反对批准宪法的纽约州州长乔治·克林顿提出，如果新泽西州拒绝接受宪法，他就将纽约州税收收入的一半捐给新泽西州。在选举纽约州批准宪法大会代表的过程中，联邦主义者和反联邦主义者都故意印刷假选票，或是在选票上动手脚误导选民，以此给对手制造麻烦。[21]

---

❶ 联邦主义者西奥菲勒斯·帕森斯曾夸耀，自己这一派在马萨诸塞州批准宪法大会上使用过一些高明手段，但跟随他学习法律的约翰·昆西·亚当斯——一位真诚的反联邦主义者——不赞成帕森斯将“政治科学弄得毫无科学性，成为完全上不了台面的阴谋诡计”。亚当斯认为，马萨诸塞州的很多联邦主义者“所使用的手段，完全不是一个人该引以为傲之事”。参见 John Quincy Adams Diary，Feb. 11，1788，DHRC，7：1691。

联邦主义者和反联邦主义者还在报纸上刊登伪造的信件和文章。例如，宾夕法尼亚州的联邦主义者刊登了一封声称是丹尼尔·谢斯（丹尼尔·谢斯是马萨诸塞州债务人起义的领导者）撰写的伪造信件。这封伪造信是写给费城的反联邦主义者的，敦促他们“给西部边境各县写信——那里的居民最容易上当受骗，对他们使用一些高深莫测的词汇，比如贵族统治、君主统治、寡头统治，诸如此类，反正他们也弄不明白其中的含义”。反联邦主义者如法炮制。麦迪逊提及报纸上有一篇“臭名昭著的虚假文章”，称约翰·杰伊已经成为反对批准宪法的人。麦迪逊向华盛顿抱怨：“新宪法的敌人运用诸如此类的鬼把戏并不稀奇。”[22]

此外，根据形势需要，联邦主义者和反联邦主义者常常删减篡改他们发表的材料。比如，反联邦主义者报道马萨诸塞州批准宪法大会上乔治·梅森反对新宪法的意见时，故意遗漏了其中一段话。这段话中，梅森反对在宪法中省掉国会管制贸易的权力需要得到国会绝大多数同意这一点，而梅森的反对意见并不符合北方反联邦主义者的主旨。在纽约，反联邦主义者公布了伦道夫致弗吉尼亚州议会下议院的信，在信中，伦道夫解释道，他对新宪法心存疑虑。然而，反联邦主义者删除了倒数第二段话，在这段话中，伦道夫誓言以身许国，矢志不移，只要能阻止联盟解体，他可以接受一部没有
404 增补修正案的宪法。“一位联邦主义者”（A Federalist）迅速撰文抨击说，对公众而言，这是“最厚颜无耻的行径”，对“那位伟大的自由爱国者［伦道夫］也极不公平”。[23]

联邦主义者和反联邦主义者都不讳言，在批准宪法的争论中，如果己方穷尽一切手段后依然落败，可能会诉诸暴力。比如，宾夕法尼亚州的反联邦主义者警告，在州批准宪法大会上依然存在相当多反对意见的情形下，如果新宪法还是被批准生效了，可能

会“引发内战，而内战会导致一系列可怕的恶果”。类似地，纽约市的联邦主义者断言，如果纽约州批准宪法大会不能无条件地批准新宪法，那么，将会爆发内战，因为他们决心“武力捍卫宪法”。[24]

实际上，关于要不要使用暴力的问题，联邦主义者和反联邦主义者并不只是说说而已，有时候也诉诸行动。在推选宾夕法尼亚州批准宪法大会代表的前夜，费城的一伙暴徒袭击了当地反联邦主义者的私宅，西部几个县议员和委员们住宿的旅馆也在劫难逃。据当地一位医生描述，官员们“被虐待，他们的妻子受了惊吓，等等”。这位医生百思不得其解：“难道这就是我们期待已久的神圣宪法的预示？”作为回敬，1787年圣诞节后的几天，宾夕法尼亚州卡莱尔的反联邦主义者骚动起来，他们破坏了联邦主义者为庆祝本州批准宪法而举行的庆祝活动。反联邦主义者焚烧了宪法文本，焚毁了联邦主义领袖詹姆斯·威尔逊和州最高法院首席大法官托马斯·麦基恩等人的画像，以示抗议。[25]

到1788年夏天，纽约州也爆发了暴力抵制宪法的活动。6月，《纽约晨邮报》（*New York Morning Post*）报道：“新宪法激起的党派戾气日渐高涨，在州内各县四处喷涌。”“数起血腥事件随之而来，据说费什基尔一个名叫哈茨霍恩的上校因此还丢了性命。”7月4日，在奥尔巴尼，联邦主义者正在庆祝本州批准新宪法时，反联邦主义者故意焚烧宪法文本，“引发械斗，斗殴双方心怀激愤，剑、刺刀、棍棒、石头等等全都用上了，持续了好一段时间”。几个斗殴者伤势不轻。[26]

总之，批准宪法斗争是美国历史上和世界历史上的重要事件，但双方使用的都还是常规政治斗争手段。

批准宪法斗争中联邦主义者一方的优势

联邦主义者并不希望围绕宪法展开公共辩论，使很多人卷入其
405 中。大部分联邦主义者同意麦迪逊私下表达的看法："大量民众对很多问题的了解和掌握程度并不一致，他们必须，也应该会由那些他们熟悉和信任的人来统治。拟议中的新宪法就是为了实现这一目标。"然而，考虑到各州已存在广泛的投票权，就批准宪法而言，联邦主义者只能寻求民众的支持，除此别无他法。讽刺的是，联邦主义者被迫请求普通美国民众批准宪法，而宪法的一项主要目标就是抑制公众意见对政府的影响。[27]

尽管联邦主义者不希望出现争斗，但他们却有不少斗争优势：一些州在选举本州批准宪法大会代表时，划分对他们有利的选举区划；几个州的批准宪法大会都在沿海较大城市召开，能使联邦主义者较容易地组织支持者；报纸舆论偏向联邦主义者；关于是否批准宪法的意见分歧是以阶级和受教育程度为基础的；宪法第七条（本章下文将进行详细阐述）。其中有些优势是联邦主义者自己营造的。例如，宪法第七条规定由各州专门召开的批准宪法大会，而非各州议会或全民公投决定是否批准宪法。另外一部分优势则与批准宪法程序设计无关。

联邦主义者拥有的一项重要优势是一些州产生批准宪法大会代表的选区被不公正地划分，这导致在八个州的批准宪法大会中，倾向批准宪法的代表占多数。在南卡罗来纳州、纽约州和罗得岛州，最终以多数票支持批准宪法的代表，事实上仅代表这些州的少数人口。南卡罗来纳州的选区划分尤其不公，1790年的人口普查数据显示，在该州具有强烈联邦主义倾向的沿海地区，白人男性居民不足3万，却推选出143位批准宪法大会代表，与此形成鲜明对照的是，该州偏远

地区的白人男性居民数量几乎4倍于沿海地区，却只能推选出93位批准宪法大会代表。尽管南卡罗来纳州批准宪法大会最终批准了宪法，赞成票与反对票之比接近2∶1，但该州多数居民几乎坚定地反对批准宪法。当然，还有一些州的选区划分不公有利于反联邦主义者一方，但总体较为有限，不足以影响批准宪法的最终结果。[28]

联邦主义者拥有的第二项优势源自好几个州召开批准宪法大会的地点都在东部城市：波士顿、费城、安纳波利斯、查尔斯顿，均是东部城市。这些地方近乎一边倒地支持宪法。在南卡罗来纳，尽管州议员近期刚投票决定将州首府迁往本州中部城市哥伦比亚，州议会仍然决定将召开批准宪法大会的地点放在沿海城市查尔斯顿。一位南卡罗来纳州的反联邦主义者抗议将召开批准宪法大会的地点选在一座“对宪法不友好的居民连50人都不到的城市”。宾夕法尼 406
亚州的反联邦主义者相信，如果他们能够将该州批准宪法大会的召开地点放在兰开斯特或卡莱尔，而非费城，他们就能够否决宪法。在马萨诸塞州，反联邦主义者提议在缅因的伍斯特或约克举行批准宪法大会，但联邦主义者坚持在波士顿举行。[29]

选择在哪儿召开批准宪法大会之所以重要，是因为：一、对反联邦主义者势力聚集的西部地区而言，向沿海城市派出代表是一件成本很高的事情——马萨诸塞州的批准宪法大会可能因此少了数十位反联邦主义代表。二、主场优势。批准宪法大会对公众开放，并且与会听众会竭力发出自己的声音。例如，在康涅狄格州批准宪法大会的召开地点哈特福德，当反联邦主义代表开口讲话时，现场嘘声一片，因为坐在台下的听众都是联邦主义者。据一位反联邦主义者报告，现场听众“胡乱跺脚、咳嗽、吐痰、大声交谈、吹口哨”。与此形成对比的是，纽约州批准宪法大会的召开地点是波基普西，而非纽约市，在波基普西，支持宪法和反对宪法的人势均力敌，参加大会的双方听众亦是这样。[30]

批准宪法大会代表不只会受到会场听众的影响，还会受到召开城市中的普通民众的影响。批准宪法大会晚间休会时，代表们聚集在酒馆和客栈，与当地民众亲密接触。主要城市的民众都一边倒地支持新宪法。在南卡罗来纳州批准宪法大会召开期间，查尔斯顿的富商和种植园主们开门迎宾，大谈新宪法的种种好处和高明之处，毫无疑问，这样的赞歌会源源不断地传入代表的耳朵。[31]

联邦主义者拥有的第三个优势源自支持宪法者和反对宪法者在地理上分布不均。由于支持者一般聚居在较大的城市，而这些城市又大多分布在东海岸，联邦主义者组织动员的难度要小于他们的对手。反联邦主义者的势力主要聚集在边疆地区和商贸网络之外。换言之，就算联邦主义者和反联邦主义者拥有同等数量的支持者，联邦主义者也会占据优势，因为他们能更容易地组织动员支持者。

有鉴于此，像弗吉尼亚州的理查德·亨利·李这样的反联邦主义领袖寄希望于整合各州反对宪法的势力，但是收效甚微。一位宾夕法尼亚州的反联邦主义者抱怨，与他志同道合的人都生活在该州中部地区，他们“闭目塞听，孤陋寡闻”，而在费城的反联邦主义者“彼此不通音信，反观我们的对手，他们同气连枝，与各处的同道时刻保持
407 联络”。帕特里克·亨利也哀叹道：“我们分散孤立，带来诸多不便。”为了让组织化的优势最大化，联邦主义者普遍希望批准宪法的投票能够速战速决，而反联邦主义者则期望能拖就拖。在马萨诸塞州，埃尔布里奇·格里发出警告：“宪法支持者们的目标是发起突然袭击”；在1787年秋季，格里期望能够说服州议会，等到下次开会再召开批准宪法大会，以便“给人民一个机会仔细考虑是否要派代表赴会批准这部宪法”。[32]

联邦主义者占有的另一大优势是报纸传媒鼎力支持宪法。18世

纪80年代末，90%以上的人口居住在乡村，但几乎所有的报纸都是在城市里出版发行的。正如我们看到的那样，聚居在城里的民众几乎一边倒地支持批准宪法。为了迎合读者和广告客户，大部分报纸发行人和编辑都鼎力支持宪法，他们刊登的大部分文章都倾向支持批准宪法——某些报纸甚至只刊登支持宪法的文章。只有极少数信奉出版自由原则的报纸编辑，会把反映正反双方观点的重要政治辩论呈现在报纸上。但是，当占绝对优势的联邦党读者和广告客户发起经济抵制时，这些信奉出版自由的报纸编辑们也得降低调门，缓和紧张关系，如若不从，就得卷铺盖走人。联邦主义者也注意掌控印刷所和客栈，客栈发挥着第二邮局的作用，控制住客栈就能阻断反联邦主义者的宣传小册子流通。[33]

在当时发行的90多家报纸中，只有12家刊登过一定数量的批评宪法的文章。在康涅狄格州和新罕布什尔州，当地报刊实际上成了联邦主义者的宣传喉舌，几乎从未刊登过批评宪法的文章。康涅狄格州的一位反联邦主义者抱怨：“显而易见，有谁胆敢擅自撰文批评新宪
法，本州报纸就毙掉谁的稿子。”❶在南卡罗来纳州，反联邦主义领袖 408

---

❶ 康涅狄格州的联邦主义出版人不同意对他们结党营私的指责。《康涅狄格报》（*Connecticut Courant*）的出版者承认，他个人确实支持批准宪法，但同时承诺，他致力于“出版自由”，并保证会刊发任何“不会辱没［他的］报纸”的反联邦主义者的文章。不过，他坚持说，他“没有收到哪怕是一篇最轻微地反对宪法的文章”。至于他没有转印其他州的反联邦主义者的文章一事，他解释道，这类文章多数“具有争议性，发表这样的一面之词，不太合理，在有些情况下，也令人费解，除非能够发表另一方的文章，从旁解释”。他还说，在任何情况下，“都优先选择能够收到的一手文章”。

同样，《纽约杂志》（*New York Journal*）的编辑也驳斥了这种认为他具有党派偏见的“毫无根据的”和“充满恶意的不当”指责，他坚持认为，“自己的杂志会刊发任何写作得体的文章”。波士顿的联邦派出版商也反对认为他们有偏见的类似指责。参见 *Connecticut Courant*, Dec. 10，1787，*DHRC*，3：492–493；另见 *Connecticut Courant and American Mercury*, Dec. 24，1787，同上，493。关于 *New York Journal*，见 Oct. 4，1787，*DHRC*，19：73。关于波士顿的联邦派出版商，参见 Responses to “An Old Whig” I, *Massachusetts Centinel*, Oct. 31，1787，*DHRC*，4：179；*American Herald*, Dec. 17，1787，同上，48。

安达努斯·伯克抱怨道，“整个报业的重心和影响力”都站在支持宪法一边。在宾夕法尼亚州，联邦派的报纸发行人更是出格，他们刻意歪曲有关州批准宪法大会辩论的报道，为的是让新宪法看起来没有遇到反对意见。宾夕法尼亚州反联邦主义者“哨兵”对此抗议道：“所有报纸，几乎无一例外地都匍匐在专制暴政脚下”，致使“谎话连篇，骗子横行，没有辩驳的机会”。[34]

由于阶级和受教育程度有异，人们对宪法的态度也有不同，各自归入不同的阵营，这也是联邦主义者的一大优势。较为贫穷、受教育程度低的偏远地区农民，一般对宪法持怀疑态度，富裕的、受过良好教育、家庭出身好的“上等人”一边倒地支持宪法。[35]

有鉴于此，麦迪逊向杰斐逊报告：在北方和中大西洋地区，“有才智、热爱国家、有财产和独立的人们，都积极拥护新宪法”，只有少数例外。在马萨诸塞州批准宪法大会上，一位反联邦主义者抱怨，“该州所有最优秀的人”——牧师、法官和有才干的律师，都“使尽浑身解数”去“粉饰”宪法，保证新宪法获得批准。新罕布什尔州的政治领袖约翰·兰登，曾出席费城制宪会议，他鼎力支持批准宪法。据他报告，在新罕布什尔州，“几乎所有有财产、有能力的男子”，都心仪宪法。在南卡罗来纳州，戴维·拉姆塞也观察到类似现象，除了前州长罗林斯·朗兹外，“本州所有精干的绅士们一致支持新宪法”。[36]

弗吉尼亚州是一个显著例外。麦迪逊注意到，“那些具有同样受人尊敬的品格的人，走向了相互对立的两边”。弗吉尼亚州卓越的反联邦主义者中有很多精英政治家，例如帕特里克·亨利，乔治·梅森，威廉·格雷森和理查德·亨利·李。[37]

依据阶级分属不同阵营的人们对宪法的态度截然不同（至少在城市之外是如此）。在批准宪法大会召开期间，联邦主义者借此获得若干独特优势。由选民推选出来的批准宪法大会代表，普遍比普通人的受教育程度更高、更富裕，这意味着他们本人更愿意支持批准新宪法。因此，联邦主义者能够预计批准宪法大会将会给宪法带来 409
更好的际遇，至少比全民公投和市镇会议要好。新英格兰地区的部分反联邦主义者建议使用全民公投或市镇会议直接完成批准程序。[1]的确，很多由反联邦主义者占多数的选区所推选的批准宪法大会代表，最终投票支持批准宪法，在批准宪法斗争期间，这是反联邦主义者常常谴责的问题。一位联邦主义者表达了他对纽约州批准宪法大会走向的信心，他认为，尽管批准宪法大会代表中，反联邦主义者占多数，但是，“还没有出现一个联邦主义者转变成反联邦主义者的先例，相反的例子倒有不少”。[38]

普遍而言，反联邦主义代表比他们的政敌要穷一些，对他们而言，长时间离家的负担会更重一些。双方在批准宪法大会上处于激烈胶着状态时，反联邦主义阵营的代表更有可能在投票获得有利结果之前离场。因此，在纽约州批准宪法大会召开期间，一位反联邦主义领袖担心，“我们的农民朋友们会因农忙季节［6月末］到来而心不在焉”，“老想着归乡劳作”。[39]

或许最为重要的是，联邦主义者的受教育程度较高，在批准宪法大会上口才出众。来自偏远地区的乡巴佬，既无心也无力跟显贵们同台竞技，一较高下；这些显贵们受过古典教育，可以直接使用希腊文或拉丁文援引古代政治哲学家的著述。[40]

因此，反联邦主义者“哨兵”抱怨对手“拥有全面优势，从教育、政府科学、法律科学、历史知识，到优秀的才能和禀赋”，他

[1] 这一现象也完全可以印证麦迪逊提出的抽象原理：从联邦主义者的视角来看，更好的公共政策源自能够“提炼和放大”民意的政治体制。

哀叹，“几乎所有最棒的作家［同时还有演说家］都站在对手那边”。在康涅狄格州批准宪法大会上，一位反联邦主义者观察到，他的盟友们“在这些以西塞罗自居的对手面前诚惶诚恐，战战兢兢”。在马萨诸塞州批准宪法大会上，反联邦主义者阿莫斯·辛格尔特里抱怨道，“这些律师、饱学之士和有钱人，谈吐优雅，口吐莲花，巧舌如簧，让我们这些可怜的文盲们无语以对，哑口无言”。在南卡罗来纳州，贵族做派的朗兹解释他为何在州议会发表演说反对宪法，原因是“一些受人尊敬的议员是社会贤达人士，只因笨口
410 拙舌，不习惯当众发表演说”，所以请他代为发言。[41]

除了娴熟的演讲技巧，联邦主义者阵营的演说家们常常受到来自穷乡僻壤、其貌不扬的反联邦主义者的一定程度的敬重，后者一般不愿直接挑战社会地位比他们高的对手。而且，在一定程度上，为了鼓励普通公民的这种敬畏之心，联邦主义者控制的新闻报纸倾向于将费城制宪会议描述成一场半神的盛会。实际上，有些反联邦主义者主张匿名或者化名投稿报纸，以便营造与精英对手公平竞争的环境——如果实名，他们很可能不得不有所退避。也正因为如此，有些联邦派报纸出版人，拒绝接受不署真名的文章。[42]

一方面，联邦主义者能言善辩，另一方面，许多反联邦主义者担心自身才智不济、社会地位不高，进而底气不足，不敢开口说话，只能沉默应对。因此，在一些州批准宪法大会现场，辩论出现一边倒的情形。当然，并不是所有的州批准宪法大会都遵循畅所欲言的原则，有的代表受所在选区指令制约，只能发表所在选区选民的意见，不得擅自发挥，而有的代表虽然不受此约束，但他们此前已经对新宪法抱定了自己的信念。[43]

但是，在批准宪法大会上，很多代表的观点变化不定，社会地

位高、辩论技巧强的联邦主义演说家影响了一批代表的看法，导致他们支持批准宪法。比如，纽约州反联邦主义者梅兰克顿·史密斯就注意到，“社会地位较高的人有办法说服持不同政见的人”。与之类似，纽约州反联邦主义者查尔斯·蒂林哈斯特（Charles Tillinghast）对马萨诸塞州批准宪法大会感到忧虑——即使格里通报说，多数代表是反联邦主义者。蒂林哈斯特之所以感到担忧，是因为“诚实但没见过世面的代表，更容易被别有用心之徒的甜言蜜语所诱骗，防不胜防”。而且很多属于联邦主义者的牧师被选为代表，这些牧师会对“尽管拥有美德，但初出茅庐、懵懂无知的人”下手，从思想上影响他们。事实上，在很多州的批准宪法大会上——尤其是马萨诸塞州、新罕布什尔州和纽约州，反联邦主义者都无法自始而终地守住底线，最终改变了他们当选批准宪法大会代表时候的初衷。[44]

联邦主义者意识到在批准宪法大会上进行实质性论辩，是其优势所在，因此，他们反对参会代表恪守选民指令的做法，反对选民向代表发出约束性指令。例如，麦迪逊担心，在弗吉尼亚州批准宪法大会上，来自该州肯塔基地区的代表“不仅会受到偏见的左右，还会受到选民指令的约束”。一位北卡罗来纳州的联邦主义者试图说服本州选民，不要对出席批准宪法大会的代表发出指令，因为 411
这样的指令是“荒谬的”，会对“围绕新宪法展开的辩论造成消极影响”。[45]

在马萨诸塞州，联邦主义者担心，如果由各个市镇会议自行投票决定是否批准宪法，而非由批准宪法大会决定是否批准宪法，他们的雄辩优势会荡然无存。有的市镇可能会反对召开专门的批准宪法大会，因为它们担心，推选代表参加批准宪法大会，要由市镇来承担代表的差旅费用。有鉴于此，为了鼓动各个市镇会议支持选派代表参见批准宪法大会，州议会里的联邦主义者提议，由州承担参会代表的差旅费用，州议会同意了这一提议。联邦主义者认为，州批准宪法大会上的充分辩论对他们有利，因此，他们还抵制举行全民公投以决定是否批准宪法的想法——在罗得岛州举行的全民公投，以压倒性的票数否决了宪法。[46]

在批准宪法斗争中，宪法第七条是联邦主义者一方拥有的另一重要优势，这也是他们为自己创造的。在邦联时期，只有十三个州一致同意，才能修改《邦联条例》。之所以需要所有州一致同意，据马萨诸塞州派驻邦联国会的代表在1785年所言，是为了“有效地防止出现阴谋或意外”。正如我们在第一章看到的那样，只要有一个州反对，就能否决授权邦联国会征税的动议，这种情况不止发生过一次。制宪会议召开前数月，亨利·诺克斯就曾表示：“只要依然坚持所有州一致同意原则，就绝无可能改革政府体制。”不过，在费城制宪会议上，与会代表决心，不能让《邦联条例》中的所有州一致同意条款阻碍改革大局。[47]

当然，在费城制宪会议上，也有部分代表主张保留一致同意原则，即只有得到各州一致批准，新宪法才能生效（正是安纳波利斯会议在呼吁召开费城制宪会议时所明确的）。因此，罗杰·谢尔曼“考虑到现存联盟的性质，质疑授权一部分州执行宪法的正当性”。当鲁弗斯·金提出宪法只要得到九个州批准就可以生效时，格里抗议：“这种不得体而又有害的倾向，会逐渐侵蚀《邦联条例》所要求的神圣义务。”（那时，格里已决定不在宪法文本上签字，因此，他要求提高批准宪法的难度也就不足为奇了。）[48]

然而，罗得岛州甚至拒绝参加费城制宪会议，因此，与会的大部分代表都认为，遵守《邦联条例》所要求的各州一致同意原则，显然是行不通的。纳撒尼尔·戈勒姆宣称，“如果因为罗得岛州坚决抵

制任何改革措施，所有州都要陪着受罪”，显然毫无道理可言。❶戈 412
勒姆还注意到，“纽约州看起来喜欢利用自己的优势，通过管制贸易的方式，对输往邻州的商品征税，因此很有可能反对批准宪法”。詹姆斯·威尔逊也同意说，费城制宪会议的成果“绝不能因为个别州自私自利、轻率鲁莽的反对而功亏一篑”。因此，威尔逊“希望有关批准宪法的条款可以分两步走，第一步先接纳一部分州，第二步为剩下的州敞开大门”。最终，只有马里兰州的代表投票支持保留《邦联条例》要求的所有州一致同意才能修改的原则。[49]

为了替代各州一致同意原则，威尔逊建议，只要十三个州中有半数以上的州（至少七个州）同意批准，宪法即可生效。为了保证多数州和州内的多数人民都同意新宪法，麦迪逊建议，批准宪法生效的七个州，在新成立的联邦国会众议院中的席位加起来也要超过半数。其他一些制宪会议代表则建议，需要十个州批准，宪法才能生效。[50]

为了确保制宪会议契合“人民所熟悉的观念”，梅森建议，十三个州中只要有九个州批准，宪法即可生效。因为在《邦联条例》之下，九个州代表绝对多数，经绝对多数同意，便可以采取“重大”行动。最终，大部分制宪会议代表赞同梅森的方案。尽管如此，他们还是认为，是否批准宪法是各州自己的事情，各州要自行其是，不能被捆绑在一起，同意批准宪法的州不能对其他州横加干涉。[51]

---

❶ 在弗吉尼亚州批准宪法大会上，埃德蒙德·伦道夫论证新宪法可以放弃《邦联条例》所要求的各州一致同意原则的理由是，罗得岛州“通过发行本州纸币，劫掠了整个世界”，“毫无道义可言”，不能让这样的州阻挡批准宪法生效。在北卡罗来纳州批准宪法大会上，曾经作为代表出席费城制宪会议的理查德·多布斯·斯佩特提出，“罗得岛州的冥顽不化之举，完全不具有任何理智与见识可言，它告诉我们，将民众的普遍福利置于联盟内少数人之手，是多么不可取”。参见 Randolph, June 4, 1788, *DHRC*, 9:935; Spaight, July 30, 1788, *Elliot*, 4:207。

尽管九个批准宪法的州只对自己有约束力。但宪法第七条抛弃了所有州一致同意的原则，极大地改变了徘徊观望州的预期。1786年时，只有纽约州还未批准1783年的征税修正案。纽约州议会试图与邦联国会讨价还价：邦联国会要同意由纽约州官员征税，并且邦联国会要接受纽约州发行的纸币作为支付手段，纽约州才会批准1783年的征税修正案。但是，今时不同往日，一旦有九个州批准宪

413 法，使宪法运转起来，落在后面的州将面临惨遭孤立的局面，不仅没有来自联邦的军事保护，还会受到贸易制裁。❶此外，只有批准宪法的州才有资格在第一届联邦国会中参与重要决定，比如，联邦政府定都何处？是否要修改宪法？如何修改宪法？[52]

正如我们所看到的那样，尽管纽约州批准宪法大会上反联邦派代表人多势众，占居多数，但纽约州还是批准了宪法。纽约州之所以同意批准宪法，完全是因为前面已经有十个州批准了宪法，超过了宪法生效的最低门槛。因此，摆在纽约州批准宪法大会代表面前的选项，已经不再是要不要批准宪法，而是要不要成为新联邦的一部分。马萨诸塞州反联邦主义者内森·戴恩告诉身在纽约的朋友梅兰克顿·史密斯，纽约州和别的徘徊观望州拖的时间越长，"相互之间抱团取暖的可能性"就越低，"被使用强制手段撮合在一起的倾向"就越大，"在不远的将来诉诸武力"的可能性就越高。[53]

最初拒绝无条件批准宪法的北卡罗来纳州和罗得岛州最终还是改弦更张，原因是这两个州也面临着戴恩所提到的压力。尽管当弗吉尼亚州批准宪法大会开始讨论新宪法时，只有八个州批准了宪法

---

❶ 纽约州的反联邦主义者后来反驳说，九个州批准宪法生效之后，对于尚未批准宪法诸州的这种威胁，是"一种语言暴政，侮辱了自由民众的智力水平"。参见 Albany Anti-Federal Committee Circular, Apr. 10, 1788, *DHRC*, 21: 1382。

（尽管新罕布什尔州批准宪法大会暂时休会，但人们普遍认为该州会批准宪法），但一些代表可能认同埃德蒙德·伦道夫的看法：对弗吉尼亚州而言，批准宪法斗争进展至此，其已经无法在不损害联盟的基础上否决宪法了。[54]

除了取消《邦联条例》所规定的各州一致同意原则外，新宪法还要求各州召开专门的批准宪法大会——而非授权各州议会自行决定是否批准宪法。18世纪70年代各州独立后，大部分州的州宪法都是由本州议会起草的，各州都没有召开专门的制宪大会。而且在1780年马萨诸塞州宪法提交各市镇会议批准生效之前，每个州都是通过本州议会的立法来实施宪法。[55]

当然，在费城制宪会议上，也有部分代表认为，州议会才是评判新宪法的适当主体。谢尔曼就认为："召开专门的批准宪法大会毫无必要，《邦联条例》规定，如果要增删修改'条例'，只需要经过邦联国会和各州议会批准即可。"奥利弗·埃尔斯沃斯也认同这一观点：当年邦联国会要求修改《邦联条例》，扩大自身权力的时候，那些扩权建议案都是送交各州议会表决，而非召集民众，专门召开批准大会。埃尔斯沃斯提醒与会代表，这次会议不能忽略如下事实：美利坚合众国是"由各个州组成的联合体，由一部共同遵守的宪章把各州联合在一起，修改这一宪章的权限掌握在各州立法分支手里"。马里兰州代表路德·马丁和丹尼尔·卡罗尔反驳道，马里兰州宪法没有规定需要民选代表召开专门的宪法大会来修改宪法。格里反对将宪法提交批准大会，原因是新英格兰人民现在"对政府抱有世界上最狂野的看法"，他这话暗指谢斯反叛。古文诺·莫里斯则建议，允许各州自行选择批准宪法的方式。[56]

不过，其他代表并不赞同他们的想法。早在费城制宪会议召开前，麦迪逊就告诉杰斐逊："要由各州人民自己决定是否批准宪法，要将新政体建立在人民普遍同意的基础之上，这是一劳永逸的恰当做法。”1776年制定弗吉尼亚州宪法时，杰斐逊就曾抗议没有将新制定的宪法交由民众批准。在一篇阐释《邦联条例》弊端的文章里，麦迪逊认为，正是由于《邦联条例》是各州议会批准生效的，当联邦法律与各州法律出现冲突时，哪种法律至上，“就成了问题”。在费城制宪会议上，麦迪逊主张，将新宪法提交给民选的大会批准将明确这一点：联邦国会依据民众委代的权力所制定的法律，效力“要高于各州立法”。[57]

麦迪逊和其他制宪会议代表，还提出了另外一些理由，为召开专门大会批准宪法寻求理论依据。麦迪逊认为，拟议中的宪法“将会削弱各州的宪法”，“州议会竟然能改变自身赖以存续的宪法，这实在是既新奇又危险的主张”。梅森认为，各州议会“不过是各州宪法创制出来的产物”，各州宪法并没有授权各州议会批准一部联邦宪法。因此，需要把目光转向人民，“一切权力属于人民，唯有人民批准宪法，才能证明宪法源自人民”。梅森还提出，各州议员无权约束他们的继任者，因此，如果只是由各州议会批准宪法，“就是把宪法置于脆弱且摇摇欲坠的州议会立法基础之上”。[58]

麦迪逊还认为，由各州议会批准宪法与召开专门大会批准宪法，这两种方式代表着“盟约或条约与宪法之间的本质区别”。换
415 言之，条约与宪法之间存在“两大重要区别”。第一，法官有义务宣布违反宪法的法律无效，却不会宣布违反条约的法律无效。第二，在国际条约体制之下，如果一方违反了条约中的某一款，“其他缔约方则可以不用承担条约义务”。但是，“如果是在宪法体制之下，人民……则不会出现这样的观念”。一方面，麦迪逊希望法官有权宣布违反宪法的法律无效，另一方面，他不希望由于出现违反宪法的行为，各州自由退出，分裂瓦解联盟。因此，麦迪逊更倾向于，宪

法并不只是一纸条约，正是这样的想法令他赞同通过召开专门大会的方式决定是否批准宪法。[59]

总之，麦迪逊主张，“由人民自己，这一最高权力来源”来决定是否批准宪法，是“不可或缺的”程序。梅森认为，宪法交由人民批准——人民行使主权——是整个方案中“最重要的、最关键的”一环。鲁弗斯·金也提出，尽管各州议会有资格决定是否批准宪法，但他更愿意将宪法提交给专门召开的大会来批准，因为这样做，“可以消除所有针对新宪法正当性的争论和疑虑，是极为妥当的做法”。[60]

参加费城会议的代表也从现实角度出发，提出各州立法机构可能比专门的批准大会更不情愿批准新宪法。伦道夫觉得，将宪法交付各州立法机构是“极不明智之举”，因为它们更容易受到“地方煽动分子”的影响，“新的宪法会降低这些人目前的重要地位”。麦迪逊也深表赞同，认为“授予全国性政府的权力，就是来自各州政府，比起由其他人组成的专门批准大会而言，各州立法机构更不情愿批准宪法”。鲁弗斯·金更进一步提出，将批准宪法的程序交付各州立法机构，将很可能会“激起反对意见”，因为新宪法将使各州立法机构失去很多权力，此举“无异于放弃整个制宪大业”。[61]

而且，各州立法机构——除了宾夕法尼亚州和佐治亚州——都是两院制，批准宪法需要两院都同意。戈勒姆提出，如此一来，“就更难让整个宪法方案在各州立法机构通过了，还不如交给专门的批准宪法大会”。此外，他还解释道，各州立法机构很可能会被“各种琐事打断”，“狡诈之人”可能会“别有用心地利用”这种手段，“一年又一年地延宕批准程序，甚至完全挫败整个计划”。最后，戈勒姆提出，“很多极富能力之人都被排斥在各州立法机构之外”，比如牧师，因为政教分离原则，在好几个州都不能出任州议员，但是他们可以作为代表进入“专门的批准宪法大会”。对此，金也深表

赞同，他表示，专门的批准宪法大会“最有可能吸收各州的杰出人
416 才，来决定是否接受新宪法”。正如我们所看到的，“最优秀人才”很可能会支持批准新宪法，这也是专门召开的批准宪法大会比各州立法机构更有可能支持宪法的一个原因。[62]

总而言之，在批准宪法争斗中，联邦主义者拥有多种优势。有些优势源自他们的好运，或是民意在宪法问题上的分裂。还有另外一些优势，要归功于联邦主义者在批准宪法程序方面的操作。不过，尽管有这些优势，联邦主义者也很难成功说服美国民众支持新宪法。[63]

迈向批准宪法的第一步

现在让我们把注意力转到批准宪法的问题上来。参加费城制宪会议的代表们一致同意，首先将宪法递交给位于纽约市的邦联国会。不过，对于邦联国会的角色——仅仅是将宪法传递给各州的信使，还是发挥真正有影响力的作用，决定批准或否决正在传递的文件，代表们意见不一。[64]

制宪会议细则委员会的报告规定，宪法将提交国会，“由其批准”。格里强烈支持这一条款：如果不需要国会批准，将“会令这个机构感到不快”。汉密尔顿在制宪会议上很少与格里意见一致，但他也认为，“不需要国会批准是一种失礼的行为”。[65]

不过，古文诺·莫里斯反对这一要求，查尔斯·平克尼支持他的动议。宾夕法尼亚州的托马斯·菲茨西蒙斯（Thomas FitzSimons）提出，取消这一条款可以使“国会免于采取一项不符合《邦联条例》——［国会］权力来源——的行动”。威尔逊强烈反对要求国会批准宪法的动议。其原因一方面在于，“指望国会里罗得岛州的

议员同意该方案，简直是愚蠢至极”。另一方面在于，考虑到自7月初以来，纽约州代表在费城会议上就没有形成过一致的投票立场，而且好些来自其他州的代表都反对宪法，“是否一定就能征得国会的同意呢”？威尔逊警告，“为组建全国性政府这一艰巨任务花费了四五个月之后，在临近尾声的时候，我们却在通往成功的路上自己给自己设置了不可逾越的障碍”。制宪会议随后投票，以8∶3的结果否决了要求国会批准宪法的条款。[66] 417

最终，费城会议决定，将宪法“送至美国邦联国会”，会议的“意见是……宪法应随即提交给各州代表大会，获得其同意和批准，代表大会在州立法机构的建议之下，由州人民选举产生”。根据这一条款，邦联国会和各州立法机构都没有资格就是否批准宪法进行辩论或发表意见。一位反联邦主义者后来表示这一条款“很值得注意”，制宪会议将邦联国会和州立法机构仅仅当作“传送工具”，阻止“它们判断是否接受新体制”。制宪会议又有什么权力告诉邦联国会或州立法机构可以做些什么呢？[67]

制宪者的计划立即遇到了困难。甚至在邦联国会开始考虑宪法之前，弗吉尼亚州的国会代表爱德华·卡林顿就提醒麦迪逊说，“在费城制宪会议上，我们州内所出现的不幸分裂”——他暗指伦道夫和梅森拒绝在宪法上签字——“在这儿［指邦联国会］也威胁着我们”。卡林顿报告，理查德·亨利·李正在制定“提案，要从根本上改变宪法，而这些改变实质上是要推倒宪法本身”。卡林顿还指出，弗吉尼亚州的另一名国会代表——威廉·格雷森“不喜欢它”，“顶多只会默许宪法悄无声息地进入各州”。他警告，“邦联国会的冷淡态度，将为各州的不友好分子提供反对的依据”。[68]

当邦联国会在1787年9月下旬将注意力转向宪法时，联邦主义者强烈反对国会就宪法的内容进行任何辩论。他们担心冗长的国会辩论和对特定条款的唱名表决，只会积聚反对批准宪法的力量，他们要求国会径直将宪法提交给各州——希望事先能批准宪法。马萨诸塞州的国会代表内森·戴恩对宪法提出了严厉的反对意见，他报告，宪法“最亲密的朋友们……似乎非常急切地想让宪法在国会获得通过，甚至是在宪法进入议程的第一天；他们希望国会批准它，但反对以惯常的讨论模式对宪法进行文字审查”。[69]

国会代表在对待宪法的问题上，面临着两个原则性问题：一是他们应该考虑增加宪法修正案吗？二是他们应该批准宪法还是仅仅将其转交给各州？

理查德·亨利·李认为，邦联国会应该像对待国会其他委员会的报告那样对待费城会议起草的这份文件，即可以自由地以自己喜
418 欢的任何方式进行修改。李认为，在将宪法送交各州之前，邦联国会应当提出修正案，特别是权利法案。国会不能提出任何修正案的观点，是“他听过的最奇怪的理论”。李拒绝“将一切审议活动都托付给批准宪法大会”，他认为，由国会提出修正案将有助于消除反对意见，从而提高各州批准宪法的可能性。最后，李想知道，联邦主义者是否有意阻止各州和国会提出修正案。他私下里向梅森抱怨，“在我们这儿，就像在你们那儿［制宪会议上］一样，要么这样，要么什么都不做；而这将导致极端的无节制状态”。[70]

联邦主义者决心阻止国会提出修正案。麦迪逊已经从费城赶到纽约，加入了弗吉尼亚的邦联国会代表团（这是他自1783年被轮替出公职后，首次进入国会）。一开始，他也怀疑国会是否有权提出修正案，最终他还是认同了国会可以修正宪法，但也提出了反对国会如此行事的众多理由。[71]

麦迪逊在一封信件中向华盛顿解释了这些理由。“各州之所以将国会作为参与此次改革的一方引入，仅仅是出于形式和尊重”，因

此，国会不宜对各州专门召开大会的辛苦劳作成果提出修正案。而且，各州同意召开制宪会议，意味着“提出的方案是费城会议的法案，并得到了国会的同意，如果进行修改，情况就不会是这样，因为制宪会议已不存在，无法通过这些修改”。因此，如果国会真的提出修正案，实际上就会出现两套宪法方案，有些州可能批准其中一套，有些州则可能批准另一套，而“随即出现的混乱和失望可能将是产生的最小的恶果”。此外，如果邦联国会要修改宪法，那么它将成为国会的法案，而不再是费城制宪会议的法案，并且将适用于《邦联条例》，意味着需要各州立法机构一致同意才能生效。[72]

最后，麦迪逊提出了一个非常现实的理由：国会永远无法在哪些修正案是必要修正案的问题上达成一致。正如他向华盛顿解释的那样，“从质疑该方案的不同成员所表达的相互矛盾的反对意见中明显可以看出，讨论该方案的实质内容将耗费许多时间，甚至在其对手内部也不会达成一致意见”。麦迪逊还坚持认为，在“要么接受，要么放弃”的基础上提出政府制度并无不妥之处，他强调，在批准《邦联条例》的过程中，大陆会议就曾拒绝承认许多州提出的修正案。[73] 419

联邦主义者不仅希望阻止邦联国会修改宪法文本，甚至还希望国会在将宪法文本移交给各州时，释放出理查德·亨利·李所称的“尊重并赞成宪法的信号”。麦迪逊告诉邦联国会，如果它“不赞成［宪法文本］，就意味着不同意……问题是，国会采纳新宪法从整体上看是否是最佳之举，［我们］应该说是的”。卡林顿随后提出一项动议，表示国会在向各州提交宪法文本时“已经同意”宪法的内容。麦迪逊后来向华盛顿说：“在这个州［指纽约］和其他一些州，让宪法文本获得国会的批准是有利的，因为在这个问题上，这些州很强调国会的作用。”[74]

但是，用麦迪逊的话来说，反联邦主义者的立场是，“国会在这项工作中采取任何积极的行动都是违宪的”，因为新宪法“完全颠覆了《邦联条例》”。实际上，戴恩就提议，国会“出于对人民的尊重和对该议题重要性的认可，同意将宪法提交给各州，但国会同时也应批评费城会议超出了它的授权，并应拒绝对宪法的是非曲直表态”。[75]

对于这种主张，联邦主义者回应道——正如麦迪逊向华盛顿所解释的那样——因为邦联国会“已经将费城会议视作获得一个稳固的国家政府的最好方式”，也因为“邦联国会的决议对制宪会议的权力的界定，与邦联在修改问题上赋予国会的权力几乎相同，所以国会在同意新方案上受到的限制，与费城会议提出新方案时受到的限制一样少”。此外，即便费城会议在提出宪法方面超出了授权，“使费城会议有理由召开的必要性，也将使邦联国会有理由批准宪法”。麦迪逊告诉其他国会代表，这不是国会第一次提出超出其权力范围的建议方案。[76]

33名国会代表中有10人参加了费城会议，这一事实无疑帮助联邦主义者从国会得到了他们想要的大部分东西。理查德·亨利·李在写给塞缪尔·亚当斯的信中抗议说，国会代表中包含如此多的费城会议代表，使其不能“冷静和公正地审议”新宪法。尽管如此，李还是决定提出修正案，其中包括一项权利法案。他最初要求把对这些议案的表决记录在国会的日志上——他告诉伦道夫，这一要求
420 似乎令他的对手感到“震惊”。[77]

麦迪逊告诉华盛顿，经过两天的辩论，“国会内部尽管存在严重的分歧”，不过双方还是达成了妥协。李放弃了就修正案进行投票的要求——考虑到国会的组成情况，他显然会输掉这样的投票。而且，在国会中提出的任何反对宪法的言论，都不会被记入日志。作为交

换，联邦主义者承认，国会只是根据费城会议的各项决议，将宪法“转交”给各州立法机构，以便各州将宪法“提交给”各自的批准宪法大会。正如李所解释的那样，这种转交过程将“不涉及赞成或者反对新宪法”的态度问题。然而，联邦主义者在随后转交的决议中设法加入了“一致”这个词。李抱怨道，虽然全体一致只是一致同意转交，但联邦主义者希望“把它误读为一致认可宪法内容”。[78]

尽管麦迪逊高兴地向华盛顿报告，“全体一致的情况在任何地方肯定都是有利的”，但他还是向杰斐逊抱怨，李和戴恩在邦联国会上“非常努力”地“刁难”费城会议的计划。尽管李提出的修正案很轻易就被否决了，“不过，为了获得全体一致，不得不以非常温和的措辞通过这项决议”。[79]

在回信中，华盛顿安慰麦迪逊，他认为，国会在宪法问题上的一致表决，尽管“力度不大”，但要胜过不是全体一致的“强烈支持”。他对“这种表面一致将产生的效果”非常有信心，“不是每个人都有机会在幕后一探究竟；大多数人通常是根据外表做出判断，因此，国会表面上的全体一致将非常重要”。确实，反联邦主义者“西德尼”（Sidney）后来抱怨，尽管国会“仅仅只是”同意将宪法文本转交给各州立法机构，而不是支持新宪法，但报纸报道却说，国会“全体一致赞同”新宪法。[80]

费城会议为配合宪法而起草的决议规定，一旦国会将宪法转交各州，各州就应将其“提交给一个代表大会，由其同意和批准，大会代表根据各州立法机关的建议，由各州人民选出”。正如麦迪逊多年后所说的那样，只有这些批准宪法大会，才能给宪法注入“生命和活力”，在被费城会议起草出来时，宪法文本不过是“一项计划草稿，一纸干瘪的文字”。[81]

在费城会议上，古文诺·莫里斯提议修改随同宪法文本提交的

决议，规定州立法机关“应在情况允许下尽快”召开专门的批准宪
421 法大会。莫里斯说，他的“目的是用更强硬的措辞来强调召开批准宪法大会的必要性，以防止反对宪法的人对其置之不理”。然而，费城会议以7:4的投票否决了莫里斯的动议。大多数代表可能不赞成费城会议对州立法机构过于颐指气使。毕竟，即使莫里斯的提案获得通过，费城会议也没有办法迫使各州立法机构遵守。[82]

不过，尽管约翰·兰辛在会议上警告，“各州永远不会把基本权利让渡给一个全国性政府”，但是除了罗得岛州外，所有州的立法机关都很快同意召开批准宪法大会（甚至连罗得岛州的立法机关也就批准宪法举行了全民公决）。即使在那些似乎强烈反对批准宪法的州，立法机关也毫不困难地——通常是一致性地——同意召开批准宪法大会。[83]

莫里斯在致华盛顿的信中解释了他们这样做的原因。他注意到，纽约州议会的大多数议员可能希望否决宪法，他预计，尽管如此，他们还是会召开一次批准宪法大会，因为他们无法“给本州人民提供不相信他们能对自己的事务做出决定的任何充分理由”。事实上，当纽约立法机关后来针对是否召开一次大会进行辩论时，联邦派参议员詹姆斯·杜安就问道，“我们中间是否有人能如此鲁莽地说，人民不应有机会自己做出判断？如果是这样，立法机关岂不表现出了高度的专断权力？他们将不是人民的守护者，而将是人民的暴君”。同样，当马萨诸塞州众议院讨论是否召开批准宪法大会时，有议员表示，“我认为我们不可能拒绝人民拥有这项无可置疑的权利”；也有议员宣称，“我们没有权利剥夺他们的特权，除非我们能保证以他们的立场来思考，但他们从来没有雇佣我们这样做，他们将这项权利保留给了自己”。[84]

各州议会在不同的时间召开会议，安排选举代表参加各州的批

准宪法大会，各州的批准宪法大会计划持续大概9个月，从1787年秋末到1788年夏季。康涅狄格、特拉华、佐治亚和新泽西等几个较小州的立法机构迅速采取行动，原因很简单：费城会议结束后不久，这些州的立法机构正好要开会。在费城会议结束后的几周内，这些州的立法机构就安排了本州批准宪法大会代表的选举，并预定在几个月之内就召开本州的批准宪法大会。[85]

这些小州的批准宪法大会迅速而果断地批准了宪法。事实上，特拉华州、新泽西州和佐治亚州的批准宪法大会一致批准了宪法。 422
正如麦迪逊所预测的那样，在康涅狄格州，赞成批准与反对批准宪法的票数比例超过3∶1——“非常顺利和容易”地批准了宪法。18世纪80年代，尽管这些州在许多议题——其中包括财政和货币政策——上都存在着深刻的政治分歧，时常爆发暴力事件，但它们对宪法的态度却都是压倒性地支持。[86]

有几个原因可以解释为什么小州会如此轻易地决定批准宪法。首先，也可能最重要的是，它们的代表团在费城会议上获得了大州的巨大让步，赢得了参议院的平等代表权。参加费城会议的两个康涅狄格州代表，罗杰·谢尔曼和奥利弗·埃尔斯沃斯将他们有关宪法和费城会议的报告发给本州州长时强调，“本州［在国会］拥有和《邦联条例》之下同样的投票权”，“各州在参议院中享有平等的代表权，也因此在任命官员时享有同等的发言权，这将保障小州与大州具有同等的权力”。一名新泽西州的国会代表告诉特拉华州议员，“当我意识到小州和大州在参议院拥有同等的代表权时，形势似乎比我预期的更有利，应该说尤其令你们州满意”。当新罕布什尔州的批准宪法大会最初在没有批准宪法的情况下休会时，华盛顿表示惊讶，因为拟议中的制度“给小州带来的好处，至少与它们最乐观的预期相等”。相反，在马萨诸塞和弗吉尼亚这样的大州，反联邦主义者经常批评宪法，理由是像特拉华和罗得岛这样的“小州”在参议院享有平等投票权，“太过于荒谬”。[87]

其次，像弗吉尼亚这样的大州或许能够在联盟之外生存下来——或者至少可以可信地威胁要这样做——而特拉华和佐治亚这样的小州显然无法做到这一点。大小不同的州之间的权力不平衡，在制宪会议之前和期间一直困扰着小州的政治领导人，如果宪法遭到拒绝导致联盟解散，这种不平衡将大大加剧。小州出于不被较大邻州和外国可能掠夺的实际安全需要，具有批准宪法的强大动力。[88]

因此，联邦主义者“一位地主”告诉新罕布什尔州居民，“接受宪法可能是避免你们州的大部分地区成为加拿大或新斯科舍附庸的唯一途径”，因为“各州的分裂状态会诱使英国做出进一步努力，以恢复它之前的荣光，你们州可能是第一个受其影响的州”。1788
423 年夏天，罗得岛州联邦主义者“福基翁”（Phocion）解释道，小州“在批准宪法的问题上之所以比大州更一致”，其原因非常“自然和充分”，因为它们“清楚地看到，如果拒绝宪法，在喧嚣混乱和无政府状态之下，它们可能被更强大的邻居所吞并”。[89]

再次，某些小州具有支持批准宪法的特殊理由。宪法对特拉华、新泽西和康涅狄格的主要吸引力之一在于，承诺免除令人讨厌的进口税，这些进口税要支付给具有优良入境口岸的邻州——特别是拥有纽约和费城两大进口海港的纽约州和宾夕法尼亚州。正如戈勒姆在费城会议上解释的那样，如果因为宪法没有通过批准而联盟解散，“新泽西的命运将是最糟糕的，它没有对外贸易，所得无几。宾夕法尼亚州和纽约州将继续对其消费征税”。[90]

相比之下，新宪法只允许联邦政府征收进口税，这意味着上述小州在消费外国进口商品时将不再需要向邻州交税，补贴其政府的运营费用。因此，“一位地主”敦促新罕布什尔州的居民批准宪法，以确保他们“在这些税收中获得公平的份额”，这些税收不可避免地会来自“大的进口城镇”，而这些城镇都不在新罕布什尔州内。他同样主张康涅狄格批准宪法，其理由是新宪法将终止纽约州“每年从康涅狄格公民那里征收4万英镑税款”的做法。一位马萨诸塞州的反联邦主义者抱怨道，康涅狄格州批准宪法，“更多是出于对一个姊妹州的愤怒和怨恨……而不是对整个体制的全面审视”。[91]

在邦联体制之下，特拉华州政府72%的花费都用来支付独立战争老兵债券的利息、邦联国会给各州的摊派份额以及国会代表的薪水，而根据新宪法，这些钱都不用花了。由于缺乏重要的港口征收进口税，也没有西部的土地可以出售，特拉华州的大部分税收不得不来自内部税。但是，根据新宪法，国会将从自己的税收和出售让给它的西部土地中获得收入，各州不必再支付国会的摊派份额。此外，如果国会承担各州的战争债务，特拉华州将能够进一步减轻其公民的税负。[92]

根据马萨诸塞州一名反联邦主义者的看法，成为新国家首都所在地的希望，“自然会吸引陌生人、年轻的企业和国家财富流入中部州”——这也导致特拉华州和新泽西州（以及更大的宾夕法尼亚 424
州）支持宪法。在费城会议召开之前，麦迪逊曾提出，南方人一直对“国会偏狭的地理位置”——自1785年始，位于纽约市，这个偏离国家纬度中心的北方城市——心怀不满，这“给远离邦联政府所在地的南方各州带来了非常大的不便”。除了旅行不便使遥远各州的国会代表不愿出席国会之外，麦迪逊还指出，“从常理看，距离国会最近各州的利益和观念总能吸引国会的更多关注”。由此，麦迪逊认为，如果将国会放在匹兹堡，“从道义上可以肯定，放弃密西西比河航运权的投票连两票也得不到”。❶他还预言，来自南方各州的国会代表将“抓住第一个机会改变国会所在地”。[93]

事实上，1787年春天，就在费城会议召开之前，南方代表曾在国会提出一项建议，将国会所在地从纽约市迁回费城，该提议仅以一票之差失败。制宪会议再次讨论这一议题时，一些南方代表提出，应该允许国会两院不经总统同意便可迁移异地开会。来自马萨诸塞州的金反对这一主张，认为“国会开会地点变动不定会使联邦政府失信，且需要我们设计出尽可能强有力的应对方案”。不过，来自北卡罗来纳的斯佩特认为，如果没有这样的条款，国会“永远不可能［从纽约］搬走，尤其是在总统来自北方的情况下”。在这场辩论中，麦迪逊观察到，将国会置于一个中间地理位置非常重要，这将使它“以最平等的眼光思考，并最平等地对待国家的每一个部分”；在制定会议设计的新政府下，国会将拥有更大的权力和更多国内各地区代表，这些人前往国会开会都不太容易。[94]

在批准宪法的辩论中，中大西洋地区的许多政治领导人似乎认为，快速和决定性地投票批准宪法，将提高他们所在的州被选为新国家首都的可能性。参加特拉华州批准宪法大会的绝大多数代表同
425 意代表该州人民出让土地，以吸引国会将联邦首都设在该州。在制宪会议结束后的第二天，本杰明·富兰克林向宾夕法尼亚州议会建

---

❶ 18世纪80年代中期，那些反对罗伯特·莫里斯在公共财政方面扩大国家政府权力的人，曾试图将国会从费城迁走，因为“作为保守党的中心”，费城对国家政治施加了“不健康和危险的”影响。来自弗吉尼亚州的国会代表亚瑟·李认为，“罗伯特·莫里斯先生过分的和邪恶的影响在很大程度上源自［国会］位于这里”［费城］。参见 Davis, *Sectionalism in American Politics*, 59, 61–62［“作为”在59页（引用亚瑟·李的话）；“不健康”在61页（引用罗得岛州国会代表戴维·豪厄尔的话）］; 1783年7月21日亚瑟·李致圣乔治·塔克，*LDC*, 20: 436（“罗伯特”）; 另见 Bowling，上文，29–30, 36, 39–40; Banning, *Sacred Fire*, 46; Kohn, *Eagle and Sword*, 50; 1784年2月2日塞缪尔·奥斯古德致史蒂芬·希金森，*LDC*, 21: 324–325。

议了一个类似的策略，宾夕法尼亚州批准宪法大会采纳了他的建议；新泽西州批准宪法大会也做了同样的事情。在弗吉尼亚州批准宪法大会上，帕特里克·亨利抱怨道，特拉华想要成为国家首都所在地——“并得到相应的回报”——这一愿望“表现得如此强烈”，以至于它“没有多想”就批准了宪法。[95]

小州佐治亚批准宪法还有另外一个理由：它在与印第安部落的暴力冲突中迫切需要联邦的军事援助。18世纪70年代和80年代，随着大量佐治亚人根据皇家章程向西迁移，佐治亚宣称对直达密西西比河的西部领土拥有主权——他们日益侵占克里克印第安人的土地，这些印第安人在没有战败的情况下不愿割让这些土地。1787年秋天，佐治亚州立法机构召开了批准宪法大会，随后召开特别会议，处理州长所说的与克里克人“不可避免的”战争议题，并通过了一项立法，组建一支数千人的军队。新罕布什尔州的一名国会代表也注意到，此刻他的佐治亚州同事们“最担心的是与克里克部族发生公开战争……后者有七八千的士兵”。萨凡纳商人、佐治亚政治领袖约瑟夫·克莱（Joseph Clay）宣称，他“有理由担心我们卷入了一场全面的印第安人战争”。根据克莱的说法，双方已有数十人丧生，战争的继续预示着“这个州将遭受最具毁灭性的后果”。[96]

费城会议结束后不久，威廉·格雷森就预计，佐治亚州批准宪法的可能性“非常大”，它“目前因与印第安人的战争而身处困境，陷入极大的麻烦之中”。华盛顿也认为，佐治亚这样“一个弱州，背后是强大的印第安部落，侧翼［佛罗里达］又有西班牙人环伺”，如果不“接受一个强大的全国性政府，我认为他们的举动不是邪恶，就是疯癫”。[97]

事实是，佐治亚州的批准宪法大会历经不到两天的审议，就一致批准了宪法。反联邦主义者“一位哥伦比亚爱国者”哀叹，“佐治亚，由于担心与野蛮人之间的战争，为了能够得到保护而同意了［宪法］”。尽管佐治亚人普遍对集中的政府权力持怀疑态度——佐治亚州立法机构最初甚至投票反对派代表参加费城会议——但正如克莱所言，他们认为批准宪法对于“避免这场巨大的危机，一场与
426 印第安人的战争”至关重要。[98]

当这4个小州迅速采取行动，准备批准宪法之时，宾夕法尼亚实际上是第一个要求召开批准宪法大会的大州。宾夕法尼亚州的联邦主义者快速取胜的决心实在太过强烈，以至于他们的手法过于露骨。

1787年9月17日制宪会议结束时，在所有州的立法机构中，只有宾夕法尼亚州的立法机构仍处于会期之中（实际上，宾夕法尼亚州议会不得不腾出它的会议厅，交给制宪会议使用）。但议会在9月29日决定休会。休会前一天，联邦主义者提议，要求召开批准宪法大会，尽管当时要求各州批准宪法的消息还没有从国会所在的纽约市送过来。联邦主义者当时正控制着州议会，他们不希望再等几个月，到下一届议会开会时，才启动批准进程，特别是考虑到州议会的中期选举可能使他们失去多数席位。联邦派州议员认为，国会对宪法的态度与州议会的决定无关。他们坚持要求立即召开批准宪法大会，尽管宪法的文本尚未流传到该州西部各县。[99]

反联邦主义者希望将批准行动推迟到州议会选举和新议会开会之后，他们质疑是否有必要如此仓促表态。他们声称，州议会应该等待国会对宪法的裁决，州人民需要时间来审议拟议的宪法，而且即将举行的州选举基本上能让选民在批准宪法问题上指示他们的代表。反联邦主义者“哨兵”相信，应该“冷静而谨慎地审阅宪法”，他反对“费城市民［已向议会请愿快速行动］在对拟议的计划的原则进行理性考察之前就狂热地批准该计划”。[100]

为了减缓批准速度，19名反联邦主义者缺席了州议会，使其无

法达到2/3的必要法定人数要求。❶联邦主义者的反击是派出议会的法警，迫使两名议员返回议会，以达到法定人数。而这是在一群暴徒的协助下完成的。随后，议会将批准宪法大会代表的选举安排在11月初——联邦主义者对此让步了，他们最初曾希望在一个更早的日期举行选举——在两周后就召开批准宪法大会。[101] 427

当时的大多数人预计，宾夕法尼亚州的批准行动将是一场势均力敌的斗争。10月，古文诺·莫里斯告诉华盛顿，宾夕法尼亚州的情况尚不确定。费城及其周边地区对“这一事业热情高涨”，但莫里斯担心“偏远县镇的冷漠和乖戾性情”，以及该州官员的“邪恶行径”。大约在同一时间，麦迪逊告诉杰斐逊，宾夕法尼亚州可能发生“分裂”，宪法的支持者包括费城人、州宪法的批评者、贵格会教徒❷和大多数德裔人，而西部乡村及州宪法的捍卫者将会反对新宪法。小威廉·希彭，是理查德·亨利·李的连襟，也是费城著名医生，在批准宪法大会代表选举结果出来之前，他预测联邦主义者将赢得微弱多数——不超过“5票或6票”，而“受人尊敬的少数派”将提出“严厉尖锐的抗议”。[102]

事实证明，宾夕法尼亚州的批准宪法辩论在很大程度上是该州长达10年的政治斗争的延续。宾夕法尼亚州的1776年宪法是美国

---

❶ 一位联邦主义者后来谴责这种“擅离立法机关的行为”是玩忽职守，是“赤裸裸的暴政和邪恶行径”。参见“America：To the Dissenting Members of the Late Convention of Pennsylvania,” New York *Daily Advertiser*, Dec. 31，1787，*DHRC*，19：492。

❷ 来自缅因州的贵格会传教士詹姆斯·尼尔在马萨诸塞州批准宪法大会上批评宪法条文不准国会在未来20年触碰对外奴隶贸易问题，之后，马萨诸塞州的联邦主义者杰里米·贝尔纳普曾询问他在宾夕法尼亚州的盟友本杰明·拉什，宾夕法尼亚州的贵格会教徒如何对待批准问题。拉什回答说，除了少数例外，宾夕法尼亚州的贵格会教徒“高度支持建立联邦政府”。事实上，宾夕法尼亚州批准宪法大会上的所有8名贵格会教徒都支持批准宪法。参见1788年2月12日贝尔纳普致拉什，*DHRC*，7：1588；1788年2月28日拉什致贝尔纳普，*DHRC*，16：250，251–252 nn. 2–3（“高度支持”在250页）。

最激进的民主宪法。它废除了选举和任职的财产要求，这意味着大约90%的成年男性可以参与政治。它还建立了一个软弱的行政机构和一院制立法机构，要求它们举行公开会议，公布其会议记录，并在颁行之前将法案公示一段时间。自州宪法通过以来，宾夕法尼亚州的保守派人士一直试图对其进行实质性修改；他们的主要目标是争取为州立法机构设立第二个议院，并设立一个更强大的行政机构和一个更独立的司法机构。[103]

1787年，宾夕法尼亚州的保守派希望，赢得批准宪法的巨大胜利，能够使他们获得充分控制州政治的权力，从而通过一部新的州宪法。州内大多数反对联邦宪法的人都来自“立宪主义者”——那些支持1776年州宪法的人。因此，联邦主义者“一位地主”认为，宾夕法尼亚的宪法之战不过是“拿着不同武器进行的旧战争”。当一派宣布支持联邦宪法时，“另一派就有充分的动机反对它”。同样，麦迪逊也向杰斐逊报告，“［宾夕法尼亚州］问题的原因……更多是
428 源自州内的派系斗争，而不是宪法所提出的新体制”。[104]

在选举批准宪法大会代表的过程中，联邦主义者赢得了比普遍预期大得多的胜利。报纸估计他们将以2∶1的优势获胜。❶不足为奇的是，这次选举还显示出明显的地域性差别，东部地区压倒性地支持联邦主义候选人，西部地区则支持反联邦主义者。[105]

在从11月20日开始的为期三周的批准宪法大会审议过程中，反联邦主义者一再质疑制宪会议的程序过于“鲁莽草率”。至于宪法

---

❶ 反联邦主义者将他们在选举批准宪法大会代表中的糟糕表现归咎于，“大多数人”还没有从费城会议提议所造成的震惊中恢复过来，还不“知道应该参加哪些活动，或者如何投票，他们还处在晕头转向的状态”。参见 Philadelphia County Petition to the Pennsylvania Convention, Dec. 11, 1787，同上，318；另见“Columbus,” *Pennsylvania Herald*, Dec. 8, 1787，同上，314。

本身，他们提出了反联邦主义者通常会提的反对意见：宪法的“集权”倾向、授予国会过多的权力、缺乏年度选举、联邦政府的代表性不足，而这将助长其“贵族”倾向，以及缺乏权利法案。[106]❶

反联邦主义者意识到他们在数量上寡不敌众，没有机会阻止宪法获得批准，但他们认为，至少应该允许他们提出修正案。不过，联邦主义者坚持认为，批准宪法大会只有批准或否决宪法的权力，没有“变更或修正”宪法的权力。[107]

一些反联邦主义者还提出让批准宪法大会休会几个月，因为民众需要时间来“仔细审查”新的政府体制——它“完全废除了现存的邦联体制”，而且严重背离了大家对费城会议的“总体期待”。他们声称，延期不会“给联盟造成任何拖延”，因为有几个州要在大约6个月后才举行批准宪法大会。此外，休会将使宾夕法尼亚州人民有时间考虑他们可能赞成的宪法修正案，并了解其他州提出的修正案。不过，联邦主义者轻而易举地就挫败了他们的休会动议。[108]

最后，联邦主义者甚至不允许他们的对手在批准宪法大会的日
志上记录下他们反对宪法的理由和他们所提出的修正案。联邦主义 429
者认为，在日志上记录反联邦主义者反对批准宪法的理由，会不必要地增加纳税人需要支付的印刷成本；而将他们提出的修正案列在日志上，会让人觉得宾夕法尼亚州反对宪法的声音似乎大于实际情况。1787年12月13日，宾夕法尼亚州以46票赞成、23票反对的结果通过了宪法，成为继特拉华州之后美国第二个批准宪法的州。[109]

---

❶ 詹姆斯·威尔逊是宾夕法尼亚州批准宪法大会代表中唯一参加过费城制宪会议的人，他从联邦主义者的立场主导了批准宪法大会议程。一位富有同情心的观察家向托马斯·杰斐逊报告，威尔逊的表现使“所有听众大吃一惊，德摩斯梯尼和西塞罗的力量似乎在这个能言善辩的演说家身上融为一体”。参见 Kaminski and Moore, *An Assembly of Demigods*, 150［引用费城联邦主义者、《独立宣言》签署人弗朗西斯·霍普金森（Francis Hopkinson）的话］。

然而，事实证明，宾夕法尼亚州联邦主义者为确保快速批准宪法而采取的激进策略代价高昂。反联邦主义者认为，自从州立法机构首次接到宪法之日起，他们就一直遭受着不公平对待。有鉴于此，他们认为，自己在批准宪法大会上的失败，不能成为放弃自己一方事业的充分理由。批准宪法大会上的持异见者提交了一份流传全国的演说稿，并且由于其作者遭受到胁迫，这份演说稿引起了特别注意。他们在演说稿中有针对性地抱怨，为了使州议会达到法定会议人数以便召开批准宪法大会，联邦主义者使用了“暴力和暴行”，他们更普遍地使用“柏油和羽毛，来蓄意对付那些不愿立即支持拟议中的政府的人”。[110]

宾夕法尼亚州的反联邦主义者还发起了一场请愿运动，谴责制宪会议越权，并呼吁宾夕法尼亚州议会拒绝认可该州批准宪法大会的投票结果。1788年3月底，他们给州议会提交了一份包含6 000多人签名的请愿书。[111]

联邦主义者谴责他们的对手不承认多数人对于宪法的裁决，认为他们这是“彻头彻尾的反叛”，是“顽固、卑鄙的政治上的邪恶之举”。然而，正如麦迪逊在宾夕法尼亚州批准宪法大会结束几周后告诉华盛顿的那样，他们也担心，反联邦主义者“不甘心于他们的失败，蠢蠢欲动”，如果他们能够重新控制州议会，“将会极力破坏州议会所做的一切”。麦迪逊尤其担心，马萨诸塞州正在召开批准宪法大会，如果马萨诸塞州否决了宪法，宾夕法尼亚州的反对者“可能会更有胆量搞一些更轻率的试验”。[112]

在新英格兰遇到麻烦

宾夕法尼亚州和几个较小的州迅速而相对容易地批准了宪法，

这有助于推进支持宪法的势头。例如，后来成为批准宪法的第五个州的康涅狄格州，它的报纸报道了特拉华州和新泽西州一致通过宪 430
法的投票结果，从而为批准宪法发出了积极的信号。批准宪法辩论的双方都明白，一个州的批准决定——尤其是大州的决定——将影响后来做出决定的州的选择。在弗吉尼亚州召开批准宪法大会时，已经有相当数量的州（八个）批准了宪法，有鉴于此，华盛顿告诉麦迪逊，“我不是说单纯的数字就会在人们头脑中产生信念，但我认为，只要一个人怀疑自己是否绝对正确，如此众多的州批准宪法，便足以改变［他们的］行为”。由于各州的行动相互影响，联邦主义者和反联邦主义者都敦促他们遍布各地的盟友密切关注处于批准进程中的诸州的事态进展。[113]

而且，在这一进程初期，批准宪法的州为无条件批准——在没有先提出修正案的情况下批准宪法——确立了一个先例。马萨诸塞州的反联邦主义者内森·戴恩后来反思：“当少数几个州在不做任何改变的情况下接受宪法时，情况便发生了实质性变化。”如果其中一个州迅速否决宪法或在批准前坚持提出修正案，那么，拒绝批准宪法的可能性就会大大增加。[114]

联邦主义者的批准宪法运动在新英格兰地区遇到了第一个大麻烦。可以肯定的是，康涅狄格州在1788年1月9日成为第五个批准宪法的州。这让马萨诸塞州的联邦主义者松了一口气，将在同一天他们召开批准宪法大会，故而大多数人都热切地关注着康涅狄格州的进展。马萨诸塞州和新罕布什尔州是第六个和第七个召开批准宪法大会的州。马萨诸塞州是第二个——宾夕法尼亚州是第一个——召开批准宪法大会的大州，也是所有州中批准结果遭受严重怀疑的第一个州。[115]

在全国各地，密切关注事态进展的人们都焦急地等待着马萨诸塞州批准宪法大会的结果，他们普遍认为，大会将对更大范围内的批准辩论结果产生重大影响。古文诺·莫里斯告诉一个朋友，在五个州已经通过宪法的情况下，联邦主义者“不耐烦地等待着马萨诸塞州的审议结果。如果该州也通过了……那么毫无疑问宪法将得到普遍认可”。爱德华·卡林顿在写给麦迪逊的信中说，“一切似乎都取决于”马萨诸塞州。马萨诸塞州是“如此重要”，即使其他九个州批准了宪法，它也可能与弗吉尼亚一起，“即便不能完全阻止新政府发挥作用，也能使其悬而不决的时间远远超过我们的国情所能容许的时间”。麦迪逊预言，马萨诸塞州的失败可能会降低弗吉尼亚州批准宪法的机
431 会，并赋予宾夕法尼亚州反对者新的活力；他告诉金：“目前还很难说事态的发展在多大程度上取决于你们州的审议结果。”纽约州还不确定本州的立法机关是否会召集批准宪法大会，那里的联邦主义者指望马萨诸塞州“能够成为我们的政治救世主”，而反联邦主义者则宣称，马萨诸塞州的决定“肯定会对批准事业的最终结果产生重大影响”。这是批准宪法斗争中的一个决定性阶段。[116]

由于以下种种原因，马萨诸塞州的批准宪法行动从一开始就注定面临挑战。首先，该州对谢斯反叛提供最大支持的几个县，派了几十名代表参加在波士顿举行的批准宪法大会——戈勒姆估计，有18到20名代表实际上曾在谢斯的军队中服役——他们绝大多数都反对批准宪法。正如我们在第二章中所看到的，镇压谢斯反叛的结果，是对其支持者进行了政治动员，这些支持者会因为宪法得到东部政治精英的支持而倾向于反对宪法。金向麦迪逊解释道：

> 尽管大多数精英人士支持宪法，但几个月前在该州的几个县盛行的那种狂热情绪——鼓动他们拿起武器反对政府——似乎对我们这次批准宪法大会中的许多人具有不可

控制的权威。他们的反对意见并不是针对宪法的任何部分，他们反对宪法的依据似乎源自一种不可动摇的观点，即，有人蓄意要伤害他们；宪法要确立的制度是富人和野心家的产物；他们洞悉其奸；这套制度的结果是在社会中建立两种秩序，一种是富人和强人的，另一种是穷人和文盲的。在我们州，富人和理智的人形成支持宪法的非凡联合，他们的观点牢不可破；迄今，任何改变他们看法的行动都是徒劳。[117]

此外，来自缅因地区的批准宪法大会代表，大概有50名，他们普遍倾向于反对批准宪法。戈勒姆向麦迪逊解释道，“他们中的许多人以及选举他们的选民，都占用着别人的土地，他们害怕被追究责任”。而且，根据戈勒姆的说法，缅因地区的许多代表错误地认为，如果宪法获得批准，“他们最期望的独立建州计划，将会失败”。此外，主要居住着贵格会教徒的楠塔基特，拒绝任命本地的五名代表，根据戈勒姆的说法，贵格会的和平主义——“愚蠢的宗教幻想”——导致他们反对宪法，因为宪法赋予了国会维持军队的 432
权力。[118]

马萨诸塞州抵制宪法的另一个因素源自其公民对地方民主、年度选举和小型立法选区的长期经验——所有这些都被宪法在联邦层面上否定了。格雷森在1787年春（在宪法文本制定之前，因此也是在他形成反联邦主义倾向之前）悲伤地观察到，尽管谢斯反叛可能说服新英格兰精英支持“一个非常强大的政府”，并说服他们意图“压服所有的州议会”，但马萨诸塞州的大部分人民依然相信，政府已经过于强大了，并打算“为了使它更民主而再次反叛”。此外，作为一个大州，马萨诸塞州将因宪法保障各州在国会参议院的平等代表权而处于不利地位。[119]

尽管上述诸多因素都表明，批准宪法运动在马萨诸塞州将会遇到巨大障碍，但是，联邦主义者对波士顿地区的最初预测却非常乐观，这可能是受到波士顿显示出的压倒性支持宪法态势的影响。联邦派律师和州议员克里斯托弗·戈尔写信给金说，“联邦计划很受尊重，从目前的情况看来，这项计划很容易获得通过”。同样，波士顿商人、前大陆军上校亨利·杰克逊也告诉亨利·诺克斯，“本州肯定会采纳拟议中的宪法”。麦迪逊在纽约市收到相关报告后，得出结论说，即使“是波士顿最有可能提出反对意见的政党，也热情地支持宪法”。[120]

马萨诸塞州批准宪法辩论的一大不确定因素，是著名政治家埃尔布里奇·格里的态度，他曾代表马萨诸塞州参加费城会议，并拒绝在宪法文本上签字。制宪会议结束一个月后，格里给马萨诸塞州议会写了一封信——信很快就公开了，并被广泛刊载——他在信中解释了自己在费城的行为。他承认宪法的“伟大功绩”，并承认在会议上因没能就如此重要之事与那些令人尊敬的同事达成一致而“很痛苦”；但格里仍坚持认为，“这套制度没有保障美国的自由，我有责任反对它”。他认为宪法的主要缺陷在于，赋予国会“模糊”而“危险”的权力，联邦政府的代表性不足，立法权和行政权混合，
433 司法部门具有“压迫性”，以及缺乏一份权利法案。[121]

联邦主义者立即表示，担心格里的信会损害他们的事业。麦迪逊在写给华盛顿的信中说，格里的反对意见会“动摇一些人的信念，并鼓励该州其他一些人反对宪法”。爱德华·卡林顿预言，这封信可能会“造成一些不良影响”。不过，马萨诸塞州立法机构拒绝了格里几乎不加掩饰的要求，即他要求到州议会进一步当面解释自己反对宪法的理由，并轻而易举地通过投票要求召开批准宪法大会。[122]

格里的信公开一个月后，正如戈勒姆在写给诺克斯的信中所说的那样，很显然，它造成了“极大的破坏”。一个自称“朴素的乡下人”的人在《马萨诸塞哨兵报》(*Massachusetts Centinel*)上发文，表示他最初对新宪法“非常满意”，“我和我所有的邻居都决定投票支持它”。然而，格里的信“提醒了我们，让我们担心我们的自由会受到威胁”。在格里的信公开之前，亨利·杰克逊信心满满，相信马萨诸塞州能够轻易通过宪法，但现在却忧心如焚。他写信给诺克斯说，“格里那封臭名昭著的信，对这个国家造成的伤害比他一生所能赎的罪还要多……你不知道这封信给联邦宪法的命运带来了怎样的转变，也不知道它会给联邦宪法带来怎样沉重的打击……该死的格里！该死的格里！在此之前，一切看起来都很好，本州前景一片大好，现在我开始怀疑了”。马萨诸塞州的另一位联邦主义者指出，如果宪法“被否决，一定是拜格里先生所赐。有时候，一个人的声音是多么重要”！[123]

麦迪逊从那些到达纽约市的马萨诸塞州联邦主义者那里读到了这些报告，他也开始怀疑马萨诸塞州是否会批准宪法。12月，他告诉杰斐逊，这件事存在“很大的不确定性”。他还写信给华盛顿，谨慎地建议，当华盛顿与马萨诸塞州的联邦主义者通信时，“如果有合适的机会……明确表达您对该方案的良好祝愿”。[124]

与此同时，马萨诸塞州的另一位著名政治家的观点也可能对马萨诸塞州批准宪法的命运产生重要影响。1787年12月初，当马萨诸塞州选民开始选举代表参加州批准宪法大会时，革命英雄塞缪尔·亚当斯还没有在宪法问题上公开表态。但在私下里，他告诉当年大陆会议的老同事理查德·亨利·李，他反对批准宪法，因为宪法创建了“一个全国性政府，而不是一个由主权州组成的联盟”，他担心这会助长贵族政治。[125]

不过，到12月底，波士顿选民选举亚当斯为该州批准宪法大会
435 的代表后，报纸上开始出现他是“新政府方案敌人”的传言。联邦主义代表克里斯托弗·戈尔指出，有理由相信亚当斯撰写了最近发表的署名“赫尔维乌斯·普里斯库斯”（Helvidius Priscus）的反联邦文章。他说，亚当斯“完全反对它［宪法］”，并提醒联邦主义者不要在亚当斯在场的情况下讨论他们的会议策略。[126]

1788年1月3日，马萨诸塞州批准宪法大会召开的6天前，前州长詹姆斯·鲍登在家中款待了波士顿地区的大部分会议代表，除了亚当斯外，所有在场的代表都表示支持宪法。根据戈尔对当晚谈话的报告，亚当斯“公开而坚决地反对”宪法，理由是这个国家太大了，不适合建立一个单一的政府，“不应该由联邦来征收内部税，而且，联邦的代表性也不够”。在戈尔看来，亚当斯所相信的唯一
435 能减缓其反对意见的宪法修正案，将“彻底摧毁”这个体系。戈尔的结论是，除非有什么事情改变了他的想法，否则亚当斯将“不屈不挠地，想尽一切办法让宪法无法获得［批准］”。[127]

有关亚当斯批评宪法的传言四起，波士顿的商人们——用戈勒

图 6.3　塞缪尔·亚当斯，马萨诸塞州和国家革命运动领袖之一，后来成为马萨诸塞州的副州长和州长。

姆的话说——组织了“波士顿有史以来人数最多的一次团体会议，以讨论如何采取”回应行动。1月7日，380名商人齐聚一堂，一致通过决议，否认商人反对批准宪法的“虚假和无中生有的”谣传。商人们表达了支持宪法的强烈意愿，他们说，“宪法将会很好地捍卫美国公民的权利”，并“恢复和增加……贸易与航运”。商人们警告，任何参加批准宪法大会的波士顿代表，如果不支持无条件批准宪法，无疑会“违背他们的最佳利益……最强烈的感受和最热切的期盼”。几位联邦主义者预计，这份主要针对亚当斯的商人决议，将影响他在批准宪法大会上的态度。[128]

马萨诸塞州批准宪法大会于1788年1月9日召开。要求旁听的观众太多，以至于会场不得不从波士顿州议会大厦改到附近的一座大教堂。18世纪70年代末的经验，已经使马萨诸塞州公民习惯于在考虑、批评和修改州宪法方面发挥积极作用。因此，联邦主义者希望不经太多讨论就迅速批准宪法的强烈愿望，在马萨诸塞州是行不通的。而且，反联邦主义者在大会上具有明显优势——选民指示许多代表，要么直接拒绝批准宪法，要么要求增加修正案——联邦主义者别无选择，只能同意费力地逐段审议宪法文本。不过，正如联邦主义代表西奥菲勒斯·帕森斯所言，这种讨论模式“对我们来说可能是最有利的，因为它将使我们有时间在决定重大问题之前发挥我们的影响力”。[129]

批准宪法大会的一个主要议题是联邦政府的代表性问题。代表们批评国会众议院的规模太小，而且每两年才举行一次众议员选举——这两者都与马萨诸塞州的做法大相径庭。一位反联邦主义者担心，宪法采纳了南方各州“截然不同的”习惯，那里的选举“并非如此自由和公正”。许多代表还担心，国会将会出于不正当的目的，使用自己的权力来控制联邦选举的时间、地点和方式，偏袒联邦主义候选人。[130]

另外，马萨诸塞州批准宪法大会极为关注国会的征税权——尤
436 其是这种权力是否应扩大到征收直接税。一些代表还批评参议院的议席分配方案对人口最多的州——比如马萨诸塞州，不公平。其他重要辩论议题还包括宪法对奴隶制——特别是对外奴隶贸易问题——的态度，以及宪法没有要求联邦政府官员进行宗教性宣誓，这也招来了很多批评意见。联邦主义代表们一再强调赋予国会监管商业权力的重要性，他们认为这对振兴新英格兰经济至关重要。[131]

马萨诸塞州批准宪法大会最显著的特点之一——也是许多与会者所注意到的，是双方在演讲技巧上的极端差异。❶纳撒尼尔·巴雷尔（Nathaniel Barrell），一位来自缅因地区的反联邦主义代表，语带讥讽地说，“在这庄严的大会面前，我心生敬畏，意识到自己无法在这一重要场合充分表达所思所想，我也知道，自己在那些口若悬河、辞藻华美的演说家眼中，是多么微不足道。”巴雷尔也不想假装“具有超越自己职业需求的语言天赋”——他就是一个“普通的农夫”——他声称自己无法“像西塞罗那样发表令人愉悦的讲话，也不可能像德摩斯梯尼那样雄辩滔滔”。马萨诸塞州的另一位反联邦主义者本杰明·兰德尔（Benjamin Randall）表示，他不希望大会被“最优秀演说家”所左右，他开玩笑地提出，如果这些捍卫宪法的“伟人们”“发表一半反对宪法的言论，我们就可能会在48小时内完成手头的工作，然后回家去”。金在大会上向麦迪逊报告，反联邦主义者“抱怨律师、法官、牧师、商人和受过教育的人都支持

❶ 马萨诸塞州的一些反联邦主义者，如埃尔布里奇·格里、詹姆斯·沃伦和詹姆斯·温斯洛普（James Winthrop），都是精英分子，但他们居住在压倒性地支持批准宪法的商业城镇，因此无法当选为批准宪法大会代表，从而加剧了反联邦主义者在批准宪法大会的精英代表中的劣势地位。参见 Hall, *Politics Without Parties*, 275。

宪法；而且，为了支持宪法，他们似乎能够把最坏的情况变成更好的理由”。[132]

因为对他们在辩论上的精英主导地位的抗议如此频繁，气急败坏的联邦主义者不得不否认“那些拥有教育优势的绅士是国家权力的敌人”。一位联邦主义者宣称，不能说“富人、有学问的人以及自由职业的人联合起来建立和支持专制形式的政府”，这样含沙射影“既刻薄又不仁慈”。一篇署名“普通人”（Plain man）的文章写道，他“依靠犁来生活”，但也觉得有必要出来“为律师、有学问的人和富人说两句”。他提出“我们必须同甘共苦”，并坚持认为，不能［仅仅］“因为［这些人］……喜欢宪法，就把宪法看得一文不值”。[133] 437

在会议的头两周内，批准宪法工作受到很大的怀疑。1月16日，戈勒姆告诉诺克斯，“前景并不乐观。目前有很多人反对我们，反对派领导人表示他们确信能取得胜利”。1月18日，联邦主义代表西奥多·塞奇威克写道，“在召开批准宪法大会时，大多数人无疑是反对宪法的。在辩论过程中，有几个人肯定改变了看法。目前还不能断定哪一方是多数”。两天后，金告诉麦迪逊，反联邦主义者“彼此确认，他们拥有不可改变的多数支持；我们的朋友怀疑对手的力量，但也不完全相信自己的力量”。实际上，在1月22日，缅因地区的反联邦主义者塞缪尔·纳森就预言，这部宪法将以近50票的巨大优势被否决。[134]

由于害怕失败，联邦主义领导人做出了一个关键性决定：他们放弃了坚决反对任何修正案的做法，不再如前几个州的批准宪法大会那样，要求不加修改地批准宪法，而是同意在批准宪法之后，随即提出宪法修正案。

1月23日，金在给麦迪逊的信中写道，“我们前景黯淡，但希望并未完全破灭”。他说，联邦主义者“现在正考虑提出修正案，不是作为我们同意和批准宪法的条件，而是作为批准宪法大会批准宪法的条件”。金认为这个计划“可能会争取到一些代表，但效果依然值得怀疑”。[135]

几天后，戈勒姆给麦迪逊提供了一份类似的报告——不过稍微乐观一些。尽管他认为联邦主义者都拥有超强的能力，但还是“觉得我们会输掉，除非我们能通过修正案拉拢一些反对者。我的意思不是要以此作为批准的条件——只是建议这么做。按照这个计划，我觉得我们可能会获得12或15个人的多数票——不可能更多”。[136]

1月26日，反联邦主义者“汉普登”（Hampden）在《马萨诸塞哨兵报》上首次公开建议，大会应在先提出修正案的条件下批准宪法。第二天，金对诺克斯说，反联邦主义者“大致赞同”这一提议，这表明他们“对自己一方的人数不那么有信心，因为在此之前，他们一直没有接受修改宪法的建议，并在内部坚持全盘否定宪法”。联邦主义代表本杰明·林肯（正如我们在第二章中看到的，他曾带领军队，镇压谢斯反叛）向华盛顿保证，有条件地批准宪法的建议“不会受到代表们的重视”，尽管存在这种可能性，即“如果我们完

图6.4　马萨诸塞州州长约翰·汉考克，一位富有的波士顿商人，曾任第二届大陆会议主席，并签署了《独立宣言》。

全采纳宪法，批准宪法大会可能会建议制定某些修正案”。[137] 438

联邦主义者觉得，由他们自己提出修正案，只会引起反联邦主义者的怀疑，他们转而选择使用中间人：约翰·汉考克和塞缪尔·亚当斯。正如联邦主义者、批准宪法大会所在教堂的牧师杰里米·贝尔纳普（Jeremy Belknap）所解释的那样，“在提出宪法修正案时，汉考克明显是傀儡；修正案是联邦主义者协商的产物，他们认为由汉考克提出来，比其他人提出来，更容易被接受”。[138]

州长约翰·汉考克的名字排在《独立宣言》签名者的首位，他被选为马萨诸塞州批准宪法大会的主席，但是身患痛风顽疾使他无法参加前三周会议的讨论工作。汉考克在批准宪法问题上的立场还不明确，不过金对诺克斯说：“在我看来，他似乎对宪法感觉良好，
只是不想表达支持宪法的意见。”❶不过，根据另一份联邦主义者的 439
报告，反联邦主义者利用汉考克不出席会议的机会，“不厌其烦地说，汉考克阁下反对宪法，并建议大会拒绝批准宪法”。正如我们所看到的，在召开批准宪法大会之前，亚当斯曾强烈反对批准宪法。不过，波士顿的商人们为批准宪法而举行的声势浩大的集会，可能已经达到了迫使亚当斯重新考虑其观点的预期效果。[139]

联邦主义者向汉考克发出爱国主义呼吁的同时，也为他提供了政治支持。正如金向诺克斯解释的那样，汉考克在竞选连任州长时，将“得到［前州长］鲍登的朋友们的普遍支持”。此外，他们还告诉汉考克，“如果弗吉尼亚州不能团结起来，当时还悬而未决……他将被视为唯一合适的总统候选人”（如果弗吉尼亚州不批准宪法，

---

❶ 金还相信，汉考克的痛风发作不过是出于政治目的的借口，“只要批准宪法大会的任何一方成为多数派，他的健康状况就会立即改善”。参见 1788 年 1 月 20 日金致霍雷肖·盖茨，*DHRC*，7：1538–1539；另见金致乔治·撒切尔，同上，1541。

乔治·华盛顿就没有资格担任总统）。联邦主义代表、商人和州议员特里斯特拉姆·道尔顿（Tristram Dalton）报告，联邦主义者“为了推行我们的观点，牺牲了一切——除了道德上的诚实”。[140]

汉考克接受了联邦主义者的建议，1月30日，他第一次出现在批准宪法大会上，第二天早上他发表了讲话。汉考克承认他突然介入可能有些不适当，由于先前“身体有恙，不便行走，他无法出席会议，发表看法”。汉考克请代表们相信，自己一直在关注会议信息，并通过阅读报纸跟踪辩论进展。汉考克注意到，大会讨论过程中所显示的“倾向非常不一致”，他提出几条修正案，“以打消某些先生们的反对意见”。这些修正案将限制明确授予国会的权力；限制国会控制联邦选举的时间、地点和方式；削减国会征收直接税的权力；要求陪审团审判联邦民事案件，在联邦刑事诉讼中要求经过大陪审团审判才能定罪。[141]

亚当斯赞同汉考克的提议。他承认自己对宪法有些疑虑，并认为，拟议的宪法修正案“有利于消除这些疑虑和整合大会的思想”。亚当斯还预计，“这项来自马萨诸塞州的提案，本身极其重要，将会发挥重大作用”，并“对整个联邦极有裨益”——其中就包括“极度焦虑不安”的宾夕法尼亚州。[142]

在随后的几天里，一些反联邦主义者抗议说，马萨诸塞州批准宪法大会无权提出宪法修正案，他们怀疑已经批准宪法的五个州，现在是否愿意支持这样的修正案。联邦主义者回应道，批准大会是
440 “有史以来最能代表人民的机构”，具有提出修正案的充足权威。他们还预计，“考虑到马萨诸塞州的影响力”，以及所提出修正案的“普遍性——不是……专门为这个州的具体利益考虑”，其他州将热切地支持这些修正案，而第一届国会也将批准它们。[143]

有些联邦主义者私下里开始预言胜利。道尔顿写道，汉考克和

亚当斯支持宪法将“使这一问题得到有力解决”。亨利·范·沙克（Henry Van Schaack）是马萨诸塞州西部地区的一名联邦主义者，他一直在接收来自波士顿的报告。沙克告诉他的兄弟，汉考克的行为“对许多犹豫不决的代表产生了惊人的影响”，而“[现在]反对派丧失了成功的信心”。戈勒姆预计，在最后投票时，联邦主义者将多获得大约15票。金给麦迪逊的报告则较为慎重，“我们的希望越来越大”，但是他也担心汉考克的“性格中并非完全没有反复无常的成分”，可能仍会“辜负我们目前的期望”。[144]

不过，州长履行了他的诺言。马萨诸塞州批准宪法大会将他的建议提交给一个人数众多的委员会——该委员会成员的人数本应在两派之间取得平衡，但联邦主义者仍然占据多数——其随后提出的修正案与汉考克提议的修正案非常相似。会议最后一天，汉考克支持批准宪法，并“充分相信拟议的修正案将很快成为新制度的一部分”。[145]

反联邦主义者意识到自己一方将要失败，便提议休会。正如一位反联邦主义评论者解释的那样，休会“不仅会使我们的公民形成成熟的判断，而且还会使他们有机会从其他一些州[尤其是弗吉尼亚州]的意见中获益，这些州虽然也关注这一问题，但并不十分热心”。不过，联邦主义者以214∶115的优势挫败了2月5日的休会动议，从而抵挡了这一战术。[146]

2月6日举行最终投票之前，一些反联邦主义代表站起来解释他们为什么会改变主意，投票赞成批准宪法。1780年毕业于哈佛学院的小威廉·西蒙斯（William Symmes，Jr.），曾认为宪法具有“重大缺陷”，但又担心“完全拒绝”宪法所引发的后果，他认为州长汉考克“以中间人的角色”介入，正如“黑暗中的一道希望之光照亮了他的内心”，引导他赞成批准附加了修正案的宪法。另一名反联邦主义代表、来自锡楚埃特（Scituate）的查尔斯·特纳（Charles

Turner）指出，他曾“反对接受最初的宪法版本”，但是最近提出的几条宪法修正案“改变了”他的看法。他“尊重马萨诸塞州白发苍苍的领袖”，并考虑到拟议修正案的“普遍性和重要性”，故而相
441 信，这些修正案将获得“普遍的接受”。[147]

最终，马萨诸塞州批准宪法大会以187∶168的微弱优势通过了宪法。它同时建议对宪法进行“某些修正和改变”，以“消除州内许多善良人民的恐惧，平息他们的忧虑”。[148]

联邦主义者不仅赢得了投票，而且在最终投票结束后，他们的几个对手也站出来表示——用反联邦主义代表约翰·泰勒的话说，他们自己是“被公平地击败的”。令联邦主义者高兴的是，泰勒说，“他决心回到家乡，努力在民众之间注入一种和谐与友爱的精神”。另一名反联邦主义代表威廉·威杰里（William Widgery）也同样表示，他将告诉自己的选民，他曾反对宪法，但“被博学明智的多数人”所击败，他将“努力在他所代表的人民中间播下联盟与和平的种子”。那天晚些时候，金在给麦迪逊的信中写道，与宾夕法尼亚的反对派不同，马萨诸塞州的“少数派颇有风度”；看到反联邦主义者如此“宽宏大量”，他相信“宪法将在我们州得到热情的批准和广泛的认可”。[149]

确实，在批准宪法大会召开后的几个月里，来自马萨诸塞州各地的大量报告表明，这些反联邦主义者大多兑现了他们的承诺，而州内反对宪法的风潮也基本平息。比如，1788年3月下旬，反联邦主义者、批准宪法大会代表西拉斯·李（Silas Lee）在缅因地区的比迪福德报告：“现在我们似乎恢复了和平状态，许多曾经强烈反对宪法的人而今成了它的热心拥护者。”[150]

春季的选举结果似乎表明，马萨诸塞州的公众舆论强烈支持该州批准宪法大会的结果。联邦主义者遵守他们的承诺，没有提出候

选人与现任州长汉考克竞争。格里是一个不情愿的反联邦主义候选人，汉考克击败了他，赢得了81%的选票。联邦主义者则赢得了副州长的职位，并在州议会两院获得了绝大多数席位，这让亨利·范·沙克得出结论：“联邦主义获得如此惊人的发展，以至于在私下谈话中，都没有人反对宪法。”[151]

马萨诸塞州批准宪法大会取得的积极成果是该州联邦主义者的
巨大成就。❶在给华盛顿的一封信中，诺克斯总结了其中原因。他 442
指出，“现在我们已经知道了，在召开批准宪法大会之初，大多数人对它［宪法］有偏见”。诺克斯接着解释了联邦主义者如何“以最谨慎和明智的方式推进议题，以最大的善意和坦诚讨论每一项反对意见，但对其中几项并没有提出疑问，从而避免了党派意见之争”。此外，正如亨利·杰克逊告诉诺克斯的那样，如果州长汉考克没有“非常积极地支持批准宪法的话，我们［联邦主义者］绝对无法获得批准宪法的投票”。汉考克州长“此举为自己赢得了不朽的声誉”。民望极高的汉考克支持批准增加修正案的宪法，可能为反联邦主义代表提供了政治掩护，使他们可以改变对宪法的立场。[152]

虽然马萨诸塞州的联邦主义者为其成就感到自豪，但麦迪逊认为，马萨诸塞州批准宪法大会的结果更像是一个大杂烩。反联邦主

---

❶ 2月8日，他们在波士顿举行庆祝游行，4500人参加，那是截至那时美国历史上规模最大的游行。其他大城市——巴尔的摩、纽约和查尔斯顿——后续在庆祝各自所在州批准宪法的游行中，试图超越波士顿的规模。费城7月4日为庆祝宪法获得足够数量的州批准所举行的游行活动，规模超过了上述所有城市。波士顿的庆祝活动，参见 The Federal Procession, Feb. 8，1788，同上，1615。有人甚至认为，巴尔的摩的庆祝规模超过了波士顿，参见1788年5月6日亨利·霍林斯沃思（Henry Hollingsworth）致列维·霍林斯沃思（Levi Hollingsworth），*DHRC*，12：719。纽约人吹嘘他们的游行是美国有史以来规模最大的游行，参见1788年7月25日塞缪尔·布莱克利·韦伯致凯瑟琳·霍格博姆（Catherine Hogeboom），*DHRC*，21：1619；1788年7月24日埃弗特·班克致亚伯拉罕·班克，同上，1338。

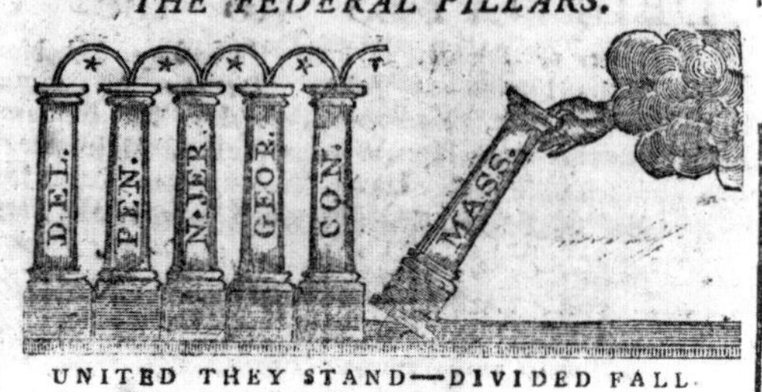
The CENTINEL.

States—like the gen'rous vine ſupported live,
The ſtrength they gain is from th'embrace they giv

THE FEDERAL PILLARS.

UNITED THEY STAND—DIVIDED FALL.

A veſſel arrived at Cape-Ann, after a ſhort paſ-
ſage from Georgia, confirms the pleaſing intelli-

图 6.5　马萨诸塞州是“伟大共和国上层建筑”的第六根支柱，这个流行的比喻源自《马萨诸塞哨兵报》的出版者本杰明·拉塞尔（Benjamin Russell）。

义者的投票数量“大得令人不安”，好在失败者的绅士风范“稍稍缓解了这种不安”。反联邦主义者所建议的修正案简直是“白璧上的瑕疵”，但至少它们“出现的形式并不令人太过恼火”——它们并不是批准宪法的先决条件。[153]

伦道夫与麦迪逊一样，对马萨诸塞州的最新情况感受复杂。一方面，他将马萨诸塞州看作“微不足道的陷阱”，根本不算“真正的战斗”，因为它提出的一些修正案是“不可能被接受的”。另一方面，他则承认，如果马萨诸塞州拒绝接受宪法，宪法“在这里［弗
443 吉尼亚］也会受到谴责”。[154]

面对来自马萨诸塞州的消息，其他一些联邦主义者则要乐观得多。华盛顿告诉麦迪逊，马萨诸塞州批准宪法，“对本州［弗吉尼亚］反对宪法草案的人来说，是一个沉重的打击”。他写信给金说，“对那些还在犹疑不决的州，也会产生良好的效果”。爱德华·卡林顿称，“马萨诸塞州的决定……可能是美国发生过的最重要的事件，因为宪法的命运在很大程度上取决于马萨诸塞州的决定——如果该州拒绝宪法，我敢肯定，弗吉尼亚州通过宪法的机会将微乎其微”。

不止一名联邦主义者同意年轻的法国外交官维克多·杜邦（Victor DuPont）的判断，即“马萨诸塞州接受了新宪法，便是整个美国接受了新宪法”。[155]

马萨诸塞州批准宪法大会结束后仅仅一周，新罕布什尔州就召开了批准宪法大会。该州会议的进展，很快终止了时人的预期。自费城制宪会议结束以来，几乎所有人都预测，新罕布什尔州会很快、很容易地批准宪法。1787年11月，新罕布什尔州派往费城会议的两名代表之一、前州长约翰·兰登告诉华盛顿，他“没有听说［在该州］任何人反对这项计划，甚至连吹毛求疵地批评宪法的话也很少，他们都表达了尽快建立新宪法体制的最大愿望”。次月，麦迪逊写信给杰斐逊说，“从各方面情况来看，新罕布什尔州……肯定会站在支持的一方”。[156]

凭借对州政府的控制，新罕布什尔州的联邦主义者在批准宪法过程中为自己创造了额外的优势。1787年12月，州行政长官约翰·沙利文（John Sullivan）召开了一次由联邦主义者控制的特别立法会议。立法机关选择新罕布什尔州联邦主义者聚集的中心城市埃克塞特作为召开批准宪法大会的地点。它还规定，禁止公职人员担任州议员的州法不适用于批准宪法大会代表，这意味着有影响力的联邦主义者，如州财政部长约翰·泰勒·吉尔曼（John Taylor Gilman）和州高等法院首席大法官塞缪尔·利弗莫尔（Samuel Livermore），都可以担任批准宪法大会代表。最后，联邦主义者还击败了他们对手提出的将会议规模扩大一倍的动议。[157]

2月6日马萨诸塞州批准宪法后，联邦主义者在新罕布什尔州的胜利似乎更加确定无疑。兰登曾花了几天时间参加马萨诸塞州的批准宪法大会，他信心满满地告诉波士顿的联邦主义者，他得到报告，“如果马萨诸塞州通过宪法，新罕布什尔州的批准宪法大会会期将不

会超过一周”。马萨诸塞州批准宪法后，金立即写信给麦迪逊，表示
444 “新罕布什尔州无疑会支持宪法”，麦迪逊随后向华盛顿保证，“毫无疑问”，新罕布什尔州将成为“联邦圣殿的……第七根支柱”。[158]

然而，就在新罕布什尔州召开批准宪法大会的前两天，沙利文报告，批准的前景“不像我预期的那么乐观”。兰登在随后写给华盛顿的信中解释了事情的经过：

> 与几乎所有理性之人的期望相反，新罕布什尔州的批准宪法大会上出现了反对这一制度的微弱多数（据说是四人）……就在我们选举批准宪法大会代表之时（在我们州一个重要的县）……一小撮别有用心之人散布了一份报告，以混淆视听，他们宣称刚刚召集起来的马萨诸塞州大会反对该计划，肯定会拒绝宪法，人民的自由处于危险之中，而那些大人物们（他们就是这么称呼的）设计的方案完全是为了他们自己。

兰登认为，这份报告与“许许多多其他荒唐之事交织在一起……几乎把民众吓得失去了理智”，导致他们选择了那些反对宪法的人出任批准宪法大会的代表，并且不止一次地向代表发出了拒绝宪法的指示。[159]

关于新罕布什尔州批准宪法大会讨论经过的报道并不多，在大会上，反对批准宪法的主要理由是联邦议员的任期过长，国会的权力范围太大，宪法在奴隶制问题上的妥协，以及宪法没有要求联邦官员进行宗教性宣誓。批准宪法大会的辩论显然说服了一些代表重新考虑他们反对批准宪法的立场，但是他们不愿意违抗选民的指示。兰登后来向金报告，“在辩论了十天之后，一些反对者来找我，

说他们被说服了，然而，投票时，还是不得不反对宪法（这确实很荒唐），他们为此感到非常内疚”。兰登在给华盛顿的信中写道，这些代表需要“一个机会向他们的选民说明这个问题”。[160]

联邦主义者担心如果大会就批准宪法进行表决，有可能他们会
失败，于是便动议休会。由于联邦主义者早早抵达埃克塞特，而一些
反联邦主义代表姗姗来迟，于是联邦主义者主导了大会的规则委员
会，制定了有利于他们事业的程序规章，包括优先提议休会和匿名投
票——当然，决定是否批准宪法的最终投票除外（这可能使一些反联 445
邦主义代表敢于在最初的一些投票上无视他们选民的指示，比如说赞
成休会动议）。根据兰登的叙述，反联邦主义者“强烈反对”休会动
议，不过，却以56∶51的差距输掉了关于休会的投票。于是，新罕布
什尔州批准宪法大会于春季州议会选举之后的6月中旬，在康科德重
新召开（康科德是一个更有利于反联邦主义者的内陆城镇）。[161]

对于联邦主义者来说，在批准宪法辩论的这个阶段避免彻底失败至关重要，尤其是考虑到批准宪法的前景在纽约州、北卡罗来纳州、罗得岛州和弗吉尼亚州都仍不确定，并且联邦主义者试图在新罕布什尔州批准宪法大会休会期间尽量展现最好的一面。不过，由于先前大家普遍认为新罕布什尔州会很容易地批准宪法，因此，大多数人将批准宪法大会休会视为联邦主义者的失败。兰登认为这个结果“既令人沮丧”，也“让人吃惊”。特别是考虑到马萨诸塞州批准了宪法，并且“几乎每个有财产和能力的人都支持它”，新罕布什尔州——“接受新的政府体制，将得到一切，不会失去任何东西”——为何不批准宪法呢？[162]

在全国范围内，许多联邦主义领导人都为来自新罕布什尔州的消息感到难过。麦迪逊告诉伦道夫，休会对“批准宪法事业的进展是个不小的阻碍”。在弗吉尼亚，反对宪法的一方将“获得新的力

量”——马萨诸塞州批准宪法“几乎扼杀了反对者的希望”——并且新罕布什尔州的休会意味着，在弗吉尼亚州召开批准宪法大会之前，不可能有9个州批准宪法。麦迪逊还指出，宾夕法尼亚州那些不知悔改的反联邦主义者，“可能会受到同样的鼓动”。新罕布什尔州国会代表之一尼古拉斯·吉尔曼（约翰·泰勒·吉尔曼的兄弟），向沙利文报告，“我们的会议进程对许多州产生了有害的影响”，反联邦主义者“扩大了他们的势力，故态复萌，似乎决心不惜一切代价维护自己的立场”。新罕布什尔州批准宪法大会休会后，纽约的联盟证券价格下跌，法国副领事在他发回国内的报告中证实，联邦主义者正在经历“危险的失败”，这对“纽约州、马里兰州、弗吉尼亚州和南、北卡罗来纳州的人民产生了最不幸的影响”，反对派“获得了新的力量”。[163]

实际上，大约就在这个时候，罗得岛州的立法机构——仍在主张激进财政和货币政策的党派控制之下——拒绝了召开批准宪法大会的动议。在解释此举时，反联邦主义州议员提出，“其他州的公民被选举代表批准宪法的方式所蒙蔽，受诱骗而通过了宪法”，在
446 这些州，“至少有2/3”的公民反对批准宪法。罗得岛州的立法机关规定在1788年3月24日就宪法举行全民公决。纽波特和普罗维登斯等较大城镇的联邦主义者抵制了那次公投，没有参加，结果公投以10:1的票数反对批准宪法。[164]

马里兰州和南卡罗来纳州

截至此时，南方各州中，只有佐治亚州举行了批准宪法大会，但马里兰州计划1788年4月召开批准宪法大会。起初，麦迪逊告诉杰斐逊，“他从马里兰得到权威消息”，“就目前情形看来，马里兰州强

烈支持宪法”。然而，时隔两个月，麦迪逊又报告，“马里兰强烈反对宪法，反对的力量比之前已批准宪法的大多数州都要大”。[165]

塞缪尔·蔡斯和威廉·帕卡（William Paca）领导的马里兰州纸币派寻求结成反对批准宪法的同盟。他们与马里兰州的其他反联邦主义领导人谋划没收亲英效忠派分子的财产，这样，在不发行纸币——宪法将禁止发行纸币——的情况下，他们将不能用贬值的货币偿还抵押贷款，进而很可能会面临财务破产。路德·马丁与他们志同道合，在代表马里兰州参加费城制宪会议之时，他就对新宪法心怀不满。一次在马里兰州议会上——显然，这次在1787年11月召开的会议是奉反联邦派议员之命召开的，它召集了曾经参加制宪会议的州代表讨论宪法——并随后在报纸上，马丁将费城制宪会议描述为一场意图彻底废除各州政府的“君主制派对”。[166]

18世纪80年代中期，在税收和减免债务问题上，马里兰州政坛曾分成两派。这一次，宪法第一条第十款引发的争议，可能使其出现类似分裂的态势。尽管如此，马里兰州的大部分政治精英都认为，马里兰州地狭民寡，在新的联盟中异常弱小，能够从各州在参议院的平等代表权中获得巨大收益。因此，马里兰州前州长托马斯·约翰逊（Thomas Johnson）在给华盛顿的信中写道，新宪法“非常适当地调节了”“大州与小州之间的权力天平”。而且，由于马里兰州没有主张拥有任何西部领地，因此对杰伊打算将美国在密西西比河上的航运权让给西班牙人这件事情，大部分马里兰人也并不像其他南方人那样愤怒。[167]

马里兰州的反联邦主义者反复考量他们成功的最佳机会，用其中一位成员的原话来说，就是“首先争取让马里兰州批准宪法大会
休会，等着看弗吉尼亚州是否批准宪法”，他们希望看到弗吉尼亚 447
州拒绝批准宪法的有力一击，能够影响马里兰州批准宪法大会上那

图 6.6 塞缪尔·蔡斯，《独立宣言》签字者，马里兰州反联邦主义领袖，后来转变为联邦主义者并被任命为最高法院大法官。1805 年，杰斐逊一派发起对蔡斯的弹劾运动，几乎将其去职。

些摇摆不定的代表。得知马里兰州反联邦主义者的计划后，弗吉尼亚州联邦主义者乔治·尼古拉斯担心，马里兰州批准宪法大会休会将对弗吉尼亚州批准宪法的结果产生不利影响，他催促麦迪逊并（间接地）告诉华盛顿，发挥他们两人在马里兰的影响力，反击马里兰州反联邦主义者的计划，麦迪逊与华盛顿二人遵嘱而行。[168]

华盛顿致信约翰逊，表示马里兰州批准宪法大会休会“等同于马里兰州拒绝批准宪法”；而且，“可以想见，马里兰人休会观望，将为南卡罗来纳州批准宪法大会带来十分消极的影响”，而南卡罗来纳州是另一个计划在弗吉尼亚州之前召开批准宪法大会的州。麦迪逊在写给马里兰州联邦主义者丹尼尔·卡罗尔和詹姆斯·麦克亨利的信中，也表达了相似观点。麦克亨利启程前去安纳波利斯参加马里兰州批准宪法大会前，致信华盛顿，在信中，麦克亨利表示他已知晓反联邦主义者休会观望、以拖待变的计划：马里兰州的反联邦主义者正与弗吉尼亚州的反联邦主义者合作，“要求马里兰州批准宪法大会休会，
448 理由是要［与弗吉尼亚州批准宪法大会］就宪法修正案举行会议”。麦克亨利同意华盛顿的看法，即休会等同于拒绝批准宪法，他向华盛

顿保证，“要竭尽全力阻止马里兰州批准宪法大会休会”。[169]

然而，事后证明联邦主义者有些小题大做、杞人忧天。马里兰州选举批准宪法大会代表的时间为4月7日到4月11日，此次选举，尽管联邦主义者没能说服州议会选择他们更希望的较早选举日期，在设定批准宪法大会代表的资格方面，联邦主义者也没有提出比出任该州议会下议院议员更高的财产资格要求，但选举结果是，联邦主义代表以5∶1的投票领先。[170]

马里兰州批准宪法大会于4月21日召开，联邦主义者紧紧抓住他们在代表人数上占优势这一有利条件，否决了反联邦主义者逐段审议宪法文本的动议，理由是，参加批准宪法大会的每一位代表“都尽职尽责，掌握相关议题，花费了充分的时间研讨宪法文本，并且在参加会议之前，已拿定主意”。尽管优势在握，联邦主义者并不想操之过急、功亏一篑，他们没有要求立即投票表决是否批准新宪法，而是让反联邦主义者畅所欲言，在会议中的大部分时间里，联邦主义者都默不作声。经过几天马马虎虎的辩论，马里兰州批准宪法大会于4月26日以63∶11的投票批准了新宪法。[171]

在宪法批准过程中，联邦主义者坚决反对增补宪法修正案，表面上的理由是他们所代表的选民没有要求他们考虑这一问题。然而，宪法甫一批准通过，联邦主义者就同意任命一个委员会考虑宪法修正案问题。但前提是，批准宪法大会推荐修正案时，会议代表只能以普通公民身份表示支持。联邦主义者在宪法修正案委员会中占多数，几乎一致同意数项经过讨论的宪法修正议案。不过，有些联邦主义者坚持认为，他们这么做的用意是安抚反联邦主义者的情绪，而并非相信宪法真的需要修正。[172]

联邦主义者暂时认可的几条修正案，主要是为了回应马里兰人所关心的联邦法院问题——马里兰人之所以关心联邦法院问题，可能是因为马里兰州的种植园主们欠下英国债主大笔外债，其数量之巨，仅次于弗吉尼亚州的种植园主。比如，马里兰州提出的宪法修正案要求在某些联邦民事案件中实行陪审团审判，通过诸多方式限制联邦法院的司法管辖权，对某些由联邦法院管辖的案件，要保证州法院拥有平行管辖权。不过，联邦主义者不愿支持反联邦主义者
449 提出的其他修正案，诸如限制国会监督国会议员选举的权力、征收直接税的权力、创建常备军的权力等。[173]

然而，当反联邦主义者要求州批准宪法大会全体会议考虑几项没有得到宪法修正案委员会多数支持的宪法修正议案时，恼怒的联邦主义者决定放弃整个宪法修正案计划。有些联邦主义者还担心，如果马里兰州批准宪法大会提出宪法修正案，将会累及弗吉尼亚州批准宪法的前景。[174]

4月29日，马里兰州批准宪法大会休会，反联邦主义者迅速发表了一份告马里兰人民书，呼吁马里兰州修改宪法。反联邦主义代表约翰·弗朗西斯·默瑟曾作为马里兰州代表，短暂地参加过费城制宪会议，他致信纽约州和弗吉尼亚州批准宪法大会，表示“马里兰州批准宪法大会以如此悬殊的票数批准宪法，而且没有提出修改宪法的建议便解散了，你们不要被这一假象蒙蔽，从而得出错误的结论”。他坚称，“现在马里兰州有4/5的民众支持修改并增补宪法文本，他们将会抗争到底”。[175]

南卡罗来纳州是下一个考虑批准宪法的州。1787年11月，法国驻查尔斯顿临时领事让-巴普蒂斯特·佩特利（Jean-Baptiste Petry）报告：“看起来这座城市的主流民众赞成批准宪法。”但是，他也注意到，有些人对宪法相关条款授权国会在20年之后禁止海外奴隶贸易感到担心，并且南方人普遍对宪法为了北方各州利益，“牺牲了”南方各州，至少使北方人一开始就在国会“占据优势”感到担心。[176]

两个月后，佩特利再次报告，宾夕法尼亚州的持不同政见者“毫不吝惜金钱和精力，撰写、散发了大量反对宪法的小册子和著述，南卡罗来纳州和相邻各州都被淹没在反对宪法的言辞之中”。他认为，这些反对宪法的小册子和著述会“影响那些对政治和政府事务懵懵懂懂、一知半解的偏远地区”。佩特利得知部分联邦主义者决心“启迪民智”，并迫使对手在1月的议会会议上“公然现身”，以便“用费城制宪会议上说服一些州代表们的理由，来反驳对手的意见”。[177]

实际上，南卡罗来纳州众议院曾提出动议，准备褒奖该州出席费城制宪会议的几位代表所付出的辛劳。对此，四位出席费城制宪会议的代表——同时也是南卡罗来纳州众议院议员——坚持表示，在州议会讨论宪法的优点之前褒扬他们，不太合适。尽管反联邦主义者反对这么做，但联邦主义者占据了人数优势。因此，1月中旬连续三天时间，前州长罗林斯·朗兹起身反对宪法，他声称代表偏 450
远地区民众的看法，因为这些人不善于当众发表演说。有八位或十位联邦主义者回应了朗兹的发言。[178]

辩论结束之际，南卡罗来纳州议会一致同意召开本州的批准宪法大会。对于批准宪法大会的召集时间，州众议院和参议院一开始存有分歧，但最终商定于4月11日和12日选举产生批准宪法大会的参会代表，批准宪法大会确定于5月12日召开。州众议院以一票的优势，确定召开批准宪法大会的地点为查尔斯顿，而非更有利于反联邦主义者的内陆地区。[179]

一开始，联邦主义者担心反联邦主义者组织起来大造声势——据一位联邦主义者观察，“偏远地区民众所遭受的困境，毒害了他们的思想”，这将导致支持宪法和反对宪法的力量在批准宪法大会上势均力敌。南卡罗来纳州议会召集批准宪法大会后不久，一位联邦主义者注意到，反对批准宪法的一方“人多势众，与日俱增”，原因是南卡罗来纳州的农民们“心怀猜忌，他们认为宪法只是有利于商业利益的阴谋诡计”。在选举批准宪法大会代表前夕，亚瑟·布莱恩（Arthur Bryan）——他的父亲和兄弟都是宾夕法尼亚州著名的反联邦主义者——报告：“据传，偏远地区的人们一致抵制宪法。”[180]

不过，南卡罗来纳州批准宪法大会代表的选举结果却是联邦主义者稳占多数。一位联邦主义者报告，从选举结果来看，“丝毫不用担心，批准宪法大会的大多数代表将会批准宪法”。南卡罗来纳州议会存在的议席分配严重不平等现象，同样出现在批准宪法大会中：沿海地区的种植园主们几乎都支持新宪法，他们在南卡罗来纳州议会和批准宪法大会里，都占据了过多的席位。[181]

围绕宪法展开的辩论在南卡罗来纳州众议院和批准宪法大会同时进行，与其他州的反联邦主义者一样，南卡罗来纳州的反联邦主义者也提出了诸多标准化的反对批准宪法的理由：费城制宪会议没有权力废止《邦联条例》，宪法授予国会过多的权力。不过，南卡罗来纳州的反联邦主义者也提出了一些富有南方特色的反对意见。他们抨击宪法是北方佬为掌控全国政府而炮制出来的产物，北方佬利用宪法赋予全国政府管制商业和缔结条约的权力，来损害南方的利益。他们还反对宪法授权国会在20年过渡期后禁止海外奴隶贸易。[182]

对此，联邦主义者在回应中强调，宪法中规定了保障奴隶制的多种措施。联邦主义者还表示，流入西南地区的人口将迅速抵消北方各州最初在国会占据的优势。此外，即便北方人运用其在国会中
451 暂时的优势垄断南方的出口贸易，这也是独立战争期间他们为南方做出牺牲所应得的基本回报。最后，考虑到南卡罗来纳州面对外敌入侵风险时不堪一击的脆弱状况，联邦主义者提醒南卡罗来纳州人民注意，他们将特别需要强大的全国性政府。[183]

5月15日，马里兰州已批准宪法的消息传到查尔斯顿的批准宪法

大会现场，据一位反联邦主义者事后回忆，在场的反联邦主义者开始“自乱阵脚”，“反对宪法的人纷纷倒戈，他们普遍认为，继续反对宪法已无济于事”。眼看大势已去，反联邦主义者使出缓兵之计，试图休会到10月，以便争取足够的时间动员反对宪法的力量卷土重来。但是，5月21日，他们休会的动议以135∶89的投票未获通过。[184]

两天后，南卡罗来纳州批准宪法大会以149∶73的投票批准了宪法。为安抚反联邦主义者，联邦主义者同意提出修正案，规定国会仅拥有宪法明确授予的权力、限制国会征收直接税的权力、限制国会管理联邦选举的权力。批准宪法大会闭幕后，反联邦主义阵营中的一位领袖安达努斯·伯克心有不甘地坚称，因为宪法的“邪恶倾向”，南卡罗来纳州大部分人都反对宪法——这样的主张很可能是真的。他还宣称，“如果有一个公平的机会提供给我们偏远地区的同胞，他们就会携手同心摧毁这个新方案，除非对其大修大改”。最后，伯克预言，“只要弗吉尼亚州和纽约州中有一个州拒绝批准宪法，整个宪法批准体系将土崩瓦解”。[185]

南卡罗来纳州是第八个批准宪法的州，这意味着，只要再有一个州批准，宪法就能正式生效。弗吉尼亚州定于6月2日召开批准宪法大会，纽约州定于6月17日召开批准宪法大会，而新罕布什尔州的批准宪法大会处于休会状态，预计6月18日重开。佐治亚州派往邦联国会的代表亚伯拉罕·鲍德温对联邦主义者在弗吉尼亚州和纽约州的胜算并非信心饱满，他也不敢奢望新罕布什尔州“经过此前的一番折腾之后”，能有什么作为。他认为，“我们需要第九个批准宪法的州，来开启宪法的强大力量，时间很紧迫。我担心会拖延太久”。[186]

联邦主义者担心新罕布什尔州的投票结果是拒绝批准宪法，因此自2月以来，他们就让本州的批准宪法大会一直处于休会状态。休会期间，新罕布什尔州联邦主义者控制的报纸，掀起声势浩大的宣传攻势来支持宪法。3月份，麦迪逊告诉华盛顿，“我们满心期盼这些身负使命的人回到各自的市镇后，能散播支持宪法的言论”。尽管这些努力大多没有结果，但是，当批准宪法大会重启时，五位曾在2月
452 份出席大会的反联邦主义代表缺席了，原因不明。此外，2月份未派出代表的一些市镇，也选派了联邦主义分子出席6月份的大会。[187]

全国各地的联邦主义者看到新罕布什尔州的盟友传来的新信息后，都信心满满地认为，重启后的新罕布什尔州批准宪法大会将批准宪法。鲁弗斯·金就告诉汉密尔顿：“那些最了解新罕布什尔州情况的人，有十足的信心相信，投票结果将如我们所愿。”[188]

事态的发展证明联邦主义者的信心是有根据的。6月21日，新罕布什尔州批准宪法大会重启后的第四天，也是最后一天，联邦主义者驳回了增加宪法修正案的有条件批准宪法的动议，以及再次休会的动议。接着，代表们以57∶47的投票结果，无条件地批准了宪法，新罕布什尔州成为第九个批准宪法的州。新罕布什尔州批准宪法大会也提出了宪法修正案，内容与马萨诸塞州提出的修正案大同小异。如果联邦主义者没有在最后一分钟决定支持提出宪法修正案，新罕布什尔州批准宪法大会很可能会拒绝批准宪法。[189]

弗吉尼亚州

新罕布什尔州批准宪法之时，弗吉尼亚州的批准宪法大会已经召开两周多了，但新罕布什尔州批准宪法的行动，没有影响弗吉尼亚州批准宪法大会的进程，也没有降低其重要性，因为直到弗吉尼亚州投票批准宪法之后，新罕布什尔州批准宪法的消息才传到里士满。因此，弗吉尼亚州召开批准宪法大会期间，参会代表们以为，宪法的命运尚

在未定之中。联邦主义者乔治·尼古拉斯告诉麦迪逊，他担心“部分代表会害怕放手一搏”。而且，即便是有九个州已经先后批准了宪法，考虑到弗吉尼亚州是联盟中面积最大、最富有的州，如果没有弗吉尼亚州的同意，新宪法也难以成功运作。因此，弗吉尼亚州是否批准宪法至关重要。最后，正如弗吉尼亚州批准宪法大会召开前夕理查德·亨利·李致信梅森所言，那些仍在考虑是否批准宪法的州，会很大程度上以“弗吉尼亚州作为衡量的标尺”，来决定是否批准宪法。[190]

弗吉尼亚州是否批准宪法，从一开始就存在着很大的不确定性。费城制宪会议闭幕三周后，华盛顿致信麦迪逊，表示他收到的来自南弗吉尼亚和西弗吉尼亚的初步报告显示，支持批准宪法的人占多数，他怀疑“批准宪法大会上是否会出现反对宪法的强大力量”。然而，到10月末，伦道夫向麦迪逊报告，“人们最初支持宪法的热情有些过头了”，弗吉尼亚州目前的“潮流正转向”反对批准 453
宪法的方向。新的反对意见“每天都会冒出来”，“最后的结果尚未可知”，需要“竭尽全力，推进到底”。11月中旬，反对批准宪法的格雷森注意到，弗吉尼亚“反对宪法的势力相当大”，他认为，“现在说不准最终会以什么结果收场”。远在巴黎的杰斐逊根据收到的消息“推测，弗吉尼亚州可能会拒绝批准宪法”。[191]

宪法在弗吉尼亚州遭遇强烈反对的原因有如下几种。首先，弗吉尼亚州西部偏远地区的大部分居民坚定地反对宪法。杰伊与西班牙的谈判争议，令他们担心一个由北方主导的国会将放弃美国人在密西西比河上的航运权利要求，从而阻碍向西部移民，降低西部土地的价值。华盛顿向诺克斯抱怨：“肯塔基地区［在决定弗吉尼亚州是否批准宪法的问题上］将占有很大分量；而且……他们相信政府有意拿密西西比河航运权做交易，毫不顾及他们的感受，这件事让他们倍受伤害。”与之类似，尼古拉斯也提醒麦迪逊，他认为弗吉尼亚州批准宪法大会将遭遇的“唯一危险，来自肯塔基地区，有一件事情让他们最为担心：如果新政府成立，将会牺牲他们在密西西比河上的航运权”。[192]

不过，在宪法问题上，肯塔基人还有其他担心之处。几位著名的肯塔基人撰写了一封反对宪法的公开信，信中坦言，他们担心西部地区居民将要听命于“600或者800英里之外的联邦法院”，由联邦法院来裁决涉及土地所有权的司法诉讼。此外，他们还担心肯塔基地区“将无法发展加工制造业”，尤其是麻类植物，因为宪法禁止各州对进口商品征税。最后，在华盛顿看来，宪法将“变成肯塔基地区走向独立的绊脚石”——大部分肯塔基人想脱离弗吉尼亚，独立成州——“他们对此深信不疑”。[193]

除了肯塔基人对宪法心怀不满，作为当时人口最多的州的居民，弗吉尼亚人对于宪法规定参议院实行各州一律平等的代表制这一点，也普遍愤愤不平。费城制宪会议上达成的妥协——北方允许奴隶贸易延续一代人（20年），换取南方同意放弃国会制定航海法律时需2/3绝对多数同意的要求——也使弗吉尼亚人两头都处于不利地位。[194]

此外，许多弗吉尼亚人担心，联邦法院宽泛的管辖权及其司法
454 独立性，再加上在联邦民事案件中不采用陪审团审判，会让他们在面对英国债权人通过司法诉讼索要战前积欠的债务时，处于弱势地位。早在费城制宪会议召开前，弗吉尼亚州议员约翰·道森就曾致信麦迪逊，表示“该州大部分公民热切地反对偿付英国人的债务”。制宪会议结束一个月后，伦道夫告诉麦迪逊，在弗吉尼亚州，“宪法最要命、最招人厌的部分就是，如果英国债权人起诉，每一位被告迟早会面临被送入联邦政府、等待审判的危险”。另一位弗吉尼亚州议员约翰·皮尔斯（John Pierce）坚信，“[宪法]遭到广泛反对，原因是人们担心如果宪法生效，就要偿还英国人的债务”。[195]

最后，费城制宪会议结束时拒绝在宪法文本上签字的三位代表

中的两位——梅森和伦道夫——都来自弗吉尼亚，这无疑是向弗吉尼亚州居民发出信号：他们有理由担心和怀疑新宪法；两位代表拒签宪法，也增强了该州反联邦主义者的信心。麦迪逊相信，如果梅森和伦道夫（再加上帕特里克·亨利）支持批准宪法，那么弗吉尼亚“将热情洋溢、团结一致，而不至于像现在这样分裂”。卡林顿致信杰斐逊说，弗吉尼亚州批准宪法大会可能会遇到“困难”，因为“两位著名的制宪会议代表特立独行，为了不辜负民众的信任，拒不签字”。[196]

在费城制宪会议后期，梅森宣称，他“宁可砍掉自己的右手，也不会赞成目前这部宪法”。在会议的最后几天，他提笔写下反对宪法的理由：宪法缺少权利宣言；众议院体现的不过是代表制的“影子”；联邦司法分支的管辖权过于宽泛；仅需国会参众两院简单多数同意，便可通过伤害南方各州利益的商业性立法；全国性政府分支的权力混杂在一起；未来20年禁止国会插手海外奴隶贸易；总统不受执行委员会的约束。梅森还警告，宪法将最终走向“君主政体，抑或腐败的、残暴的贵族政体”。[197]

根据麦迪逊的记录，梅森“的确是非常生气”地离开了费城。麦迪逊向杰斐逊解释：“制宪会议临近结束之时，普遍存在的急躁情绪部分地导致出现了一些小状况，这使梅森大为光火。”一回到弗吉尼亚，梅森便决心“尽量阻止宪法生效”。费城制宪会议结束几个星期后，梅森修改和扩充了他反对宪法的意见书，据弗吉尼亚州的一位联邦派议员描述，梅森“竭尽所能地传播”他反对宪法的意见书。托拜厄斯·利尔报告，“梅森在他认为人们可能会感兴趣的所有地方散播他手写纸抄的反对宪法的意见书”。11月，梅森反 455
对宪法的意见得以刻印出版，并一再翻印，出现在多种报纸和小册子上，在这个国家四处散播。[198]

不过，在联邦主义者看来，梅森也传递出一个好消息：他向华盛顿保证，自己“心志笃定”地认为，弗吉尼亚州议会应将宪法交给专门的批准大会，他将“竭尽所能地防止那些阻挠召集批准宪法大会的行径，只要是阻挠召开批准宪法大会的行径，我都严正反对”。❶尼古拉斯随后也报告，梅森公开放言：“自打他从费城制宪会议归来……尽管他反对宪法的某几个部分，但他认为不能因小失大，因噎废食，让整个宪法毁于一旦。”[199]

与梅森一样，伦道夫也在费城制宪会议快结束的时候宣布，他不会在宪法文本上签字。伦道夫认为，最终的宪法文本“不可救药地偏离了”弗吉尼亚方案，他预言这样的宪法将“以独裁暴政告终”。除此之外，伦道夫反对宪法的理由还包括：众议院规模太小；国会不受节制地召集常备军的权力；必要和适当条款；事关航海的立法不需要参众两院绝对多数同意便可通过；联邦国会与各州立法机构之间的权力界线模糊不清。在费城制宪会议上，伦道夫曾说，“唯一能解除他心中担忧的办法”，就是授权各州批准宪法大会提出宪法修正案，增补修改宪法文本，然后，“再召集一个有权威的大会，来决定采纳或是拒绝由各州批准宪法大会提出的宪法修改建议”。[200]

不过，费城制宪会议结束后不久，与伦道夫保持接触的麦迪逊表示，他认为伦道夫不是“歇斯底里”地反对批准宪法。麦迪逊在写给杰斐逊的信中谈到，伦道夫之所以反对宪法，很大程度上是因为“他不愿意做出承诺，免得在这个问题上被更多的信息影响”。卡林顿告诉杰斐逊，伦道夫“曾表示，他拒绝在宪法文本上签字，并非意味着他

---

❶ 实际上，梅森所在的费尔法克斯县选民曾指示梅森，作为弗吉尼亚州下议院议员，他应该支持立刻召集批准宪法大会。由于联邦主义者从中作梗，强力干预，梅森未能在他的老家费尔法克斯县当选弗吉尼亚州批准宪法大会代表，只能由斯塔福德县——他在那儿也有财产——选举他出任批准宪法大会代表。参见 Fairfax County Meeting, Oct. 2, 1787, *DHRC*, 8: 23–24; The Election of Convention Delegates, *DHRC*, 9: 561；另见 1787 年 10 月 19 日利尔致约翰·兰登, *DHRC*, 8: 80。

对宪法怀有敌意——他只是想在可能的情况下，改变其中某些令人反感的部分；如果不能，在必要之时，他会加入支持者的行列”。[201]

事后证明，在弗吉尼亚州批准宪法的过程中，帕特里克·亨利的反对意见，给批准宪法带来的阻碍要大得多。正如第三章所言，亨利拒绝作为代表出席费城制宪会议，其中原因，并不完全清楚。他对杰 456
伊愿意拿美国在密西西比河上的航运权做交易愤恨不已，斥责杰伊的行径“很不正当”，这将“毁掉西部地区繁荣昌盛的全部希望”。这件事可能是亨利不愿出席制宪会议的原因之一。[202]

费城制宪会议闭幕后，亨利对宪法的态度最初尚不明晰。麦迪逊认为，弗吉尼亚州能否批准宪法，“很大程度上取决于”亨利的立场，他对杰斐逊说：“综合考虑种种因素，我认为亨利将会反对宪法。”华盛顿也同样认为：尽管亨利的观点尚不清晰，但很多人确信，“作为一个拥护发行纸币的人，他不会欢迎一部有效禁止发行纸币的宪法”。10月19日，在致华盛顿的信中，亨利亮出了自己的立场，表示他对宪法的关切，“远非我的言语所能表达”。当弗吉尼亚州议会在10月中旬开启秋季会期时，亨利的观点也随之公之于众。[203]

与此同时，严重怀疑宪法的弗吉尼亚州议会下议院议员乔治·李·特伯维尔（George Lee Turberville）归纳总结了耳闻眼见的各方意见，这些意见“莫衷一是，与持有意见的人一样，各不相同”：

> 全心热情拥护此事的人……似乎最少。很多人认为，虽然新方案具有很好的框架，但需要制定若干修正案使其变得可以被接受。另外，还有相当多的人则认为宪法是毁灭之源，在他们口中和笔下，宪法是可鄙之物，令人厌恶。

其他许多观察者确信，弗吉尼亚州存在着一股“可怕的”反对批准宪法的势力，随着时间流逝，主张支持宪法的人似乎正在“节节败退”。[204]

10月15日，弗吉尼亚州州长伦道夫将宪法文本提交州议会，未做任何评论。十天后，州下议院议员开始辩论是否召开州批准宪法大会。在辩论过程中，围绕宪法的优缺点，议员们完全分裂成两派——据多份报告记载，帕特里克·亨利抓住每个机会抨击宪法——但他们并没有明确表示反对召开批准宪法大会。不过，梅森和亨利领导的批评宪法派坚持要求，州议会在通过关于召开州批准宪法大会的决议时，必须清楚地表明州批准宪法大会有权提出修补宪法缺陷的修正案。联邦主义者与其针锋相对，尽管他们并不否认州批准宪法大会将有权提出修正案，但他们希望避免出现任何暗示
457 州议会认为需要改变宪法的行为。[205]

辩论一通之后，联邦主义代表约翰·马歇尔提出一个折中办法，并形成动议：要求将宪法交“由人民组成的批准宪法大会充分审议和讨论”。州议会一致通过此项决议，该决议既没有排除要制定修正案的可能性，也没有暗示州议会不赞成目前的宪法。这样的结果令华盛顿满意，他原本担心州议会可能给宪法贴上“不赞成、不同意”的标签，以至于“扰乱公众的思想”。麦迪逊也认为，弗吉尼亚州议会给予了宪法“更及时、更大度的认可，超过了他的预期”。[206]

州议会还要决定召开州批准宪法大会的时间，经过一番辩论，最后定于3月份选举州批准宪法大会代表，6月初开会。州议会下议院议员戴维·斯图尔特（David Stuart）给华盛顿写信报告会期问题时说：“开会的时候意见纷呈……莫衷一是，无论是朋友还是敌人，都很难就会期问题达成一致。”有些倾向于联邦主义者的县指示它们派往议会的代表，要求立即召开批准宪法大会，但是据他们中的一位代表约翰·皮尔斯所言，联邦派议员“更愿意拖延——以观望其他州如何行动”。有

些联邦主义者同意约翰·道森议员的判断：过早地召开批准宪法大会，如果遇到是否批准没有修正案的宪法的问题，将有可能拒绝批准宪法。约翰·道森最终投票反对批准宪法。[207]

与之相反，部分反联邦派议员可能希望，延后召开弗吉尼亚州批准宪法大会可以使他们联络各州盟友，共同发起一项增补修改宪法的运动，并且希望其他州批准宪法大会所指出的宪法缺陷，可以激起弗吉尼亚州的反对意见。詹姆斯·门罗也对宪法怀有疑虑，他起初支持批准宪法，随即改变想法，在弗吉尼亚州的批准宪法大会上投了反对票。他提出了一个稍有不同的理由来解释为何需要推迟召开批准宪法大会。他告诉麦迪逊："尽量推迟召开本州批准宪法大会的目的是，明确了解其他州的倾向之后，便宜行事。"门罗随后解释，如果其他州拒绝批准宪法，弗吉尼亚州"便可调和意见对立的两方，带领各方走一条更能令所有人满意的联盟路径"。反之，如果其他所有州都批准了宪法，"周围的情况［应该］也会影响"弗吉尼亚州批准宪法大会的讨论。[208]

无论延迟召开弗吉尼亚州批准宪法大会这一行动背后到底有何考量，这一选择最终带来了巨大影响。正如我们将要看到的，弗吉尼亚州长时间地延迟召开批准宪法大会，使得自己既无法影响大多 458
数其他州的批准宪法决定，也让本州的批准宪法大会面临着与尽早召开极其不同的变量。[209]❶

除了讨论召开批准宪法大会之外，弗吉尼亚州议会的秋季会期

❶ 弗吉尼亚州前议员约翰·布雷肯里奇（John Breckinridge）对是否批准宪法犹豫不决，他获悉弗吉尼亚州将推迟召开批准宪法大会的消息后，（颇有预见性地）写道，等到批准宪法大会的代表们"开会时，他们将不需要太多地讨论宪法。几乎所有的州都会在 6 月前召开批准宪法大会，弗吉尼亚州只需要跟着多数意见走就行"。参见 1788 年 1 月 25 日约翰·布雷肯里奇致詹姆斯·布雷肯里奇，同上，321。

还需要处理其他议题。帕特里克·亨利又抓住这额外的机会抨击宪法，并向其他州发出信息，说弗吉尼亚人质疑是否应该无条件地批准宪法。据议会中的联邦派代表皮尔斯报告，“亨利抓住每个机会轰击新宪法”。例如，尽管弗吉尼亚州议会去年已经通过决议，反对杰伊在处理密西西比河航运权问题上的立场，亨利此时又提出这样的谴责动议，目的是“以一种强硬的方式昭示，北方州如何只为自身着想，随时随地牺牲南方州的商业利益”。与此类似，邦联国会不久前刚刚通过决议，号召各州废止与1783年《巴黎条约》不一致的法律，当弗吉尼亚州议会下议院议员就此展开辩论时，据皮尔斯报告，亨利抓住这个机会“使用最激烈的言辞攻击联盟的宪法，极力散播针对联邦法院、新英格兰各州和联盟精神本身的猜忌情绪”。[210]

到了12月，亨利又抓住良机向全国传递弗吉尼亚州议会支持修改宪法的消息。10月底，弗吉尼亚州议会已经通过了召开批准宪法大会的决议，但决议中遗漏了由州政府负担参会代表差旅费用的规定。当州下议院议员们转过头来讨论弥补上述疏漏之时，亨利和他的盟友们提议，州议会也应当授权州政府支付参加第二次制宪会议的代表的差旅费用，“根据情势发展判断，有必要召开这样一次制宪会议”，方便弗吉尼亚州的代表与其他州的代表聚议。弗吉尼亚州批准宪法大会可以“适当地”任命上述代表。据联邦主义代表阿奇博尔德·斯图尔特（Archibald Stuart）的报告，亨利竭力为此提议辩护，理由是，弗吉尼亚州的“南方邻州肯定会被逼入绝境”，除非他们“在不赞同批准宪法之后，还能看到一扇通往安全之所的大门”。[211]

斯图尔特在给麦迪逊的信中写道，亨利提出的动议表明，弗吉尼亚州议会的部分议员反对“目前这个形式的”新宪法，他担心反联邦主义者“在发现他们自身的力量之后……会采取对它［宪法］不利的
459 其他举措”。考虑到上述发展趋势，斯图尔特提出，他自己“欣慰地看

到，大多数州都将在弗吉尼亚州之前决定是否批准新宪法，因为现在我比较怀疑，它能不能像往常一样，给其他州树立一个好榜样”。[212]

反联邦主义者提出的动议将表明，弗吉尼亚州议会支持召开第二次制宪会议。尽管联邦主义者有能力否决政敌提出的此项动议，然而，他们却无法阻止州议会于12月12日通过一项立法，授权州政府支付弗吉尼亚州批准宪法大会“认为必须与其他各州抑或各州的批准宪法大会保持沟通联系所产生的费用”；这类沟通交流的目的是确保“各州在商讨联邦制宪会议提出的重大政府变革时……能够取得最高程度的一致性”。借此法律，弗吉尼亚州议会清楚地表明，自己有意与其他州一道，合作提出宪法修正案。两周后，弗吉尼亚州议会投票授权伦道夫州长向其他州发送该法律副本。[213]

麦迪逊收到了来自里士满的报告，身在纽约市的鲁弗斯·金很可能也获悉了这些报告的内容，他在给友人的信中说：“弗吉尼亚州的要人们开始惊慌了。”的确，弗吉尼亚州的联邦主义者日益担心，即便是此前大多数弗吉尼亚人都支持批准新宪法，他们的倾向也有可能会变化——麦迪逊告诉杰斐逊，亨利、梅森和伦道夫三人“联合起来发挥的影响力和作用，可能会改变弗吉尼亚人的倾向”。麦迪逊相信，如果增补的修正案中包括“一些更能保障各州和人民权利的条款”，伦道夫和梅森二人可能会接受宪法，而亨利则是“宪法最大的敌人，他会危及批准宪法的前景，使我们功亏一篑”。麦迪逊认为，从好的方面想，亨利最起码支持“现行邦联体系的原则”，可能“争取将其列入修正案，冲击新政府体系的根基”；从最糟糕的方面想，亨利可能会“将联盟分裂成几个部分”。[214]

麦迪逊在弗吉尼亚州的盟友也证实了麦迪逊对亨利所持立场的警惕性描述并非夸大其词。1788年1月，爱德华·卡林顿报告，亨利坚持要在批准宪法之前制定修正案，并准备“让宪法的命运取决于其他各州是否遵从弗吉尼亚州的意愿”。据卡林顿报告，亨利表示：“没有我们，其他各州难以成事。因此，我们可以提出自己想要的条件，要求它们服从。”如果其他州拒不顺从，那么，弗吉尼亚州“可能会独立出去，单独与外国结盟。我们产出的烟草价值连城，任何国家都将愿意跟我们单独交往”。[215]

几周之后，卡林顿在“亨利先生的周边”旅行一圈后归来，他确信，“我们可以得出公允的结论——他的［亨利的］观点就是要肢解
460 联盟”。而且，亨利“极为卖力地鼓吹”其反对宪法的立场，“人们都快成了他的盲从者”。卡林顿告诉麦迪逊，“反对批准宪法的煽动家们”的声音，正在淹没联邦主义者的声音，联邦主义者还认为，“要谨慎地控制他们的意见，或者说，至少要小心地宣扬”。卡林顿也看到了乐观的一面：弗吉尼亚州的其他反联邦主义者似乎“觉察到亨利先生的观点有些过头了”，他们“决心不采取任何可能会危及联盟的行动”。[216]

弗吉尼亚州的其他联邦主义者也留下了关于亨利观点变化的类似报告。4月，乔治·尼古拉斯报告，亨利已经“几乎公然变成联盟的敌人，他反对巩固联盟的任何计划”。但是，尼古拉斯希望，如果亨利暴露了他的“本来面目”，那些与亨利立场不同的反联邦主义者——他们真正地是“联盟的朋友”，将不再支持在批准宪法之前制定修正案。同一个月，麦迪逊还确信亨利似乎“志在瓦解联盟”，而且决意采取“一切手段”，肆意妄为。[217]

与此同时，在费城制宪会议上拒绝签字的两位弗吉尼亚人——梅森和伦道夫的立场正走向相互对立。1787年秋天，联邦派议员阿奇博尔德·斯图尔特报告，伦道夫拒绝在宪法文本上签字后，里士满对他“反应冷淡”，为此，他最初感到“相当焦虑”，但到后来，了解了州内各地的反对之声后，伦道夫批评起宪法来“更有信心”。伦道夫向麦迪逊抱怨：“［弗吉尼亚州内］就我拒绝在宪法文本上签

字的原因议论纷纷，有些说法太离谱了，甚至恶意揣测我后悔没有［在制宪会议上］用自己的方式表达每一个观点，或是说我迎合公众喜好，沽名钓誉。”[218]

费城制宪会议结束后的几个月，伦道夫很少公开谈论宪法（作为弗吉尼亚州州长，伦道夫可能对宪法也不便多说）。12月初，四位州议员表示，他们听到传闻，说伦道夫拒绝在宪法文本上签字的原因“已经不存在了”，他们请求公布伦道夫反对宪法的意见书——据说伦道夫曾给州议会写过一份这样的书面报告（但是并没有提交）。伦道夫同意了，12月末，几位代表将伦道夫反对宪法的意见整理成小册子公开出版，随后这份意见书在全国各地的报纸上广泛传播。[219]

在一封公开信中，伦道夫说，费城制宪会议上其他代表使他相信，《邦联条例》存在重大缺陷，自此之后，他便支持创建一个强有力的全国性政府，新政府将有权征税、报复外国的贸易歧视措施，并能强制各州履行条约义务。伦道夫警告，如果采取其他方法来代替创建这样的政府，联盟将会解体，灾难也将随之而来。[220] 461

不过，在这封公开信中，伦道夫坚持认为，尽管他十分钦佩出席制宪会议的弗吉尼亚乡贤，也敬慕华盛顿，但是，他的良心不允许自己在一份有缺陷的宪法上签字。宪法需要增补修正案，而获得宪法修正案的最佳手段——根据伦道夫在费城制宪会议上的提议——是允许各州批准宪法大会提出宪法修正案，随后召开第二次制宪会议商讨。但是费城制宪会议以压倒性的多数否决了伦道夫的提议。伦道夫解释道，应该在批准宪法之前制定修正案，其原因一方面在于，“宪法通过后，新政府的缺点将日甚一日地固化”；另一方面在于，宪法生效之前，“只要超过半数州”同意，即可批准宪法修正案。伦道夫并没有详细解释个中缘由——实际上是因为宪法规定，需要3/4以上的州同意，才能使此后制定的宪法修正案生效。[221]

伦道夫提出了他反对宪法的两个主要原因：其一，无论大州小州，在参议院都具有平等的投票权；其二，不需要2/3绝对多数赞同，国会便可制定涉及贸易的立法。此外，他也反对宪法中某些“模棱两可的表述”——例如，联邦权与州权之间的界线不明确——以及总统可以连选连任，缺乏轮替机制，参议院拥有弹劾审判权与缔约权（缔约权与总统分享，却将众议院排除在外），总统有权特赦犯有叛国罪之人。[222]

在公开信的末尾，伦道夫笔锋一转，表示自己“最热诚地祈愿”“建立一个坚强有力、有所作为的政府”。而且，他认为，“对我们来说，最糟糕的诅咒莫过于联盟土崩瓦解”。他将“坚持建立联盟，以此作为拯救我们的基石”，并且“如果我们竭尽全力了，提出的修正案还是得不到认可”，他发誓“会接受目前这部宪法”。[223]

全国各地的联邦主义者普遍认为，伦道夫的信是站在他们一边的，而反联邦主义者则谴责伦道夫的这封信。麦迪逊从纽约市写信给华盛顿说，“此间普遍认为，伦道夫在信中支持宪法的倾向要远强于他反对宪法的理由”。弗吉尼亚州议员特伯维尔从弗吉尼亚州首府里士满报告，伦道夫的信“对于推动批准宪法起到了很大作用”。但是，署名“老实人”（Plain Dealer）的弗吉尼亚州反联邦主义者则对伦道夫提出了批评意见，认为这位“自由共和州政府”的州长出尔反尔，言行不一，竟然愿意接受一部此前他不同意的宪法，当初，他还警告这部宪法很可能会以“君主政体或贵族政体而告终”。[224]

伦道夫的立场只是希望在尽可能的情况下，先制定修正案，再批准宪法，因此，他的观点和看法也随后来情况和形势的变化而改
462 变。1788年2月末，伦道夫获悉马萨诸塞州成为第六个批准宪法的州后，在写给麦迪逊的一封信中，他提出，如果有九个州批准了宪法，那么弗吉尼亚州除了支持认可宪法之外，别无选择。在回信中，麦迪逊试图说服伦道夫，不要以增加宪法修正案作为批准宪法的先

决条件，这么做的最佳时机已经过去了，“所有真正的联邦主义者携手合作”的“唯一基础”是“提出修改宪法的建议”。在回复麦迪逊的信中，伦道夫坦承，“有很多州已经表示同意新宪法，可能无法在批准宪法之前制定修正案”。[225]

麦迪逊和华盛顿都努力劝说伦道夫放弃其一直以来热心追求的召开第二次制宪会议的想法。华盛顿告诉伦道夫，召开第二次制宪会议“除了制造更激烈的争论和更多的困惑之外，别无益处”。麦迪逊也提醒伦道夫，第二次制宪会议要么全然失败，要么炮制出一份更加背离伦道夫想法的文件。4月末，麦迪逊致信杰斐逊说，伦道夫“的反对意见如此温和，几乎是与宪法之友们携手并行，以至于我们不能将他划归敌人的行列”。[226]

虽然伦道夫正在向联邦主义阵营靠拢，但梅森反对批准宪法的情绪却与日俱增，据弗吉尼亚州联邦主义者乔治·尼古拉斯报告，梅森反对宪法的原因有两条：其一，“某些棘手的事情据说给他带来了不少烦恼”；其二，梅森“怀有一个天真的想法……他拥有足够的影响力来左右弗吉尼亚人对宪法的看法，并推而广之，影响联盟的其他成员（确实也有一些人不遗余力地支持他这种不切实际的想法）”。[227]

麦迪逊也认为，梅森似乎“已经准备好了采取一切手段。他肆无忌惮地提出各种反对宪法的意见，甚至不放过任何温和的反对声音”。麦迪逊告诉杰斐逊：“梅森上校竭尽所能地宣扬自己的观点，语言日渐尖刻粗暴，最终很可能会淹没在激情引发的暴怒之中，与亨利先生结成政治同盟。”北卡罗来纳州联邦主义者休·威廉姆森报告，竞选州批准宪法大会代表时，梅森在弗吉尼亚州斯塔福德县法院做了一场演讲，他声称，费城制宪会议并不是“一群伟人的聚会”，相反，来自东部的代表都是“恶棍和傻瓜”，来自弗吉尼亚以南各州的代表则是“一帮花花公子”，而“为数不少”的中大西洋地区的代表们不过是“求官拜爵之人”。[228]

3月，选举弗吉尼亚州批准宪法大会代表的活动全面展开。费城制宪会议闭幕后不久，华盛顿便敦促麦迪逊出来参选州批准宪法大会
463 代表，华盛顿表示，“非常需要人出来”解释宪法，“没有人能比你更胜任准确解释宪法的重任”。联邦派议员阿奇博尔德·斯图尔特也对麦迪逊说，“大家都认为你必须参加州批准宪法大会”，斯图尔特恳请麦迪逊“看在上帝的分上，不要让你的朋友们焦心失望，让我将你的老家划入批准宪法的阵营吧”。麦迪逊的另一位朋友兼政治盟友劳伦斯·托利弗（Lawrence Taliaferro）也恳请麦迪逊参加竞选，他提醒说，“联邦制度的成败基本上就取决于本州的几位重要人物”。[229]

但是，麦迪逊最初表示不愿意参加弗吉尼亚州批准宪法大会，理由是，“最终决定”宪法的人，应该是“那些没有参与准备和审议宪法文本的人”。后来，他告诉华盛顿，参加弗吉尼亚州批准宪法大会“将让我卷入非常费力和恼人的讨论”，需要“公开反对一些值得尊重的人，我很尊敬他们，也珍视与他们之间的友谊”；而且，参与此事，还会让自己的观点“遭受无法让人接受的曲解”。[230]

最终，麦迪逊还是同意参选州批准宪法大会代表。他向弟弟道出了参选原因：很多参加过费城制宪会议的代表都当选了他们各自所在州的批准宪法大会代表，这批“可敬的朋友”敦促他参选；而他在费城制宪会议的经历也有助于他“向本州批准宪法大会提供某些可能有用的解释和信息”，纠正人们对宪法的“误读曲解”，特别是可以解释宪法中容易引起弗吉尼亚人不满的部分。不过，麦迪逊还是不太愿意返回弗吉尼亚参加竞选活动。他一向厌恶竞选拉票活动❶，他更愿意

❶ 1777年，麦迪逊因为拒绝在竞选时采用当时的常规形式，以酒水招待选民，最终落选。参见 Banning, *Sacred Fire*, 87, 433 n. 44。

留在纽约，参加邦联国会的活动，写作《联邦党人文集》。麦迪逊告诉华盛顿，他之所以不愿意回到弗吉尼亚州奥兰治县参加竞选活动，是因为他希望“避免在这种场合表现得过于殷切”，再说，“现在也不是长途旅行的好时节”。尽管如此，麦迪逊还是表示，“如果奥兰治县的选举少我不行”，那他将回乡参选。[231]

整个冬天，麦迪逊的家人和政治盟友都在恳求他返回家乡参加选举。托利弗致信麦迪逊，“关于你反对宪法的消息充斥乡里，前两天，我甚至听说你正在写文章抨击宪法，你听到这样的谣言一定会感到非常惊讶”。麦迪逊只有回乡参加选举，现身说法，才能阻止人们“受人误导”。伦道夫坦率地告诉麦迪逊，他“必须回来参选”，否则“当此紧要时刻，缺席选举，非常不利”。麦迪逊的父亲也提醒他，乡里为数众多的浸信会基督徒现在“普遍反对”批准宪法，一些种植园主到里士满出售自家种植的烟草时，听到州议会的很多议员在抨击宪法后也 464
转而反对宪法。父亲劝说麦迪逊返回家乡捍卫宪法，朋友和邻居们对宪法的态度“犹豫不决，他们期盼你回来给他们解疑释惑”。[232]

在朋友和家人的一再恳请下，麦迪逊返回了奥兰治县。由于“糟糕的路况和路上的耽搁”，他抵达家乡时，离选举开始仅剩几天时间。返乡之后，麦迪逊自责地发现整个奥兰治县“充斥着荒诞不经、毫无来由地敌视联邦宪法的情绪”。麦迪逊发觉自己有责任“登临讲坛，面对大量民众发表公开演讲，而且还是在一个大风之天，在室外的空地上声嘶力竭，长篇大论，这是我人生中未曾有过之事”。[233]

选举结果显示，麦迪逊以202票在4位参选人中拔得头筹（4人共竞选两个代表席位）。另一位联邦派候选人以187票当选州批准宪法大会代表。两位反联邦主义者仅得56票和34票。就此次选举，麦迪逊总结说，“如果我没有在朋友们的一再恳请之下出面参选，今天的结果很可能完全不同”，不过，麦迪逊以较大的优势胜选，使他的上述声明显得不那么可信。[234]

在竞选弗吉尼亚州批准宪法大会代表过程中，绝大部分候选人都是围绕支持宪法还是反对宪法这一议题展开激烈角逐。选举结果的地理分布情况，反映出弗吉尼亚州各地对是否批准宪法的明确不同的态度。麦迪逊写信告知杰斐逊，几乎所有位于北部狭长地带（弗吉尼亚州东北部）的县选出的代表，都是联邦主义者，而詹姆斯河以南各县选出来的代表，则是反联邦主义者。“处于两者之间的县，是支持宪法势力和反对宪法势力并存的地带。”坐落在蓝岭和阿勒格尼山脉之间的县“无一例外”地选择联邦主义者做代表，而阿勒格尼山脉以西的县，则“不是那么整齐划一”。除此之外，在更远的西部也就是肯塔基地区，联邦主义者和反联邦主义者各有斩获。[235]

选举结果公布后，无论是支持宪法的一方，还是反对宪法的一方，几乎都预计，在即将召开的批准宪法大会上，双方将势均力敌、旗鼓相当。尼古拉斯告诉麦迪逊，他相信大多数代表会是联邦主义者，但是，“即便联邦主义者占多数，优势也一定很小”。梅森写信告诉杰斐逊，州批准宪法大会代表中，“联邦主义者和反联邦主义者不分伯仲，以至于现在没有人能对最后的结果做出任何确切的判断”。伦道夫则认为，支持在批准宪法之前制定修正案的代表会稍稍多一些。[236]

由于联邦主义者和反联邦主义者双方势力不相上下，很多人认为，来自肯塔基地区的14位代表将决定批准宪法大会的最终结果，至于这些代表的倾向如何，最初并不十分清楚。比如，麦迪逊就曾表示，“会议结果如何，要看肯塔基代表们如何投票”；他担心，这
465 些肯塔基的代表“不单是存有偏见，而且背负着本地区选民的指令”。麦迪逊告诉华盛顿，他已经写了“几封”致肯塔基朋友的信，“在信中阐述了我回应反联邦主义者阴谋的观点”。华盛顿也认为，肯塔基地区代表们在“决定这个问题上发挥着重要作用”。[237]

关于肯塔基地区代表们的倾向问题，麦迪逊获得的信息越多，他的悲观情绪就越浓重。4月，麦迪逊告诉杰斐逊，“看起来，肯塔基地区代表的态度将会出现分化”。到了6月上旬在里士满召开批准宪法大会的时候，麦迪逊向华盛顿吐露心声：“肯塔基地区的代表已被严重玷污，我想他们会反对批准宪法，他们所讲的每一句，都是出于地方利益和偏见。”大约一周之后，麦迪逊告诉金，“肯塔基地区代表们的投票将会决定天平的倾向，看起来非但不能指望他们，还得提防他们”，那些已经抵达里士满的代表，“普遍受到不利于宪法的偏见的影响，对手们正联合起来误导他们”。[238]

1788年6月初，据一位北卡罗来纳州的联邦主义者报告，“所有人的目光，无论是饱含期待的，还是忧心不已的，都投向了弗吉尼亚”。6月2日，弗吉尼亚州批准宪法大会在首府里士满召开，联邦主义者和反联邦主义者双方都有不少名人到场。与其他州的盟友相比，弗吉尼亚州反联邦主义者的阵容堪称豪华，英才汇聚，精英云集。其领导者是帕特里克·亨利，杰斐逊语带鄙夷地称其为“有史以来最伟大的雄辩家”。❶ 20年前，亨利早期反对英国加紧殖民统治的强硬反抗之声，传遍各殖民地，使其一举成名，成为民族英雄。在声讨英王的暴行时，亨利甘冒被控叛国的风险。[239]

---

❶ 杰斐逊出使法国期间，威廉·肖特曾经在巴黎担任杰斐逊的私人秘书。肖特认为，尽管联邦主义者在里士满“汇聚了一批名流，声势很大”，但“亨利在大规模群众集会上所爆发出的能量是难以估量的”。弗吉尼亚州联邦主义者詹姆斯·布雷肯里奇亲历了弗吉尼亚州批准宪法大会第一周的辩论，他写道，“亨利的口才和滔滔雄辩远超我的想象。可以肯定，在这样大庭广众的集会上，他一定会通过言辞引导懵懵懂懂的人们顺着他的方向走，这一点，无人能及”。在参加批准宪法大会的部分会议后，法国驻弗吉尼亚州副领事马丁·奥斯特（Martin Oster）写道，“亨利展现出广受欢迎的雄辩之术，以及惊人的禀赋与能力”。参见1788年5月31日肖特致托马斯·李·希彭，*DHRC*，9：895（“汇聚了”和“亨利在”）；1788年6月13日詹姆斯·布雷肯里奇致约翰·布雷肯里奇，*DHRC*，10：1621（“亨利的口才”）；1788年6月28日马丁·奥斯特致卢泽恩伯爵，同上，1690（“亨利展现出”）。

现在，亨利实际上发起了一场针对宪法的战争。他左右了弗吉尼亚州批准宪法大会，几乎天天在会上发言，占据了整个会议近1/4
466 的时间。❶亨利一再表示，自己是革命英雄，是自由的热忱捍卫者，他自如地将这一身份表现得淋漓尽致，充分攫取了听众的注意力。亨利拒绝按照大会的规则要求，逐段讨论审议宪法文本，他想到哪儿说到哪儿，往往抓住宪法文本的某一点，反复抨击，全然不顾议事规则。[240]

甚至在召开批准宪法大会之前，联邦主义者就很担心会出现这种情况。卡林顿曾表示，“批准宪法大会的很大一部分代表，将会被亨利先生的滔滔雄辩所压服，从而上当受骗，入了他的圈套——尽管他们的根本看法可能完全不同”。如今，在批准宪法大会上，联邦主义者抱怨亨利将“真凭实据和有力说理”弃置一旁，转而支持“放弃一切规则，非常灵活自如地自由发挥”。确实，亨利竭尽所能地想要挫败弗吉尼亚州的批准宪法活动，而不惜使用人身攻击、不
467 实之词，以及赤裸裸的谣言——下文将有例证。[241]

在一次颇具争议的辩论中，亨利引用了杰斐逊写的一封信，敦促说，当九个州已经批准宪法，足以“确保我们获得宪法所包含的好处”之后，另外四个州应该“拒绝接受宪法，直到将权利法案加入宪法”。亨利还敦促人们慎重考量“我们当中那些饱含学识且富足的同胞的忠告”。[242]

好几位联邦主义者强烈反对亨利援引杰斐逊的名字。首席法官

---

❶ 彼得斯堡的著名律师戴维·罗伯森（David Robertson）全程参加了弗吉尼亚州批准宪法大会并留下了速记，后来得以出版。得益于罗伯森留下的记录，我们对弗吉尼亚州批准宪法大会的了解要多于其他州。不过，反联邦主义者指责罗伯森的记录存有偏见，而一些主要的联邦主义者也怀疑罗伯森记录的准确性。参见 Sources for the Virginia Convention，同上，902–906；Maier, *Ratification*, 258；Hutson,“The Creation of the Constitution,” 23–24。

图 6.7 帕特里克·亨利，弗吉尼亚州革命运动的领导者之一。弗吉尼亚州宣告独立后，亨利担任首任州长。在弗吉尼亚州批准宪法大会上，亨利领衔反对批准宪法，不过，后来他转变成为一名联邦主义者。华盛顿总统曾邀请亨利出任国务卿和联邦最高法院首席大法官，但他拒绝接受。

埃德蒙德·彭德尔顿当时担任弗吉尼亚州批准宪法大会的主席，他认为，无论杰斐逊"多么开明"，他也不过是个"个体"，他的个人意见"不应该影响我们的决策"。麦迪逊也坚持说，弗吉尼亚州批准宪法大会代表应该有能力运用他们"自己的理性"，借助杰斐逊的大名，可能会"伤害他的感情"，并且如果杰斐逊在里士满批准宪法大会现场的话，他"也会支持批准宪法"。而且，如果反联邦主义者坚持援引"一位重要人物的观点……来强化自己的观点，难道我们这边就找不出一位同样重要的人物吗"？——意思是华盛顿。伦道夫指出，由于还没有必需的九个州批准宪法，杰斐逊的逻辑可能会引导他支持弗吉尼亚批准宪法，"以防止联邦分裂"——正如我们所看到的那样，这恰恰就是伦道夫的立场。[243] ❶

亨利运用了可能是他最具有煽动性的策略，调动起弗吉尼亚白

---

❶ 不过，由于跨大西洋邮件传递缓慢，弗吉尼亚州批准宪法大会的代表们还不知道，在他们召开大会之际，杰斐逊已经改变了看法，他告诉卡林顿，尚未决定批准宪法的各州，应该追寻马萨诸塞州的"更为可取"的策略——无条件地批准宪法，然后呼吁增加宪法修正案。参见 1788 年 5 月 27 日杰斐逊致卡林顿，*PTJ*（M.S.），13：208。

人对于奴隶制的偏执之情。他提出，北方人可能会控制联邦国会，并警告，“国会可能会拥有成千上万种隐含性权力”，可以通过在战争到来之时，将奴隶们征召入伍，“解放你们的每一个奴隶”。他还暗示，制宪者们没能在宪法中明确保护奴隶这种财产，背后可能会有见不得人的勾当。最后，亨利还提醒说，国会拥有的调动各州武装的权力可能会具有排他性，这就意味着，如果没有联邦国会的认可，弗吉尼亚将无法镇压州内的奴隶叛乱。[244]

在弗吉尼亚州批准宪法大会上，亨利的主要盟友是乔治·梅森、威廉·格雷森和詹姆斯·门罗[❶]。弗吉尼亚州的反联邦主义者提出了
468 反对批准宪法的常见理由：宪法缺少一份权利法案，宪法具有集权倾向，国会拥有太大的征税权力，众议院的规模太小，联邦司法机构的管辖范围太广，等等。[245]

不过，弗吉尼亚州的反联邦主义者也提出了他们具有南方和弗吉尼亚特色的反对批准宪法的理由。反联邦主义者认为，来自肯塔基

---

❶ 在弗吉尼亚州批准宪法大会之后，门罗向杰斐逊解释道，尽管从一开始他便“强烈地反对宪法”，然而，直到参加批准宪法大会，他才公开表态。但是，事实上，门罗最初对宪法的印象——体现在 1787 年 10 月他给麦迪逊的一封信中——总体而言是支持批准宪法的：“我的意见中确实有些强烈反对这一宪法方案的理由……但在目前邦联的这种尴尬处境之中，具体到本州对待新宪法的态度问题，我还是愿意接受批准宪法的理由。”在接下来的几个月里，门罗并没有公开或者私下表达对待宪法的某种态度。1788 年 4 月，麦迪逊写信给杰斐逊说，“很多人认为门罗是宪法的敌人，但是我相信，他是宪法的朋友，不过是一位冷静的朋友”。在弗吉尼亚州召开批准宪法大会之前，门罗写了一份强烈批评宪法的小册子，但在最后一刻，他还是犹豫了，没有公开发表，部分原因是，经过再三寻思，他发现自己的观点“过于松散”；也有部分原因是他认为，在如此临近召开批准宪法大会的时候，插足这场辩论，可能不太合适。参见 1788 年 7 月 12 日门罗致杰斐逊，*PTJ*（M.S.），13：353（“强烈地”）；1787 年 10 月 13 日门罗致麦迪逊，*DHRC*，8：55（“我的意见中”）；1788 年 4 月 22 日麦迪逊致杰斐逊，*DHRC*，9：744（“很多人”）；1788 年 7 月 12 日门罗致杰斐逊，*DHRC*，10：1705–1706（“过于松散”）；James Monroe, Some Observations on the Constitution, 约 May 25，1788，*DHRC*，9：846–876；另见 1787 年 10 月 15 日门罗致兰伯特·卡德瓦拉德，*DHRC*，8：56；editorial note, *DHRC*，9：844–846。

地区的代表可能会在批准宪法大会上拥有举足轻重的平衡作用，所以他们一再提到邦联国会外交总长约翰·杰伊显然愿意放弃美国人对密西西比河航运权的要求，以此作为反对批准宪法的理由之一。麦迪逊向金报告，在批准宪法大会上，他们在密西西比河航运权问题上大做文章——“尤其是在幕后，产生了最为严重的恶果”。反联邦主义者时常提及这个问题，以至于他们的对手不得不起来抗议说，这样诉诸“地方利益”和“党派考量”，“尤其不道德”。[246]

亨利因此提出，批准宪法可能会导致“我们丧失在密西西比河上的航运权”，而北方各州“有意愿并且有利可图……放弃”。尽管亨利表示，他很反感被人指责为“在争夺肯塔基地区的选票，以及诉诸地方利益”，而事实上，他写信提醒几位著名的肯塔基人，批准宪法可能会危及他们在密西西比河上的权益。[247]

格雷森也警告，北方各州将希望封锁密西西比河，以便阻止向西部移民，进而“维持他们的居民人数，保持他们超越南方的优势地位和影响力”。门罗也赞同说，“北方各州将不会放过宪法给予它们的这次机会，它们要放弃密西西比河，以此遏制西部发展前景，阻止南方利益继续扩张”。他警告，《邦联条例》规定，如果没有九个州赞成，就不能通过放弃美国在密西西比河上航运权的条约；而宪法规定，只要出席会议的2/3的参议员同意，便可批准这样的条约，而根据出席要求，出席参议员的数量可能少于七个州的参议员总数。[248]

反联邦主义者还抱怨，各州在参议院的平等代表权对北方有利，
但会损害弗吉尼亚州的利益。亨利要求知道，为何“像罗得岛和特拉 469
华这样的两个小州，加在一起都远远抵不上本州的规模和人口，但是代表权却是本州的两倍，足以压制本州的利益”。亨利提醒说，北方人可以像控制参议院一样控制总统职位，因为如果选举人团无法产生

一位获得相对多数票的候选人，众议院便有权选举总统；而在众议院选举总统时，每个州都可以投出平等的一票。北方各州如果彼此协调，便可产生一个由他们控制的参议院和总统，然后通过有利于北方的条约，让北方各州垄断南方各州的货物出口运输。[249]

格雷森则提醒说，“南方各州的产品，将由北方各州根据其所提出的条件来运输”，北方人将运用他们在国会中的支配地位，引导联邦政府按照他们的方向拨款——比如，为了发展海军而补贴造船厂。他将北方控制国会与密西西比河上的航运权问题联系起来：封锁密西西比河将会阻止向西部移民，让西部地区尽量少建立新州，从而维持北方主宰国会的地位。格雷森总结说，新宪法通过后，“人口众多”“物产富饶”的弗吉尼亚州将会失去“其重要性”。弗吉尼亚州正在做出“巨大的”让步，可是“又将得到怎样的回报呢”？[250]

类似地，亨利也抗议说，在新宪法之下，全国性政府将“一切都交给北方组成的多数来决定”，导致南方极有可能“承受最严苛的税负”。批准这部宪法，会将“处置我们财产的不受限制的权力，交到与我们没有任何共同利益的人手中”。比如，北方人可能会动用他们控制的国会，按照票面价值支付大陆会议发行的纸币（大陆券），而新英格兰地区的投机者已经用极低的价格购买了大量的大陆券。亨利还认为，宪法禁止制定溯及既往的法律，实际上就有可能要求国会这么做，从而导致梅森抗议的“损害和摧毁所有的美国公民，而让少数人发财”。[251]

弗吉尼亚州的反联邦主义者还坚持认为，联邦法院有权审理外国人与美国公民之间的法律诉讼，加上联邦民事诉讼案件中缺乏陪审团参与，将导致弗吉尼亚的债务人很容易被英国债权人起诉。亨利很想知道，参加弗吉尼亚州批准宪法大会的代表们为何要将“不公正和令人恼火的诉讼与上诉”交给债务发生时并不存在的审判机构，而“让他们的公民遭受利益受损的风险”呢？对此，格雷森表示赞同，他认为，如果债务有相关合同，只能在各州法院提起这类诉讼；而在各州法院，诉讼双方可能都会想到，“拖延和迟滞”很自然地会有利于弗吉尼亚的债务人。《巴黎条约》只是规定了各州 470
不得妨碍债权人催收战前债务，而并没有要求将债权人置于一个更加有利的位置。[252]

梅森坚持表示，所有人都知道他一贯公开支持支付战前英国债权人的债务，但他同时认为，宪法不应该授予债权人“权力，来满足私人恶意，损害我们的利益”。他提出，“有无数次这样的情况，即本来已经偿还债务，经过上诉之后，必须再次偿还”。而且，梅森还认为，其他州的公民可以“像传讯犯人一样”传讯弗吉尼亚州，将该州拖进联邦法院，裁决西部土地的处置或其他争议，这样的做法简直是一种“羞辱”。[253]

弗吉尼亚州的批准宪法大会逐段逐段地讨论宪法，反联邦主义者——尤其是亨利——实际上对宪法的每一个条款都有批评意见。当梅森说，他不赞成宪法要求国会“定期”公开讨论记录时，恼怒的亨利·李认为这种担心“不值一提”。麦迪逊也越来越讨厌反联邦主义者总以为国会代表“将会肆意作恶，而不去做宪法授权他们可以做的任何好事”。为何就不能相信，“具有美德和才智”的选民会挑选出“兼具美德和智慧之人”出任代表呢？联邦主义代表詹姆斯·英尼斯（James Innes）同样反对反联邦主义者的论证模式：“煽动恐惧、臆想，提出一些令人震撼和担心的设想”，以反对批准宪法。扎卡利亚·约翰斯顿（Zachariah Johnston）也抱怨道，反联邦主义者“对宪法的每一个字和短语……都做了不友好的解释，以此努力证明绝不可能出现的各种压迫”。[254]

麦迪逊在促成费城制宪会议上发挥了关键作用，也控制了宪法的讨论议程，根据后来门罗给杰斐逊的报告中的说法，麦迪逊带领里士满的联邦主义者，在支持批准宪法的论证过程中“发挥了主导作用”。麦迪逊身材瘦弱，胆小怯弱，常常生病，公开辩论时轻声细语，批准宪法大会的速记员常常无法听清他的讲话。❶但是麦迪逊克服了他所谓的“胆汁淤积症”，那次病让他“极度虚弱”，在房间里闷了两
471 天，捱过“酷热的天气”后，与令人生畏的亨利展开了殊死搏斗。❷在弗吉尼亚州的批准宪法大会上，麦迪逊的主要盟友是埃德蒙德·彭德尔顿、亨利·李、乔治·尼古拉斯和弗朗西斯·科宾。[255]

事后证明，伦道夫是弗吉尼亚州支持批准宪法的另一个重要人物。正如前文所述，费城制宪会议结束之际，伦道夫曾拒绝在宪法上签字。几个月后，他仍然坚持在批准宪法之前增加修正案，不过明确表示赞成宪法中的很多内容。在距离弗吉尼亚州召开批准宪法大会不到两个月之际，麦迪逊仍然不太确定“伦道夫到底会站在哪一边”。到里士满开会的很多代表都急切地想知道，他们的州长对于批准宪法问题的实际立场。[256]

门罗描述说，参加会议的代表们看到的是一番“奇异的景象”：“伦道夫曾在费城拒绝签署宪法文本，每个人都以为他会反对批准宪法。但是后来他写了一封信，并且非常狂热，而不仅仅是积极，他一

---

❶ 杰斐逊预计，麦迪逊将成为弗吉尼亚州批准宪法大会的“台柱子”。不过，虽然他期待麦迪逊在领导批准宪法的斗争中“发挥强有力的作用”，他仍觉得，麦迪逊是否能够“承担起这样的主导重任”，“仍有疑问”。参见 1787 年 12 月 15 日杰斐逊致威廉·卡迈克尔，*DHRC*，14：481。

❷ 多年以来，麦迪逊和亨利一直在弗吉尼亚州众议院缠斗，斗争的内容包括税收政策、支付英国债权人的战前债务、为圣公会教堂提供公共资助等。亨利和麦迪逊是长期的政治对手，这也很可能促使亨利下决心向宪法宣战。参见 Johnson, *Righteous Anger at the Wicked States*，4–5；Maier, *Ratification*，230。他们围绕向英国债权人偿还战前债务问题进行的斗争，参见 Evans，“Private Indebtedness and the Revolution in Virginia，” 363–369。

直极力要证明，他目前的行动与自己信中所言是一致的，也并不违背自己当时拒绝签署宪法文本之举。”[257]

6月4日是弗吉尼亚州批准宪法大会举行实质性辩论的第一天，那天，伦道夫起身解释自己的行动，不过他拒绝为了遵循“职责的驱使”而“向任何人道歉”。他说，在费城制宪会议上，他觉得，在没有看到公众对于宪法的反应之前，他无法要求自己支持宪法。尽管他希望建立“一个坚定而强有力的政府”，但他认为宪法还需要修正案。“全盘接受或者全盘否定宪法”都“太难了”。而且，他还担心，坚持进行要么接受要么拒绝宪法的生死投票，将会导致宪法走向失败。尽管他支持“任何实际可行的修正案”，但绝不“赞同任何将会分解联盟的方案”。对伦道夫而言，“唯一的问题在于，是在批准宪法之前还是之后增加修正案”。[258]

伦道夫觉得，弗吉尼亚州立法机构将“批准宪法大会推迟到这么晚才召开”，已经“穷尽了在不必然破坏联盟”的前提下先制定修正案的可能性，“而联盟是我们摆脱政治困境的基石”。伦道夫表示，“要我同意解散联盟，必须先让我同意砍掉我这条胳膊（指他的手臂）”。由于已经有八个州无条件批准了宪法，伦道夫总结说，为了
保存联盟，弗吉尼亚州也必须批准宪法。正如麦迪逊向华盛顿汇报时 472
所言，伦道夫已经“全身心地投入了联邦阵营”。[259]❶

在里士满乃至全国——尤其是纽约，最近入选该州批准宪法大会的代表，有2/3都反对无条件批准宪法——联邦主义者非常高兴地看到伦道夫转而成为他们的高调盟友，他们认为这一点对于赢得宪法批

❶ 6月4日，威廉·格雷森报告：“今天发生了两件不幸的事——州长伦道夫宣布赞成通过宪法，以及南卡罗来纳已经批准了宪法。”参见1788年6月4日格雷森致内森·戴恩，同上，1573；另见1788年6月7日、13日詹姆斯·邓肯森致詹姆斯·莫里，同上，1582。

准事业至关重要。但是，帕特里克·亨利对伦道夫异常恼火。伦道夫在批准宪法大会上发言三天后，亨利指出，这样的言论“非常奇怪和不负责任，曾被伦道夫憎恶的事现在得到了他的极力赞美，必有非常之事令他的意见出现如此重大的变化”。伦道夫强烈反对亨利的这种人品攻击——亨利似乎暗示伦道夫的转变背后隐藏着腐败动机——他觉得，这样的攻击完全看不到“一点儿友谊的影子”。[260]

麦迪逊和其他联邦主义代表——包括如今坚定地站在他们一边的伦道夫——回应了对手提出的每一份批评宪法的主要意见。亨利说批准宪法将会危及奴隶制，对此，麦迪逊表示，他感到“颇为惊讶”，因为联邦政府如果释放奴隶，将是一种明显的“篡权”。而且，联邦政府为何要“伤害和疏远联盟十三州中五个州的情感呢”？麦迪逊说，对奴隶制的另外一个“重要保障”在于，除了南方五个州“与这种特殊的财产利益攸关”外，另外三个州——纽约、新泽西和康涅狄格——也拥有大量奴隶，因此可能会反对任何废除奴隶制的行动。国会可能会对奴隶主的财产征收重税这种担忧，可以通过宪法关于直接税应按人口比例分配的规定得到缓解，麦迪逊认为，这样的保障措施“应该可以让所有理性的人满意”。[261]

尼古拉斯补充说，相对于他们在《邦联条例》之下所受到的待遇，弗吉尼亚人实际上获得了宪法对奴隶制的保护，因为宪法授权各州可以请求联邦政府协助镇压奴隶暴动。伦道夫强调说，弗吉尼亚州或南卡罗来纳州派往费城会议的代表，也“丝毫不相信联邦政
473 府会废除奴隶制”。有几位联邦主义者还指出了其中的矛盾之处：他们的一些弗吉尼亚政敌抱怨宪法将会废除奴隶制，而其他一些人则反对说，宪法中的对外奴隶贸易条款将会鼓励奴隶制长期存在，怎么可以同时反对宪法“既促进奴隶制又破坏奴隶制呢”？[262]

肯塔基地区的代表担心，在新宪法之下，美国可能会放弃密西

西比河的航运权，为了平息这种担忧，弗吉尼亚州的联邦主义者提出了几点。从一开始，麦迪逊就坚持表示，政府已经放弃了杰伊与西班牙人之间的谈判，且绝不会重启，因为南方人强烈反对这样的谈判。他还提出，北方各州最终将会认识到，开放河流航运权也有利于他们的经济利益。比如说，开放密西西比河将会提升美国所拥有的西部土地价值，并因此有利于偿还国家债务。[263]

联邦主义者还提出，随着更多的北方人迁往西部，他们留下来的朋友和家人也将会支持主张美国人拥有密西西比河航运权。而且，只有像这样一部宪法所创设的强有力的联邦政府，才能迫使西班牙开放密西西比河，并给英国人施加压力，让他们遵守条约义务，放弃西部土地上的要塞，从而使他们无法继续煽动印第安人攻击来自弗吉尼亚和其他州的定居者。最后，弗吉尼亚州的联邦主义者还提出，由于宪法要求在获得总统批准之后，条约才能成为法律，因此，相比于《邦联条例》，在新宪法之下，美国人更难放弃密西西比河上的航运权。[264]

弗吉尼亚州的反联邦主义者还指责说，北方控制的联邦国会将会压制南方各州，对此，联邦主义者提出，北方人不可能制定疏远南方人情感的立法，以此危及联盟，并最终损害自己的利益。而且，他们还提醒，里士满大会上反联邦主义者表现出的“对于我们北方兄弟的普遍猜忌之心”，在革命战争时期就已经发挥过致命的破坏作用。当时，要不是北方各州援助，弗吉尼亚早已惨遭英国人的摧毁。联邦主义代表认为，南方依然需要联盟，因为南方拥有漫长的通航河流，但却缺乏造船能力，并且南方拥有大量的奴隶人口，这都使其极容易遭到外来入侵。❶南方的“状况和环境”——奴隶人

❶ 面对外敌入侵，南方的奴隶很可能会投敌，独立战争时期，当英国军队侵入南方时，很多南方奴隶就是如此。

474 口众多——也使得南方需要依赖联邦政府帮助镇压内部反叛。[265]

联邦主义代表尼古拉斯还提出，南方人丝毫不用担心北方人会控制国会，因为弗吉尼亚州的人口很快会超过新英格兰地区。“新英格兰地区人口稠密，而我们拥有广阔的未开垦土地”，他希望，新建立的联邦政府“能够永久持续下去，因为很快就会对我们有利”。类似地，麦迪逊预计，即将被纳入联邦政府的西部州选出的国会代表，绝大多数将倾向南方，很快会控制联邦国会众议院。在任何情况之下，宪法中的分权与制衡措施，加上其中包含的保留各州权力的条款，将会保障南方不受联邦政府权力的侵害。[266]

反联邦主义者还担心，联邦法院会支持英国债权人追收战前债务，对此，伦道夫坚持认为，“应该偿付”这样的债务，他希望“诚实守信的弗吉尼亚州批准宪法大会不要提出反对意见”。如果真像反联邦主义者所解释的那样，宪法让外国债权人比弗吉尼亚债务人更方便地利用联邦法院，这也只是因为某些州拒绝为外国的起诉者提供正义的审判渠道，因此有必要以联邦法院的形式来提供救济。麦迪逊提出，授权联邦法院管理外国人针对美国公民提起的法律诉讼，将最大程度地降低战争的风险。他还认为，外国人无法“在各州法院获得他们想要的正义……已经导致很多富有的绅士不再跟我们做生意或者来往”。[267]

反联邦主义者警告，在新宪法之下，国会为了偿付北方投机者投资的大陆券，会大幅增加弗吉尼亚人的税负。对此，麦迪逊和其他联邦主义者回应道，宪法第六条规定，宪法通过之后，联邦政府接管《邦联条例》之下的所有政府债务。如果原先的国会能够兑付大幅贬值的各种债券，那么，新的联邦国会也可以。联邦主义者还坚持认为，宪法中禁止制定溯及既往的法律条款，只能应用于刑事案件，因此不会要求国会按照票面兑付这些债券。而且，根据宪法，任何人无法在联邦法院起诉美国国会，因此，是否以及如何兑付这类债券将完全由联邦国会决定。实际上，《邦联条例》也没有禁止国会按照票面价值兑付这些债券，所以在这个问题上，宪法并没有将南方人置于更加不利的境地。[268]

除了辩论宪法中的具体条款外，代表们还必须面对根本性的修正案问题。虽然麦迪逊此时已经倾向于不提出任何修正案，但是他意识到，除非批准宪法大会提出一些修正案，否则，多数代表将不会批准宪法。实际上，在弗吉尼亚州召开批准宪法大会一周以前， 475
梅森就告诉杰斐逊，“绝大多数代表似乎都支持提出修正案”；唯一的问题在于，批准宪法大会是坚持在批准宪法之前还是之后提出修正案。在批准宪法大会后期，麦迪逊向汉密尔顿解释道，考虑到“会议代表人数的对比，以及一些具有普遍影响力的人的顾虑”，联邦主义者决定“在批准宪法之时提出一些不会影响这部宪法有效性的简单而普遍的道理，并随后提出一份建议，这份建议可能会使修正案成为符合宪法模式的目标”。[269]

亨利坚持认为，弗吉尼亚州应该留在联盟之外，直到国会接受修正案，或者召开第二次制宪会议；弗吉尼亚州的决定与已经批准宪法的八个州无关。亨利宣称，就算“十二个半州都已经赞成宪法”，他也会“坚定地反对宪法，不受错误世界的影响”。亨利相信，那些已经批准宪法的州“被严重误导了”，“很难站稳自己的立场”。而且，那些州也在为“它们草率仓促的决定而伤心、焦虑、悔恨”。亨利坚信，“在那几个州里，也有一些极受尊敬的少数派反对批准宪法”。像弗吉尼亚这样“最有影响力也最重要的州”，仅仅因为“提出某些修正案作为批准宪法的条件”，就被永远排斥在联盟之外，绝对是不可想象的。如果弗吉尼亚“反对批准宪法的理由具有正当合理的基础”，其他各州肯定会“乐意满足我们的要求”。[270]

相反，如果弗吉尼亚州跟随马萨诸塞州的脚步，仅仅建议在批准宪法之后考虑增加修正案，亨利预计，制定这类修正案的“可能性将微乎其微”。他强烈主张，必须在批准宪法之前就增加修正案：“如果有人告诉我，先接受这样一个有缺陷的政府，然后寄希望于事后修正，我会认为那个人准是疯了。”亨利总结说，“承认罪恶是为了随后的消除罪恶，服从暴政是为了通过随后的改变来排除暴政，这真是我闻所未闻之事”。[271]

弗吉尼亚州的其他反联邦主义者也坚持认为，应该先提出修正案，以此作为批准宪法的前提条件。门罗表示，如果弗吉尼亚“非常坚决地”要求先制定修正案，将会引发“和谐与完美的共鸣”，而不是“联盟解散和国家混乱”。其他一些州将有意“与弗吉尼亚联合，因为它们的利益可能与我们休戚相关”。事实上，门罗甚至还进一步提出，“采取一个所有人都认为有缺陷，并被某些人谴责的体制，可能更容易使联盟瓦解”。他警告，无条件地批准宪法，将使宪法“无法获得修正，甚至在事实已经证明宪法有缺陷的情况
476 下，也无法修正”。[272]

格雷森也赞同说，“批准宪法之后再将其修正的想法太荒谬了”。联邦主义者低估了弗吉尼亚的重要性。北卡罗来纳州很可能会跟随弗吉尼亚的步伐，如果两个州都因为没有事先制定修正案而不批准宪法，那么北方各州将成为“没有任何东西可以运输的航运州”。格雷森还嘲笑说，有人竟然认为，如果弗吉尼亚州坚持在批准宪法之前制定修正案，其他州可以承受放弃联盟所带来的后果：小州太弱而不能分裂，新英格兰地区各州的渔业将“岌岌可危”，纽约州和宾夕法尼亚州需要将英国人赶出西部边境要塞，以夺回皮毛贸易。反联邦主义者本杰明·哈里森五世（Benjamin Harrison V，分别是未来两位总统的父亲和曾祖父）并不认为，弗吉尼亚坚持先制

定修正案再批准宪法，联盟就会解体；因为他相信，其他几个州也会支持先制定修正案再批准宪法的要求。马萨诸塞州只是因为“联邦主义者的诡计”，才使批准宪法大会没有制定修正案就批准了宪法；纽约州和北卡罗来纳州尚未召开批准宪法大会，但也将会拒绝接受未事先增加修正案的宪法；甚至在已经批准了宪法的一些州，比如马里兰州和南卡罗来纳州，也有很多人支持制定这样的修正案。[273]

对此，麦迪逊拒绝让九个州（事实上，当时只知有八个州批准了宪法）服从“一个州的要求”。他不赞同亨利的说法——即使是已经批准宪法的州也正“伤心焦虑”。相反，麦迪逊坚持认为，有证据表明，那些州对宪法的满意程度“与日俱增”。而且，只有在费城会议上表现出的“相互尊重和让步”才使制定宪法成为可能。相比之下，如果弗吉尼亚州“呼吁绝大多数州承认自己做错了”，并怀疑这些州随后是否会赞同所谓“为维护共同自由”而提出必需的修正案，这将表明它“既不值得信任也不值得尊重”。麦迪逊警告，如果弗吉尼亚州阻止宪法获得批准，本国不同地区的反联邦主义者将永远无法就应该如何修改宪法达成一致。最后，他认为，不管各州对某些修正案的支持程度如何，在批准宪法之后再制定这些修正案，肯定不会太难。[274]

伦道夫也同意说，那些已经批准宪法的州不会为了“满足弗吉尼亚州的要求”而改变立场。相反，它们会恼怒于弗吉尼亚州试图霸道地自认为“有权决定应该做什么”。伦道夫承认宪法有缺陷，需要修改；但他表示，如果“这片土地是和平与安宁的，并且……积聚的风暴不会爆发”，亨利关于先制定修正案的提议将会对他有吸引力。然而，如果弗吉尼亚现在坚持先制定修正案，他预计，“联 477
邦将会解体，战争的恶魔将会挣脱束缚，无政府状态和彼此不和将彻底毁灭这个国家”。[275]

伦道夫还警告，如果其他九个州组成联盟，弗吉尼亚州却置身其外，“这些州和弗吉尼亚之间只会产生嫉妒、敌对和仇恨”。拥有共同边界但没有联合成一个更大联盟的国家之间，几乎不可避免地会相互开战，英格兰和苏格兰在合并成大不列颠之前就是如此。此外，伦道夫还指出，如果没有联盟提供的安全保障，弗吉尼亚很容易遭受外国入侵。切萨皮克湾将使弗吉尼亚容易被从水路攻入；本州几乎没有可以制造战争物资的制造业；本州的奴隶在战时尤其容易起来反叛；西部边境上虎视眈眈的印第安人可能会被外国的黄金收买，来攻击弗吉尼亚人。伦道夫还辩称，有条件地批准宪法，将会使弗吉尼亚至少暂时脱离联邦，这样会使得第一届联邦议会做出重要的全国性决策时，弗吉尼亚无法发挥相应的影响力。[276]

弗吉尼亚州的其他一些联邦主义者则否认批准宪法之后再制定修正案像他们的对手所宣称的那样是异想天开。如果弗吉尼亚和马萨诸塞这两个“美国人口最多、最富有、最强大的州”提出修正案，它们的联合影响力将足以支持修正案获得通过。最后，联邦主义者警告，如果本州批准宪法大会拒绝批准宪法，本州北部地区可能会脱离本州。[277]

联邦主义和反联邦主义代表都认为，投票结果将只有几票之差，并且双方都声称自己将拥有多数票。大会进行到一半时，麦迪逊写信给华盛顿：“不管哪一边最终拥有多数票，这个多数肯定非常微弱，我不敢抱太大期望，认为结果会有利于我们。”他告诉金，结果“会比［以前］预计的更不可把握”，“这件事情难以捉摸得超乎想象”。大约在同一时间，梅森向纽约的一位反联邦主义领袖约翰·兰姆（John Lamb）报告，尽管弗吉尼亚州批准宪法大会的代表们普遍认为有必要制定修正案，但他们“在制定修正案的时间和方式上分歧太大，现在还无法确定多数人是否站在我们一边”。[278]

一周后的6月20日，麦迪逊告诉汉密尔顿，联邦主义者大概占了3/4的多数，不过仍然存在“非常令人不安的不确定性……因为我们有可能错误估计了目前的力量”，而且“我们的优势过于微弱，这就意味着，普通意外导致的危险便可能改变结果”。麦迪逊也担心，反 478
联邦主义者可能要求休会，这将使他们能够更好地与他们在纽约的盟友协调一致。麦迪逊说，“还有一个情况应该会压制我们的信心”，那就是“我们州的立法机关明天将在这个地方开会，而州立法机构的绝大多数成员都是反联邦主义者……作为个人，他们可能会有一些影响，而作为直接来自广大民众的人，他们可以对此时此刻的民情赋予他们所希望的任何色彩，并可能以这种方式影响批准宪法大会中的人民代表”。[279]

由于批准宪法大会尚未进行任何正式表决，任何一方都不能完全信任其成员。第一次投票是在6月25日，代表们以88∶80的投票否决了一项先制定修正案再批准宪法的决议，随后又以89∶79的投票支持无条件批准宪法。[280]

他们在赞成批准宪法的意见书中写道，“宪法赋予的权力来自合众国人民，在任何情况下，当这些权力被滥用，伤害或压迫了合众国人民，他们都可以将其收回”。❶意见书还宣布，“除其他基本权利外，任何权力机构都不得取消、削减、限制或者修改信仰自由和新闻自由”。批准宪法大会认为“这些权利很重要”，并且“深信宪法无论存在怎样的不完善之处，都应按照宪法中规定的方式，即宪法第五条进

---

❶ 1860—1861年，当南方各州声称脱离联邦时，弗吉尼亚州批准宪法意见书中所使用的这种表述，成为南方白人用来证明他们脱离联邦合宪的诸多依据之一。参见Carpenter, *The South as a Conscious Minority*, 212 n. 103[引自得克萨斯州参议员路易斯·T. 威法尔（Louis T. Wigfall）的讲话]。

行修改，而不应通过拖延投票使联盟陷入危险之中，以期望在批准宪法之前制定修正案”，因此，批准宪法大会批准了宪法。[281]

不过，在大会休会之前，由联邦主义者乔治·威斯（George Wythe）领导的一个委员会——联邦主义者占多数，其中包括麦迪逊和亨利——经过两天的审议，提出了40项修正案。其中一半涉及个人权利保护——“个人通过社会契约结合起来时所不能被剥夺的某些自然权利”。这些权利包括言论自由、新闻自由、宗教自由，以及许多最终被纳入《权利法案》的其他权利。[282]

委员会所提出的另一半修正案，涉及限制国会权力并从结构上改革联邦政府。这类修正案提出，要明确保障未授予联邦政府的权
479 力都由各州保留；主张建立一个最小规模的国会众议院；要求总统任职强制轮替；要求国会在制定商贸立法或者在和平时期维持常备军时，都应得到两院2/3绝对多数同意；要求国会在批准放弃领土或者航运权的条约时，必须得到国会两院3/4绝对多数赞同；限制国会征收直接税，直到各州有机会通过自己的方法征收相应的份额。批准宪法大会随后批准了委员会提出的修正案，并责成该州出席第一届国会的联邦众议员和参议员，通过宪法第五条规定的机制，批准这些修正案。[283]

联邦主义代表阿奇博尔德·斯图尔特说：“尽管我们所掌握的优势很微弱，但大会仍在友好与和睦的气氛中闭幕了。除了少数人外，落败的对手也承诺支持新政府。”据一份报告称，在里士满，获胜的联邦主义者“既足够明智，也足够礼貌，没有举行游行或进行其他庆祝”。而在其他城市，举行庆祝批准宪法的大规模游行正在成为常态。[284]

麦迪逊的态度和在批准宪法斗争中的一样，无心庆祝。他告诉汉密尔顿，弗吉尼亚州批准宪法大会提出的许多修正案“非常令人

不快”。而且，尽管麦迪逊称亨利曾有过“坦诚的表白”，表示在批准宪法大会上失败后，“他会安安静静地当一个公民”，麦迪逊还是预计，亨利“对宪法的恶意将会使他……采取一切和平的手段来羞辱和破坏宪法”。他告诉华盛顿，亨利的策略很可能是“联络2/3的［州］立法机构参与瓦解宪法的工作，或者第一时间谋求一个国会职位，运用自己的权威，让国会自杀”。[285]

门罗也反对不先制定修正案就批准宪法，他告诉杰斐逊，只有华盛顿的明确支持和影响力能“推动建立这个政府”。尽管华盛顿从未发表过支持批准宪法的正式声明，但在过去十年的大部分时间里，他一直在推动大幅扩充联邦政府的权力，而且他担任了费城制宪会议的主席，并在宪法文本上签了名。此外，他还私下里表示，“在批准宪法和无政府状态之间别无选择”，这番言论最终进入了公共领域，并在不少于49份报纸上出现过。弗吉尼亚人希望华盛顿能成为美国第一任总统，如果弗吉尼亚不加入联盟，这一点便不可能实现，这可能也是一个充分的考虑因素，使得弗吉尼亚州批准宪法大会的天平倒向了支持批准宪法的一边。[286] 480

弗吉尼亚州最终批准宪法，此事对于批准宪法运动的成功起着非常重要的作用。6月25日，纽约州批准宪法大会的讨论工作进行了一周，弗吉尼亚州派往邦联国会的代表约翰·布朗从纽约报告（一周以后，他才收到弗吉尼亚州批准宪法的消息），“我们忐忑不安地等待着弗吉尼亚州对于新宪法的最后决定。联邦主义者和反联邦主义者都认为，宪法［在纽约州］的命运取决于弗吉尼亚州的决定”。一个月后，南卡罗来纳州派往邦联国会的代表、强烈批评宪法的托马斯·都铎·塔克（Thomas Tudor Tucker）表示，如果弗吉尼亚州拒绝批准宪法，纽约州“肯定会拒绝”，而北卡罗来纳州很可能“也会效仿”。[287]

纽约州

在弗吉尼亚州召开批准宪法大会期间，新罕布什尔州成为第九个批准宪法的州，从而确保宪法可以运行。美国最大和最有影响力的州弗吉尼亚州，则是第十个批准宪法的州。尽管取得了这些进展，纽约州批准宪法的前景仍然存在着许多不确定因素。

在本章的前述部分，我们已经看到，新泽西州和康涅狄格州轻而易举地就批准了宪法，部分原因是新宪法将使纽约州无法再利用进口税，从这些州的居民那里获取税收收益。出于同样的理由，纽约州可能会反对批准宪法。这类进口关税在18世纪80年代中期是纽约州财政收入的绝大部分来源，使得纽约州立法机关能够保持其他税种的低税率，并在很大程度上避免已经影响其他州的无法赎回抵押农场和债务人骚动的问题。因此，纽约州的小农场主普遍支持在《邦联条例》之下维持现状，反对批准宪法。联邦主义者经常嘲笑纽约州的反对批准宪法者被该州的进口税吸引和收买了。事实上，进口税的税务官约翰·兰姆确实利用海关署，来散播反联邦主义者
481 的宣传品，并在全国范围内协调反联邦主义者的反宪法行动。[288]❶

此外，在18世纪80年代，纽约州还没收了效忠派所拥有的大量土地，可以说这涉嫌违反了1783年与英国签订的条约。在新宪法之下，要想逃避条约义务而不受惩罚，就更困难了，因为当联邦条约与各州法律发生冲突时，宪法明确保证了联邦条约超越各州法律的至高无上的地位，并且建立起联邦法院系统，来实现联邦条约的

---

❶ 驻纽约市的法国副领事推测，纽约州官员还有其他"尽可能长久地维持他们对于州府事务的完全彻底的掌控权的个人动机。将州进口关税收来的资金用于兑付他们所投机的公共债券，对他们的财富至关重要"。参见1787年12月15日安托万·德·拉·弗雷斯特致蒙特莫林伯爵，*DHRC*，19：424。

至高性。[289]

基于这些原因，“一位哥伦比亚爱国者”从波士顿写信指出，纽约州拥有“毫无疑问会导致其拒绝批准宪法”的动机。在费城会议结束后不到两周，麦迪逊从纽约写信给华盛顿：“这座城市的大众似乎普遍支持新宪法，然而，我推测这个州的执政者会反对它。”1787年11月，威廉·格雷森也从纽约市发出报告：纽约州的“大多数人都反对”批准宪法。纽约州的反对早有征兆，当邦联国会收到费城会议送来的宪法草案时，当时在场的来自纽约州的三位国会代表就主张，在将宪法文本转送各州之前，应该增加一项权利法案。[290]

很多人认为，宪法在纽约州的命运很大程度上取决于州长乔治·克林顿的一举一动，一位联邦主义者称克林顿在该州的边远地区拥有“举足轻重”的巨大影响力。自1777年担任州长以来，克林顿一直推行有利于小农户的财政和货币政策，并因此遭到该州富有的庄园领主、商人和律师的普遍反对。这些派别之间的长期政策分歧，很大程度上也反映在他们对于是否批准宪法的态度上，而克林顿的支持者普遍都成了反联邦主义者。[291]

1787年秋天，尽管克林顿谨慎地避免发表关于宪法的公开声明，但各种报告都说他私下“激烈地反对这个宪法方案”，并且普遍相信他以“加图”的名字撰写了批评宪法的文章。事实上，在费城会议仍在进行之际，纽约州的联邦主义者就在报纸上指控克林顿“秘密地反对建立实质性联邦政府所必需的重要举措”。整个秋天，克林顿都拒绝召集州议会的特别会议来考虑是否召开批准宪法大会，这意味着，这个事将被推迟到1788年1月，直到州议会按惯例举行定期会议时才会被提上议程。出席费城会议的纽约州代表罗伯特·耶茨和小约翰·兰辛给州长写了一封公开信，解释他们违背指

令提前离开费城会议的原因，主要是因为他们反对大会代表做出的
482 违反《邦联条例》、追求建立“统一”政府的决定，当时，至少有一位纽约州的联邦主义者推测，克林顿“参与了这件事”。[292]

当纽约州议会最终开会时，许多联邦主义者担心，他们的对手会试图阻止召开批准宪法大会，并在州参议院拥有足够的力量来实现他们的目标。一位来自奥尔巴尼的联邦主义律师写道，宪法“最好的朋友怀疑，我们能否通过立法机构的行为来召集批准宪法大会，反对派已经决心先下手为强”。州议会里的反联邦主义者显然已经准备了一项决议草案，来表达立法机构对宪法的反对意见，但随后却决定不提交。联邦主义者、州总检察长、州议员爱格伯特·本森（Egbert Benson）评论道：“如果整个［反联邦］派别都有紧张情绪，他们就会尝试着这么做，但其中最谨慎的一些人觉得这样并不可行。”[293]

反联邦派的州议员们没有提出批评宪法的决议，而是提出了一
483 项谴责费城会议的决议，谴责费城会议没能“修订《邦联条例》的相关条款并报告相关修改”，竟然直接产生一份“全新的美国宪法，一旦实施，就可以从实质上改变本州的宪法和政府，并极大地影响本州人民的权利和特权”。联邦主义者强烈反对这项决议，声称这会给宪法带来“来自立法机构的非常危险的影响”，因为它宣称“费城会议代表超越了自己的权限”，从而令人民“反感会议成员的所作所为”。联邦主义者坚称，纽约人民“和我们一样充满见识和智慧”，“不容易受欺骗”，应该由他们自己决定“费城会议是否超越了其权限”。反联邦主义者则回应道，他们在州议会提出的决议，只是“简单地陈述事实，无人可以否认”，人民应该知晓费城会议已经超越了其权限。经过辩论，联邦主义议员仅以两票的优势击败了对手的决议。[294]

联邦主义者在纽约州选举新的议会代表问题上，也展现出意想不到的力量。联邦主义者取得了五个席位中的四个，反联邦派的在任议员小约翰·兰辛和梅兰克顿·史密斯没有再次当选，取代其中一个席位的是极端国家主义者汉密尔顿。反联邦主义者的一位领导人指出，汉密尔顿获得国会议席是“对于新宪法反对者的巨大胜利，因为他的当选表明，立法机构认可其不久前在费城会议上的表现”，并且“暗含着间接谴责”耶茨和兰辛提前离开费城会议会场的意思。[295]

最终，纽约州议会的反联邦主义者选择不反对召开批准宪法大会。或许他们同意了纽约州联邦主义参议员詹姆斯·杜安的观点。杜安告诫州议员，拒绝召开批准宪法大会将是“在演示专制权力的高度泛滥”，使他们成为人民的“暴君”而不是“守卫者”。[296]

尽管如此，反联邦主义者还是提出了一项决议，指示参加批准宪法大会的代表，“可以自由地审阅、讨论和决定”宪法——其意暗示，即将召开的批准宪法大会有权提出修正案。联邦主义者反驳说，州立法机构对于本州批准宪法大会的指示，应该限定于费城会议所使用的词句——通过将宪法文本转交各州，邦联国会认可了费城会议——即宪法文本应被转交给由各州人民选举产生的批准宪法大会，获得他们的“赞成和批准”。联邦主义者坚持认为，反联邦主义者提出的决议，将是“对国会的一种指责”，传递出的信息是，邦联国会“向各州提交了一份含糊不清和尚未定型的决议”。这次，484
联邦主义者以五票的优势取得了胜利。[297]

纽约州议会放宽了选举批准宪法大会代表的投票资格要求，但是没有给出任何解释。当时的纽约州宪法规定了选民选举立法机构代表的财产要求，但该州有史以来第一次规定，所有年龄超过二十一岁的自由男性，都有资格选举批准宪法大会代表。在全国范围内，当时的人们普遍认为，扩大选举权有利于反联邦主义者，但在纽约州，却是联邦主义者提议扩大选举权，而反联邦主义者也没有抵制。州立法机关还将召开批准宪法大会的地点定在了波基普西，在那里双方都有大批支持者。[298]

批准宪法大会代表的选举将从4月下旬开始，持续好几天，然后在6月中旬召开大会。一位联邦主义者指出，将召开批准宪法大会的时间定在这样“远的一个日子”，表明反联邦主义者显然是以为，延迟召开会议可以增加他们挫败批准宪法的机会，但结果是事与愿违，“用坏心办了好事”。如果反联邦主义者确实以为推迟召开批准宪法大会对他们有好处，我们可以看到，他们彻底失算了。[299]

纽约州的宪法批准之争激发了前所未有的政治参与热情和选民的兴趣。虽然该州的联邦主义者和全国其他地方的联邦主义者一样，主导着本州的报纸，但是较之其他大部分州的盟友，纽约州的反联邦主义者更成功地将他们的观点公之于众。双方都建立起县级委员会来监督批准宪法大会代表候选人的提名过程，并在全州范围内协调合作。一位反联邦主义领导人亨利·奥赛努特（Henry Oothoudt）注意到：“自从美国奠基以来，从来没有出现一个像现在对待新宪法一样参与面如此之广的问题。主张推进新宪法的人从早到晚忙个不停。他们夜以继日地四处旅行，游说并不相信新宪法的反联邦主义者。他们印制了成千上万的传单。”[300]

正如我们所见，1788年2月，马萨诸塞州成为第六个批准宪法的州。这对纽约州的批准宪法之争至关重要，因为它使得实现九个州批准宪法的目标变得极有可能。尤其是，纽约州的联邦主义者吸收了马萨诸塞州批准宪法大会对修正案的建议，为自己所用。在“对纽约人民的中立演讲”中，奥尔巴尼联邦委员会祝贺马萨诸塞州率先提出了批准宪法之后再讨论“提议的修正案”的方法，在

“采纳了这个新体制之后，可能更容易召集会议，来商定修正案”。与之相比，“那些关于先制定修正案再批准宪法的似是而非的想 485
法”，反而会“摧毁一个你极其不愿全盘拒绝的体制”。[301]

同样，仍然担任着邦联外交总长的约翰·杰伊在选举批准宪法大会代表前，化名给纽约人民写了一封重要的公开信，他在信中承认宪法不完美，但是怀疑美国人民是否能够及时得到一部更好的宪法，以使他们摆脱目前的困境。杰伊预计，反联邦主义者寻求的第二次制宪会议，将会招来那些不太愿意妥协、更易受到外国影响的代表。相反，杰伊建议，纽约州民众应当“给予拟议的宪法一个公正的试验机会”，然后“根据时间、事件和经验的要求来修改它”。[302]

“平民”——可能是梅兰克顿·史密斯——在回应联邦主义者时警告：“一旦新政府开始运行，我们将听不到大部分曾经热心主张采纳新体制的人所提出的任何修正案。”那些在新政府中拥有“极高荣誉和薪酬”之人，将反对可能会削弱其权力的修正案。他预测，一旦新政府运转，将“习惯性地巩固自己，并且不知不觉中从人民手中夺走一个又一个权利”。世界历史上几乎没有“掌权者愿意接受劝说，将其权力让渡给人民”的例子。因此，“扩大掌权者的权力——如果事实证明他们的权力不够广泛——比削减掌权者的权力——如果他们的权力太大——容易得多，也安全得多。”[303]

投票前，双方都认为这是一场势均力敌的竞争。鲁弗斯·金从纽约市发出报告称，“本州在批准宪法问题上的态度将十分微妙——双方都毫不懈怠，并且对胜利充满信心”。亨利·诺克斯写道：“双方可能近乎平分秋色。”[304]

根据纽约州选举法，虽然大会代表选举从4月29日持续到5月3日，但各县的监票员必须要到5月27日之后才能打开票箱统计票数。6月5日，除一县之外，其他所有县的选举结果都刊登在了纽约报纸上。

结果令人震惊，在这场两派都竭尽全力且几乎针锋相对的竞争中，反联邦主义者赢得了批准大会的46席，而联邦主义者仅取得19席。联邦主义者在纽约市占主导地位，并在周围县与反联邦主义者不相上下，但在该州的其他地方却一败涂地。纽约州的反联邦主义领导人对于这种大幅度的胜利无比激动，以至于他们马上写信给还未决定是否
486 批准宪法的各州，将胜利的消息告诉那里的反联邦主义者。[305]

看到联邦主义者这种显而易见的失败之后，汉密尔顿给麦迪逊写了一封长信，推测接下来在6月17日召开的纽约州批准宪法大会上可能会出现何种情况。汉密尔顿坚信，反联邦主义领导人对联邦怀有恶意，他还担心，这种彻底拒绝宪法的行为，“将导致宪法陷入危机，不仅让本州与其他已经批准宪法的州之间出现危机，也将使州内各党派之间出现危机”，也可能诱导纽约市脱离本州。反联邦主义者的解决方法可能是寻求“长时间推迟召开批准宪法大会［推迟到来年的春天或者夏天］，直到他们找到最安全、最巧妙的途径来达到他们的最终目的”。❶汉密尔顿认为，反联邦主义领导人预计，一旦联邦政府开始运行，肯定会采取不得人心的税收措施，联邦政府的敌人就可以利用这个机会，来壮大他们的队伍。不过，如果联邦体制“运行平稳，而且我们人民的态度随之改变，那么他们就会选择进入联邦”。汉密尔顿不确定，普通的反联邦主义者会在多大程度上追随他们领导者的分裂主义，但是他告诉麦迪逊，他担心，那些还没有确定是否通过宪法的州会反对宪法，从而导致内战，最

❶ 如果不出意外，纽约州推迟批准宪法将会使得该州——以及拥有强大游说力量的州债券持有者——继续享受州进口税所带来的收益。而一旦宪法获得批准，纽约州加入新联邦，这些收益将会流向国会。参见 1788 年 8 月 30 日约翰·布朗·卡廷致杰斐逊，*DHRC*，21：1353；另见 1788 年 8 月 20 日詹姆斯·R. 里德（James R. Reid）致坦奇·考克斯，*DHFFE*，1：94。

后他在信的末尾祈祷，“上帝保佑弗吉尼亚加入联邦”。[306]

宾夕法尼亚州派往邦联国会的代表威廉·宾厄姆（William Bingham）在纽约市写道，多数反联邦主义者“杰出而坚定”，以至于连“最乐观的联邦体制支持者，也只能安慰自己说，希望批准宪法大会休会，而不是径直反对批准宪法”。但是，一些联邦主义者仍然抱有希望，如果在纽约州批准宪法大会结束之前有九个州批准了宪法，“那么，反对宪法的形势将会彻底改变”。到那时，反联邦主义者将不敢阻止纽约州批准宪法——此举将使纽约州孤立无援，“被敌人包围”。而且，根据纽约市的联邦主义者威廉·杜尔（William Duer）的说法，在关于提出宪法修正案的问题上，反联邦主义者之间可能“无法达成一致”，从而“可能造成有利于联邦主义者的分裂”。[307]

南卡罗来纳州成为批准宪法的第八个州的消息在6月4日传到纽约，给联邦主义者带来了希望——要么是新罕布什尔州，要么是弗吉尼亚州，两州中必有一个将在纽约州批准宪法大会做出决定之前，成为第九个批准宪法的州。来自里士满的联邦主义者发来的报道，描述了弗吉尼亚州批准宪法大会的最初形势，并满怀信心地预 487
计胜利在望，这也给纽约州的一些联邦主义者增添了希望。[308]

随着召开批准宪法大会的日期临近，反联邦主义者召集了自己的内部会议，用其中一个领导人的话讲，就是为了“形成一个行动方案，来促进实现我们的目标，系统地推进我们的事业”。反联邦主义领袖希望鼓励支持者们坚决反对无条件批准宪法，抵挡来自联邦主义者的各种压力——联邦主义者胁迫说，联邦政府将采取强制措施迫使纽约州就范，而且纽约市有可能脱离纽约州。联邦主义者以此希望反联邦主义者支持批准宪法，然后再提出修正案。[309]

许多反联邦主义领导人表示，他们对批准宪法大会充满信心。亚伯拉罕·兰辛（曾在费城会议上担任纽约州代表的小约翰·兰辛的兄弟）告诉纽约州议会的反联邦主义领导人小亚伯拉罕·耶茨（Abraham Yates, Jr.），“我曾与本州北部的人交谈过，他们都认为，要么在批准宪法之前召开大会，对其进行实质性修改，要么全然拒绝这部宪法”。耶茨表现出同样的信心，他告诉亚伯拉罕·兰辛，“我一点儿也不担心批准宪法大会的结果。事实上，我都无法想象联邦主义者接下来能做些什么”。耶茨从“日常交谈”中推测，联邦主义者“寄希望于，在他们的强势压力之下，反对者会选择采纳宪法或者延期批准宪法”，反联邦主义者不至于敢坚持有条件地批准宪法，因为在许多州已经无条件地批准宪法的情况下，这样做等于拒绝批准宪法。耶茨预计，联邦主义者如此自大，反而会促使反联邦主义者更加坚定在批准宪法之前制定修正案的决心。耶茨报告，“虽然所有其他州都接受不用先制定修正案便可批准宪法，但是纽约市的反联邦主义者们似乎决心不采纳没有修正案的宪法”。[310]

耶茨和兰辛交流几天后，曾参加费城会议的另一位纽约州代表罗伯特·耶茨（Robert Yates，小亚伯拉罕·耶茨的侄子）给弗吉尼亚州的乔治·梅森写了一封信，向他保证，“我们已经下定决心，如果不事先制定修正案，就不采纳现在的宪法”。耶茨对反联邦主义者在批准宪法大会上的多数地位充满信心，他向梅森承诺，“不管是诡辩、恐惧还是权势，都不会影响、改变我们的态度”。与此同时，纽约市的一位反联邦主义律师报告称，“反联邦主义者们众志成城、上下同心”，决心“齐心协力，集中力量”，以此“粉碎联邦党人企图分裂我们的奢望”。[311]

但是纽约州的联邦派认为，他们最佳的胜利机会在于利用反联
488 邦主义者阵营中可能存在的任何分歧。就像杰伊对华盛顿所解释的那样，大多数联邦主义者相信，反联邦主义者的“主要负责人极不关心联邦的命运，他们只是想方设法地减少辩论，加快进程，拒绝

宪法”。不过，杰伊表示，“这些领导者是否有能力来管理自己的党派，却值得怀疑。反联邦主义者中的很多人都是联盟之友，对联盟怀有善意”。威廉·杜尔也有类似估计，他告诉麦迪逊，虽然像克林顿州长这样的反联邦主义领导人，可能会“不惜一切代价，拒绝赞同任何倾向于政府集权的体制”，但许多追随他的人，“公开表示他们是联盟的朋友”。由于反联邦主义者“内部无法协调一致”，可能会“形成有利于联邦主义者的分裂”。[312]

当纽约州批准宪法大会于6月17日召开时，已经有八个州批准了宪法。弗吉尼亚州仍在开会，休会的新罕布什尔州批准宪法大会也预定在次日重新召开。纽约州的联邦主义者估计，他们必须延长会议的讨论时间，以等待来自这些州的消息（他们希望等来对他们有利的消息）。汉密尔顿告诉麦迪逊，“只有九个州先批准了宪法，动摇了克林顿追随者的决心，纽约州的联邦主义者才有一丝机会”。因此，当前“最重要的事情就是”，这三个州的联邦主义者之间“必须保持极为密切的沟通”，于是汉密尔顿自费雇请快递骑手，在弗吉尼亚州和新罕布什尔州的批准宪法大会之间传递消息。[313]

亚历山大·汉密尔顿和梅兰克顿·史密斯❶领导了在波基普西对抗的两个党派。1788年的波基普西是一个约有2 500人的小镇，位于哈德逊河东部一英里处，差不多处在纽约市和奥尔巴尼的中

---

❶ 史密斯于1744年出生于长岛西部，父母是农民，他在家里接受教育，很小的时候就在波基普西当店员。1776年，史密斯成为达奇斯县民兵队长，并被任命为纽约的一名专员，负责调查效忠派的阴谋。在独立战争期间，他从政府的承包合同和购买被没收的效忠派地产中获利，跻身富人行列。

18世纪80年代中期，史密斯搬到了纽约市，开始从事法律工作，并继续他的商业活动。他还在政治上发挥了更积极的作用，成为长期担任纽约州州长的乔治·克林顿的密友。史密斯于1785年被纽约立法机关任命为邦联国会代表，他在1787年《西北法令》的起草和通过过程中发挥了重要作用。（转下页）

间。虽然史密斯极力主张反联邦主义者所要求的先制定修正案再批准宪法，但是汉密尔顿在辩论中显示出的卓越才华却得到了广泛认可（一位联邦主义拥护者称他“演讲优雅”，是“当代最突出的天才之一”）。史密斯在波基普西得到了罗伯特·耶茨、小约翰·兰辛和乔治·克林顿州长的大力协助。汉密尔顿最重要的盟友是杰伊和首席法官罗伯特·利文斯顿。杰伊是一位经验丰富的外交家，善于
489 调解冲突。而利文斯顿却在会上表现得傲慢无礼、居高临下，和对手们发生激烈争吵，对手们讨厌他老是“嘲笑他们提出的理由”。[314]

如前所述，联邦主义者在波基普西的策略是拖延会议进程，直到新罕布什尔州和弗吉尼亚州批准宪法大会的消息传来。因此，联邦主义领导人在会议第一天就提议，投票表决前必须逐段审阅宪法（这与其他那些联邦主义者占据明确多数席位的州中联邦主义者所采取的策略正好相反）。正如亚伯拉罕·兰辛解释的那样，一些反联邦主义者对此感到忧虑，他们担心，虽然他们占据绝对优势，但是他们的事业“将因拖延而最终受到损失”，因为“联邦主义者将利用一些［与会代表］的希望或恐惧之心，来上下其手”。除此以外，兰辛还担心，“拖延下去”将增加一些反联邦主义者的“乡下朋友”不得不回家收割农作物的可能性。尽管如此，正如罗伯特·耶茨向乔治·梅森解释的那样，在反联邦主义者确定占多数的情况下，他

（接上页）史密斯在纽约州试图阻止批准宪法的努力失败之后——下文将有讨论——于 18 世纪 90 年代成为托马斯·杰斐逊和詹姆斯·麦迪逊所领导的民主共和党成员，该党为反对乔治·华盛顿和约翰·亚当斯政府而成立。史密斯是纽约促进制造业协会（New York Society for Encouraging Manufacturing）的第一任主席，也是各种人道主义组织的成员，包括人道主义协会和移民援助协会（Emigrant Aid Society）。他于 1798 年逝世，死于当时流行的黄热病。大法官詹姆斯·肯特认为史密斯是“一个非常简单，有着最温和、最自由、最和蔼性格的人”，而另一位联邦主义对手则将他描述为“一个善良而有能力的人”。参见 American National Biography Online; De Pauw, *Eleventh Pillar*, 199–200（“一个非常简单”和“一个善良”）。

们决定在延长讨论的问题上让步，“以防止反对派指责我们对待宪法过于草率”。这个决定最终发挥了关键性作用。[315]

在两个多星期的时间里，批准宪法大会一节节地阅读宪法。反联邦主义者提出了许多修正案——联邦主义者接受了这样的程序，以此作为在完全审阅整部宪法之后再进行投票的代价。会议进程十分缓慢。举例来说，代表们花了好几天的时间讨论限制国会征收消费税和间接税权力的修正案——这是一场马拉松式的辩论，因为反联邦主义者担心国会会在削减州主要税收的同时征收累退税。[316]

反联邦主义者也反对国会有权控制国会的选举时间、地点和方
式，以及国会下院的规模，他们认为国会下院规模太小，缺乏充分 490
的代表性。他们还批评宪法缺乏关于定期轮替和召回参议院成员的规定，反联邦主义者警告，这样的制度会助长贵族统治。在辩论的另一边，大约是因为已经有八个州批准了宪法，联邦主义者试图证明，如果联邦解散，或者本州被排除在联盟之外，纽约州会多么脆弱不堪：独立革命战争时期就已证明，纽约市极易受到陆路和海路攻击，哈德逊河就是容易受到入侵的一个弱点，而且英国人和印第安人一直都在威胁该州的西北地区。[317]

6月21日，新罕布什尔州成为第九个批准宪法的州，三天后波基普西收到了这一消息。首席法官利文斯顿立马在大会上宣布，“我国的情况发生了极大变化，目前的辩论基础也随之改变”。正如一
位联邦主义评论家所写的那样，批准宪法大会现在面对的问题“和 491
它最初面对的完全不同。现在的问题可以简化为一点——我们是与其他州联合起来采纳新的政府形式，还是完全地脱离它们”？[318]

但是，反联邦主义领导人并不承认事情发生了实质性变化。在利文斯顿发过言后，史密斯马上起立，坚称来自新罕布什尔州的消息无论给利文斯顿造成了什么样的“严重后果”，“都没有改变他

［史密斯］对于这个问题的感觉和期盼”。为了支持史密斯，兰辛宣称，“我们的职责仍是维护我们的权利”。他坚持认为，纽约的反联邦主义者一定不要让对联盟解散的恐惧，“迫使我们采纳一个危害自由的制度”。[319]

纽约的反联邦主义者私下里也传递着同样的消息。克林顿州长在报告里说，来自新罕布什尔州的消息对反联邦主义代表们没有产生“任何一丝影响”，“他们都非常坚定，我希望并且也相信，他们会坚持到最后一刻”。亚伯拉罕·耶茨告诉前来打听情况的议员，“即便新罕布什尔州批准了宪法，纽约州的反联邦主义者也会做他们该做的事”，“即使十二个州都要加入联邦”，他们也会坚持先制定修正案再批准宪法。[320]

汉密尔顿在写给麦迪逊的信中证实，新罕布什尔州批准宪法之事，似乎对纽约州的反联邦主义者没什么影响，他还表示，“我们胜利的唯一机会取决于你们［也就是弗吉尼亚州］”。在几天后写给麦迪逊的另一封信中，汉密尔顿重申，“越来越多的理由让我们相信，我们的行为会受到你们的影响”。虽然联邦主义者提出的关于宪法优点的理由没有影响其对手，但是汉密尔顿认为，部分反联邦主义领导人（不包括克林顿州长）出现“被形势说服，希望撤退”的迹象。反联邦主义者亚伯拉罕·兰辛似乎印证了汉密尔顿的猜想，他很担心，如果弗吉尼亚州也批准宪法，会对纽约州反联邦主义者的“精神和决心”产生“更加严重的影响”，远超新罕布什尔州批准宪法所带来的冲击。[321]

6月25日，弗吉尼亚州批准了宪法；7月2日，消息传到了波基普西。兴高采烈的联邦主义者毫不掩饰他们的欢愉，因为他们中的许多人早就预测，弗吉尼亚州批准宪法，将对纽约州的反联邦主义者产生“巨大的影响”。会议大厅里的一位观察者说：“联邦主义者的脸上洋溢着欢快的笑容。”[322]

不过，反联邦主义代表们极力表现得对最新的情报无动于衷。另一位旁观者报道说，反联邦主义者“对此事［来自弗吉尼亚的消息］毫不在意，对这件似乎微不足道的事情只字不提”。克林顿州长的侄子德维特·克林顿（De Witt Clinton），少年老成，19岁时便以笔名在批准宪法的斗争中于报纸上发表文章，他也报道说，来自弗吉尼亚的 492
消息对反联邦主义者“没有造成任何影响”。在私人通信中，纽约的一些反联邦主义者坚持认为，弗吉尼亚州批准宪法与他们的决策无关。消息传来的那天，反联邦主义代表科尼利厄斯·C.斯库恩梅克（Cornelius C. Schoonmaker）写道，“我相信，我们的讨论不会因为新罕布什尔州和弗吉尼亚州接受宪法而受到丝毫影响或改变”。另一位反联邦主义代表纳撒尼尔·劳伦斯（Nathaniel Lawrence）对纽约主要的反联邦主义组织者约翰·兰姆说，“来自弗吉尼亚的信息似乎对我们没有任何影响”。几天后，兰姆回复说，他很高兴听到反联邦主义者“立场坚定”的消息，并表示希望“他们保持立场不变，尽管他们的对手试图分裂他们”。[323]

杰伊向华盛顿报告，虽然弗吉尼亚州批准宪法的消息让反联邦主义者“感到失望”，但他们“依然顽固地坚持”反对无条件批准宪法的立场。联邦主义者则欣喜若狂。一名来自北卡罗来纳州的联邦主义国会代表认为，十个州已经批准宪法，纽约州“迟早也会同意——不是权宜之计，而是不可避免”，这时，纽约州的反联邦主义者似乎还“决心一点一点地争个究竟”，这真是“令人感到震惊”。一位联邦主义者在从波基普西发出的文章中写道，他曾“天真地（但徒劳地）以为，弗吉尼亚州批准宪法会对反联邦主义者的想法产生重大影响”，但反联邦主义者似乎“决意走上”一条“毁灭”之路。[324]

弗吉尼亚州批准宪法给波基普西带来了一个不可否认的影响，那就是联邦主义者改变了在批准宪法大会上的策略。消息传来的第二天，一名反联邦主义代表注意到，虽然他的对手以前“寸步不让……但今天却默许我们提出修正案，只字不提反对意见”。尽管联邦主义者没有解释其战略上的变化，但他们可能已经得出结论：新罕布什尔州和弗吉尼亚州议会已经批准了宪法，在波基普西继续拖延下去，对他们来说也不会有任何额外的好处。[325]

联邦主义者的战略变化对大会进程产生了重大影响。代表们花了将近两周才讨论完宪法第一条的具体规定，但是一旦联邦主义者不再回应对手的反对意见和提议的修正案，宪法第二条和第三条的内容在三天之内便被讨论完毕，其余部分在不到一天的时间内也讨论完毕。7月7日，兰辛提出了一系列关于个人权利的修正案，以补
493 充反联邦主义者已经提出的结构性修正案。[326]

此时，没人知道接下来会发生什么。反联邦主义者已经提出了大量修正案，但是正如一位联邦主义代表说的那样，他们到底计划怎么运用这些修正案，还“很难确定”。这些修正案是作为批准宪法的先决条件提出来的？抑或只是批准宪法以后再采纳，与其他州的批准大会对待修正案的方式一样？在波基普西会议休会的两天里，反联邦主义代表召开了内部会议，讨论这方面的策略。[327]

联邦主义领导人私下里表示，希望反联邦主义者就此分裂，他们便可从中渔利。事实上，联邦主义领导人确实带着这种期望，自大会开始便一直在会议的正式程序外游说反联邦主义代表。7月8日，汉密尔顿告诉麦迪逊“我们有充分的理由相信，我们的对手没有达成一致意见，这给我们带来了一线希望。要考虑以下不同情况——首先是前提性条件，或者说先制定修正案再批准宪法；接着是后续性条件，或者说有条件地提出修正案，即如果这些修正案在有限时

间里无法被采纳，本州将有权脱离联邦；最后是建议性修正案。”同一天，杰伊给华盛顿提交了一份类似的充满希望的评估，补充说，纽约州南部各县“一致”支持宪法，“它们明显决心继续依靠联邦的羽翼，这一点极大地影响了反对派的思想”。[328]

反联邦主义代表确实意见不一。尽管他们公开否认这一点，但是新罕布什尔州和弗吉尼亚州批准宪法的消息事实上至少影响了他们中的一部分人。宪法已经生效，波基普西会议不再需要决定能否产生一个新的联邦政府，而仅仅需要决定纽约是否会加入其中。[329]

7月9日，亚伯拉罕·兰辛报告称，“我从我们的朋友那里得到了一些报道，都证明他们对于提出修正案的方式存在巨大分歧”。最重要的是，批准宪法大会上反联邦主义者的主要发言人和主导者梅兰克顿·史密斯已经开始改变他关于有条件地批准宪法的想法。在收到来自新罕布什尔州批准宪法的消息几天之后，史密斯写信给马萨诸塞州的反联邦主义者内森·戴恩，表示希望这一消息能够说服纽约反联邦主义者考虑“在目前情况下怎么做才合适”。然而，史密斯却很失望，因为他“几乎察觉不到新罕布什尔州批准宪法所带来的影响”，他还担心，“那些最有影响力的人缺乏足够的克制，来平心静气地考虑我们所处的形势，更不能做出适应形势的决定”。[330] 494

戴恩很快回复了史密斯，他有力地争辩说，因为已经有十个州通过了宪法，剩下的三个州“不可能要求先制定修正案再批准宪法”。戴恩认为，对于那些依然认为宪法有缺陷的人，现在已经到了“联合起来一致行动的时刻，可以一起努力完善已经确立的宪法”，包括努力采取行动，在国会第一次会议上尽力修正新宪法。史密斯回复说，尽管他完全赞同戴恩的主张，但是纽约州的其他反联邦主义者“态度不一”。劝服他们支持无条件批准宪法的任务“艰巨而困难”，尽管假以“时间和更大努力”，他觉得“我们不是没有希望统一思想”。纽约州的一位联邦主义者公开表达了与史密斯类似的担忧：即使反联邦主义者如今“赞成必须通过宪法，但他们的反调已经慷慨激昂地唱了很久，也不能马上觍着脸表示赞同”。[331]

据一家报纸报道，7月8日和9日举行的反联邦主义者内部会议对此展开了激烈的辩论。在批准宪法大会的这个节骨眼上，几乎没有反联邦主义代表继续支持直接否决宪法，大部分依旧倾向于有条件地批准宪法，但是在批准宪法的条件形式上存在重大分歧。[332]

7月10日，兰辛向批准宪法大会提交反联邦主义代表在自己的内部会议上达成的妥协方案。他们在过去三个星期的讨论里提出的修正案，现在被分为三类：解释性的、推荐性的和条件性的。根据这项提议，纽约州的批准宪法意见书将首先附上反联邦主义者提出的近30条“解释性”条款。用德维特·克林顿的话说就是，“宪法的一些重要部分要么模棱两可，要么过于偏激”。例如，一项解释性修正案规定，“宪法中的任何内容都不能用来阻止”各州立法机关划分本州的国会选区——而不是不分选区地选举国会代表。另一项解释性条款规定，“除非得到宪法的明确授权，否则国会不得行使任何形式的权力”。这些解释性修正案中涉及个人权利的大部分条款，最终都进入了《权利法案》(本书第七章将有讨论)，其中包括出版自由、宗教自由与和平集会的自由。[333]

除了解释性修正案以外，兰辛提交的批准宪法意见书还包括20条主要的结构性修正案，以提请国会第一次会议注意。例如，其中
495 一条规定，如果没有超过2/3的两院到会代表的一致同意，禁止国会维持常备军。另一条则要求各州定期轮替和召回派往联邦国会的参议员。根据拟议的批准宪法意见书，如果纽约州“相信”自己所提议的修正案能尽快提交给各州大会讨论，纽约州将批准宪法。除此以外，新国会的纽约州代表将“施加一切影响，利用所有合理手

段”，争取这些修正案获得批准，并确保新国会制定的法律“符合上述修正案精神的同时，也遵守宪法的规定”。[334]

最后，也是最重要的一点，纽约州批准宪法以此为前提：在纽约提议的修正案提交给各州大会讨论并形成决议之前，国会不得行使宪法授予的三项具体权力，即，没有州立法机关的同意，国会不能命令纽约州的民兵组织离开本州超过6个星期；除非州立法机关忽视或拒绝制定相关法律，否则，国会不得改变纽约立法机关设定的本州国会代表选举的时间、地点和方式；最后，国会无权对纽约出产或制造的物品征收消费税，也不能在纽约征收直接税——除非首先以本州立法机关认为最好的方式，提高其在国家税负中所应承担的比例。从反联邦主义者的角度来看，这种有条件地批准宪法的好处在于，纽约州在等待召开第二次制宪会议时，不必放弃国会代表权。[335]

反联邦主义者的提议是一个重大让步，在召开批准宪法大会之前，纽约州的绝大多数反联邦主义代表要求的是，以先制定修正案作为批准宪法的绝对前提条件。反联邦主义者宣称，他们的新提议是本着“友好协商、相互让步的精神”做出的，这样的表述，非常接近于费城会议结束时华盛顿在向国会提交宪法文本的信中所用的词句。事实上，根据德维特·克林顿的说法，一些反联邦主义者认为，他们的内部会议已经“退让了许多”。据说最后的提议是反联邦主义者退步的“底线”。克林顿表示，在兰辛计划的带领下，他们有信心“将所有的反联邦主义者团结在一起”。[336]

联邦主义者对兰辛计划反应消极。他们轻蔑地表示，这种以国会暂时不行使某种权力为条件的批准，是一种“伪装的反对意见”，国会一定会拒绝的。兰辛提交提议的次日，杰伊代表联邦主义者提出了折中意见。汉密尔顿告诉麦迪逊，尽管纽约的联邦主义者坚持 496

无条件批准宪法，从而确保国会接纳纽约州进入联邦，但是他们准备“赞同合理的建议”，并且“尽最大努力不让批准行为无效”。因此，杰伊提议纽约州在无条件地批准宪法的同时，附加解释性和建议性修正案，但是他并未说明具体附上哪些修正案。首席法官利文斯顿称赞联邦主义者的折中意见：“我们将会有我们的宪法，而你们也会有你们的修正案。”[337]

在答复联邦主义者的折中意见时，反联邦主义者建议，任命一个由双方成员组成的委员会来确定拟议中的修正案，并就批准宪法达成某种妥协。纽约州的批准宪法大会遂任命了这样一个委员会，但仅仅经历了一小时的审议，联邦主义者就宣布停止讨论，因为反联邦主义者将有条件地批准宪法视为最后通牒。[338]

至此，许多大会代表和观察员预计，批准宪法大会将在几天内结束（但最终却耗时两周），至少一些联邦主义者认为，他们会输掉最后的投票。比如，7月12日，联邦主义代表亚伯拉罕·班克（Abraham Bancker）在给他叔叔的信中说，“我相信，到这个时候，他们［反联邦主义者］已经下定了决心，而且可以断定，他们决意以自己的信念和荣誉来坚持这项决议［兰辛提交的方案］，这是他们在秘密会议上商讨的结果”。事情已经“陷入了危机”，班克预计，最后的问题将在三四天内提出，他“担心”自己会成为“少数派”。[339]

在接下来的几天里，代表们讨论了兰辛计划是不是有条件地批准宪法，批准宪法大会是否有权提出这样的计划，国会能否以及是否愿意接受，如果拒绝接受，将会带来怎样的后果。一开始，联邦主义者认为，由纽约立法机关召集代表组成的批准宪法大会，只有接受或拒绝宪法的权力，而不能提出有条件地批准宪法。汉密尔顿指出，“根据［费城］会议的决议”，立法机构已将宪法提交给由纽约州人民选举产生的批准宪法大会，“征求其同意和批准”。汉密尔顿认为，“既然是征求，就意味着批准宪法大会有拒绝的权力”，但“仅此而已”。[340]

联邦主义者还认为——用汉密尔顿的话来说——兰辛的提议是“完全违反宪法的”，因为根据宪法，国会无权放弃其可以行使的宪法权力，尤其是税收这类重大权力。杰伊还指出，兰辛的提议存在 497
不一致之处：国会可以向其他州征收直接税，而唯独允许纽约州缴纳摊派份额；国会可以要求其他州的民兵长时间在州外服役，而纽约州的民兵在没有立法机关同意的情况下，只能在州外服役六周。杰伊认为，由于这样的安排显然违反宪法，国会将别无选择，只能拒绝承认以兰辛提案为基础的批准，纽约将继续留在联盟之外。汉密尔顿还指出，邦联国会曾在1786年拒绝接受纽约州有条件地批准进口税修正案，并因此预计，联邦国会也会拒绝纽约州有条件地批准宪法。[341]

联邦主义者认为，即便国会有权按照兰辛提案的要求，接受纽约州批准宪法，它也可能选择不这样做，因为其他州会对纽约州试图对它们发号施令而感到不满。杰伊敦促纽约与其他州“联合协商”修正案内容，而不是试图“命令并坚持其他州应该接受我们的条款”。其他十个州的“最优秀分子”做出了有利于宪法的裁决，这一事实是推动采用宪法“决策的间接有力证据”。杰伊问：“难道其他州比我们更不重视自己的权利？抑或它们看不到自己的权利？”[342]

此外，联邦主义者还指出，有些已经加入新联邦的州有动机阻止纽约州加入，因为纽约州的利益与它们自己的利益——如在新首都选址的问题上——存在冲突。汉密尔顿就提出，事实上，有些州希望看到纽约瓦解。联邦主义者注意到，临近州已经对纽约州不满了，因为纽约州对这些州施行了某种形式的商业暴政，还在诸如进口税修正案等问题上，让自己的地方事务凌驾于国家利益之上。这些州会想抓住任何机会报复纽约州。[343]

联邦主义者认为，由于批准宪法大会建议增加修正案的州很多，纽约州很可能通过加入联邦，并通过宪法第五条规定的机制推动修改宪法，来确保国会制定其提议的修正案。考虑到这一点，联邦主义代表理查德·哈里森（Richard Harison）表示："审慎起见，我们应该放弃有条件地批准宪法，团结起来提出宪法修正案。"事实上，联邦主义者认为，兰辛的提议危险至极，因为它要求将纽约州提出的修正案交由制宪会议审议，然而，宪法并未授权国会召开这样的会议，除非2/3以上的州请求国会召开这样的会议。[344]

反联邦主义领导人自然也回应了联邦主义者提出的这番理由。联
498 邦主义者认为，批准宪法大会仅仅有权批准或否决宪法，对此，反联邦主义者回复，他们坚持认为，批准宪法大会代表拥有主权的纽约州人民在批准宪法时，可以提出"他们认为必要的任何限制措施和前提条件"。梅兰克顿·史密斯提出，反联邦主义代表们代表的是"反对宪法"的人民，所以他们有义务"满足这些民众的要求"。[345]

反联邦主义者还坚持认为，国会可以而且将会根据兰辛建议书中提出的条件，接纳纽约加入联邦。要求国会不要行使那些它可能没有机会立即行使的权力，并非一项过于苛刻的前提条件。比如，在纽约的制造业几乎还没出现的时候，为什么要征收制造业商品税呢？事实上，史密斯甚至否认兰辛的提议中包含任何批准宪法的条件。根据史密斯的说法，甚至连联邦主义者也承认，可以容许批准宪法大会提出针对宪法条款的"解释"，让各种解释相互竞争。史密斯主张，兰辛提议里那些所谓的条件，只不过是简单的解释，要求"国会以一种特定的方式来行使权力——依据宪法，国会可以用各种不同的方式来行使这些权力"。[346]

而且，史密斯觉得，即使兰辛提议中的"条件"被认为是批准

宪法的条件，国会在有限的时间里同意暂停行使某些特定权力，又有什么可大惊小怪的呢？例如，国会可以颁布一项规则，暂时停止征收人头税。拥有主权的立法机关——无论是国会还是州立法机关——选择在其管辖下的不同辖区征收不同的税，也不会引来任何非议。最后，史密斯还提出，联邦主义者对兰辛提议的批准宪法意见违反了“九个州已经赞同的契约［宪法］”是那么担心，而［不管］宪法本身已“公然违反了庄严的邦联契约”，这实在太讽刺了。[347]

反联邦主义者还否认兰辛提议的批准宪法意见会被广泛理解为纽约试图向其他州发号施令。兰辛本人坚持认为，纽约州的反联邦主义者只希望向“智慧的人民展示宪法的不完美之处”，由人民来组织第二次制宪会议。史密斯则强调，无论结果如何，他和他的盟友都准备好了接受这次批准宪法大会的结果。联邦主义者提出，纽约州应该遵从其他十个已经批准宪法的州的明智意见，对此，反联邦主义者坚持认为，各州主权平等，因此必须由自己来决定是否批准宪法。史密斯说，他们的选民希望制定拟议中的修正案，但是为了显示“对于姐妹州的情感，我们已经尽力在自己、选民和良心允许的范围内让步了”。[348] 499

除了否认批准宪法大会有权提出有条件地批准宪法，否认国会有权接受有条件的批准外，联邦主义者还强调，如果国会拒绝按照兰辛的建议接受纽约州的批准要求，纽约州将承受“恶果”。根据一份报纸的报道，纽约州首席法官利文斯顿特别担心，如果国会拒绝纽约州的批准宪法意见，“批准宪法大会将陷入不安和冲动，本州也不可避免地会陷入动荡”。关于纽约州被拒在联盟门外的恶果，纽约的联邦主义者提出了三种主要论断。[349]

第一，一旦纽约州没能批准宪法，国会就会在没有该州参与的情况下颁布重要的法律。杰伊说：“新政府将很快组织起来，而我们没法参与其中。新政府会制定许多重要的法律，这些法律很可能会影响我们的权益。”新国会可能考虑的第一批措施便是宪法修正案，而纽约州将无人出席国会，去解释和支持本州所提出的提案。大约一周前，内森·戴恩在给梅兰克顿·史密斯的信中提出了同样的观点，他敦促纽约州无条件地批准宪法：“在这个利益攸关的阶段”，只有批准宪法的州才能“立即在联邦议会发出声音……”，这个时期，“正是第一届国会中制定某些最重要法律的阶段，值此机会，国会也将提出关键性的修正案”。[350]

联邦主义者预测的第二个不利后果是，如果国会拒绝纽约的批准宪法意见，邦联国会将搬离纽约市。在纽约开会的邦联国会接到新罕布什尔和弗吉尼亚两州大会批准宪法的消息后，立即着手安排选举产生新的全国性政府——这也是费城制宪会议指示国会在九个州通过宪法后应该做的事。不过，邦联国会代表们暂时搁置了在何处召开第一届联邦国会的争议性问题，等待纽约州批准宪法大会的决定。[351]

杰伊警告在波基普西的代表：如果纽约州不能批准宪法，纽约市就不可能像过去三年半那样继续成为国会所在地。国会的离开将使纽约市每年至少损失10万美元的联邦政府支出，杰伊称，这些支出占到了纽约市流通的硬通货的大部分。首席法官利文斯顿也提到了同样数目的美元，他警告，损失这么多硬通货，将导致纽约州纸币大幅贬值，他还表示，一些机构已经在纽约市敦促国会迁往
500 费城。[352]

反联邦主义领导人史密斯和塞缪尔·琼斯（Samuel Jones）私下里从邦联财政委员会成员、马萨诸塞州反联邦主义者塞缪尔·奥斯古德（Samuel Osgood）处听到了同样的信息。奥斯古德从纽约报告，“本地市民的焦虑可能比你想象的还要严重”，他警告，如果纽约州

批准宪法大会没能批准宪法，反联邦主义者将“要承担迫使国会离开这座城市的所有责任”。毫无疑问，“费城……希望纽约不要加入联盟，以使国会搬离纽约市”。另一位联邦主义者则宣称，如果纽约州的批准宪法大会否决了宪法，他“相信，纽约州州长的生命和他的政党的安全在这个地方［纽约市］将得不到保障”。20名纽约市选民中，就有19名投票选举联邦主义者为参加波基普西批准宪法大会的代表。7月，纽约市的领导人组织了一次“特别盛大”的游行——最终有5 000人参与其中——庆祝宪法得到了必要的九个州的批准，并向纽约州批准宪法大会施加压力，要求其同意无条件地批准宪法。[353]

第三，与此相关的是，由于宪法的支持者遍及纽约市，而且由于该市领导人迫切希望将国会置于本市，所以如果国会拒绝了纽约州提出的批准要求，那么这座城市及周边地区——斯塔滕岛、长岛和韦斯特切斯特县就有可能脱离该州。甚至在纽约州批准宪法大会开始之前，杰伊就告诉华盛顿：“这里流传着一个说法，本州南部地区无论如何也会坚持留在联邦，如果有必要的话将寻求与北部分离。这种说法使反联邦主义者感到害怕。”[354]

首席法官利文斯顿尤其试图激起在波基普西的反联邦主义者的恐慌。利文斯顿质问，如果本州批准宪法大会坚持兰辛提议的批准意见，而遭国会拒绝，“难道本州南部不能认为你们的做法很不公正吗？我们有权离开本州”。利文斯顿警告，这样的分离几乎肯定会引发一场内战。在批准宪法大会外，报纸上连篇累牍地讨论如果纽约不能无条件地批准宪法，将导致南部地区分离的种种可能性。私人信函中的表述——包括没有动机夸大风险的外国公使的观察——也证实说，如果纽约州批准宪法失败，那么极有可能出现纽约市和该州南部各县的分裂，这不只是一种修辞上的威胁。[355]

最终，正是这种可怕的预言对反联邦主义代表发挥了作用。正如汉密尔顿早些时候给麦迪逊写的信中所言，联邦主义者“提出的论断确实能打动人，但却没能说服反联邦主义者”，不过，有些反
501 联邦主义领导人看起来“是被形势说服了”。[356]

尽管如此，起初，联邦主义者所描述的国会拒绝接受纽约州的批准意见会带来的负面结果，对反联邦主义代表几乎没有影响。在围绕兰辛的提议辩论了几天之后，一些反联邦主义者要求进行投票。7月15日，史密斯按照兰辛的提议正式提出批准宪法动议，附上了相关解释性和建议性修正案，并要求国会在召开第二次制宪会议讨论纽约州提出的修正案之前，不要行使某些具体权力。当时联邦主义者的主导情绪很悲观。基于从波基普西传来的信息，康涅狄格州派往邦联国会的代表耶利米·沃兹华斯（Jeremiah Wadsworth）报告，纽约的联邦主义者“对无条件通过宪法的前景感到绝望”，邦联国会战争总长亨利·诺克斯预计，“纽约要么会全盘拒绝宪法，要么会坚持先制定修正案，再批准宪法”。[357]

由于担心失败，联邦主义者决定休会，正如他们中的一位代表私下解释的那样，“休会可能是防止威胁我们的厄运的唯一可能手段”。7月16日，联邦主义代表、州最高法院法官约翰·斯洛斯·霍巴特（John Sloss Hobart）提议批准宪法大会休会，直至9月的第一个星期再开。联邦主义者的辩护理由是，“自从我们来到这里后，事情已经发生了变化”——也就是说，宪法获得了足够数量的州的批准，已经可以实施了——“稳妥的”办法是“征求我们选民的意见”。正如新罕布什尔州的一位联邦主义盟友推测的那样，一些联邦主义者可能预计，“在这次会议上，反联邦派代表反对批准宪法的愿望如此强烈，让其转而支持批准，立场转变太难了。短暂的休会至少能让他们缓和一下立场，进而有可能转圜。他们回到家乡后花一点时间与朋友

们冷静交流，无疑会产生好的效果”。[358]

纽约州反联邦主义者的领导人之一亚伯拉罕·耶茨虽然不是批准宪法大会代表，却跟许多代表保持着密切联系。他从大会一开始就担心，休会只会给联邦主义者“更多的运作机会来展示自己的手段”。如今，反联邦主义者在回应霍巴特的动议时坚持认为，他们已经知道了“他们选民的想法”，选民“不会在没有修正案的情况下接受宪法”，“无法给出民意变化的证据”的休会，是对“在座各位的冒犯”。此外，反联邦主义者还认为，由他们来提出休会意愿可能更为恰当，“因为据其所述的理由，我方的情绪发生了变化，
但这种变化并没有出现”。联邦主义代表支持休会动议，但是反联 502
邦主义者仍然控制着多数席位，他们轻而易举地以40∶22的优势否决了联邦主义者提出的休会动议。[359]❶

联邦主义者的休会动议在7月17日失败后，汉密尔顿提议，在附加解释性和建议性修正案的情况下，无条件地批准宪法，然而，反联邦主义者轻而易举地否决了他的动议。代表们随后投票赞成重新考虑此前已正式纳入史密斯动议的兰辛提案。[360]

在这个时候，史密斯却朝着联邦主义者的方向又迈进了一步，这令代表们大吃一惊。他放弃支持兰辛提案，理由是联邦主义者的

---

❶ 亚伯拉罕·兰辛是来自奥尔巴尼的一位反联邦主义领导人，他认为，一旦休会的动议获得通过，“我们为国家自由所做的一切努力和所经历的一切焦虑都将化为乌有”。他担心，“邪恶的种植园主利益团体将会运用自己的影响力，给会议代表施压。而我们国家那些好心却受蒙蔽的可怜农夫，没有能力跟随自己良心的指令而行动，为了与主人保持良好关系，他们只能被迫附和种植园主的意见”。相比之下，反联邦主义者“将拒绝签署反对的指令，而联邦主义者会利用所有的有利形势，发出恐吓或威胁”。兰辛反对不事先制定修正案就批准宪法，他表示，他更愿意看到批准宪法大会休会，他决定代表奥尔巴尼的反联邦主义者给批准宪法大会上的盟友写一封信，“建议他们想尽一切办法在投票表决之前结束这次会议”。参见1788年7月20日亚伯拉罕·G. 兰辛致小亚伯拉罕·耶茨，*DHRC*, 21：1330。

论断使他确信，这是一种无效的批准宪法的形式，很可能会遭到国会的否决。史密斯提醒他们，代表的两个主要目标是“确保纽约州加入联邦、提出代表美国人民意愿的修正案”，现在他相信，他已经想出了一个“双方都不会反对”的计划。[361]

根据史密斯提出的新的批准形式，纽约州批准宪法大会将宣布，绝大多数代表“不能批准没有修正案的整部宪法”，原因有多种，其中包括宪法表述的国会权力“大而化之、含糊其词、模棱两可”，并且州和联邦政府的权力界线“模糊不清”。除此以外，史密斯提议的批准形式还提出了反对宪法的具体意见——与兰辛提案中表述的那些意见基本重叠——包括众议院规模不足、未能充分保护各州的税收能力，以及授予国会权力来规范国会选举的时间、地点和方式。史密斯继续表示，“由于这些和其他一些原因，在没有其他重大因素介入的情况下，批准宪法大会本来不准备接受这部宪法。但是代表们感受到姐妹州的强烈依附情感，以及它们对于联邦
503 共同利益的重视，这些都促使他们去维护联邦”。[362]

史密斯的关键贡献体现在提议的末尾：纽约将批准宪法，并“坚信能够很快获得机会，根据宪法第五条指明的方式修正宪法。同时明确规定，如果在 × 年内没有机会修正，则本州有权放弃和退出上述宪法”（史密斯的提议没有写明确定的年数，杰伊后来说是四年）。另外，根据史密斯的提议，批准宪法大会将建议纽约州议会要求国会第一届会议召开一次宪法会议来审议修正案，大会还赞成给各州写一封公开邀请信，请它们向国会提出同样的要求。史密斯承认，尽管他的提议“不能满足在座双方的要求”，但他还是坚持认为，此举“将避免所有针对其他议案［兰辛提案］提出的重大反对意见”，而且也将实现双方的主要目标。[363]

一些联邦主义者因为史密斯的提议而欢欣鼓舞。联邦主义代表

亚伯拉罕·班克写道，尽管先前“他的内心充满了悲观的不满”，“每一线希望似乎都消失了”，但是史密斯的提议是“一个有利的预兆”，这使他赢得了联邦主义者的“赞誉”。杰伊告诉大会，史密斯的最新提议“没有先前的动议那么坏”，他将投票支持，使其成为讨论的基础。反联邦主义代表科尼利厄斯·C.斯库恩梅克认为，联邦主义者可能会同意史密斯的计划，“因为这对他们最有利，他们对更好的计划也不抱太大希望”。[364]

相比之下，反联邦主义者对史密斯的提议分歧很大。他们中的一些人显然正寻求一种“可以挽救他们在选民中的声誉”的批准宪法形式，而史密斯的提议可能符合这个要求。德维特·克林顿强烈反对这个计划，他在日记中写道，许多反联邦主义者支持该计划，“我猜想，如果不同意这个计划，那么，赞成的朋友会以此为借口，支持联邦主义者无条件批准宪法的主张”（事实上，克林顿还写道，“一些极端反联邦主义者狭隘地认为这是故意设计的”）。克林顿还指出，在批准宪法大会上代表昆斯县的反联邦主义领袖塞缪尔·琼斯，一直在听取选民们倾向于批准宪法的意见，现在也“站出来，并表示我们迟早都得加入联邦，既然这样，不妨现在就加入，然后寄望未来出修正案”。[365]

但是，克林顿州长和小约翰·兰辛反对史密斯的提议，根据德维特·克林顿的记录，其他反联邦主义者也对史密斯“怒不可遏”，甚至表示，“有些人像憎恶汉密尔顿一样憎恶史密斯”。克林顿在他的日记中写道，“如果这个党派分裂，我定将首要责任归咎于…… 504
史密斯”，他“和联邦主义者走得太近了，以至于引来了对他的嫉恨”。德维特·克林顿生气地指出，史密斯如今的立场和去年冬天的观点完全不一样，去年冬天，他在写给克林顿州长的信中表示，即使其他十二个州都赞成，纽约州也应该反对批准宪法。[366]

反联邦主义代表斯库恩梅克也反对史密斯的提议，认为它“几乎可以等同于绝对采纳宪法”。他担心，如果联邦主义者因为“两害相权取其轻”，便支持该提议，而反联邦主义者在此问题上存在分歧，那么这个提议就会最终获得批准宪法大会通过。但是，在7月18日，当大会讨论是否用史密斯提议来代替兰辛提议时，杰伊向华盛顿报告，“会场出现了很长一段时间的沉默”，反联邦主义者“似乎很尴尬——害怕内部分歧，但他们中的许多人非常反对这份新计划”。随后，反联邦主义者成功休会一天，以便能在内部会议上讨论这个问题。[367]

与此同时，汉密尔顿写信给麦迪逊，询问他是否认为国会能接受纽约州按照史密斯的提议批准宪法。但是，反联邦主义者在内部会议上否决了史密斯提议。第二天，也即7月19日，史密斯将自己的提议从大会中撤回（尽管有一家报纸报道说，这份提议仍然可能成为“采纳宪法”的基础）。批准宪法大会随后以41∶18的投票，决定推迟审议其他方案，把重点放在兰辛的提案上。[368]

接下来的几天，大会就兰辛提案中的权利条款和结构性修正案展开辩论，推迟考虑纽约州批准宪法的前提条件——在全国性的宪法会议讨论纽约州提出的宪法修正案之前，国会不得在纽约州行使某些特定权力。反联邦主义者仍然拥有必要的多数票，以击败联邦主义者删除或修改兰辛提案条款的努力。例如，联邦主义者试图取消修正案中关于必须定期轮替和召回参议员的相关条款，但被反联邦主义者轻而易举地击退了，联邦主义者同样没能撼动兰辛提案要求国会两院2/3多数同意才能建立常备军的修正案。[369]

至此，没有人能够自信地预测大会结果。德维特·克林顿报告：“政治的天空经常阴云密布、变化无常，我常常不知所措，无所适从。”麦迪逊从纽约市告诉埃德蒙德·伦道夫，“目前尚不确定批准宪法大会是否会使纽约立马成为新联邦的一员。如果联邦主义者无法取得彻底胜利，我们的对手不会就此批准宪法，这样会极大地伤 505
害他们的自尊”。联邦主义代表艾萨克·罗斯福（Isaac Roosevelt，富兰克林·德拉诺·罗斯福的曾曾祖父）报告，纽约州的批准宪法大会现在分四派：一派主张有条件地批准宪法；一派主张有保留地批准宪法——如果第二次制宪会议没有通过纽约州提出的修正案，则该州有权脱离联邦；一派主张无条件地批准宪法，一派主张会议延期。罗斯福希望反联邦主义者的“多样化倾向”能有利于联邦主义者。[370]

关键性的投票发生在7月23日。塞缪尔·琼斯起初坚决反对无条件地批准宪法，如今提议纽约州批准宪法，并“满怀信心地”期待——而不是“在明确的条件下”要求——在第二次制宪会议审议纽约提出的修正案之前，国会不在纽约行使某些特定的权力。琼斯的动议以31∶29的投票获得通过。克林顿、耶茨和兰辛都反对这项动议，但关键在于史密斯投了赞成票。12位反联邦主义代表——其中大部分来自昆斯县和萨福克县等南部县，都放弃了反联邦派立场。[371]

史密斯在一次讲话中解释，其投票与先前的立场完全一致，他仍然认为，宪法“存在根本性缺陷”。但他也说，弗吉尼亚州批准宪法后，在批准宪法之前制定修正案就变得不可行了。因此，他决定“放弃他最初的立场”，同时继续“一如既往地以同样的热情追求他认为重要和所热爱的修正案目标，只不过采取了更加切实可行的方式——也就是宪法规定的修正渠道”。起初，他认为兰辛的计划“可以实现这一目的”，但是联邦主义者说服他相信国会不会同意纽约州以这种形式批准宪法。因此，兰辛的计划“有问题，必须放弃”。史密斯描述了一幅如果纽约州不被纳入联邦则将会发生的可怕场景，“北部地区动荡不安，其他地区派系林立、冲突不断”。

因此，他得出结论，“一方面要适当履行自己的公共职责，另一方面要以最明智的方式从对手那里获得最好的结果”，两者都要求他投票反对国会不会同意的任何批准宪法形式。[372]

联邦主义者似乎胜利在望，不过谨慎的杰伊还是告诉华盛顿，反联邦主义者“打算团结所有力量，争取重新赢回局面”。事实上，翌日，即7月24日，兰辛转而提出了史密斯最近提过的议案（但是当时已经被放在一边了），提议纽约在批准宪法的同时附上建议性修正案，如果第二次制宪会议在既定日期前没有通过这些修正案，纽约州将保留退出联邦的权力。兰辛说，虽然他更倾向于自己先前的提议：批准宪法大会有条件地批准宪法——在召开第二次制宪会
506 议之前，禁止国会行使某些特定的权力，但是史密斯的计划至少提供了“一定的安全性”，因为如果第二次制宪会议没有在规定日期召开，那么，纽约就“可以退出联邦，而不用反叛”。克林顿州长支持兰辛，他坚持说，公平起见，需要给代表一次对这项议案投票的机会，因为许多反联邦主义者“迄今似乎都希望在这个问题上投一次票”。[373]

感到胜利在望的联邦主义者，自然反对兰辛的动议，尽管一周前史密斯第一次提出这一提议时，他们中的许多人都很感兴趣。汉密尔顿现在认为，国会将拒绝纽约州以这种形式批准宪法，因为“宪法的条款在各州之间形成了永久契约；纽约州这个动议当然不是永久性加入联邦”。他还指出，该提案“暗示不信任其他州”，“势必唤醒这些州的自尊心，以及其他一些对修正案不友好的情感”。其他联邦主义者同样坚持认为，威胁并不是确保纽约州的修正案获得通过的最佳方式。[374]

汉密尔顿还向大会宣读了麦迪逊的一封信，信中表示，纽约保留脱离联邦的权力，意味着纽约的批准带有条件，从而使国会不能

接受。❶兰辛谴责麦迪逊在信中的声明，称这是“一时之感——或说一时之论”，并坚持他在批准宪法的先决条件上让步的唯一原因是，认定纽约州将会获得一个脱离联邦的条款。[375]

第二天，大会以31∶28的票数否决了兰辛的动议。史密斯也投票反对他最近主张的这项提议。反联邦主义代表斯库恩梅克报告，虽然大多数反联邦主义者从未“认为这项措施非常重要”，但史密斯“在此之前一直极力主张这项原则”，奇怪的是，他现在却“确信这项措施根本不会奏效”。史密斯自己对改变方针的解释是，他提出的这项提议只是“一个中间立场，希望在场的双方都能满意”，结果却发现“双方都不满意”。[376]❷

在拒绝了兰辛的提议后，批准宪法大会以全体委员会的形式表决通过了带有解释性条款和推荐性修正案的宪法，但不附加任何前
提性条件。大会接受了全体委员会的报告，并任命另一个委员会负 507
责撰写一份致各州的公开信，敦促提请国会召开第二次宪法大会。史密斯在一周前首次提出了发公开信的想法，联邦主义者决定支持这一想法，以展示和解姿态。[377]

第二天，即7月26日，大会以30∶27票的表决结果，赞成全体委员会关于无条件批准宪法的建议。❸大会向纽约立法机关提交了

---

❶ 麦迪逊解释道：“契约必须是相互的，在这种情况下将无法维持契约原则。宪法要求的是全部而且永久性批准。其他州已经批准了宪法。只批准宪法生效一段时间，与只批准宪法某些条款一样是有缺陷的。总而言之，任何有条件的批准，都必将导致批准行为无效。”

❷ 许多反联邦主义者对史密斯放弃先前的立场并同意无条件地批准宪法感到愤怒。反联邦主义者对他改变主意的怨恨之情，可能导致史密斯后来竞选美国第一批参议员席位时落选。参见 Maier, *Ratification*, 400; Rutland, *Ordeal of the Constitution*, 298; Young, *Democratic Republicans of New York*, 124–125, 127。

❸ 反对批准宪法的27名代表所代表的纽约选民数量，比赞成批准的30名代表所代表的选民数量还多。参见 Roll, “We, Some of the People,” 21, 32–33。

一份会议记录，并“诚恳地要求”本州立法机关与其他州合作采取措施，以便召开全国性大会审议修正案。[378]

大会还一致通过了一封公开信，克林顿州长奉命将这封信寄给其他州的州长。这封信一开始就指出，宪法中有几项条款，“对我们［批准宪法大会代表］大多数人来说，是如此不能苟同，以至于我们完全有信心通过一次全国性会议来修订它们。而且，我们坚决不愿同我们的姐妹州分离，这种感情使我们拥有足够多的人来批准宪法，而没有规定必须先制定修正案”。除非“立即采取有效措施，在不久的将来召开一次全国性宪法会议”，否则将无法减轻宪法所引起的“忧虑和不满”。因为宪法第五条规定，国会必须得到2/3的州申请，才能召开全国性宪法大会，所以纽约的代表们“诚恳地规劝并请求”各州议会“尽早抓住机会提出”这样的申请。在这封公开信获得批准后，克林顿州长发表了结束批准宪法大会的演讲，他指出，尽管那些反对批准的纽约人“不会满意”大会的工作，但他将会利用自己的“权力和影响力”，来“维持州内的和平与良好秩序”。[379]

纽约的联邦主义者赢得了一场非凡的胜利。在纽约州批准宪法大会开始时，联邦主义者的代表人数是反联邦主义者的代表人数的一半左右，反联邦主义者中甚至还有几个人主张直接否决宪法，而且所有的反联邦主义者似乎都决心不批准没有事先增加修正案的宪法。在大会期间，正如他们的一个对手所解释的那样，联邦主义者“把［反联邦主义者］从一个问题拉到另一个问题，直到我们无条件地批准宪法为止”。首先，反联邦主义者放弃了他们对先行制定
508 修正案的要求，接受了国会在召开第二次制宪会议之前，不行使某些权力的提议，并以此作为批准宪法的条件。随后，在联邦主义者的压力下，反联邦主义者进一步退让，同意批准宪法，同时保留退出联邦的权力——如果第二次制宪会议未能在一定年限之内通过纽

约州提出的修正案。最后，有足够多的反联邦主义者甚至放弃了这一妥协立场，形成了新的多数派，支持无条件地批准附带解释性和建议性修正案的宪法，外加一封呼吁其他州支持召开第二次制宪会议的公开信。[380]

就在联邦主义者取得胜利的前几天，一位联邦主义代表准确地说出了他们获胜的可能性：凭借“自己一方的耐心、节制和冷静”，“推迟过于草率的决定，给自己一些反思的时间，从而最终促成”对手内部的“意见分歧”。这位联邦主义代表同时还认为，双方“在演讲和辩论中已经花费了很多宝贵的气力”，但需要强调的是，联邦主义者并未通过雄辩的论证，说服他们的对手相信宪法的价值。相反，他们利用变化的形势说服了反联邦主义者，让对手相信，纽约州不批准宪法将给该州带来严重不利的后果。[381]

具体来说，有条件地批准宪法——联邦主义者坚持认为国会不会接受——将把纽约排除在联邦之外，至少暂时如此。从而导致纽约州将无法派代表出席第一届国会，而第一届国会将做出重要决定，如选择国家首都的永久地址，以及提出哪些宪法修正案，如果有的话。而且，随着纽约脱离联邦，国会将别无选择，只能搬离纽约市，这将使纽约市居民每年失去10万美元的联邦资金。此外，如果纽约州不能批准宪法，纽约市及其周边各县可能会脱离纽约州，并可能在纽约州内部以及纽约州与周边地区之间引发一场内战。正如一名反联邦主义者所解释的那样，批准宪法大会最终投票无条件地批准宪法，是基于“情势的变迁——十个州已经通过了宪法，政府将开始运转”，而纽约的不接受将带来“巨大的困难和尴尬”。[382]

迫于形势的压力，12名反联邦主义代表做出让步，接受无条件地批准宪法。其中一名代表吉尔伯特·利文斯顿在大会的最后一天说，他到波基普西的时候，已经“下定决心，要先制定修正案再批

准宪法”。然而，经过一番辩论，他被说服了，认为“我国最根本的利益”需要我们采用“另一种方式”。利文斯顿说，因为他仍然
509 认为，除非进行修改，否则宪法还是不安全的，所以对他来说，剩下的唯一问题就是，“以哪种最适合的方式来推动召开全国性宪法大会，审议修正案，并将最重要的修正案加入宪法”。批准宪法大会的讨论工作使他相信，“考虑到我们姐妹州目前的情况，我们所能采取的最明智和最好的措施”，就是无条件地批准宪法，并附上提议的修正案，申请召开第二次全国性宪法大会。利文斯顿称，这是“我一生中最重要的决定”，他也知道，此举将会受到“严厉的审视”。利文斯顿希望他的选民，“很快能意识到——如果他们目前还没有意识到的话，目前所采取的措施是恰当的”。利文斯顿表示，不管后来的事实能否印证这一点，最重要的是，他“对得起自己的良心”，自认为“可以问心无愧”。[383]

尽管纽约州的盟友取得了令人瞩目的成就，但麦迪逊还是对他们发出的公开信感到心烦意乱，他称这是“一个令人遗憾的举动，纽约州批准宪法大会竟然一致同意发出这封公开信，也令人感到惊讶”。他告诉华盛顿，纽约州的联邦主义者“决心以任何形式和任何代价立即批准宪法”，以最大可能地让纽约继续作为国会的所在地，至少是暂时的所在地，这是他能想出的可以解释他们为何会同意这样一封公开信的唯一原因；他担心，这封信可能“会比拒绝批准宪法更有害”。麦迪逊写道，纽约州如果拒绝批准宪法，“将使其他地方善意的反联邦主义者感到震惊，不会对另一个党派产生不良影响，会激起相邻州的愤怒，并会迅速导致对这一问题的重新审议”。相比之下，公开信的影响将“无处不在，尤其是在弗吉尼亚州，这将成为反联邦主义者团结起来，追求尽早制定修正案的信号”。[384]

北卡罗来纳州与罗得岛州

到1788年7月底纽约州批准宪法之后，已经有11个州批准了宪法——比宪法生效所需要的批准州数量还多两个。一个月前，当新罕布什尔州成为第9个批准宪法州的消息传到纽约市时，国会代表们就立即开始投入精力建立新的全国性政府，为联邦国会选择临时的安置城市，为国会的第一次会议选定日期，并设定总统选举人的选举和集会时间。但是，还有两个州——北卡罗来纳和罗得岛——依然徘徊在新联盟之外，因为根据宪法第七条，批准宪法的各州不能约束别的州，只能约束自己。[385] 510

1787年12月，北卡罗来纳州议会确定，本州将在这场批准宪法运动的晚些时候——1788年7月——召开批准宪法大会，其中缘由，可能是反对宪法的反联邦主义者认为需要充足的时间来组织反对批准宪法的力量。华盛顿和其他很多人都认为，北卡罗来纳州议员将本州批准宪法大会推迟到弗吉尼亚州批准宪法大会之后召开，是因为他们“倾向于跟随”邻州的步伐。[386]

由于各种原因，批准宪法运动在北卡罗来纳州面临着漫长而艰难的斗争。与其他几个州一样，北卡罗来纳州内从事商贸行业的群体——商人、证券交易者、律师——普遍支持批准宪法。但是由于北卡罗来纳州拥有漫长的海岸线，又缺乏主要港口，该州的商贸行业群体人数比其他大多数州都要少。而且，北卡罗来纳州土地贫瘠，缺乏大规模的商业化农业生产，富人和受过良好教育的人也不多——而这一些人一般都会支持批准宪法。北卡罗来纳州没有大城市，多是与外界接触不多的相对孤立的定居点，其西部民众具有可以追溯到殖民地时期抵制遥远政府强加的法律任务的悠久历史传统。生活在该州西部土地上的人们后来很快建立了独立的田纳西州，他们不愿意扩大联邦政府的权力，因为最近邦联国会外交总长约翰·杰伊与西班牙之间的谈判损害了他们的利益。[387]

3月底，北卡罗来纳州就选出了自己的批准宪法大会代表，反联邦主义者赢得了巨大的胜利。1788年7月21日，当该州批准宪法大会在希尔斯伯勒（Hillsborough）召开时，反联邦主义代表的人数是对手的两倍多，力量极为强劲，就连曾经代表该州参加费城制宪会议的两位联邦主义代表，也在该州批准宪法大会代表的选举中败选。[388]

批准宪法大会一开幕，有些反联邦主义者就想利用他们巨大的人数优势，敦促大会不经过辩论便对新宪法举行投票；他们认为，这样做可以为本州和会议代表节省大量时间和金钱。对此，该州的联邦主义领袖詹姆斯·艾德尔表示，他很惊讶地听说，有人竟然建议批准宪法大会不经过审议便投票；他认为，到希尔斯伯勒来开会的代表们“事先并没有完全想好是支持还是反对宪法”。他们到这儿来，是为了获取“信息，做出判断，经过商议之后，才能决定这部宪法是不是真的值得我们支持”。艾德尔表示，尽管有些人“可能会高傲地认为自己不会犯错，于是，觉得商议毫无用处”，但他“还没有跟任何具有学识之人讨论过宪法问题，只是读过这些人对
511 宪法问题发表的所有见解”。“与在这一重大问题上贸然行事的严重后果相比”，长时间审议的代价“几乎可以忽略不计”。[389]

尽管反联邦主义者没有坚持要求不经辩论便投票，但他们中的大部分人还是选择了在批准宪法大会上保持沉默，听任联邦主义者一厢情愿地阐释宪法——甚至在遭反驳之前先提出自己的反对意见。一位反联邦主义者反对说，“新体制的朋友们提出的批评意见”并不妥当，“因为反对者并不这么认为”。对此，联邦主义者威廉·戴维批评他的对手“压制他们的反对意见”，并表示，“在［门外］一片高声反对之中，对宪法的任何一部分保持沉默都是不妥的”。在整个批准宪法大

会上，联邦主义者都在反对“鲁莽地对待我们正在讨论的问题”。[390]

当反联邦主义代表最终肯说话时，他们提出了与其他地方的盟友一样的反对意见——尤其是宪法缺乏一份权利法案，参议院的贵族性质，联邦法院司法管辖权过大，国会实际上拥有征收直接税的无限权力，甚至可以修改各州召集联邦选举的时间、地点和方式。不过，北卡罗来纳州批准宪法大会还提出了其他各州没有提出的反对意见：该州的反联邦主义者毫不羞耻地为本州在18世纪80年代中期发行纸币的行为辩护，并批评宪法第一条第十款禁止各州继续发行纸币。[391]

一位反联邦主义者提出，战争期间“金属货币太少”，如果不发行纸币，“我们就会在政治上自取灭亡”。他还询问，能否以纸币缴付联邦税——他预计新宪法将会增加联邦税负——因为“穷人的箱子里根本没有钱”。另一位反联邦主义者则为南卡罗来纳州制定分期偿债法和北卡罗来纳州发行纸币行为的必要性辩护，他说，“这使很多人免于破产”。在出现大范围困难的时期，“必须根据环境需要，非常小心谨慎地采取公共措施”，否则，“叛乱可能会接踵而至”。反联邦主义领袖蒂莫西·布拉德沃思提醒说，北卡罗来纳州“尤其应该注意，不要采用一部可能会破坏我们自己货币的宪法，因为它将成为本国的最高法律，会禁止本州发行货币”。[392]

有几位反联邦主义者担心，宪法将不仅仅会禁止各州继续发行纸币，而且会将北卡罗来纳州拖入联邦法院，强迫本州用金银来兑付已经发行的纸币。对此，联邦主义代表极力安抚这些反联邦主义者——他们代表了有可能因为担心已经在流通之中的纸币无法继续充 512
当他们偿还既有债务的法定货币而反对批准宪法的债务人。联邦主义者坚持说，宪法第一条第十款不具有溯及既往的效力。但是，联邦主义者的保证似乎没起什么作用，北卡罗来纳的反联邦主义者提出了一份宪法修正案，要求禁止国会“直接或间接通过自己立法或者司法判决，干涉任何一个州赎回已经发行和正在流通的纸币”。[393]

在北卡罗来纳州批准宪法大会行将结束之际，代表们关注的重点开始从宪法本身转移到应该采取何种形式提出修正案。反联邦主义者要求，应该在批准宪法之前制定修正案。对此，联邦主义者理查德·多布斯·斯佩特——曾是该州参加费城制宪会议的代表——提出，本州批准宪法大会面临的问题不是“宪法的好坏，而是我们能否与其他州结成一个联盟”。艾德尔也提出质疑：北卡罗来纳州批准宪法大会为何要“自认为其知识和智慧超越”那些已经批准宪
513 法的州呢？他坚持认为，北卡罗来纳州“无权做出有条件地批准宪法的决定”，如果一意孤行，无异于自绝于联盟之外，且无法保证“将来某一天能很轻易地加入联盟”。[394]

艾德尔表示，“任何一个有头脑之人都能轻易看出来，我们不可能独存于联盟之外”。北卡罗来纳州将“无缘参加联邦国会的成立过程，也不会有一席之地，而我们可能最终还是要受制于它”；国会的第一次会议将“是未来多年里最重要的一次”。戴维也问道，如果北卡罗来纳州真像很多反联邦主义者指责的那样，如此害怕北方

图 6.8 威廉·戴维，曾代表北卡罗来纳州参加费城制宪会议，在该州的两次批准宪法大会上都是联邦派领袖，后来在州议会中发起创建北卡罗来纳大学的议案，成为这所大学的奠基人。

各州，为何不干脆留在联盟之外，允许这些州不受阻碍地实行其偏好的政策呢？另一位联邦主义者、州长塞缪尔·约翰斯顿，也是批准宪法大会的主席，他提醒说，如果北卡罗来纳州拒绝批准宪法，联邦国会将可能制定不利于本州的关税政策。尽管艾德尔认为，宪法已经提供了“完美的保障”，但他依然承诺支持“随后制定相应修正案——只要这些修正案不会从实质上摧毁宪法，而是能够让更多的人感到满意”。他还预计，这类修正案很可能会获得批准，因为其他州也有强烈的吁求。[395]

但是，反联邦主义者要求批准宪法大会代表们在做决定时，“不要考虑任何已经批准宪法的州的态度”，要发挥他们“自己的判断力，独立行动”，拒绝在不制定修正案的情况下批准宪法。反联邦主义领导人威利·琼斯不相信，如果北卡罗来纳州短期停留在联盟之外，会出现联邦主义者所预言的上述种种“可怕的后果”；他坚持认为，本州“先留在联盟之外，直到认为适当的时候再加入，不会有任何危险”。反联邦主义者还提出，纽约州可能也会要求在批准宪法之前制定修正案——当时北卡罗来纳人还不知道纽约州刚刚批准了宪法。而且，南方其他的州拥有强大的共同利益，可以保证国会最终接纳北卡罗来纳州。[396]

批准宪法大会持续了13天，反联邦主义领袖琼斯表示，“无人改变想法”。布拉德沃思同样认为，“话已经说得够多了，时间也浪费了不少；但是，对于联邦主义者提出的种种理由，我是左耳进右耳出”。最终，批准宪法大会以184∶83的投票反对批准宪法，直到国会召开各州大会，考虑制定一份权利宣言和其他修正案，修改“宪法中那些最模糊和极端的内容”。批准宪法大会还给国会与其他各州提交了一份北卡罗来纳州要求制定的修正案清单。北卡罗来纳州反联邦主义者的 514
目的仅仅在于确保通过他们希望的修正案，而不是永远拒绝联邦。[397]

北卡罗来纳州批准宪法大会的投票结果传出之后，全国的联邦主义领袖都深感失望，尤其是因为——正如麦迪逊对杰斐逊所言——在弗吉尼亚州批准宪法之后，大家都“普遍期待着”北卡罗来纳州“将会以某种形式汇入当前批准宪法的主流”。麦迪逊将这种不利的后果主要归咎于帕特里克·亨利的影响力，他担心，北卡罗来纳州拒绝批准宪法，加上他预计的纽约州批准宪法大会公开信所带来的恶劣影响，“将在某种程度上改变事情的方向，让那些反对宪法的人重新燃起希望，采取新的行动”。麦迪逊猜测，反联邦主义者当前的目标应该是，“尽早发起新的制宪大会，主要由愿意瓦解目前体制的人来组织，尤其是要取消目前宪法中的税收条款，在我看来，如果宪法中没有这一条，我们的政府将无法实现原来预期的目标”。[398]

在希尔斯伯勒召开的批准宪法大会结束之后，北卡罗来纳州的联邦主义者在该州的选举中获胜，他们签署请愿书，要求州议会在秋季开会时召开第二次批准宪法大会。经过一番争吵，该州议会在1788年11月挫败了反联邦主义者阻止联邦主义者召开第二次批准宪法大会的行动，但同时也拒绝了联邦主义者要求尽早选举第二次批准宪法大会代表的要求。选举最终确定在8月，并于1789年11月在费耶特维尔（Fayetteville）召开第二次批准宪法大会——这已经是在州议会决定的一年之后了。与此同时，联邦主义者利用他们控制新闻媒体的优势，发文攻击“上次希尔斯伯勒批准宪法大会议程的怪异、不慎和反常之处”。他们强调说，本州需要联邦政府保护自己免受印第安人攻击，联邦政府的关税政策歧视北卡罗来纳州的商人将会带来危险，不要将本州人民的想法与罗得岛州那些冥顽不化之徒等同起来。[399]

1789年5月，北卡罗来纳州州长和执行委员会写信给华盛顿总统，祝贺他就任总统，表示“殷切地期望”他们州能在通过提议的修正案后马上加入联盟——这些修正案“将消除本州诸多优秀公民对于他们与其他人共同奋斗得来的、共同享有的自由的担忧”。当麦迪逊在那年夏天召开的第一届国会上提出《权利法案》草案时——下一章会讲到——北卡罗来纳州的联邦主义者戴维写道，“没有比这更令我高兴的事情了”，因为这将驳斥反联邦主义者所预言的“国会决不会提出一条修正案”。戴维告诉麦迪逊，国会在北卡罗来纳州11月召开第二 515
次批准宪法大会之前就通过了宪法修正案，这一步极为关键。[400]

到1789年秋天，联邦政府已经运转了六个月，国会也已经提出了作为宪法修正案的《权利法案》。北卡罗来纳州的一些报纸文章预测，第二次批准宪法大会将会批准宪法，因为国会提出的宪法修正案将“毫无疑问会满足所有反对者的想法”。10月，华盛顿告诉古文诺·莫里斯，反对宪法的声音“已经不复存在，或是偃旗息鼓了”，他还预计，“那些尚未加入的州很快也将成为联邦的一员”。他毫不怀疑，北卡罗来纳州会批准宪法。“如果罗得岛州的大多数民众还没有抛弃长久以来的每一项荣誉、常识、诚信原则，我也不会怀疑罗得岛州将会批准宪法。”[401]

在北卡罗来纳州召开第二次批准宪法大会之时，州参议院议长报告，“民众的态度发生了令人惊奇的变化”。经过几天的审议——没有相关的报道——代表们击败了反联邦主义者提出的以先制定修正案为条件批准宪法的动议，并于1789年11月21日以194∶77的多数票无条件地批准了宪法（不过，批准宪法大会确实也建议国会在9月份批准的修正案之外，再考虑一下其他几条修正案）。据艾德尔收到的一封信称，大多数反联邦主义者似乎“高兴地默认了”这一结果，这并不是因为“他们的怀疑和恐惧已经完全消除”，而是因为宪法已经得到了“他们州大多数同胞的认可”。[402]

对于联邦主义者而言，罗得岛州是一块更加难啃的硬骨头。正如我们所见，罗得岛州议会担心制宪会议可能会限制各州发行纸币和减除债务负担，因此拒绝委派代表团前往费城（全国其他地方都庆祝了此事）。在费城制宪会议召开期间，罗得岛州议会两院的联合委员会抗议罗得岛州“受到了许多过分和不公正的挖苦”，并解释道，罗得岛州之所以拒绝派代表参加制宪会议，是出于“对真正宪政自由的热爱”。该委员会坚称《邦联条例》已经明确规定了其修改程序，背离该程序将会危及民众的自由。为了避免邦联国会认可费城制宪会议所
516 提交的宪法，罗得岛州议会甚至拒绝派代表出席邦联国会。[403]

1787年秋天，由于宪法第一条第十款的规定印证了罗得岛州关于制宪者会触及发行纸币和减免债务问题的担忧，罗得岛州立法机构拒绝召开批准宪法大会，费城的一位联邦主义商人由此评论道：“这个令人失望的、麻烦的州仍在不断地自取其辱。”1786年春，乡村党掌握了罗得岛州州政府，他们主张减轻困境中的债务人的负担；1787年初，在他们控制之下的罗得岛州议会通过了一项分期偿还该州战争债务的法律。这项法律要求公债持有人接受该州使用纸币来兑换他们手中的债券——而纸币已经大幅贬值——否则就不再承认他们的债权。在这一计划以极低的纳税人负担完全偿清公债之前，乡村党不允许罗得岛州通过宪法。❶具有联邦主义倾向的《纽波特

---

❶ 1790年，罗得岛州州长亚瑟·芬纳在写给华盛顿总统的一封信中，为乡村党提出的有效逃避该州战争债务的方案，做了最好的公开辩护。根据芬纳的说法，罗得岛州的立法机关未能征收到足够的税收来支撑战争期间为个人服务和财产付出而发行的公共债券，导致其市场价值大幅下降。这些债券的许多原始持有者，以低于面值的价格将它们卖给了“更富有、更投机、更有事业心的那些人，而这些人也因低价收购而获利”。州立法机关随后决定增加税收，以支付这些债券的利息，从而引发了“大范围的讨论——政府支付远超过购买者收购价的金额是否合理和公平”。因为“许多收购债券的人，在债券的贬值过程中发挥了推波助澜的作用，并且在收购时利用了政府可能不会兑现这批债券的理由，引诱原始持有者以低价卖出”，许多罗得岛人反对提高税收，并要求采取有利于债券原始持有者的区别性政策，清算已经转手的债券。芬纳指出，1780年的美国国会也曾出现类似的争论，当时大陆券已经贬值到40美元纸币兑换1美元硬币。参见May 20，1790，*DHRC*，26：872，874–875。

先驱报》(*Newport Herald*)的一名编辑愤怒地表示，在这帮乡村党眼中，“与他们最喜爱的纸币相比，联盟合约的瓦解，显得无足轻重”。[404]

到1788年2月下旬，罗得岛州议会再次集会时，已有六个州批准了宪法，而《纽波特先驱报》也催促州议会尽早“识时务”地召开州批准宪法大会，而不是“固执己见地沦为笑柄”。然而，仍然掌控在乡村党手中的州议会以43∶15的投票再次拒绝召开批准宪法大会。相反，州议会发起了一次表决宪法的公投，由3月下旬参加城镇会议的选民进行投票。乡村党的领导人认为，既然“拟定的宪法要求人们放弃一部分自由……那么只有人民才能最好地判断他们应该放弃哪些自由”。而公投是“能够反映真实民意的唯一方式”。517
乡村党的领袖们信心满满，他们认为，既然罗得岛州的大多数民众通过选举一再支持该党的纸币和逃避公债计划，那么，他们也将会拒绝批准宪法。[405]

但是，由联邦主义者组成的罗得岛州商业党则批评说，就宪法问题举行公投，“世无先例可循”。他们认为，罗得岛州“应该在某种程度上尊重其他十二个州的意见”，所有这些州——即便是由反联邦主义者控制州议会——全都选举产生了批准宪法大会。一份联邦主义者的报纸嘲笑这样的一个观点：“来自十二个州的最有才干的政治家们，在连续四个月的时间里所制定出的联邦体制，民众仅用一个下午就能判定它的优缺点。”民众没有“闲暇或机会来仔细审视拟定好的宪法，因此也没有能力对宪法中的重大问题形成充分的判断”。相比之下，如果召开批准宪法大会，“就可以收集州内任何一个地方的任何一条意见或信息，加以认真讨论”。而且，联邦主义者还指出，即便罗得岛州的选民通过公投批准了宪法，国会也会认为这种批准形式不符合宪法第七条规定的程序，因而无效；州议会最终还是不得不召开州批准宪法大会。[406]

因此，联邦主义领袖敦促支持者不仅要抵制公投，更要促使州议会中来自他们所在城镇的代表呼吁召开批准宪法大会。在批准宪法大会上，他们可以自由地提出宪法修正案，以应对反联邦主义者可能指出的任何宪法缺陷。联邦主义者最稳固的阵地——纽波特、普罗维登斯和布里斯托——要么指示当地议员呼吁召开批准宪法大会，要么签署请愿书要求州议会这样做。由于宪法的支持者们听从了其领导人的呼吁，抵制了这次公投，罗得岛州的30个城镇中仅有两个批准了宪法，而罗得岛州以2714∶238的多数票拒绝了批准宪法。[407]

在确认了公投结果后，州议会以较大优势的多数票否决了一项关于召开批准宪法大会的动议。罗得岛州州长向国会汇报了公投的结果，并为该州选择公投而不是批准宪法大会的做法辩护，称其符合“纯粹的共和原则”。他还指出，虽然罗得岛州人民对宪法多有疑虑，但他们将“衷心默许”授予国会监管商贸的权力，以及为清偿国家债务而征收进口税和消费税的权力。[408]

在1788年5月和6月的会议期间，罗得岛州议会没有对批准宪法问题有过进一步举措，并在6月会期结束后休会，直到10月才重
518 启。正如我们所看到的，新罕布什尔州在6月底成为第九个批准宪法的州。❶同年7月，纽约州批准了宪法。一些联邦主义者曾预测，这一结果将对罗得岛州产生“相当大的影响”。《纽波特先驱报》宣称，“罗得岛州反联邦主义者最后的希望”已“破灭”，许多联邦主义者再次要求罗得岛州议会召开批准宪法大会，有人甚至预计，州

❶ 当普罗维登斯的联邦主义者试图把传统的7月4日庆祝活动与庆祝宪法获得必要的九个州批准而生效相结合时，乡村党在城镇外围纠集了几百人，阻止庆祝活动。他们认为，这是在羞辱占罗得岛州多数的反联邦主义者。联邦主义者答应只庆祝国家独立后，才勉强没有出现暴力事件。参见 Editorial Introduction, *DHRC*, 24：285–286。

议会将采取行动。[409]

联邦主义者通过报纸文章，力图说明罗得岛州不可能作为一个独立州长期坚持下去。联邦主义者“福基翁”写道：“我们将置身于一个相互争夺的世界，强邻环伺，他们彼此结盟，对此，我们将无所适从。”署名“联盟之友”（A Friend to the Union）的联邦主义者则指出，联邦各州将会联合抵制与罗得岛的贸易，而幻想届时会有外国出面干预以保护罗得岛州，简直是“痴人说梦”。署名“罗得岛人”（Rhodiensis）的联邦主义者则警告，国会不会放任罗得岛州成为“走私者的巢穴或敌舰的港口”，而将会很快地剥夺罗得岛州的主权，并将其划入马萨诸塞州和康涅狄格州。相反，如果罗得岛州加入联邦，它那位置优良的港口以及比例较大的沿海人口，将会使该州成为“新英格兰地区的大型货物集散地与交易市场”。联邦主义者还指出，即便罗得岛州坚持独立，国会仍将要求该州支付其相应份额的国家债务，结果将导致对构成乡村党的农民施以沉重的直接税。联邦主义者还提出，如果宪法确实需要修改，罗得岛州只有在第一届联邦国会中有出席代表，才能更好地影响修宪进程。[410]

针对联邦主义者提出的这些理由，一些反联邦主义者说，如果罗得岛州独立于联邦之外，可以通过宣布其港口城镇为自由港口来垄断与欧洲的贸易。反联邦主义者坚称，如果美国试图胁迫罗得岛，那么该州可以寻求英国或其他欧洲大国的庇护。[411]

在1788年秋天的会议上，罗得岛州议会不顾联邦主义者提出的警告——“顽固反对联邦政府必将最终摧毁罗得岛州及其公民”，
以接近3:1的绝对多数票再次拒绝召开批准宪法大会。州议会甚至 519
继续实施用已经贬值到面值1/8的纸币来偿还州债务的政策。最终，州议会向各城镇转发了纽约州批准宪法大会提出的公开信和宪法修正案，同时建议各城镇明确指示自己的州议会代表考虑，是否支持

纽约州关于召开第二次制宪大会的提议。[412]

1789年，罗得岛州议会一共举行了七次会议，而在其中的四次会议上，议会都否决了关于召开本州批准宪法大会的提议。一位反联邦主义领袖极为自信地表示，只要罗得岛州愿意，无论什么时候，都可以加入联邦；他主张先等等再说，看看这个新的联邦政府是否真如联邦主义者所承诺的那样，会带来诸多好处。反联邦人士同时怀疑，如果罗得岛州一直坚持留在联邦之外，国会是不是会对其采取贸易歧视措施。[413]

1789年春夏之际，罗得岛州的联邦主义者开始孤注一掷。自称是“善良却受压迫的少数群体”，联邦主义者——尤其是纽波特和普罗维登斯这两个地方的联邦主义者，开始讨论他们所在的城镇是否有可能脱离罗得岛州管辖。4月，纽波特城镇大会发出警告，如果罗得岛州依旧留在联邦之外，那么，那些处于“悲惨境地”的小镇居民将不得不“迫使自己做出最后选择，那就是去请求联邦政府救济和保护”。罗得岛州的联邦主义者说，城镇分离“肯定会”引来罗得岛州政府的“报复性”迫害，如果他们所在的城镇脱离罗得岛州，他们会向国会议员甚至是副总统亚当斯寻求保护。6月，当国会辩论《权利法案》之际，来自佐治亚州的国会议员詹姆斯·杰克逊（James Jackson）宣称，他将支持罗得岛州的贸易性城镇，因为它们是“联盟的坚定盟友”，如果它们请求国会保护，国会就应该接手。[414]

威廉·埃勒里（William Ellery）是纽波特的一名律师，同时也是罗得岛州联邦主义者的领袖之一（他曾代表罗得岛州出席大陆会议签署《独立宣言》），他很早就预计，乡村党将会“坚持到底”，并且“直到迫不得已，他们才会接受让他们失去继续作恶权力的举措”。1789年春，埃勒里私下呼吁国会议员在贸易上制裁罗得岛州——对其海运船只征收吨位费和对其出口到其他州的产品（主要是酸橙、奶酪和大麦）征收关税。其他联邦主义者则公开号召实施贸易制裁。普罗维登斯的商人乔治·本森（George Benson）则采取了另一种途径，他告诉马萨诸塞州的国会议员西奥多·塞奇威克，虽然罗得岛的反联邦主义者“以一种轻蔑的语气对待来自受欺辱的少数的每一次请求”，但他们将认真对待要求罗得岛州召开批准宪 520
法大会的国会决议。[415]

到1789年9月，罗得岛州已经用那些几乎毫无价值的纸币如期“偿还了”本州的公债。该州的一些联邦主义者预计：一旦这个计划完成，乡村党就将“转变方向”。而且，在8月份的州议会选举中，商人阵营取得了重大进展，使得许多联邦主义者猜想，州议会在10月份开会时，将会召集批准宪法大会。[416]

然而，事实却并非如此。为了遏制这种可能性，罗得岛州州长在9月召开了一次州议会特别会议，并通过了一项议案，议案内容是要求各城镇会议决定是否支持召开批准宪法大会，并在10月份给它们派往州议会的代表提供相应指示。[417]❶

州议会的这次特别会议还给国会和华盛顿总统写信，解释为何罗得岛州还没有批准宪法。议员们承认，“自己是少数人”，在回顾了独立战争时期十三个州共同遭受的苦难后；他们提出，自己的选民不愿意批准通过一部不符合他们为之发动一场战争的诸项原则的

---

❶ 乡村党其实更愿意妥协，纸币法实行了三年之后，由于债权人必须接受等额纸币作为偿债的法定货币——否则便取消其债权，本州的公债已经偿付或者取消。1789 年 9 月，州议会的特别会议取消了这部纸币法，取而代之的是，利用被估值的不动产或个人财产，或者纸币——按照 15 美元纸币兑 1 美元银币的比例，作为偿债的法定货币。当时，罗得岛州的纸币，在市场上的兑换比例接近 20 美元纸币兑 1 美元银币，所以这部新的纸币法依然不利于债权人，只不过不像已经取消的那部法律那么离谱。参见 Introduction, *DHRC*, 25: 455; Introduction, *DHRC*, 24: xxxiv–v; Polishook，上文，162。

宪法。信中继续写道，罗得岛人希望观察一下新的联邦体制的运作情况，“看一看通过修正案的方式能进一步达成和建立哪些制衡与保障措施”。8月份联邦众议院通过的那些修正案，已经“在某种程度上缓解和满足了本州人民的想法”；罗得岛人期待着有一天，自己可以安心地与姐妹州重新团聚在一起。最后，州议员表示，他们希望罗得岛人不会“完全被看作外国人”，他们还宣布，该州愿意缴纳其在国家债务中所应承担的份额。许多联邦主义者认为，这封信是对国会的“严重侮辱”。[418]

与此同时，国会正在商议何时开始对罗得岛实施贸易制裁。
1789年9月中旬，国会设定1790年1月15日为罗得岛州批准宪法的
521 最后期限，否则便对其航运船只征收歧视性的吨位费。那年暮秋，
华盛顿在新英格兰之行的途中，有意避开了罗得岛州。[419]

当时的人普遍认为，国会决定将实施贸易制裁的时间推迟到1790年初，是一种宽大仁慈之举。一名联邦主义者对这种试图以“慈绳爱索”来拉拢罗得岛州的举动嗤之以鼻，他预计，该州的反联邦主义者将会“鄙视”这样的举动。不过，由于诸多原因，大多数国会议员都不愿对罗得岛州采取严厉的制裁措施。一些人出于意识形态方面的理由，或者担心这样的措施可能会适得其反，于是，反对采取强制性措施。此外，国会压服罗得岛州的最有效手段之一——对罗得岛州的海运船只征收吨位费，反而可能会损害纽波特和普罗维登斯的商业利益，而正是这些城镇非常强烈地支持宪法；征收吨位费对它们的影响，远超过对内陆地区农民利益的影响，而后者才是乡村党的支柱。最后，用副总统亚当斯的话说，国会中来自美国南方和中大西洋地区的代表，“在当时并非一致热切地希望新英格兰地区额外增加两名参议员”。尤其是，来自罗得岛州的两名参议员加入之后，可能会对北方人试图将国会留在纽约市的行

为——起码是临时留在纽约，起到决定性的作用。[420]

不过，在私人信件中，亚当斯还是警告，推迟贸易制裁是国会对罗得岛州所能做的“最大限度的”纵容。如果罗得岛州在1月15日的最后期限之后还没有批准宪法，“很可能出现此前从未采用过或者讨论过的更严重的举措”。此外，亚当斯还威胁说，如果“罗得岛州的反对者和马萨诸塞、纽约、弗吉尼亚、北卡罗来纳等州的反对者之间有书信往来，甚至是与英国密使暗通款曲的传言”属实，将会招致“非常迅速和非常痛苦的”后果。亚当斯在结束这封信时敦促罗得岛人，“睁大眼睛，以免为时过晚”。[421]

罗得岛州议会的特别会议在9月召集了各城镇会议，对于是否召开批准宪法大会的问题，多数城镇会议给代表们做出的指示是反对召开批准宪法大会。因此，尽管8月份选出的大多数州议会代表似乎倾向于支持召开批准宪法大会，但州议会在10月的常规会议上仍以39∶17的多数票反对召开批准宪法大会——这是两年来州议会第8次否决召开批准宪法大会。随后，州议会休会到1790年1月。[422]

有些联邦主义者曾预言，一旦北卡罗来纳州批准了宪法，罗得岛州也会批准宪法；罗得岛州的媒体也密切关注着北卡罗来纳州于1789年11月召开的第二次批准宪法大会的进程。当这次批准宪法大 522
会批准宪法时，华盛顿总统就说，罗得岛州现在“完全孤立”了。罗得岛州前副州长、富裕的普罗维登斯联邦主义者杰贝兹·鲍恩（Jabez Bowen）对副总统亚当斯说，“我们的对手被来自北卡罗来纳的消息震惊了”，“尤其是支持宪法的票数如此之多”（北卡罗来纳州批准宪法大会以194∶77的投票批准了宪法）。所有人都在猜测，北卡罗来纳州批准宪法，是否最终能说服罗得岛州议会召集批准宪法大会。[423]

1790年1月，当罗得岛州议会召开会议之际，一位具有联邦主义倾向的评论者警告，罗得岛州的选择，“要么是自愿立即与十二个结盟州联合起来，要么顽固地坚守原意，丧失我们余下的商贸优势……最后，像顽固不化的傻瓜一样，被迫去做那些利益和荣誉都要求我们去做的事”。联邦主义者还重申了他们提出的威胁：如果州议会不召开批准宪法大会，那么，较大的海港城镇很可能会脱离罗得岛州，寻求联邦的保护。[424]

最后，迫于压力，罗得岛州议会下院在1月的会议上以34∶29的差额投票决定召开批准宪法大会。然而，州议会上院（其成员被称为“助理”）以微弱的优势否决了州议会下院的提案，它更倾向于让州议会再次询问各城镇会议的意见，由它们来指示代表们是否同意召开批准宪法大会。但碰巧有一名投票反对召开批准宪法大会的助理，不得不在州议会上院会议结束前离开议会，致使州议会上院的票数出现平局，必须要州长约翰·柯林斯（John Collins）投下打破平局的一票。柯林斯注意到，如果继续无视联合各州的要求，罗得岛州将处于“极端的困境之中”。因此，他投了决定性的一票，支持召开批准宪法大会。1790年3月1日，州议会在南金斯敦（South Kingston）召开批准宪法大会。❶州议会还指示州长，向国会申请进一步暂停贸易制裁措施。[425]

兴高采烈的罗得岛州联邦主义者表示，他们有信心赢得这场战斗。其中一人表示：“联邦的圣殿马上就会建成，我希望，和平、欢

---

❶ 在4月的选举中，乡村党拒绝再次提名柯林斯担任州长，为此，柯林斯向华盛顿总统提出请求，要求在联邦政府中获得一个职位，以奖励他为了联盟的团结所做出的个人牺牲。参见1790年5月24日约翰·柯林斯致乔治·华盛顿，*DHRC*，26：886–887；Editorial Introduction，同上，768。有人认为柯林斯是“替罪羔羊”，他让乡村党保持着反对批准宪法的假象，同时引发了一系列事件，最终导致罗得岛州批准了宪法，参见John P. Kaminski，“Political Sacrifice and Demise—John Collins and Jonathan J. Hazard，1786–1790，” *Rhode Island History*（Aug. 1976），35：91–98（引文）。

乐和富足将遍布这片土地。”杰贝兹·鲍恩向华盛顿总统保证，罗得岛州的批准宪法大会，“将以体面的多数票批准”宪法。著名联邦主义律师、罗得岛州前司法总长亨利·马钱特（Henry Marchant）对副总统亚当斯说，他“没有理由怀疑，罗得岛州将会采纳宪法”，因为反联邦主义者已经“承诺他们不再反对”。马钱特还敦促亚当 523
斯向国会施压，推迟对罗得岛的贸易制裁。他预计，国会推迟制裁罗得岛州，将使“成百上千人”接受宪法，这“在批准宪法大会中至少值十票”。2月8日，国会批准了延期制裁申请，但“不晚于”4月1日。[426]

同样在2月8日，罗得岛选民聚集在他们的城镇选举出席本州批准宪法大会的代表。让联邦主义者惊慌失措的是，选出的代表中，反联邦主义者占多数，大约要多出6~10人。反联邦主义代表的核心成员随后表示，他们将寻求推迟召开批准宪法大会，而不是完全拒绝批准宪法。[427]

罗得岛州的联邦主义者绝望地向联邦官员寻求帮助。其中一些人写信给副总统亚当斯，敦促国会在罗得岛州召开批准宪法大会之前采取措施，以促使反联邦主义者相信，“国会再也不会继续拖延下去”。❶其中一名联邦主义者建议，国会应该要求罗得岛州通过征收直接税来偿还其拖欠的联邦债务，此举将立即对该州的农民产生不利影响。另一位联邦主义者提议，国会干脆宣布罗得岛为美国的一部分，那些不愿居住在联邦政府管辖范围内的居民，可以自由出

---

❶ 亚当斯在给鲍恩的回信中指出，如果罗得岛州的批准宪法大会拒绝批准宪法，那么他自己也“无法理智地预测”国会的反应。但是，亚当斯继续说，他怀疑国会是否会“乞求、祈祷或劝诫反对者加入联邦”，他警告，美国政府可能会采取“严厉措施”，让罗得岛州付出代价，以此证明它有能力惩罚那些反对它的人。参见1790年2月27日亚当斯致鲍恩，*DHRC*，26：743；另见1790年2月28日亚当斯致布朗和弗朗西斯，同上，747–748；1790年2月28日亚当斯致埃勒里，同上，748–749。

售各自的房产，一走了之。[428]

罗得岛州的联邦主义者还通过报纸文章，直接向他们的对手呼吁。他们指出，罗得岛州的立法机构在今年1月给国会的信中已经提出，国会如果能够暂时延缓贸易制裁措施，将“有理由希望本州在短时间内加入联邦”，国会答应了。如果本州的批准宪法大会在没有批准宪法的情况下休会，国会将会“认为州立法机构是在玩弄它”。国会将绝不会“忍受某一个难缠的州，使其重要的和必要的全国性措施陷入窘境”，贸易制裁肯定会随之而来。联邦主义者警告，这样的制裁只会加重目前罗得岛州各商业城镇的“各种困境”，加速罗得岛州居民向西部迁徙所带来的人口流失。联邦主义者还重
524 申，批准宪法大会如果未能通过宪法，将导致国会迫使罗得岛州支付其应该承担的联邦政府债务和运营费用份额，并导致纽波特和普罗维登斯脱离罗得岛州，寻求联邦保护。[429]

然而，反联邦主义者具有人数上的优势，他们的代表在批准宪法大会上对联邦主义者的呼吁无动于衷。他们提出了一份权利法案，起草了一个包括大量额外修正案的清单，主要包括其他州的批准宪法大会已经提出的那些修正案；并且下令，将这份权利清单印刷出来，提交给各城镇在4月召开的常规会议，届时，各城镇将会选出本州议员和行政官员。随后，反联邦主义者提出动议，要求批准宪法大会休会。但是，他们的反对者否认批准宪法大会有权自己休会，因为州议会交给批准宪法大会的任务是“全面而自主地调查和决定”本州是否应批准宪法。联邦主义者还提出，休会并非明智之举，因为国会将会视其为一种侮辱，并因此立即对本州进行贸易制裁。[430]

反联邦主义代表们为休会提出的辩护理由是，北卡罗来纳州和新罕布什尔州的批准宪法大会曾经有过先例；而且，罗得岛州人民有权参与商讨批准宪法大会即将提出的权利法案和其他修正案。反联邦

主义代表们还提出，由于罗得岛州的多数民众仍然反对宪法，如果批准宪法大会被迫就此问题投票，他们除了投票反对批准宪法外，别无选择。反联邦主义者坚持认为，由于整体上拒绝宪法太危险，他们的对手应该选择休会，以允许人民有额外的时间来考虑。反联邦主义者随后以41∶28的投票，表决通过了他们的休会动议。[431]

联邦主义者本来希望，如果他们不能阻挡休会动议，至少他们要保证休会不会持续到4月1日之后，这是国会推迟贸易制裁罗得岛州的截止时间。一名主要的联邦主义代表反对休会到4月1日之后，因为“每个人都已经在这个问题上做出了决定”，没必要继续推迟时间，并且警告，不要“戏弄”国会。另一名联邦主义者威胁道，如果批准宪法大会休会到4月1日之后，其选民将向国会请愿，要求加入马萨诸塞州。[432]

然而，正如一篇报道所言，联邦主义者所呼吁的“理性、责任、必然性和其他每一种理由”，都“没有达到目的”。反联邦主义者主张，“他们就批准宪法所表现出来的焦虑之情把人民吓坏了”，坚持要求批准宪法大会休会更长时间。反联邦主义者相信，国会将再次推迟实施贸易制裁措施，于是他们否决了一项休会到3月底的动议；之后又通过一项休会到5月24日的动议——在4月选举产生 525
州议员和行政官员几周之后。[433]

反联邦主义者要求批准宪法大会休会的一个主要原因是党派因素。数年来，乡村党通过使用大幅贬值的纸币偿付本州债务，并强制实施对债务人有利的纸币法，已经在很大程度上实现了最初的目标。这些目标实现之后，反对宪法随即成为党派竞争的主要议题，但是如果批准宪法，党派竞争的议题无疑也会随之消失。因此，一位著名的联邦主义者报告，乡村党领袖、副州长丹尼尔·欧文（Daniel Owen）——曾出任批准宪法大会主席，“毫不犹豫地公开说，让批准宪法大会休会是保证他们当选的必要之举”。根据联邦主义者的说法，批准宪法大会已经提出了一项权利法案和其他修正案，并将其提交给城镇会议，目的是“掩盖乡村党的计划”——乡村党希望能以一个反对宪法的纲领继续参与4月份的选举竞争。[434]

除了党派动机外，一些反联邦主义者也出于意识形态上的原因一直反对批准宪法。罗得岛许多民众非常不满于第一届联邦国会成员给自己和其他联邦官员设定高得离谱的薪水——他们的薪水与罗得岛民众支付给本州议员和政府官员的微薄工资形成鲜明对比。此外，罗得岛州的许多反联邦主义者认为，联邦财政部长亚历山大·汉密尔顿提议以接近票面价值的方式来兑换国家所发行的债券，是“有害的”，因为它会“将沉重的土地税负加到你们［罗得岛州农民］身上，以此来支付不公正的利息，将邪恶的投机者通过不正当手段获得的债券变现”。一篇报道称，批准宪法大会休会的“一个强有力的原因”在于，“他们预计，联邦财政部长的报告将会在联盟各州内引发极度不安，导致暴动，并因此会在本州树立反联邦主义者的权威，从而使本州成为反对派的中坚力量”。根据罗得岛州一位著名的联邦主义者的说法，反联邦主义者计划继续延迟召开本州的批准宪法大会，让国会有时间“做出许多不公正之事，以致几个大州都准备反抗……罗得岛州，作为一个自由和独立的州，将走在那些大州的前列”。[435]

罗得岛州的反联邦主义者延迟召开批准宪法大会，还有一个最关键的理由。正如罗得岛州的联邦主义者反复向他们在全国性政府中的盟友所提及的那样，国会强加于罗得岛州的贸易制裁措施的重担，很可能将会，至少一开始会，“完全落到我们朋友的身上”。也
526 就是说，国会为了制裁罗得岛州所征收的海运船只的吨位费，将会对生活在沿海城镇的联邦主义商人的利益造成直接的不利影响。对

罗得岛州向其他州出口农产品所征的出口税，也要等到在秋天收割、售出农产品后，才会落到具有反联邦主义倾向的农民身上。据一位联邦主义者所言，经过近四年激烈的围绕该州货币和财政政策的党派纷争，罗得岛州的农民看起来似乎已经“不那么在意商人们所遭受的损失，只要他们自己不受到伤害就行”。另一位联邦主义者认为，农民将“很乐意摧毁他们［商人］”。[436]

联邦国会中的联邦主义者已经警告过，如果罗得岛州的反联邦主义者推迟召开本州的批准宪法大会——“在这个问题上考虑如此久之后，这样做将只是一种微妙的拒绝方式”——联邦政府将因此“有理由采取某些严厉的举措，甚至连那些有远见的罗得岛州民众也不得不接受”。因此，在这次休会后，国会里的联邦主义者决定严肃对待他们罗得岛州盟友的预言——“只有当面临最紧迫的必要性时”，该州的反联邦主义者才会批准宪法。随着5月24日，即罗得岛州重启批准宪法大会的日期越来越近，国会参议院里的联邦主义者，在北方代表的带领之下——他们希望罗得岛州加入联盟，部分原因是为了增加北方在国会中的优势——通过了一份强制性法案。法案禁止罗得岛州出产或制造的任何产品在1790年7月1日后从陆路或者水路输入美国，禁止美国船只进入罗得岛港口、水域，同时也禁止罗得岛船只进入美国港口、水域，并对违反这些条款的行为设置了严厉的处罚标准。此外，该法案还宣告，罗得岛必须在1790年12月1日之前缴付所应分担的25 000美元的联邦债务。罗得岛州若要迅速筹集如此大的一笔款项，必须开征直接税，国会的最后这项要求，主要将由罗得岛农民来承担。[437]

国会参议院的法案旨在强迫罗得岛屈服，结果在众议院和参议院都引发了争议。一位国会众议员称其是“最高程度上的专制和武断之举”，而另一名议员则汇报，“我们当中的许多仁厚之人……选择等着看罗得岛州批准宪法大会下一阶段的会议结果”，在“确信罗得岛州最终确实顽固不化”之前，他们不会“同意对这个小小的姐妹州采取任何强制措施”。来自弗吉尼亚的国会议员约翰·佩奇（John Page）宣称，“对一个自由州采取这样的威胁措施，确实非常不得体”；他还认为，参议院通过的法案显示出“当年大英帝国的暴行暴露出的邪恶形象”，当时英国人关闭了波士顿港口，以回应波士顿倾茶事件，由此引发所有殖民地起来支持独立。佩奇强调，罗得岛的公民应该与其他州的公民一样，自由地商议宪法，国
527 会应该“展示出一种容忍疑心、具有谨慎与共和精神的大度，我们也确实应该珍视和尊重这样的大度”。此外，佩奇还警告，参议院的这个法案基本上是对罗得岛州开战，可能会因此推动该州寻求外国支持。至少这些措施可能会激起罗得岛州批准宪法大会代表们的“愤慨”而适得其反，他们“会认为自己是受了这些威胁性措施的影响，才可耻地同意新宪法”。即便这个法案成功迫使罗得岛州批准宪法，该州也必然会因为“带着如此糟糕的恩典加入联邦而倍感羞辱”。[438]

参议院的法案也引起了罗得岛州州长的强烈抵制，亚瑟·芬纳（Arthur Fenner）向华盛顿总统抱怨，“这项法案简直是要与罗得岛州为敌，如此羞辱贬低本州”。芬纳向总统保证，因为十二个州已经批准了宪法，并且其中的许多州也已批准了《权利法案》，“许多先前反对通过新宪法的颇具影响力之人，已经收回了他们的反对意见”。他预言，“本州将会很快采用新宪法”，不过他还是提醒说，像参议院法案这样的类似措施，“具有强迫的意味”，可能会引起“罗得岛州民众情感上的疏离感”。[439]

5月18日，参议院以13∶8的票数通过了这项强制性法案。随后，众议院“谨慎地采取了延迟措施”——正如一位机敏的观察者、

当时的法国总领事所言——众议院希望在5月24日罗得岛州重开批准宪法大会之前，不要投票表决这个法案。罗得岛州的报纸公布了这项法案，一些国会议员也写公开信呼吁人们关注此事，并敦促罗得岛居民不要被蒙蔽，以为联邦会长期容忍他们的州独立于联邦之外。罗得岛的联邦主义者乔治·本森告诉国会议员西奥多·塞奇威克，参议院的法案已经“在反联邦主义者的头脑中留下了非常令人震惊的印象”。本森说，其他事件都不会“像这件事那样，对我们的期许带来如此显著的有利影响”，他“极为乐观地期待着”罗得岛州批准宪法。[440]

在5月24日之前的几天里，罗得岛州的联邦主义者预计，如果宪法无法获得批准，他们的支持者将会“绝望，并且有可能会导致政府解体”。普罗维登斯指示其出席批准宪法大会的代表，如果无法成功批准宪法，就应该与纽波特代表和来自其他城镇的代表联合起来，去申请国会的保护。罗得岛州的联邦主义者还再次呼吁他们在联邦政府中的盟友，保证他们在不得不脱离罗得岛州之后，免受暴力伤害。为了回应其中一个这样的呼吁——实乃出于威廉·埃勒里之手——来自康涅狄格州的国会议员本杰明·亨廷顿（Benjamin
Huntington）宣称，虽然他不能代表整个国会，但他知道，许多国 528
会议员愿意接受他们提出的保护请求。副总统亚当斯也在对埃勒里发来的一个类似公函的回应中进一步提出，“如果你们州内陆部分的民众如此倔强，仍然拒绝批准宪法，那么，海港地区的民众将别无选择，只能做长期以来我认为他们应该做的事：单独集会批准宪法并请求国会接纳和保护”。[441]

埃勒里在报告中表示，在罗得岛州重开批准宪法大会前，反联邦主义者“已经在更加积极地讨论加入联邦的问题”，但他觉得，这样的讨论，主要目的“只是缓和联邦的情绪”。他预计说，反联邦主义者将会继续延迟召开批准宪法大会，直到国会真正采取强制性立法。罗得岛州另一位著名的联邦主义者提出，他怀着“强烈的希望，但也不无担忧”。[442]

当罗得岛州重开批准宪法大会时，反联邦主义代表仍然在大会中占据着多数。不过，联邦主义者认为，这次在纽波特重开批准宪法大会，“环境更为乐观”——在3月的批准宪法大会上，纽波特以一票的优势被选中作为新会址。纽波特“拥有最多的联邦支持者，而且很少受到乡村反对派的影响”。[443]

联邦主义者带着“焦虑、辛劳和期盼、希望和担忧”忍受了多天之后，从朴次茅斯镇和米德尔敦来的代表们突然宣布，如果他们能够首先获得他们所在选区的肯定性指示，他们就会投票同意批准宪法。5月29日，这两个城镇的会议分别澄清并改变了先前的指令，要求它们派出的代表支持批准宪法。罗得岛州的批准宪法大会随后以34∶32的票数，批准了宪法。❶批准宪法意见书对宪法中有争议的几个条款提供了“解释”，并“相信”其所提出的修正案会得到“尽早和妥善的考虑”；在这些修正案获得通过之前，国会不应该行使宪法赋予的某些权力。罗得岛州的批准宪法大会还建议州议会批准国会于
529 去年秋天通过的《权利法案》（其中的一项修正案除外）。[444]

经过近三年的斗争，罗得岛州的联邦主义者终于取得了胜利。

---

❶ 联邦主义者坚持认为，如果有更多的代表能够与他们所在的城镇交流，在投票表决之前获得改变了的新指令，他们能赢得的票数将会更多。显然，来自国会贸易制裁的威胁和纽波特、普罗维登斯等城镇脱离罗得岛州的威胁，迫使很多先前犹豫不决的代表相信，批准宪法是明智之举。实际上，来自康涅狄格州的参议员奥利弗·埃尔斯沃斯就将罗得岛州加入联邦归功于“国会的大胆举措，如果这项措施没能产生我所预期的和它实际上所达到的效果，我甘愿受罚。但是一切都很好，结局不错”。参见1790年6月7日奥利弗·埃尔斯沃斯致阿比盖尔·埃尔斯沃斯，editorial note，*DHRC*，26：1040–1041（引文）；*Newport Herald*, June 3，1790，同上，1028；*Providence Gazette*, June 5，1790，同上，1029 n. 2。

波士顿的一份报纸在头条宣布："美利坚联盟（American Union）完整了。"那年夏天，华盛顿总统前往纽波特和普罗维登斯庆祝罗得岛州加入联盟。[445]

联邦主义者最担心的事：有条件地批准宪法和第二次制宪会议

在整个批准宪法的争斗过程中，联邦主义者一直激烈反对有条件地批准宪法或者召开第二次制宪会议。正如我们所看到的那样，当邦联国会考虑是否将新宪法交给各州时，联邦主义者就否认国会拥有提出修正案的权力。此外，费城制宪会议还起草了一封与新宪法一起提交国会的信，信中呼吁各州立法机关将宪法交给各州批准宪法大会，由批准宪法大会来"认可和批准"。正如埃德蒙德·伦道夫后来解释的那样，这些话的意思是"普遍允许［州批准］宪法大会要么全部接受宪法，要么全部否决宪法，绝不允许修改"。[446]

实际上，在最初几个州召开的批准宪法大会上，联邦主义者坚持全盘通过或否决，并拒绝修正案的概念——无论是有条件地批准，还是仅仅推荐修正案。但是，从马萨诸塞州批准宪法大会开始，联邦主义者开始接受批准宪法的同时推荐修正案的概念；联邦主义者意识到，如果没有这样的让步，他们就会失去这部宪法。尽管如此，他们仍然坚决反对任何有条件地批准宪法的做法——麦迪逊称这种想法"蕴含着无限的危险，我无法毫无恐惧地思考它"。[447]

对联邦主义者而言，召开第二次全国性制宪会议，比以修正案为条件批准宪法更加糟糕。在费城制宪会议快要结束之际，伦道夫和乔治·梅森曾提议，允许各州批准宪法大会提出宪法修改案，然后交由第二次全国性制宪会议审议。梅森说，第二次制宪会议"将能够更多地了解民众的想法，并提供一个更加符合其希望的体制”。而且，他还提出，“如果我们对民众说，要么接受，要么什么也得不到，这是不妥的”。伦道夫也附议说，“如果坚持让这份方案作为人民的最终选择，要他们全盘接受或拒绝，一定会产生……无政府
530 状态和内乱”。[448]

即便在弗吉尼亚州已经批准宪法之后，伦道夫依然支持召开第二次全国性制宪会议，理由是“人民对宪法的理解”有权与“制宪会议的理解”得到“平等的尊重”。理查德·亨利·李也赞同召开第二次全国性制宪会议，他告诉华盛顿，尽管宪法中包含着“很多有用的规定”，但是仍然存在着“根本性的强烈”反对意见；可以通过召开第二次制宪会议迅速加以解决，从而达成普遍的赞同意见，且不会削弱“深受信任的联邦政府的权力”。在巴黎，杰斐逊也对举行第二次制宪会议的想法很有兴趣，因为“人民在充分地权衡和辩论宪法之后”，可以分辨出“他们普遍不喜欢其中的哪些部分，又普遍地赞同哪些部分”。即便在弗吉尼亚州和纽约州已经无条件地批准宪法，宪法开始实施之后，这些州的立法机构仍然强烈支持召开第二次制宪会议。纽约州批准宪法大会发出的公开信，也呼吁其他州请求国会尽快召集另一次制宪会议，以提出修正案来解决宪法引发的系列问题。[449]

对于梅森在费城提出召开第二次制宪会议的提议，查尔斯·平克尼表示反对，他认为，“这样的做法只能产生混淆和矛盾”。平克尼提醒同僚说，“制宪会议是严肃的事情，不应该反复召开”。麦迪逊告诉杰斐逊，召开第二次制宪会议，“绝对是有害的”，他极不赞成纽约州关于召开第二次制宪会议的公开信。麦迪逊担心，第二次制宪会议将会“招来密谋破坏联邦之人，从中作梗”，他们可以提出“国内某些地方流行，但在其他地方不被接受的看法”，轻易地

推进他们自己的目标。[450]

为什么联邦主义者如此坚决地要避免变动他们的制宪成果呢？他们既反对在批准宪法之前制定修正案，也不同意召开第二次制宪会议。联邦主义者提出了反对上述提议的法律依据。詹姆斯·英尼斯告诉弗吉尼亚州批准宪法大会，他们仅有权批准宪法，而无权考虑在批准宪法之前制定修正案——这可能会“彻底改变”这部宪法——因为人民“已经看到了这部宪法，并派我们作为代表来接受或拒绝它”。按照英尼斯的说法，宪法通过后再制定修正案，性质就不同了，因为这些修正案“在人们有机会认真考虑和商讨——如果他们认为合适的话——之前不会生效”。[451]

麦迪逊则提出了一个不同的理由：有条件批准的宪法不具有法律效力，因为所有州都应该批准同一份文件，而其他州已经无条件地批准了宪法。因此，如果弗吉尼亚州以先制定修改案为条件批准宪法，每一个已经批准宪法的州将不得不再次召集批准宪法大会，重新审议。出于这样的原因，弗吉尼亚州的另一位联邦主义者解释道，有条件地批准宪法意味着，各州将“永远都在不停地讨论，想 531
出各种权宜之计，而无法达成最终决定”。纽约州的反联邦主义者曾在波基普西召开的批准宪法大会上表示，纽约州可以批准宪法，但同时保留退出联邦的权利，如果无法在几年内召开第二次制宪会议，纽约州可以退出联邦。对此，麦迪逊反对说：“宪法要求得到全面而永久的认可，其他州已经这么做了。如果只在有限的时间里使用批准的宪法，与部分批准的做法一样，都是有瑕疵的。”詹姆斯·艾德尔和罗伯特·利文斯顿在他们各自州召开的批准宪法大会上也提出了类似理由，反对有条件地批准宪法。[452]

对于召开第二次全国性制宪会议的提议，麦迪逊认为，一旦宪法得到所需数量的州的批准，国会便无权接受反联邦主义者提出的再次召集制宪会议的要求。因为根据宪法第五条，国会只有在2/3的州立法机构提出申请的情况下，才能召集修宪会议。[453]

联邦主义者还提出了不同于法律理由的政策依据，来反对有条件地批准宪法和召集第二次制宪会议。麦迪逊问杰斐逊，弗吉尼亚州有什么理由期待“已批准宪法的诸州会重新考虑它们的决定，并服从弗吉尼亚州所提出的方案呢”？麦迪逊也确信，分布在不同州中的修正案支持者“会发现，他们所寻求的修正案在具体层面上的差异程度，与他们对整个修正案计划的赞同程度几乎一样大。或者说，倘能达成一致，也只能在少数几个无关紧要的问题上达成一致”。此外，在弗吉尼亚州批准宪法大会上，约翰·马歇尔也警告，如果允许先制定修正案再批准宪法，那么“联盟的敌人”就会提出“能够体现他们意愿的修正案”，来阻止我们达成一致意见，从而摧毁联盟。[454]

华盛顿也从政策上反对召开第二次制宪会议，他认为，第二次制宪会议的代表将比费城制宪会议的代表“更不协调一致或者更不容易妥协”。同样，麦迪逊也告诉杰斐逊，“一旦召开第二次制宪会议，就根本别指望出现第一次会议上的那种妥协精神，以及由此带来的融洽结果”。联邦主义者警告，出席第二次制宪会议的代表可能正是那些不愿意妥协的极端分子。约翰·杰伊甚至认为，外国势力可能会寻求干预第二次制宪会议的讨论进程。[455]

联邦主义者还强调说，召开第二次制宪会议需要太多的时间——各州请求国会召集开会需要时间，选择代表需要时间，召开会议需要时间，确保各州批准其提案也需要时间。这种拖延可能
532 会对联盟造成致命性的影响，按照杰伊的说法，这样只会“走下坡路，日益恶化”。杰伊警告，其他国家会利用这种拖延“来完善它们的限制性商贸体制”。更糟糕的是，这也会为“疏远我们公民内心

联系的冲突”创造更多机会，只会“鼓励新的克伦威尔横空出世”。麦迪逊担心，如果美国政府的征税权力范围依然无法确定，外国债权人可能会停止提供借款。联邦主义者认为，与其冒险召开第二次制宪会议，不如在国会内部寻求制定修正案，这样反而可能会更快一些。[456]

这些都是不错的理由。但是，在反驳联邦主义者的这些主张时，反联邦主义者也提出了几点具有说服力的理由，支持有条件地批准宪法和召开第二次制宪会议。

正如我们所看到的那样，大多数反联邦主义者都承认，《邦联条例》有缺陷，应该扩大国会的权力。理查德·亨利·李说出了大多数反联邦主义者的心声，他承认宪法中包含着“很多很好的规定”，并表示，“如果可以进行合理修改，这将是一个很好的制度”。然而，许多反联邦主义者也同意理查德·亨利·李所发出的警告：如果宪法不经过修正，“要么会导致暴政，要么会亡于内战”。[457]

反联邦主义者对其对手寻求的全盘通过或全盘否决宪法的投票方式感到恼怒。在给梅森的一封信中，理查德·亨利·李表示，他反对“某些州追求的武断模式，即对一个问题完全否决或者完全认可”。李说：“每个温和的人都会同意，无论是批准宪法大会，还是这个地球上的任何一批人，都没有权利坚持将这个问题推向极端。接受好的事物和拒绝坏的事物是人必不可少的固有权利。”在弗吉尼亚州批准宪法大会上，詹姆斯·门罗认为，出席费城会议的代表们不可能设计出一个完美无瑕的制度，但是“我们可以推定，通过后续的尝试，我们将使它变得更完善”。在纽约州批准宪法大会上，梅兰克顿·史密斯认为，大多数州在考虑宪法时，“所采取的方式，使它们根本没有机会来提出和考虑宪法修正案”。[458]

反联邦主义者还生气地表示，他们并不像联邦主义者所说的那样，满意于批准宪法之后再制定修正案。在弗吉尼亚州批准宪法大会上，亨利声称，没有人会愚蠢到“先签署协议，再讨论协议条款”。“一位哥伦比亚爱国者”认为，这太荒谬了，竟然要反联邦主义者相信“修正案和事后矫正这种不确定的希望，让我们自愿固定脖子上的
533 绞索”。新罕布什尔州的反联邦主义领导人约书亚·阿瑟顿警告，“先批准宪法再提出修正案，等同于无条件投降之后再哀求新主人，能否恩准恢复一些我们先前原本拥有的某些最重要的权利”。弗吉尼亚州的一位反联邦主义者也警告，国会不会有动力提出削弱自身权力的宪法修正案。况且，联邦主义者有什么权力要求国会不要接受有条件地批准宪法呢？在纽约州批准宪法大会上，反联邦主义者小约翰·兰辛质问，邦联国会和费城会议哪儿来的权力规定代表拥有主权的人民的州批准宪法大会的行为规则？[459]

反联邦主义者还质疑说，联邦主义者为何要如此匆忙地推动批准宪法呢？“一位哥伦比亚爱国者”声称，联邦主义者试图在人民“彻底了解宪法”之前强制推行宪法，此举“应该受到大家谴责”。“如此疯狂、盲目地采纳刚刚召开的制宪会议所提出的诸多措施，却不让那些受此影响、被误导或因无知而形成错误观念的人有机会获得更多的信息”，谁又能为此负责呢？另一位来自马萨诸塞州的反联邦主义者指出，像批准新的政府方案这样“重要的决议需要冷静思考”，他还痛心地说，有些州“在激情的驱动下……匆忙地”通过了宪法。梅森告诉埃尔布里奇·格里，联邦主义者“企图把新政府强加给人民，暴露了他们的想法，即新政府经不起公正审查的考验”。纽约州的反联邦主义者“平民”写道，与其“被想象中的危险所吓倒”，不如“花时间审议和修改”。[460]

反联邦主义者指责说，他们的对手声称美国正面临着必须迅速批准宪法的紧急情况，这是危言耸听。宾夕法尼亚州的反联邦主义

者宣称，他们的对手“忙着用子虚乌有的危险来引起人民的恐惧”。用反联邦主义者“哨兵”的话来说，“我们的处境似乎危在旦夕，无论拟议中的政府方案有多么不合适和令人反感，我们在接受它和完全毁灭之间，别无选择”。在弗吉尼亚州批准宪法大会上，门罗否认美国面临着与欧洲国家交战的紧迫危险，也否认“有条件地批准宪法将会给美利坚联盟带来丝毫的威胁”。因此，应该允许人民在批准宪法之前“平和而冷静地”仔细审视宪法。[461]

帕特里克·亨利也质疑联邦主义者为什么要“采取如此急迫的措施”促使人民“尽快接受宪法”。亨利认为，“除非我们确实面临着重大而可怕的威胁”，否则便无法证明为何不事先制定修正案再 534
批准宪法。亨利坚持认为，在费城会议搅乱政治局面之前，“我国的形势总体上是平静、安宁的”。那么，当形势“平静安宁时”，国家为何还要“在人类事务的大洋上飘荡呢”？亨利也不赞成联盟真的面临风险的说法。他认为，宪法只有在“有缺陷和处于危险的境况下”通过时，才会产生所谓的“分裂”。[462]

理查德·亨利·李也对联邦主义者的计划提出抗议，反对他们“以最快的速度和尽可能少的反对推动这项工作”，使宪法“在经受反思和必要的审视考察之前”就得到批准。并没有战争或者内部纷争阻止我们“极其冷静地、集中地、充分而公正地讨论其中的所有重要议题”。李认为，“时常对政府进行改动既不谨慎也不容易，而坏政府通常极为稳固”，所以批准宪法会产生“严重的后果”。因此，他感到困惑的是，为什么在这个“关切千百万人永久福祉的事业”上，联邦主义者似乎决意要“用世界上最鲁莽和最暴力的程序”，将宪法强加给这个国家。[463]

而且，理查德·亨利·李也不理解，“如果轻而易举就召开了一次全国性会议，提出了目前的新制度”，那么，为何不能“同样容易地召开第二次全国性会议，提出适当和必要的修正案呢”？南卡罗来纳州的罗林斯·朗兹认为，召开第二次全国性会议很有意义，因为这样将能“很好地理解美国的普遍民意，公正地讨论每一种反对意见，并且在必要的时候采取适当的补救措施”。宾夕法尼亚州的一位反联邦主义者问，为什么要允许“与世隔绝”，而且没有机会纠正自己错误的三十九人（签署宪法的人数）的意见，控制“一个伟大国家的集体智慧”？纽约州反联邦主义者“平民”同样提出，由于费城制宪会议的辩论“一直保密，而且没有提供机会让博学多闻之人就这一问题发表意见”，第二次制宪会议对于纠正已经发现的“重大错误”至关重要，因为宪法现在已经成为“普遍关注的对象”。[464]

这些都是很好的理由，对其反驳时，联邦主义者所提出的理由也不是完全坦诚。事实上，联邦主义者并不真正希望在批准宪法之前，就是否应该修改宪法问题征求人民的意见。他们明白，要重新创造一次召开费城制宪会议的条件，产生一部国家主义的、约束民主的文件，有多么困难——几乎是不可能的。麦迪逊坦言，“一想
535 到第二次制宪会议的可能结果就不寒而栗”，因为“第一次会议经历了各种困难和危险，只因为处于各种有利的环境，才得以召开”。他告诉伦道夫，第二次制宪会议“当然会在几个反对州的影响下召开，并由更多反对宪法的人组成”。因此，“第二次试验要么完全流产，要么结果比目前摆在公众面前的方案更加偏离您和希望拥有稳定政府的人的想法”。[465]

事实证明，讨论缺乏透明度对第一次会议所取得的成果至关重要，这也是第二次制宪会议无法复制的：因为民众已经知道了风声。第二次制宪会议的议题肯定事先就公开了，而第一次会议的议题几乎只存在于麦迪逊的脑子里。反联邦主义者肯定会争取让他们选择的代表出席第二次制宪会议，而各州立法机构只是选择了本州

最杰出的公民担任代表出席第一次会议。当选为第二次会议代表的反联邦主义者也几乎肯定会出席这次会议，这一点也不同于许多被选为第一次会议代表的反联邦主义者。参加第二次会议的代表们还可能比参加第一次会议的代表们更多地受到来自各州的指令约束。由于反联邦主义者更明了这次会议的利害攸关，其代表就不会像耶茨和兰辛在第一次会议上那样，仅仅因为第二次制宪会议的倾向不符合自己的预期，就急于离开会场。参加第二次制宪会议的代表们会发现，要对他们所做的事情保密，比那些在费城会议上的代表难得多。现在回头来看，伦道夫几乎肯定是对的——他在费城会议开始时就告诉同事们，这可能是他们革命性地改变联邦政府性质的最后机会。[466]

在参加费城会议的代表们制定了他们喜欢的宪法之后[1]，联邦主义者试图迫使这个国家对其进行简单的接受或者拒绝。联邦主义者清楚地意识到，尽管大多数美国人可能支持宪法，而不是维持现有的明显有缺陷的《邦联条例》，但他们也可能更倾向于接受——如果可以选择的话——修改后的宪法，而不是在费城设计的宪法。正是出于这个原因，在宾夕法尼亚批准宪法大会上，联邦主义者拒绝了反对者对每一条进行单独表决的要求，并坚持宪法应作为一个整体得到批准或拒绝。[467]

尤其是在那些分歧很大的州——比如马萨诸塞州、弗吉尼亚州
和纽约州——的批准宪法大会上，大多数代表几乎都倾向于批准增加 536
了某些修正案之后的宪法，而不是摆在他们面前的这部宪法。举例来说，参加弗吉尼亚州批准宪法大会的大多数代表，显然更倾向于

[1] 再次强调一下，参加制宪会议的许多代表失望地看到，宪法中的国家主义色彩和限制民主的措施还不够。

国会拥有巨大的税收权力——如果他们只有这一种选择——而不是像在《邦联条例》中那样，被否认拥有任何独立的税收权力。不过，从当时的一次投票也可以清楚地看出，参加批准宪法大会的大多数代表本来更倾向于在宪法条文中要求各州先缴纳各自的摊派份额，如果不缴纳，再由国会征收直接税，而不是直接赋予国会如此巨大的征税权力。同样的事情也出现在纽约州的批准宪法大会上。[468]

即便是一致批准了宪法的州，如新泽西州和特拉华州，代表们也不一定就必然支持未增加某些修正案的宪法。例如，所有参加新泽西州批准宪法大会的代表都认为，宪法禁止纽约州立法征收进口税——这种税收以间接方式迫使新泽西州人民补贴纽约州政府，在这一点上改进了《邦联条例》。然而，这些代表中的许多人可能更喜欢这样一部宪法——既包含上述条款，同时并不阻止各州颁布救济债务人的立法，也不完全背离各州宪法的民众主义特征。在批准宪法的辩论过程中，纸币支持者仍然控制着新泽西州的政治。他们不反对批准宪法并不意味着他们改变了对纸币的看法。也许他们只是认为，宪法的优点多于缺点。❶但是，增加了某些修正案的宪法可能对他们更有吸引力。[469]

在可能的范围内，联邦主义者决心阻止美国人享受这样的选择。在费城会议之前，伦道夫曾向麦迪逊提议，将起草的宪法以“条款之间相互分离的”方式提交给全国民众，“从而允许一个州拒绝某一部分而不伤害整部宪法”，麦迪逊很快就拒绝了这种观点。他

---

❶ 同样地，在佐治亚州，萨凡纳商人约瑟夫·克莱一方面对宪法授予联邦政府的“巨大”权力感到担忧，但另一方面仍然认为，宪法是“两种恶”中较轻的一种，因为“在这样一个政府之下，我们可以避免其中一种巨大的恶：与印第安人之间的战争”。参见1787年10月17日克莱致约翰·皮尔斯，*DHRC*，3：232（引文）；另见1787年12月15日安托万·德·拉·弗雷斯特致蒙特莫林伯爵，*DHRC*，8：240。

和大多数联邦主义者都怀疑，人民是否足够冷静、明智或知情，从
而在制定自己的政府制度方面能担负责任。例如，1787年末，麦迪
逊就告诉杰斐逊，“在弗吉尼亚州，大部分民众已经习惯于由其统
治者来指导他们处理所有新的和复杂的问题”，是否批准宪法的问
题，“肯定超过了其中大部分人的判断力”。同样地，一位北卡罗来 537
纳州的联邦主义者以类似的态度，反对选民对他们选举的批准宪法
大会代表发指令，他坦率地告诉读者：“你们中的大多数人都没有
获取信息的途径，也不习惯于考虑政府问题，你们当中有能力判断
这类问题的人很少。”[470]

在联邦主义者看来，参与批准宪法程序的人越少越好。反联邦主义者指责对手“鄙视大众的普遍意见”，也并非言过其实。[471]

联邦主义者似乎也相信，时间并非站在他们一边。在费城会议上，古文诺·莫里斯曾预言，当宪法文本第一次公开亮相时，“在这次会议的支持之下，人民将会赞成它”。然而，“在一定程度上，各州官员和那些与州政府利益相关的人，将会密谋行动起来，引导大众反对宪法”。路德·马丁在会议结束后成为马里兰州的反联邦主义领袖，他同意莫里斯的观点，认为时间不利于联邦主义者，但他不同意莫里斯提出的原因：马丁确信，人民“不会批准宪法，除非采取突击手段相胁迫”。在批准宪法的斗争中，反联邦主义者“哨兵”同样指责说，联邦主义者意识到“让民众有时间理性地反思宪法，将会对他们的蓝图带来致命影响，于是，促使以最快的速度确立新宪法”。[472]

联邦主义者相信，无论是“密谋”“突击”，还是其他一些因素的作用，人民了解宪法并仔细讨论宪法的时间越长，就越不可能在不进行实质性修改的情况下批准宪法。费城会议的保密规定阻止了反联邦主义者了解即将发生的事情，也让他们无法提前彼此团结。批准宪

法程序开启之后，莫里斯、华盛顿和麦迪逊等联邦主义领袖就一再表示，他们非常在意批准宪法进程出现任何拖延。[473]

在好几个州，联邦主义者都极力要确保迅速选举出席批准宪法大会的代表。正如我们所看到的那样，宾夕法尼亚州的联邦主义者急于批准宪法，他们甚至在还没有正式收到宪法之前就敦促议会召开批准宪法大会。“哨兵”抱怨道，尽管联邦主义者普遍在教育背景和知识才能方面具有优势，但他们仍然“用尽所有的力量和影响力来阻止所有关于宪法话题的讨论”。[474]

最终，联邦主义者决定，如果他们不能完全阻止修正案，至少应该由国会而不是第二次制宪会议来提出改变宪法的修正案。在费城会议上，极端国家主义者汉密尔顿就已经意识到，国家主义者能够支持的宪法修正案类型，更有可能来自国会，而不是制
538 宪会议。弗吉尼亚方案提出，对宪法的后续修改不应要求得到国家立法机关的同意，而细则委员会的报告只规定了一条增加修正案的途径——由2/3的州议会向国会申请召开制宪会议。对此，汉密尔顿曾反对说，州立法机构很可能只会考虑那些可以扩大自身权力的修正案，并为此提请国会召开制宪会议；他提议，国会也应有权召集制宪会议，而无须依赖各州的申请。最终，宪法第五条规定了两条不同的修改宪法途径：既可以由国会自己提出修正案（如果得到两院2/3多数同意的话），也可以在2/3州议会提议的基础之上，由国会召集制宪会议（在任何一种情况下，提议的修正案若要成为法律，都必须由3/4的州批准——无论是通过州议会，还是通过州专门召集的批准宪法大会，国会可以根据具体情况规定采用哪种批准方式）。[475]

正如麦迪逊所言，在批准宪法的争斗过程中，联邦主义者的行动建立在以下假设基础之上——国会可能会“小心翼翼”，避免因

提出反联邦主义者所要求的那类结构性修正案，而“破坏或危及”联邦政府。与麦迪逊相比，杰斐逊认为美国需要更多的修正案，尽管如此，他也同意召开第二次制宪会议是危险之举。但是，杰斐逊宣称，如果由国会提出修正案，那么他将“不担心修正计划中的任何危险性创新”。麦迪逊和华盛顿尤其担心，第二次制宪会议将会提议限制国会的征税权。反联邦主义者赞成召开第二次制宪会议的原因恰恰就是其对手们反对召开的理由：他们确信国会并不会支持他们认为有必要制定的那类修正案。在下一章我们将会看到，他们是对的。[476]

联邦主义者在阻止有条件地批准宪法和召开第二次制宪会议的问题上取得了巨大胜利。[477]

解释宪法批准问题

1788年7月4日，费城大约有17000人参加了庆祝宪法获得批准的活动，这个数字超过了该市人口数的一半。《宾夕法尼亚水星报》（Pennsylvania Mercury）描述这一事件时称，著名联邦主义者本杰明·拉什发现，数百名参与者都认为，“上天眷顾支持联邦的一方”。拉什宣称，尽管存在“地方偏见、利益对立、大众抗议，甚至大胆 539
和绝望者的威胁”，但在不到十个月的时间里，宪法还是得到了必要数量州的批准，“这是人类历史上的绝无仅有之事”。他总结说，宪法的起草和批准“简直有如神佑，神力在其中所起的作用，丝毫不亚于《圣经》旧约和新约所记载的任何奇迹”。在弗吉尼亚州批准宪法的前夕——九个州批准宪法的目标已经触手可及，华盛顿同样告诉拉法耶特侯爵，联邦主义者的成就已经“超出了十八个月前我们所能想象或预期的任何范围，它将像人类历史进程中的任何其他事件一样，完美地证明天意的指引”。[478]

联邦主义者成功让各州批准的是一部与大多数美国人对费城会议的期望或要求截然不同的宪法，他们又是怎么做到的呢？联邦主义者很幸运，但他们也创造了自己的幸运。他们的胜算有限——一位北卡罗来纳州的反联邦主义者正确地指出，在“几个批准宪法的大州”，联邦主义者的优势“极小”，大环境和众多选择中的任何一个小小转变，都可能改变最终结果。[479]

正如我们所看到的那样，联邦主义者大大受益于新闻报纸。这些报纸大部分站在他们一边，在几个州——尤其是南卡罗来纳州——他们还得益于选举批准宪法大会代表时的不公正程序。此外，反联邦主义者大多来自偏远的未开垦地区和西部选区，很难组织起来。联邦主义者也得益于在各州批准宪法大会上那些站在他们一边的受过最好教育和最雄辩的发言者，因为他们可以影响犹豫不决的代表。许多州的批准宪法大会都在沿海城市召开，在那些城市，绝大多数人都热情地支持批准宪法，这也是联邦主义者的优势所在。事实上，采用批准宪法大会而不是公民投票或城镇会议的方式批准宪法，也通过阻止民众直接参与而使联邦主义者受益匪浅——正如联邦主义者预料，联邦政府部分地远离民众主义的压力，才有可能颁布他们所倾向的政策。[480]

参加费城会议的代表们在宪法第七条中为联邦主义者创造了另一个关键性优势。《邦联条例》要求各州一致同意才能通过修正案，然而根据宪法条文，新宪法只要得到十三个州中九个州的批准，便可生效。虽然这些批准的州只能约束自己，但最后考虑批准宪法的
540 四个州将面临巨大的压力，会被迫加入已经开始运行的联盟。费城会议结束六周后，麦迪逊告诉华盛顿，“至少有九个州极有可能会

很快同意批准这部宪法”，而“拖延的那几个州”“要么会离开这个团体，留在外面自寻生路，要么会被迫加入；或者当它们不会因此而得到什么好处时，它们肯定就会加入进来”。1788年5月，当联邦主义者争取批准宪法的运动行将成功时，亨利·诺克斯告诉拉法耶特侯爵，“如果新宪法要求获得所有州的一致同意，它将永远不会被采纳”。诺克斯的这番话无疑是对的。[481]

虽然像麦迪逊和詹姆斯·威尔逊这样的国家主义者反对给予小州在参议院的平等代表权，但正是宪法中这一特点，在很大程度上促成了几个较小州迅速又几乎一致地批准了宪法，从而很快确立了支持宪法的势头。联邦主义者以精明的战术保持了新英格兰地区批准宪法的势头。在马萨诸塞州，他们通过改变最初的战略，避免了批准宪法大会休会乃至彻底失败，并同意修改宪法的建议以换取无条件地批准。没有这样的让步，马萨诸塞州批准宪法大会可能会拒绝批准宪法。然后，在新罕布什尔州，联邦主义者巧妙地让批准宪法大会休会——如果强行要求该州批准宪法大会投票表决，可能会使宪法遭到否决。[482]

联邦主义者的胜利部分地归因于对手在纽约州和弗吉尼亚州的失误。正如反联邦主义者德维特·克林顿在纽约州批准宪法时所言，“我们没有尽快召集批准宪法大会，这是重大的政策错误”。等到1788年6月，纽约州和弗吉尼亚州召开批准宪法大会时，已经有八个州批准了宪法，新罕布什尔州即将成为第九个州。因此，这两个州的批准宪法大会代表所面临的选择，完全不同于早一些参加批准宪法大会的代表。正如一份报纸所解释的那样，在新罕布什尔州和弗吉尼亚州相继成为第九个和第十个批准宪法的州之后，纽约州批准宪法大会面临的选择便是：要么“接受一个有缺点的新宪法，等待未来更正”，要么“冒险留在美国大联盟之外，自己承担后果”。伦道夫在弗吉尼亚州批准宪法大会上发表了同样的看法：从一开始，唯一真正的问题就在于，是在批准宪法之前还是之后制定宪法修正案，并且将大会推迟到如此晚的时间召开，已经排除了在不损害联盟的前提下事先制定修
541 正案的可能性，而他不愿意损害联盟。[483]

弗吉尼亚州和纽约州批准宪法大会投票通过宪法时，票数差额非常小，由此几乎可以肯定地说，如果早做决定，它们本可以拒绝批准这部没有事先增加修正案的宪法。如果出现这样的结果，也会打乱无条件地批准宪法的势头，并可能改变随后其他州的批准宪法结果。在其他一些州，反联邦主义者一直希望推迟投票，以等待弗吉尼亚州或纽约州的决定；因为他们相信，这两个重要的州，如果其中一个州没有批准宪法，就会鼓舞自己所在州反对批准宪法的力量。因此，1788年6月中旬，新罕布什尔州的反联邦主义领袖阿瑟顿，在休会的新罕布什尔州批准宪法大会重开之时，告诉纽约州的反联邦主义者，如果纽约州拒绝批准没有事先增加修正案的宪法，他“毫不怀疑”，新罕布什尔州批准宪法大会的“绝大多数”代表，“将立即做出与你们的观点和愿望接近的做法”。同样，帕特里克·亨利在弗吉尼亚州批准宪法大会上表示，只有像弗吉尼亚这样的重要州拒绝无条件地批准宪法，才足以影响那些不太有威慑力的州，使它们倾向于采取这样的决定性步骤。[484]

而且，如果一个较早做出决定的州，拒绝批准没有事先增加修正案的宪法，其他州的反联邦主义者可能会围绕该州所要求的某些修正案来一致地反对宪法。如果反联邦主义者能够提出具体方案来替代眼前的宪法文本，那么，反联邦主义者就可以用更强硬的立场来影响批准宪法大会上摇摆不定的代表；而且，他们所提出的方案也可以回击联邦主义者的批评——联邦主义者批评说，对手没有“主动为我国提供更好的政府制度”。[485]

事实上，纽约州的反联邦主义者试图组织的正是这样一个确保
先制定修正案再批准宪法的计划。1788年5月，纽约州联邦共和派
委员会（一个反联邦主义组织）主席约翰·兰姆写信给其他六七个
州的反联邦主义领导人，建议他们“开始写信并保持沟通”，以便
在批准宪法之前提出“统一的修正案”要求。[1]这群反联邦主义者
中，有些人积极回应了兰姆的主张，但感叹这项计划来得太晚，以 542
故无法在批准宪法过程中切实推行。[2]南卡罗来纳州反联邦主义领
导人朗兹就说：

> 如果你的计划早一点提出，我不会怀疑它将对这个国家产生很好的效果：一个强有力的系统性反对意见，将不同州的意见和情绪集中起来，指向共同的目标，将会非常有分量，提出宪法的那批人也一定会遵从，并由此消除反

---

❶ 纽约州的反联邦主义者不信任当时的政府邮政系统，认为政府邮差具有联邦主义倾向，他们以费城《独立公报》（*Independent Gazetteer*）满怀怒气的反联邦主义编辑以利亚撒·奥斯瓦尔德（Eleazer Oswald）为信使，在纽约市和里士满之间传递信件。参见1788年6月18日威廉·杰克逊致约翰·兰登，*DHRC*，21：1203，1204 n. 2。

❷ 纽约州反联邦主义者的协调工作启动得如此之晚的一个原因是，弗吉尼亚州的反联邦主义者早些时候曾启动过一个类似的计划，但是出了问题。据我们所知，1787年12月，弗吉尼亚州议会通过拨款决议，支付参加本州批准宪法大会的代表与其他州批准宪法大会之间沟通所产生的费用。州议会指示州长伦道夫将这项决议的消息传递给其他州的州长，他在12月底这样做了。但是，据纽约州州长乔治·克林顿所言，伦道夫给他的信，直到1788年3月7日才收到——这已经是该信发出10周以后了（信件延迟的原因至今未知），纽约州议会因此没来得及采取行动。

5月8日，克林顿州长在给伦道夫的回信中写道，纽约州批准宪法大会定于6月17日召开，将以“非常诚挚的态度与任何姊妹州就”宪法“这一重要议题保持沟通”。克林顿继续写道：“可以想象，这方面的友好交流与温和讨论，肯定会产生最令人高兴的趋势，让宪法更加符合美国人民的情绪和愿望，可能要好过由全国性［费城］会议提供，并由一些州同意接受的政府形式。”由于弗吉尼亚州批准宪法大会计划比纽约州批准宪法大会早召开两周，克林顿州长推测，弗吉尼亚人“如果认为有必要，将会发起这类通信交流措施”。（转下页）

> 对力量——这些强有力的反对声坚持认为，我们所提出的几项宪法修正案看似各不相同且不相近。

理查德·亨利·李同样告诉兰姆，他的提议如果早一些到达弗吉尼亚，“肯定会产生有益的效果”。[486]

联邦主义者在批准宪法的竞争中还拥有另一个重要优势——这并非他们创造的，但他们却精明地利用了这一优势。1787年，大多
543 数美国人可能都认为《邦联条例》有严重缺陷并需要修改。最起码，国会应该拥有某种独立的税收权力，有权报复外国的歧视性贸易措施，有权要求各州遵守国家条约。联邦主义者通过对公认有缺陷的现实体制提出一个替代性方案，在一定程度上将说服民众的重担转移给了对手。[487]❶

比如，马萨诸塞州的一位联邦主义者就表示：“反联邦主义者可能会提出漫无目的和毫无道理的反对意见，但是我们必须采纳某种宪法，所以可以公正地指出，反对者不应该只拆台，也应该有建

（接上页）克林顿的信到达伦道夫州长手上时，弗吉尼亚州正在召开批准宪法大会；但是伦道夫没有向批准宪法大会代表透露信件内容，理由是，州长收到的正式函件，必须首先提交给州议会，然后由州议会来指导他如何处置。然而，直到弗吉尼亚州批准宪法大会结束之际，弗吉尼亚州议会才召开夏季会议。批准宪法大会的代表们没能看到克林顿州长的信，并且弗吉尼亚州的一些反联邦主义者后来谴责伦道夫没有向批准宪法大会展示克林顿的信。参见1788年5月8日乔治·克林顿州长致埃德蒙德·伦道夫州长，*DHRC*，20：1091（全部引文）；An Attempt at Cooperation Between Virginia and New York Antifederalists, May 8–Oct. 15，1788，同上，1089–1090；Conway, *Life and Papers of Edmund Randolph*，110–115；Henry, *Patrick Henry*，2：363，377；Rutland，上文，242；上文，459–460。

❶ 反联邦主义者自然倾向于以相反的方式来理解国家面临的问题，正如梅兰克顿·史密斯在纽约州批准宪法大会上所言：“但问题不在于目前的邦联是否是坏的，而在于拟议的宪法是否是好的。”参见1788年6月20日史密斯在纽约州批准宪法大会上的发言，*DHRC*，22：1713；另见Albany Anti–Federal Committee Circular, Apr. 10，1788，*DHRC*，21：1382。

设，应该给我们展示一部没有缺陷的宪法。”在马萨诸塞州批准宪法大会上，查尔斯·特纳选择支持批准附加了修正案的宪法——即使宪法包含“一些不完善之处，甚至有些让我感到痛苦”。对于这一决定，他说，除非能够很快获得“一部更适合邦联的宪法……否则我们将成为一个毫无前途的民族”。[488]

这种转移说服负担的策略，可能发挥了特别的效用，因为宪法第五条的修正方式，似乎比《邦联条例》的相关规定要容易得多。因此，来自波士顿的联邦党商人约瑟夫·巴雷尔（Joseph Barrell）提出了“唯一的考虑因素”，希望能促使他的兄弟即使原则上反对宪法，也支持批准宪法——他的兄弟纳撒尼尔·巴雷尔是缅因地区的农民，当选为马萨诸塞州批准宪法大会的反联邦主义代表，对此，约瑟夫·巴雷尔感到“有些尴尬”。

> 因为目前的邦联没法改变，除非得到所有十三个州的同意，我想说，直到天荒地老，这事都不会出现！但是现在提出的宪法，只需要九个州同意便可改变。因此，采用这部可能会改变的宪法（即使它不是最好的）岂不是比保留现在这种永远不可能变动的可怜体制更好？

在马萨诸塞州批准宪法大会的最后一天，纳撒尼尔·巴雷尔改变了立场，支持批准宪法，他解释道，与“具有重大缺陷”的《邦联条例》相比，这部宪法“尽管也有诸多不完善之处”，但是“非常出色”，何况修改《邦联条例》比修改宪法“更困难”。[489] 544

联邦主义者让全国民众在《邦联条例》和宪法之间做选择，他们竭力抵制其对手——通过在批准宪法之前制定修正案或者召开第二次制宪会议提出的中间选择：在批准之前对宪法进行重大修正。如果能有这种选择，大多数美国人可能会赞成这样的中间立场。❶因此，在纽约州的批准宪法大会上，梅兰克顿·史密斯就质疑，为何纠正《邦联条例》，使其赋予国会足够权力的适当补救措施，要走向“一个相反和更危险的极端”？自《邦联条例》获得批准的几年以来，全国的意见并没有发生如此激烈的变化，而且大多数美国人可能并不赞成宪法中的极端国家主义和限制民主的条款。弗吉尼亚州批准宪法大会上立场摇摆的代表约翰·道森坦言，他支持一个充满活力的联邦政府，但不支持集权的联邦政府。他表示，如果这部宪法“在十年前交给我们来考虑……我们会认为它的原则不符合共和自由，因此注定臭名昭著”。道森的这番话可能是对的。[490]

联邦主义者非常勉强地成功排除了中间选择。摆在民众面前的

---

❶ 曾在独立战争时期担任将军的佐治亚人拉克兰·麦金托什赞成中间立场，不过略有不同。一方面，麦金托什承认，宪法显示出“卓越的判断力和能力”，而“我们的国家事务亟须一些快速而有效的补救措施”。他也怀疑，第二次制宪会议能否像费城会议那样，吸引同样“杰出的代表”，他认为“这批人是这个国家或者其他任何国家有史以来所能产出的最聪明、最优秀的人才”。

另一方面，麦金托什并不认为制宪者“永远正确”，他担心他们的知名度“如此之高，以至于公众似乎只需要按照宪法最初的样子整体上表示认可，将其视为一套完美的制度，无须探讨，也没有时间或事件上的有限性”。不过，麦金托什相信，“这类匆忙的决定造成了政府所能遇到的所有不幸”。此外，他还认为，反联邦主义者——比如格里和“哨兵”提出的反对意见“非常有分量”。最后，麦金托什担心，现在无条件地批准宪法将会使宪法在此之后不可能获得修正，因为占据多数的北方人“一旦登上宝座”，将会抵制变革。

因此，麦金托什提出了一个妥协性解决方案——一个日落条款——他希望以此“避免问题两边的礁石”。佐治亚人应该“只批准宪法适用一段时间，利用这段时间来检验宪法的效果”，而不是“批准宪法之后永远地束缚自己和后代”。一旦时间到期，“如果他们愿意再适用一段时间”，他们将“有权力再批准一遍，增加他们认为必要的任何修正案，或者不增加任何修正案”。参见 1787 年 12 月 17 日麦金托什致韦雷特，*DHRC*，3：259–261。麦金托什主要担心的是，国会禁止外国奴隶贸易的 20 年禁令到期之后，佐治亚州仍可能希望继续进口奴隶。涉及日落条款的类似提议，参见纽约一位年轻绅士的信的摘录，Philadelphia *Independent Gazetteer*, May 15，1788，*DHRC*，20：1097。

选择只有《邦联条例》和未经修改的宪法，联邦主义者再次侥幸赢得了这场斗争。

注释

1 Edling, *Revolution in Favor of Government*, 57.

2 1787 年 10 月 24 日麦迪逊致杰斐逊，*PJM* (C.S.), 10:216（“尚不清楚”）；Hamilton, Conjectures, *PAH*, 4:275–276（“民主防范心理”）；1787 年 9 月 18 日米切尔致威廉·塞缪尔·约翰逊，*DHRC*, 3:347（“百折不挠的精神”和“放弃”）。在宪法批准过程中制宪者对宪法命运表示不确定的其他表述，参见 1787 年 9 月 6 日麦迪逊致杰斐逊，*PJM* (C.S.), 10:164；1787 年 9 月 18 日华盛顿致拉法耶特，*PGW* (C.S.), 5:334。

3 1788 年 5 月 28 日华盛顿致拉法耶特侯爵，*PGW* (C.S.), 6:298–299（“将决定”）；谢尔曼致威廉·弗洛伊德（William Floyd）（未注明日期），*DHRC*, 3:353（“可怕的状况”和“作为一个国家”）；1788 年 4 月 8 日麦迪逊致乔治·尼古拉斯，*PJM* (C.S.), 11:12（“无政府”）。类似表述，参见 1788 年 2 月 21 日麦迪逊致彭德尔顿，同上，10:532–533；1788 年 1 月 28 日约翰·布朗致詹姆斯·布雷肯里奇，*DHRC*, 15:485; “Civis,” *DHRC*, 16:22; “A Landholder” IX, *Connecticut Courant*, Dec. 31, 1787, *DHRC*, 3:516; “Monitor,” Northampton, Mass., *Hampshire Gazette*, Oct. 24, 1787, *DHRC*, 4:116–117；1788 年 7 月 31 日艾德尔在北卡罗来纳州批准宪法大会上的发言，*Elliot*, 4:228; *The Federalist No. 41* (Madison), 254–255。

4 Hamilton, “Conjectures,” *PAH*, 4:276；另见 1788 年 6 月 8 日汉密尔顿致麦迪逊，*PJM* (C.S.), 11:99–100。

5 *The Federalist No. 1* (Hamilton), 1（“人类社会”）；1788 年 1 月 9 日亨廷顿在康涅狄格州批准宪法大会上的发言，*DHRC*, 3:556(“从来没有”）。其他类似表述，参见 1788 年 6 月 24 日麦迪逊在弗吉尼亚州批准宪法大会上的发言，*DHRC*, 10:1499–1500；1787 年 11 月 24 日威尔逊在宾夕法尼亚州批准宪法大会上的发言，*DHRC*, 2:353; Dec. 11，同上，584；1788年5月14日查尔斯·平克尼在南卡罗来纳州批准宪法大会上的发言，*DHRC*, 27:335。

6 Maier, *Ratification*, 97, 125–126, 207, 305, 326, 396; Wood, *Creation of the American Republic*, 498–499；另见1788年2月10日卡林顿致麦迪逊，*PJM* (C.S.), 10:494。

7 Edling, *Revolution in Favor of Government*, 25; Maier, *Ratification*, xi, 140; Cornell, *Other Founders*, 26 n. 11; Heideking, *The Constitution Before the Judgment Seat*, 63–65, 194–195. 报纸比《圣经》更受欢迎的说法，参见"A Friend for Liberty," *Massachusetts Centinel*, Nov. 14, 1787, *DHRC*, 4:231。关于报纸对于宪法辩论的"报道确实非常丰富"的表述，见1787年12月31日罗杰·奥尔登致塞缪尔·威廉·约翰逊，*DHRC*, 19:483。

8 1787年12月9日麦迪逊致杰斐逊，*PJM* (C.S.), 10:311（"前不久"）；1788年1月11—14日塞缪尔·P.萨维奇（Samuel P. Savage）致乔治·撒切尔，*DHRC*, 5:692（"我们中"）；1787年10月28日乔治·李·特伯维尔致亚瑟·李，*DHRC*, 13:505（"成为所有阶层"）；1788年2月4日亨利·范·沙克致西奥多·塞奇威克，*DHRC*, 7:1577（"我满脑子"）。其他类似表述，参见1788年1月24日马修·科布（Matthew Cobb）致乔治·撒切尔，*DHRC*, 5:796；1788年4月22日麦迪逊致杰斐逊，*PJM* (C.S.), 11:27–28；1787年9月25日约翰·道森致麦迪逊，同上，10:173；1788年2月7日门罗致麦迪逊，同上，481；1788年3月29日詹姆斯·弗里曼致西奥菲勒斯·林赛，*DHRC*, 16:504; *Hudson Weekly Gazette*, July 8, 1788, *DHRC*, 21:1300；1787年12月8日詹姆斯·肯特致纳撒尼尔·劳伦斯，*DHRC*, 19:379；1788年4月3日休·休斯（Hugh Hughes）致以法莲·柯比（Ephraim Kirby），*DHRC*, 20:890; Cornell, *Other Founders*, 19–20。马萨诸塞州批准宪法大会的旁听观众数量，参见亨利·杰克逊致亨利·诺克斯，*DHRC*, 7:1536–1537。

9 政治俱乐部的辩论，参见The Union Society Considers the Constitution, *DHRC*, 8:170–173; The Political Club of Danville, Kentucky，同上，408–417。兄弟间意见不一致的例子，参见1787年12月20日约瑟夫·巴雷尔致纳撒尼尔·巴雷尔，*DHRC*, 5:490；另见1788年1月10日华盛顿致麦迪逊，*DHRC*, 8:292

（理查德·亨利·李和弗朗西斯·莱特福特·李）。挚友间意见不一致的例子，参见 1788 年 1 月 8 日托马斯·B. 维特致乔治·撒切尔，同上，645；1788 年 10 月 14 日约翰·昆西·亚当斯致威廉·克兰奇，*DHRC*, 4:72; Dec. 8, 1788，同上，400；1788 年 11 月 26 日威廉·克兰奇致约翰·昆西·亚当斯，同上，318。关于男子告诉未婚妻纽约州批准宪法大会的进展情况，参见 1788 年 6 月 24—25 日塞缪尔·布莱克利·韦伯致凯瑟琳·霍格博姆，*DHRC*, 21:1222; July 13，同上，1314。关于丈夫告诉妻子，参见 1788 年 7 月 5 日约翰·杰伊致萨拉·杰伊（Sarah Jay），*DHRC*, 22:2098; July 16，同上，23:2370；1790 年 6 月 7 日奥利弗·埃尔斯沃斯致阿比盖尔·埃尔斯沃斯，*DHRC*, 3:1040；1788 年 1 月 17 日艾萨克·巴克斯致苏珊娜·巴克斯（Susanna Backus），*DHRC*, 7:1531。莫西·奥蒂斯·沃伦发表小册子文章时署名"一位哥伦比亚爱国者"，*Observations on the Constitution* (Feb. 1788), *DHRC*, 16:285。女性私下参与宪法辩论的另一个例子，参见 Maier, *Ratification*, 156。一位哥伦比亚学院的学生在暑假参加纽约州批准宪法大会，参见 1788 年 7 月 8 日戴维·S. 博加特（David S. Bogart）致塞缪尔·布莱克利·韦伯，*DHRC*, 21:1296。牧师布道时谈论宪法，参见 1787 年 12 月 6 日理查德·特里尔（Richard Terrill）致加勒特·迈纳（Garret Minor），*DHRC*, 8:208；1787 年 10 月 31 日詹姆斯·曼宁致艾萨克·巴克斯，*DHRC*, 24:41。设立公众感恩日，参见 Governor John Hancock: Proclamation for a Day of Public Thanksgiving, Oct. 25, 1787, *DHRC*, 4:146。

10 "A Friend to Common Sense," *New York Journal*, Dec. 19, 1787, *DHRC*, 19:442–443（"就言辞优雅"和"这个城市"）；富兰克林县一位诚实绅士的来信摘录（3 月 2 日），Philadelphia *Freeman's Journal*, Mar. 19, 1787, *DHRC*, 2:723（"退伍军官"）。

11 *Massachusetts Gazette*, Jan. 18, 1788, *DHRC*, 5:744（"可以将"和"联邦主义者"）；*Albany Gazette*, Dec. 20, 1787, *DHRC*, 19:445（"《格列佛游记》"）。谩骂和侮辱的其他例子，参见 *Albany Gazette*, Dec. 20, 1787, *DHRC*, 19:444; "A Bostonian," *Massachusetts Gazette*, Nov. 23, 1788, *DHRC*, 4:234; "Philanthrop: To the People," *American Mercury*, Nov. 19, 1787, *DHRC*, 3:467。法国驻纽约的外交代办报告，"双方公开在报纸上互相谩骂，心怀怨恨，有时甚至不惜

进行侮辱和人身攻击。”［1787 年 11 月 26 日路易斯·纪尧姆·奥托致蒙特莫林伯爵（Comte de Montmorin），*DHRC*, 19:309］。

12 Daniell, “Ideology and Hardball,” 15（“阻碍人们”）; From a correspondent, *Massachusetts Gazette*, Jan. 22, 1788, *DHRC*, 5:773 (Benedict Arnold); *Massachusetts Centinel*, Nov. 28, 1787, *DHRC*, 4:284（“1775 年”）; Southwark, *Pennsylvania Gazette*, Oct. 3, 1787, *DHRC*, 2:157。联邦主义者诋毁他们的政敌在革命战争时期的忠诚性的其他例子，参见 1788 年 2 月 17 日戴维·拉姆塞致本杰明·拉什，*DHRC*, 27:227; Lansingburgh *Northern Centinel*, Nov. 27, 1787, *DHRC*, 19:310；南卡罗来纳州一位绅士的来信摘录（1 月 30 日），Poughkeepsie *Country Journal*, Mar. 11, 1788, *DHRC*, 20:853。反联邦主义者有时会援引他们在独立革命战争时期的相关材料，作为他们爱国的证明，来回应联邦主义者。参见 “An Old Soldier,” Lansingburgh *Northern Centinel*, Sept. 10, 1787, *DHRC*, 19:24。为梅森辩护的说法，参见 “Candor,” *American Herald*, Dec. 3, 1787, *DHRC*, 4:284。

13 “Z,” *American Herald*, Dec. 31, 1787, *DHRC*, 5:559（“独立战争”）; Editorial Note, *DHRC*, 8:401（“臭名昭著的”）（引用自 “Dion,” Winchester *Virginia Gazette*）。一位新英格兰地区的联邦主义者指责弗吉尼亚州的理查德·亨利·李“拥有几百个黑奴”，他在反对批准宪法时表现出的“对我们自由的不寻常的担心”，完全是虚伪之举（“New England: To the Honorable Richard Henry Lee, Esquire,” *Connecticut Courant*, Dec. 24, 1787, *DHRC*, 3:508）。

14 “A Citizen,” *Gazette of the State of Georgia*, Dec. 6, 1787, *DHRC*, 3:252–253(“冷静和不带感情色彩”和“人身攻击”); Introduction, *DHRC*, 2:645（“敌意”和“这个星球上”）。反对这种常见谩骂和侮辱的其他意见，参见 “Lycurgus,” *Massachusetts Gazette*, Oct. 23, 1787, *DHRC*, 4:114; Winchester *Virginia Gazette*, Feb. 29, 1788, *DHRC*, 8:445; A Marylander, Baltimore *Maryland Gazette*, Feb. 12, 1788, *DHRC*, 11:298。

15 Newspaper Report of a “Warm Altercation” (*Pennsylvania Herald*, Dec. 12, 1787), *DHRC*, 2:530(全部引文)。还有一次，芬得利抱怨联邦主义者威廉·杰克逊——曾是费城会议的秘书，旁听了宾夕法尼亚州批准宪法大会——“对

我说的每一句话都要笑上一阵”。芬得利认为，他的行为并非源自“理解能力上的优越感，而是缺乏一种体面和秩序感”（Pennsylvania convention, Dec. 12, 1787，同上，587）。芬得利的重要背景，参见 Wood, “Interests and Disinterestedness,” 94–100。

16 Findley, Dec. 10, 1787, *DHRC*, 2:532（“学了六个月”）; Wilson, Dec. 11，同上，551（“那些”和“年轻人”）。

17 关于汉密尔顿和兰辛之间的交流，参见 1788 年 6 月 28 日亚伯拉罕·班克致埃弗特·班克，*DHRC*, 21:1231（全部引文）; 1788 年 6 月 28 日小约翰·兰辛致小亚伯拉罕·耶茨，*DHRC*, 22:2010–2011; 1788 年 6 月 30 日克里斯托弗·P. 耶茨（Christopher P. Yates）致小亚伯拉罕·耶茨，同上，2011; Proceedings at New York convention, June 28, 1788，同上，2005。伦道夫和亨利之间的争论在下文中有进一步的讨论。另见 Miller, *George Mason*, 291。格里和达纳之间的争论，参见 Editors' Note, Elbridge Gerry and the Massachusetts Convention, Jan. 23–28, 1788, *DHRC*, 5:787; 另见 1788 年 1 月 20 日杰里米·贝尔纳普致埃比尼泽·哈扎德，*DHRC*, 7:1534–1535; 1787 年 1 月 20 日纳撒尼尔·戈勒姆致亨利·诺克斯，同上，1536; 1788 年 1 月 20 日金致麦迪逊，同上，1539–1540; 1787 年 1 月 20 日本杰明·林肯致华盛顿，同上，1541; Hall, *Politics Without Parties*, 282; Billias, *Elbridge Gerry*, 213。另一次差点引发决斗的相互指责和否认，参见 the editorial note and correspondence involving John Francis Mercer and William Tilghman of Maryland at *DHRC*, 12:759–763。

18 1788 年 4 月 25 日华盛顿致老约翰·阿姆斯特朗（John Armstrog, Sr.,），*DHRC*, 9:760（“渴望燃起”）; “Philadelphiensis” I, Philadelphia *Freeman's Journal*, Nov. 7, 1787, *DHRC*, 2:281(“推理和辩论”)。联邦主义者的更多说法，参见 1788 年 6 月 11 日麦迪逊致坦奇·考克斯，*PJM* (C.S.), 11:102–103; 1787 年 12 月 24 日塞缪尔·霍尔登·帕森斯（Samuel Holden Parsons）致罗杰·奥尔登，*DHRC*, 3:501; 1788 年 6 月 24—25 日塞缪尔·布莱克利·韦伯致凯瑟琳·霍格博姆，*DHRC*, 21:1222; 1788 年 3 月 11 日詹姆斯·邓肯森致詹姆斯·莫里，*DHRC*, 8:479; 1788 年 5 月 4 日约瑟夫·巴雷尔致塞缪尔·布

莱克利·韦伯，*DHRC*, 20:1086。另一位反联邦主义者的说法，参见1788年5月10日内森·戴恩致塞缪尔·亚当斯，同上，1094。

19 1787年9月23日耶利米·沃兹华斯致亨利·诺克斯，*DHRC*, 3:351（“害怕”）；“A Citizen of Philadelphia,” *Pennsylvania Gazette*, Jan. 23, 1788, *DHRC*, 2:658（“纸币的朋友”）；“New England: To the Honorable Richard Henry Lee, Esquire,” *Connecticut Courant*, Dec. 24, 1787, *DHRC*, 3:508(“嫉妒德高望重”)。联邦主义者攻讦对手动机的更多例子，参见1788年7月23日约翰·弗朗西斯（John Francis）致尼古拉斯·布朗（Nicholas Brown），*DHRC*, 21:1336; *Boston Gazette*, Oct. 15, 1787, *DHRC*, 4:80–81；1788年2月14日诺克斯致华盛顿，*DHRC*, 7:1698; “A Dialogue Between Mr. Z and Mr. &,” *Massachusetts Centinel*, Nov. 7, 1787，同上，203；“One of the People,” *Massachusetts Centinel*, Nov. 17, 1787，同上，262；另见上文，307 & n. 6；下文，613。对理查德·亨利·李的另一个类似指责，参见来自威尔明顿的一封信的摘录（11月17日），*Pennsylvania Gazette*, Nov. 21, 1787, *DHRC*, 3:94。

对格里的指责，参见 *Massachusetts Centinel*, Nov. 10, 1787, *DHRC*, 4:214, 215 n. 2；另见“A Landholder” VIII, *Connecticut Courant*, Dec. 24, 1787, *DHRC*, 3:504–505; Billias, *Elbridge Gerry*, 132–135。反联邦主义者自然反对“贵族党”如此“不地道地”对待“可敬的”格里。参见“The Yeomanry of Massachusetts,” *Massachusetts Gazette*, Jan. 25, 1788, *DHRC*, 5:804；另见 Luther Martin to the Printer, *Maryland Journal*, Jan. 18, 1788, *DHRC*, 11:193–194; Luther Martin, Reply to Maryland “Landholder” X, *Maryland Journal*, Mar. 10, 1788，同上，371–378; “Ocrico,” *Massachusetts Gazette*, Dec. 21, 1787, *DHRC*, 5:504。格里在费城制宪会议上力主制定相关宪法条款，由新政府来兑现公债，参见 Aug. 18, 1787, *Farrand*, 2:326; Aug. 21，同上，356; Aug. 25，同上，413。

20 “A Federalist,” *Boston Gazette*, Nov. 26, 1787, *DHRC*, 4:322（“人民”）；“A Real Federalist,” Providence *United States Chronicle*, Mar. 27, 1788, *DHRC*, 24:244（“公然的”和“巨额钱财”）。反联邦主义者攻讦对手动机的更多例子，参见 Albany Anti-Federal Committee Circular, Apr. 10, 1788, *DHRC*, 21:1382；1788年1月15日休·莱德利（Hugh Ledlie）致约翰·兰姆，*DHRC*, 3:580–581；

1788 年 1 月 27 日至 28 日查尔斯・蒂林哈斯特致休・休斯，*DHRC*, 20:668; *New York Journal*, June 20, 1788, *DHRC*, 10:1660。有人回应对"一位地主"——其显然不是埃尔斯沃斯的笔名——的攻击，参见"Landholder," May 8, 1788, Providence *United States Chronicle*, *DHRC*, 24:259。关于宾夕法尼亚州反联邦主义者挪用公款的类似指责，参见 Introduction, *DHRC*, 2:643; Editorial Note, *DHRC*, 16:217–218; "Centinel," XVI, Philadelphia *Independent Gazetteer*, Feb. 26, 1788，同上，218–220。

21 1788 年 6 月 22 日亚伯拉罕・G. 兰辛致小亚伯拉罕・耶茨，*DHRC*, 21:1208（"诡计"）；一封信的摘录（12 月 7 日），*Massachusetts Centinel*, Dec. 19, 1787, *DHRC*, 14:157（"马基雅维利式"）；"Centinel" XI, Philadelphia *Independent Gazetteer*, Jan. 16, 1788, *DHRC*, 16:543（"出卖职权"）；（Col. William Donnison），"To the Public," *Boston Gazette*, Jan. 28, 1788, *DHRC*, 5:763（"一袋子钱"）; *Pennsylvania Journal*, Dec. 19, 1787, *DHRC*, 19:444（对克林顿州长的指责）; Kaminski, "New York," 80, 89–90（纽约州选举的例子）。关于反联邦主义者篡改邮件的指控随处可见，参见 Introduction, *DHRC*, 2:643; Introduction, *DHRC*, 20:736；1788 年 6 月 1 日亚伯拉罕・G. 兰辛致小亚伯拉罕・耶茨，同上，1121；1788 年 7 月 1 日小亚伯拉罕・耶茨致乔治・克林顿，*DHRC*, 21:1244; editorial note, *DHRC*, 7:1711（埃尔布里奇・格里抱怨邮件被篡改）；"Centinel" IX, Philadelphia *Independent Gazetteer*, Jan. 8, 1788, *DHRC*, 16:542; "Centinel" XVIII, Apr. 9, 1788，同上，580–581；另见 Rutland, *Ordeal of the Constitution*, 62, 128–132。邮局政策的改变——动机在于节省成本，而不是出于党派原因，至少在一定程度上解释了 1788 年编辑们抱怨全国范围内报纸发行延迟的原因。参见 New York Journal and the Post Office, Jan. 10–Mar. 25, 1788, *DHRC*, 20:582–585; Newspapers and the Post Office, Jan. 28–Feb. 21, 1788, *DHRC*, 5:818–819; *New York Journal*, Jan. 23, 1788, *DHRC*, 20:585–586。费城《独立公报》（*Independent Gazetteer*）的反联邦主义编辑公开抨击邮政总长埃比尼泽・哈扎德，哈扎德私下里认为"这些噪音"是"反联邦主义者的策略"。参见 Eleazer Oswald's Statement, Philadelphia *Independent Gazetteer*, Mar. 12, 1788, *DHRC*, 16:557–559；1788 年 3 月 5 日哈扎德致杰里

米·贝尔纳普，同上，554–555。哈扎德的公开辩护，参见他写给编辑的信（3 月 19 日），*New York Journal*，同上，587–588。有关（未经证实的）贿赂指控的更多材料，参见 The Alleged Bribery and Corruption of the Delegates to the Massachusetts Convention, Jan. 21–Feb. 6, 1788, *DHRC*, 5:759; "Centinel: Bribery and Corruption!," *Boston Gazette*, Jan. 21, 1788, *DHRC*, 5:760。针对缅因地区代表的指控——称他们如果在马萨诸塞州批准宪法大会上投赞成票，就能获得独立的州地位，参见 *New York Journal*, Feb. 23, 1788, *DHRC*, 7:1593 n. 3。

22 丹尼尔·谢斯致费城反联邦主义团体，Philadelphia *Independent Gazetteer*, Sept. 25, 1787, *DHRC*, 2:136（"给西部边境"）（在原文中被加以强调）；1787 年 12 月 20 日麦迪逊致华盛顿，*DHRC*, 8:254（"臭名昭著的"和"新宪法"）。伪造信件和虚假文章，参见 Introduction, *DHRC*, 2:644。

23 "A Federalist," Poughkeepsie *Country Journal*, Apr. 22, 1788, *DHRC*, 20:899（引文）；Editors' Note，同上，580; George Mason's Objections to the Constitution, Nov. 21–Dec. 19, 1787, *DHRC*, 4:287。麦迪逊反对说，马萨诸塞州反联邦主义者"曲解了"梅森的演讲和本杰明·富兰克林在费城制宪会议上的告别演说，他们将其改头换面，使富兰克林看上去似乎对批准宪法态度冷淡（1787 年 12 月 20 日麦迪逊致华盛顿，*DHRC*, 8:254 & nn. 7–8）。麦迪逊用"Z"来指代关于富兰克林演说的报告，Boston *Independent Chronicle*, Dec. 6, 1787, *DHRC*, 14:358–360。

24 Philadelphia *Independent Gazetteer*, Jan. 22, 1788, *DHRC*, 2:657（"引发内战"）；1788 年 7 月 15 日理查德·潘·希克斯（Richard Penn Hicks）致约翰·迪金森，*DHRC*, 21:1318（"武力捍卫"）；另见 1788 年 7 月 13 日塞缪尔·布莱克利·韦伯致凯瑟琳·霍格博姆，同上，1314; Alexander, *The Selling of the Constitutional Convention*, 184。据一家报纸报道，当乔治·梅森从费城制宪会议返回弗吉尼亚州亚历山德里亚时，市长和当地其他领导人对他拒绝签署宪法深感不满，警告他"在一小时内离开，如果超过了这个时间，他们将无法保证他的人身安全，从愤怒的民众中间救他出来"（*Pennsylvania Journal*, Oct. 17, 1787, *DHRC*, 8:70）。也有报纸否认该报道，参见 *Massachusetts*

Gazette, Nov. 20, 1787, *DHRC*, 4:283。梅森本人则提醒说，如果实行“一个充满缺陷的政府体制”，将会出现“最令人担忧的后果”，他“担心公众会抵制新政府”（1788 年 6 月 23 日在弗吉尼亚州批准宪法大会上的发言，*DHRC*, 10:1471；另见 1788 年 6 月 23 日麦迪逊致华盛顿，同上，1668–1669）。

25 1787 年 11 月 7 日至 18 日小威廉 · 希彭致托马斯 · 李 · 希彭，*DHRC*, 2:235（全部引文）；另见 The Election of Convention Delegates，同上，225; Introduction，同上，129。关于卡莱尔暴动及其后果，参见同上，670–708，特别是 1788 年 3 月 2 日约翰 · 蒙哥马利（John Montgomery）致詹姆斯 · 威尔逊，同上，701–704；另见 Bouton, *Taming Democracy*, 185; Rutland, *Ordeal of the Constitution*, 63–65, 143–147。

26 *New York Morning Post*, June 17, 1788, *DHRC*, 21:1202（“新宪法”和“数起血腥事件”）；来自波基普西的一封信的摘录（7 月 8 日），New York *Daily Advertiser*, July 10, 1788，同上，1266（“引发械斗”）。奥尔巴尼的暴力事件，参见 Albany, Albany County，同上，1264–1265。后来，一群庆祝纽约州批准宪法的暴徒破坏了纽约市著名反联邦主义出版商托马斯 · 格林利夫（Thomas Greenleaf）的印刷厂（The Controversy over Thomas Greenleaf's Description of the Procession, July 24–31, 1788，同上，1614–1619）。与北卡罗来纳州批准宪法斗争相关的暴力事件，参见 Editors' Note, The New York Reporting of the Election Riot in Dobbs County, N.C., May 20, 1788, *DHRC*, 20:1106–1107; Trenholme, *Ratification of the Federal Constitution in North Carolina*, 113。一家报纸报道说，在里士满发生的一次涉及宪法的决斗，导致一名参与者死亡，当时里士满正举行弗吉尼亚州批准宪法大会［弗吉尼亚州彼得堡一位先生的来信（6 月 15 日），Charleston *City Gazette*, July 9, 1788, *DHRC*, 10:1700］。

27 1788 年 1 月 10 日麦迪逊致伦道夫，*PJM* (C.S.), 10:355（引文）; Rakove, *Original Meanings*, 139–140。

28 Charles W. Roll, Jr., “We, Some of the People: Apportionment in the Thirteen State Conventions Ratifying the Constitution,” *Journal of American History* (June 1969), 56:22, 26, 30–34; Introduction, *DHRC*, 27:300; Maier, *Ratification*, 250, 252; Holton, *Unruly Americans*, 249; Weir, “South Carolina,” 222; James W. Ely, Jr., “‘The Good Old Cause’: The Ratification of the Constitution and Bill

of Rights in South Carolina," in *The South's Role in the Creation of the Bill of Rights* (Robert J. Haws, ed., Jackson, MS, 1991), 101, 109–110［以下简称 "Ely, 'Ratification of the Constitution'"］。南卡罗来纳州的选区划分不公，参见 Main, *Political Parties*, 268; McDonald, *We the People*, 210。当时人对南卡罗来纳州选区划分不公的见解，参见 1788 年 6 月 14 日麦迪逊在弗吉尼亚州批准宪法大会上的发言，*DHRC*, 10:1260。在纽约，反联邦主义者在选举批准宪法大会代表时的得票率，远远高于大会代表普选时的得票率，但这显然是在全县范围内不分选区竞选的机制导致的，而不是因为选区划分得不公正。也就是说，微弱的普选票多数可以转化为选举结果上的巨大优势。汉密尔顿对麦迪逊说，反联邦主义者只赢得了 4/7 的普选票，但选出的批准宪法大会代表中，反联邦主义者的数量却远远超过了 2/3［June 8, 1788, *PJM* (C.S.), 11:99］。

29 1788 年 6 月 23 日安达努斯・伯克致约翰・兰姆，*DHRC*, 18:55（引文）; Proceedings of the Pennsylvania Assembly, Sept. 29, 1787，*DHRC*, 2:100–101, 109（兰开斯特和卡莱尔）; Introduction, *DHRC*, 4:125（沃斯特和约克）; Introduction, *DHRC*, 27:74（查尔斯顿）; Maier, *Ratification*, 102; Boyd, *Politics of Opposition*, 24, 26, 38; Weir, "South Carolina," 222, 225; Ely, "Ratification of the Constitution," 109；另见 1787 年 11 月 7—18 日小威廉・希彭致托马斯・李・希彭，*DHRC*, 2:235–236; "Centinel" XV, Philadelphia *Independent Gazetteer*, Feb. 22, 1788, *DHRC*, 16:191。

30 Main, *Antifederalists*, 209; Szatmary, *Shays' Rebellion*, 133；1788 年 1 月 15 日休・莱德利致约翰・兰姆，*DHRC*, 3:576（"胡乱跺脚"）; Maier, *Ratification*, 345；另见 1787 年 12 月 10 日约翰・斯米利在宾夕法尼亚州批准宪法大会上的发言，*DHRC*, 2:547–548。

31 1788 年 6 月 23 日安达努斯・伯克致约翰・兰姆，*DHRC*, 18:55; Introduction, *DHRC*, 27:300; Maier, *Ratification*, 250; Ely, "Ratification of the Constitution," 119; Rutland, *Ordeal of the Constitution*, 167。

32 1788 年 2 月 24 日威廉・皮特里金（William Petrikin）致约翰・尼科尔森，*DHRC*, 2:694–695（"闭目塞听" 和 "彼此不通音信"）; 1788 年 6 月 9 日亨利

致约翰·兰姆,DHRC, 18:40(“我们”); 1787 年 10 月 18 日格里致詹姆斯·沃伦，*DHRC*, 13:407（“宪法支持者们”和“给人民”); Wood, *Creation of the American Republic*, 485–486。李为协调各州反对派所做的广泛努力，参见 1787 年 9 月 29 日李致格里，*DHRC*, 8:25; 1787 年 10 月 2 日李致小威廉·希彭，同上，32; 1787 年 10 月 5 日李致塞缪尔·亚当斯，同上，36; 1787 年 10 月 1 日李致乔治·梅森，同上，28; 同上，May 7, 1788, *DHRC*, 3:784; 另见 1787 年 11 月 7—18 日小威廉·希彭致托马斯·李·希彭，*DHRC*, 2:235; Boyd, *Politics of Opposition*, 20; Labunski, *James Madison*, 39–40。纽约州的反联邦主义者在协调各州反对批准宪法问题上，做出了更实质性的努力，参见下文，542–543 & n. 486。

33 Maier, *Ratification*, 70–75, 83, 130, 137, 142, 218, 333; Jeffrey L. Pasley,“ *The Tyranny of Printers”: Newspaper Politics in the Early American Republic* (Charlottesville, VA, 2001), 42–45; Bouton, *Taming Democracy*, 181; Cornell, *Other Founders*, 122; Heideking, *The Constitution Before the Judgment Seat*, 90; Rutland, *Ordeal of the Constitution*, 72–74, 135; “Centinel” XII, Philadelphia *Independent Gazetteer*, Jan. 23, 1788, *DHRC*, 15:448–449。报纸编辑发表了一份声明，强烈支持辩论双方都能平等地使用自由的报纸，参见 *New York Journal*, July 17, 1788, *DHRC*, 21:1324; Nathaniel Willis' Editorial Announcement, Mar. 14, 1788, *DHRC*, 8:469。南卡罗来纳州的反联邦主义者安达努斯·伯克说，在查尔斯顿，印刷工人“通常是英国的工匠或穷人，他们害怕得罪大人物或商人，因为这些大人物或商人会毁了他们”（1788 年 6 月 23 日伯克致约翰·兰姆，*DHRC*, 18:55）。

34 1788 年 1 月 15 日休·莱德利致约翰·兰姆，*DHRC*, 3:576（“显而易见”); 1788 年 6 月 23 日伯克致约翰·兰姆,*DHRC*, 18:55(“整个报业”); “Centinel” XV, Philadelphia *Independent Gazetteer*, Feb. 22, 1788, *DHRC*, 16:190（“所有报纸”和“谎话连篇”); 另见“Centinel” XII, Jan. 23, 1788，同上，3:448; “A Federalist,” *Boston Gazette*, Nov. 26, 1787, *DHRC*, 4:321; Maier, *Ratification*, 74, 100–101, 137, 218; Lutz, “Connecticut,” 128–129; Yarbrough, “New Hampshire,” 250; Cornell, *Other Founders*, 104, 122; Heideking, *The Constitution*

Before the Judgment Seat, 90–92; Introduction, *DHRC*, 3:329–330。关于报纸在批准宪法辩论中的作用的大量讨论，参见 Heideking，上文，74–93。奥尔巴尼反联邦委员会提出，纽约州北部的报纸具有联邦主义倾向，他们试图创办自己的反联邦主义报纸，但没有成功（1788 年 3 月 1 日奥尔巴尼反联邦委员会致梅兰克顿 · 史密斯，*DHRC*, 20:834–835；另见 1788 年 3 月 2 日亚伯拉罕 · G. 兰辛致小亚伯拉罕 · 耶茨，同上，835）。

35 Heideking, *The Constitution Before the Judgment Seat*, 266–273; Maier, *Ratification*, 157, 185.

36 1787 年 12 月 9 日麦迪逊致杰斐逊，*DHRC*, 8:227（“有才智”）；1788 年 1 月 18 日本杰明 · 兰德尔在马萨诸塞州批准宪法大会上的发言，*DHRC*, 6:1244（“该州所有”“使尽浑身解数”和“粉饰”）；1788 年 2 月 28 日兰登致华盛顿，*PGW* (C.S.), 6:132（“几乎所有”）；1788 年 3 月 31 日拉姆塞致本杰明 · 林肯，*DHRC*, 27:234（“本州所有”）；另见 1788 年 3 月 29 日詹姆斯 · 弗里曼致西奥菲勒斯 · 林赛，*DHRC*, 16:504；1787 年 10 月 30 日古文诺 · 莫里斯致华盛顿，*PGW* (C.S.), 5:399；1788 年 6 月 22 日托拜厄斯 · 利尔致华盛顿，同上，6:349；1788 年 3 月 3 日麦迪逊致华盛顿，*DHRC*, 8:454；1788 年 2 月 21 日麦迪逊致彭德尔顿，*PJM* (C.S.), 10:533。

37 1787 年 12 月 14 日麦迪逊致阿奇博尔德 · 斯图尔特，同上，326（引文）；另见 1788 年 2 月 21 日麦迪逊致彭德尔顿，同上，533; Maier, *Ratification*, 232; Heideking, *The Constitution Before the Judgment Seat*, 271–272; Rutland, *Ordeal of the Constitution*, 171; Banning, “Virginia,” 287。

38 1788 年 6 月 6 日约翰 · 沃恩致约翰 · 兰登，*DHRC*, 21:1346 n. 3（引文）；Boyd, *Politics of Opposition*, 39, 123; Maier, *Ratification*, 146。关于由市镇会议直接完成批准宪法程序的可能性，参见 1788 年 1 月 24 日威廉 · 汤普森在马萨诸塞州批准宪法大会上的发言，*DHRC*, 6:1336；下文，412。一些反联邦主义代表在马萨诸塞州批准宪法大会期间改变主意的例子，参见 Nathaniel Barrell, Feb. 5, 1788, *DHRC*, 6:1449–1450; William Symmes, Jr., Feb. 6, 1788, 同上，1474–1475。批准宪法大会代表通常都是精英，参见 Heideking, *The Constitution Before the Judgment Seat*, 264–266。

39 1788 年 6 月 22 日亚伯拉罕・G. 兰辛致小亚伯拉罕・耶茨，*DHRC*, 21:1207（全部引文）；另见 1788 年 6 月 19 日小约翰・兰辛致小亚伯拉罕・耶茨，*DHRC*, 22:1702。在马萨诸塞州批准宪法大会上，一些反联邦主义代表抱怨，他们长期离家在外导致经济上出现困难。对此，塞缪尔・亚当斯回应道，"当如此重要的目标需要他们时，他们不应该吝惜自己的时间和金钱"。参见 1788 年 1 月 23 日塞缪尔・纳森、威廉・威杰里和特里斯特拉姆・道尔顿在马萨诸塞州批准宪法大会上的发言，*DHRC*, 6:1333; Adams, Jan. 24, 1788，同上，1335；另见 Heideking, *The Constitution Before the Judgment Seat*, 254–255。

40 Maier, *Ratification*, 137, 157, 184–186, 345–347; Heideking, *The Constitution Before the Judgment Seat*, 275–277; Cornell, *Other Founders*, 104–105; Wood, *Creation of the American Republic*, 486; Young, *Democratic Republicans of New York*, 52.

41 "Centinel" VIII, Philadelphia *Independent Gazetteer*, Jan. 2, 1788, *DHRC*, 15:233（"拥有全面"）；1788 年 1 月 15 日休・莱德利致约翰・兰姆，*DHRC*, 3:576–577（"几乎所有"和"在这些"）；1788 年 1 月 25 日阿莫斯・辛格尔特里在马萨诸塞州批准宪法大会上的发言，*DHRC*, 6:1345–1346（"这些律师"）；1788 年 1 月 17 日朗兹在南卡罗来纳众议院的发言，*DHRC*, 27:125（"一些"）；另见 1788 年 5 月 20 日亚历山大・特威德（Alexander Tweed）在南卡罗来纳州批准宪法大会上的发言，同上，380–381；1788 年 6 月 24 日道森在弗吉尼亚州批准宪法大会上的发言，*DHRC*, 10:1488–1489；1788 年 7 月 25 日约瑟夫・泰勒在北卡罗来纳州批准宪法大会上的发言，*Elliot*, 4:46; Maier, *Ratification*, 137, 301。这种能力上的差异在马萨诸塞州批准宪法大会上尤为明显。参见下文，437。

42 Rakove, *Original Meanings*, 135–136; Wood, *Creation of the American Republic*, 486; Cornell, *Other Founders*, 105; Heideking, *The Constitution Before the Judgment Seat*, 76; Pasley, "*The Tyranny of Printers*," 44；比较参考 Gillespie, "Massachusetts," 147–148。有一个例子可以说明，联邦主义者非常擅长借重制宪会议上"受人尊敬的大人物"的威名——"以杰出的华盛顿为

首”，参见 “Monitor,” Northampton, Mass., *Hampshire Gazette*, Oct. 24, 1787, *DHRC*, 4:117–118；另见上文，2–3。也有人强烈反对 18 世纪中期的普通美国人非常遵从社会精英的意见的说法，参见 Michael Zuckerman, “The Polite and the Plebeian,” in Gray and Kamensky, eds., *American Revolution*。波士顿的联邦主义出版商决定停止接受匿名投稿，理由是，不应该允许“国内外的敌人在隐匿状态下，发表他们黑暗而令人震惊的恐怖言论”。参见 “A Citizen,” *Massachusetts Gazette*, Oct. 16, 1787, *DHRC*, 4:45（引文）; 参见 The Boston Press and the Constitution, Oct. 4–Dec. 22, 1787，同上，41–44。许多有意保持匿名的反联邦主义作者更关心的是，如何避免身体和经济上的报复，而不是对“优秀人群”未表现出充分的顺从。反联邦主义者强烈抗议联邦主义者的出版政策，他们往往认为这样的政策不符合新闻自由。参见 “Philadelphiensis” I, Philadelphia *Freeman's Journal*, Nov. 7, 1787, *DHRC*, 2:281–284。

43 选民给代表发指令的现象，除了在新英格兰地区较为多见外，在其他地方都是例外而非惯例，参见 Libby, “Geographical Distribution of the Vote,” ch. 4; Maier, *Ratification*, 134–136, 147; Introduction, *DHRC*, 5:890; Heideking, *The Constitution Before the Judgment Seat*, 200–201；1788 年 7 月 30 日威廉・勒诺在北卡罗来纳州批准宪法大会上的发言，*Elliot*, 4:202。埃德灵比我更倾向于认为，有些发言者确实愿意被他人说服（*Revolution in Favor of Government*, 22）。在反联邦主义者占绝对多数的北卡罗来纳州批准宪法大会上，他们得意洋洋地表示，他们对联邦主义者的发言是“左耳进，右耳出”（Timothy Bloodworth, July 28, 1788, *Elliot*, 4:143）。宾夕法尼亚州批准宪法大会也不是一个真正的审议机构。参见 Maier, *Ratification*, 106; Heideking，上文，278–279。

44 1788 年 1 月 28 日史密斯致小亚伯拉罕・耶茨，*DHRC*, 20:672（“社会地位较高”）；1788 年 1 月 27—28 日蒂林哈斯特致休・休斯，同上，668（“诚实”和“尽管拥有”）；Boyd, *Politics of Opposition*, 123, 130; Heideking, *The Constitution Before the Judgment Seat*, 318；另见 Henry, *Patrick Henry*, 2:377。有观点认为，反联邦主义者的事业由于“没有掌握在有经验的人手中”，而

在马萨诸塞州批准宪法大会上"遭受了极大的挫折"，参见 1788 年 2 月 27 日约翰·培根（John Bacon）致埃尔布里奇·格里，*DHRC*, 7:1712。纽约州的主要反联邦主义者之一小亚伯拉罕·耶茨一直担心联邦主义者"精于运作"（1788 年 7 月 1 日小亚伯拉罕·耶茨致乔治·克林顿，*DHRC*, 21:1245；另见 1788 年 6 月 29 日小亚伯拉罕·耶茨致亚伯拉罕·兰辛，同上，1240）。不出所料，联邦主义者将他们改变先前反对宪法者想法的能力，归因于他们的"美德、知识和能力"——这些"往往能驱散无知和偏见的迷雾"，而不是归因于他们欺骗"更无知之人"的技巧。参见 1788 年 6 月 11 日坦奇·考克斯致詹姆斯·麦迪逊，*DHRC*, 20:1138（"美德"）；来自里士满的一封信的摘录，Philadelphia *Federal Gazette*, Apr. 12, 1788, *DHRC*, 9:737（"往往能"）。

在新罕布什尔州批准宪法大会上，一些代表的想法发生了明显改变。参见 1788 年 2 月 23 日约翰·兰登致鲁弗斯·金，*DHRC*, 16:183；另见下文，445。马萨诸塞州批准宪法大会也是一个真正的审议机构。参见 Maier, *Ratification*, 168；1788 年 1 月 20 日戈勒姆致诺克斯，*DHRC*, 5:752；下文，436–442。在弗吉尼亚州批准宪法大会上，一开始可能有多达 10% 的代表没有决定是否批准宪法。参见 Heideking，上文，283。康涅狄格州的一些反联邦主义领导人也在大会期间改变了主意，投票赞成批准宪法。参见，"A Connecticut Man," New York *Daily Advertiser*, Feb. 9, 1788, *DHRC*, 3:597–598。那些在纽约州批准宪法大会上改变主意的反联邦主义者，显然更多地受到环境变化的影响，而不是受联邦主义者关于宪法优点的论断的影响。参见下文，508–510。

45 1788 年 5 月 17 日麦迪逊致尼古拉斯，*PJM* (C.S.), 11:51（"不仅会"）；"Publicola: An Address to the Freemen of North Carolina," *State Gazette of North Carolina*, Mar. 20, 1788, *DHRC*, 16:438（"荒谬的"和"围绕新宪法"）; Heideking, *The Constitution Before the Judgment Seat*, 201–204; Edling, *Revolution in Favor of Government*, 18–19; Maier, *Ratification*, 146–147。

46 Introduction, *DHRC*, 4:125; *Massachusetts Centinel*, Oct. 27, 1787，同上，138; Maier, *Ratification*, 143, 223; Boyd, *Politics of Opposition*, 26; Rutland, *Ordeal of the Constitution*, 23, 126; Hall, *Politics Without Parties*, 272–273。在罗得岛州

举行全民公投，参见下文，446–447, 517–518。

47 1785 年 9 月 3 日马萨诸塞州代表致詹姆斯·鲍登，*LDC*, 22:612（“有效地防止”）; 1787 年 2 月 25 日诺克斯致史蒂芬·希金森，William Winslow Crosskey and William Jeffrey, Jr., *Politics and the Constitution in the History of the United States* (Chicago, 1980), 3:503 app. I（“只要”）; 上文，24–33。

48 Sherman, Aug. 31, *Farrand*, 2:475（“考虑到”）; King, Sept. 10，同上，561; Gerry，同上（“这种不得体”）; Beeman, *Plain, Honest Men*, 293, 339–340; 另见 Luther Martin and Daniel Carroll, Aug. 31, *Farrand*, 2:477（一致同意）; Gerry，同上，478（一致同意）; William Paterson, June 16，同上，1:250（一致同意）。安纳波利斯会议上明确引述了《邦联条例》所要求的制定修正案必须得到各州（邦）一致同意的原则，参见上文，109。

49 Gorham, July 23, *Farrand*, 2:90（“如果因为”和“纽约州”）; Wilson, June 5，同上，1:123（“绝不能”和“希望”）; Aug. 31，同上，2:477（投票否决一致同意原则）; 另见 Wilson（佩特森的记录），June 16，同上，1:272; Rakove, *Original Meanings*, 103–105。

50 Wilson, Aug. 30, *Farrand*, 2:468; Madison, Aug. 31，同上，475。关于需要十个州批准的提议，参见 Sherman, Aug. 30，同上，468–469; 8 月 31 日谢尔曼致乔纳森·戴顿，同上，477。

51 Madison，同上（全部引文）; 同上（8∶3 的投票赞成九个州批准即可生效）; 另见 Beeman, *Plain, Honest Men*, 294。大会以 9∶1 的票数赞成宪法只对批准宪法的州有效（Aug. 31, *Farrand*, 2:475）。

52 上文，32; 下文，477–478, 498–501, 509–510, 513–514, 521–530。制宪会议结束之后，麦迪逊曾表示，一旦有九个州批准了宪法，“拖延不决的那几个州将会陷入困境，要么留在联盟之外，自寻生路；要么不光彩地加入进来”［1787 年 10 月 28 日麦迪逊致埃德蒙德·彭德尔顿，*PJM* (C.S.), 10:224］。一旦联邦运作起来，那些尚未加入联邦的州就会受到刺激，批准宪法，以便能够影响国会制定修正案，并支持申请召开第二次制宪会议，参见 1788 年 7 月 3 日内森·戴恩致梅兰克顿·史密斯，*DHRC*, 18:218; “Solon, Jr.,” *Providence Gazette*, Aug. 23, 1788, *DHRC*, 25:399–400。

53 1788 年 7 月 3 日戴恩致史密斯，*DHRC*, 18:215–216（全部引文）；另见“A Pennsylvanian to the New York Convention,” *Pennsylvania Gazette*, June 11, 1788, *DHRC*, 20:1147–1148; “Solon, jun.,” *Providence Gazette*, July 5, 1788, *DHRC*, 25:347; Maier, *Ratification*, 378, 382。

54 下文，472–473, 477–478, 510–530；1788 年 6 月 4 日伦道夫在弗吉尼亚州批准宪法大会上的发言，*DHRC*, 9:932–933, 936; Maier, *Ratification*, 457–459。

55 Rakove, *Original Meanings*, 97–98; Adams, *First American Constitutions*, 61–62, 69–73, 76–77, 84–89.

56 Sherman, June 5, *Farrand*, 1:122（“召开”）；Gerry，同上，123（“对政府抱有”）；Ellsworth, July 23，同上，2:91（“由各个州”）；8 月 31 日莫里斯致卡罗尔，同上，475; Martin，同上，476；另见 7 月 23 日埃尔斯沃斯致佩特森，同上，88; Ellsworth, June 20，同上，1:335; Beeman, *Plain, Honest Men*, 245–246。

57 1787 年 3 月 19 日麦迪逊致杰斐逊，*PJM* (C.S.), 9:318（“要由各州人民”）；Madison, Vices，同上，352–353（“就成了问题”）；Madison, June 19, *Farrand*, 1:317（“要高于”）；另见 Randolph（麦克亨利的记录），May 29，同上，26；1787 年 4 月 8 日麦迪逊致伦道夫，*PJM* (C.S.), 9:370; Banning, *Sacred Fire*, 132。大会以 7∶3 的投票反对将宪法提交州议会批准（July 23, *Farrand*, 2:93）。杰斐逊批评弗吉尼亚州 1776 年宪法未交由人民批准，参见 Merrill D. Peterson, *Thomas Jefferson and the New Nation* (New York, 1970), 101–102。

58 Madison, July 23, *Farrand*, 2:92–93（“将会削弱”）；Mason，同上，88（“不过是”“一切权力”和“就是把”）；另见 1787 年 4 月 16 日麦迪逊致华盛顿，*PJM* (C.S.), 9:385；1787 年 4 月 22 日麦迪逊致彭德尔顿，同上，395。杰伊也认为，州议会受本州宪法的约束，“改变政府形式的决定”必须“出自公正权威的唯一来源——人民”。但是从这一点出发，他得出的结论是，有权任命费城制宪大会代表的是专门召开的会议，而不是既有的州立法机关［1787 年 1 月 7 日杰伊致华盛顿，*PGW* (C.S.), 4:503–504］。

59 Madison, July 23, *Farrand*, 2:92–93（全部引文）；另见 Madison, Vices, *PJM* (C.S.), 9:352–353。

60 Madison, June 5, *Farrand*, 1:122–123（“由人民自己”）；Mason, July 23，同上，

2:88（“最重要的”）; King，同上，92（“可以消除”）; 另见 Wood, *Creation of the American Republic*, 382–383; Rakove, *Original Meanings*, 100–101。

61 Randolph, July 23, *Farrand*, 2:88（“极不明智之举”“地方煽动分子”和“新的宪法”）; Madison, Aug. 31，同上，476（“授予全国性政府”）; King，同上（“激起”）; June 5，同上，1:123（“无异于”）; 另见 Gorham, July 23，同上，2:90; Rakove, *Original Meanings*, 103–104; Beeman, *Plain, Honest Men*, 245; Robertson, *The Constitution and America's Destiny*, 159–160; Heideking, *The Constitution Before the Judgment Seat*, 26–27。

62 Gorham, July 23, *Farrand*, 2:90（除了“最有可能”之外的所有引文）; King，同上，92（“最有可能”）; 另见 Hugh Williamson，同上，91; King, June 5，同上，1:123。费城会议以 9∶1 的投票赞成召开专门的批准宪法大会（July 23，同上，2:94）。

63 参见 Holton, *Unruly Americans*, 249–250。

64 Rakove, *Original Meanings*, 106.

65 Committee of Detail report, resolution XXII, Aug. 6, *Farrand*, 2:189（“由其批准”）; Gerry, Sept. 10，同上，559–560（“会令这个机构”）; Hamilton，同上，560（“不需要”）; 另见 Beeman, *Plain, Honest Men*, 339–340。

66 8 月 31 日，莫里斯提出动议，平克尼附议，投票是 8∶3, *Farrand*, 2:472; FitzSimons, Sept. 10，同上，560（“国会免于”）; Wilson，同上，562（“指望”“是否”和“为组建”）; 另见 King，同上，563。9 月 10 日，大会以 7∶3 的投票——一个州出现分歧——否决了格里关于重新审议投票的动议。在批准宪法的竞争中，马里兰州的反联邦主义者路德·马丁抗议说，在费城制宪会议上，“热切地拥护新制度的那些人”反对要求国会批准宪法，他们“担心宪法不能得到国会的赞同”（Genuine Information XII, Baltimore *Maryland Gazette*, Feb. 8, 1788，*DHRC*, 16:90）。

67 Resolutions of the Convention Recommending the Procedures for Ratification, Sept. 17, 1788, *DHRC*, 1:317（“送至”和“意见”）; “The Republican Federalist” V, *Massachusetts Centinel*, Jan. 19, 1788, *DHRC*, 5:749（“很值得”“传送工具”和“它们判断”）; 另见 Labunski, *James Madison*, 14。

68 1787 年 9 月 23 日卡林顿致麦迪逊，Sept. 23, 1787, *DHRC*, 8:14。

69 1787 年 10 月 10 日戴恩致卡莱布·斯特朗，*DHRC*, 4:63（引文）；另见 1787 年 9 月 30 日麦迪逊致华盛顿，*PJM* (C.S.), 10:179–180; Rakove, *Original Meanings*, 109–110。戴恩认为，如果让国会"花时间来审查宪法，一个如此受人尊敬的机构，面对如此重要的情况，往往会非常慎重"，"国会极有可能会完全赞成拟议中的方案和促使召开制宪会议的那些原则"。

70 1787 年 9 月 27 日梅兰克顿·史密斯的记录，*DHRC*, 1:336–337（李的发言）（"他听过的"和"将一切"）；1787 年 10 月 1 日李致梅森，*DHRC*, 8:28（"在我们这儿"）；Maier, *Ratification*, 56; Rakove, *Original Meanings*, 108–109。李提出的修正案参见 *DHRC*, 1:337–339；另见 John P. Kaminski, "The Constitution Without a Bill of Rights," in Patrick T. Conley and John P. Kaminski, eds., *The Bill of Rights and the States: The Colonial and Revolutionary Origins of American Liberties* (Madison, WI, 1992), 24。

71 联邦主义者反对国会提出修正案，例如，可以参见 1787 年 9 月 27 日梅兰克顿·史密斯的记录，*DHRC*, 1:333（Pierce Butler），339（Carrington）。

72 1787 年 9 月 30 日麦迪逊致华盛顿，*PJM* (C.S.), 10:180（全部引文）；另见 1787 年 9 月 27 日梅兰克顿·史密斯的记录，*DHRC*, 1:335–337（Madison and King）；Maier, *Ratification*, 55。

73 1787 年 9 月 30 日麦迪逊致华盛顿，*PJM* (C.S.), 10:180。各州针对《邦联条例》所提出的修正案，载于 *DHRC*, 1:140–174。

74 1787 年 10 月 1 日李致梅森，*DHRC*, 8:29（"尊重并赞成"）；1787 年 9 月 27 日梅兰克顿·史密斯的记录，*DHRC*, 1:332（Madison）（"不赞成"）；同上，333（William Samuel Johnson）；爱德华·卡林顿的动议，同上，334–335（"已经同意"）；1787 年 9 月 30 日麦迪逊致华盛顿，*PJM* (C.S.), 10:180（"在这个州"）。

75 同上，179（引文）；1787 年 9 月 26 日内森·戴恩的动议，*DHRC*, 1:328；另见 9 月 27 日理查德·亨利·李的动议，同上，329–330。正如李解释反联邦主义者的观点时所言，反对无条件地批准宪法的国会代表认为，《邦联条例》要求修正案必须得到各州一致同意才能通过，"我们是现行体制的代表，无法就颠覆现行体制的计划发表意见——这份计划最终将形成一个由九个州而不是十三个州组成的新联盟”（1787 年 10 月 1 日李致梅森，*DHRC*, 8:28–29）。

76 1787 年 9 月 30 日麦迪逊致华盛顿，*PJM* (C.S.), 10:179（全部引文）；1787 年 9 月 27 日梅兰克顿·史密斯的记录，*DHRC*, 1:332（Madison）。在理查德·亨利·李的追问下，麦迪逊以《西北法令》为例，说明邦联国会已经超越了自己的权限（同上，333）。

77 1787 年 10 月 27 日李致塞缪尔·亚当斯，*DHRC*, 1:348（“冷静和公正”）；1787 年 10 月 16 日李致伦道夫，*DHRC*, 8:64（“震惊”）。关于当时参加费城会议的邦联国会代表人数，参见 1787 年 10 月 3 日亚瑟·李致约翰·亚当斯，同上，34; The Confederation Congress and the Constitution, Sept. 26–28, 1787, *DHRC*, 13:229。

78 1787 年 9 月 30 日麦迪逊致华盛顿，*PJM* (C.S.), 10:180（“国会内部”）；Journals of Congress, Sept. 28, 1787, *JCC*, 33:549（“转交”“提交给”和“一致”）；1787 年 10 月 16 日李致伦道夫，*DHRC*, 1:64（“不涉及”）；1787 年 10 月 1 日李致梅森，*DHRC*, 8:29（“把它误读为”）；另见 Editors' Note, The Confederation Congress and the Constitution, Sept. 26–28, 1788，同上，21；1787 年 10 月 3 日亚瑟·李致约翰·亚当斯，同上，34; Labunski, *James Madison*, 17–18; Maier, *Ratification*, 58; Rakove, *Original Meanings*, 109–110。

79 1787 年 9 月 30 日麦迪逊致华盛顿，*PJM* (C.S.), 10:181（“全体一致”）；1787 年 10 月 24 日麦迪逊致杰斐逊，同上，217（“非常努力”“刁难”和“不过”）。卡林顿同样解释道，“国会中的绝大多数人”会给予宪法“热烈的支持”，但是联邦主义者认为，最好是能确保国会一致同意“只是将”宪法文本转交各州（1787 年 10 月 23 日卡林顿致杰斐逊，*DHRC*, 8:93）。

80 1787 年 10 月 10 日华盛顿致麦迪逊，*PJM* (C.S.), 10:189（“力度不大”“强烈支持”“这种表面”和“不是每个人”）；“Sidney,” *Albany Gazette*, Jan. 24, 1788, *DHRC*, 20:646（“仅仅只是”和“全体一致赞同”）；另见“Centinel” II, Philadelphia *Freeman's Journal*, Oct. 24, 1787, *DHRC*, 13:467–468; Heideking, *The Constitution Before the Judgment Seat*, 33。卡林顿同意华盛顿的观点，即“人们不会仔细审查宪法条款”，“国会一致推荐给它考虑的措施，自然意味

着已经认可”（1787 年 10 月 23 日卡林顿致杰斐逊，*DHRC*, 8:93）。

81 Resolutions of the Convention Recommending the Procedures for Ratification, Sept. 17, 1787, *DHRC*, 1:318（“提交给”）; 1796 年 4 月 6 日麦迪逊在众议院的发言，*Annals of Congress*, 5:776（“生命和活力” 和 “一项计划”）。

82 Morris, Aug. 31，*Farrand*, 2:478（全部引文）; 同上，479（投票）。

83 Lansing（耶茨的记录）, June 16, *Farrand*, 1:258。即使是反联邦主义者控制的州议会，也一致通过投票要求召集批准宪法大会。例如，参见 South Carolina House of Representatives Proceeding, Jan. 19, 1788, *DHRC*, 27:161; Newspaper Reports of Virginia House of Delegates' Proceedings and Debates, Oct. 25, 1788, *DHRC*, 8:114。

84 1787 年 10 月 30 日莫里斯致华盛顿，*PGW* (C.S.), 5:399（“给本州人民”）; Newspaper Reports of Senate Debates (New York), Feb. 1, 1788, *DHRC*, 20:717（杜安的发言）（“我们中间”）; *Massachusetts Centinel*, Oct. 27, 1787, *DHRC*, 4:136–137（“我认为” 和 “我们没有”）（查尔斯・贾维斯的演讲和小托马斯・道斯的演讲）; 另见 Heideking, *The Constitution Before the Judgment Seat*, 51–52; Boyd, *Politics of Opposition*, 40。在罗得岛州，一位联邦派报纸的编辑说，州议会一再拒绝召开批准宪法大会，这“强烈意味着，在建立政府这样重大的议题上，州议会不信任人民”（*Newport Herald*, June 11, 1789, *DHRC*, 25:536）。

85 关于州议会要求召开批准宪法大会的详细讨论，参见 Boyd, *Politics of Opposition*, ch. 2; Heideking, *The Constitution Before the Judgment Seat*, ch. 1。宾夕法尼亚州实际上是第一个召开批准宪法大会的大州。参见下文，427。

86 1787 年 10 月 24 日麦迪逊致杰斐逊，*PJM* (C.S.), 10:216（引文）; Beeman, *Plain, Honest Men*, 382–384; Maier, *Ratification*, 122–124, 137–138; Saladino, “Delaware,” 41; Shumer, “New Jersey,” 71–74; Cashin, “Georgia,” 95。这些小州都没有留下完善的批准宪法大会会议记录。*DHRC* 第 3 卷中录有少量信息。

87 1787 年 9 月 26 日谢尔曼和埃尔斯沃斯致亨廷顿州长，*DHRC*, 3:352（“本州” 和 “各州在参议院中”）; 1787 年 10 月 8 日兰伯特・卡德瓦拉德致乔治・米切尔，*DHRC*, 13:352–353（“当我意识到”）; 1788 年 4 月 2 日华盛顿致约翰·兰登，*PGW* (C.S.), 6:187（“给小州”）; 1787 年 11 月 15 日小威廉·西蒙斯致小彼得·奥斯古德，*DHRC*, 4:237（“太过于荒谬”）; 1788 年 6 月 12 日亨利在弗吉尼亚州批准宪法大会上的发言，*DHRC*, 10:1218（“小州”）; 另见 “Phocion,” Providence *United States Chronicle*, July 17, 1788, *DHRC*, 25:358; Gillespie and Lienesch, “Introduction,” 20; Saladino, “Delaware,” 43, 44; Shumer, “New Jersey,” 71。

88 Onuf, “Maryland,” 185, 194; McDonald, *We the People*, ch. 5; 6 月 29 日戈勒姆在费城会议上的发言，*Farrand*, 1:462。

89 “The Landholder” X, *Connecticut Courant*, Mar. 3, 1788, *DHRC*, 16:305–306（“接受宪法” 和 “各州的分裂状态”）; “Phocion,” Providence *United States Chronicle*, July 17, 1788, *DHRC*, 25:357–358（“在批准宪法” “自然和充分” 和 “清楚地看到”）; 另见 1788 年 1 月 4 日埃尔斯沃斯在康涅狄格州批准宪法大会上的发言，*DHRC*, 3:541–542。

90 Gorham, June 29, *Farrand*, 1:462（引文）; 上文，31–33, 151。

91 “The Landholder” XI, *Connecticut Courant*, Mar. 10, 1788, *DHRC*, 16:368（“在这些税收中” 和 “大的进口城镇”）; “A Landholder” IX, *Connecticut Courant*, Dec. 31, 1787, *DHRC*, 3:516（“每年从”）; “A Columbian Patriot,” *Observations*, *DHRC*, 16:287（“更多是”）; 另见 1788 年 1 月 4 日埃尔斯沃斯在康涅狄格州批准宪法大会上的发言，*DHRC*, 3:544; “A Farmer: To the Farmers of Connecticut,” *New Haven Gazette*, Oct. 18, 1787，同上，393; *A Plebeian*, *DHRC*, 20:954; Maier, *Ratification*, 122–123; Holton, *Unruly Americans*, 240–241; Brown, *Redeeming the Republic*, 211–212; Saladino, “Delaware,” 45; Gillespie and Lienesch, “Introduction,” 20; Lutz, “Connecticut,” 134; Shumer, “New Jersey,” 86。

92 McDonald, *We the People*, 119–120; Saladino, “Delaware,” 45.

93 “A Columbian Patriot,” *Observations*, *DHRC*, 16:87（“自然会”）; 1787 年 4 月 15 日麦迪逊致伦道夫，*PJM* (C.S.), 9:379（其他引文）。关于邦联时期国会会址之争，参见 Davis, *Sectionalism in American Politics*, ch. 4; Bowling, *The Creation of Washington, D.C.*, chs. 1–2。

94 King, Aug. 11, *Farrand*, 2:261（“国会开会地点”）; Spaight，同上（“永远不可能”）; Madison，同上（“以最平等的”）; 另见 Williamson and Carroll，同上，262; Bowling, *The Creation of Washington, D.C.*, 79–80。在费城会议前几个月改变国会驻地的尝试，参见 1787 年 3 月 6 日威廉·欧文致詹姆斯·威尔逊，*LDC*, 24:129; 1787 年 2 月 10 日纳撒尼尔·米切尔（Nathaniel Mitchell）致冈宁·贝德福德，同上，89; 1787 年 4 月 16 日威廉·格雷森致威廉·肖特，同上，228; Davis, *Sectionalism in American Politics*, 156–157; Bowling，上文，70–72。

95 1788 年 6 月 9 日亨利在弗吉尼亚州批准宪法大会上的发言，*DHRC*, 9:1056（全部引文）; The Delaware Convention, *DHRC*, 3:105; Convention Resolution Recommending Cession of Land for Federal Capital, Dec. 7, 1787，同上，109; Proceedings of the Pennsylvania Assembly, Sept.18, 1787, *DHRC*, 2:60–61（Franklin）; Proceedings of Pennsylvania convention, Dec.15, 1787，同上，611–612; The New Jersey Convention, *DHRC*, 3:177; Proceedings of the New Jersey convention, Dec.20, 1788，同上，187–188; 另见 Saladino, “Delaware,” 40, 44; Maier, *Ratification*, 59, 122。

1788 年夏天，宪法在九个州的批准下生效后，首都迁址之争继续困扰着国会。在国会几次试图将首都从纽约市迁出的努力失败后，麦迪逊认为纽约市是一个“非常令人反感”的国会所在地，他在给华盛顿的信里写道：“让人真正感到羞愧的是，新政府成立之初，就必须面对这样的选址问题，说明使旧政府蒙羞的问题将继续存在，南方反联邦主义者所反复灌输的一些最普遍的论断，也将继续存在下去。”[Aug. 24, 1788，*PJM* (C.S.), 11:240–241] 另见 1788 年 9 月 21 日麦迪逊致杰斐逊，同上，258; Aug. 23, 1788，同上，239; Aug. 10, 1788，同上，226; 1788 年 9 月 15 日卡林顿致门罗，*LDC*, 25:372; Bowling, *The Creation of Washington, D.C.*, 80, 87–96。

96 1787 年 10 月 18 日州长乔治·马修斯（George Mathews）致州议会议长，*DHRC*, 3:225（“不可避免的”）; 1787 年 11 月 7 日尼古拉斯·吉尔曼致新罕布什尔州州长约翰·沙利文，同上，261（“最担心的是”）; 1787 年 10 月 17 日克莱致约翰·皮尔斯，同上，232（“有理由担心”和“这个州”）; The

Georgia Assembly Calls the State Convention，同上，220；1787 年 12 月 27 日国会秘书查尔斯・汤姆森致康涅狄格州州长塞缪尔・亨廷顿 , *LDC*, 24:599（征兵法）; 另见来自奥古斯塔的一封信的摘录，Charleston *Columbian Herald*, Oct. 15, 1787, *DHRC*, 3:223; Cashin, "Georgia," 105; Holton, *Unruly Americans*, 245–246; Coleman, *American Revolution in Georgia*, 269; McDonald, *We the People*, 129。佐治亚州和克里克印第安人冲突的背景，参见 Coleman，上文，ch. 15。

97 1787 年 11 月 10 日格雷森致肖特，*DHRC*, 14:82（"非常大" 和 "目前因"）; 1788 年 1 月 18 日华盛顿致塞缪尔・鲍威尔（Samuel Powel）, *PGW* (C.S.), 6:45–46（"一个弱州" 和 "接受"）; 另见 1788 年 1 月 10 日华盛顿致诺克斯，同上，28; 1787 年 10 月 24 日麦迪逊致杰斐逊，*PJM* (C.S.), 10:219。

98 "A Columbian Patriot," *Observations*, *DHRC*, 16:287（"佐治亚"）; 1787 年 10 月 17 日克莱致皮尔斯，*DHRC*, 3:232（"避免这场"）; The Georgia Convention, Dec. 25, 1787–Jan. 5, 1788，同上，269; Holton, *Unruly Americans*, 244–245；另见 "The Landholder" X, *Connecticut Courant*, Mar. 3, 1788，*DHRC*, 16:305; Maier, *Ratification*, 123–124; Coleman, *American Revolution in Georgia*, 270–271; Brown, *Redeeming the Republic*, 213; Beeman, *Plain, Honest Men*, 383–384; Heideking, *The Constitution Before the Judgment Seat*, 226; Cashin, "Georgia," 108。

99 Pennsylvania Assembly Debates, Sept. 28, 1787, *DHRC*, 2:68–69 (Resolutions of George Clymer on Calling a Convention); 同上，70–71, 71–72（Daniel Clymer）; 同上，72（Gerardus Wynkoop）; 同上，79–81（Hugh Brackenridge）; Boyd, *Politics of Opposition*, 23; Beeman, *Plain, Honest Men*, 376; Maier, *Ratification*, 59–60; Heideking, *The Constitution Before the Judgment Seat*, 36–37。

100 "Centinel" I, Philadelphia *Independent Gazetteer*, Oct. 5, 1787, *DHRC*, 13:329（全部引文）; Assembly Debates, Sept. 28, 1787, *DHRC*, 2:69（Robert Whitehill）; 同上，71（William Findley）; 同上，74–75（Whitehill）; 同上，82–85（Findley）; 同上，92（Findley）; 另见 Pennsylvania Minority Dissent, 同上，620–621; Boyd, *Politics of Opposition*, 23; Maier, *Ratification*, 60–61; Rutland, *Ordeal of the Constitution*, 20。

101 Introduction, *DHRC*, 2:54–55; Pennsylvania Assembly Debates, Sept. 28–29, 1787，同上，96–108；1787 年 9 月 28—29 日坦奇・考克斯致麦迪逊，同上，121–122；1787 年 9 月 29 日塞缪尔・霍奇登（Samuel Hodgdon）致蒂莫西・皮克林，同上，122–123；1787 年 10 月 18 日查尔斯・斯威夫特致罗伯特・格里菲斯，同上，199；另见 Maier, *Ratification*, 63–64; Beeman, *Plain, Honest Men*, 376–377; Bouton, *Taming Democracy*, 180; Heideking, *The Constitution Before the Judgment Seat*, 37–38。当乔治・梅森得知宾夕法尼亚州议会发生的事情时，他预言"这种放纵和暴力性措施"会使宪法失败，因为这样的行为"暴露了［联邦主义者］根本无意按照公正的标准处理批准宪法问题"（1787 年 10 月 20 日梅森致埃尔布里奇・格里，*DHRC*, 8:87）。另见 1788 年 1 月 8 日托马斯・B. 韦特致乔治・撒切尔，*DHRC*, 5:645；1787 年 10 月 10 日内森・戴恩致卡莱布・斯特朗，*DHRC*, 4:63。

102 1787 年 10 月 30 日莫里斯致华盛顿，*PGW* (C.S.), 5:399（"这一事业""偏远县镇的"和"邪恶行径"）；1787 年 10 月 24 日麦迪逊致杰斐逊，*PJM* (C.S.), 10:216（"分裂"）；1787 年 11 月 7 日至 18 日小威廉・希彭致托马斯・李・希彭，*DHRC*, 2:235（"5 票或 6 票""受人尊敬的"和"严厉尖锐的"）；另见 1787 年 10 月 29 日亚瑟・李致爱德华・拉特利奇，*DHRC*, 8:131；1787 年 10 月 21 日麦迪逊致伦道夫，*PJM* (C.S.) 10:199; Maier, *Ratification*, 97。

103 Ireland, *Ratifying the Constitution in Pennsylvania*, xv, 215; Main, *Political Parties*, 174–181, 202; Bouton, *Taming Democracy*, 5–6, 52–53, 194; Adams, *First American Constitutions*, 177, 246, 248; Wood, *Creation of the American Republic*, 226–227, 231–232; Rakove, *Original Meanings*, 111; Maier, *Ratification*, 66, 98–99; Graham, "Pennsylvania," 52.

104 "A Landholder" VIII, *Connecticut Courant*, Dec. 24, 1787, *DHRC*, 3:506（"拿着不同武器"和"另一派"）；1788 年 2 月 19 日麦迪逊致杰斐逊，*PJM* (C.S.), 10:519（"［宾夕法尼亚州］"）；另见 1787 年 11 月 10 日格雷森致肖特，*DHRC*, 14:82；1787 年 10 月 18 日查尔斯・斯威夫特致罗伯特・格里菲斯，*DHRC*, 2:199；1787 年 12 月 11 日蒂莫西・皮克林致约翰・加德纳（John Gardner），同上，586。

105 联邦主义者在批准宪法大会中享有大约2∶1的优势，参见1787年11月29日蒂莫西·皮克林致约翰·皮克林，同上，423；1787年11月29日小威廉·希彭致托马斯·李·希彭，同上，424；另见Editorial Note，同上，129。整体上的选举结果，参见Heideking, *The Constitution Before the Judgment Seat*, 207–208。麦迪逊报告，选举结果“使宾夕法尼亚州通过宪法的可能性达到了确定的程度”［1787年11月18日麦迪逊致伦道夫，*PJM* (C.S.), 10:252］。这次选举在费城引发了更多的暴力事件，一伙暴徒袭击了该州西部地区议员的住地。参见1787年11月7—18日小威廉·希本致托马斯·李·希彭，*DHRC*, 2:235。

106 有代表质疑会议程序过于草率，参见John Smilie, Nov. 24，同上，336（“鲁莽草率”）; Findley, Dec. 12，同上，587; Smilie，同上，600。几位重要的反联邦主义者在演讲中批评了宪法的实质内容，参见Whitehill, Nov. 28，同上，393–398; Smilie，同上，407–410; Whitehill, Nov. 30，同上，425–428; Findley，同上，439–440; Smilie, Dec. 4, 1787，同上，465–466; Findley, Dec. 6，同上，510。有关宾夕法尼亚州批准宪法大会会议程序的讨论，参见Heideking, *The Constitution Before the Judgment Seat*, 285–287; Maier, *Ratification*, 101–120。

107 Thomas Mckean, Nov. 24, *DHRC*, 2:337（“变更或修正”）; Thomas Hartley, Nov. 27，同上，370; Mckean, Dec. 12, 1787，同上，596; 另见Whitehill，同上（提出了坎伯兰县反对批准宪法的请愿书，他们要求先制定修正案，再批准宪法）。

108 Philadelphia County Petition to the Pennsylvania Convention, Dec. 11, *DHRC*, 2:317（全部引文）; Findley, Dec. 12，同上，587; 休会动议，同上，589; Whitehill，同上，597–599; Smilie，同上，600; 同上（以46∶23的投票反对休会）。

109 反联邦主义者提议要求允许代表们在会议日志上留下他们投票的理由，大会因此展开的辩论和投票，参见Nov. 27，同上，369–379。联邦主义者拒绝将反联邦主义者提出的修正案写进会议日志，参见Dec. 13，同上，603; 另见Wilson, Dec. 11，同上，552–553。

110 Pennsylvania Minority Dissent，同上，620–621（“暴力和暴行” 和 “柏油和羽毛”）; 另见 Maier, *Ratification*, 64–65; Rakove, *Original Meanings*, 111–112。反联邦主义领袖威廉·芬得利说，联邦主义者的 “暴力和欺骗” 手段激起了人们的 “怨恨”（1788 年 3 月 12 日芬得利致威廉·欧文，*DHRC*, 16:374）。

111 *DHRC*, 2:709–725; Boyd, *Politics of Opposition*, 95–97; Rutland, *Ordeal of the Constitution*, 143–146; Graham, "Pennsylvania," 67–68.

112 "A Citizen of Pennsylvania," *Pennsylvania Gazette*, Jan. 23, 1788, *DHRC*, 2:660（“彻头彻尾的”）; "America: To the Dissenting Members of the Late Convention of Pennsylvania," New York *Daily Advertiser*, Dec. 31, 1787, *DHRC*, 19:485(“顽固”); 1788 年 1 月 20 日麦迪逊致华盛顿，*PJM* (C.S.), 10:399（“不甘心于”“将会极力破坏” 和 “可能会”）; 另见 1788 年 2 月 19 日麦迪逊致杰斐逊，同上，519。宾夕法尼亚州持续动荡的其他报告，参见 1788 年 2 月 20 日老约翰·阿姆斯特朗致华盛顿，*DHRC*, 8:385；1788 年 3 月 22 日尼古拉斯·吉尔曼致约翰·沙利文，*DHRC*, 16:462；1788 年 1 月 31 日塞缪尔·亚当斯在马萨诸塞州批准宪法大会上的发言，*DHRC*, 6:1384。

113 1788 年 6 月 8 日华盛顿致麦迪逊，*DHRC*, 10:1586（引文）; Lutz, "Connecticut," 128。关于支持宪法的势头在批准宪法斗争中的重要性，参见 Maier, *Ratification*, 155, 241–243, 247, 315, 382。时人关于一州的行动对另一州影响程度的认识，参见 1788 年 6 月 1 日亚伯拉罕·G. 兰辛致小亚伯拉罕·耶茨，*DHRC*, 20:1121；1788 年 1 月 6 日金致麦迪逊，*DHRC*, 5:625；1788 年 1 月 6 日金致耶利米·沃兹华斯，同上，626；1788 年 1 月 9 日克里斯托弗·戈尔致沃兹华斯，同上，657–658；1788 年 2 月 18 日科林·麦格雷戈致尼尔·杰米森，*DHRC*, 20:785–786；上文，443–444, 446, 448–449, 453, 481。

114 1788 年 7 月 3 日戴恩致梅兰克顿·史密斯，*DHRC*, 21:1258。

115 Maier, *Ratification*, 155; Gillespie, "Massachusetts," 138; Introduction, *DHRC*, 5:1077. 马萨诸塞州联邦主义者急切地想知道康涅狄格州批准宪法的结果，参见 1788 年 1 月 6 日金致沃兹华斯，*DHRC*, 5:626；诺克斯致沃兹华斯，同

上，626；1788 年 1 月 9 日克里斯托弗・戈尔致沃兹华斯，同上，657–658。许多人希望康涅狄格州批准宪法能对马萨诸塞州批准宪法大会产生积极影响，例如，可以参见 1788 年 1 月 13 日杰里米・贝尔纳普致埃比尼泽・哈扎德，*DHRC*, 3:605；1788 年 1 月 12 日塞缪尔・布雷克致沃兹华斯，同上，603–604；1788 年 1 月 12 日温斯洛普・萨金特致诺克斯，同上，604。

116 1788 年 2 月 21 日古文诺・莫里斯致詹姆斯・拉卡泽（James LaCaze），*DHRC*, 16:171(“不耐烦地”)；1788 年 2 月 10 日卡林顿致麦迪逊，*PJM* (C.S.), 10:494（“一切似乎”“如此重要”和“即便不能”）；1788 年 1 月 20 日麦迪逊致华盛顿，同上，399；1788 年 1 月 23 日麦迪逊致金，同上，409（“目前还很难说”）；1788 年 1 月 13 日塞缪尔・布莱克利・韦伯致约瑟夫・巴雷尔，*DHRC*, 3:605（“能够”）；1788 年 1 月 23 日梅兰克顿・史密斯致小亚伯拉罕・耶茨，*DHRC*, 20:638（“肯定”）。马萨诸塞州的决定对批准宪法之争的最终结果非常重要，相关表述还可参见 1788 年 1 月 28 日约翰・布朗致詹姆斯・布雷肯里奇，*DHRC*, 5:1090。马萨诸塞州的结果对宪法在弗吉尼亚州的命运，也具有重要影响，参见 1788 年 2 月 18 日约翰・道森致麦迪逊，*PJM* (C.S.), 10:518；1788 年 3 月 2 日华盛顿致麦迪逊，同上，553；1788 年 2 月 14 日约瑟夫・琼斯致麦迪逊，*DHRC*, 8:368。来自纽约州的类似说法，参见 Introduction, *DHRC*, 20:687; Editors' Note, the Importance of Massachusetts Ratification to New York, Feb. 6, 1788，同上，747–750；1788 年 1 月 27—28 日查尔斯・蒂林哈斯特致休・休斯，同上，668；1788 年 1 月 20 日麦迪逊致伦道夫，*PJM* (C.S.), 10:398。有人声称，弗吉尼亚和纽约的结果都将取决于马萨诸塞州批准宪法大会的结果，参见 1788 年 1 月 13 日塞勒斯・格里芬（Cyrus Griffin）致托马斯・菲茨西蒙斯，*DHRC*, 5:705；1788 年 2 月 4 日小威廉・罗宾逊（William Robinson, Jr.）致约翰・兰登，同上，849；1788 年 2 月 14 日约瑟夫・琼斯致麦迪逊，*DHRC*, 8:368。

117 1788 年 1 月 27 日金致麦迪逊，*DHRC*, 7:1554（引文）；1788 年 1 月 27 日戈勒姆致麦迪逊，同上，1552。还有一些人认为，有这么多同情谢斯反叛的人参加批准宪法大会——诺克斯称他们为“卑鄙的反叛分子”——会导致宪法很难获得批准，参见 1788 年 1 月 13 日诺克斯致沃兹华斯，*DHRC*,

3:605；1788 年 2 月 3 日本杰明 · 林肯致华盛顿，*DHRC*, 7:1573；1788 年 1 月 25—26 日杰里米 · 贝尔纳普致埃比尼泽 · 哈扎德，同上，1547；另见 1788 年 2 月 11 日戴维 · 苏沃尔致乔治 · 撒切尔，同上，1691–1692。关于参加大会的同情谢斯反叛的代表人数，以及他们强烈反对批准宪法的态度，参见 Richards, *Shays's Rebellion*, 144–147; Szatmary, *Shays' Rebellion*, 131–133; Richard D. Brown, "Shays's Rebellion and the Ratification of the Federal Constitution in Massachusetts," in Beeman, Botein, and Carter, eds., *Beyond Confederation*, 122–127；另见 Hall, *Politics Without Parties*, 277–279; Libby, "Geographical Distribution of the Vote," 57。诺克斯认为，这些前叛乱分子"从去年的叛乱中逃脱惩罚后，获得了新的力量和生命"（1788 年 2 月 10 日诺克斯致华盛顿，*DHRC*, 7:1587）。

118 1788 年 1 月 27 日戈勒姆致麦迪逊，*DHRC*, 7:1552（"他们中的"和"他们最期望的"）；1788 年 1 月 6 日戈勒姆致亨利 · 诺克斯，*DHRC*, 5:629（"愚蠢的宗教幻想"）。来自缅因地区的代表似乎倾向于反对批准宪法，相关的其他论述，参见 1788 年 1 月 6 日克里斯托弗 · 戈尔致金，同上，627；1788 年 1 月 9 日戈尔致沃兹华斯，同上，603；1788 年 1 月 12 日塞缪尔 · 布雷克致沃兹华斯，同上，697；1788 年 1 月 14 日诺克斯致华盛顿，同上，707。然而，在大会进行过程中，联邦主义领导人设法说服了很多来自缅因地区的代表，使他们相信，在新宪法之下，他们的独立建州机会，至少与在《邦联条例》之下一样大。最后，来自缅因地区三个县的代表以 25∶21 的投票支持批准宪法（*Pennsylvania Herald*, Feb. 9, 1788，同上，884–885 & n. 3）。关于联邦主义者如何游说缅因地区代表，参见 Introduction, *DHRC*, 6:1112。

119 1787 年 5 月 29 日格雷森致门罗，*Farrand*, 3:30（全部引文）。马萨诸塞州批准宪法大会上有批评意见说，宪法背离了地方民主，他们也反对各州在参议院拥有平等的代表权，参见下文，436。

120 1787 年 10 月 7 日戈尔致金，*DHRC*, 4:57（"联邦计划"）；1787 年 10 月 21 日杰克逊致诺克斯，同上，109（"本州肯定会"）；1787 年 10 月 7 日麦迪逊致伦道夫，同上，58（"是波士顿"）；另见 1787 年 10 月 28 日杰克逊致诺克斯，同上，142；1787 年 10 月 28 日金致诺克斯，同上，155; Gillespie, "Massachusetts," 144。西奥多·塞奇威克则更为悲观，他预言马萨诸塞州会"强烈反对"批准宪法（1787 年 10 月 28 日塞奇威克致不明收件人，*DHRC*, 4:156）。戈勒姆的估计较为中庸，他认为，"尽管有反对势力，但形势似乎还不错"（1787 年 10 月 30 日戈勒姆致诺克斯，同上，168）。

121 埃尔布里奇·格里致马萨诸塞州议会，*Massachusetts Centinel*, Nov. 3, 1787, *DHRC*, 13:548–549（全部引文）；另见 1787 年 10 月 18 日格里致詹姆斯·沃伦，*DHRC*, 18:407；1787 年 11 月 16 日格里致约翰·温德尔，*DHRC*, 4:251; Billias, *Elbridge Gerry*, 208–209。格里的信被广泛刊载，参见 *DHRC*, 4:96; Introduction，同上，149。

122 1787 年 11 月 18 日麦迪逊致华盛顿，*PJM* (C.S.), 10:254（"动摇"）；1787 年 11 月 11 日卡林顿致威廉·肖特，*LDC*, 24:554（"造成一些"）。麦迪逊解释道，州议会拒绝了格里的当面解释，"要么是觉得他们没有必要这么做，因为宪法已经移交给了批准宪法大会；要么是不愿意支持格里先生的行为，或者是二者兼有"（致华盛顿，上文）。州议会赞成召开批准宪法大会的表决结果是 129∶32。参见 1787 年 10 月 28 日杰克逊致诺克斯，*DHRC*, 4:142。州立法机关要求召开批准宪法大会，参见 Introduction，同上，124–125。

123 1787 年 12 月 4 日戈勒姆致诺克斯，同上，380（"极大的破坏"）；"A Friend for Liberty," *Massachusetts Centinel*, Nov. 14, 1787，同上，231（"朴素的乡下人""非常满意""我和我所有的"和"提醒了我们"）；1787 年 11 月 5 日杰克逊致诺克斯，同上，193（"格里那封"）；1788 年 1 月 20 日，特里斯特拉姆·道尔顿的来信，*DHRC*, 7:1536（"被否决"）；另见 1787 年 11 月 11 日杰克逊致诺克斯，*DHRC*, 5:215; Nov. 18, 1787，同上，264。另一个联邦主义者认为格里的信"造成了损害"，参见 1787 年 12 月 30 日戈尔致金，同上，556。历史学家认为，格里的信有助于激起马萨诸塞州反对宪法的巨大力量，参见 Rutland, *Ordeal of the Constitution*, 23–24, 74–75; Gillespie, "Massachusetts," 144。戈勒姆和金逐条反驳了格里的信，但从未公开发表过（*DHRC*, 4:97）。"一位地主"坚持认为，格里反对宪法，是因为制宪会议拒绝了他提出的按照面值赎回大陆券的提议，据称，他持有大量大陆券。

参见“A Landholder” VIII, *Connecticut Courant*, Dec. 24, 1787, *DHRC*, 3:504–505；另见 McDonald, *We the People*, 387 n. 22；上文，403 & n. 19。

124 1787 年 12 月 9 日麦迪逊致杰斐逊，*PJM* (C.S.), 10:311（“很大的”）；1787 年 12 月 20 日麦迪逊致华盛顿，同上，334（“如果有”）；Maier, *Ratification*, 126。华盛顿答复说，他与“马萨诸塞州之间并没固定的联络”，如果有，他并“不反对”进行这样的交流［1788 年 1 月 10 日华盛顿致麦迪逊，*PJM* (C.S.), 10:358］。在要求华盛顿介入马萨诸塞州的两周前，麦迪逊提供给华盛顿的判断更为乐观，称那儿的“朋友们一直对胜利充满信心”（1787 年 12 月 7 日麦迪逊致华盛顿，同上，295）。

125 1787 年 12 月 3 日亚当斯致李，*DHRC*, 14:333（引文）。10 月，戈勒姆注意到，亚当斯“还没有表明自己的立场”，麦迪逊报告，亚当斯“只反对一点，即‘禁止把宗教信仰当作任职标准’”。参见 1787 年 10 月 30 日戈勒姆致诺克斯，*DHRC*, 4:168；1787 年 10 月 7 日麦迪逊致伦道夫，同上，58。

126 塞勒姆一位绅士的来信摘录（12 月 23 日），*Massachusetts Gazette*, Dec. 25, 1787, *DHRC*, 5:518（“新政府方案敌人”）；1787 年 12 月 30 日戈尔致金，同上，556（“完全反对它”）；另见塞勒姆一位绅士的来信摘录（12 月 26 日），*Massachusetts Gazette*, Dec. 28, 1788，同上，543; editorial note，同上，630。署名“赫尔维乌斯·普里斯库斯”的作者写了四篇反联邦主义的文章，可能是亚当斯所为，但不确定（editorial note，同上，534–535）。

在早些时候写给金的信中，戈尔解释了为什么联邦主义者虽然不确定亚当斯对待宪法的态度，但是担心“反对他出任批准宪法大会的代表可能带来严重后果”。首先，他们担心，如果亚当斯反对宪法，落选所带来的“屈辱感”会导致他“公开宣布反对宪法，并努力培养信徒”。但是，“由他所在城镇的居民将他选出，认定他是宪法的拥护者，可能会化解他反对批准宪法的立场——因为他太老了，不可能不知道，他更依赖人民，而不是人民更依赖他”。另外，一些联邦主义者还认为，“如果亚当斯成为［批准宪法大会的］一员”，要反驳他所提出的反对批准的理由，“成功的可能性比他缺席时更大，因为在批准宪法大会上，他只能向一小部分代表提出反对批准宪法的意见”（Dec. 23, 1787，同上，506）。

127 1788年1月6日戈尔致金，同上，627（全部引文）；另见 editorial note，同上，630。同一天，还有其他人提出亚当斯强烈反对批准宪法，参见金致沃兹华斯，同上，626；戈勒姆致诺克斯，同上，628–629；托马斯·温斯洛普（Thomas L. Winthrop）致约翰·托德（John Todd），同上，626。

128 戈勒姆致诺克斯，同上，629（"波士顿"）；Resolutions of the Tradesmen of the Town of Boston, *Massachusetts Gazette*, Jan. 7, 1788，同上，631–632（其他引文）；Editors' Note, The Meeting of the Tradesmen of Boston on the Constitution, Jan. 7, 1788，同上，630–631。联邦主义者推测，商人们的决议影响了亚当斯的思想，参见1788年1月9日戈尔致乔治·撒切尔，同上，656；1788年1月20日杰克逊致诺克斯，*DHRC*, 7:1538；1788年1月20日亨利·范·沙克致彼得·范·沙克（Peter Van Schaack），*DHRC*, 5:755。

129 1788年1月14日帕森斯致迈克尔·霍奇（Michael Hodge），同上，708（引文）；Massachusetts Convention Journal, Jan.14, 1788, *DHRC*, 6:1182; convention proceedings, Jan.17, 1788，同上，1229; Introduction，同上，1109, 1111; *DHRC*, 5:657 n. 3; Maier, *Ratification*, 138–139, 141, 165–166, 169; Beeman, *Plain, Honest Men*, 387; Gillespie, "Massachusetts," 153; Hall, *Politics Without Parties*, 279–280。由于声音效果不佳和观众座位不足，大会三次改变会议地点，参见1788年1月20日杰克逊致诺克斯，*DHRC*, 7:1536–1537。有些反联邦主义代表从自己选区得到的指令是拒绝批准宪法，参见 Boyd, *Politics of Opposition*, 57–60；另见1788年1月14日西奥菲勒斯·帕森斯致迈克尔·霍奇，*DHRC*, 5:708。马萨诸塞州采用广泛参与式程序制定州宪法的历史，参见 Adams, *First American Constitutions*, 86–93；下文，618。会议赞成逐段审议宪法文本，参见1788年1月16日金致麦迪逊，*DHRC*, 7:1530；1788年1月17日艾萨克·巴克斯致苏珊娜·巴克斯（Susanna Backus），同上，1531。大会结束后，联邦主义者杰里米·贝尔纳普声称，大会逐段审议宪法使联邦主义者能够"拖延辩论……直到他们确信已经获得多数票"（1788年2月10日贝尔纳普致埃比尼泽·哈扎德，同上，1583）。关于马萨诸塞州批准宪法大会的详细讨论，参见 Maier, *Ratification*, chs. 6–7; Heideking, *The Constitution Before the Judgment Seat*, 290–299; Gillespie,

"Massachusetts," 147–158。

130 1788 年 1 月 22 日本杰明·兰德尔在马萨诸塞州批准宪法大会上的发言，*DHRC*, 6:1303（“截然不同的”和“并非如此”）。批评众议院规模太小的发言，参见 John Taylor, Jan. 16，同上，1237。批评国会两年才选举一次的发言，可参见 Taylor, Jan. 14，同上，1185; Abraham White，同上，1186。批评国会控制联邦选举时间、地点和方式的发言，可参见 William Jones, Jan. 16，同上，1219; Samuel Nasson, Feb. 1，同上，1397–1399。

131 关于国会的征税权问题，参见 Massachusetts convention, Jan. 18, 1788, *DHRC*, 6:1245–1246, 1250–1251；另见 Hall, *Politics Without Parties*, 281–282。关于参议院的议席分配问题，参见 Francis Dana, Jan. 17, *DHRC*, 6:1232–1233; Samuel Nasson, Feb. 1，同上，1398。关于奴隶问题，参见 James Neal, Jan. 25，同上，1354; Thomas Lusk, Feb. 4，同上，1421; Thomas Dawes, Jan. 18，同上，1244–1245。关于宗教性宣誓问题，可参见 Lusk，上文; Daniel Shute, Jan. 31，同上，1375–1377。联邦主义者强调国会管理商业的权力，参见 Thomas Russell, Feb. 1，同上，1403–1404; Thomas Dawes, Jan. 21，同上，1287–1289。马萨诸塞州反联邦主义者反宪法意见的高质量总结，参见 1787 年 11 月 15 日小威廉·西蒙斯致小彼得·奥斯古德，*DHRC*, 4:236–237。格里向批准宪法大会解释道，在费城制宪会议上，他之所以默认了不公平的参议院议席分配方式，是为了换取由众议院掌握发起税收议案的权力，但是制宪会议后来不顾他的反对意见，淡化了这一条款（1788 年 1 月 21 日格里致马萨诸塞州批准宪法大会副主席，*Farrand*, 3:265–267）。

132 Barrell, Feb. 5, 1788, *DHRC*, 6:1448（“在这庄严的”“具有超越”“普通的农夫”和“像西塞罗”）; Randall, Jan. 18，同上，1244（“最优秀演说家”“伟人们”和“发表一半”）; 1788 年 1 月 27 日金致麦迪逊，*DHRC*, 7:1554（“抱怨律师”）; 另见 George R. Minot Journal，同上，1599; 1788 年 1 月 25 日阿莫斯·辛格尔特里在马萨诸塞州批准宪法大会上的发言，*DHRC*, 6:1345–1346。宾夕法尼亚州反联邦主义者“哨兵”同样认为，马萨诸塞州的批准宪法斗争“非常不平等”，在这场争斗中，“心地善良之人，并不了解情况，面对律师、医生和牧师的学问、口才和诡辩，非常容易被欺骗性的语言和似是而非的推理所迷惑”（“Centinel” XV, Philadelphia *Independent Gazetteer*, Feb. 22, 1788, *DHRC*, 16:190–191）。马萨诸塞州的反联邦主义者“赫尔维乌斯·普里斯库斯”承认，联邦主义者的发言，确实体现出了他们的“较高教育水平”，以及充分的“准备和经验”，尽管如此，他坚持认为，他们主要是“利用自己的才能来闪烁其辞和诡辩”。他相信，一个“公正的观察者”会在反联邦主义者“简短的、无人崇拜的演讲”中发现“显露在外的真相”（“Helvidius Priscus” IV, *Massachusetts Gazette*, Feb. 5, 1788, *DHRC*, 5:858；另见 Heideking, *The Constitution Before the Judgment Seat*, 279）。

133 Francis Dana, Jan. 18, *DHRC*, 6:1250（“那些”）; Peter Thatcher, Feb. 4，同上，1420（“富人”和“既刻薄”）; Jonathan Smith, Jan. 25，同上，1347（“普通人”“依靠犁”“为律师”“我们必须”和“因为”）; William Phillips, Jan. 22，同上，1302。

134 1788 年 1 月 16 日戈勒姆致诺克斯，*DHRC*, 5:730（“前景并不乐观”）; 1788 年 1 月 18 日塞奇威克致亨利·范·沙克，同上，740（“在召开”）; 1788 年 1 月 20 日金致麦迪逊，*DHRC*, 7:1539（“彼此确认”）; 1788 年 1 月 22 日纳森致乔治·撒切尔，同上，1545。还有其他一些人也怀疑大会是否会批准宪法，参见 1788 年 1 月 24 日马修·科布致乔治·撒切尔，*DHRC*, 5:796；1788 年 1 月 14 日西奥菲勒斯·帕森斯致迈克尔·霍奇，同上，708; 1788 年 1 月 20 日麦迪逊致伦道夫，*PJM* (C.S.), 10:398。联邦主义者亨利·杰克逊对批准宪法的前景更加乐观（1788 年 1 月 23 日杰克逊致诺克斯，*DHRC*, 7:1546; Jan. 20，同上，1537）。纽约州反联邦主义者梅兰克顿·史密斯注意到，“从马萨诸塞州传来的信息因提供信息之人的观点不同而不同”，双方都声称自己一方占多数，他因此认为，“不可能……形成一种值得相信的意见”（1788 年 1 月 28 日史密斯致小亚伯拉罕·耶茨，*DHRC*, 20:671–672）。其他一些人也表示，无法预计马萨诸塞州的批准宪法结果，参见 1788 年 1 月 20 日戈勒姆致诺克斯，*DHRC*, 5:752；1788 年 1 月 20 日约翰·杰克逊致基思·斯彭斯（Keith Spence），同上，752；1788 年 1 月 9 日 –13 日本杰明·林肯致华盛顿，*PGW* (C.S.), 6:22。

135 1788 年 1 月 23 日金致麦迪逊，*DHRC*, 7:1546。

136 1788 年 1 月 27 日戈勒姆致麦迪逊，同上，1552（全部引文）；另见 1788 年 1 月 30 日戈勒姆致诺克斯，同上，1561；1788 年 1 月 31 日特里斯特拉姆・道尔顿致史蒂芬・霍珀（Stephen Hooper），同上，1563；1788 年 1 月 25—26 日杰里米・贝尔纳普致埃比尼泽・哈扎德，同上，1548–1549。

137 "Hampden"（possibly James Sullivan），*Massachusetts Centinel*, Jan. 26, 1788, *DHRC*, 5:807–809；1788 年 1 月 27 日金致诺克斯，*DHRC*, 7:1553（"大致赞同"和"对自己一方"）；1788 年 1 月 27 日本杰明・林肯致华盛顿，同上，1555（"不会受到"和"如果"）；editorial note, *DHRC*, 5:806–807；另见 Introduction, *DHRC*, 6:1116–1117。具体来说，"汉普登"提议，马萨诸塞州批准宪法需要有一个前提条件：新国会的第一个实质性立法活动必须是审议马萨诸塞州和其他州的批准宪法大会所提出的修正案。由各州代表选举产生的国会联席会议，将有权在七个州代表的同意下，制定修正案。"汉普登"提出的具体修正案体现了各州反联邦主义者的普遍要求，例如，限制国会的征税权力，限制国会控制国会议员的选举时间、地点和方式，并扩大对陪审团审判权的保障措施。

138 1788 年 2 月 3 日贝尔纳普致埃比尼泽・哈扎德，*DHRC*, 7:1566。

139 1788 年 1 月 27 日金致诺克斯，同上，1553（"在我看来"）；1788 年 2 月 4 日亨利・范・沙克致彼得・范・沙克，同上，1575（"不厌其烦地"）；另见 Maier, *Ratification*, 159, 193。因汉考克的健康状况"非常不稳定"，大会任命了一位副主席——州首席大法官威廉・库欣——在汉考克缺席时主持会议。参见 1788 年 1 月 9 日戈尔致沃兹华斯，*DHRC*, 3:603；另见 1788 年 1 月 9 日戈尔致撒切尔，*DHRC*, 5:656。也有人认为，汉考克"尚未就这一问题发表意见，因为他想先知道哪一方占多数"。参见 1788 年 1 月 22 日、27 日威廉・克兰奇致约翰・昆西・亚当斯，*DHRC*, 7:1544。关于亚当斯，参见上文，434–436。亚当斯的儿子在大会期间去世，以故他参加辩论的次数有限。参见 Convention Journal, Jan.18, *DHRC*, 6:1248; Introduction，同上，1108。

140 1788 年 2 月 3 日金致诺克斯，同上，1572（"得到"和"如果"）；1788 年 1

月 31 日道尔顿致史蒂芬·霍珀，同上，1563（“为了推行”）；另见 1788 年 2 月 10 日诺克斯致罗伯特·R. 利文斯顿，同上，1586；1788 年 2 月 3 日，特里斯特拉姆·道尔顿的来信，同上，1569；Introduction，同上，1118；Maier, *Ratification*, 194–195。

141 Hancock, Jan. 31, 1788, *DHRC*, 6:1379（全部引文）；Proposed Amendments，同上，1381–1382；另见 1788 年 2 月 10 日诺克斯致罗伯特·R. 利文斯顿，*DHRC*, 7:1586。

142 Adams, Jan. 31, *DHRC*, 6:1384.

143 Fisher Ames, Feb. 5，同上，1444（“有史以来”）；Charles Jarvis, Feb. 4，同上，1425–1426（“考虑到”和“普遍性”）。支持这些修正案的其他联邦主义者的发言，参见 James Bowdoin, Feb. 1，同上，1390；Increase Sumner，同上，1400；2 月 2 日卡莱布·斯特朗和“其他几位先生”的发言，同上，1406。也有反联邦主义者否认批准宪法大会有权提出修正案，认为那些已经批准宪法的州不太可能支持这些修正案，参见 William Widgery, Feb. 1，同上，1401；Ebenezer Peirce，同上，1404；Thompson, Feb. 2，同上，1406。

144 1788 年 1 月 30 日道尔顿致迈克尔·霍奇，*DHRC*, 7:1560（“使这一问题”）；1788 年 2 月 4 日亨利·范·沙克致彼得·范·沙克，同上，1575（“对许多”和“[现在]”）；1788 年 2 月 3 日戈勒姆致诺克斯，同上，1570；1788 年 1 月 30 日金致麦迪逊，同上，1561（“我们的”“性格中”和“辜负我们”）；另见 1788 年 2 月 3 日金致麦迪逊，同上，1572。在汉考克和亚当斯支持拟议修正案之后，联邦主义者做出了更乐观的评价，参见 1788 年 2 月 1 日艾萨克·巴克斯致苏珊娜·巴克斯，同上，1564；1788 年 2 月 3 日贝尔纳普致埃比尼泽·哈扎德，同上，1566；1788 年 2 月 3 日戈尔致撒切尔，同上，1569；1788 年 2 月 3 日金致诺克斯，同上，1571；1788 年 2 月 3 日林肯致华盛顿，同上，1572；另见 1788 年 2 月 3 日詹姆斯·沙利文致约翰·兰登，同上，1574；1788 年 2 月 10 日诺克斯致罗伯特·R. 利文斯顿，同上，1586。和金一样，道尔顿也怀疑汉考克是否完全靠得住（道尔顿致迈克尔·霍奇，上文）。

145 Hancock, Feb. 6, *DHRC*, 6:1476（引文）；Convention Journal, Feb.2，同上，

1405–1406。关于该委员会和联邦主义者占多数一事的描述，参见 1788 年 2 月 3 日乔治・本森致尼古拉斯・布朗，同上，7:1568；1788 年 2 月 3 日戈勒姆致诺克斯，同上，1570；以及前注所引用的文献；另见 1788 年 2 月 6 日杰克逊致诺克斯，同上，1581; Introduction，同上，6:1121; Maier, *Ratification*, 199。

146 "The Republican Federalist" V, *Massachusetts Centinel*, Jan. 19, 1788, *DHRC*, 5:748（引文）; Convention Journal, Feb.5, *DHRC*, 6:1443（休会动议）; 同上，1451(投票表决是否休会）; 另见 1788 年 2 月 3 日乔治・本森致尼古拉斯・布朗，*DHRC*, 7:1567–1568；1788 年 2 月 6 日杰克逊致诺克斯，同上，1581; Introduction，同上，6:1121–1122; Maier, *Ratification*, 204; Rutland, *Ordeal of the Constitution*, 99, 103, 108。关于大会休会的最初建议，参见 William Thompson, Jan. 21, 1788, *DHRC*, 6:1291；另见 1788 年 1 月 23 日杰克逊致诺克斯，*DHRC*, 7:1546。甚至在大会开始之前，就有一位反联邦主义者写文章呼吁大会代表支持休会（"The Republican Federalist" I, *Massachusetts Centinel*, Dec. 29, 1787, *DHRC*, 5:551）。

147 Symmes, Feb. 6, *DHRC*, 6:1474（"重大缺陷""完全拒绝""以中间人的角色"和"黑暗中的"）; Charles Turner，同上，1471–1472（"反对接受""改变了""尊重""普遍性"和"普遍的接受"）。

148 Convention Debates, Feb. 6，同上，1477（全部引文）; 同上，1487（总票数）。

149 Taylor，同上，1488（"被公平地"和"他决心"）; Widgery，同上，1487（"被博学明智的"和"努力"）; 1788 年 2 月 6 日金致麦迪逊，*DHRC*, 7:1647（"少数派""宽宏大量"和"宪法将在"）; 另见 Abraham White and Josiah Whitney, Feb. 6, *DHRC*, 6:1487; Introduction，同上，1122–1123；1788 年 2 月 6 日林肯致华盛顿，*DHRC*, 7:1582；1788 年 2 月 10 日杰克逊致诺克斯，同上，1585；William Heath Diary, Feb.7, 1788，同上，1525; Maier, *Ratification*, 209–210。全国各地的联邦主义者都注意到马萨诸塞州反联邦主义者的宽宏大量，并表示称赞。可参见 New York *Daily Advertiser*, Feb. 18, 1788, *DHRC*, 20:771；1788 年 2 月 27 日约翰・霍华德致乔治・撒切尔，同上，818; Winchester *Virginia Gazette*, Mar. 19, 1788, *DHRC*, 7:1655；来自马里兰州

剑桥的一封信的摘录（5 月 12 日），*Maryland Journal*, May 16, 1788, *DHRC*, 12:720；另见 1788 年 2 月 27 日州长约翰·汉考克在州议会的演讲，*DHRC*, 7:1668。

150 1788 年 3 月 20 日李致撒切尔，同上，1726。其他类似报告，参见 Providence *United States Chronicle*, Mar. 6, 1788，同上，1654; *Massachusetts Centinel*, Mar. 12, 1788，同上；1788 年 3 月 10 日小约翰·艾弗里（John Avery, Jr.）致乔治·撒切尔，同上，1675；1788 年 2 月 24 日杰克逊致诺克斯，同上，1707；另见 1788 年 2 月 26 日塞缪尔·纳森致乔治·撒切尔，同上，1708；1788 年 3 月 17 日乔纳森·摩尔（Jonathan Moore）致以利亚·布里汉姆（Elijah Brigham），同上，1725。一个特殊的例外是威廉·汤普森将军，他在大会结束后继续对宪法提出抗议。可以参见 1788 年 2 月 29 日托马斯·B. 韦特致乔治·撒切尔，同上，1718–1719。

151 1788 年 6 月 21 日亨利·范·沙克致彼得·范·沙克，引用自 Editors' Note, The State Elections, Apr. 7–May 29, 1788，同上，1732。其他一些地方，也有关于这次选举结果的记录，参见同上，1729–1732。在他的日记中，约翰·昆西·亚当斯提到，"过去十二个月里，民众的倾向发生了一场革命……在上次选举中声称如果汉考克先生当选，马萨诸塞州将被毁灭的那些人，现在反而尽一切努力让他加入"（Apr. 7, 1788，引自同上，1731）。关于春季选举是对宪法的全民公决的观点，参见 *Pennsylvania Gazette*, Apr. 30, 1788，同上，1680。

152 1788 年 2 月 10 日诺克斯致华盛顿，同上，1587（"现在我们"和"以最谨慎"）；1788 年 2 月 10 日杰克逊致诺克斯，同上，1584（"非常积极地"和"此举为自己"）。本杰明·林肯还告诉华盛顿，在大会开幕时，有"非常确定的多数"代表反对批准宪法（Feb. 9, 1788，同上，1688）；另见 1788 年 2 月 6 日道尔顿致约翰·兰登，同上，1579–1580; Gillespie, "Massachusetts," 158, 161; McDonald, *We the People*, 183。有人证实，汉考克的支持对批准宪法发挥了至关重要的作用，参见 1788 年 2 月 9 日卡莱布·吉布斯（Claeb Gibbs）致华盛顿，*DHRC*, 7:1687。汉考克为反联邦主义代表提供政治掩护的观点，参见 1788 年 2 月 9 日威廉·威杰里致乔治·撒切尔，同上，

1690。

153 1788 年 2 月 15 日麦迪逊致华盛顿，*DHRC*, 7:1701（全部引文）；另见 Maier, *Ratification*, 215。诺克斯也担心，“本州投票支持批准宪法的多数不够多，不太容易对其他州，尤其是纽约州产生巨大的影响”（1788 年 2 月 14 日诺克斯致华盛顿，*DHRC*, 7:1699）。也有人试图将马萨诸塞州以微弱优势取得的胜利，转化为其他地方联邦主义者的有利形势，参见 1788 年 2 月 13 日小约翰·艾弗里致乔治·撒切尔，同上，1693；另见 1788 年 2 月 29 日道尔顿致兰登，同上，1717。

154 1788 年 2 月 29 日伦道夫致麦迪逊，*DHRC*, 8:436–437（全部引文）。和伦道夫一样，纽约州的联邦主义者亚伯拉罕·班克关注着马萨诸塞州批准宪法大会提出的修正案（1788 年 2 月 15 日亚伯拉罕·班克致埃弗特·班克，*DHRC*, 20:782）。

155 1788 年 3 月 2 日华盛顿致麦迪逊，*DHRC*, 8:452（“对本州”）；1788 年 2 月 29 日华盛顿致金，*PGW* (C.S.), 6:133（“对那些”）；1788 年 3 月 13 日卡林顿致诺克斯，*DHRC*, 8:491（“马萨诸塞州”）；1788 年 2 月 17 日维克多·杜邦致皮埃尔·塞缪尔·杜邦·德内穆尔（Pierre Samuel DuPont de Nemours），*DHRC*, 7:1703；另见 1788 年 2 月 29 日华盛顿致林肯，同上，1653；1788 年 3 月 3 日华盛顿致杰伊，*DHRC*, 8:455。有人强硬地认为，无论从哪个方面来说，马萨诸塞州批准宪法都解决了整个国家的问题，参见 1788 年 2 月 18 日科林·麦格雷戈致尼尔·杰米森，*DHRC*, 20:786；南方某州一位绅士的来信摘录（3 月 1 日），Boston *Independent Chronicle*, Apr. 3, 1788, *DHRC*, 7:1729。有人认为，马萨诸塞州批准宪法使纽约州的许多反联邦分子“沉默了”，联邦主义者“获得了更多的信徒”，参见一位美国爱国者兼士兵的来信摘录（4 月 4 日），*State Gazette of South Carolina*, May 8, 1788, *DHRC*, 20:1093；另见 1788 年 2 月 25 日埃比尼泽·哈扎德致马修·凯瑞（Mathew Carey），同上，809。有人认为，马萨诸塞州批准宪法挫败了宾夕法尼亚州的反联邦主义势力，参见 1787 年 2 月 29 日沃尔特·斯特瓦特（Walter Stewart）致威廉·欧文，*DHRC*, 2:715；1787 年 2 月 22 日托马斯·菲茨西蒙斯致威廉·欧文，同上，716。

156 1787 年 11 月 6 日兰登致华盛顿，*Documentary History of the Constitution of the United States* (Washington, D.C., 1905), 4:366（“没有听说”）; 1787 年 12 月 9 日麦迪逊致杰斐逊，*PJM* (C.S.), 10:311（“从各方面情况”）; 另见 1787 年 10 月 24 日麦迪逊致杰斐逊，同上，216; Yarbrough, “New Hampshire,” 235。

157 Jere R. Daniell, “Ideology and Hardball: Ratification of the Federal Constitution in New Hampshire,” in *New Hampshire: The State that Made Us a Nation* (William M. Gardner, Frank C. Mevers, and Richard F. Upton, eds., Portsmouth, NH, 1989), 8–9.

158 1788 年 2 月 9 日卡莱布 · 吉布斯致华盛顿，*DHRC*, 7:1687（“如果”）; 1788 年 2 月 6 日金致麦迪逊，同上，1647（“新罕布什尔州”）; 1788 年 2 月 15 日麦迪逊致华盛顿，同上，1701（“毫无疑问”和“联邦圣殿的”）。马萨诸塞州批准宪法后，有人自信地预言，新罕布什尔州将批准宪法，参见 1788 年 2 月 20 日约瑟夫 · 巴雷尔致塞缪尔 · 布莱克利 · 韦伯，*DHRC*, 20:731; 1788 年 2 月 6 日道尔顿致兰登，*DHRC*, 7:1580; 1788 年 2 月 13 日杰克逊致诺克斯，同上，1694; 1788 年 2 月 14 日耶利米 · 希尔致乔治 · 撒切尔，同上，1697; 另见 Editors' Note, New York and the Adjournment of the New Hampshire Convention, *DHRC*, 20:798。对新罕布什尔州批准宪法可能性的更保守估计，参见 1788 年 2 月 16 日约翰 · 昆西 · 亚当斯致威廉 · 克兰奇，*DHRC*, 7:1702。

159 1788 年 2 月 11 日沙利文致诺克斯，引自 Editors' Note, New York and the Adjournment of the New Hampshire Convention, *DHRC*, 20:799（“不像我预期的”）; 1788 年 2 月 28 日兰登致华盛顿，*PGW* (C.S.), 6:132（“与几乎所有”）; 另见 1788 年 2 月 23 日兰登致金，*DHRC*, 16:183; Heideking, *The Constitution Before the Judgment Seat*, 238–239; Rutland, *Ordeal of the Constitution*, 117; Boyd, *Politics of Opposition*, 63; Maier, *Ratification*, 218–219, 238; Yarbrough, “New Hampshire,” 238–239; Daniell, “Ideology and Hardball,” 9–10。

160 1788 年 2 月 23 日兰登致金，*DHRC*, 16:183（“在辩论了十天之后”）; 1788

年 2 月 28 日兰登致华盛顿，*PGW* (C.S.), 6:132–133（“机会”）；另见 1788 年 3 月 3 日麦迪逊致伦道夫，*PJM* (C.S.), 10:554；1788 年 6 月 3 日杰斐逊致威廉·卡迈克尔，*PTJ* (M.S.), 13:232；1788 年 2 月 28 日耶利米·希尔致乔治·撒切尔，*DHRC*, 7:1716; Yarbrough, “New Hampshire,” 239–249; Daniell, “Ideology and Hardball,” 12–14; Rutland, *Ordeal of the Constitution*, 118。

161 1788 年 2 月 28 日兰登致华盛顿，*PGW* (C.S.), 6:133（引文）；另见 1788 年 2 月 23 日兰登致金，*DHRC*, 16:183；1788 年 3 月 3 日麦迪逊致伦道夫，*PJM* (C.S.), 10:554–555; Daniell, “Ideology and Hardball,” 10–12; Maier, *Ratification*, 219–220; *New Hampshire Provincial and State Papers* (Nathaniel Bouton, ed., Concord, NH, 1877), 10:13; Rutland, *Ordeal of the Constitution*, 119–120; Heideking, *The Constitution Before the Judgment Seat*, 299–300; editorial note, *DHRC*, 16:179–180。

162 1788 年 2 月 28 日兰登致华盛顿，*PGW* (C.S.), 6:132–133（全部引文）；另见 1788 年 5 月 6 日兰登致金，*DHRC*, 16:183；1788 年 3 月 22 日尼古拉斯·吉尔曼致沙利文，同上，461–462; editorial note，同上，180–181; Maier, *Ratification*, 221–222。

163 1788 年 3 月 3 日麦迪逊致伦道夫，*DHRC*, 16:304（“批准宪法事业”“获得新的力量”“几乎扼杀了”和“可能会”）；1788 年 3 月 22 日吉尔曼致沙利文，同上，461（“我们的会议进程”和“扩大了”）；1788 年 4 月 15 日安托万·德·拉·弗雷斯特（Antoine de la Forest）致卢泽恩伯爵，*DHRC*, 17:98（“危险的失败”“纽约州”和“获得了新的力量”）；1788 年 3 月 4 日科林·麦格雷戈致尼尔·杰米森，*DHRC*, 20:843（联盟证券价格下跌）；另见 Rutland, *Ordeal of the Constitution*, 121–122。还有联邦主义者认为，新罕布什尔州批准宪法大会休会损害了批准宪法事业，参见 1788 年 4 月 2 日华盛顿致兰登，*PGW* (C.S.), 6:187；1788 年 3 月 30 日华盛顿致诺克斯，同上，183；1788 年 3 月 17 日布朗致詹姆斯·布雷肯里奇，*DHRC*, 16:404；1788 年 4 月 9 日诺克斯致沙利文，*DHRC*, 17:40; Editors’ Note, New York and the Adjournment of the New Hampshire Convention, *DHRC*, 20:799–800。有观点

认为，新罕布什尔州批准宪法大会休会，致使在弗吉尼亚州召开批准宪法大会之前，不可能有九个州批准宪法，参见 1788 年 4 月 5 日乔治·尼古拉斯致麦迪逊，*DHRC*, 9:703；1788 年 3 月 3 日塞勒斯·格里芬致托马斯·菲茨西蒙斯，*DHRC*, 8:453; Editorial Note, *DHRC*, 16:182。

164 *United States Chronicle*, Mar. 6, 1788, *DHRC*, 24:129（引自 House Proceedings of Feb.29）; 下文，517–518; Maier, *Ratification*, 223–224; Rutland, *Ordeal of the Constitution*, 125–126。

165 1787 年 10 月 24 日麦迪逊致杰斐逊，*PJM* (C.S.), 10:216（"他从马里兰""就目前情形"）; Dec. 9, 1787，同上，311（"马里兰强烈反对"）; 另见 1787 年 10 月 28 日丹尼尔·卡罗尔致麦迪逊，*DHRC*, 11:24。华盛顿也认为，马里兰州基本上不会出现反对批准宪法的意见［1788 年 1 月 18 日华盛顿致塞缪尔·鲍威尔，*PGW* (C.S.), 6:45］。有人则预测会出现更激烈的反对意见，参见 1787 年 10 月 8 日兰伯特·卡德瓦拉德致乔治·米切尔，*DHRC*, 3:138；1788 年 6 月 3 日杰斐逊致威廉·卡迈克尔，*PTJ* (M.S.), 13:232。

166 1787 年 11 月 29 日路德·马丁在众议院的演讲，*DHRC*, 11:88（引文）; 另见 Luther Martin, Genuine Information II, Baltimore *Maryland Gazette*, Jan. 1, 1788，同上，135–136; 1788 年 5 月 20 日路德·马丁致丹尼尔·卡罗尔，*Farrand*, 3:322; Introduction, *DHRC*, 11 : lii。蔡斯和帕卡领导的反对派，参见 1787 年 11 月 10 日格雷森致威廉·肖特，*DHRC*, 14:82; 1788 年 7 月 11 日约翰·布朗·卡廷（John Brown Cutting）致杰斐逊，*PTJ* (M.S.), 13:333。马里兰州反联邦主义领导人低价收购被没收的效忠派地产的投机行为，参见 Introduction, *DHRC*, 11: xxxix; "Steady," Baltimore *Maryland Gazette*, Sept. 28, 1787，同上，11–12; 来自巴尔的摩的一封信的摘录（4 月 24 日），*Pennsylvania Gazette*, Apr. 30, 1788, *DHRC*, 12:616; 另见 McDonald, *We the People*, 154。有观点认为，反联邦主义州议员是召集本州参加过费城会议的代表来州议会集合的幕后推手，参见 1787 年 11 月 25 日威廉·蒂尔格曼（William Tilghman）致坦奇·考克斯，*DHRC*, 11:63; 1787 年 11 月 28 日理查德·库森（Richard Curson）致霍雷肖·盖茨，同上，64; Introduction，同上，68; 1787 年 12 月 2 日丹尼尔·卡罗尔致本杰明·富兰克林，同上，

96。

167 1787年12月11日托马斯·约翰逊致华盛顿，*DHRC*, 14:404（全部引文）；Onuf, "Maryland," 171–173, 190; Maier, *Ratification*, 246; Introduction, *DHRC*, 11:1。

168 1788年4月20日威廉·蒂尔格曼致坦奇·考克斯，*DHRC*, 12:613（引文）；1788年4月5日尼古拉斯致麦迪逊，*PJM* (C.S.), 11:8；另见1788年4月9日尼古拉斯致戴维·斯图尔特，*DHRC*, 9:712；1788年4月8日麦迪逊致尼古拉斯，*PJM* (C.S.), 11:12；1788年2月10日丹尼尔·卡罗尔致麦迪逊，同上，10:496；来自里士满一位绅士的信的摘录（3月25日），Baltimore *Maryland Gazette*, Apr. 4, 1788，*DHRC*, 9:702; Editorial Note, *DHRC*, 16:182–183。华盛顿认为，马里兰州的批准将"对弗吉尼亚州的批准前景产生相当大的影响"（1788年5月2日华盛顿致本杰明·林肯，*DHRC*, 9:780）。

169 1788年4月20日华盛顿致约翰逊，*DHRC*, 9:743（"等同于"和"可以想见"）；1788年4月20日麦克亨利致华盛顿，引用自同上，764 n. 2（"要求"和"要竭尽全力"）；另见1788年4月27日华盛顿致麦克亨利，同上，763; Editorial Note, George Washington and the Maryland convention, Apr. 20–27, 1788, *DHRC*, 12:520–522; Maier, *Ratification*, 241–243; Boyd, *Politics of Opposition*, 99, 101; Rutland, *Ordeal of the Constitution*, 151–153; Haw et al., *Stormy Patriot*, 148–149。麦迪逊写给马里兰联邦主义者的信没有保存下来，但是1788年4月10日麦迪逊写给华盛顿的信证实了他写过这样的信，*PJM* (C.S.), 11:20。

170 有人提出，获得代表资格的条件是拥有五百英镑的财产，但是遭到了其他人的反驳，参见 House of Delegates proceedings, Nov. 26, 1787, *DHRC*, 11:75；另见 McDonald, *We the People*, 149。马里兰州批准宪法大会代表的竞选活动，参见 Heideking, *The Constitution Before the Judgment Seat*, 231–234。报道大会代表名单的报纸预测的结果，与实际结果非常接近。参见 The *New York Journal* and Maryland's Ratification of the Constitution, May 1–5, 1788, *DHRC*, 20:968–969；另见1788年4月11日亚历山大·康蒂·汉森（Alexander Contee Hanson）致坦奇·考克斯，*DHRC*, 12:609；1788年4月

15 日圣托马斯·詹尼弗的丹尼尔致华盛顿，同上，611；1788 年 4 月 20 日威廉·蒂尔格曼致考克斯，同上，612–613。

171 1788 年 4 月 27 日理查德·巴特勒（Richard Butler）致威廉·欧文，*DHRC*, 12:628–629（引文）; New York *Daily Advertiser*, Apr. 30, 1788，同上，627（否决反联邦主义者提出的逐段审议宪法的动议）; Maryland Convention Proceedings, Apr. 26, 1788，同上，647（投票）; 另见 Boyd, *Politics of Opposition*, 31–32, 121–122; Heideking, *The Constitution Before the Judgment Seat*, 301–302; Bernard Steiner, "Maryland's Adoption of the Federal Constitution," *American Historical Review* (1899), 5:209–210; Introduction, *DHRC*, 12:543–544; Introduction，同上，618–620。尽管联邦主义者占绝大多数，他们仍然让反联邦主义者畅所欲言，参见 1788 年 4 月 28 日威廉·史密斯致坦奇·考克斯，同上，542。联邦主义者考虑到他们的绝对多数地位，出于类似的不希望"打乱节奏"的想法，决定不去质疑那些由他们居住地以外的县选出的反联邦主义代表的资格——这样的选举违反了州法（1788 年 4 月 20 日蒂尔格曼致考克斯，同上，613）。

172 Introduction, *DHRC*, 12:618–619；来自安纳波利斯的一封信的摘录（4 月 28 日），*Pennsylvania Packet*, May 2, 1788，同上，649; Newspaper Report of Convention Proceedings, Apr. 29, 1788，同上，656; Address of the Antifederalist Minority of the Maryland Convention, May 1, 1788，同上，662–668; Draft of Federalist Address to the People of Maryland，引自 1788 年 6 月 2 日亚历山大·康蒂·汉森致麦迪逊，同上，675–680；另见 1788 年 5 月 28 日丹尼尔·卡罗尔致麦迪逊，同上，740; Steiner, "Maryland's Adoption of the Federal Constitution," 213–217。

173 威廉·帕卡提出的修正案，*DHRC*, 12:650–652。马里兰人担心联邦法院会强迫他们向英国债权人偿还战前债务，参见 1787 年 11 月 25 日威廉·蒂尔格曼致坦奇·考克斯，*DHRC*, 11:63；另见 1788 年 4 月 13 日塞缪尔·史密斯（Samuel Smith）致坦奇·考克斯，*DHRC*, 12:585; McDonald, *We the People*, 154–155。马里兰人对英国债权人的负债程度，参见 Jensen, *New Nation*, 278。

174 Editorial note, *DHRC*, 12:660; "A Member of Convention: To the People of Maryland," Baltimore *Maryland Gazette*, May 13, 1788，同上，732；1788 年 5 月 18 日詹姆斯・麦克亨利致华盛顿，同上，739。联邦主义者用制定适当修正案的希望"安抚"处于少数派地位的反联邦主义者后，突然以"专横的态度"中止马里兰州批准宪法大会，有人对此提出批评，参见"A Free Man," Philadelphia *Independent Gazetteer*, May 13, 1788，同上，733。

175 Introduction, *DHRC*, 12:618–619; Address of the Antifederalist Minority of the Maryland Convention, May 1, 1788，同上，660–669; Address to the Members of the New York and Virginia Conventions（可能是约翰・弗朗西斯・默瑟撰写）, post–Apr. 30, 1788, *DHRC*, 17:257–258（全部引文）；另见 1788 年 6 月 13 日塞缪尔・蔡斯致约翰・兰姆，*DHRC*, 18:47–48；1788 年 7 月 11 日约翰・布朗・卡廷致杰斐逊，*PTJ* (M.S.), 13:333–336; Boyd, *Politics of Opposition*, 122–123; Maier, *Ratification*, 245–246; Rutland, *Ordeal of the Constitution*, 158–159; Haw et al., *Stormy Patriot*, 154–155; Steiner, "Maryland's Adoption of the Federal Constitution," 220。

176 1787 年 11 月 16 日让・巴普蒂斯特・佩特利致卡斯特里元帅（Le Marchal de Castries）, *DHRC*, 27:41（全部引文）；另见 1787 年 11 月 21 日托马斯・都铎・塔克致圣乔治・塔克，同上，42。

177 1788 年 1 月 12 日让・巴普蒂斯特・佩特利致蒙特莫林伯爵，同上，82（全部引文）。南卡罗来纳州的主要宪法支持者戴维・拉姆塞说，联邦主义者希望在州立法机关讨论宪法，"以便让来自乡村地区的代表也知晓"［1788 年 1 月 19 日拉姆塞致约翰・艾略特（John Eliot），同上，206］；另见 1788 年 1 月 29 日拉姆塞致本杰明・林肯，*DHRC*, 15:487。

178 1788 年 1 月 14 日查尔斯・科茨沃斯・平克尼在南卡罗来纳州议会上的发言，*DHRC*, 27:83; Rawlins Lowndes，同上，83–84; Pierce Butler，同上，84; Edward Rutledge，同上；The South Carolina General Assembly Calls a Convention, Jan. 8–29, 1788，同上，72–73; South Carolina House of Representatives Debates the Constitution, Jan. 16–18, 1788，同上，88；另见 1788 年 1 月 16 日彭纽尔・鲍恩（Penuel Bowen）致约瑟夫・沃德（Joseph

Ward)，同上，195–196；1788 年 1 月 30 日让·巴普蒂斯特·佩特利致蒙托林伯爵，同上，199; Boyd, *Politics of Opposition*, 37。朗兹代表边远乡村地区的代表发言，参见上文，410。

179 South Carolina House Proceedings, Jan. 19, 1788, *DHRC*, 27:161（一致同意召开批准宪法大会）；同上，162–163（投票决定批准宪法大会的地点）；Boyd, *Politics of Opposition*, 38–39。

180 1788年6月4日阿奇博尔德·麦克莱恩致詹姆斯·艾德尔，引用自 Griffith J. McRee, *Life and Correspondence of James Iredell: One of the Associate Justices of the Supreme Court of the United States* (New York, 1858), 2:226（"偏远地区"）；来自查尔斯顿的一封信的摘录（1 月 22 日），Philadelphia *Freeman's Journal*, Feb. 13, 1788, *DHRC*, 27:209（"人多势众"和"心怀猜忌"）；1788 年 4 月 9 日亚瑟·布莱恩致乔治·布莱恩（George Bryan），同上，251（"据传"）。也有人预计，"偏远地区的激烈反对是因为利益"，参见查尔斯顿一位绅士的信的摘录（2 月 9 日），Philadelphia *Independent Gazetteer*, Apr. 22, 1788，同上，221。有的联邦主义者更有信心一些，参见 1788 年 3 月 3 日巴特勒致格里，同上，229。

181 来自查尔斯顿的一封信的摘录（5 月 1 日），*Massachusetts Centinel*, May 28, 1788，同上，262（引文）；另见 Weir, "South Carolina," 226。关于分配不平等，见上文，406。

182 1788 年 1 月 17 日朗兹在南卡罗来纳州议会的发言，*DHRC*, 27:125–128; Jan. 16，同上，107–110；1788 年 5 月 20 日帕特里克·多拉德在南卡罗来纳州批准宪法大会上的发言，同上，378–380；另见 1788 年 4 月 21 日拉姆塞致拉什，同上，261; Weir, "South Carolina," 220–222; Maier, *Ratification*, 247–248。

183 1788 年 1 月 17 日查尔斯·科茨沃斯·平克尼在南卡罗来纳州议会上的发言，*DHRC*, 27:122–124; Robert Barnwell，同上，132–133; Edward Rutledge，同上，135；1788 年 5 月 14 日查尔斯·平克尼在南卡罗来纳州批准宪法大会上的发言，同上，335；"Caroliniensis"，Charleston *City Gazette*, Jan. 3, 1788，同上，64；1788 年 5 月 5 日皮尔斯·巴特勒致韦顿·巴特勒，

DHRC, 17:383–384；上文，301–302, 337–339。

184 1788 年 6 月 23 日安达努斯·伯克致约翰·兰姆，*DHRC*, 18:56（引文）；South Carolina convention, May 21, 1788，*DHRC*, 27:366（投票反对休会）；South Carolina Receives News of Maryland Ratification，同上，285; Introduction，同上，304–305; Boyd, *Politics of Opposition*, 124; Weir, "South Carolina," 224; Maier, *Ratification*, 250–251; Rutland, *Ordeal of the Constitution*, 167。

185 1788 年 6 月 23 日伯克致约翰·兰姆，*DHRC*, 18:56–57（全部引文）；South Carolina convention, May 23, 1788, *DHRC*, 27:393–397（投票批准宪法）；Introduction，同上，305–306; Weir, "South Carolina", 224–225; Maier, *Ratification*, 251–252。

186 1788 年 6 月 5 日鲍德温致肖伯恩·琼斯（Seaborn Jones），*DHRC*, 20:1129–1130。

187 1788 年 3 月 3 日麦迪逊致华盛顿，*PJM* (C.S.), 10:555（引文）；Yarbrough, "New Hampshire," 250; Daniell, "Ideology and Hardball," 14–15; Maier, *Ratification*, 314–315。新罕布什尔州反联邦主义者抱怨联邦主义者控制了新闻界，参见 1788 年 6 月 11 日约书亚·阿瑟顿致约翰·兰姆，*DHRC*, 18:46。

188 1788 年 6 月 12 日金致汉密尔顿，*DHRC*, 20:1127（引文）。信心十足的其他联邦主义者预测，重新召开的新罕布什尔州批准宪法大会将批准宪法，参见，例如，1788 年 5 月 25 日威廉·宾厄姆致坦奇·考克斯，同上，1110；1788 年 6 月 16 日塞勒斯·格里芬致托马斯·菲茨西蒙斯，同上，1174；1788 年 6 月 10 日约翰·马歇尔在弗吉尼亚州批准宪法大会上的发言，*DHRC*, 9:1123；1788 年 6 月 8 日汉密尔顿致麦迪逊，*PJM* (C.S.), 11:100；1788 年 5 月 29 日杰伊致华盛顿，*PGW* (C.S.), 6:303；1788 年 6 月 25 日约翰·布朗致阿奇博尔德·斯图尔特，*DHRC*, 21:1226。

189 Yarbrough, "New Hampshire," 250–251; Heideking, *The Constitution Before the Judgment Seat*, 309–310; Maier, *Ratification*, 315–316.

190 1788 年 4 月 5 日尼古拉斯致麦迪逊，*PJM* (C.S.), 11:8（"部分代表"）；1788 年 5 月 7 日李致梅森，*DHRC*, 9:784（"弗吉尼亚州"）；Maier, *Ratification*, 313; Banning, *Sacred Fire*, 234。弗吉尼亚批准宪法对联邦成功的重要性，参

见 1788 年 6 月 25 日莫斯蒂尔伯爵（Comte de Moustier）致蒙特莫林伯爵，*DHRC*, 21:1227；1788 年 7 月 31 日托拜厄斯·利尔致华盛顿，同上，1350–1351；1788 年 6 月 12 日威廉·宾厄姆致坦奇·考克斯，*DHRC*, 20:1150；1788 年 2 月 4 日马丁·奥斯特致卢泽恩伯爵，*DHRC*, 8:344；1788 年 5 月 14 日卡林顿致杰斐逊，*DHRC*, 9:795–796。宾夕法尼亚联邦主义者坦奇·考克斯对麦迪逊说，如果弗吉尼亚州拒绝批准宪法，"纽约、新罕布什尔和北卡罗来纳的宪法批准前景将变得非常不确定"（May 19, 1788，同上，833）。纽约商人和债券投机者科林·麦格雷戈写道，"如果弗吉尼亚州拒绝了新宪法的最终解决方案，其他大陆债券将会应声下跌；如果该州批准宪法，它们将立即升值"（1788 年 6 月 4 日麦格雷戈致尼尔·杰米森，*DHRC*, 10:1575）；另见 editorial note，同上，n. 2。

191 1787 年 10 月 10 日华盛顿致麦迪逊，*PGW* (C.S.), 5:367（"批准宪法大会"）；约 1787 年 10 月 29 日伦道夫致麦迪逊，*DHRC*, 8:133（"人们最初""潮流正转向""每天都会""最后的结果"和"竭尽全力"）；1787 年 11 月 10 日格雷森致威廉·肖特，*DHRC*, 14:82（"反对宪法"和"现在说不准"）；1787 年 12 月 15 日杰斐逊致威廉·卡迈克尔，同上，481（"推测"）；另见 1788 年 2 月 19 日麦迪逊致杰斐逊，*PJM* (C.S.), 10:520；1787 年 11 月 10 日道森致麦迪逊，同上，248; Labunski, *James Madison*, 35–36; Banning, "Virginia," 277。

192 1788 年 3 月 30 日华盛顿致诺克斯，*PGW* (C.S.), 6:183（"肯塔基地区"）；1788 年 4 月 5 日尼古拉斯致麦迪逊，*PJM* (C.S.), 11:10（"唯一危险"）；另见 1788 年 4 月 8 日麦迪逊致尼古拉斯，同上，12；1788 年 8 月 10 日约翰·布朗致杰斐逊，*PTJ* (M.S.), 13:494；1788 年 4 月 19 日尼古拉斯·吉尔曼致约翰·兰登，*LDC*, 25:60; Banning, "Virginia," 280–282; Maier, *Ratification*, 238, 241; Watlington, *Partisan Spirit*, 150; Talbert, "Kentuckians in the Virginia Ratifying Convention," 188–189, 192；上文，48–69。

193 Samuel McDowell et al., Circular Letter to Fayette County Court in Danville, Kentucky, Feb. 29, 1788, *DHRC*, 8:435（"六百"和"将无法发展"）；1788 年 3 月 30 日华盛顿致诺克斯，*PGW* (C.S.), 6:183（"变成肯塔基地区"和

“他们对此”); 另见 1788 年 8 月 10 日约翰 · 布朗致杰斐逊，*PTJ* (M.S.), 13:494; 1788 年 2 月 20 日哈里 · 英尼斯致约翰 · 布朗，*DHRC*, 8:386; Watlington, *Partisan Spirit*, 149。有人担心肯塔基地区无法通过征收进口税来保护自己的制造业，参见 1787 年 12 月 20 日塞缪尔 · 麦克道尔（Samuel McDowell）致威廉 · 弗莱明，*DHRC*, 8:255; 英尼斯致布朗，上文。

佛蒙特地区的居民对于土地所有权问题的争议，表达了类似的担忧，他们担心根据宪法，联邦法院会偏向于根据纽约州法律提出的主张，而不是根据佛蒙特州法律提出的主张。参见 1788 年 7 月 14 日纳撒尼尔 · 奇普曼（Nathaniel Chipman）致汉密尔顿，*PAH*, 5:161。（1777 年，佛蒙特宣布从纽约州独立，制定了宪法，并建立了自己的立法机关，但是邦联国会拒绝承认它是一个独立的州。）

194 有人反对参议院实行各州平等的代表制，参见下文，469–470。允许奴隶制延续的妥协也不受欢迎，参见 Waldstreicher, *Slavery's Constitution*, 142; 下文，470。格雷森是该州的主要反联邦主义者之一，他反对参议院的各州平等代表权，反对国会在商贸立法上的简单多数原则，他说这将“毁掉南方各州”（1787 年 11 月 10 日格雷森致威廉 · 肖特，*DHRC*, 14:82）。

195 1787 年 4 月 15 日道森致麦迪逊，*PJM* (C.S.), 9:381（“该州大部分”); 约 1787 年 10 月 29 日伦道夫致麦迪逊，*DHRC*, 8:133（“宪法最要命”); 1787 年 10 月 26 日皮尔斯致诺克斯，同上，123（“[宪法] 遭到广泛反对”); 另见 1788 年 5 月 24 日威廉 · 阿拉森（William Allason）致约翰 · 莱科利（John Likely），*DHRC*, 9:588。弗吉尼亚州批准宪法大会上对英国债务问题的讨论，参见下文，470–471, 475。独立战争期间和战后，弗吉尼亚州议会也讨论过英国债务问题，参见 Evans, “Private Indebtedness and the Revolution in Virginia,” 352–367; 另见 Introduction, *DHRC*, 8:xxv–xxvii; Jensen, *New Nation*, 279–280; 1785 年 1 月 9 日麦迪逊致杰斐逊，*PJM* (C.S.), 8:229–230。

196 1788 年 1 月 10 日麦迪逊致伦道夫，同上，10:355（“将热情洋溢”); 1787 年 10 月 23 日卡林顿致杰斐逊，*DHRC*, 8:94（“困难”和“两位著名的”); 另见 1787 年 10 月 15 日华盛顿致诺克斯，同上，57; 1787 年 9 月 20 日麦迪逊致彭德尔顿，*PJM* (C.S.), 10:171。

197 8 月 31 日梅森在费城会议上的发言，*Farrand*, 2:479（“宁可砍掉”）; Sept. 15，同上，637–640（“影子”和“君主政体”）。梅森在给杰斐逊的一封信中解释道，他本打算“以抗议的方式”来提出这些反对意见，“但打消了这样做的念头，因为在会议的最后一周，支持新政府方案的人发现他们获得了多数代表的支持，如果以抗议的方式提出反对意见，就过于鲁莽和放纵，当然也更不得体”（May 26, 1788, *DHRC*, 18:79）。麦迪逊对梅森这些反对意见的看法，参见 1787 年 10 月 24 日麦迪逊致杰斐逊，*PJM* (C.S.), 10:215。

198 1787 年 10 月 24 日麦迪逊致杰斐逊，*DHRC*, 8:106（“的确是”“制宪会议”和“尽量阻止”）; 1788 年 10 月 21 日约翰·皮尔斯致亨利·诺克斯，同上，88（“竭尽所能”）; 1788 年 12 月 3 日利尔致兰登，同上，196–197（“梅森在他认为”）; George Mason's Objections to the Constitution of Government formed by the Convention，同上，43–46; editorial note，同上，40–43。梅森对华盛顿说，“在大会的最后阶段稍微缓和一下，可能就会消除”他对宪法的反对（1787 年 10 月 7 日梅森致华盛顿，同上，43）。纽约的一位反联邦主义领导人报告，在费城会议之后，梅森“走遍那个州［弗吉尼亚州］的边远地区，对那里的居民发表长篇大论，指出新宪法将不可避免地产生危险的影响或后果。据说，他现在又到北卡罗来纳州去做同样的事，并打算向南方各州拉响警报”（1787 年 10 月 12 日查尔斯·蒂林哈斯特致休·休斯，同上，54）。

199 1787 年 10 月 7 日梅森致华盛顿，同上，43（“心志笃定”和“竭尽所能”）; 1788 年 4 月 5 日尼古拉斯致麦迪逊，*DHRC*, 9:703（“自打他从”）; 另见 1787 年 10 月 10 日华盛顿致麦迪逊，*PJM* (C.S.), 10:190；1787 年 12 月 9 日麦迪逊致杰斐逊，同上，312；1787 年 10 月 26 日皮尔斯致诺克斯，*DHRC*, 8:123。

200 9 月 10 日伦道夫在费城会议上的发言，*Farrand*, 2:560–561（“不可救药地”）; 同上，563–564（“以独裁暴政告终”“唯一能”和“再召集”）; 另见 Aug. 31，同上，479; Sept. 15，同上，631。

201 1787 年 10 月 24 日麦迪逊致杰斐逊，*DHRC*, 8:106（“歇斯底里”和“他不愿意”）; 1787 年 10 月 23 日卡林顿致杰斐逊，同上，94（“曾表示”）; 另见

1787 年 10 月 11 日威廉·刘易斯致托马斯·李·希彭，*PTJ* (M.S.), 12:229。伦道夫曾于 1787 年 9 月 30 日写信给麦迪逊（*DHRC*, 8:25）。

202 上文，250–251；1786 年 10 月 4 日亨利致约瑟夫·马丁，Henry, *Patrick Henry*, 3:374（全部引文）。

203 1787 年 10 月 24 日麦迪逊致杰斐逊，*DHRC*, 8:107（“很大程度上”和“综合考虑”）；1787 年 10 月 10 日华盛顿致麦迪逊，*PJM* (C.S.), 10:190（“作为一个”）；1787 年 10 月 19 日亨利致华盛顿，*PGW* (C.S.), 5:384（“远非我的”）；另见 1787 年 10 月 19 日利尔致兰登，*DHRC*, 8:80；1787 年 10 月 21 日亨利致托马斯·麦迪逊（Thomas Madison），同上，88。亨利在给华盛顿的信中很有风度地加上了一条保留意见（毕竟是华盛顿主持了起草宪法的大会）：“也许更成熟的思考可以使我有理由改变目前的意见，让我能够与那些我最崇敬的人意见一致。”

204 1787 年 10 月 28 日特伯维尔致亚瑟·李，*DHRC*, 13:505–506（“莫衷一是”和“全心热情”）；1787 年 10 月 29 日亚瑟·李致爱德华·拉特利奇，*DHRC*, 8:131（“可怕的”和“节节败退”）。特伯维尔对宪法的怀疑，另见 1787 年 12 月 11 日特伯维尔致麦迪逊，同上，231–234。

梅森还察觉到“弗吉尼亚州存在巨大的意见分歧”（1787 年 10 月 20 日梅森致埃尔布里奇·格里，同上，86）。稍早一些，有人预测弗吉尼亚州会有相当多的人反对批准宪法，参见 1787 年 9 月 25 日约翰·道森致麦迪逊，同上，16；1787 年 10 月 3 日亚瑟·李致约翰·亚当斯，同上，34；1787 年 10 月 13 日门罗致麦迪逊，同上，192。有人认为，随着时间推移，反对的声音会越来越大，参见 1787 年 10 月 29 日约瑟夫·琼斯致麦迪逊，同上，55；1787 年 10 月 31 日麦克拉格致麦迪逊，同上，137；另见 Banning, *Sacred Fire*, 234–235。

205 Newspaper Reports of House Proceedings and Debates, Oct. 25, 1788, *DHRC*, 8:112–114；1787 年 10 月 15 日门罗致兰伯特·卡德瓦拉德，同上，56；1787 年 10 月 16 日戴维·斯图尔特致华盛顿，同上，67；1787 年 10 月 17 日圣乔治·塔克致弗朗西斯·布兰德·塔克（Frances Bland Tucker），同上，68；1787 年 10 月 19 日约翰·道森致麦迪逊，同上，78–79；1787 年 10 月

21 日阿奇博尔德・斯图尔特致约翰・布雷肯里奇，同上，89；1787 年 10 月 21 日斯图尔特致麦迪逊，同上，90；1787 年 10 月 21 日皮尔斯致诺克斯，同上，88–89; Nov. 12, 1787，同上，155；1787 年 11 月 5 日华盛顿致麦迪逊，*PGW* (C.S.), 6:409；另见 The General Assembly Receives the Constitution, Oct. 15–16, 1787, *DHRC*, 8:57; The General Assembly Calls a Convention, Oct. 25–31, 1787， 同上，110; Heideking, *The Constitution Before the Judgment Seat*, 42–43。

206 House Resolutions, Oct. 25, 1787, *DHRC*, 8:115–116（"由人民组成的"）; 1787 年 11 月 9 日华盛顿致布什罗德・华盛顿，*PGW* (C.S.), 5:421(“不赞成”和“扰乱公众的思想”）; 1787 年 10 月 28 日麦迪逊致彭德尔顿，*DHRC*, 8:126（"更及时"）; 另见 1787 年 10 月 26 日皮尔斯致诺克斯，同上，123; The General Assembly Calls a Convention， 同上，110; Boyd, *Politics of Opposition*, 27–28; Rutland, *Ordeal of the Constitution*, 182。联邦主义代表皮尔斯认为，联邦主义者“要么没能理解他们自己的诉求，要么是担心力量不足”，不然，他们会采取更强硬的立场（皮尔斯致诺克斯，上文）。伦道夫对该决议感到满意，因为他希望由批准宪法大会来提出修正案（1787 年 10 月 29 日前后伦道夫致麦迪逊，同上，133）。麦迪逊认为，弗吉尼亚州议会给其他州树立的榜样“具有巨大的影响力，而且，由于代表之间的意见分歧，看上去更像是公众思想的公正表达”（麦迪逊致彭德尔顿，上文）。

207 1787 年 11 月 5 日华盛顿致麦迪逊，同上，146（引自 10 月 25 日斯图尔特致华盛顿）（“开会的时候”）; 1787 年 10 月 26 日皮尔斯致诺克斯，同上，123（“更愿意拖延”）; 1787 年 11 月 10 日道森致麦迪逊，同上，150; 另见 The General Assembly Calls a State Convention，同上，112; Boyd, *Politics of Opposition*, 28。

208 1788 年 2 月 7 日门罗致麦迪逊，*DHRC*, 8:354–355（全部引文）; 另见 Risjord, *Chesapeake Politics*, 300; Labunski, *James Madison*, 55–56。弗吉尼亚州有可能利用推迟召开批准宪法大会的机会，与其他州就修正案进行协调，参见下文，459–460。总的来说，门罗对宪法的最初反应是积极的，参见 1787 年 10 月 15 日门罗致兰伯特・卡德瓦拉德，*DHRC*, 8:56. 门罗在弗吉尼亚州批准宪法大会上反对批准宪法，参见下文，468–469 n. †, 476。

道森表达了与门罗类似的观点，他告诉麦迪逊，通过推迟召开大会，弗吉尼亚能够“根据其他州的决定采取行动，并根据情况决定对策”（Nov. 10, 1787, *DHRC*, 8:150）。

209 下文，475–478。

当华盛顿得知弗吉尼亚州要很晚才召开批准宪法大会时，他写道：“将大会推迟到这么晚的时间，到底是有利还是不利，必须视情况而定，如果那些较早举行会议的州能够采纳宪法方案，我认为本州毫无疑问会紧随其后。如果其中一些州拒绝接受新的宪法方案，反对宪法的人很可能就会努力使弗吉尼亚也拒绝批准宪法。”（1787 年 12 月 3 日华盛顿致兰登，*DHRC*, 8:198）。

卡林顿告诉杰斐逊，将弗吉尼亚州批准宪法大会推迟到一个较晚的日期，“是对它［宪法］的不友好意图引起的，但我认为，其他州在这一事务上的迅速行动，届时将会使许多州接受宪法，甚至连它的敌人也会看到加入联邦的必要性”（Nov. 10, 1787，同上，149）。

210 1787 年 11 月 12 日皮尔斯致诺克斯，同上，155（“亨利抓住”和“以一种”）；Nov. 19, 1787，同上，168（“使用最激烈的”）；另见 1787 年 11 月 5 日华盛顿致麦迪逊，同上，146。

211 House Proceedings, Nov. 30, 1787，同上，186–187（“根据情势”和“适当地”）；1787 年 12 月 2 日阿奇博尔德·斯图尔特致麦迪逊，同上，196（“南方邻州”和“在不赞同”）；The General Assembly Adopts an Act for Paying the State Convention Delegates, Nov. 30–Dec. 27, 1787，同上，183–185；另见 1787 年 12 月 7 日华盛顿致麦迪逊，同上，225；1787 年 12 月 6 日门罗致麦迪逊，同上，207–208；1787 年 12 月 11 日特伯维尔致麦迪逊，同上，234。

212 1787 年 12 月 2 日阿奇博尔德·斯图尔特致麦迪逊，同上，196（全部引文）；另见 1787 年 12 月 7 日华盛顿致麦迪逊，同上，225；1787 年 12 月 7 日亨利·李致麦迪逊，同上，223。

213 An Act Concerning the State Convention (Dec. 12, 1787)，同上，190–191（“认为必须”和“各州在”）；另见 Boyd, *Politics of Opposition*, 29; Rutland, *Ordeal*

of the Constitution, 37; Heideking, *The Constitution Before the Judgment Seat*, 43。

214 1787 年 12 月 23 日金致沃兹华斯，*DHRC*, 8:258（“弗吉尼亚州”）; 1787 年 12 月 9 日麦迪逊致杰斐逊，同上，226–227（其他引文）。联邦主义代表皮尔斯表达了与麦迪逊类似的担忧。皮尔斯认为，“人民整体上支持”宪法，但他担心，“州立法机关的绝大多数议员都反对宪法……而现在身处此地［里士满］的代表回到家乡后……他们会影响人民的想法，使人民普遍反对宪法，宪法将会失败”（1787 年 11 月 12 日皮尔斯致亨利·诺克斯，同上，155）。麦迪逊对弗吉尼亚事态发展的持续担心，参见 1787 年 12 月 14 日麦迪逊致阿奇博尔德·斯图尔特，同上，237–238; 1788 年 1 月 10 日麦迪逊致伦道夫，同上，287–288; 另见 1787 年 11 月 18 日麦迪逊致华盛顿，同上，167。其他人也有类似的说法，参见 1787 年 12 月 14 日詹姆斯·布雷肯里奇致约翰·布雷肯里奇，同上，171。

215 1788 年 1 月 18 日卡林顿致麦迪逊，同上，309（全部引文）; 另见 1788 年 3 月 13 日卡林顿致诺克斯，同上，492。

216 1788 年 2 月 10 日卡林顿致麦迪逊，同上，359–360; 另见 1788 年 4 月 24 日卡林顿致杰斐逊，*DHRC*, 9:755。

217 1788 年 4 月 5 日尼古拉斯致麦迪逊，同上，703（“几乎公然”“本来面目”和“联盟的”）; 1788 年 4 月 22 日麦迪逊致杰斐逊，同上，745（“志在瓦解联盟”）; 1788 年 4 月 10 日麦迪逊致伦道夫，同上，731（“一切手段”）。对于亨利愈发极端的言行，其他人也有证实和评说，参见 1787 年 12 月 3 日利尔致兰登，*DHRC*, 8:197; 约 1787 年 12 月 20 日亨利·李致麦迪逊，同上，249; 1788 年 2 月 29 日伦道夫致麦迪逊，同上，346; 1788 年 6 月 12 日约翰·布莱尔·史密斯（John Blair Smith）致麦迪逊，*DHRC*, 9:607–608; 1788 年 6 月 25 日莫斯蒂尔伯爵致蒙特莫林伯爵，*DHRC*, 21:1227。

218 1787 年 11 月 2 日斯图尔特致麦迪逊，*DHRC*, 9:592(“反应冷淡”“相当焦虑”和“更有信心”); 约 1788 年 10 月 29 日伦道夫致麦迪逊，*DHRC*, 8:133(“［弗吉尼亚州内］”)。

219 1787 年 12 月 2 日梅里韦瑟·史密斯（Meriwether Smith）等人致伦道夫，

同上，194–195（引文）；1787 年 12 月 10 日伦道夫致梅里韦瑟·史密斯等人，同上，229; The Publication of Edmund Randolph's Reasons for Not Signing the Constitution, Dec. 27, 1787，同上，260–261；另见 Maier, *Ratification*, 89–90。

220 伦道夫致众议院议长（日期为 10 月 10 日；1787 年 12 月 27 日发表），*DHRC*, 8:262–270。虽然伦道夫将这封信的日期定为 1787 年 10 月 10 日，但这封信肯定不是在那天发出的，也可能不是在那天写的。

221 同上，270–272（引文）。

222 同上，273。

223 同上，274。

224 1788 年 1 月 25 日麦迪逊致华盛顿，同上，323（"此间普遍认为"）；1788 年 1 月 8 日特伯维尔致麦迪逊，同上，285（"对于推动"）；"A Plain Dealer"［可能是斯宾塞·罗恩（Spencer Roane）］，*Virginia Independent Chronicle*, Feb. 13, 1788，同上，363–366（"自由共和州政府"和"君主政体"）（"君主政体"引自 1787 年 10 月 16 日李致伦道夫，这封信是 1787 年 9 月 17 日伦道夫致李的回信）。其他信件表明，公开伦道夫的信对联邦主义者比对反联邦主义者更有利，参见 1788 年 1 月 18 日卡林顿致麦迪逊，同上，309；1788 年 1 月 25 日利尔致兰登，同上，322；1788 年 1 月 8 日、15 日沃尔特·卢瑟福（Walter Rutherfurd）致约翰·卢瑟福（John Rutherfurd），*DHRC*, 20:578。

法国驻里士满和诺福克的副领事马丁·奥斯特报告，"没有人会对"伦道夫的看法感到满意，他的观点"太过混乱，有点诡辩的味道"。奥斯特认为，伦道夫"表里不一，不允许别人怀疑他的积极动机，而自己却充满利己主义和强烈的领导欲望"。他得出结论，伦道夫缺乏"健全的判断力"，"性格随自己兴趣的变化而变化，而且总是倒向最强大的一方"（1788 年 2 月 4 日奥斯特致卢泽恩伯爵，*DHRC*, 8:344）。

225 1788 年 2 月 29 日伦道夫致麦迪逊，同上，436；1788 年 4 月 10 日麦迪逊致伦道夫，*DHRC*, 9:730（"所有真正的""唯一基础"和"提出修改宪法的建议"）；1788 年 4 月 17 日伦道夫致麦迪逊，同上，741（"有很多州"）。其他报告似乎证实，伦道夫并不是弗吉尼亚人中唯一在批准问题上受到其他州批准进程影响的人。参见，例如，1788 年 1 月 25 日利尔致兰登，*DHRC*, 8:321–322；1788 年 3 月 4 日利尔致小威廉·普雷斯科特（William Prescott, Jr.），同上，456; *Pennsylvania Herald*, Feb. 7, 1788，同上，357。

226 1788 年 1 月 8 日华盛顿致伦道夫，同上，286（“除了制造”）; 1788 年 4 月 10 日麦迪逊致伦道夫，*DHRC*, 9:731；1788 年 4 月 22 日麦迪逊致杰斐逊，同上，744（“的反对意见”）; 另见 1788 年 1 月 10 日麦迪逊致伦道夫，*DHRC*, 8:289。

227 1788 年 4 月 5 日尼古拉斯致麦迪逊，*DHRC*, 9:703；另见 1788 年 4 月 17 日伦道夫致麦迪逊，同上，741。

228 1788 年 4 月 10 日麦迪逊致伦道夫，同上，731（“已经准备好了”）; 1788 年 4 月 22 日麦迪逊致杰斐逊，同上，745（“梅森上校”）; 1788 年 6 月 3 日休·威廉姆森致约翰·格雷·布朗特（John Gray Blount），*DHRC*, 10:1572（“一群伟人”“恶棍和傻瓜”“一帮花花公子”“为数不少”和“求官拜爵之人”）; 另见 1788 年 2 月 18 日塞勒斯·格里芬致托马斯·菲茨西蒙斯，*DHRC*, 8:382；1788 年 1 月 25 日利尔致兰登，同上，322。

229 1787 年 10 月 10 日华盛顿致麦迪逊，同上，50（“非常需要人出来”）; 1787 年 11 月 2 日斯图尔特致麦迪逊，*DHRC*, 9:596（“大家都认为”和“看在上帝的分上”）; 1787 年 12 月 16 日劳伦斯·托利弗致麦迪逊，同上，597（“联邦制度的”）。大会代表的选举将于 3 月 3 日至 3 月 27 日举行，具体时间取决于各地法院开庭的第一天。参见 Introduction，同上，561。

230 1787 年 11 月 8 日麦迪逊致安布罗斯·麦迪逊，同上，597(“最终决定”和“那些没有”); 1788 年 2 月 20 日麦迪逊致华盛顿，同上，602（“将让我”“公开反对”和“遭受无法”）; 另见 Labunski, *James Madison*, 30。

231 1787 年 11 月 8 日麦迪逊致安布罗斯·麦迪逊，*DHRC*, 9:597（“可敬的朋友”“向本州”和“误读曲解”）; 1788 年 2 月 20 日麦迪逊致华盛顿，同上，602（“避免在”“现在也不是”和“如果奥兰治县”）; Labunski, *James Madison*, 22–23, 30。

232 1787 年 12 月 16 日托利弗致麦迪逊，*DHRC*, 9:597（“关于你”和“受人误导”）; 1788 年 1 月 3 日伦道夫致麦迪逊，*DHRC*, 8:284（“必须回来”和“当此紧要时刻”）；1788 年 1 月 30 日老詹姆斯·麦迪逊致麦迪逊，*DHRC*, 9:599（“普遍反对”和“犹豫不决”）。敦促麦迪逊返回家乡参加选举的其他信件，参见 1788 年 2 月 18 日道森致麦迪逊，同上，601；1788 年 2 月 17 日小詹姆斯·戈登（James Gordon, Jr.）致麦迪逊，同上，600；1788 年 1 月 31 日威廉·摩尔（William Moore）致麦迪逊，同上，599–600；1787 年 12 月 22 日安德鲁·谢泼德（Andrew Shepherd）致麦迪逊，同上，598；约 1787 年 12 月 20 日亨利·李致麦迪逊，*DHRC*, 8:249；1788 年 2 月 28 日约瑟夫·斯宾塞致麦迪逊，同上，424–425；另见 Labunski, *James Madison*, 44–46; Maier, *Ratification*, 216。

233 1788 年 3 月 25 日麦迪逊致伊丽莎·豪斯·特里斯特（Eliza House Trist），*DHRC*, 9:603（全部引文）；另见 Francis Taylor Diary, Mar.24, 1788，同上，602；1788 年 5 月 8 日詹姆斯·邓肯森致詹姆斯·莫里，同上，604。

234 1788 年 3 月 25 日麦迪逊致伊丽莎·豪斯·特里斯特，同上，603（引文）；另见 Francis Taylor Diary, Mar.24, 1788，同上，602; Maier, *Ratification*, 236; Labunski, *James Madison*, 46–47。当时的其他人把麦迪逊的胜利归因于他回到县里参加竞选，参见 1788 年 4 月 19 日前后，约翰·沃恩致约翰·迪金森，*DHRC*, 17:185–186；1788 年 4 月 7 日塞勒斯·格里芬致麦迪逊，*PJM* (C.S.), 11:11。

235 1788 年 4 月 22 日麦迪逊致杰斐逊，*DHRC*, 9:745（全部引文）。类似看法参见 1788 年 3 月 30 日华盛顿致诺克斯，*PGW* (C.S.), 6:183；1788 年 4 月 9 日麦迪逊致约翰·布朗，*PJM* (C.S.), 11:16。弗吉尼亚州竞选活动的一般情况，参见 Heideking, *The Constitution Before the Judgment Seat*, 211–220; Boyd, *Politics of Opposition*, 102–109；另见 Risjord, *Chesapeake Politics*, 301。

236 1788 年 4 月 5 日尼古拉斯致麦迪逊，*DHRC*, 9:703（“即便联邦主义者”）；1788 年 5 月 26 日梅森致杰斐逊，同上，883（“联邦主义者和”）；1788 年 4 月 17 日伦道夫致麦迪逊，同上，741；另见 1788 年 4 月 16 日金致兰登，*DHRC*, 17:130; Boyd, *Politics of Opposition*, 109。统计结果显示，联邦主义者占有微弱优势（尽管不确定多多少），参见 1788 年 4 月 11 日查尔斯·李致华盛顿，*DHRC*, 9:735；1788 年 5 月 8 日詹姆斯·邓肯森致詹姆斯·莫里，同上，604。纽约债券投机商科林·麦格雷戈对联邦主义者的“微弱多数”信心十足，他购买了更多的联邦证券，期望弗吉尼亚批准宪法后，这些证券会升值（1788 年 6 月 4 日麦格雷戈致尼尔·杰米森，*DHRC*, 10:1575）。诺克斯报告了他从弗吉尼亚看到的一份评估意见，这份意见认为联邦主义者赢得了大约 22 席的“决定性多数”（1788 年 4 月 27 日诺克斯致沃兹华斯，*DHRC*, 9:761–762；另见 McDonald, *We the People*, 257–258）。梅森注意到，虽然一些联邦主义者说他们占据“相当多数”，但他们中的一些人“撒谎成性”，“臭名昭著”（1788 年 5 月 1 日梅森致约翰·弗朗西斯·默瑟，*DHRC*, 9:779）。华盛顿对杰伊说，这次选举“毫无疑问”地表明，弗吉尼亚州将批准宪法，除非“我们对肯塔基地区代表的意见出现了错误”（May. 15, 1788，同上，803–804；另见 1788 年 6 月 8 日华盛顿致杰伊，*DHRC*, 10:1588）。

237 1788 年 4 月 9 日麦迪逊致约翰·布朗，*DHRC*, 9:711（“会议结果”）；1788 年 5 月 17 日麦迪逊致尼古拉斯，同上，810（“不单是”）；1788 年 4 月 10 日麦迪逊致华盛顿，同上，732（“几封”和“在信中”）；1788 年 3 月 30 日华盛顿致诺克斯，*DHRC*, 8:521（“决定这个”）；另见 1788 年 4 月 16 日特伯维尔致麦迪逊，同上，740。出席大会的肯塔基地区代表人数，参见 *DHRC*, 10:1694 n. 2。

238 1788 年 4 月 22 日麦迪逊致杰斐逊，*DHRC*, 9:745（“看起来”）；1788 年 6 月 4 日麦迪逊致华盛顿，*DHRC*, 10:1574（“肯塔基地区”）；1788 年 6 月 13 日麦迪逊致金，同上，1619（“肯塔基地区代表”和“普遍受到”）；另见 1788 年 6 月 13 日麦迪逊致华盛顿，同上；1788 年 5 月 27 日麦迪逊致约翰·布朗，*DHRC*, 9:884；1788 年 5 月 9 日尼古拉斯致麦迪逊，同上，793；1788 年 5 月 14 日查尔斯·李致华盛顿，同上，797; Rutland, *Ordeal of the Constitution*, 197–198。

239 1788 年 6 月 3 日休·威廉姆森致约翰·格雷·布朗特，*DHRC*, 10:1572（“所有人的”）；1805 年 8 月 4 日杰斐逊致威廉·维尔特（William Wirt），*Pennsylvania Magazine of History and Biography* (1910), 34:387（“有史以来”）；Maier, *Ratification*, 230, 232, 310；上文，409。亨利的演讲技巧参见 1788 年

6月26日斯宾塞·罗恩致菲利普·艾莱特（Philip Aylett），*DHRC*, 10:1713; Miller, *George Mason*, 288; Heideking, *The Constitution Before the Judgment Seat*, 280–282; Maier, *Ratification*, 230。亨利在18世纪60年代的所作所为，参见 Richard R. Beeman, *Patrick Henry: A Biography* (New York, 1974), 11–22; Henry Mayer, *A Son of Thunder: Patrick Henry and the American Republic* (New York, 1986), 58–66; Labunski, *James Madison*, 28–29。

240 Labunski, *James Madison*, 72–74; Banning, *Sacred Fire*, 237. 亨利谈论自己革命资历的例子，参见 June 5, *DHRC*, 9:960–964; June 9，同上，1063–1064。联邦主义者对亨利不愿遵守商定好的议事规则的不满，参见，例如 Randolph, June 5，同上，968; George Nicholas, June 6，同上，998–999; Randolph, June 10，同上，1092。

241 1788年3月13日卡林顿致诺克斯，*DHRC*, 8:493（"批准宪法大会"）; 1788年6月9日亨利·李在弗吉尼亚州批准宪法大会上的发言，*DHRC*, 9:1072–1073（"真凭实据"和"放弃一切"）; 另见1788年2月10日卡林顿致麦迪逊，*DHRC*, 8:360; 1788年4月25日卡林顿致威廉·肖特，*DHRC*, 9:758。

242 1788年2月7日杰斐逊致亚历山大·唐纳德，*PTJ* (M.S.), 12:571（"确保我们"和"拒绝接受宪法"）; Henry, June 12, *DHRC*, 10:1210（"我们当中"）; 另见 June 9，同上，1051–1052; 1788年2月6日杰斐逊致麦迪逊，*PTJ* (M.S.), 12:569; Maier, *Ratification*, 275–276; Labunski, *James Madison*, 98–99。

243 Pendleton, June 12, *DHRC*, 10:1201–1202（"多么开明"和"个体"）; Madison，同上，1223（"不应该影响""自己的理性""伤害他的感情""也会支持"和"一位重要人物的观点"）; Randolph, June 10，同上，9:1097（"以防止联邦分裂"）; 另见1788年7月12日门罗致杰斐逊，*PTJ* (M.S.), 13:352–353。

244 Henry, June 24, *DHRC*, 10:1476（全部引文）; June 16，同上，1309–1310; 另见 Mason, June 17，同上，1338; Maier, *Ratification*, 284, 294–295; Waldstreicher, *Slavery's Constitution*, 144。

245 参见，例如 Henry, June 4, *DHRC*, 9:930; Mason，同上，936–940; Monroe, June 10，同上，1109–1112; Mason, June 11，同上，1154–1162; Grayson, June 12，同上，10:1185–1187; Henry，同上，1212–1213; Mason, June 19，同上，

1401–1403；另见 1788 年 7 月 12 日门罗致杰斐逊，*PTJ* (M.S.), 13:352；1788 年 6 月 13 日麦迪逊致金，*DHRC*, 10:1619; Banning, "Virginia," 278–280 & n. 62。

246 1788 年 6 月 13 日麦迪逊致金，*DHRC*, 10:1619（"尤其是"）; Francis Corbin, June 13，同上，1256（"尤其不道德"）; Randolph，同上，1255（"地方利益"和"党派考量"）; 另见 George Nicholas, June 18，同上，1383；1788 年 6 月 13 日詹姆斯·布雷肯里奇致约翰·布雷肯里奇，同上，1621; Labunski, *James Madison*, 94, 111–112; Banning, "Virginia," 278, 280–283。

247 Henry, June 7, *DHRC*, 9:1039（"我们丧失在"）; June 12，同上，10:1220（"有意愿"）; June 13，同上，1245（"在争夺"）。亨利与肯塔基地区政治领袖的通信，参见 1788 年 6 月 12 日约翰·布莱尔·史密斯致麦迪逊，*DHRC*, 9:608; Boyd, *Politics of Opposition*, 108。亨利对密西西比问题的其他言论，参见 June 9, *DHRC*, 9:1051; June 12，同上，10:1211–1212; June 13，同上，1238；同上，1245–1249。

248 Grayson, June 12，同上，1192（"维持"）; Monroe, June 13，同上，1235（"北方各州"）。格雷森对密西西比问题的其他言论，参见同上，1235–1238；同上，1242–1245; June 14，同上，1259; June 18，同上，1282–1283; June 19，同上，1387。另见 Dawson, June 24，同上，1493–1494。

249 Henry, June 12，同上，1218–1219（"像罗得岛"）; Grayson, June 18，同上，1374–1375。

250 June 24，同上，1496–1498（全部引文）; June 16，同上，1315–1316; June 14，同上，1259；另见 Banning, "Virginia," 279。

251 Henry, June 12, *DHRC*, 10:1222（"一切都""承受最"和"处置我们"）; June 17，同上，1345–1346; Mason，同上，1361（"损害和摧毁"）; 另见 June 11，同上，9:1158–1159。

252 Henry, June 20，同上，10:1422（"不公正"和"让他们的"）; Grayson, June 21，同上，1447（"拖延和迟滞"）; 另见 Henry, June 23，同上，1466。

253 Mason, June 19，同上，1406–1408（引文）; 另见 Henry，同上，1422; Grayson, June 21，同上，1447；1788 年 6 月 13 日麦迪逊致华盛顿，同上，

1619；1788年6月20日麦迪逊致汉密尔顿，同上，1656–1657。

254 Mason, June 17，同上，1344（“定期”）; Lee，同上（“不值一提”）; Madison, June 20，同上，1417（“将会肆意作恶”“具有美德和才智”和“兼具美德”）; Innes, June 25，同上，1520（“煽动恐惧”）; Johnston，同上，1530。

255 1788年7月12日门罗致杰斐逊，*PTJ* (M.S.), 13:352（“发挥了”）; 1788年6月11日麦迪逊致坦奇·考克斯，*DHRC*, 10:1595（“极度虚弱”“胆汁淤积”和“酷热的天气”）; 另见1788年6月9日麦迪逊致汉密尔顿，同上，1589；1788年6月13日麦迪逊致金，同上，1618；1788年7月12日小威廉·纳尔逊（William Nelson, Jr.）致威廉·肖特，同上，1700; Labunski, *James Madison*, 2, 84, 89, 96–97; Maier, *Ratification*, 258, 282, 310。大会速记员听不清麦迪逊讲话的情况，参见June 6, *DHRC*, 9:989; June 12，同上，10:1203; June 13，同上，1249; June 14，同上，1284。时人称赞麦迪逊在大会上所起的作用，参见1788年6月19日阿奇博尔德·斯图尔特致约翰·布雷肯里奇，同上，1651；1788年6月13日詹姆斯·布雷肯里奇致约翰·布雷肯里奇，同上，1621；1788年6月28日马丁·奥斯特致卢泽恩伯爵，同上，1690；来自里士满的一封信的摘录（6月18日），*Pennsylvania Mercury*, June 26, 1788，同上，1688。

256 上文，456, 461–463；1788年4月9日麦迪逊致约翰·布朗，*DHRC*, 9:711（引文）; 另见Bowen, *Miracle at Philadelphia*, 300–301; Moncure Daniel Conway, *Omitted Chapters of History Disclosed in the Life and Papers of Edmund Randolph* (New York, 2nd ed., 1889), 109。

257 1788年7月12日门罗致杰斐逊，*PTJ* (M.S.), 13:352。

258 Randolph, June 4, *DHRC*, 9:932–933.

259 同上，933（所有伦道夫的引语）; 1788年6月4日麦迪逊致华盛顿，同上，10:1574（“全身心地”）; 另见Randolph, June 6, *DHRC*, 9:971–972; June 10，同上，1097; June 25，同上，10:1537; Labunski, *James Madison*, 77–80; Maier, *Ratification*, 260–261。

260 Henry, June 7, *DHRC*, 9:1036（“非常奇怪”）; June 9，同上，1058; Randolph,

同上，1081–1082（“一点儿”）；另见 Mason, June 11，同上，1162；约 1788 年 7 月 24 日约翰·布朗·卡廷致杰斐逊，同上，10:1707；1788 年 6 月 28 日格里致詹姆斯·沃伦，*DHRC*, 18:206; Labunski, *James Madison*, 80。纽约市联邦主义者对伦道夫演讲的热烈反应，参见 1788 年 6 月 16 日塞勒斯·格里芬致托马斯·菲茨西蒙斯，*DHRC*, 20:1174；1788 年 6 月 12 日尼古拉斯·吉尔曼致约翰·沙利文，*DHRC*, 10:1614；另见 *DHRC*, 21:1197 n. 2。其他地方的联邦主义者也有类似反应，参见 1788 年 6 月 8 日华盛顿致杰伊，*DHRC*, 10:1587–1588；1788 年 6 月 11 日约翰·沃恩致约翰·迪金森，同上，1597；来自弗吉尼亚的一封信的摘录（6 月 4 日），*Pennsylvania Gazette*, June 11, 1788，同上，1612；来自里士满的一封信的摘录（6 月 18 日），*Pennsylvania Mercury*, June 26, 1788，同上，1688；另见 1788 年 6 月 28 日马丁·奥斯特致卢泽恩伯爵，同上，1690。一位弗吉尼亚州的联邦主义者对伦道夫立场的有力辩护，参见 1788 年 6 月 7 日、13 日詹姆斯·邓肯森致詹姆斯·莫里，同上，1582。

261 Madison, June 24，同上，1503（“颇为惊讶”“篡权”和“伤害和”）；June 17，同上，1343（“重要保障”和“与这种”）；June 12，同上，1204（“应该可以”）。

262 Nicholas, June 16，同上，1313–1314; Randolph, June 24，同上，1483（“丝毫不相信”）；Nicholas, June 17，同上，1341–1342（“既促进”）；Innes, June 25，同上，1522–1523；另见 Waldstreicher, *Slavery's Constitution*, 142。

263 Madison, June 13, *DHRC*, 10:1248–1249；同上，1240; June 12，同上，1225; Nicholas, June 13，同上，1250; Randolph，同上，1253–1254。麦迪逊曾在早前的信件中列出了这一段和下一段的论点（1788 年 5 月 17 日麦迪逊致尼古拉斯，*DHRC*, 9:805–810；1787 年 4 月 9 日麦迪逊致约翰·布朗，同上，711–712）。

264 Madison, June 12, *DHRC*, 10:1208–1209; June 13，同上，1241–1242; John Marshall, June 10，同上，9:1116–1117, 1123; Nicholas，同上，1129–1131; Pendoleton, June 12，同上，10:1200; Nicholas, June 13，同上，1249–1252。

265 Innes, June 25，同上，1521（“对于我们”）；Madison, June 16，同上，1303

（“状况和环境”）; Randolph, June 6，同上，9:977–978; Madison, June 11，同上，1145; June 24，同上，10:1502–1503；另见 1789 年 1 月 29 日麦迪逊致乔治·汤普森，*PJM* (C.S.), 11:437。

266 Nicholas, June 6, *DHRC*, 9:1002–1003（全部引文）; Madison, June 13，同上，10:1241。

267 Randolph, June 17，同上，1360（“应该偿付”和“诚实守信”）; Madison, June 13，同上，1469（“在各州法院”）；另见 Randolph, June 21，同上，1455。18 世纪 80 年代中期，麦迪逊试图推动弗吉尼亚州议会通过议案，以分期付款的方式偿还英国债权人的战前债务，但未获成功。参见 1785 年 12 月 30 日麦迪逊致门罗，*PJM* (C.S.) 8:465–466; Banning, *Sacred Fire*, 56; Evans, “Private Indebtedness and the Revolution in Virginia,” 363–365。

268 Madison, June 17, *DHRC*, 10:1356, 1362; Nicholas，同上，1358–1359。

269 1788 年 5 月 26 日梅森致杰斐逊，*DHRC*, 9:883（“绝大多数”）；1788 年 6 月 22 日麦迪逊致汉密尔顿，*DHRC*, 10:1665（“会议代表”和“在批准宪法之时”）；另见 1788 年 6 月 13 日西奥多里克·布兰德致亚瑟·李，同上，1617；1788 年 6 月 13 日詹姆斯·布雷肯里奇致约翰·布雷肯里奇，同上，1621; Maier, *Ratification*, 292–293; Kaminski, “The Constitution Without a Bill of Rights,” 35。

270 Henry, June 5, *DHRC*, 9:951（“十二个半州”和“坚定地反对”）；同上，966–967（“被严重误导了”“很难站稳”“它们”和“在那几个州里”）; June 7 日，同上，1040（“最有影响力”和“提出某些”）; June 9，同上，1057（“反对批准宪法的”和“乐意满足”）；另见 June 24，同上，10:1478；同上，1505–1506。

271 Henry, June 7, *DHRC*, 9:1036–1037（“可能性”）; June 9，同上，1072（“如果有人”）; June 24，同上，10:1477（“承认罪恶”）；另见 June 7，同上，9:1015; June 9，同上，1070; June 25，同上，10:1535; Labunski, *James Madison*, 94–95, 110; Maier, *Ratification*, 294–295。

272 Monroe, June 25, *DHRC*, 10:1518–1519.

273 Grayson, June 24，同上，1496–1497（“批准宪法之后”和“没有任何”）；

June 11，同上，9:1168（“岌岌可危”）; Harrison, June 25，同上，10:1516–1517（“联邦主义者”）; 另见 1788 年 5 月 7 日理查德・亨利・李致梅森，*DHRC*, 9:784–785; 1788 年 5 月 26 日梅森致杰斐逊，同上，883; Maier, *Ratification*, 301–302。

274 Madison, June 24, *DHRC*, 10:1499–1500（“一个州的要求”“相互尊重和让步”“呼吁”“为维护”和“既不值得”）; June 6，同上，9:993–994（“伤心焦虑”和“与日俱增”）; June 25，同上，10:1518; 另见 1788 年 4 月 22 日麦迪逊致杰斐逊，同上，9:745。

275 Randolph, June 6，同上，973（“满足”）; June 10，同上，1092（“有权决定”）; June 24，同上，10:1481, 1487–1488（“这片土地”和“联邦将会”）; 另见 June 4，同上，9:933; Banning, “Virginia,” 285–286。

276 Randolph, June 6, *DHRC*, 9:985（引文）; 同上，976–977, 979–980; June 9，同上，1084–1086; 另见 Nicholas, June 10，同上，1132–1133; George Wythe, June 24，同上，10:1473–1474; Pendleton, June 12，同上，1201。

277 Corbin, June 6, *DHRC*, 9:1015（引文）; Randolph，同上，979; Nicholas，同上，1001。

278 1788 年 6 月 13 日麦迪逊致华盛顿，*DHRC*, 10:1619（“不管哪一边”）; 1788 年 6 月 13 日麦迪逊致金，同上（“会比”和“这件事情”）; 1788 年 6 月 9 日梅森致兰姆，同上，9:818（“在制定”）; 另见 1788 年 6 月 9 日麦迪逊致汉密尔顿，同上，10:1589; June 16, 1788，同上，1630; 1788 年 6 月 9 日亨利致兰姆，同上，9:817; 1788 年 6 月 9 日格雷森致兰姆，同上，816; 1788 年 6 月 13 日西奥多里克・布兰德致亚瑟・李，同上，10:1617; Boyd, *Politics of Opposition*, 129。双方似乎都认为自己占了多数，或者至少声称自己是这么认为的。参见 1788 年 6 月 7 日、13 日詹姆斯・邓肯森致詹姆斯・莫里，*DHRC*, 10:1583; 1788 年 6 月 10 日、11 日亚历山大・怀特致玛丽・伍德（Mary Wood），同上，1592; 1788 年 6 月 12 日约翰・道森致拉金・斯坦纳德（Larkin Stanard），同上，1613; 1788 年 6 月 12 日罗伯特・莫里斯致霍雷肖・盖茨，同上; 1788 年 6 月 17 日华盛顿致诺克斯，同上，1633。

279 1788 年 6 月 20 日麦迪逊致汉密尔顿，同上，1657（“非常令人不安”）；June 22, 1788，同上，1665（“我们的”“还有一个情况”和“我们州的”）；另见 1788 年 6 月 18 日麦迪逊致华盛顿，同上，1637–1638；1788 年 6 月 22 日塞缪尔·史密斯致坦奇·考克斯，同上，1666；1788 年 6 月 23 日科宾致本杰明·拉什，同上，1668；1788 年 6 月 24 日麦迪逊致安布罗斯·麦迪逊，同上，1670。反联邦主义者可能会鼓吹休会，使联邦主义者很苦恼。参见 1788 年 6 月 16 日麦迪逊致汉密尔顿，同上，1630；1788 年 6 月 16 日亨利·李致汉密尔顿，同上，1631；1788 年 6 月 17 日华盛顿致诺克斯，同上，1633；1788 年 6 月 18 日麦迪逊致金，同上，1618；1788 年 6 月 19 日诺克斯致金，同上，1652。

280 July 25, 1788，同上，1538–1541；另见 Editors' Note, The Ratification of the Constitution and the Recommendation of Amendments, June 25–27, 1788，同上，1512–1515。

281 同上，1542。

282 June 27, 1788, *DHRC*, 10:1551–1553（“在人通过”）；另见 Labunski, *James Madison*, 113–114; Maier, *Ratification*, 307–308。

283 June 27, 1787, *DHRC*, 10:1553–1556; Heideking, *The Constitution Before the Judgment Seat*, 318–319.

284 1788 年 6 月 30 日阿奇博尔德·斯图尔特致约翰·布雷肯里奇，*DHRC*, 10:1696（“尽管我们”）；里士满一位绅士的来信摘录（6 月 25 日），Philadelphia *Independent Gazetteer*, July 2, 1788，同上，1697–1698（“既足够明智”）；另见 1788 年 6 月 28 日华盛顿致查尔斯·科茨沃斯·平克尼，同上，1714。关于反联邦主义者在大会上对失利的“大度”反应的描述，与斯图尔特的类似，参见来自里士满的一封信的摘录（6 月 25 日），*Pennsylvania Packet*, July 2, 1788，同上，1698。

285 1788 年 6 月 27 日麦迪逊致汉密尔顿，同上，1688（“非常令人不快”“坦诚的表白”“他会”和“对宪法的”）；1788 年 6 月 27 日麦迪逊致华盛顿，同上，1688–1689（“联络”）；另见 Maier, *Ratification*, 309。

286 1788 年 7 月 12 日门罗致杰斐逊，*PTJ* (M.S.), 13:352（“推动建立”）；1787

年 12 月 14 日华盛顿致查尔斯・卡特，*PGW* (C.S.), 5:492（“在批准宪法”）; Jan. 12, 1788， 同 上，6:37 & n. 1; George Washington and the Constitution, *DHRC*, 5:788–789；另见 1788 年 2 月 28 日华盛顿致卡莱布・吉布斯，*DHRC*, 8:427; editorial note, *DHRC*, 7:1655；1787 年 11 月 10 日格雷森致肖特，*DHRC*, 14:82；1788 年 6 月 24 日格雷森在弗吉尼亚州批准宪法大会上的发言，*DHRC*, 10:1498; Hamilton, Conjectures, *PAH*, 4:275; Labunski, *James Madison*, 28, 117; Henry, *Patrick Henry*, 2:363–364; Boyd, *Politics of Opposition*, 130; Heideking, *The Constitution Before the Judgment Seat*, 319–320, 375–376; Jensen, *Making of the American Constitution*, 38–39。

华盛顿也通过与他人的大量通信来推动批准宪法。参见 Heideking，上文，101–102。人们普遍认为，华盛顿将成为美国第一任总统（如果弗吉尼亚州批准了宪法），参见，例如 “A Citizen of New–York,” New York *Daily Advertiser*, Sept. 26, 1787, *DHRC*, 19:54; *Massachusetts Centinel*, Oct. 6, 1787, *DHRC*, 4:53；1787 年 11 月 12 日亚历山大・唐纳德致杰斐逊，*DHRC*, 8:155；1788 年 9 月 30 日威廉・埃勒里致本杰明・亨廷顿，*DHRC*, 25:410。弗吉尼亚州批准宪法大会召开两天之后，一家报纸重印了华盛顿 1783 年 6 月发给各州行政官员的通告，这是他成为总司令之后的公开行动之一，他呼吁建立一个强大的联邦政府。参见 *Virginia Independent Chronicle*, June 4, 1788, *DHRC*, 10:1579（以及 editorial note）。

287 1788 年 6 月 25 日布朗致阿奇博尔德・斯图亚特，*DHRC*, 21:1225（“我们忐忑不安地”）；1788 年 7 月 22 日至 28 日托马斯・都铎・塔克致圣乔治・塔克，同上，1334（“肯定会拒绝” 和 “也会效仿”）。其他的类似预测认为，如果弗吉尼亚州拒绝批准宪法，那么纽约州也会拒绝，参见 1788 年 5 月 19 日汉密尔顿致麦迪逊，*DHRC*, 20:1102–1103；1788 年 6 月 10 日圣・让・德・克雷夫科尔致威廉・肖特，*DHRC*, 10:1592–1593；1788 年 6 月 24 日埃比尼泽・哈扎德致华盛顿，*DHRC*, 21:1222；1788 年 6 月 23 日威廉・杜尔致麦迪逊，同上，1210；另见 1788 年 7 月 2 日菲利普・舒勒（Philip Schuyler）致史蒂芬・范伦斯勒（Stephen Van Rensselaer），同上，1214。

288 “A Landholder” VIII, *Connecticut Courant*, Dec. 24, 1787, *DHRC*, 3:506; 1788

年 1 月 15 日休·莱德利致约翰·兰姆，*DHRC*, 20:610；1788 年 7 月 7 日休·威廉姆森致詹姆斯·艾德尔，*DHRC*, 21:1295；纽约一位绅士的来信摘录（5 月 24 日），Charleston *Columbian Herald*, June 19, 1788，同上，1204；约翰·威廉姆斯的一封信的摘录（1 月 29 日），Albany *Federal Herald*, Feb. 25, 1788, *DHRC*, 20:673；1787 年 12 月 29 日蒂莫西·皮克林致约翰·皮克林，*DHRC*, 19:482; Kaminski, "New York," 52, 54; Maier, *Ratification*, 323–324; Eubanks, "New York," 305–306; Boyd, *Politics of Opposition*, 34; Rutland, *Ordeal of the Constitution*, 203。

289 Kaminski, "New York," 53; Maier, *Ratification*, 323; Eubanks, "New York," 305. 一位效忠派分子表示，他相信宪法授权成立的联邦法院系统能增加他收回被没收的马萨诸塞州不动产的机会。参见 1788 年 2 月 26 日威廉·瓦萨尔（William Vassall）致约翰·洛威尔（John Lowell），*DHRC*, 7:1709–1710。纽约人还不满于邦联国会不支持纽约对佛蒙特这片有争议领土的所有权主张，未能迫使英国履行条约义务，撤离纽约州北部的要塞，邦联国会的失败让从事毛皮贸易的纽约人损失了一大笔钱。参见 Eubanks，上文，305–307; McDonald, *We the People*, 290–291；上文，32。

290 "A Columbian Patriot," *Observations*, *DHRC*, 16:287（"毫无疑问"）；1787 年 9 月 30 日麦迪逊致华盛顿，*PJM* (C.S.), 10:181（"这座城市的"）；1787 年 11 月 10 日格雷森致威廉·肖特，*DHRC*, 14:81（"大多数人"）；Kaminski, "New York," 65, 77。总的来说，人们对纽约州是否会批准宪法意见不一。多数人似乎认为纽约州不太可能批准宪法。少数人的观点是，纽约州赞成和反对批准宪法的意见比较均衡，难以预测最后的结果。对于前一种观点，除了上面引用的资料外，参见 1788 年 3 月 29 日詹姆斯·弗里曼致西奥菲勒斯·林赛，*DHRC*, 16:504；1787 年 12 月 29 日蒂莫西·皮克林致约翰·皮克林，*DHRC*, 19:482；1788 年 6 月 9 日帕特里克·亨利在弗吉尼亚州批准宪法大会上的发言，*DHRC*, 9:1056。认为纽约州赞成和反对的意见比较均衡，难以预测最后结果的意见，参见 1787 年 10 月 30 日古文诺·莫里斯致华盛顿，*PGW* (C.S.), 5:399；1787 年 10 月 8 日至 10 日汉密尔顿致华盛顿，*DHRC*, 19:35；1787 年 12 月 6 日唐·迪亚哥·加尔多基致康德·德·弗洛里达布兰卡（Conde de Floridablanca），同上，360–361；1788 年 3 月 10 日诺克斯致华盛顿，*DHRC*, 20:852–853。麦迪逊和杰伊都预测，纽约州的决定会受到周边各州的重大影响。参见 1787 年 11 月 8 日麦迪逊致安布罗斯·麦迪逊，*PJM* (C.S.), 10:244；1787 年 12 月 9 日麦迪逊致杰斐逊，同上，311；1788 年 2 月 3 日杰伊致华盛顿，*DHRC*, 20:746。

291 1788 年 1 月 13 日塞缪尔·布莱克利·韦伯致约瑟夫·巴雷尔，*DHRC*, 15:362（"举足轻重"）。关于克林顿在纽约州具有非凡影响力的一个说法，参见纽约一位绅士的来信摘录，Charleston *Columbian Herald*, *DHRC*, 21:1204–1205。克林顿长期担任该州州长的背景和他所奉行的政策，参见 Kaminski, "New York," 48–59; Kaminski, *George Clinton*, 59–111。

292 1787 年 12 月 6 日唐·迪亚哥·加尔多基致康德·德·弗洛里达布兰卡，*DHRC*, 19:360–361（"激烈地"）；"Aristides," New York *Daily Advertiser*, Sept. 10, 1787，同上，21（"秘密地"）；1788 年 1 月 8 日、15 日沃尔特·卢瑟福致约翰·卢瑟福，*DHRC*, 20:578（"参与了"）；1787 年 12 月 21 日罗伯特·耶茨和小约翰·兰辛致州长乔治·克林顿，*DHRC*, 19:456–459; Boyd, *Politics of Opposition*, 33; De Pauw, *Eleventh Pillar*, 73–74; Kaminski, *George Clinton*, 131–139; Alexander, *The Selling of the Constitutional Convention*, 127–129。麦迪逊汇报了当时的主流观点，即克林顿是宪法的"关键对手"（1787 年 10 月 24 日麦迪逊致威廉·肖特，*DHRC*, 19:122），汉密尔顿告诉华盛顿，"虽然州长没有公开表明自己的立场，但他周围的一些人和他的亲密朋友都强烈反对宪法"（1787 年 10 月 8 日至 10 日，同上，35）。另见 1787 年 10 月 1 日小约翰·史蒂文斯致老约翰·史蒂文斯，同上，68；1787 年 10 月 10 日科林·麦格雷戈致尼尔·杰米森，同上，78。有观点认为，克林顿"不做决定而是站在一边，等着看风向"，参见 1787 年 9 月 28 日伊莱亚斯·布迪诺特（Elias Boudinot）致小威廉·布拉德福德（William Bradford, Jr.），同上，61；另见 1787 年 10 月 23 日卡林顿致杰斐逊，同上，121。甚至在费城会议结束之前，联邦主义者就决定攻击克林顿（包括在汉密尔顿匿名发表的一篇文章中），因为他反对建立更强大的全国性政府，参见 Kaminski, "New York," 67; Kaminski, *George Clinton*, 122–131; Alexander Hamilton Attacks Governor George

Clinton, July 21–Oct. 31, 1787, *DHRC*, 19:9–11。

293 1788 年 1 月 12 日理查德·西尔（Richard Sill）致耶利米·沃兹华斯，*DHRC*, 20:602（"最好的朋友"）；1788 年 2 月 1 日爱格伯特·本森致不明收信人，同上，729（"如果整个"）。反联邦主义者形成了批评宪法的决议，却没有提交，另见 Newspaper Report of Assembly Debates, Jan. 31, 1788，同上，712（Benson）。有人怀疑纽约州议会是否会召开批准宪法大会，参见 1788 年 2 月 10 日卡林顿致麦迪逊，*PJM* (C.S.), 10:494；1788 年 1 月 20 日麦迪逊致华盛顿，*DHRC*, 20:696–697；"Agrippa" III, *Massachusetts Gazette*, Nov. 30, 1787, *DHRC*, 4:343。纽约州的一位联邦主义者更自信地认为，州议会将召集批准宪法大会，参见 1788 年 1 月 13 日塞缪尔·布莱克利·韦伯致约瑟夫·巴雷尔，*DHRC*, 20:608。州议会讨论是否召开批准宪法大会，参见 Kaminski, "New York," 73–77; De Pauw, *Eleventh Pillar*, 87–90; Introduction, *DHRC*, 20:687–691。

294 Assembly Journal, Jan. 31, 1788, *DHRC*, 20:704（"修订"和"全新的"）；Newspaper Report of Assembly Debates，同上，709（Benson）（"来自""费城会议"和"反感会议成员"）；同上，710（Jones）（"简单地"）；同上，708（Schoonmaker）；Newspaper Reports of Senate Debates, Feb. 1, 1788，同上，719（Duane）（"和我们一样""不容易受欺骗"和"费城会议是否"）；同上，720（Abraham Yates, Jr.）；另见 1788 年 2 月 1 日爱格伯特·本森致不明收信人，同上，728；Introduction，同上，690；Kaminski, "New York," 74; Maier, *Ratification*, 327; Boyd, *Politics of Opposition*, 35–36; Heideking, *The Constitution Before the Judgment Seat*, 46–47。

295 1788 年 1 月 27 日至 28 日查尔斯·蒂林哈斯特致休·休斯，*DHRC*, 20:669–670（全部引文）；Introduction，同上，689；Boyd, *Politics of Opposition*, 35。同样，梅兰克顿·史密斯看到州立法机关选出"最热心的宪法拥护者"作为国会代表，由此得出结论，反联邦主义者并不像一些人认为的那样在立法机关占据多数（1788 年 1 月 28 日史密斯致小亚伯拉罕·耶茨，*DHRC*, 20:671）。

联邦主义者在州立法机关会议上占据有利地位的另一个预兆是，他们在参议院否决了一项新的州官员效忠宣誓提案。根据一位联邦主义者的描述，反联邦主义者提出的誓词“的内容是，他们［州官员］将发誓绝不同意任何有可能破坏或改变本州现行宪法的行为或事情”。反联邦主义者承认，该提案是在间接攻击联邦宪法。参议院以 9∶6 的投票否决了该议案。参见 1788 年 1 月 27 日菲利普·舒勒致史蒂芬·范伦斯勒，同上，699；Introduction，同上，689。相反，联邦主义者试图要求本州官员宣誓效忠“美利坚合众国”来代替宣誓效忠“作为自由和独立州”的纽约，但是也以彻底的失败而告终。

296 Newspaper Reports of Senate Debates, Feb. 1, 1788, *DHRC*, 20:717(Duane)(全部引文)。反联邦主义者强调，他们并不反对召开大会，参见 Newspaper Report of Senate Debates, Feb. 1, 1788，同上，716（Lawrence）；同上，718（Williams）；约翰·威廉姆斯一封信的摘录（1 月 29 日），Albany *Federal Herald*, Feb. 25, 1788， 同 上，673； 另 见 Newspaper Reports of Assembly Debates, Jan. 31, 1788， 同 上，710（Harison）；Boyd, *Politics of Opposition*, 36–37; Maier, *Ratification*, 326–327; Kaminski, “New York,” 74–75。对于反对批准宪法的反联邦主义议员为何仍然愿意支持召开批准宪法大会，古文诺·莫里斯的推测与杜安的类似，参见 1787 年 10 月 30 日莫里斯致华盛顿，*PGW* (C.S.), 5:399。

297 Newspaper Report of Assembly Debates, Jan. 31, 1788, *DHRC*, 20:713（Jones）（“可以”）；同上（Benson）（“对国会的” 和 “向各州”）；Assembly Proceedings, Jan. 31, 1788，同上，704–705（投票）；另见 1788 年 2 月 1 日爱格伯特·本森致不明收信人，同上，728; Introduction，同上，690。费城会议所使用的词句，参见 Resolutions of the Convention Recommending the Procedures for Ratification and for the Establishment of Government Under the Constitution by the Confederation Congress, Sept. 17, 1787, *DHRC*, 1:318（“赞成和批准”）。邦联国会在向各州转交新宪法文本时，肯定了费城会议所使用的语言，载于 Charles Thomson, Circular Letter to the Executives of the States, Sept. 28, 1787，同上，340。

298 Assembly Proceedings, Jan. 31, 1788, *DHRC*, 20:705–706; Introduction，同

上，690; Maier, *Ratification*, 327–328。取消投票的财产资格限制，在很大程度上增加了选举大会代表的选民人数。参见 Young, *Democratic Republicans of New York*, 85。这一扩大选举权的举措令人困惑，参见 Kaminski, "New York," 76–77。波基普西是一个相对中立的地区，参见 Maier，上文，345。

299 1788 年 2 月 20 日约瑟夫・巴雷尔致塞缪尔・布莱克利・韦伯，*DHRC*, 20:731（全部引文）。克林顿州长的侄子德维特・克林顿后来指出，延宕许久召开大会是"政策上的一个大错误"，他将其归咎于联邦议员爱格伯特・本森的"一个非常狡猾的伎俩"（De Witt Clinton Journal, July 18, 1788, *DHRC*, 23:2232）。卡明斯基认为，两方可能都赞成推迟。联邦主义者可能已经盘算过，他们需要时间来改变纽约州人民对宪法的看法，并且他们希望在纽约州批准宪法大会召开之前，已有九个州批准了宪法，这可能会影响大会的讨论进程。纽约州的反联邦主义者倾向于推迟召开批准宪法大会，可能是为了能够与其他州的盟友协调反对批准的立场，并希望有其他州在纽约州批准宪法大会召开之前否决宪法——尤其是像弗吉尼亚这样有影响力的州，从而减轻他们在纽约州反对批准宪法的压力（Kaminski, "New York," 76）。

300 1788 年 4 月 3 日奥赛努特致约翰・麦克森，*DHRC*, 21:1376（引文）。Kaminski, *George Clinton*, 139–148; Kaminski, "New York," 72, 77–78, 92; De Pauw, *Eleventh Pillar*, 97, 101–102; Eubanks, "New York," 310; Maier, *Ratification*, 333; Heideking, *The Constitution Before the Judgment Seat*, 205–206。

301 Albany Federal Committee, *An Impartial Address*（约 Apr. 20, 1788), *DHRC*, 21:1398（全部引文）; Editors' Note, New York and the Massachusetts Convention's Amendments to the Constitution, Feb. 6, 1788, *DHRC*, 20:751–752; New York City Celebrates Massachusetts Ratification of the Constitution，同上，766–769; Kaminski, "New York," 78。

302 A *Citizen of New-York*（Jay），*DHRC*, 20:936–938, 940–941（引文）。杰伊的小册子在全国广泛传播，其重要性参见 Editorial Note，同上，924–927；另见 Maier, *Ratification*, 336–338。

303 *Plebeian: To the Friends and Fellow Citizens of New York* (Apr. 17, 1788), *DHRC*, 20:944–945, 949–950（全部引文）[以下简称 *Plebeian*]; 另见 Albany Anti–Federal Committee Circular, Apr. 10, 1788, *DHRC*, 21:1383–1384。

304 1788 年 4 月 16 日金致约翰·兰登，*DHRC*, 17:130（"本州在"）; 1788 年 5 月 15 日诺克斯致拉法耶特侯爵，*DHRC*, 20:1096（"双方可能"）。类似言论参见 1788 年 4 月 20 日杰伊致华盛顿，同上，963；1788 年 5 月 7 日罗伯特·R. 利文斯顿致卢泽恩侯爵，同上，1087–1088。联邦主义者更乐观的看法，参见 1788 年 4 月 20 日塞缪尔·布莱克利·韦伯致约瑟夫·巴雷尔，同上，964；1788 年 5 月 8 日塞缪尔·A. 奥蒂斯（Samuel A. Otis）致本杰明·林肯，同上，1092。纽约州竞选活动的详细讨论，参见 De Pauw, *Eleventh Pillar*, ch. 8; Heideking, *The Constitution Before the Judgment Seat*, 204–211; Kaminski, "New York," 80–99。

305 引 自 New York Federal Election Committee, June 6, 1788, *DHRC*, 20:1133–1134; Kaminski, "New York," 79–80, 82, 86–87, 91, 94–95, 98–99; Maier, *Ratification*, 328, 341。有人对一边倒的结果表示震惊，参见 1788 年 6 月 1 日亚伯拉罕·G. 兰辛致小亚伯拉罕·耶茨，*DHRC*, 20:1121; 1788 年 6 月 8 日汉密尔顿致麦迪逊，同上，1135。纽约市的意见压倒性地倾向联邦主义者，即使是克林顿州长也只能在该市赢得极少的选票（不过，他在家乡阿尔斯特县被选为大会代表）。参见 1788 年 6 月 5 日亚伯拉罕·鲍德温致肖伯恩·琼斯，同上，1129。

306 1788 年 6 月 8 日汉密尔顿致麦迪逊，同上，1135–1136（全部引文）; 另见 June 25, 1788，同上，21:1226; June 21, 1788，同上，23:2346。亨利·诺克斯对反联邦主义领导人的策略发表了非常相似的意见[1788 年 6 月 11 日诺克斯致奥索·霍兰德·威廉姆斯（Otho Holland Williams），*DHRC*, 20:1139]。另见 1788 年 6 月 13 日诺克斯致本杰明·林肯，同上，1152; 1788 年 6 月 14 日理查德·普拉特（Richard Platt）致温斯洛普·萨金特，同上，1169; 1788 年 6 月 23 日威廉·杜尔致麦迪逊，*DHRC*, 21:1209–1210。反联邦主义领袖亚伯拉罕·耶茨证实了联邦主义者对反联邦主义战略的理解（1788 年 6 月 1 日耶茨致亚伯拉罕·G. 兰辛，*DHRC*, 20:1123）。

307 1788年6月12日威廉·宾厄姆致坦奇·考克斯，*DHRC*, 20:1150（“杰出而坚定”和“最乐观的”）; *Massachusetts Centinel*, June 14, 1788，同上，1171（“那么”和“被敌人包围”）; 1788年6月23日杜尔致麦迪逊，*DHRC*, 21:1209（“无法达成一致”和“可能造成”）。有人认为，会议延期是纽约州联邦主义者所能期望的最好结果，参见1788年6月11日坦奇·考克斯致麦迪逊，*DHRC*, 20:1139; 1788年6月17日卡林顿致麦迪逊，*DHRC*, 21:1197。有人认为，一旦九个州批准宪法，纽约州最终将不得不服从全国民意，参见 New York *American Magazine*, June 3, 1788, *DHRC*, 20:1124; 1788年6月9日杰伊致杰斐逊，同上，1137–1138。一位联邦主义者对纽约州批准宪法的可能性做出了更为乐观的判断，参见1788年6月16日塞勒斯·格里芬致托马斯·菲茨西蒙斯，同上，1174。

308 南卡罗来纳州批准宪法的消息传到了纽约，参见 Editors' Note, New York City Newspapers Report South Carolina's Ratification of the Constitution, June 5–7, 1788，同上，1132–1133。纽约州联邦主义者之间流传着这样的报道：弗吉尼亚的联邦主义者可能会获胜，参见1788年6月13日诺克斯致林肯，同上，1152; 1788年6月14日理查德·普拉特致温斯洛普·萨金特，同上，1169。

309 1788年6月1日小约翰·兰辛致小亚伯拉罕·耶茨，同上，1122–1123（“形成一个”）; 另见亚伯拉罕·G. 兰辛致小亚伯拉罕·耶茨，同上，1121。

310 June 15, 1788，同上，1172（“我曾与”）; 小亚伯拉罕·耶茨致亚伯拉罕·G. 兰辛，同上，1174（“我一点儿”“日常交谈”“寄希望于”和“虽然所有”）。

311 1788年6月21日罗伯特·耶茨致梅森，*DHRC*, 22:1800（“我们已经”和“不管是诡辩”）; 1788年6月18日詹姆斯·M. 休斯致约翰·兰姆，*DHRC*, 21:1202（“反联邦主义者”“齐心协力”和“粉碎联邦党人”）。在马萨诸塞州，格里相信，纽约州的反联邦主义者会坚持有条件地批准宪法（1788年6月28日致詹姆斯·沃伦，*DHRC*, 18:206）。马萨诸塞州的反联邦主义者内森·戴恩在纽约市报告称，纽约州的反联邦主义者比美国其他任何地方的反联邦主义者都“更顽固”，即使新罕布什尔州和弗吉尼亚州批准宪法，可能也不会动摇他们坚持先制定修正案再批准宪法的决心［1788年6月14

日戴恩致塞缪尔·霍尔顿（Samuel Holten），*DHRC*, 20:1168–1169］。邮政署署长埃比尼泽·哈扎德对华盛顿说，“消息更灵通的”观察者“似乎确信，他们［纽约州的反联邦主义者］将把制定修正案作为采纳它［宪法］的条件”（June 24, 1788，同上，21:1222）。

312 1788年5月29日杰伊致华盛顿，*DHRC*, 20:1119（“主要负责人”和“这些领导者”）; 1788年6月23日杜尔致麦迪逊，*DHRC*, 21:1209（“不惜一切代价”“公开表示”“内部无法”和“形成有利于”）。另一种观点认为，反联邦主义者中的一些普通民众是忠于联盟的——虽然他们的大多数领导人不是。参见1788年7月2日菲利普·舒勒致史蒂芬·范伦斯勒，同上，1214–1215。反联邦党领袖亚伯拉罕·耶茨认为，联邦主义者“似乎很有信心地以为，反联邦派之间不会达成一致”（1788年7月1日耶茨致乔治·克林顿，同上，1245）。汉密尔顿并不擅长编造故事，他对古文诺·莫里斯说：“可以肯定的是，［乔治］克林顿在几次谈话中都声称联盟是不必要的。”（May 19, 1788, *DHRC*, 20:1104）有人认为，克林顿州长反对批准宪法是因为这将威胁到他的州长地位，参见1788年5月8日塞缪尔·A. 奥蒂斯致本杰明·林肯，同上，1092。批准宪法大会代表亚伯拉罕·班克是联邦主义者，他认为，如果克林顿没有那么强烈地反对批准，大会就能很容易地通过宪法（1788年6月28日亚伯拉罕·班克致埃弗特·班克，*DHRC*, 21:1230; 另见Kaminski, “New York,” 114）。

313 1788年5月19日汉密尔顿致麦迪逊，*DHRC*, 20:1102–1103（全部引文）; 另见1788年5月19日汉密尔顿致古文诺·莫里斯，同上，1104。还有观点认为，九个州的批准将使联邦主义者在纽约州批准宪法大会上获得最大的成功机会。参见1788年5月15日亨利·诺克斯致拉法耶特侯爵，同上，1096; 1788年5月25日威廉·宾厄姆致坦奇·考克斯，同上，1110; 1788年6月20日詹姆斯·肯特致罗伯特·特鲁普（Robert Troup），*DHRC*, 22:1704。汉密尔顿和鲁弗斯·金与新罕布什尔州的约翰·沙利文和约翰·兰登联络，汉密尔顿又与弗吉尼亚州的麦迪逊协调，建立了快速的情报传递系统，参见The Federalist Express System between the New York, New Hampshire, and Virginia Conventions, June 24–26, 1788, *DHRC*, 10:1672–1674;

The Establishment of a Federalist Express System Between the New Hampshire and New York Conventions, June 4–16, 1788, *DHRC*, 20:1124–1128；1788 年 6 月 6 日汉密尔顿致沙利文，同上，1126；1788 年 6 月 10 日金致兰登，同上；1788 年 6 月 8 日汉密尔顿致麦迪逊，同上，1135–1136；Maier, *Ratification*, 342。

314 1788 年 6 月 27 日塞缪尔·布莱克利·韦伯致凯瑟琳·霍格博姆，*DHRC*, 22:1976（"演讲优雅" 和 "当代最"）；1788 年 7 月 3 日德维特·克林顿致查尔斯·蒂林哈斯特，同上，2082（"嘲笑他们"）；Introduction，同上，1669, 1671；Maier, *Ratification*, 345–348；De Pauw, *Eleventh Pillar*, 196–200；另见 1788 年 6 月 24 日、25 日塞缪尔·布莱克利·韦伯致凯瑟琳·霍格博姆，*DHRC*, 21:1222。史密斯认为，"管理争议的主要责任落在了我身上"，参见 1788 年 6 月 28 日史密斯致内森·戴恩，*DHRC*, 22:2015。其他人也颂扬汉密尔顿的才能，参见 1788 年 8 月 8 日理查德·普拉特致温斯洛普·萨金特，*DHRC*, 21:1352。一位反联邦主义者担心，"如果［反联邦主义者］成员不像他们所声称的那样坚定"，杰伊的 "言谈举止和说话方式可能会带来很多麻烦"。参见 1788 年 6 月 21 日蒂林哈斯特致兰姆，*DHRC*, 22:1795。在这场辩论中，反联邦主义领导人（可以理解地）抱怨罗伯特·R. 利文斯顿的侮辱和傲慢，参见 Robert R. Livingston, July 1，同上，2049–2052；Gilbert Livingston, July 2，同上，2059–2062；John Williams，同上，2063–2064；Melancton Smith，同上，2064–2066。

315 1788 年 6 月 22 日亚伯拉罕·G. 兰辛致小亚伯拉罕·耶茨，*DHRC*, 21:1207–1208（"将因拖延" "联邦主义者" "拖延下去" 和 "乡下朋友"）；1788 年 6 月 21 日罗伯特·耶茨致梅森，*DHRC*, 22:1799（"以防止"）；罗伯特·R. 利文斯顿提议对宪法进行逐段审议，June 19，同上，1688；Editorial Note，同上，1672；另见 1788 年 5 月 29 日莫斯蒂尔伯爵致蒙特莫林伯爵，*DHRC*, 20:1120；1788 年 6 月 19 日小约翰·兰辛致小亚伯拉罕·耶茨，*DHRC*, 22:1702；Maier, *Ratification*, 349–350；Kaminski, "New York," 101–102, 114。

316 Convention Debates and Proceedings, June 26–July 2, 1788, *DHRC*, 22:1917–

2069；另见 1788 年 6 月 28 日史密斯致内森·戴恩，同上，2015。会议进程缓慢，参见 1788 年 7 月 5 日亚伯拉罕·班克致埃弗特·班克，同上，2106。

317 众议院的规模问题，参见 Convention Debates and Proceedings, June 20–23, 1788，同上，1715–1828。参议院的规模问题，参见 June 24–25，同上，1836–1902。国会掌握国会议员选举的权力问题，参见 June 25–26，同上，1904–1916。另见 1788 年 6 月 21 日汉密尔顿致麦迪逊，*PJM* (C.S.), 11:165；1788 年 7 月 2 日前后，汉密尔顿致麦迪逊，同上，185。联邦主义者强调，如果联邦解体，纽约州会变得易受攻击，参见 Robert R. Livingston, June 19, *DHRC*, 22:1684–1685; June 27，同上，1942; Hamilton, June 20，同上，1723–1724。

318 Robert R. Livingston, June 25，同上，1899（“我国的情况”）; *Hudson Weekly Gazette*, June 24, 1788, *DHRC*, 21:1224（“和它最初”）；1788 年 6 月 24 日至 7 月 2 日，新罕布什尔州和弗吉尼亚州的消息到达纽约，同上，1210–1211; Maier, *Ratification*, 361; De Pauw, *Eleventh Pillar*, 207–208。其他的联邦主义报纸指出，由于已有 9 个州批准了宪法，纽约州别无选择，只能无条件地批准，否则将被排除在联邦之外，可能面临内战，参见 *New York Packet*, July 15, 1788, *DHRC*, 22:2164; “Cato: To the People of the State of New–York,” Poughkeepsie *Country Journal*, July 8, 1788, *DHRC*, 21:1302–1303。

319 Smith, June 25, *DHRC*, 22:1902（“严重后果”和“都没有”）; Lansing，同上，1903（“我们的”和“迫使我们”）。新罕布什尔州批准宪法，对史密斯的影响比他公开表现出来的更大。参见下文，494–495。

320 1788 年 6 月 28 日克林顿致约翰·兰姆，*DHRC*, 23:2357（“任何一丝”）；克林顿致小亚伯拉罕·耶茨，同上（“他们都”）；1788 年 6 月 25 日小亚伯拉罕·耶茨致亚伯拉罕·G. 兰辛，*DHRC*, 21:1228（“即便”和“即使十二个州”）。也有人声称，新罕布什尔州批准宪法的消息对大会里的反联邦主义代表没有影响，参见 1788 年 7 月 1 日小亚伯拉罕·耶茨致乔治·克林顿，同上，1245；1788 年 6 月 28 日梅兰克顿·史密斯致内森·戴恩，*DHRC*, 22:2015；1788 年 6 月 27 日亨利·奥赛努特致小亚伯拉罕·耶茨，*DHRC*,

23:2354；克里斯托弗·P. 耶茨致小亚伯拉罕·耶茨，同上，2355；另见 Introduction, *DHRC*, 22:1672; Kaminski, "New York," 105。

321 1788 年 6 月 27 日汉密尔顿致麦迪逊，*DHRC*, 21:1213（"我们胜利的"）；约 1788 年 7 月 2 日汉密尔顿致麦迪逊，*PJM* (C.S.), 11:185（"越来越多的"和"被形势说服"）；1788 年 6 月 29 日亚伯拉罕·G. 兰辛致小亚伯拉罕·耶茨，*DHRC*, 21:1235（"精神和决心"和"更加严重的"）。其他联邦主义者也有类似看法，认为新罕布什尔州批准宪法，显然没有影响反联邦主义代表，参见 1788 年 6 月 28 日亚伯拉罕·班克致埃弗特·班克，同上，1230；1788 年 7 月 1 日、2 日塞缪尔·布莱克利·韦伯致约瑟夫·巴雷尔，同上，1243。

322 1788 年 6 月 8 日汉密尔顿致麦迪逊，*DHRC*, 20:1136（"巨大的影响"）；引自 Henry Izard, July 8, 1788, *DHRC*, 21:1297（"联邦主义者"）；另见 Maier, *Ratification*, 370; De Pauw, *Eleventh Pillar*, 214–215; Kaminski, "New York," 106; Editors' Note: The Arrival in New York of the News of Virginia's Ratification of the Constitution, July 2, 1788, *DHRC*, 22:2084。联邦主义者曾预言，弗吉尼亚州批准宪法将极大地影响纽约州批准宪法大会的决定。参见 1788 年 6 月 22 日彼得·范·沙克致亨利·范·沙克，*DHRC*, 21:1208；1788 年 6 月 8 日亨利·诺克斯致耶利米·沃兹华斯，同上，1209 n. 2；1788 年 6 月 23 日威廉·杜尔致麦迪逊，同上，1210；1788 年 6 月 24 日埃比尼泽·哈扎德致华盛顿，同上，1222。弗吉尼亚州批准宪法的消息传到波基普西时，联邦主义者欢呼雀跃，参见 A Reminiscence of the Arrival in Poughkeepsie of the News of Virginia's Ratification of the Constitution，同上，1217–1219。联邦主义者为来自弗吉尼亚的消息欢欣鼓舞的另一个例子，参见 1788 年 7 月 2 日菲利普·舒勒致史蒂芬·范伦斯勒，同上，1214。

323 来自纽约的一封信的摘录（7 月 6 日），*Massachusetts Centinel*, July 16, 1788, *DHRC*, 23:2371（"对此事"）；1788 年 7 月 3 日德维特·克林顿致查尔斯·蒂林哈斯特，*DHRC*, 22:2082（"没有造成"）；1788 年 7 月 2 日科尼利厄斯·C. 斯库恩梅克致彼得·范·盖斯比克（Peter Van Gaasbeek），同上，2083（"我相信"）；1788 年 7 月 3 日劳伦斯致兰姆，*DHRC*, 21:1261（"来自

弗吉尼亚”)；1788 年 7 月 6 日兰姆致劳伦斯，同上，1292（“立场坚定”和“他们保持立场”)。

324 1788 年 7 月 4 日、8 日杰伊致华盛顿，*DHRC*, 22:2114（“感到失望”和“依然顽固地”)；1788 年 7 月 7 日约翰·斯旺（John Swann）致詹姆斯·艾德尔，*DHRC*, 21:1294（“迟早也会”“决心”和“令人感到”)；来自波基普西的一封信的摘录（7 月 3 日），New York *Daily Advertiser*, July 7, 1788, *DHRC*, 22:2093（“天真”“决意”和“毁灭”)。有些联邦主义者不情愿地承认，弗吉尼亚州批准宪法并没有影响纽约州的反联邦主义者，相关表述，参见 1788 年 7 月 13 日塞缪尔·布莱克利·韦伯致凯瑟琳·霍格博姆，*DHRC*, 21:1314；1788 年 7 月 3 日托马斯·戈德比致柯克曼 – 霍姆斯公司，同上，1260；另见 1788 年 7 月 8 日戴维·S. 博加特致塞缪尔·布莱克利·韦伯，同上，1296。对此，有些联邦主义者持更积极的看法，认为弗吉尼亚州批准宪法的消息影响了反联邦主义者对于无条件地批准宪法的态度，参见 New York *Daily Advertiser*, July 9, 1788, *DHRC*, 23:2366；1788 年 7 月 11 日佩莱格·阿诺德（Peleg Arnold）致威尔克姆·阿诺德，同上；另见 1788 年 7 月 10 日约翰·宾塔致以利沙·布迪诺特，*DHRC*, 21:1308。

325 1788 年 7 月 3 日纳撒尼尔·劳伦斯致约翰·兰姆，同上，1261；另见 Introduction, *DHRC*, 22:1672; Editors' Note, The Arrival in New York of the News of Virginia's Ratification of the Constitution, July 2, 1788，同上，2086; Eubanks, "New York," 325; Maier, *Ratification*, 370; Heideking, *The Constitution Before the Judgment Seat*, 322; De Pauw, *Eleventh Pillar*, 202–203, 216。弗吉尼亚州批准宪法的消息传出后，联邦主义者改变策略的类似报道，参见 *Albany Journal*, July 7, 1788, *DHRC*, 23:2364；1788 年 7 月 5 日艾萨克·罗斯福致理查德·瓦里克（Richard Varick），同上；1788 年 7 月 5 日亚伯拉罕·班克致埃弗特·班克，*DHRC*, 22:2106。对于联邦主义者转变策略的解释，参见 Kaminski, "New York," 107。

326 Convention Debates and Proceedings, July 4, 5, 7, *DHRC*, 22:2094–2107; New York *Daily Advertiser*, July 8, 1788, *DHRC*, 22:2094; Kaminski, "New York," 107; Maier, *Ratification*, 370–371; De Pauw, *Eleventh Pillar*, 217–218.

327 1788 年 7 月 5 日亚伯拉罕·班克致埃弗特·班克，*DHRC*, 22:2106（引文）；7 月 8 日耶茨在纽约州批准宪法大会上的发言，同上，2117; Convention Debates and Proceedings, July 9，同上，2118；另见 1788 年 7 月 8 日汉密尔顿致麦迪逊，同上，2117；1788 年 7 月 4 日、8 日杰伊致华盛顿，同上，2115；1788 年 7 月 12 日亚伯拉罕·班克致埃弗特·班克，同上，2149；1788 年 7 月 4 日杰伊致科宾，*DHRC*, 23:2363–2364; Kaminski, "New York," 107。

328 1788 年 7 月 8 日汉密尔顿致麦迪逊，*DHRC*, 22:2117（"我们有）；1788 年 7 月 4 日、8 日杰伊致华盛顿，同上，2114（"一致" 和 "它们明显"）；另见 Introduction，同上，1672; Kaminski, "New York," 107。反联邦主义代表科尼利厄斯·斯库恩梅克估计，反联邦主义者会发现就修正案的形式达成一致是件 "困难的事"，特别是因为联邦主义者会 "尽其所能地分裂反联邦派，而反联邦派迄今一直是坚定团结的"（1788 年 7 月 7 日斯库恩梅克致威廉·史密斯，*DHRC*, 22:2115）。反联邦主义者一直预计，联邦主义者希望利用他们之间的分歧。参见 1788 年 7 月 1 日小亚伯拉罕·耶茨致乔治·克林顿，*DHRC*, 21:1245。反联邦主义者注意到联邦主义领导人游说活动的一个较早的例子，参见 1788 年 6 月 21 日查尔斯·蒂林哈斯特致约翰·兰姆，*DHRC*, 22:1795；另见 Introduction，同上，1670–1671。

329 大多数评论者都认为，新罕布什尔州和弗吉尼亚州批准宪法打破了纽约州的平衡。参见 Editorial Note, *DHRC*, 21:1672; Kaminski, "New York," 106; Maier, *Ratification*, 382; Labunski, *James Madison*, 121; Boyd, *Politics of Opposition*, 130。当时的言论要么是预测新罕布什尔州和弗吉尼亚州的批准会影响纽约州批准宪法大会的决策，要么是认为，这种影响已经成为事实。参见 1788 年 7 月 8 日尼古拉斯·吉尔曼致约翰·兰登，*DHRC*, 21:1297；1788 年 7 月 2 日莫斯蒂尔伯爵致蒙特莫林伯爵，同上，1248；1788 年 7 月 20 日埃兹拉·霍梅迪厄（Ezra L'Hommedieu）致约翰·史密斯，同上，1329。

330 1788 年 7 月 9 日亚伯拉罕·G. 兰辛致小亚伯拉罕·耶茨，同上，1307（"我从我们的"）；1788 年 6 月 28 日史密斯致戴恩，*DHRC*, 22:2015（"在目前情况下”“几乎”和“那些最有”); Kaminski, “New York,” 106。史密斯思想转变的重要性，参见，同上，115–116; 另见下文，503–506。

331 1788 年 7 月 3 日戴恩致史密斯,*DHRC*, 21:1254, 1258(“不可能要求”和“联合起来”); 约 1788 年 7 月 15 日史密斯致戴恩，*DHRC*, 23:2369（“态度不一”“艰巨而困难”“时间和”和“我们不是”); 来自纽约的一封信的摘录（7 月 6 日），*Massachusetts Centinel*, July 16, 1788，同上，2371（“赞成”); 另见 Kaminski, “New York,” 116; Maier, *Ratification*, 383–384。另一位联邦主义者同样指出，反联邦主义者“受到［联邦主义者的］观点的影响，但他们太高傲以至于不愿承认”，而且“至少会在一段时间内，坚持破坏宪法批准”［来自波基普西的一封信的摘录（7 月 11 日），*New York Morning Post*, July 14, 1788, *DHRC*, 23:2368］。

332 New York *Daily Advertiser*, July 16, 1788, *DHRC*, 22:2113–2114. 反联邦主义者已经放弃了直接否决宪法的打算，参见 1788 年 7 月 4 日、8 日杰伊致华盛顿，同上，2115; 另见 7 月 26 日吉尔伯特・利文斯顿在纽约州批准宪法大会上的发言，*DHRC*, 23:2322; Eubanks, “New York,” 325–326。

333 7 月 10 日兰辛在纽约州批准宪法大会上的发言，*DHRC*, 22:2119–2121（“宪法中的”和“除非得到”); 1788 年 7 月 12 日德维特・克林顿致查尔斯・蒂林哈斯特，同上，2150（“宪法的一些”)。

334 7 月 10 日兰辛在纽约州批准宪法大会上的发言，同上，2121–2127（“相信”“施加一切影响”和“符合上述”)。

335 同上，2126–2127; 另见 Maier, *Ratification*, 379–380; Kaminski, “New York,” 108。反联邦主义者青睐这种特定形式的有条件修正案的原因，参见 1788 年 7 月 12 日德维特・克林顿致查尔斯・蒂林哈斯特，*DHRC*, 22:2150。

336 同上，2150–2151（全部引文); 另见 Kaminski, “New York,” 108。其他反联邦主义者也坚持认为，他们已经做出了很大让步，并抱怨联邦主义者不愿做出任何让步。参见 7 月 11 日史密斯在纽约州批准宪法大会上的发言，*DHRC*, 22:2135; July 12，同上，2152, 2154; 另见 Matthew Adgate, July 24, *DHRC*, 23:2292。

337 1788 年 7 月 12 日亚伯拉罕・班克致埃弗特・班克，*DHRC*, 22:2149（“伪

装的”); 1788 年 7 月 8 日汉密尔顿致麦迪逊，同上，2117（“赞同合理的建议”和“尽最大努力”); 7 月 11 日罗伯特·R. 利文斯顿在纽约州批准宪法大会上的发言，同上，2139（“我们将会”); Jay，同上，2130；另见 New York *Daily Advertiser*, July 16, 1788，同上，2148；来自波基普西的一封信的摘录（7 月 11 日）, New York *Daily Advertiser*, July 15，同上，2147; Kaminski, “New York,” 108。联邦主义者认为他们与反联邦主义者一样在妥协。参见，例如 7 月 25 日汉密尔顿在纽约州批准宪法大会上的发言，*DHRC*, 23:2292。

338 New York *Daily Advertiser*, July 16, 1788, *DHRC*, 22:2164；同上，2114；同上，2148；来自波基普西的一封信的摘录，New York *Daily Advertiser*, July 15, 1788，同上，2127; 1788 年 7 月 12 日亚伯拉罕·班克致埃弗特·班克，同上，2149。杰伊坚持说，他参加委员会的讨论，准备做出妥协，结果却发现反联邦主义者只关心他们自己的要求（July 12，同上，2151）。

339 1788 年 7 月 12 日亚伯拉罕·班克致埃弗特·班克，同上，2149（全部引文）。预计批准宪法大会即将结束的其他说法，参见 *New York Journal*, July 10, 1788，同上，2105; 1788 年 7 月 5 日约翰·杰伊致萨拉·杰伊，同上，2098; 1788 年 7 月 12 日德维特·克林顿致查尔斯·蒂林哈斯特，同上，2150。

340 7 月 12 日汉密尔顿在纽约州批准宪法大会上的发言，同上，2160, 2161（“既然是”和“仅此而已”); Livingston, July 11，同上，2139; Richard Harison, July 14, *DHRC*, 23:2170。纽约州立法机关要求召开批准宪法大会的决议，参见 *DHRC*, 20:705（“根据”）。费城会议呼吁各州立法机关召集批准大会的决议，参见 *DHRC*, 1:318（“征求”）。纽约州批准宪法大会初期，亚伯拉罕·耶茨得知联邦主义领袖倾向于认为，批准宪法大会只拥有批准或否决宪法的权力，他对克林顿州长说，“联邦的绅士们有最非凡的才能，他们自己能吞下骆驼，却建议别人去找小昆虫”（July 1, 1788, *DHRC*, 21:1245）。

341 New York *Daily Advertiser*, July 16, 1788, *DHRC*, 22:2164–2165（“完全违反”); 7 月 12 日汉密尔顿在纽约州批准宪法大会上的发言，同上，2160, 2161–2162; Jay, July 11，同上，2130–2131, 2135–2137; Robert R. Livingston，同上，2139–2140; Harison, July 14，*DHRC*, 23:2170–2171; Hamilton，同上，

2172; Jay, July 15，同上，2179; Robert R. Livingston，同上，2181；另见 Maier, *Ratification*, 380–381; Eubanks, "New York," 326。1786 年，纽约州有条件地批准了进口税修正案，参见上文，32。

342 Jay, July 11, *DHRC*, 22:2131–2133（"联合协商""命令并""最优秀分子""决策的"和"难道其他州"）; 另见 Robert R. Livingston，同上，2140; Harison, July 14, *DHRC*, 23:2170–2171。

343 Hamilton, July 12, *DHRC*, 22:2161–2162; Livingston, July 11，同上，2139–2140; New York *Daily Advertiser*, July 16, 1788，同上，2165–2166。有人认为，傲慢和过分的领土要求，会使纽约州瓦解，参见 1788 年 7 月 23 日老奥利弗·沃尔科特（Oliver Wolcott, Sr.）致小奥利弗·沃尔科特（Oliver Wolcott, Jr.），*DHRC*, 21:1337。

344 Harison, July 14, *DHRC*, 23:2171–2172（引文）; Hamilton, July 12, *DHRC*, 22:2162; Jay, July 11，同上，2133–2134; Livingston，同上，2138, 2140。

345 New York *Daily Advertiser*, July 16, 1788，同上，2148（"他们认为"）; Smith, July 12，同上，2154–2155（"反对宪法"和"满足这些"）; Lansing, July 11，同上，2137。

346 Smith，同上，2135, 2136（引文）; July 12，同上，2154; Lansing，同上，2156; John Williams, July 15, *DHRC*, 23:2183；另见 1788 年 7 月 12 日德维特·克林顿致蒂林哈斯特，*DHRC*, 22:2150。克林顿州长强烈反对无条件地批准宪法，因为无条件地批准宪法有可能使人民永远丧失自由，但他把回应联邦主义者的任务留给了史密斯和兰辛，联邦主义者认为国会不会接受兰辛提案中的批准形式（George Clinton's Remarks Against Ratifying the Constitution, July 11，同上，2142–2147）。

347 Smith, July 12，同上，2152–2153（引文）; July 11，同上，2136; New York *Daily Advertiser*, July 16, 1788，同上，2148。

348 Lansing, July 12，同上，2155–2156（"智慧的人民"）; Smith，同上，2153–2154（"对于"）; July 11，同上，2135。

349 Jay，同上，2133（"恶果"）; New York *Daily Advertiser*, July 16, 1788，同上，2148（"批准宪法大会"）。

350 Jay, July 11，同上，2132–2133（“新政府”）; Livingston，同上，2139; Hamilton, July 12，同上，2161；1788年7月3日戴恩致史密斯，*DHRC*, 21:1257（“在这个”“立即在”和“正是第一届”）; 另见 Kaminski, “New York,” 116–117; Editors’ Note, Confederation Congress Makes Provision to Put the New Government Under the Constitution Into Operation, July 2–Sept. 13, 1788, *DHRC*, 21:1250–1251。塞缪尔·奥斯古德在写给纽约州反联邦党领袖史密斯和塞缪尔·琼斯的信中也提出了同样的观点，他说，“在我看来，假如纽约州缺席第一届国会，将大大增加无法获得我们所希望的修正案的危险”（July 11, 1788，同上，1309）。

351 国会正在等待纽约州的批准决定，然后会再决定新的联邦国会将在何处召开，参见1788年7月13日内森·戴恩致卡莱布·斯特朗，同上，1313；1788年7月15日埃比尼泽·哈扎德致马修·凯瑞，同上，1317–1318；1788年7月23日老奥利弗·沃尔科特致小奥利弗·沃尔科特，同上，1337；1788年7月21日麦迪逊致华盛顿，*PJM* (C.S.), 11:190–191；另见 Bowling, *The Creation of Washington, D.C.*, 87–96。纽约州的一位联邦主义者在波基普西给别人写信表示“非常不耐烦”，他敦促联邦国会通过一项使新政府开始运作的法案，“给我们的辩论增添更多活力”，并“改变批准宪法大会的现状”[来自波基普西的一封信的摘录（7月3日），New York *Daily Advertiser*, July 7, 1788, *DHRC*, 22:2093]。

352 Jay, July 11，同上，2133, 2134; Livingston，同上，2139–2140, 2141。对联邦政府所在地经济价值的其他估计，参见 Bowling, *The Creation of Washington, D.C.*, 3。

353 1788年7月11日塞缪尔·奥斯古德致梅兰克顿·史密斯和塞缪尔·琼斯，*DHRC*, 21:1309（“本地市民的”“要承担”和“费城”）；1788年7月13日塞缪尔·布莱克利·韦伯致凯瑟琳·霍格博姆，同上，1314（“相信”）。另一名联邦主义者警告，如果反联邦主义者拒绝无条件地批准宪法使纽约市失去首都地位，那么纽约市居民将会对反联邦主义者产生极大的愤怒。参见1788年7月17日潘恩·温盖特（Paine Wingate）致约翰·皮克林，*DHRC*, 23:2372（“特别盛大”）。纽约市庆祝宪法实施的盛大游行，因为等待纽约州的批准结果而多次推迟，最终在 7 月 23 日举行，当时纽约州的批准宪法大会仍未结束。参见 Introduction, *DHRC*, 21: appendix I, 1584–1588；另见 De Pauw, *Eleventh Pillar*, 237–240。

354 1788 年 5 月 29 日杰伊致华盛顿，*DHRC*, 20:1119（引文）；另见 1788 年 7 月 4 日、8 日杰伊致华盛顿，*DHRC*, 22:2114。

355 7 月 11 日利文斯顿在纽约州批准宪法大会上的发言，同上，2140, 2141（引文）；Hamilton, July 17, *DHRC*, 23:2195。其他声称如果纽约州不加入联邦，南部各县可能会脱离该州的公开言论，参见 New York *Daily Advertiser*, June 14, 1788, *DHRC*, 20:1170; "A Pennsylvanian to the New York Convention" (Tench Coxe), *Pennsylvania Gazette*, June 11, 1788，同上，1148–1149；一封来自纽约的信的摘录（7 月 6 日），*Massachusetts Centinel*, July 16, 1788, *DHRC*, 23:2371; *Salem Mercury*, July 29, 1788，同上，2379。在私人信件中也有类似说法，证实了分裂的风险是真实存在的。参见 1788 年 6 月 6 日塞缪尔·布莱克利·韦伯致凯瑟琳·霍格博姆，*DHRC*, 21:1293；1788 年 7 月 24 日埃弗特·班克致亚伯拉罕·班克，同上，1338；1788 年 7 月 15 日尼古拉斯·吉尔曼致约翰·兰登，同上，1316；1788 年 7 月 15 日耶利米·沃兹华斯致小奥利弗·沃尔科特，同上，1320。外国公使和领事们预计，如果纽约州没有批准宪法，将会出现这样的分裂。参见 1788 年 7 月 25 日唐·迪亚哥·加尔多基致康德·德·弗洛里达布兰卡，同上，1342；1788 年 6 月 5 日莫斯蒂尔伯爵致蒙特莫林伯爵，*DHRC*, 20:1131。另见 De Pauw, *Eleventh Pillar*, 230–236; Eubanks, "New York," 327, 329。

356 1788 年 7 月 2 日前后，汉密尔顿致麦迪逊，*PJM* (C.S.), 11:185（"提出的论断"和"是被形势说服了"）；另见 Kaminski, "New York," 115。

357 William Harper, July 14, *DHRC*, 23:2171; Lansing, July 16，同上，2190; New York *Daily Advertiser*, July 17, 1788，同上，2174；1788 年 7 月 15 日沃兹华斯致小奥利弗·沃尔科特，*DHRC*, 21:1320（"对无条件"）；1788 年 7 月 13 日诺克斯致金，*DHRC*, 23:2368；另见 1788 年 7 月 14 日戴维·S. 博加特致塞缪尔·布莱克利·韦伯，同上，2175。其他预测这次联邦主义者会失败的说法，参见 1788 年 7 月 15 日尼古拉斯·吉尔曼致约翰·兰登，*DHRC*,

21:1316; 1788 年 7 月 15 日卡莱布 · S. 里格斯（Caleb S. Riggs）致约翰 · 费奇（John Fitch），同上，1319; 1788 年 7 月 16 日麦迪逊致伦道夫，同上，1321; 1788 年 7 月 17 日塞缪尔 · A. 奥蒂斯致乔治 · 撒切尔，同上，1323; 1788 年 7 月 19 日罗伯特 · 莫里斯致西拉斯 · 塔尔博特（Silas Talbot），同上，1326。有些联邦主义者预计前景很不确定，但并不悲观，参见 1788 年 7 月 17 日埃比尼泽 · 哈扎德致杰里米 · 贝尔纳普，同上，1323; 1788 年 7 月 16 日约翰 · 杰伊致萨拉 · 杰伊，*DHRC*, 23:2370。

358 1788 年 7 月 18 日亚伯拉罕 · 班克致埃弗特 · 班克，同上，2226（"休会可能"）; Hobart motion, July 16，同上，2185; Hamilton, July 17，同上，2193（"自从我们""稳妥的"和"征求我们"）; 1788 年 7 月 22 日皮尔斯 · 朗致尼古拉斯 · 吉尔曼，*DHRC*, 21:1332（"在这次会议"）; 一封来自纽约的信的摘录（7 月 6 日），*Massachusetts Centinel*, July 16, 1788, *DHRC*, 23:2371; Robert R. Livingston, July 16，同上，2186–2187, 2188; Jay，同上，2187, 2189; James Duane，同上，2187–2188; 另见 1788 年 7 月 19 日德维特 · 克林顿致查尔斯 · 蒂林哈斯特，同上，2230; *New York Journal*, July 21, 1788，同上，2191。此时，大会以外的许多言论都表示批准宪法大会可能会休会。参见一封来自纽约的信的摘录（7 月 18 日），*Virginia Independent Chronicle*, July 30, 1788，同上，2380; *Massachusetts Centinel*, July 12, 1788, *DHRC*, 21:1312; 1788 年 7 月 18 日西奥多 · 塞奇威克致约翰 · 汉考克，同上，1325; Kaminski, "New York," 110; Maier, *Ratification*, 386–387; Heideking, *The Constitution Before the Judgment Seat*, 323。两个多星期前，华盛顿曾表示，鉴于反联邦主义者占多数，对纽约联邦主义者来说，"最明智"的做法可能是休会，以便让纽约州人民"更冷静、更慎重地考虑这个问题的重要性及其后果"（1788 年 6 月 28 日华盛顿致查尔斯 · 科茨沃斯 · 平克尼，*DHRC*, 21:1233）。

359 1788 年 7 月 1 日小亚伯拉罕 · 耶茨致乔治 · 克林顿，同上，1245（"更多的运作"）; 1788 年 6 月 29 日小亚伯拉罕 · 耶茨致亚伯拉罕 · G. 兰辛，同上，1240; 7 月 16 日托马斯 · 特雷维尔（Thomas Tredwell）在纽约州批准宪法大会上的发言，*DHRC*, 23:2189（"他们选民的""不会在""无法给出""在座各位的”和“因为据其中”); Lansing，同上，2187; Convention Debates and Proceedings, July 17，同上，2199（投票）; 另见 Kaminski, “New York,” 107; De Pauw, *Eleventh Pillar*, 224。德维特・克林顿写道，“[休会的]表面理由是，议员们可以回去询问选民意见，但真正的目的是鼓动选民反对他们”（Journal, July 16, 1788, *DHRC*, 23:2190–2191）。

360 Convention Debates and Proceedings, July 17, *DHRC*, 23:2210（投票）; editorial note，同上，2218 n. 18。

361 Smith, July 17，同上，2211, 2213。

362 史密斯的动议，同上，2214–2215。

363 史密斯的动议，同上，2215（“坚信能够”）（着重强调）; 同上，2212（“不能满足”和“将避免”）; 另见 1788 年 7 月 18 日科尼利厄斯・C. 斯库恩梅克致彼得・范・盖斯比克，同上，2229; 1788 年 7 月 19 日德维特・克林顿致查尔斯・蒂林哈斯特，同上，2230; 1788 年 7 月 18 日杰伊致华盛顿，同上，2227; Kaminski, “New York,” 109; De Pauw, *Eleventh Pillar*, 226。杰伊的说法是四年，参见 July 24，*DHRC*, 23:2290。至少从 6 月下旬以来，史密斯一直在考虑这样一个提议，即接受“批准之后的条件”，而不是“批准之前的条件”（1788 年 6 月 28 日史密斯致内森・戴恩，*DHRC*, 22:2015）。

364 1788 年 7 月 18 日亚伯拉罕・班克致埃弗特・班克，*DHRC*, 23:2226（“他的内心”“每一线”“一个有利的”和“赞誉”）; Jay, July 18，同上，2232（“没有先前”）; 1788 年 7 月 18 日斯库恩梅克致彼得・范・盖斯比克，同上，2229（“因为这对”）; 另见 De Witt Clinton Journal, July 18, 1788，同上，2232–2233; 1788 年 7 月 18 日杰伊致华盛顿，同上，2228; Hamilton, July 24，同上，2291; Kaminski, “New York,” 109。国会是否会接受史密斯新提议的条款是另一个问题。罗得岛州联邦主义者威廉・埃勒里对史密斯的提议不屑一顾，认为“这样的提议过于幼稚，完全不符合我的政府联邦契约观念，以至于我很难想象，多数派会认真地考虑将其作为他们接受新宪法的一个条件。我相信，任何一个州都不会以这样的条件加入联邦”（1788 年 7 月 28 日、29 日埃勒里致本杰明・亨廷顿，*DHRC*, 25:366）。纽约州参议员埃兹拉・霍梅迪厄说，虽然史密斯的方案“比其他方案更接近于批准宪法，[它]仍然提出了一个前提条件，我认为这个条件是致命的”(1788年7月20日霍梅迪厄致约翰·史密斯，*DHRC*, 21:1328)。相反，联邦主义代表亚伯拉罕·班克相信，如果修正一下史密斯的提议，国会将会接受(上文)。麦迪逊给纽约州批准宪法大会写了一封信，宣布史密斯的提议是有条件地批准宪法，会被国会否决。参见下文，507。有观点认为，还不清楚国会将如何接受这样的批准条件，参见1788年7月22日、28日托马斯·都铎·塔克致圣乔治·塔克，*DHRC*, 21:1334。

365 一封来自纽约的信的摘录(7月20日)，*Massachusetts Centinel*, July 26, 1788，*DHRC*, 23:2379(“可以挽救”); De Witt Clinton Journal, July 18, 1788，同上，2232–2233(“我猜想”“一些极端”和“站出来”); 另见1788年7月18日科尼利厄斯·C. 斯库恩梅克致彼得·范·盖斯比克，同上，2229。琼斯在选民中听到了他们倾向于批准宪法的情感，参见1788年7月20日埃兹拉·霍梅迪厄致约翰·史密斯，*DHRC*, 21:1328。亚伯拉罕·兰辛指出，据说琼斯“被联邦主义者的威胁吓到了”(1788年7月20日兰辛致小亚伯拉罕·耶茨，同上，1330; 另见1788年7月14日戴维·S. 博加特致塞缪尔·布莱克利·韦伯，*DHRC*, 23:2176)。德维特·克林顿还报告，支持史密斯提案的另外两名反联邦主义代表泽潘尼亚·普拉特(Zephaniah Platt)和吉尔伯特·利文斯顿坚称，这是“他们的最后通牒”，他们不会让步(Journal, July 19, 1788，同上，2253)。

366 July 18, 1788，同上，2232–2233(全部引文); 另见July 16, 1788，同上，2191; Kaminski, “New York,” 109。亚伯拉罕·兰辛认为，如果对史密斯“不当之举”的指控属实，那么“他对我们国家事业造成的损害比任何联邦主义者都要大”(1788年7月20日兰辛致小亚伯拉罕·耶茨，*DHRC*, 21:1330)。

367 1788年7月18日科尼利厄斯·C. 斯库恩梅克致彼得·范·盖斯比克，*DHRC*, 23:2229(“几乎可以”和“两害相权”); 1788年7月18日杰伊致华盛顿，同上，2227–2228(“会场出现了”和“似乎很尴尬”); 另见Kaminski, “New York,” 109; De Pauw, *Eleventh Pillar*, 226–227。

368 1788年7月19日汉密尔顿致麦迪逊，*DHRC*, 23:2374; Smith, July 19，同上，

2242–2243（投票）; New York *Daily Advertiser*, July 21, 1788，同上，2253（引文）; 1788 年 7 月 19 日亚伯拉罕・B. 班克致彼得・范・盖斯比克，同上，2373；另见 Kaminski, "New York," 109–110。

369 Convention Debates and Proceedings, July 19, *DHRC*, 23:2243–2250; July 21，同上，2255–2261（具体例子在 2258 页、2259—2260 页）; July 22，同上，2264–2274；来自波基普西的一封信的摘录（7 月 22 日），New York *Daily Advertiser*, July 25, 1788，同上，2262–2264；另见 Kaminski, "New York," 110; De Pauw, *Eleventh Pillar*, 227。

370 1788 年 7 月 19 日德维特・克林顿致查尔斯・蒂林哈斯特，*DHRC*, 23:2230（"政治的天空"）; 1788 年 7 月 22 日麦迪逊致伦道夫，*DHRC*, 21:1333（"目前"）; 1788 年 7 月 22 日、23 日罗斯福致理查德・瓦里克，*DHRC*, 23:2375("多样化倾向")。其他不确定的说法，参见 Poughkeepsie *Country Journal*, July 22, 1788，同上，2254；1788 年 7 月 26 日休・威廉姆森致詹姆斯・艾德尔（当天的第一封），*DHRC*, 21:1347。更悲观的联邦主义者的预测，参见 1788 年 7 月 24 日埃弗特・班克致亚伯拉罕・班克，同上，1338。对联邦主义者的机会更乐观的评估，参见一封来自纽约的信的摘录（7 月 18 日），*Virginia Independent Chronicle*, July 30, 1788，*DHRC*, 23:2380；来自波基普西的一封信的摘录（7 月 20 日），*Massachusetts Centinel*, July 30, 1788，同上；1788 年 7 月 20 日韦伯致霍格博姆，*DHRC*, 21:1331。

371 Jones, July 23, *DHRC*, 23:2280；同上，2281（投票）; 1788 年 7 月 23 日亚伯拉罕・B. 班克致彼得・范・盖斯比克，同上，2285–2286；另见 Kaminski, "New York," 111; De Pauw, *Eleventh Pillar*, 241–242。关于反联邦主义阵营中的地区性分歧，请参阅大会代表的信件摘录（7 月 23 日），New York *Independent Journal*, July 26, 1788，*DHRC*, 23:2282；另见 Young, *Democratic Republicans of New York*, 116–117; McDonald, *We the People*, 288 & n. 125。

372 来自波基普西的一封信的副本（7 月 25 日），New York *Independent Journal*, July 28, 1788（特别补充），*DHRC*, 23:2283（全部引文）；另见 Smith, July 23，同上，2280。

373 1788 年 7 月 23 日杰伊致华盛顿，同上，2286（"打算团结"）; Lansing, July

24，同上，2290；同上，2294（“一定的安全性”和“可以”）；Clinton，同上，2295（“迄今”）；Kaminski, “New York,” 111。有人认为在7月23日的投票后，联邦主义者的胜利几乎是有保证的。参见1788年7月23日亚伯拉罕·B. 班克致彼得·范·盖斯比克，*DHRC*, 23:2285–2286；一位大会代表的信件摘录（7月23日），New York *Independent Journal*, July 26, 1788，同上，2282。

374 Hamilton, July 24，同上，2291（“宪法的”）；来自波基普西的一封信的摘录（7月25日），New York *Independent Journal*, July 28, 1788（特别补充），同上，2297–2298（“暗示不信任”和“势必唤醒”）（描述汉密尔顿的演讲）；另见 Jay, July 24，同上，2290, 2292, 2296; Richard Morris，同上，2293; James Duane，同上，2296; De Pauw, *Eleventh Pillar*, 243。

375 Hamilton, July 24, *DHRC*, 23:2291; editorial note，同上，2297 n. 5; Lansing，同上，2291, 2293（“一时之感”）；1788年7月20日麦迪逊致汉密尔顿，同上，2375；另见 Kaminski, “New York,” 112–113; De Pauw, *Eleventh Pillar*, 244; Maier, *Ratification*, 395–396; Eubanks, “New York,” 327–328。麦迪逊的理由记录在下文，531–532。

376 1788年7月25日科尼利厄斯·C. 斯库恩梅克致彼得·范·盖斯比克，*DHRC*, 23:2299（“认为这项”“在此之前”和“确信这项”）；Smith, July 25，同上，2300（“一个中间立场”）；Maier, *Ratification*, 396。

377 Convention Debates and Proceedings, July 25, *DHRC*, 23:2305–2309. 联邦主义者对公开信的支持，参见 Hamilton, July 24，同上，2291; Robert R. Livingston，同上，2293；另见 Maier, *Ratification*, 396。公开信的安抚效果参见1788年7月25日科尼利厄斯·C. 斯库恩梅克致彼得·范·盖斯比克，*DHRC*, 23:2299。

378 Convention Debates and Proceedings, July 26, *DHRC*, 23:2325（“诚恳地要求”）；Kaminski, “New York,” 114; De Pauw, *Eleventh Pillar*, 245。

379 Convention Debates and Proceedings, July 26, *DHRC*, 23:2325（全票通过）；Clinton，同上（“不会满意”“权力”和“维持州内的”）；New York Convention: Circular Letter to the Executives of the States，同上，2335–2336（其他引文）；

另见 Maier, *Ratification*, 398。

380 Dirck Wynkoop, July 25, *DHRC*, 23:2293（引文）；1788 年 7 月 25 日斯库恩梅克致盖斯比克，同上，2298–2299。

381 1788 年 7 月 22 日、23 日艾萨克・罗斯福致理查德・瓦里克，同上，2375（全部引文）。胜利带给人的深刻印象，参见 1788 年 8 月 8 日理查德・普拉特致温斯洛普・萨金特，*DHRC*, 21:1352; Maier, *Ratification*, 399。关键是联邦主义者的耐心，而不是他们的口才，参见 Kaminski, "New York," 114。当纽约州批准宪法大会进入最后阶段时，麦迪逊在给杰斐逊的信中，描述了环境如何改变反联邦主义代表们的想法（July 24–26, 1788, *DHRC*, 21:1338）。

382 1788 年 7 月 25 日斯库恩梅克致盖斯比克，*DHRC*, 23:2298（全部引文）。

383 Livingston, July 26，同上，2321–2322（全部引文）。

384 1788 年 8 月 24 日麦迪逊致华盛顿，*PJM* (C.S.), 11:240（全部引文）；另见 Sept. 14, 1788，同上，255；1788 年 8 月 31 日小詹姆斯・戈登致麦迪逊，同上，245；1788 年 10 月 20 日麦迪逊致彭德尔顿，同上，306。

385 建立新的全国性政府，参见下文，798 n. 39。

386 1788 年 1 月 18 日华盛顿致塞缪尔・鲍威尔，*PGW* (C.S.), 6:45（引文）；另见 1788 年 1 月 10 日麦迪逊致伦道夫，*PJM* (C.S.), 10:358；1788 年 1 月 25 日利尔致兰登，*DHRC*, 8:322; Maier, *Ratification*, 404; Trenholme, *Ratification of the Federal Constitution in North Carolina*, 104, 135–136。卡林顿向麦迪逊阐述了一种相反的观点——北卡罗来纳州推迟召开批准宪法大会，"绝不意味着倾向于遵循弗吉尼亚的政治路线"［Feb. 10, 1788, *PJM* (C.S.), 10:495］。特伦霍姆（Trenholme）认为，北卡罗来纳州的立法机关在知道弗吉尼亚州批准宪法大会的预定日期之前，就定好了该州召开批准大会的日期，但这种观点似乎是错误的（Trenholme，上文，105, 127, 135–136）。

387 Maier, *Ratification*, 404–406; Lienesch, "North Carolina," 345–348; McDonald, *We the People*, 316. 北卡罗来纳州的"监管"运动，参见 Marjoleine Cars, *Breaking Loose Together: The Regulator Rebellion in Pre-Revolutionary North Carolina* (Chapel Hill, NC, 2002)。

388 Lienesch, "North Carolina," 348–349; Rutland, *Ordeal of the Constitution*, 273–

274; Trenholme, *Ratification of the Federal Constitution in North Carolina*, 109, 151. 对北卡罗来纳州选举竞争的讨论，参见 Boyd, *Politics of Opposition*, 110–114。时人认为北卡罗来纳州强烈反对批准宪法的说法，参见 1788 年 6 月 9 日帕特里克·亨利致约翰·兰姆，*DHRC*, 9:817；1788 年 4 月 16 日金致兰登，*DHRC*, 17:130；1788 年 3 月 22 日吉尔曼致沙利文，*DHRC*, 16:462；1788 年 5 月 25 日华盛顿致理查德·多布斯·斯佩特，*DHRC*, 9:843 (4 月 25 日重申了斯佩特向华盛顿报告的信息)。

389 1788 年 7 月 23 日威利·琼斯在北卡罗来纳州批准宪法大会上的发言，*Elliot*, 4:4; Iredell，同上，5（“事先并没有”和“信息”）; July 24，同上，14–15（“可能会”“还没有”“与在”和“几乎可以”）。关于北卡罗来纳州批准宪法大会，参见 Trenholme, *Ratification of the Federal Constitution in North Carolina*, ch. 4。召开批准大会所涉及的费用不菲，北卡罗来纳州批准宪法大会有 250 多名代表，他们的费用必须由州支付。参见 Heideking, *The Constitution Before the Judgment Seat*, 257。

390 Jones, July 23, *Elliot*, 4:7; July 24，同上，15（投票赞成逐条审议）; William Shepperd，同上，29（“新体制”和“因为反对者”）; William Maclaine，同上，30; William Davie, July 26，同上，102（“压制他们的”“在［门外］”和“鲁莽地”）; 另见 Maier, *Ratification*, 411; Lienesch, “North Carolina,” 350; Edling, *Revolution in Favor of Government*, 19–20。

391 北卡罗来纳州的反联邦主义者提出的反对意见与其他地方的反联邦主义者提出的反对意见相似，参见，例如 Joseph Taylor, July 24, *Elliot*, 4:24; James Galloway，同上，31; Samuel Spencer, July 25，同上，50–52; Timothy Bloodworth，同上，55; William Goudy，同上，56; Joseph M’Dowall，同上，57; Spencer, July 26，同上，75–77; M’Dowall，同上，87–88; July 28，同上，124; Spencer，同上，131–132；同上，136–139; July 29，同上，152–155; M’Dowall，同上，188; William Lenoir，同上，201–206; William Lancaster，同上，212–215。

392 M’Dowall, July 26，同上，88（“金属货币”和“我们就会”）; Matthew Locke, July 29，同上，169–170（“这使很多”“必须根据”和“叛乱可能会”）;

Bloodworth，同上，185（“尤其应该”）；M’Dowall，同上，188（“穷人的”）。

393 North Carolina proposed amendment No. 25, Aug. 1，同上，247（“直接”）。反联邦主义者担心宪法第一条第十款的溯及力，参见 Bloodworth, July 29，同上，184–185; Galloway，同上，190–191; Lenoir, July 30，同上，205–206。联邦主义者的答复，参见 Stephen Cabarrus, July 29，同上，184; Iredell，同上，185; Davie，同上，191。关于宪法第一条第十款是否具有溯及力的模糊认识，在罗得岛州也是一个主要问题，参见 1788 年 9 月 30 日威廉・埃勒里致本杰明・亨廷顿，*DHRC*, 25:409–410; Oct. 13, 1788，同上，412。

394 Spaight, July 30, *Elliot*, 4:208（“宪法的”）；Iredell, July 24，同上，14（“自认为”）；July 30，同上，217（“无权做出”和“将来某一天”）。

395 同上（“任何一个”）；同上，222（“无缘参加”和“是未来”）；Davie, July 31，同上，237–238; Johnston，同上，224; Iredell, July 30，同上，219（“完美的保障”和“随后制定”）；另见 July 31，同上，233。

396 Griffith Rutherford, July 24，同上，15（“不要考虑”）；Lenoir, July 30，同上，204（“自己的判断”）；Jones, July 31，同上，226（“可怕的后果”和“先留在联盟之外”）；同上，234–235; Bloodworth，同上，235; M’Dowall, July 25，同上，57。

397 Jones, July 30，同上，217（“无人改变想法”）；Bloodworth, July 28，同上，143（“话已经”）；Convention resolution, Aug. 1，同上，242（“宪法中”）；Aug. 2，同上，251（投票）；另见 Bloodworth, July 29，同上，185; North Carolina Convention Amendments, Aug. 2, 1788, *DHRC*, 18:312–313; Maier, *Ratification*, 422–423; Boyd, *Politics of Opposition*, 134。

398 1788 年 8 月 23 日麦迪逊致杰斐逊，*PJM* (C.S.), 11:238（全部引文）；另见 1788 年 9 月 6 日麦迪逊致老詹姆斯・麦迪逊，同上，248。其他联邦主义者对北卡罗来纳州的结果表示震惊和失望的言论，参见 1788 年 9 月 7 日本杰明・林肯致西奥多・塞奇威克，*DHFFE*, 1:458–459; *Massachusetts Centinel*, Aug. 20, 1788, *DHRC*, 25:393。联邦主义者曾自信地预测，在弗吉尼亚州批准宪法后，北卡罗来纳州也会效仿，参见 1788 年 6 月 29 日华盛顿致托拜厄斯・利尔，*PGW* (C.S.), 6:364; 1788 年 7 月 26 日休・威廉姆森致詹姆斯·艾德尔（当天的第二封），*DHRC*, 21:1347；1788 年 7 月 31 日利尔致华盛顿，同上，1351；另见 1788 年 7 月 2 日莫斯蒂尔伯爵致蒙特莫林伯爵，同上，1248; Maier, *Ratification*, 403; Lienesch, "North Carolina," 343。就连北卡罗来纳州的反联邦派领袖蒂莫西·布拉德沃思也曾预言，如果弗吉尼亚州批准宪法，"可能会对我们州产生巨大的影响"（1788 年 7 月 1 日布拉德沃思致约翰·兰姆，*DHRC*, 18:59）。

399 "A Citizen and Soldier: To the People of the District of Edenton" (1788), in *A Plea for Federal Union* (North Carolina, 1788), 43–44（引文）; Trenholme, *Ratification of the Federal Constitution in North Carolina*, 197–199, 202–208; Maier, *Ratification*, 457; Lienesch, "North Carolina," 363; Heideking, *The Constitution Before the Judgment Seat*, 330–331; McDonald, *We the People*, 312; Editors' Note, *DHRC*, 25:376。

400 1788 年 5 月 10 日约翰斯顿和艾德尔致华盛顿，引自 *PGW* (P.S.), 3:48 note（"殷切地" 和 "将消除"）; 1789 年 6 月 4 日戴维致艾德尔，McRee, *James Iredell*, 2:260（"没有比"）; 1789 年 6 月 10 日戴维致麦迪逊，*PJM* (C.S.), 12:210–211（"国会决不"）; 另见 Trenholme, *Ratification of the Federal Constitution in North Carolina*, 211–212, 219, 227; Editors' Introduction, *DHRC*, 25:643。

401 *Providence Gazette*, Oct. 17, 1789（重印以下报道：*Wilmington Centinel*, Sept. 10），引自 Editorial Introduction, *DHRC*, 25:644（"毫无疑问"）; 1789 年 10 月 13 日华盛顿致莫里斯，*PGW* (P.S.), 4:176–177。

402 1789 年 11 月 23 日查尔斯·约翰逊（Charles Johnson）致艾德尔，重新发表于 McRee, *James Iredell*, 2:273（"民众的态度"）; 1789 年 11 月 22 日威廉·道森（William Dawson）致艾德尔，同上，272（"高兴地默认了" "他们的" 和 "他们州"）; 另见 Trenholme, *Ratification of the Federal Constitution in North Carolina*, 213, 224–225, 233–243; Lienesch, "North Carolina," 364; Maiër, *Ratification*, 457; Heideking, *The Constitution Before the Judgment Seat*, 331–332; Morrill, *Fiat Finance*, 51–52。

403 上文，122–123；1787 年 9 月 15 日罗得岛州大会致国会主席，*DHRC*,

24:19–20（全部引文）; Philadelphia *Freeman's Journal*, Oct. 3, 1787，同上，29；另见 Kaminski, "Paper Politics," 222–223。

404 1787 年 11 月 11 日约翰·弗朗西斯致尼古拉斯·布朗，*DHRC*, 24:53（"这个"）; *Newport Herald*, Nov. 15, 1787，同上，56（"与他们"）; Editorial Introduction，同上，42–43; Kaminski, "Paper Politics," 194–196, 205, 224, 235, 239; Polishook, *Rhode Island*, 154–155, 190; Introduction, *DHRC*, 24:xxxii–iv, xxxviii；1788 年 4 月 22 日埃勒里致亨廷顿，同上，255。州长亚瑟·芬纳后来向华盛顿总统承认，罗得岛那几年拒绝批准宪法是"受了政党因素的影响"（May 20, 1790, *DHRC*, 26:872）。

405 *Newport Herald*, Feb. 21, 1788, *DHRC*, 24:101（"识时务"和"固执己见"）; Providence *United States Chronicle*, Mar. 6, 1788，同上，128（"拟定的"和"能够反映"）; Editorial Introduction，同上，121；另见 *Maryland Journal*, Apr. 15, 1788，同上，227；1788 年 4 月 8 日麦迪逊致乔治·尼古拉斯，*PJM* (C.S.), 11:14。

406 Providence *United States Chronicle*, Mar. 6, 1788, *DHRC*, 24:128–129（"在世无"和"应该在"）; Mar. 13, 1788，同上，137（"来自十二个州"）; "A Freeman," *Providence Gazette*, Mar. 15, 1788，同上，138（"闲暇"和"就可以"）；另见"A Freeman," *Newport Herald*, Mar. 20, 1788，同上，143；"A Rhode–Island Landholder," Providence *United States Chronicle*, Mar. 20, 1788，同上，149；1788 年 3 月 31 日埃诺斯·希区柯克（Enos Hitchcock）致西拉斯·塔尔博特，同上，219。

407 "A Rhode–Island Landholder," Providence *United States Chronicle*, Mar. 20, 1788，同上，148–151; Editorial Introduction，同上，151；1788 年 3 月 31 日埃诺斯·希区柯克致西拉斯·塔尔博特，同上，219–220; *Massachusetts Centinel*, Apr. 2, 1788，同上，220; *Newport Herald*, Apr. 3, 1788，同上，225; *New York Packet*, Apr. 8, 1788，同上，226–227。投票表格参见 Report of the Committee Counting Yeas and Nays Upon the New Constitution, Apr. 3, 1788，同上，233。略有不同的数字参见 *Newport Herald*, Apr. 10, 1788，同上，229; Kaminski, "Rhode Island," 379; Maier, *Ratification*, 223–224。尽管联邦

主义者的抵制影响了投票结果，但毫无疑问，罗得岛的大多数人此时都反对批准宪法。参见，例如 1789 年 5 月 1 日尼古拉斯·布朗和布朗、弗朗西斯致理查德·亨利·李，*DHRC*, 25:495。

408 1788 年 4 月 5 日罗得岛州州长致国会主席，*DHRC*, 24:235（全部引文）；Editorial Introduction，同上，229。

409 1788 年 3 月 10 日威廉·埃勒里致埃比尼泽·哈扎德，同上，111（"相当大的影响"）；*Newport Herald*, July 31, 1788, *DHRC*, 25:370（"反联邦主义者"和"破灭"）；Introduction, *DHRC*, 24:243。有人预计，州议会将召开批准宪法大会，参见 Little Compton Celebrates Ratification of the Constitution by Nine States, *Newport Herald*, July 10, 1788, *DHRC*, 25:345; July 31, 1788，同上，372。有人要求州议会召开批准宪法大会，参见"A Rhode-Islander," July 10, 1788，同上，351；同上，352。

410 "Phocion," Providence *United States Chronicle*, July 17, 1788, *DHRC*, 25:354–355（"我们将"）；"A Friend to the Union," *Providence Gazette*, Oct. 18, 1788，同上，415–416（"痴人说梦"）；"Rhodiensis," *Newport Herald*, Oct. 23, 1788，同上，418–422（"走私者的"）；另见"Solon, junior," *Providence Gazette*, Aug. 2, 1788，同上，377–378; "An Independent Elector," Providence *United States Chronicle*, Mar. 5, 1789，同上，466; "Address from the United States to Rhode-Island," Philadelphia *Federal Gazette*, Jan. 1, 1790，同上，656; "A Native American," *New York Packet*, June 6, 1789，同上，532–533; Polishook, *Rhode Island*, 195–196。罗得岛的走私历史悠久，这使美国很难允许它保持独立，参见一封来自罗得岛州的信件的摘录，New York *Gazette of the United States*, Sept. 12, 1789, *DHRC*, 25:598；1790 年 6 月 1 日安托万·德·拉·弗雷斯特致卢泽恩伯爵，*DHRC*, 26:1019；另见 McDonald, *We the People*, 339。

411 反联邦主义者的观点，参见 1788 年 8 月 31 日埃勒里致亨廷顿，*DHRC*, 25:405; *Massachusetts Centinel*, Aug. 27, 1788，同上，398 n. 2；1789 年 12 月 28 日杰贝兹·鲍恩致约翰·亚当斯，同上，652；1790 年 3 月 13 日路易斯·纪尧姆·奥托致蒙特莫林伯爵，*DHRC*, 26:762–763；另见 Polishook,

Rhode Island, 193–194。

412 "Rhodiensis," *Newport Herald*, Oct. 23, 1788, *DHRC*, 25:421（"顽固反对"）; Editorial Introduction，同上，422; *Newport Herald*, Nov. 6, 1788，同上，423–425。

413 Introduction，同上，454–455; Kaminski, "Rhode Island," 379–382; 1789 年 6 月 15 日威廉·埃勒里致本杰明·亨廷顿，*DHRC*, 25:541（反联邦主义领袖哈扎德的观点）。5 月，乡村党通过了一项"奇怪的"进口法案，与国会对外贸征收关税相同，只不过所得收入将划归州财政。该党领袖哈扎德解释道，该法案的目的是向国会发出信号，表明罗得岛州愿意支付自己应该承担的那部分国债。参见 1789 年 5 月 14 日埃勒里致亨廷顿，同上，505（"奇怪的"及转述哈扎德的话）。该法案参见 *Newport Mercury*, May 11, 1789，同上，501–502。联邦主义领袖杰贝兹·鲍恩对这一法案持怀疑态度："人们会根据这个［进口法案］推测罗得岛正准备加入联邦，但罗得岛根本就没有这种想法；这一法案似乎是有意要诱使国会对我们州的事务漠不关心，认为我们不久就会加入联盟。"（1789 年 5 月 19 日鲍恩致约翰·亚当斯，同上，508–509）。

414 *Massachusetts Centinel*, July 23, 1788，同上，361（"善良"）; Newport Town Meeting, Apr. 15, 1789，同上，483（"悲惨境地"和"迫使自己"）; 1789 年 5 月 21 日埃勒里致威廉·杜尔，同上，511（"肯定会"和"报复性"）; 1789 年 6 月 8 日詹姆斯·杰克逊在美国众议院的演讲，同上，534（"联盟的"）; 另见 1789 年 2 月 16 日约翰·布朗致克里斯托弗·钱普林（Christopher Champlin），同上，464; Providence Town Meeting: Instructions to Deputies, Mar. 10, 1789，同上，468–469; 1789 年 5 月 1 日尼古拉斯·布朗和布朗、弗朗西斯致理查德·亨利·李，同上，495; 1789 年 5 月 19 日鲍恩致约翰·亚当斯，同上，509。

415 1788 年 3 月 10 日埃勒里致埃比尼泽·哈扎德，*DHRC*, 24:111（"坚持到底"和"直到迫不得已"）; Apr. 30, 1789，同上，25:491–492; May 14, 1789，同上，505; 1789 年 6 月 27 日本森致塞奇威克，同上，550（"以一种"）; 一位非常受尊敬的国会议员给他在该州的一位朋友的信的摘录，*Providence*

Gazette, June 20, 1789，同上，546；另见 1789 年 4 月 21 日鲍恩致亚当斯，同上，487。埃勒里还坚称，罗得岛的反联邦主义者不会屈服，除非他们的利益受到不利影响。参见 1788 年 8 月 31 日埃勒里致亨廷顿，同上，404–405; June 15, 1789，同上，541。1789 年 6 月 5 日，来自纽约的联邦主义国会议员爱格伯特·本森提出一项议案，要求国会敦促罗得岛州召开批准宪法大会。但是许多代表反对国会干涉一个州是否加入联邦的决定，本森的提议被否决了。参见 US House of Representatives Considers Rhode Island，同上，527–531；另见 1789 年 5 月 21 日詹姆斯·曼宁致尼古拉斯·布朗，同上，511；1789 年 5 月 31 日费希尔·埃姆斯致乔治·理查兹·米诺特（George Richards Minot），同上，524；1789 年 6 月 10 日詹姆斯·沙利文致约翰·亚当斯，同上，535；1789 年 3 月 27 日普罗维登斯的一位绅士致乔治·华盛顿，同上，474–475。

416 1788 年 7 月 7 日约翰·斯旺致詹姆斯·艾德尔，*DHRC*, 21:1294（“偿还了”）。类似的预测认为，一旦州债务还清，乡村党将改变其对批准宪法的态度，参见 1788 年 4 月 22 日埃勒里致亨廷顿，*DHRC*, 24:255；1788 年 6 月 16 日埃勒里致埃比尼泽·哈扎德，同上，277; Jan. 12, 1789，同上，25:460–461; *Newport Herald*, July 31, 1788，同上，372；另见 Introduction，同上，24:238。对于 8 月份的选举结果和新议会将召开批准宪法大会的预计，参见 1789 年 8 月 29 日埃勒里致亨廷顿，*DHRC*, 25:585；1789 年 8 月 29 日詹姆斯·曼宁致詹姆斯·麦迪逊，同上，586；1789 年 8 月 29 日亨利·马钱特致约翰·亚当斯，同上，588；1789 年 9 月 15 日布朗和本森致詹克斯·温莎公司，同上，599。

417 *Newport Herald*, Oct. 22, 1789，同上，617; Introduction，同上，455；另见 1790 年 1 月 9 日本杰明·伯恩（Benjamin Bourne）致西拉斯·塔尔博特，同上，662；1790 年 5 月 7 日布朗和本森致钱皮恩和迪金森，*DHRC*, 26:859。乡村党召集立法机关召开特别会议的策略原因，参见 1789 年 12 月 19 日亨利·马钱特致约翰·亚当斯，*DHRC*, 25:649；另见 Editorial Introduction，同上，599–600。

418 1789 年 9 月 19 日罗得岛州大会致主席、参议院和众议院，同上，605–

606；一封来自罗得岛州的信件的摘录，Philadelphia *Federal Gazette*, Oct. 16, 1789，同上，619（“严重侮辱”）；另见一位绅士的信件摘录，*Massachusetts Centinel*, Oct. 7, 1789，同上，615; Polishook, *Rhode Island*, 187–188。

419 Act of Sept. 16, 1789, ch. 15, § 2, 1 Stat. 69; editorial note, *DHRC*, 25:631 n. 1; Maier, *Ratification*, 458; Kaminski, “Rhode Island,” 382–383. 具体来说，国会于 9 月 16 日颁布的法律，暂时免除了罗得岛船舶根据 7 月 20 日《吨位法》应缴纳的吨位费，该法案对美国船舶征收 6 美分 / 吨，对于在美国建造但由外国人经营的船舶征收 30 美分 / 吨，对外国船舶征收 50 美分 / 吨（editorial note, *DHRC*, 25:655 n. 5）。

420 1789 年 12 月 12 日埃勒里致亨廷顿，同上，641（“慈绳爱索”和“鄙视”）；1789 年 6 月 18 日约翰・亚当斯致詹姆斯・沙利文，同上，545（“在当时”）。有人将国会的法令解释为一种仁慈的行为，参见 1789 年 10 月 6 日奥尔尼・温莎致塞缪尔・温莎三世（Samuel Winsor III），同上，614。国会倾向于宽大处理罗得岛州，参见 1789 年 5 月 21 日詹姆斯・曼宁致尼古拉斯・布朗，同上，511；1789 年 6 月 1 日埃勒里致纳撒尼尔・阿普尔顿，同上，525；1789 年 8 月 29 日埃勒里致亨廷顿，同上，584；另见 1788 年 5 月 27 日杰斐逊致卡林顿，*PTJ* (M.S.), 13:209。有人担心，国会对罗得岛州采取过于严厉的态度，可能会适得其反，参见 Providence *United States Chronicle*, Dec. 17, 1789, *DHRC*, 25:646–647。罗得岛商业党派反对歧视性贸易措施，这些措施对他们的影响，远超过对内陆地区农夫利益的影响，参见 1789 年 8 月 24 日约翰・布朗致约翰・亚当斯，同上，573; Providence Town Meetings, Aug. 25, 27, 1789，同上，576, 577–578；1789 年 8 月 29 日詹姆斯・曼宁致詹姆斯・麦迪逊，同上，586；1789 年 8 月 29 日亨利・马钱特致约翰・亚当斯，同上，588–589；1789 年 8 月 31 日杰贝兹・鲍恩致约翰・亚当斯，同上，591–592。国会中有人抵制罗得岛州（和佛蒙特州）加入联邦，因为这将影响国会是否能继续留在纽约市，参见 1789 年 7 月 9 日费希尔・埃姆斯致乔治・理查兹・米诺特，同上，553；另见 1790 年 3 月 1 日理查德・巴塞特（Richard Bassett）致乔治・里德，*DHRC*, 26:749。1788 年夏天，亚历山大・汉密尔顿写信给在约克镇战役中与他并肩作战的普罗维登斯联邦主义者耶利米·奥尔尼（Jeremiah Olney），汉密尔顿强调，罗得岛应立即派代表参加邦联国会，以影响决定国会是否继续留在纽约市的投票的结果（Aug. 12, 1788, *DHRC*, 25:389）。另见1788年7月15日尼古拉斯·吉尔曼致约翰·兰登，*DHRC*, 21:1316。

421 1789年9月15日亚当斯致约翰·布朗，*DHRC*, 25:598–599（全部引文）；另见1789年9月18日亚当斯致杰贝兹·鲍恩，同上，611。

422 Editorial Introduction，同上，620；同上，634; Providence *United States Chronicle*, Oct. 29, 1789，同上，633–634; *Newport Herald*, Nov. 5, 1789，同上，634; 1789年12月19日亨利·马钱特致约翰·亚当斯，同上，649–650。

423 1789年12月27日华盛顿致杰贝兹·鲍恩，同上，651（"完全孤立"）；1789年12月28日鲍恩致亚当斯，同上，652（"我们的"和"尤其是"）；另见 Providence *United States Chronicle*, Dec. 17, 1789，同上，646。更早一些时候，就有人预计，北卡罗来纳州批准宪法将影响罗得岛，参见1789年6月15日埃勒里致亨廷顿，同上，541; Dec. 12, 1789，同上，641。罗得岛州报纸密切关注北卡罗来纳州的批准进展，参见 Editorial Introduction，同上，643–645。联邦主义者威廉·埃勒里指出，虽然"北卡罗来纳州加入新政府对我们州邪恶的多数派造成了相当大的冲击……但是，任何不能立即有力地为其利益服务的东西，都不会促使他们拥护联邦"（1790年1月2日埃勒里致纳撒尼尔·阿普尔顿，同上，657; 另见1789年12月15日杰贝兹·鲍恩致乔治·华盛顿，同上，648）。联邦主义者亨利·马钱特认为，虽然北卡罗来纳州的批准是一项重大而可喜的进展，但"我们的希望常常落空，我不想太乐观"（1789年12月19日马钱特致约翰·亚当斯，同上，649–650; 另见1790年1月9日本杰明·伯恩致西拉斯·塔尔博特，同上，662）。

424 "Philanthropos," *Newport Herald*, Jan. 7, 1790，同上，660（引文）；"A Federalist," *Newport Mercury*, Jan. 6, 1790，同上，658–659; Providence *United States Chronicle*, Dec. 31, 1789，同上，655。私人通信清楚地表明，分裂的威胁并非毫无根据。参见，例如1789年12月28日鲍恩致亚当斯，同上，652。

425 Providence *United States Chronicle*, Jan. 21, 1790，同上，673（引文）；Editorial

Introduction，同上，665–666; *Newport Herald*, Jan. 21, 1790，同上，669–671; 1790 年 1 月 18 日约翰·柯林斯州长致乔治·华盛顿总统，同上，677–678; 另见 1790 年 1 月 18 日亨利·马钱特致约翰·亚当斯，同上，680–681; Kaminski, "Rhode Island," 383–385; Heideking, *The Constitution Before the Judgment Seat*, 334–336。

426 1790 年 1 月 22 日西奥多·福斯特致德怀特·福斯特，*DHRC*, 26:715（"联邦的圣殿"）; 1790 年 1 月 17 日鲍恩致华盛顿，*DHRC*, 25:678（"将以体面"）; 1790 年 1 月 18 日马钱特致亚当斯，同上，681（"没有理由怀疑""承诺他们""成百上千人"和"在批准"）; The North Carolina Act of Feb. 8, 1790, First Congress, Sess. II, Ch. 1, § 7; 另见 1790 年 1 月 17 日耶利米·奥尔尼致亨利·诺克斯，*DHRC*, 25:679; 一封来自普罗维登斯的信件摘录，Philadelphia *Federal Gazette*, Jan. 30, 1790，同上，683; Feb. 1, 1790, *DHRC*, 26:716。也有人更为谨慎地评估批准宪法的前景，参见 1790 年 2 月 2 日埃勒里致亨廷顿，同上，716。

427 Editorial Introduction, *DHRC*, 25:684; 1790 年 2 月 4 日布朗和本森致休斯和安东尼，同上，686; 1790 年 2 月 12 日耶利米·奥尔尼致亚历山大·汉密尔顿，同上，705–706; 1790 年 2 月 15 日鲍恩致约翰·亚当斯，同上，706–707; 1790 年 2 月 15 日亨利·马钱特致威廉·马钱特（William Marchant），同上，707; 1790 年 2 月 16 日布朗和弗朗西斯致约翰·亚当斯，同上; 1790 年 2 月 15 日威廉·派克（William Peck）致亨利·诺克斯，*DHRC*, 26:722; 1790 年 3 月 1 日理查德·巴塞特致乔治·里德，同上，749; 1790 年 3 月 6 日布朗和本森致塞耶－巴特利特公司（Thayer, Bartlett & Co.），同上，751。

428 1790 年 2 月 16 日布朗和弗朗西斯致亚当斯，*DHRC*, 25:708（"国会再也"）; 1790 年 2 月 15 日鲍恩致亚当斯，同上，706–707; 另见 1790 年 2 月 12 日耶利米·奥尔尼致汉密尔顿，同上，706。

429 "A Friend to the State of Rhode-Island," *Newport Herald*, Feb. 18, 1790，同上，723–726（"有理由""认为"和"忍受某一个"）; "Solon, junior," *Providence Gazette*, Feb. 27, 1790，同上，745–746（"各种困境"）; 另见

"A Freeholder," *Newport Herald*, Feb. 18, 1790，同上，727–730; Providence *United States Chronicle*, Feb. 25, 1790，同上，740–742。

430 Rhode Island Act Calling a Convention to Consider the Constitution, Jan. 17, 1790，*DHRC*, 25:675（"全面而"）; Convention Debates, Mar. 6, 1790, *DHRC*, 26:959–960（Benjamin Bourne）; 同上，961–962（Henry Marchant）; 同上，962（Governor William Bradford）; 同上，962–963（General Nathan Miller）; 另见 1790 年 3 月 7 日马钱特致亚当斯，同上，981–983；1790 年 3 月 9 日鲍恩致亚当斯，同上，757; Introduction，同上，898–899。权利法案和拟议的修正案，参见同上，976–981。

431 Convention Debates, Mar. 6, 1790，同上，960–961（Hazard）; 同上，961 (E. Brown）; 同上，963（投票休会）; *Newport Herald*, Mar. 11, 1790，同上，973。

432 Convention Debates, Mar. 6, 1790，同上，964（Bourne）（"每个人"）; 同上（Hazard）（"戏弄"）; 同上，965（General Miller）; 另见同上，966（Colonel Barton）; 同上（Governor Bowen）; 另见 Portsmouth Town Meeting, Feb. 27, 1790, *DHRC*, 25:701–702；1790 年 3 月 8 日埃勒里致亨廷顿，*DHRC*, 26:755–756。

433 1790 年 3 月 7 日亨利·舍伯恩（Henry Sherburne）致诺克斯，同上，753（"理性"）; Convention Debates, Mar. 6, 1790，同上，964（General Stanton）（"他们就"）; 同上，961（Jonathan J. Hazard）; 同上（E. Brown）; 同上，963–968（讨论休会多长时间，并对各种议案进行表决）; 另见同上，967（Williams）; *Newport Herald*, Mar. 11, 1790，同上，973；1790 年 3 月 6 日后埃勒里致亚当斯，同上，752。

434 1790 年 3 月 7 日亨利·马钱特致亚当斯，同上，982（"毫不犹豫地"）; 1790 年 3 月 7 日亨利·舍伯恩致诺克斯，同上，753–754（"掩盖"）; 另见 1790 年 2 月 16 日布朗和弗朗西斯致亚当斯，*DHRC*, 25:707；1790 年 3 月 28 日埃勒里致亨廷顿，*DHRC*, 26:800；1790 年 3 月 28 日麦迪逊致坦奇·考克斯，同上，801; Editorial Introduction，同上，768；同上，25:665; Kaminski, "Paper Politics," 247–248。某种程度上，反联邦主义者出于党派

目的的休会策略是成功的，因为他们在 4 月份的选举中赢得了议会两院的多数席位。参见 1790 年 5 月 13 日埃勒里致亚当斯，*DHRC*, 26:866。

435 "A Friend to Justice and Freedom," Providence *United States Chronicle*, Feb. 4, 1790, *DHRC*, 25:688（"有害的" 和 "将沉重的"）; *Newport Herald*, Mar. 11, 1790, *DHRC*, 26:761（"一个强有力的" 和 "他们预计"）; 1790 年 2 月 15 日鲍恩致亚当斯，*DHRC*, 25:707（"做出许多"）; 另见 1790 年 3 月 6 日后埃勒里致亚当斯，*DHRC*, 26:752。罗得岛州的反联邦主义者反对国会为政府官员设立高薪，参见 *Newport Herald*, Nov. 5, 1789, *DHRC*, 25:635；1789 年 12 月 5 日路易斯・纪尧姆・奥托致蒙特莫林伯爵，同上，640; 1789 年 12 月 15 日鲍恩致华盛顿，同上，648; "Z: To the Freemen of the State of Rhode-Island," *Newport Mercury*, Dec. 30, 1789，同上，653。另一个强烈反对汉密尔顿财政方案的声明，参见 *Newport Herald*, Apr. 1, 1790, *DHRC*, 26:803。

436 1790 年 3 月 9 日鲍恩致亚当斯，同上，757（"完全落到"）; 1789 年 12 月 12 日埃勒里致亨廷顿，*DHRC*, 25:641（"不那么在意"）; "A Friend to the State of Rhode-Island," *Newport Herald*, Feb. 18, 1790, *DHRC*, 26:725（"很乐意"）; 另见 1790 年 1 月 12 日卡莱布・甘内特（Caleb Gannett）致约翰・梅伦（John Mellen）, *DHRC*, 25:664。罗得岛的联邦主义者反复警告，贸易限制的负担将首先落在联邦派的商人身上，参见埃勒里致亨廷顿，上文; 1790 年 1 月 2 日埃勒里致纳撒尼尔・阿普尔顿，同上，657; 1789 年 12 月 19 日马钱特致亚当斯，同上，650。

437 1790 年 2 月 28 日卡莱布・斯特朗致西奥多・福斯特，*DHRC*, 26:749（"在这个问题上" 和 "有理由"）; *Newport Herald*, Mar. 11, 1790，同上，761（"只有当"）; US Senate Bill to Prohibit Commerce with Rhode Island, May 13, 1790，同上，845–847; 另见 1790 年 3 月 13 日路易斯・纪尧姆・奥托致蒙特莫林伯爵，同上，762–763; 1790 年 3 月 20 日亚当斯致马钱特，同上，791–792; 1790 年 3 月 28 日亚当斯致鲍恩，同上，800。罗得岛州的联邦主义者反复强调，除非他们的对手吃到一些苦头，否则不会批准宪法。参见 1790 年 5 月 3 日埃勒里致亨廷顿，同上，856; Apr. 5, 1790，同上，807–

808; Mar. 8, 1790，同上，756; Dec. 12, 1789, *DHRC*, 25:641。参议院的法案参见 Editorial Introduction, *DHRC*, 26:837。不成比例的北方人支持这份强制法案，参见 1790 年 6 月 1 日路易斯・纪尧姆・奥托致蒙特莫林伯爵，同上，1020; Senate Journal, May 18, 1790，同上，843–844。

438 1790 年 5 月 22 日约翰・斯蒂尔致约瑟夫・温斯顿（Joseph Winston），同上，881–882（“最高程度上的”）; 1790 年 5 月 8 日、12 日亨廷顿致埃勒里，同上，860（“我们当中”“确信”和“同意对这个”）; Thomas Lloyd's Notes on House Debates, May 26, 1790，同上，849（“对一个”）; *New York Daily Gazette*, May 27, 1790，同上，851（佩奇）（“愤慨”和“会认为”）; New York *Gazette of the United States*, May 29, 1790，同上，852–853（佩奇）（“当年大英帝国”“展示出”和“带着如此”）。至少在当时，国会议员发表的其他言论，表明他们反对强迫罗得岛，参见 William Maclay Journal, May 5，同上，839; May 10，同上，840; May 11，同上，841; May 18，同上，844–845; Thomas Lloyd's Notes on House Debates, May 26, 1790，同上，850（报告了佐治亚州议员詹姆斯・杰克逊的言论）; 另见 1790 年 6 月 1 日路易斯・纪尧姆・奥托致蒙特莫林伯爵，同上，1020。

439 1790 年 5 月 20 日芬纳致华盛顿，同上，873, 875（全部引文）。

440 1790 年 6 月 1 日安托万・德・拉・弗雷斯特致卢泽恩伯爵，同上，1020(“谨慎地”); 1790 年 5 月 21 日本森致塞奇威克，同上，880（“在反联邦”“像这件事”和“极为乐观”）; 另见 1790 年 6 月 1 日路易斯・纪尧姆・奥托致蒙特莫林伯爵，同上，1020–1021。罗得岛州的报纸刊登了该法案，以及国会议员呼吁关注该法案的信件，参见 Providence *United States Chronicle*, May 20, 1790，同上，845–847 & n. 1; 同上，876–879; 另见一位国会议员的信件摘录，*Providence Gazette*, May 29, 1790，同上，896。国会议员亚伯拉罕・鲍德温预计，如果在 5 月底的罗得岛州批准宪法大会上未能批准宪法，众议院将通过参议院的法案［1790 年 5 月 24 日鲍德温致乔尔・巴洛（Joel Barlow），同上，886］。

441 1790 年 5 月 18 日威廉・钱宁（William Channing）致西奥多・福斯特，同上，870（“绝望”）; Providence: Instructions to Town's Delegates to the State

Convention, May 24, 1790，同上，889–890; 1790 年 5 月 3 日埃勒里致亨廷顿，同上，856; 1790 年 5 月 8 日、12 日亨廷顿致埃勒里，同上，859–860; 1790 年 5 月 19 日亚当斯致埃勒里，同上，871（“如果你们州”）; 另见 1790 年 6 月 1 日路易斯·纪尧姆·奥托致蒙特莫林伯爵，同上，1021。

442 1790 年 5 月 11 日埃勒里致亨廷顿，同上，864（“已经在”和“只是缓和”）; 1790 年 5 月 24 日西奥多·福斯特致威廉·钱宁，同上，887–888（“强烈的希望”）; 另见 1790 年 5 月 13 日埃勒里致亚当斯，同上，867。

443 1790 年 5 月 29 日马钱特致亚当斯，同上，1014（全部引文）。在 1790 年 3 月 6 日的大会辩论中，代表们投票选择将纽波特作为 5 月份重新召开批准宪法大会的地点，同上，968。

444 1790 年 5 月 29 日马钱特致亚当斯，同上，1014（“焦虑”）; Rhode Island Form of Ratification and Amendments, May 29, 1790，同上，996–1000（“解释”“相信”和“尽早”）; Introduction，同上，984–985; *New York Journal*, June 1, 1790，同上，1005。这项未获批准的修正案涉及改变国会议员的薪酬。参见下文，579, 590。州立法机关采纳了批准宪法大会的建议，于 1790 年 6 月 11 日批准了国会提出的 12 项修正案中的 11 项。参见 editorial note, *DHRC*, 26:941 n. 14。

445 Boston *Independent Chronicle*, June 3, 1790，同上，1031。华盛顿访问罗得岛一事，参见 Editorial Introduction，同上，1054–1055。

446 Resolutions of the Convention Recommending the Procedures for Ratification, Sept. 17, 1787, *DHRC*, 1:318（“认可和批准”）; 伦道夫致本州众议院议长（日期为 10 月 10 日；1787 年 12 月 27 日发表），*DHRC*, 8:271（“普遍允许”）; 上文，419。

447 1788 年 6 月 25 日麦迪逊在弗吉尼亚州批准宪法大会上的发言，*DHRC*, 10:1518（引文）; 上文，429, 438–441。联邦主义者最初甚至拒绝各州提出修正案建议，参见 1787 年 12 月 4 日威尔逊在宾夕法尼亚州批准宪法大会上的发言，*DHRC*, 2:470; McKean, Dec. 10，同上，533; Nov. 24，同上，337；另见 Address of the Antifederalist Minority of the Maryland convention, May 1, 1788, *DHRC*, 12:662（联邦主义代表否认马里兰州批准宪法大会有权

考虑制定修正案）; Maier, *Ratification*, 67–68, 105, 244–245; Labunski, *James Madison*, 50–51; Graham, "Pennsylvania," 64。当然，在马萨诸塞州，是反联邦主义者否认批准宪法大会有权提出修正案（Taylor, Jan. 31, 1788，*DHRC*, 6:1385）。麦迪逊和他的盟友非常担心有条件地批准宪法的想法，相关表述，参见 1788 年 4 月 8 日麦迪逊致尼古拉斯，*PJM* (C.S.), 11:12；1788 年 4 月 10 日麦迪逊致伦道夫，同上，19；1788 年 4 月 22 日麦迪逊致杰斐逊，同上，28；1788 年 4 月 5 日尼古拉斯致麦迪逊，同上，9；1787 年 12 月 9 日麦迪逊致杰斐逊，同上，10:311。

448 1787 年 9 月 15 日梅森在费城会议上的发言，*Farrand*, 2:632（"将能够" 和 "如果我们"); Randolph, Sept. 17，同上，646（"如果坚持"); 另见 Randolph, Sept. 15，同上，631; Randolph, Sept. 10，同上，564; Aug. 31，同上，479; Maier, *Ratification*, 45; Beeman, *Plain, Honest Men*, 340, 355–356; Labunski, *James Madison*, 10–11; Rutland, *Ordeal of the Constitution*, ch. 3。

449 1788 年 8 月 13 日伦道夫致麦迪逊，*PJM* (C.S.), 11:231（"人民对" "制宪会议" 和 "平等的尊重"); 1787 年 10 月 11 日李致华盛顿，*PGW* (C.S.), 5:371（"很多有用的" "根本性的" 和 "深受信任的"); 1787 年 12 月 20 日杰斐逊致麦迪逊，*PJM* (C.S.), 10:337（"人民在" 和 "他们普遍"); New York Convention, Circular Letter to the Executives of the States, July 26, 1788, *DHRC*, 23:2336；另见伦道夫致众议院议长（日期为 10 月 10 日；1787 年 12 月 27 日发表），*DHRC*, 8:271–272；1787 年 10 月 16 日理查德·亨利·李致伦道夫，同上，61；1788 年 9 月 21 日杰伊致华盛顿，*PGW* (C.S.), 6:528; Maier, *Ratification*, 398, 426, 432; Labunski, *James Madison*, 53, 64, 66, 125, 129。

450 1787 年 9 月 15 日平克尼在费城会议上的发言，*Farrand*, 2:632（"这样的" 和 "制宪会议"); 1788 年 8 月 23 日麦迪逊致杰斐逊，*PJM* (C.S.), 11:238（"绝对是"); 1788 年 4 月 8 日麦迪逊致尼古拉斯，同上，13（"招来密谋" 和 "国内某些"); 另见 1788 年 4 月 22 日麦迪逊致杰斐逊，同上，28；1788 年 10 月 20 日麦迪逊致彭德尔顿，同上，307；1788 年 4 月 10 日麦迪逊致伦道夫，同上，19; Jan. 10, 1788，同上，10:355；1788 年 1 月 8 日华盛顿致伦道夫，

PGW (C.S.), 6:17–18; Maier, *Ratification*, 67–68, 425–426。

451 1788 年 6 月 25 日英尼斯在弗吉尼亚州批准宪法大会上的发言，*DHRC*, 10:1520。

452 Madison, June 24，同上，1500; Corbin, June 7，同上，9:1015（“永远都”）；1788 年 7 月 20 日麦迪逊致汉密尔顿，*PJM* (C.S.), 11:189（“宪法要求”）；1788 年 7 月 20 日艾德尔在北卡罗来纳州批准宪法大会上的发言，*Elliot*, 4:217；1788 年 7 月 11 日罗伯特・R. 利文斯顿在纽约州批准宪法大会上的发言，*DHRC*, 22:2139；另见 1788 年 2 月 4 日查尔斯・贾维斯在马萨诸塞州批准宪法大会上的发言，*DHRC*, 6:1425。

453 New York *Daily Advertiser*, May 6, 1789, in *The Documentary History of the First Federal Congress of the United States, 1789–1791* (Charlene Bangs Bickford et al., eds., Baltimore, 1992), 10:445（Madison）; Labunski, *James Madison*, 191.

454 1788 年 4 月 22 日麦迪逊致杰斐逊，*PJM* (C.S.), 11:28（“已批准”）；1787 年 12 月 14 日麦迪逊致阿奇博尔德・斯图尔特，同上，10:326（“会发现”）；1788年6月10日马歇尔在弗吉尼亚州批准宪法大会上的发言，*DHRC*, 9:1117（“联盟的敌人”和“能够体现”）；另见 1788 年 4 月 10 日麦迪逊致伦道夫，*PJM* (C.S.), 11:19；1788 年 2 月 21 日麦迪逊致彭德尔顿，同上，10:533；1788 年 4 月 25 日华盛顿致老约翰・阿姆斯特朗，*DHRC*, 9:759; Albany Federal Committee, *An Impartial Address*（约 Apr. 20, 1788), *DHRC*, 21:1398; Alexander White, “To the Citizens of Virginia,” *Winchester Gazette*［Virginia］, Feb. 29, 1788, *DHRC*, 8:444。

455 1787 年 12 月 14 日华盛顿致查尔斯・卡特，*PGW* (C.S.), 5:492(“更不协调”）；1788 年 4 月 22 日麦迪逊致杰斐逊，*PJM* (C.S.), 11:28（“一旦召开”）；1788 年 4 月 8 日麦迪逊致尼古拉斯，同上，12–13; *A Citizen of New-York*（Jay），*DHRC*, 20:936–938；另见 1787 年 9 月 15 日查尔斯・平克尼在费城会议上的发言，*Farrand*, 2:632; Labunski, *James Madison*, 52, 55; Maier, *Ratification*, 45, 337; Hendrickson, *Peace Pact*, 251–252。

456 *A Citizen of New-York*（Jay），*DHRC*, 20:938–939（“走下坡路”“来完善”“疏远我们”和“鼓励新的”）；1788 年 11 月 2 日麦迪逊致乔治・李・特伯维尔，

PJM (C.S.), 11:331–332；1789 年 1 月 2 日麦迪逊致乔治·伊夫（George Eve），同上，405；1788 年 4 月 8 日麦迪逊致尼古拉斯，同上，12–13。

457 1787 年 10 月 1 日李致梅森，*DHRC*, 8:29（全部引文）；另见 1787 年 10 月 16 日理查德·亨利·李致伦道夫，同上，64；1788 年 6 月 20 日小约翰·兰辛在纽约州批准宪法大会上的发言，*DHRC*, 22:1705–1706；1788 年 6 月 10 日门罗在弗吉尼亚州批准宪法大会上的发言，*DHRC*, 9:1108; *Plebeian*, *DHRC*, 20:947；1787 年 9 月 28 日莫西·奥蒂斯·沃伦致凯瑟琳·麦考利·格雷厄姆（Catherine Macaulay Graham），*DHRC*, 4:23；1788 年 2 月 14 日西拉斯·李致乔治·撒切尔，*DHRC*, 7:1699；上文，309–310。

458 1788 年 5 月 7 日李致梅森，*DHRC*, 9:785（"某些州" 和 "每个温和的人"）；1788 年 6 月 25 日门罗在弗吉尼亚州批准宪法大会上的发言，*DHRC*, 10:1519（"我们可以"）；1788 年 6 月 25 日史密斯在纽约州批准宪法大会上的发言，*DHRC*, 22:1902（"所采取的"）；另见 1787 年 10 月 1 日李致梅森，*DHRC*, 8:28; Pennsylvania Minority Dissent, *DHRC*, 2:623；1787 年 11 月 15 日小威廉·西蒙斯致小彼得·奥斯古德，*DHRC*, 4:244; "Candidus" I, Boston *Independent Chronicle*, Dec. 6, 1787，同上，393; "An Old Whig" VII, Philadelphia *Independent Gazetteer*, Nov. 28, 1787, *DHRC*, 2:300。

459 1788 年 6 月 24 日亨利在弗吉尼亚州批准宪法大会上的发言，*DHRC*, 10:1477（"先签署"）；"A Columbian Patriot," *Observations*, *DHRC*, 16:283（"修正案"）；1788 年 6 月 11 日、14 日阿瑟顿致约翰·兰姆，*DHRC*, 18:46（"先批准宪法"）；1788 年 6 月 25 日约翰·泰勒在弗吉尼亚州批准宪法大会上的发言，*DHRC*, 10:1525–1526；1788 年 7 月 11 日兰辛在纽约州批准宪法大会上的发言，*DHRC*, 22:2137–2138；另见 *Plebeian*, *DHRC*, 20:944–945; Luther Martin, Address No. III, *Maryland Journal*, Mar. 28, 1788, *DHRC*, 12:457–458, 460；1788 年 6 月 25 日门罗在弗吉尼亚州批准宪法大会上的发言，*DHRC*, 10:1518–1519; Henry, June 24，同上，1477; June 7，同上，9:1042; Mason, June 11，同上，1163; Banning, "Virginia," 284; Maier, *Ratification*, 294, 339, 380–381。

460 "A Columbian Patriot," *Observations*, *DHRC*, 16:282–284（"彻底了解宪

法”“应该受到”和“如此疯狂”)；1788 年 2 月 5 日纳撒尼尔・巴雷尔在马萨诸塞州批准宪法大会上的发言，*DHRC*, 6:1449（“重要的”和“在激情的”)；1787 年 10 月 20 日梅森致格里，*DHRC*, 8:87（“企图把”)；*Plebeian*, *DHRC*, 20:947（“被想象”和“花时间”)；另见 1787 年 11 月 12 日本杰明・盖尔在康涅狄格州基灵沃思市城镇会议上的发言，*DHRC*, 3:421；1787 年 11 月 15 日小威廉・西蒙斯致小彼得・奥斯古德，*DHRC*, 4:244; Federal Farmer, *Letters to the Republican* (Nov. 8, 1787), Letter V, *DHRC*, 19:241；1787 年 9 月 24 日戴维・雷迪克（David Redick）致威廉・欧文，*DHRC*, 2:135；“Philadelphiensis” I, Philadelphia *Freeman's Journal*, Nov. 7, 1787，同上，280–281; “A Federalist,” *Boston Gazette*, Nov. 26, 1787, *DHRC*, 4:321；“The Republican Federalist” V, *Massachusetts Centinel*, Jan. 19, 1788, *DHRC*, 5:748。

461 Pennsylvania Minority Dissent, *DHRC*, 2:620（“忙着用”)；“Centinel” I, Philadelphia *Independent Gazetteer*, Oct. 5, 1787, *DHRC*, 2:166（“我们的处境”)；1788 年 6 月 25 日门罗在弗吉尼亚州批准宪法大会上的发言，*DHRC*, 10:1518（“有条件地”)；June 10，同上，9:1108（“平和而冷静”)；另见 Grayson, June 24，同上，10:1497；1788 年 6 月 11 日、14 日阿瑟顿致兰姆，*DHRC*, 18:46; Federal Farmer, *Letters to the Republican* (Nov. 8, 1787), Letter I, *DHRC*, 19:209–210; Maier, *Ratification*, 60–61, 76, 339；上文，314–315。

462 1788 年 6 月 9 日亨利在弗吉尼亚州批准宪法大会上的发言，*DHRC*, 9:1050, 1054（“采取如此”“尽快接受”和“除非我们”)；June 4，同上，929, 931（“我国的形势”“平静安宁时”和“在人类事务的”)；June 7，同上，1037（“有缺陷”和“分裂”)；另见 June 5，同上，967。

463 1787 年 10 月 1 日李致梅森，*DHRC*, 8:29（“以最快的”“在经受”“关切千百万人”和“用世界上”)；1787 年 10 月 16 日李致伦道夫，同上，61（“极其冷静地”“时常对”和“严重的后果”)；另见 1787 年 10 月 11 日李致华盛顿，同上，51；1788 年 5 月 7 日李致梅森，*DHRC*, 9:785；1788 年 4 月 28 日李致塞缪尔・亚当斯，同上，765–766。

464 1787 年 10 月 16 日李致伦道夫，*DHRC*, 8:61（“如果轻而易举”和“同样容易地”)；1788 年 1 月 17 日朗兹在南卡罗来纳州议会的发言，*DHRC*,

27:128（“很好地理解”）; “An Officer of the Late Continental Army,” Philadelphia *Independent Gazetteer*, Nov. 6, 1787, *DHRC*, 2:215（“与世隔绝”和“一个伟大国家”）; *Plebeian*, *DHRC*, 20:950–951（“一直保密”“重大错误”和“普遍关注的”）; 另见 1787 年 10 月 11 日理查德·亨利·李致华盛顿，*DHRC*, 8:51；1788 年 6 月 25 日泰勒在弗吉尼亚州批准宪法大会上的发言，*DHRC*, 10:1527; Federal Farmer, *Letters to the Republican* (Nov. 8, 1787), Letter V, *DHRC*, 19:240; “Candidus” I, Boston *Independent Chronicle*, Dec. 6, 1787, *DHRC*, 4:395。

465 1788 年 11 月 2 日麦迪逊致乔治·李·特伯维尔，*PJM* (C.S.), 11:331（“一想到”和“第一次”）; 1788 年 1 月 10 日麦迪逊致伦道夫，同上，10:355–356（“当然会”）; Apr. 10, 1788，同上，11:19（“第二次试验”）; 另见 1788 年 4 月 5 日尼古拉斯致麦迪逊，同上，9。

466 上文，246–254。

467 Pennsylvania Minority Dissent, *DHRC*, 2:622–623；另见“A Plain Citizen: To the Honorable the Convention of the State of Pennsylvania”（possibly James Wilson），Philadelphia *Independent Gazetteer*, Nov. 22, 1787，同上，291。

468 Virginia convention, June 27, 1788, *DHRC*, 10:1556–1557（以 85 : 65 的投票拒绝了删除征收直接税的修正案的动议）; Labunski, *James Madison*, 115。在对无条件地批准宪法进行投票之前，纽约州批准宪法大会进行了一系列投票，结果显示，大约 2/3 的代表支持对宪法进行各种修改，比如限制国会在征收直接税和维持常备军方面的权力（New York convention, July 21, *DHRC*, 23:2256–2261; July 22，同上，2265–2272）。

469 McCormick, *Experiment in Independence*, 276–277; McDonald, *We the People*, 123–124；比较参考 Van Cleve, “Anti–Federalists' Toughest Challenge,” 556。

470 1787 年 3 月 27 日伦道夫致麦迪逊，*PJM* (C.S.), 9:335（“条款之间”和“从而允许”）; 1787 年 12 月 9 日麦迪逊致杰斐逊，同上，10:313(“在弗吉尼亚州”和“肯定超过了”)；“Publicola: An Address to the Freemen of North Carolina”（Archibald Maclaine），*State Gazette of North Carolina*, Mar. 20, 1788, *DHRC*, 16:438（“你们中的”）; 另见 1788 年 1 月 10 日麦迪逊致伦道夫，*PJM* (C.S.),

10:355; Apr. 8, 1787，同上，9:369; *The Federalist No. 49*（Madison），315。

471 1788 年 6 月 23 日安达努斯・伯克致约翰・兰姆，*DHRC*, 18:55–56（“鄙视大众”）; 另见 “An Old Whig” VII, Philadelphia *Independent Gazetteer*, Nov. 28, 1787, *DHRC*, 2:300; Rakove, *Original Meanings*, 139; Edling, *Revolution in Favor of Government*, 24–25。

472 1787 年 8 月 31 日莫里斯在费城会议上的发言，*Farrand*, 2:478（“在这次”和“在一定程度上”）; Martin，同上（“不会批准”）; “Centinel” XII, Philadelphia *Independent Gazetteer*, Jan. 23, 1788, *DHRC*, 15:448（“让民众”）; 另见 1787 年 12 月 17 日拉克兰・麦金托什致约翰・韦雷特，*DHRC*, 3:259; 1787 年 10 月 18 日格里致詹姆斯・沃伦，*DHRC*, 13:407; Rutland, *Ordeal of the Constitution*, 19。

473 Boyd, *Politics of Opposition*, 8; Maier, *Ratification*, 125–126.

474 上文，427；“Centinel” VIII, Philadelphia *Independent Gazetteer*, Jan. 2, 1788, *DHRC*, 15:233（引文）；另见 “Centinel” I, Oct. 5, 1787，同上，13:329; Pennsylvania Minority Dissent, *DHRC*, 2:622; Bouton, *Taming Democracy*, 180–181; Maier, *Ratification*, 59–61, 243–234。

475 Virginia Plan, resolution 13, May 29, *Farrand*, 1:22; Committee of Detail report, Art.XIX, Aug. 6，同上，2:188; Hamilton, Sept. 10，同上，558；同上，558–559（他们一致同意，除了通过召开制宪会议，国会还能够自己提出修正案，修正案经过 3/4 的州批准，即成为宪法的一部分）。虽然 9 月 10 日就投票通过了，但两天后宪法文风委员会提交的报告中，实际上根本没有规定通过召开制宪会议修改宪法，只是说国会可以主动提出修正案，也可以根据 2/3 的州议会的申请提出修正案。不过，在费城会议审议的倒数第二天，梅森反对说，通过国会修改宪法的两种方式是“不当的和危险的”，他还预言，“如果政府变得暴虐，压迫民众，人民将永远得不到任何适当的修正案”。随后，古文诺・莫里斯和格里要求国会在 2/3 的州议会提出申请的基础上召开制宪会议，代表们一致通过了这项提议。参见 Committee of Style report, Art. V，同上，602；9 月 15 日梅森的反对意见和莫里斯提出、格里附议的动议，同上，629；同上，629–630（通过动议）。

476 1789 年 1 月 2 日麦迪逊致乔治・伊夫，*PJM* (C.S.), 11:405（“小心翼翼”）; 1788 年 11 月 18 日杰斐逊致麦迪逊，同上，354（“不担心”）; Labunski, *James Madison*, 129–130, 165; Maier, *Ratification*, 427, 441–442。

477 Rakove, *Original Meanings*, 116.

478 Benjamin Rush, Observations on the Fourth of July Procession in Philadelphia, *Pennsylvania Mercury*, July 15, 1788, *DHRC*, 18:266（“上天”“地方偏见”“这是”和“简直有如”）; 1788 年 5 月 28 日华盛顿致拉法耶特侯爵, *PGW* (C.S.), 6:299（“超出”）。许多城市都举行了这类庆祝宪法获得批准的活动，相关分析参见 Heideking, *The Constitution Before the Judgment Seat*, ch. 6。

479 1788 年 7 月 29 日蒂莫西・布拉德沃思在北卡罗来纳州批准宪法大会上的发言，*Elliot*, 4:185。

480 上文，405–512。

481 1787 年 10 月 28 日麦迪逊致华盛顿, *DHRC*, 8:127(“至少有”“拖延的”和“要么会”); 1788 年 5 月 15 日诺克斯致拉法耶特侯爵, *DHRC*, 20:1096(“如果”); 另见 1788 年 7 月 28 日威廉・埃勒里致本杰明・亨廷顿，*DHRC*, 21:1348–1349。

482 上文，423, 438–442, 445–446。

483 De Witt Clinton Journal, July 18, 1788, *DHRC*, 23:2232（“我们没有”）; *New York Packet*, July 15, 1788, *DHRC*, 22:2164（“接受”和“冒险留在”）; 1788 年 6 月 4 日伦道夫在弗吉尼亚州批准宪法大会上的发言，*DHRC*, 9:933；另见 New York *Daily Advertiser*, June 14, 1788, *DHRC*, 20:1170；1788 年 2 月 10 日卡林顿致麦迪逊，*PJM* (C.S.), 10:494; Apr. 8, 1788，同上，11:15–16；1788 年 6 月 9 日卡林顿致杰斐逊，*DHRC*, 10:1590；1788 年 4 月 10 日门罗致杰斐逊，*DHRC*, 9:733; Rakove, *Original Meanings*, 127; Maier, *Ratification*, 382; Edling, “A More Perfect Union,” 402；上文，475–479, 496–510。

484 1788 年 6 月 11 日、14 日约书亚・阿瑟顿致约翰・兰姆，*DHRC*, 18:47（“毫不怀疑”“绝大多数”和“将立即”）; 1788 年 6 月 12 日亨利在弗吉尼亚州批准宪法大会上的发言，*DHRC*, 10:1210–1211；另见 1787 年 12 月 2 日阿奇博尔德・斯图尔特致麦迪逊，*PJM* (C.S.), 10:291；1788 年 2 月 9 日詹姆斯·麦迪逊牧师致麦迪逊，*DHRC*, 8:358; Boyd, *Politics of Opposition*, 127；上文，472–473, 477–478, 481, 491–493, 508–510。

485 Albany Federal Committee, *An Impartial Address*（约 Apr. 20, 1788), *DHRC*, 21:1389.

486 1788 年 5 月 18 日兰姆致理查德·亨利·李，*DHRC*, 9:814（“开始写信”和“统一的”); 1788 年 6 月 21 日朗兹致兰姆，*DHRC*, 18:51（“如果你的”); 1788 年 6 月 27 日李致兰姆，*DHRC*, 9:826（“肯定会”); 另见 An Attempt at Cooperation Between Virginia and New York Antifederalists, May 8–Oct. 15, 1788, *DHRC*, 20:1090; The New York Federal Republican Committee Seeks Interstate Cooperation in Obtaining Amendments to the Constitution, May 18–Aug. 6, 1788，同上，1097–1099; Boyd, *Politics of Opposition*, 126–135; Maier, *Ratification*, 279–281, 311–312; Rutland, *Ordeal of the Constitution*, 141, 209–210。纽约州联邦共和派委员会得知反联邦主义者在纽约州批准宪法大会代表选举中获得压倒性胜利后，立即又跟进了一封信（源自 New York Federal Republican Committee, June 6, 1788, *DHRC*, 9:815–816）。

弗吉尼亚的反联邦主义者非常愿意接受纽约人的提议，他们任命乔治·梅森为协调委员会主席，并指示他将他们打算在弗吉尼亚州批准宪法大会上提出的修正案副本寄到纽约。参见 1788 年 6 月 9 日帕特里克·亨利致兰姆，*DHRC*, 18:39–40；梅森致兰姆，同上，40–45；另见 1788 年 6 月 17 日兰姆致乔治·克林顿，*DHRC*, 22:1797–1798；1788 年 6 月 21 日克林顿致兰姆，*DHRC*, 9:824；1788 年 6 月 21 日罗伯特·耶茨致梅森，同上，825。新罕布什尔州的阿瑟顿和北卡罗来纳州的布拉德沃思也积极回应了兰姆的提议。参见 1788 年 6 月 11 日、14 日阿瑟顿致兰姆，*DHRC*, 18:47；1788 年 7 月 1 日布拉德沃思致兰姆，同上，58–59; June 23, 1788，同上，53–55。纽约人的组织工作开始得晚了一两个月，根本不可能成功。

在批准过程的较早阶段，乔治·梅森和理查德·亨利·李曾试图协调各州批准宪法的时间，但没有成功。梅森告诉埃尔布里奇·格里，如果“不同州的批准大会可以在同一时间就这一重要事务召开会议”，进行“定期的、诚恳的情感交流，只提出一些必要的修改”，并“下定决心，诚心诚意地加入这样修改过的体制”，那么，“就有可能在不引起公众骚动或混乱的情况下，促成各州一致支持新政府”（Oct. 20, 1787, *DHRC*, 8:86；另见 Boyd, *Politics of Opposition*, 19–23）。李的组织工作参见上文，407–408 & n. 32。

也有人试图协调反对批准宪法的意见，提出另一种方案，参见“Candidus” II, Boston *Independent Chronicle*, Dec. 20, 1787, *DHRC*, 5:493。

487 1788 年 6 月 23 日理查德·哈里森在纽约州批准宪法大会上的发言，*DHRC*, 22:1802；1788 年 6 月 24 日约翰·道森在弗吉尼亚州批准宪法大会上的发言，*DHRC*, 10:1489；1788 年 6 月 29 日卡莱布·华莱士致威廉·弗莱明，同上，1694–1695；1787 年 10 月 29 日约瑟夫·琼斯致麦迪逊，*PJM* (C.S.), 10:228–229；1787 年 10 月 15 日华盛顿致诺克斯，*DHRC*, 8:56; Hamilton, Conjectures, *PAH*, 4:275; Labunski, *James Madison*, 63–64; Beeman, *Plain, Honest Men*, 374–375; Boyd, *Politics of Opposition*, 15。

488 “Examiner,” *Massachusetts Gazette*, Nov. 9, 1787, *DHRC*, 4:211（“反联邦主义者”）；1788 年 2 月 6 日特纳在马萨诸塞州批准宪法大会上的发言，*DHRC*, 6:1471（“一些不完善”和“一部”）；另见 William Symmes, Jr.，同上，1474; *The Federalist No. 38*（Madison），237–238；“Consideration,” Boston *Independent Chronicle*, Nov. 15, 1787, *DHRC*, 4:247；“An American,” Dec. 6, 1787，同上，399；1787 年 12 月 31 日艾萨克·斯特恩斯（Isaac Stearns）致塞缪尔·亚当斯，*DHRC*, 5:558。

489 1787 年 12 月 20 日约瑟夫·巴雷尔致纳撒尼尔·巴雷尔，*DHRC*, 5:491–492（“有些尴尬”“唯一的”和“因为”）；1788 年 2 月 5 日巴雷尔在马萨诸塞州批准宪法大会上的发言，*DHRC*, 6:1450（“具有重大缺陷”“尽管也”“非常出色”和“更困难”）；另见 1787 年 12 月 11 日威尔逊在宾夕法尼亚州批准宪法大会上的发言，*DHRC*, 2:581；1788 年 6 月 25 日詹姆斯·英尼斯在弗吉尼亚州批准宪法大会上的发言，*DHRC*, 10:1524; “A Pennsylvanian to the New York Convention,” *Pennsylvania Gazette*, June 11, 1788, *DHRC*, 20:1142–1143；1788 年 7 月 3 日内森·戴恩致梅兰克顿·史密斯，*DHRC*, 21:1256。

490 1788 年 6 月 21 日史密斯在纽约州批准宪法大会上的发言，*DHRC*, 22:1754–1755（“一个相反”）；1788 年 6 月 24 日道森在弗吉尼亚州批准宪法大会上的发言，*DHRC*, 10:1491（“在十年前”）；另见 1787 年 12 月 12 日，威廉·芬得利在宾夕法尼亚州批准宪法大会上的发言，*DHRC*, 2:587; “Candidus” II, Boston *Independent Chronicle*, Dec. 20, 1787, *DHRC*, 5:493–495; Albany Anti–Federal Committee Circular, Apr. 10, 1788, *DHRC*, 21:1383；1787 年 12 月 17 日拉克兰·麦金托什致约翰·韦雷特，*DHRC*, 3:259；1787 年 12 月 18 日卡腾·塔弗茨（Cotton Tufts）致阿比盖尔·亚当斯，*DHRC*, 5:477–478; *Massachusetts Centinel*, Jan. 12, 1788，同上，704；1787 年 11 月 22 日约瑟夫·琼斯致麦迪逊,*DHRC*, 8:173–174；1788 年 1 月 31 日威廉·肖特致威廉·格雷森，同上，342。

第七章　权利法案

费城会议结束后不久，詹姆斯·麦迪逊向他的好朋友、导师托马斯·杰斐逊寄去了一份宪法副本，当时杰斐逊正在巴黎担任美国驻法国公使。杰斐逊大体上同意他所看到的宪法文本，不过也指出了其中的一个明显缺失：“[一部]权利法案让人民有权利反抗世界上的任何一个政府，无论是一般性的还是特殊性的，任何正义的政府都不应该拒绝或者怀疑这种权利。”杰斐逊认为，宪法条款应确保某些属于个人的权利，诸如宗教自由、出版自由、民事案件（不只是刑事案件）中的陪审团审判，以及限制常备军和政府授予的垄断权。正在伦敦担任美国驻英国公使的约翰·亚当斯也有类似看法：他总体上同意宪法，但认为应将权利宣言“置于宪法文本之前”。[1]

在随后的一封信中，杰斐逊描述了他对于增加这样一份权利法案的首选策略：“我衷心希望首先有九个州的批准宪法大会能够批准新宪法，因为这将确保我们能够拥有宪法所带来的福祉，我认为这一点非常重要。但是，我同样希望，剩下的四个州的批准宪法大会——无论是哪四个州，在权利宣言纳入宪法之前，可以拒绝批准宪法。”杰斐逊认为，这一策略将“能保证出现一份权利宣言”，

“使整个宪法结构像曾经出现过的任何一种同类文本那样完善”。[2]❶

不过，几个月后，杰斐逊改变了想法。他认为，马萨诸塞州批准宪法大会无条件地批准宪法，并建议随后附加修正案的方式“更加可取，我希望那些尚未做出决定的州也能紧随其后”。杰斐逊认为，如果其他州遵循这一策略，“就一定能获得想要的重要修正
546 案”。他还认为：“如果我们失去了这样的文件，恢复其中的益处将比在批准它之后纠正它的缺陷更加困难。”[3]

麦迪逊不同意杰斐逊和亚当斯关于权利法案重要性的看法。1788年秋天，麦迪逊在写给杰斐逊的一封长信中解释道，他并不反对增加一份权利宣言——只要是细致讨论形成的——但他从来不认为，“缺少它，是宪法的重大缺陷”。多数人的强烈要求，才是他同意增加权利法案的唯一实质性原因——我们将在下文中详细讨论这封信。麦迪逊相信，新成立的联邦政府，只拥有宪法所列举的权力，对于这样的政府而言，权利宣言纯属多余。他还认为，“下级政府［如州政府］的嫉妒”，将会比一项权利法案更能防范联邦政府篡夺权力。最重要的是，麦迪逊相信：经验表明，纸上的文字根本没法阻止掌权的多数人践踏个人权利。[4]

不过，麦迪逊也承认，权利法案可能会发挥两大功用。其一，一份关于重要权利的正式宣言，可能会教化公共舆论。其二，权利法案可能会成为一个焦点，凝聚起民众的情绪，反抗压迫性政府。[5]

在给麦迪逊的回信中，杰斐逊指出，权利法案即使不完全有效，也还是有用的。他还反对麦迪逊“支持权利宣言的理由，你忽略了一个对我来说很重要的东西——司法机构手中握有法律赋予的

---

❶ 第六章已经谈到，帕特里克·亨利在弗吉尼亚州批准宪法大会上引用了这封信，由此引起联邦派代表们的强烈谴责。

制衡大权。司法机构如果保证独立性，严格遵守其部门操守，人们就会极为信任司法人员的学识和品质”。从现代人的角度来看，麦迪逊对司法部门执行能力的疏忽令人震惊，但考虑到在费城会议上或在各州批准宪法的辩论中，关于司法审查议题的讨论少之又少，也就不难理解了。甚至当反联邦主义者经常抗议宪法缺少一项权利法案时，他们也很少提及司法审查。[6]

麦迪逊最初抵制权利法案，但是最终，如果没有他的努力，宪法可能不会将权利法案作为修正案纳入其中，这真是巨大的反讽。同样具有讽刺意味的是，那些批评宪法的人，最初以加入权利法案作为支持批准宪法的筹码，最终却将这些被采纳的修正案视作“华而不实、微不足道的空洞之物”。[7] 547

赞成和反对的理由

费城会议结束前五天，《弗吉尼亚权利宣言》（Virginia Declaration of Rights）的主要作者乔治·梅森建议宪法文本中增添一项权利法案，因为此举将能够“极大地安抚人民”。埃尔布里奇·格里同意，并提议任命一个委员会来准备一份权利法案。费城会议初期，查尔斯·平克尼曾提出一些保护具体权利的条款，比如出版自由，以及和平时期不经主人同意军人不得驻扎在平民家中，但都没有成功。不过，大会通过了平克尼提出的保护另一项个人权利的建议——人身保护令（在“遭受叛乱或入侵”时，出于“公共安全”需要而暂停人身保护令的情况除外）。[8]

费城会议简短地讨论了格里的提议后，没有任何一个州的代表团支持在宪法中增加权利法案。对于代表们的消沉反应，梅森后来在 548

图 7.1　乔治·梅森，《弗吉尼亚权利宣言》的主要作者，费城会议的重要参与者，反联邦主义者的领导人之一。

给杰斐逊的信中写道，“在大会的最后一周里，支持新宪法方案的那批人发现支持他们的人占了决定性多数后，他们那轻率而过激的处理方式，”让他感觉受到了冒犯，“更不用说那些不得体的行为了”。[9]

梅森和格里后来拒绝在宪法上签名——“出于最慎重的考虑……和真诚的爱国主义动机”，正如梅森向杰斐逊所言——他们的主要反对意见之一是，宪法缺少一份权利法案。事后看来，有一点很明显，即联邦主义者犯了一个重大的战略错误——没有更加慎重地考虑梅森和格里的建议。[10]

正如我们稍后将要看到的，在费城会议上和各州批准宪法的辩论之中，联邦主义者提出了一系列反对在宪法中增加权利法案的理由。不过，他们是否真的相信这些理由，则是一个有趣的问题。根据詹姆斯·威尔逊的回忆，权利法案的想法“从未进入他们［费城会议代表］中许多人的脑海”，而且直到大会休会前几天，才有人提及此事。在那时，大多数代表反对梅森和格里的提议，似乎只是担心引入新的和有争议的问题。当时，他们已经十分接近实现目标：对建立一个更强大而又不那么受民众影响的联邦政府达成共识。[11]

在费城的炎热天气里，代表们已经逗留了漫长的四个月；皮尔斯·巴特勒提到，夏天闭居“严重损害了我的健康”。许多人的住宿很不舒适。8月，约翰·拉特利奇指出，“大会的许多成员都极度焦虑，希望尽快结束手头之事”。尽管梅森坚持认为，参照州宪法中权利宣言的例子，“在几个小时之内就可以准备好”一份权利法案，但其他代表可能认为，需要更长的时间才能达成共识。[12]

后来，在批准宪法的辩论过程中，联邦主义者也没有特别重视某些批评宪法的意见——其中包括宪法缺少一份权利法案。那时，他们坚决要避免任何附带条件地批准宪法的要求。不过，如果在费城会议早期就提出权利法案，并将其纳入宪法，联邦派在这个问题上的立场可能会大不相同。

联邦主义者提出了反对权利法案的三大理由：它不必要，还具有危险性，而且是无用的。根据宾夕法尼亚州联邦主义者本杰明·拉什的说法，权利法案完全不必要——是一种“无用且多余的手段”——已经有几种发挥同样作用的机制。联邦主义者解释道， 549
它之所以说它没有必要，原因之一是联邦政府仅能行使宪法明确列举的那些权力。[13]

例如，联邦主义者坚持认为，宪法禁止国会制定剥夺出版自由的法律是多此一举，因为宪法根本就没有授予国会干涉这种自由的权力。在北卡罗来纳州批准宪法大会上，詹姆斯·艾德尔解释道，对于一个只拥有列举性权力的政府，在宪法中增加限制权力的条款，就好比“是在一项授权委托书的结尾规定……律师不应该行使超越此授权之外的权力”——这样的声明毫无意义，根本没必要写进去。联邦主义者“一位地主”更是文采斐然地提出，宪法没有明确保护出版自由，跟宪法没有明确保护埋葬死人的自由一样，根本不值得担心。国会“没有权力禁止二者，也没有这样的动机”。[14]

事实上，联邦主义者认为，通过修正案的方式明确规定这些权利反倒有风险，因为这样做可能会被解释为暗含着一种推论，即未增加修改案的宪法实际上授权国会剥夺这些权利。正如汉密尔顿在《联邦党人文集》第84篇中解释的那样，出于高度谨慎而列举政府所受到的权力限制之举令人生疑，因为它会给那些“倾向于篡权”的人提供貌似合理的“借口，以要求获得比所授予的权力更多的权力。为什么要特意声明无权做的事情不应该做呢”？[15]

联邦主义者随后解释了为什么大多数州宪法中包含了权利法案，而联邦宪法中却没有。这样的保护在州宪法中并非多余，因为这些州宪法认为州具有与生俱来的——而不是列举的——权力。也就是说，州宪法假定，所有未禁止各州行使的权力，都授予了州政府，而联邦宪法对于联邦政府的权力假定，刚好相反。[16]

至于有几个州宪法不包含权利法案，❶联邦主义者解释道，这些州已经合理地得出结论：纸上的保障条款并非保护自由的关键所在。威尔逊注意到，南卡罗来纳、新泽西、纽约、康涅狄格和罗得岛州的宪法中都没有权利法案，他问道：“在美国，没有［权利法
550 案］就没有权利保障的观念到底从何而来的？”而且，如果权利法案在创建具有固有权力的政府的州宪法中，都“不是一项基本或必要的措施”，那么，在创建一个仅被授权行使列举性权力的联邦政府的宪法中，权利法案当然既不必要，也“极不谨慎”。[17]

联邦主义者认为，基于宪法的列举性权力原则，没有必要再增加权利法案。对此，反联邦主义者令人信服地指出，国会拥有的某

---

❶ 即使是不包含正式权利法案的州宪法，也有一些分散性的个人权利保护条款。在这方面，它们类似于联邦宪法。参见“Brutus” IX, *New York Journal*, Jan. 17, 1788, *DHRC*, 15:394。

些列举性权力，比如征税权，可能会被用来干涉一些重要自由，诸如出版自由。梅森问道，如果没有一项修正案明确保护这一权利，拿什么来阻止国会对批评联邦政府的报纸征收高昂的税呢？如果报纸继续批评说，这样的税收超出了国会的权力，又拿什么来阻止国会利用宪法中的“必要与适当”条款实施其征税权呢？如何阻止国会强令不经过陪审团就审理此类案件呢？类似地，帕特里克·亨利也警告，国会显然获得了界定某些犯罪和惩罚的权力——在缺乏明确权利保护的情况下，国会可以利用这些权力来施加残酷和不寻常的惩罚，以及过度罚款。尤其是对于宪法给予国会的一些开放式授权，比如普遍福利条款和必要与适当条款，权利法案的制约是至关重要的。梅森告诉弗吉尼亚州批准宪法大会，没有权利法案，“隐含的政府权力可能吞噬我们所有的权利”。北卡罗来纳州的一位反联邦党人表示，如果宪法明确拒绝国会行使那些没有专门授予它的权力，那么也许可以不需要权利法案。[18]

此外，反联邦主义者还提出，以宪法的列举性权力原则来反对增加权利法案，这样的理由有些牵强，因为未增加修正案的宪法实际上已经包含了一些明确保护个人自由的条款，比如获得人身保护的权利，以及在联邦刑事案件中获得陪审团审判的权利。如果根据联邦主义者的逻辑，这样的权利规定也是多余的：如果宪法没有授权国会剥夺那些权利，为何要保证刑事案件的陪审团审判呢？❶如果对此反对意见的回答是，只是为了更加谨慎才将这些权利写进宪

---

❶ 有些联邦主义者在回应这种反驳时坚持认为，必须保留某些具体的权利，不然的话，国会可能会声称，自己所获得的特定授权范围广泛，足以使其干涉这类个人权利。具体而言，国会界定联邦犯罪行为的权力可能会被解释为授权其取消陪审团审判，国会创设联邦法院的权力，则可能被解释为授权其废除人身保护令。参见 1787 年 11 月 30 日贾斯珀·耶茨在宾夕法尼亚州批准宪法大会上的发言，*DHRC*, 2:435；1788 年 6 月 17 日伦道夫在弗吉尼亚州批准宪法大会上的发言，*DHRC*, 10:1348–1349。

法，反联邦主义者继续争辩说，那么，出于同样的原因，也应该将出版自由、民事案件中陪审团审判的权利等等写进宪法。帕特里克·亨利提出，虽然增加权利法案的“必要性值得怀疑”，但却可以“排除可能出现的争议”。根据北卡罗来纳州一名反联邦党人的
551 说法，它将“满足人民的意愿”，联邦主义者真的会因为它“浪费过多的纸张”而表示反对吗？[19]

联邦主义者解释道，没有必要增加权利法案的第二个原因在于，美国拥有一个共和制的政府。在大不列颠那样的君主体制中，《大宪章》中所包含的诸多权利保护，是国王对人民的重大让步。而在美国，人民是至高无上的，他们没有统治者，没有让渡给政府的权利都由他们自己保留。拉什就曾向宾夕法尼亚州批准宪法大会解释，用“一份正式的宣言宣布我们的自然权利由我们自己所有”，没有任何意义。用威尔逊的话来说，这就是很多州宪法不包含权利法案的原因。[20]

反联邦主义者回应道——非常自然地——根据这个推理，为什么大多数州宪法都包含权利法案呢？梅森提出，尽管弗吉尼亚政府是“由人民组建的”，但1776年制定州宪法的大会还是起草了一份“伟大和重要的权利”宣言。如果对于一个“充分和完全代表人民”的州政府，有必要设定这样的权利保护机制，那么对于设计上完全不受民众影响的联邦政府，这类保护机制就更为重要了。帕特里克·亨利同样指出，如果在州宪法中加入权利法案，而在联邦宪法中却不加入，“就好比是把自己武装起来对抗弱小和毫无防备的人，却赤手空拳地迎战全副武装和强大的敌人”。[21]

一些联邦主义者提出了没必要增加权利法案的第三个原因。当梅森在费城会议上建议增加权利法案时，罗杰·谢尔曼回应道，这是多此一举，因为“这部宪法并没有废除各州的权利宣言，各州的

权利宣言继续有效，就已经足够了”。从谢尔曼这样的超凡之人口中说出的这个理由，出人意料地让人感觉没有说服力。梅森立即回应道，根据宪法中的最高权力条款，联邦法律可以合法地剥夺各州宪法保护的权利。不仅如此，正如刚才所言，有些州宪法中没有权利法案。在那些州，很难说联邦版的权利法案是多此一举。[22]

除了否认权利法案的必要性外，联邦主义者还认为权利法案具有危险性，因为它不可能列举所有不受政府干涉的个人权利。在宾夕法尼亚州批准宪法大会上，威尔逊问道：“谁有足够的胆量列举出人民的所有权利？”他警告，“如果列举不完整的话，所有未明确提及的权利都将被认定是有意省略的”。艾德尔说，如此一来，权利法案“可能成为一个陷阱，而不是一种保护机制”。[23]

部分列举权利是危险的——麦迪逊后来称，这是“我听过的反 552
对在宪法中加入权利法案的最合理的依据之一”——而解决这一问题的最好方法，就是在权利法案中加入一条，明确表示，列举某些权利并不意味着否定其他权利。有趣的是，反联邦主义者并没有提出这样一项条款，以回应联邦主义者认为列举部分权利具有危险性的观点。不过，当麦迪逊最终在第一届国会中起草权利法案时，他插入了这样一项条款——后来成为宪法第九条修正案——宣布“本宪法对某些权利的列举，不得被解释为否定或轻视由人民保留的其他权利”。[24]

最后，联邦主义者还认为权利法案无用，因为它仅仅是一份写在“羊皮纸上的屏障”，不足以限制大多数人的意愿——尤其是在战争或紧急情况之下。就像麦迪逊对杰斐逊所言，“如果叛乱或起义让人民和政府惊慌失措，而这种惊慌又要求停止人身保护令，那么世上的任何纸面禁令都无法阻挡这样的措施”。麦迪逊认为，历史经验支持这样的观点，州宪法中的权利法案并没有阻止“专横的多数民众”“一再侵犯”这些权利。麦迪逊坚称，抵抗联邦政府压迫的真正保障，不是纸上的文字，而是充满警惕的州政府，以及联邦政府内的制衡机制。[25]

因此，在弗吉尼亚州批准宪法大会上，联邦主义代表们指出，独立革命战争期间，尽管州权利宣言规定，未经公正审判，不得给任何人定罪，立法机关实际上还是判处了一个人死刑（剥夺其权利），并且执行了。在康涅狄格州，谢尔曼与麦迪逊一样，将权利法案视为“羊皮纸上的屏障”——“不值得花心思书写”。谢尔曼坚持认为，真正的权利保护来自人民对政府的有效控制，从而确保“统治者真心维护个人权利”。汉密尔顿深表赞同，认为“我们所有权利唯一的坚实基础”一定是“公共舆论”以及蕴含在“人民和政府中间的普遍精神”。反联邦主义者担心联邦政府会制度性地侵犯个人权利，对此，拉什不屑一顾。他想知道，他的政治对手们为什么会认为“这个政府立即会由外国人来管理——他们对我们的习俗和观念一无所知，与我们的利益和福祉毫无关系”。[26]

反联邦主义者比较难以反驳权利法案无用论，因为这是一种可
553 争论的经验主张，而不存在分析概念上的瑕疵。对此，最好的回应
或许如杰斐逊所说：“聊胜于无。”尽管权利法案不是“在任何情况
下都绝对有效，但它一贯具有潜在的强大效力，而且很少不起作
用”。在宾夕法尼亚州批准宪法大会上，反联邦主义者威廉·芬得
利同样感到疑惑：“因为所有的保障措施都可能被打破，所以我们
就应该不设防吗？一个好政府，由于管理不善而产生危害，我们就
应该视而不见吗？这可真是新鲜！”[27]

最后，南方的一些联邦主义者在反对权利法案时还加入了他们自己特有的看法。查尔斯·科茨沃斯·平克尼告诉南卡罗来纳州众议院，权利法案通常一开始就宣称，所有人都“生来是自由的”。

不过，南方人可能只得“非常不光彩”地这样表态，“因为我们的大部分财产都是生来就是奴隶的人”。[28]

正如我们所看到的那样，在批准宪法辩论的初期，联邦主义者坚决抵制任何修改宪法的建议——无论是为了保障个人权利，还是为了改变宪法结构，限制联邦政府的权力。对许多联邦主义者而言，提出修正案只不过是一种借口，是要破坏他们费尽心力创造的宪法。[29]

早在1788年，爱德华·卡林顿就曾告诉麦迪逊，帕特里克·亨利甚至没有“详细说明他究竟要增加什么样的修正案”，可以合理地推断他的真正目的是分裂联邦。乔治·尼古拉斯也证实，亨利实际上是联邦的敌人，但他会“竭力隐藏”自己的“真实情感”，只是笼统地说“需要修正案”，以免疏远那些不赞同“宪法中的某些特定条款”但却反对解散邦联的人。麦迪逊告诉伦道夫，亨利的目标是“建立一个南方邦联”，“更希望新的政府顺从他的真正意图，而不是想要赞成某种修正案计划”。麦迪逊指出，“对于那些打算秘密分裂联邦的人……在要求修改宪法的面具下实施其计划”会更容易，“他们的修改要求在有些地方很受欢迎，而在另一些地方却是不可接受的”。[30]

直到有可能在马萨诸塞州批准宪法大会上受挫后，联邦主义者才答应随后增加修正案——其中就包括一项权利法案，以换取犹豫不决的批准宪法大会代表支持无条件地批准宪法。这一让步奏效了：先前表示反对宪法的代表现在投了赞成票——条件是随后增加宪法修正案。[31]

马萨诸塞州是第六个批准宪法的州。在接下来批准宪法的每一个州（马里兰州除外），联邦主义者都默许随后增加宪法修正案。 554
在投票非常接近的几个州里，可能正是联邦主义者的让步促使宪法获得批准。至少对于一些当时尚未下定决心的代表来说，“在批准宪法时建议增加修正案的做法”让他们感到安心。事实上，弗吉尼亚州的立法机关原本甚至拒绝召开批准宪法大会，要不是可以考虑增加修正案，代表们也不会回心转意。即使是在像南卡罗来纳这样联邦主义者胜券在握，所以没有必要为确保批准宪法而承诺支持随后增加修正案的州，联邦主义者仍然做出让步——也许是为了安抚不满宪法的反联邦主义者。[32]

正如我们在第六章中看到的，一旦联邦主义者在修正案问题上让步，很多后续辩论——在其他州，如果说在马萨诸塞州没有那么多的话——随之而来：是将这样的修正案作为批准宪法的先决条件，还是仅仅作为推荐意见，等待宪法生效后由国会来考虑。尽管大多数反联邦主义者强烈抗议只是建议随后增加修正案便批准宪法，但联邦主义者还是在每个州都成功地抵制住了任何类似有条件地批准宪法的主张。[33]

各州批准宪法大会所建议的宪法修正案分为两大类。一类包括保障个人权利的各种条款，例如那些主导我们的《权利法案》的条款，如出版自由、宗教自由、民事和刑事案件中陪审团审判的权利，以及保护刑事被告的各种程序性条款。

另一类是限制国会权力和改变联邦政府结构的修正案。在这类修正案中，削减国会权力的通常做法包括：限定国会只能行使宪法明确授予的权力，以及限制国会在一些特定问题上的权力，如征税、建立常备军、召集各州民兵加入联邦军队和设定联邦选举的时间、地点、方式等。提议改变联邦政府结构的修正案包括：扩大众议院的规模，降低参议院和总统之间的权力共享程度，限制联邦法院的管辖权，并限制参议员和总统的任期。在多数情况下，联邦主义者坚决抵制改变联邦结构和限制国会权力的修正案，但是默

认——带有不同程度的不情愿——那些保障个人权利的修正案。[34] 555

麦迪逊当选国会议员

在制定权利法案的过程中，麦迪逊发挥的关键性作用，就像他在制宪会议中所起的作用一样——设定议程，确保成功，并保证其获得弗吉尼亚州的批准。没有麦迪逊的不懈坚持，就不会有权利法案。[35]

在弗吉尼亚州批准宪法大会的最后几天，帕特里克·亨利承诺他将充当“一位温和的公民”，不会鼓吹暴力，也不寻求“以修改宪法的方式消除该制度［宪法］的缺陷”。事实上，他把注意力转向了报复麦迪逊——也许部分是为了雪耻，一洗他在弗吉尼亚州批准宪法大会上的失败，部分是为了阻止麦迪逊控制宪法修订方案，从而使麦迪逊认为最重要的那些方案落空。根据亨利的女婿斯宾塞·罗恩（Spencer Roane，他长期担任弗吉尼亚州最高法院法官）的描述，亨利“在某种程度上对麦迪逊一贯保留着偏见”，因为他“震惊地看到，麦迪逊如此顺风顺水地实现了这部连他自己都承认有缺陷的宪法”。弗吉尼亚州批准宪法六个月后，麦迪逊的一位政治盟友向他报告，在亨利的影响下，弗吉尼亚州议会的多数成员“倾向于尽其所能地阻挠你，伤害你的感情”。[36]

尽管亨利在弗吉尼亚州批准宪法大会上失败了，但他依然在该州发挥着非凡的政治影响力。麦迪逊称亨利在弗吉尼亚州议会中“无所不能”。华盛顿评论道，亨利的“指令”几乎不会“遭到州议会多数派的反对，比路易十四的法令在法国议会中遭遇的反对还少。他只要说，让这成为法律——它就是法律了”。[37]

1788年10月，卡林顿拜访弗农山庄后告诉麦迪逊，华盛顿担心，在亨利的影响下，“反联邦主义将成为弗吉尼亚州立法机构秋季会议上的主导性原则”，为了防止纽约州提出的召开第二次制宪会议的“阴险提议与之里应外合，从而产生极其恶劣的影响，必须慎之又慎”。麦迪逊深信，亨利的“敌意……针对的是整个体制”，摧毁整个制度才是“他［亨利］内心的隐秘愿望和所追求的真正目标”。麦迪逊还“确信，州议会的大多数成员都是［新联邦］政府的敌人”。[38]

确实，在那年秋季，帕特里克·亨利曾告诉理查德·亨利·李，尽管邦联国会已经颁布法令，设定了新成立的全国性政府开始运作的日期和地点，但他仍然决心要保证国会通过“实质性的宪法修正
556 案”。亨利认为，联邦主义者缺乏维护自由所需要的热情，不会支持他认为必要的修正案——比如限制国会征收直接税、征召州民兵为联邦服役的权力。亨利预言，如果国会拒绝通过这样的修正案，抵制宪法的力量不会仍像现在这样“不温不火”，他“担心会出现可怕的后果”。尽管亨利坦言，自己不希望“看到辉格派美国人寻求在非美国政府的其他政府的庇护下过日子”，但他坚称，“美利坚联盟的成败，取决于能否成功通过这样的修正案”。[39]

当弗吉尼亚州议会于10月份开幕之时，根据华盛顿的律师查尔斯·李（亨利·李的弟弟，理查德·亨利·李的堂兄弟）提供的一份报告，亨利告诉州众议院代表，他将“反对组建［联邦］政府的每一项措施，除非附上修正宪法的相关举措”，为达此目的，他支持“尽快”召开第二次制宪会议。李还报告，亨利正在考虑提出一项决议，决议内容包括“直接和毫不客气地谴责所有友好对待新宪法的人，将他们视为人民最宝贵权利的背叛者”。根据联邦主义代表乔治·李·特伯维尔的说法，亨利“发起了一场雄辩滔滔的演说”，演说中，他将

“自己对于新政府的所有可怕想象都带给了我们”。[40]

为了推动实现从根本上修改宪法的目标，亨利决定不让麦迪逊进入联邦参议院。有报道称，弗吉尼亚州立法机构有可能选择反联邦主义者担任联邦参议员的“前景震惊”了华盛顿，他“坚信”，麦迪逊“深受人民的信任”，理应把他作为参议员候选人。尽管麦迪逊没有向自己在弗吉尼亚州立法机关的朋友表明他是否愿意考虑出任联邦参议员，但是，亨利·李给麦迪逊提供的一份报告显示，他们“都在为你努力争取”，这一点“强有力地证明了他们无限支持”麦迪逊。[41]

不过，帕特里克·亨利确信，“如果本州派往联邦的任何一位参议员不赞同这项计划”，弗吉尼亚州寻求修正宪法的努力将“毫无效果”。据说，亨利宣称，“任何希望修改宪法之人，都不应该投票支持麦迪逊进入联邦参议院”。亨利·李告诉麦迪逊，帕特里克·亨利“公开诋毁你的政治品行，认为你不值得人民委以参议员的重任”。还有报道说，亨利甚至提出警告，麦迪逊的“当选将会使这片土地血流成河”。据亨利·李所言，弗吉尼亚州众议院内流言蜚语四布，称麦迪逊“主张放弃密西西比河航运权”——这是一 557
种“具有实际影响的误解”。[42]

李还报告，帕特里克·亨利的“这番话，伴以幕后的巧妙操作，竟然大获成功”。弗吉尼亚州立法机构选择了两位反联邦主义者——理查德·亨利·李和威廉·格雷森担任联邦参议员。麦迪逊在投票中仅获得了第三名，比格雷森少9票，比李少21票。帕特里克·亨利高兴地说，这个结果让联邦主义者“深感失望”，他们“强烈地支持他［麦迪逊］当选，声称他们有权选择一名联邦主义者担任参议员”。麦迪逊告诉伦道夫，考虑到“现在的形势和州议会中反联邦主义者不成比例的优势”，他惊讶于自己竟然赢得了这么多选票。

华盛顿则表示，联邦主义者对选举结果“极度不满”。[43]

而且，作为对于纽约州批准宪法大会发出的公开信的回应，弗吉尼亚州众议院以85∶39的投票请求国会立即召开第二次制宪会议——参议院也表示同意。州立法机构还向其他州发函，督促它们采取类似举措。亨利·李由此认为，在帕特里克·亨利的影响下，“每一项威胁［新联邦］政府存续的措施都成功了”。麦迪逊的盟友特伯维尔也同样表示，“反联邦主义取得了彻底胜利”。他认为，反联邦主义者在州议会中占据多数派优势，不是因为弗吉尼亚州的公共舆论“倒向了反联邦主义”一边，而是因为联邦主义者在批准宪法大会上获胜之后的溃散和“自我懈怠的粗心大意”，这使得他们特别容易受到“别有用心的”少数派的决然的攻击。[44]

帕特里克·亨利除了让弗吉尼亚州立法机构选举反联邦主义者进入联邦参议院，并请求国会召开第二次制宪会议外，他还决定将麦迪逊挡在国会众议院大门之外。麦迪逊告诉伦道夫，他愿意“担任任何职务”，以帮助新政府“平静而顺利地运转”，但他坦言，“我所心仪的真实目标”是众议院。他所能承担的任何公共职务，都只能是“面向公众的，而且不会减损我个人的名誉”。麦迪逊还设想，“争取这样的普选职务，可能不需要我投入太多的精力去做我不喜欢的游说工作，或是使用我所鄙视的竞选手段”。不过，麦迪逊也担心，弗吉尼亚州立法机构的反联邦主义者将会“同样成功地对我关闭国会另一院的大门”。[45]

麦迪逊的担忧是对的。特伯维尔从里士满向他报告，尽管州众议院通常不会“竭尽全力地反对某个人”，但大多数人的目标显然
558 是阻止麦迪逊当选。卡林顿也向麦迪逊证实，“反联邦主义者竭尽全力地反对你当选”。[46]

在帕特里克·亨利的敦促下，州立法机构规定，弗吉尼亚州在

美国众议院的席位将分选区角逐——而非不分选区竞选，然后不公平地划分（gerrymander）❶选区，其中就包括麦迪逊的家乡奥兰治县。根据麦迪逊的说法，亨利在“将各县划进选区”的过程中，“竭力”将奥兰治县与那些“最忠诚于其［亨利］政见的县和最有可能被不利于我的偏见所动摇的县”划在一起。梅森注意到，有报告称，在不公平地划分选区之后，考虑到选区的组成情况，如果麦迪逊参选，他将会输。麦迪逊的一个盟友也向他报告，他的当选前景如今“变得非常不确定”。[47]

亨利还说服州立法机构对国会议员候选人提出在选区居住一年的要求，这将阻止麦迪逊在一个更有利于他的众议员选区寻求当选。❷亨利甚至说服州议会重新任命麦迪逊担任行将解散的邦联国会代表，据特伯维尔所言，此举除了让麦迪逊远离州境、不能全神贯注于选举之外，“没有别的意图”。而此时，“一些受亨利青睐的人，他的跟班”却在竞选联邦席位。麦迪逊认为，如果他不希望自己的行为被人“曲解”，他就不能轻易拒绝到邦联国会任职。[48]

随后，亨利将詹姆斯·门罗招致麾下，门罗是一位颇受欢迎的独立革命战争英雄，曾在特伦顿战役中与华盛顿并肩作战，体格威武，不像麦迪逊那样身材瘦弱、健康欠佳，以致无法在独立战争期间上战场。在弗吉尼亚州批准宪法大会上，以及一份最终决定不发表的正式

❶ 1788年并不存在“gerrymander”一词，这是一个以埃尔布里奇·格里的名字命名的词，1812年，格里担任马萨诸塞州州长，他所在的政党（民主共和党）在划分州参议院选区时，划分出了一个形似蝾螈（salamander）的奇怪选区，以使自己在此选区中能获得优势。

❷ 因为宪法只要求国会代表居住在本州，而不是居住在他们所在的选区，有人因此提出，弗吉尼亚州议会这样的规定违宪。1807年，联邦众议院的一个委员会裁定，马里兰州类似的法律要求违宪。参见 U.S. Constitution, Art. I, § 2, cl. 2；1788年12月2日卡林顿致麦迪逊，*PJM* (C.S.), 11:378–379; editorial note，同上，379 n. 2; Labunski, *James Madison*, 141。

图 7.2 詹姆斯·门罗，曾在托马斯·杰斐逊的指导下学习法律，担任过弗吉尼亚州驻邦联国会代表，之后成为麦迪逊政府的国务卿和战争部长，后来成为美国第五任总统。

声明中，门罗表达了反联邦主义者对宪法的惯常担忧——包括国会拥有极大地扩充了的征税权，缺失权利法案，联邦法院具有广泛的管辖权，参议员和总统无法受到直接的政治问责。[49]

在费城制宪会议之前，麦迪逊和门罗曾是朋友，甚至在纽约州北部的土地投机活动中成为合作伙伴。但门罗认为——没有证据表明他的说法是对的——1786年秋天，麦迪逊曾协助阻挠门罗实现自
559 己的愿望：由弗吉尼亚州立法机构任命他担任该州出席费城会议的代表。❶当时，门罗曾向杰斐逊抱怨，“我信赖我们之间的友谊，支持他的立场，与他保持着私人通信”，而他却和“[州长伦道夫]结盟，我有强烈的理由相信，他们凑在一起，对我共谋不利”。杰斐逊的这两个追随者在弗吉尼亚州批准宪法大会上的立场互相对立。因此，门罗可能将竞争国会席位看作对自己所受委屈的补偿。[50]

随着选举竞争的展开，麦迪逊最初倾向于留在纽约，继续担任

❶ 虽然门罗相信他的怀疑“得到了一些强有力的旁证的支持”，但他也承认自己可能是错的，并希望自己错了。参见 1787 年 7 月 27 日门罗致杰斐逊，*PTJ* (M.S.), 11:631。

邦联国会代表，让选举的事情“留在弗吉尼亚，顺其自然”。除了他那不稳定的健康状况使其不适于旅行外，麦迪逊发现，还有其他几个原因，使他在那个冬天回到家乡的前景“令人不快”。他担心 560
回到奥兰治县会参加一场令其反感的“竞选活动”。此外，他还计划在冬季的几个月投入一个未明说的项目，这个项目需要使用仍保存在纽约的邦联国会文件。[51]

不过，麦迪逊收到了他后来所称的来自朋友和盟友的“迫切劝告”，要求其返回家乡，“以反击针对我当选众议员的各种阴谋诡计”。其中一个朋友伯吉斯·鲍尔（Burgess Ball）告诉麦迪逊，“不管有多讨厌，一定得克服这些困难”，并“马上”回来。只有麦迪逊亲自出席公开会议，才能挫败“那个伟大人物［亨利］”的计划。卡林顿同样敦促麦迪逊“尽早回到这个选区，以便抵制可能会影响人民思想的各种谣传——这样的谣传满天飞，说你在制宪会议上宣称，宪法根本不需要做任何修改”。麦迪逊最终听取了朋友们的建议，回到家乡，参加与门罗竞争议席的活动。[52]

正如我们所看到的那样，直到1788年10月，麦迪逊仍然将宪法缺少权利法案至多当作宪法的一个小缺陷。同月给杰斐逊的一封信中，他历数了反对宪法增加权利法案的诸多理由。麦迪逊同意威尔逊的观点，即，对于一个只具有列举性权力的政府——比如联邦政府来说，权利法案在很大程度上是多余的。他还认为，反对宪法的“真正理由”与宪法缺少权利法案无关，而是源于“与条约、纸币和合同有关的宪法条款”。[53]

麦迪逊还担心，“无法在必要限度之内，正面列举一些最基本的权利”。他尤其担心宗教信仰上的权利问题，“如果屈从于公众对于宗教的界定，宪法所列举的权利将会比他们曾经希望政府所能保护的范围更狭隘”。为了证明这一点，麦迪逊指出，一些新英格兰人反对宪法，因为它禁止测试联邦官员的宗教信仰，为“犹太人、土耳其人和异教徒”当选联邦官员打开了大门。[54]

不过，麦迪逊反对增加权利法案的主要意见在于，它不太可能克服共和政府的弊病。对麦迪逊来说，“压迫的危险”来自“谁掌握了政府的真正权力”。在共和制政府之下，“真正的权力存留于共同体的多数人手中，侵犯个人权利的主要威胁，不是来自违背其成员观念的政府行为，而是来自政府完全成为多数成员的手中工具后所采取的行动”。在君主体制之下，“各种滥用权力的情况则完全不
561 同”，“国家所拥有的潜在武力，超越了人民主权”，权利法案可以“作为考验公共立法行为正当性的标准，发挥巨大作用，也能作为信号，唤醒和团结共同体中所蕴含的超级力量”。相比之下，在共和政府中，“政治和军事力量由同一批人掌握”——也即大多数人——不需要“诉诸共同体内的任何其他势力”。[55]

具体而言，麦迪逊认为，“经验证明，当民众最需要的时候，权利法案往往是无效的”。他告诉杰斐逊，“在每个州，专横的多数派屡次违反这些羊皮纸上的规定”。比如在弗吉尼亚州，每当“《权利宣言》不符合大众潮流时，政府都会违反”这份“宣言”。麦迪逊确信，尽管“宣言”明确保护信仰自由，但州立法机构还是会不出所料地按照多数人的意愿，认可某种官方宗教。正如他在弗吉尼亚州批准宪法大会上所说的那样，在存在单一多数教派的情况下，“权利法案对［宗教］自由的保护作用微乎其微”。宗教自由源于“美国盛行的多种教派”。“在教派众多”的地方，“任何一个教派都不足以构成多数派，从而压迫和迫害其他教派”。最后，麦迪逊确信，通过列举的方式限制国会的权力、联邦层面上代表的利益多样性，以及州政府的监督，将会比增加权利法案更能保障个人自由。[56]

不过，尽管提出了上述保留意见，麦迪逊还是告诉杰斐逊，他并不决然反对在宪法中增加一项权利法案，部分原因在于，“它是其他人迫切想要的东西”。他承认，许多主张增加宪法修正案的人，“尤其是弗吉尼亚人”，都是“出于最可敬的爱国动机”。麦迪逊指出，即使是在联邦主义者当中，“也有一些人希望对公共自由和个人权利提供进一步的保障措施”。[57]

事实上，在给杰斐逊的信中，麦迪逊甚至表示，权利法案“可能是有用的”，他“自己的观点一直是赞成权利法案”，只不过需要精心制定这样的法案，以避免暗示国会拥有宪法列举的权力之外的权力。麦迪逊发现，权利法案有两大优点，“尽管不像在其他政府中那么重要，但足以建议采取这种预防措施”。其一，“以这种庄严的方式宣告政治真理，在某种程度上承认其是自由政府的基本准则，当它们与民族情绪融合在一起时，便可抵消人们出于利益和激情所产生的冲动”。其二，在共和政府之下，尽管绝大多数时候压迫的危险来自“利益相关的大多数”，但是当政府官员偶尔篡权时，权利法案将成为“诉诸共同体意识的良好依据”。[58] 561

麦迪逊承认，增加权利法案是适宜之举，他倾向于认为，“应该避免制定那些值得怀疑，或是在紧急情况之下有可能推翻的绝对性限制措施”。这是因为，“这样的限制，无论多么强烈地记录在纸上，当它们违背了公众的既定观念时，都不会得到尊重；而在极端情况下，被一再违反之后，它们甚至会丧失最普通的效力”。[59]

除了描述对权利法案优点的看法外，麦迪逊还告诉杰斐逊，现在看来，权利法案很有可能会加进宪法。两个月后，即1788年12月，麦迪逊在给杰斐逊的另一封信中说，就连联邦主义者也“普遍认为，应该修改这个体系［宪法］”——“有些人是出于对特定修正案的认可，其他人则出于妥协的精神”。不过，联邦主义者希望，

"修正宪法仅限于提供额外的自由保障，而不限制从各州转移给联邦政府的权力"。[60]

此外，尽管许多联邦主义者现在愿意支持保障个人权利的修正案，但据麦迪逊说，他们坚决反对冒险"召开第二次制宪会议"。尽管麦迪逊承认那些"热切地希望召开第二次制宪会议"的人中，有一部分人"毫无疑问是支持建立一个更有效的政府，甚至认可讨论中的这个政府的基本框架"，但他依然确信，"催促召开第二次制宪会议的另外一些人，则带着阴险的目的，试图让一切陷入混乱状态，颠覆已建立的政府组织，甚至是联盟本身"。他希望第一届国会能提出"各种保障大众权利的可取措施，从而将善意的反对者与别有用心的敌人区分开来，并运用适当的文字表词达意，给予政府应有的声望和稳定性"。[61]

1789年初，麦迪逊在与门罗竞选国会议员时，首次公开表示支持增加权利法案。他很快就在增加权利法案的问题上成为领头羊，如同他当初组织费城制宪会议和促进弗吉尼亚州批准宪法一样，抓住了先机，掌握了主动地位。这也正是帕特里克·亨利最担心的。1788年末，他曾警告理查德·亨利·李，"民众对于增加修正案的普遍呼声，迫使联邦主义者也不得不加入其中；但他们是糊弄还是隐瞒其他观点，却值得怀疑"。亨利认为，"美国联邦的存续，依赖于修正案的成败"，反联邦主义者"不能将他们的安全寄于其后修正程序，就算联邦主义者没有表现出对公共自由的敌意，也显示出了他们极少关注或没有热情维护这种自由"。[62]

在麦迪逊参与竞争的国会选区，权利法案为他赢得了强有力的支持，尤其是在许多浸信会教徒中——麦迪逊的朋友伯吉斯·鲍尔观
563 察到，"浸信会的力量似乎在每一个地方都占据上风"——过去的十
年里，他们曾因宗教信仰在弗吉尼亚州受到迫害。在众议院里代表卡

尔佩珀县的联邦派议员小戴维·詹姆森（David Jameson，Jr.）敦促麦迪逊发表公开演说，“消除一些错误的偏见”，詹姆森担心，“这些针对你的错误偏见，会在这个县占据支配地位”。詹姆森写道，“邪恶之徒会利用每一种嫉妒或恶意的手段来暗示针对我们的偏见”，麦迪逊克服“我们原本将感觉到的自然克制”至关重要。[63]

乔治·尼古拉斯告诉麦迪逊，“他们利用一切手段来激起人们头脑中对你的偏见”。他指责帕特里克·亨利散布谣言，说麦迪逊“诱使这个国家［指弗吉尼亚］陷入目前的纷争，你［麦迪逊］先是向我们的立法机关提议召开一个大会；随后你又成为主要推手，让制宪会议推出这部没有包含公众普遍期望的修正案的宪法；现在你又反对任何修正案”。尼古拉斯认为，反对麦迪逊当选应被视为“一场攻击宪法本身的行动”。他敦促麦迪逊写公开信，说明其观点，并为自己发公开信的行为辩护——理由是，他不在选区，在选举前所剩无几的时间里，除了写公开信外，他没有其他选择来回应亨利的诽谤。尼古拉斯还鼓励麦迪逊声明，如果当选，他将促使弗吉尼亚州批准宪法大会提出的所有修正案“获得采纳，并将其视为自己的责任”，而不考虑他“个人对任何特定修正案的意见”。[64]

麦迪逊向华盛顿抱怨，“有些人不遗余力地散布这种观念，说我极为教条地珍爱宪法的每一个条款、每一个音节和每一个字词，因此，我不会投票支持任何一项修正案——无论是出于信念还是合作精神”。他担心那些谣言，“极有可能影响选举”，“而在有限的时间内，要想成功击败这样的谣言，相当困难”。[65]

麦迪逊照他的朋友们所希望的那样去做了。他向华盛顿报告，他“充分使用书信体的写作方式”，写了几封公开信，将之发表在报纸上，反驳了社会上散布的有关他的错误谣言。瘦弱的麦迪逊还在恶劣的冬季穿越选区，参与竞选活动。有一次，他走了12英里，

连鼻子都冻伤了，就为去一个教堂与一群荷兰裔美国人讨论宪法问
564 题。有时候，他甚至和门罗同台竞选。[66]❶

在这次竞选中，是否修正宪法、增加权利法案，成为支配性议题，麦迪逊在几封公开信里解释道，他“认为，为了‘纠正’选区内流传的‘错误看法’，以书面形式交流我的真实意见，是合宜之举”。传言他“极力认为目前宪法非常完善，坚决反对改变其中任何一字”。对此，麦迪逊否认说，事实上，他一直“认为，可以从几个方面改善这部宪法”。他“在确定政府框架的制宪会议上，曾提出几个修正意见，但没有成功；这些修正意见，有几条如今已经由本州和其他州提了出来”，比如要求定期增加众议院的规模，并限制联邦法院的管辖权。不过，麦迪逊也承认，关于这部还没有修正的宪法，他并没见到“许多受人尊敬的公民所提出的严重危险”。[67]

而且，麦迪逊说，在宪法得到妥善批准之前，他反对增加修正案，“因为这将为各州之间无休止的危险争论打开一扇门，并给联邦的秘密敌人提供一个助其解散联邦的机会”。麦迪逊认为，现在宪法既已获得批准，“如果以适当温和与节制的模式来制定修正案，将不仅是安全的，而且可以实现双重目标：满足动机良好的对手的呼吁，并为自由提供额外的保障措施”。麦迪逊强调，无论他个人是否赞成具体的修正案，他都感觉自己应该支持“希望修正它［宪法］的最强烈动机，以此驱散长期盛行、贻害深远的党派狂热”。不过，麦迪逊还是断然拒绝限制国会征收直接税的修正案提议。[68]

---

❶ 竞选结束之后，麦迪逊告诉杰斐逊，他和门罗成功地保持了“政治立场和个人观点上的距离，从而使我们之间的友谊免受最微小的伤害”。数十年后，麦迪逊回忆说，他和门罗之间“没有任何芥蒂”，只是在政治集会上一起发表过演说，度过了“相当兴奋的几天”。参见 1789 年 3 月 29 日麦迪逊致杰斐逊，同上，12:37（“政治立场”）；Observations by Mr. Madison (Montpelier, Virginia), Dec. 8, 1827，引自 Randall, *Life of Thomas Jefferson*, 3:255 n. 2（“没有任何”和“相当”）。

对于如何推进修正案的问题，麦迪逊认为，相比于各州申请的召开第二次制宪会议商讨修正案的方式，由国会来提出修正案会更“快速”和“可靠”（不过他也承认，根据宪法第五条，若有2/3的州请求召开一次制宪会议，国会没有权力拒绝）。麦迪逊注意到，国会计划在3月召开会议，届时它就可以迅速准备修正案，并立即将其提交给各州；相较之下，在足够数量的州召开各自的立法机构会议并向国会申请召开一次制宪会议之前，没办法着手修改宪法。麦迪逊还认为，一些不支持召开第二次制宪会议的州立法机构，不会反对具体的修正案。最后，他敦促说，由国会来提出修正案是“最安全的推进模式”，因为国会将会“尽可能小心翼翼地避免破坏或威胁”新政府。相反，若是召开第二次制宪会议，“在当前党派纷扰的背景下，会上 565
可能会有来自美国不同地区的阴险人物，至少会激起普遍的恐慌，而且很有可能会令每件事都陷入混乱和不确定状态”。[69]

在这些公开信件中，麦迪逊还抓住机会反驳谣言——包括说他不仅反对所有的修正案，而且“也不再是信仰权利的朋友”之类的谣言。恰恰相反，麦迪逊坚持认为，现在他“真诚地主张”，第一届联邦国会应该“推荐各州批准最令人满意的保障所有基本权利的修正条款”，其中尤其包括“最大程度的信仰权利”。[70]

大多数弗吉尼亚州浸信会教徒最关心的是，宪法没有对宗教自由提供任何明确的保护，因此可能倾向于相信麦迪逊的承诺。18世纪70年代，当弗吉尼亚州确立官方教会时，麦迪逊就曾努力保护他们免受迫害。1776年他在《弗吉尼亚权利宣言》中支持宗教自由权，1785年他帮助击败了州立法机关支持基督教教士的征税法案，并在次年制定《弗吉尼亚宗教自由法》的过程中发挥了重要作用。麦迪逊在捍卫宗教少数派权利方面一以贯之的历史，为他赢得了弗吉尼亚州浸信会教徒的极大信任。[71]

选举竞争非常激烈，直到选票清点完毕之前，结果一直不确定。有大约2200位选民冒着大雪去投票，最终，麦迪逊以57%对43%的支持率击败了门罗。卡林顿在写给麦迪逊的信中说道，麦迪逊“亲赴选区竞选”促使舆论产生了“巨大变化”，如果没有这样的变化，他很可能会输掉选举。麦迪逊同意这一看法，他告诉伦道夫，他个人公开出来竞选，才得以“击退了广为流传的多种谎言”。除了返回选区竞选外，麦迪逊支持制定权利法案可能也对他的胜利至关重要。正如尼古拉斯所观察到的那样，麦迪逊的这场胜利很重要，若麦迪逊被排斥在众议院和参议院之外，其他州可能会将此举解读为，“弗吉尼亚州立法机构和人民在表示他们不喜欢新宪法”。[72]

麦迪逊和国会中的《权利法案》

联邦主义者曾承诺支持宪法修正案，以换取几个州批准宪法大会上摇摆不定的代表们投票支持宪法。他们试图打消怀疑者的疑
566 虑——正如马萨诸塞州联邦主义者所解释的那样，这部宪法，加上“一定会出现的修正案，运行起来所带来的损害，将比很多人想象的要少”。不过，在宪法获得批准后，联邦主义者是否真的会履行他们对修正案的承诺，却是谁也说不准。[73]

新罕布什尔州批准宪法后，该州联邦主义者托拜厄斯·利尔告诉华盛顿，大会建议“起草”修正案，是“为了软化和安抚反对宪法的温和派，使他们采纳宪法，并不是希望将其附加进宪法”。许多反联邦主义者也同样怀疑这一点。1789年初，纽约州的反联邦主义领导人梅兰克顿·史密斯写道：“大多数支持新体制的主要人物所提出的公允承诺和主张，不过是假象而已。他们打算以现在的形

式推进实施新政府计划。”在弗吉尼亚州批准宪法大会上，门罗提出了一个类似的预测：“现在无条件地接受它……它将永远不会得到修正，即便是经验证明它有缺陷时，也不会被修正。任何修正都将会削弱［国会］的权力，从而会出现阻止修正的巨大势力。”正是麦迪逊确保修正案变成了现实。[74]

第一届国会选举不仅对新的全国性政府的运作，而且对权利法案的前景至关重要。弗吉尼亚州批准宪法后不久，华盛顿对马里兰州的詹姆斯·麦克亨利说，反联邦主义者仍然谋求“重大而且实质性地修改宪法”，其中一些人不惮于使用“阴险的手段来阻止它［联邦政府］建立”。华盛顿写道，他从弗农山庄的访客那里收到的报告“让我觉得，他们要全力确保反联邦主义者进入第一届联邦国会”，以便“破坏所有已经完成的事情”。因此，华盛顿认为，将“最杰出的公民”选入众议院和将选出美国参议员的各州立法机构，至关重要。❶对于第一届联邦国会代表而言，他们担负着一个“非同寻常的棘手”任务：如何使那些“真正合理的、普遍令人满意的修正案生效，而又不产生或至少是孕育出将会颠覆整个体制的革新精神”。[75]

1788年秋冬，在整个国家之内，无论是州立法机构代表的竞选，还是第一届国会代表的选举竞争，反联邦主义者都敦促选民支持致力于将先前的修正案添加进宪法的候选人。宾夕法尼亚州的反联邦主义者“哨兵”提醒人们，这可能是“保护他们自由的最后机 567
会”，因为“新的国会将拥有在不违反宪法原则的情况下建立专制

❶ 根据汉密尔顿的记录，另一些写信给华盛顿的人则告诉他，“新政府在建立伊始的成功，将极大地依赖于您接受总统职位”。参见 1788 年 9 月汉密尔顿致华盛顿，*PGW* (P.S.)，1:23（引文）；另见 Aug. 13, 1788，同上 (C.S.), 6:444；1788 年 9 月 13 日亨利·李致华盛顿，同上，510–512；1788 年 9 月 24 日本杰明·林肯致华盛顿，同上（P.S.），1:6。

的权力”。与此相反，许多联邦主义者则敦促选民，不要支持那些最近反对批准宪法，现在（他们指控说）以确保通过修正案为借口，试图阻止国会实施宪法的反联邦主义者。宾夕法尼亚州的一位联邦主义者警告，如果允许反联邦主义者“渗透进全国性［指联邦］政府的话”，他们会“想尽办法强加一系列修正案，来阻塞新政府的运转，减缓它的行动”。他力劝民众，宪法已经以“人民的名义”颁布了，现在他们必须将联邦主义者选入国会，以确保宪法“实际上”生效。[76]

在第一届国会的议席竞争中，众议院59个席位中，反联邦主义者只赢得了11个，在参议院22个席位中，只赢得了2个（弗吉尼亚州的两个席位，是在帕特里克·亨利的精心安排下取得的）。北卡罗来纳州和罗得岛州尚未批准宪法，也就意味着这两个州不能参加首届联邦国会，这可能使得反联邦主义者在参众两院又丧失了几个席位。此外，联邦主义者利用他们控制的几个州立法机构，推行全州不分选区地选举众议院议员，这使得他们能够在那些州的国会选举中大获全胜，并有助于他们在该州立法机构中占据多数席位。有几个州的反联邦主义者因为未能阻止批准宪法而心灰意冷、意志消沉，这可能导致了反联邦主义者一方的选民投票率较低。最后，一些联邦主义候选人承诺支持宪法修正案，可能也使反联邦主义者失去了一些对选民的吸引力。[77]

当麦迪逊准备进入众议院时——他并不乐于此道，因为他看到同僚中很少有人愿意“承担这份苦差”——他预计会出现一份权利法案，尽管反联邦主义代表的人数少得惊人。他告诉杰斐逊，他希望“采取某些和解性的牺牲措施，消解反对新体制的力量，或者至少是打破这种力量，以此将受欺骗的对手与他们别有用心的领导人分开”。来自弗吉尼亚州的另一位联邦主义国会议员理查德·布兰德·李（Richard Bland Lee）——他是亨利·李和查尔斯·李的弟弟——“毫不怀疑所有倾向于加强公民自由安全保障的修正案都将获得通过”。就连帕特里克·亨利此时也似乎相信，很可能会通过这样的修正案，因为“我们调门最高的联邦主义者都说，我们必须拥有这样的修正案”。不过，他并不期望出现他自认为必要的某种结构性修正。[78]

但是，来自佐治亚州的联邦派国会议员亚伯拉罕·鲍德温调查了选举结果之后，得出结论说，“主张制定修正案的人很少”。来自 568
新罕布什尔州的联邦派参议员潘恩·温盖特认为，“在方便的时间”，国会可能会考虑并提出一些修正案，“以此来平息人们对宪法设计的恐惧和猜忌，但不会影响现有体制的精髓”。不过，他“倾向于认为，这一点不会立即实现，而必须推迟到完成其他更重要的事情之后”。[79]

1789年4月，麦迪逊告诉埃德蒙德·彭德尔顿，国会能否提出修正案“完全取决于联邦主义者的倾向，他们如愿地在国会参众两院中都占有很大优势”。他觉得，“要提出合理的修正案，不会遇到太大的困难”。不过，他也向伦道夫承认，有些联邦派国会议员“是从和解精神出发，而不是出于信念来推动修正案”。[80]

事实上，有些联邦派政治家也看到了由第一届国会提出权利法案的优势。来自宾夕法尼亚州的热心的联邦主义者坦奇·考克斯——即将成为汉密尔顿手下的助理财政部长——就认为，“如果花费适当的精力来消除反对派中诚实之人的猜忌和担忧，我们就可以在不损害宪法基本权力的情况下获得力量和尊重”。按照考克斯的说法，麦迪逊所支持的修正案将“极大地促进近来相互竞争的党派之间的和谐，增强对国会内的爱国主义的普遍信任”。而且，一旦引入这些修正案，那些“不诚实”的反对者“迄今所使用的理由和大多数流行说法都将丧失根基”。考克斯还认为，“关于出版自由、信仰自由等方面的宣言，应该明确地成为宪法的一部分”。理查德·布兰德·李也觉得，权利法案不仅“会安抚美国人民的感情”，而且有助于阻止召开第二次制宪会议，他在报告中写道，国会中的联邦主义者“几乎一致反对再次召集这样的会议”。[81]

但是，也有其他一些联邦派政治领导人强烈反对国会在此时就考虑修正案问题，他们提出了各种各样的反对理由。来自康涅狄格州的国会议员罗杰·谢尔曼问道：“在做出任何试图改变宪法的举动之前，先试试宪法到底好不好，岂不更好？”威廉·埃勒里是罗得岛州高等法院的前任首席法官，长期担任邦联国会代表，他也赞同，认为“在不做任何改变的情况下，考验一下新政府，也许并不是坏事”。公理会牧师、耶鲁大学校长埃兹拉·斯泰尔斯（Ezra Stiles）认为，宪法“非常出色”，他建议20年内不做任何修改，或至少等到“经验和
569 冷静的判断使我们能够辨别出哪些修正案确实必要之时”。[82]

其他一些联邦主义者则同意来自宾夕法尼亚州的联邦参议员罗伯特·莫里斯的意见——国会现在考虑修正案是“在浪费宝贵的时间”。来自南卡罗来纳州的参议员拉尔夫·伊扎德（Ralph Izard）是美国最富有的人之一，他认为，国会应该“立即着手筹措资金，努力将我们从目前的窘境和丑态中解脱出来”，而不是从事“关于宪法修正案的无聊讨论”。国会议员亚伯拉罕·鲍德温认为，国会“现在正忙着裁剪新衣，没法停下来缝缝补补”。[83]

此外，联邦主义者还警告，如果现在就着手修正案的工作，可能会造成不必要的分裂。联邦主义者诺亚·韦伯斯特（未来的词典编纂家）在纽约一家报纸上以匿名方式发出疑问：当人们普遍“倾向于温和地默认联邦法律”时，国会为何还要提议修正案，“使党派精神再次复兴，在所有州内撒播冲突的种子，并挑起无凭无据的嫉妒”？

联邦派报纸出版商约翰·芬诺（John Fenno）认为，“每一场这类运动都会扰乱民众的思想，给那些狡猾的、无原则的、愤愤不平的人打开机会之门，他们正蠢蠢欲动地等待着这样一个机会来卷入和影响公共事务”。威廉·埃勒里同样警告，一旦提出修正案，“就会引起某种程度的冲突，取代你们告诉我应该维持的那种和谐”。[84]

其他联邦主义者认为——用谢尔曼的话说——不应该在没有最迫切需要的情况下改变作为“法律和政府基础的宪法”。埃勒里担心，批准某些修正案，会导致“民众期待出现更多的修正案”，这可能会“动摇人民的思想，极大地影响现任政府的效力”。来自马萨诸塞州的联邦派国会议员西奥多·塞奇威克警告，新体制运作不久就增加修正案，将显示出新体制“有损国家尊严的轻浮愚蠢可笑之处”。谢尔曼同样担心国会表现出不稳定性，他直言不讳地预测，现在提出修正案，对于国家的国际信用“极其有害，甚至可能是致命的”。[85]

还有一些联邦主义者发出疑问，现在还要修正案有何用，既然——用国会议员鲍德温的话来说——“已经没有反联邦主义者的声音了”。宾夕法尼亚州议会的联邦派议长理查德·彼特斯（Richard Peters）不能理解为什么麦迪逊还要支持“扔木桶”，除非他“害怕鲸鱼”。❶——而国会中的反联邦主义代表的数量太微不足道了，根 570
本不值得关注。根据康涅狄格州联邦主义者、副州长老奥利弗·沃尔科特（Oliver Wolcott，Sr.）的说法，在任何情况下，都不需要权利法案，因为，“依我之见，防止最容易想到的邪恶的方式是，用

❶“给鲸鱼扔木桶”（a tub to the whale）暗指乔纳森·斯威夫（Jonathan swift）的《木桶的故事》（*Tale of a Tub*，1704），意思是为保护一艘船免受鲸鱼的威胁，将一个东西扔进海里，分散鲸鱼的注意力。参见 Bowling, “‘A Tub to the Whale,’” 223。

通过定期选举建立的铁枷锁来约束政府”。联邦派牧师和历史学家杰里米·贝尔纳普认为，反联邦主义者对修正案的要求完全是无理取闹：“假如一个人告诉我，他衷心地希望我不要闯入他的房子和抢劫他的办公桌，我想我应该有权利怀疑，他无异于将我视为了窃贼。因此，如果一个人公开表达了自己的衷心愿望，即新政府不要剥夺其个人和家庭权利，我认为，由此得出结论说，他对政府的意图怀有戒心，也并不算苛刻。”[86]

在联邦国会成立的首月里，议员们的精力集中于讨论如何增加联邦政府的税收，而修正案问题并未提交全院讨论。一位联邦派领
571 导人报告：“资金确实是第一位和最重要的东西。没有它，民政和军政的车轮都无法轻松运转。”即使是那些得到所在州指示要贯彻修正案的议员，也对这个议题保持沉默。[87]

4月下旬，弗吉尼亚州反联邦主义参议员理查德·亨利·李告诉塞缪尔·亚当斯，联邦主义者犯了“欺骗和厚颜无耻”之罪，因为他们通过承诺制定修正案，使马萨诸塞州批准了宪法，但现在他们却违背了这一承诺。他警告，“无论是在公共生活还是私人生活中，欺骗

图 7.3　西奥多·塞奇威克，马萨诸塞州律师，曾代表自己所在的州出席大陆会议，后来担任美国参议员和众议院议长。

者最终都会自食其果”。鉴于联邦主义者控制了国会，来自南卡罗来纳州的反联邦主义代表安达努斯·伯克并不期望会出现修正案。5月，他写道，他很遗憾地发现，在“纽约和卡罗来纳随处可见的”“高高在上的君主般的绅士”，他们决心反对任何修正案。事实上，伯克报告，“整个联邦内富于钱财和握有权势的家族，普遍都对这种想法嗤之以鼻，并会阻止任何出现［修正案］”的可能。[88]

反联邦主义者对修正案的这种悲观看法事实上是毫无根据的——这主要归功于麦迪逊。事后证明，华盛顿总统同意麦迪逊的意见——修正案即便不是“必须的，对于平息那些可敬之人和充满善意之人的忧惧来说也是必要的”。作为华盛顿的亲密顾问，麦迪逊起草了总统于1789年4月30日发表的就职演说。在这篇演说中，华盛顿呼吁国会考虑宪法修正案，以保障“自由人所特有的权利”；同时提醒说，要提防那些可能“危及一个联合而有效政府利益的”结构性修正。之后，麦迪逊又以国会议员的身份，帮助起草了众议院对总统讲话的答复，承诺修正案将“得到与其重要性相称的充分关注”。很自然地，华盛顿随后又要求麦迪逊起草总统对众议院答复的回应。[89]

华盛顿发表就职演说不到一个星期，麦迪逊通知众议院他将于5月底提出修正案，但这一日期最终推迟了——正如他向杰斐逊解释的——“这是为了不耽搁更紧急的事情”。6月8日，麦迪逊终于提出了他的修正案。[90]

那年夏天向国会发表的演讲中，麦迪逊提出了几个理由，来说明为什么众议院“应该在第一个会期结束之前，向各州立法机构提出需要纳入宪法的修正条款”。首先，单是出于“平息公众心中的焦虑”，以及“它对各州立法机构”的“有益影响”而论，国会就应该考虑权利法案。在那些对宪法不满的人中，有许多人“因其才 573

华和爱国情感而备受尊重，并因其极度珍视自由而受到尊敬，尽管他们的目标有偏差，但其动机值得称赞”。麦迪逊认为，对联邦主义者来说，应该明智地尝试“熄灭共同体内每个成员心中的任何担忧，让他们不要担心同胞中会有人剥夺他们通过英勇战斗和光荣流血牺牲而获取的自由”。联邦主义者必须证明，他们与那些“指控他们意图通过制定宪法为贵族统治或专制政体铺路的人一样，都真诚地致力于维护自由和共和政府”。[91]

其次，根据麦迪逊的说法，国会提出修正案的“更强烈的动机”是为了促使那些拒不让步的州——北卡罗来纳州和罗得岛州——批准宪法并加入联邦。麦迪逊认为，“尽快再次联合起来是我们和他们共同向往的目标”。[92]

事实上，麦迪逊收到了来自弗吉尼亚州和北卡罗来纳州鼓舞人心的报告，报告称他在众议院争取权利法案的努力产生了有益的政治影响。曾经在弗吉尼亚州批准宪法大会上投票反对宪法的约翰·道森报告，他欣喜地看到麦迪逊发表呼吁修正案的演讲，“许多州都热切地盼望着这样的修正案”。道森向麦迪逊证实，制定修正案是为了使“那些反对宪法的人感到更安全，更容易接受新体制”，不需要“实质性地改变这个体制”。弗吉尼亚州的另一位盟友阿奇博尔德·斯图尔特告诉麦迪逊，修正案通过的可能性越来越大——即使不是反联邦主义者最渴望的那些修正案——已经消除了该州斯图尔特所在地区的“党派情绪和政治异议”。他宣称，对于维护政治和平而言，至关重要的是，国会至少批准麦迪逊提出的一些修正案。[93]

北卡罗来纳州的一名主要的联邦主义者威廉·戴维告诉麦迪逊，他所在州的宪法批评者已经将“政府敌人的一贯言辞”认定为事实，即国会将试图阻止召开第二次制宪会议，并拒绝提出任何可能削弱其权威的修正案。然而，麦迪逊告诉众议院，他将提出修正案这一举动给北卡罗来纳州带来了“普遍的乐观情绪”，联邦主义者将之视为“对反联邦主义领导人悲观预言的驳斥”。戴维还报告，“我们州反联邦主义者中的一部分正直之人已经公开表示，对这一事件非常满意”。[94]

北卡罗来纳州的另一位杰出的联邦主义者本杰明·霍金斯也告诉麦迪逊，反联邦主义者曾预言，一旦国会“拥有权力”，“新政府
的朋友们绝不会同意做出任何修改”。然而，麦迪逊“在这个重要 573
而微妙的问题上的动议，直接反驳了”这样的预言。戴维和霍金斯都认为，在1789年11月北卡罗来纳州召集第二次批准宪法大会之前，国会通过修正案至关重要，因为反联邦主义者肯定会“利用一切有利于他们的事情来巩固其党派力量”。[95]

麦迪逊主张制定权利法案的第三个理由是，只要联邦主义者“谨慎行事”，他们就会“有所收获”，而“没有什么可失去的”。麦迪逊采取了不同于他之前在涉及这一主题的某些写作和演讲中的立场，他承认，“应该以一种比现在更安全的方式［比如权利法案］来防止政府滥用权力，在行使政府权力时，不应该损害任何人的权益”。[96]

在这种奇特的情形之中，麦迪逊接着回应了联邦主义者——包括他自己在内——在过去两年中一直反对权利法案的主要论点。对于“所有纸上制约国家权力的力量都太虚弱了，不值得关注”这一论点，麦迪逊坚持认为，权利法案对“阻止滥用权力，将起到有益的作用”，因为它“倾向于使人们对它们［列举的宪法权利］产生某种程度的尊重，建立有利于人们的公众舆论，并唤醒整个共同体的注意”。此外，他还将杰斐逊的论点当作他自己的观点，麦迪逊提出，如果将保护个人权利的条款纳入宪法，“独立的司法机构将以一种特殊的方式将自己视为这些权利的守护者，它们将成为一个坚不可摧的堡垒，对抗立法机构或行政部门的每一次权力僭越”。

州立法机构也会“非常戒备地密切监视这个政府”违反权利法案的行动。[97]

麦迪逊承认，在一个列举性权力的体制中，不需要权利法案的观点，“并非完全没有根据”。不过，他认为这个理由“并没有达到预期的程度”，因为宪法中诸如“必要与适当”的这类条款，授予了国会“广泛的自由裁量权”。例如，他提出，在未增加修正案的宪法中，没有任何机制能够阻止国会授权使用一般搜查令，作为一种保护联邦税收的正当手段，以防止人们逃税。[98]

有人主张，联邦宪法不需要权利法案，因为许多州的宪法都包含了权利法案。对此，麦迪逊指出，一些州的宪法缺乏权利法案，而另一些州的权利法案“有很多缺陷”或“极其不恰当”。还有人说，权利法案是危险的，因为列举某些权利意味着不存在其他权
574 利，对此，麦迪逊提议增加一个条款，以明确排除这种推断。在为权利法案辩护演说的结尾，麦迪逊宣称，“如果我们能让反对宪法的那些人认为，我们能让宪法变得更好，又能让那些青睐宪法的人觉得，我们没有削弱宪法的框架，也没有降低其有效性，我们这些明智而开明之人就要做出这样的改变，以产生这样的效果”。[99]

弗吉尼亚州的联邦主义者、国会议员约翰·佩奇提出了自己支持权利法案的两个理由。“那些害怕再次召开制宪会议的人”应该支持国会通过一项权利法案，这样就可以避免要求召开这样的会议。而且，如果第一届国会没有提出一项权利法案，那么许多“相信将尽快修改宪法”的人可能会“抱怨受到了欺骗”。[100]

不过，国会里麦迪逊的许多联邦派同事对他提出的制定权利法案的理由，却并不感兴趣。反对宪法的一方似乎消失了，联邦主义者主导了国会，联邦主义者控制了大多数州议会中的至少一个院，召开第二次制宪会议的前景逐渐黯淡，这一切使得许多联邦主义者

感觉到没有动力兑现之前的承诺来支持修正案。事实上，他们中的一些人还因为麦迪逊热切地追求权利法案，而对其暗自中伤。[101]

比如，参议员罗伯特·莫里斯就表示，“可怜的麦迪逊在弗吉尼亚州受到了如此严重的惊吓，我相信他从那时起就梦想着制定宪法修正案”。出版商芬诺当时将修正案视为“一件非常不吉利的事”，他认为麦迪逊虽然“拥有公认的一流才能”，但似乎“他的性格中混杂着胆怯”。国会议员塞奇威克尽管承认麦迪逊的“意图光明正大而可敬”，并“热切地希望民众幸福”，但他还是认为麦迪逊的“头脑中时刻萦绕着帕特里克·亨利的幽灵”，缺乏“那种让他可以无视民众意见和党派喧嚣的精神力量”。诺亚·韦伯斯特公开指责麦迪逊狭隘，认为他支持修正案，是因为他对选民有承诺，而此时“修正案并不是民众普遍渴望的东西”。[102]

相应地，也有许多联邦主义者站起来反对麦迪逊提议由众议院考虑宪法修正案。他们中的一些人认为国会现在面临更紧迫的议题。来自佐治亚州的众议员詹姆斯·杰克逊提出，“没有税收，政府的车轮就没办法转动”，因此他建议，首先议决税收议案，将修正案议题推迟到下届国会再审议。来自特拉华州的约翰·维宁（John Vining）强烈反对在确立税收制度和建立联邦司法系统之前讨论修正案，而后者可能需要花费好几个月的时间。他坚持说，“要平息 575
公众思想中的不安，最好的办法是制定有益的法律”。谢尔曼提出，康涅狄格州以绝对多数的优势批准了宪法，也没有附加制定修正案的要求，因此他表示，“为了修正案而忽视更重要的问题，实在是不明智”。甚至就连觉得宪法迫切需要修正案的反联邦主义者伯克也认为，现在不是讨论修正案的合适时机，因为组建政府和制定征税法才是“迫在眉睫的当务之急”。[103]

几位联邦主义者同意谢尔曼的观点，即“通过实践可能会发现宪法的缺陷，而这些缺陷最能说明修正宪法的必要性”。来自纽约州的国会议员约翰·劳伦斯（John Laurance）问道，他们是否应该“为了摆脱一个虚构的恶而引发一个绝对的恶”？人们“更渴望看到政府运作起来，而不是对未经试验的宪法提出推测性的修正案”。杰克逊表示，在考虑修正案问题时，他“愿意站在坚实的经验基础之上，而不是在空气中漫步”。他把宪法比作“一艘刚刚起航的船”，如果发现“它龙骨不平衡，我们可以在需要的地方增加重量……但是如果我们现在开始改动，可能会把一个完美的东西搞砸了，或者将一个比例匀称的产品弄得变了形”。杰克逊问道，为什么要“在不到十四年的时间里，在没有必要性或适当性的情况下……进行第三次革命呢”？[104]

谢尔曼还警告，“在这个时候讨论修正案的议题会让更多人感到恐慌，而不是平息他们的忧虑”。来自南卡罗来纳州的国会议员威廉·劳顿·史密斯（William Loughton Smith）甚至告诉麦迪逊，鉴于他已经“以自己的能力和坦诚”完成了对选民的“责任”，即便他的努力不成功，也“不应该受到指责”，现在他必须推动众议院处理“更重要和更紧迫的政府事务”。根据一名来自弗吉尼亚州的美国参议员的报告，麦迪逊“在修正案问题上的处境非常尴尬，他曾一次或两次想要撤回这一动议”，众议院之所以没有断然拒绝他的修正案提议，“更多是出于对他个人的尊重，而不是真正希望讨论他提出的这一议题”。[105]

麦迪逊于6月8日提出修正案建议之后，在接下来的几周内，关于税收的法案和组织联邦司法部门和行政部门的措施，完全占据了代表们的时间。直到7月下旬，众议院才将麦迪逊的修正案提交给一个特别委员会。他们还不清楚，在第一届会议结束前，国会是否有足够的时间批准这些修正案。[106]

尽管众议院一再推迟，但麦迪逊并没有放慢推动修正案的脚步。麦迪逊理解众议院必须处理其他紧急事务，但他提醒说，一再推迟 576
“可能会引起诸多猜疑，虽然这些猜疑都无凭无据，但可能会激起公众的联想或偏见，进而不利于［国会］的决定”。麦迪逊表示，他们所代表的选民认为，国会“应该充分重视他们内心非常在意的议题”，这一点毋庸置疑。麦迪逊为“自己干扰众议院的自主权”而道歉，但他坚持认为，他若是无动于衷地看着众议院“以沉默的方式回避这一议题”，就是没有履行自己的职责或是对选民的承诺。[107]

麦迪逊的修正案

在向国会提出了修正案议题后，麦迪逊又强有力地影响了修正案的轮廓和范围。在批准宪法的辩论过程中，联邦主义者反对增加修正案，他们最担心的是，可能出现涉及结构性改革的修正提案，比如限制国会的税收和军事权力，扩大众议院的规模，以及提升总统和参议院的可问责性。在各州批准宪法大会上所提出的修正案中，这种结构性改革的提议整体上占了一半的比例，在有些州的批准宪法大会上，比如马萨诸塞州批准宪法大会，这类提议的比例更高。由于1789年联邦主义者在国会占有支配性地位，这样的修正案提议都只是不切实际的想法。[108]

当国会即将采纳他关于权利法案的提议之时，麦迪逊在一封信中明确表示，他对这类结构性改革毫无兴趣，“政府的结构和活力”应该“尽可能少地受到”他建议的变革的影响。麦迪逊的政治对手也有同样的担心。当麦迪逊在国会宣布他打算推进修正案时，来自马里兰州的反联邦主义者塞缪尔·蔡斯表示，自己“不指望会出现实质性的宪法变革”。尽管蔡斯希望自己错了，但他还是担心，“新政府在行使权力时，无法受到任何制衡”。理查德·亨利·李告诉帕特里克·亨利，麦迪逊的修正案设想“不同于”弗吉尼亚州批准宪法大会上的提议。[109]

当麦迪逊在国会公布他的提案时，来自宾夕法尼亚州的联邦派代表乔治·克莱默大大地松了一口气，他一直担心麦迪逊可能“被他所在州的反联邦主义者吓到，以至于要砍掉宪法的精髓”，结果他发现“麦迪逊仅仅是在转移人们的视线”。克莱默认为麦迪逊“就像一个明智的医生”，只给反联邦主义者中的“臆想症患者”（多疑病患者）提供了“面包丸、膏药粉和中性混合物”。来自马萨诸塞州的联
577 邦派国会议员费希尔·埃姆斯对整个修正案设想不屑一顾，他认为麦迪逊的提议“可能有利于安抚那些只需要修正案名头的人”。[110]

在向国会提交修正案提议的发言中，麦迪逊宣称，他看到“保障权利的条款”“没有遭到激烈反对”，不过他不愿“看到讨论政府结构的大门再次开启——不愿意重新考虑授予政府权力的原则和内容”。麦迪逊提醒说，如果要如此彻底地重审政府结构，就“不太可能只停留在不危及政府本身安全的那个点上”。麦迪逊的联邦派同事们也赞同说，应该只考虑那些符合“政府原则”的修正案。[111]

因此，麦迪逊拒绝支持绝大多数州提出的结构性改革修正案。他尤其坚决地抵制限制全国性政府征税权的企图，而这正是几个州批准宪法大会提议的众多修正案的目标，据说也是帕特里克·亨利的“宏伟愿望”。华盛顿也向杰斐逊透露过类似的话——对于反联邦主义者提出的修正案，他唯一强烈反对的是“禁止政府直接征税”，不过他也承认，这是反联邦主义者“最坚定地提倡和坚持”的修正案。[112]

麦迪逊因势利导地提出，他不支持的大部分结构性改革建议——比如允许选民给他们选出的国会议员发指令、限制国会管理

国会议员选举的时间、地点及方式的权力——都太有争议，以至于不能确保在国会两院获得必需的2/3多数的支持，以及获得3/4州立法机构的批准。他称自己为“切实可行的朋友”。麦迪逊还同样审时度势地认为，虽然“有些受人尊敬的人物”支持结构性改革修正案，但“反对它［宪法］的广大人民群众不喜欢，因为这些修正案没有包含防范政府侵犯特定权利的有效条款”。尽管反联邦主义者伯克指责麦迪逊在这一点上不够坦率，但麦迪逊坚持认为，他提出的修正案才是“反对宪法的人最迫切需要的”。[113]

当反联邦派国会议员提出麦迪逊认为可能有害的结构性改革修正案时，麦迪逊就不时地将其转化为他认为无害的保障个人权利的条款。比如，当反联邦主义者要求制定修正案，限制国会在和平时期维持常备军的权力时，麦迪逊就提出，与民兵服役相关的保障人民“保留和携带武器”的权利。弗吉尼亚州和北卡罗来纳州批准宪法大会曾提出，需要制定保护集会、言论、出版和向议员发指令的权利的修正案，对此，麦迪逊保留了保障个人权利的条款，但排除了向国会议员发指令的结构性条款，因为后者将会明显改变众议院代表的性质。[114] 578

除了少数几项例外，麦迪逊提出的修正案都仅限于保障个人权利。其中一项例外是，全国性立法机构“不得行使宪法授予行政部门或司法部门的权力，行政部门也不得行使宪法赋予立法部门或司法部门的权力，司法机构也不得行使宪法赋予立法部门或行政部门的权力”。几个州的宪法中都有这样的条款，但是谢尔曼明确反对在联邦宪法中增加上述条款，“完全没有必要，因为宪法将政府各部门的职责都已经分配给了每一个独立的部门”。麦迪逊没有表示不同看法，但却还是支持这一空洞无物的修正案，因为“人民将会因此感到满足”（该修正案获得了众议院批准，但遭到参议院拒绝）。[115]

麦迪逊只提出了几项有实际意义的结构性改革修正案。反联邦主义者担心国会可能会减少——或至少会反对增加——众议院的规模，对此，麦迪逊提出一项修正条款，由特别委员会和众议院全体人员讨论后，最终规定每3万选民可以选举1名代表，直到众议院人数达到100人。此后，每4万选民可选举1名代表，直到众议院人数达到200人。麦迪逊还提出一项修正案，规定修改国会议员薪酬的法律在换届选举之前不得生效。尽管他承认这一修正案并非“绝对必要”，但还是支持这么做，因为“这是很多美国人民所渴望的”。尽管国会最终批准了这两项修正案，但在当时，两项修正案都没有获得足够数量的州的批准。反联邦主义者担心，普通公民可能需要长途跋涉到很远的地方出席在最高法院的上诉，对此，麦迪逊提出了另一项修正案——最高法院不得受理涉案标的额少于1 000美元的案件。[116]

麦迪逊还提出了另一项结构性改革修正案，也就是我们今天所熟知的第十条修正案，它重申了全国性政府是一个拥有列举性权力，而不是内在天然权力的政府。尽管麦迪逊认为这一条款“多余”，但他还是觉得，“加上这样的声明没有坏处”。不过，他实际上大幅度削弱了几个州批准宪法大会提议的修正案版本——这几个修正案要求将未“明确”授予国会的权力都保留给各州，麦迪逊删掉了“明确”一词。当一位反联邦派国会议员提议添加“明确”一词时，麦迪逊成功地反驳了这一动议，其理由是，“不可能限制政
579 府只行使明确的权力……除非宪法事无巨细地规定每一个环节”。[117]

麦迪逊提出的个人权利条款，有一些出现在每个州，某些情况下，几乎是所有州的宪法中，比如宗教信仰权利、出版自由，以及在刑事案件中获得陪审团审判的权利。另一些个人权利则很少写入州宪法，比如言论自由、重罪案件获得大陪审团起诉的权利，以及在刑事诉讼中禁止一事再审的保护条款。[118]

麦迪逊提出的一些修正案，乍看之下似乎是为了保护个人权利，而实际上是联邦体制的隐秘保障。经过国会两院联合委员会的修正，麦迪逊提议的“国会不得立法确立官方宗教”条款，暗中阻止国会干涉，保护了几个州已经确立的官方教会。最终成为宪法第二条修正案的人民“拥有和携带”武器的权利，禁止国会解除各州的民兵武装，反联邦主义者认为这一条是阻止全国性政府实施可能性迫害的关键举措。[119]

麦迪逊提出的那些真正关注个人权利的提议，大多是为了回应英国或北美殖民地历史上存在的突出滥权行为。大多数条款更关注政府官员为了谋取私利滥用职权的问题——所谓代议制政府的权力委托问题——而不是多数民众压迫少数民众的问题，麦迪逊认为后者是共和制政府最典型的病态反映。[120]

比如，宪法保护获得陪审团审判的权利，部分上是为了回应英国使用准海事法院（vice-admiralty court）的做法，这种所谓的准海事法院在不需要陪审团的情况下便可起诉殖民地的走私者，而本地的陪审员一般不愿意裁定这些走私者有罪。出版自由权在一定程度上是为了回应1735年的一个历史事件，当时纽约的皇家总督曾提出煽动诽谤罪控诉，以压制殖民地出版商约翰·彼得·曾格（John Peter Zenger）对其政府的批评。禁止国会确立国教——从某种程度上说，这不仅仅是为了保护联邦体制，正如前文所提到的那样——是为了让联邦政府免受宗教和政治冲突的影响，尤其是天主教和新教之间的冲突，这样的冲突已经席卷欧洲长达几个世纪。今天我们倾向于视之为刑事程序保障的诸多权利——例如那些反对自证其罪和不合理搜查与扣押的条款——大都源于18世纪英国政府迫害政治或宗教异见者的具体历史事件。许多美国人赞同限制搜查权力，将之视为限制政府执行不受欢迎的税收措施的重要举措。[121]

通过控制推进修正案的计划，麦迪逊甚至可以提出一个他真正酷爱的修正案——他告诉众议院，这是“整个计划中最有价值的修
580 正案”。这项修正案将禁止州政府干涉麦迪逊认为最重要的个人自由：宗教信仰上的平等权利、出版自由，以及刑事案件中获得陪审团审判的权利。对麦迪逊来说，这项修正案是替代他所钟爱的联邦否决权的次优选择，正如我们所看到的那样，费城制宪会议否决了他所提出的联邦否决权。[122]

麦迪逊辩护上述提议的理由是，“州政府滥用这些［权力］的危险要比美国政府更大”。麦迪逊从18世纪80年代的美国政治经验中，得出了一个教训：州立法机构——由相对较小的选区直接选举产生的每年改选的公职（至少很多州下院是这样），不受软弱的州长制约——是个人自由的最大威胁。麦迪逊对他在费城会议上推动设计的全国性立法机构可能出现滥用权力的行为，不那么担心——这样的立法机构的特点在于：较长任期、大选区、间接选举产生的参议院，以及总统否决权的制约性影响。[123]

为了支持这一提议，麦迪逊提出，未经修改的宪法已经禁止各州干涉某些个人权利——比如制定褫夺公权的法律或追溯既往的法律——在此基础之上，施加额外的限制措施，既非前所未有，也不是毫无根据。来自南卡罗来纳州的反联邦派代表托马斯·都铎·塔克反对麦迪逊的提议，理由是宪法已经过多地干涉了各州的特权。不过，联邦主义者主导的众议院还是批准了这项修正案。[124]

尽管麦迪逊在大多数涉及修正案实质内容的问题上都取得了胜利，但却在形式问题上失败了。麦迪逊曾提议将修正案与宪法的原始文本放在一起，而不是整体置于宪法文本之后。他认为，将修正案放在需要修改的宪法文本旁边，这种做法会减少混乱。[125]

虽然有些议员否认形式问题的重要性，但国会却非常重视这个

问题。国会议员克莱默对修正案的必要性持怀疑态度，他认为，应该将这些修正案放在宪法文本的末尾，这样人们就可以看到“［宪法］原文的完美性和修正案的多余性”。谢尔曼同样认为，国会“不应该”将修正案与宪法混在一起，此举不仅可能会“破坏整个宪法结构”，而且谢尔曼怀疑，国会是否“有权以这种方式提出修正案”——因为宪法是“人民的行为”，而修正案则是“州政府的行为”。谢尔曼的立场最终赢得了胜利。麦迪逊认为这一结果“是向 581
某些人做出的不可避免的妥协牺牲，这些人知道，必须获得他们的同意，才能启动或者成功地完成修宪工作”。[126]

反联邦派议员更关心的是修正案的实质内容，而非形式。他们一再试图——但没有获得多大成功——迫使众议院考虑他们所希望的更具实质内容的结构性修正案。根据他们所在州的立法机构和批准宪法大会的指令，其中一些代表要确保国会能够审议本州批准宪法大会所提出的修正案（麦迪逊自己也收到来自弗吉尼亚州的类似指令）。这些代表坚称，他们的提议应交给众议院全院讨论，而不是仅仅由一个特别委员会来讨论——当然也不能交给他们认为会对他们不利的其他委员会。因为特别委员会的11名成员中，有5名曾担任费城会议代表，他们“已经针对这项工作成果［指宪法］的完善性提出了自己的意见”，根据这些反联邦派国会议员的说法，他们因此“不是提出修正案的合适人选”。实际上，一名联邦派代表私下里曾这样描述该委员会的工作：他们在“不伤害宪法的情况下，尽可能地平息对宪法不满之人的情绪”。[127]

当联邦主义者想要抢占先机，拒绝在众议院全院讨论其对手青睐的修正案时，会议进程变得更加充满敌意。反联邦主义者伯克警告，如果不以“令人满意的方式”讨论修正案，“将会引发极大的危害”，而约翰·佩奇则反对剥夺议会成员“辩论自由”的权利。在南卡罗来纳州批准宪法辩论中坚持先制定修正案再批准宪法的塔克警告，众议院拒绝认真考虑各州批准宪法大会提出的修正案，“可能会破坏存续至今的和谐关系——这种和谐关系极大地推动了宪法的批准进程”。塔克宣称，民众希望众议院能够在全院范围审议这些修正案，否则，他们会“感到某种程度的失望和懊恼，因为他们错误地相信了联邦政府”。如果各州立法机构对其期待的修正案失去希望，那么，它们将“很自然地启用其他方式，并努力召集一次新的联邦集会，这样做的后果可能不利于联盟的团结”。塔克预言，这样的集会将重新唤醒“党派精神”，再次点燃“敌对情绪”，“当前宪法确立的诸多有价值原则”也可能会因此丧失。[128]

在南卡罗来纳州联邦派议员史密斯称为“火热”的8月的一天，人们的脾气开始变得暴躁。他说，“今天会场上的怒气和粗鲁比国
582 会开会以来的任何一天都多”。另一位国会议员写道，“炎热的天气和在修正案问题上的激烈争论……使众议院处于躁动之中”。的确，“众议员在这个问题上的激烈辩论对抗，几乎等同于直接的挑衅［指决斗］”。❶第三位议员也说，众议院全院讨论修正案时，“政治温度”每天都“很高”。[129]

不过，联邦主义者拥有人数上的优势，他们以2∶1的优势击败了格里的以下动议：各州批准宪法大会提出的所有修正案，若是没有得到特别委员会批准，就应交由众议院全院讨论。即便有些时候，反联邦主义者能够将他们提出的结构性改革修正案提交给参议院全

---

❶ 一年后，格里解释了当时发生的事情。反联邦主义者伯克对联邦主义者埃姆斯的一份声明极为生气，并“暗示要叫他出来一决高下”。埃姆斯随后道歉，结束了这场争执。然而，另一位联邦派国会议员却表示，格里所说的一些话冒犯了他。格里回应道——根据他后来的叙述——他不反对接受对方的挑战，但这件事随后不了了之。参见1790年6月30日格里致塞缪尔·格里（Samuel Gerry），引自 Veit et al., eds., *Bill of Rights*, 278–279 n. 1；另见同上，xv。

院讨论，但由于联邦主义者的压倒性多数，这些修正案也没法获得通过。众议院曾讨论反联邦主义者提出的一项修正案——该修正案得到了五个州批准宪法大会的认可——禁止国会在没有先向各州征集摊派资金份额的情况下征收直接税。来自新罕布什尔州的国会议员塞缪尔·利弗莫尔称这一修正案“比还没有实现的任何修正案都要重要”，并坚称该修正案“应该引起国会议员们最认真的考虑”。不过，联邦主义者主导的众议院以超过4∶1的较大优势否决了这项修正提议。[130]

众议院以同样的优势拒绝了允许选民给国会代表发指令的提案，有几个州的宪法承认这种权利，反联邦主义者则认为它既是人民主权的固有特点，也是“制约”政府官员滥用权力的必要措施。但是，联邦主义者担心，选民给国会议员发指示的权利可能会“煽动人民的激情”，将“彻底破坏涉及独立审议机构的所有观念”。国会议员维宁问道，如果人民指示他们的代表制定纸币法，该当如何？[131]

对于反联邦主义者提出的一些结构性改革修正案，众议院的投票结果非常接近。甚至联邦派国会议员偶尔也不愿投票反对他们自己州批准宪法大会推荐的修正案。比如，有些州批准宪法大会曾提出，只有在各州忽视或拒绝举行选举的情况下，国会才能行使管理联邦选举时间、地点和方式的权力，这项提议在众议院是以28∶23的极小差额被击败的。[132]

反联邦派国会议员对众议院批准的修正案并不满意。伯克就说，
这些修正案“远远无法让我们的选民满意”。伯克坚持认为，任何 583
“理智和坦率”之人都不会相信，这些修正案与各州批准宪法大会上提议的修正案有任何相似性。它们并不是“人们所期待的那些坚实而具有实质内容的修正案；这些修正案完全是华而不实、微不足道、空话连篇，只不过是为了取悦人们的嗜好；或者，它们就像扔

给鲸鱼的木桶，为的是转移鲸鱼的注意力，以确保船上货物的安全运送”。国会议员利弗莫尔宣称，他的选民“不会认为它们［指众议院通过的修正案］比一撮鼻烟更重要；他们将确保个人权利永远不会处于危险之中”。他警告：“人们会感到不满，除非采取一些更有效的措施来改善宪法。”[133]

众议院外的反联邦主义者也有类似不满看法，来自南卡罗来纳州的参议员皮尔斯·巴特勒称之为麦迪逊的“不痛不痒”的修正案。帕特里克·亨利认为这些修正案“只是一个幽灵”；它们会“伤害而不是提升自由事业”。这样的修正案“不起任何作用，只不过是为了缓解人们在此议题上的疑心”，并设置障碍，干扰“那些想要削减宪法从人民那里攫取的过多权力的人”。参议员威廉·格雷森也同意说：麦迪逊的修正案“毫无用处”，“弊大于利”，因为它们没有采取任何措施，来限制国会近乎全能的税收权和联邦法院的广泛司法管辖权。[134]

反联邦派的国会议员对众议院讨论的修正案非常不满，他们明白地表示，他们宁愿不要修正案。正如一名联邦派国会议员所言，众议院正在上演“非常奇怪”的一幕：联邦主义者需要“迫使”其对手接受修正案。来自弗吉尼亚州肯塔基地区的联邦派代表约翰·布朗提出，反联邦主义者“似乎决心要尽可能地阻挠这样的修正案，并使之陷入困境”；他还问道：“如果他们不提出反对意见，难道不奇怪吗？”来自马里兰州的国会议员威廉·史密斯很怀疑，麦迪逊提议、特别委员会修订的修正案是否能得到众议院2/3多数的支持，因为反联邦主义者“在每一个阶段都反对他们向前推进”，并“竭尽所能地要推迟到下一届会议再来考虑此事”，因为修正案“远远没有达到他们的期望”。来自宾夕法尼亚州的国会议员弗雷德里克·A.米伦伯格（Frederick A. Muhlenberg）得出结论：在这一点上，反联邦主义者的策略是阻止国会辩论取得进展，以期实现他们“非常渴望的召开第二次制宪会议”的目标。在众议院进行近十天的辩论后，麦迪逊觉得这项工作“非常令人厌烦，不仅因为
人们对此理解不一，意见纷呈，还由于一些人明显希望推迟这项不 584
符合他们愿望的计划，故而横加阻拦”。[135]

最终，众议院还是压倒了反联邦主义者的反对声，批准了与麦迪逊的最初提议相差无几的修正案。用众议员威廉·劳顿·史密斯的话来说，联邦派国会议员们越来越多地显示出愿意支持这些修正案的倾向，“希望修正案能更有效地保障私人权利，而不影响政府结构”。麦迪逊的提议，经特别委员会修订后，被认为“不会损害政府结构”，而且实际上可能“从另一个方面起到有益的作用”。正如史密斯所言，“北卡罗来纳州只是想找个理由加入联邦，我们可以把这些修正案当作理由”。国会议员费希尔·埃姆斯起初并不支持整个修正案方案，最终也被说服支持拟议的修正案，这样便可以指责反联邦主义者，“说他们反对政府”——如果他们在“抗议说修正案所涉及的原则非常重要”之后，还敢说修正案“无足轻重”。来自马萨诸塞州的国会议员本杰明·古德休（Benjamin Goodhue）认为，修正案将“在不削弱宪法的前提下，使不满宪法的诚实之人保持缄默”。罗得岛州联邦主义者威廉·埃勒里虽然仍旧反对增加修正案的主张，但他承认，众议院即将批准的修正案“毫无恶意，让它们加入宪法，可能会使一些反对新政府的人的尊严得到满足，促使他们支持新政府”。[136]

不过，修正案还必须获得参议院通过后才能送交各州批准，而它们在参议院的命运殊难逆料。古德休不确定参议院会怎么做，他担心参议院可能会将这批修正案推迟到下一届会议再审议。事实上，参议院里一些热心的联邦主义者，比如拉尔夫·伊扎德和约翰·兰

登，正是这么提议的，同时——有一种说法称——参议院说起众议院的修正案显得“不屑一顾”。来自弗吉尼亚州的参议员理查德·亨利·李一直不相信麦迪逊要对宪法进行真正的结构性改革，他曾向帕特里克·亨利保证说，“当众议院的方案进入参议院后，我们将准备削减或扩大［它］，尽可能地实现”反联邦主义者提出的修正案目标。理查德·亨利·李信心满满地表示，如果无法“拿走整条面包，至少我们也要有份”。[137]

联邦主义者主导的参议院确实改变了众议院提交的修正案——损害了麦迪逊认为的“最有益的条款”。令麦迪逊非常失望的是，参议院否决的，正是他提出的限制各州干涉他视为最重要权利的修
585 正案条款。这样的否决，可能体现的是参议员由各州立法机构任命，以及1/3的参议员只有两年任期的事实。❶麦迪逊还失望地看到，参议院取消了他提出的对地方主义让步的两条修正案，也即标的额不到1000美元的案件不能上诉到美国最高法院，以及在联邦刑事案件中，陪审团成员将来自案发地的临近地区。[138]❷

麦迪逊报告，联邦派参议员反对其中第一条地方主义修正案，

---

❶ 虽然宪法规定参议员任期六年，但为了实现制宪者所期望的交错任期，宪法规定，第一批参议员中的1/3在两年后空出席位，另外1/3的参议员席位在四年后空出。参见U.S. Constitution, Art. I, § 3, cl. 2。

❷ 参议院完全取消了刑事案件中的陪审团要求，这可能是因为宪法第三条中已经存在这样的要求，但是联合会议委员会后来重新加上了这一要求。不过，委员会的版本规定，陪审团成员只能来自发生犯罪行为的“地区”，而不是“临近地区”（众议院随后又增加了一项要求——并得到参议院同意——要求陪审团来自发生犯罪行为的州以及地区）。在实践中，《1789年司法法》所划定的联邦司法辖区，在很大程度上与州的边界相同——只有两个州，弗吉尼亚州和马萨诸塞州，被划入不止一个联邦司法管辖区，另外11个州各自构成一个联邦司法管辖区。参见Articles of Amendment, as Agreed to by the Senate, Sept.14, 1789, Art. 8, in Veit et al., eds., *Bill of Rights*, 48–49; Conference Committee Report, Sept. 24, 1789，同上，50; U.S. Constitution, amend. VI; Judiciary Act of 1789, ch. 20, § 2, 1 Stat. 73。

是因为“有些案件虽然涉案金额很小，但具有全国性意义或是宪法原则上的重要性，修正案这样规定，有些不妥”。麦迪逊解释道，参议院反对刑事案件中，陪审团成员来自案发地临近地区的要求，是因为“这样的规定，如果根据法律随意确定的界限，就太含糊了”，而“如果局限于郡县，又太严格了”，背离了各州从更大的地理区域挑选陪审团的惯例。参议院修改了有关地方主义的这两条修正案——一位联邦派国会议员称之为“弗吉尼亚人最心爱的目标”，至少部分是因为这一点，来自弗吉尼亚州的两名反联邦派参议员得出结论——用格雷森的话说，众议院提出的修正案“已经被肢解和破坏，变得毫无价值”。[139]

至于他们所关心的其他结构性修正案，反联邦主义者显然无法在一个联邦主义者主导的参议院里继续推进。尽管如此，来自弗吉尼亚州的参议员李和格雷森还是提出了他们的议案，以供参议院考虑，却因势单力薄而毫无希望，并且参议院直接批准了众议院提交的其他修正案——变动相对较小——也没有增加额外的修正案。在一个联合委员会解决了分歧之后，国会于1789年9月底将修正案提 586
交给各州批准。总共提交了12项修正案——其中包括最终成为《权利法案》的10项修正案，以及增加众议院规模、要求在国会选举之后才能变动议员薪酬的条款。[140]

李和格雷森告诉弗吉尼亚州立法机构，“我们已经竭尽全力去推动［弗吉尼亚州批准宪法］大会所提出的那些根本性改革修正案获得成功”，但是“痛心地”看到，国会通过的那些修正案“没有达到通过真正与实质性修正案的目的”。李还单独指出，国会提出的修正案，完全没有触及国会控制联邦选举的权力及其在税收和常备军问题上的巨大权力扩张，这两点极为重要，由此可见，联邦主义者承诺，在批准宪法后会通过修正案解决这些问题，“完全是一种欺骗”。他承认，修正案确实重申了“一些宝贵的权利”，但他坚持认为，那些仍未受到限制的权力，足以随时让这些权利“失去意义”。“最主要的威胁”仍然存在：新宪法“倾向于建立一个统一的政府，而不是统率州的联盟”。[141]

李看上去确实有些心烦意乱：“很明显，这套政府体制是某些人设计的，他们害怕陷入无政府状态，我认为，过不了多少年，就会出现一个与自由政府完全不同的政府。”他唯一的寄托在于，希望有足够多的州立法机构同意尽快召开第二次制宪会议。几周后，罗得岛州立法机关重申，在李所谓的“有效修正案”通过之前，该州仍将留在联邦之外。听闻此事，李充满期待地对帕特里克·亨利说，弗吉尼亚州“应该同样深谋远虑地采取类似措施”。[142]

并非所有的反联邦主义者都像李、格雷森和亨利一样对国会通过的修正案感到失望。乔治·梅森就报告，“他对这些修正案感到非常满意”（不过他是在参议院修改众议院提出的修正案之前说的这番话）。梅森表示，只要补充几项修正案——比如说控制联邦司法部门的管辖权、限制国会管理联邦选举的权力、对涉及商业问题的立法施加绝对多数赞同的要求，再增加一个行政委员会——他将非常乐意“全心全意地支持新政府”。[143]

国会批准的修正案要成为宪法的一部分，必须获得3/4州立法机关（即13个州中的10个州）的批准。4个月内，有6个州批准了
587 这些修正案，但随后批准之路变得艰难起来。佐治亚州拒绝了这些
修正案，马萨诸塞州和康涅狄格州的立法机构两院在是否批准这些
修正案的问题上存在分歧。❶因为只要4个州拒绝，就能满足阻止批

❶ 各州关于是否批准权利法案的辩论，留存下来的资料少得令人吃惊，弗吉尼亚州众议院的辩论记录是唯一的例外，本文得以引用。

图 7.4 理查德·亨利·李，弗吉尼亚革命运动领袖，曾签署《独立宣言》《邦联条例》，并于 18 世纪 80 年代中期担任邦联国会主席。

准的要求，所以弗吉尼亚州的支持变得至关重要。[144]

当弗吉尼亚州的联邦参议员将国会通过的修正案转交给州立法机构时，他们认为，这些修正案不足以保护公民自由，并对召开第二次制宪会议充满信心，认为此举仍具有实现的可能性。麦迪逊告诉华盛顿，随修正案一同附上的转交函，是“字斟句酌特意准备的，足以维持对政府的不满情绪，并因此被愤怒的党派之见所利用”。事实上，帕特里克·亨利确信，只有当已经获得国会赞同的那些修正案在各州批准过程中遇阻时，国会才会考虑更具有根本意义的结构性改革修正案，所以他试图阻止弗吉尼亚州支持修正案。  588
弗吉尼亚州立法机构批准修正案的斗争甚为艰苦，许多反联邦主义者不满于国会明显蔑视弗吉尼亚州批准宪法大会所提出的修正案，而后者得到了州立法机构的明确支持。[145]

接下来的两年里，弗吉尼亚州立法机构就是否批准国会通过的修正案僵持不下。1789年秋，亨利提议将修正案议题推迟到下一届州议会审议——根据爱德华·卡林顿给麦迪逊的报告——以“让人民表达意见，看看他们对修正案是否满意，在他［亨利］看来，人民是断然不会满意的”。亨利发现，州众议院的代表们并不赞同他的延期提议，亨利只好提出搁置这项议题，然后——根据卡林顿的说法——“起身离开，不再推动此项议题”。[146]

亨利提早离开里士满对修正案的命运产生了重要影响。在秋季会议期间，弗吉尼亚州众议院曾三次投票，决议是否敦促国会重新考虑并采纳弗吉尼亚州批准宪法大会提出的所有修正案。最初，绝大多数代表否决了这项决议，但在第二次投票时，双方的票数很接近。在第三轮投票中，议长投下打破平局的一票，才否决了该决议。亨利如果意识到州众议院对修正案的意见将朝着他期望的方向发展，他很可能就不会提早离会。[147]

当弗吉尼亚州众议院辩论是否批准国会通过的12项修正案时，除了最后两项修正案外，代表们基本没有提出什么反对意见。最后两项分别是，“本宪法对某些权利的列举，不得被解释为否定或轻视由人民保留的其他权利”，“宪法没有授权给美国，也没有禁止各州行使的权力，由各州或人民保留”。

埃德蒙德·伦道夫支持国会提出的所有其他修正案，但反对这最后两项，他认为这两项修正案不明确，而且可能会被解读为暗示说国会有权干涉未列举的权利。根据麦迪逊在弗吉尼亚州众议院的盟友哈定·伯恩利（Hardin Burnley）的记述，伦道夫的观点是，前十条修正案中明确列举的权利没有穷尽自由民族应该享有的权利，也没有包含具体的标准来判定人民是否还保留着任何其他特定权利。根据伯恩利的说法——他坦言，不确定自己是否领会了伦道夫的逻辑——伦道夫因此倾向于认为，“这种针对宪法授予国会的权力而制定的保留个人权利的条款，应该限制的是国会借此扩张自己的权力，而不是将对
589 个人权利的保护缩减到一个不确定的范围之内”。[148]

麦迪逊告诉华盛顿，州众议院反对最后两项修正案一事，“实

属不幸，更令人遗憾的是，反对意见出自一位宪法之友”。伦道夫的反对“带来了更大的担忧”，因为他对保留个人权利和限制国会权力的区分，让麦迪逊震惊，“这完全是他的臆想”。规定“不应侵犯”个人权利和宣布“不应扩充”国会权力，又有什么区别呢？而且，就算伦道夫的区分是“合理的”，麦迪逊认为它“也没有重要到让我们冒以下风险：放弃修正案，为心怀不满者提供口实，给北卡罗来纳州提供理由，使它在乐意的情况下，可以继续游离于联邦之外”。[149]

那年秋天，弗吉尼亚州众议院以微弱优势否决了伦道夫反对的两项修正案。伯恩利赞成批准国会提出的所有修正案，据他所言，这次投票将整个修正案都置于“危险之中”，因为一些坚定地支持其他十条修正案的“朋友”认为，丢掉最后两项修正案而只接受前面十条，是“不明智的”——这是一个很难反驳的立场，因为这两项有争议的修正案中的第一个，其全部要点就是要反驳以下推论：修正案列举了某些权利，就暗示着不存在其他权利。不过，在最初拒绝这两项修正案后，众议院迅速改变立场，又批准了这两条修正案。然而，参议院拒绝接受其中几条修正案，可能是因为这几条修正案不符合弗吉尼亚州和其他州的批准宪法大会推荐的修正案的要求（也可能主要是因为其中缺乏一项限制国会征收直接税权力的修正案）。联合会议委员会未能达成共识，因此在州议会召开会议期间，整个修正案都归于失败。[150]

最终，直到两年后的1791年12月，弗吉尼亚州才批准国会提出的修正案。那时，要求召开第二次制宪会议的呼声基本上已经销声匿迹了，这使得弗吉尼亚州批准修正案也没什么损失。弗吉尼亚州批准修正案之后，国会提出的修正案随即成为宪法的一部分——只有两条除外。确保扩大众议院规模，以及要求在国会换届选举之

后才能变更议员薪酬的修正案，没有获得必要数量州的支持。弗吉尼亚州批准修正案后不久，国务卿托马斯·杰斐逊宣布，12项修正
590 案中有10项正式生效。[151] ❶

解释制定《权利法案》的原因

1789年8月，当麦迪逊所谓的“令人烦恼的修正案问题”即将在众议院结束辩论之际，他写了一封长信给宾夕法尼亚州的理查德·彼得斯，后者是一位热心的联邦主义者，在过去十年里他一直在努力争取改革宾夕法尼亚州异常民主的宪法。在这封长信里，麦迪逊回顾了他支持权利法案的原因。信一开头，他就坚称——这有点不诚实——他“从未反对过任何一项保护个人基本权利的宪法条款”。尽管权利法案“在共和国可能不像在君主制之下那么必要”，麦迪逊还是认为，“在每一种政府里，权利法案都具有某种程度的

---

❶ 11个批准10项修正案的州中，有一个是特拉华州（到1791年底弗吉尼亚州批准修正案时，佛蒙特已经作为一个独立州加入联邦，这意味着国会提出的修正案必须得到11个，而不是10个州的批准，才能生效）。在这11个州中，仅特拉华州否决了要求扩大众议院规模的修正案，毫无疑问是因为这样的修正案生效之后，作为小州的特拉华在国会众议院的影响力会相对减弱。实际上，当麦迪逊在众议院提出这个修正案的时候，他就报告，“受其影响的小州不会支持这样的修正案”。

至于变更议员薪酬的修正案，在1791年底前只得到了6个州的批准。不过，在20世纪80年代早期，得克萨斯大学的一名本科生发起了一场运动，试图说服更多的州立法机构批准该法案——宪法没有对各州批准修正案有同一时代性要求。当密歇根州在1992年成为第38个批准该修正案的州时——50个州的3/4就是38个——联邦国会和美国档案馆馆长宣布该修正案正式获得批准，在国会提出这个修正案200多年后，它成了宪法的一部分。参见1789年6月15日麦迪逊致伦道夫，Veit et al., eds., *Bill of Rights*, 251（引文）；另见 Labunski, *James Madison*, 222, 245。变更议员薪酬的修正案，参见 Michael S. Paulsen, “A General Theory of Article V: The Constitutional Lessons of the Twenty- Seventh Amendment,” *Yale Law Journal* (Dec. 1993), 103:678–683。

合理性，因为每一个政府的权力都可能产生压迫，尽管纸上的宣言不是一个有效的约束手段，但也并非没有任何影响”。[152]

除了不温不火地肯定权利法案自身的优点外，麦迪逊提出来的支持理由完全是政治性的。他提醒彼得斯，许多州之所以批准宪法，“是因为新政府默认会赞同各州提出的修正案”。事实上，麦迪逊确信，如果没有这样的保证，弗吉尼亚州将会拒绝批准宪法。作为一个“诚实的人”，他觉得自己“必须考虑到这一点”。麦迪逊还认为，制定权利法案也与弗吉尼亚州的国会议员竞选有关，至少与几位联邦派候选人有关——包括他自己在内——若他们“在选举中没有采取这种和解立场”，几乎肯定会被击败。[153]

紧接着，麦迪逊写道，如果联邦主义者不提修正案，那么，他们的政治对手就会提，“当然，最好的情况是，它们［指修正案］作为宪法之友的免费礼物出现，而不是被宪法的敌人的言辞和势力威胁着推出”。而且，权利法案将“遏制各地的反对派，并消除他们对政 591
府本身的不满，使政府能够敢于采取某些不那么稳妥的措施”。[154]

反之，如果联邦主义者拒绝提出修正案，反联邦主义者就会坚称，他们证实了此前关于联邦主义者表里不一的警告。麦迪逊认为，如果联邦主义者没有在国会中提出修正案，反联邦主义者就会在即将到来的各州立法机构的秋季会议上“吹响召开第二次制宪会议的号角”。特别是在弗吉尼亚州，大多数州议员“强烈反对”联邦政府，若国会在其首次会议上未能赞同修正案，甚至会导致“大量”的联邦主义者“抱怨被欺骗了”。最后，麦迪逊写道，北卡罗来纳州的政治领导人向他保证，国会批准权利法案是确保该州批准宪法的必要条件。[155]

在回信中，彼得斯写道，虽然麦迪逊为权利法案提出了最强有力的辩护理由，但他仍然没有被说服。彼得斯相信，“坚定地支持我们的宪法，至少给它一个更长的试验期，才会使反联邦主义者无话可说，而不是主动承认他们的重要性，由我们树立一个旗帜，来吸引他们”。彼得斯提出，反联邦主义者不会对麦迪逊的修正案提议感到满意——尽管“他们中也有好人”，但许多反联邦主义领导人只是想“让自己成为政党领袖或维持自己的政党领袖地位”，因此将继续“大声呼吁”增加宪法修正案。彼得斯还担心，“我们在海外的形象也将无法维持一致性，外国人会认为，我们举棋不定，就连我们的政府都对政府行为的基础犹豫不决”。总而言之，彼得斯担心，与“坚守体制”相比，“安抚者的良好意向”可能会带来“更坏的后果”。[156]

对麦迪逊来说，《权利法案》是其个人的另一个巨大胜利。如果不是因为他的坚持不懈，国会就不会在1789年认真考虑宪法修正案；联邦主义者在两院都占有明显的多数优势，他们不需要向对手们做出任何让步。尽管在最初遭受到了两方阵营的反对，麦迪逊还是努力使《权利法案》获得了通过。[157]

而且，主动发起修正案提议后，麦迪逊还能控制其进程。国会通过的修正案正是他提议的——只是做了一点相对较小的修改。麦迪逊忽略或者说协助挫败了反联邦主义者最在意的修正案——限制联邦政府权力或重组联邦政府的修正案。这些修正案——麦迪逊认为触及了“拟建政府的精髓”——将破坏他起初在费城、之后在里
592 士满努力建立的政府根基。[158]

通过推动《权利法案》，麦迪逊实现了几个相关的政治目标：他分裂了对手的阵营，平息了那些不那么顽固不化的反联邦主义者的担忧，让这个国家相信联邦主义者能兑现他们的诺言，阻止了关于召开第二次制宪会议的讨论。当麦迪逊开始转变为《权利法案》

的热心支持者时，他告诉杰斐逊，对于权利法案的“重要性和……适当性”问题，反联邦主义者内部“分歧很大”。当伦道夫得知麦迪逊向选民承诺，如果自己入选国会就会推进修正案进程时，赞许道，“虽然我确信没有任何措施能减轻一些人心中的怨恨，但我相信，出自我们联邦统治机构的一个适度安抚行为，将消除那些从原则上反对［宪法］之人心中的恶意”。汉密尔顿也认为，精心设计的修正案将“使那些考虑更周全、更诚实的宪法反对者满意，而随着时间的流逝，党派［指反联邦派］也会随之分裂”。而这也正是反联邦派领导人所担心的事。格雷森提醒帕特里克·亨利，联邦主义者的目标“毫无疑问是通过分裂来打破［反联邦主义者的］党派精神”，他们将“只支持影响个人自由的修正案，让涉及司法和直接税等重要议题的修正案自生自灭”。[159]

在批准宪法的辩论过程中，联邦主义者反复明确地承诺，一旦宪法获得批准，他们将支持制定修正案。如果自食其言，否认这些明确的承诺，可能会严重损害他们在公民社会中的信誉。北卡罗来纳州联邦派领袖威廉·戴维注意到，在麦迪逊告知众议院他将提出权利法案之前，反联邦主义者一直在“信心满满地谈论他们的预言——国会绝不会着手制定修正案”。然而，根据戴维的说法，麦迪逊的行动“使反联邦主义者完全措手不及”。1789年8月，当众议院明确即将通过修正案时，卡林顿报告，弗吉尼亚州的人民正逐渐“与新政府和解”，麦迪逊“变得很受反联邦主义者欢迎，他们说他们相信可以由麦迪逊来推进修正案”。[160]

接下来的那个月，埃德蒙德·彭德尔顿在给麦迪逊的信中预言，众议院提出的修正案将“产生良好影响，可以平息许多心怀善意的公民心中的不满”。彭德尔顿“在某种程度上高兴地发现……民众要感谢政府的朋友所采取的这种措施，而民众曾反对这些政府的朋

友当选国会议员，理由是他们反对制定修正案”。同样在9月份，罗得岛州州长向国会和华盛顿总统报告，国会提出的修正案“已经
593 给本州人民带来了一些慰藉和满足”（不过他也提出，罗得岛可以“明确而安全地与各姐妹州再次凝聚”的时机尚未到来）。11月份，麦迪逊告诉华盛顿：“浸信会的一位主要领导人最近给我发来消息，说修正案完全平息了他所在教派中的心怀不满者，这一点将从他们随后的行为中展现出来。”1790年4月，刚从法国返回美国几个月，杰斐逊就注意到，“几乎所有”的反联邦主义者都变成了支持宪法者，他称赞是国会提出的修正案促成了这一转变。[161]

没有麦迪逊，很可能就没有《权利法案》，尽管如此，麦迪逊却从来没有弄明白，为什么其他人似乎比他更相信“羊皮纸上的保障”。同样，他的许多联邦派同事也默许权利法案，个中缘由，更多是出于他们认为权利法案不但无害，且可能具有政治上的用途，而不一定是他们认为权利法案对维护个人权利很重要。[162]

因此，国会议员罗杰·谢尔曼表示，国会提议的修正案“对那些喜欢权利法案的人来说可能是无害的、令人满意的”。来自新泽西州的国会议员兰伯特·卡德瓦拉德认为，麦迪逊的修正案“影响很小，甚至几乎没有”。不过他也承认，这些修正案可能会“平息弗吉尼亚州和其他一些州中反对派的骚乱，当然也会让北卡罗来纳州加入联邦”。来自宾夕法尼亚州的国会议员托马斯·哈特利（Thomas Hartley）并不认为一定要列举某些权利，但他“倾向于支持”那些提出修正案建议的州，只要它们的提议“不违背共同利益”，做出这样的让步“将会赢得人民对政府的信任”。[163]

但是，大多数反联邦派领导人极力贬低麦迪逊的修正案，认为其近乎有害无益，因为制定这样的修正案之后，很可能就不会通过他们认为必要的修正案。国会议员托马斯·都铎·塔克认为麦迪逊

的修正案“完全是为了愚弄，甚至是欺骗对手”。格里也说，这些修正案并不能决定“宪法是能维系所设想的平衡”，抑或是会倾向于贵族或君主政体；他认为，这些修正案除了“安抚那些没有充分认识宪法本质缺陷的人”之外，毫无其他用途。理查德·亨利·李则相信，国会在“陈述个人权利方面……非常谨慎”，但是“没有权力保护的权利，毫无意义”。[164]

根据诺亚·韦伯斯特的说法，联邦主义者和反联邦主义者一致
认为，“书面上的权利声明无足轻重，无法真正保障自由”。韦伯斯
特是对的：正如首席大法官厄尔·沃伦（Earl Warren）领导下的最
高法院所宣称的那样，在美国建国之时，很少有人将《权利法案》 594
中的条款视为“对自由的根本保障”。在《权利法案》获得批准大
约十年后，汉密尔顿所陈述的观点，可能更真切地捕捉到了那个时
代的主流观念：麦迪逊的修正案“推出之后，几乎没有遇到任何重
要的反对意见，政府结构、权力种类和分配方式，都保持原样，修
正案无关紧要，任何明智之人，都不会以此为理由，来接受自己认
为原本很糟糕的宪法体制”。[165] 595

注释

1 1787 年 12 月 20 日杰斐逊致麦迪逊，*PJM* (C.S.), 10:337（“[一部]权利法案”）；1787 年 11 月 10 日亚当斯致杰斐逊，*PTJ* (M.S.), 12:335（“置于”）；另见 1788 年 2 月 7 日杰斐逊致亚历山大·唐纳德，同上，571。

2 同上；另见 1788 年 2 月 6 日杰斐逊致麦迪逊，同上，569。

3 1788 年 5 月 27 日杰斐逊致爱德华·卡林顿，同上，13:208（“更加可取”）；1788 年 6 月 3 日杰斐逊致威廉·卡迈克尔，同上，232（“就一定”和“如果我们”）。

4 1788 年 10 月 17 日麦迪逊致杰斐逊，*PJM* (C.S.), 11:297（全部引文）；下文，561–563。

5 1788 年 10 月 17 日麦迪逊致杰斐逊，*PJM* (C.S.), 11:298–299；下文，562。

6 1789 年 3 月 15 日杰斐逊致麦迪逊，*PJM* (C.S.), 12:13；上文，159–161；另见 1788 年 11 月 18 日杰斐逊致麦迪逊，*PJM* (C.S.), 11:353–354; Rakove, *Original Meanings*, 306, 309, 323–324。

7 1789 年 8 月 15 日安达努斯·伯克在众议院的发言，*Annals of Congress*, 1:774（引文）；另见 Labunski, *James Madison*, 212, 226; Banning, *Sacred Fire*, 280; Heideking, *The Constitution Before the Judgment Seat*, 408; Kenneth R. Bowling, "'A Tub to the Whale'：The Founding Fathers and Adoption of the Federal Bill of Rights," *Journal of the Early Republic* (Autumn 1988), 8:224。

8 1787 年 9 月 12 日梅森在费城制宪会议上的发言，*Farrand*, 2:587（"极大地"）；格里提议，梅森附议，同上，588；Charles Pinckney, Aug.20，同上，341；9 月 14 日平克尼和格里提出的保护出版自由的动议，同上，617；同上，618（以 7:4 的投票否决动议）；U.S. Constitution, Art. I, § 9, cl. 2（"遭受叛乱"和"公共安全"）；另见 Labunski, *James Madison*, 8, 41–42; Maier, *Ratification*, 44。梅森起草《弗吉尼亚权利宣言》，参见 Rutland, *George Mason*, 49–61。

9 Sept. 12, *Farrand*, 2:588（以 10:0 的投票否决格里提出的任命一个委员会来准备权利法案的动议）；1788 年 5 月 26 日梅森致杰斐逊，*PTJ* (M.S.), 13:205（"在大会的"和"更不用说"）；另见 1787 年 10 月 24 日麦迪逊致杰斐逊，*PJM* (C.S.), 10:215; Beeman, *Plain, Honest Men*, 341–342。

10 1788 年 5 月 26 日梅森致杰斐逊，*PTJ* (M.S.), 13:204（引文）；Mason, Objections, Sept.15, *Farrand*, 2:637; Gerry，同上，633; Labunski, *James Madison*, 243; Holton, *Unruly Americans*, 253; Rakove, *Original Meanings*, 288; Beeman, *Plain, Honest Men*, 342; Bernard Schwartz, *The Great Rights of Mankind: A History of the American Bill of Rights* (New York, 1977), 113; Bowling, "'A Tub to the Whale,'" 225, 230; Kaminski, "The Constitution Without a Bill of Rights," 19, 23。

11 1787 年 11 月 28 日威尔逊在宾夕法尼亚州批准宪法大会上的发言，*DHRC*,

2:387（引文）。

12 1787 年 10 月 8 日皮尔斯·巴特勒致韦顿·巴特勒，*DHRC*, 27:8–9（“严重损害”）; 1787 年 8 月 18 日拉特利奇在费城制宪会议上的发言，*Farrand*, 2:328（“大会的”）; Mason, Sept. 12，同上，588（“在几个小时”）; 另见 Labunski, *James Madison*, 9; Beeman, *Plain, Honest Men*, 278, 287, 290, 343–344; Schwartz, *The Great Rights of Mankind*, 104; Warren M. Billings, “‘That All Men Are Born Equally Free and Independent’: Virginians and the Origins of the Bill of Rights,” in Conley and Kaminski, eds., *The Bill of Rights and the States*, 359。

13 1787 年 11 月 30 日本杰明·拉什在宾夕法尼亚州批准宪法大会上的发言，*DHRC*, 2:434（引文）; 1787 年 10 月 6 日詹姆斯·威尔逊在州议会庭院（费城）的演讲，同上，167–168。

14 1788 年 7 月 28 日艾德尔在北卡罗来纳州批准宪法大会上的发言，*Elliot*, 4:148–149（“是在一项”）; “A Landholder” VI, *Connecticut Courant*, Dec. 10, 1787, *DHRC*, 3:490（“没有权力”）; 1787 年 12 月 4 日威尔逊在宾夕法尼亚州批准宪法大会上的发言，*DHRC*, 2:471; Dec. 1, 1787，同上，454–455; 另见 1788 年 6 月 16 日尼古拉斯在弗吉尼亚州批准宪法大会上的发言，*DHRC*, 10:1327–1328; 1788 年 1 月 18 日查尔斯·科茨沃斯·平克尼在南卡罗来纳州议会的发言，*DHRC*, 27:158; Labunski, *James Madison*, 9, 104。

15 *The Federalist No. 84*（Hamilton），513–514（全部引文）; 另见 1788 年 1 月 18 日查尔斯·科茨沃斯·平克尼在南卡罗来纳州议会的发言，*DHRC*, 27:158。

16 1787 年 10 月 6 日詹姆斯·威尔逊在州议会庭院（费城）的演讲，*DHRC*, 2:167–168; 1788 年 1 月 23 日约瑟夫·布拉德利·瓦纳姆（Joseph Bradley Varnum）在马萨诸塞州批准宪法大会上的发言，*DHRC*, 6:1315; 1788 年 6 月 16 日乔治·尼古拉斯在弗吉尼亚州批准宪法大会上的发言，*DHRC*, 10:1333; 1788 年 7 月 28 日艾德尔在北卡罗来纳州批准宪法大会上的发言，*Elliot*, 4:149。

17 1787 年 11 月 28 日威尔逊在宾夕法尼亚州批准宪法大会上的发言，*DHRC*, 2:388（全部引文）; 另见 1788 年 6 月 9 日伦道夫在弗吉尼亚州批准宪法大会上的发言，*DHRC*, 9:1085; Nicholas, June 16，同上，10:1332; *A Citizen of New-York*, *DHRC*, 20:933; *The Federalist No. 84*（Hamilton），510；1789 年 6 月 8 日詹姆斯·杰克逊在众议院的发言，*Annals of Congress*, 1:460; Labunski, *James Madison*, 199。

18 1788 年 6 月 16 日梅森在弗吉尼亚州批准宪法大会上的发言，*DHRC*, 10:1328（"隐含的"）；同上，1326; Patrick Henry，同上，1328, 1330–1331; Grayson，同上，1332; Monroe, June 10，同上，9:1112；1788 年 7 月 29 日塞缪尔·斯宾塞在北卡罗来纳州批准宪法大会上的发言，*Elliot*, 4:152；1787 年 11 月 28 日约翰·斯米利在宾夕法尼亚州批准宪法大会上的发言，*DHRC*, 2:391–392；"An Old Whig" II, Philadelphia *Independent Gazetteer*, Oct. 17, 1787, *DHRC*, 8:402–403; "Brutus" II, *New York Journal*, Nov. 1, 1787, *DHRC*, 19:156–158。

19 1788 年 6 月 16 日亨利在弗吉尼亚州批准宪法大会上的发言，*DHRC*, 10:1331（"必要性""排除" 和 "浪费"）；Grayson，同上，1332; Henry, June 17，同上，1345–1346；1788 年 7 月 28 日斯宾塞在北卡罗来纳州批准宪法大会上的发言，*Elliot*, 4:138（"满足"）；1787 年 11 月 30 日罗伯特·怀特希尔在宾夕法尼亚州批准宪法大会上的发言，*DHRC*, 2:398; "Brutus" IX, *New York Journal*, Jan. 17, 1788, *DHRC*, 15:394；1787 年 10 月 27 日理查德·亨利·李致塞缪尔·亚当斯，*DHRC*, 8:485。

20 1787 年 11 月 30 日拉什在宾夕法尼亚州批准宪法大会上的发言，*DHRC*, 2:434（引文）；Thomas Hartley，同上，430; Wilson, Nov. 28，同上，383; *The Federalist No. 84*（Hamilton），512–513; "A Landholder" VI, *Connecticut Courant*, Dec. 10, 1787, *DHRC*, 3:490；1788 年 6 月 16 日乔治·尼古拉斯在弗吉尼亚州批准宪法大会上的发言，*DHRC*, 10:1333; Wood, *Creation of the American Republic*, 539; Rakove, *Original Meanings*, 326。

21 1788 年 6 月 16 日梅森在弗吉尼亚州批准宪法大会上的发言，*DHRC*, 10:1328（"由人民""伟大" 和 "充分"）；Henry，同上，1329（"就好比"）；另见 *Plebeian*, *DHRC*, 20:961; Labunski, *James Madison*, 105; Kaminski, "The Constitution Without a Bill of Rights," 33–34。

22 1787 年 9 月 12 日谢尔曼在费城会议上的发言，*Farrand*, 2:588（"这部"）；

Mason，同上；另见 1788 年 6 月 11 日梅森在弗吉尼亚州批准宪法大会上的发言，*DHRC*, 9:1158; "An American Citizen" IV, *On the Federal Government* (Oct. 21, 1787), *DHRC*, 13:434; "Brutus" II, *New York Journal*, Nov. 1, 1787, *DHRC*, 19:158–159; Maier, *Ratification*, 44。

23 1787 年 11 月 28 日威尔逊在宾夕法尼亚州批准宪法大会上的发言，*DHRC*, 2:391（"谁有" 和 "如果"）; 1788 年 7 月 28 日艾德尔在北卡罗来纳州批准宪法大会上的发言, *Elliot*, 4:149（"可能成为"）; 另见 Samuel Johnston，同上，142；1788 年 1 月 18 日查尔斯·科茨沃斯·平克尼在南卡罗来纳州议会的发言，*DHRC*, 27:158；1787 年 11 月 30 日耶茨在宾夕法尼亚州批准宪法大会上的发言，*DHRC*, 2:434; Labunski, *James Madison*, 9; Maier, *Ratification*, 79。

24 1789 年 6 月 8 日麦迪逊在众议院的发言，*Annals of Congress*, 1:456（"我听过的"）; U.S. Constitution, amend. IX（"本宪法"）。

25 1788 年 10 月 17 日麦迪逊致杰斐逊，*PJM* (C.S.), 11:297, 299（全部引文）; *The Federalist No. 51*（Madison），320–325； 另 见 Alexander White, "To the Citizens of Virginia," *Winchester Gazette* [Virginia], Feb. 29, 1788, *DHRC*, 8:438；1787 年 12 月 7 日威尔逊在宾夕法尼亚州批准宪法大会上的发言，*DHRC*, 2:521；1788 年 7 月 11 日理查德·莫里斯在纽约州批准宪法大会上的发言，*DHRC*, 22:2135；威廉·皮尔斯写给圣乔治·塔克的信的摘录（1787 年 9 月 28 日），*Gazette of the State of Georgia*, Mar. 20, 1788, *DHRC*, 16:444; Labunski, *James Madison*, 160–161; Rakove, *Original Meanings*, 332。

26 "A Countryman" II（Sherman），*New Haven Gazette*, Nov. 22, 1787, *DHRC*, 3:472（"羊皮纸" "不值得" 和 "统治者"）; *The Federalist No. 84*（Hamilton），514–515（"我们所有" "公共舆论" 和 "人民和政府"）; 1787 年 11 月 30 日拉什在宾夕法尼亚州批准宪法大会上的发言，*DHRC*, 2:433–434（"这个政府"）; 另见 1788 年 6 月 17 日伦道夫在弗吉尼亚州批准宪法大会上的发言，*DHRC*, 10:1351–1352; "America: To the Dissenting Members of the Late Convention of Pennsylvania"（Noah Webster），New York *Daily Advertiser*, Dec. 31, 1787, *DHRC*, 19:486；拉什致戴维·拉姆塞，Charleston *Columbian Herald*, Apr. 14, 1788, *DHRC*, 17:96。关于文中提到的剥夺公权的例子，参

见 1788 年 6 月 16 日乔治・尼古拉斯在弗吉尼亚州批准宪法大会上的发言，*DHRC*, 10:1333; Randolph, June 6，同上，9:972。反联邦主义者质疑联邦主义者在剥夺公权问题上的指责的准确性。参见 Patrick Henry, June 7，同上，1038; Benjamin Harrison, June 10，同上，1127；另见 editorial note，同上，1004 n. 5。

27 1789 年 3 月 15 日杰斐逊致麦迪逊，*PJM* (C.S.), 12:14（“聊胜于无”和“在任何情况下”）; 1787 年 11 月 30 日芬得利在宾夕法尼亚州批准宪法大会上的发言，*DHRC*, 2:439（“因为所有的”）。

28 1788 年 1 月 18 日平克尼在南卡罗来纳州议会上的发言，*DHRC*, 27:158; Weir, “South Carolina,” 222；另见威廉・皮尔斯写给圣乔治・塔克的信的摘录（1787 年 9 月 28 日），*Gazette of the State of Georgia*, Mar. 20, 1788，*DHRC*, 16:443。

29 上文，429, 530; Gillespie, “Massachusetts,” 149。

30 1788 年 2 月 10 日卡林顿致麦迪逊，*PJM* (C.S.), 10:494（“详细说明”）; 1788 年 4 月 5 日尼古拉斯致麦迪逊，同上，11:9(“竭力隐藏”“真实情感”“需要修正案”和“宪法中”); 1788 年 1 月 10 日麦迪逊致伦道夫，同上，10:355（“建立一个”和“更希望”）; Apr. 10, 1788，同上，11:19（“对于那些”和“他们的”）; 另见 1788 年 4 月 22 日麦迪逊致杰斐逊，同上，28。

31 上文，438–442。

32 1788 年 7 月 23 日亚伯拉罕・克拉克致托马斯・辛尼克森（Thomas Sinnickson），*DHRC*, 18:276（引文）; 另见 1789 年 8 月 19 日麦迪逊致理查德・彼得斯，*PJM* (C.S.), 12:347；1787 年 10 月 29 日前后伦道夫致麦迪逊，*DHRC*, 8:133; Editors' Note, New York and the Massachusetts Convention's Amendments to the Constitution, Feb. 6, 1788, *DHRC*, 20:753; Maier, *Ratification*, 187, 192–193, 196–197, 251, 300, 398; Yarbrough, “New Hampshire,” 237; Labunski, *James Madison*, 49–50, 103；上文，452, 457–458, 479–480, 516, 529。

33 上文，475–478, 494–508, 513–514; Maier, *Ratification*, 193, 202, 294–305, 379–382, 385–393, 395–397, 421–423; Yarbrough, “New Hampshire,” 251。

34 Maier, *Ratification*, 197, 307–309, 397；另见 Proposed amendments, New York

convention, July 26, 1788, *DHRC*, 23:2326–2334; Proposed amendments, Virginia convention, June 27, 1788, *DHRC*, 10:1551–1557。

35 Labunski, *James Madison*, 2; Rakove, *Original Meanings*, 330; Bowling, "'A Tub to the Whale,'" 224.

36 1788 年 6 月 25 日亨利在弗吉尼亚州批准宪法大会上的发言，*DHRC*, 10:1537（"一位温和的" 和 "以修改宪法"）; 斯宾塞·罗恩致威廉·维尔特，未注明日期，引自 Henry, *Patrick Henry*, 2:518（"在某种" 和 "震惊地"）; 1788 年 12 月 8 日伯吉斯·鲍尔致麦迪逊，*PJM* (C.S.), 11:385（"倾向于"）; 另见 1788 年 6 月 27 日麦迪逊致汉密尔顿，同上，182；1788 年 7 月 12 日小威廉·纳尔逊致威廉·肖特，*DHRC*, 10:1701; Maier, *Ratification*, 304–305; Labunski, *James Madison*, 120, 123。

37 1788 年 12 月 8 日麦迪逊致杰斐逊，*PJM* (C.S.), 11:384（"无所不能"）; 1788 年 11 月 17 日华盛顿致麦迪逊，同上，351（"指令" 和 "遭到"）; 另见 1788 年 11 月 19 日亨利·李致麦迪逊，同上，357；1789 年 2 月 17 日詹姆斯·邓肯森致詹姆斯·莫里，*DHFFE*, 2:404；1789 年 1 月 31 日托拜厄斯·李（Tobias Lee）致约翰·兰登，同上，398。反联邦主义者在州议会的多数地位，参见 editorial note，同上，257。

38 1788 年 10 月 19 日卡林顿致麦迪逊，*PJM* (C.S.), 11:305（"反联邦主义" 和 "阴险提议"）; 1788 年 11 月 2 日麦迪逊致伦道夫，同上，329（"敌意" "他［亨利］" 和 "确信"）; 另见 1788 年 10 月 24 日卡林顿致麦迪逊，同上，315; Labunski, *James Madison*, 120, 122。

39 1788 年 11 月 15 日亨利致李，Henry, *Patrick Henry*, 2:429–430（全部引文）; 另见 1788 年 6 月 25 日亨利在弗吉尼亚州批准宪法大会上的发言，*DHRC*, 10:1535。1788 年 6 月下旬，当新罕布什尔州成为第九个批准宪法的州的消息传到纽约市时，邦联国会就开始商讨建立新的全国性政府的法令。然而，由于在纽约市是否应该成为联邦国会临时驻地的问题上，存在严重的地区分歧，邦联国会直到 9 月中旬才就新的全国性政府于 1789 年初召开会议的地点达成一致。关于这些讨论的说明，参见 1788 年 9 月 14 日麦迪逊致华盛顿，*PJM* (C.S.), 11:254；1788 年 9 月 14 日麦迪逊致伦道夫，同上，252–253；1788 年 8 月 10 日麦迪逊致杰斐逊，同上，226；1788 年 8 月 8 日理查德 · 普拉特致温斯洛普 · 萨金特，*DHRC*, 21:1351; *DHFFE*, 1:11–143；另见 Bowling, *The Creation of Washington, D.C.*, 80, 87–96; Editors' Note, Confederation Congress Makes Provision to Put the New Government Under the Constitution into Operation, 2 July–13 Sept. 1788, *DHRC*, 21:1250–1253; Maier, *Ratification*, 429–430。

40 1788 年 10 月 29 日李致华盛顿，*PGW* (P.S.)，1:82（"反对组建""尽快"和"直接"); 1788 年 11 月 13 日特伯维尔致麦迪逊，*PJM* (C.S.), 11:344("发起了"和"自己"); 另见 1788 年 10 月 23 日伦道夫致麦迪逊，同上，313；1788 年 10 月 24 日卡林顿致麦迪逊，同上，315；1789 年 2 月 17 日詹姆斯 · 邓肯森致詹姆斯 · 莫里，*DHFFE*, 2:405。

41 1788 年 10 月 19 日卡林顿致麦迪逊，*PJM* (C.S.), 11:305–306（"前景""坚信"和"深受"); 1788 年 11 月 19 日亨利 · 李致麦迪逊，同上，356（"都在为你"和"强有力地"); 1788 年 10 月 23 日伦道夫致麦迪逊，同上，314；另见 1788 年 10 月 20 日约瑟夫 · 琼斯致麦迪逊，同上，308; Banning, *Sacred Fire*, 269。

42 1788 年 11 月 15 日帕特里克 · 亨利致理查德 · 亨利 · 李，Henry, *Patrick Henry*, 2:429("如果"); 1788 年 10 月 29 日查尔斯 · 李致华盛顿，*PGW* (P.S.), 1:83("任何希望"); 1788 年 11 月 19 日亨利 · 李致麦迪逊，*PJM* (C.S.), 11:356–357（"公开诋毁""当选将会""主张"和"具有"); 另见 1788 年 11 月 16 日乔治 · 李 · 特伯维尔致麦迪逊，同上，346–347；1788 年 11 月 10 日伦道夫致麦迪逊，同上，338–339；1788 年 12 月 8 日麦迪逊致杰斐逊，同上，384; Labunski, *James Madison*, 136。

43 1788 年 11 月 19 日亨利 · 李致麦迪逊，*PJM* (C.S.), 11:356（"这番话"); 1788 年 11 月 15 日帕特里克 · 亨利致理查德 · 亨利 · 李，Henry, *Patrick Henry*, 2:429（"深感失望"和"强烈地"); 1788 年 11 月 23 日麦迪逊致伦道夫，*PJM* (C.S.), 11:362（"现在的"); 1788 年 11 月 14 日华盛顿致本杰明 · 林肯，*PGW* (P.S.)，1:108（"极度不满"); 另见 1788 年 11 月 10 日伦道夫致麦迪逊，*PJM* (C.S.), 11:339。

44 1788 年 11 月 19 日亨利 · 李致麦迪逊，同上，357（"每一项"); 1788 年 11

月 10 日特伯维尔致麦迪逊，同上，340（其他引文）；1788 年 11 月 20 日弗吉尼亚州立法机关向国会提出的申请，*DHRC*, 10:1765–1766；1788 年 11 月 20 日弗吉尼亚州立法机关致州行政机关，同上，1767–1768；另见 1788 年 11 月 9 日卡林顿致麦迪逊，*PJM* (C.S.), 11:336；1789 年 2 月 17 日詹姆斯・邓肯森致詹姆斯・莫里，*DHFFE*, 2:405; editorial note，同上，273–274。

45 1788 年 11 月 2 日麦迪逊致伦道夫，*PJM* (C.S.), 11:329（"担任"和"平静"）；Nov. 23, 1788，同上，362（"我所心仪"和"同样成功地"）；Oct. 17, 1788，同上，304–305（"面向公众"和"争取"）。

46 1788 年 11 月 13 日特伯维尔致麦迪逊，同上，343（"竭尽全力地"）；1788 年 11 月 14 日卡林顿致麦迪逊，同上，345（"反联邦主义者"）。

47 1788 年 12 月 8 日麦迪逊致杰斐逊，同上，384（"将各县""竭力"和"最忠诚于）；1788 年 12 月 18 日梅森致约翰・梅森（John Mason），*PGM*, 3:1136；1788 年 12 月 8 日伯吉斯・鲍尔致麦迪逊，*PJM* (C.S.), 11:385（"变得非常"）；另见 1788 年 11 月 10 日伦道夫致麦迪逊，同上，339；1788 年 11 月 19 日亨利・李致麦迪逊，同上，357；1789 年 2 月 17 日詹姆斯・邓肯森致詹姆斯・莫里，*DHFFE*, 2:405; Labunski, *James Madison*, 139–140, 148–151。

48 1788 年 11 月 13 日特伯维尔致麦迪逊，*PJM* (C.S.), 11:344（"没有别的"和"一些"）；1788 年 11 月 23 日麦迪逊致伦道夫，同上，363（"曲解"）；1788 年 11 月 14 日卡林顿致麦迪逊，同上，345。

49 Labunski, *James Madison*, 143–144, 152, 154. 关于门罗对宪法的批评，参见 James Monroe, Some Observations on the Constitution，约 May 25, 1788, *DHRC*, 9:846–876；另见 1788 年 6 月 10 日门罗在弗吉尼亚州批准宪法大会上的发言，同上，1109–1115; June 23，同上，10:1469; June 25，同上，1518–1519。

50 1787 年 7 月 27 日门罗致杰斐逊，*PTJ* (M.S.), 11:631（全部引文）；Labunski, *James Madison*, 153。他们共同参与的土地投机活动，参见 1786 年 3 月 14 日麦迪逊致门罗，*PJM* (C.S.), 8:497; Mar. 19, 1786，同上，505, 506 n. 2；另见 Aug. 11, 1786，同上，9:90。

51 1788 年 11 月 23 日麦迪逊致伦道夫，*PJM* (C.S.), 11:363（全部引文）；另见 1788 年 12 月 8 日麦迪逊致杰斐逊，同上，384。比尔德（Bilder）认为，麦迪逊提到的这个项目，可能指的就是修订完成他在费城会议上所做的笔记（*Madison's Hand*, 171）。

52 1789 年 3 月 1 日麦迪逊致伦道夫，*PJM* (C.S.), 11:453（“迫切劝告”）; Nov. 23, 1788，同上，363（“以反击”）; 1788 年 12 月 8 日鲍尔致麦迪逊，同上，385（“不管有”“马上”和“那个伟大人物”）（原文强调）; 1788 年 11 月 14 日卡林顿致麦迪逊，同上，346（“尽早回到”）; 另见 Noc. 26, 1788，同上，369; 1789 年 1 月 2 日尼古拉斯致麦迪逊，同上，406。

53 1788 年 10 月 17 日麦迪逊致杰斐逊，同上，297（全部引文）; 下文，572–575。

54 1788 年 10 月 17 日麦迪逊致杰斐逊，*PJM* (C.S.), 11:297（全部引文）; 另见上文，391–392。

55 1788 年 10 月 17 日麦迪逊致杰斐逊，*PJM* (C.S.), 11:298; 另见 Rakove, *Original Meanings*, 313–314。

56 1788 年 10 月 17 日麦迪逊致杰斐逊，*PJM* (C.S.), 11:297–298（“经验证明”“在每个州”和“《权利宣言》”）; 1788 年 6 月 12 日麦迪逊在弗吉尼亚州批准宪法大会上的发言，*DHRC*, 10:1223（“权利法案”“美国”和“在教派”）。

57 1788 年 10 月 17 日麦迪逊致杰斐逊，*PJM* (C.S.), 11:297。

58 同上，298–299。麦迪逊对杰斐逊说自己一向赞成权利法案，这话并不真诚。至少，麦迪逊在费城会议上曾投票反对梅森关于增加权利法案的提议; 在弗吉尼亚州批准宪法大会上，他又表示，权利宣言是“不必要和危险的”（June 24, 1788, *DHRC*, 10:1507; 参见 Banning, *Sacred Fire*, 281）。

59 1788 年 10 月 17 日麦迪逊致杰斐逊，*PJM* (C.S.), 11:299。

60 同上，297; Dec. 8, 1788，同上，382（全部引文）。

61 同上，382–383（全部引文）; 另见 Dec. 12, 1788，同上，390; 1788 年 10 月 20 日麦迪逊致彭德尔顿，同上，306。

62 1788 年 11 月 15 日亨利致李，Henry, *Patrick Henry*, 2:429–430。

63 1788 年 12 月 8 日鲍尔致麦迪逊，*PJM* (C.S.), 11:386（“浸信会”）; 1789 年 1 月 14 日詹姆森致麦迪逊，同上，419（其他引文）; 另见 1789 年 1 月 19 日本杰明·约翰逊（Benjamin Johnson）致麦迪逊，同上，423–424。

64 1789 年 1 月 2 日尼古拉斯致麦迪逊，同上，406–407（全部引文）；另见 Labunski, *James Madison*, 156–159。

65 1789 年 1 月 14 日麦迪逊致华盛顿，*PJM* (C.S.), 11:418（全部引文）；另见 1789 年 1 月 19 日本杰明·约翰逊致麦迪逊，同上，423–424。

66 1789 年 1 月 14 日麦迪逊致华盛顿，同上，418（引文）；另见 Labunski, *James Madison*, 155–156, 163–172; Banning, *Sacred Fire*, 271–273; Maier, *Ratification*, 441–443; Bowling, "'A Tub to the Whale,'" 232–233。关于冻伤轶事，见 Observations by Mr. Madison (Montpelier, Virginia), Dec. 8, 1827, in Henry S. Randall, *The Life of Thomas Jefferson* (New York, 1858), 3:255 n. 2。

67 1789 年 1 月 13 日麦迪逊致托马斯·曼·伦道夫（Thomas Mann Randolph）, *PJM* (C.S.), 11:415–416（除了"许多"之外的其他引文）；1789 年 1 月 2 日麦迪逊致乔治·伊夫，同上，404（"许多"）。

68 1789 年 1 月 27 日麦迪逊致斯波茨瓦尼亚县居民，*PJM* (C.S.), 11:428（"因为这将"）；1789 年 1 月 2 日麦迪逊致乔治·伊夫，同上，404（"如果"）；1789 年 1 月 13 日麦迪逊致托马斯·曼·伦道夫，同上，416（"希望"）；1789 年 1 月 29 日麦迪逊致乔治·汤普森，同上，433–437。麦迪逊否决了要求国会在征收直接税之前先要求各州缴纳摊派份额的修正案，因此违反了州批准宪法大会发出的指示，即弗吉尼亚州的所有国会代表应"发挥其全部影响力"，以确保批准宪法大会提出的所有修正案获得通过（Proceedings of Virginia Convention, June 27, 1788, *DHRC*, 10:1056）。

69 1789 年 1 月 13 日麦迪逊致托马斯·曼·伦道夫，*PJM* (C.S.), 11:417（"快速"和"可靠"）；1789 年 1 月 2 日麦迪逊致乔治·伊夫，同上，405（"最安全""尽可能"和"在当前"）；另见 1789 年 1 月 27 日麦迪逊致斯波茨瓦尼亚县居民，同上，429。

70 1789 年 1 月 2 日麦迪逊致伊夫，同上，404–405。

71 Banning, *Sacred Fire*, 84–86, 90–97, 271–272; Labunski, *James Madison*, 159, 162–163. 在国会竞选期间，有人给当地选民写匿名信，提醒他们注意麦迪逊过去为宗教自由事业所做的贡献，参见 *Virginia Herald*（弗雷德里克斯堡市），Jan. 15, 1789, *DHFFE*, 2:336–337；另见 1789 年 1 月 19 日本杰明·约

翰逊致麦迪逊，*PJM* (C.S.), 11:424; From John Leland，约 Feb. 15, 1788，同上，442。

72 1789 年 2 月 16 日卡林顿致麦迪逊，同上，445（“亲赴”和“巨大变化”）；1789 年 3 月 1 日麦迪逊致伦道夫，同上，453（“击退了”）；1789 年 1 月 2 日尼古拉斯致麦迪逊，同上，407（“弗吉尼亚州”）；Maier, *Ratification*, 443; Labunski, *James Madison*, 174–175; Banning, *Sacred Fire*, 273。关于麦迪逊自己在竞选期间对竞选结果的怀疑，参见 1789 年 1 月 14 日麦迪逊致华盛顿，*PJM* (C.S.), 11:418。

73 1788 年 2 月 29 日托马斯·B. 韦特致乔治·撒切尔，*DHRC*, 16:264。

74 1788 年 6 月 22 日利尔致华盛顿，*PGW* (C.S.), 6:350（“起草”和“为了”）；1789 年 1 月 1 日史密斯致吉尔伯特·利文斯顿，*DHRC*, 23:2497（“大多数”）；1788 年 6 月 25 日门罗在弗吉尼亚州批准宪法大会上的发言，*DHRC*, 10:1518–1519（“现在”）；另见 1788 年 5 月 10 日内森·戴恩致塞缪尔·亚当斯，*DHRC*, 20:1093; Maier, *Ratification*, 309, 317; Yarbrough, “New Hampshire,” 253; Kaminski, “The Constitution Without a Bill of Rights,” 44。马萨诸塞州反联邦主义者的相反预测，参见 1788 年 7 月 11 日塞缪尔·奥斯古德致梅兰克顿·史密斯和塞缪尔·琼斯，*DHRC*, 21:1309。

75 1788 年 7 月 31 日华盛顿致麦克亨利，*PGW* (C.S.), 6:409–410（全部引文）；另见 1788 年 9 月 23 日华盛顿致麦迪逊，同上，534；1788 年 10 月 6 日托马斯·哈特利致坦奇·考克斯，*DHFFE*, 1:304。

76 “Centinel” XX, Philadelphia *Independent Gazetteer*, Oct. 23, 1788, *DHFFE*, 1:320（“保护”和“新的”）；“A Freeman to the Citizens of Pennsylvania,” *Federal Gazette*, Oct. 6, 1788，同上，305（“渗透进”“想尽办法”“人民的名义”和“实际上”）。《权利法案》在第一次联邦选举中作为竞选议题的重要性，参见 General Introduction，同上，x; Introduction，同上，233; editorial note，同上，547。1788 年秋季各州议会选举对于推动新政府运作的重要性，参见 1788 年 7 月 31 日罗伯特·史密斯致坦奇·考克斯，同上，2:109；1788 年 9 月 11 日塞缪尔·迈尔斯（Samuel Miles）等人致蒂莫西·皮克林，同上，1:270–271。其他反联邦主义者呼吁选民支持努力争取修正案的候选人，参见“Centinel”

XIX, Philadelphia *Independent Gazetteer*, Oct. 7, 1788， 同上，307; "Solon," Boston *Independent Chronicle*, Aug. 28, 1788，同上，454–455; "E on the Need for Amendments," *Boston Gazette*, Dec. 8, 1788，同上，548。联邦主义者呼吁选民选举联邦派候选人，这些候选人能使新制度付诸实施，并防止不适当的修正案，参见 "Federalism," Baltimore *Maryland Journal*, Sept. 26, 1788，同上，2:118–119; "A Marylander," Baltimore *Maryland Gazette*, Sept. 12, 1788，同上，145; "An Inhabitant," Baltimore *Maryland Journal*, Dec. 26, 1788， 同上，162–163; "Civis," Jan. 6, 1789， 同上，186–187; "A Federal Centinel," *Pennsylvania Gazette*, Sept. 10, 1788，同上，1:269; "A Word to the Wise: To the Electors of Pennsylvania," *Pennsylvania Mercury*, Sept. 13, 1788， 同上，273; "Cassius," *Federal Gazette*, Oct. 9, 1788，同上，311; James Wilson's Report of the Proceedings of the Lancaster Conference, Nov. 25, 1788，同上，326; "Steady," *Massachusetts Centinel*, Sept. 3, 1788，同上，457–458; "Constitution," Oct. 1, 1788，同上，464。

77 Boyd, *Politics of Opposition*, 88–89, 140–142, 144, 149–155; Heideking, *The Constitution Before the Judgment Seat*, 395–402; Veit et al., eds., *Bill of Rights*, xii; Maier, *Ratification*, 433. 不分选区选举对联邦主义者在马里兰州（拥有 6 个众议院席位）、宾夕法尼亚州（拥有 8 个席位）和新罕布什尔州（拥有 3 个席位）的国会选举中获得成功的重要性，参见 editorial note, *DHFFE*, 2:123; 同上，158; "A.B.," Baltimore *Maryland Journal*, Feb. 13, 1789， 同上，216; 另见 General Introduction，同上，1:x; Introduction，同上，770。新泽西州也利用不分选区选举来产生国会代表（同上，3:13 n. 1）。在宾夕法尼亚州，控制州议会的联邦主义者担心在 1788 年 10 月的州选举中失去多数席位，他们在议会任期结束之前匆匆通过了一项规定不分区选举国会议员的法律。参见 Introduction，同上，1:231–232; 1788 年 8 月 20 日托马斯・菲茨西蒙斯致塞缪尔・梅雷迪斯，同上，253。联邦派候选人支持修正案的例子，参见 1789 年 1 月 2 日威廉・蒂尔格曼致坦奇・考克斯，同上，2:180; 弗朗西斯・科宾致选民，*Virginia Independent Chronicle*, Jan. 21, 1789， 同上，353–354; 上文，565–566; 另见 "Civis," *Pennsylvania Packet*, Sept. 19, 1788, *DHFFE*,

1:276。在马萨诸塞州，联邦主义者得益于国会选区划分的严重不均衡。参见 Introduction，同上，438; editorial note，同上，476–477。

78 1789 年 3 月 1 日麦迪逊致伦道夫，*PJM* (C.S.), 11:453（“承担”）; 1789 年 3 月 29 日麦迪逊致杰斐逊，同上，12:38（“采取某些”）; 1789 年 3 月 29 日李致利文·鲍威尔（Leven Powell），Veit et al., eds., *Bill of Rights*, 225（“毫不怀疑”）; 1789 年 3 月 31 日亨利致格雷森，同上，226（“我们”）。

79 1789 年 3 月 1 日鲍德温致乔尔·巴洛，同上，217（“主张”）; 1789 年 3 月 25 日温盖特致蒂莫西·皮克林，同上，223（“在方便的”“以此来”和“倾向于”）。在 1788 年秋季的马萨诸塞州国会议员选举中，一些联邦派候选人明确反对修正案——至少在新制度得到公正的评判之前，不需要制定修正案。参见 *Massachusetts Centinel*, Sept. 6, 1788, *DHFFE*, 1:458；上文，567–568 & n. 76。

80 1789 年 4 月 8 日麦迪逊致彭德尔顿，Veit et al., eds., *Bill of Rights*, 229（“完全”和“要提出”）; 1789 年 4 月 12 日麦迪逊致伦道夫，同上，230（“是从”）。

81 1789 年 3 月 12 日考克斯致乔治·撒切尔，同上，217–218（“如果花费”和“关于”）; 1789 年 6 月 18 日考克斯致麦迪逊，同上，252（“极大地”“不诚实”和“迄今”）; 1789 年 3 月 29 日李致利文·鲍威尔，同上，225（“会安抚”和“几乎”）。

82 “A Citizen of New Haven”（Sherman），*New York Packet*, Mar. 24, 1789，同上，222（“在做出”）（以下简称“A Citizen of New Haven”）; 1789 年 4 月 25 日埃勒里致本杰明·亨廷顿，同上，232（“在不做”）; 1789 年 4 月 3 日斯泰尔斯致威廉·塞缪尔·约翰逊，同上，228（“非常出色”和“经验”）; 另见 1789 年 7 月 5 日理查德·彼得斯致麦迪逊，同上，259。

83 1789 年 8 月 24 日莫里斯致理查德·彼得斯，同上，288（“在浪费”）; 1789 年 4 月 3 日伊扎德致杰斐逊，同上，227（“立即”和“关于”）; 1789 年 6 月 14 日鲍德温致乔尔·巴洛，同上，250（“现在”）。

84 “Pacificus”（Webster）致麦迪逊（8 月 14 日），New York *Daily Advertiser*, Aug. 17, 1789，同上，276［以下简称“Pacificus”］（“倾向于”和“使党派精神”）; 1789 年 7 月 5 日芬诺致约瑟夫·沃德，同上，259（“每一场”）; 1789 年 4 月 25 日埃勒里致亨廷顿，同上，232（“就会”）。

85 “A Citizen of New Haven”（Sherman），同上，222（“法律” 和 “极其有害”）；1789 年 8 月 24 日埃勒里致亨廷顿，同上，287（“民众” 和 “动摇”）；1789 年 8 月 20 日塞奇威克致帕米拉·塞奇威克（Pamela Sedgwick），同上，283（“有损”）。事实上，麦迪逊也提出过类似的反对频繁修改宪法的观点，见 *The Federalist* (No. 49, 314–315)。

86 1789 年 6 月 14 日鲍德温致巴洛，Veit et al., eds., *Bill of Rights*, 250（“已经没有”）；1789 年 7 月 5 日理查德·彼得斯致麦迪逊，同上，259（“扔木桶” 和 “害怕鲸鱼”）；1789 年 6 月 27 日沃尔科特致奥利弗·埃尔斯沃斯，同上，255（“依我之见”）；1789 年 5 月 29 日贝尔纳普致潘恩·温盖特，同上，241（“假如”）。

87 1789 年 4 月 25 日埃勒里致亨廷顿，Veit et al., eds., *Bill of Rights*, 232。

88 1789 年 4 月 25 日李致亚当斯，同上，233（“欺骗” 和 “无论”）；1789 年 5 月 10 日伯克致理查德·汉普顿（Richard Hampton），同上，238（“高高在上的”“纽约” 和 “整个联邦”）；另见 1789 年 6 月 12 日格雷森致帕特里克·亨利，同上，248–249。

89 1789 年 5 月 31 日华盛顿致麦迪逊，同上，242（“必须”）；1789 年 4 月 30 日华盛顿就职演说，*PJM* (C.S.), 12:123（“自由人” 和 “危及”）；*Journal of the House of Representatives*, May 5, 1789, 1:27（“得到”）；1789 年 5 月 5 日华盛顿致麦迪逊，*PJM* (C.S.), 12:131–132; Editorial Note, Address of the President to Congress，同上，120–121; Labunski, *James Madison*, 188–189; Maier, *Ratification*, 439–440; Banning, *Sacred Fire*, 274–275。

90 1789 年 5 月 27 日麦迪逊致杰斐逊，Veit et al., *Bill of Rights*, 240（引文）；另见同上，5。

91 1789 年 6 月 8 日麦迪逊在众议院的发言，*Annals of Congress*, 1:448–449（全部引文）；另见 Alexander White，同上，445; Madison, Aug. 13，同上，733–734; 1789 年 8 月 18 日弗雷德里克·A. 米伦伯格致本杰明·拉什，Veit et al., eds., *Bill of Rights*, 280。

92 1789 年 6 月 8 日麦迪逊在众议院的发言，*Annals of Congress*, 1:449（全部引文）；另见 Elbridge Gerry，同上，463; Labunski, *James Madison*, 202, 210–212。

93 1789 年 6 月 28 日道森致麦迪逊，*PJM* (C.S.), 12:264（“许多州”“那些”和“实质性地”）; 1789 年 7 月 31 日斯图尔特致麦迪逊，Veit et al., eds., *Bill of Rights*, 270（“党派情绪”）。

94 1789 年 6 月 10 日戴维致麦迪逊，*PJM* (C.S.), 12:210–211（全部引文）; 另见 1789 年 6 月 4 日戴维致詹姆斯·艾德尔，McRee, *James Iredell*, 2:260。

95 1789 年 6 月 1 日霍金斯致麦迪逊，Veit et al., eds., *Bill of Rights*, 243（“拥有权力”“新政府的”和“在这个”）; July 3, 1789，同上，258（“利用”）。罗得岛州联邦主义者威廉·埃勒里认为，国会批准修正案将为该州的反联邦主义者提供一种体面的理由，使他们可以放弃抵制批准宪法（1789 年 3 月 10 日埃勒里致本杰明·亨廷顿，*DHRC*, 25:470–471；1789 年 5 月 21 日埃勒里致威廉·杜尔，同上，510）。

96 1789 年 6 月 8 日麦迪逊在众议院的发言，*Annals of Congress*, 1:449–450。

97 同上，455, 457（全部引文）; 另见 Rakove, *Original Meanings*, 335; Rutland, *Bill of Rights*, 202; Banning, *Sacred Fire*, 493 n. 95。

98 6 月 8 日麦迪逊在众议院的发言，*Annals of Congress*, 1:455–456（全部引文）; 另见 Madison, Aug. 15，同上，758。

99 Madison, June 8，同上，456, 459。

100 Page，同上，446（“那些害怕”）; Aug. 13，同上，734（“相信”和“抱怨”）; 另见 Gerry, June 8，同上，462; Labunski, *James Madison*, 205–207。

101 Maier, *Ratification*, 455–456; Heideking, *The Constitution Before the Judgment Seat*, 407–408; Boyd, *Politics of Opposition*, 134. 关于要求召开第二次制宪会议的力量的消亡，参见 Heideking，上文，392–393。有些州立法机构表示，不支持纽约州关于召开第二次制宪会议的公开信，参见 1788 年 11 月 2 日耶利米·沃兹华斯致诺克斯，*DHFFE*, 2:27（康涅狄格州）; 1788 年 10 月 5 日托马斯·米夫林（Thomas Mifflin）致沃兹华斯，同上，1:295（宾夕法尼亚州）。

102 1789 年 8 月 15 日莫里斯致弗朗西斯·霍普金森，Veit et al., eds., *Bill of Rights*, 278（“可怜的”）; 1789 年 7 月 5 日芬诺致约瑟夫·沃德，同上，258–259（“一件”“拥有”和“他的”）; 1789 年 7 月 19 日塞奇威克致本

杰明·林肯，同上，263–264（“意图”“热切地”“头脑中”和“那种”）；“Pacificus”（韦伯斯特），同上，276（“修正案”）；另见 1789 年 8 月 24 日罗伯特·莫里斯致彼得斯，同上，288；1789 年 8 月 24 日埃勒里致亨廷顿，同上，287。

103 Jackson, June 8, *Annals of Congress*, 1:442–443（“没有税收”）；Vining，同上，447（“要平息”）；Sherman，同上，445（“为了”）；Burke，同上，443（“迫在眉睫的”）；另见 Smith，同上，441; Jackson, July 21，同上，687; Sedgwick, Aug. 13，同上，731; Smith，同上，732; Thomas Hartley，同上；Gerry，同上；1789 年 8 月 18 日弗雷德里克·A. 米伦伯格致拉什，Veit et al., eds., *Bill of Rights*, 280; Maier, *Ratification*, 446; Labunski, *James Madison*, 194–196; Rutland, *Bill of Rights*, 200–201。

104 *Gazette of the United States*, June 10, 1789（报道谢尔曼 6 月 8 日的演讲），in Veit et al., eds., *Bill of Rights*, 65（“通过实践”）；Laurance, Aug. 13, *Annals of Congress*, 1:733（“为了摆脱”和“更渴望”）；Jackson, June 8，同上，442, 461（“愿意站在”“一艘”“它龙骨”和“在不到”）；另见 Vining，同上，447; Smith，同上，441; Labunski, *James Madison*, 194–195, 204。

105 *Gazette of the United States*, June 10, 1789（报道谢尔曼 6 月 8 日的演讲），in Veit et al., eds., *Bill of Rights*, 65（“在这个时候”）；Smith, June 8, *Annals of Congress*, 1:445–446（“以自己的”“责任”“不应该”和“更重要”）；1789 年 6 月 12 日格雷森致帕特里克·亨利，Veit et al., eds., *Bill of Rights*, 247（“在修正案”和“更多是”）；另见 Jackson, June 8, *Annals of Congress*, 1:462; Labunski, *James Madison*, 195, 210。

106 1789 年 6 月 21 日麦迪逊致塞缪尔·约翰斯顿，Veit et al., eds., *Bill of Rights*, 253；1789 年 7 月 20 日本杰明·古德休致卡腾·塔弗茨，同上，264。

107 Madison, June 8, *Annals of Congress*, 1:444, 448（全部引文）；另见 Page，同上，446; Madison, Aug. 13，同上，731; Labunski, *James Madison*, 191–192, 207, 213–214。

108 参见，例如，1788 年 2 月 6 日马萨诸塞州批准宪法大会提出的修正案草案，*DHRC*, 6:1469–1470；1788 年 7 月 26 日纽约州批准宪法大会提出的修正案草案，*DHRC*, 23:2326–2334；1788年6月27日弗吉尼亚州批准宪法大会提出的修正案草案，*DHRC*, 10:1551–1557；另见 Veit et al., eds., *Bill of Rights*, 14–28。结构性改革提议的讨论，见 Heideking, *The Constitution Before the Judgment Seat*, 382–385; Bowling, "'A Tub to the Whale,'" 228–230。

109 1789年6月15日麦迪逊致伦道夫，*PJM* (C.S.), 12:219（"政府的"和"尽可能"）；1789年5月16日蔡斯致理查德·亨利·李，Veit et al., eds., *Bill of Rights*, 240（"不指望"和"新政府"）；1789年5月28日李致亨利，*LRHL*, 2:487（"不同于"）；另见 Labunski, *James Madison*, 209。

110 1789年6月8日克莱默致彼得斯，Veit et al., eds., *Bill of Rights*, 245（"被他"和"麦迪逊"）；1789年6月28日克莱默致坦奇·考克斯，同上，255（"就像""臆想症"和"面包丸"）；1789年6月11日埃姆斯致托马斯·德怀特（Thomas Dwight），同上，247（"可能"）。

111 Madison, June 8, *Annals of Congress*, 1:450（除最后一个外的所有引文）；Vining，同上，467（"政府原则"）；另见 Madison, Aug. 21，同上，800。

112 1789年8月18日伦道夫致麦迪逊，Veit et al., eds., *Bill of Rights*, 281（"宏伟愿望"）；1788年8月31日华盛顿致杰斐逊，*PGW* (C.S.), 6:493（"禁止"和"最坚定地"）；另见1788年8月23日麦迪逊致杰斐逊，*PJM* (C.S.), 11:238；1789年3月3日迈尔斯·金（Miles King）致麦迪逊，*DHFFE*, 2:407; Banning, *Sacred Fire*, 496 n. 122; Donald S. Lutz, "The States and the U.S. Bill of Rights," *Southern Illinois University Law Journal* (Winter 1992), 16:257–258。

113 Madison, Aug. 15, *Annals of Congress*, 1:775（"切实可行的"和"反对宪法"）；Burke，同上；Madison, June 8，同上，450（"有些"和"反对它"）；另见 Madison, Aug. 21，同上，798；1789年6月15日麦迪逊致伦道夫，Veit et al., eds., *Bill of Rights*, 250–251; Labunski, *James Madison*, 226–227。

114 8月17日伯克提出的修正案，*Annals of Congress*, 1:780; Thomas Tudor Tucker, Aug. 15，同上，760; Madison，同上，766–767。

115 6月8日麦迪逊提出的第8号修正案，*Annals of Congress*, 1:453（"不得"）；Sherman, Aug. 18，同上，789（"完全没有"）；Madison，同上（"人民"）。

116 6 月 8 日麦迪逊提出的第 2、3、6 号修正案，*Annals of Congress*, 1:451; House Committee Report, amends. 2, 3, and 13, July 28，in Veit et al., eds., *Bill of Rights*, 29–32; House Resolution and Articles of Amendment, Aug. 24, Arts. 1, 2, and 11，同上，37–40; Madison, Aug. 14, *Annals of Congress*, 1:757（“绝对必要”和“这是很多”); Aug. 17，同上，784; 另见 Maier, *Ratification*, 447–450; Labunski, *James Madison*, 221–223。在费城会议上，麦迪逊赞成把众议院的规模扩大一倍（July 10, 1787, *Farrand*, 1:568）。

117 6 月 8 日麦迪逊提出的第 8 号修正案，*Annals of Congress*, 1:453; Madison，同上，459（“多余”和“加上”); Aug. 18，同上，790（“不可能”); 塔克的提议，同上; 8 月 21 日格里提出的修正案，同上，797; 同上（格里的修正案以 32∶17 的投票被否决了); 另见 Labunski, *James Madison*, 230。

118 同上，199–200。有一份表格列出了联邦《权利法案》的所有条款，并指出了哪些州的宪法保护这些条款，参见 Schwartz, *The Great Rights of Mankind*, 87–91; 另见 Lutz, “The States and the U.S. Bill of Rights,” 259–260。

119 6 月 8 日麦迪逊提出的第 4 号修正案，*Annals of Congress*, 1:451; House Committee Report, amends. 4, 6, July 28, in Veit et al., eds., *Bill of Rights*, 30; Akhil Reed Amar, “The Bill of Rights as a Constitution,” *Yale Law Journal* (Mar. 1991), 100:1157, 1165; 另见 Gerry, Aug. 17, *Annals of Congress*, 1:778; Huntington and Madison, Aug. 15，同上，757–758; 对比参考 District of Columbia v. Heller, 554 U.S. 570 (2008)。

120 Amar, “Bill of Rights,” 1133, 1182–1183. 这些权利源于美国的殖民地经历，因此在英国的实践中缺乏真正的先例，参见 Slauter, “Rights,” 449–450。

121 陪审团问题，参见 Rakove, *Original Meanings*, 294, 303; Bouton, *Taming Democracy*, 20; Conley, “Rhode Island: Laboratory for the Internal ‘Lively Experiment,’” 133–136。确立国教问题，见 Rakove，上文，310–312。将刑事程序权利作为保护宗教和政治异见者的替代性措施，参见 William J. Stuntz, “The Substantive Origins of Criminal Procedure,” *Yale Law Journal* (Nov. 1995), 105:393–447。将限制搜查权作为对执行税收措施的限制，参见 1788 年 5 月 1 日反联邦主义少数派在马里兰州批准宪法大会上的演说，*DHRC*,

12:664–665; Chase, Objections，同上，638；1788 年 6 月 16 日帕特里克·亨利在弗吉尼亚州批准宪法大会上的发言，*DHRC*, 10:1331。有人提醒说，联邦税收官员在搜查房屋，获取抗税证据时，可能会虐待妇女，参见“A Democratic Federalist,” *Pennsylvania Herald*, Oct. 17, 1787, *DHRC*, 2:196; “A Son of Liberty,” *New York Journal*, Nov. 8, 1787, *DHRC*, 19:135; Rutland, *Ordeal of the Constitution*, 201。

122 6 月 8 日麦迪逊提出的第 5 号修正案，*Annals of Congress*, 1:452; Madison, Aug. 17，同上，784（“整个计划中”）; Labunski, *James Madison*, 202–203；上文，154–158。特别委员会后来在这项限制州政府的修正案中增加了言论自由条款，见 House Committee Report, amend. No. 12, July 28, in Veit et al., eds., *Bill of Rights*, 31。

123 Madison, June 8, *Annals of Congress*, 1:458；上文，131–133。

124 Madison, June 8, *Annals of Congress*, 1:458; Tucker, Aug. 17，同上，783–784；另见 Labunski, *James Madison*, 203, 228。

125 Madison, Aug.13, *Annals of Congress*, 1:735；另见 1789 年 8 月 24 日麦迪逊致亚历山大·怀特，Veit et al., eds., *Bill of Rights*, 287–288。

126 Clymer, Aug. 13, *Annals of Congress*, 1:737（“[宪法]原文”）; Sherman，同上，734–735（“不应该”“破坏”“有权”“人民的行为”和“州政府的”）; Stone，同上，737–738; Jackson，同上，741–742; Smith，同上，743; Gerry，同上，743–744; Aug. 19，同上，795（谢尔曼提出的把修正案放在宪法文本末尾的提议，获得了众议院 2/3 多数的支持）; 1789 年 8 月 24 日麦迪逊致亚历山大·怀特, Veit et al., eds., *Bill of Rights*, 287(“是向某些人”）；另见 1789 年 8 月 4 日谢尔曼致亨利·吉布斯（Henry Gibbs），同上，271；1789 年 8 月 24 日埃勒里致亨廷顿，同上，287。

127 Burke, Aug. 15, *Annals of Congress*, 1:774（“已经针对”和“不是提出”）; 1789 年 7 月 30 日本杰明·古德休致迈克尔·霍奇，Veit et al., eds., *Bill of Rights*, 269（“不伤害”）; Gerry, Aug. 18, *Annals of Congress*, 1:786; Tucker，同上，790–792; Gerry, Aug. 15，同上，776; Tucker, Aug. 13，同上，736; Gerry, July 21，同上，687–688; Tucker，同上，689–690; Gerry, June 8，同

上，463–464；1789 年 8 月 18 日弗雷德里克・A. 米伦伯格致拉什，Veit et al., eds., *Bill of Rights*, 280；1789年7月22日兰伯特・卡德瓦拉德致乔治・米切尔，同上，268; Labunski, *James Madison*, 229。

128 Burke, Aug. 15, *Annals of Congress*, 1:777（“令人满意”和“将会”）; Page，同上（“辩论自由”）; Tucker, Aug. 18，同上，786–787（“可能”“感到”“很自然地”“党派精神”“敌对情绪”和“当前宪法”）; 另见 Labunski, *James Madison*, 230。

129 1789 年 8 月 15 日威廉・劳顿・史密斯致爱德华・拉特利奇，Veit et al., eds., *Bill of Rights*, 278（“火热”和“今天”）; 1789 年 8 月 17 日威廉・史密斯致奥索・H. 威廉姆斯，同上，280（“炎热的天气”）; Aug. 22, 1789，同上，285（“众议员”）; 1789 年 8 月 16 日乔治・伦纳德（George Leonard）致西尔瓦诺斯・伯恩（Sylvanus Bourne），同上，279（“政治温度”和“很高”）; 另见 1789 年 8 月 18 日米伦伯格致拉什，同上，281; 1789 年 8 月 16 日哈特利致贾斯珀・耶茨，同上，279。

130 8 月 18 日格里的提议，*Annals of Congress*, 1:786；同上，788（以 34∶16 的投票否决提议）; Aug. 22，同上，803–807（塔克提出的限制国会征收直接税的修正案，经辩论后以 39∶9 的投票被否决）; Livermore，同上，804（全部引文）。

131 Gerry, Aug. 15，同上，764–765（“制约”）; Hartley，同上，761（“煽动”）; Clymer，同上，763（“彻底破坏”）; 塔克提议增加选民对代表的指示权，同上，761; Burke，同上，774; Page，同上，772; Vining，同上，770；同上，776（以 41∶10 的投票否决了增加指示权的提议）; 另见 Labunski, *James Madison*, 224–227; 上文，172。

132 Aug. 21, *Annals of Congress*, 1:797–802（经辩论后否决了伯克提出的修正案）。

133 Burke, Aug. 15，同上，774, 775（“远远无法”“理智”和“人们”）; Livermore, Aug. 22，同上，804, 805（“不会认为”和“人们会”）; 另见 1789 年 8 月 20 日古德休致霍奇，Veit et al., eds., *Bill of Rights*, 283; Cornell, *Other Founders*, 162。

134 1789 年 8 月 11 日巴特勒致艾德尔，Veit et al., eds., *Bill of Rights*, 274（“不

痛不痒”); 1789 年 8 月 28 日亨利致李，同上，289–290（“只是”“伤害”“不起任何”和“那些”); 1789 日 9 月 29 日格雷森致亨利，同上，300（“毫无用处”和“弊大于利”); 另见 June 12, 1789，同上，248–249; 1789 年 9 月 14 日理查德·亨利·李致亨利，同上，295; 1789 年 8 月 28 日理查德·亨利·李致查尔斯·李，同上，290; 1789 年 8 月 15 日詹姆斯·麦迪逊牧师致麦迪逊，同上，277; Labunski, *James Madison*, 210, 235, 242; Cornell, *Other Founders*, 159。

135 1789 年 8 月 16 日哈特利致耶茨，Veit et al., eds., *Bill of Rights*, 279（“非常奇怪”和“迫使”); 1789 年 8 月 17 日布朗致威廉·欧文，同上，279（“似乎决心”和“如果”); 威廉·史密斯致奥索·H. 威廉姆斯，同上，280（“在每一个”“竭尽所能”和“远远没有”); 1789 年 8 月 18 日米伦伯格致拉什，同上，281（“非常渴望”); 1789 年 8 月 21 日麦迪逊致伦道夫，同上，284（“非常令人”); 另见 1789 年 8 月 20 日古德休致霍奇，同上，283; 1789 年 8 月 15 日威廉·L. 史密斯致爱德华·拉特利奇，同上，278; 1789 年 8 月 21 日麦迪逊致彭德尔顿，同上，284; 1789 年 8 月 23 日古德休致塞勒姆保险办公室，同上，285–286; 1789 年 9 月 2 日彭德尔顿致麦迪逊，*PJM* (C.S.), 12:368–369。

136 1789 年 8 月 9 日史密斯致爱德华·拉特利奇，Veit et al., eds., *Bill of Rights*, 272–273（“希望”“不会损害”“从另一个方面”和“北卡罗来纳”); 1789 年 8 月 12 日埃姆斯致乔治·R. 米诺特，同上，275（“说他们”“抗议”和“无足轻重”); 1789 年 8 月 20 日古德休致霍奇，同上，283（“在不削弱”); 1789 年 8 月 24 日埃勒里致亨廷顿，同上，287（“毫无恶意”); 下文，594; Labunski, *James Madison*, 216–217, 235, 239; Banning, *Sacred Fire*, 289。

137 1789 年 8 月 23 日古德休致塞勒姆保险办公室，Veit et al., eds., *Bill of Rights*, 285; The Diary of William Maclay, Aug.25, 1789，同上，289（“不屑一顾”); 1789 年 5 月 28 日李致亨利，同上，241（“当众议院”); 1789 年 8 月 28 日李致查尔斯·李，同上，290（“拿走”); 另见 1789 年 8 月 18 日米伦伯格致拉什，同上，280; 1789 年 8 月 2 日麦迪逊致威尔逊·卡里·尼古拉斯（Wilson Cary Nicholas），同上，271。

138 1789 年 9 月 14 日麦迪逊致彭德尔顿，*PJM* (C.S.), 12:402（“最有益”); 另

见 1789 年 9 月 17 日潘恩・温盖特致约翰・兰登，Veit et al., eds., *Bill of Rights*, 297; Labunski, *James Madison*, 237–238; Maier, *Ratification*, 453–454。

139 1789 年 9 月 23 日麦迪逊致彭德尔顿，*PJM* (C.S.), 12:418–419（"有些案件""这样的"和"如果"）; 1789 年 9 月 13 日古德休致塞缪尔・菲利普斯（Samuel Phillips），Veit et al., eds., *Bill of Rights*, 294（"弗吉尼亚人"）; 1789 年 9 月 29 日格雷森致亨利，同上，300（"已经被"）; 另见 1789 年 9 月 13 日理查德・亨利・李致弗朗西斯・莱特富特・李，同上，294; 1789 年 9 月 14 日理查德・亨利・李致亨利，同上，295。

140 1789 年 9 月 29 日格雷森致亨利，Veit et al., eds., *Bill of Rights*, 300; Labunski, *James Madison*, 209, 236–237；另见 1789 年 9 月 9 日西奥多里克・布兰德・伦道夫（Theodorick Bland Randolph）致圣乔治・塔克，Veit et al., eds., *Bill of Rights*, 293；1790 年 1 月 29 日亨利致理查德・亨利・李，Henry, *Life of Patrick Henry*, 2:451。

141 1789 年 9 月 28 日李和格雷森致弗吉尼亚州议会议长，Veit et al., eds., *Bill of Rights*, 299（"我们已经"）; 1789 年 9 月 28 日李和格雷森致弗吉尼亚州州长贝弗利・伦道夫（Beverley Randolph），同上，300 n. 1（"痛心地"和"没有达到"）; 1789 年 9 月 14 日李致亨利，同上，295（其余引文）。

142 1789 年 9 月 13 日李致弗朗西斯・莱特富特・李，同上，294（"很明显"）; 1789 年 9 月 14 日李致亨利，同上，295; Sept. 27, 1789，同上，299（"有效修正案"和"应该"）; 另见 Cornell, *Other Founders*, 162–163; Maier, *Ratification*, 454–455; Labunski, *James Madison*, 242–243。

143 1789 年 9 月 8 日梅森致塞缪尔・格里芬（Samuel Griffin），Veit et al., eds., *Bill of Rights*, 292。

144 Labunski, *James Madison*, 245–246.

145 1789 年 9 月 28 日李和格雷森致弗吉尼亚州议会议长，Veit et al., eds., *Bill of Rights*, 299–300；1789 年 9 月 28 日李和格雷森致弗吉尼亚州州长贝弗利・伦道夫，同上，300 n. 1；1789 年 12 月 5 日麦迪逊致华盛顿，*PJM* (C.S.), 12:458（引文）; 1789 年 8 月 28 日帕特里克・亨利致理查德・亨利・李，Veit et al., eds., *Bill of Rights*, 289–290; Labunski, *James Madison*, 246。

146 1789 年 12 月 20 日卡林顿致麦迪逊，*PJM* (C.S.), 12:463（“让人民”和“起身离开”）；另见 1789 年 11 月 20 日麦迪逊致华盛顿，同上，453；1789 年 11 月 26 日伦道夫致华盛顿，*PGW* (P.S.), 4:326; Nov. 22, 1789，同上，316。

147 1789 年 12 月 20 日卡林顿致麦迪逊，*PJM* (C.S.), 12:464; *Journal of the Virginia House of Delegates of 1789*, Dec. 5, 1789, 89（62∶62 的平局票）；另见 Labunski, *James Madison*, 250–251; Billings, “Virginians and the Origins of the Bill of Rights,” 364–365。

148 1789 年 11 月 28 日伯恩利致麦迪逊，*PJM* (C.S.), 12:456（引文）；另见 1789 年 12 月 20 日卡林顿致麦迪逊，同上，464。

149 1789 年 12 月 5 日麦迪逊致华盛顿，*PJM* (C.S.), 12:459（全部引文）；另见 Labunski, *James Madison*, 249–250。麦迪逊写这封信的时候，北卡罗来纳州的第二次批准宪法大会已经批准了宪法，但他还没有收到消息。

150 1789 年 11 月 28 日伯恩利致麦迪逊，*PJM* (C.S.), 12:456（全部引文）；1789 年 12 月 20 日卡林顿致麦迪逊，同上，464；1789 年 11 月 26 日伦道夫致华盛顿，*PGW* (P.S.), 4:326；1789 年 12 月 5 日伯恩利致麦迪逊，同上，460; *Journal of the Virginia House of Delegates of 1789*, Nov. 30, 1789, 79；1790 年 1 月 20 日乔治·李·特伯维尔致麦迪逊，*PJM* (C.S.), 12:471；1790 年 1 月 4 日麦迪逊致华盛顿，同上，467; Labunski, *James Madison*, 251–252; Billings, “Virginians and the Origins of the Bill of Rights,” 364–365。

151 Labunski, *James Madison*, 252–256; Billings, “Virginians and the Origins of the Bill of Rights,” 366.

152 1789 年 8 月 19 日麦迪逊致彼得斯，*PJM* (C.S.), 12:347（全部引文）；上文，547, 561–563; Labunski, *James Madison*, 232, 234。

153 1789 年 8 月 19 日麦迪逊致彼得斯，*PJM* (C.S.), 12:347（全部引文）。麦迪逊显然不觉得自己同样受到弗吉尼亚州批准宪法大会的指令的约束，该指令要求新国会中的州代表支持本州批准宪法大会通过的所有宪法修正案。

154 同上，347。

155 同上。

156 1789 年 8 月 28 日彼得斯致麦迪逊，Veit et al., eds., *Bill of Rights*, 289。

157 Labunski, *James Madison*, 240; Veit et al., eds., *Bill of Rights*, xv–xvi.

158 1788 年 4 月 10 日麦迪逊致伦道夫，*PJM* (C.S.), 11:18（引文）；另见 Banning, *Sacred Fire*, 280。

159 1788 年 10 月 17 日麦迪逊致杰斐逊，*PJM* (C.S.), 11:297（"重要性和"和"分歧很大"）；1789 年 3 月 27 日伦道夫致麦迪逊，Veit et al., eds., *Bill of Rights*, 223（"虽然我"）；1788 年 7 月 19 日汉密尔顿致麦迪逊，*PAH*, 5:178（"使那些"）；1789 年 6 月 12 日格雷森致亨利，Veit et al., eds., *Bill of Rights*, 248–249（"毫无疑问"和"只支持"）；1789 年 8 月 18 日米伦伯格致拉什，同上，281；另见 1789 年 6 月 14 日亚伯拉罕·鲍德温致乔尔·巴洛，同上，250；同上，xvi; Banning, *Sacred Fire*, 265–267, 280; Heideking, *The Constitution Before the Judgment Seat*, 403。

160 1789 年 6 月 4 日戴维致艾德尔，McRee, *James Iredell*, 2:260（"信心满满"和"使反联邦主义者"）；1789 年 8 月 3 日卡林顿致诺克斯，Veit et al., eds., *Bill of Rights*, 271（"与新政府"和"变得"）；另见 1789 年 9 月 9 日卡林顿致麦迪逊，同上，292。关于反联邦主义者表示，联邦主义者在批准过程中做出的支持修正案的承诺是可以信赖的，参见马萨诸塞州一位绅士的信的摘录（2 月 20 日），*Edenton Intelligencer*［North Carolina］, Apr. 9, 1788, *DHRC*, 7:1656；1788 年 2 月 6 日小威廉·西蒙斯在马萨诸塞州批准宪法大会上的发言，*DHRC*, 6:1475。在马萨诸塞州选举国会代表之前，当联邦主义者似乎要背弃他们早些时候做出的支持国会制定修正案的承诺时，一名反联邦主义者发出了严厉警告，反对在新政府的第一批法案中"欺骗人民"（"Honestus," Boston *Independent Chronicle*, Oct. 30, 1788, *DHFFE*, 1:473）。

161 1789 年 9 月 2 日彭德尔顿致麦迪逊，*PJM* (C.S.), 12:368–369（"产生"和"在某种程度上"）；1789 年 9 月 26 日罗得岛州州长约翰·柯林斯致总统和国会，Veit et al., eds., *Bill of Rights*, 298（"已经给"和"明确"）；1789 年 11 月 20 日麦迪逊致华盛顿，*PJM* (C.S.), 12:453（"浸信会"）；1790 年 4 月 2 日杰斐逊致拉法耶特，*PTJ* (M.S.), 16:293（"几乎所有"）。

162 对于麦迪逊是否真的对权利法案充满热情，学界意见不一。对此表示怀疑的观点参见 Maier, *Ratification*, 443; Rakove, *Original Meanings*, 333; Ellis,

The Quartet, 199, 205, 212–213; Bowling, "'A Tub to the Whale,'" 224。与之相反的观点认为，麦迪逊最终转变为一个真正的权利法案的信徒，参见 Wood, *Creation of the American Republic*, 542–543; Banning, *Sacred Fire*, 280–281, 286–287; Labunski, *James Madison*, 62–63, 192, 194; Stuart Leibiger, "James Madison and Amendments to the Constitution, 1787–1789: 'Parchment Barriers,'" *Journal of Southern History* (Aug. 1993), 59:442–443。

在批准之前，联邦主义者倾向于不太在意权利法案是否会造成伤害，而是更关心它是否会带来好处。批准之后，尽管大多数联邦主义者仍然怀疑权利法案会带来多大的好处，但事实证明，他们愿意接受它，因为他们不相信它会造成任何伤害。

163 1889 年 8 月 4 日谢尔曼致亨利·吉布斯，Veit et al., eds., *Bill of Rights*, 271（"对那些"）; 1789 年 7 月 22 日卡德瓦拉德致乔治·米切尔，同上，268（"影响很小"和"平息"）; 1789 年 8 月 15 日哈特利在众议院的发言，*Annals of Congress*, 1:760（"倾向于""不违背"和"将会"）; 另见 1789 年 9 月 8 日埃勒里致亨廷顿，Veit et al., eds., *Bill of Rights*, 291; 1789 年 3 月 25 日潘恩·温盖特致蒂莫西·皮克林，同上，223; 1789 年 6 月 1 日本杰明·霍金斯致麦迪逊，同上，243。

164 1789 年 10 月 2 日塔克致圣乔治·塔克，Veit et al., eds., *Bill of Rights*, 300（"完全是"）; 1789 年 9 月 14 日格里致约翰·温德尔，同上，294（"宪法是"和"安抚"）; 1789 年 9 月 27 日李致亨利，同上，298–299（"陈述"和"没有"）; 另见 1789 年 9 月 29 日格雷森致亨利，同上，300; Cornell, *Other Founders*, 162; 上文，583–584。

165 "Pacificus"（Webster）, in Veit et al., eds., *Bill of Rights*, 276（"书面上的"）; Gideon v. Wainwright, 372 U.S. 335, 341 (1963)（"对自由的"）; 1801 年 3 月 21 日汉密尔顿对纽约州选民的讲话，*PAH*, 25:356（"推出之后"）。

第八章　结语

偶然性

由于美国宪法已经成为美国人自我认知的关键因素，美国人很难接受宪法制定过程中的不确定性和偶然性。然而，在宪法产生的过程中，却没有什么事情是必然的。[1]

在制宪会议之前召开的安纳波利斯大会，没能在各州间凝聚起足够的利益，以达成任何实质性结果。没有太多的理由期望费城制宪会议能够做得更好。如果不是谢斯反叛在全国精英中造成普遍的焦虑，以及罗得岛州采取激进的经济民众主义的话，邦联国会和各州立法机关可能会拒绝支持召开制宪会议。而且，乔治·华盛顿差点拒绝出席制宪会议，他若缺席，将会使大会失去巨大的合法性影响力。[2]

召集起来的费城会议——援引重要的参会者查尔斯·平克尼随后的回忆——“一再处于一事无成、随时可能解散的危险之中”。即使是在这次大会拟定了一部宪法之后，宪法是否能得到批准，也依旧充满变数。有几个州的批准争论难分胜负，即便参与者也无法满怀信心地预料结果。策略上的技巧和相当程度的运气，使联邦主义者险胜，他们只是勉强避开了有条件地批准宪法或者召开第二次制宪会议的要求。甚至在这部宪法已经获得批准之后，似乎也不太可能补充一份权利法案。[3]

这一过程中，詹姆斯·麦迪逊几乎在每个阶段都发挥着关键性作用。部分原因在于他的倡议，弗吉尼亚州立法机关才号召召集安纳波利斯大会。当这次大会失败时，麦迪逊和少数其他出席会议的成员大胆决定邀请各州参加另一次大会——一次拥有更广泛授权的
596 会议——于次年春季在费城集结。麦迪逊随后在弗吉尼亚州立法机关起草了任命代表参加费城制宪会议的议案，这项议案获得通过后，随即传送各州，成为各州选派代表参加大会的集结号。他还协助说服华盛顿参与这次制宪会议。[4]

麦迪逊几乎一手塑造了这次大会的最初议程。这些代表中，只有他一人系统地反思过《邦联条例》的弊端以及州政府的弊病，并且设计了一套他相信将会纠正弊病的政府体系。然后，他说服弗吉尼亚州的代表提前抵达费城，这样他们就能齐心协力地在幕后完成一份即将成为这次会议蓝图的计划。[5]

单就这次会议而言，讨论过程中，麦迪逊是最有才干和最经常发言的三四个代表中的一个。在描述大会代表的性格时，威廉·皮尔斯指出，麦迪逊通常是“任何争论焦点中最见多识广的人”，带领大家“处理每一项重大问题”。尽管麦迪逊在他非常关心的许多议题中失利，但在塑造这部宪法的过程中，他所发挥的作用至少与其他任何人一样重要。[6]

如果没有麦迪逊不辞辛苦地组织活动和他在里士满批准宪法大会上的艰辛付出，弗吉尼亚州——当时最大和最重要的州——很可能拒绝这部宪法。随后，麦迪逊又精心谋划——几乎再次一手操办——

推动第一届联邦国会通过了权利法案。在美国历史上，几乎没有人像他这样，在建国这么重大的事件中，发挥如此重要的作用。[7]

假如18世纪80年代末启动修订宪法的议程失败，会出现什么情况？很显然，无人知晓确切答案。然而，很可能会出现一些可怕的后果。

大多数美国政治领袖相信《邦联条例》是一个致命性的失败。1786年夏季，鲁弗斯·金表示，“公共事务不可能比现在更糟了”。来自罗得岛州的国会代表詹姆斯·曼宁报告，所有国会议员都同意“联盟政府的各项事务正处于危机之中”，“如果不迅速改变各州的政策，联盟政府必然一事无成”。在费城制宪会议召开前两个月，来自弗吉尼亚州的国会代表约翰·布朗评论道，人民对新宪法的期待，“已经击碎了当下政府在世人心中的形象。它不可能——也不会——支撑太久，而且如果新政府得不到支持，只有上帝知道将会发生什么事”。[8]

有一种可能便是，没有这部宪法，邦联就会解体。在费城制宪
会议召开的前一个月里，麦迪逊评论道，重要的政治人物开始公开谈 597
论“美国分裂成竞争和敌对的邦联”的可能性。邦联国会外交部长约翰·杰伊——根据一位弗吉尼亚人的描述——“错误地企图放弃［密西西比河］航运权”，所造成的混乱已经导致许多南方人和西部人质疑联盟的价值。据说，弗吉尼亚州州长帕特里克·亨利宣称，“他宁愿脱离邦联，也不愿放弃密西西比河的航运权”，而且弗吉尼亚州派往邦联国会的代表亨利·李已经发声警告，“先生们正悄悄谈论邦联的分裂和解体问题”。邦联国会未能批准一份提议赋予国会规制对外贸易权的修正案提议，同样导致许多北方人开始思忖，他们能否组成鲁弗斯·金所谓的“一个次级邦联”，来纾解他们的商业困境。[9]

如果制宪会议在争论中解体，或者这部宪法没有得到批准，那

么，邦联存续的前景，将可能比一开始便不做根本性改革更加渺茫。一位出席费城制宪会议的佐治亚州代表威廉·非尤（William Few）后来反思说，如果代表们在“几周的思考和辩论”之后“什么事也不做”就宣布休会——就像他们已经“做过严肃的考虑”那样——那么，“各州联盟的解体似乎是不可避免的”。汉密尔顿猜想，如果这部宪法制定出来了，但是没有得到批准的话，“关于此事的讨论，将在社会上引发争斗、仇恨和激烈情绪，这种环境，加之从根本上改变我们的现状的必要性，将引发内战”。在弗吉尼亚州批准宪法大会上，伦道夫同样预计，如果批准宪法的努力失败，“这个联盟将会解体，战争恶魔将会出笼，无政府和混乱状态行将完全毁灭这个国家”。[10]

也存在另一种严重的可能：如果没有这部宪法，美国的许多精英将会放弃他们致力于建立共和主义政府的决心。谢斯反叛和大多数州立法机关屈从于民众主义者的要求所制定的财政和货币救济措施，已经在上层人士中引发了严重恐慌。在费城制宪会议召开之前的数月，麦迪逊就告诉伦道夫“许多有名望者，特别是在东部地区［例如新英格兰］，被怀疑倾向于君主政体”。华盛顿同样表示，“某些令人尊敬的人物毫无顾忌地谈论着君主制政府形式”。马萨诸塞州批准宪法一周之后，一位波士顿的联邦主义者欣慰地指出，他曾经非常“害怕出现本州如果拒绝批准宪法将导致的后果”，在他看来，
598 如果本州拒绝批准宪法，除了联盟解体以外，“没有其他可能”，继之而起的，将是“无政府主义和混乱”，而且“过不了几年，便会出现用一个权杖［统治］我们的暴君”。[11]

起草和批准这部宪法阻止了这类偶然情况的发生。共和主义政府——尽管不那么民众主义——得以保存，联盟也得以维系，但不消几代它还会受到严峻的挑战。

偶然性不仅体现在这部宪法的制定过程中，还表现于这部宪法的许多实质性条款之中。除了联邦最高法院外，制宪会议几乎反对授权设立任何其他联邦法院。而且，这部宪法规定的选举总统机制——通过由州立法机关规定的方式任命的选举人团来选举——起初也是被制宪会议以压倒性多数否决，后来会议又反复考虑和拒绝了其他多种选择才采纳这种机制。实际上，在它最终被否决之前，有一种替代性的选举总统方式——由国会遴选——已经暂时地多次被制宪会议接受。如果总统由国会遴选产生，那么，美国政府可能与当代世界主流的议会制民主更加相似，在这种体制之下，行政机关严重依赖立法机关。然而，费城制宪会议通过持续不断的深入讨论来解决这一问题，最终产生的却是一种近乎随机的解决方案。[12]

因为这次制宪会议面临如此众多的相互交织的议题，在商讨期间暂时做出的某些决定形成了路径依赖，反过来导致更加随机性的决定。譬如，康涅狄格州妥协方案规定各州在参议院具有同等的投票权后，包括麦迪逊在内的某些大州代表，投票将已经临时分配给参议院的权力——任命政府官员和签约的权力——转移给总统。与此同时，许多小州代表，在已经确保各州在参议院获得同等的投票权后，转而支持扩大全国性政府的权力——而在康涅狄格妥协案之前，他们是抵制这么做的。代表们基于已经临时达成的妥协调整各自的立场，一旦这样的妥协瓦解，又得重新讨论许多重要的议题。[13]

确实，如果没有这次大会商讨出来的各式各样的妥协——尤其是小州和大州、奴隶州和大多数自由州之间的妥协——就不可能产生这部宪法。然而，这些妥协却损害了这部宪法的内在一贯性。正如麦迪逊在《联邦党人文集》第37篇中所解释的那样，为了达成这类妥协，制宪会议不得不“考虑外在因素的力量，而牺牲理该如此之事”，从而使最终的结果偏离了“人为设计的框架和常规化的对 599

称结构，这样的框架和结构源自覃思的理论家在这一问题上的抽象化看法，他们通过闭门思考或者凭借自己的想象力提出了这样的政制方案”。各州在参议院内的同等代表权，与一个表面上基于人民主权的全国性政府格格不入。为了分配众议院议席，奴隶——到1800年将会占全美人口的近19%——既不能完全不统计在人口数量之内，也不能算作完全的人。宪法授权国会禁止对外奴隶贸易——但得等到一代人消逝之后。[14]

利益

在费城达成的妥协也表明，很大程度上，这部宪法是利益相互冲突的产物，而非冷静理智的政治商讨的结果。乔治·梅森恰当地评价了他的同胞在费城表现出的异乎寻常的天赋：“这次会议，吸引了美国的第一流人物……很多人的能力都令人敬佩。”然而，尽管他们都是非凡之人，但利益却相当平凡。本杰明·富兰克林就敏锐地意识到，任何人，不论其多么富有才华，在集会时都会带着他们的“所有偏见、激情，他们的错误看法，他们的乡土利益，还有他们的自私观念”。[15]

我们没必要为了相信——这一点不可避免——制宪者也有私利，而否认，正如梅森和麦迪逊所坚信的那样，他们拥有“最纯洁的意图”。支持这部宪法的人偏向于相信，他们是公正无私的，而其对手则是受私利驱动。这一点毫不令人感到惊讶。在联邦主义者看来，只有具备美德、才能和教养的天然贵族——就像他们自己那样的人——才能够超越狭隘的自我私利。[16]

为此，汉密尔顿曾向麦迪逊抱怨道，由于反联邦主义者用尽

"一切影响力和诡计"，联邦主义者很难能够"指望理性地战胜对手"。麦迪逊也将绝大多数反对宪法者称为"别有用心的无知无识者"。用华盛顿的话来说，反联邦主义者提出反对意见，"更多的是为了激起恐慌而非说服他人相信"，而且他们允许"自己的地方观念"凌驾于"不合乎他们目前或者未来期望"的看法之上。然而，尽管联邦主义者自认为公正无私，究其实不过是与其政治对手所持的利益不同而已。[17] 600

利益的冲突已经破坏18世纪80年代修订《邦联条例》的努力，导致联盟内部出现危机。起初是罗得岛州，随后是纽约州，投票否决了一条授权邦联国会征收进口商品税以增加岁入的修正案，因为这些州希望维持现状，即自己征收进口税，然后将大部分税负转嫁到邻州的公民身上。纽约州拒绝无条件地批准1783年的进口税修正案，导致新泽西州威胁说不再缴付国会的摊派份额，并将采取报复纽约州的举措。邦联国会主席相信，"流血冲突"近在眼前。许多南方人抵制授权国会管控对外贸易的修正案，因为他们担忧这样一种权力将主要被用来服务于北方船主和制造商，从而牺牲南方种植园主的利益。1786—1787年间，在邦联外交部长约翰·杰伊与西班牙使节加尔多基的谈判所引发的争论中，北方人支持与西班牙缔结通商条约，而南方人则要求声明美国人在密西西比河上的航运权。就如何指示杰伊，邦联国会内部意见不一，致使许多政治家对联盟命运深感绝望。[18]

在宪制改革过程中，不同利益者之间的此类冲突并未立即消失：费城会议是一场名副其实的相互冲突的利益的大杂烩。会议中，休·威廉姆森对已经返回北卡罗来纳家中的一位政治盟友哀叹道，"因为要协调这些多元和几乎对立的利益，我们的进展非常缓慢"。当这次大会在如何分配国家立法机关代表席位的问题上行将谈崩时，埃尔布里奇·格里"悲叹，我们非但不像到这儿来聚会的同一个家庭的亲兄弟，反而更像充满斗志的政治谈判对手”。尽管古文诺·莫里斯声称，他在费城的身份是“美国的代表”——实际上是“全人类的代表”——但他也遗憾于多数代表的表现：他们完全在“为各自的州讨价还价”。[19]

大多数代表都要确保自己的州在这个新兴的全国性政府中掌握尽可能多的权力。❶某一个州代表的利益有时取决于这个州的规模：来自特拉华州的代表——该州居民人口最少——赞成在国家立法机关的至少一个分支中实行平等的州代表权；而来自弗吉尼亚州的代表——该州居民人口最多——希望参众两院都按照人数多寡分配代
601 表。在其他一些场合，州代表的利益主要源自本州地理方位：来自南方州的代表希望，众议院能基于他们的奴隶人口数量，尽可能多地给他们分配代表席位，然而北方州偏向于在分配议席时，尽可能少地计算奴隶人数。[20]

为了证明地域利益有时也能够超越狭隘的州利益，麦迪逊解释道，有一次，他投票反对为弗吉尼亚州增加一名在国会第一院的代表名额，因为他更担心，南卡罗来纳州和北卡罗来纳州会相应地各增加一个名额。当这次大会在倒数第二天考虑是否在国会第一院增加一名北卡罗来纳州的代表名额时，即便所有五个南方州都投票赞成，但仍被在场的六个北方州的坚定同盟所打败。[21]

代表们采用强硬的战术追求各自州的利益。小州和奴隶州的代表们威胁着要离开大会——如果他们不能在自认为最重要的议题上获得让步的话。在这些议题上，他们的对手也做出了同样——可能

❶ 关于这一现象的最明显体现，可能是大会代表围绕国会第一院的议席分配问题进行的争吵，由于当时缺乏任何可靠的人口统计，因此争论更加激烈。参见 George Read, July 9, *Farrand*, 1:561; convention proceedings, July 10，同上，566–568; Sept. 15，同上，2:623–624。

稍微不那么可信——的威胁。[22]

当然，也有一些议题似乎不像其他议题那样牵涉特定的利益。譬如，个别代表对行政专制的担忧程度似乎与他所在的州或者地区无关。而且，麦迪逊有时看似不像其他代表那样遵循追求各自州特定利益的准则。在某些重要议题上，他的投票既与其他弗吉尼亚州代表不同，也和其他南方代表相异。比如，麦迪逊是唯一一个投票反对禁止征收进口税宪法条款的南方代表，也是唯一一个反对国会在制定航运法时必须获得绝对多数议员赞同的南方代表。在这些投票中，麦迪逊宣称，他采取的是“全国和长远”的角度，而非狭隘的地域之见和一时的短浅看法。[23]

然而，如果再仔细审视，就会发现，上述两种例外情形——代表们对于行政权力的担忧和麦迪逊的非正常投票模式——都只是表面现象，非其实质。尽管代表们对行政篡权的抽象担心看似并没有牵涉他们所在的州或者地域，但是他们愿意将某些权力交给总统——比如涉及任命和签订条约的权力——也大致能反映出其所在州在康涅狄格妥协案中的盘算。而且，对于如何选举行政首脑的争论也在很大程度上反映了这类冲突——小州和大州，以及奴隶州和大多数自由州之间的冲突，并且这些冲突主导了这次大会的大部分进程。[24]

同样，麦迪逊投票模式明显的例外主义也不能证明他超然世外，不受利益左右，而是体现出一种在评估相关利益之后更为开阔 602
的视野。譬如，麦迪逊相信，北方各州占主导的国会可能利用宪法规制商业活动的权力，为北方船主提供合法的垄断地位，南方农业生产者可能会因此付出更高的代价，但这是个公平的交易，可以保证格外脆弱的南方各州在一个更加强大的联邦中享有更大的安全保障。而且，在其他议题上——比如在达成康涅狄格妥协案之后如何分配任命官员的权力和签订条约的权力——麦迪逊的投票，也反映了他身为一名南方大州代表的一贯立场。[25]

尽管受利益驱动的立场通常会披上事关政治原则的外衣，但是这也不能使它们少受利益驱动。特拉华州的冈宁·贝德福德的怀疑是对的，用他的话说，当大州代表要求以人口数为依据来分配全国性立法机关两院代表的名额时，“他们却一再声称自己原则的纯洁性和动机的正直性”。[26]

不过，贝德福德未能以同样怀疑的眼光来审视他的小州同僚们所提出的各种辩论理由。这些来自小州的代表们也从原则出发，要求在参议院实现各州的平等代表权。譬如，他们坚称，小州尤其需要保护，以避免大州联手主导国会来欺压它们。然而，实际上，小州的代表几乎都希望各州能在新的联邦政府中获得尽可能多的权力。在讨论如何分配国会议员席位时，代表们耗费了数周时间争论主权性质、代表制理论，以及哪些团体应该获得免受多数派统治的政治保护。然而，最终还是没有任何人改变立场；小州的代表们赢得了这次战斗，只因为其立场更加强硬。[27]

同样地，代表们还针对由各州专门开会批准宪法——而非由各州立法机关批准——是否将赋予宪法更大的合法性，展开了思辨性争论。然而，事实上，代表们最终选择批准宪法大会的方案，是为了使这部宪法最有可能获得批准。[28]

同理，麦迪逊的大共和国理论——在一个更大的地理区域中将会出现更好的政府决策，这既因为地理范围越大，利益越加多元化，也是因为代表们通过间接选举、大范围的选民群体和长期任职，将有更多的机会去“提炼和扩大”他们所代表选民的看法——事实上是由他的这一愿望激发的：设计一套压制各州发行纸币和减免债务的法律的制度。在制宪会议上一个非常坦诚的时刻，麦迪逊

承认了自己的真实想法，他指出，一个共和形式的政府所面临的根
本性挑战在于，要清楚如何防止权力“落入”那些“寻思着更加公 603
平地分配［财产］者”的“手中”。[29]

在宪法起草和批准过程中，小插曲和争议所带来的利益冲突，起到了令人震惊的形塑作用。尽管这些冲突很快便告消退，但它们所塑造的宪法却存续了几个世纪。

杰伊与西班牙谈判时愿意交换美国在密西西比河上的自由航运权所引发的争论，深刻地影响了南方人在一系列问题上的看法——比如联盟的意义、如何分配国会代表席位，以及应该如何限制全国性政府在管理贸易和签订条约方面的权力。不过，直到宪法批准程序完成之前，这个议题本身基本上都是未在法律上确定的。另一个相当暂时性的议题，即反对英国债权人征收战前债务，使联邦法院系统，如埃德蒙德·伦道夫所说，成为弗吉尼亚人眼中“宪法最脆弱和可憎的部分”。纽约州通过在本州港口征收进口税，从邻州获得税收——这并非临时议题，而是一个非常具体的问题——极大地影响了新泽西州和康涅狄格州参与费城会议的代表，既影响了他们对于扩大国会征税权和管理贸易权的看法，也影响了他们在批准宪法问题上所持的立场。[30]

1786—1787年间，丹尼尔·谢斯和其他马萨诸塞州人领导的纳税人和债务人的反叛，深刻影响了费城会议和这部宪法。这场叛乱对促成马萨诸塞州派遣代表参加费城会议起了决定性作用，或许还让华盛顿下决心参会。更加重要的是，谢斯反叛还影响许多与会代表的态度，使他们对新的联邦政府应该拥有多大权力，以及如何回应民众主义者的要求有了不同的看法。大会前夕，威廉·格雷森与来自新英格兰地区的邦联国会代表谈话时，就已震惊地发现，来自这一地区的代表们极其支持建立“一个非常强大的政府”，他们也

极为“希望超越所有的州立法机关，进而从整体上组建一个全国性政府”。梅森到达费城后，也惊讶地看到，新英格兰人反对共和主义的程度已经“超乎寻常”。在大会上讨论时，代表们经常谈及谢斯反叛。格里在宣称新英格兰人“对政府抱有世界上最狂野的看法”时，所指正是谢斯反叛，汉密尔顿所谓“民主精神之下令人震惊的暴力和动荡”也是指这件事。[31]

假如制宪会议早于谢斯反叛一年召开，而非在其后，很有可能
604 会产生一部截然不同的宪法。1786年春，在那次反叛之前，格雷森就告诉麦迪逊，新英格兰人只对给予国会调控贸易的权力感兴趣，甚至不会同意“国会有权力阻止各州通过发行纸币相互欺骗，或者欺骗它们自己的公民”。两年后，格雷森在反对批准宪法时，也提出了类似看法，他忧心地反思说，在谢斯反叛之前，只有弗吉尼亚州人支持彻底改革联盟体制，而新英格兰人已经“充分意识到”以革命的方式变革政府所带来的“危险”。确实，正如一位反联邦派代表所言，在马萨诸塞州批准宪法大会上，有一点很明显，“许多在过去的几年间极力反对扩大国会权力之人，如今却最热情地主张大规模扩大国会的权力，其支持的权力范围之大，甚至超越了其先前所反对的那些权力”。[32]

罗得岛州的货币激进主义措施也发挥了显著作用：让纸币臭名远扬，动员本国的经济精英群起反对，从而为这部宪法铺平了道路。根据联邦主义者“一位地主”的说法，罗得岛州允许“公众的非正义以最大化和最极端的后果呈现出来”，“背离了良好和公正政府的所有原则”，已经让“那些可能反对”从国家层面进行宪法改革的人“理屈词穷”。甚至连在纽约州批准宪法大会上批评宪法第一条第十款的梅兰克顿·史密斯，也没有为其邻州的政策辩护：“对于罗得岛州，我无意为其辩护；它理应受到谴责。如果在这个世界

上还有政治腐败之例，罗得岛州便是其一。没有一个国家像它这样，其政府性质如此邪恶，乃至于恶名远扬。”在批准宪法的争论中，宾夕法尼亚州的一位联邦主义者表示，罗得岛州最初通过全民公决反对这部宪法，“等于更好地证明了宪法的卓越性”，比“最明智的政治家所能提出的最好的支持理由”还有效。他还预计，为了避免与“近年来因为欺骗行径而声名狼藉的人”相提并论，“好几个州的富人，此前反对联邦政府，如今将会转而支持新政府”。[33]

来自波士顿的一位一神派牧师试着向一位伦敦的朋友解释，“一个如此热爱自由的国家”，其所制定的宪法为何“不像人们期望的那样民主”，他表示，多种原因“交织在一起，使共和主义倾向不那么受欢迎”，其中便有“马萨诸塞州的反叛和罗得岛州立法机关腐败的立法行为”。同样，正值费城会议召开时，显赫的波士顿商人塞缪尔·布雷克告诉战争部长亨利·诺克斯，罗得岛州的“恶劣行径”，再加上谢斯反叛，已经证明，“我们有必要比以往任何时 605
候……放弃更多我们曾经拥有的个人权益”。[34]

我们应该充分重视18世纪80年代爆发的州税收和债务减免危机对费城会议议程的影响程度。❶制宪者们大多将各州减免债务的立法，视为过度敏感的州立法机关懦弱地屈服于懒惰和放荡的农民的非法要求。这种立法“邪恶且具欺诈性”，“腐化了人民的道德”，“毁坏了公共和私人信誉”。[35]

事实上，寻求减免债务者也有正当理由，来支持其所宣扬的政策。在一个经济严峻拮据的时代，他们被迫用不易获得的硬通货缴纳沉重的累退税，以偿还已经被投机者以低于票面价值的价格抢购

❶ 反联邦主义者有时坚称，在某种程度上，这些危机仅仅是战争毁坏经济的一种表现。制宪者们在宪法设计问题上的最根本选择，受到的是转瞬即逝的外在条件的影响。

的政府债券（有时候是直接从他们手中购买），这些投机者如今正可以大赚一笔。用北卡罗来纳州一位反联邦主义者的话来说，税收和债务减免措施“对于挽救大量的人民免遭毁灭”是非常必要的。无论是出席费城会议的代表，还是更多的在各州批准宪法大会上的反联邦主义精英领袖，都不太认同这一点。在围绕批准宪法展开争夺的利益集团之间，最明显的失败者便是那些在经济危机时期宣扬宽松的货币和财政政策的人。[36]

这部宪法中的一些设计就是为了遏制这类减免性立法。宪法第一条第十款明确禁止各州发行纸币或者损害契约义务（比如，制定减免债务的立法）。这部宪法还授权国会镇压国内叛乱——这条暗含着，至少部分上是，可以镇压纳税人和债务人的反叛，比如马萨诸塞州最近爆发的那次反叛。[37]

仇视民主

制宪者批评各州减免税收和债务的立法源自“民主的放荡”，他们设计的联邦政府正是为了预防民众主义政治的影响——受其影响，很多州才出现了上述立法措施。因此，他们为国会代表设定了较大范围的选区，间接选举参议员和总统，并让他们长期任职。他们也拒绝接受选民给联邦国会议员发指令、强制轮替和召回。此外，
606 他们还创设了一个拥有否决权力的强势行政首脑，这样就能够阻止任何可能混入国会立法机构的民众主义经济措施——立法机构的目的也是制约这样的民众主义措施。甚至于制宪者们在思考司法审查问题时，基本上也是想着要以另一种方式来制约这样的减免税收和债务立法。[38]

确实，费城制宪会议的大部分代表更倾向于制定一部能够保障联邦政府不易受到民众主义压力冲击的宪法。不过，他们的选择受到民众选举产生的各州批准宪法大会的制约，后者有权决定是否批准他们制定的宪法。制宪者们在有限的范围内关注公众意见，主要是因为批准宪法程序将发挥限制性影响。也许正是这种考虑，才使他们拒绝了麦迪逊提出的全国性政府有权否决各州立法的建议，代之以由法官依照宪法中的最高法律条款（the supremacy clause）来明确限制州的减免税收与债务措施。也因为此，制宪会议代表们才同意放弃他们当中大多数人原来的预期，大幅缩短国会议员、参议员和总统的任期。同样，即使大多数制宪者赞成对公民选举和官员任职设置财产资格条件，却没有在宪法中规定任何限制措施，部分原因在于，他们知道，这么做将危害宪法在这些州的批准前景：这些已经降低的财产资格要求，降低的幅度超过了制宪者们所接受的范围。[39]

反联邦主义者指责制宪者试图建立某种贵族体制时，并非毫无根据，凭空胡说。联邦主义者的回应——宪法禁止设立贵族头衔、“不得授予富人或少数人以特权”——就有些言不由衷。事实上，联邦主义者不相信普通人有能力参与政府决策。在联邦主义者看来，人民“不明智”，处理“错综复杂的问题”“确实超出了［他们中］多数人的判断能力”。大多数制宪者希望联邦政府由“更优秀的一类”人来管理——他们是受过良好教育、出身名门的精英，在18世纪80年代，已经在各州层面丧失了政治主导地位。在费城会议紧闭的大门后面，代表们经常直言不讳地谈论这一目标。例如，他们在设计参议院时，明确希望其成为“我们政府中的贵族部分”，能够“代表本国富人”，“尽可能贴近英国上议院”。梅森在费城制宪会议上指出，允许人民直接选举总统，好比“让盲人辨色”。[40]

当然，在批准宪法的争论中，联邦主义者无法用这类话语为宪法辩护。美国政治中的民主化趋势已经非常强烈，而且正是由人民
607 选举产生的各州批准宪法大会代表，来评判这部宪法。[41]

因此，联邦主义者没有公然引用贵族话语来为宪法辩护，而是援引人民主权作为挡箭牌，来抵挡所有针对宪法缺陷的指责。联邦主义者在回应反联邦主义者关于“政府集权”的指控时提出，政府的所有权力源于人民，“他们为了自身幸福，将其中的一部分权力让渡给了统治者”，至于这部分权力是交给州政府，还是联邦政府，其分别，“意义不大”。当反联邦主义者批评宪法损害了州的主权时，联邦主义者回应道，只有人民才能行使主权。[42]

对于那些认为制宪程序不符合《邦联条例》要求从而指责宪法缺乏合法性的人，联邦主义者也提出了人民主权话语来辩护，正如鲁弗斯·金在费城制宪会议上所言，人民才能最终“消除所有关于这部新宪法合法性的争议和疑虑”。有些人担心，这部宪法会改变各州宪法——譬如，限制州制定立法减免债务——不符合各州确定的制定本州修正案的方式，制宪者们再次援引人民主权。正如麦迪逊解释的那样，“人民才是所有权力的真正源泉，诉诸人民，所有的困难都将迎刃而解。他们可以根据自己的需要修改宪法”。詹姆斯·威尔逊在宾夕法尼亚州批准宪法大会上指出，人民的权力是“至高无上的、绝对的和不受控制的”。他们“可以随时以他们喜欢的方式来改变这部宪法”。[43]

尽管制宪者们经常声称他们相信人民主权，但他们对人民持有的深刻不信任，却随处可见，正如我们所看到的那样，关于宪法的几乎每一个重大选择，都与他们不希望新的联邦政府轻易受到大众的影响有关。正如麦迪逊所言，人民主权的魅力之一在于，只要人民拥护整体制度，便不需要他们过问任何具体的政治安排。麦迪逊

主张，只要政府的权力“直接或者间接地源于全体人民”，就连非民选终身任职的官员——比如联邦法官，也合乎共和主义的要求。一代人之后，在批评这种观点时，杰斐逊解释道，建国时期有关共和政府的政治思想仍然处于“幼年”期，“我们以为任何非君主政体的东西，即在共和的范畴”。按照杰斐逊的说法，建国者们还没能理解共和政府的“根本原则”：“真正的共和政府必须体现人民的意志，并依此行事。”[44] 608

制宪者们甚至提出，以维系共和政府的名义，来证明明显不民主行为的合理性。18世纪80年代民众主义政治所产生的减免税收和债务立法，已经开始令许多政治领袖反对民众参与政府治理，有些人甚至怀疑，任何缺乏君主或者贵族因素的政府形式，能否充分捍卫财产和维护公共秩序。麦迪逊在费城制宪会议上间接地提到了这些担忧和疑虑，他因此希望延长国会代表的任期，理由是，“如果我们的修正案无法确保他们［人民］的幸福，他们将会丧失信心，认为无法以这种体制［也就是共和政府］获得幸福，于是便会倾向于君主政体”。按照麦迪逊的说法，必须以共和主义之名，消解民众主义对政府的影响。[45]

最终，在批准宪法的争论中，联邦主义者言不由衷地为宪法中最有贵族色彩的部分提出的辩护依据，也不同于他们最初在费城制定这些条款时所提出的理由。譬如，在批准宪法的辩论当中，联邦主义者为参议员的长任期辩护，说这样有利于增长他们在外交政策方面的专门知识，使其可以在总统签订条约时给出适当的建议，而不像在费城制宪会议上所主张的那样——主要为了阻止国会通过立法将纸币定为法定货币或者捍卫“国家财产”。同样，在费城制宪会议上，制宪者们曾经为众议院不用每年进行选举辩护，说这是使众议院免受大众激情冲击的必要措施，但是在批准宪法的争论中，他们却倾向于主张本国巨大的地理范围，使得有必要延长国会代表的任期。[46]

作为常规政治的批准宪法之争

批准宪法的争论给联邦主义者造成了一种窘境。在费城制宪会议还在进行之际，格雷森就告诉詹姆斯·门罗，“在我看来，美国人民还没有做好准备进行任何伟大的革新”，这样的革新要求他们“出钱或者放弃权力”。制宪会议期间，格里也提醒那些支持“建立强力政府计划”的代表，他们正把“这项试验推进得太远”，以致那些“更倾向于民主的人，会以同样的决心反对他们的计划”。联邦主义者如何才能说服人民，通过一种理性的民主批准程序，赞成一部如此倾向于限制民主的宪法呢？[47]

批准宪法的过程表明，联邦主义者都是精明的谋略家，但是他
609 们也得益于某种运气，得益于他们没有刻意营造的环境。新闻报纸一边倒地支持联邦主义者，而且许多报纸拒绝报道辩论中的反联邦主义者一方。大多数批准宪法大会在东部城市召开，那里的大多数居民——无论什么阶级——支持这部宪法。反联邦主义者更难有时间组织起支持者，这些人多居于西部地区，以及相对远离商业网络的未开垦地区。南卡罗来纳州在选举批准宪法大会代表、划分选区时，故意偏向于支持联邦主义者的地区，最终以2∶1的优势投票赞成宪法，而本州大多数居民几乎肯定会反对批准宪法。在大多数州，政治和经济精英——这类人可以在批准宪法大会上发表雄辩的演说，可能影响摇摆不定的代表——强烈支持批准宪法。纽约州和弗吉尼亚州的反联邦主义者犯下了严重的策略失误，即州批准宪法大

会召开得太晚，以至于无法影响最终大局。假如这些州更早召开批准宪法大会，它们可能会拒绝这部宪法，或者坚持在批准宪法之前制定修正案，这将打乱无条件地批准宪法的节奏，甚而影响随后其他州的决定。[48]

除了这些固有优势和对手的误判外，联邦主义者还碰上了好运气。如果制宪会议代表没有很好地驾驭他们建立全国性政府和限制民主事业的冲动，那么，其所起草的宪法最终或许难获批准。譬如，由各州议会——而非像弗吉尼亚方案所规定的那样，由众议院——来选举联邦参议员，这一点至关重要，很可能正是这一点促使各州议会愿意召开批准宪法大会。制宪会议的最后一天降低了众议院选区的最低人数要求，是制宪者们为提高宪法获得批准的概率所做出的另一项策略性让步。[49]

制宪者们在会议上做出的选择，不仅安抚了州议会，而且安抚了各种有可能反对批准宪法的利益团体。梅森提议，宪法禁止将全国性政府的首都定于任何一个州的首府，就是为了防止管辖权争议。对此，古文诺·莫里斯精明地评论道，从原则上讲，这是一个好主意，可以免使纽约市和费城的居民不必要地变成这部宪法的敌人——因为他们都希望自己所在的城市能成为本国的首都。梅森随后收回了自己的动议。类似地，制宪者们可能忽略了一项由联邦政府来承担各州战争债务的宪法条款，以免——用汉密尔顿的话说——“大大增加宪法在相关问题上获得认可的各种障碍”。麦迪
逊在制宪会议后期提出的一项议案，授权国会在某些情况下可以发 610
放公司牌照，但有人指出，这项条款将会触动州银行的利益，从而使其反对这部宪法，因为州银行并不希望接受来自联邦特许银行的竞争。麦迪逊于是收回了提议。[50]

制宪者们为提高宪法获得批准的概率所做出的最重要的策略选

择或许是宪法第七条，该条规定，只要获得9个州批准，宪法便可生效——即便只在那些批准宪法的州内生效。这项基本原则给那些明确表明会尽可能地抵制这部宪法的州造成了巨大的批准压力，这些州本来倾向于最后再决定是否批准宪法。相比之下，《邦联条例》要求各州一致批准修正案，从而赋予那些坚持到最后的州巨大的讨价还价的权力。但是，在新宪法第七条之下，这样的州就有可能面临风险，即既被排除在已经生效的联盟之外，又得不到联盟的军事保护，还要受制于区别对待的贸易政策。若非新宪法具有这样的特点，弗吉尼亚州和纽约州很有可能会拒绝在增加修正案之前批准宪法。[51]

尽管联邦主义者拥有上述所有优势和精明的策略性决定，但若不是大量的美国人都认同伦道夫对《邦联条例》的评价，联邦主义者可能也无法赢得这场批准宪法的战斗。伦道夫说，事实证明，《邦联条例》已经“完全不符合当初制定时的目的”，已经变成一个亟须重大修正或者被取代的“政治闹剧”。联邦主义者抓住了民众对现状的普遍不满，坚称本国民众面临着一场严峻的选择：要么安守确实有缺陷的《邦联条例》——他们说，这样会让国家陷入无政府状态的危险之境，要么接受截然不同的新宪法——尽管它肯定不完美，但在大多数人眼中，却包含着许多改良《邦联条例》的显著进步特征。此外，联邦主义者还提出貌似合理的论证理由，即通过随后的修正案纠正宪法中的缺陷，将比重新修订《邦联条例》容易得多。因此，在弗吉尼亚州批准宪法大会上，麦迪逊就曾质问帕特里克·亨利：“由于小小的罗得岛州不同意消除《邦联条例》的弊端，这位可敬的绅士难道愿意眼睁睁地看着旧体制内最致命的缺陷延续下去吗？”[52]

相对于《邦联条例》而言，许多美国人更愿意接受这部他们认为有缺陷但易于修改的宪法，因为事实已经证明，《邦联条例》缺陷明显，却又不可能修订。但这并非意味着，如果有中间选择，美国人会弃之不顾。譬如，许多美国人赞同国会应该拥有独立的征税权力，但他们倾向于在某种程度上限制国会征收直接税的能力。同 611
样，许多美国人愿意授予国会维持军队的权力，但同样希望禁止国会在和平时期维持军队。此外，许多美国人愿意接受由费城会议代表设计的权力更大的全国性政府，但又不希望这个政府完全不受大众的政治影响。不过，联邦主义者坚定且成功地拒绝给美国人提供任何中间选择——也就是，介于有缺陷的《邦联条例》和这部极具国家主义和限制民主色彩的宪法之间的其他政治选择。[53]

联邦主义者精明的策略表明，这场批准宪法的争论是一场与常规政治并无太大不同的政治运动，而不是相互竞争的政治哲学拥护者之间的抽象辩论。双方在这场争论中都动用了他们所能援引的所有政治优势。如果一方相信自己在一场批准宪法大会上胜券在握的话，便会支持发起快速的决定性投票，将思考辩论降到最少。如果这一方在其他州所做的是截然不同的预判，那么，他们便会支持逐段审议这部宪法，拖延辩论时日。如果一方预计自己可能会在某场批准宪法大会的投票中失败，他们便会主张休会，以期日后能有机会获胜。但是如果在另一个州，这一方相信能在投票中获胜，那么他们便坚决反对休会。联邦主义者最初否认州批准宪法大会有权提出宪法修正案——直到后来他们在马萨诸塞州批准宪法大会上发现，由批准宪法大会提议修正案是确保宪法获得批准的唯一方式。后来，他们捍卫批准宪法大会提出修正案的权力——因为这些批准宪法大会是“已知最充分代表人民”的机构。[54]

批准宪法之争不仅仅是一场政治运动，也是一场不戴拳击手套的肉搏战。在宾夕法尼亚州议会，联邦主义者甚至强制要求两名对手参会，从而使议会达到必要的法定人数，以便于通过召开批准宪法大会的决议。宾夕法尼亚州联邦主义者的报纸断章取义地刊登本州批准宪法大会的辩论记录，使人读起来好像没有人批评这部宪法。联邦主义者对未来候选人所许下的政治支持承诺，可能也影响了约翰·汉考克州长在马萨诸塞州批准宪法大会上至关重要的决定：支持带有修正案提议的宪法。埃德蒙德·伦道夫州长决定支持无条件地批准宪法，以故没有在弗吉尼亚州批准宪法大会上宣读来自纽约州州长乔治·克林顿的一封信。克林顿州长在信中建议，两个州戮力将制定修正案作为批准宪法的先决条件。在罗得岛州和纽约州，有些城市居民强烈地支持这部宪法，甚而发出威胁说，如果他们的
612 州不批准宪法，他们就脱离州。联邦主义者控制的国会最终用贸易制裁来威胁罗得岛州，使其批准宪法。[55]

当然，只要有这样的机会，反联邦主义者也会采取同样富有进攻性的策略。当纽约州的反联邦主义者收录伦道夫反对不制定修正案便批准宪法的相关论述时，他们删除了反对意见中的倒数第二段，伦道夫在这一段中表示，他宁愿接受一部不加修正案的宪法，也不愿看到联盟解体。当反联邦主义者在马萨诸塞州发表梅森反对宪法的意见书时，他们同样省略了一段文字。在这段文字中，梅森批评宪法允许国会仅凭简单多数票便可制定管理商业贸易的立法（这样的反对意见不利于北方各州的反联邦主义者追求的目标）。在弗吉尼亚州，帕特里克·亨利更是不择手段地——使用的策略性手段包括不公正地划分国会议员选区，以及（可能是违宪地）要求国会议员候选人居住在本选区之内——希望把麦迪逊排挤出第一届国会，因为亨利怀疑，麦迪逊将妨碍国会通过有意义的宪法修正案（事实确实如此）。[56]

这场批准宪法的争论与常规政治很像，不仅在于所使用的策

略，还在于所提出的论证理由。双方都在贬低对手的动机，抨击他们的品性，以及诉诸选民和批准大会代表的利益诉求。

譬如，联邦主义者“一位地主”嘲讽宪法的反对者是“身处绝境的债务人，既不诚实，也不勤劳”。费城的一位联邦派律师表示，反对批准宪法的人是一群“掌握既得利益的当权者”，“一旦联邦政府成立，他们的职位和利益都会受损”。马萨诸塞州的联邦主义者克里斯托弗·戈尔注意到，“正直、有能力的爱国者似乎都表示支持通过这部宪法，而邪恶和贫穷之人则相反，只有极少数例外”。[57]

来自辩论另一方的康涅狄格州反联邦主义者本杰明·盖尔指责说，联邦主义者抱怨邦联国会具有这样或那样的弱点，这“只不过是貌似合理的借口，以掩盖别有用心之人的狡猾计划”，这些人要新政府保证以票面价值兑付他们以极低的折扣所购买的联邦债券。纽约州的反联邦主义者指责“富人和出身名门之人”之所以“不屈不挠”地努力推动批准宪法，是因为“他们和他们的朋友、同党希望在新一届政府中拥有一些有利可图的职位”。联邦主义者和反联邦主义者不断质疑对方的动机，彼此心生愤懑。[58]

联邦主义者和反联邦主义者同样诉诸选民和批准宪法大会代表的物质利益需求。譬如，联邦主义者经常向农夫承诺——当时绝大多数美国人都是农夫——只要国会使用新近获得的管理商业贸易的 613
权力，通过威胁采取报复性的贸易限制措施，来撬开国外市场，市场对其农产品的需求将会增加，他们的土地价值也会随之增长。联邦主义者还告诉参与航运的城市商人和劳工，国会将使用掌管商贸的权力，确保北方州在国际运输行业享有公正的份额，所以，他们的城镇“几乎被彻底摧毁的贸易”将会“复苏，重获生机，并扩展到地球上的每一个角落”。[59]

在几个州里，联邦主义者敦促民众说，批准宪法后，能产生一个更加强有力的全国性政府，这个政府将提供必要的军事保护，来保证那些州的特定利益。因此，弗吉尼亚州的联邦主义者试图让来自肯塔基地区的批准宪法大会代表们相信，在这部宪法之下，美国人在密西西比河上的航运权将会比在《邦联条例》之下得到更好的保护，因为新的国家政府更有把握应对来自西班牙的战争威胁。联邦主义者“一位地主”恳请新罕布什尔州的居民批准这部宪法，来保护他们免受来自加拿大地区的英国人的侵袭——他们希望“你们臣服于［他们的］法律”，而且他们的“武力可以轻易穿过你们的整个领土”。纽约州首席法官罗伯特·R.利文斯顿告诉在波基普西开会的纽约州批准宪法大会代表，纽约是上一次北美战争的战场，而且（根据他的说法）可能将会是下一个战场，故而，尤其需要批准宪法，因为只有一个强有力的全国性政府，才能获取成功打赢一场战争所需要的足够税收。佐治亚州迫切需要一个全国性的军事力量来应对与印第安部落的暴力冲突，因此，佐治亚州试图说服其他州支持这部宪法，承诺说，如果这部宪法获得批准，那么，它会将其声称拥有的三千万英亩西部土地拱手让与国会。[60]

反联邦主义者同样诉诸类似的物质利益。譬如，在弗吉尼亚州，他们警告肯塔基人，这部宪法将导致北方州主导国会，因此国会可能会放弃美国人对密西西比河航运权的主张。他们还预计，联邦法院将迫使弗吉尼亚州的债务人偿还在战前欠下的英国人的债务，而且，一旦国会行使管理商业的权力，授权北方船主垄断本国航运业的话，弗吉尼亚州的种植园主将不得不向北方船主支付过高的运费。在马萨诸塞州，反联邦主义者“阿格里帕”（Agrippa）提醒州债券持有者，这部宪法极大地扩张了国会的征税权，会使本州“缺乏足够的资金”来偿付他们手中的债券。[61]

双方最频繁诉诸的利益都与税收相关。联邦主义者向农夫承诺，

新宪法将降低他们的税负，因为新的联邦政府将会从征收进口税和出 614
售西部土地中获得大部分岁入，各州将再也不需要缴纳邦联国会时期的摊派份额，这将使它们可以减少或者取消累退性的土地税和人头税。在弗吉尼亚州，麦迪逊主张，宪法要求按照人口数量分配直接税，而奴隶人口只按3/5统计，这将是阻止对南方奴隶主征收压迫性税收的“不可逾越的障碍”。联邦主义者詹姆斯·艾德尔告诉北卡罗来纳州民众，在这部宪法之下，他们的税负将会降低，因为进口税将收归联邦国库，而非从前那样，由拥有优良港口的州的政府官员掌握。[62]

与之相反，反联邦主义者则警告，在这部宪法之下，“税负将无孔不入”，因为“这个庞大的全国性政府……需要巨大和超量的费用”。一个遥远又难以问责的联邦政府，不仅会征收更高的税，还会比18世纪80年代更容易问责的州政府更加严苛地压榨他们。宾夕法尼亚州的反联邦主义者提醒说，收税员将“遍地都是，吞没勤劳者的辛苦所得，就像旧时的蝗虫”。在里士满召开的批准宪法大会上，帕特里克·亨利和乔治·梅森警告，弗吉尼亚人将被一个北方州控制的国会“世世代代地征税”，因为宪法禁止国会通过溯及既往的法律，所以国会将被迫用金银偿付来自“少数几个州”的“贪婪成性的投机者”手中的债券——这些人绝大多数在新英格兰地区——他们已经“收购和囤积了”近乎分文不值的大陆券，收购时的价格是“1 000∶1”。在波基普西，州长乔治·克林顿警告纽约人，如果宪法获得批准，他们将不得不缴纳更高的州税，因为本州无法继续从进口关税中获取收入，无法继续将其中的部分税负转移到临近州的消费者身上。在美国初创时期——与革命时期和随后美国历史上的大多数时期一样——许多政治争论都转向了哪一方更有可能为大多数美国人减轻税负。[63]

尽管我们不可能确切地知晓批准宪法大会代表的投票理由，但有一点很显然，物质利益上的盘算是一个极其重要的因素。小州迅速批准了宪法——其中有三个州是一致通过——在很大程度上，无疑是因为它们已经在参议院的代表权问题上获益颇多。中大西洋地区的批准宪法大会代表显然认为，快速批准宪法将提升他们的州在被设为国家新首都问题上的可能性，从而将有望带来显著的经济效益。在决定投票批准宪法的过程中，来自南方州西部地区的代表，似乎权衡了获取联邦的军事保护以对抗印第安人部落——这将提升
615 他们的土地价值（并改善他们的生活）——这一安全方面的考虑是否压倒了其他一系列担心：宪法是否会促进贵族制，宪法禁止各州发行纸币和制定减免债务的法律，以及宪法可能危及他们对密西西比河上航运权的要求。反对批准宪法的人，南方比北方更多，可能因为他们担心，北方人在参众两院的主导地位——至少在短期之内如此——将会导致国会制定有利于北方船主和制造商的商贸措施，从而牺牲南方种植园主的利益。在诸如弗吉尼亚州批准宪法大会上出现的这种更深层次的分歧，意味着双方对州的利益，有着迥然不同的盘算，并非因为缺乏基于利益的考量。[64]

排除中间选择

联邦主义者一开始从根本上拒绝接受给费城会议的杰作增加任何修正案的想法，但是反联邦主义者在马萨诸塞州批准宪法大会上积聚了足够的力量，从而有能力使对方做出重大让步：为了能够无条件地批准宪法，联邦主义者答应在这部宪法生效之后，向国会提交修正案，供其考虑。在随后召开的各州批准宪法大会上，许多争论都涉及批准宪法大会提出的修正案只是简单的推荐，还是作为批准宪法的前置条件。[65]

反联邦主义者提议有条件地批准宪法的一个重要原因是，他们认为，一旦无条件地批准宪法，他们的对手就没有动机去兑现支持修正案的承诺。但是联邦主义者从自己的立场出发，坚决要求无条件地批准宪法。尽管联邦主义者提出过反对有条件批准的法律和政策理由，但他们真正关切的可能是，反联邦主义者最希望增加的修正案，将会削弱新的政府，或者使其更容易受到民众主义者的影响。[66]

联邦主义者特别坚定地抵制反联邦主义者关于召开第二次制宪会议的呼吁。他们再一次提出了支持自己一方立场的法律和政策理由。然而，联邦主义者真正关切的可能是，他们知晓在第二次制宪会议上，他们绝不可能再次获得如第一次大会上的成果。[67]

起草宪法的过程缺乏透明度，使得制宪者们设计出的政府制度，完全不同于大多数美国人对费城会议的期待或者盼望。多数美国人可能预计，这次大会将会提议为国会增加些许授权——最重要 616
的是，授予国会独立于各州摊派份额的征税权，以及管理商业贸易的权力。他们没有理由期望大会创设一个真正的全国性政府（获得了直接对公民个人采取行动的权力），并使其不受民众主义者的影响，还能直接制约各州政府。正如纽约反联邦主义者“平民”所言，“在费城会议召开之前，极少有人想过要创设一个新政府形式的问题，而且根本没人写过这方面的文章”。“平民”写道，尽管美国人期望费城会议提出修订《邦联条例》的建议，但纵是“一千个人里，都没有一个人在脑海中思忖建立新政府的问题，没有人想过要彻底改变联盟的性质——从各州的联盟，变成一个一体化的政府，完全吞没单个的州”。然而，费城会议代表采纳了伦道夫的建议——不要“遗漏任何必须完成之事”，因为“目前的形势非常有利，而且可能是最后一次出现这样的有利形势”。[68]

因为很难预料费城会议的走向——结果证明，大会的议程仅存在于麦迪逊的头脑之中——并且因为《邦联条例》要求各州一致同意才能修改似乎提供了防止激进改革的屏障，民众主义者以及那些希望维持各州主权的人，便没有动员组织起来反对这次大会，或者参与其中。这次大会讨论过程的保密性，进一步推迟了任何组织起来反对费城会议的行动。此外，数量处于劣势的几名大会代表，因为反对多数代表建立全国性政府和限制民主的举动，做出了提前离开大会这种无把握的策略之选，希望以此避免让对手商讨的结果获得合法性。[69]

相比之下，如果召开第二次制宪会议，每个人将会立即明白其中的利害关系。反联邦主义者将会更加积极地争取会议代表名额、用指令来约束代表的行动，并且确保他们一直留在会场，直到大会结束。此外，由于反联邦主义者在第一次制宪会议召开时没有充分的时间来动员自己的力量，第二次制宪会议将会对其有利，因为这样的大会将是此前批准宪法抗争的延续，这一次，反联邦主义者将展示出更为强大的力量。

联邦主义者战胜了有条件地批准宪法和召开第二次制宪会议的两方面要求。因此，他们成功地避免了美国大多数人可能会选择的方案：批准增加了修正案之后的宪法，明显地限制新的全国性政府的权力，并改变政府结构，允许民众发挥更大的影响力。联邦主义者公开声称致力于人民主权，但这种承诺并没有达到允许人民在批
617 准宪法之前提出宪法修正案的程度。大多数联邦主义者同意麦迪逊的看法：“多数人难以胜任”对这部宪法展开有见识的与明智的辩论的任务。[70]❶

---

❶ 相反，伦道夫告诉麦迪逊，尽管他担心召开第二次制宪会议“会削弱宪法”——尤其“可能会大大削弱”国会的直接征税权——但是，如果这是“美国的意愿”，他认为就不应该阻挠。参见 1788 年 8 月 13 日伦道夫致麦迪逊，*PJM* (C.S.), 11:231。

这部宪法脱离了当时各州盛行的更加民主的政府形式，批准宪法的过程也偏离了当时——尤其是新英格兰地区——关于做出重要统治决定的既有模式。独立革命战争已经使普通美国人更加相信，他们具有进行自我管理的能力。新英格兰地区的城镇会议已经习惯于对政府决定发挥直接影响，比如宣布脱离大英帝国、征税，以及从18世纪70年代末期开始的批准州宪法。事实上，在1780年，当马萨诸塞州的制宪大会向城镇会议提交一份州宪法草案，希望获得批准时，就曾声称，“以最谨慎和细致的态度来修改这部宪法，是你们的利益所在，你们也拥有毋庸置疑的权利，在你们认为适当的时候，赞同当前形式的宪法，或是提出改动或增修意见，或是完全拒绝”。[71]

但是，在1787—1788年间，联邦派领袖——认识到参加批准宪法程序的人数越多，他们的成功概率就越低——试图最大限度地降低民众在批准宪法决定过程中的直接影响。他们支持由各州召开专门的大会来批准宪法，而不支持城镇会议进行全民投票或者讨论决定，他们反对向参加批准宪法大会的代表发指示，抵制为了征求选民的意见而让批准宪法大会休会，并且反对以先制定修正案再批准宪法为条件，来改变他们起草的宪法。只有采用一种让更少民众参与、不同于许多州治理模式的批准程序，才能确保通过一部在实质内容上不像当时所有州宪法那么民主的宪法。[72]

总之，大多数联邦主义者想要的不是一场关于这部宪法优缺点的真正的全国性辩论，而仅仅是想让宪法获得批准。在批准宪法的辩论过程中，他们通常试图先发制人，主导辩论议题，他们知道，辩论过程持续越长，就会有越多的人了解这部宪法，他们的胜算也越低。特别是在批准宪法斗争的早期阶段，他们敦促尽早召开批准宪法大会。在各州的批准宪法大会中，他们通常反对逐段讨论，并

618 且催促快速地进行表决性投票，极力阻止讨论所有可能提出的修正案。在批准宪法大会之外，他们也试图通过威胁说要撤回报纸订单和广告费——如果它们胆敢刊登反联邦主义者一方的观点——阻挠对这部宪法进行公开而富有活力的辩论。[73]

一旦确保宪法获得批准，联邦主义者也能够——很大程度上是通过麦迪逊的努力——提出一些既能减轻对手的担心，又能避免从结构上实质性地改变这部宪法的修正案。大多数反联邦主义者曾经希望这些修正案能够限制国会的权力，改变联邦政府的结构，使得它更容易受到民众和州的影响。麦迪逊将这些要求写进了一部权利法案，其中主要包含保障个人权利的措施，但无论是联邦主义者，还是反联邦主义者都认为这没有那么重要。麦迪逊和他的盟友确保了国会不去认真地考虑那些将会从本质上改变费城会议工作成果的修正案。[74]

针对宪法正当性的反对意见的式微

正如我们看到的那样，反联邦主义者能够，也确实提出了从合法性角度反对这部宪法制定程序的意见。但是，这种批评声很快就销声匿迹了，因为在宪法获得批准之后，大多数自由民似乎都团结在了这部宪法周围。在纽约州批准宪法之前，反联邦主义者基本上控制了州政治，但到了1789年，联邦主义者通过选举，获得了州众议院6个席位中的4个，而且州立法机构还选举了两位联邦主义者担任本州最早的两名联邦参议员。[75]

无独有偶，在弗吉尼亚州，反联邦主义者曾经在1788年6月占了本州批准宪法大会代表的近半数，而且有政治观察家预言，该州议会不公正地划分国会议员选区，将在第一次众议院选举中有利于反联邦主义者。然而，联邦主义者通过选举，获得了本州10个国会议员席位中的7个或者8个——要看其中一名议员算到哪一边。在1789年春季，爱德华·卡林顿向麦迪逊报告，即使是弗吉尼亚州反联邦主义者的选区，现在也“变得十分平静了”。[76]

确实，正如我们所见，联邦主义者主导了第一届联邦国会的众议院和参议院。弗吉尼亚州的反联邦派参议员格雷森向帕特里克·亨利报告，不仅国会两院“几乎全是联邦主义者”，而且国会中的少数反联邦主义者也“极其无精打采，以至于几乎配不上反联邦主义者的名号”。[77]

在北卡罗来纳州，反对宪法的声音也在减弱，因为该州的第二次批准宪法大会在1789年秋季很容易就批准了宪法。大约在同一 619
时期，华盛顿在报告中说，更广泛而言，反对新的全国性政府的意见，“要么销声匿迹，要么暂时沉默了”，因为显然新政府组织有方，“让各方都很满意”。1790年春，托马斯·杰斐逊同样表示，“反对我们新宪法的声音几乎完全消失了”。[78]

考虑到在1787—1788年间大概有一半的美国人曾经反对批准宪法，如何解释反对宪法的声音如此迅速地减少呢？正如本书第七章所言，国会在1789年夏天批准《权利法案》——在麦迪逊的推动之下——很可能是一个重要的要素。[79]

突飞猛进的经济增长可能也发挥了一定作用。1790年初，国会议员亚伯拉罕·鲍德温汇报，“人民说日子过得不错，他们赞扬了新政府”。这部宪法授权国会管理商业贸易活动，激发了商业信心，促进了贸易增长，也可能起到了使宪法自身获得合法性的作用。当然，这部宪法肯定不是美国经济状况改善的唯一原因。美国经济发展主要得益于欧洲的农作物严重歉收，以及美国能够在始于18世纪

90年代早期的欧洲战争中维持政治中立，在长达将近25年的时间里不受干扰。美国与欧洲之间的贸易繁荣，既有利于美国农夫，也对美国的船主和造船者有好处——因为大量的产品都是由美国货船来运送。[80]

不论什么原因，欣欣向荣的经济确实帮助联邦主义者兑现了他们的承诺：减轻苦苦挣扎的农夫的税收负担。到了18世纪90年代，高达90%的联邦税收收入来自进口关税。此外，州的直接税还明显减少——大幅降低了85%或者90%——在汉密尔顿领导之下的联邦政府财政部，承担了各州的大部分战争债务。大量的税收减免，使美国乡村地区打心眼里接受这部宪法。[81]

当然，在宪法获得批准之后的那些年里，低税收和经济增长并非抨击这部宪法正当性的反对声销声匿迹的唯一理由。除此之外，还有非常重要的一点就是，先前的反联邦主义者很快发现在新的制度内开展工作，至少也能同样有效地攻击宪法的合法性。[82]

尽管费城会议的代表已经解决了许多有争议的议题，但是18世纪90年代的政治争端所引发的宪法解释问题，很快便揭示出制宪者们留下多少悬而未决的根本性议题——其中有些是他们自愿留下的，有些则是未能预料到的。大多数制宪者们可能都同意埃德蒙德·伦道夫的看法——他提到自己在大会细则委员会的工作时说，宪法的起草者们理应“只添加基本的原则，避免用那些永久性和无
620 法更改的宪法条文来阻碍政府运转，宪法的条文应当与时俱进”。然而，无论原因何在，事实证明，这部宪法确实具有充分的开放性，反联邦主义者发现，他们也可以有效地利用宪法来支持己方喜好的政策立场，因而也就没有理由继续质疑它的正当性。[83]

此后，随着两个政治党派开始在18世纪90年代成型——双方的冲突主要涉及财政部长汉密尔顿的财政政策以及美国在英法

战争中应该采取何种适宜立场——大多数反联邦主义者成为杰斐逊派的民主共和党人（具有讽刺意味的是，杰斐逊派民主共和党的另一位领导人是麦迪逊，他在建国时期曾是与汉密尔顿并肩的坚定国家主义者）。杰斐逊派反对联邦主义者宽泛地解释联邦政府的权力。他们否认汉密尔顿建立合众国银行的合宪性，认为他不应该宽泛地解释宪法中的公共福利条款，并以此建议国会补贴美国的生产商，他们也反对联邦政府保留起诉普通法犯罪行为的权力，❶并且否认联邦主义者主导的1798年《外侨与煽动叛乱法》（Alien and Sedition Acts）的合宪性。❷这些立场中，没有一个要求杰斐逊派挑战这部宪法的正当性。相反，他们主张说，对这部宪法的最好解释并不是联邦主义者那种宽泛的解释。[84]

杰斐逊和他的弗吉尼亚州同乡麦迪逊和门罗，赢得了从1800—

❶ 这里的问题是联邦法律是否认可存在联邦法律定义之外的犯罪。譬如，如果联邦法律没有明确规定其为犯罪行为，能否控告某人犯有煽动性诽谤或者贿赂联邦官员罪？联邦主义者坚称，每一个主权政府都享有普通法的保护，他们因此主张支持联邦政府保留起诉普通法犯罪行为的权力。杰斐逊派则强调，联邦政府只拥有列举性的而非天生的权力，因此坚决反对这种观念。参见 *The Supreme Court in the Early Republic*, 129–163。在 18 世纪 90 年代，尽管大多数联邦法官（他们在当时都是联邦主义者）都同意联邦主义者的立场，然而，联邦最高法院后来却做出了有利于杰斐逊派立场的裁决［United States v. Hudson and Goodwin, 11 U.S. 32 (1812)］。

❷ 1798 年，美国与法国陷入了一场未经公开宣战的海上战争，在国会占据多数的联邦党通过了《外侨与煽动叛乱法》，由约翰·亚当斯总统签署生效。该法包含三个《外侨法》（Alien Acts）和一个《煽动叛乱法》（Sedition Act），《外侨法》将外侨归化的期限从 5 年延长到 14 年，给予总统宽泛的权力，可以在不经过任何司法程序的情况下，驱逐或者监禁外侨——不论是外国的朋友还是敌人。《煽动叛乱法》则规定采取刑事手段惩罚那些有意损害美国名誉，“蔑视或者败坏”美国声望，或者鼓动“美国人民仇恨自己国家”之人，这些人“错误、可耻和恶毒地”攻击美国政府。杰斐逊派拒绝承认这两组立法的合宪性。不过，当时并没有人提出针对《外侨法》合宪性问题的诉讼，所有针对《煽动叛乱法》合宪性的起诉，都被（全是联邦主义者的）联邦司法机关驳回了。参见 John C. Miller, *Crisis in Freedom: The Alien and Sedition Acts* (Boston, 1941); Elkins and McKitrick, *The Age of Federalism*, 590–593, 694–695, 700–706; Wood, Creation of the American Republic, 247–250, 256–262。

621 1820年间举行的全部六次总统选举。他们的政党致力于从严解释和适用宪法——譬如，否认宪法授予联邦政府修建全国性道路、桥梁和运河等基础设施的权力。从19世纪20年代开始，在杰克逊派民主党的领导之下，建国时期弗吉尼亚那一代知识分子和政治家的继承者，团结起来反对首席大法官约翰·马歇尔不拘一格地解读联邦政府的权力。他们的党纲包括：否认国家银行的合宪性，反对联邦政府支持国内改进运动，反对国会管理联邦领地上的奴隶问题。杰克逊派控制了此后直到内战前大部分时期的国家政治。19世纪20年代末和19世纪30年代初，马歇尔和他的联邦派法官同僚逐渐离世或者退休，杰克逊派民主党人开始主导最高法院——这是最后一个纳入他们掌控的联邦机构。简言之，反联邦主义者的后裔不需要质疑这部宪法的正当性，因为在内战前的一段相当长的时期内，他们的政治主导地位使他们能够左右对宪法的解释。[85]

宪法是否顺应民主

因为起草过程中的多重偶然因素，这部宪法没有经过正式修正便可以适应杰克逊时代强有力的民主化趋势（这些趋势最终大大削减了联邦主义者的政治优势，他们曾经是起草和批准这部宪法的主力军）。譬如，尽管几乎费城会议的所有代表都支持对参加选举的候选人和即将任职的官员设定财产资格限制，但是宪法中并没有出现任何这类条款，这在很大程度上是因为，州与州之间在财产资格问题上存在非常不一致的要求，很难提出一个联邦标准。于是，制宪者们只得将选举众议院（在原初宪法之下唯一由人民直接投票选举产生的联邦机构）的选民资格，与各州选举本州人数较多的立法机构的选民资格挂钩。因为有了这种联系，19世纪初期通过联邦宪法修正案来放宽参与联邦选举和担任联邦职位的资格要求便没了必要。由于杰克逊派民主党人拥护州层面的“普遍”选举——至少是白人男性的普选——他们便自动也在联邦层面如此操作。[86]

同样的机制至少也部分地适用于选举总统的选举人团制度。宪法第二条规定，由各州立法机关来具体制定总统选举人的遴选方式。制 622
宪者们可能考虑到，各州产生选举人团的主流方式，将是由各州立法机关任命，而非选民选举。然而，由于在选举中州议员需要赢得民众支持，他们发现，很难抵制公众要求直接参与总统选举的要求。在建国后的二十年时间里，大多数州立法机关便规定由人民直接选举总统选举人（不过南卡罗来纳州一直抵制到内战前才顺应这种趋势）。假如制宪者们在宪法第二条中直接规定，而非简单地授权，他们中大多数人想要和期望看到的程序——由各州立法机关来选择总统选举人——后来就必须制定一条联邦宪法修正案，来保障人民可以直接参与选择本国的首席执政官。[87]

由州立法机关来规定美国众议院议员的选举方式，也可以说明制宪者们的选择，如何在无意间留下某些悬而未决的议题，进而使得民主的力量可以不经过正式修正案便可以影响宪法实施。尽管这部宪法规定了如何在各州分配国会众议院代表席位，以及每个众议员选区的人口限度，但是，各州选择用哪种方法划定众议员选区，却由各州立法机关自行决定（但要受制于国会的修正权）。建国时期，联邦主义者强烈倾向于各州不分选区地选举国会议员——也就是说，在全州范围内竞选产生本州的所有国会代表——而非每个选区产生一名代表。这既是因为他们认为，在更大的地理区域内进行选举，将会使“那些最具智慧和美德之人”胜出，也是因为他们希望弱化代表和选民之间的联系——用麦迪逊的话来说，这将有助于当选官员“提炼和扩大”民意。反联邦主义者自然有相反的倾向：他们希望从更小范围的选区内选举代表，这既是因为普通公民因此更有机会胜出，也是因为以这种方式选出的代表，更可能会反映——而非过滤——选民的偏好。[88]

有几个联邦主义者控制的州立法机构认为，单一议员选区“违背这部宪法的真正精神”，这几个州采取不分选区的方式，选举产生了第一届众议院代表。然而，因为宪法字面上——不管其精神如何——规定，允许各州规定联邦选举的方式，尽管受制于国会的修订，民主的力量得以迅速地向州立法机关施压，要求各州规定众议院选举普遍实行单一议员选区制。如果当时的制宪者们在这部宪法
623 中明确规定他们所偏向的不分选区选举，那么，就有必要在后来制定一条修正案，根据民主观念的转变来改变选举程序。[89]

或许最为重要的是，制宪者们决定在国会权力中加入一项必要与适当条款，还有麦迪逊成功地反对在宪法第十修正案中使用“明确”一词（详见本书第七章相关讨论），这使得约翰·马歇尔大法官领导之下的最高法院可以非常宽泛地解释国会的权力。这些解释在那个时期颇具争议性，引来帕特里克·亨利的女婿斯宾塞·罗恩的谴责，他指责马歇尔“在宪法所规定的多种程序之外……增加了一种新的修订宪法模式”。[90]

正如前文所言，在内战以前占统治地位的政党——杰克逊派民主党——拒绝了马歇尔的广义解释，但在相当长的一段时间里，马歇尔的宪法解读方式将一直居于主流地位。随着这个世界朝着更需要联邦层面发挥更大规制作用的方向变化——技术的进步、美国人日益增加的流动性、国内和国际市场的拓展，以及美国在国际事务中作用的增强——联邦政府需要运用更大权力来迎接挑战。到了拥护“新政”的立法者开始应对大萧条之时，联邦政府

权力的渐进式转变也呈现出一种新面向。富兰克林·罗斯福总统在1933年的就职演说中认为，他所提出的极大扩张联邦政府权力的主张合乎原初的宪法要求——如果用约翰·马歇尔支持的方式来解读宪法的话。最高法院短暂地抵制了罗斯福的行动后，最终还是默认了。没有经过任何正式的宪法修正案授权，联邦政府的权力就发生了革命性变化。[91]

宪法的如此发展尽管会引发争议，但这完全是理所当然之事：每一代人都必须实现自我统治。然而，宪法第五条构建起反对宪法修正案的巨大障碍，使得当今的大多数人无法摆脱他们的先辈所设定的宪法限制。在美国历史上，很少有什么议题能够动员起超大规模的民众起而支持通过正式的宪法修正案。自从1791年批准《权利法案》以来，长达200多年的时间里，这部宪法只修订了17次。假如没有前文所描述的开放式宪法文本条款——以及最高法院对国会权力的宽松解释——美国人将需要更频繁地正式修订宪法，或者弃之不顾，仅仅将其视为历史文献。[92]

不过，也有一些宪法条款写得非常明确，以至于无法规避——
即便采取宽泛的解释也无法绕开。这类条款，如果未经正式修订， 624
将会随着时间的推移继续发挥其影响力——而且常常是以与民主不一致的方式发挥影响力。

这样的条款有一个历史性的例子，那便是关于奴隶问题的3/5条款，该条款将众议院的代表权与一个州居民拥有的人口财产数量挂钩。尽管北方人偶尔呼吁要制定一条修正案来废除这项条款，但似乎没有人相信可以通过解释宪法绕开它（虽然有些北方人确实简短地提过，3/5条款不适用于建国后加入联邦的州）。最后通过内战后制定的宪法第十三修正案，才正式废除了奴隶制，终止了由制宪

者强加给他们后代的这种最不民主的行为。[93]❶

下面是由于措辞太过具体而不能通过解释加以规避的关于不民主宪法条款的第二个历史性的例子：规定由州立法机关来选择联邦参议员的条款。这一条款与杰克逊派让民众更多地参与政府治理的倾向之间，形成严重的紧张关系，而且事实证明，此条款极难被修改。直到19世纪末，美国才出现准备彻底改变此条款的行动，然而，纵使大多数美国人都明确支持普选参议员的修正案，而且民选的众议院一再通过这样的修正案，以表明民众的态度。联邦参议员还是能够在随后的几十年里阻止这一修正案，参议员们显然在担心会疏远任命他们职位的州立法机关，或者是怀疑，让他们能够通过幕后协商获取地位的那套技能（由州立法机关来选举美国参议员就是典型例子），在公开的竞选活动中能否使他们获胜。直到1913年，美国才最终修订宪法，结束了这种不民主的做法。[94]

另一个写得非常明确，然而也不民主的宪法条款，与今天的关联更大：选举人团制度。正如前文所言，这种制度有一个非常重要
625 的不民主特征，即授权州立法机关以非直接选举的方式产生总统选举人，在一个比建国时期更加民主的时代，各州的立法机关规定以

❶ 实际上，为了诱使南方各州继续留在联邦之内，北方人曾在1860—1861年间提出过一项宪法修正案，这项修正案几乎成功地将奴隶制作为一种制度固定下来——而不只是作为在分配众议院代表席位时的考虑因素。这条修正案就是所谓的考文修正案（Corwin amendment）——名字来自提出修正案的俄亥俄州共和党议员——该修正案将永久性地保护现有各州的奴隶制不受国会干预。包括林肯在内的共和党人，接受了这项修正案，原因在于他们认为这项修正案并没有承认任何有价值的原则：他们相信，即使没有这样的修正案，国会也缺乏干预现有各州奴隶制的宪法权力。为了增强这项修正案对南方人的价值，修正案的提议者在其中增加了一条不得修改的条款。换言之，如果考文修正案真的写入了这部宪法的话——具有讽刺意味的是，它将成为宪法第十三修正案——它将在理论上阻止随后的大多数民众在全国层面废除奴隶制。参见Kyvig, Explicit and Authentic Acts, 150–151。

直接选举作为产生总统选举人的方式，因此得以削弱其中的不民主特征。然而，这种制度的另一个特色——不按照各州的人口数量分配相应比例的选举人（因为每个州选举人的数量由该州的众议员人数和参议员人数相加而成，而每个州不论规模大小，都有两名参议员）——却不那么容易躲避。在美国历史上有四次，赢得了较多普选票的总统候选人，没有登上总统职位——因为他未能赢得选举人团的多数票。❶这个结果很难合乎民主原则：不同州公民的选票在总统选举中的分量不相同。然而，却也不太可能制定一条修正案来改变选举制度的问题，既是因为在这一制度中占据极大优势的美国参议院几乎不可能通过这样的修正案，也是因为从这种不平等的分配制度中受益的小州不会批准它。[95]

更加值得注意的是，美国参议院的代表名额分配不公，每个州享有同等的代表权，在1787年就很难说有多大的正当性，在一个将其他领域的一人一票原则视为理所当然的更加民主的年代，就更不容易为其辩护了。固然，民主理论并不要求少数群体不受保护地接受多数人的压制。但是，也没有任何一种少数群体权利理论要求，将居住在人口稀少州的民众视为上述类型的少数群体，给予某种特别保护。从历史上看，参议院代表名额的分配不公在很大程度上是服务于少数人的利益的，而非仅仅有利于人口稀少的州的居民。这样的议席分配方式普遍让两类不属于少数群体的人得了利：最初是南方奴隶主，然后是南方白人至上主义者。如今，参议院代表名额分配不公，不仅让居住在人口稀少州的人民获得了远远超过他们人

❶ 当然，普选票总数和选举人票结果之间存在的某种错位，不能归咎于选举人团名额的分配不公平，而是缘于在州层面竞选中实行“赢者通吃”制度。正因如此，一位总统候选人才可能仅仅因为普选票的地理分布问题，在全国范围内赢得相对较多的普选票，但却在选举人票方面失利。

均份额的联邦开支，还有利于共和党，因为民众普遍认为，共和党更多的是反映乡村美国的价值观。[96]

具有讽刺意味的是，尽管宪法原文中的其他不民主特征——比如保护奴隶主和由各州议会选择联邦参议员——随着时间的推移已经消除了，但是参议院代表名额的分配不公却明显地变得更加糟糕
626 了。1787年，最大的州（弗吉尼亚州）拥有的人口数量大约是最小州（特拉华州）的12倍。到2010年，拥有最多人口的加利福尼亚州，其人口数量是拥有人口最少的怀俄明州的65倍还多。而且，如果没有各州同意，几乎不可能修正保障每一个州在参议院拥有两名参议员的不公平宪法条款——这确实是体现宪法死结的一个极端的例子，即便我们活得足够久，也别指望看到这个死结消除。[97]

非民选的联邦法官，如果品行良好，可以一直在任（实际上是终身制），这是另一个既不符合民主，也不可能不通过修正案就能避开的宪法条款。在建国时代，有几个州的宪法授权州立法机关以未达到弹劾标准的理由撤销法官职位——很多人的任期比“品行良好”所应享受的任期更短，而在联邦宪法中，这是唯一能撤销联邦法官职务的方式。到20世纪中期，州和联邦法官之间的可问责性差别越来越大，因为所有新建州和许多已有州都规定，全民选举州法官，而且法官任期固定。如果不是因为联邦宪法修正案太难通过的话，联邦法官制度很可能也会朝着同一个方向发展。[98]

自建国以来，法官行使司法审查权力的方式已经发生了显著转变。制宪者们当时最多只可能预料到，法院会驳回明显违宪的法律，或者是特别影响司法机构的法律，比如限制陪审团审判权的法律。可是现如今，未经选举、终身任职的联邦法官解决了社会上许多极具争议的社会性和政治性议题，如堕胎、平权行动、同性恋婚姻、校园祷告、控枪、竞选资金改革和死刑，这还只是其中的几例。而

且，如今的最高法院通常以5∶4的投票解决这些议题，大法官之间的分歧，沿着基本上连贯的和可预期的政治界线，这就明确表明，思想意识形态在大法官的宪法解释中发挥着重要作用。授予未经选举产生而又不直接担责的政府官员这么大的政治自主权，似乎也很不符合民主的要求。[99]

这部宪法中包含的另一个过于具体，无法通过创造性的解释与
适用来回避，甚至不可能被修正的不民主条款是：第五条规定，宪
法修正案要求国会两院2/3议员批准（或者国会应2/3州议会的请求
发出召开宪法大会的提议），并得到3/4州议会的批准（或者3/4州
批准修正案大会的批准——如果国会有这样的具体要求）。这项条 627
款阻止了宪法变革，即便是美国大多数人所支持的变革，也不例
外。来自17个最小州的34名参议员——加在一起只代表本国7%的
人口——就可以抵制一项宪法修正案。13个最小州的州议会——这
些州的人口加在一起占不到本国人口的4%——同样也可以这么做。
如果不是因为制定宪法修正案特别困难的话，大多数民众很可能早
就采取措施，确保性别平等，允许公立学校进行自愿的不分教派祷
告，而且允许政府将作为一种象征性言论的焚烧美国国旗行为当作
犯罪。[100]

从今天的视角来看

如果活到今天，大多数费城会议代表可能会非常震惊地发现，他们写于1787年的宪法，过了大约225年之后大部分内容依然在用。马萨诸塞州的纳撒尼尔·戈勒姆可能就是其中一位，他不怎么相信，“这片包括西部领土在内的广袤国土，在150年之后，仍然维系在一

个国家之内”。[101]

制宪者们并不认为他们制定的宪法完美无缺。在费城会议期间，乔治·梅森就说过，代表们正在制定的这部宪法，“肯定会有缺陷，如同草创时期的邦联一样”。在批准宪法的争论中，埃尔布里奇·格里也指出，就连“最伟大的人也可能会犯错”。联邦主义者诺亚·韦伯斯特也觉得，如果我们以为建国那代人拥有“所有的智慧”，可以“预见所有的可能情况”，或者可以“为后代做出比他们自己做出的判断更好的判断”，无疑是“彻底的狂妄自大”。因为制宪者们了解自身的不完美和局限性，他们才有意制定了宪法第五条，使得制定修正案比在《邦联条例》之下更加容易。[102]

在有些条款上，制宪者们明显出现了失误。譬如，他们设计的选举人团制度，要求每个选举人将手中的两张选票投给不同的候选人，但是不允许他们指明将其中一张选票投给总统候选人，将另一张选票投给副总统候选人。制宪者们没有料到政党的兴起——而政党几乎是接踵而至，他们也没有想到，按照党派投票，会将总统候选人和副总统候选人的选票捆绑在一起。然而，通过协调选举人对候选人的支持，政党使选举人团投票中出现了平局的现实可能性，因为每个政党的选举人都将他们手中的两票（无差别地）投给了他
628 们政党的总统候选人和副总统候选人。[103]

制宪者们的这种失误几乎毁掉了1800年的总统大选，当时，托马斯·杰斐逊和亚伦·伯尔（Aaron Burr）——两人都是民主共和党人——获得了相同数量的选举人票。尽管每个人都知道，杰斐逊是他们党的总统候选人，而伯尔是副总统候选人，但在此后数周的时间里，依然不清楚谁将成为总统。更糟糕的是，对立党派的成员——联邦主义者——控制着众议院的关键投票，即众议院的投票将决定其对手中的哪位候选人会成为本国第三任总统。[104]

制宪者们的错误预计，意味着他们设计的这种制度在实践中有时与其当初的预想南辕北辙。譬如，制宪者们预计，联邦政府不同分支的政治行动者，将会出于保护自身利益的动机，彼此挑战各自的权力主张。然而，制宪者们没有考虑到政治性党派的出现显著地改变了制衡制度的实际运作。具体而言，尽管制宪者们希望总统和国会成为相互争夺权力的竞争对手，但政党的崛起意味着，如果被同一个政党掌控，这两个分支更有可能会协调彼此的行动，而不是相互竞争。[105]

同样，政治性党派的发展也显著地改变了选举人团制度的实际运作。制宪者们曾以为，几乎没有任何一位总统候选人能够在选举人团中获得多数选票，因此“十之八九”要由众议院来选举总统（从获得选举人票最多的前五名候选人中挑选）。然而，由于政党崛起，某一个党派的候选人几乎总能赢得多数选举人票。美国历史上，只有两位总统——1800年选举的托马斯·杰斐逊和1824年选举的约翰·昆西·亚当斯——是由众议院选举出来的。[106]

制宪者们也推测过美国未来的人口地理分布，虽然事后证明，他们的推测错得离谱，但却以非常显著的方式塑造了制宪会议的杰作。建国时期，几乎每个人都认定，南方人口增长将比北方快得多。因此，在费城会议和批准宪法的争论中，南方人相信，从长远来看，拒绝以人口基数为依据分配参议院议席将会对他们不利。在7月中旬达成康涅狄格妥协案之后，费城制宪会议完成的许多工作——譬如，涉及奴隶制的妥协和如何选择总统的决定——都受到这种推测的影响。[107]

然而，由于欧洲移民不愿意生活在一个奴隶制社会，或者与奴
隶劳工竞争，他们中的大多数人远离了南方，使得内战前的北方人口 629
比南方人口的增长更加迅速。具有讽刺意味的是，各州具有平等代表

权的参议院后来成为支持南方奴隶主的坚强堡垒，而以人口为基数选举议员的众议院一再对他们构成威胁。到19世纪50年代，南方政治人物警告，太多的新自由州加入联邦后，会打破他们在参议院内获得和维持的权力平衡——1850年加利福尼亚州加入联邦之前，美国共有15个自由州和15个奴隶州——从而可能导致内战。[108]

面对显著变化的社会和经济状况，还有一些宪法条款完全被废或弃之不用了。宪法规定，新国会的第一届会议将在12月份召开，因为制宪者们断定，大多数国会议员将会是农夫，他们会觉得夏季开会不方便。交通工具的进步也使某些宪法条款过时了。宪法授权总统可以在国会休会期间任命联邦官员，因为制宪者们推定——在一个交通还比较原始的时代——代表偏远州的参议员将不得不在参议院休会期间离开首都数月。此外，这部宪法还规定，国会每一院开会的法定人数理应达到该院议员的多数，个中原因在于，制宪者们担心，如果法定人数太少，将会损害持有不同利益诉求的偏远州的利益。这样的担忧，在交通发达的现当代，看上去有些古怪。[109]

除了他们的失误、错误的推测和后来变得过时的担忧之外，制宪者们也受到历史的限制，做出了某些他们自己也可能认为不完美的选择。最典型的例子是，这部宪法是由各州代表所设计的，需要各州批准宪法大会的批准，将不可避免地包含许多联邦主义条款，而这些条款，可能不是理论上的最佳选择。比如说，制宪者们规定，由州立法机关选出联邦参议员，选择总统选举人的产生方式，以及对联邦选举的时间、地点和方式做出规定，但可被国会否决。他们还限制了联邦法院的司法管辖权，并且只让国会拥有列举性的权力，同时将各州视为拥有与生俱来权力的政府（只受宪法第一条第十款的限制）。当今世界实行民主政治的国家中，只有那些历史上从邦联演化而来的国家，才在其宪法中含有类似的联邦主义条款。[110]

最后，制宪者们拥有当今大多数美国人都深恶痛绝的某些价值观。他们中的大多数人接受人类可以被视为财产的观念，而且他们相
信非洲裔美国人和土著美国人在多种方面比高加索人低劣。没有人认 630
为妇女应享有完全的政治权利或者公民权利。大多数人不相信穷人可以投票或者担任政治职务。提出这些看法的目的不是要批评制宪者，而只是要单纯地指出，正如本杰明·富兰克林在费城会议上所说的那样，像所有人一样，他们受到所处时代的激情和偏见的影响。那些与我们具有如此截然不同的价值观的人，其所创造的这部宪法，能在多大程度上完美地契合我们今天的需要呢？[111]

归根结底，和捍卫任何其他政府制度一样，要捍卫这部宪法，必须基于它与我们基本的（民主）政治追求的契合和它产生的结果。宪法已经存续了非常长的一段时间，或者说它的作者们都特别睿智和高尚，这些都不应成为宪法不受批评的充分理由。[112]

托马斯·杰斐逊在起草和批准宪法的过程中都没有发挥过直接作用，但在他漫长生命的尽头，他明智地注意到，因为“法律与制度必须随着人类心智的进步而进步”，也因为每一代人都“有权为自己选择一种自认为最能促进自身幸福的政府形式”，所以，宪法不应接受“故作神圣的敬奉”，也不应被视为“如约柜般，神圣而不可触摸”。杰斐逊也会承认，那些期望将宪法神圣化的人，经常利用它来维护某些特定利益，而在其所处的时代，这样的利益实际上缺乏充足的正当依据。[113]

注释

1 Beeman, *Plain, Honest Men*, xi.

2 上文，102–122。

3 1820 年 2 月 14 日查尔斯·平克尼在众议院的发言，*Annals of Congress*, 36:1313（引文）; 上文，chs. 3, 6, and 7。在 1787—1788 年各州批准宪法的争论过程中，认为这部宪法看似极不可能获得批准的最佳陈述，参见 1788 年 3 月 24 日塞勒斯·格里芬致麦迪逊，*DHRC*, 16:471。

4 Banning, *Sacred Fire*, 1; Bill Providing for Delegates to the Convention of 1787, Nov. 6, 1786, *PJM* (C.S.), 9:163–164; 上文，102–103, 109, 112–113。

5 上文，127–134。

6 Pierce, Character Sketches, *Farrand*, 3:94. 麦迪逊在大会上的主要失利，参见上文，254–255。

7 上文，453–481, 566–590。

8 1786 年 6 月 11 日金致乔纳森·杰克逊，*LDC*, 23:353（"公共事务"）; 1786 年 6 月 12 日曼宁致内森·米勒，同上，354（"联盟政府" 和 "如果"）; 1788 年 3 月 17 日布朗致詹姆斯·布雷肯里奇，*DHRC*, 16:404（"已经击碎了"）; 另见 1788 年 4 月 21 日詹姆斯·怀特致北卡罗来纳州州长塞缪尔·约翰斯顿，*LDC*, 25:68; 上文，ch. 1。

9 1787 年 4 月 8 日麦迪逊致伦道夫，*PJM* (C.S.), 9:371（"美国分裂"）; 1788 年 6 月 24 日约翰·道森在弗吉尼亚州批准宪法大会上的发言，*DHRC*, 10:1493（"错误地企图"）; 1789 年 3 月 5 日约翰·马歇尔致亚瑟·李，*Life of Arthur Lee*, 2:321（"他宁愿"）（引用亨利的话）; 1786 年 8 月 18 日查尔斯·汤姆森的辩论笔记，*LDC*, 23:496（"先生们"）（引用亨利·李的话）; 1785 年 11 月 2 日金致约翰·亚当斯，*LCRK*, 1:113（"一个次级邦联"）; 上文，33–39, 48–69; 另见 1787 年 6 月 29 日埃尔布里奇·格里在费城制宪会议上的发言，*Farrand*, 1:467; Charles Pinckney, July 2，同上，511; *A Citizen of New-York*, *DHRC*, 20:937; 1788 年 6 月 8 日汉密尔顿致麦迪逊，*PJM* (C.S.), 11:99–100; 1788 年 2 月 10 日威廉·康斯特布尔的来信，*DHRC*, 20:762; 1788 年 2 月 4 日马丁·奥斯特

致卢泽恩伯爵,*DHRC*, 8:344；1784年12月14日韦尔热讷伯爵致弗朗索瓦·巴贝－马布瓦（Francois Barbé–Marbois），Bancroft, *History of the Formation of the Constitution*, 1:404; Hendrickson, *Peace Pact*，各处，特别是 x, 3–4, 177, 204–205, 253–258; McCraw, *The Foundersand Finance*, 49; Davis, *Sectionalism in American Politics*, 167; Banning, *Sacred Fire*, 67。

10 Autobiography of William Few，未注明日期，*Farrand*, 3:423（"什么事""几周的""做过严肃的"和"各州联盟的解体"); Hamilton, Conjectures, *PAH*, 4:276（"关于此事"); 1788年6月24日伦道夫在弗吉尼亚州批准宪法大会上的发言，*DHRC*, 10:1487–1488（"这个联盟"); 另见1788年6月10日圣·让·德·克雷夫科尔致威廉·肖特，同上，1593；1786年6月12日詹姆斯·曼宁致内森·米勒，*LDC*, 23:355; *A Citizen of New-York*, *DHRC*, 20:939；1788年5月18日约翰·帕金森(John Parkinson)致乔尔·莱恩(Joel Lane)，*DHRC*, 9:829。

11 1787年2月25日麦迪逊致伦道夫，*PJM* (C.S.), 9:299（"许多"); 1786年8月15日华盛顿致杰伊，*PGW* (C.S.), 4:213（"某些"); 1788年2月13日小约翰·艾弗里致乔治·撒切尔，*DHRC*, 7:1693（"害怕""没有其他""无政府主义"和"过不了几年"); 另见 Hamilton, Conjectures, *PAH*, 4:276；1788年12月10日麦迪逊致菲利普·马齐（Philip Mazzei），*PJM* (C.S.), 11:389；1787年12月31日艾萨克·斯特恩斯致塞缪尔·亚当斯，*DHRC*, 5:558–559; "Centinel" XV, Philadelphia *Independent Gazetteer*, Feb. 22, 1788, *DHRC*, 16:190; Davis, *Sectionalism in American Politics*, 161；上文，ch. 2。

12 Robertson, *The Constitution and America's Destiny*, 21; Dahl, *How Democratic Is the American Constitution?*, 62–68, 74–77; Roche, "Founding Fathers," 810–811；另见1787年7月25日麦迪逊在费城制宪会议上的发言,*Farrand*, 2:108；1788年6月18日格雷森在弗吉尼亚州批准宪法大会上的发言，*DHRC*, 10:1373；上文，165–166, 226–234。

13 *The Federalist No. 37*（Madison），230; Robertson, *The Constitution and America's Destiny*，21；上文，204–205。

14 *Federalist No. 37*（Madison），230（全部引文); Dahl, *How Democratic Is the*

American Constitution?, 12–13；另见 1787 年 10 月 24 日麦迪逊致威廉·肖特，*DHRC*, 8:109；1787 年 10 月 8 日皮尔斯·巴特勒致韦顿·巴特勒，*DHRC*, 13:352。

15 1787 年 6 月 1 日梅森致小乔治·梅森，*PGM*, 3:892（这次会议”）；1787 年 9 月 17 日富兰克林在费城制宪会议上的发言，*Farrand*, 2:642（“所有偏见”）；另见 1787 年 12 月 17 日拉克兰·麦金托什致约翰·韦雷特，*DHRC*, 3:259；1788 年 2 月 21 日古文诺·莫里斯致詹姆斯·拉卡泽，*DHRC*, 16:171; Beeman, *Plain, Honest Men*, x; Bouton, *Taming Democracy*, 9。

16 1787 年 6 月 1 日梅森致小乔治·梅森，*PGM*, 3:892（引文）；Madison, Preface to Debates, *Farrand*, 3:551。

17 1788 年 5 月 19 日汉密尔顿致麦迪逊，*PJM* (C.S.), 11:53–54（“一切影响力”和“指望”）；1788 年 6 月 6 日麦迪逊在弗吉尼亚州批准宪法大会上的发言，*DHRC*, 9:994（“别有用心”）；1787 年 11 月 9 日华盛顿致布什罗德·华盛顿，*PGW* (C.S.), 5:421（“更多的是”“自己的地方观念”和“不合乎他们”）；另见 1787 年 10 月 10 日华盛顿致戴维·汉弗莱斯，同上，365；1788 年 3 月 30 日华盛顿致诺克斯，同上，6:183; Albany Federal Committee, *An Impartial Address*（约 Apr. 20, 1788），*DHRC*, 21:1389；1788 年 6 月 24 日至 25 日塞缪尔·布莱克利·韦伯致凯瑟琳·霍格博姆，*DHRC*, 21:1222; Wood, “Interests and Disinterestedness,” 83–93, 99–102; Wood, *Radicalism of the American Revolution*, 253–256; Cornell, *Other Founders*, 97–98。麦迪逊还有一个更加宽厚的声明：宪法问题上的“多元观点”归因于“人类的判断不可靠”以及“政府科学仍未出现完美的进步”，参见 1787 年 10 月 30 日麦迪逊致阿奇博尔德·斯图亚特，*PJM* (C.S.), 10:232。

18 上文，ch. 1。

19 1787 年 7 月 8 日威廉姆森致艾德尔，*Farrand*, 3:55（“因为要协调”）；1787 年 6 月 29 日埃尔布里奇·格里在费城制宪会议上的发言，同上，1:467（“悲叹”）；Morris, July 5，同上，529（“美国的代表”“全人类的代表”和“为各自”）；另见 Morris, July 10，同上，567；富兰克林的演讲，由威尔逊朗读，6 月 11 日，同上，197; Robertson, *The Constitution and America's Destiny*, 4。

20 上文，182–205, 265–277。

21 Madison, July 13，同上，1:601–602; Sept. 15，同上，2:624（投票）。

22 上文，184, 192–193, 273–274, 279, 286。

23 Madison, Aug. 21, *Farrand*, 2:361（引文）；上文，281–282；另见 Beeman, *Plain, Honest Men*, 330–331; McDonald, *Novus Ordo Seclorum*, 240。

24 上文，204–205, 223, 230–234。

25 上文，204–205, 282, 338–339, 474；另见 Banning, *Sacred Fire*, 178–180。

26 Bedford（耶茨的记录），June 30, *Farrand*, 1:500。

27 上文，182–205。

28 上文，414–417。

29 *The Federalist No. 10*（Madison），77–84（"提炼和扩大"）；Madison, June 26, *Farrand*, 1:422（"落入"和"寻思着"）；另见 Madison, Observations on the Draft of a Constitution for Virginia, Oct. 15, 1788, *PJM* (C.S.), 11:288; Robertson, *The Constitution and America's Destiny*, 75; Rakove, *Original Meanings*, 314; Ellis, *The Quartet*, 123, 131。

30 1787 年 10 月 29 日伦道夫致麦迪逊，*DHRC*, 8:133（引文）。杰伊谈判争议的影响，参见上文，48–69, 335–336, 469。关于战前债务，参见上文，454–455, 470–471。纽约州征收进口关税的影响，参见上文，31–33, 151, 424。

31 1787 年 5 月 29 日格雷森致门罗，*Farrand*, 3:30（"一个非常"和"希望"）；1787 年 5 月 20 日梅森致小乔治·梅森，同上，23（"超乎寻常"）；1787 年 6 月 5 日格里在费城制宪会议上的发言，同上，1:123（"对政府抱有"）；Hamilton, June 18，同上，289（"民主精神"）；上文，88–92, 117。在这次大会上，还有许多其他代表也提及谢斯反叛，参见 Gerry, May 31, *Farrand*, 1:48; Randolph（耶茨的记录），June 16，同上，263; Charles Pinckney, Aug. 18，同上，2:332; King, Sept. 15，同上，626；上文，149, 164。

32 1786 年 5 月 28 日格雷森致麦迪逊，*PJM* (C.S.), 9:63（"国会有权力"）；1788 年 6 月 11 日格雷森在弗吉尼亚州批准宪法大会上的发言，*DHRC*, 9:1165（"充分意识到"）；1788 年 1 月 22 日小威廉·西蒙斯在马萨诸塞州批准宪法大会上的发言，*DHRC*, 6:1308（"许多在过去的几年间"）；另见 1787 年

12 月 11 日尤赖亚·福勒斯特（Uriah Forrest）致托马斯·杰斐逊，*DHRC*, 11:111–112；1789 年 6 月 12 日格雷森致帕特里克·亨利，*The Patrick Henry Papers* (Stanislaus V. Henkels, auction catalog, Philadelphia, 1910), 36; "Centinel" XVIII, Philadelphia *Independent Gazetteer*, Apr. 9, 1788, *DHRC*, 17:57; Davis, *Sectionalism in American Politics*, 107, 151–152, 159–161; Hall, *Politics Without Parties*, 256–257, 262。1786 年春天，华盛顿也同样表示，他怀疑这"一连串的恶行"是否已经足以让人民"幡然醒悟，纠正错误"，进而支持对《邦联条例》做必要的改革［1786 年 5 月 18 日华盛顿致杰伊，*PGW* (C.S.), 4:55；另见 1786 年 5 月 10 日华盛顿致拉法耶特，同上，42］。

33 "The Landholder" XII, *Connecticut Courant*, Mar. 17, 1788, *DHRC*, 16:406（"公众的非正义""背离"和"那些可能"）; 1788 年 6 月 27 日史密斯在纽约州批准宪法大会上的发言，*DHRC*, 22:1924（"对于罗得岛州"）; "X.Y.," Philadelphia *Federal Gazette*, Apr. 22, 1788, *DHRC*, 24:256（"等于""最明智的""好几个"和"近年来"）; 另见 1788 年 5 月 26 日查尔斯·汤姆森致威廉·埃勒里，同上，264; "A Landholder" V, *Connecticut Courant*, Dec. 3, 1787, *DHRC*, 3:484; Van Cleve, "Anti-Federalists' Toughest Challenge," 533, 543, 545, 552; Kaminski, "Paper Politics," 258; Polishook, *Rhode Island*, 165–172。在制宪会议上，罗得岛州也经常成为大会代表们提及的反面典型。参见 Gorham, July 18, *Farrand*, 2:42; Morris，同上，47。

34 1788 年 3 月 29 日詹姆斯·弗里曼致西奥菲勒斯·林赛，*DHRC*, 16:504（"一个如此热爱"和"马萨诸塞州的反叛"）; 1787 年 7 月 14 日布雷克致诺克斯，引自 Van Cleve, "Anti-Federalists' Toughest Challenge," 549；另见 1788 年 6 月 13 日诺克斯致本杰明·林肯，*DHRC*, 20:1152。

35 上文，83–86。

36 上文，74–83, 375–376, 385–387。

37 上文，161–164。

38 上文，159–160, 171–176, 208–211, 218–219。

39 上文，158–159, 175, 245。

40 上文，208, 210–211, 244–245, 371–372, 374–375, 537–538。

41 Wood, *Creation of the American Republic*, 562–564; Rakove, *Original Meanings*, 205.

42 1788 年 6 月 19 日罗伯特 · R. 利文斯顿在纽约州批准宪法大会上的发言，*DHRC*, 22:1683（“他们为了”）; 1787 年 12 月 1 日威尔逊在宾夕法尼亚州批准宪法大会上的发言，*DHRC*, 2:448–449。

43 上文，312–313, 415–416。

44 *The Federalist No. 39*（Madison），241（“直接或者间接”）; 1816 年 7 月 12 日杰斐逊致“亨利 · 汤普金森”（Samuel Kercheval），*PTJ* (R.S.), 10:222（“幼年”“我们以为”“根本原则”和“真正的共和”）; 另见 1789 年 8 月 15 日麦迪逊在众议院的发言，*Annals of Congress*, 1:767；1787 年 6 月 18 日汉密尔顿在费城制宪会议上的发言，*Farrand*, 1:290; Graham, “Pennsylvania,” 64–65; Nelson, *Royalist Revolution*, 160–161, 188, 190, 207。班宁强烈抵制如此解释麦迪逊的人民主权立场，他认为，麦迪逊投身于人民主权，并非像有些学者所言，只是一种口惠而实不至的修辞策略（*Sacred Fire*, 100–101, 121, 127–130, 183–190, 251–252）。

45 Madison（耶茨的记录），June 12, *Farrand*, 1:221（引文）; 上文，99–101。班宁为这种观点辩护说，麦迪逊通过让联邦政府远离民众主义者的压力，试图将共和政府从君主制的威胁中拯救出来（*Sacred Fire*, 188–189）。

46 上文，175, 360, 393–395。

47 1787 年 5 月 29 日格雷森致门罗，*Papers of James Monroe*, 2:385（“在我看来”和“出钱”）; 8 月 23 日格里在费城制宪会议上的发言，*Farrand*, 2:388（“建立强力政府计划”“这项试验”和“更倾向于民主”）; Holton, *Unruly Americans*, 238–239；上文，70。

48 上文，405–412, 540–543。一位外来观察者将联邦主义者的胜利——尽管也存在着反对宪法的“巨大势力”——归功于“领导者的聪明睿智”，参见 1788 年 7 月 25 日唐 · 迪亚哥 · 加尔多基致康德 · 德 · 弗洛里达布兰卡，*DHRC*, 21:1340。

49 上文，172–173, 207。更多的例子，参见上文，158, 166, 171, 175, 179, 241, 245。

50 7月26日梅森、莫里斯和休·威廉姆森发表的声明，*Farrand*, 2:127–128；1792年5月26日汉密尔顿致卡林顿，*PAH*, 11:428（“大大增加”）；8月18日麦迪逊提议授权国会发放公司牌照，*Farrand*, 2:325; Madison, Sept. 14，同上，615; King，同上，616; Bowling, *The Creation of Washington*, D.C., 74–75；上文，382–383。

51 上文，412–414, 540–543。各州希望尽可能地抵制宪法，尽量推迟召开本州批准宪法大会，这一点非常重要，参见 Brown, *Charles Beard and the Constitution*, 143–144；另见 McDonald, *We the People*, 113–115。

52 1788年6月4日伦道夫在弗吉尼亚州批准宪法大会上的发言，*DHRC*, 9:933–934（“完全不符合”和“政治闹剧”）；Madison, June 6，同上，991（“由于小小的罗得岛州”）；上文，533, 543–544。

53 上文，530–539, 545。

54 1788年2月5日费希尔·埃姆斯在马萨诸塞州批准宪法大会上的发言，*DHRC*, 6:1444（引文）。双方在是否延长批准宪法大会讨论时间上的立场不一致，参见上文，436, 449, 490, 511–512。双方在是否休会问题上的立场不一致，参见上文，429, 441, 445–446, 447–449, 452, 502–503, 525–526。双方在批准宪法大会是否可以提出修正案问题上的立场不一致，参见上文，429, 440–441, 475–476。

55 上文，409, 427, 439–441, 501, 509, 520, 523, 528–529, 543 n.*。

56 上文，404–405, 559。

57 “A Landholder” II, *Connecticut Courant*, Nov. 12, 1787, *DHRC*, 3:402（“身处绝境的债务人”）；1787年10月18日查尔斯·斯威夫特致罗伯特·E. 格里菲斯，*DHRC*, 2:198–199（“掌握既得利益的当权者”）；1788年2月3日戈尔致乔治·撒切尔，*DHRC*, 7:1569（“正直、有能力的”）；上文，403 & n. 19。

58 1787年11月12日盖尔在康涅狄格州基灵沃思城镇会议上的发言，*DHRC*, 3:422（“只不过是”）；Albany Anti–Federal Committee Circular, Apr. 10, 1788, *DHRC*, 21:1382（“富人”“不屈不挠”和“他们和他们的朋友”）；上文，403 & n. 20。对于对手质疑自己一方动机的不满，参见1788年7月31日艾德尔在北卡罗来纳州批准宪法大会上的发言，*Elliot*, 4:233–234; Samuel Johnston,

同上，226–227; Willie Jones，同上，227；1788年6月28日汉密尔顿在纽约州批准宪法大会上的发言，*DHRC*, 22:1989; *A Citizen of New-York*, *DHRC*, 20:931–932; *Plebeian*，同上，943；1788年1月27日至28日查尔斯·蒂林哈斯特致休·休斯，同上，669；"Ocrico," *Massachusetts Gazette*, Dec. 21, 1787, *DHRC*, 5:504。

59 "Truth," *Massachusetts Centinel*, Nov. 24, 1787, *DHRC*, 4:234（全部引文）。联邦主义者呼吁农夫支持宪法的言论，参见"A Landholder" I, Nov. 5, 1787, *Connecticut Courant*, Nov. 16, 1787, *DHRC*, 3:399；1787年12月11日威尔逊在宾夕法尼亚州批准宪法大会上的发言，*DHRC*, 2:580；1788年1月23日詹姆斯·鲍登在马萨诸塞州批准宪法大会上的发言，*DHRC*, 6:1319; Feb. 1，同上，1394; Albany Federal Committee, *An Impartial Address*（约 Apr. 20, 1788), *DHRC*, 21:1396; "An Independent Elector," Providence *United States Chronicle*, Mar. 5, 1789, *DHRC*, 25:466。联邦主义者还呼吁参与航运行业的城镇劳动者支持宪法，参见"One of the Middle-Interest," *Massachusetts Centinel*, Dec. 5, 1787, *DHRC*, 4:386–387; "Z: To the Freemen of the State of Rhode Island," *Newport Mercury*, Dec. 30, 1789, *DHRC*, 25:654–655；上文，337。

60 "The Landholder" X, *Connecticut Courant*, Mar. 3, 1788, *DHRC*, 16:305（"你们臣服"和"武力可以"）；1788年6月27日利文斯顿在纽约州批准宪法大会上的发言，*DHRC*, 22:1942；另见上文，491。联邦主义者在弗吉尼亚州批准宪法大会上呼吁肯塔基人支持宪法，参见上文，474。佐治亚州承诺让出西部土地，参见1788年4月16日鲁弗斯·金致约翰·兰登，*LCRK*, 1:326；1788年5月6日兰登致金，同上，328；1788年4月21日詹姆斯·怀特致北卡罗来纳州州长塞缪尔·约翰斯顿，*LDC*, 25:67–68。

61 上文，469–471; "Agrippa" VIII, *Massachusetts Gazette*, Dec. 25, 1787, *DHRC*, 5:516（引文）。直接诉诸波士顿商人利益，呼吁他们拒绝宪法的例子，参见"Truth," Nov. 14, 1787, *DHRC*, 4:233。

62 "A Farmer: To the Farmers of Connecticut," *New Haven Gazette*, Oct. 18, 1788, *DHRC*, 3:392–393；1788年1月21日托马斯·道斯在马萨诸塞州批准宪法大会上的发言，*DHRC*, 6:1287–1288；1788年6月12日麦迪逊在弗吉尼亚州

批准宪法大会上的发言，*DHRC*, 10:1204（“不可逾越”）；1788 年 7 月 31 日艾德尔在北卡罗来纳州批准宪法大会上的发言，*Elliot*, 4:231; Holton, *Unruly Americans*, 239–243；上文，329–330。

63 1787 年 10 月 18 日格里致詹姆斯·沃伦，*DHRC*, 13:407（“税负将无孔不入”）；1788 年 6 月 7 日帕特里克·亨利在弗吉尼亚州批准宪法大会上的发言，*DHRC*, 9:1044（“这个庞大的”）；Pennsylvania Minority Dissent, *DHRC*, 2:639（“遍地都是”）；1788 年 6 月 17 日梅森在弗吉尼亚州批准宪法大会上的发言，*DHRC*, 10:1355（“世世代代地征税”“贪婪成性的投机者”“少数几个州”和“1000∶1”）；Henry, June 12，同上，1216–1217（“收购和囤积”）；June 17，同上，1346；一封来自纽约的信的摘录（7 月 20 日），*Massachusetts Centinel*, July 26, 1788, *DHRC*, 23:2379（报告了克林顿的声明）；上文，325。

64 上文，388–391, 423–426; Banning, “Virginia,” 287。

65 上文，429, 438–441, 475–478, 495–508, 513–514。

66 上文，530–534, 538–539。

67 上文，530–536。

68 上文，249–253, 536; Plebeian, *DHRC*, 20:951（“在费城会议”和“一千个人里”）；1787 年 6 月 16 日伦道夫在费城制宪会议上的发言，*Farrand*, 1:255（“遗漏任何”和“目前的形势”）。还有一些人，表达了与“平民”的声音类似的感受，参见“The Republican Federalist” II, *Massachusetts Centinel*, Jan. 2, 1788, *DHRC*, 5:591；1787 年 9 月 23 日马里纳斯·威利特（Marinus Willett）致约翰·泰勒，*DHRC*, 19:50。

69 上文，244, 247–250。

70 1788 年 1 月 10 日麦迪逊致伦道夫，*PJM* (C.S.), 10:355（引文）；上文，536–538；另见 Rakove, *Original Meanings*, 106–107。

71 “Solon,” *Boston Independent Chronicle*, Oct. 18, 1787, *DHRC*, 4:103（引用了 1780 年马萨诸塞州大会对人民的讲话）；另见 Gillespie, “Massachusetts,” 153。关于新英格兰地区的地方主义和参与式决策传统，参见 Polishook, *Rhode Island*, 32–36; Maier, *Ratification*, 139–141, 217; Holton, *Unruly Americans*, 165–166; Main, *Political Parties*, 16–17; Raphael, “The Democratic Moment,” 121–135; Adams, *First American*

Constitutions, 84–90, 175–176; Nelson, *Royalist Revolution*, 175; Daniell, "Ideology and Hardball," 2–4; Mevers, "New Hampshire Accepts the Bill of Rights," 166, 173; editorial note, *DHRC*, 26:948 n. 5。

72 上文，409–412, 441, 447, 530。

73 上文，408–409, 422–423, 427–430, 538。康涅狄格州的一位反联邦主义者谴责说，对手中的"那些海妖，性情恶毒、报复成性"，一心捍卫他们的"新宪法之恶神"，会报复"任何胆敢写下、说出反对新宪法的言词或者采取不利于宪法的行动甚至具有反对新宪法思想的人"（1788 年 1 月 15 日休 · 莱德利致约翰 · 兰姆，*DHRC*, 3:581；另见"Adelos," Northampton, Mass., *Hampshire Gazette*, Feb. 6, 1788, *DHRC*, 5:871）。

74 上文，568–595。

75 上文，311–312; Maier, *Ratification*, 432–433, 456; De Pauw, *Eleventh Pillar*, 272; Robertson, *The Constitution and America's Destiny*, 238；另见 1788 年 12 月 8 日麦迪逊致杰斐逊，*PJM* (C.S.), 11:382。

76 1789 年 5 月 12 日卡林顿致麦迪逊，同上，12:156（引文）; 1789 年 3 月 29 日麦迪逊致杰斐逊，同上, 37; 另见 1789 年 11 月 20 日麦迪逊致华盛顿，同上，453; Labunski, *James Madison*, 176; Introduction, *DHFFE*, 2:254。关于反联邦主义者将在弗吉尼亚州第一届国会选举中旗开得胜的更早预测，参见 1788 年 12 月 18 日乔治 · 梅森致约翰 · 梅森，*PGM*, 3:1136；1788 年 11 月 14 日华盛顿致本杰明 · 林肯，*PGW* (P.S.), 1:108。

77 上文，568；1789 年 6 月 12 日格雷森致亨利，Veit et al., eds., *Bill of Rights*, 248（全部引文）; Boyd, *Politics of Opposition*, 153, 161。

78 上文，516；1789 年 10 月 13 日华盛顿致莫里斯，*PGW* (P.S.)，4:176（"要么销声匿迹"和"让各方都很满意"）; 1790 年 4 月 2 日杰斐逊致拉法耶特，*PTJ* (M.S.), 16:293（"反对我们"）; 另见 Maier, *Ratification*, 456。

79 上文，573–574, 593–594; Brown, *Redeeming the Republic*, 235。

80 1790 年 1 月 16 日亚伯拉罕 · 鲍德温致乔尔 · 巴洛，引自 Brown, *Redeeming the Republic*, 236; Elkins and McKitrick, *The Age of Federalism*, 73; Edling, *Revolution in Favor of Government*, 132; McCraw, *The Founders and Finance*,

146; Einhorn, *American Taxation*, 184; Atack and Passell, *New Economic View*, 77。

81 Edling, *Revolution in Favor of Government*, 159, 207–209, 211; Brown, *Redeeming the Republic*, 235–236, 238; Holton, *Unruly Americans*, 267; Richards, *Shays's Rebellion*, 158–159; Edlingand Kaplanoff, "Alexander Hamilton's Fiscal Reform," 729–739.

82 Boyd, *Politics of Opposition*, 161–164; Cornell, *Other Founders*, 12.

83 在梅森的档案中发现的伦道夫的文件，未注明日期，*Farrand*, 2:137。

84 Cornell, *Other Founders*, 12, 166–167, 172, 190–191, 195–197; Brown, *Redeeming the Republic*, 241; Rakove, *Original Meanings*, 201–202. 关于政党的普遍兴起，参见 Banning, *Sacred Fire*, ch. 11; Elkins and McKitrick, *The Age of Federalism*, ch. 7; Gordon S. Wood, *Empire of Liberty: A History of the Early Republic, 1789–1815* (New York, 2009), ch. 4。

85 Carpenter, *The South as a Conscious Minority*, 58; Cornell, *Other Founders*, 279–280. 与马歇尔法院的国家化判决针锋相对的州权，参见 Newmyer, *John Marshall*, ch. 6。

86 上文，178–181；对比参考 Dahl, *How Democratic Is the American Constitution?*, 37–38。关于选举权和任职资格的开放进程，参见 Fehrenbacher, *Constitutions and Constitutionalism*, 7–10; Keyssar, *The Right to Vote*, ch. 2。

87 Dahl, *How Democratic Is the American Constitution?*, 68, 82, 89; Tadahisa Kuroda, *The Origins of the Twelfth Amendment: The Electoral College in the Early Republic, 1787–1804* (Westport, CT, 1994), 74–77；另见 1823 年 9 月 29 日鲁弗斯·金致 C. 金，*Farrand*, 3:459–460。

88 上文，173, 341–342, 568 & n. 77; *Pennsylvania Mercury*, Sept. 16, 1788, *DHFFE*, 1:274（"那些最具智慧"）; *The Federalist No. 10*（Madison），82（"提炼和扩大"）; 另见 Cornell, *Other Founders*, 147–153; Holton, *Unruly Americans*, 254–256; Labunski, James Madison, 221。

89 1789 年 11 月 30 日纳撒尼尔·W. 阿普尔顿致诺亚·韦伯斯特，*DHFFE*, 1:506（引文）; 另见同上，xxv–xxvi。对于联邦主义者呼吁沿着这些路线进行不分选区选举的其他例子，参见“Numa: To the Inhabitants of States That Have Adopted the New Constitution,” *Pennsylvania Gazette*, July 16, 1788，同上，246; *Maryland Journal*, Nov. 14, 1788，同上，2:125；1788 年 10 月 8 日麦迪逊致杰斐逊，同上，1:303–304；“Honorius,” *Herald of Freedom*, Nov. 3, 1788，同上，469–470。少数联邦主义者甚至主张，划分选区选举众议员的做法，违反了宪法所要求的由“各州人民”选举众议院代表的规定（他们认为，这项条款意味着，每个州的选民必须有机会选举本州产生的所有国会代表）。参见 1788 年 9 月 24 日威廉·刘易斯在宾夕法尼亚州议会辩论时的发言，同上，283; Richard Peters，同上，284。

90 “Hampden” I（Roane），*Richmond Enquirer*, June 11, 1819, in Gerald Gunther, ed., *John Marshall's Defense of McCulloch v. Maryland* (Stanford, CA, 1969), 109（引文）; 另见 Carpenter, *The South as a Conscious Minority*, 133–135。马歇尔最宽泛地解读国会权力的案子是 *Gibbons v. Ogden*, 22 U.S. (9 Wheat.) 1（1824）和 *McCulloch v. Maryland*, 17 U.S. (4 Wheat.) 316（1819）。麦迪逊和杰斐逊也强烈批评马歇尔的宽泛建构主义解释方法。参见 1819 年 9 月 2 日麦迪逊致斯宾塞·罗恩，*PJM* (R.S.), 1:500–503；1819 年 9 月 6 日杰斐逊致斯宾塞·罗恩，*The Writings of Thomas Jefferson* (Paul Leicester Ford, ed., New York, 1899), 10:140–141; Mar. 9, 1821，同上，189; 另见 Newmyer, *John Marshall*, 299–300, 331–332。

91 Franklin D. Roosevelt, First Inaugural Address (Mar. 4, 1933). 参见 Barry Cushman, *Rethinking the New Deal Court: The Structure of a Constitutional Revolution* (New York, 1998); William E. Leuchtenburg, *The Supreme Court Reborn: The Constitutional Revolution in the Age of Roosevelt* (New York, 1995)。

92 对于宪法修正案的整体性考察，参见 Kyvig, *Explicit and Authentic Acts*。

93 上文，277；另见 Dahl, *How Democratic Is the American Constitution?*, 13, 15–16, 27–28, 53。

94 Kyvig, *Explicit and Authentic Acts*, 208–213; Levinson, *Our Undemocratic Constitution*, 161–162. 参见 Kyvig，上文，150–151。

95 Dahl, *How Democratic Is the American Constitution?*, 79–80, 87–89; Levinson,

Our Undemocratic Constitution, 82–83, 90, 96. 1969年，众议院有81%的代表投票赞成一项规定总统由人民直接选举产生，而不通过选举人团制度的修正案，但是到了第二年，参议院通过拖延拖死了这项提案（Kyvig, *Explicit and Authentic Acts*, 388–391）。

96 Dahl, *How Democratic Is the Constitution?*, 48–54, 144–145; Levinson, *Our Undemocratic Constitution*, 50–62.

97 Dahl, *How Democratic Is the American Constitution?*, 50, 145.

98 上文，168; Shugerman, *The People's Courts*, 276–277 app. A; Fehrenbacher, *Constitutions and Constitutionalism*, 91 n. 60；另见1816年7月12日杰斐逊致"亨利·汤普金森", PTJ (R.S.), 10:223。

99 Dahl, *How Democratic Is the American Constitution?*, 18–19, 167; Levinson, *Our Undemocratic Constitution*, ch. 4. 关于共和国初期普遍盛行的有限的司法审查观念，参见 Michael J. Klarman, "How Great Were the 'Great' Marshall Court Decisions?", *Virginia Law Review* (2001), 87:1113–1117。

100 Dahl, *How Democratic Is the American Constitution?*, 160–161; Levinson, *Our Undemocratic Constitution*, ch. 6.

101 1787年8月8日戈勒姆在费城制宪会议上的发言，*Farrand*, 2:221；另见 Beeman, *Plain, Honest Men*, 282；对比参见 Madison, June 29, *Farrand*, 1:464。

102 Mason, June 11, *Farrand*, 1:202–203（"肯定会有缺陷"）; Gerry's Objections, *DHRC*, 13:549（"最伟大的人"）; "America: To the Dissenting Members of the Late Convention of Pennsylvania"（Webster）, *New York Daily Advertiser*, Dec. 31, 1787, *DHRC*, 19:488（"彻底的狂妄自大""所有的智慧""预见所有"和"为后代做出"）; 另见1811年2月5日古文诺·莫里斯致罗伯特·沃尔什，*Farrand*, 3:418。

103 对于第一届总统选举的参加者来说，这项制度的缺陷显而易见，联邦主义者担心，如果一些联邦派选举人不在约翰·亚当斯以外的人身上"浪费"他们的第二张选票的话，选举人团的投票结果可能会出现平局（华盛顿和亚当斯得票相等，这可能会让华盛顿当不了总统）。参见1789年1月2日威廉·蒂尔格曼致坦奇·考克斯，*DHFFE*, 2:180；1788年2月5日本杰明·拉什·致坦奇·考克斯，同上，1:401。

104 Kuroda, *Origins of the Twelfth Amendment*, 83–105; John Ferling, *Adams vs. Jefferson: The Tumultuous Election of 1800* (New York, 2004), 162–196; Bruce Ackerman, *The Failure of the Founding Fathers: Jefferson, Marshall, and the Rise of Presidential Democracy* (Cambridge, MA, 2005), 3–7, 30–35, 93–95; Dahl, *How Democratic Is the American Constitution?*, 78–79.

105 *The Federalist No. 51*（Madison），321–322; Daryl J. Levinson and Richard H. Pildes, "Separation of Parties, Not Powers," *Harvard Law Review* (2006), 119:2319–2325.

106 1787 年 9 月 4 日梅森在费城制宪会议上的发言，*Farrand*, 2:500（引文）；上文，232；另见 Kuroda, *Origins of the Twelfth Amendment*, 68–69; Beeman, *Plain, Honest Men*, 301–302。

107 上文，182–183, 191–192, 271–272。

108 Carpenter, *The South as a Conscious Minority*, 107–110；另见 1850 年 3 月 4 日约翰·C. 卡尔霍恩在参议院的发言，*Congressional Globe*, 31st Cong., 1st Sess. 451。

109 关于国会开会的日期，参见 8 月 7 日埃尔斯沃斯和其他人的发言，*Farrand*, 2:199–200。关于法定人数的规定，参见 Mason, Aug. 10，同上，251–252。关于休会任命，参见 NLRB v. Noel Canning, 134 S. Ct. 2550, 2558 (2014) (Scalia, J., dissenting)。

110 Rakove, *Original Meanings*, 162; Dahl, *How Democratic Is the American Constitution?*, 43–44.

111 Franklin, Sept. 17, *Farrand*, 2:642.

112 Dahl, *How Democratic Is the American Constitution?*, 122；另见 Rakove, *Original Meanings*, 367。

113 1816 年 7 月 12 日杰斐逊致"亨利·汤普金森"，*PTJ* (R.S.), 10:226–227。

译后记

这是一部我原本以为无法出版的书。翻译难度、耗费的精力和出版曲折程度超过了之前我所翻译的十部译著[1]。这部书的翻译与出版经历了多次波折，其中的艰辛、失望与绝望，简直可以写成一本书。

2018年，我接手翻译此书，原本打算用一年的时间，集中翻译完成这部大作。那年夏天，我带着孩子，在图书馆鏖战，他写作业，我做翻译，累了就下盘棋，换换脑子。9月，新学期开始后，翻译进程明显放缓，当时我刚从科研单位转入学院，教学任务陡增，速度跟不上计划。

为了按照编辑的进度要求按时完成任务，我邀请了强大的外

---

[1] ［英］安德鲁·甘布尔著，胡晓进等译，《政治和命运》，江苏人民出版社2003年/2007年版；［美］罗伯特·麦克洛斯基著，桑福德·列文森增订，任东来、孙雯、胡晓进译，《美国最高法院》，中国政法大学出版社2005年版；［美］戴维·奥布赖恩著，胡晓进译，《风暴眼：美国政治中的最高法院》，上海人民出版社2010年版/上海三联书店2018年再版；［美］马克·图什内特编著，胡晓进译，《反对有理：美国最高法院历史上的著名异议》，山东人民出版社2010年版；［美］杰弗里·罗森著，胡晓进译，《最民主的部门：美国最高法院的贡献》，中国政法大学出版社2013年版；［美］迪克·切尼、莉兹·切尼著，任东来、胡晓进译，《我的岁月：切尼回忆录》，译林出版社2015年版；［美］约翰·法比安·维特著，胡晓进等译，《林肯守则：美国战争法史》，中国政法大学出版社2015年版；［美］卡尔·埃斯贝克著，李松锋译，胡晓进校译，《美国宪法中的政教关系》，法律出版社2016年版；［美］道格拉斯·史密斯著，胡晓进等译，《民主之门：最高法院如何将"一人一票"制带到美国》，上海社会科学院出版社2017年版；［美］戴维·拉特著，胡晓进译，《律政雄心：一个亚裔女孩的最高法院之旅》，译林出版社2019年版。

援，他们是大连理工大学的马万利教授、福建师范大学的郭巧华教授、上海师范大学的蔡萌教授、浙江工商大学的张庆熠博士、江苏师范大学的王娟娟博士、目前定居日本的李兆加女士，以及当时还在念研究生的徐晓妍女士。其中，马万利老师修改了第五章的译稿，郭巧华和蔡萌两位老师翻译和修改了第七章的初稿，郭巧华老师还翻译了第六章的部分初稿，并补充了第五章的注释，张庆熠翻译了第六章的部分初稿，王娟娟翻译了第八章的正文初稿，李兆加补充了全文的大部分注释。因此，这部书可谓我们的集体成果。在翻译这本书的几年时间里，他们一再受到我的打扰，却不曾抱怨半句，感谢！

2017—2018年，笔者为中国政法大学的本科生开设《美国宪政史》与《美国法治文化》两门选修课时，曾将本书的部分内容作为阅读材料，让学生自主阅读，并提问讨论。有些学生的反馈令我感到学术事业的滔滔后浪。虽然他们对我这两门课的评价并不高，致使我失去参评优秀教师的资格，不过，我依然感谢他们，也一直保留着他们的选课名单。

本书的特约编辑（也是策划编辑）李占芾，认真负责，极具专业素养与职业精神，我们虽然同在北京，相交数年，却“天南海北”（天通苑南，海淀北），缘悭一面。“白首如新，倾盖如故”，期盼着这部多舛的译著出版后，我们能有倾盖的机会，从点赞之交，升级为点头之交。另一位编辑赵静，认真而细心，对译稿中的个别地方提出了极有见地的修改意见。在此，一并致谢。

目前任教于复旦大学的李剑鸣教授一直非常关心晚辈的成长，多次出手相助。我接手翻译此书后，偶然在网上看到，李老师带领研究生学生专题阅读研讨此书，形成了精彩的读书报告，刊发于《东方早报·上海书评》，可谓本书的绝佳速描。复旦大学历史系的两位博士研究生，抽时间校阅了本书的前五章，谢谢！

长期执教于美国宾夕法尼亚州印第安纳大学和北京大学的王希教授是我学术路上的明灯，数次提携鼓励，这次又慷慨赐文，介绍此书的学术价值与阅读路径，助莫大焉。

为了翻译此书，我估计前后一共在电脑前工作了1 000多个小时，颈椎腰椎深受其累，眼睛干涩，头童齿豁，迅速衰老。更重要的是，牺牲了陪伴家人的宝贵时间。好在，译著最终得以问世，也不枉费编辑老师和我的一番努力与付出。

当然，这样大部头的著作对读者也是不小的负担，希望读者诸君读完译后记和导言，更能理解其中的良苦用心。译事不易，能出版这方面的译著更是难上加难。我们且行且珍惜！

2023年10月26日

定稿于美国宾夕法尼亚州中部山区

参考书目

书籍和论文

Abbot, W. W., Philander D. Chase, and Dorothy Twohig, eds. *The Papers of George Washington*. 60 volumes in 5 series to date. Charlottesville: University Press of Virginia, 1983–.

Adams, Willi Paul. *The First American Constitutions: Republican Ideology and the Making of the State Constitutions in the Revolutionary Era*. Translated by Rita and Robert Kimber. Chapel Hill: Published for the Institute of Early American History and Culture, Williamsburg, VA, by the University of North Carolina Press, 1980.

Alexander, John K. *The Selling of the Constitutional Convention: A History of News Coverage*. Madison, WI: Madison House Publishers, 1990.

Atack, Jeremy, and Peter Passell. *A New Economic View of American History: From Colonial Times to 1940*. New York: Norton, 2nd ed., 1994.

Bailyn, Bernard. *The Ideological Origins of the American Revolution*. Enlarged ed. Cambridge, MA: Belknap Press of Harvard University Press, 1992.

Baker, Robert. *The Rescue of Joshua Glover: A Fugitive Slave, the Constitution, and the Coming of the Civil War*. Athens: Ohio University Press, 2006.

Bancroft, George. *History of the Formation of the Constitution of the United States of America*. 2 vols. New York: D. Appleton, 2nd ed., 1882.

Banning, Lance. *The Sacred Fire of Liberty: James Madison and the Founding of the Federal Republic*. Ithaca, NY: Cornell University Press, 1995.

Beard, Charles. *An Economic Interpretation of the Constitution of the United States*. New York: Macmillan, 2nd ed., 1935.

Beeman, Richard. *Plain, Honest Men: The Making of the American Constitution*. New York: Random House, 2009.

Beeman, Richard, Stephen Botein, and Edward C. Carter II, eds. *Beyond Confederation: Origins of the Constitution and American National Identity*. Chapel Hill: Published for the Institute of Early American History and Culture, Williamsburg, VA, by the University of North Carolina Press, 1987.

Berlin, Ira. *Generations of Captivity: A History of African-American Slaves*. Cambridge, MA: Harvard University Press, 2003.

———. *Many Thousands Gone: The First Two Centuries of Slavery in North America*. Cambridge, MA: Belknap Press of Harvard University Press, 1998.

Bilder, Mary Sarah. *Madison's Hand: Revising the Constitutional Convention*. Cambridge, MA: Harvard University Press, 2015.

Billias, George. *Elbridge Gerry: Founding Father and Republican Statesman*. New York: McGraw-Hill, 1976.

Bouton, Terry. *Taming Democracy: "The People," the Founders, and the Troubled Ending of the American Revolution*. New York: Oxford University Press, 2007.

Bowen, Catherine Drinker. *Miracle at Philadelphia: The Story of the Constitutional Convention, May to September, 1787*. Boston: Little, Brown, 2nd ed., 1986.

Bowling, Kenneth R. *The Creation of Washington, D.C.: The Idea and Location of the American Capital*. Fairfax, VA: George Mason University Press, 1991.

Boyd, Julian P., Charles T. Cullen, John Catanzariti, Barbara B. Oberg, and James P. McClure, eds. *The Papers of Thomas Jefferson*. 41 volumes to date. Princeton, NJ: Princeton University Press, 1950–.

Boyd, Steven R. *The Politics of Opposition: Antifederalists and the Acceptance of the Constitution*. Millwood, NY: KTO Press, 1979.

Brown, Robert E. *Charles Beard and the Constitution: A Critical Analysis of "An Economic Interpretation of the Constitution."* Princeton, NJ: Princeton University Press, 1956.

Brown, Roger H. *Redeeming the Republic: Federalists, Taxation, and the Origins of the Constitution*. Baltimore: Johns Hopkins University Press, 1993.

Burnett, Edmund Cody, ed. *Letters of Members of the Continental Congress*. 8 vols. Washington, DC: Carnegie Institution of Washington, 1921–36.

Carpenter, Jesse T. *The South as a Conscious Minority, 1789–1861: A Study in Political Thought*. New York: New York University Press, 1930.

Casto, William R. *The Supreme Court in the Early Republic: The Chief Justiceships of John Jay and Oliver Ellsworth*. Columbia: University of South Carolina Press, 1995.

Chernow, Ron. *Alexander Hamilton*. New York: Penguin Press, 2004.

Coleman, Kenneth. *The American Revolution in Georgia, 1763–1789*. Athens: University of Georgia Press, 1958.

Conley, Patrick T., and John P. Kaminski, eds. *The Bill of Rights and the States: The Colonial and Revolutionary Origins of American Liberties*. Madison, WI: Madison House, 1992.

Cornell, Saul. *The Other Founders: Anti-Federalism and the Dissenting Tradition in America, 1788–1828*. Chapel Hill: Published for the Omohundro Institute of Early American History and Culture, Williamsburg, VA, by the University of North Carolina Press, 1999.

Dahl, Robert. *How Democratic Is the American Constitution?* New Haven, CT: Yale University Press, 2nd ed., 2003.

Davis, Joseph L. *Sectionalism in American Politics, 1774–1787*. Madison: University of Wisconsin Press, 1977.

De Pauw, Linda Grant, *The Eleventh Pillar: New York State and the Federal Constitution*. Ithaca, NY: Published for the American Historical Association by Cornell University Press, 1966.

Edling, Max M. *A Revolution in Favor of Government: Origins of the U.S. Constitution and the Making of the American State*. New York: Oxford University Press, 2003.

Egerton, Douglas. *Death or Liberty: African Americans and Revolutionary America*. New York: Oxford University Press, 2009.

Einhorn, Robin L. *American Taxation, American Slavery*. Chicago: University of Chicago Press, 2006.

Elkins, Stanley, and Eric McKitrick. *The Age of Federalism: The Early American Republic, 1788–1800*. New York: Oxford University Press, 1993.

Elliot, Jonathan, ed. *The Debates in the Several State Conventions on the Adoption of the Federal Constitution*. 5 vols. Washington, DC, 1836–45.

Ellis, Joseph J. *The Quartet: Orchestrating the Second American Revolution, 1783–1789*. New York: Knopf, 2015.

Farrand, Max. *Records of the Federal Convention*. 4 vols. New Haven, CT: Yale University Press, 1966 reprint.

Fehrenbacher, Don E. *Constitutions and Constitutionalism in the Slaveholding South*. Athens: University of Georgia Press, 1989.

———. *The Dred Scott Case: Its Significance in American Law and Politics*. New York: Oxford University Press, 1978.

Ferguson, E. James. *The Power of the Purse: A History of American Public Finance, 1776–1790*. Chapel Hill: Published for the Institute of Early American History and Culture at Williamsburg, VA, by the University of North Carolina Press, 1961.

Ferguson, E. James, John Catanzariti, Elizabeth M. Nuxoll, and Mary A. Y. Gallagher, eds. *The Papers of Robert Morris*. 9 vols. Pittsburgh, University of Pittsburgh Press, 1973–99.

Finkelman, Paul. *An Imperfect Union: Slavery, Federalism, and Comity*. Chapel Hill: University of North Carolina Press, 1981.

Ford, Worthington Chauncey, Gaillard Hunt, John Clement Fitzpatrick, Roscoe R. Hill, Kenneth E. Harris, and Steven D. Tilley, eds. *Journals of the Continental Congress*. 34 vols. Washington, DC: US Government Printing Office, 1904–1937.

Freehling, William W. *The Road to Disunion*. Vol. 1, *Secessionists at Bay, 1776–1854*. New York: Oxford University Press, 1990.

Freehling, William W., and Craig M. Simpson. *Secession Debated: Georgia's Showdown in 1860*. New York: Oxford University Press, 1992.

Giesecke, Albert Anthony. *American Commercial Legislation Before 1789*. New York: D. Appleton, 1910.

Gillespie, Michael Allen, and Michael Lienesch, eds. *Ratifying the Constitution*. Lawrence: University Press of Kansas, 1989.

Gould, Eliga H. *Among the Powers of the Earth: The American Revolution and the Making of a New World Empire*. Cambridge, MA: Harvard University Press, 2012.

Graber, Mark A. *Dred Scott and the Problem of Constitutional Evil*. New York: Cambridge University Press, 2006.

Gray, Edward G., and Jane Kamensky, eds. *The Oxford Handbook of the American Revolution*. New York: Oxford University Press, 2013.

Hall, Van Beck. *Politics Without Parties: Massachusetts, 1780–1791*. Pittsburgh: University of Pittsburgh Press, 1972.

Haw, James, Francis F. Beirne, Rosamond R. Beirne, and R. Samuel Jett. *Stormy Patriot: The Life of Samuel Chase*. Baltimore: Maryland Historical Society, 1980.

Heideking, Jurgen. *The Constitution Before the Judgment Seat: The Prehistory and Ratification of the American Constitution, 1787–1791*. Edited by John P. Kaminski and Richard Leffler. Charlottesville: University of Virginia Press, 2012.

Henderson, H. James. *Party Politics in the Continental Congress*. New York: McGraw-Hill, 1974.

Hendrickson, David C. *Peace Pact: The Lost World of the American Founding*. Lawrence: University Press of Kansas, 2003.

Henry, William Wirt. *Patrick Henry: Life, Correspondence, and Speeches*. 3 vols. New York: Scribner's, 1891.

Holton, Woody. *Forced Founders: Indians, Debtors, Slaves, and the Making of the American Revolution in Virginia*. Chapel Hill: Published for the Omohundro Institute of Early American History and Culture at Williamsburg, VA, by the University of North Carolina Press, 1999.

———. *Unruly Americans and the Origins of the Constitution*. New York: Hill and Wang, 2007.

Hunt, Gaillard, ed. *The Writings of James Madison*. 9 vols. New York: Putnam's, 1910.

Hutchinson, William T., William M. E. Rachal, Robert Brugger, Robert A. Rutland, David B. Mattern et al., eds., *The Papers of James Madison*. 37 volumes in 4 series to date. Chicago: University of Chicago Press; Charlottesville: University of Virginia Press, 1962–.

Ireland, Owen S. *Religion, Ethnicity, and Politics: Ratifying the Constitution in Pennsylvania*. University Park: Pennsylvania State University Press, 1995.

Jefferson, Thomas. *Notes on the State of Virginia*. Edited by William Peden. Chapel Hill: Published for the Institute of Early American History and Culture at Williamsburg, VA, by the University of North Carolina Press, 1954.

Jensen, Merrill. *The Making of the American Constitution*. Princeton, NJ: Van Nostrand, 1964.

———. *The New Nation: A History of the United States During the Confederation, 1781–1789*. New York: Knopf, 1950.

Jensen, Merrill, Robert A. Becker, Gordon R. DenBoer, Lucy Trumbull Brown, Alfred Lindsay Skerpan, and Charles D. Hagerman, eds. *Documentary History of the First Federal Elections, 1788–1790*. 4 vols. Madison: University of Wisconsin Press, 1976–90.

Jillson, Calvin, and Rick K. Wilson. *Congressional Dynamics: Structure, Coordination, and Choice in the First American Congress, 1774–1789*. Stanford, CA: Stanford University Press, 1994.

Johnson, Calvin H. *Righteous Anger at the Wicked States: The Meaning of the Founders' Constitution*. New York: Cambridge University Press, 2005.

Johnston, Henry P., ed. *The Correspondence and Public Papers of John Jay*. 4 vols. New York: Putnam's, 1890–1893.

Kaminski, John P. *George Clinton: Yeoman Politician of the New Republic*. Madison, WI: Madison House, 1993.

———, ed. *A Necessary Evil? Slavery and the Debate over the Constitution*. Madison, WI: Madison House, 1995.

———. "Paper Politics: The Northern State Loan Offices During the Confederation, 1783–1790." PhD diss., University of Wisconsin, 1972.

Kaminski, John P., and Timothy D. Moore, eds. *An Assembly of Demigods: Word Portraits of the Delegates to the Constitutional Convention by Their Contemporaries*. Madison, WI: Parallel Press, 2012.

Kaminski, John P., Gaspare J. Saladino, Richard Leffler, Charles H. Schoenleber, and Margaret A. Hogan, eds. *The Documentary History of the Ratification of the Constitution*. 27 volumes to date. Madison: State Historical Society of Wisconsin, 1976–.

Keyssar, Alexander. *The Right to Vote: The Contested History of Democracy in the United States*. New York: Basic Books, 2000.

King, Charles R., ed. *The Life and Correspondence of Rufus King*. 6 vols. New York: Putnam's, 1894–1900.

Kohn, Richard H. *Eagle and Sword: The Federalists and the Creation of the Military Establishment in America, 1783–1802*. New York: Free Press, 1975.

Kramer, Larry D. *The People Themselves: Popular Constitutionalism and Judicial Review*. New York: Oxford University Press, 2004.

Kuroda, Tadahisa. *The Origins of the Twelfth Amendment: The Electoral College in the Early Republic, 1787–1804*. Westport, CT: Greenwood Press, 1994.

Kyvig, David E. *Explicit and Authentic Acts: Amending the U.S. Constitution, 1776–1995*. Lawrence: University Press of Kansas, 1996.

Labunski, Richard E. *James Madison and the Struggle for the Bill of Rights*. New York: Oxford University Press, 2006.

Levinson, Sanford. *Our Undemocratic Constitution: Where the Constitution Goes Wrong (And How We the People Can Correct It)*. New York: Oxford University Press, 2006.

Levy, Leonard W., and Dennis J. Mahoney, eds. *The Framing and Ratification of the Constitution*. New York: Macmillan, 1987.

Litwack, Leon F. *North of Slavery: The Negro in the Free States, 1790–1860*. Chicago: University of Chicago Press, 1961.

Lubet, Steven. *Fugitive Justice: Runaways, Rescuers, and Slavery on Trial*. Cambridge, MA: Belknap Press of Harvard University Press, 2010.

Maier, Pauline. *Ratification: The People Debate the Constitution, 1787–1788*. New York: Simon and Schuster, 2010.

Main, Jackson Turner. *The Antifederalists: Critics of the Constitution, 1781–1788*. Chapel Hill: Published for the Institute of Early American History and Culture at Williamsburg, VA, by the University of North Carolina Press, 1961.

———. *Political Parties Before the Constitution*. Chapel Hill: Published for the Institute of Early American History and Culture at Williamsburg, VA, by the University of North Carolina Press, 1973.

Marks, Frederick W., III. *Independence on Trial: Foreign Affairs and the Making of the Constitution*. Baton Rouge: Louisiana State University Press, 1973.

McCormick, Richard P. *Experiment in Independence: New Jersey in the Critical Period, 1781–1789*. New Brunswick, NJ: Rutgers University Press, 1950.

McCoy, Drew R. *The Elusive Republic: Political Economy in Jeffersonian America*. Chapel Hill: Published for the Institute of Early American History and Culture, Williamsburg, VA, by the University of North Carolina Press, 1980.

McCraw, Thomas K. *The Founders and Finance: How Hamilton, Gallatin, and Other Immigrants Forged a New Economy*. Cambridge, MA: Belknap Press of Harvard University Press, 2012.

McDonald, Forrest. *Novus Ordo Seclorum: The Intellectual Origins of the Constitution*. Lawrence: University Press of Kansas, 1985.

———. *We the People: The Economic Origins of the Constitution*. Chicago: University of Chicago Press, 1958.

McMillin, James A. *The Final Victims: Foreign Slave Trade to North America, 1783–1810*. Columbia: University of South Carolina Press, 2004.

McRee, Griffith J, ed. *Life and Correspondence of James Iredell, One of the Associate Justices of the Supreme Court of the United States*. 2 vols. New York: D. Appleton, 1857–58.

Miller, Helen Hill. *George Mason: Gentleman Revolutionary*. Chapel Hill: University of North Carolina Press, 1975.

Morgan, Edmund S. *American Slavery, American Freedom*. New York: Norton, 1975.

———. *Inventing the People: The Rise of Popular Sovereignty in England and America*. New York: Norton, 1988.

Morrill, James R. *The Practice and Politics of Fiat Finance: North Carolina in the Confederation, 1783–1789*. Chapel Hill: University of North Carolina Press, 1969.

Munroe, John A. *Federalist Delaware, 1775–1815*. New Brunswick, NJ: Rutgers University Press, 1954.

Nash, Gary B., and Jean R. Soderlund. *Freedom by Degrees: Emancipation in Pennsylvania and Its Aftermath*. New York: Oxford University Press, 1991.

Nelson, Eric. *The Royalist Revolution: Monarchy and the American Founding*. Cambridge, MA: Belknap Press of Harvard University Press, 2014.

Nettels, Curtis P. *The Emergence of a National Economy, 1775–1815*. Vol. 2, *The Economic History of the United States*. New York: Holt, Rinehart and Winston, 1962.

Nevins, Allan. *The American States During and After the Revolution, 1775–1789*. New York: Macmillan, 1924.

Newmyer, R. Kent. *John Marshall and the Heroic Age of the Supreme Court*. Baton Rouge: Louisiana State University Press, 2001.

Onuf, Peter S. *The Origins of the Federal Republic: Jurisdictional Controversies in the United States, 1775–1787*. Philadelphia: University of Pennsylvania Press, 1983.

Pasley, Jeffrey L. *"The Tyranny of Printers": Newspaper Politics in the Early American Republic*. Charlottesville: University Press of Virginia, 2001.

Perkins, Edwin J. *American Public Finance and Financial Services, 1700–1815*. Columbus: Ohio State University Press, 1994.

Polishook, Irwin H. *Rhode Island and the Union, 1774–1795*. Evanston, IL: Northwestern University Press, 1969.

Potter, David M. *The Impending Crisis, 1848–1861*. New York: Harper and Row, 1976.

Preston, Daniel, ed. *The Papers of James Monroe*. 5 volumes to date. Westport, CT: Greenwood Press, 2003–.

Quarles, Benjamin. *The Negro in the American Revolution*. Chapel Hill: Published for the Institute of Early American History and Culture, Williamsburg, VA, by University of North Carolina Press, 1961.

Rakove, Jack N. *The Beginnings of National Politics: An Interpretive History of the Continental Congress*. New York: Knopf, 1979.

———. *Original Meanings: Politics and Ideas in the Making of the Constitution*. New York: Knopf, 1996.

Read, William Thompson. *Life and Correspondence of George Read*. Philadelphia: J. B. Lippincott, 1870.

Richards, Leonard L. *Shays's Rebellion: The American Revolution's Final Battle*. Philadelphia: University of Pennsylvania Press, 2002.

Risjord, Norman K. *Chesapeake Politics, 1781–1800*. New York: Columbia University Press, 1978.

Robertson, David Brian. *The Constitution and America's Destiny*. New York: Cambridge University Press, 2005.

Robinson, Donald L. *Slavery in the Structure of American Politics, 1765–1820*. New York: Harcourt Brace Jovanovich, 1971.

Rossiter, Clinton, ed. *The Federalist Papers*. New York: Penguin Putnam, 1961.

———. *1787: The Grand Convention*. New York: Macmillan, 1966.

Rutland, Robert Allen. *The Birth of the Bill of Rights, 1776–1791*. Chapel Hill: Published for the Institute of Early American History and Culture, Williamsburg, VA, by the University of North Carolina Press, 1955.

———. *George Mason: Reluctant Statesman*. Baton Rouge: Louisiana State University Press, 1961.

———. *Ordeal of the Constitution: The Antifederalists and the Ratification Struggle of 1787–1788*. Norman: University of Oklahoma Press, 1966.

———, ed. *The Papers of George Mason*. 3 vols. Chapel Hill: University of North Carolina Press, 1970.

Sanders, Jennings B. *Evolution of Executive Departments of the Continental Congress, 1774–1789*. Chapel Hill: University of North Carolina Press, 1935.

Schwartz, Bernard. *The Great Rights of Mankind: A History of the American Bill of Rights*. New York: Oxford University Press, 1977.

Smith, Paul H. ed. *Letters of Delegates to Congress, 1774–1789*. 26 vols. Washington, DC: Library of Congress, 1976–2000.

Sparks, Jared, ed. *The Writings of George Washington*. 12 vols. Boston: Russell, Odiorne and Metcalf and Hillard, Gray, 1834–37.

Storing, Herbert, ed. *The Complete Anti-Federalist*. 7 vols. Chicago: University of Chicago Press, 1981.

Swift, Elaine K. *The Making of an American Senate: Reconstitutive Change in Congress, 1787–1841*. Ann Arbor: University of Michigan Press, 1996.

Syrett, Harold C., ed. *The Papers of Alexander Hamilton*. 27 vols. New York: Columbia University Press, 1961–87.

Szatmary, David P. *Shays' Rebellion: The Making of an Agrarian Insurrection*. Amherst: University of Massachusetts Press, 1980.

Trenholme, Louise Irby. *The Ratification of the Federal Constitution in North Carolina*. New York: Columbia University Press, 1932.

Van Cleve, George William. *A Slaveholders' Union: Slavery, Politics, and the Constitution in the Early American Republic*. Chicago: University of Chicago Press, 2010.

Veit, Helen E., Kenneth R. Bowling, and Charlene Bangs Bickford, eds. *Creating the Bill of Rights: The Documentary Record from the First Federal Congress*. Baltimore: Johns Hopkins University Press, 1991.

Waldstreicher, David. *Slavery's Constitution: From Revolution to Ratification*. New York: Hill and Wang, 2009.

Watlington, Patricia. *The Partisan Spirit: Kentucky Politics, 1779–1792*. New York: Atheneum, for the Institute of Early American History and Culture, 1972.

Whitaker, Arthur Preston. *The Spanish-American Frontier, 1783–1795*. Boston: Houghton Mifflin, 1927; reprinted, Gloucester, MA: Peter Smith, 1962.

Wood, Gordon S. *The Creation of the American Republic, 1776–1787*. Chapel Hill: Published for the Institute of Early American History and Culture at Williamsburg, VA, by the University of North Carolina Press, 1969.

———. *The Radicalism of the American Revolution*. New York: Knopf, 1992.

Young, Alfred F. *The Democratic Republicans of New York: The Origins, 1763–1797*. Chapel Hill, Published for the Institute of Early American History and Culture at Williamsburg, VA, by the University of North Carolina Press, 1967.

———. *Liberty Tree: Ordinary People and the American Revolution*. New York: New York University Press, 2006.

Zagarri, Rosemarie. *The Politics of Size: Representation in the United States, 1776–1850*. Ithaca, NY: Cornell University Press, 1987.

文章和书摘

Amar, Akhil Reed. "The Bill of Rights as a Constitution." *Yale Law Journal* (Mar. 1991), 100:1131–210.

———. "The Consent of the Governed: Constitutional Amendment Outside Article V." *Columbia Law Review* (1994), 94:457–508.

Banning, Lance. "The Constitutional Convention." In *The Framing and Ratification of the Constitution*, edited by Leonard W. Levy and Dennis J. Mahoney, 112–31.

———. "Virginia: Sectionalism and the General Good." In *Ratifying the Constitution*, edited by Michael Allen Gillespie and Michael Lienesch, 261–99.

Barry, James T., III. "The Council of Revision and the Limits of Judicial Power." *University of Chicago Law Review* (Winter 1989), 56:235–61.

Bates, Whitney K. "Northern Speculators and Southern State Debts: 1790." *William and Mary Quarterly* (Jan. 1962), 19:30–48.

Becker, Robert A. "Salus Populi Suprema Law: Public Peace and South Carolina Debtor Relief Laws, 1783–1788." *South Carolina Historical Review* (Jan. 1979), 80:65–75.

Best, Judith A. "The Presidency and the Executive Power." In *The Framing and Ratification of the Constitution*, edited by Leonard W. Levy and Dennis J. Mahoney, 209–21.

Billings, Warren M. "'That All Men Are Born Equally Free and Independent': Virginians and the Origins of the Bill of Rights." In *The Bill of Rights and the States: The Colonial and Revolutionary Origins of American Liberties*, edited by Patrick T. Conley and John P. Kaminski, 335–69.

Bouton, Terry. "The Trials of the Confederation." In *The Oxford Handbook of the American Revolution*, edited by Edward G. Gray and Jane Kamensky, 370–87.

Bowling, Kenneth R. "'A Tub to the Whale': The Founding Fathers and Adoption of the Federal Bill of Rights." *Journal of the Early Republic* (Autumn 1988), 8:223–51.

Boyd, Steven R. "The Contract Clause and the Evolution of American Federalism, 1789–1815." *William and Mary Quarterly* (July 1987), 44:529–48.

Brady, Patrick S. "The Slave Trade and Sectionalism in South Carolina, 1787–1808." *Journal of Southern History* (Nov. 1972), 38:601–20.

Brown, Christopher Leslie. "The Problems of Slavery." In *The Oxford Handbook of the American Revolution*, edited by Edward G. Gray and Jane Kamensky, 427–46.

Brown, Richard D. "Shays's Rebellion and the Ratification of the Federal Constitution in Massachusetts." In *Beyond Confederation*, edited by Richard Beeman, Stephen Botein, and Edward C. Carter II, 113–27.

Cashin, Edward J. "Georgia: Searching for Security." In *Ratifying the Constitution*, edited by Michael Allen Gillespie and Michael Lienesch, 93–116.

Conley, Patrick T. "Rhode Island: Laboratory for the Internal 'Lively Experiment.'" In *The Bill of Rights and the States: The Colonial and Revolutionary Origins of American Liberties*, edited by Patrick T. Conley and John P. Kaminski, 123–61.

Daniell, Jere R. "Ideology and Hardball: Ratification of the Federal Constitution in New Hampshire." In *New Hampshire: The State That Made Us a Nation*, edited by William M. Gardner, Frank C. Mevers, and Richard F. Upton (P. E. Randall, Portsmouth, NH, 1989), 1–17.

Denning, Brandon P. "Confederation-Era Discrimination Against Interstate Commerce and the Legitimacy of the Dormant Commerce Clause." *Kentucky Law Journal* (2005), 94:37–99.

Edling, Max M. "A More Perfect Union: The Framing and Ratification of the Constitution." In *The Oxford Handbook of the American Revolution*, edited by Edward G. Gray and Jane Kamensky, 388–406.

Edling, Max M., and Mark D. Kaplanoff, "Alexander Hamilton's Fiscal Reform: Transforming the Structure of Taxation in the Early Republic." *William and Mary Quarterly* (Oct. 2004), 61:713–44.

Elkins, Stanley, and Eric McKitrick. "The Founding Fathers: Young Men of the Revolution." *Political Science Quarterly* (June 1961), 76:181–216.

Ely, James W., Jr. "'The Good Old Cause': The Ratification of the Constitution and Bill of Rights in South Carolina." In *The South's Role in the Creation of the Bill of Rights*, edited by Robert J. Haws (Jackson, MS, 1991), 101–24.

Eubanks, Cecil L. "New York: Federalism and the Political Economy of Union." In *Ratifying the Constitution*, edited by Michael Allen Gillespie and Michael Lienesch, 300–40.

Evans, Emory G. "Private Indebtedness and the Revolution in Virginia, 1776 to 1796." *William and Mary Quarterly* (July 1971), 28:349–74.

Finkelman, Paul. "Slavery and the Constitutional Convention: Making a Covenant with Death." In *Beyond Confederation*, edited by Richard Beeman, Stephen Botein, and Edward C. Carter II, 188–225.

———. "Story Telling on the Supreme Court: *Prigg v. Pennsylvania* and Justice Joseph Story's Judicial Nationalism." *Supreme Court Review* (1994), 247–94.

Freehling, William W. "The Founding Fathers and Slavery." *American Historical Review* (Feb. 1972), 77:81–93.

Gillespie, Michael Allen. "Massachusetts: Creating Consensus." In *Ratifying the Constitution*, edited by Michael Allen Gillespie and Michael Lienesch, 138–67.

Gillespie, Michael Allen, and Michael Lienesch. "Introduction." In *Ratifying the Constitution*, edited by Michael Allen Gillespie and Michael Lienesch, 1–26.

Graham, George J., Jr. "Pennsylvania: Representation and the Meaning of Republicanism." In *Ratifying the Constitution*, edited by Michael Allen Gillespie and Michael Lienesch, 52–70.

Hobson, Charles F. "The Negative on State Laws: James Madison, the Constitution, and the Crisis of Republican Government." *William and Mary Quarterly* (Apr. 1979), 36:215–35.

Hutson, James H. "Country, Court, and Constitution: Antifederalism and the Historians." *William and Mary Quarterly* (July 1981), 38:337–68.

———. "The Creation of the Constitution: The Integrity of the Documentary Record." *Texas Law Review* (Nov. 1986), 65:1–39.

Kaminski, John P. "The Constitution Without a Bill of Rights." In *The Bill of Rights and the States: The Colonial and Revolutionary Origins of American Liberties*, edited by Patrick T. Conley and John P. Kaminski, 16–45.

———. "New York: The Reluctant Pillar." In *The Reluctant Pillar: New York and the Adoption of the Federal Constitution*, edited by Stephen L. Schechter (Troy, NY, 1985), 48–117.

———. "Political Sacrifice and Demise—John Collins and Jonathan J. Hazard, 1786–1790." *Rhode Island History* (Aug. 1976), 35:91–98.

———. "Rhode Island: Protecting State Interests." In *Ratifying the Constitution*, edited by Michael Allen Gillespie and Michael Lienesch, 368–90.

Kenyon, Cecelia M. "Men of Little Faith: The Anti-Federalists on the Nature of Representative Government." *William and Mary Quarterly* (Jan. 1955), 12:3–43.

Leibiger, Stuart, "James Madison and Amendments to the Constitution, 1787–1789: 'Parchment Barriers.'" *Journal of Southern History* (Aug. 1993), 59:441–68.

Libby, Orin Grant. "The Geographical Distribution of the Vote of the Thirteen States on the Federal Constitution, 1787–8." *Bulletin of the University of Wisconsin* (June 1894), 1:1–116.

Lienesch, Michael. "North Carolina: Preserving Rights." In *Ratifying the Constitution*, edited by Michael Allen Gillespie and Michael Lienesch, 343–67.

Lindert, Peter H., and Jeffrey G. Williamson. "American Incomes Before and After the Revolution." *Journal of Economic History* (Sept. 2013), 73:725–65.

Lutz, Donald S. "Connecticut: Achieving Consent and Assuring Control." In *Ratifying the Constitution*, edited by Michael Allen Gillespie and Michael Lienesch, 117–37.

———. "The States and the U.S. Bill of Rights." *Southern Illinois University Law Journal* (1992), 16:251–62.

Lynd, Staughton. "The Compromise of 1787." *Political Science Quarterly* (June 1966), 81:225–50.

McCormick, Richard P. "New Jersey Defies the Confederation: An Abraham Clark Letter." *Journal of the Rutgers University Library* (June 1950), 13:44–50.

McDonnell, Michael A. "The Struggle Within: Colonial Politics on the Eve of Independence." In *The Oxford Handbook of the American Revolution*, edited by Edward G. Gray and Jane Kamensky, 103–20.

Merritt, Eli. "Sectional Conflict and Secret Compromise: The Mississippi River Question and the United States Constitution." *American Journal of Legal History* (Apr. 1991), 35:117–71.

Mevers, Frank C. "New Hampshire Accepts the Bill of Rights." In *The Bill of Rights and the States: The Colonial and Revolutionary Origins of American Liberties*, edited by Patrick T. Conley and John P. Kaminski, 162–80.

Mihm, Stephen. "Funding the Revolution: Monetary and Fiscal Policy in Eighteenth-Century America." In *The Oxford Handbook of the American Revolution*, edited by Edward G. Gray and Jane Kamensky, 327–54.

Nash, Gary. "The African-Americans' Revolution." In *The Oxford Handbook of the American Revolution*, edited by Edward G. Gray and Jane Kamensky, 250–72.

Onuf, Peter S. "Maryland: The Small Republic in the New Nation." In *Ratifying the Constitution*, edited by Michael Allen Gillespie and Michael Lienesch, 171–200.

Opal, J. M. "The Republic in the World, 1783–1803." In *Oxford Handbook of the American Revolution*, edited by Edward G. Gray and Jane Kamensky, 595–611.

Polishook, Irwin H. "Trevett vs. Weeden and the Case of the Judges." *Newport History* (Apr. 1965), 38:45–69.

Pybus, Cassandra. "Jefferson's Faulty Math: The Question of Slave Defections in the American Revolution." *William and Mary Quarterly* (Apr. 2005), 62:243–64.

Rakove, Jack N. "The Madisonian Moment." *University of Chicago Law Review* (Winter 1988), 55:473–505.

Raphael, Ray. "The Democratic Moment: The Revolution and Popular Politics." In *Oxford Handbook of the American Revolution*, edited by Edward G. Gray and Jane Kamensky, 121–38.

Roche, John. "The Founding Fathers: A Reform Caucus in Action." *American Political Science Review* (Dec. 1961), 55:799–816.

Roll, Charles W., Jr. "We, Some of the People: Apportionment in the Thirteen State Conventions Ratifying the Constitution." *Journal of American History* (June 1969), 56:21–40.

Rossum, Ralph. "The Courts and the Judicial Power." In *The Framing and Ratification of the Constitution*, edited by Leonard W. Levy and Dennis J. Mahoney, 222–41.

Russel, Robert R. "Constitutional Doctrines with Regard to Slavery in Territories." *Journal of Southern History* (Nov. 1966), 32:466–86.

Saladino, Gaspare J. "Delaware: Independence and the Concept of a Commercial Republic." In *Ratifying the Constitution*, edited by Michael Allen Gillespie and Michael Lienesch, 29–51.

Shumer, Sara M. "New Jersey: Property and the Price of Republican Politics." In *Ratifying the Constitution*, edited by Michael Allen Gillespie and Michael Lienesch, 71–89.

Slauter, Eric. "Rights." In *Oxford Handbook of the American Revolution*, edited by Edward G. Gray and Jane Kamensky, 447–64.

Steiner, Bernard. "Maryland's Adoption of the Federal Constitution." *American Historical Review* (1899), 5:207–24.

Talbert, Charles Gano. "Kentuckians in the Virginia Convention of 1788." *Register of the Kentucky Historical Society* (July 1960), 58:187–93.

Van Cleve, George William. "The Anti-Federalists' Toughest Challenge: Paper Money, Debt Relief, and the Ratification of the Constitution." *Journal of the Early Republic* (Winter 2014), 34:529–60.

Weir, Robert M. "South Carolina: Slavery and the Structure of the Union." In *Ratifying the Constitution*, edited by Michael Allen Gillespie and Michael Lienesch, 201–34.

Wiecek, William M. "The Witch at the Christening: Slavery and the Constitution's Origins." In *The Framing and Ratification of the Constitution*, edited by Leonard W. Levy and Dennis J. Mahoney, 167–84.

Wood, Gordon S. "Interests and Disinterestedness in the Making of the Constitution." In *Beyond Confederation*, edited by Richard Beeman, Stephen Botein, and Edward C. Carter II, 69–109.

Yarbrough, Jean. "New Hampshire: Puritanism and the Moral Foundations of America." In *Ratifying the Constitution*, edited by Michael Allen Gillespie and Michael Lienesch, 235–58.

图片信息

图 1.1　罗伯特·莫里斯与古文诺·莫里斯

感谢 Pennsylvania Academy of the Fine Arts 慷慨提供。Richard Ashhurst 遗赠。

Charles Willson Peale，美国，1741–1827

1783　　布面油画　　110.5 × 131.4 厘米（3　1/2 × 51　3/4 英寸）

编号：1969.20.1

图 1.2　鲁弗斯·金

感谢 Independence National Historical Park 慷慨提供。

Charles Willson Peale 在金生前为其所作（但涂了颜料以使金看起来更年轻）　1818

图 1.3　唐·迪亚哥·加尔多基

西班牙派往美国的公使唐·迪亚哥·加尔多基的油画，约作于 1785 年。感谢 Palace of the Governors Photo Archives（NMHM/DCA）慷慨提供，编号：191935；New Mexico History Museum 收藏编号：11844/45。

图 1.4　亨利·李三世（轻骑兵哈利·李）

National Portrait Gallery, Smithsonian Institution / Art Resource, NY

由 James Herring（1794–1867）以 Gilbert Stuart 的作品为蓝本创作。亨利·李为美国革命时期的官员和政治家。

约 1834　　布面油画　　76 × 63.5 厘米（29　15/16 × 25 英寸）

图 2.1　州长詹姆斯・鲍登

感谢 Independence National Historical Park 慷慨提供。

Edgar Parker，19 世纪 70 年代（以 Christian Gullager 的作品为蓝本，约 1791）

图 2.2　本杰明・林肯

感谢 Independence National Historical Park 慷慨提供。

Charles Willson Peale 在林肯生前为其所作，1781–1783

图 2.3　查尔斯・平克尼

Library of Congress, Prints and Photographs Division

Charles Balthazar Julien Fevret de Saint–Mémin, 1770–1852

1806　　雕版印刷

Library of Congress 复制编号：LC–USZ62–54941（b&w film copy neg.）

图 2.4　亨利・诺克斯

感谢 Independence National Historical Park 慷慨提供。

Charles Willson Peale 在诺克斯生前为其所作，1784

图 3.1　詹姆斯・麦迪逊

感谢 Independence National Historical Park 慷慨提供。

James Sharples, Sr. 在麦迪逊生前为其所作，1796–1797

图 3.2　埃德蒙德・伦道夫

Library of Congress, Prints and Photographs Division

Constantino Brumidi, 1805–1880

Library of Congress 复制编号：LC–DIG–det–4a26389（原始文件的电子版）

图 3.3　埃尔布里奇・格里

感谢 Independence National Historical Park 慷慨提供。

James Bogle，1861（以 John Vanderlyn 于 1798 年创作的素描为蓝本）

图 3.4　约翰 · 迪金森

感谢 Independence National Historical Park 慷慨提供。

Charles Willson Peale 在迪金森生前为其所作，1782–1783

图 3.5　纳撒尼尔 · 戈勒姆

Museum of Fine Arts, Boston

Charles Willson Peale

约 1793　　布面油画　　裱在砖石上

66.04 × 56.2 厘米（26 × 22 1/8 英寸）

Edwin H. Abbot 为纪念其兄弟 Philip Stanley Abbot 所赠

48.1356

图 3.6　威廉 · 佩特森

Collection of the Supreme Court of the United States

摄影师：Vic Boswell

1991–381–2

助理法官威廉 · 佩特森官方肖像照片

画家：C. Gregory Stapko

图 3.7　本杰明 · 富兰克林

感谢 National Gallery of Art, Washington 慷慨提供。

Jean–Francois Janinet and Joseph Siffred Duplessis

1789　　彩色凹版画　　41 × 31.5 厘米（16 1/8 × 12 3/8 英寸）

Mrs. W. Murray Crane 赠

1955.4.19

图 3.8　罗杰・谢尔曼

Yale University Art Gallery

Ralph Earl, American, 1751–1801

Roger Sherman（1721–1793，M.A.[Hon.]1768）

约 1775　　布面油画　　164.1 × 126 厘米（64 5/8 × 49 5/8 英寸）

Roger Sherman White 赠，B.A. 1859，LL.B. 1862

1918.3 28

图 3.9　詹姆斯・威尔逊

Collection of the Supreme Court of the United States

1973.2

Robert S. Susan

图 3.10　"签署宪法"

Architect of the Capitol

Howard Chandler Christy，"Signing of the Constitution"

图 4.1　古文诺・莫里斯

感谢 Independence National Historical Park 慷慨提供。

Edward Dalton Marchant，1873（以 Thomas Sully 于 1808 年创作的作品为蓝本）

图 4.2　查尔斯・科茨沃斯・平克尼

National Portrait Gallery，Smithsonian Institution / Art Resource，NY

Henry Benbridge，1743–1812

约 1773　　布面油画　　76.2 × 63.5 厘米（30 × 25 英寸）

图 4.3　路德・马丁

感谢 Independence National Historical Park 慷慨提供。

William Shaw Tiffany，1875（以 Cephas Thompson 约创作于 1804 年的作品为蓝本）

图 5.1　亚历山大·汉密尔顿

感谢 National Gallery of Art, Washington 慷慨提供。

John Trumbull

约 1792　　布面油画

Avalon Foundation 赠

1952.1.1

图 5.2　奥利弗·埃尔斯沃斯

Collection of the Supreme Court of the United States

1991–343–2

奥利弗·埃尔斯沃斯官方肖像照片的复制品

画家：William Wheeler

图 5.3　戴维·拉姆塞

感谢 Independence National Historical Park 慷慨提供。

Rembrandt Peale，1796

图 6.1　莫西·奥蒂斯·沃伦

John Singleton Copley，美国，1738–1815

约 1763　　布面油画　　126.05 × 100.33 厘米（49 5/8 × 39 1/2 英寸）

Museum of Fine Arts, Boston

Winslow Warren 赠

31.212

图 6.2　威廉·芬得利

感谢 Independence National Historical Park 慷慨提供。

Rembrandt Peale 在芬得利生前为其所作，1805

图 6.3　塞缪尔 · 亚当斯

John Singleton Copley

约 1772　　125.73 × 100.33 厘米（49　1/2 × 39　1/2 英寸）

Museum of Fine Arts, Boston

由波士顿市存放。

L–R 30.76c

图 6.4　约翰 · 汉考克

John Singleton Copley

1765　　布面油画　　124.8 × 100 厘米（49　1/8 × 39　3/8 英寸）

Museum of Fine Arts, Boston

由波士顿市存放。

L–R 30.76d

图 6.5　马萨诸塞州，第六根支柱

Library of Congress Serial and Government Publications Division

Library of Congress 复制编号：LC–USZ62–45589（b&w film copy neg. of Jan. 16, 1788）

木刻，《马萨诸塞哨兵报》，1788 年 1 月 16 日

图 6.6　塞缪尔 · 蔡斯

感谢 Independence National Historical Park 慷慨提供。

Charles Willson Peale，1819，以他自己于 1773 年创作的作品为蓝本

图 6.7　帕特里克 · 亨利

感谢 Independence National Historical Park 慷慨提供。

不知名艺术家，以 Thomas Sully 于 1815 年创作的作品（Lawrence Sully 创作的一幅小画像的复制品）为蓝本

图 6.8　威廉·戴维

感谢 Independence National Historical Park 慷慨提供。

“Eliza M.”在戴维生前为其创作的小画像，约 1800

图 7.1　乔治·梅森

感谢 Independence National Historical Park 慷慨提供。

不知名艺术家，可能是 Herbert B. Welsh

以 Boudet 于 1811 年创作的作品为蓝本，以 John Hesselins 约创作于 1750 的作品为蓝本

图 7.2　詹姆斯·门罗

Library of Congress，Prints and Photographs Division

Library of Congress 复制编号：LC–USZ62–87925（b&w film copy neg.）LC–DIG–pga–05286（原始文件的电子版）

图 7.3　西奥多·塞奇威克

Gilbert Stuart，美国，1755–1828

约 1808　　布面油画　　74.29 × 60.64 厘米（29 1/4 × 23 7/8 英寸）

Museum of Fine Arts，Boston

Charles S. Rackemann 遗赠

33.508

图 7.4　理查德·亨利·李

National Portrait Gallery，Smithsonian Institution / Art Resource，NY

Charles Willson Peale

1795–1805？　　布面油画　　76 × 63.5 厘米（29 15/16 × 25 英寸）

索 引

索引中的页码为原书页码，即本书边码。斜体为图片编号。

B

E

K

L

N

Q

R

S

T

U

W

X

Y

Z